Organizational Behavior

Managing People and Organizations

Fourteenth Edition

Ricky W. Griffin
Jean M. Phillips

조직행동론 14e

| 조성준 · 김철영 · 박희태 · 성상현 · 안성익 · 차윤석 · 한준구 옮김 |

한 경 사

Cengage

Australia • Brazil • Canada • Mexico • Singapore • United Kingdom • United States

Cengage

Organizational Behavior: Managing People and Organications,
Fourteenth Edition

Ricky W. Griffin
Jean M. Phillips

Original edition © 2024 South-Western, a part of Cengage Learning.
Organizational Behavior: Managing People and Organizations, 14th Edition
by Ricky W. Griffin and Jean M. Phillips
ISBN: 9780357899076

This edition is translated by license from South-Western, a part of Cengage Learning, for sale in Korea only.

ISBN-13: 978-89-6844-509-5

Cengage Learning Korea Ltd.
14F YTN Newsquare 76 Sangamsan-ro
Mapo-gu Seoul 03926 Korea
Tel: (82) 1533 7053
Fax: (82) 2 330 7001

Printed in Korea
Print Number: 01 Print Year: 2024

|간단 차례|

|상세 차례|

2부 조직 내 개인 행동과 과정 75

4부 리더십과 조직 내 영향력 과정 351

5부 조직 과정과 특성 421

역자 머리말

조직행동론은 조직에서의 인간 행동을 연구하는 학문 분야이다. 자기 이익의 극대화를 추구하는 개인은 공동의 목적 실현을 위한 사람의 집단인 조직을 통해 다른 사람들과 상호작용하면서, 조직 행동이라는 독특한 현상을 만들고 있다. 인간은 개인의 역량보다 집단의 능력을 통했을 때 더욱 많은 것을 이룰 수 있기에 오늘날 대부분의 사람들은 조직을 만들고, 조직 안에서 행동한다. 이처럼 조직과 인간은 서로 뗄 수 없는 긴밀한 관계를 맺고 있으므로, 조직의 성공을 위해서는 인간의 행동을 탐구해야 하며, 인간의 행동을 이해하기 위해서는 조직에 대한 연구가 필수적이다.

디지털과 AI가 조직에서의 인간의 역할을 대체하리라는 전망이 지배적인 오늘날 오히려 역설적으로 인간에 대한 이해는 더욱 중요하다. 과학적 관리의 기치 아래 합리적, 기계적인 경영 이론과 사조가 팽배하던 1920년대에 인간의 심리와 행동으로 초점을 전환시킨 인간관계운동을 계기로 조직행동론의 싹이 텄듯이, 인공지능과 로봇의 시대라고 불리는 오늘날의 경영 환경에서 조직에서의 인간 고유의 역할과 가치에 대한 보다 많은 고민과 연구는 더욱 강하게 요구되고 있다. 조직행동론은 여전히 경영학 전 분야를 통틀어 가장 활발하게 연구되고 있는 분야이며, 비중 있게 교육되고 있는 과목 중 하나이다.

우리가 번역한 Griffin과 Phillips 교수의 「조직행동론(Organizational Behavior)」은 전 세계 대학의 조직행동론 강좌에서 가장 많이 교재로 선택되어 온 대표적 저작이다. 초판이 나온 이후 무려 14번의 개정을 거치면서 그 생명력과 영향력이 유지되고 있는 것만 보아도 이 책의 명성과 인기를 짐작할 수 있다. 특히 대표 저자인 Texas A&M 대학의 석좌교수 Ricky Griffin은 Journal of Management의 편집장을 역임했으며, Academy of Management Journal, Administrative Science Quarterly 등 세계 최고의 학술지를 통해 활발한 연구 활동을 수행해 온 조직 행동 분야 최고의 권위자로 명망이 높고, 그의 연구 역량과 이론적 탁월함은 이 교과서에 고스란히 녹아 있다.

이 외에도 우리가 이 교과서를 학생들에게 강력하게 추천하는 이유는 다음과 같다.

- 조직행동론의 주요 이론과 개념들을 하나도 빠짐없이 모두 담아 내고 있다.
- 특히, 여러 차례의 개정을 거치면서 최근의 연구 성과를 고스란히 반영하고 있다.
- 변화하는 환경과 조직 현실을 반영한 최신 사례들을 통해 이론과 실천 간의 균형을 꾀하고 있다.
- 조직의 성과뿐 아니라, 이 책을 읽는 개인들의 역량 향상을 위한 다양한 진단 도구와 자기 개발의 방법론을 제시하고 있다.

이처럼 훌륭한 교과서를 국내 독자들이 보다 쉽고 재미있게 학습할 수 있도록, 우리 번역자들은 저자들이 말하고자 하는 의미를 훼손하지 않으면서도, 직역체 문장을 읽으면서 경험하는 이해의 어려움과 어색함을 느끼지 않도록 우리 말의 느낌을 살리기 위해 노력하였다. 또한, 위에서 언급한 이 책의 장점을 살리기 위해 본문은 물론, 사례, 토론, 활동 등 이 책이 담고 있는 거의 모든 내용을 번역하였고, 미주의 내용은 별도 파일로 제공하여 심화 학습을 원하는 독자들의 요구에 부응하였다. 또 이 책을 번역한 교수들은 자신의 전문성을 살릴 수 있는 장(chapter)를 맡아 번역함으로써 질적 완성도를 높이면서도, 대표 역자가 전체적으로 감수하여 여러 명이 번역했을 때 발생할 수 있는 문체, 용어 등의 비일관성을 최소화하려고 노력하였다.

이처럼 저자들의 탁월한 학문적 지식과 통찰, 그리고 번역자들의 수고와 노력이 어우러져 이 책이 세상의 빛을 보게 된 것을 매우 기쁘게 생각한다. 이 한 권을 충분히 학습한다면, 조직행동론에 관해서는 그 어느 누구에게도 뒤지지 않는 월등한 실력을 갖출 수 있을 것으로 확신한다. 또한 이 책은 비록 대학 교재용으로 집필되었지만, 탁월한 조직 운영과 구성원들의 성과 향상을 위해 고민하고 있는 경영자나 관리자들에게도 훌륭한 참고 자료가 될 것이다.

모쪼록 이 번역서가 조직과 인간에 대한 이해를 심화, 확장하고, 이를 바탕으로 개인 및 조직의 경쟁력을 높이는 데 기여할 수 있다면 우리의 수고는 결코 아깝지 않을 것이다.

끝으로, 이 책의 출간을 위해 다방면으로 지원해 준 한경사 이계남 사장님과 모든 직원에게 감사를 표한다.

2024년 10월

역자 일동

저자 머리말

「조직행동론(14판)」을 선택한 독자 여러분을 환영한다. 이 책을 읽는 당신의 전공 분야가 무엇이든 조직 행동은 경력을 시작하고 발전시키는 데 있어 중요한 수업 중 하나이다. 조직 행동(Organizational Behavior)은 조직이 운영되는 방식, 조직 내에서 사람들이 행동하는 방식, 그리고 사람들이 혼자서 또는 다른 사람들과 함께 일할 때 효과적으로 일할 수 있는 방법을 설명하는 분야다. 대학에 개설된 여타의 강좌들은 자신이 선택한 직업 혹은 경력의 과정에서 성공을 이루는 데 필요한 기술적 능력을 개발하는 데 도움을 주려는 목적으로 운영된다. 하지만 이 책은 독자가 어떤 직업에 종사하든지 상관없이, 평균적인 성과를 내는 사람과 뛰어난 성과를 내는 사람 간의 차이를 만드는 '소프트 스킬'을 습득하는 데 도움을 주기 위해 집필되었다. 다시 말하면, 이 책은 회계, 간호, 프로그래밍 또는 기타 전문적 기술을 가르쳐 주지는 않지만, 회계사, 간호사, 프로그래머 또는 그 밖에 어떤 직업을 선택하든 자신의 직업에서 보다 성공적인 경력을 쌓는 데 도움을 주려는 목적으로 집필되었다.

왜 조직행동론을 학습해야 하는가?

당신이 좋아하는 일을 찾아 그 일을 잘하고 싶다면, 자신이 가지고 있는 고유한 특성이 다양한 조직과 직무에 어떻게 적용되는지 이해하고, 자신과 타인을 관리하는 방법을 익혀야 한다. 만약 승진에 관심이 있다면, 원할한 대인 소통 방법이나, 조직 내 정치, 타인에 대한 영향력 행사 방법, 의사 결정 방식과 과정 등을 이해할 뿐 아니라, 동료와 팀원들을 동기부여 하고 이들이 고성과를 내도록 이끄는 방법을 배워야 할 필요가 있다. 다른 사람들의 생각과 감정을 이해하고, 그들을 설득하며 동기를 부여하는 방법을 알고, 갈등을 해결하는 동시에 협력을 이끌어 내는 능력은 성공적인 리더가 되기 위해 가장 중요한 역량이기 때문이다. 관리 계층이 제거되고, 실무를 담당하는 종업원들에게 더 많은 책임을 부여하는 오늘날의 '평평한(flat)' 조직에서도 이러한 조직행동론의 지식은 성공의 필수 요소이다. 효과적인 관리자라면 강력한 지식과 전문성 외에도, 사람, 동기부여, 팀 역학 관계에 대한 이해를 갖추어야 차별화된 성과를 낼 수 있다.

또한 우리(저자들)는 조직행동론이, 당신이 수강하는 수업 중 흥미로운 수업 중 하나가 되어야 한다고 믿는다. 인간은 정말 매혹적인 존재다! 당신이 다른 사람들을 더욱 생산적이고 행복하게 만들 수 있는 요인을 이해한다면, 만족스럽게 자신의 성과와 경력을 관리하는 데 도움이 될 것이다. 인간은 자기 자신과 자신의 강점을 더 잘 이해했을 때 가장 행복해지고, 가장 성공적일 수 있는 기회를 파악할 수 있을 것이다. 다른 사람의 장점을 배우는 것은 매우 중요하면서도 즐거운 일이다. 저자들은 이 책을 통해 다양한 자기 평가, 기술 개발 활동, 온라인 자료, 실제 기업의 사례들을 제공함으로써 독자가 이 책을 더욱 흥미롭게 읽을 수 있도록 노력하였다.

조직 행동 학습의 또 다른 장점은 이 지식들이 일상생활에도 적용될 수 있다는 사실에 있다. 기분과 감정, 목표 수립, 소통, 다양성, 협상, 의사 결정 등 개인과 조직 모두에 관련된 조직행동론의 여러 주제는 당신의 개인적, 직업적 경험과도 관련되어 있다. 이 책에 소개된 주제를 숙지한다면, 업무 외의 인생에서도 더욱 효과적인 삶을 영위할 수 있을 것이다.

이 책의 목표

이 교재의 초점은 다음과 같은 개인 및 조직 관리의 지식과 기술을 개발하는 데 있다.

- 자신을 이해하고, 조직을 이해하며, 개인 경력 성공에 있어 조직 행동의 역할을 이해하도록 돕는다.
- 조직 내 개인 및 집단 행동에 대한 지식을 이해하고, 이를 적용하는 능력을 배양하며, 조직 전반의 시스템이 어떻게 운영되는지 이해하도록 돕는다.
- 조직 행동의 개념과 지식을 다양한 문제나 상황에 유연하게 적용하는 방법을 이해하도록 돕는다.
- 윤리, 다양성, 경쟁 우위, 기술 및 글로벌 맥락을 포함하여, 현대적 조직 행동의 맥락에 대한 이해를 증진시킨다.

조직 행동 분야는 오랜 역사를 가지고 있는 분야이지만, 이 분야의 이론은 지속적으로 도전받고, 수정되고, 또한 새로운 이론들이 등장하면서 끊임없이 변화하고 있다. 이 책은 최신의 연구 지식에 기반을 두고 있으며, 이들 지식을 가장 잘 활용하는 방법을 이해하는 데 도움이 될 것이다. 이 책을 집필한 의도는 오늘날 조직에서 일어나는 현상들을 이해하는 데 필요한 정보를 정보를 제공하는 것이다. 저자들은 당신이 어떤 경력 단계에 있든 간에 자신이 원하는 직무를 찾아 탁월한 성과를 낼 수 있도록 돕기 위해 이 책을 썼다. 우리는 당신이 더 나은 직장을 구하고, 더 나은 경력을 쌓고, 더 효과적인 경영자가 될 수 있도록 돕고 싶다. 이 책에서 논의되는 개념과 지식은 더욱 훌륭한 리더로 성장하기를 원하는 모든 직급의 사람들에게 적용될 수 있다.

14판에서의 주요 개정 내용

이번 개정판의 모든 장에서는 실제 조직이 경험한 도전 과제와 사례들로 개정하여 최신 상태를 유지했다. 또한 모든 장에서 최신 참고 자료와 문헌들을 활용하여 연구 결과를 업데이트 하였다. 본문에서 언급한 통계와 예시도 대부분의 사례 연구 및 기타 본문 내 자료들과 함께 수정되었다. 이번 개정판에서는 코로나19의 영향을 반영하여, 최신 사례 및 통계 자료와 함께 오늘날의 조직에 매우 관련성이 높은 책으로 만들었다. 또한 하이브리드 근무 방식, 직원 참여, 가상 리더십과 같은 최신의 주제를 새롭게 다루었으며, 특히 9장(의사소통)은 대폭 수정하여 오늘날 직장에서 효과적인 소통을 하기 위해 필요한 핵심 기술인 명확성, 간결성, 일관성, 청중을 고려한 소통에 초점을 맞추어 기술하였다. 개정된 9장에서는 의사소통의 프로세스, 유형, 소통 장벽, 미디어의 다양성, 소통 스타일에 대한 기존 자료를 유지 및 업데이트 하되, 감수자의 피드백에 따라 가급적 압축적으로 설명하기 위해 노력하였다.

1부 조직 행동 개론

1장 조직 행동의 개요

2장 변화하는 조직 환경

관리자는 조직을 최대한 효과적이고 성공적으로 운영하기 위해 노력한다. 이를 위해 재무적 자금, 기술 및 장비, 원자재, 정보, 운영 체제 및 프로세스 등 자산과 자원을 동원한다. 그러나 이러한 모든 노력의 중심에는 조직을 위해 일하는 사람들이 있다. 일반적으로 직원의 재능, 노력, 기술, 능력은 효과적인 조직과 그렇지 않은 조직을 구분 짓는 요인으로 알려져 있다. 따라서 관리자가 종업원의 행동이 조직의 효율성에 어떤 영향을 미치는지 이해하는 것이 중요하다.

일반적으로 관리자는 성과를 높이는 행동, 참여와 몰입, 조직시민행동을 강화하는 한편, 여러 역기능적 행동을 최소화하기 위해 노력한다. 관리자가 조직 행동을 얼마나 잘 이해하느냐에 따라 환경, 개인, 그룹, 팀의 리더십 및 조직 특성이 관리자의 역할을 더 수월하게 할 수도 있고, 더욱 어렵게 만들 수도 있다. 1장에서 더욱 상세히 설명하게 될 아래의 모델은 이 책 전반에 걸쳐 조직 행동 연구의 로드맵 역할을 할 것이다.

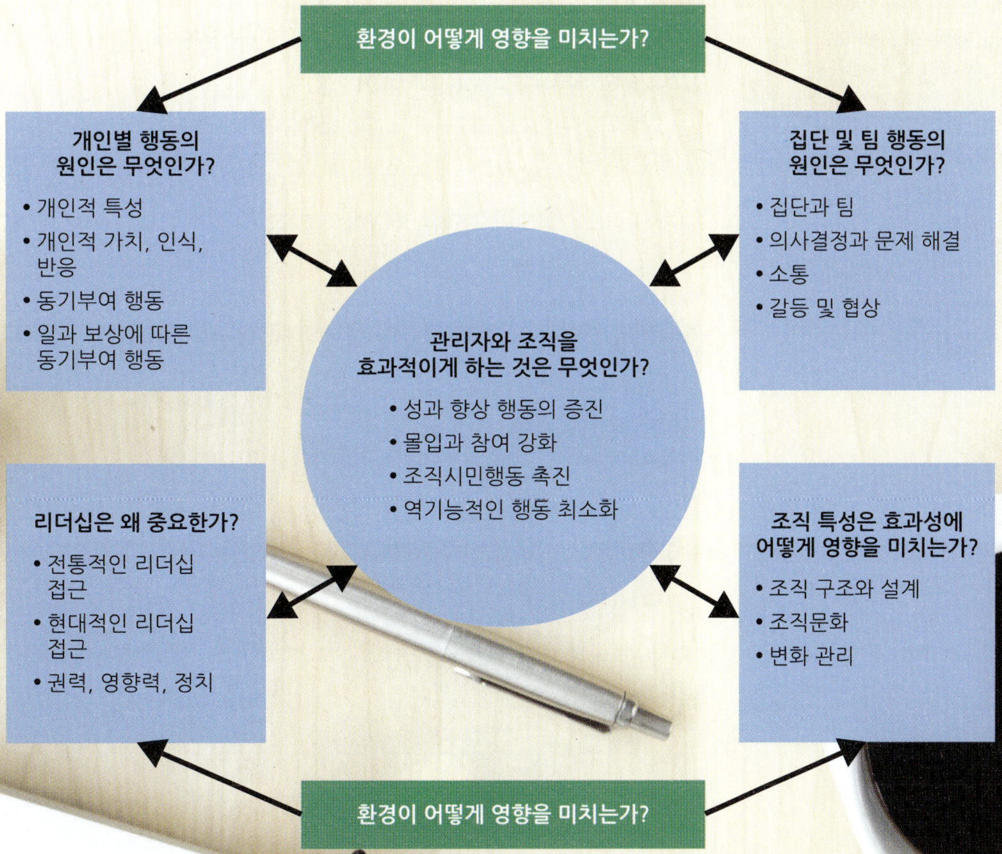

1 조직 행동의 개요

An Overview of Organizational Behavior

학습목표

이 장을 학습하면 독자들은 …

1. 조직 행동이 개인과 조직의 성공에 미치는 영향을 포함하여, 조직 행동 전반에 대해 기술할 수 있다.
2. 기본적인 관리 기능 및 관리 프로세스를 구성하는 필수적인 기능을 식별하고, 이를 조직 행동과 관련시킬 수 있다.
3. 전략과 조직 행동 간의 관계를 포함한 조직 행동의 전략적인 맥락에 대해 논의할 수 있다.
4. 조직 행동에 대한 상황적 관점을 식별하고 기술할 수 있다.
5. 효과적 관리를 위한 조직 행동의 역할에 대해 논의할 수 있다.
6. 본 서의 구성이 기반하고 있는 개념적 프레임워크를 요약할 수 있다.

Real-World Challenge

힐튼의 행복한 호텔리어

제1차 세계대전이 끝나갈 무렵, 코나드 힐튼(Cornard Hilton)이라는 청년이 미 육군 헌병대에서 복무하면서 모은 돈을 가지고 텍사스주 시스코(Cisco)로 돌아왔다. 액수는 비록 5,000달러(2022년도 가치로 약 7만 달러)에 불과했지만, 힐튼은 이 돈을 써 없애는 대신, 어디엔가 투자하고 싶은 간절한 마음을 가졌었기에, 낡아빠진 모블리 호텔(Mobley Hotel)이 매물로 나왔을 때 이를 구입했다. 1925년 힐튼은 댈러스(Dallas)에 최초의 힐튼호텔을 열었고, 1927년에는 텍사스주 와코(Waco)에서 에어컨을 갖춘 호텔을 최초로 시작하였으며, 1947년에는 모든 객실에 TV를 갖춘 최초의 호텔을 선보였다.

힐튼호텔의 기업 사명(mission)은 창립자가 처음에 가졌던 비전을 여전히 반영하고 있다. 힐튼의 최고인사임원(Chief HR Officer)인 매트 슐러(Matt Schuyler)는 이렇게 말한다. “우리의 사명은 세계에서 가장 친절한 회사가 되는 것이다. 이 사명

Sorbis/Shutterstock.com

은 훌륭한 인재 없이는 이룰 수 없다. 또한 훌륭한 인재를 확보하기 위해서는 우리 회사가 먼저 훌륭한 직장이 되어야 한다." 그러나 지난 수년 동안 힐튼은 이러한 사명에서 다소 벗어나 있었다. 2007년부터 2013년까지 사모펀드가 소유했었는데, 이 기간 동안 힐튼은 주로 ROI, 이익률 등과 같은 재무 지표에만 집중하고 직원들에게는 거의 관심을 기울이지 않았다. 2013년 힐튼은 주식시장에 상장되는 성과를 거두었으나, 당시 신임 CEO인 크리스토퍼 나세타(Christopher Nassetta)가 취임 후 가장 먼저 발견한 것은 힐튼의 서비스, 직원 이직률, 도덕성이 메리어트나 하얏트 같은 경쟁사보다 떨어져 있었다는 점이었다. 나세타가 여러분에게 조언을 구했다고 가정해 보자. 개업 초기부터 이어져 온 본래의 사명을 회복하기 위해 무엇을 제안하겠는가?[1]

비록 모든 조직은 그 규모나 활동 영역, 혹은 회사의 소재지 등은 서로 다르지만, 단 한 가지의 공통점을 가진다. 그것은 어느 조직을 막론하고, 조직은 사람으로 이루어져 있다는 점이다. 기업에서 전략적 방향을 정한다거나, 새로운 상품을 개발하기 위한 자원을 확보한다거나, 또는 그 제품을 판매하는 데 필요한 의사 결정을 내리는 주체는 사람이다. 본사 사옥, 창고, 물류센터, IT 시설 등 기업 자산을 관리하는 것도 사람의 몫이며, 하루 일과가 끝나고 내일을 위해 이들 시설을 청결하게 유지하는 것도 사람이 해야 할 일이다. 경영자들이 효과적으로 회사를 경영했는가의 여부와 별개로, 그 조직에 속해 있는 사람들의 행동은 기업의 성패를 좌우한다. 실제로, 기업의 경영자는 조직 구성원들의 도움 없이는 결코 성공할 수 없다.

Little Pig Studio/Shutterstock.com

iStock.com/IPGGutenbergUKLtd

한 조직의 성공은 관리자가 얼마나 효과적으로 종업원의 성과 행동을 높일 수 있는가, 조직에 대한 몰입과 참여를 높일 수 있는가, 조직시민행동을 증진시킬 수 있는가, 그리고 얼마나 효과적으로 역기능적 행동을 최소화시킬 수 있는가에 달려 있다. 예를 들어, 위쪽의 사진은 열정을 가진 사람들이 함께 생산적으로 일하고 있는 듯 보이는 반면, 아래쪽 사진은 사람들이 서로에게 좌절한 듯하고 상대적으로 덜 생산적인 그룹으로 보인다.

따라서 힐튼(Hilton), 구글(Google), 자라(Zara), 토요타(Toyota), 애플(Apple), 스타벅스(Starbucks), 테슬라(Tesla), 브리티시 항공(British Airway)과 같은 큰 기업을 경영하든, 보스턴 셀틱스(Boston Celtics) 농구팀이나, 메이요 클리닉(Mayo Clinic)과 같은 특별한 목적의 틈새기업, 혹은 동네 곳곳에 있는 피자헛(Pizza Hut)이나 세탁소 등 작은 가게에 이르기까지 모든 조직의 경영자는 구성원들을 잘 이해하기 위해 노력해야 한다. 본 서 「조직행동론」은 바로 이러한 조직 구성원들을 이해하는데 도움을 주는 책이다. 이 책에서는 조직 그 자체에 관한 내용을 다루며, 그 조직을 운영하는 관리자 혹은 경영자에 관해 논의하기도 한다. 조직에 관한 연구, 그리고 그 조직 안에서 일하는 사람에 관한 연구들이 모여 조직 행동이라는 학문 분야를 형성한다. 우리의 조직 행동 분야에 대한 탐구는 종업원, 기업 소유자, 혹은 경영자들에게 조직의 의미와 그 중요성을 구체적으로 알려주는 데서 출발한다.

1-1 조직 행동이란 무엇인가

'조직 행동'이란 정확히 무엇을 의미하는가? 우리는 왜 조직 행동을 공부해야 하는가? 이 두 가지 근본적인 질문에 대한 답변은 우리가 앞으로 전개할 토론과 분석의 기반을 형성하는 데 도움을 줄 것이며, 이 분야에 대한 이해가 어떻게, 그리고 어떠한 이유로 당신의 미래에 가치 있는 것인지 보다 잘 평가할 수 있게 해 줄 것이다.

1-1a 조직 행동의 의미

조직 행동
조직 맥락에서의 인간 행동, 인간과 조직간의 교류 및 조직 그 자체를 연구하는 학문 분야.

조직 행동(organizational behavior: OB)은 조직이라는 상황 속에서의 인간 행동, 혹은 인간과 조직 간의 상호 관계, 그리고 조직 그 자체에 대해 학습하는 분야이다.[2] 우리는 이 세 영역 중 어느 하나에 초점을 맞출 수도 있겠지만, 이 세가지 모두 조직 행동을 이해하기 위해 궁극적으로 필요하다는 점을 명심해야 한다. 예를 들어, 우리는 조직을 명시적으로 고려하지 않은 채 개인의 행동을 연구할 수도 있을 것이다. 하지만 조직은 항상 개인의 행동에 영향을 주고, 또 조직이 개인의 행동으로부터 영향을 받을 수도 있기 때문에, 조직에 대한 학습 없이 개인의 행동을 완전하게 이해한다는 것은 불가능하다. 이와 마찬가지로, 개인에 대한 명시적 고려 없이 조직을 연구할 수도 있겠지만, 이 역시 퍼즐의 일부분만을 바라보는 것과 같다. 우리는 궁극적으로 퍼즐 전체 및 퍼즐의 다른 조각들도 고려해야 한다. 그래야 비로서 조직 행동 분야의 학습을 통해 조직 내에서의 사람들과 각 집단들이 사건들을 해석하고, 반응하며, 행동하는 방식을 설명하고 예측할 수 있을 것이며, 인간의 행동을 형성하는 조직의 시스템과 구조 및 절차를 설명할 수 있을 것이다.

그림 1-1을 통해 조직 행동에 관한 이와 같은 관점을 이해할 수 있다. 이 그림은 조직 상황에서 인간의 행동, 개인-조직 간 상호작용, 그리고 조직 그 자체 및 조직을 둘러싼 환경 간의 연결성을 보여 준다. 각 개인들은 자신의 고유한 성격과 개인적인 배경, 그리고 다른 조직에서 축적해 온 개인적인 경험을 조직에 제공한다. 따라서 경영자는 제각기 서로 다른 특성을 가진 개인들을 고

그림 1-1
조직 행동의 본질

조직 행동 분야는 조직 상황에서의 인간 행동, 조직 그 자체, 그리고 개인-조직 간의 상호 관계를 이해하려고 시도한다. 이 그림에서 보여 주듯이, 이 세 영역은 매우 밀접하게 관련되어 있다. 따라서 이들 중 어느 한 영역에 초점을 맞추는 것이 가능하다고 해도, 조직 행동을 총체적으로 이해하기 위해서는 이들 분야 전부에 대한 지식이 필요하다.

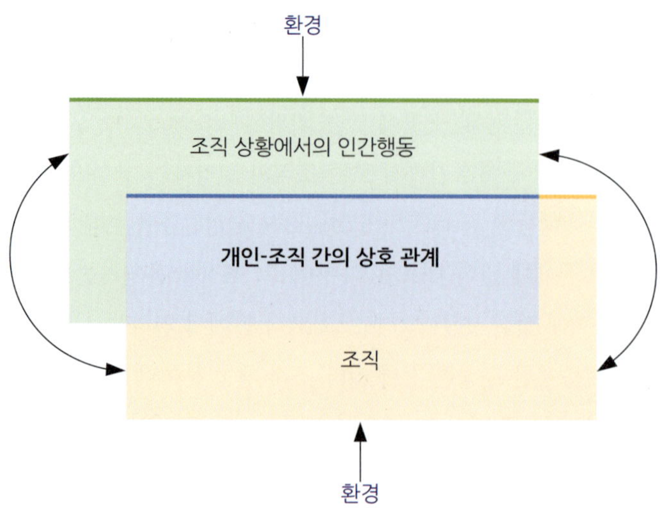

려하여 이들 각 개인이 조직에 제공하는 고유한 관점들을 주의 깊게 살펴야 한다. 예를 들어, 당신이 홈디포(Home Depot)의 경영자라고 생각해 보자. 당신은 지금 종업원 이직률이 완만하게 증가한다는 데이터를 들여다보고 있다. 당신이 이 데이터가 무엇을 의미하는지 이해하고 이러한 현상을 초래한 원인을 분석하는 데 도움을 받고자 전문 컨설턴트를 고용했다고 생각해 보자. 이 컨설턴트는 맨 먼저 회사가 고용한 종업원의 유형을 분석할 것이다. 아마도 이 회사에 고용된 각 개인이 어떤 사람인지, 이들의 기대는 무엇인지, 또한 이들의 개인적 목표는 무엇인지 최대한 파악하려고 할 것이다.

Cassiohabib/Shutterstock.com

홈디포와 같은 회사의 관리자들은 각 종업원의 행동과, 조직 자체의 특성, 개인 행동과 조직 간의 상호관계를 잘 이해할 필요가 있다.

하지만 개인은 서로 고립되어 떨어져 있는 존재가 아니다. 조직에서 이들 종업원들은 다양한 방식으로 다른 사람들과 함께 일하며, 조직과 접촉한다. 게다가 각 개인은 시간이 흐름에 따라, 혹은 개인적인 경험이나 성숙도에 따라 변화할 뿐 아니라, 직무경험 및 조직의 성장을 통해서도 변화를 경험한다. 조직 또한 한 개인이 있고 없음에 따라 영향을 받는다. 경영자라면 이처럼 종업원 개인과 조직이 주고 받는 영향을 이해해야 할 필요가 있다. 홈디포에서의 이직 문제를 다루는 컨설턴트라면, 이 회사의 신입 사원들이 조직에서 처음으로 훈련을 받는 온보딩(onboarding) 프로세스를 분석해 볼 필요도 있다. 온보딩 단계의 목표는 조직에 갓 입사한 신입 사원들이 보다 폭 넓은 맥락에서 조직과 교류하는 방식을 파악하는 것이다.

물론, 조직은 특정한 개인이 입사하기 전 부터 존재하였고, 설사 이들이 조직을 떠나더라도 여전히 존재한다. 다시 말하면, 조직 그 자체는 조직 행동을 바라보는 제3자적 관점을 대표한다. 이직문제를 연구하는 컨설턴트라면 홈디포 조직의 구조와 문화를 이해해야 하며, 조직 구조와 문화가 어떻게 변화해 왔는지 분석해야 할 필요가 있다. 보다 구체적으로는 이 회사의 성과 평가방식이나 보상시스템, 의사 결정 및 소통의 패턴, 조직 구조 등 조직적 요인들을 객관적으로 이해해야 왜 종업원들이 회사를 떠나는지, 왜 다른 이들은 회사에 남아 있는지 분석하는 데 필요한 통찰력을 얻을 수 있을 것이다.

한 가지 분명한 것은, 조직 행동 분야는 흥미로우면서도 복잡하다는 것이다. 여기에는 여러 가지 변수과 개념이 복합적으로 작용하며, 이러한 복잡성으로 인해 관리자가 조직 내 다른 사람들을 이해하고, 평가하고, 관리하는 업무 역시 더욱 복잡해진다. 반면, 조직 행동의 여러 변수와 개념은 관리자가 개인적, 조직적 효과성을 높일 수 있는 특별하고도 중요한 기회를 제공해 주기도 한다.

1-1b 조직 행동이 개인의 성공에 미치는 영향

이 책의 독자들은 조직 행동이 자신의 현재 전공이나, 앞으로 희망하는 경력 경로와 과연 어떤 관련성이 있는 것인지 궁금해 할 수도 있다. 아마도 '난 지금까지 조직 행동 관리자(organizational behavior manager)라는 말을 들어 보지 못했는데, 왜 이것이 중요하지?'라는 의구심을 가질지도 모르겠다. 저자들은 조직 행동을 잘 알지 못하는 사람들로부터 이러한 종류의 질문을 많이 받아왔다. 조직 행동의 핵심은 업무를 효과적으로 수행하는 것이다. 조직에서 사람들이 행동하는 방식과 그 행동의 이유를 이해하는 것이 중요한 이유는 바로 그 종업원들을 효과적으로 관리하고, 그들과 함께 업무를 수행해야 하기 때문이다. 조직 행동은 조직 내 모든 직급의 구성원들이 효과적으로 자신의 업무를 수행하기 위해 필요한 지식과 도구를 제공한다. 그러므로 조직 행동은 궁극적으로 조직에서 일하고 있거나 앞으로 일하게 될, 대부분의 모든 사람에게 중요한 분야이며, 특히, 조직 내에서 다양한 역할을 담당하게 될 사람들에게 중요하다.

조직과의 관계 속에서, 개인은 여러 역할이나 정체성 중 어느 한 가지를 선택할 수 있다. 예를 들어, 개인은 소비자 혹은 종업원, 공급 업자, 경쟁자, 주주 등 여러 역할 중 하나가 될 수 있다. 이 책의 독자들 대부분은 미래의 관리자 혹은 경영자가 되기를 원할 것이므로, 저자들은 이 책의 전반을 통해 관리자 혹은 경영자의 관점을 유지하고자 한다. 조직 행동 연구는 관리자 및 경영자의 관리방식에 영향을 미치는 요소를 분명하게 보여 줄 수 있다. 조직 행동은 조직의 복잡한 인간적 맥락을 설명하는 한편, 이와 관련한 기회, 문제, 도전, 기타 이슈들을 다루고자 한다.

입사 10~15년차 관리자들에게, 그들이 대학에서 수강했던 강좌들 중 가장 중요하다고 생각하는 과목이 무엇인가라는 질문을 던지면, 응답자 중 상당수가 조직 행동이라고 답한다. 이러한 결과는 조직 행동 강좌가 수강생을 어느 특정한 분야에서 기술적으로 우수하게 만들어 주었기 때문이라기보다는, 그들이 조직에서 사람을 효과적으로 관리하고 다루는 데 도움을 주었기 때문일 것이다. 어느 전문가가 말한 것처럼, "우리는 골프에 대한 전문가의 조언은 잘 받아들이지만, 사람을 다루는 방법에 대한 조언은 회피하는 경향이 있다."[3] 하지만 다행스럽게도, 의식 있는 많은 관리자들은, 직장에서 인간 행동에 대한 통찰력을 개발하고, 이러한 통찰력을 사용하여 조직이 더욱 효과적으로 경쟁하는 데 도움이 되는 조직 행동 학습의 중요성을 인식하고 있다.

이러한 통찰은 조직 내 다양성이 증가하고, 글로벌화가 가속화됨에 따라 더욱 중요해진다. 이 책 전반에 걸쳐 우리는 다양한 사람들에게 조직 행동의 개념을 유연하게 적용하는 것이 중요하다는 점을 강조할 것이다. 이번 장의 Understand Yourself 에서는 다양한 사회, 문화, 제도, 시스템의 개인, 그룹 및 조직에 영향을 줄 수 있는 글로벌 마인드셋(mindset)이나 개인적 특성의 요소를 보다 잘 이해할 수 있는 기회가 제공될 것이다.[4] 글로벌 마인드셋이란 문화적 지능과 글로벌 비즈니스에 대한 지향성이 결합된 것을 의미한다.[5] 다국적 대기업의 경영자 대부분은 글로벌 마인드를 갖춘 강력한 리더십을 확보함으로써 조직의 경쟁력을 강화할 수 있다고 믿는다.[6]

글로벌 마인드셋은 학습될 수 있으며, 관리자가 축적한 경험은 긍정적 혹은 부정적 방식으로 글로벌 마인드셋에 영향을 미칠 수 있다.[9] 거대 금융 기업인 HSBC는 매년 유망한 신입 사원들과 젊은 관리자들을 해외로 파견하여 경험이 풍부한 글로벌 리더 그룹을 구축하고 있다. 파견 대상 국가는 서방 국가뿐 아니라, 사우디아라비아, 인도네시

글로벌 금융서비스 기업인 HSBC는 회사에서 유망한 젊은 관리자들을 해외 금융 분야에 배치한다. 이러한 접근의 목적은 미래의 경영자를 육성하는 한편 풍부한 국제 경험을 가진 리더를 양성하는 것이다.

iStock.com/Shironosov

Understand Yourself

글로벌 마인드셋

글로벌 마인드셋은 다양한 배경과 문화를 가진 개인, 그룹, 조직에 영향을 미칠 수 있는 능력을 반영한다. 다국적 기업이 보유한 글로벌한 통합시스템 구축 능력은 직원, 관리자, 경영진이 세계화된 경제의 현실을 이해하고 적응하는 능력에 달려 있다. 전 세계 여러 지역의 인재를 다른 기업보다 더 빠르고 효과적으로 통합할 수 있는 능력은 기업의 경쟁 우위[7]뿐만 아니라 개인 경쟁 우위의 원천이기도 하다.

아래 10가지 질문에 다음 척도를 사용하여 응답해 보자. 응답을 완료했으면 아래의 점수 계산 지침에 따라 점수를 계산한 후 당신의 점수가 의미하는 내용과 글로벌 마인드를 개선할 수 있는 방법을 자세히 읽어보라.

매우 아니다	아니다	보통이다	그렇다	매우 그렇다
1	2	3	4	5

_____ 1. 나는 다른 사람과의 상호작용함에 있어 그 사람의 국적과 상관없이 그들을 똑같이 대한다.

_____ 2. 나는 다른 국가와 문화권 사람들의 생각에 대해 나의 모국과 그 문화권의 생각과 동일하게 여길 정도로 개방적이다.

_____ 3. 내 자신이 낯선 문화권에 놓인다는 것은 매우 흥미진진한 상황이다.

_____ 4. 나는 세계를 하나의 커다란 시장이라고 생각한다.

_____ 5. 다른 문화권에서 온 사람들과 교류할 때, 그들을 한 명의 개인으로 이해하는 것은 중요하다.

_____ 6. 내가 가지고 있는 가치관은 어떤 하나의 문화권에서가 아닌 여러 문화권으로부터 받은 영향의 조합이다.

_____ 7. 다른 나라에서 온 사람들을 만날 때 호기심이 발동한다

_____ 8. 나는 다른 나라의 음식을 먹어 보는 것을 즐긴다.

_____ 9. 우리가 사는 세상은 연결되어 있기에 국경은 무의미하다.

_____ 10. 나는 다른 문화권에서도 만족스러운 삶을 살수 있다고 믿는다.

점수 계산: 위의 질문에 대한 모든 답변의 점수를 더하라.

해석: 다양한 경험은 긍정적, 혹은 부정적인 방식으로 글로벌 마인드셋에 영향을 미칠 수 있으므로,[8] 당신은 글로벌 마인드를 개선하기 위한 조치를 취할 수 있다. 위 문항들에 대한 점수 기반하여, 아래에서 언급하는 개발 활동 중 일부를 고려할 수도 있고, 독자 스스로 다른 활동을 생각해 낼 수도 있다.

점수가 10~20점이라면 글로벌 마인드가 상대적으로 낮은 수준이다. 공식적인 교육 프로그램, 독학, 대학 과정 또는 회사 세미나나 경영진 개발 프로그램 등이 글로벌 마인드를 높이는 데 도움이 될 수 있을 것이다.

점수가 21~35점이라면 당신의 글로벌 마인드는 보통 수준이다. 극단적으로 편협하지는 않지만, 그렇다고 해서 다른 문화권의 사람들에게 완전히 개방적이라고 말하기도 어렵다. 위에서 언급한 자기개발 활동 외에도 문화적으로 다양한 학생들의 단체에 가입한다든지, 다른 문화권의 사람들과 함께 더 많은 경험을 쌓고, 그들과 더 친숙해지려는 노력을 할 필요가 있다.

점수가 36~50점이라면 글로벌 마인드가 높은 수준으로, 다양한 문화권의 사람들을 만나는 데 개방적이고 글로벌 다양성에 익숙하다는 것을 의미한다. 하지만 그렇다고 해서 더 이상 발전할 여지가 없다는 의미가 아니다. 외국인 학생 단체에 가입하고, 국제 자원봉사 단체에서 일하고, 다양한 문화권의 사람들과 친구가 된다면 글로벌 마인드를 더욱 발전시킬 수 있을 것이다.

Sources: Adapted from Gupta, A. K., & Govindarajan, V. (2002). Cultivating a global mindset. *Academy of Management Executive*, 16(1), 116–126; Kefalas, A. G., & Neuland, E. W. (1997). Global mindsets: An exploratory study. Paper presented at the Annual Conference of the Academy of International Business, Monterrey, Mexico, 4–7 October; Nummela, N., Saarenketo, S., & Puumalainen, K. (2004). Global mindset—a prerequisite for successful internationalisation? *Canadian Journal of Administrative Sciences*, 21(1), 51–64.

아, 일본 등 아시아 국가도 포함되어 있다. HSBC에서 성공적인 경력을 쌓기 위해서는 이러한 국제적 감각과 사고방식을 길러야 한다. 이러한 과정을 통해 HSBC는 국경을 초월하여 학습할 수 있고, 글로벌 마인드로 무장된 강력한 관리자 그룹을 구축할 수 있다. HSBC뿐 아니라, 많은 글로벌 기업들도 지리적, 문화적, 정치적 경계를 넘어 전문지식과 노하우를 공유하고자 이와 유사한 방식의 접근법을 활용하고 있다.[10]

1-1c 조직 행동은 어떻게 조직 성과에 영향을 주는가

조직의 경영자가 조직 행동을 잘 이해한다면, 이는 조직 전체에도 도움이 된다. 비즈니스 전략에 부합하는 명확한 목표하에 종업원들의 의욕과 참여도가 높은 회사와, 약한 리더십으로 방향을 찾지 못하고 종업원들은 항상 불만에 가득 차 있으며 갈등이 많은 회사 간의 차이를 상상해 보라. 조직 행동의 개념과 모델을 효과적으로 실행하면, 그것이 곧 효과적이고 성공적인 회사를 만드는 길이다. 조직 행동은 조직에 중요하다. 조직 행동의 지식을 적절히 적용한다면, 조직을 가장 효과적으로 만들 수 있는 조건을 창출할 수 있다.

관리자가 조직 행동을 잘 이해하면, 회사가 좋은 성과를 내는 데 도움이 된다. 비즈니스의 소프트한 측면(인간 및 관계적 측면)을 개선하면 기업의 재무적 성과에 긍정적인 영향을 준다는 것은 수많은 증거를 통해 확인할 수 있다. 관리자는 종업원들의 의견을 경청하고, 그들의 성취를 인정해 주며, 신뢰를 형성하고, 윤리적으로 행동함으로써 영업이익, 투자수익, 주가 등 여러 성과지표를 향상시킬 수 있다.[11] 조직 행동은 이러한 재무적 성과와 직무 만족도 외에도 결근 및 이직률에도 영향을 미친다. 결근과 이직률을 줄이면 생산성과 고객 서비스가 향상되고, 인건비를 감소시켜 조직에 수백만 달러 상당의 가치를 안겨줄 수도 있다. 이번 장의 Case Study에서는 조직윤리, 조직 문화와 가치 등 조직 행동에서 다루는 영역에 관심을 가지고 있는 JM스머커(J. M. Smucker Company)에 대해 다룬다.

조직 행동의 중요한 가치 중 하나는, 관리자의 업무 중 중요한 측면, 즉 관리의 인간적인 측면(조직으로서의 인간, 자원으로서의 인간, 그리고 인간 그 자체)에 대한 구체적인 관점을 제공한다는 것이다. 조직 행동의 중요성은 다음의 사실에 의해 강조된다. 포춘(Fortune)지가 선정한 '세계에서 가장 존경받는 기업' 리스트에 포함된 대부분의 기업은 종업원을 소중히 여기고 존중한다는 명성을 가지고 있다.[12] 한편, 정보 기술이 고도화됨에 따라, 가상 조직(virtual team)이라는 개념도 확산되어 왔다. 실제로 코로나19 팬데믹 기간 동안 다양한 원격 연결의 형태와 애플리케이션이 등장하여 업무의 기본적인 플랫폼으로 자리 잡았다. 가상 팀의 성공 여부는 종종 관리자가 보여 주는 리더십 유형에 좌우된다. 가상 팀을 이끄는 리더들 역시 조직 행동을 통해 구성원들의 신뢰를 확보하고, 개방적인 대화를 활성화하며 분명한 원칙을 수립할 수 있다는 점을 이해해야 한다. 따라서 확실히 관리자에게 조직 행동 학습은 필수적이다. 이들이 조직 행동을 학습하여 얻은 지식을 효과적으로 활용하기 위해서는, 조직 행동의 여러 개념 및 가정, 원칙들을 확실하게 이해해야 한다. 바로 이러한 기초를 제공하기 위해 이 책의 저자들은 조직 행동을 보다 분명하게 조직 경영의 맥락과 연관시켜 논의할 것이다. 우선 조직 관리자들의 임무에 대해 좀더 상세히 논의해 보자.

Case Study

JM스머커

1897년 제롬 머커 스머커(Jerome Monroe Smucker)가 마차에서 사과 버터를 팔기 시작한 이래, JM스머커(J. M. Smucker Company)는 윤리적으로 행동하는 것이 성공의 핵심 요소임을 인식하였다. 오하이오주 오빌(Orrville)에 위치한 이 업체는 과일 스프레드, 프로스팅, 주스, 음료 등 자사의 대표적인 간편식품이 미국인의 필수품이 되도록 노력하는 한편, 정직, 존중, 신뢰, 책임, 공정성을 바탕으로 기업을 운영해 왔다.

회사가 목표로 하는 최고의 윤리 기준을 충족하기 위해서는 가치관이 확고한 직원을 채용하는 것이 중요하다. 이를 위해 JM스머커는 입사 지원자에게 윤리 기준을 알려주고, 회사의 가치관이 지원자가 담당하게 될 직무와 어떻게 연관되는지 강조한다. 또한 추천서를 엄격하게 확인한다. 일단 채용이 되면 윤리는 더욱 강조된다. 모든 신입 사원은 도덕적 인식, 용기 및 가치에 대한 프레젠테이션, 동영상 및 분과 세션이 포함된 하루 동안의 교육 세미나에 참석해야 한다.

이러한 교육은 단순히 좋은 사람이 되는 방법을 피상적으로 소개하는 것 이상으로 훨씬 더 깊이 있게 진행된다. 이 중 하나의 세션에서는 딜레마 적인 상황에 직면했을 때 결정을 내릴 수 있는 세 가지 방법을 집중적으로 다룬다. 첫 번째 방법은, 가장 많은 사람들을 가장 행복하게 할 수 있도록 결정하는 것이다. 두 번째는 규칙기반(rules-based) 접근법으로, 다른 모든 사람이 따를 수 있는 기준을 설정하여 그에 기반해 결정하는 것이다. 마지막 대안은 '남에게 대접받고 싶은 대로 남을 대하라'는 황금률을 사용하는 것이다.

이 세션에서는 윤리의 복잡성에 대해서도 논의한다. 종업원들이 직면하는 결정의 상황에서 옳고 그름이 명확한 경우는 거의 없다. 윤리적 결정에는 종종 옳고 그름 사이의 미묘한 균형이 수반된다. 예를 들어, 어떠한 선택에는 진실이냐 충성이냐, 개인이냐 공동체이냐, 비즈니스 결정에 대한 단기적 접근이냐 혹은 장기적 접근이냐 하는 갈등적인 질문이 포함될 수 있다. 스머커는 종업원들이 충성심보다 진실을, 개인보다 공동체를, 단기적인 회사 이익보다 장기적인 관점에서 행동하기를 바란다는 분명한 메시지를 전달한다. 모든 직원은 2년마다 윤리 프로그램을 재이수해야 하고, 매년 9페이지 분량의 상세한 윤리 선언문에 서명함으로써 회사가 직원들에게 기대하는 수준의 윤리적 성과를 진정으로 이해하도록 노력한다.

또한 스머커는 재생 에너지 사용, 폐수 관리 개선, 지속 가능한 원자재 사용, 새로운 자원 소비 대신 자원 재사용 등 환경적 지속가능성에 대한 확고한 신념을 가지고 있다. 스머커는 삶의 질을 지원하고 향상시키는 정책과 프로그램을 수행하여 지역사회의 지속가능성을 증진시키는데 일조하고 있다. JM스머커는 포춘지의 '일하기 좋은 100대 기업' 목록에 자주 이름을 올려 왔는데, 이는 스머커가 그동안 형성해 온 강력한 윤리적 문화의 부분적인 성과이다.

질문

1. JM스머커와 같은 회사에 윤리가 중요한 이유는 무엇인가? 가치와 윤리에 집중하는 것이 어떻게 비즈니스 성과를 향상시킬 수 있을까?
2. 포춘지 일하기 좋은 기업 목록에 이름을 올리면 자격 요건이 낮은 지원자 사이에서도 인기가 높아질 수 있다. 지원자 수가 증가하면 선발 비용과 시간이 많이 소요될 수 있다. 이러한 목록에 등재되면 어떤 장점과 단점이 있는가? 좋은 고용주로 공개적으로 인정받는 것이 유익하다고 생각하는가? 그렇게 생각하는 이유는 무엇인가?
3. 귀하가 잠재적인 지원자라면, 스머커의 가치와 문화가 매력적으로 느껴지는가? 왜 그런가? 혹은 왜 그렇지 않은가?

Sources: Smucker, J. M. (2021). J. M. Smucker 2021 Annual Report. Available online: http://www.jmsmucker.com/investor-relations /smuckers-annual-report; Smucker Gift Will Establish Business Leadership Institute (2012, April 23). The University of Akron. Available online: http://www.uakron.edu/im/online-newsroom/news_details.dot?newsId=d24e5be1-b6fc-431b-871c-164ada224a69&crumbTitle=Smucker%20gift%20will%20establish%20business%20leadership%20institute; Harrington, A. (2022, January 27). Institute for Global Ethics Expands Focus on Business Practices with Center for Corporate Ethics, CSRWire. Available online: http://www.csrwire.com/News/3473.html; Schoeff, M. (2006, March 13). Workforce Management (p. 19); "Award-Winning Company," smuckers.com. Available online: http://www.smuckers.com/family_company/join_our_company/award_winning_company.aspx; and "Sustainability," smuckers.com. Available online: http://www.smuckers.com/family_company/join_our_company/sustainability.aspx.

1-2 조직 행동의 관리적 맥락

실제로 조직에는 최고 재무 담당 임원(CFO), 마케팅 팀장, 홍보 이사, 인사 담당 부사장, 공장장 등 여러 타이틀을 가진 관리자들이 있다. 하지만 공식적인 '조직 행동 관리자' 직책을 가지고 있는 조직은 흔치 않다. 그 이유는 간단하다. 조직 행동이 마케팅이나 재무와는 달리 공식적인 사업의 기능 혹은 책임 영역으로 취급되고 있지 않기 때문이다. 대신, 조직 행동은 모든 분야의 관리자들이 자신의 임무를 효과적으로 수행하는 데 활용할 수 있는 통찰과 수단을 제공해 준다. 조직 행동에서 다루는 상황적 맥락은 기본적 관리 기능과 핵심적인 관리 기술, 그리고 전반적인 인적자원 관리의 관점에서 파악될 수 있다.

1-2a 기본적 관리 기능과 조직 행동

경영 활동은 복잡하며 예측 불가능한 일들의 연속이며, 동시에 풍성한 기회와 흥미진진함으로 가득 차 있기도 하다. 하지만 대부분의 전문가들은 관리자가 수행하는 활동과 행동들의 개념화가 유용하다는 것을 발견하였다. 일반적으로 이러한 관리활동은 계획(planning), 조직(organizing), 지휘(leading), 통제(controlling)의 네 가지 기능을 포함한다. 이러한 기능들을 종종 순차적으로 수행되는 것으로 이해하는 경우도 있지만, 실제로는 대부분의 관리활동은 이 네 가지 기능을 동시에 수행한다.

이와 유사하게, 조직은 목적과 목표 달성을 위해 다양한 자원을 활용한다. 관리 기능을 통해 활용되는 이러한 자원은 인적자원, 재무적 자원, 물리적 자원, 그리고 정보자원의 네 가지 항목으로 분류될 수 있다. **그림 1-2**에서 확인할 수 있는 것처럼, 경영의 네 가지 기능은 조직 목표의 효과적이고 효율적인 달성을 위해 이러한 자원들을 통합한다. 이 그림은 조직의 목표 달성을 위해 관리자가 각 자원을 관리의 각 기능에 어떻게 적용하는지 보여 준다.

그림 1-2
기본적인 관리 기능

관리자는 계획, 조직, 지휘, 통제라고 하는 네 가지 기능을 수행한다. 이러한 기능들은 조직의 목적을 효과적, 효율적으로 달성하기 위해 인적, 재무적, 물리적, 정보적 자원들에 적용된다.

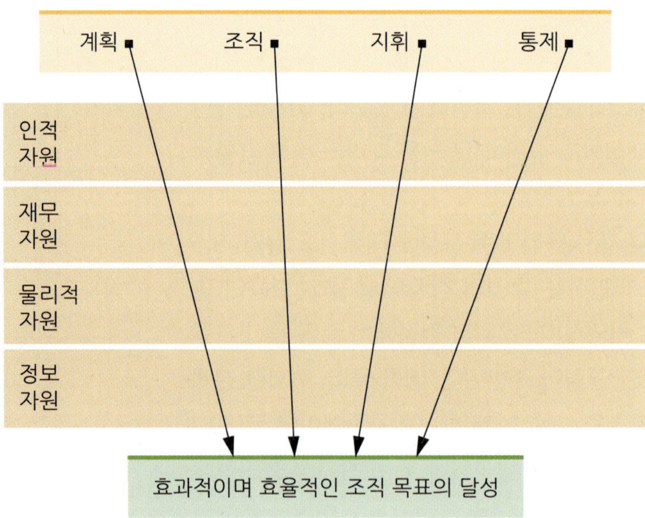

첫 번째 기능인 **계획**(planning)은 조직의 바람직한 미래 모습을 확정하고, 그곳에 도달하는 방법을 결정한다. 예를 들어, 대형 유통 업체인 타겟(Target)에서는 외부 환경을 연구, 분석하고, 적합한 목적을 결정하고, 이러한 목적을 달성하기 위한 전략을 수립하고, 전략 수행을 지원하기 위한 전술을 개발한다. 조직 행동의 절차와 특징은 이 각각의 행동 속에 만연해 있다. 예를 들어, 지각(perception)은 환경을 연구하고 분석하는 데 중요한 역할을 하며, 창의성(creativity)과 동기부여(motivation)는 관리자가 조직의 목표나 전략, 전술을 설정하는 방식에 영향을 미친다. 월마트(Walmart), 디즈니(Disney), 스타벅스(Starbucks)와 같은 대기업에서는 보통 대부분의 계획활동을 수행하는 데 있어 최고 경영진 임원 그룹에 의존하는 경우가 많다. 반면 작은 기업에서는 흔히 소유주 혼자 계획 기능을 전담한다.

계획
조직의 바람직한 미래의 모습과 그곳에 이르는 최선의 방법을 결정하는 과정.

두 번째 관리 기능은 **조직**(organizing)으로, 직무를 설계하고, 직무를 관리 가능한 단위로 그룹화하며, 직무와 직무그룹 간 권한의 패턴을 수립하는 기능이다. 이러한 조직화의 절차를 통해 조직의 기초적인 구조나 프레임워크가 만들어진다. 애플(Apple), 델타항공(Delta Airlines), 테슬라(Tesla)와 같은 대기업들의 구조는 이루 말할 수도 없이 복잡하다. 이들 구조에는 여러 계층 단계가 있으며, 복잡한 행동과 책임의 영역이 존재한다. 이보다 작은 회사들은 상대적으로 단순하며 직관적인 형태의 조직을 통해 작동된다. 앞에서 언급했던 바와 같이, 조직의 과정과 특징은 그 자체로서 조직 행동의 주요한 주제이기도 하다.

조직
직무를 설계하고, 직무를 그룹화하며, 직무와 직무 단위 간의 권한 형태를 설정하는 과정.

세 번째 관리 기능 **지휘**(leading)는 조직 구성원들이 조직의 목표를 향해 함께 협력하도록 동기부여 시키는 과정이다. 예를 들어, 어번아웃피터(Urban Outfitter)의 매장 관리자는 매장에서 일할 사람을 채용하고, 훈련시키며, 동기부여 시켜야 한다. 지휘의 주요 기능은 종업원들의 동기부여와, 집단의 역학 관계 및 리더십의 실질적인 과정의 관리를 포함한다. 이 모든 것은 조직 행동의 주요한 분야들과 긴밀하게 연결되어 있다. 수십 개 국가에 걸쳐 있는 다국적 기업에서든, 아니면 지역의 작은 가게에서든, 모든 관리자는 지휘의 중요성을 이해하고 있어야 한다.

지휘
조직 구성원들이 조직의 목표 달성을 위해 함께 일할 수 있도록 만드는 과정.

지휘 기능은 대부분의 관리자가 수행하는 직무의 중요한 부분을 차지한다. 사진 속의 관리자는 보다 높은 수준의 성과를 달성하려는 노력의 일환으로서 팀원들에게 필요한 정보를 전달하고 있다.

Monkey Business Images/Shutterstock.com

네 번째 관리 기능인 **통제**(controlling)는 조직 구성원들이 조직의 목표를 향해 갈 수 있도록, 이들이 수행하는 활동을 관찰하고 시정하는 과정을 의미한다. 베스트바이(Best Buy)의 관리자는 비용과 재고 등을 통제해야 한다. 여기에서도 행동의 과정과 특성은 핵심적 부분을 구성한다. 예를 들어, 성과 평가와 보상 시스템은 모두 통제 기능에 적용된다. 통제는 모든 사업에서 매우 중요하지만 특히 소규모 사업에서 더욱 중요하다. 예를 들어, 타겟과 같은 대기업에서는 잘못된 통제로 인해 몇천 달러 정도의 손해를 본다 하더라도 이를 견딜 수 있지만, 같은 만큼의 손해가 중소기업에서 발행한다면 견디기 힘들 것이다.

통제
조직 및 조직 구성원이 그들의 목표에서 벗어나지 않도록 행동을 관찰하고 교정하는 과정.

Jeff Greenberg/Universal Images Group/Getty Images

기능적 기술은 특정한 과업을 수행하는 데 필요한 지식과 기술이다. 사진 속의 소매점 관리자는 신입 종업원에게 결제 도구를 사용하는법을 교육시키고 있다. 다른 사람을 교육시키기 위해서는 기능적 기술을 갖추어야 한다.

1-2b 핵심적 관리 기술과 조직 행동

관리 직무 수행의 또 다른 중요 요인은 관리의 기본적 기능과 핵심적 역할을 수행하는 데 필요한 기술을 숙달시키는 것이다. 일반적으로 말해, 대부분의 성공적인 경영자는 관리 업무 수행에 필요한 기능적(technical), 대인 관계적(interpersonal), 개념적(conceptual), 진단적(diagnostic) 기술을 혼합하여 활용하는 데 능통하다.[13]

기능적 기술
조직의 특정한 과업을 수행하는 데 필요한 기술.

기능적 기술(technical skills)은 조직 내의 구체적인 과업을 수행하는 데 필요한 기술을 의미한다. 앵그리 버드(Angry Bird)를 개발했던 로비오(Rovio)에서 새로운 모바일 게임을 설계한다거나, 애드보케어(Advocare)에서 새로운 다이어트 영양제를 개발하거나, 할리버튼(Halliburton)에서 새로운 시추 기술에 대한 보도 자료를 쓰는 등의 작업을 하기 위해서는 기능적인 기술이 필요하다. 이러한 기술은 일반적으로 조직의 생산 과정에 필요한 운영에 연관되어 있다. 예를 들어, GM(General Motors)의 최고 경영자인 메리 바라(Marry Barra)는 이 회사의 전기 기술직 인턴으로 자신의 경력을 시작하였다. 강력한 기능적 기술을 갖춘 다른 경영자의 예로는 웨더포드(Wetherford International)의 최고 경영자로서 석유 기술자로 경력을 시작했던 마크 맥컬럼(Mark McCollum)이나, 16살 때 Rent-A-Car에서 세차원으로 경력을 시작했던 엔터프라이즈(Enterprise Holdings)의 최고 경영자 앤드류 테일러(Andrew Taylor) 같은 인물들을 들 수 있다. 또한, 4대 회계법인의 최고 경영자들은 모두 회계사로 경력을 시작했다는 데에서도 이를 확인할 수 있다.

대인 관계적 기술
개인 및 집단과 효과적으로 소통하고, 그들을 이해하며 동기부여 시키기 위해 필요한 기술.

개념적 기술
추상적으로 생각하는 능력.

경영자는 **대인 관계적 기술**(interpersonal skills)을 활용하여 다른 사람들과 소통하며, 그들을 이해하고, 동기부여 시킨다. 앞에서 논의했던 것처럼, 관리자들은 다른 사람들과의 상호작용에 많은 시간을 쓴다. 이를 보면 다른 사람들과 잘 지내는 것이 중요하다는 것은 분명하다. 예를 들어, 하워드 슐츠(Howard Schultz)는 스타벅스(Starbucks)의 CEO이다. 그는 다른 사람들에 대한 존중과 존경을 가지고 종업원을 대할 수 있다. 의료보험 비용이 치솟고 있는 상황에서도 슐츠는 종업원들에게 의료보험 혜택을 지속적으로 제공하였고 스타벅스의 파트너(스타벅스에서는 종업원을 이렇게 부른다)들이 학교를 마칠 수 있도록 교육의 기회를 부여하였다. 그는 또한 코로나19 때문에 대부분의 소매업이 수개월 동안 영업을 중단했을 때도, 스타벅스의 종업원들에게 그 영향이 최소화되도록 노력을 기울였다. 슐츠는 또한 열정과 리더십으로 잘 알려져 있다. 이러한 그의 자질을 통해, 조직의 구성원들을 고무시키고, 그들이 스타벅스의 목표 달성을 위해 열심히 일하도록 동기부여 시킬 수 있었다.

GM의 회장이자 CEO인 메리 바라는 기계 엔지니어루 경력을 시작하여, 관리직으로 옮겨 현재의 위치에까지 오르게 되었다.

Steve Lagreca/Shutterstock.com

개념적 기술(conceptual skills)이란 추상적인 사고를 할 수 있는 관리자들의 능력을 의미한다. 높은 수준의 개념적 기술을 보유한 관리자란 소위 '큰 그림'을 고려할 수 있는 능력을 갖춘 사람이다. 즉, 개념적 기술을 갖춘 경영자는, 다른 사람들이 눈앞의 장애물이나 문제에 집착할 때에도 그 이면의 기회를 발견할 수 있다. 예를 들면, 스티브 워즈니악(Steve Wozniak)과 스티브 잡스(Steve Jobs)가 차고에서 자신들의 작은 컴퓨터를 스스로 개발했을 당시, 워즈니악에게 이것은 어설픈 작은 장난감으로만 보였다. 하지만 잡스는 보다 더 멀리 보았고, 자신의 파트너들에게 컴퓨터를 제조, 판매하는 회사를 시작해야 한다는 점을 설득했다. 그 결과가 바로 애플컴퓨터(Apple Computer)였다. 이후 잡스는 또한 그의 개념적 기술을 활용하여 디지털 미디어 기술의 잠재력을 발견할 수 있었는데, 이는 픽사(Pixar)의 애니메이션 스튜디오를 구상하고, 아이팟, 아이폰, 아이튠스, 아이패드와 같은 제품의 개발로 연결할 수 있었던 요인이었다. 2011년 잡스가 세상을 떠났을 때, 그는 역사상 가장 혁신적인 경영자로 추앙받았다.

진단적 기술
원인과 결과를 이해하며, 문제에 대한 최적의 해법을 도출하는 능력.

대부분의 성공적인 경영자들은 또한 **진단적 기술(diagnostic skills)**을 조직관리에 적용시킨다. 진단적 기술은 경영자로 하여금 원인-결과의 관계를 보다 잘 이해하고, 어떤 문제에 대한 최적의 해법을 도출해 낼 수 있게 한다. SBC 커뮤니케이션(SBC Communication)의 회장이자 CEO로 재직했던 에드 휘터커(Ed Whitacre)는 회사가 소비자 시장에서 성과를 잘 내고 있었음에도 불구하고, 강력한 브랜드가 부재하다는 사실을 인식하였다. 이러한 회사의 약점을 보완하고자 그는 처음에는 매우 조심스럽게 한 가지 조치를 취했다. 그것은 AT&T를 약 160억 달러에 인수하는 것이었는데, 이러한 과정을 통해 회사가 원하는 강력한 브랜드 인지도를 확보하려는 것이었다. 인수 작업이 마무리된 이후, 사명을 SBC에서 AT&T로 변경하였다. 이러한 절차가 순조롭게 진행될 수 있었던 것은 그가 가지고 있었던 진단적 기술 덕분이었다.[14] 실제로 강력한 진단적 기술을 보유하고 있다는 명성으로 인해, 휘터커는 2009년의 불황의 늪에 빠져 있던 GM의 회생을 이끌어 달라는 요청을 받기도 했다.

1-2c 조직 행동과 인적자원 관리

인적자원 관리
효과적인 인력을 유치, 개발, 유지하기 위한 일련의 조직 활동.

앞서, 조직 행동이 일반적으로 조직의 모든 영역과 연관되어 있다고 언급한 바 있다. 조직 행동은 특히 인적자원 관리와 관련이 있다. **인적자원 관리(human resource management: HRM)**는 효과적인 인력을 유치, 개발, 유지하기 위한 일련의 조직 활동을 의미한다. 더 정확히 말하자면, 인사관리자는 신입 사원을 선발하고, 직원에게 동기를 부여하고 유지하기 위한 보상과 인센티브를 개발하며, 직원 교육 및 개발 프로그램을 만든다. 그렇다면 어떤 지원자를 채용할지, 어떤 보상이 더 큰 동기부여가 될지 어떻게 알 수 있을까? 이러한 질문들, 혹은 이러한 질문과 연관된 질문에 대한 대답은 일반적으로 조직 행동 분야에서 찾을 수 있다. 예를 들어, 직원 채용 과정에서 지원자들의 성격 특성이 종종 활용된다. 이와 마찬가지로, 관리자가 동기부여 이론을 학습한다면, 직원들에게 가장 효과적으로 보상하고 유지하는 방법을 이해하는 데 도움이 된다. 이 장의 Improve Your Skills에서는 구직을 위한 면접을 보기 전에 준비되어 있어야 하는 몇 가지 일반적인 면접 질문을 다루고 있다. 여기서 제시하는 질문과 그에 대한 답변은 모두 조직 행동의 개념과 관련이 있다.

Improve Your Skills

조직 행동과 관련한 채용 면접 질문

1. 관리자가 수행해야 할 가장 중요한 일은 무엇이라 생각하는가?
2. 당신이 업무를 수행하는 과정에서 내렸던 가장 윤리적인 결정은 무엇이었나?
3. 당신이 업무에서 경험했던 갈등에 대해 이야기하고, 그것을 어떻게 해결했는지 말해 보라.
4. 당신이 경험했던 도전적인 팀의 경험에 대해 이야기하고, 그것을 어떻게 해결했는지 말해 보라.
5. 성과 목표를 달성하지 못하는 직원들을 어떻게 관리하고자 하는가?
6. 당신의 리더십 스타일을 어떻게 묘사하겠는가?
7. 스트레스를 유발하는 업무 마감 시간에 어떻게 대응하겠는가?
8. 어려운 상사를 경험해 본 적이 있는가? 만약 그렇다면, 그 상황에 어떻게 대응했는가? 만약 그런적이 없다면, 이러한 상황에서 당신은 어떻게 대응하겠는가?
9. 당신이 업무에서 활용했던 혁신적 문제 해결 기법 혹은 혁신적 의사 결정 기법은 무엇이었나?
10. 어떠한 종류의 조직 문화가 당신에게 가장 잘 맞는가? 왜 그런가?

예를 들어, 최근 아마존(Amazon.com)의 중요한 발표내용을 생각해 보자. 이 온라인 대형 유통업체는 2022년 초 12만 5,000명의 신규 직원을 채용하겠다고 발표했고, 이와 동시에 미국 내 기존 직원 대부분의 급여를 인상하기 시작했다. 이와 함께 아마존은 신입 사원을 신규 채용하고 교육하는 데 사용하는 방법을 변경할 것이라고 발표했다.[15] 분명 아마존은 인건비 인상을 가볍게 결정하지 않았을 것이다. 대신, 관리자들은 더 높은 임금과 새로운 인사 관행을 통해 더욱 우수한 신입 직원을 채용하고 기존 직원을 유지할 수 있을 것으로 기대했다. 아마존 경영진이 내린 이 중요하고 값비싼 결정은 조직 행동의 이론과 연구에 기원을 두고 있으며, HRM을 통해 회사에서 구현될 것이다. 아마존의 사례는 또한 조직 행동의 전략적 맥락을 보여 준다. 이에 대해서는 다음 절에서 자세히 논의해 보고자 한다.

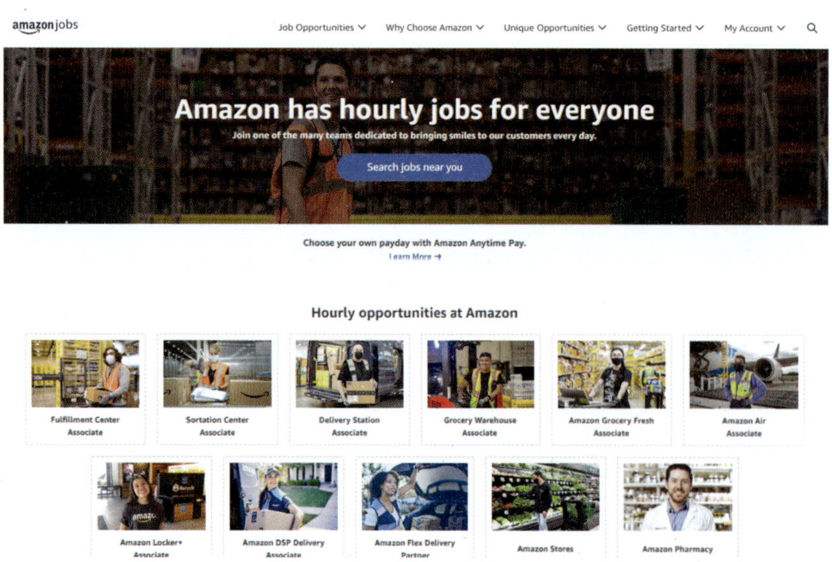

Amazon.com, Inc.

아마존은 매년 수천 명의 종업원을 채용하는데, 이들 중 일부는 퇴직한 직원을 대체하기 위해, 또 다른 일부는 조직의 성장을 위해 채용된다. 아마존은 종업원 유치를 위해 월마트나 타겟과 같은 경쟁사에 비해 높은 연봉과 복지를 제공한다.

1-3 조직 행동의 전략적 맥락

성공적인 비즈니스 전략은 기업이 고객을 유치하고, 경쟁으로부터 자신을 방어함에 있어, 다른 회사보다 우월한, 즉 지속 가능한 경쟁 우위를 창출하고 유지하는 데 기반을 두고 있다. 효과적인 인재 관리는 경쟁 우위 창출과 비즈니스 전략 실행의 핵심이다. 전설적인 제너럴 일렉트릭(GE)의 전 CEO 잭 웰치(Jack Welch)는 "이제 우리는 생산성, 즉 진정한 생산성과 무한한 생산성이 어디에서 나오는지 알게 되었다. 그것은 도전적이고, 권한을 가지고 있으며, 신바람 나고, 보람을 느끼는 팀원들로부터 비롯된다."고 사람의 중요성을 강조한 바 있다.[16] 이제 전략 관리의 본질과 조직 행동과의 관계에 대해 좀 더 구체적으로 탐구해 보자.

1-3a 경쟁 우위의 원천

조직은 어떻게 경쟁 우위를 확보할 수 있을까? 전략 연구자들은 기업이 우수한 제품을 만들 수 있는 능력, 저렴한 가격의 제품, 우수한 고객 서비스, 편의성, 짧은 제품 개발 시간, 잘 알려진 브랜드 등 여러 가지 **경쟁 우위**(competitive advantage)의 원천을 밝혀냈다.[17] 경쟁 우위를 확보하고 유지하는 주체는 조직에 속해 있는 사람들이므로, 이들에 대한 효과적인 관리가 비즈니스 성공에 매우 중요하다.[18]

경쟁 우위
고객을 유치하고, 경쟁으로부터 자신의 위치를 보호하는 데 있어 경쟁사보다 더 우수할 수 있는 모든 요소.

창고형 소매업체 코스트코(Costco)는 강력하고 충성도가 높은 고객층, 다양한 고품질 제품을 저렴한 가격에 구매할 수 있는 접근성, 헌신적인 직원들 덕분에, 다른 소매업체에 비해 경쟁 우위를 점할 수 있었다. 코스트코는 직원들에게 가장 직접적인 경쟁사인 샘스클럽(Sams Club)보다 훨씬 높은 급여를 지급하지만 샘스클럽에 비해 이직률이 낮고, 직원 참여도와 생산성이 높기 때문에 인건비 대비 재무 수익률은 비슷한 수준이다.[19] 이는 결과적으로 더 높은 품질의 고객 경험으로 이어진다.

Joni Hanebutt/Shutterstock.com

Juan Llauro/Shutterstock.com

샘스클럽과 코스트코는 서로 경쟁 관계에 있지만 경쟁 우위를 달성하는 데 있어서는 매우 다른 접근법을 사용하고 있다. 샘스클럽은 비용과 가격을 통제하기 위해 종업원에게 상대적으로 낮은 임금을 지급한다. 반면에 코스트코는 보다 경험이 많은 종업원을 고용하여 더 우수한 고객 서비스를 제공하기 위해 더 높은 임금을 지급한다.

마이클 포터(Michael Porter)에 따르면, 기업이 경쟁 우위를 확보하기 위해서는 궁극적으로 고객에게 비용 대비 우수한 가치(양질의 서비스와 수용 가능한 가격의 조합)를 제공할 수 있어야 한다. 즉, 높은 가격을 받을 만한 더 나은 제품이거나, 아니면 저렴한 가격의 무난한 제품이거나 이들 모두 경쟁 우위의 원천이 될 수 있다.[20] 표 1-1에는 경쟁 우위의 원천이 몇 가지 나열되어 있다. 여기서 조직이 보유한 인재가 각 경쟁 우위 요인에서 핵심적인 역할을 한다는 점에 유의해야 한다. 관리자가 수행하는 중요한 일 중 하나는 회사의 비즈니스 전략을 실행하는 것이므로, 이제부터 비즈니스 전략에 대해 더 자세히 살펴보고, 조직

표 1-1
경쟁 우위의 원천

- 혁신(innovation): 새로운 제품, 서비스, 시장을 개발하거나 기존 제품, 서비스, 시장을 개선함
- 유통(distribution): 경쟁을 완화하기 위해 유통채널을 지배함
- 속도(speed): 제품과 서비스를 고객에게 신속하게 전달함
- 편리성(convenience): 고객들이 편리하게 거래할 수 있도록 함
- 시장선도(first to market): 경쟁사들 보다 앞서 제품과 서비스를 출시함
- 비용(cost): 최저가로 제공함
- 서비스(service): 판매 전, 중, 후에 최고의 고객지원을 제공함
- 품질(quality): 가장 뛰어난 품질의 제품과 서비스를 제공함
- 브랜딩(branding): 가장 긍정적인 이미지를 구축함

행동의 개념과 모델이 어떻게 조직의 전반적인 비즈니스 전략을 강화하고 실행을 지원할 수 있는지 논의해 보고자 한다.

1-3b 비즈니스 전략의 종류

기업은 가격, 기술 리더십, 고객 서비스, 혹은 이러한 요소들과 다른 요소와의 조합을 기반으로 가치를 창출할 수 있다. 비즈니스 전략은 다른 기업과 경쟁하는 방법과 관련된 도전과 기회를 비롯하여 다음의 내용을 포함한다.

- 회사 내 다양한 기능 영역의 전략.
- 규제 완화, 제품 시장 성숙도, 고객 인구 통계 변화 등 변화하는 업계 상황에 따른 대응.
- 회사 전체가 직면한 다양한 전략적 문제와 선택에 대한 대처.

비즈니스 전략의 일부는 계획된 것이기도 하고, 또 다른 한편으로는 변화하는 환경에 대한 반응이기도 하다. 모든 조직에는 수많은 가능한 전략이 존재하며, 한 조직이 여러 사업부에서 서로 다른 전략을 추구할 수도 있다. 또한 기업은 특정 시기에 두 가지 이상의 전략을 동시에 추구하기도 한다. 마이클 포터(Michael Porter)에 따르면 기업은 가장 저렴한 생산자가 되거나, 고객에게 가치 있는 고유한 제품을 만들거나, 아니면 좁은 틈새시장에서 전문성을 발휘하여 해당 부문의 특정 제품 또는 서비스 요구를 충족시킴으로써 성공적으로 경쟁한다.[21] 이 세 가지 주요 비즈니스 전략은 다음과 같다.

1. 비용 우위(cost leadership)
2. 차별화(differentiation)
3. 전문화(specialization)

또 다른 전략적 선택은 어떤 비즈니스를 성장시킬지 여부 및 어떻게 성장시킬 것인지에 관한 것이다. 다음에서는 이러한 각 전략과 그 전략이 조직 행동에 미치는 영향에 대해 논의하고자 한다.

비용 우위 전략

비용 우위 전략(cost leadership strategy)을 추구하는 기업은 특정 수준의 제품 품질에 대해 업계에서 가장 낮은 비용의 생산자가 되기 위해 노력한다. 이러한 전략을 추구하는 기업들은 일반적으로 효율적인 방식으로 제조할 수 있는 제품을 확보, 유통 또는 설계(예: 조립이 필요한 부품 수를 최소화한 제품 설계)하고 효율적인 제작 공정을 설계하여 생산 비용을 낮추고, 이를 통해 소비자 가격을 효과적으로 낮춘다. 월마트(Walmart)는 비용 우위 전략을 사용하는 기업의 좋은 사례다. 예를 들어, 월마트는 소비자 구매 패턴을 실시간으로 파악하기 위해 고효율 공급망과 최첨단 정보 시스템을 구축하는 데 막대한 투자를 했다. 이를 통해 월마트는 매장에 항상 적합한 제품을 최적의 수량으로 확보할 수 있다. 또한 월마트는 까다롭게 협상하기로도 유명한데, 소매 가격을 낮게 유지할 수 있도록 공급 업체에 가격을 낮출 것을 지속적으로 압박하는 것으로 알려져 있다.

비용 우위 전략
특정한 품질 수준에서 가장 낮은 비용의 생산자가 되는 것을 추구하는 전략.

비용과 가격을 낮게 유지하는 전략을 추구하는 조직은 일반적으로 **운영 탁월성**(operational excellence)을 통해 경쟁 우위를 확보하려고 노력한다. 이러한 기업의 종업원들은 효율적인 프로세스를 따르며, 지속적인 개선활동에 참여해야 한다. 제조업 및 운송업에 종사하는 많은 기업이 이러한 접근 방식을 채택한다. 이러한 조직에서는 비용을 절감하고 가격을 낮추는 동시에, 경쟁사 제품과 성공적으로 경쟁할 수 있는 바람직한 제품을 생산하기 위해 운영 시스템을 수정할 방법을 지속적으로 모색하고 있다. 델 컴퓨터(Dell), 페덱스(FedEx), 월마트 등은 운영의 탁월성을 기반으로 경쟁 우위를 확보한 기업의 좋은 예이다.

운영 탁월성
생산 혹은 제품 개발 과정에서 소요되는 비용을 최소화하기 위해 효율성을 극대화.

운영적 탁월함을 추구하는 조직의 경영자들은, 단기 생산 목표에 집중할 수 있고, 낭비를 피하며, 생산 비용 최소화에 관심을 가진 유연한 직원을 채용하고 교육해야 할 필요가 있다.[22] 운영적으로 탁월한 조직은 일반적으로, 비록 그 규모가 크지는 않지만 꾸준하게 확보할 수 있는 이익으로 운영되며, 개인의 성과보다는 팀워크에 더 많이 의존한다.

차별화 전략

차별화 전략
고객에게 가치를 인정받는 고유한 특성을 가진 제품이나 서비스를 개발하는 전략.

차별화 전략(differentiation strategy)은 고객에게 가치를 인정받는 고유한 특성을 가진 제품이나 서비스를 개발하는 것이다. 개념적으로는, 제품의 고유성(uniqueness)으로 인한 부가가치를 통해 프리미엄 가격을 책정할 수 있다. 이러한 기업들이 제품을 차별화할 수 있는 차원으로는, 이미지(코카콜라), 제품 내 구성(랭글러의 의류), 품질(렉서스), 안전성(볼보), 사용자 친화성(애플 제품) 등이 있다. 스피릿 항공(Spirit Airlines)과 같은 일부 기업들은 저렴한 비용으로 기본적인 제품 및 서비스만 제공하는 전략을 추구함으로써 경쟁사와 차별화한다. 기업은 두 가지 이상의 전략을 동시에 추구하는 것도 가능하다. 이런 경우, 예를 들어, 스피릿 항공은 비용 우위 전략과 차별화 전략을 동시에 추구하는 것으로 이해될 수 있다.

렉서스는 차별화 전략을 채택하고 있다. 렉서스의 자동차들은 경쟁사들의 자동차보다 품질 면에서 우수하다는 점을 홍보하고 있다. 이러한 차별화는 렉서스가 높은 가격을 받을 수 있도록 한다.

Classic Topcar/Shutterstock.com

제품 혁신
새로운 제품이나 서비스 개발.

차별화 전략을 추구하는 기업은 종종 **제품 혁신**(product innovation)을 기반으로 경쟁 우위를 확보하려고 한다. 이를 위해서는 종업원들이 시장에서 우위를 점할 수 있는 새로운 제품과 서비스를 지속적으로 개발해야 한다. 이러한 기업은 종업원들이 새로운 아이디어를 회사로 가져오도록 장려하는 문화를 조성하고 유지한다. 종업원이 제안하는 아이디어가 아무리 파격적일지라도, 이를 경청하고 채택할 것을 고려한다. 이러한 기업들이 경쟁력을 유지하는 핵심은 신제품을 자주 출시하는 것이다. 이러한 전략은 특히 기술회사 및 제약 회사에서 흔히 볼 수 있다. 존슨앤존슨(Johnson & Johnson), 나이키(Nike), 애플 등은 제품 혁신을 기반으로 경쟁 우위를 확보한 기업의 사례이다.

제품 혁신을 추구하는 기업은 일반적으로 자신의 사업 환경을 보호하고자 노력한다. 이를 위해 경영자들은 혁신적인 문화를 개발하고 강화한다. 이들 기업은 인력 충원에 있어, 관련 경력만을 기준으로 선발하는 대신, 지원자가 팀원들과 협력적으로 일할 수 있는지, 개방적인 마인드와 창의적 역량을 보유하고 있는지 등을 평가한다.[23] 제품 혁신에 경쟁 우위를 가진 조직은 기업가적 사고방식, 장기적인 집중력, 모호성에 대한 높은 수준의 인내력, 학습과 발견에 대한 관심을 갖춘 핵심적 연구 개발 인력을 원할 가능성이 높다. 차별화를 추구하는 이런 조직에 안정성과 예측 가능성을 중시하는 사람은 적합하지 않다. 혁신 기업의 경영자는 다양한 직원이 열린 마음을 갖고 새로운 아이디어를 적극적으로 제안할 수 있도록 동기와 권한을 부여해야 할 필요가 있다.[24]

전문화 전략

전문화 전략
좁은 영역의 세분시장이나 틈새시장 내에서 차별화 혹은 비용 우위를 추구하는 전략.

단일 제품 혹은 특정한 용도 또는 특별한 니즈를 가진 구매자 등 좁은 시장 부문이나 틈새 시장에 초점을 맞춘 **전문화 전략**(specialization strategy)을 추구하는 기업은 특정한 해당 시장 내에서 차별화 또는 비용 리더십 전략을 추구한다. 전문화 전략을 성공적으로 추진하는 기업들은 해당 시장을 매우 잘 알고 있으며, 충성도가 높은 고객을 확보하고 있는 경우가 많다. 이 전략은 동일한 틈새 시장에 서비스를 제공하는 경쟁사보다 비용을 낮추거나, 혹은 다른 경쟁사가 제공하지 않는 것을 고객에게 제공할 수 있는 능력(예: 비표준 부품 제조)을 갖춘 경우에 성공 가능성이 높다. 전문화 전략을 사용하는 기업의 예로는 처키치즈(Chuck E Cheese), 던킨(Dunkin), 스타벅스(Starbucks) 등이 있다.

고객 친밀성
고객의 욕구를 충족하고 그들의 충성도를 높이기 위해 고객 맞춤 형태의 고유한 제품이나 서비스를 개발 .

전문화 전략을 추구하는 조직은 종종 위와 같은 **고객 친밀성**(customer intimacy)을 기반으로 경쟁 우위를 확보하고, 고객의 요구를 충족하고, 고객 충성도를 높이기 위해 독특하고 개별 맞춤화된 제품이나 서비스를 제공하기 위해 노력한다. 이러한 접근 방식은 시장을 세분시장 혹은 틈새 시장으로 나눈 다음, 해당 틈새 시장의 수요를 충족하도록 회사의 제품을 맞춤화하는 것을 포함한다. 고객 충성도를 높이기 위해 조직 구성원들은 고객에 대한 상세한 지식에다가 운영상의 유연성을 결합하여, 제품 맞춤화나 특별한 고객 요청 이행 등에 이르기까지 거의 모든 고객 요구에 신속하게 대응할 수 있어야 한다. 컨설팅, 소매업 및 은행 등은 종종 이러한 접근 방식을 채택한다.

대부분의 서비스 품질 전문가는 고객 지향적인 기업을 구축하는 데 있어 인재가 가장 중요한 요소라고 말한다.[25] 고객 관계 기술이 뛰어나고, 어떠한 압박 속에서도 정서적 회복력을 갖춘 능동적인 학습자를 채용해야 고객 친밀감의 경쟁 우위를 보완할 수 있으며, 고객과의 약속을 이행하는 조직의 능력을 지속적으로 향상시키는 데 도움이 될 것이다.[26] 직원들의 협력과 협업은 고객 친밀감을 개발하는 데 중요하므로 관리자는 효과적인 팀을 구성하고, 효과적인 소통 채널을 만드는 데도 집중해야 한다.

스타벅스와 같은 기업은 고객 관계에 집중하기 때문에 상대적으로 높은 제품 가격을 받을 수 있다. 만약 스타벅스가 의사소통 능력이 상대적으로 떨어지는 값싼 노동력을 고용하고, 직원 교육과 만족도를 위한 투자를 줄인다고 상상해 보자. 스타벅스의 경쟁 우위는 빠르게 약화될 것이고, 고객의 재방문을 유도하기 위해 커피 가격을 낮춰야 할 것이다. 결국 스타벅스는 회사가 추구하는 전문화 전략을 지원하는 데 필요한 직원을 유치하고, 동기를 부여하고, 유지하는 데 실패할 것이고, 전문화 전략이 아닌 비용 우위 전략을 추구하게 될 것이다.

성장 전략

또 다른 전략적 선택은 기업 규모 및 사업을 확장할지 여부다. 기업은 주당 순이익 상승에 대한 투자자들의 선호에 따라 **성장 전략**(growth strategy)을 추구하는 경우가 많은데, 이 경우 사업 확장에 필요한 인재의 추가적인 확보가 요구된다. 예를 들어, 블레이즈 피자(Blaze Pizza)나 파이브 가이즈(Five Guys)와 같은 성장 지향적 체인은 지속적으로 새로운 매장을 오픈하기 때문에 추가적인 관리자와 직원의 충원이 필요하다.

성장 전략
조직의 규모를 확장하거나 타 회사 인수를 통한 기업의 확장.

성장 전략의 성공 여부는 기업이 의도한 성장을 지속할 수 있는 적절한 인원과, 성장에 필요한 유형의 직원을 찾고 유지할 수 있는 능력에 달려 있다. 조직은 우선 새로운 공장이나 매장 오픈 등 자체적인 확장을 통해 유기적으로 성장할 수 있다. 이 경우, 회사 운영을 확장하는 데 적합한 인재를 채용, 선발, 교육하기 위한 투자가 필요하다. 또한 기업은 다른 기업의 인수합병을 통해 성장 전략을 추구할 수도 있다. 인수합병은 기업이 성장을 달성하고, 국제적으로 확장하고, 업계에 대한 규제 완화 조치에 대응하기 위해 흔히 활용하는 전략이다. 인수합병은 조직이 비즈니스 영역을 확장하는 방편이기도 하고, 비즈니스 전략을 실행하는 데 필요한 양질의 인재를 확보할 수 있는 방법이 될 수도 있다.

성장 전략을 실행하기 위한 방법으로써 인수합병을 활용할 때는 합병하려는 두 조직의 문화, 가치, 조직 구조가 일치하는지를 고려하는 것이 중요하다. 합병 또는 인수된 조직 간의 불일치는 저조한 성과 및 유능한 직원의 이탈로 이어질 수 있기 때문이다. 인수합병은 기술적 또는 재정적 문제보다는 문화적인 문제로 인해 실패하는 경우가 많다.[27] 다임러-크라이슬러 사례, HP와 컴팩, AOL과 타임워너의 합병 사례, 그리고 여전히 어려움을 겪고 있는 유나이티드항공(United Airline)과 콘티넨탈항공(Continental Airline) 간의 합병이 실패한 합병으로 평가받는 대표적인 예이다.

1-3c 비즈니스 전략과 조직 행동의 결합

비즈니스 전략과 조직 행동 간에는 여러 가지 연결고리가 있다. 예를 들어, 비용 우위 전략에 의존하는 기업은 일반적으로 모든 비용을 가능한 한 낮게 유지해야 한다. 따라서 저임금 직원에 의존하고 가능한 한 많은 작업을 자동화한다. 이러한 조치는 직원의 동기부여 및 업무 설계에 분명히 영향을 미친다. 이와 마찬가지로 차별화 전략을 사용하는 기업은 모범적인 고객 서비스를 강조한다. 이를 실현하기 위해서는 높은 수준의 서비스를 제공하려는 동기를 가진 종업원, 조직 내에 고객 서비스 문화를 발전시키는 데 도움이 되는 리더, 고객 서비스와 연계된 보상 구조가 필요하다. 전문화 전략은 종종 전문 기술과 능력을 갖춘 직원을 필요로 한다.

전략 실행과 변경을 위한 대규모의 조직 변화도 필요하다. 아마도 가장 큰 두 가지 변화는 새로운 조직 문화와, 직원들에게 요구되는 새로운 행동일 것이다. 전략 변화의 성격에 따라 일부 직원은 그 새로운 전략을 지원할 의지를 상실하거나, 또는 그들의 능력이 미치지 못할 수도 있다. 새로운 전략을 실행하는 데 핵심적 역할을 할 사람들을 지도하고, 동기를 부여하고, 이들에게 영향을 미치기 위한 경영진의 노력에 초점을 맞춘다면, 전략이 수행되고, 궁극적으로 전략의 효과성에 영향을 미치는데 도움이 될 수 있다.

현재 반도체 칩을 제조하고 있는 회사를 상상해 보자. 경쟁적 환경에서 그 회사는 비용을 낮추기 위한 경쟁을 해야 한다. 즉, 이 회사는 비용을 통제하기 위한 운영 효율성에 초점을 맞출 것이다. 이처럼 비용을 억제하는 데 초점을 맞추는 회사에서는 목표 달성을 위한 운영 규칙의 엄격한 준수를 강화한다. 이제, 이 조직의 운영 초점이 새롭고 혁신적인 컴퓨터 칩을 개발하는데 맞추어 지고, 직접 생산하는 대신, 아시아의 저임금 국가에 아웃소싱하는 것으로 경쟁의 초점을 변화시킨다면, 과연 무엇이 바뀔 것인지 생각해 보자. 조직의 초점은 이제 비용절감 대신, 혁신, 문제해결 및 팀워크 등에 맞추어질 것이다. 조직의 관리자들은 정해진 규칙을 시행하기보다는, 리더십을 발휘하여 동기부여 및 의사소통을 하는데 보다 많은 주안점을 두어야 하며, 의사 결정에 대한 직원의 참여를 증가시켜야 한다. 애플(Apple)은 회사 설립 초기에는 주로 아시아에 있는 제조업체들로부터 제품 생산에 필요한 칩을 구매했다. 그러나 2021년 애플은 일부 칩을 직접 제조할 계획을 발표하면서 전환을 시도하였다. 이 계획은 제품 디자인, 개발 및 생산에 대한 새로운 접근 방식을 필요로 하였으므로, 회사에게는 새로운 도전이었다. 인텔(Intel) 역시 반도체 메모리 칩을 생산하는 업체였으나, 1970년대 초 프로그램이 가능한 마이크로프로세서를 생산하기로 결정하면서 이러한 유형의 변화를 겪었다.

앞에서 논의했던 내용들은 다양한 비즈니스 전략을 실행하는 데 있어 조직 행동의 역할을 이해하는 데 도움이 될 것이다. 효과적인 경영자라면 회사의 비즈니스 전략을 실행하기 위해 무엇을 해야 하는지 이해하고, 이를 달성하기 위해 직원들의 활동을 계획, 조직, 지휘, 통제한다. 경영자는 자기 혼자서 조직의 목표를 달성하는 것이 아니라 다른 사람을 통해 업무를 수행한다는 점에 유의할 필요가 있다. 조직 행동의 개념과 모델을 유연하게 적용하면 조직의 목표를 효과적으로 달성하는 데 도움이 된다.

1-4 조직 행동의 맥락적 관점

시스템 및 우발적 관점(contingency perspectives), 상호작용 관점 등 여러 맥락적 관점도 조직 행동을 이해하는 데 영향을 미친다. 이번 장에서 논의되는 많은 개념과 이론은 이러한 관점을 반영한다. 이러한 관점은 조직 내 행동에 대한 오늘날의 인식에 많은 영향을 미치고 있는 기본적인 관점을 보여 주며, 또한 관리자가 조직의 효율성을 위해 노력할 때 행동 프로세스를 어떻게 사용하는지 보다 명확하게 고려할 수 있게 해 준다. 하지만 이러한 관점을 살펴보기 전에 먼저 조직 행동 분야가 어떻게 발전해 왔는지 간단히 알아보자.

1-4a 조직 행동의 기원

조직 행동의 기원은 인간이 처음으로 타인을 이해하고, 동기를 부여하며, 지휘를 시작한 선사 시대로 거슬러 올라간다. 그리스 철학자 플라톤(Plato)은 리더십의 본질에 대해 고민했고, 아리스토텔레스(Aristotle)는 설득력 있는 커뮤니케이션에 대해 논의한 바 있다. 조직의 힘과 정치의 기초는 2,300여 년 전 쓰인 손자병법이나 16세기 이탈리아 철학자 마키아벨리의 저서에서 찾을 수 있다. 카리스마적 리더십은 이후 독일의 사회학자 막스 베버(Max Weber)에 의해 논의되었다. 조직 행동의 개념과 모델은 오랜 시간 동안 리더 및 저술가들의 관심 주제였다. 조직 행동에 대한 과학적 연구의 기원을 더 잘 이해하기 위해 다음 몇 가지 역사를 간략히 살펴보자.

과학적 관리
시간과 동작 연구에 기반한 정교한 지침에 따라 합리적으로 조직이 운영되었을 때 생산성이 극대화될 수 있다는 믿음에 근거한 관리 방식.

조직 행동에 대한 공식적인 연구는 아담 스미스(Adam Smith)의 분업론 도입에 이어, 1890년대 전개된 노사 관계 운동(industrial relations movement)으로 거슬러 올라간다. 1890년대에 프랭크와 릴리안 길브레스(Frank and Lillian Gilbreth)와 프레드릭 테일러(Frederick Winslow Taylor)는 구체적인 작업 지시, 목표 설정, 경제적 보상이 동기부여에 미치는 긍정적인 효과를 확인했다. 이들의 아이디어는 **과학적 관리**(scientific management)라는 이름으로 알려지게 되었으며, 종종 조직 행동의 공식적인 연구의 시초로 간주된다.

과학적 관리론은 시간 및 동작 연구(time-and-motion study)를 기반으로 하고 있으며, 구체적인 지시를 통해 조직을 합리화할 때 생산성이 극대화된다는 믿음에 기반을 두고 있다. 테일러가 주장한 과학적 관리의 네 가지 원칙은 다음과 같다.[28]

1. 경험칙(rule-of-thumb)에 따른 작업 방식을 시간 및 동작 연구에 의해 개발된 과학적인 방법으로 대체한다.
2. 모든 작업자를 수동적으로 훈련하도록 내버려 두는 대신, 과학적인 선발과 훈련 방법을 개발한다.
3. 관리자는 작업자가 과학적으로 개발된 방법을 따르고 있는지 확인하기 위해 작업자들에게 상세한 지침을 제공하고 감독한다.
4. 작업자와 관리자가 거의 동등하게 업무를 분담한다. 관리자는 과학적 관리 원칙을 적용하여 작업을 계획하고, 작업자는 실제로 작업을 수행해야 한다.

프레데릭 윈슬로 테일러는 과학적 관리의 개척자이다. 그는 관리자들이 근로자의 작업을 연구하여, 더욱 작은 단위의 과업으로 세분화하고, 종업원들이 자신의 직무를 수행하는 '유일 최선의 방식'을 훈련시키는 한편, 생산량에 종업원에게 따라 보상을 해야 한다는 주장을 옹호하였다.

Ullstein Bild Dtl./Getty Images

과학적 관리는 생산성을 향상시켰지만, 안타깝게도 업무의 단조로움을 가중시켰다. 과학적 관리에는 개인의 선호나 주도권이 개입할 여지가 없었고, 근로자들의 요구가 항상 수용되지도 않았다. 한때는 과학적 관리방식이 비인간적이라는 불만이 제

호손 효과
사람들이 단순히 자신이 평가받고 있다는 이유만으로 행동의 일부를 개선시키는 효과.

인간관계 운동
조직을 협동적 시스템으로 보고 작업자들의 성향, 가치, 감정을 조직의 운영과 성과의 중요한 부분으로 취급하는 관점.

기되어 의회에서 조사에 착수하기도 했다.[29] 제1차 세계대전 이후에는 조직에서의 인적 요소 및 심리의 역할을 이해하는 쪽으로 관심의 대상이 이동하였다. 이러한 관심은 1920년대와 1930년대에 **호손 효과**(Hawthorne effects)의 발견으로 촉발되었다. 호손 효과는 사람들이 자신이 관찰되거나 평가받고 있다는 사실을 인지한다는 사실만으로 인해 자신의 행동이나 성과의 일부 측면을 개선할 때 발생한다. 이 효과는 시카고 외곽의 호손 지역에 있는 웨스턴 일렉트릭(Western Electric) 공장 근로자들을 대상으로 한 일련의 실험을 통해 개인 및 그룹의 임금 인센티브(성과급), 휴식 시간, 간식 등 다양한 요인이 생산성에 미치는 영향을 조사하면서 처음으로 확인되었다.

호손 공장에서 테스트한 작업 환경 중 하나는 조명이었다. 더 밝은 조명을 비추었을 때 생산량은 증가하였다. 하지만 놀랍게도 어두운 조명을 테스트했을 때도 생산량은 증가했다! 호손 실험의 연구원들이 관찰한 바에 따르면, 조명을 바꾼 후 생산성은 항상 향상되었지만 결국에는 예전 수준으로 돌아갔다. 작업자들은 조명이 어두워졌을 때도 자신이 관찰되고 평가받고 있다는 사실을 알기 때문에 더 열심히 노력하는 것으로 나타났다. 호손 연구로부터 시작된 인간관계 운동의 창시자인 조지 메이요(George Elton Mayo)는 관찰자가 보내는 공감과 관심 때문에 근로자가 더 열심히 노력한다는 말로 이 결과를 설명했다. 메이요는, 근로자들이 비공식적인 것에 더 강한 동기를 부여받는 이유로서 조직이 자신에게 관심을 갖고 있다고 믿고 싶어하는 개인의 심리적 욕구가 강하기 때문이라고 설명했다.[30] 기본적으로 근로자는 조직이 개방적이고, 자신들에게 관심을 갖고, 자신의 말을 기꺼이 들어준다고 믿을 때 더욱 크게 동기부여 된다.

호손 연구는 사회적 관계, 동기부여, 의사소통, 직원 만족도가 공장의 생산성에 미치는 영향에 대한 추가 연구를 촉발시켰다. 인간관계 운동은 과학적 관리와 같이 근로자를 기계적인 조직의 교체 가능한 부품으로 인식하기보다는, 조직을 협력적인 시스템으로 보고 근로자의 성향, 가치, 감정 등을 조직의 역동성과 성과의 중요한 요인으로 취급했다. **인간관계 운동**(human relations movement)은 집단 관계를 포함한 업무의 인간적 차원이 조직의 규범이나, 심지어 개인의 자기 이익보다 우선할 수 있다고 강조했다.

그러나 인간관계 연구자들의 연구방법론은 정교함이 떨어질 뿐 아니라, 내적 결함이 있었기 때문에, 그들의 초기 결론 중 일부에는 오류가 있었다.[31] 예를 들어, 직원 만족도와 성과 간의 관계는 연구자들이 처음에 생각했던 것보다 더 복잡했다. 그럼에도 불구하고 인간관계 운동은 직원의 사회적 욕구를 인식함으로써 보다 인간적인 종업원 중심 경영의 새 시대를 열었고, 조직의 성공을 위한 사람의 중요성을 강조했다는 점에서 의의가 있다.

하버드대 사회사업학 교수이자 경영 컨설턴트였던 메리 폴릿(Mary Parker Follett)은 시대를 앞서가는 아이디어로 인해 '경영의 선지자'로 불린다. 폴릿은 브레인스토밍과 같은 창의성 훈련, 회의에서 자주 나타나는 '집단 사고(group think)' 효과(그룹 구성원들이 아이디어를 비판적으로 분석하고 테스트하는 것을 소홀히 하여 갈등을 최소화하고 합의에 도달하려고 하기 때문에 잘못된 결정이 내려지는 현상), 그리고 훗날 '목표에 의한 관리(management by objectives)'와 '총체적 품질 관리(total quality management)' 로 알려진 다양한 경영 기법을 제안했다. 폴릿은 또한 조직 내 권력 분산을 옹호하였다. 1950년대에 일본의 기업 경영자들은 폴릿의 주장에 주목했다. 그들은 에드워드 데밍(W.

Edwards Deming)의 아이디어와 함께 폴릿의 아이디어가 자국의 산업 기반을 활성화하는 데 도움이 되었다며 높게 평가했다.

데밍은 품질 관리 분야의 탁월한 전문가로 알려져 있다. 그는 전후 일본의 기업가들에게 통계적 공정 관리와 품질 개념을 가르쳤다. 1986년에 출간된 그의 고전적인 저서[32]에서는 고품질의 생산적이고 만족스러운 작업을 수행하는 방법을 설명한다. 데밍의 계획(plan) – 실행(do) – 점검(check) – 조치(act)라는 지속적인 개선 사이클은, 모든 조직을 더욱 효율적으로 만들고 대부분의 문제를 해결할 수 있다고 알려진 14가지 원칙을 채택하였다. 데밍은 일터에서부터 두려움을 없애면 종업원들이 자신의 업무에 자부심을 갖게 되고, 이는 곧 생산성 향상으로 이어진다고 믿었다. 또한 데밍은 만약 어떤 일이 잘못되면, 그것은 작업자보다는 시스템(기계, 규칙 등 관리자가 통제하는 요소)이 원인일 확률이 94%에 달한다고 주장했다.[33] 그는 정상적인 변이(variation)에 대응하여 변화를 주는 것은 현명하지 못하다고 믿었으며, 변이가 일정 범위 내에서 발생하는 것은 정상적인 현상이라는 수학적 확실성에 근거해야 한다고 주장했다. 데밍이 시작한 총체적 품질 관리 운동(폴릿의 초기 연구에 기반한)은 조직의 성공에 있어 사람, 팀워크, 커뮤니케이션의 중요성을 다시 한 번 강조한다. 독자들은 이 책 전반을 통해 조직 행동의 진화에 대해 더 많은 내용을 읽을 수 있겠지만, 이상에서 언급한 조직 행동의 역사는 이 학문 분야가 진화해 온 단계를 설정하는 데 도움이 된다. 이제 조직 및 조직을 구성하는 개인의 행동을 이해하는 데 도움이 되는 다른 중요한 맥락적 관점에 주목해 보자.

1-4b 개방적 시스템으로서의 조직

시스템 관점(system perspective) 또는 시스템 이론(theory of systems)은 물리학 분야에서 처음 개발되었지만, 경영학 등 다른 연구 분야로도 확장되고 있다.[34] **시스템(system)**은 전체로서 기능하는 상호 연관된 요소들의 집합이다. **그림 1-3**은 조직을 시스템으로 보는 일반적인 프레임워크를 보여 준다. 이 관점에 따르면 조직 시스템이 환경으로부터 받는 투입 요소로는 물질적, 인적, 재정적, 정보적 자원 등 네 가지가 있다(이는 앞서 설명한 관리 기능에 대한 설명과 일치한다). 조직 관리자는 이러한 투입 요소들을 결합하고 변형하여 제품이나 서비스, 직원 행동, 이익 또는 손실, 추

시스템
전체적으로 작동하는 상호 연결된 요소들의 집합.

그림 1-3
조직에 대한 시스템적 접근

조직에 대한 시스템 접근법은 조직을 구성하는 요소 상호 간, 그리고 이들과 환경 간의 상호작용 방식을 이해하기 위한 유용한 프레임워크를 제공한다. 조직에 투입되는 다양한 요소는 환경으로부터 주어지는 중요한 피드백을 통해 다양한 출력으로 변환된다. 관리자가 이러한 상호 관계를 이해하지 못하면, 환경을 무시하게 되거나 조직 내의 중요한 상호 관계를 간과할 수 있다.

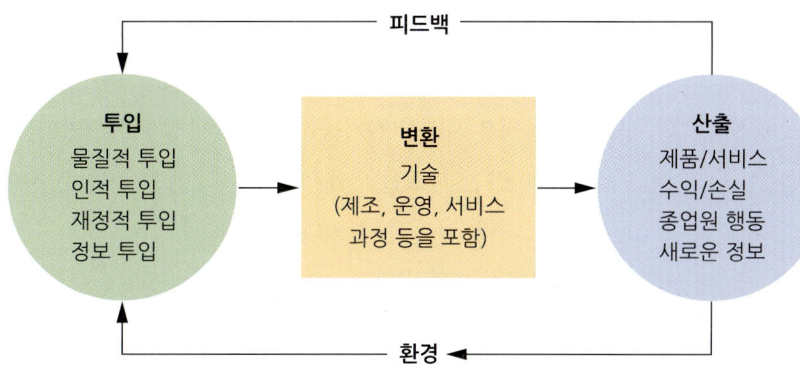

가 정보의 형태로 환경에 '반환'한다. 시스템은 이러한 산출(output)에 대해 환경으로부터 피드백(feedback)을 받는다.

시스템 이론을 쉘 석유 회사(Shell Oil Company)에 적용해 보자. 이 회사에서는 파이프라인을 건설한다든지, 원유를 정제하는 데 사용되는 기계 등 물적 투입물을 활용한다. 인적 투입물은 유전과 정유 공장의 근로자, 관리자 와 경영진 등 회사에 고용된 사람들을 의미한다. 재정적 투입은 석유 및 가스제품 판매를 통해 얻어진 수익, 주주 등으로 부터 유입된 투자의 형태를 취한다. 또한 이 회사는 미래 석유 공급에 대한 예측, 잠재적 시추 부지에 대한 지질 조사, 매출 예측 및 이와 유사한 분석 등 정보 자원을 받는다.

이러한 투입물은 복잡한 정제 및 기타 공정을 통해 결합되고, 변형되어 휘발유 및 엔진 오일과 같은 제품으로 생산된다. 이러한 제품들은 생산 운영의 결과물로서 소비 대중에게 판매된다. 생산과 판매에서 얻어진 이익은 세금, 투자 및 배당을 통해 환경에 환원되며, 만약 손실이 발생한다면, 이는 주주들의 소득 감소로 이어져 환경에 타격을 준다. 종업원들은 자신의 업무 수행 과정에서 고객 및 공급 업체와 접촉하지만 이 외에도 지역사회에 거주하면서, 업무 외의 다양한 활동에 참여한다. 하지만 이 경우에도 그들의 행동은 부분적으로 쉘 직원으로서의 경험에 의해 영향을 받을 수밖에 없다. 마지막으로, 회사에 관한 여러 정보는 뉴스 보도나 주주 게시판 등을 통해 외부에 공개된다. 기업 외부 환경은 이러한 출력물에 반응함으로써 향후 투입에 영향을 미친다. 예를 들어, 소비자는 쉘 제품의 품질과 가격에 따라 휘발유를 더 많이 혹은 적게 구매할 수 있고, 은행은 회사의 공개된 재무 정보에 근거하여, 쉘에 대출을 늘릴지 줄일지를 결정할 수 있다.

시스템 관점은 여러 가지 이유로 경영자에게 유용하다. 첫째, 시스템 관점은 조직 환경의 중요성을 강조한다. 예를 들어, 적절한 자원을 확보하지 못하고 환경의 피드백에 귀를 기울이지 않는다면 재앙을 초래할 수 있음을 일깨워 준다. 또한 시스템 관점은 관리자가 투입을 산출로 전환하기 위해 필요한 조직 내 다양한 요소의 흐름과 상호작용을 개념화하는 데도 도움을 준다.

1-4c 조직 행동에 관한 상황적 관점

상황적 관점
대부분의 조직에서 발생하는 상황이나 결과물은 다른 변수들에 의해 영향을 받는다는 관점.

조직의 행동을 이해하는 데 유용한 또 다른 관점은 **상황적 관점**(situational perspectives)이다. 경영학 연구 초창기에는 관리자들이 조직의 질문에 대한 보편적인 답을 찾으려 노력했다. 예를 들어, 직원들의 만족도를 높이고, 이들이 더 열심히 일하도록 만드는 리더십 행동의 형태를 찾는 등 어떤 조직에서나, 혹은 어떤 조건에서도 활용할 수 있는 '유일한 최선의 방법(one-best way)'을 처방하려고 했다. 그러나 결국 연구자들은 인간 행동과 조직 환경의 복잡성으로 인해 보편적인 결론을 내리는 것은 사실상 불가능하다라는 사실을 깨달았다. 그들은 조직에서 대부분의 상황과 결과가 우발적이라는 사실을 알게 되었다. 즉, 어떤 두 변수 사이의 정확한 관계는 상황에 따라(즉, 다른 변수에 따라) 달라질 수 있다는 것이다.[35]

그림 1-4는 보편적 관점(universal perspective)과 상황적 관점을 구분하여 보여 준다. 그림 상단에 표시된 보편적 모델은 변수 간의 인과관계를 가정하며, 변수들을 직접적으로 연결한다. 예를 들

그림 1-4
보편적 접근과 상황적 접근

한때 관리자들은 문제를 해결하거나 상황에 대응하는 '유일한 최선의 방법'이 있다고 믿었다(보편적 접근). 여기에서 우리는 상황적 접근이라는 보다 현실적인 관점을 설명하고자 한다. 상황적 접근은 문제와 상황에 대한 접근 방식이 상황의 요소에 따라 달라짐을 시사한다.

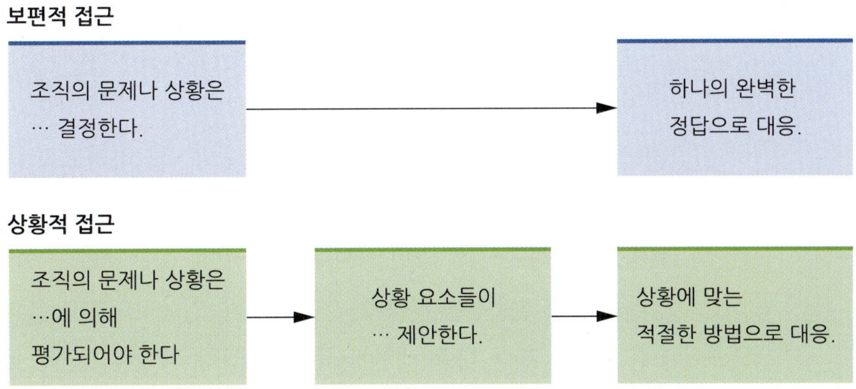

어, 관리자가 어떤 특정한 문제나 상황에 직면할 때면 언제나(예: 직원에게 더 열심히 일하도록 동기부여) 원하는 결과를 이끌어낼 수 있는 보편적인 해결 방법(예: 급여 인상 또는 직원 자율성 증대)이 있음을 보여 준다. 반면 상황적 관점에서는 여러 다른 변수가 직접적인 관계를 변화시킨다는 점을 가정한다. 즉, 특정 상황에서 필요한 적절한 관리 조치 혹은 행동은 해당 상황의 변화에 따라 달라진다. 조직 행동 분야는 보편적 접근 방식으로부터 상황적 관점으로 점차 전환되고 있으며, 상황적 관점의 중요성이 점점 더 커지고 있다. 상황적 관점은 동기부여, 직무 설계, 리더십, 조직 설계 분야에서 널리 활용되어 왔다.

1-4d 상호작용 관점: 사람과 상황

상호작용적 관점은 조직 행동을 이해하는 데 도움이 되는 또 다른 유용한 관점이다. 상호작용 심리학(interactional psychology)에서 처음 제시된 이 관점은 개인의 행동은 개인이 가진 특성과 상황적 특성 간의 지속적이고 다방향적인 상호작용에서 비롯된다고 가정한다. 보다 구체적으로, **상호작용 관점**(interactionalism)은 사람들이 다양한 상황을 선택하고, 해석하며, 변화시키는 방식을 설명하려고 시도한다.[36] 개인과 상황은 지속적인 상호작용을 한다고 가정한다. 이러한 상호작용이 개인의 행동을 결정한다는 것이다.

상호작용 관점
개인과 그를 둘러싼 상황이 지속적으로 상호작용하면서 개인의 행동을 결정한다는 관점.

상호작용 관점은 조직 현상을 단순한 원인과 결과로 설명하는 것이 결코 충분하지 않다는 것을 의미한다. 예를 들어, 어떤 연구에서는 직무 변화가 종업원의 태도 개선으로 이어진다고 제안하지만 또 다른 연구에서는 종업원들의 태도가 그들이 자신의 직무를 인식하는 방식에 영향을 미친다고 주장할 수도 있다. 두 입장 모두 완전하다고 말할 수 없다. 종업원의 태도는 직무 인식에 영향을 미칠 수 있지만, 이러한 직무 인식은 다시 그들이 취할 미래의 태도에 영향을 미칠 수 있다. 상호작용 관점은 시스템 관점 및 상황적 관점에 비해 활용 범위가 다소 협소하기 때문에 이 책에서 비중 있게 다루어 지지는 않을 것이다. 그럼에도 불구하고 상호작용 관점은 향후 발전 가능성이 있는 유망한 아이디어를 많이 제공한다.

1-5 효과성 증진을 위한 관리

이 장의 앞부분에서, 관리자는 다양한 목표를 이루기 위해 노력한다고 언급한 바 있다. 이제 이러한 목표의 성격에 대해 자세히 알아보자. 기본적으로 관리자와 리더는 조직의 효과성(effectiveness)을 증진시키는 조직원들의 행동을 유도하려고 노력한다. 이를 위해 그들의 행동과 태도를 개선하고, 조직 시민 의식을 고취하고, 역기능적인(dysfunctional) 행동을 최소화하며, 전략적 실행을 유도하는 등의 방법을 사용할 수 있다. 물론 때로는 이러한 종류의 방법이 가져올 다양한 성과들 간에 절충점을 찾아야 필요도 있다. 일반적으로 각 성과는 조직의 효율성을 결정하는 중요한 요소가 된다. 다음 섹션에서는 이에 대해 자세히 설명해 보고자 한다.

1-5a 개인과 팀 성과 행동의 증진

개인의 여러 행동은 직접적으로 조직에 참여를 통해 나타난다. 개인의 행동에서 중요하게 여겨지는 것 중 하나는 생산성(productivity)이다. 개인의 생산성은 효율성을 나타내는 구체적 지표로서, 투입 단위당 산출량으로 측정된다. 예를 들어, 호세는 하루에 100개의 제품을 만들고 사라는 90개를 만든다면, 이들이 생산하는 제품의 품질이 같고 호세와 사라의 임금이 같다고 가정했을 때 호세가 사라보다 생산성이 더 높다고 말할 수 있다.

또 다른 중요한 개인 수준의 결과 변수라 할 수 있는 성과(perforamance)는 다소 광범위한 개념으로, 업무와 관련된 모든 행동으로 구성된다. 앞에서 예로 들었던 호세의 경우, 비록 생산성은 높지만, 기회 있을 때마다 조직에 대한 불평과 부정적인 의견을 표출하며 야근을 거부하고, 병가를 자주 내고, 지각이 잦다면 업무 성과에 부정적인 영향을 미칠 수 있다. 반면 항상 야근도 마다하지 않고, 조직에 최대한 많은 기여를 하기 위해 노력하며, 결근도 거의 하지 않는 사라가 오히려 조직에서는 더 긍정적으로 평가될 수 있다. 이처럼 모든 행동을 종합적으로 고려했을 때, 우리는 사라가 실제로 더 나은 성과를 낸다고 결론을 내릴 수도 있다.

그룹 및 팀 수준에서도 결과가 존재한다. 이러한 결과 중 일부는 방금 논의한 개인 수준의 결과와 유사할 수 있다. 예를 들어, 조직에서 작업 그룹이나 직업 팀(work team)을 광범위하게 활용하는 경우, 그러한 팀의 생산성 및 성과는 중요한 결과 변수가 된다. 반면 그룹이나 팀 구성원의 업무 태도가 같거나 비슷하다고 하더라도, 태도 그 자체는 그룹이 아닌 개인적인 변수다. 하지만 그룹이나 팀 차원에서도, 구성원 개인들이 공유하지 않는 그룹만의 독특한 특성이 있을 수 있다. 7장에서 논의하겠지만, 그룹은 개별 구성원의 행동에 영향을 미치는 규범을 개발한다. 또한 각 그룹은 고유한 응집력을 가지고 있다. 관리자는 모든 그룹이나 개인에게서 공통적으로 나타나는 결과와, 개별 그룹이나 특정한 개인에게서만 나타나는 고유한 결과를 동시에 평가해야 한다.

1-5b 종업원 참여와 몰입의 증진

관리자가 영향을 미치는 개인 수준의 결과로는 개인의 태도, 직원 참여(employee engagement), 직무 만족(job satisfaction) 또는 직무 불만족(job disatisfaction), 조직 몰입(organizational commitment) 등

이 있으며, 이들 모두 조직 행동에 중요한 역할을 한다. 직원 참여는 일반적으로 종업원이 조직에서 자신의 역할을 명확하게 이해하고 수용하는 정도를 의미한다. 참여하는 종업원은 자신의 업무 행동이 조직의 성과에 직접적으로 미치는 영향을 고려하고 업무에서 성취감을 느낀다. 이러한 개인의 감정은 조직에 계속 남아 자신의 신체적, 인지적, 정서적 자원을 조직의 발전을 위해 활용하려는 의지에 큰 영향을 미친다. 반면 몰입도가 낮은 종업원들은 종종 현재의 직장이 아닌 다른 곳에서 더 만족스러운 일을 찾게 된다.

직무 만족도에 대한 많은 연구에 따르면, 직무 만족 여부를 결정하는 요인으로는 개인의 필요와 열망과 같은 개인적 요인과, 동료 및 상사와의 관계, 근무 조건, 업무 정책 및 보상 등 집단 및 조직적 요인 등이 작용하는 것으로 나타났다. 또한 만족도가 높은 직원은 결근 횟수가 적고, 긍정적인 기여를 하며, 조직에 더 오래 머무는 경향이 있으나, 반대로 불만족스러운 직원은 결근이 잦고, 스트레스를 경험하고 표현함으로써 동료들에게 피해를 주며, 지속적으로 다른 직장을 찾는 경향이 있다. 하지만 많은 관리자가 생각하는 것과는 달리, 직무 만족도가 높다고 해서 반드시 높은 수준의 성과로 이어지는 것은 아니다.

조직 몰입도가 높은 사람은 자신을 조직의 진정한 구성원이라고 생각하고(예: "우리는 고품질의 제품을 만든다."와 같은 1인칭 용어로 조직을 언급), 조직에 대한 사소한 불만의 원인에 대해서는 신경쓰지 않으며, 오랫동안 조직에 남을 것으로 기대할 가능성이 높다. 반대로 조직에 대한 몰입도가 낮은 사람은 자신을 외부인으로 간주하고(예: "이 회사는 직원들에게 급여를 잘 주지 않는다."와 같이 조직을 3인칭으로 언급), 불만을 더 많이 표현하며, 자신을 조직의 장기적인 구성원이라고 여기지 않을 가능성이 높다.

1-5c 조직시민행동 증진

조직시민행동(organizational citizenship)은 조직에 전반적으로 긍정적인 기여를 하는 개인의 행동을 의미한다.[37] 예를 들어, 업무의 양과 질 측면에서 모두 만족할 만한 수준의 업무를 수행하기는 하지만 정해진 시간 외에 일하기를 거부하고, 신입 사원에게 도움을 주지 않으며, 자기에게 주어진 공식적 업무 수행 외에 다른 일은 절대로 하지 않는 직원이 있다고 생각해 보자. 이런 사람은 업무 성과 측면에서는 괜찮다고 할 수는 있겠지만, 조직시민으로 간주되지는 않을 가능성이 높다.

조직시민행동
조직 전반에 긍정적인 기여를 하는 개인의 행동.

하지만 이들과 비슷한 수준의 성과를 나타내더라도 조직시민행동을 보여 주는 직원들은 상사의 요청이 있으면 기꺼이 야근을 하고, 신입 사원들의 업무 적응을 돕는 데 시간을 할애하며, 조직의 성공에 도움이 되고자 헌신한다. 이들의 성과 수준이 비록 여타 종업원과 비슷하다 하더라도, 더 나은 조직 구성원으로 간주될 가능성이 높다.

조직시민행동의 결정 요인은 개인, 사회, 조직 변수가 복합되어 있을 가능성이 높다. 예를 들어, 개인이 보유한 성격, 태도 및 욕구가 조직시민행동에서 필요로 하는 의식과 일치해야 한다. 마찬가지로 개인이 근무하는 사회적 맥락이나 작업 그룹은 이러한 행동을 촉진하고 장려해야 하며, 조직 자체, 특히 조직 문화는 이러한 유형의 행동이 유지되도록 장려하고 인정하며 보상할 수 있어야 한다. 조직시민행동에 관한 연구에 따르면, 조직시민 태도는 조직의 효율성에 중요한 역할을 할 수 있다고 한다.

1-5d 역기능적 행동의 최소화

역기능적 행동
조직 성과에 기여하기보다는 방해가 되는 행동.

업무와 관련된 일부 행동은 본질적으로 역기능적이다. **역기능적 행동**(dysfunctional behaviors)은 조직 성과에 기여하기보다는 오히려 성과를 저해하는 행동이다.[38] 이 중 결근과 이직은 관리자들이 오랫동안 관심을 가져온 두 가지 역기능적 행동이다. 결근(absenteeism)은 출근하지 않는 것을 의미한다. 거의 모든 사람이 가끔씩 결근을 하기는 하지만 어떤 사람들은 다른 사람들보다 훨씬 더 많이 결근한다. 어떤 사람들은 여러 가지 핑계를 삼아 정기적으로 병가를 내는 반면, 어떤 사람들은 꼭 필요한 경우에만 결근한다. 이직(turnover)은 조직을 떠나는 것을 의미한다. 우수한 성과를 거둔 직원이 이직을 한다거나, 이직을 할 사람들에게 이미 많은 교육투자를 했다면 이들의 이직으로 인한 조직의 손실은 막대하다.

조직에 더욱 큰 비용을 초래할 수 있는 다른 형태의 역기능적 행동도 있다. 예를 들어, 도난과 파괴 행위는 조직에 직접적인 재정적 비용을 초래한다. 또한 성희롱과 인종적 차별은 간접적(조직 내 사기를 저하시키고, 공포감을 조성하며, 소중한 직원이 조직을 떠나게 함으로써), 혹은 직접적(만약 이러한 상황에 대해 조직이 부적절하게 대응할 경우 초래될 재정적 책임)인 손해를 끼친다. 또한 정치적으로 행동한다거나, 의도적으로 조직 내 다른 사람들의 오해를 불러일으키거나, 악의적인 소문을 퍼뜨리는 등의 행위도 마찬가지다. 무례함은 갈등을 야기하고, 조직 내 사기와 조직 문화에 부정적인 피해를 줄 수 있다.[39] 직장 내 괴롭힘과 폭력도 많은 조직에서 우려의 대상이 되고 있다. 조직에 대해, 혹은 조직 구성원에 대해 불만을 품은 근로자 혹은 전직 근로자의 폭력으로 인해 매년 수십 명의 사망자와 부상자가 발생하고 있다.[40] 직장 내 폭력의 증가 및 감소에 관여하는 요인을 정확히 파악하기는 어렵지만 관리자에게 분명 중요한 문제인 것만은 분명하다.

Heather Hendrix/Alamy Stock Photo

조직 내 역기능적 행동이란 일반적으로 과도한 결근이나 무례한 행동 등을 의미한다. 하지만 종업원이 종종 폭력적으로 돌변하기도 한다. 이러한 일이 발생할 경우, 직장은 범죄 현장으로 변하게 된다.

1-5e 전략적 행위의 촉진

마지막으로, 조직 수준에서 또 다른 결과 변수가 존재하는데, 이러한 변수는 일반적으로 전략적 실행, 즉 관리자와 직원들이 전략적 목표를 달성하는 데 필요한 조치를 얼마나 잘 이해하고 수행하는지와 관련이 있다. 다른 변수들과 마찬가지로 이러한 결과 중 일부는 개인 및 그룹 수준의 결과와 유사하지만 일부 결과들은 독립적이다. 예를 들어, 조직 전체 종업원의 종합적인 생산성을 측정하고 비교한다든지, 또는 종업원들의 결근률과 이직률에 대한 조직 차원의 지표를 개발할 수 있다. 일반적으로 수익성은 조직 수준에서 측정, 평가된다. 조직은 일반적으로 주식 또는 주가, 투자수익률, 성장률 등 재무적 성과 측면에서도 평가되며, 생존 능력과 투자자, 정부 규제 기관, 직원, 노조와 같은 중요한 이해관계자를 어느 정도 만족시키는지도 평가된다.

따라서 관리자는 각기 다른 분석 수준에서 도출되는 서로 다른 결과들 간의 균형을 맞춰야 한다. 많은 경우 이러한 결과는 서로 모순되는 것처럼 보인다. 예를 들어, 직원에게 높은 급여를 지급하게 되면, 직원들의 만족도를 높이고 이직률을 낮출 수는 있지만 수익성 측면에서는 악영향을 미칠 수 있다. 마찬가지로 개인의 성과를 높이기 위해 강한 압박을 가하면 단기적인 수익성은 높일 수 있을지 모르지만, 이직률과 직무 스트레스가 증가할 수 있다. 따라서 관리자는 모든 결과를 종합적으로 살펴보고 최적의 방식으로 균형을 맞추려고 노력해야 한다. 이를 수행하는 관리자의 능력은 조직의 성공과 비즈니스 전략을 얼마나 잘 실행하는지 결정하는 주요 요인이다.

1-5f 우리가 무엇을 알고 있는지 어떻게 알까

효과적인 관리자가 되기 위해 또 다른 중요한 부분은 의사 결정에 사용하는 정보의 품질을 이해하는 것이다. 관리자가 가지고 있는 모든 정보가 정확한 것은 아닐 것이다. 따라서 조직 행동에 대한 지식 축적의 과정과 내용을 이해하는 것이 중요하다. 조직 행동의 내용이 단순히 상식적인 아이디어의 집합이므로, 때때로 뻔한 이론으로 보일 수 있다. 예를 들어, 목표와 자신감이 높으면 성과가 높아지고, 직무 만족도가 높으면 생산성이 높아지고, 그룹 응집력이 높으면 그룹 성과가 높아지고, 보상을 중시하면 동기부여가 높아진다는 것 정도는 누구나 알고 있는 내용이 아닐까? 그렇게 상식적인 이야기라면 왜 조직 행동 연구가 필요할까? 왜 우리는 이러한 이론을 연구해야 할까?

이에 대한 답변은, 상식이라 불리는 것에 대해 사실 모든 사람이 항상 동의하지는 않는다는 점이다. 만일 열 명의 사람이 동일한 리더십의 실행 과정을 관찰한다 하더라도, 리더십이 무엇이며, 또 리더십이 어떻게 작동하는지에 대한 상식적인 관점은 서로 다를 수 있다. 여기서 각 사람이 가지고 있는 열 가지의 서로 다른 관점을 전부 이해하지는 못하겠지만, 같은 현상에 대해 완벽한 합의를 찾기가 어려울 것이라는 점은 예측할 수 있다.

또 다른 답변은 상식이 항상 옳은 것은 아니라는 것이다. 어떤 연구 결과가 상식적으로 보일 수 있지만, 연구가 수행되기 전에는 실제로 어떤 일이 벌어지고 있는지 알 수 없다. 예를 들어, 이 책에서는 앞서 말한 상식적인 진술이 거짓이거나 혹은 특정 조건에서만 참이라는 것을 알게 될 것이다. 목표와 자신감이 항상 효과가 있는 것은 아니며, 만족이 항상 생산성으로 이어지는 것도, 응집력(cohesion)이 항상 그룹 성과를 향상시키는 것도 아닐 수 있다. 심지어 가치 있는 보상을 받는 것이 동기부여에 효과적이지 않는 경우도 있다. 따라서 우리가 상식이라고 생각하는 것이 상식이 아닐 수 있다. 과학적인 연구가 필요한 이유는 우리가 가지고 있는 가정과 결론에 대한 신중하고 체계적인 테스트가 필요하기 때문이다. 이러한 과정을 통해 우리는 사람들이 수행하는 일이 어떻게 작동하는지에 대한 이해를 발전시킬 수 있으며, 목표, 자신감, 만족감, 응집력, 보상 등이 결과에 영향을 미치는 조건과 그 이유를 배울 수 있다. 그렇기 때문에 우리는 이론을 배워야 하고, 조직을 결코 상식만으로 운영할 수 없는 이유를 알아야 한다.

직관

우리는 다른 사람의 일상을 관찰하면서 그들을 잘 이해하고 있다고 생각한다. 예를 들어, 우리가 친구나 동료에게 무언가를 하도록 설득하거나 동기를 부여하고 싶을 때에는, 과거에 효과를 보았었던 다양한 기술과 요령을 사용하게 될 것이다. 그렇다면 왜 조직 행동을 공부해야 할까?

우리는 다른 사람들과 함께 생활하고 일하면서 그들의 행동과 기대를 이해하려고 노력 하지만 보다 체계적인 연구가 없다면 잘 이해할 수 없는 것이 많다. 학자들은 수십 년에 걸친 연구를 통해 많은 사람들이 직관적인 믿음을 강화해 왔으며, 조직 행동에 대한 일반적인 오해나 잘못된 인식이 존재한다는 것을 확인해 왔다. 예를 들어, 어떤 리더십 접근 방식이 가장 효과적인가? 이들이 다른 사람에게 영향을 미치기 위해 구사하는 다양한 접근법의 장단점은 무엇인가? 어떤 목표 수준이 동기부여에 가장 효과적인가? 직원 만족도는 업무 성과에 얼마나 중요한가? 스트레스는 항상 나쁜 것인가? 이러한 질문들에 대한 해답을 찾는 과정은 당신을 놀라게 할 수도 있고, 더 성공적인 관리자가 되는 데 도움을 줄 수도 있다.

이 책을 공부하기 전, 이 주제에 대해 모든 것을 알고 있다고 가정하지 말고, 열린 마음으로 읽어 보기를 바란다. 우리의 목표는 여러분이 조직에서 최대한 효과적으로 일하고, 성공적인 조직을 만드는 데 도움을 주는 것이다. 이 책이 당신이 직면하고 있는 여러 가지 도전에 대해 열린 자세로 대응하고, 조직 행동과 관련하여 널리 퍼져 있는 잘못된 관념을 교정시켜 줌으로써, 여러분이 조직에서 성공할 수 있는 지침서가 되기를 희망한다.

과학적 방법

과학적 방법
다양한 방법, 표본 및 설정을 활용하여 연구의 결과를 식별하고 이를 재현하는 체계적인 지식 생성 방법.

과학적 방법(scientific method)은, 경험이나 직관에 의존하거나 혹은 어떤 아이디어가 그럴듯해 보인다고 해서 그것이 옳다고 가정하는 대신, 다양한 방법이나 표본, 그리고 여러 가지 조작을 사용하여 결과를 식별하고 재현하는 체계적인 연구에 의존한다. 프란시스 베이컨(Francis Bacon)은 비록 과학자는 아니었지만, 1600년대에 이미 **그림 1-5**에 나타나 있는 과학적 방법을 대중화했다.[41]

이론
여러 변수가 관련되는 방법과 이유 및 이 변수들이 관련되거나 관련되지 않는 조건에 관한 구체적이고 상징적인 주장들의 집합.

과학적 방법은 두 개 이상의 변수가 어떻게, 그리고 왜 관련되어 있는지를 탐구한다. 이와 같은 변수 간의 관계가 나타나거나 혹은 나타날 수 없는 조건을 명시하는 언어적, 상징적 주장의 모음을 **이론**(theory)이라고 하는데, 과학적 방법은 이러한 이론으로부터 출발한다.[42] 이론은 특정 변수 간에 존재할 것으로 추측되는 관계가 언제, 어떤 조건에서 관련을 맺는지 설명한다. 어떠한 이론이 옳다는 것이 입증되기 전까지 그 이론은 진실이라 할 수 없다. 따라서 어떤 이론이든 체계적으로 검증하여 그 예측이 정확한지 확인하는 것이 중요하다.

가설
특정한 변수들 간의 기대되는 관계에 관한 서면 예측.

과학적 방법의 두 번째 단계는 **가설**(hypotheses), 다시 말해 특정 변수 간의 관계를 예측하는 것이다. 가설의 사례로서 "구체적으로 설정된 목표 생산량과, 실제로 조립된 제품 수와 긍정적인 관계가 있을 것이다."를 생각해 보자(실제로 이 가설은 일반적으로 사실일 가능성이 높다). 이 가설은 어떻게 검증할 수 있겠는가?

그림 1-5
과학적 방법

과학적 방법은 조직 행동을 학습하는데 있어 유용하다. 이론을 활용하여 가설을 수립하고, 관련된 데이터를 수집하고 검증함으로써 새로운 지식을 생성할 수 있다.

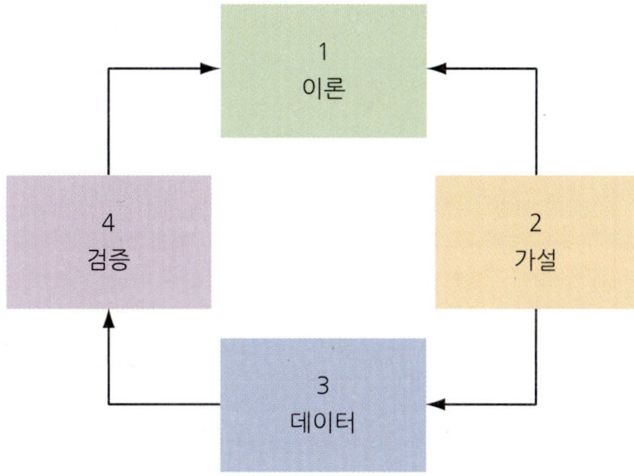

가설은 다양한 연구 방법과 통계 분석을 사용하여 검증할 수 있다. 여기서 예측 변수(predictor variable) 혹은 **독립변수(independent variable)**로 불리는 변수와, 기준 변수(criterion variable) 또는 **종속변수(dependent variable)**라 불리는 변수의 데이터를 수집한다고 가정해 보자. 앞의 사례에서, 비록 어렵긴 하지만 달성이 가능한 구체적 목표를 설정하는 것이 독립변수이고, 조립된 제품의 수가 종속변수다. 이 가설의 검증을 위해 모집단을 대표할 수 있는 조립자 그룹을 대상으로 1시간 동안의 작업 목표와 성과를 기록한다. 그 다음 가설 검증을 위해 r로 표현되는 두 변수 간의 **상관관계(correlation)**를 분석할 수 있다. 상관관계는 두 변수 간의 통계적 관계의 강도를 반영한다. 상관관계는 두 변수 간에 관계가 '있다' 혹은 '없다'로 대답하는 것이 아니고 '관계가 얼마나 강한가'를 수치로 보여 준다.

독립변수
다른 변수에 영향을 미칠 것으로 예측되는 변수.

종속변수
다른 변수에 의해 영향을 받을 것으로 예측되는 변수.

상관계수
두 변수 간의 통계적인 관계의 강도를 반영. −1과 +1 사이의 수치로 존재함.

통계적 상관관계의 범위는 −1에서 +1까지이므로 양수 또는 음수로 나타낼 수 있다. 상관관계가 0이라는 것은 두 변수 간에 통계적인 관계가 없음을 의미한다. **그림 1-6**에서 볼 수 있듯 상관관계를 그래프로 나타낼 수도 있다. 이 사례에서 상관관계가 0이면 목표 설정이 조립된 제품 수에 영향을 미치지 않는다는 의미이고, 상관관계가 +1이면 완벽한 양의 관계가 있다는 의미이다. 즉, 목표를 높게 잡을 수록 더 많은 제품이 조립된다는 것이다. 상관관계 +1은 가장 강한 양의 관계이며, 조립자의 목표 수준을 통해 조립된 제품의 수를 완벽하게 예측할 수 있음을 보여 준다.

그림 1-6에서도 알 수 있듯이 상관관계가 −1.0이면 매우 강한 음의 관계이다. 이는 작업자가 설정한 목표치가 높을수록 성과는 낮다는 것을 의미한다. 음의 상관관계가 반드시 나쁜 것은 아니다. 이 사례에서, 작업자의 성과를 극대화하기 위해 관리자는 더 낮은 목표, 즉 불량률을 낮추거나 조립 시간을 단축하는 목표를 설정해야 한다는 것을 의미한다. 실제로 인간의 행동에 있어 완벽한 +1.0 혹은 −1.0의 상관관계란 사실상 존재할 수 없다. 인간은 너무나 복잡한 존재이기 때문이다. 이러한 관계를 그래프로 시각화 하여 나타내면, 관계를 이해하는 데 도움이 될 수 있다. **그림 1-6**에는 조직 행동 연구에서 흔히 볼 수 있는 수준인 +0.3의 상관관계가 포함되어 있다.

조직에서의 행동과 그 결과 간의 관계를 평가하는 것은 조직이 전략을 보다 효과적으로 실행

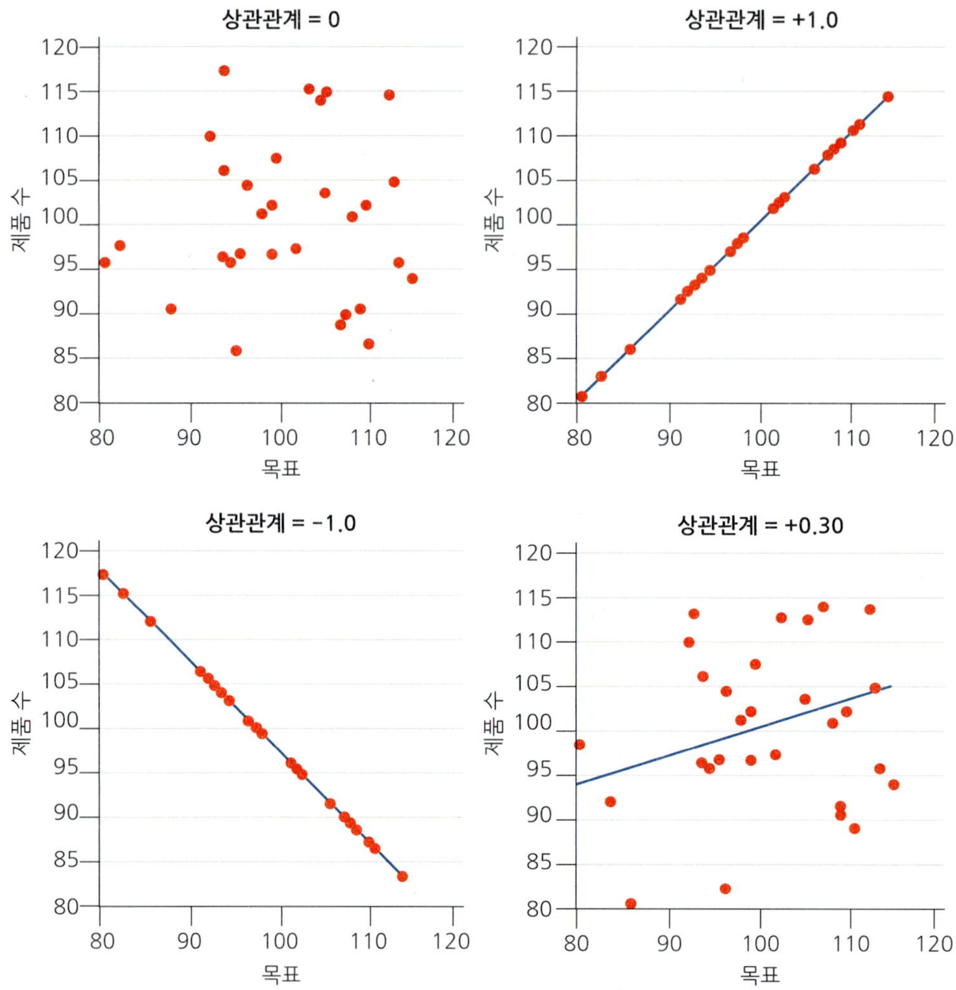

그림 1-6
상관관계의 해석

변수 간 상관계수는 −1과 1 사이에 존재한다. 상관계수를 통해 두 변수가 어떻게 관련되어 있는지 알 수 있다. 상관계수가 −1 혹은 +1인 경우는 상관계수가 0인 경우 만큼이나 드물다. 운이 좋게도 우리는 통계적으로 유의한 상관계수를 통해 많은 것을 얻을 수 있다.

하고 성과를 개선하는 데 도움이 될 수 있다. 텍사스에 본사를 둔 식품 서비스 제품 마케팅 및 유통 업체인 시스코(Sysco)가 좋은 사례이다. 시스코처럼 수익성이 낮은 산업군에 속한 기업들은 고객의 이탈을 감소시킴으로서 성과를 개선시킬 수 있다. 시스코는 낮은 고정 비용을 유지하고, 고객 및 직원 근무 환경 설문 조사를 주기적으로 실시하며, 직원 만족도를 평가하고 고객 만족도와 상관관계를 파악한다. 이 회사는 고객 충성도와 운영 우수성이, 만족스럽고 생산적이며 헌신적인 직원들의 영향을 받는다는 사실을 알게 되었다.[43]

직원 만족도와 헌신, 그리고 다른 모든 구성원(고객, 위원회, 공급 업체, 주주)의 만족도 간에는 중요한 관계가 있으므로 직원 유지율이 높은 조직에서는 운영 비용의 절감 효과도 얻을 수 있다. 이러한 결과에 따라 시스코는 직원의 유지율과 만족도를 높이기 위한 일련의 프로그램을 시행하고 있다.[44]

메타분석
여러 다른 조직이나 직무에 대해 수행된 연구로부터 얻어진 결과들을 결합하는 통계 기법.

메타분석(meta-analysis)이라는 통계 연구 기법은 다양한 조직과 직무를 대상으로 수행된 여러 가지 연구 결과를 결합하는 기법이다. 메타분석의 목표는 다양한 구성 요소 간의 진정한 관계를 추정하고 그 결과를 모든 상황에 일반화할 수 있는지 또는 상황에 따라 관계가 다르게 작용하는지 여부를 판단하는 것이다.

메타분석은 종종 분석의 대상이 되는 연구가 포함하는 변수 간의 관계 강도에 대한 유용한 통찰력을 제공할 수 있지만, 모든 조직에서 동일한 관계를 발견할 수 있음을 보장하지는 않는다. 이는 조직마다 직무 맥락의 차이, 직무 성공에 대한 정의의 차이 등 관계의 강도에 영향을 미칠 수 있는 많은 상황적 요인이 존재하기 때문이다. 따라서 항상 가설 검증을 바탕으로 의사 결정을 내리기 전에, 각 조직에서 해당 이론을 검증해 보는 것이 중요하다.

글로벌 다양성

조직 행동에 관한 기존 연구의 대부분은 미국에서 수행되었다. 그러나 미국 내에서 일하고 있는 미국인에게 적용될 수 있는 이론이 미국에서 일하고 있는 외국인이나, 외국에서 일하고 있는 사람들에게는 적용되지 않을 수도 있다. 전 세계 모든 사람이 자신의 일에 대해 동일한 가치, 규범, 기대치를 공유한다고 가정하는 것은 잘못된 생각이다. 기업이 전 세계 사람들을 고용함에 따라 국가 간 장벽은 소멸되고 있다.

이 책 각 장에 소개되는 Global Issues는 우리가 논의하는 개념과 관련된 글로벌 이슈를 강조한다. 1장의 Global Issues에서는 서로 다른 각 문화에 따라 효과적인 동기부여와 리더십이 어떻게 다르게 나타나는지 자세히 언급하고 있다.

Global Issues

다문화 관리

효과적인 조직 관리를 위해서는 사람마다 기대와 가치관이 다르다는 것을 인정하고 유연하게 대처해야 한다. 미국의 인구는 이미 매우 다양하며 앞으로 더욱 다양해질 것으로 예상된다. 귀하가 이끌고자 하는 사람들에게 동기를 부여하고 리더십을 발휘하는 데 더 익숙해질수록 조직의 종업원으로서 그리고 관리자로서 더 효과적으로 일할 수 있다.

일반적으로 좋은 급여와 흥미로운 업무는 동기를 부여하는 것처럼 보인다.[45] 하지만 문화권마다 전통이 다르고, 동기부여 요인이 다른 경우가 많으며, 소통하는 방식도 다르다.[46] 예를 들어, 어떤 문화권에서는 직접적으로 소통하는 것을 권장하는 반면, 다른 문화권에서는 좀 더 소극적이다. 어떤 문화권에서는 가족 생활을 중시하는 반면, 다른 문화권에서는 일의 중요성을 강조하기도 한다. 한 전문가의 말처럼 사람들이 왜 그런 행동을 하는지 이해하기 위해서는 그들이 세상을 해석하는 문화적 구조를 이해할 필요가 있다.[47] 다국적 조직에서 직원들에게 명확한 동기를 부여하는 것은 어려운 일이며, 특히 관리자가 획일적인 동기부여 전략을 채택하는 경우엔 더 큰 어려움에 직면할 것이다.

문화적 차이도 다양한 리더십 행동의 효과에 영향을 미친다.[48] 효과적인 리더십 행동은 특정 사회의 기대, 규범, 전통의 역할에 따라 결정된다. 다양한 문화적 배경을 가진 종업원들을 감독하는 관리자는 이러한 차이를 인식하고 그에 따라 행동 및 종업원과의 관계를 조정해야 한다. 예를 들어, 미국, 스웨덴, 독일에서는 상사와 직원 간 권력 간 차이가 작지만, 일본이나 멕시코와 같은 사회에서는 권력 차이가 크다. 종업원이 큰 권력 차이가 정당하고 적절하다고 생각하는 경우에는 상사가 더 친근하고 친밀한 방식으로 행동함으로써 이러한 권력 차이를 줄이려고 한다면, 오히려 불편함을 느낄 수도 있다.

1-6 본 서의 구성

그림 1-7은 이 책의 구조를 보여 주는 프레임워크이다. 우리는 조직 행동이 환경적 맥락에서 기능한다고 생각한다. 1장과 2장은 이러한 환경 맥락의 핵심 요소를 확립하는 데 도움을 줄 것이다. 또한 이 프레임워크의 중심에는 관리자와 조직의 효과성을 부분적으로 결정하는 몇 가지 중요한 요소들이 제시되어 있다. 본 장의 앞부분에서 논의했던 이러한 요소에는 성과 행동 강화, 참여와 헌신 강화, 조직시민행동 촉진, 역기능 행동 최소화 등이 포함된다.

환경적 맥락과 효과성 지표 사이에서 작동하는 요인은 크게 네 가지로 분류된다. 첫 번째 부류는 개인적 요인 관련된 것으로서 개인의 특성, 개인의 가치관, 인식 및 반응, 동기부여 개념과 모델, 동기부여 개념과 모델과 연관된 직무 및 보상의 역할 등을 포함한다. 이 책의 2부 4장에서는 이러한 요인에 대해 자세히 설명할 것이다.

조직의 효율성을 결정하는 요소의 두 번째 부류는 집단 및 팀과 관련된다. 여기서 특별히 고려해야 할 사항은 그룹의 역할, 팀 의사 결정 및 문제 해결 프로세스, 소통, 갈등 및 협상 등이다.

그림 1-7
조직 행동의 프레임워크

일련의 환경, 개인, 그룹, 리더십, 그리고 조직의 특성은 조직 행동에 영향을 미친다. 관리자가 이러한 개념과 특성들을 잘 이해한다면 조직 효과성을 높일 수 있을 것이다.

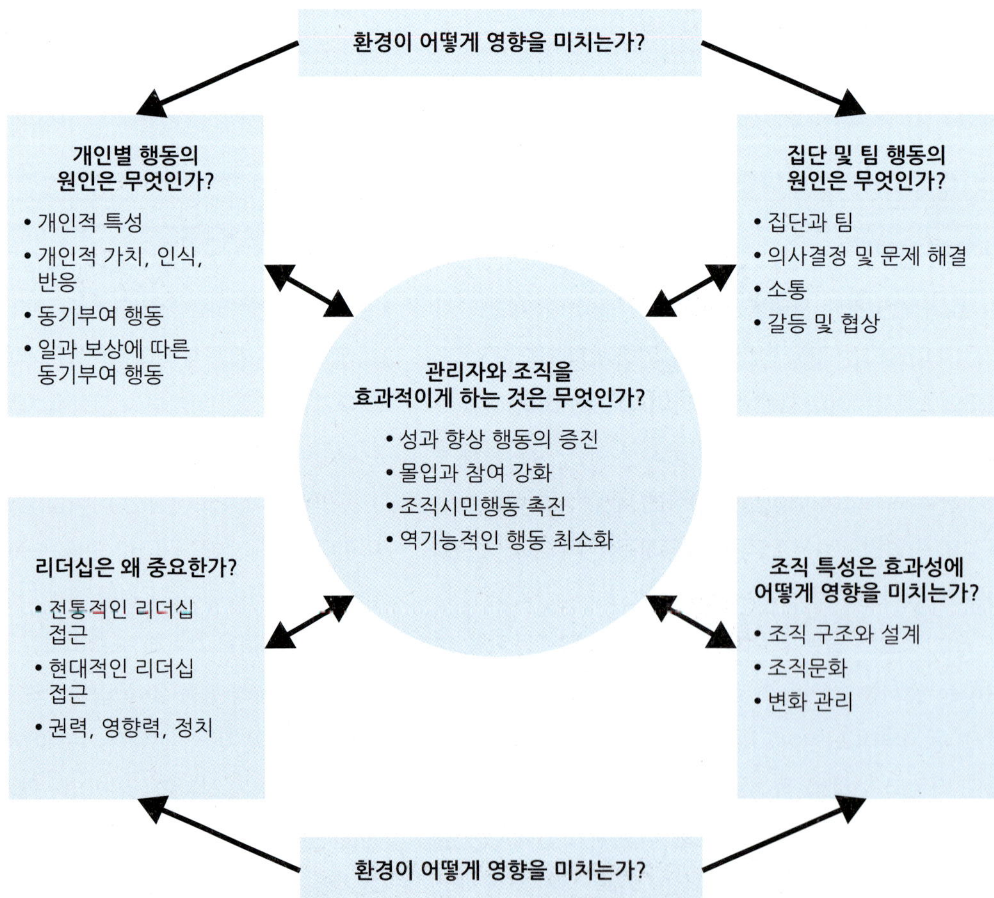

이 책의 3부는 이러한 요소들을 살펴보는 4개의 장으로 구성되어 있다.

리더십은 조직의 효율성을 결정하는 데 있어서 매우 중요하다. 전통적인 리더십 모델, 현대적 리더십 접근법, 권력, 영향력, 정치, 갈등 및 협상은 모두 리더십의 중요한 측면인데, 이 책 4부에서 자세히 논의할 것이다.

마지막으로 조직 자체와 관련된 요인들도 효과성에 영향을 미치는데, 조직 구조, 조직 설계 및 문화, 변화 관리 등이 가장 중요한 핵심 요소이며, 이들은 5부의 주제가 된다.

이 프레임워크는 조직 행동에 대해 배울 때 유용한 로드맵이 될 것으로 믿는다. 이 프레임워크는 이 책의 각 장의 시작 부분에 다시 소개될 것이며, 지금까지의 논의가 어디까지 진행되었는지, 그리고 앞으로 어디로 나아갈지를 상기시키는 데 사용할 것이다.

요약 및 적용

조직 행동은 조직 환경에서의 인간 행동, 즉 인간 행동과 조직 간에 맞닿아 있는 접점을 연구하는 학문이다. 조직이 우리 삶에 강력한 영향을 미치기 때문에 조직 행동에 대한 연구는 중요하다. 조직 행동은 또한 조직관리와도 직접적인 연관성이 있다. 실제로, 조직 경영자들은 관리자가 조직 내 다른 직급에서 관찰되는 행동, 같은 직급에서의 행동, 다른 조직에서의 행동 등 여러 가지 종업원행동을 이해할 수 있도록 도와야 하는데, 이를 위해서는 그들부터 인간 행동에 대한 이해가 필요하다.

관리자의 업무는 네 가지 기능으로 특징지을 수 있다. 이러한 기본적인 관리 기능은 계획, 조직, 지휘, 통제이다. 계획은 조직의 바람직한 미래 위치를 결정하고 그곳에 도달하기 위한 최선의 방법을 결정하는 과정이다. 조직은 직무를 설계하고, 이러한 직무들을 관리 가능한 단위로 부서화하며, 직무와 직무그룹 간의 권한 패턴을 설정하는 프로세스다. 지휘는 구성원들이 조직의 목표를 향해 함께 일하도록 동기를 부여하는 프로세스다. 통제는 조직과 구성원의 행동을 모니터링하고 수정하면서 목표를 향해 계속 나아갈 수 있도록 하는 과정을 의미한다.

평범한 성과를 내고도 조직에서 승승장구하는 사람들의 비밀은 무엇일까? 종종, 이들이 다른 사람들과 효과적으로 소통하는 방법을 알고 있기 때문이라는 대답이 가능하다. 다른 사람들과의 효과적인 상호작용은 조직에서 승승장구할 뿐 아니라, 자신의 업무를 효과적으로 수행하기 위해서도 매우 중요하다. 다른 사람들의 생각과 감정을 이해하고 다른 사람을 설득하고 동기를 부여하는 방법, 갈등을 해결하고 협력을 이끌어 내는 방법을 아는 것은 성공적인 리더가 갖추어야 할 중요한 기술 중 하나이다.[49] 이러한 인간관계 기술(people skills)은 거의 모든 업무에서 평균적인 성과를 내는 사람과 뛰어난 성과를 내는 사람의 차이를 만들어 내는 요소다.

본 서는 자신을 더 잘 이해하고, 조직을 이해하며, 개인의 경력 성공에 있어 조직 행동의 역할을 이해하고, 조직 행동의 기술을 향상시키는 데 도움이 될 것이다. 하지만 우리가 할 수 있는 것은 이러한 것들이 가능하다고 말하는 것뿐이다. 이를 실천하는 것은 여러분 자신이다. 새로운 아이디어 및 사람, 조직, 혹은 경영진에 대한 기존의 가정을 무너뜨리는 새로운 정보에 대해 열린 마음을 갖고 수용하는 자세를 유지해야 한다. 본 서의 각 장을 학습하고, 다양한 상황에서 조직 행동의 여러 개념을 어떻게 적용할 수 있는지 생각해 본다면 독자 여러분의 경력을 발전을 도모할 수 있는 중요한 발걸음을 내딛게 될 것이다.

Real-World Response

힐튼의 행복한 호텔리어

많은 기업이 러닝머신이 설치된 책상, 마음을 안정시키는 조용한 공간, 즐거움이 넘치는 공용 공간 등 사무직 직원들이 좋아할 만한 근무 환경에 관심을 쏟는 반면, 서비스를 제공하는 직원들의 요구는 무시되는 경우가 많다. 힐튼 호텔은 이러한 불균형을 바로잡기 위해 직원의 근무 환경을 개선하여 이직률을 낮추고, 고객 서비스를 개선하며, 수익성을 높이기 위한 야심찬 프로그램을 시도하고 있다.

힐튼의 CEO 크리스토퍼 나사타는 최근 포춘지의 인터뷰에서 "객실 청소원들이 일할 때 입는 자켓을 입어보니 '와, 이거 무겁다'는 생각이 들었다."라고 말했다. "이 옷은 그다지 편안하게 느껴지지 않았고, 신축성이 떨어졌다. 이때 나는 우리가 뭔가 잘못하고 있구나 하는 생각이 들었다. 우리는 직원들에게 제대로 된 옷을 입히지 못했다." 나사타와 경영진은 변화가 필요하다는 판단하고, 2019년 초 스포츠 의류 업체인 언더아머(Under Armour)와 파트너십을 맺고 더 가볍고 편안한 근무복을 다시 제작하기 시작했다.

이는 100년 전통의 힐튼을 2019년과 2020년 미국에서 가장 일하기 좋은 기업으로 선정되었고, 2021년에는 3위, 2022년에는 2위에 올랐다. 2007년 힐튼의 지휘봉을 잡았을 때 '길을 잃은' 조직을 발견한 나사타에게 이는 매우 반가운 결과였다. "우리는 사람들에게 서비스를 제공하는 기업이라는 사실을 잊었고, 기업 환경은 일선 현장과 매우 단절되어 있었다."

일선 종업원들이 회사의 사명을 반영하게 하려는 힐튼의 노력은 1920년대 후반 일리노이주 호선에 위치한 웨스턴 일렉트릭(Western Electric)이 사회학자 앨톤 메이요(Mayo)의 근로자 생산성 실험을 진행하면서 발전시킨 기업 이념을 떠올리게 한다. 메이요가 이 실험에서 작업장의 조명을 높였더니 작업자의 생산성이 향상되었다. 하지만 조명을 낮추었는데도 생산성이 계속 증가하는 현상을 발견했다. 결국 메이요는 물리적인 근로조건의 변화가 생산성의 차이를 만드는 것이 아니며, 근로자들이 반응하는 것은 경영진의 관심이라는 결론을 내렸다.

코로나19 팬데믹으로 인해 미국의 본사가 직접 고용하고 있는 약 6만 명의 종업원과 프랜차이즈 호텔을 통해 20만 명 이상의 직원을 고용하고 있는 이 회사는 사업을 전면적으로 중단해야만 했다. 하지만 힐튼은 직원들을 해고하는 대신 무급 휴직을 실시하기로 결정했다. 미국 내 무급 휴직 직원들은 온라인 리소스 센터(resource center)에 직접 접속하여 Amazon, CVS, Lidl, Albertsons, 플라스틱 산업 협회, Sunrise Senior Living 등 주요 기업의 채용 시스템에 신속히 지원할 수 있도록 도움을 받았다.

힐튼의 기업 커뮤니케이션 담당 부사장인 나이젤 글레니(Nigel Glennie)는 USA투데이(USA Today)와의 인터뷰에서 "우리 팀원들은 고객 서비스 문화 교육을 통해 자질을 인정받았기 때문에 이들 회사가 필요로 하는 임시 업무에 신속하게 투입되어 조직에 도움이 될 수 있는 이상적인 후보자들이다."라고 말했다. "우리는 이 프로그램을 전 세계로 확대하여 더 많은 회사를 추가하고, 팬데믹이 종료되고 여행이 재개되면 이들을 다시 맞이할 계획이다."[50]

토론을 위한 질문

1. 관리자가 하는 일 중 가장 중요한 역할은 무엇이라고 생각하는가? 왜 그렇게 생각하는가?
2. 혹자는 직장에서의 인간 행동을 이해하는 것이 관리자의 성공을 위한 가장 중요한 요소라고 주장한다. 이 주장에 동의하는가 혹은 동의하지 않는가? 그 이유는 무엇인가?
3. 이 장에서는 경영의 네 가지 기본 기능을 제시하였다. 자신의 경험과 관찰을 바탕으로 각 기능의 사례를 제시하라.
4. 조직 행동에 대해 배우는 것이 더 나은 직업과 경력을 얻는 데에, 혹은 더 나은 관리자가 되는 데 도움이 되는 이유는 무엇인가?
5. 혹자는 조직에서 일하는 사람은 모두 자기 업무에 만족해야 하며, 자신이 성장 발전할 수 있는 기회에 관한 기본적

인 권리를 가지고 있다고 생각한다. 이러한 입장을 어떻게 옹호하겠는가? 이에 반대한다면 어떤 주장을 하겠는가?

6. 직관적으로는 종업원의 생산성을 높일 수 있겠다고 생각되지만, 체계적인 검증을 한다면 그렇지 않는 것으로 판명될 수 있는 사례를 생각해 보라. 이제 과학적 방법을 적용하여 자신이 구상한 이론을 어떻게 검증할 수 있을지 설명하라.

Understand Yourself Exercise

글로벌 마인드셋

여기, 당신의 글로벌 마인드셋을 스스로 점검해 볼 수 있는 도구를 제공하였다. 글로벌 마인드셋이란 우리가 서로 다른 배경과 문화를 가지고 있는 사람들이나, 집단, 조직에 어떠한 영향을 미치는지를 반영한다. 세계 각국으로부터 건너온 사람들과 효과적으로 일할 수 있는 능력은 당신이 더욱 좋은 업무 성과를 내고 또한 더욱 빨리 경력에서의 성공을 이루는데 도움이 될 것이다. 검사를 마쳤다면, 다음의 질문에 답해 보라.

1. 당신이 얻은 점수가 스스로 생각하는 글로벌 마인드셋을 정확하게 반영했다고 여기는가? 왜 그렇게 생각하는가? 만약 이 검사 항목에 누락된 것이 있다면 그 항목은 무엇인가?
2. 높은 글로벌 마인드셋을 가졌다는 것이 보다 나은 관리자나 리더가 되는 데 어떤 도움을 준다고 생각하는가? 이러한 특성이 당신의 경력을 발전시키는 데 어떤 도움을 준다고 생각하는가?
3. 글로벌 마인드셋을 성장시키기 위해 내년엔 무엇을 할 것인가? 글로벌 마인드셋을 증진시킬 수 있는 행동이나 활동 세 가지를 생각해 보고 이에 대해 토론해 보라.

Group Exercise

성공적인 식당 경영

3~5명의 학생으로 그룹을 구성한다. 자신이 마을 주변에서 사업을 하는 식당의 지배인이라고 상상하라. 그룹 토의를 통해 식당 이름을 정하라. 마을에는 많은 레스토랑이 있어 경쟁이 치열하다. 귀하의 음식도 훌륭하지만 마을 내 다른 많은 식당의 음식 맛도 나쁘지 않다. 따라서 여러분은 손님에게 고품질의 서비스를 제공하고, 식당 일에 적극적으로 참여하는 사람들을 확보하는 것이 성공과 실패를 가르는 요인이라고 생각한다.

식당 경영진은 고품질 고객 서비스의 원동력으로서 조직시민 의식과 종업원 참여도를 우선적으로 높이기로 한다. 참여도가 낮고 조직시민행동에 참여하지 않으려는 종업원은 훌륭한 고객 서비스와 친절한 분위기를 제공하는 문화 형성에 기여하지 못할 가능성이 높다. 먼저 이 식당에서 종업원의 참여와 시민 의식을 높이기 위해 할 수 있는 일이 무엇인지 스스로 생각해 보자. 그런 다음 아이디어를 그룹과 공유하고 이 식당을 위한 상위 세 가지 제안을 찾아보라. 당신의 아이디어를 그룹과 공유할 준비를 하라.

다음으로, 경영진은 종업원의 반생산적 행동을 최소화하는 것이 중요하다고 생각한다. 도난, 괴롭힘, 소문, 결근 확산, 높은 이직률 등의 행동은 식당의 재정을 악화시키고, 사기를 떨어뜨리며, 양질의 고객 서비스를 제공할 수 있는 역량을 약화시킨다. 먼저 이러한 파괴적인 행동의 발생을 최소화하기 위해 레스토랑에서 할 수 있는 일이 무엇인지 혼자서 생각해 보라. 그런 다음 당신의 아이디어를 그룹과 공유하고 레스토랑을 위한 세 가지 제안을 찾아보라. 이를 전체 수강생들과 공유할 준비를 하라.

미주(endnotes)는 한경사 홈페이지 www.hankyungsa.co.kr의 공지 사항에서 PDF 파일로 다운로드 할 수 있습니다.

2 변화하는 조직 환경

The Changing Environment of Organizations

학습목표

이 장을 학습하면 독자들은 …

1. 조직 내 다양성의 본질을 설명하고 직장에 존재하는 많은 유형의 다양성과 포용의 장벽에 대해 토론할 수 있다.
2. 세계화의 출현과 문화 간 차이점 및 유사점에 대해 토론할 수 있다.
3. 변화하는 기술의 특성과 비즈니스에 미치는 영향에 대해 토론할 수 있다.
4. 윤리 및 기업 지배 구조에 대한 새로운 관점을 설명할 수 있다.
5. 새로운 고용 관계의 주요 이슈에 대해 토론할 수 있다.

Real-World Challenge

눈에 보이는 것보다 더 작은 것들

애플, 영국항공, 나이키, 스타벅스, 프린세스 크루즈, 월트 디즈니 컴퍼니, 도요타, 테슬라의 공통점은 무엇인가? 정답은 2020년과 2021년에 이들 기업의 수익은 모두 육안으로 보기에는 너무 작은 무언가에 의해 큰 영향을 받았다는 것이다. 코로나바이러스는 감기부터 치명적인 독감 및 기타 위험한 호흡기 감염에 이르기까지 인간에게 다양한 질병을 일으킬 수 있는 바이러스 계열을 말한다. 코로나바이러스는 신체 접촉 및 기타 수단을 통해 사람 간에 전염될 수 있다. 게다가 코로나바이러스는 종종 돌연변이를 일으켜 새로운 감염원을 만들어 낸다. 2019년 말, 중국 우한(Wuhan)에서 공식적으로 COVID-19로 명명된 새로운 변종 바이러스가 발견되어 지역 전역으로 빠르게 확산되었다.

2022년 의료계의 노력으로 COVID-19가 통제되기 전까지 144개국에서 4억 8,100만 명 이상의 확진자와 610만 명 이상의 사망자가 발생했다. 바이러스가 어

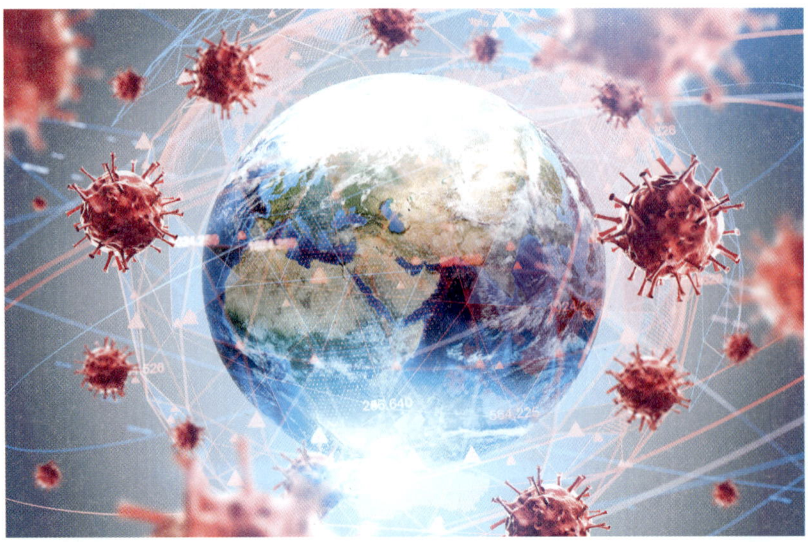

ImageFlow/Shutterstock.com

떻게 그렇게 빨리, 그리고 지금까지 확산될 수 있었을까? 많은 바이러스의 경우와 마찬가지로, 사람들은 증상이 나타나기 전에 감염될 수 있다. 예를 들어, 우한을 방문한 사업가와 관광객은 물론 현지 주민들도 이 질병에 감염된 후 자신이 감염된 지도 모른 채 중국의 다른 도시나 다른 나라로 여행했을 수 있고, 그 결과, 목적지에 도착했을 때 비행기에 탑승한 다른 승객과 접촉한 사람들에게 의도치 않게 질병이 전파되었을 수 있다. 또한, 설사 몸이 아프기 시작했다 하더라도 질병의 심각성을 인지하지 못한 채 출근이나 등교를 하거나 다른 사람들과 접촉하는 다른 활동에 참여하면서 계속해서 질병을 전파했을 가능성도 있다. 비즈니스 전문가에게 이러한 상황이 비즈니스에 어떤 영향을 미칠지 물어본다면 어떤 대답을 하겠는가?[1]

모든 조직의 환경은 전례 없이 빠른 속도로 변화하고 있다. 사람들은 과거보다 더 다양한 방식으로, 더 다양한 장소에서 일하고 있다. 점점 더 다변화하는 직장 내에서 윤리적 문제는 끊임없이 제기되며, 글로벌화는 보편화되고 있다. 실제로 가전제품, 대중 엔터테인먼트, 정보 기술 등 일부 산업에서 변화의 속도와 규모는 정말 놀라울 정도이다. 예를 들어, 유튜브(YouTube)는 매분 500시간 이상의 새로운 동영상 영상을 업로드한다.[2] 스마트폰 기술과 페이스북(Facebook), 디스코드(Discord), 인스타그램(Instagram), 트위터(Twitter), 트위치(Twitch), 틱톡(TikTok) 등 여러 형태의 소셜 네트워킹이 보편화된 것은 지난 20년 동안에 불과하다.

전통적인 소매업이나 중공업과 같이 전통적으로 안정적이고 예측 가능한 환경으로 여겨지던 산업도 오늘날에는 급격한 환경 변화에 직면해 있다. 비즈니스 환경을 이해하고 대처하는 것은 전통적으로 최고 경영자의 권한이었다. 하지만 사실 오늘날 변화하는 환경의 영향은 조직 전체에 스며들어 있다. 따라서 조직 환경에서 사람들의 행동을 제대로 이해하려면 변화하는 비즈니스 환경을 이해해야 한다. 이 장에서는 그러한 이해의 틀을 제공하려고 한다. 구체적으로, **그림 2-1**에서 볼 수 있듯이, 오늘날 관리자들이 직면한 변화의 핵심 환경 요인인 다양성, 글로벌화, 기술, 윤리 및 기업 지배 구조, 새로운 고용 관계, 교차성 등 여섯 가지를 소개하고 살펴본다. 이러한 요인에 대한 이해는 현대 조직 행동에 대한 심층적인 논의를 위한 발판이 될 것이다.

2-1 비즈니스의 다양성, 형평성, 포용성

다양성, 형평성, 포용성(diversity, equity, and inclusion: DEI)은 변화하는 비즈니스 환경의 주요한 부분이다. 일부 전문가들은 이 용어를 구어체(colloquialism)를 사용하여, 다양성은 모든 사람이 파티에 초대받는다는 의미, 형평성은 모든 사람이 플레이리스트에 기여할 수 있다는 의미, 포용성은 모든 사람이 춤을 출 수 있다는 의미로 정의하기도 한다.[3] 보다 공식적으로 **다양성**(diversity)은 사람들 사이의 관찰 가능한 혹은 관찰 불가능한 유사점과 차이점을 말한다. 흔히 다양성이라 하면 성별, 인종, 나이와 같은 차이점을 가장 먼저 떠올릴 수 있다. 하지만 다양성은 인구통계학적 특성 그 이상이며, 한 가지 특성이 아닌 무수히 많은 특성의 조합을 반영할 수 있다. 또한 각 개인은 다양한 특성을 가지고 있으며, 이러한 특성의 다양한 조합이 다양성을 나타낼 수 있다. 형평성은 이

다양성
사람들 사이의 관찰 가능하거나 관찰 불가능한 다양한 유사점과 차이점.

그림 2-1
변화하는 비즈니스 환경

변화하는 비즈니스 환경은 오늘날 관리자에게 기회와 도전을 동시에 제시한다. 다섯 가지 중요한 환경적 요인으로는 세계화, 다양성, 기술, 윤리 및 기업 지배 구조, 새로운 고용 관계 등이 있다.

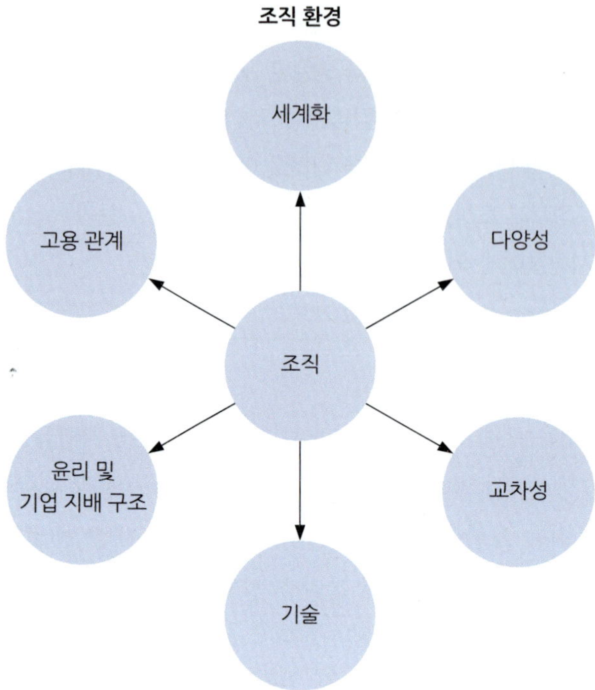

러한 다양한 사람에게 공정한 접근과 기회, 발전을 제공하는 것이다. 포용성은 모든 팀원, 직원 및 기타 사람들이 주어진 조직 환경에서 자신의 가치와 소속감을 느끼는 정도이다. 형평성과 포용성의 중요한 차이점은 다양성이 높은 팀에서 항상 포용성을 느낄 수 있는 것은 아니라는 점이다. 고위 관리직에 여성이 많이 포진되어 있을 수 있지만, 여전히 성별에 따른 오랜 규범, 임금 격차, 기타 요인으로 인해 소외감을 느끼고 있을 지도 모른다.[4] 이 장에서는 주로 다양성에 초점을 맞추어, 조직과 관련된 다양성의 여러 유형 중 몇 가지를 살펴보는 것으로 논의를 시작한다.

2-1a 다양성의 유형

누군가를 만났을 때, 그 사람이 나와 매우 다르다고 생각했는데, 알고 보니 공통점이 많다는 사실을 알게 된 적이 있는가? 이는 표면적 다양성과 심층적 다양성이라는 두 가지 유형의 다양성을 반영한다. **표면적 다양성**(surface-level diversity)은 인종, 나이, 민족, 신체적 능력, 신체적 특징, 성별 등 사람들의 관찰 가능한 차이를 말한다. 표면적 다양성은 사람을 보는 즉시 관찰할 수 있고 일반적으로 알려진 특성을 반영한다.

표면적 다양성
인종, 나이, 민족, 신체적 능력, 신체적 특징, 성별 등 사람들의 관찰 가능한 차이점.

심층적 다양성
목표, 가치관, 성격, 의사 결정 스타일, 지식, 기술, 능력, 태도 등 직접적으로 식별할 수 없는 개인적 차이.

반면, **심층적 다양성**(deep-level diversity)은 직접 식별할 수 없는 개인 차이다. 즉, 목표, 가치관, 성격, 의사 결정 스타일 등 직접적으로 식별할 수 없는 개인적 차이를 의미한다. 다른 사람의 이러한 '보이지 않는' 특성은 파악하는 데 시간이 더 걸리지만, 표면적인 특성보다 그룹이나 조직의 성과에 더 큰 영향을 미칠 수 있다. 그룹 내 임금 차이와 직급이나 권한에 따른 차이도 그룹 프로세스와 성과에 영향을 미칠 수 있다.

교차성(intersectionality)은 한 사람이 동시에 둘 이상의 인구통계학적 범주에 속한다는 사실을 의미한다. 다양한 인구통계학적 범주의 조합에 속해 있을수록, 개별 범주에 독립적으로 속해 있을 때보다 더 극단적인 형태의 특권 및 차별이 발생할 수 있다. 예를 들어, 많은 사람들이 소수 인종 집단(일반적으로 백인이 아닌)의 일원이거나 여성이라는 단일 특성으로 인해 편견이나 차별을 받는다. 그러나 여성인 동시에 소수 인종의 구성원인 사람은 여성이나 소수 인종이 따로 차별받는 것보다 더 큰 차별을 경험할 수 있다.

iStock.com/Monkeybusinessimages

다양성은 조직에서 점점 더 보편화되고 있다. 예를 들어, 이 비즈니스 회의에서 설명한 다양성의 표면적인 예들을 생각해 보라, 또한 관찰조차 할 수 없는 심층적 차원의 다양성도 많이 존재한다.

저명한 다양성 연구자인 데이비드 해리슨(David Harrison)과 캐서린 클라인(Katherine Klein)은 심층적 다양성을 반영하는 세 가지 다른 유형의 그룹 내 다양성을 확인했다.[5] **분리 다양성**(separation diversity)은 특히 그룹 목표나 프로세스와 관련하여 태도나 가치에 대한 의견 불일치 또는 반대를 반영하는 그룹 구성원 간 입장차이 혹은 의견의 차이를 의미한다. **종류 다양성**(variety diversity)은 그룹 구성원의 전문성, 지식 또는 기능적 배경 등 특정 유형이나 범주에 유의한 차이가 있을 때 존재한다. 마지막으로 **격차 다양성**(disparity diversity)은 가치 있는 사회적 자산이나 자원의 집중도의 차이, 예를 들어, 직급, 급여, 의사 결정 권한, 지위 등의 차이를 반영한다.

이 세 가지 유형의 다양성을 설명하기 위해 여섯 명으로 구성된 세 개의 팀이 각각 새로운 제품 아이디어를 창출하는 역할을 맡고 있다고 가정해 보자. 분리 다양성이 높은 팀 내에서의 다양성은 최선의 접근 방식에 대한 태도에서 드러난다. 팀의 절반은 창의적인 브레인스토밍(brainstorming)을 선호하는 반면, 나머지 절반은 객관적인 데이터에 기반한 고객 분석을 바탕으로 제품을 개발하고자 한다. 종류 다양성이 높은 팀원들의 전문 분야는 다양하다. 예를 들어, 어떤 팀에서 한 명은 마케팅 전문가, 또 다른 한 명은 재료 전문가, 나머지 한 명은 제조, 제품 안전, 광고, 법률 전문가로 구성되어 있는 식이다. 마지막으로, 격차 다양성 팀의 구성원들은 조직 내 직급이 다

교차성
우리 모두가 동시에 두 가지 이상의 인구통계학적 범주에 속한다는 사실을 의미.

분리 다양성
특히 그룹 목표 또는 프로세스와 관련하여 태도나 가치에 대한 의견 불일치 또는 반대를 반영하는 그룹 구성원 간의 입장 또는 의견 차이.

종류 다양성
그룹 구성원의 전문성, 지식 또는 기능적 배경을 포함한 특정 유형 또는 범주의 차이.

격차 다양성
가치 있는 사회적 자산이나 자원의 집중도 차이, 즉 직급, 급여, 의사 결정 권한, 지위 등의 격차.

GaudiLab/Shutterstock.com

Ground Picture/Shutterstock.com

왼쪽 사진 속의 두 사람은 표면적 다양성의 몇 가지 예를 반영하는 반면, 오른쪽 사진의 두 사람은 훨씬 덜 다양해 보이다. 하지만 심층적 다양성의 측면에서, 왼쪽의 두 사람은 생각보다 비슷할 수 있고, 오른쪽 사진의 두 사람은 생각했던 것보다 훨씬 많이 다를 수 있다.

표 2-1 여섯 가지 유형의 다양성

1. 표면적 다양성: 성별, 인종, 연령, 민족, 신체적 능력 등 관찰 가능한 사람들의 차이점
2. 심층적 다양성: 목표, 가치관, 성격, 의사 결정 스타일, 지식, 태도 등 직접 식별할 수 없는 개인적 차이
3. 교차성: 두 개 이상의 인구통계학적 범주에 동시에 속하는 데서 비롯되는 다양성
4. 분리성: 특히 그룹 목표 또는 프로세스와 관련하여 의견 불일치 또는 반대를 반영하는 그룹 구성원 간의 입장 또는 의견 차이, 즉 태도나 가치관의 차이(심층적 다양성의 한 유형)
5. 종류 다양성: 그룹 구성원의 전문성, 지식 또는 기능적 배경을 포함한 특정 유형 또는 범주의 차이(심층적 다양성의 한 유형)
6. 격차 다양성: 직급, 급여, 의사 결정 권한, 지위 등의 차이를 포함한 가치 있는 사회적 자산 또는 자원의 집중도 차이(심층적 다양성의 한 유형)

양하다. 예를 들어, 팀원 중 한 명은 부사장, 두 명은 중간 관리자, 세 명은 하위 직급 직원일 수 있다. 각 팀의 다양성은 분명하지만, 다양성의 영향이 팀에 미치는 영향이 어떻게 다를지는 여러 가지로 상상해 볼 수 있다. 표 2-1은 이러한 여섯 가지 유형의 다양성을 요약한 것이다.

2-1b 다양성의 트렌드

미국의 위대한 야구 감독인 요기 베라(Yogi Berra)는 "예측, 특히 미래에 대한 예측은 어렵다."고 말한 바 있다. 하지만 단기적인 인구통계학적 추세는 인력 구성의 변화로 인해 다양성에 대한 이해와 활용이 계속 중요해질 것임을 강력하게 시사한다. 예를 들어, 미국 노동력의 인종적, 문화적 구성은 상당히 예측 가능한 방식으로 변화하고 있으며, 다양성이 증가하는 일반적인 추세를 보이고 있다. 미국인구조사국은 2060년까지 미국 노동 인구가 비히스패닉계 백인 44.3%, 히스패닉계 27.5%, 흑인 또는 아프리카계 미국인 15%, 아시아계 9.1%로 구성될 것으로 예상하고 있다. 다른 미국 인구통계학적 전망 역시 미국의 인구 구성이 점점 더 다양해질 것임을 강조한다.[6]

- 인구는 고령화될 것으로 예상된다. 2030년에는 인구 5명 중 1명이 65세 이상이 될 것이다.
- 미국 총 인구는 2000년 2억 8,210만 명에서 2060년에는 4억 4,000만 명으로 증가할 것으로 예상된다. (이는 대부분의 유럽 국가가 2060년까지 인구가 감소할 것으로 예상되는 것과는 대조적이다.)

거의 매 분기 다양성 지표는 증가하고 있는 상황에서도, 상위 직급에서는 여전히 다양성을 찾아보기 어렵다. 2020년에 포춘(Fortune) 500대 기업 CEO 중 소수인종은 37명에 불과했으며, 기업 이사회 의석의 약 80%를 백인이 차지했다.[7]

한편, 많은 국가와 지역이 모든 수준에서 인재 부족에 직면해 있으며, 이는 더욱 심화될 것으로 예상된다. 2040년까지 유럽에서는 15~65세 근로자 2,400만 명이 부족할 것으로 예상되는데, 직장 내 여성의 비율을 높이면 그 격차는 300만 명으로 줄어들 것이다. 미국의 경우 2016년 노동 가능 연령 인구(16세 이상)의 약 5분의 1이 65세 이상이었다는 사실에 비추어, 베이비붐 세대(baby boomer)의 은퇴로 멀지 않은 시기에 고위급 직원의 상당수가 일자리를 잃게 될 것으로 예상된다.

인재 부족 현상은 전 세계적으로 심화될 것이다. 영국에서는 남성 위주의 엔지니어링, IT, 숙련 기술 분야가 인력 부족을 겪고 있지만, 과학, 공학, 기술 자격증을 보유한 여성의 70%가 여전히 이 분야에서 일하지 않고 있다.[9] 다양성을 추구하는 기업은 부족한 인재를 유치하고 유지할 수 있을 뿐만 아니라 다른 비즈니스 목표도 달성할 수 있다. 유럽위원회(European Commission)의 연구에 따르면, 다양성 프로그램을 운영하는 기업의 58%가 생산성 향상, 직원 동기부여 개선, 효율성 증대를 경험했으며, 62%는 다양성 프로그램이 우수 인재를 유치하고 유지하는 데 도움이 된다고 답했다.[10] 실제로 오늘날 인재 확보 전쟁은 전 세계적으로 벌어지고 있으며, 다양한 인력을 채용하고 유지하는 것은 그 어느 때보다 경쟁적인 이슈가 되고 있다.

iStock.com/Monkeybusinessimages

효과적인 다양성 관리는 인재를 유치하고 유지하는 데 핵심적인 역할을 한다. 조직은 최대한 포용적인 태도를 취함으로써 연령, 성별, 인종, 종교에 관계없이 우수한 인재를 유치하고, 유지하고, 그들의 능력을 활용할 수 있다.

2-1c 세대 차이

앞에서 언급한 바와 같이, 연령에 따른 다양성은 오늘날 많은 조직이 직면한 주요 문제이다. 그림 2.2는 그 이유를 명확하게 보여 준다. 한 가지 예로, 미국의 전통적인 은퇴 연령은 한때 65세 정도였다. 하지만 2021년에는 이 연령대의 약 18%가 여전히 고용되어 있었으며, 75세 이상의 8%가 여전히 일하고 있었다. 이러한 상황 하에서, 조직 리더십의 연속성을 보장하기 위한 승계 계획의 필요성은 분명히 증가하고 있다. 노동력의 고령화와 노동력을 구성하는 세대의 뚜렷한 특성으로 인해 기업들은 다양한 연령대의 근로자가 함께 일하는 방식에 더 많은 주의를 기울이고 있다.

예를 들어, 작업팀에서는 다양한 연령대가 함께 일하는 경우가 많으며, 심지어 나이가 많은 직원이 젊은 상사에게 보고하는 경우도 점점 더 많아지고 있다. 미국인사관리학회에서 실시한 설문조사에 따르면, 500명 이상의 직원을 둔 조직에서 인사 전문가의 58%가 젊은 직원과 나이든 직원 간의 갈등을 보고했는데, 이는 주로 직장 윤리 및 일과 삶의 균형(워라밸)에 대한 서로 다른 인식 때문이었다.[11] 미국경영협회 회장인 에드 레일리(Ed Reiley)는 "앞으로는 젊은 직원이 최종 관리자가 될 것이다. 오늘날 고령 근로자들이 젊은 세대와 함께 일하는 방법을 찾는 데 관심이 있는 것처럼, 앞으로는 젊은 근로자들이 고령 근로자를 유지하는 데 관심을 가질 것이다."[12]라고 말했다.

일반적으로 오늘날의 노동력은 출생 연도에 따라 소위 침묵의 세대(1928~1945), 베이비붐 세대(1946~1964), X세대(1965~1980), 밀레니엄 세대라고도 불리는 Y세대(1981~1996), Z세대(1997~2012) 등 다섯 세대로 구분된다. 각 세대가 가지고 있는 고유한 경험, 가치관, 세계관에 대응하여 직장 내 관행과 절차를 변화시켜야 한다는 압박감도 커지고 있다. 예를 들어, 현재의 많은 고령 근로자가 이전 세대보다 더 오래 일하는 추세에 따라, 일부 기업에서는 기존의 퇴직 정책을 바꾸어 경력 근로자들에게 시간제 일자리를 제공하고 있다. 베이비붐 세대의 웰빙에 대한 관심은 많은 고용주

그림 2-2
2021년 고용된 연령대 비율

미국 노동력에는 다양한 연령대의 사람들이 포함되어 있다. 이 그래프에서 볼 수 있듯이 55~64세 인구의 약 62%가 여전히 일하고 있으며, 65세 이상 인구의 18%는 계속 일하고 있다.

Source: U.S Bureau of Labor Statistics. Employment Status of the Civilian Noninstitutional Population by Age, Sex, and Race. Available online: https://www.bls.gov/cps/cpsaat03.pdf (accessed March 10, 2022).

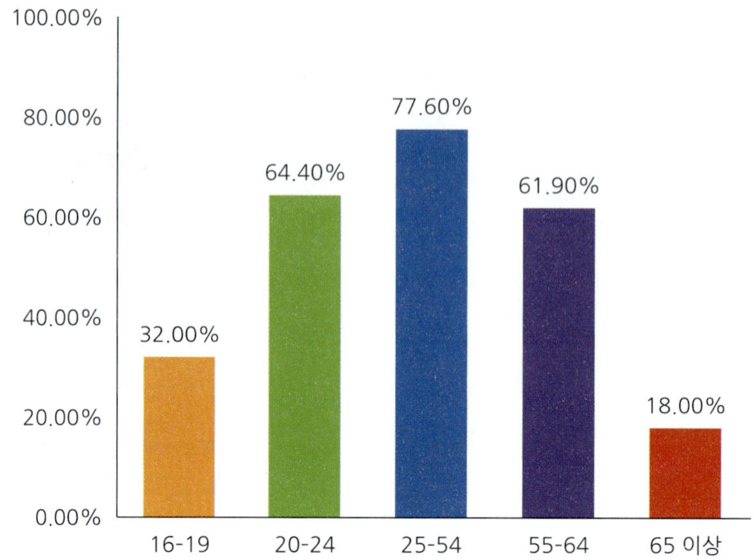

들이 제공하는 건강 프로그램과 복리 후생 제도에 변화를 가져오고 있다. 많은 X세대는 삶의 균형을 유지하는 데 관심이 많기 때문에, 기업들은 워라밸 프로그램에 관심을 기울이고 있다. Y세대는 기술에 능숙하고 모든 세대 중 가장 다양하며, 베이비붐 세대 퇴장 이후 직장에 가장 큰 영향력을 행사하는 세대로 꼽힌다. 끝으로, 아직 현업에 종사하고 있지 않은 Z세대의 경우, 코로나19 팬데믹을 경험하였고, 팬데믹 상황에서 온라인 근무 및 온라인 교육으로의 전환을 직접 경험했거나, 관찰한 바 있다. 따라서 이들이 일할 미래에는 기술 기반의 유연한 근무 방식을 더욱 선호할 가능성이 높다.

미국 노동력은 베이비붐 세대 이후 최대 규모의 Y세대가 노동 시장에 진입하고 있는 동시에, 고령화도 함께 진행되고 있다. 이에 따라 조직에서 나이의 역할과 직장에서의 세대 차이를 관리하는 방법을 이해해야 할 필요성이 더욱 높아지고 있다. 글로벌 프리미엄 음료 회사인 디아지오(Diageo)의 다양성, 인재 및 조직 설계 담당 이사였던 다니엘 로빈슨(Danielle Robinson)은 Y세대의 직장 진출로 인해 "이미 복잡한 업무 환경에서, 복잡성이 한 층 더 가중되었다."고 말했다.[13]

나이와 업무 성과 간에 정(+)적인 관계가 있는 경향이기는 하지만,[14] 모든 연구가 이러한 관계를 뒷받침하는 것은 아니다. 그동안 교육 상황에서 연령이 미치는 영향은 광범위하게 연구되어 왔다. 예를 들어, 경영 기술을 익히는 한 개방형 학습 프로그램에서, 나이는 학습 점수와 음의 상관관계를 보였다.[15] 즉, 나이가 많은 교육생은 젊은 교육생에 비해 동기부여 정도가 낮고, 학습 효과가 감소하며, 교육 후 자신감이 떨어지는 것으로 나타났다.[16] 이는 나이가 학습과 부(−)의 관계가 있으며, 이는 낮은 동기부여가 부분적으로 영향을 미쳤음을 시사한다. 이러한 현상은 연령이 증가함에 따라 반응 속도가 느려지는 경향이 있기 때문일 수도 있다.[17] 속도는 항공 교통 관제사처럼 고도의 집중력과 빠른 정보 처리가 요구되는 직업에서 가장 중요하다. 하지만 이러한 나이와 학습의 관계가 모든 사람에게 적용되는 것은 아니며, 나이가 많은 직원 중 일부는 학습을 잘할 수도 있고, 반대로 나이가 어린 직원 중 일부는 교육에서 더 낮은 성과를 보일 수도 있다는 점에 유의해야 할 필요가 있다.

나이 든 종업원에게서 발견되는 성실성(conscientiousness)과 축적된 지식은 정보 처리 속도와 학습 동기의 감소 등 노화의 부정적인 영향을 일부 상쇄한다.[18] 특히 복잡하거나 기술 지향적인 환경에서는 나이가 불안 및 기타 정서적 변수와 관련이 있을 수 있다. 고령의 교육생은 새롭고 복잡한 정보를 빠르게 처리하는 능력에 대해 우려할 수 있으며, 그 결과 소수자(minorities)가 종종 경험하는 고정관념(stereotype)의 위협을 겪을 수도 있다. 이러한 견해에 따르면, 고령 근로자는 자신의 기술에 대한 자신감이 저하되어, 젊은 근로자에 비해 학습 및 개발 활동에 참여하지 않을 수도 있다.[19] 자신이 보유한 기술의 적절성에 대한 믿음은 특히 어떠한 도전에 직면했을 때 지속적인 노력을 하기로 결정하는 데 영향을 미친다. 노년층은 자기 주도적 학습 환경을 통해 추가 시간을 확보할 수 있는 이점을 가지는 반면, 젊은 직장인들은 자기 주도 학습을 선호할 수도 있고, 디지털 원격 학습에 보다 개방적일 수 있다. 자신감 향상 프로그램은 모든 연령대에 걸쳐 불안과 자신감 저하의 부정적인 영향을 해결하는 데 도움이 될 수 있다.

일부 조직에서는 역멘토링(reverse mentoring)을 통해 세대 간 차이를 해소하고 젊은 직원이 직장에서 쌓은 기술을 고참 직원에게 전수하는 데 활용하고 있다. 역멘토링은 고참직원과 젊은 직원이 짝을 이룬다는 점에서는 기존 멘토링과 유사하지만, 기존의 하향식 멘토링과 달리 젊은 직원들이 보유한 기술을 고참 직원에게 전수하는 데 중점을 둔다.[20]

역멘토링은 앞으로 디지털 세상이 비즈니스를 변화시킬 것이라는 사실을 일찍이 깨달은 GE(General Electric)의 전 CEO 잭 웰치(Jack Welch)에 의해 대중화되었다. 그는 GE의 젊은 '웹 기반(webified)' 직원들이 나이가 많고 직급이 높은 직원 혹은 임원들보다 디지털 기술 및 e비즈니스 관련 지식이 더 뛰어나다는 사실을 알고 있었다. 그는 디지털에 능통한 젊은 직원 한 명씩을 전 세계 600명에 달하는 임원들과 짝을 지어 새로운 기술에 대한 전문 지식을 공유하기로 결정했다. 이 독특한 '멘토링 업(mentoring up)' 프로그램은 관리자들의 e비즈니스 역량을 강화하였음은 물론, 모든 직급과 연령대의 관리자들이 서로를 더욱 친근하게 대할 수 있게 하였으며, 이를 통해 GE 조직 전반에 많은 기술 지식들이 전수될 수 있었다.[21]

2-1d 관리자를 위한 다양성, 형평성, 포용성 이슈

순수 비즈니스적인 관점에서 다양성(그리고 형평성 및 포용성)에 관심을 가져야 하는 이유는 무엇일까? 그것은 모든 유형의 사람들과 잘 어울릴 수 있을수록 종업원의 업무 효율성이 높아지기 때문이다. 또한 관리자들이 다양성의 중요성을 인식한다면 최고의 인재를 채용, 유지, 참여시켜 조직의 성과를 극대화하는 데 도움이 될 것이다. 다양성은 더 큰 창의성과 혁신을 촉진한다.[22] 실제로 다양성을 통해 강력한 비즈니스 사례를 만들 수 있다.

다양성의 비즈니스 사례

조직이 다양성을 장려해야 하는 이유 중 하나는 바로 성과(performance) 때문이다. 최근 연구에 따르면 종업원이 다양성에 대해 긍정적인 태도를 가질 때 기업의 성과가 높아지는 것으로 나타났다.[23] 다양성은 모든 직원이 자신의 재능과 동기를 최대한 발휘하여 회사에 기여할 수 있도록 함으로써 기업의 경쟁 우위를 확보하는 데 기여한다. 다양성을 효과적으로 관리해야 하는 주된 이유는, 다양성 관리를 통해 모든 직원의 능력을 최대한 끌어내어, 경쟁이 치열해지는 비즈니스 환경에서 각 종업원들이 회사의 성과에 최대한 기여할 수 있기 때문이다.

일각에서는 다양성이 조직의 지속적인 경쟁 우위의 원천이 될 수 있다고 주장한다. 예를 들어 한 연구에 따르면, 문화적으로 다양하게 구성된 팀이 동질적인 문화적 배경을 가진 사람들로 구성된 팀에 비해 더 나은 의사 결정을 내리는 것으로 나타났다.[24] 다양성이 높은 집단은 집단 내 다양한 배경을 활용하여 문제를 보다 포괄적으로 바라보고 가능한 해결책의 목록을 더 넓게 개발할 수 있다. 또한 다양한 직원들이 보유한 폭넓은 사회적 네트워크를 통해 작업 그룹 및 조직은 더 다양한 정보와 전문 지식에 접근할 수 있다. 더 나아가 다양성은 경쟁 우위를 창출할 수 있는 창의성과 혁신의 원천이 될 수 있다. 수십 년에 걸친 연구 결과, 다양성은 창의성을 향상시키고 팀의 의사 결정을 개선할 수 있는 것으로 나타났다.[25] 저명한 경영 전문가인 로자베스 모스 칸터(Rosabeth Moss Kanter)의 연구에 따르면, 혁신적인 기업에서는 의도적으로 이질적인 팀을 활용하여 문제를 해결하고, 인종차별, 성차별, 계급 차별을 없애는 데 더 효과적인 것으로 나타났다.[26] 최고경영진에 여성이 많으면 혁신 전략을 추구하는 기업의 성과에 긍정적인 영향을 미친다는 연구 결과도 있다.[27]

다양성 관리는 법적인 측면에서도 중요하다. 여러 차별 금지법 중에서도, 1964년의 인권법 7조(1991년 개정)가 가장 중요하다. 이 법은 인종, 피부색, 종교, 성별, 성적 지향, 트랜스젠더 여부 또는 출신 국가를 이유로 한 고용 차별을 금지하고 있다.[28] 이 법은 의도적이고 직접적인 차별뿐만 아니라, 이러한 보호되는 특성을 이유로 차별의 효과를 발생시키는 어떠한 제도도 금지한다. 이 외에 다른 법률에서는 장애인 및 40세 이상의 고령 근로자들이 차별적 대우를 받지 않도록 보호하고 있다.[29]

1991년 인권법은 고의적인 고용 차별이 발생했을 때 금전적 손해배상을 허용하고 있다. 월마트와 샘스클럽을 상대로 한 사상 최대규모의 차별소송이 1,170만 달러 이상의 합의금으로 마무리된 바 있다.[30] 이 소송에서는 수천 명의 여성 종업원이 자신이 여성이라는 이유로 승진, 동일 임금, 승급을 거부당했다며 집단 소송을 제기했었다.[31] 차별을 금지하는 법을 준수하고 다양성을 증진하는 것은 직무와 조직에 가장 적합한 사람을 고용하기 위해서도 필요하다.

포용성을 가로막는 장벽

그렇다면 다양성이 성과에 미치는 이점과 법적 의무에도 불구하고, 기업들이 더 포용적이고 다양성을 활용하지 못하게 하는 장애물은 무엇일까? 미국 고용기회균등위원회 보고서는 여러 조직에 존재하는 몇 가지 다양성 장벽을 확인했다.[32] 표 2-2에 요약된 이러한 장벽은 다양한 의사 결정 과정 및 심리적 요인뿐만 아니라 다양성에 대한 종업원들의 인식 부족에서 비롯된다. 이러한 장벽을 이해하고 적극적으로 대처하면 그 영향을 최소화하고 포용성을 강화할 수 있다.

표 2-2
포용성을 가로막는 장벽

'나와 같은 사람' 편견	사람들은 자신과 비슷하다고 인식되는 사람들과 관계를 맺는 것을 선호한다.
고정관념	특정 집단의 모든 사람이 같은 방식으로 행동하거나 같은 특성을 가질 것이라는 생각에 기반한 개인 또는 집단에 대한 믿음이다.
편견	다른 그룹에 대한 노골적인 편견 또는 편협함. 손실에 대한 인식된 위협 일부 직원이 자신의 경력 기회에 직접적인 위협이 된다고 인식하는 경우, 다양성 노력을 방해함으로써 자신의 장래성을 보호해야 한다고 느낄 수 있다.
손실에 대한 위협 인식	일부 직원이 자신의 경력 기회에 직접적인 위협을 느낀다면 다양성 노력을 방해함으로써 자신의 장래성을 보호해야 한다고 생각할 수 있다.
민족 중심주의	자신의 언어, 모국, 문화적 규칙과 규범이 다른 모든 것보다 우월하다는 믿음.
조직 네트워크에 대한 불평등한 접근	여성과 소수민족은 업무 성과, 멘토링 기회, 승진 후보로 인정받는 데 중요한 역할을 하는 조직 네트워크에서 배제되는 경우가 많다.

1. '나와 같은 사람' 편견(like me bias): 의식적이든 무의식적이든, 우리는 자신과 비슷하다고 인식되는 사람들과 관계를 맺으려는 경향이 있다. 이러한 편견은 인간 본성의 일부이다. '나와 같은 사람' 편견은 업무 관계에서 높은 수준의 편안함을 느끼게 할 수도 있지만, 인종, 피부색, 성별, 장애, 연령 측면에서 자신과 동일한 특성을 가진 사람을 고용하거나, 함께 일할 대상으로 선택하는 경향으로 이어질 수 있고, 반면 자신과 다른 종류의 사람을 고용하는 것에 대한 거부감으로 이어질 수 있다. 문화적, 종교적 차이나 민족 중심주의도 '나와 같은 사람' 편견에 영향을 미쳐 포용성을 더욱 저해할 수 있다. 이러한 편견은 성과 규범을 평가하는 데에도 영향을 미칠 수 있고, '나와 다른 사람'은 업무 능력이 떨어지고 '나와 같은 사람'은 업무 능력이 더 뛰어나다는 인식을 강화시킬 수도 있다.
2. 고정관념(stereotypes): 고정관념이란 특정 집단에 속한 모든 사람이 같은 방식으로 행동할 것이라는 개인 혹은 집단에 대한 믿음을 의미한다. '모든 남성은 강하다', '모든 여성은 남을 잘 보살필 것이다', '특정 외모를 가진 사람은 위험하다' 등이 고정관념의 사례이다. '여성 과학자는 형편없다'라고 믿는 남성 과학자는 여성 과학자를 고용할 가능성이 낮고, 여성을 멘토로 삼거나 그들로부터 어떤 의견을 구할 가능성이 낮다. 고정관념은 소수자, 여성, 장애인, 젊은 직원과 고령자 등 모든 집단에 대한 포용의 기회를 감소시킬 수 있다. 고정관념은 개인의 실제 고유한 정체성과 관계없이 특정 집단에 속해 있다는 이유만으로 개인에 대한 판단을 내리기 때문에 유해하다. 사람들은 인종, 피부색, 종교, 출신 국가, 성별, 장애, 나이 등에 기반하여 다른 사람에 대한 고정관념을 갖는다. 고정관념은 주로 부정적인 경우가 많기 때문에, 고정관념의 대상이 된 사람들에게 좋지 않은 영향을 미친다.[33] 고정관념은 미묘한 인종차별, 성차별, 편견, 불편함을 낳을 수 있으므로 다양성의 맥락에서 다루어야 한다. 채용 및 고용 관리자들이 좋은 직원과 나쁜 직원에 대한 고정관념을 가질 경우, 이는 평등고용에 부정적인 영향을 미치고 다양성 노력을 약화시킬 수 있다.
3. 편견(prejudice): 인권법 7조가 시행된 지 수십 년이 지났음에도 불구하고, 고용주나 경영진이 특

정 집단을 지지하거나 반대하는 노골적인 편견은 여전히 존재한다. 설사 조직이 포용에 대한 강력한 의지를 가지고 있더라도, 개별 직원이나 관리자의 신념과 행동이 이러한 조직의 정책 및 가치와 일치하지 않을 수도 있다. 조직 차원에서는 관리자 혹은 종업원을 신중하게 선발, 교육하고, 이들의 포용성 행동을 평가하고, 다른 관리자 밑에서 일하는 다른 그룹 구성원들의 승진률을 추적해 볼 필요가 있다. 이러한 조사 결과를 통해, 추가적인 주의가 필요한 차별적 경향을 파악함으로써 편견의 발생가능성을 감소시킬 수 있다

4. 손실에 대한 위협 인식(perceived threat of loss): 포용성 증진을 위한 기업의 노력이 높아지면, 이로 인해 전통적으로 혜택을 받아왔던 그룹의 구성원은 불안해 하거나 심지어 분노할 수도 있다. 어느 누구라도 자신의 경력 기회에 직접적인 위협을 느낀다면, 다른 사람의 성장을 방해함으로써 자신의 경력과 전망을 보호해야 할 필요를 느낄 수 있다.[34] 이러한 인식은 소수 직원을 돕고, 다양한 후보자를 채용하고, 다양성 프로그램을 활성화하려는 조직의 의지에 영향을 미칠 수 있다.
5. 민족 중심주의(ethnocentrism): 민족 중심주의는 자신이 속한 국가, 사용 언어, 문화적 규칙과 규범이 다른 민족보다 우월하다는 믿음의 반영이다. 민족 중심주의는 편견보다는, 다른 환경에 대한 경험 부족 및 무지와 더 관련이 있다. 사람들은 모국의 문화와 행동 규범에 대해 더 많이 알고 있기 때문에 그 나라 사람들을 더 잘 이해할 수 있다. 다문화에 대한 인식(cross-cultural awareness)을 높이는 교육과 체험은 문화적 다양성을 소중히 여기고 증진시키기 위한 의식적인 노력을 촉진할 수 있다.
6. 조직 네트워크에의 불평등한 접근성(unequal access to organizational networks): 모든 조직에는 공식적, 비공식적 네트워크가 있다. 이러한 조직 네트워크는 지식 공유, 리소스 접근성, 업무 기회에 영향을 미친다. 여성과 소수자는 업무 성과를 높이거나, 멘토링 기회를 잡거나, 승진 후보로 고려되는 데 중요하게 작용하는 비공식적 조직 네트워크에서 배제되는 경우가 많다.[35] 한 연구에 따르면 기업 고위직의 남성 독점이 여성 임원들의 승진 장벽 및 비공식 네트워크로부터의 배제와 관련이 있는 것으로 확인되었다.[36]

다양성·형평성·포용성 관리하기

앞에서 언급한 포용성 장벽에 대한 인식에 더하여, DEI를 증진하기 위해 관리자가 할 수 있는 사전 예방적 조치에 대해서도 살펴볼 필요가 있다. DEI의 긍정적인 잠재력을 효과적으로 활용하기 위한 가장 중요한 요소는 DEI에 대한 최고 경영진의 지원이다. 최고 관리자가 포용성을 장려하고 다양성을 존중하지 않는다면 하위 관리자와 직원들도 그렇게 행동할 가능성이 높다. 반면, DEI 교육을 통해 모든 직원의 문화적 인식과 공감이 향상되고 모든 직원이 멘토 혹은 기타 영향력 있는 사람들에게 동등하게 접근할 수 있는 기회가 주어질 때 포용적인 환경은 조성된다. 모든 직원이 성과 피드백, 교육 및 개발, 승진 기회에 동등하게 접근할 수 있는 공정한 회사 정책과 관행을 만드는 것이 중요하다.

높은 수준의 DEI는 상위 직급에서 다양한 종업원 그룹을 지원하고 모든 종업원이 자신 혹은

Case Study

웨그먼스의 DEI

미국 동부 지역의 식료품점인 웨그먼스(Wegmans)는 다양성, 형평성, 포용성을 법적 또는 도덕적 의무나 사업에의 필요성을 넘어 사업 기회로 간주한다.[37] 다양성은 웨그먼스의 일상적인 문화의 일부이며 모든 고객의 요구에 최선을 다할 수 있게 해 주는 요소로 간주된다. 회사는 다양한 배경, 경험, 관점을 반영하고, 매장이 운영되는 지역사회의 인력을 유지하기 위해 노력하고 있다.

웨그먼스는 쇼핑하기 좋은 곳이 되려면 먼저 일하기 좋은 곳이 되어야 한다고 믿는다. 웨그먼스는 음식을 사랑하고 봉사하려는 타고난 성향을 가지고 있으며 대중과 함께 일하는 데 능숙한 인재를 채용하고자 한다. 웨그먼스는 새로운 아이디어로 매장을 쇄신하기 위해 채용 시 다양성을 강조한다. 직원 중에는 고등학생부터 은퇴한 전문가까지 다양한 배경을 가진 사람들이 포함되어 있다. 존중, 배려, 권한 부여, 높은 목표수준을 포함한 기업 가치 덕분에 웨그먼스는 포춘이 선정한 '일하기 좋은 100대 기업'(2021년에는 4위에 올랐다)에 반복해서 이름을 올렸다.

질문

1. 다양한 직원이 어떤 방식으로 웨그먼스의 비즈니스 성과에 기여할 수 있는가?
2. 웨그먼스가 어떤 유형의 다양성에 중점을 두어야 한다고 생각하는가? 그 이유는 무엇인가?
3. DEI를 기반으로 인력을 구축할 때 단점이 있다면 무엇인가?

다른 사람들과 효과적으로 교류할 수 있도록 지원하는 기업에 긍정적인 영향을 미칠 가능성이 높다. DEI는 혹 직원들이 부정적인 영향을 직접적으로 느끼지는 않는다 해도 회사가 다양성 문제에 대해 계속 노력할 때 더 성공적이다. 이 장의 Case Study에서는 식료품점 웨그먼스가 다양성을 효과적으로 관리하기 위해 어떤 노력을 기울이고 있는지 살펴본다.

교육과 멘토링도 도움이 될 수 있다. 고참 직원과 신참 직원을 매칭하여 두 사람 모두 상대방에 대해 더 많이 배울 수 있도록 하는 상호 멘토링은 DEI를 촉진하는 데 사용되는 기법 중 하나이다. 어떤 조직에서는 다양성 증진을 위해 전직원을 대상으로 경력 개발 프로그램, 네트워킹 기회, 혹은 멘토링 프로그램을 활용한다.[38] 다양성 훈련이나 교육을 통해 인간은 편견을 가진 존재라는 메시지를 강조할 필요가 있다. '나는 편견이 전혀 없다'는 주장은 비현실적이다. 중요한 것은, 다양성 교육을 통해 종업원들의 자신이 가진 편견을 인식하고 이를 통제하는 방법을 배움으로써 명시적 혹은 암묵적으로 편견을 드러내는 것을 방지하는 것이다.

2-2 세계화와 비즈니스

조직 내 행동에 영향을 미치는 또 다른 환경적 요인은 **세계화**(globalization)이다. 물론 세계화나 국제 경영이 새로운 개념은 아니다. 수세기 전 로마 군대는 광범위한 제국을 관리하기 위한 시스템을 개발했다.[39] 또한 콜럼버스(Christopher Columbus)나 마젤란(Margellan)과 같은 유명한 초기 탐험가들은 실제로 새로운 영토를 찾았다기보다는 국제무역을 촉진하기 위한 새로운 무역로를 찾

세계화
비즈니스 활동의 국제화와 통합된 글로벌 경제로의 전환.

았다고 이해하는 것이 더 정확할 것이다. 또 올림픽, 적십자 및 기타 여러 조직도 국제적인 뿌리를 가지고 있다. 그러나 비즈니스 관점에서 볼 때, 세계화의 광범위한 영향이 보편화된 것은 적어도 미국에서는 비교적 최근이다.

2-2a 세계화의 추세

2021년 국제무역은 사상 최고치인 28조 5,000억 달러를 돌파했다. 이 중에서 유형의 재화를 거래하는 상품 무역이 전체의 약 75%를 차지했고 서비스 무역이 약 25%를 차지했다.[40] 국제무역의 성장에는 크게 네 가지 요인이 영향을 미쳤다.

첫째, 지난 수십 년 간 통신과 교통이 획기적으로 개선되었다. 국제간 통신은 불과 몇 년 전보다 훨씬 쉬워졌다. 일부 개발도상국의 전화 서비스는 이제 거의 전적으로 유선전화가 아닌 무선전화 기술을 통해 이루어지고 있다. 팩스 및 이메일 기술을 이용하여, 불과 몇 년 전만 해도 며칠이 걸리던 문서를 몇 초 만에 전 세계로 보낼 수 있다. 또한 문자 메시지, 줌(Zoom), 팀즈(Teams) 등 다양한 소셜 미디어 플랫폼과 최신 애플리케이션의 발달로 인해 국제적 의사소통은 더욱 쉬워졌다. 또한 주요 기업의 거점들 간의 이동은 물론이고, 외딴 마을 및 제조 시설 간의 이동 역시 훨씬 쉽고 빨라졌다. 요컨대, 불과 몇 년 전보다 오늘날 국제 비즈니스를 수행하는 것이 훨씬 쉬워졌다.

둘째, 기업들은 글로벌한 차원으로 사업과 시장을 확장하고 있다. 스위스의 네슬레(Nestlé)나 네덜란드의 하이네켄(Heineken) 등 작은 국가에서 사업을 시작한 기업들은 이미 오래 전에 국내시장이 너무 작아서 더 이상 성장을 지속하기 어렵다는 것을 깨닫고 국제 무대로 진출했다. 반면, 많은 미국 기업들은 지난 세기에 들어 와서야 해외시장 진출의 필요성을 깨닫게 되었다. 하지만 오늘날에는 대부분의 중견기업, 심지어 중소기업들조차 다른 나라에서 제품과 서비스를 일상적으로 구매 혹은 판매하고 있다.

셋째, 많은 기업이 비용 관리, 특히 인건비 절감을 위해 해외시장으로 진출하고 있다. 그러나 저인건비 전략은 때때로 윤리적 문제를 불러일으키기도 하며, 이러한 방식의 비용 절감 전략이 항상 계획대로 실행되는 것은 아니다. 이는 다른 나라에서 채택하고 있는 노동 기준에 대한 언론과 소비자 운동가의 우려로 인해 이 과정이 때때로 비판을 받아 왔기 때문이다. 그럼에도 불구하고 많은 기업이 아시아와 멕시코 등지에서 저렴한 노동력을 성공적으로 활용하고 있다.[41] 인건비를 낮추기 위해 일부 기업은 잘 훈련된 근로자를 발굴하고 해외시장에 더 가까운 곳에 더 효율적으로 운영되는 공장을 건설하였다. 예를 들어, 인도는 하이테크 부문의 강국으로 부상했다. 터키와 인도네시아 역시 그 중요성이 증가하고 있다. 반면, 많은 글로벌 자동차 제조업체가 미국에 공장을 건설하기도 했다.

Pavel Szabo/Shutterstock.com

세계화는 사업 환경 변화의 주요한 동인이다. 예를 들어, KFC나 맥도날드와 같은 패스트푸드 기업은 전 세계에 걸쳐 매장을 가지고 있다. 이들 기업이 당면한 과제는 각국의 고객 취향과 관행에 적응하는 동시에 브랜드의 인지도를 높이면서 그 정체성과 장점을 유지하는 것이다.

마지막으로, 많은 조직이 경쟁에 대응하는 전략으로

서 세계화를 추진하고 있다. 어느 한 조직이 세계시장에서 강세를 보이기 시작하면 그 경쟁사들은 매출과 수익성 측면에서 뒤처지지 않기 위해 이를 따르는 경우가 많다. 엑손모빌(Exxon Mobile)과 셰브론(Chevron) 같은 미국 석유 회사들은 BP와 로열더치셸(Royal Dutch Shell) 등 해외 경쟁사들을 따라잡기 위해 국제 시장점유율을 높여야 한다는 사실을 깨달았다. 인건비 통제가 오프쇼어링(offshoring)의 주된 이유로 꼽히지만, 많은 조직이 노동력 차익 거래보다는 단지 국내에서 부족하거나 다른 고용주와의 경쟁 심화로 인해 구하기 어려운 유능한 인재 확보의 목적으로 오프쇼어링 혁신 프로젝트를 추진하는 경우가 늘고 있다.

2-2b 문화적 역량

이탈리아 사람들은 미국인에 대해 항상 일하고, 점심을 먹으면서도 비즈니스 이야기를 하고, 다른 사람들과 함께 활동을 즐기기보다는 홀로 길거리에서 뛰어다니며 커피를 마시는 사람으로 인식하는 경우가 많다. 이는 이탈리아 사람은 게으르고, 미국인은 지나치게 활동적이라는 의미인가? 그보다는 다른 문화권의 사람들은 어떤 활동에 대해 다른 의미를 부여한다는 의미이기도 한다. 관계를 중시하는 이탈리아인들에게 점심 식사, 저녁 식사, 커피 한 잔의 휴식은 사람들이 함께 모여 휴식을 취하고 서로를 더 잘 알기 위한 사회적 목적을 갖는다. 반면, 시간을 돈으로 여기는 미국에서는 점심 식사 중에 비즈니스가 이루어지고, 저녁 식사 중에 거래가 논의되며, 커피를 마시며 계약이 체결되기도 한다.[42]

흔히 저지르기 쉬운 실수 중 하나는, 다른 사람들도 자신과 같을 것이라고 가정하는 것이다. 다른 문화권의 사람들은 서로 다른 방식으로 일을 경험하고 행동한다. **문화적 역량**(cultural competence)이란 다른 문화를 가진 사람들과 효과적으로 소통할 수 있는 능력을 의미한다. 문화적으로 유능하다는 의미는 이러한 문화적 차이를 존중하고 이해하는 것이다. 문화적 역량에는 다음과 같은 네 가지 요소가 있다.[43]

문화적 역량
다양한 문화를 가진 사람들과 효과적으로 소통할 수 있는 능력.

1. 자신의 문화적 세계관과 다른 사람들의 반응에 대한 인식: 어떤 아파트 경비원이 자신이 청소년들을 '문제아'로 보는 경향이 있음을 스스로 인지한다면, 이 경비원은 청소년 집단에 대한 자신의 반응을 문화적으로 인식하는 것이다.
2. 문화적 차이에 대한 태도: 문화적 차이에 대한 자신의 신념과 가치를 정직하게 이해하려는 의지가 반영된 태도이다.
3. 다양한 세계관 및 문화적 관행에 대한 지식: 한 연구에 따르면 평등에 대한 우리의 가치와 신념이 행동과 일치하지 않을 수 있다. 이 연구에서 자신은 편견을 가지고 있지 않다고 답한 많은 사람이 실제로는 다문화적 상

Karl Allen Lugmayer/Shutterstock.com

기업이 해외시장으로 진출하는 주요 이유 중 하나는 낮은 인건비를 활용하기 위해서이다. 예를 들어, 몇 년 전 여러 기업이 저렴한 인건비 때문에 생산 시설을 멕시코로 이전했다. 그 후에는 중국이 저렴한 인건비를 앞세워 많은 기업의 각광을 받았다. 그러나 중국의 임금이 상승하기 시작하자 일부 기업은 베트남과 같은 다른 생산 지역에 눈을 돌리고 있다.

황에서 편견에 따른 행동을 한 것으로 나타났다.

4. 문화적 소통 기술: 이 요소는 이문화 간의 효과적인 의사소통을 위해 비언어적 의사소통을 포함한 문화적 역량을 연습하는 것의 중요성을 다룬다.

선천적으로 문화적 역량을 갖춘 사람도 있지만, 대부분의 사람은 이 역량을 개발하기 위해 노력해야 한다. 이를 위해서는 우리가 가진 편견을 정직하게 인식하고, 다문화역량(cross-cultural skills)을 적극적으로 개발하고, 롤모델을 통해 배우고, 문화적 이슈에 대해 긍정적인 태도를 가져야 한다. 다문화적 성공을 위한 열쇠는 우리의 문화가 타인에 대한 해석과 자신의 행동, 그리고 다른 문화권의 사람들이 나를 어떻게 인식하는지 파악하는 것이다. 왜 특정 방식으로 일을 하는지, 세상을 어떠한 방식으로 인식하고, 왜 그렇게 반응하는지 이해하는 것은 문화적 인식을 위해 중요하다. 다양한 문화가 존재하는 조직 또는 회사의 고객이 문화적으로 다양한 경우, 문화적 인식은 성과를 향상시킬 수 있다. 이 장의 Improve Your Skills를 통해 자기 문화만의 특성을 이해해 보자.

이 장의 Global Issues에 제시되어 있는 문화 에티켓 퀴즈를 풀면서 다른 문화권에서 사업을 하거나 일하는 것에 대해 얼마나 알고 있는지 점검해 보자.

Improve Your Skills

자신의 문화 이해하기

이 장에서 학습한 바와 같이, 문화적 역량을 갖추려면 자신의 문화적 관습과 세계관에 대한 인식이 필요하다. 아래의 표는 자신이 속한 사회 문화의 특징을 분석하는 데 도움이 될 것이다. 각 문화적 특징에 대해, 자신의 주요 문화권 대부분의 사람들을 대표하는 예를 찾아보라. 그런 다음 잠시 시간을 내어 다른 문화는 어떻게 다른지, 그리고 이러한 차이가 어떤 오해를 불러일으킬 수 있는지에 생각해 보라.

문화적 특징	주요 문화를 대표하는 기능의 예시	다른 문화권의 특징과 어떻게 다르고, 어떤 오해를 불러일으킬 수 있는가?
1. 사회적 인사		
2. 사생활에 대한 태도		
3. 적절한 의사 결정 속도		
4. 의사소통의 개방성		
5. 방금 들은 내용을 이해했음을 나타내는 제스처		
6. 개인적인 외모		
7. 권위 있는 인물에 대한 존중		
8. 허용 가능한 개인 공간		
9. 적시성		
10. 직업 윤리		

Global Issues

문화 에티켓 퀴즈

어떤 문화권에 가더라도, 비즈니스를 성공적으로 이끌기 위해서는 어떤 말을 해야 하는지, 회의에는 언제 도착해야 하는지, 어떤 옷을 입어야 하는지, 어떤 선물이 허용되는지, 어떤 인사를 해야 하는지 등을 알아 둘 필요가 있다. 상대방의 기대와 비즈니스 관행을 인식하고 체득하기 위해서는 지속적인 노력이 필요하다. 이 퀴즈를 통해 다른 지역의 비즈니스 문화를 얼마나 잘 알고 있는지 평가해 보자. 정답은 퀴즈 하단에 있다.[45]

______ 1. 전문직 직함을 거만하다고 여기는 문화권은 어디인가?

______ 2. 빨간색에 부정적인 의미를 부여하므로 명함에 빨간색을 사용해서는 안되는 곳은 어디인가?

______ 3. 어느 문화권에서는 미팅 직후 바로 자리를 뜨면 상대방에 대한 모욕으로 간주될 수 있는데, 이는 상대방에 대해 알아가는 데 관심이 없다는 것을 암시하기 때문이다. 이 나라는 어디인가?

______ 4. 어느 문화권에서는, 다른 사람이 가지고 있는 어떤 물건에 대해 칭찬할 경우, 이는 그 물건을 선물로 받아도 좋다는 의미로 받아들여진다. 이 나라는 어디인가?

______ 5. 코를 두드리는 것이 무언가 비밀이나 기밀을 유지해야 한다는 신호를 의미하는 이 나라는 어디인가?

______ 6. 어느 문화권에서는 손가락 하나를 흔들면서 손바닥을 들어 손짓을 하는 것은 모욕으로 받아들여질 수 있다. 이 나라는 어디인가?

______ 7. 수년간 함께 일한 사람들도 매일 아침 처음 만나는 것처럼 악수를 하는 이 나라는 어디인가?

______ 8. 이 나라에서 협상은 보통 오랜 시간이 걸리고 혼란스러우며, 많은 사람들이 동시에 발언하는 경우가 많다. 이 나라는 어디인가?

______ 9. '엄지 척' 제스처가 오히려 불쾌감을 일으키는 이 나라는 어디인가?

______ 10. 이 나라에서는 목소리 크기에 민감해야 한다. 회의는 물론 식당이나 길거리에서도 큰 목소리는 불쾌감을 주는 것으로 알려져 있다. 이 나라는 어디인가?

______ 11. 이 나라 사람들은 협상이나 회의석상에서 종종 화를 내거나 화를 내고 자리를 박차고 나가는 경우가 많다. 주머니에 손을 넣고 서 있는 것도 이 문화권에서는 무례한 행동으로 간주된다. 이 나라는 어디인가?

______ 12. 이 문화권에서는 체면을 지키는 것이 중요하기 때문에, 거절하는 말 대신 "그것도 편리한 점이 있겠군요." 또는 "알아볼게요."라는 말을 자주 들을 수 있다.

정답: (1) 아일랜드, (2) 마다가스카르, (3) 콜롬비아, (4) 바레인, (5) 영국, (6) 인도(및 홍콩), (7) 독일, (8) 스페인, (9) 사우디 아라비아, (10) 프랑스, (11) 러시아, (12) 중국

2-2c 문화 간 차이점과 유사점

이 책의 주된 관심사는 조직 맥락에서의 인간 행동이므로, 이제부터는 이문화 간 행동의 차이점과 유사점에 주목한다. 이 분야에 대한 연구는 상대적으로 적지만, 주목할 만한 흥미로운 연구 결과가 몇 가지 있다.[44]

일반적인 관찰 결과

한 가지 수준에서 문화 간 유사점과 차이점에 대해 몇 가지 일반적인 관찰을 할 수 있다. 우선, 문화적 경계와 국가적 경계가 반드시 일치하는 것은 아니다. 예를 들어, 스위스의 어떤 지역의 경우 이탈리아와 매우 흡사하고, 또 다른 지역은 프랑스와 매우 흡사하며, 또 다른 지역은 독일과 매우 닮아있다. 마찬가지로 미국 내에서도 남부 캘리포니아, 텍사스, 동부 해안 등 지역마다 큰 문화적 차이가 있다.

이러한 기본 가정을 바탕으로 국제 경영에 관한 문헌을 검토한 한 연구에서는 다음과 같은 다섯 가지 결론에 도달했다.[46] 첫째, 조직 행동은 문화권에 따라 다르다. 따라서 일본 기업, 미국 기업, 독일 기업의 종업원들은 서로 다른 태도와 행동 패턴을 가질 가능성이 높다. 이러한 문화적 행동 패턴은 각 조직 내에 광범위하게 퍼져 있을 것이다.

문화
그룹, 조직 또는 사회의 구성원들이 어떤 행동이 허용되는지, 혹은 허용되지 않는지 판단하는 데 도움이 되는, 종종 당연하게 여겨지는 공유된 가치의 집합.

둘째, 문화 자체가 이러한 변화의 주요 원인 중 하나이다. **문화**(culture)란 그룹, 조직 또는 사회의 구성원들이 어떤 행동이 허용되는지, 혹은 허용되지 않는지 판단하는 데 도움이 되는, 종종 당연하게 여겨지는 공유된 가치의 집합을 의미한다. 앞에서 언급한 행동의 차이는 부분적으로는 생활 수준, 지리적 조건 등도 원인이 될 수 있지만, 이러한 고려 사항들과는 별개로 문화 자체가 가장 주요한 요인이다.

셋째, 조직 내 행동의 원인과 결과는 문화에 따라 매우 다양하지만, 조직 구조 및 조직이 구성되는 방식의 유사성은 점점 더 높아지고 있는 것으로 보인다. 따라서 일반적인 수준의 조직 관리 제도는 비슷해지고 있지만, 조직 내에서 일하는 사람들은 여전히 현저하게 다르다.

넷째, 같은 개인이라도 문화적 환경에 따라 다르게 행동한다. 관리자의 행동은 다른 문화권으로 옮기면서 바뀔 수 있다. 예를 들어, 미국으로 부임한 일본인 임원은 점차 미국 관리자처럼 행동하기 시작하고, 일본 관리자처럼 행동하는 비율이 점차 감소할 수 있다. 그렇다면 이 임원이 다시 일본으로 돌아갔을 때 문화적인 갈등을 경험할 수 있다.

마지막으로, 문화적 다양성은 조직의 효율성을 높이는 데 중요한 시너지의 원천이 될 수 있다. 이전보다 더 많은 조직이 다양성, 형평성, 포용성의 미덕을 인식하고 있지만, 이를 관리하고 육성하는 방법에 대해서는 의외로 잘 모르고 있다. 다국적 전략(multinational strategy)을 채택한 조직은 노력 여하에 따라 각 부분의 합보다 더 큰 힘을 발휘할 수 있다. 각 문화권에서의 조직운영은 이 문화에 대한 이해를 높여 다른 문화권에서 조직을 운영할 때 도움을 받을 수 있다.

세부 문화적 문제

네덜란드의 연구자 호프스테드(Geert Hofstede)는 60개 국가의 근로자와 관리자를 대상으로 연구한 결과, 각 국가의 특징적인 가치와 신념에 따라 태도와 행동이 크게 다르다는 사실을 발견하였다.[47] 이 연구의 결과는 표 2-3에 요약되어 있다.

개인주의
한 문화권의 사람들이 자신을 하나 이상의 그룹이나 조직의 일부가 아닌 주로 개인으로 정의하는 정도.

호프스테드가 발견한 두 가지 주요 차원은 개인주의/집단주의와 권력 거리이다. **개인주의**(individualism)는 한 문화권의 사람들이 자신을 하나 이상의 그룹이나 조직의 일부가 아닌, 독립된 개인으로 정의하는 정도를 의미한다. 직장에서 개인주의 문화권의 사람들은 자신이 소속된 집단

표 2-3
10개국에서의 업무 관련 차이점

국가	개인주의/집단주의	권력 거리	불확실성 회피	남성성	장기 지향성
캐나다	H	M	M	M	L
독일	M	M	M	M	M
이스라엘	M	L	M	M	데이터 없음
이탈리아	H	M	M	H	데이터 없음
일본	M	M	H	H	H
멕시코	H	H	H	M	데이터 없음
파키스탄	L	M	M	M	L
스웨덴	H	M	L	L	M
미국	H	M	M	M	L
베네수엘라	L	H	M	H	데이터 없음

참고: 개인주의/집단주의의 경우 H = 높음, M = 보통, L = 낮음. H는 높은 개인주의, L은 높은 집단주의, M은 개인주의와 집단주의의 균형을 의미한다. 이는 호프스테드와 동료들이 연구한 60여 개국 중 10개국에 불과하다.

References: Adapted from Hofstede, G., & Bond, M. H. (1988, Spring). The Confucius Connection: From Cultural Roots to Economic Growth. *Organizational Dynamics*, 5–21; Hofstede, G. (1980, Summer). "Motivation, Leadership, and Organization: Do American Theories Apply Abroad?" *Organizational Dynamics*, 42–63.

보다는 개인으로서의 자신에 대해 더 신경을 쓰고, 관계보다는 개별 업무를 더 중요하게 생각한다. 이 경우 채용과 승진은 일반적인 기술과 규칙에 따라 이루어진다. 반면에 **집단주의**(collectivism)는 자신이 속한 집단이나 조직에 자신의 정체성을 두는 경향이 있는 엄격한 사회적 틀이다. 이는 직장에서 직원과 고용주의 관계가 가족 관계에 가깝고, 개인이나 업무보다 관계가 더 중요하며, 채용과 승진 의사 결정에서는 어느 그룹에 속해 있는가를 고려한다. 개인주의 문화가 강한 미국에서는 일반적으로 다른 사람보다 더 나은 성과를 내고 남들보다 눈에 띄는 것이 중요하다. 반면, 집단주의 문화가 강한 일본에서는 일반적으로 개인이 그룹에 적응하고 조화를 이루기 위해 노력하며 안정을 선호한다.

많은 아시아 국가에서는 집단주의가 지배적인 문화적 가치인 경향이 있다. 그 결과, 근로자들은 사회적 틀이 긴밀하고 동료들과 밀접하게 동일시한다.

권위에 대한 지향성(orientation to authority)이라고도 하는 **권력 거리**(power distance)는 불평등한 권력 분배를 정상으로 받아들이는 정도를 의미한다. 예를 들어, 멕시코나 베네수엘라에서는 사람들이 권위를 명확하게 인식하고 권위의 경계를 무시하지 않으려는 경향이 있다. 반면에 이스라엘이나 덴마크와 같은 국가에서는 권위를 그다지 존중하지 않는 경우가 많으며, 직원들은 무언가를 성취하기 위해 권위의 경계를 통과하는 것에 큰 부담을 느끼지 않는다. 미국 사람들은 어떤 상황에서는 권위를 인정하지만 다른 상황에서는 인정하지 않는 혼합적인 경향을 보인다.

호프스테드는 문화의 다른 차원도 확인했다. **불확실성 회피**(uncertainty avoidance)는 **안정 선**

집단주의
사람들이 자신의 정체성을 자신이 속한 집단이나 조직을 기준으로 삼는 경향이 있는 엄격한 사회적 틀.

권력 거리(권위에 대한 지향성)
사람들이 불평등한 권력 분배를 정상으로 받아들이는 정도이다.

불확실성 회피(안정 선호)
사람들이 불확실한 상황에서 위협을 느끼고 명확하고 모호하지 않은 상황을 선호하는 정도이다.

호(preference for stability)라고도 할 수 있는데, 불확실한 상황에 위협을 느끼면서 명확하고 모호하지 않은 상황을 선호하는 정도를 의미한다. 일본과 멕시코 사람들은 일반적으로 불확실성보다 안정성을 선호하는 반면, 스웨덴, 홍콩, 영국에서는 불확실성을 정상으로 받아들여진다. **독단성**(assertiveness) 또는 **물질주의**(materialism)라고 표현할 수 있는 **남성성**(masculinity)은 한 사회의 지배적인 가치가 사람이나 사람 간의 관계, 혹은 전반적인 삶의 질에 대한 관심보다는, 경쟁성이 높고 물질적 소유물의 획득을 강조하는 정도를 말한다. 미국 사람들은 불확실성 회피와 남성성 척도 모두에서 중간 정도에 속한다. 일본과 이탈리아는 남성성 척도에서 높은 점수를 받은 반면 스웨덴은 낮은 점수를 받았다.

남성성(독단성 또는 물질주의)
사회의 지배적 가치가 사람, 사람 간의 관계 및 전반적인 삶의 질에 대한 관심과는 반대로 공격성과 돈 및 기타 소유물의 획득을 강조하는 정도이다.

이러한 호프스테드의 분석 방식은 최근 들어 장기적 가치관과 단기적 가치관의 대비를 포함하도록 확장되었다. **장기적 가치관**(long-term values)에는 현재보다는 미래에 집중하고, 먼 미래의 보상이 있는 프로젝트에 더욱 몰두하며, 끈기 있게 일하고, 절약하는 것이 포함된다. **단기적 가치관**(short-term values)은 미래보다는 과거와 현재에 더 중점을 두며, 전통과 사회적 의무에 대한 존중을 포함한다. 일본, 홍콩, 중국에서는 장기적 가치 지향성이 높다. 네덜란드, 미국, 독일은 중간 정도의 장기적 가치를 지향한다. 파키스탄과 서아프리카는 단기 지향적인 경향이 강하다.

장기적 가치관
미래에 대한 집중, 먼 미래의 보상이 있는 프로젝트에 대한 노력, 끈기, 절약 등이 포함된다.

단기적 가치관
과거와 현재를 지향하며 전통과 사회적 의무에 대한 존중을 포함한다.

호프스테드의 연구는 다양한 국가와 문화권의 차이를 분류하는 여러 가지 방법 중 하나에 불과하다. 그렇지만 그의 연구 결과는 현재 널리 받아들여지고 있으며, 많은 기업에서 활용되고 있다. 또한 그의 연구는 다른 연구를 지속적으로 촉발시켰다. 이 책 12장에서는 리더십과 관련된 호프스테드 연구의 주요 연장선상에 있는 GLOBE 프로젝트에 대해 설명할 것이다. 기억해야 할 중요한 점은 다양한 문화권의 사람들은 서로 다른 가치를 지니고 있으며, 사람들은 일할 때 이러한 차이를 고려해야 한다는 것이다.

2-2d 글로벌 관점

글로벌 관점(global perspective)은 다른 사람 및 다른 문화 체계와 의미에 대해 기꺼이 열려 있고, 이를 배우려는 의지를 가지고 있으며, 모든 사람이 똑같을 것이라고 가정하지 않는 능력을 통해 확보된다.[48] 글로벌 관점을 가진 사람은 넓은 시야에서 세상을 바라보고, 항상 새로운 트렌드와 기회를 찾는다. 글로벌 관점을 가진 사람은 폭넓은 맥락을 가지고 있으며, 삶을 상충하는 힘의 균형으로 받아들일 가능성이 높다. 이들은 돌발 상황이나 불확실성에 위협받지 않으며 다양성을 소중히 여긴다. 또한 개방적이고 외부에 초점을 맞춰 낯선 문화를 탐색할 수 있다. 세계화 추세와 미국 노동력의 다문화적 특성을 고려할 때, 관리자들은 점점 더 글로벌 관점과 이를 뒷받침하는 기술 및 지식이 필요하다.[49] 이러한 요구를 충족시키기 위해 대부분의 경영 대학에서는 학생들의 글로벌 관리 기술을 개발하기 위한 노력을 강화하고 있다.[50] 이 장의 Understand Yourself를 통해 자신의 글로벌 관점을 평가하고 이를 향상시키는 방법을 더 잘 이해할 수 있다.

글로벌 관점
다른 사람과 문화의 대안적인 시스템과 의미에 대해 열린 자세로 기꺼이 받아들이고 배우려는 의지, 그리고 모든 사람이 똑같다고 가정하지 않는 능력.

Understand Yourself

글로벌 관점

이 평가는 자신이 가진 글로벌 관점을 더 잘 이해할 수 있는 기회를 제공한다. 아래의 척도를 사용하여 각 진술의 왼쪽 줄에 응답을 표시하시오. 점수 계산 지침을 따르고 마지막에 나오는 해석을 읽어 보라.

매우 아니다	아니다	약간 아니다	보통이다	약간 그렇다	그렇다	매우 그렇다
1	2	3	4	5	6	7

개념화

_____ 1. 오늘날 전 세계 조직과 전략적 제휴를 맺을 필요가 있다고 생각한다.

_____ 2. 국제적인 거래가 수반되는 프로젝트는 장기적이다.

_____ 3. 향후 10년 후에도 세계는 지금과 같을 것이라고 믿는다.

_____ 4. 이렇게 서로 연결된 세상에서 국경은 무의미하다.

_____ 5. 우리는 정말 지구촌에 살고 있다.

_____ 6. 토론할 때 나는 항상 더 크고 넓은 그림을 그리려고 노력한다.

_____ 7. 나는 삶이란 감사하고, 숙고하고, 관리해야 하는 모순적인 힘의 균형이라고 믿는다.

_____ 8. 나는 경계를 재설정하고 방향과 행동을 바꾸는 것이 쉽다고 생각한다.

_____ 9. 나는 변화, 놀라움, 모호함에 편안함을 느낀다.

_____ 10. 나는 다른 문화권에서도 만족스러운 삶을 살 수 있다고 믿는다.

맥락화

_____ 11. 나는 다른 나라의 음식을 맛보는 것을 즐긴다.

_____ 12. 나는 국제적 공동체 프로젝트에서 일하는 것을 즐긴다.

_____ 13. 나는 주로 지역 뉴스를 보거나 읽는다.

_____ 14. 나는 내가 이해하지 못하는 세계를 여행할 때 가장 기분이 좋다.

_____ 15. 나는 다른 나라에서 온 사람을 만나면 매우 호기심이 생긴다.

_____ 16. 나는 외국 책을 읽거나 외국 영화를 보는 것을 즐긴다.

_____ 17. 나는 내 언어를 사용하는 데 어려움을 겪는 사람들에게 많은 공감을 느낀다.

_____ 18. 나는 예상치 못한 일이 발생했을 때 구조보다 프로세스를 바꾸는 것이 더 쉽다.

_____ 19. 나는 목표를 달성하는 데 있어 다양성과 다문화 팀이 중요한 역할을 한다는 것을 알게 되었다.

_____ 20. 나는 다른 문화적 배경을 가진 친한 친구들이 있다.

점수 계산: 문항 1~10에 대한 점수의 합계가 개념화 점수이다. 점수를 아래에 표시한다.

← 10 20 30 40 50 60 70 →

11~20에 대한 점수의 합계가 맥락화 점수이다. 점수를 아래에 표시한다.

← 10 20 30 40 50 60 70 →

해석: 개념화 점수가 높을수록 글로벌한 사고를 더 잘 할 수 있다. 맥락화 점수가 높을수록 현지에서 잘 행동하고 현지 환경에 더 잘 적응할 수 있다. 글로벌 관점은 개념화와 맥락화 모두에서 높은 수준을 보이는 것이 특징이다. 국제 경영 교육, 외국 거주, 외국에서 근무한 경험은 모두 글로벌 관점을 높인다.[52] 관리자에게는 글로벌 사고와 지역 중심 행동 모두 중요하지만, 대부분의 관리자는 지역 문화의 특수성 때문에 지역 중심으로 행동하는 것보다 글로벌 사고에 더 능숙하다.

글로벌 관점을 향상시키고자 한다면, 다른 사람보다 낮게 평가된 문항에 대해 생각해 보고 해당 영역에서 개선할 수 있는 방법을 찾아 보라. 국제기구에 가입하고 다문화 경험을 쌓는 것은 글로벌 관점을 향상시킬 수 있다.

Source: Adapted from Arora, A., Jaju, A., Kefalas, A. G., & Perenich, T. (2004). An Exploratory Analysis of Global Managerial Mindsets: A Case of U.S. Textile and Apparel Industry. *Journal of International Management*, 10, 393–411.

2-3 기술 및 비즈니스

기술
물리적 상품과 무형의 서비스를 모두 포함하여 제품을 만드는 데 사용되는 방법.

기술은 오늘날 비즈니스에 영향을 미치는 주요 환경 요소이기도 하다. **기술**(technology)은 물리적 상품과 무형의 서비스를 포함, 제품을 만드는 데 사용되는 방법을 말한다. 기술 변화는 다른 형태의 조직 변화의 주요 동인이 되었다. 또한 조직 내 사람들의 행동에도 광범위한 영향을 미친다. 여기서 주목할 만한 세 가지 구체적인 기술 분야는 다음과 같다. (1) 서비스 기반 경제로의 전환, (2) 경쟁 우위를 위한 기술 사용의 증가, (3) 정보 기술의 급격한 변화.[51]

2-3a 제조 및 서비스 기술

제조업
자원을 결합하여 유형적 결과물로 변환한 후 다른 사람에게 판매하는 비즈니스 형태.

제조업(manufacturing)은 자원을 결합하고 변형하여 가시적인 결과물로 만들어 판매하는 형태의 비즈니스이다. 예를 들어, 굿이어 타이어(Good Year and Rubber Company)는 고무와 화학 화합물을 결합하고 혼합 장비와 성형기를 사용하여 타이어를 생산하는 제조업에 해당한다. 브로이힐(Broyhill)은 목재와 금속 부품, 패드, 천을 구입하여 가구에 결합하기 때문에 제조업체에 해당한다. 애플(Apple)도 전자, 금속, 플라스틱 및 복합 부품을 사용하여 스마트폰, 컴퓨터 및 기타 디지털 제품을 제작하므로 제조업으로 분류된다.

한때 제조(manufacturing)는 미국의 지배적인 기술이었다. 하지만 1970년대 들어서 제조업은 외국과의 경쟁으로 인해 오랜 기간 동안 쇠퇴기를 경험하였다. 미국 기업들은 방만하고 부진한 성장을 거듭했고, 더 나은 장비와 훨씬 높은 수준의 효율성을 갖춘 새로운 외국 경쟁자들이 등장했다. 예를 들어, 극동아시아 지역의 철강 회사들은 베들레헴 철강(Bethlehem Steel)이나 US스틸(US Steel)과 같은 미국의 대형 철강 회사보다 훨씬 저렴한 가격으로 고품질의 철강을 생산할 수 있었다. 생존을 위한 경쟁에서 도태된 일부 기업은 소멸했지만, 또 다른 많은 기업은 낭비를 없애고 더 효율적이고 대응력이 뛰어난 조직으로 탈바꿈하는 등 길고 힘든 변화의 시기를 겪었다. 이들은 인력을 대폭 감축하고, 낡거나 불필요한 공장을 폐쇄하고, 남은 공장을 현대화했다. 지난 몇 년 동안 미국 제조업이 다양한 산업 분야에서 경쟁력을 회복하면서 이들의 노력이 결실을 맺기 시작했다. 저임금으로 인해 여전히 글로벌 제조업의 중심은 아시아와 멕시코 등에 있지만, 일부 제조업체는 이제 미국에서 번창하고 있다.

서비스 조직
자원을 무형의 산출물로 전환하고 고객을 위해 시간적 또는 장소적 효용을 창출하는 조직.

제조업이 쇠퇴하는 동안, 서비스업의 엄청난 성장 덕분에 미국 경제 전체가 급격히 하락하는 것을 막을 수 있었다. **서비스 조직**(service organization)은 자원을 무형의 산출물로 전환하고 고객을 위한 시간적 혹은 장소적 효용을 창출하는 조직을 의미한다. 예를 들어, 찰스 슈왑(Charles Schwab)은 고객을 위해 주식 거래를 하고, 우버는 승객에게 실시간 교통편을 제공하며, 동네 미용사는 고객의 머리를 관리해 준다. 1947년만 해도 서비스 부문은 미국 국민총생산(GDP)의 절반에도 미치지 못했다. 그러나 1975년에는 65%, 2021년에는 75%를 넘어섰다. 서비스 부문은 1990년 이후 미국에서 창출된 모든 신규 일자리의 거의 80%를 차지하였다. 서비스 직종의 고용은 향후 몇 년 동안 제조업 일자리의 성장률을 앞지를 것으로 예상된다.[53]

관리자들은 공장에서 사용되는 많은 도구, 기술, 방법이 서비스 기업에도 유용하다는 것을 이해하게 되었다. 예를 들어, 자동차 공장 관리자나 미용실의 관리자 모두 시설을 설계하고, 최적의 위치를 파악하고, 최적의 용량을 결정하고, 재고 보관에 대한 결정을 내리고, 원자재 구매 절차를 설정하고, 생산성과 품질에 대한 표준을 결정해야 한다는 점에서 동일하다. 하지만 이와 동시에, 서비스 기반 기업은 대부분의 제조업체에서 요구하는 것과는 다른 기술을 가진 직원을 채용, 교육해야 한다. 예를 들어, 소비자는 자동차에 시트를 설치하는 도요타 직원과 거의 접촉하지 않으므로, 기술력이 좋은 직원을 우선적으로 채용할 수 있다. 하지만 엔터프라이즈(Enterprise)는 렌트카 관리를 위한 기술력과 함께, 다양한 소비자와 효과적으로 소통할 수 있는 능력을 갖춘 직원을 채용해야 한다.

Directphoto Collection/Alamy Stock Photo

서비스 지향 기업은 고객과의 접점에서 다양한 역할을 수행할 수 있는 직원을 채용하고 교육해야 한다. 파리 기차역에 있는 카페를 예로 들어 보자. 직원들은 서로 다른 언어를 사용하는 비즈니스맨과 관광객을 포함한 다양한 여행객에게 식음료 서비스를 제공해야 한다. 따라서 직원들은 다양한 상황에 대처할 수 있는 능력을 갖춰야 한다.

2-3b 기술과 경쟁

일부 기업, 특히 업계에서 기술 리더가 되는 것을 목표로 하는 기업에게 기술은 경쟁의 기반이 된다. 예를 들어, 기업은 생산에 소요되는 비용을 낮추거나, 항상 기술적으로 가장 앞선 제품을 시장에 내놓는 데 노력해야 한다. 하지만 새로운 기술 개발의 속도가 빨라지면서 기술을 기반으로 선도적인 위치를 유지하는 것은 점점 더 어려워지고 있다. 또 다른 과제는 주기 시간(cycle time: 기업이 어떤 반복적인 활동이나 기능을 처음부터 끝까지 수행하는 데 걸리는 시간)을 단축하는 것이다.

더 많은 기업들이 주기 시간을 체계적으로 단축하면 경쟁력을 높일 수 있다는 사실을 깨닫고 있다. 따라서 이들은 제품 개발부터 납품, 신용 결제 수금에 이르기까지 다양한 영역에서 주기 시간을 단축하는 데 주력하고 있다. 20년 전만 해도 자동차 제조업체가 신제품을 출시하기로 결정한 후 딜러 쇼룸에서 제품을 판매하기까지 약 5년이 걸렸다. 이제 대부분의 기업은 이 주기를 2년 이내에 완료할 수 있다. 작업과 처리 절차에 소요되는 시간이 단축됨에 따라 변화하는 경제 상황, 소비자 선호도, 경쟁사의 새로운 제품에 더 신속하게 대응하는 동시에 제품 개발 비용을 더 빨리 회수할 수 있게 되었다. 일부 기업은 소비자를 위한 일처리 속도를 낮추기 위해 직접 경쟁하기도 한다. 예를 들어, 개인용 컴퓨터 초창기에는 주문 제작 시스템을 받는 데 6~8주가 걸렸다. 오늘날 델(Dell)이나 애플 같은 기업들은 보통 수일 내에 고객이 원하는 제품을 정확하게 배송할 수 있다.

2-3c 정보 기술 및 소셜 미디어

대부분의 사람들은 정보 기술의 급속한 발전에 매우 익숙하다. 유선 전화와 종이 달력은 휴대전화와 전자 달력으로 대체되었고, 일반 휴대전화는 스마트폰에 자리를 내주었으며, 태블릿의 발명으로 전자책과 디지털 카메라의 사용률이 높아졌다. 이러한 기기들과 아울러 인스타그램(Instagram), 트위터(Twitter)와 같은 기술 기반 소셜 미디어는 사람들의 생활과 업무 방식을 변화시킨 최근의 혁신 중 일부이다. 정보 기술의 획기적인 발전으로 인해 조직은 더욱 슬림해지고, 운영은 더욱 유연해졌으며, 직원 간의 협업은 증가하였고, 관리 프로세스와 시스템은 개선되었다. 반면에 개인적인 소통이 줄어들고, 관리자와 직원의 휴게 시간이 줄어들었으며, 의사 결정과 커뮤니케이션에 대한 긴박감이 높아지는 등 항상 유익한 변화만 있는 것은 아니다. 정보 통신 기술과 조직 행동과의 관계에 대해서는 9장에서 더 자세히 설명한다.

2-4 윤리 및 기업 지배 구조

윤리
주어진 상황에서 무엇이 옳고 그른지에 대한 개인의 신념.

윤리(ethics)와 관련 이슈도 최근 몇 년 동안 관심이 높아지고 있다. 윤리는 오랫동안 비즈니스와 관련이 있었지만, 최근 몇 년 동안 비윤리적 사례들이 유행병처럼 번지면서 윤리는 오늘날 경영의 중심 이슈로 자리 잡았다. 이에 따라, 기업 윤리의 한 측면이라고 할 수 있는 기업 지배 구조(governance)의 중요성도 커지고 있다. 윤리 문제는 정보 기술과도 점점 더 밀접해지고 있으나, 이러한 문제를 논의하기 전에 조직에서 윤리적 관계를 가장 잘 구성하는 방법을 이해하는 것이 필요하다.

2-4a 윤리적 문제의 프레임

그림 2-3은 조직에 얼마나 많은 윤리적 상황이 존재하는지 보여 준다. 특히, 관리자가 직면하는 대부분의 윤리적 딜레마는 조직이 직원을 대하는 방식, 직원이 조직을 대하는 방식, 직원과 조

그림 2-3
기업 윤리

관리자는 다양한 윤리적 상황에 직면하게 된다. 대부분의 경우 이러한 상황은 조직이 직원을 대하는 방식, 직원이 조직을 대하는 방식, 직원과 조직이 다른 경제 주체를 대하는 방식과 관련이 있다.

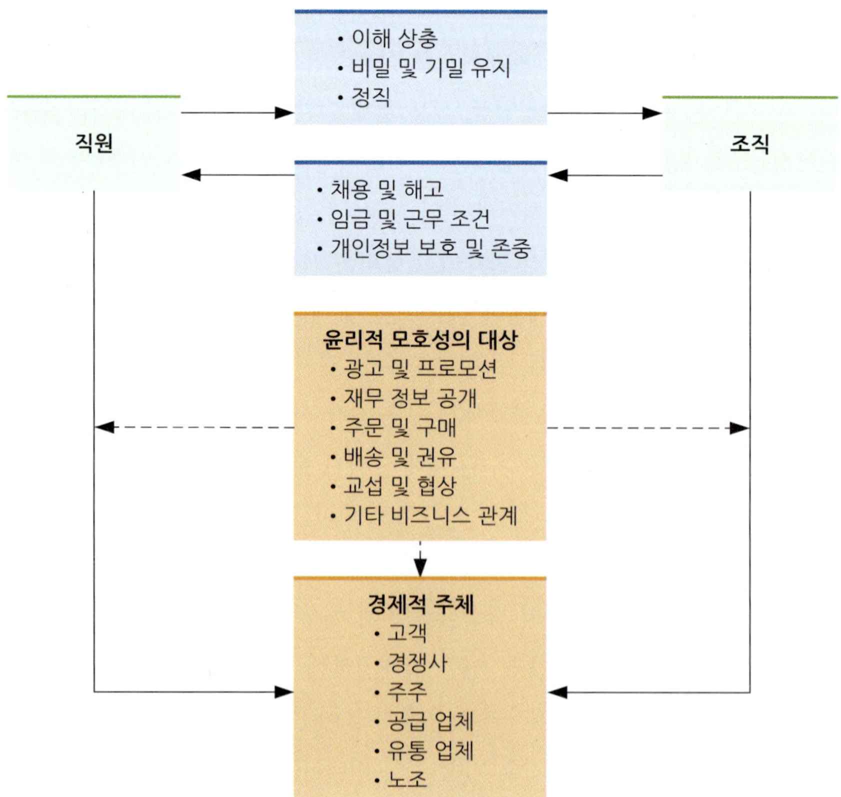

From GRIFFIN, Management, 11E.

직이 다른 경제 주체들을 대하는 방식과 관련이 있다.

Christopher V Jones/Shutterstock.com

윤리적 문제를 구성하는 데 있어 중요한 관점 중 하나는 조직이 직원을 대하는 방식이다. 예를 들어, 근로자들이 파업에 나서는 것은 고용주가 자신을 공정하게 대우하지 않는다고 생각하기 때문인 경우가 많다.

조직이 직원을 대하는 방식

기업 윤리의 중요한 영역 중 하나는 조직에서 직원을 대하는 태도이다. 여기에는 채용 및 해고, 임금 및 근무 조건, 직원의 사생활 보호 및 존중에 관한 정책들이 포함된다. 예를 들어, 윤리적, 법적 지침 모두 채용 및 해고 결정은 오로지 개인의 업무 수행 능력에 근거해야 한다고 명시하고 있다. 채용 시 아프리카계 미국인을 차별하는 관리자는 비윤리적이고 불법적인 행동을 하는 것이다. 그러나 이러한 일반적인 차별은 아닐지라도, 다른 지원자들과 동등하거나, 어쩌면 더 뛰어날 수도 있는 자격을 갖춘 자신의 가족 및 친구를 고용하는 관리자의 경우를 생각해 보자. 이러한 채용 결정이 비록 불법은 아닐지라도 윤리적으로는 문제가 될 수 있다. 임금과 근무 조건은 엄격하게 규제되고 있지만 잠재적인 논란의 여지가 있는 분야이기도 하다. 예를 들어, 어떤 직원이 직장을 그만두거나 해고될 위험을 감수할 여유가 없다는 것을 알아채고, 이 직원에 대해 마땅히 받아야 할 급여보다 적은 급여를 지급했다면, 이는 비윤리적인 행위로 간주될 수 있다. 조직이 전체 혹은 일부 직원의 급여 및 복지에 영향을 미치는 조치를 취하는 경우도 마찬가지이다. 마지막으로, 아마도 대부분의 사람들은 조직이 직원의 개인 정보를 보호해야 할 의무가 있다는 데 동의할 것이다. 관리자가 동료 중 한 명이 재정적인 문제를 가지고 있다거나, 혹은 다른 직원과 혼외 관계를 맺고 있다는 사실을 다른 사람에게 누설하는 것은 일반적으로 비윤리적인 사생활 침해로 간주된다. 이와 마찬가지로 조직이 성희롱과 관련된 문제를 처리할 때도 종업원의 사생활 및 권리에 관한 고려가 포함된다. 조직이 다른 나라에서 사업을 시작할 때, 해당 국가의 직원 처우에 대한 명확한 요건이 없을 때, 본국의 인사 관행과 기준을 전 세계적으로 적용할지 아니면 현지의 사정에 따라 결정할지 여부는 관리자에게 윤리적 문제를 야기하는 경우가 많다. 코로나19 팬데믹 기간 동안 고용주가 직원에게 백신 접종을 요구해야 하는지 여부와 관련된 수많은 윤리적 문제가 발생했었다.

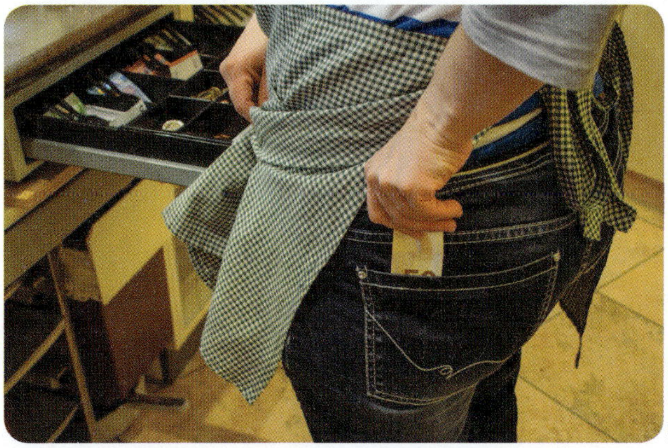

Milan1983/Shutterstock.com

윤리적 문제를 파악하는 또 다른 관점은 직원들이 조직을 대하는 방식이다. 이 직원은 회사 금전함에서 돈을 꺼내 자신의 주머니에 넣는 것처럼 보인다. 이것이 사실이라면 이는 명백한 절도 행위이다. 반면에 그는 회사를 위해 거스름돈을 준비했을 수도 있다.

직원이 조직을 대하는 방식

특히 이해 상충, 비밀 및 기밀 유지, 정직성과 관련하여 직원들이 조직을 대하는 방식에서도 많은 윤리적 문제가 발생한다. 이해 상충(conflicts of interest)은 어떤 결정이 잠재적으로 개인에게 이익이 되지만, 조직에게는 손해를 끼칠 수 있는 경우 발생한다. 이러한 관행을 방지하기 위해 대부분의 회사에서는 구매자가 공급 업체로부터 선물을 받는 것을 금지하는 정책을 시행하고 있다. 회사 기밀을 누설하는 것도 명백히 비윤리적인 행위이다. 예를 들어, 전자 제품, 소프트웨어, 패션 의류 등 경쟁이 치열한 산업에 종사하는 종업원들은 자기 회사의 계획에 대한 정보를 경쟁 업체에 판매할 기회가 있을 수 있다. 세 번째 우려할 수 있는 영역은 일반적인 정직성(honesty)이다. 이 영역에서 비교적 흔하게 발생하는 문제로는 회사 신용카드를 개인 용도로 사용하거나, 사무용품을 집으로 가져가거나, 경비를 부풀리는 등의 행위가 있다.

최근에는 직장에서의 개인 인터넷 사용과 같은 새로운 문제도 널리 부각되고 있다. 단순히 추가적인 휴가를 받기 위해 병가를 신청하는 근로자가 늘고 있다는 점도 비윤리적인 트렌드의 사례이다. 예를 들어, 한 설문 조사에 따르면, 개인적인 필요 때문에 더 많은 병가를 사용한다고 답한 근로자의 수가 크게 증가한 것으로 나타났다. 커리어빌더(Career Builder)의 또 다른 설문 조사에 따르면, 조사 대상 근로자의 29%가 실제로는 건강한데도 병가를 낸 적이 있다는 것을 인정했다.[54] 또 다른 조사에 따르면, 병가를 내는 미국 근로자의 3분의 2가 질병 이외의 이유로 병가를 내는 것으로 나타났다. 실제로 기업들은 전통적으로 신체적 질병에 대해서만 '병가'를 허용해 왔다. 그러나 정신적, 정서적 건강 관련 문제에 대한 인식이 높아짐에 따라 기업은 '건강'과 '질병'에 대한 새로운 관점을 개발해야 할 필요가 있다.

직원과 조직이 다른 경제적 주체를 대하는 방식

경영 윤리는 기업 및 직원과 다른 경제 주체와의 관계에서도 작용한다. **그림 2-3**에서 볼 수 있듯이 주요 이해관계자로는 고객, 경쟁사, 주주, 공급 업체, 유통 업체, 노조 등이 있다. 윤리적 모호성의 대상이 될 수 있는 조직과 이러한 이해관계자들 간의 상호작용에는 광고 및 판촉, 재무 공개, 주문 및 구매, 배송 및 권유, 교섭 및 협상, 기타 비즈니스 관계 등이 포함된다.

예를 들어, 미국에서는 각 주의 약사위원회가 처방약의 안전을 감독하는 업무를 담당하고 있다. 이러한 위원회에서 활동하는 약사는 약 300명에 달한다. 그러나 이 중 3분의 2 이상이 주요 약국 체인 및 슈퍼마켓 약국의 직원이라는 사실은 우려스럽다. 이러한 사실은 법적으로는 문제가 없지만, 약사의 고용주가 약사가 참여하는 규제 시스템에 영향력을 행사할 가능성이 있으므로 이해상충의 소지가 있다.

최근 관심의 대상이 되고 있는 또 다른 분야는 일부 인터넷 기업의 재무 보고이다. 이러한 기업들의 자산과 수익을 평가하는 것은 복잡한 일이다. 이 기업들의 내재된 복잡성 때문에 일부 기업은 재무 상태를 실제보다 긍정적으로 표현하는 데 적극적이다. 일부 기업은 더 많은 투자를 유치하기 위해 자산과 수익 전망을 상당히 과장하기도 한다. 물론, 전통적인 기업에서도 재무 회계에 대한 적절한 통제가 이루어지지 회계 스캔들이 발생할 수 있다.

오늘날 많은 기업이 직면하고 있는 윤리적 복잡성에는 국가마다 윤리적, 법적 비즈니스 관행이 다르다는 데 기인한다. 일부 국가에서는 뇌물과 부수적인 대가가 비즈니스 수행의 정상적이고 관례적인 부분이다. 그러나 미국 법률은 다른 국가의 경쟁 업체가 뇌물을 제공하는 경우에도 뇌물 관행을 금지하고 있다. 예를 들어, 미국의 한 발전 회사는 중동에서 정부 관계자가 300만 달러의 뇌물을 요구하는 바람에 3억 2,000만 달러 규모의 계약을 잃은 적이 있다. 이 계약은 한 일본 기업이 뇌물을 주고 따냈다. 미국의 또 다른 대기업은 인도의 한 공무원이 '신속한 지불'을 요구하여, 대규모 프로젝트가 취소된 적이 있다. 또한 월마트(Walmart)는 현지 정부의 규제를 피하고 신규 매장의 신속한 건축 허가를 받기 위해 멕시코 공무원에게 2,400만 달러의 뇌물을 지급한 혐의로 기소된 바 있다.[55] 이처럼 뇌물은 미국 법에 따라 불법이지만, 더 모호한 상황들도 있다. 예를 들어, 중국의 기자들은 기업이 개최하는 기자 회견을 취재할 경우, 개최 기업에서 기자들에게 택시비를 지불해야 한다고 생각한다. 인도네시아에서는 외국인이 운전면허증을 취득하는 데 보통 1년 이상이 걸리지만, 100달러를 추가로 내면 '신속 처리'가 가능하다. 루마니아에서는 건축 검사관들이 호의적인 검토를 위해 일상적으로 '팁'을 기대한다.[56] 바레인 정부는 알코아(Alcoa)를 15년간의 과잉 청구, 사기, 뇌물 수수 음모에 연루된 혐의로 기소한 바 있다.[57] 알코아는 바레인의 고객에게 일부 국가에서는 정상적이라고 여겨지는 '간접비(overhead)'를 청구했지만, 중동 일부 지역에서는 이를 인정하지 않았다. 마찬가지로, 알코아가 일부 현지 공무원에게 제공한 선물은 뇌물로 간주되었다.

2-4b 기업 지배 구조의 윤리적 문제

새로운 관심사로 떠오르고 있는 **기업 지배 구조**(corporate governance)의 윤리적 문제, 특히 이사회의 공개 기업에 관한 감독이라는 분야에 주목할 필요가 있다. 공개 기업의 이사회는 사업이 적절하게 관리되고 있는지, 고위 경영진이 내린 결정이 주주 및 기타 이해관계자에게 최선의 이익이 되는지 확인해야 한다. 하지만 최근의 여러 윤리적 스캔들이 실제로는 기업 지배 구조의 붕괴에서 시작된 경우가 많다. 예를 들어, 지배 구조 문제와 관련된 대표적인 윤리적 스캔들로 꼽히는 월드컴(Worldcom) 사례에서 이 회사의 이사회는 최고 경영자인 버나드 에버스(Barnard Ebbers)가 상환 능력을 증명하지 않았음에도 불구하고 3억 6,600만 달러에 달하는 개인 대출을 승인했다. 마찬가지로 티이코(Tyco)의 이사회는 개인이 소유한 다른 회사를 인수하는 데 도움을 준 직원에게 2,000만 달러의 보너스 지급을 승인했다(이 보너스는 인수 대금에 추가되었다!).

기업 지배 구조
이사회가 공개 기업을 감독하는 것을 말한다.

이사회가 위법 행위에 직접적으로 연루되지 않은 경우에도 비판의 대상이 될 수 있다. 여기서 가장 큰 문제는 이사회의 독립성이다. 이사회가 효과적으로 기능하기 위해서는 해당 회사 및 해당 산업에 대해 어느 정도 알고 있는 사람들을 이사로 선임해야 할 필요성도 있다. 하지만 이사회가 감독 기능을 수행하기 위해서는 충분한 독립성을 확보해야 한다.

2-4c 윤리적 문제와 정보 기술

최근에 등장한 또 다른 이슈는 정보 기술과 관련된 것이다. 이 분야의 구체적인 문제 중에는 프라이버시에 대한 개인의 권리와 기업의 정보 기술 남용 가능성이 있다. 실제로 온라인 개인 정보 보호는 기업들이 이와 관련한 윤리 및 관리 문제를 정리하는 과정에서 뜨거운 이슈가 되었다. 온라인 광고 네트워크인 더블클릭(DoubleClick)은 개인 정보 보호 논쟁의 중심에 있는 기업 중 하나이다. 이 회사는 수백만 명의 습관에 대한 데이터를 수집하여 그들이 어떤 사이트를 방문하고 어떤 광고를 클릭하는지 기록해 왔다. 더블클릭은 이러한 프로필이 익명으로 처리되며, 사용자에게 적합한 광고를 더 잘 매칭하는 데 사용된다고 주장한다. 그러나 이 회사가 데이터베이스에 개인 고객들의 이름과 주소를 추가하겠다는 계획을 발표한 후 온라인 개인 정보 침해에 대한 대중의 우려가 높아졌고, 이로 인해 회사는 한 발 물러서야 했다. 페이스북(Facebook) 역시 최근 개인 정보 보호 정책과 관련하여 뉴스의 중심에 서게 되었다.

인터넷 활동에 대한 개인 데이터를 수집하는 회사는 더블클릭과 페이스북만이 아니다. 온라인 사이트에 등록하는 개인은 종종 생년월일을 비롯한 여러 개인 정보를 입력해야 한다. 아마존(Amazon), 이베이(eBay) 및 기타 웹사이트에서도 개인 정보를 요청한다. 또한 GPS 및 기타 추적 기술을 통해 기업은 가입자가 어느 시점에 어디에 있는지 물리적 위치를 파악할 수 있다. 디즈니(Disney)는 현재 디즈니 월드 리조트를 방문하는 고객에게 손목 밴드를 제공하고 있다. 이 밴드는 공원 입장, 구매, 호텔 객실 출입, 놀이기구 대기 줄 우회 등의 용도로 사용되므로 방문객에게 효율적인 도구다. 하지만 동시에 디즈니는 밴드를 통해 방문객의 위치를 추적하고 얼굴 인식 소프트웨어를 사용하여 방문객과 사진을 연결할 수 있다. 이러한 기능에 대한 소비자의 인식이 높아짐에 따라, 한 설문 조사에 따르면, 일부 사람들은 수집되는 정보의 양, 정보 열람자, 기타 개인 정보 보호와 관련된 문제를 우려하고 있는 것으로 나타났다.

경영진이 이러한 우려를 해소할 수 있는 한 가지 방법은 웹사이트에 개인 정보 보호 정책을 게시하는 것이다. 이 정책에는 회사가 수집하는 데이터와 데이터에 액세스할 수 있는 사람이 누구인지 정확히 밝혀야 한다. 또한 자신의 정보가 다른 사람과 공유되는 것에 동의하는지 선택권을 부여하고 데이터 수집을 거부할 수 있는 방법을 명시해야 한다. 디즈니, IBM를 비롯한 여러 기업은 개인 정보 처리 방침이 게시되지 않은 웹사이트에 대한 광고를 거부함으로써 기업들이 이러한 조치를 하도록 유도하고 있다. 또한 기업은 고객으로부터 수집된 정보, 특히 의료 및 금융 데이터를 사용자 스스로 검토하고 수정할 수 있는 기회를 제공기도 한다. 오프라인에서는 소비자가 신용 및 의료 기록을 열람할 수 있는 권한이 법적으로 허용된다. 반면, 온라인에서는 데이터가 여러 컴퓨터 시스템에 분산되어 있는 경우가 많기 때문에 비용이 많이 들고 번거로울 수 있다. 하지만 이런 기술적 어려움에도 불구하고 정부 기관은 이미 인터넷 개인 정보 보호 가이드라인을 마련하기 위해 노력하고 있으며, 이는 기업들도 개인 정보 보호를 위한 내부 가이드라인, 교육 및 리더십이 필요하다는 것을 의미한다.

2-4d 기업의 사회적 책임

기업의 사회적 책임
인간의 존엄성을 소중히 여기며 공동선을 위해 함께 살아가는 기업의 책임.

조직 행동과 관련된 또 다른 과제 중 하나는, 기업들이 주주 가치나 단기 주가에 대한 관심을 넘어 보다 폭넓은 이해관계자 관점을 채택하는 것이다. 일반적으로 이러한 관점을 **기업의 사회적 책임**(corporate social responsibility)이라고 한다.[58] 기업의 사회적 책임에 대한 정의는 공동선(common good)을 위해 함께 생활하고 일하며, 인간의 존엄성을 중시한다는 내용을 포함한다. 여기서 중요한 것은 고용주가 직원을 대하는 방식이다. 사회적 책임 이슈에 자연환경 보호를 위한 '친환경' 전략이 포함될 경우, 이를 기업의 지속가능성이라고 부른다. 기업들은 재무적 성과와 직원의 삶의 질, 지역사회 및 더 넓은 사회 개선의 균형을 맞추는 데 점점 더 많은 관심을 보이고 있다. 한 전문가는 기업의 사회적 책임을 이렇게 정의한다. "당신과 관계를 맺는 모든 사람이 당신의 회사를 알게 됨으로써 더 나은 삶을 살 수 있어야 한다."[59]

최근 몇 년간 기업의 사회적 책임이 점점 더 중요해지고 있다. 일부 기업들은 마라톤, 자전거 경주 등과 같은 체육 활동을 장려함으로써 사회적 책임에 적극적으로 참여하고 있다. 공원이나 놀이터에서 쓰레기를 수거하는 등의 활동을 장려하는 기업도 있다.

기업은 좋은 시민(good citizen)이 되어야 하는가? 이를 통해 기업은 최고의 인재를 유치할 수 있으며, 고객들은 점점 더 옳은 일을 하는 기업을 선호하고 있다. 윤리적 행동과 사회적 책임을 다하려는 비즈니스 관행은 지금까지 광범위한 논의의 대상이 되어 왔다. 대부분의 사람들은 원칙적으로 그 중요성에 동의하지만, 일부 사람들은 여전히 경영자는 오직 주주의 이익에만 집중해야 한다고 여긴다. 하지만 다른 사람들은 기업은 사회에 영향력을 미치는 행위자이므로 공공의 관심사를 해결할 의무가 있으며, 사회적 책임을 다하는 것이 결국 조직의 자기 이익에 부합한다고 주장한다. 즉, 사회적 책임을 지지하는 사람들은 윤리적 행동이 비윤리적 행동보다 더 수익성이 높고 합리적이며 비즈니스 조직의 효율성에 중요하다고 믿는다.

사회적 책임성을 높이려는 노력이 지속적인 효과를 거두기 위해서는 조직의 문화에 통합되어야 한다.[60] 기업의 사회적 책임은 비즈니스 우선순위와 통합되고, 비즈니스 목표 달성과 관련이 있으며, 내부 및 외부 이해관계자의 요구를 모두 포괄하고, 기업의 문화적 가치 및 브랜드 정체성과 일치할 때 가장 큰 영향을 발휘한다.[61] 주주뿐만 아니라 근로자, 고객, 지역사회, 심지어 지구를 포함한 더 많은 이해관계자를 위한 행위는 상호 배타적이지 않다.

기업의 지속가능성은 권한을 가진 누군가가 관리자와 종업원에게 해야 할 일을 지시하는 하향식 방식을 통해 확보될 수도 있으며, 반면, 종업원들이 직접 프로젝트를 발굴하고 주도적으로 활동을 조직하는 풀뿌리 방식일 수도 있다. 실제로 직원들이 사회적 책임 활동에 참여하면 직원들에게는 동기부여가 될 뿐 아니라 이러한 활동을 통해 좋은 아이디어도 얻을 수 있다. 한 대형 인쇄 회사에서 5년 동안 폐기물을 20% 줄이겠다는 목표를 세운 경영진은 자연스럽게 종이 낭비를 줄이기 위해 인쇄 작업을 간소화할 방법을 찾는 데 집중했다. 여러 차례의 브레인스토밍 과정에서 한 직원이 매일 사무실로 배달되는 도시락으로 인해 상당한 양의 식품 포장 폐기물이 발생한다는 사실을 지적했다. 이에 이 회사에서는 사내 카페를 열고 직원들에게 뷔페식 점심을 먹도록 권장하였으며, 인쇄 작업을 간소화하여 절감한 폐기물의 두 배 가까이 줄일 수 있었다. 구글(Google)에서는 무료 전기 자동차 충전소, 직원용 전기 자동차 공유 프로그램, 통근 버스 제공 등을 통해 하루 운행 자동차의 수를 2,000대 이상 줄인 것으로 집계하고 있다. 또한 월마트 직원의 약 50%는 회사의 '나의 지속가능성 계획'에 가입했다. 이 계획은 종업원들에게 자원을 절약하고 가정에서 에너지 소비를 줄이는 방법을 교육하여 보다 지속 가능한 삶을 살도록 장려한다.[62]

국제표준화기구(ISO)는 조직의 관행과 성과에 대한 국제적 인정을 받는 데 도움이 되는 다양한 표준을 제정하고 있다. ISO는 지속가능성 및 탄소 배출과 같은 환경 관련 표준 외에도 리더십, 고객 중심, 직원 참여, 지속적 개선 등 관리 표준을 발표하고 있다. 이러한 표준은 관리자가 환경 및 사회적 책임 목표를 달성하는 데 도움을 줄 수 있다.

환경주의와 직접적인 관련이 있는 것은 아니지만, 2022년 러시아와 우크라이나의 전쟁을 통해 사회적 책임에 대한 질문이 제기되었다. 쉘(Shell)이나 BP와 같은 일부 기업은 러시아에 간접적인 압력을 가하기 위해 러시아에서의 사업을 신속하게 중단했다. 그러나 다른 기업들은 철수를 좀 더 주저했고, 코흐 인더스트리(Koch Industries)와 같은 기업들은 분쟁 기간 내내 러시아에서 사업을 유지했다. 이러한 문제에 대한 공식적인 의무는 없었지만, 전쟁에 대한 기업의 대응 방식이 기업의 사회적 책임에 대한 직접적인 반영으로 인식되기도 했다.

2-5 새로운 고용 관계

오늘날 비즈니스와 특히 관련이 있는 환경 변화의 마지막 중요한 영역은 새로운 고용 관계이다. 이 책의 2부에서 다양한 관점에서 고용 관계를 논의하겠지만, 오늘날 특히 중요한 두 가지 영역은 지식 근로자의 관리와 다른 기업에 대한 아웃소싱(특히 해당 기업이 다른 국가에 있는 경우)이다. 임시직 및 비정규직 근로자를 관리하고, 원격 근무 인력을 늘리고, 근로자의 이동성 증가 등 고용과 관련한 문제도 점점 더 복잡해지고, 다변화되고 있다. 심리적 계약의 성격도 변화하고 있다.

2-5a 지식 근로자의 관리

지식 근로자
자신이 알고 있는 지식으로 조직에 가치를 더하는 직원.

전통적으로 직원들은 자신의 직무 경험을 통해 조직의 가치에 기여했다. 그러나 오늘날의 '정보화 시대'에는 많은 직원들은 자신이 알고 있는 지식을 기반으로 가치를 창출한다.[63] 이러한 직원을 흔히 **지식 근로자**(knowledge workers)라고 한다. 이러한 직원을 얼마나 잘 관리하느냐가 향후 기업의 성공 여부를 결정하는 주요 요인으로 꼽힌다. 지식 근로자는 컴퓨터 과학자, 물리 과학자, 엔지니어, 제품 디자이너, 비디오 게임 개발자 등을 포함한다. 이들은 첨단 기술 회사에서 일하는 경향이 있으며 일반적으로 추상적인 지식 기반의 전문가이다. 이들은 자율적으로 일할 권리가 있다고 생각하는 경우가 많으며, 보통 자신의 조직보다 자신의 직업과 자신을 더 강하게 동일시하며, 심지어는 동일한 직업을 가진 동료들이 주로 인정하는 용어 위주로 성과를 정의할 정도이다.[64]

정보 기반의 중요성이 커짐에 따라 지식 근로자에 대한 수요도 증가할 것으로 보인다. 그러나 이러한 직원은 광범위하고 고도로 전문화된 교육이 필요하며, 모든 사람이 이러한 직종으로 이동하는 데 필요한 투자를 하는 것은 아니다. 실제로 지식 근로자가 업무에 투입된 후에도 그들의 기술이 쓸모 없어지지 않도록 재교육과 교육 업데이트가 중요하다. 예를 들어, 엔지니어링 기술 교육의 '반감기'는 약 3년으로 알려져 있다. 이 동안 필요한 기술을 업데이트하지 않으면 조직의 경쟁 우위를 잃을 뿐만 아니라 지식 근로자가 해당 기술을 업데이트하는 데 더 많은 노력을 기울여야 한다면, 다른 회사로 이직할 가능성도 높아진다.

지식 근로자를 위한 맞춤 보상 및 정책도 필요하다. 예를 들어, 하이테크 조직에서는 일반 관리직의 경력 경로와 마찬가지로, 엔지니어나 과학자들에게 기술직 경력 경로로 진입할 수 있는 선택권을 준다. 이를 통해 지식 근로자는 조직 관리 책임을 맡지 않고도 전문화된 업무를 계속 수행할 수 있으며, 동시에 관리직과 동등한 수준의 보상도 받을 수 있다. 다른 하이테크 기업에서는 지식 근로자가 개발한 프로젝트나 제품에 따라 이익을 공유하는 성과급 제도를 시행하기도 한다. 또한 이러한 지식 근로자를 보유한 대부분의 기업에서는 지식 근로자가 관료적 승인을 받아야 할 필요성을 줄여 외부 환경에 보다 신속하게 대응할 수 있도록 조직의 직급을 축소하는 경향이 있다.

2-5b 아웃소싱 및 오프쇼어링

아웃소싱(outsourcing)은 이전에 조직이 직접 수행하던 업무를 다른 회사를 고용하여 수행하는 관행이다. 아웃소싱은 기업이 핵심 활동에 집중하고 부수적인 활동에 휘둘리지 않도록 도와주기 때문에 많이 활용되는 전략이다. 대형 상업 은행의 구내식당은 직원과 일부 고객에게는 중요할 수 있지만, 식당을 소유하고 운영하는 것이 은행의 주요 사업 및 전문성과는 거리가 있다. 은행원들은 식품 서비스 운영이 아닌 자금 관리와 금융 서비스에 집중해야 한다. 그렇기 때문에 대부분의 은행은 구내식당을 주요 사업으로 하는 식품 서비스 관리 회사에 식당 운영을 아웃소싱한다. 그 결과 은행원들은 은행 업무에 더 많은 관심을 기울이고, 식당 고객에게는 더 나은 음식 서비스를 제공하며, 새로운 공급 업체와 고객 관계(식품 서비스 회사와 은행)가 형성되는 것이 이상적이다. 오늘날 기업들은 급여, 직원 교육, 시설 유지 보수, 연구 개발 등 다양한 활동을 아웃소싱하고 있다.

아웃소싱
이전에 조직이 자체적으로 수행하던 업무를 다른 회사에 고용하여 수행하는 관행으로, 이러한 업무를 해외로 이전하는 것을 종종 오프쇼어링이라고 함.

적어도 어느 정도까지는 기업의 핵심 비즈니스 활동과 크게 관련이 없는 영역에서의 아웃소싱은 합리적이다. 최근 몇 년 동안 인건비를 낮추기 위해 다른 국가로 아웃소싱하는 경향이 증가하고 있으며, 이를 흔히 **오프쇼어링(offshoring)**이라고 부른다.

오프쇼어링
다른 국가에 있는 근로자에게 아웃소싱하는 방법.

예를 들어, 많은 소프트웨어 회사들은 미국보다 훨씬 낮은 급여를 받고 일할 의향이 있는 유능한 프로그래머가 인도에 있다는 사실을 알게 되었다. 마찬가지로 대규모 콜센터를 운영하는 많은 기업들은 전 세계 다른 지역에서 더 저렴한 비용으로 이러한 업무를 처리할 수 있다는 사실을 알게 되었다.

얼마 전까지만 해도 일부 비평가들은 오프쇼어링으로 인해 미국 노동자들이 수백만 개의 일자리를 잃게 될 것이라고 주장해 왔다. 하지만 실제로 오프쇼어링의 영향은 우려했던 것보다 훨씬 적었다. 예를 들어, 최근의 한 연구에 따르면 2010년 이후 오프쇼어링으로 인해 직접적으로 사라진 일자리는 20만 개 미만이며, 오프쇼어링의 혜택으로 인해 실제로 150만 개 이상의 일자리가 늘어난 것으로 나타났다.[65] 또한 기업이 효과적으로 해외로 이전하면 수익이 증가할 가능성이 높으며, 이러한 기업 중 다수는 새로운 성장 분야에 투자하여 국내 일자리 증가를 촉진할 수 있다.

아웃소싱과 오프쇼어링은 최근 몇 년 동안 매우 인기 있는 비즈니스 관행이 되었다. 예를 들어, 콜센터를 이용하는 많은 기업들은 다른 회사와 계약하여 이러한 서비스를 처리하는 것이 유리하다는 것을 알게 되었다. 이러한 트렌드를 활용하기 위해 인도에서는 기업을 지원하는 콜센터가 많이 생겨났다. 이러한 인도 근로자는 일반적으로 영어에 능통하고 대부분의 질문과 문제를 처리하도록 교육을 받을 수 있으며 미국 근로자에 비해 다소 낮은 임금을 받고 일한다.

2-5c 임시직 및 비정규직 근로자

비정규직 근로자
정규직 또는 상시 근로직이 아닌 다른 형태로 조직에서 일하는 종업원.

비즈니스의 고용 관계에 영향을 미친 또 다른 트렌드는 비정규직 또는 임시직 근로자의 활용이다. 실제로 최근 몇 년 동안 조직에서 이러한 근로자들이 폭발적으로 증가했다. **비정규직 근로자**(contingent workers)는 정규직 또는 정규직이 아닌 다른 형태로 조직에서 일하는 사람을 말한다. 비정규직 근로자의 범주에는 독립 계약자, 대기 근무자, 임시 직원(일반적으로 외부 기관을 통해 고용), 계약 및 임대 직원이 포함된다. 또 다른 범주는 시간제 근로자이다. 예를 들어, 거대 금융 서비스 기업인 씨티그룹(Citi Group)은 신규 고객을 유치하기 위해 파트타임 영업 사원을 광범위하게 활용하고 있다. 현재 미국 노동력의 약 10%가 이러한 대체 고용 관계에 속해 있다. 또한 미국 고용주의 약 80%가 어떤 형태로든 비전통적인 직원을 활용하고 있다. 대부분의 고용주는 이러한 유형의 계약이 정규직 직원을 추가하는 것보다 비용이 적게 든다고 생각한다. 비정규직 근로자는 더 큰 유연성을 제공한다. 일부 근로자는 전통적인 일자리를 찾을 수 없기 때문에 이러한 일자리를 택하기도 한다. 그러나 다른 직원들은 비전통적 일자리에 수반되는 유연성을 중요하게 생각한다.

그러나 비정규직 근로자를 관리하는 것이 항상 간단한 것은 아니며, 특히 행동적 관점에서 보면 더욱 그렇다. 예를 들어, 관리자들은 이러한 근로자들에게 너무 많은 것을 기대해서는 안 된다. 또한 비정규직 인력이 많은 조직은 이들 근로자의 처우에 대해 몇 가지 결정을 내려야 한다. 회사의 공식적인 회식에 비정규직 근로자를 초대해야 할까? 상담 서비스나 보육과 같은 직원 복리후생을 비정규직 직원도 똑같이 이용할 수 있어야 할까? 이러한 질문에는 정답이 없다. 관리자는 올바른 논리에 따라 비정규직 근로자를 통합하기 위한 전략을 수립하고 시간이 그 전략을 일관되게 따라야 한다는 것을 이해해야 한다.[66]

2-5d 근로자 이동성

이 책의 6장에서는 원격 근무 등 유연한 근무 일정과 같은 주제와 개념에 대해 자세히 살펴볼 것이다. 하지만 여기서는 두 가지 최근 동향에 주목할 필요가 있다. 우선, 일부 고용주는 지난 수년 동안 종업원들의 원격 근무를 허용해 왔다. 유연한 일정으로 근무하는 것은 새로운 개념은 아니다. 하지만 2020년부터 시작된 코로나19 팬데믹으로 인해 유연 근무 관행은 점점 더 널리 확산되고 있다. 팬데믹 초기 몇 주 동안, 많은 고용주들은 바이러스가 확산되면서 더 안전한 직장 규범을 개발할 때까지 문을 닫았다. 많은 직원이 원격 근무를 해야만 했으나, 대부분의 종업원들에게 이러한 방식의 업무 수행 경험은 처음이었다. 그러나 점차 기업들이 적응하기 시작하면서, 바이러스의 영향이 줄어드는 상황에서도 일부 기업은 근무 장소와 근무 일정을 유연하게 유지하겠다는 계획을 발표했다.

최근 몇 년 사이에는 이른바 '대퇴사(great resignation)'라는 또 다른 형태의 근로자 이동도 등장했다. 2021년 초부터 직장을 그만두는 미국 근로자의 수는 최고치를 기록했으며, 수개월 동안 높은 비율을 유지했다. 일부 근로자는 팬데믹 기간 동안 더 낮은 임금으로도 생존할 수 있다는 사실을 깨달았다. 다른 사람들은 이전 직장에서 제공하지 않았던 유연성을 원했다. 또 다른 사람들은 더 나은 일과 삶의 균형을 원했다. 하지만 이유가 무엇이든 고용주들은 유능한 인재를 유치하고 유지하기 위해 그 어느 때보다 더 열심히 노력해야 한다는 사실을 깨달았다.

2-5e 심리적 계약의 변화하는 본질

위에서 설명한 것과 같이 고용 관계에 영향을 미치기도 하고 영향을 받기도 하는 비즈니스 환경의 마지막 요소는 **심리적 계약**(psychological contract)이다. 자동차를 사거나 집을 팔 때는 구매자와 판매자 모두 누가 누구에게 얼마를 지불하고 언제 지불하는지 등 계약 조건이 명시된 법적 서면 계약서에 서명한다. 심리적 계약은 어떤 면에서는 표준 법적 계약과 비슷하지만 덜 형식적이고 덜 명확하게 정의되어 있다. 구체적으로, 심리적 계약은 조직에 기여할 것과 그 대가로 조직이 제공할 것에 대한 개인의 전반적인 기대치를 의미한다.[67] 다른 종류의 비즈니스 계약과 달리 심리적 계약은 종이에 기록되지 않으며 모든 조건이 명시적으로 협상되는 것도 아니다.

심리적 계약
개인이 조직에 기여할 것과 그 대가로 조직이 개인에게 제공할 것에 대한 개인의 기대치이다.

Dinodia Photos/Stockbyte/Getty Images

심리적 계약은 조직과 직원 간의 기대에 관한 비서면 합의이다. 이 사진에서 이 관리자와 직원은 새로운 프로젝트를 어떻게 관리할 것인지에 대한 이해를 교환하고 있다. 계약은 문서화되어 있지 않았지만 양쪽 모두 자신이 해야 할 일과 그 대가로 무엇을 기대할 수 있는지 이해하고 있다.

그림 2-4는 심리적 계약의 본질적인 특성을 보여 준다. 개인은 노력, 기술, 능력, 시간, 충성도 등 조직에 다양한 기여를 한다. 메릴린치(Merill Lynch)의 지점장인 질 헨더슨(Jill Henderson)은 금융 시장과 투자 기회에 대한 자신의 지식을 활용하여 고객이 수익성 있는 투자를 할 수 있도록 돕는다. 그녀는 재무학 MBA 학위를 바탕으로, 부단한 노력과 동기부여를 통해 회사에서 촉망받는 젊은 관리자 중 한 명으로 성장했다. 회사에서는 당연히 그녀를 채용할 때 이러한 자질을 갖추고 있다고 믿었고, 그녀가 잘 해낼 것으로 기대했다.

이러한 기여에 대한 대가로 조직은 개인에게 인센티브를 제공한다. 급여나 승진 기회와 같은 일부 인센티브는 가시적인 보상이다. 고용 안정이나 지위와 같은 무형의 보상도 있다. 질 헨더슨은 메릴린치에서 매우 경쟁력 있는 연봉으로 입사하여 6년 동안 매해 파격적인 연봉 인상을 받았다. 그동안 핸더슨은 두 차례나 승진했으며 조만간 더 큰 직급으로 승진할 것으로 예상되고 있다.

그림 2-4
심리적 계약

심리적 계약은 사람과 조직 간의 기본적인 관계를 지배한다. 개인은 노력과 충성심과 같은 것을 제공한다. 그 대가로 조직은 급여와 고용 안정과 같은 인센티브를 제공한다.

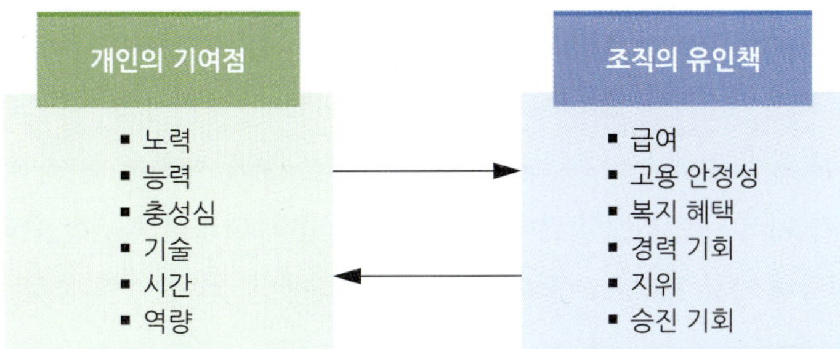

이 사례에서 질 헨더슨과 메릴린치 양자 모두 심리적 계약이 공정하고 공평하다고 인식하고 있다. 둘 다 이 관계에 만족하며, 이 관계를 유지하기 위해 최선을 다할 것이다. 헨더슨은 계속해서 열심히 효과적으로 일할 것이고, 메릴린치는 헨더슨의 급여를 계속 인상하고 승진 기회를 줄 것이다. 그러나 상황이 이렇게 잘 풀리지 않을 수도 있다. 계약 당사자 중 한 쪽이 계약에 불공평함을 발견하면 해당 당사자가 계약 변경을 요구할 수 있다. 직원은 급여 인상이나 승진을 요구하거나, 노력을 줄이거나, 더 나은 일자리를 찾아 나설 수도 있다. 조직은 또한 근로자의 기술 향상을 위한 교육을 실시하거나, 다른 직장으로 전근시키거나, 해고함으로써 변화를 줄 수도 있다.

모든 조직은 심리적 계약을 관리해야 하는 기본적인 과제에 직면해 있다. 조직은 직원들로부터 가치를 원하며, 직원들에게 적절한 보상을 제공해야 한다. 예를 들어, 보수가 낮은 직원은 성과가 저조하거나 더 나은 직장을 찾아 다른 곳으로 떠날 수 있다. 심지어 심리적 계약의 균형을 맞추기 위해 조직의 자원을 훔치는 직원도 있을 수 있다. 반면 조직에 거의 기여하지 않는 직원에게 과도한 급여를 지급하면 불필요한 비용이 발생한다.

최근의 다운사이징 및 감원 추세는 심리적 계약을 관리하는 과정을 더욱 복잡하게 만들었다. 예를 들어, 예전에는 많은 조직에서 직원들에게 기본적인 유인책으로 최소한 합리적인 수준의 고용 안정성을 보장했다. 그러나 이제는 고용의 안정성을 보장할 가능성이 낮아졌기 때문에 다른 유인책이 필요할 수 있다.[68] 일부 기업이 제공하는 새로운 형태의 유인책으로는 추가 교육 기회와 근무 일정의 유연성 확대가 있다.

비즈니스의 세계화도 심리적 계약의 관리를 복잡하게 만든다. 예를 들어, 직원들이 가치 있다고 생각하는 유인책은 문화에 따라 다르다. 미국 근로자는 개인 보상과 인정을 중시하는 경향이 있지만, 일본 근로자는 그룹 기반의 보상과 인정을 중시하는 경향이 더 크다. 멕시코와 독일의 근로자는 여가 시간을 중시하기 때문에 더 많은 휴가를 선호하는 반면, 중국의 근로자는 휴가에 대한 가치를 낮게 평가할 수 있다. 장난감 전기 기차 제조업체인 라이오넬 트레인 컴퍼니(The Lionel Train Company)는 저렴한 노동력을 활용하기 위해 멕시코로 사업장을 이전한 적이 있다. 그러나 이 회사는 품질 표준을 유지할 수 있는 동기부여가 된 직원을 충분히 고용하지 못해 결국 많은 비용을 들여 다시 미국으로 돌아와야 하는 상황에 직면했다. 즉, 멕시코의 저임금(애초에 멕시코로 이전하게 된 이유)은 회사가 기대했던 고품질의 성과를 달성하기 위한 충분한 동기가 되지 못했다. 글로벌 기업이 직면한 또 다른 문제는 해외 주재원 관리자의 심리적 계약 관리이다. 어떤 면에서 이 과정은 공식적인 계약과 비슷하다. 예를 들어, 해외 근무를 위해 선발된 관리자는 일반적으로 근무 기간에 대한 예상치를 제공받고 생활비 조정, 자녀 교육 보조금, 개인 여행 경비 상환 등 다양한 보상 패키지를 제공받는다. 파견이 끝나면 이 관리자는 국내 조직으로 다시 돌아와야 한다. 그러나 파견 기간 동안 새로운 관리자, 새로운 동료, 새로운 절차, 새로운 비즈니스 관행 등 조직 자체가 여러 가지 면에서 많이 변화했을 수 있다. 따라서 복귀한 관리자는 자신이 경험했던 조직과 상당히 다른 조직으로 돌아와 자신이 기대했던 것과는 전혀 다른 업무를 맡게 될 수도 있다.[69]

요약 및 적용

다양성·형평성·포용성(DEI)은 인구통계학적 특성 그 이상을 의미하며, 여러 특성의 조합을 반영할 수 있다. 또한 각 개인은 다양성으로 이해되는 다양한 특성을 가지고 있다. 다양성에는 표면적 다양성과 심층적 다양성을 포함하여 여러 가지 유형이 있다. 다양성은 '성별, 인종, 경험 측면에서 다양한' 그룹 특성으로 파악할 수도 있고, 다른 그룹 구성원과의 유사성 또는 차이점이라는 측면에서 개인 특성으로 이해할 수도 있다. 어떤 그룹에 소수자인 구성원이 있으면 이들 소수 집단에 대한 다수 구성원의 인식에 영향을 미쳐 소수 집단 구성원들에게는 더 큰 성과 압박을 가하고 고정관념을 강화하며 다수 집단과 소수 집단 구성원 사이에 더 높은 장벽을 만들 수 있다.

DEI는 사회적 통합, 지위와 권력의 차이, 업무 갈등, 관계 갈등, 포용, 정보 처리 등의 과정을 통해 개인과 조직의 성과에 영향을 미친다. 포용을 가로막는 장벽에는 '나와 같은 사람'이라는 편견, 고정관념, 편견, 다양성 조치로 인해 위협을 느끼는 사람들의 상실감, 인종 중심주의, 조직 네트워크에 대한 불평등한 접근성 등이 있다. 조직은 최고 경영진의 헌신, 직원 배치, 교육, 멘토링을 통해 다양성을 증진한다.

사회 문화는 무엇보다도 언어, 정치, 종교, 가치관을 반영하며, 한 국가 내, 혹은 인근 국가 간에도 다를 수 있다. 사회 문화는 우리가 업무에 가져오는 다양한 가치관, 관습, 언어, 기대에 영향을 미치므로, 사회 문화가 자신과 다른 사람들의 행동에 미치는 영향을 이해하는 것이 중요한다. 사회 문화는 집단주의, 권력 거리, 미래 지향성, 성 평등주의 등 다양한 특성에 따라 달라질 수 있으며, 종업원들이 생각하는 바람직한 리더십의 특성을 결정한다. 문화를 잘 알고 있다면 더 효과적인 성과를 내는 리더가 될 수 있다.

세계화는 오늘날 많은 기업의 환경에서 중요한 역할을 하고 있다. 국제무역 규모는 크게 증가했으며 매우 빠른 속도로 계속 성장하고 있다. 이러한 성장에는 네 가지 기본적인 이유가 있다. (1) 지난 수십 년 동안 통신과 교통이 극적으로 발전했고, (2) 기업들이 시장을 확대하기 위해 국제적으로 확장했으며, (3) 기업들이 비용 관리, 특히 인건비 절감을 위해 국제시장으로 진출하고 있으며, (4) 많은 조직이 경쟁에 대응하기 위해 국제화되고 있기 때문이다. 조직 행동에 영향을 미치는 문화 간 차이와 유사점은 무수히 많다.

기술은 물리적 상품과 무형의 서비스를 모두 포함하여 제품을 만드는 데 사용되는 방법을 말한다. 기술 변화는 다른 형태의 조직 변화의 주요 동인이다. 또한 조직 내 사람들의 행동에도 광범위한 영향을 미친다. 조직 행동 연구와 관련된 세 가지 기술 분야는 (1) 서비스 기반 경제로의 전환, (2) 경쟁 우위를 위한 기술 사용 증가, (3) 정보 기술의 급격한 변화이다.

윤리는 오랫동안 기업 및 관리자들의 관심 대상이었으나, 특히 최근 몇 년 동안 윤리 위반이 유행병처럼 번지면서 경영 사고의 주류로 자리 잡았다. 기업 윤리의 특별한 측면 중 하나인 기업 지배 구조도 그 중요성이 커지고 있다. 윤리는 정보 기술과도 점점 더 밀접한 관련이 있다. 오늘날의 핵심 이슈는 비즈니스 관계, 조직 구조, 재무 시스템의 급격한 변화로 인해 기업의 재무 상태를 정확하게 추적하는 데 큰 어려움을 겪고 있다는 사실과 관련되어 있다.

오늘날 기업이 직면한 조직 변화의 마지막 중요한 영역은 새로운 고용 관계와 관련이 있다. 지식 근로자는 자신이 알고 있는 지식으로 비즈니스에 가치를 더한다. 이러한 직원을 얼마나 잘 관리하느냐가 기업의 성공 여부를 결정하는 주요 요인으로 꼽힌다. 아웃소싱은 이전에 조직이 직접 수행하던 업무를 다른 회사를 고용하여 수행하는 관행이다. 아웃소싱은 기업이 핵심 활동에 집중하고 부수적인 활동에 휘둘리지 않도록 도와주기 때문에 점점 인기를 얻고 있는 전략이다. 그러나 아웃소싱이 실제로 국내 일자리를 감소시키는 방식으로 추진되어 논란이 커지고 있다. 비정규직 및 임시직 근로자와 근로자의 이동성 증가는 특별한 도전과 기회도 제공한다. 이러한 도전과제는 정규직 또는 상위 계층 직원들에 대한 비정규직 또는 하위 계층 근로자의 상대적 처우를 중심으로 제기된다.

Real-World Response

눈에 보이는 것보다 더 작은 것

코로나19의 인적, 사회적 피해는 큰 비극이었다. 하지만 다른 많은 중요한 영향도 있었다. 코로나19와 같은 팬데믹이 큰 타격을 입힌 분야 중 하나는 관광업이다. 예를 들어, 항공사들은 바이러스에 가장 큰 타격을 입은 지역을 오가는 항공편을 취소해야 했고, 중국으로 향하는 관광객은 사실상 전무한 수준으로 떨어졌다. 호텔과 레스토랑은 텅 비었고, 디즈니는 중국에 있는 두 개의 테마파크를 모두 폐쇄했다. 디즈니는 중국 내 12,000개 이상의 극장이 문을 닫았기 때문에 최신 영화인 뮬란의 중국 개봉을 연기할 수밖에 없었다. 이후 디즈니는 다른 모든 테마파크와 크루즈 라인도 문을 닫았고, 다른 테마파크 및 크루즈 운영 업체들도 영업을 중단했다.

실제로 대부분의 주요 크루즈 선사들은 여행과 여행을 취소했다. 더 큰 문제는 상황이 통제되기 전에 일부 크루즈선 승객들이 치명적인 바이러스 증상을 보이기 시작했고, 크루즈선은 떠다니는 검역소가 되었다. 예를 들어, 다이아몬드 프린세스호의 승객들은 하선이 허용되기 전까지 2주 이상 격리된 채 지내야 했다. 관광 산업의 손실은 중국을 넘어 전 세계로 퍼졌다. 예를 들어, 남부 캘리포니아는 부유한 중국인 관광객에게 인기 있는 여행지였으나, 로스앤젤레스에서만 2020년에 약 10억 달러의 손실을 입었다.

폭스바겐, 도요타, 혼다, 제너럴 모터스 등 많은 글로벌 자동차 제조업체들이 몇 주 동안 중국 공장을 폐쇄해야 했다. 세계 다른 지역의 자동차 공장들도 중국 공장에서 부품을 공급받지 못해 가동 속도를 늦추거나 아예 문을 닫아야 했다. 버버리를 비롯한 여러 명품 브랜드들은 중국 내 수십 개의 매장을 폐쇄해야 했다. 전 세계 의류 소매업체들은 중국으로부터의 배송이 중단되거나 급격히 느려져 물량 부족을 겪기 시작했다. 마텔과 다른 장난감 회사들도 중국으로부터의 배송량이 감소했다.

하지만 가장 큰 타격을 입은 경제 분야는 가전제품이었다. 퀄컴은 스마트폰 칩의 최대 제조업체로, 대부분의 칩이 중국에서 생산된다. 칩 부족은 애플과 삼성 모두에 영향을 미쳤다. 더 큰 문제는 중국 소비자들이 전 세계에서 스마트폰을 가장 많이 구매하기 때문에 이 두 스마트폰 회사의 매출도 크게 감소했다는 점이다. 중국 전역의 기업들이 문을 닫게 되면서 실직한 근로자들은 재량 지출을 대폭 줄였다.

전 세계의 기업과 그 직원들은 모두 이러한 힘의 영향을 받았다. 많은 기업이 장기간 문을 닫았고, 일부는 다시 문을 열지 못했다. 직원들은 재택근무나 무급 휴직 등 새롭고 어려운 근무 조건에 내몰렸고, 수입이 없어졌다. 특히 의료 관련 직종에 종사하는 일선 직원들은 평소보다 더 큰 스트레스에 시달렸고 정부, 기업, 근로자 모두 마스크, 백신, 검역과 관련된 문제로 어려움을 겪었다. 마침내 2022년 중반, 상황이 개선되기 시작했고 세상은 정상으로 돌아가는 듯 보였다. 하지만 전문가들은 새로운 변종 바이러스가 발생할 가능성은 여전히 남아 있다고 경고했다.[70]

토론을 위한 질문

1. 팀 성과에 있어 표면적인 다양성과 심층적인 다양성 중 어느 것이 더 중요하다고 생각하는가? 그 이유는 무엇인가?
2. DEI는 어떻게 회사의 경쟁 우위를 창출할 수 있는가?
3. 부하 직원이 찾아와서 회사의 새로운 다양성 채용 절차가 불공평하고 자신이 마땅히 누려야 할 승진 기회를 침해할 것이라고 말한다면 어떻게 대응하겠는가?
4. 팀원들이 서로 다른 문화권에서 왔고 리더가 어떻게 행동해야 하는지에 대해 서로 다른 기대치를 가지고 있을 때 리더가 효과적으로 행동하기 위해 무엇을 할 수 있는가?
5. 비즈니스의 글로벌화가 지역사회의 비즈니스에 영향을 미치는 방식을 세 가지 이상 설명하라.
6. 변화하는 기술은 일상적인 활동에서 어떤 역할을 하는가?
7. 비즈니스에서 윤리에 대한 관심이 점점 더 중요해질 것이라고 생각하는가, 아니면 덜 중요해질 것이라고 생각하는

가? 그 이유는 무엇인가?

8. 의류 산업의 국제 아웃소싱에 대한 개인적인 의견은 무엇인가? 낮은 가격 때문에 미국 내 일자리를 다른 나라로 보낼 가치가 있다고 생각하는가? 당신의 답변을 설명하라.

Understand Yourself Exercise

글로벌 관점

이 장의 Understand Yourself를 통해 글로벌 관점을 평가할 수 있는 기회를 가졌다. 글로벌 관점은 개념화, 즉 글로벌하게 사고하는 능력과 상황화, 즉 자신의 지역에서 행동하고 현지 환경에 적응하는 능력 모두에서 높은 수준을 보이는 것이 특징이다. 관리자에게는 글로벌하게 생각하는 것과 지역의 상황에 맞추어 행동하는 것 모두 중요하지만, 대부분의 관리자는 현지 문화의 특수성 때문에 글로벌하게 생각하는 것에 더 능숙하다.

다른 문화권의 사람들과 가졌던 상호작용의 성격에 대해 생각해 보라. 이러한 상호작용은 수업 중에 직접 만났을 수도 있고, 매장에서 만났을 수도 있고, 고객 서비스 직원과 전화로 만났을 수도 있다. 그러고 난 후, 다음 질문에 답하라.

1. 다른 문화권의 사람들과 교류하면서 현지에서 똑같이 생각하고 행동할 수 있었다고 생각하는가?
2. 이러한 상호작용에서 무엇을 잘했고, 무엇을 더 잘할 수 있었는가?
3. 글로벌 관점을 향상시키기 위해 어떤 다문화 경험을 할 수 있을까?

Group Exercise

당신에게 문화는 어떤 의미인가

이 활동은 학급 단위로 진행되며 강사가 학급 총무 역할을 한다. 먼저 혼자서 '사회 문화(societal culture)'의 의미에 대해 생각해 본다. 5분 동안 자신의 문화에 대해 생각해 본 후, 사전에서 이 단어를 어떻게 정의하는지 적고, 그 단어를 설명하는 데 사용할 수 있는 문화적 차원을 모두 적는다.

5분 후, 강사는 학생들에게 자신의 아이디어를 공유하고 칠판이나 플립 차트 등에 기록해 달라고 요청한다. 아이디어를 소항목으로 분류한다. 그런 다음 학급 전체가 다음 질문에 답한다.

1. 다문화주의가 조직의 경쟁 우위를 어떻게 창출할 수 있을까?
2. 조직에서 일하는 팀에게 가장 중요한 소항목은 무엇인가?
3. 조직에서 일하는 팀에게 가장 중요하지 않은 소항목은 무엇인가?
4. 다문화 직장을 조성하고자 하는 관리자가 할 수 있는 일은 무엇이라고 생각하는가?

미주(endnotes)는 한경사 홈페이지 www.hankyungsa.co.kr의 공지 사항에서 PDF 파일로 다운로드 할 수 있습니다.

2부 조직 내 개인 행동과 과정

3장 개인 차이

4장 개인 가치, 지각, 반응

5장 행동 동기부여

6장 업무와 보상을 통한 행동 동기부여

1장에서 논의하였듯이 관리자는 성과를 위한 행동에 동기를 부여하고, 헌신과 몰입을 강화하고, 시민의식 행동을 촉진하고, 직원의 역기능적 행동을 최소화하기 위해 노력한다. 2장에서는 다양성, 글로벌화, 기술, 윤리, 새로운 고용 관계 등 다양한 환경적 요인이 조직 행동에 어떤 영향을 미치는지 살펴보았다.

이제 조직 행동의 근간이 되는 근본적인 질문으로 돌아가 보자. 개인은 왜 그런 행동을 할까? 3장에서는 조직 내 사람들의 행동에 영향을 미치는 중요한 개인 특성을 파악하고 논의한다. 또 다른 중요한 개인 특성에 대한 논의는 4장에서 계속된다. 5장에서는 직원의 동기를 유발하는 핵심 이론과 개념이 소개되고 논의된다. 마지막으로 6장에서는 관리자가 동기부여 이론과 개념을 어떻게 구현할 수 있는지에 대해 중점적으로 살펴본다.

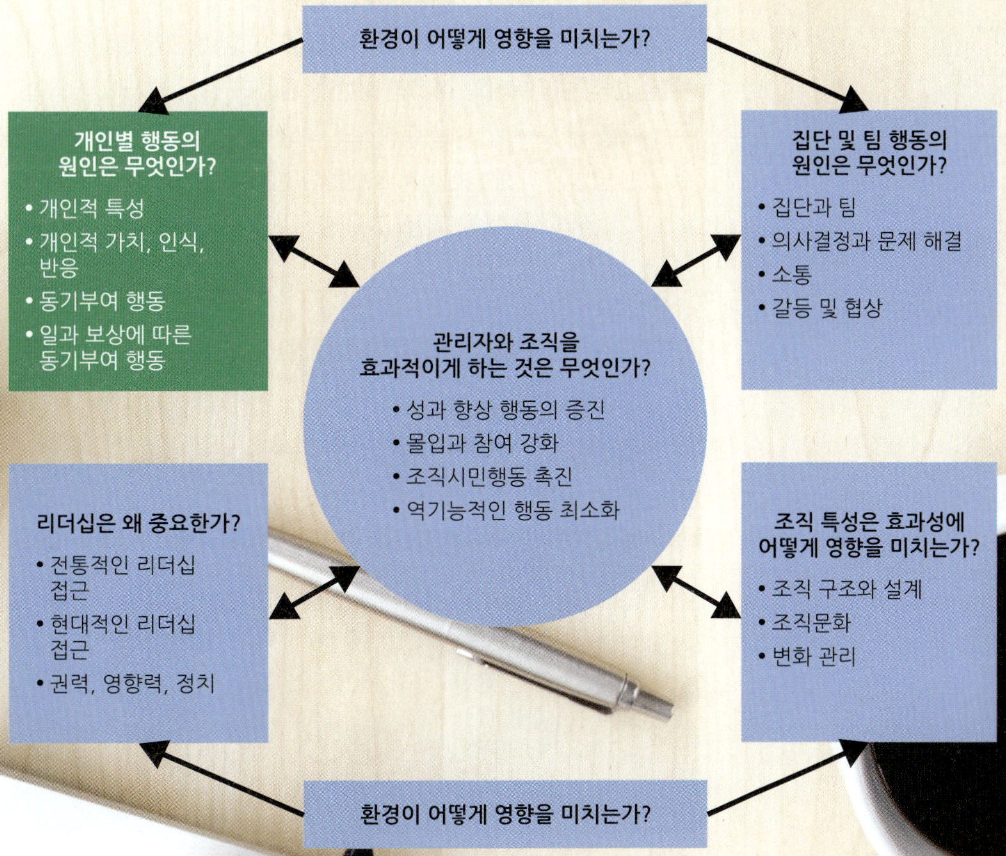

3 개인 차이

Individual Differences

학습목표

이 장을 학습하면 독자들은 …

1. 개인 차이, 적합의 개념, 그리고 현실적 직무 소개를 설명할 수 있다.
2. 성격을 정의하고 일반적 성격 틀을 설명하고, 성격이 조직에서의 행동에 어떠한 영향을 주는지를 알게 된다.
3. 조직에서 행동에 영향을 주는 기타 중요한 성격을 확인하고 설명할 수 있다.
4. 조직에서 행동에 영향을 주는 여러 지능에 대하여 설명할 수 있다.
5. 사람들이 정보를 처리하는 방식과 조직에서의 행동에 영향을 주는 다양한 학습 유형에 대하여 설명할 수 있다.

Real-World Challenge

사노피에서의 감성 지능[1]

프랑스 제약회사인 사노피(Sanofi)는 세계적인 규모의 제약 회사 중 하나로, 170여 개국에서 약 10만 명의 종업원이 일하고 있다. 사노피는 백신과 진통제를 생산하고 있으며, 전 세계 사람들이 더 건강한 삶을 살 수 있도록 돕는 다는 사명(mission)을 가지고 있다. 사노피의 성공은 영업 직원들에 의해 달려 있다. 이들은 치열한 경쟁과 아울러, 자신이 만나야 할 의사들의 바쁜 일정으로 인하여 제품을 설명할 기회를 갖기가 어렵기 때문에 많은 압박을 받고 있다. 제약 회사의 영업 직원들은 높은 스트레스와 번아웃을 경험하고 있으며, 이직률도 높다.

사노피는 영업 활동이 이렇듯 어렵지만 또한 중요한 일이라는 것을 이해하면서, 영업 직원의 복지와 성과의 향상을 원하고 있다. 회사에서 영업 직원들의 업무 성과를 향상시키면서 스트레스와 직무 요구 사항을 보다 효과적으로 관리할 수 있는 방법에 대해 당신에게 조언을 구한다고 생각해 보자. 이 장을 읽고 나면, 사노피가 영업 직원들을 더 잘 지원할 수 있는 방법에 대한 좋은 아이디어를 갖게 될 것이다.

Sergiy Palamarchuk/Shutterstock.com

인간의 행동을 퍼즐이라고 생각해 보자. 퍼즐은 서로 정확하게 맞아야 하는 다양한 조각으로 구성되어 있으며, 어떤 조각도 정확히 똑같지는 않다. 조각은 수도 다양하고, 크기와 모양도 다르지만, 서로 잘 맞는다. 인간의 행동과 그 결정 요인도 마찬가지이다. 각 개인은 전체 그림으로 완전히 맞추어진 조각 퍼즐의 일부이지만, 개인을 정의하는 퍼즐 조각과 그 조각들이 서로 맞춰지는 방식은 서로 다른 것처럼 조직의 모든 사람은 근본적으로 서로 다르다. 성공적인 관리자라면 이러한 차이가 존재한다는 사실을 인식하고, 이를 이해하려고 노력해야 한다.

이 장에서는 사람들을 조직의 다른 사람들과 구별해 주는 주요한 특성을 학습할 것이다. 먼저 개인 차이의 본질적인 특성과 개인이 조직에 어떻게 '적합'하게 되는지에 대해 논의할 것이다. 그런 다음, 다양한 성격 특성에 대해 많은 정보를 제공하는 성격 프레임워크(personality frameworks)를 소개할 것이다. 다음으로, 구체적인 성격 특성을 학습하고, 다양한 유형의 지능에 대하여 논의할 것이다. 이 장은 정보 처리와 학습을 위한 다양한 스타일을 검토하면서 마무리될 것이다.

3-1 조직 안에서의 사람

조직 내 사람들의 행동을 이해하기 위한 출발점으로 먼저 개인-조직 관계의 기본 성격을 살펴보자. 먼저, 우리는 개인 차이의 개념을 좀 더 확장한 다음 사람과 그들이 일하는 조직 사이의 다양한 형태의 '적합(fit)'을 소개하고자 한다.

3-1a 개인 차이

이미 앞에서 언급하였듯이, 모든 개인은 독특하다. **개인 차이**(individual difference)란 사람마다 다른 개인적 특성을 의미한다. 개인 차이는 신체적인 것일 수도 있고, 심리적 또는 정서적일 수도 있다. 개인 차이는 한 사람을 특징짓는 것으로 그 사람을 독특하게 만든다. 앞의 여러 장에서 논의한 것처럼, 개인 차이의 기본 범주에는 성격, 지능, 학습 스타일, 태도, 가치관 및 감정, 지각 및 스트레스 등이 포함된다.

개인 차이
사람마다 다른 개인적 특성.

한 개인의 성격이 좋은가 아니면 나쁜가? 성과에 도움을 주는가 아니면 성과를 저해하는가? 이에 대한 대답은 상황에 따라서 다르다. 어떤 사람은 특정한 직업 환경에서는 불만족하고, 이탈하고, 부정적일 수도 있지만, 다른 작업 환경에서는 만족하고, 다른 사람들과 잘 지내고, 긍정적인 태도를 보일 수 있다. 작업 조건, 동료들, 그리고 리더십은 개인의 업무 수행 방식과 업무에 대한 느낌에 영향을 미치는 요소 중 일부에 불과하다. 따라서 경영자가 직원들 간 행동이나 성과 차이를 평가하거나 설명하려고 할 때마다 이러한 차이가 발생하는 상황을 고려해야 한다. 또한 2장에서 논의한 것처럼, 경영자는 조직과 직원 사이에 존재하는 심리적 계약(psychological contracts)도 알아야 한다. 이상적으로는, 개인 간의 차이를 이해하고 효과적인 심리적 계약을 수립하는 것이 사람과 조직 간의 적합성을 촉진하여 동기부여와 성과를 향상시키는 데 도움이 될 수 있다.

iStock.com/Paul Bradbury

조직에서 적합성은 중요한 개념이다. 이 여성을 예로 들어 생각해 보자. 이 여성은 직장에서 많은 정보를 다루어야 하는데, 이 일을 흥미롭게 생각할 수도 있고 지루하게 생각할 수도 있다. 개인-직무, 개인-집단, 개인-조직, 사람-직업 적합은 모두 조직 행동에서 중요한 요소이다.

3-1b 적합의 개념

왜 어떤 사람은 일에 재능이 있고, 일을 매우 잘함에도 불구하고 바람직하지 않은 동료나 직원이 될까? 그것은, 사람들이 직장에서 성공하기 위해서는 여러 차원에서 그 일에 적합해야 하기 때문이다. 업무를 잘 수행하는 것도 중요하지만 그것만으로 충분하지 않다. 조직과 작업 그룹에 적합해야 한다. 적합에는 다양한 형태가 있으며,[2] 이는 표 3-1에 정리되어 있다.

개인-직무 적합

개인-직무 적합(person-job fit)은 개인의 능력과 직무 요구 사이의 적합, 개인의 욕구 및 동기와 직무 속성 및 보상 사이의 적합을 의미한다.[3] 직원이 가진 역량은 직무의 요구 사항을 충족해야 하며, 직무와 그에 따른 보상은 직원의 요구 사항과 동기를 충족해야 한다.[4] 직무 성과(job performance)는 보통 직원의 성공을 결정하는 가장 중요한 요소이기 때문에, 개인-직무의 적합은 일반적으로 직원 채용을 위한 노력의 주요한 초점이 된다. 종업원의 관점에서 볼 때, 만일 어떤 직무가 금전적, 경력, 근무 방식, 라이프스타일 및 기타 요구 사항을 충족하지 못한다면, 그 직무는 적합하지 않다. 예를 들어, 수수료와 성과급에 의해 동기부여 되는 개인이라면, 이 사람에게는 팀워크가 중요하고, 그룹 차원의 보상을 제공하는 직무에는 적합하지 않을 것이다. 마찬가지로, 사람들과 함께 일하는 것을 좋아하지 않는 사람의 경우에는 소매 영업직에서 성공할 가능성이 낮다. 이처럼 개인의 재능과 직무 요구 사항 간의 적합뿐만 아니라, 개인의 동기와 직무에서 제공하는 다양한 보상 간의 적합도 고려하

개인-직무 적합
개인의 능력과 직무의 요구 사이의 적합, 개인의 욕구 및 동기와 직무의 속성 보상 사이의 적합.

표 3-1
적합의 차원

적합의 종류	가능한 적합 차원
개인-직무 적합: 개인의 직무의 필요에 충족하고, 직무가 개인의 필요를 만족시키는가?	지능 직무 관련 기술 직무 지식 이전 업무 경험 직무 수행과 관련된 성격
개인-집단 적합: 직원이 관리자를 포함하여 작업 그룹에 적합한가?	팀워크 기술 다른 팀원에 비해 상대적인 지식과 능력 갈등 관리 스타일 팀워크 선호 의사 소통 능력 다른 사람과 잘 협력하는 것과 관련된 성격
개인-조직 적합성: 개인의 가치관, 신념, 성격이 조직의 가치, 규범, 문화에 적합한가?	개인의 동기와 조직의 문화, 사명 및 목적 간의 일치 가치 목표
개인-직업 적합성: 그 사람의 관심사, 능력, 가치관, 성격이 직업에 적합한가?	적성 관심사 개인 가치관 장기 목표

는 것이 중요하다. 연구에 따르면 개인의 직무 적합이 향상되면 직무 성과와 만족도, 조직 몰입, 그리고 회사에 계속 남아 있으려는 의도가 높아지는 것으로 나타났다.[5] 사람마다 실력뿐 아니라 성격과 동기도 다르기 때문에, 채용 결정을 내릴 때는 후보자가 가진 실력 외의 개인 차이도 고려하는 것이 중요하다.

개인-집단 적합

직무와의 적합 외에도, 개인과 그들이 속한 작업 그룹, 그리고 관리자와의 적합도 중요하다. 좋은 **개인-집단 적합**(person-group fit) 또는 **개인-팀 적합**(person-team fit)은 개인이 작업 그룹의 업무 방식, 기술, 그리고 목표에 적합함을 의미한다. 개인-집단 적합은 직원이 성공하려면 관리자, 작업 그룹 및 팀원과 효과적으로 협력해야 하는 경우가 많다는 점을 보여 준다. 개인-집단 적합은 직무 만족, 조직 몰입, 그리고 조직에 머물려는 의도를 높인다.[6] 팀워크, 의사소통 및 대인 관계 역량은 팀 구성원의 핵심 업무 수행 능력만큼이나 팀 성과에 중요할 수 있다. 따라서 개인-집단 적합은 팀 중심 작업 환경에서 특히 중요하다.[7] 맨스 웨어하우스(Men's Wearhouse)의 한 임원은 남성복 소매점에서 실적이 가장 좋았던 영업 사원을 해고한 적이 있다. 왜냐하면 그 영업 사원이 다른 영업 사업과 팀으로 협력하는 대신 자신의 매출 극대화에만 집중했기 때문이다. 그 영업 사원을 해고한 후 그 매장 전체의 매출이 크게 늘었다고 한다.[8]

Jenson/Shutterstock.com

개인-집단 적합성은 개인과 소속 그룹 또는 팀 간의 적합성을 의미한다. 오른쪽의 지루해 보이는 개인은 참여적이고 세심한 나머지 팀원들과 잘 맞지 않을 수 있다.

개인-집단 적합 (혹은 개인-팀 적합)
개인이 작업 그룹 및 상사의 업무 방식, 기술 그리고 목표에 부합하는 정도.

개인-조직 적합

개인-조직 적합(person-organization fit)은 한 개인의 가치, 신념, 성격과 조직의 가치, 규범, 문화와의 적합을 말한다.[9] 이 적합의 강점은 직무 성과와 유지, 직무 만족 및 조직 몰입과 같은 중요한 조직 성과에 영향을 준다는 것이다.[10] 개인-조직 적합에 중요한 조직의 가치와 규범에는 성실성, 공정성, 직업 윤리, 경쟁, 협력, 그리고 동료 직원과 고객에 대한 배려(compassion) 등이 포함된다. 개인과 조직의 적합은 직무 만족, 조직 몰입, 회사에 계속 있고자 하는 의지와 강력하고 긍정적인 관계가 있으며, 종업원의 태도와 동료를 돕거나 회사에 대하여 외부 사람들에게 긍정적으로 이야기하는 등 직무의 요구 사항을 넘어서는 시민행동(citizenship behavior)에 영향을 줄 수 있다.[11] 또한 이직률과 근속 기간에는 어느 정도 영향을 미치지만 직무 요구 사항을 충족하는 데는 거의 또는 전혀 영향을 미치지 않는다.[12] 개인-직무 적합과 개인-조직 적합 사이에 잠재적인 중복이 있을 수도 있지만, 연구에 따르면 사람들은 직무와 조직에 대해 서로 다른 수준의 적합을 경험할 수도 있다.[13] 근본적으로, 자신이 하는 일은 좋아하지만 직장을 좋아하지 않을 수도 있고, 반대로, 직장을 좋아하기는 하지만 그곳에서 하는 일을 좋아하지 않을 수도 있다.

개인-조직 적합
개인의 가치, 신념, 성격과 조직의 가치, 규범, 문화와의 적합

그렇다면 어떻게 개인-조직 간의 적합을 극대화할 수 있을까? 이를 위해서는 조직의 전략, 가치 및 프로세스와 관련된 자격, 역량과 특성을 식별하고 그러한 특성을 가진 사람들을 고용하는

것이 좋은 출발점이 될 수 있다. 예를 들어, 어떤 사람이 연구원으로서 충분한 기술적 능력을 가지고 있다 하더라도, 위험을 두려워 하고, 우유부단하며, 결정을 빠르게 하지 못하는 경향이 있다면, 혁신적이고 빠르게 변화하는 회사에서는 성공하지 못할 수도 있다. 트레이뉴얼(Trainual)과 온라인 신발 소매업체인 자포스(Zappos)와 같은 회사들은 신입 사원들이 업무에 몰입하고 적합하지 않은 사원들이 조직에 남아 있지 않도록 하기 위하여 많은 예산을 쓰고 있다.[14] 자사 문화와 사업에 가장 적합한 사람을 찾기 위하여 콘테이너 스토어(The Container Store)의 온라인 채용 앱에는 구직자들이 자신이 가장 좋아하는 제품이 무엇인지를 묻는다. 또한 의사소통 기술과 기타 특성에 대한 추가적인 질문을 던진다. 이렇게 웹사이트를 활용하면 후보자가 회사에 대하여 더 많이 배우고 인터뷰를 잘 준비하는 데 도움이 된다. 이 과정은 강력한 채용 후보자들에게 이 회사가 그들의 관심과 요구 사항에 적합하다는 점을 설득하는 데 도움이 된다.

직원들은 회사 환경에 적합한 행동을 학습하고, 협상하고, 수행하고, 지속함으로써 직장에 적응할 수 있으며, 적응하려는 의지를 가져야 한다.[15] 직장 생활에 성공적으로 적응하려면, 직원들은 열린 마음을 가지고 조직의 기대치와 표준, 그리고 이러한 표준에 따른 자신의 성과에 대한 충분한 정보가 있어야 한다. 직원들은 또한 새로운 행동과 습관(예: 자신감을 보여 주는 것, 활기차게 고객에게 인사하기, 시간 관리 기술 입증 등)을 배울 능력과 의지를 가져야 한다. 물론, 어떤 유형의 적합이든 간에, 채용은 단순히 가장 편안한 사람을 뽑는 것을 의미하지는 않으며, 이는 회사의 성공에 크게 기여할 수 있는 사람들에 대한 비생산적인 고정관념과 차별로 이어질 수 있다.

개인-직업 적합

개인-직업 적합
개인의 관심, 능력, 가치관, 그리고 성격과 직업 간의 적합.

개인-직업 적합(person-vocation fit)은 개인의 관심 및 능력, 가치, 그리고 성격과 개인이 수행하고 있는 직업 간의 적합성을 말한다.[16] 직업이 우리의 필요를 충족시킬 때, 우리는 직업에 더 잘 적응하고, 그것을 통한 만족은 더 커진다. 예를 들어, 성실성이 낮고, 숫자를 싫어하지만 사회적인 사람은 공학이나 건축과 같은 직업과는 맞지 않는다. 일반적으로 개인은 조직에 지원하기 전에 직업을 선택하지만, 개인-직업 적합을 이해하는 것은 여전히 조직에 유용할 수 있다. 미래의 리더를 양성하려는 회사나, 직원이 여러 역할을 수행해야 하는 작은 규모의 조직은 직무 지원자가 조직의 미래 요구 사항에 잘 맞는지 여부를 결정하는 데 있어 이러한 개인-직업 적합성을 활용할 수 있다.

어떤 사람들은 관심사가 다양하거나 변화하기 때문에, 또는 동일한 직업에서 오랫동안 일하는 것을 지루해 하기 때문에, 자신의 경력 기간 동안 여러 직업을 경험한다. 조직은 종업원들의 직업 선호도를 이해하고, 시간이 지남에 따라 직업적 관심과 적성과 일치하는 조직 내 새로운 역할을 부여하는 경력 경로를 설계함으로써, 조직에 가치 있는 종업원들을 더 잘 유지할 수 있다. 이를 통하여 조직을 떠날 가능성을 가지고 있었던 우수 직원들이 그들의 경력 기간 동안 다른 곳이 아닌, 현재 일하는 회사 내에서 다양한 직업을 추구할 수 있다.

3-1c 현실적 직무 소개

입사 지원자에게 업무와 조직의 특성에 대해 전달할 때, 조직은 얼마나 객관적일 것인지 선택해야 한다. 많은 기업들은 해당 직위(position)를 매력적으로 보이기 위해 잠재적으로 바람직하지 않다고 여겨질 수 있는 정보를 가능한 한 적게 공개한다. 본질적으로, 어떤 기업들은 채용자들에게 그곳에서 일하는 것이 실제로 어떤 것인지 말하면 채용자들이 그 직무를 원하지 않을 것이라고 믿고 있다. 하지만 실제로 어떤 일을 할 것인지 철저히 이해시키지 않고 이들을 끌어들이는 데에만 초점을 맞춘다면 역효과를 가져올 수 있다. 사람들이 선호하는 종류의 직업과 조직은 서로 다르다. 종업원들은 일단 채용된 후, 업무와 조직 문화가 실제로 어떤지를 알게 된다. 만일 일을 시작했던 곳에서의 적합성이 좋지 않다면 이들은 떠나려고 할 것이다. 기업에서는 자사 문화를 전달하고 지원자들에게 그곳에서 일하는 것이 어떤 것인지에 대한 통찰력을 제공하기 위해 웹사이트에 대화형 기능과 설문지를 점점 많이 배치하고 있다. 이는 신입 사원의 기대의 정확성을 높이고 심리적 계약 위반(psychological contract violation)의 가능성을 감소시킨다.

현실적 직무 소개(realistic job previews, RJP)는 구직자에게 긍정적인 정보뿐 아니라, 잠재적으로 부정적일 수 있는 정보까지도 포함한다. 기업은 채용 기회를 가장 긍정적으로 제시하여 직무와 기업에서 일하도록 설득하기보다는, 현실적 직무 소개를 통하여 정확한 그림을 제시하려고 노력한다. 지원자를 단념하게 하는 것이 목적이 아니라, 직무와 조직에 대한 정확한 정보를 제공하고 신뢰를 구축하는 것이 목표이다.[17] 고객을 고용하고 직원 추천을 활용하는 것은 많은 기업에서 지원자에게 해당 기업에서 일하는 것이 어떤 지에 대한 현실적인 정보를 제공하기 위해 사용하는 방법 중 하나이다.

현실적 직무 소개(RJP) 구직자에게 긍정적인 정보와 잠재적으로 부정적인 정보를 모두 제시하는 것을 포함.

만일 이직하는 직원들로부터 직무가 자신들이 기대했던 것과 달랐다는 말을 자주 들었다면, 이것은 채용 메시지가 이러한 요소를 포함한다면 개선될 수 있다는 신호이다. 지원자가 자신이 직위나 조직에 적합하지 않다고 생각하는 경우, 채용 과정에서 스스로 선택할 수 있는 기회를 제공한다면, 최종 채용된 직원의 적합성은 더 높아질 것이고, 더 오래 조직에 머물며, 결과적으로 더 가치 있는 직원이 될 가능성이 높아진다. 인재를 내부에서 육성 혹은 개발하는 것 보다 상대적으로 채용이 비용이 낮다는 점을 고려할 때, 현실적 직무 소개는 실제 업무가 예상했던 것과 달라 퇴사를 선택하는 직원들의 이직률을 줄이고자 고민하는 조직에 유용할 수 있다. 네이션와이드 보험(Nationwide Insurance)에서는 웹 사이트에 비디오, 문자 및 이미지를 사용하여, 직무에서 직면하는 열 가지 상황에 대한 정보를 제공한 다음, 지원자가 지원하기 전에 해당 직무에 적합한지를 평가하도록 각 상황에 대한 편안함이나 즐거움을 묻는 질문을 한다. 이 회사에서는 지원자의 답변을 일일히 기록하지는 않지만, 지원자가 해당 직무에 지원하는 것을 독려하거나, 혹은 해당 직무에 지원하지 않도록 조언하거나, 조직 내 다른 직위를 고려하도록 권장하는 피드백을 제공한다.[18]

3-2 성격과 개인 행동

성격
한 사람을 다른 사람과 구별해 주는 상대적으로 안정적인 심리적 특성의 집합.

이제 개인의 성격이 업무 성과 및 다양한 다른 형태의 성격들과도 관련되어 있기 때문에, 성격의 역할과 중요성에 대해 좀 더 구체적으로 알아볼 필요가 있다. **성격**(personality)은 한 사람을 다른 사람과 구별해 주는 상대적으로 안정적인 심리적 특성의 집합이다. 종종 '선천적이냐 후천적이냐'로 표현되는 심리학자들 사이의 오랜 논쟁은, 성격 특성이 부모로부터 유전되었는지('선천적' 주장) 아니면 환경에 의해 형성되었는지('후천적' 주장)에 관한 것이다. 사실 유전적 요인과 환경적 요인 모두 성격을 결정하는 데 중요한 역할을 한다.[19] 비록 이 논쟁의 세부 사항은 이 책의 범위를 벗어나지만, 경영자는 개인이 조직에 대하여 어떻게 인식과 어떤 태도를 가지는지를 파악해야 함은 물론이고, 기본적인 성격의 특성과 그것이 인간의 행동과 조직 상황에 어떻게 적용할 수 있는지 이해하려고 노력해야 한다. 종업원들이 업무 성공과 건강을 향상시키는 행동 패턴과 태도를 개발하도록 영향을 미치기 위해 경영자가 할 수 있는 일이 있기 때문이다.

3-2a 'Big Five' 성격 특성

Big Five 성격 특성
특히 조직과 관련된 다섯 가지 근본적인 성격 특성.

심리학자들은 한 사람을 다른 사람과 구별하는, 말 그대로 수천 가지의 성격 특성과 차원을 찾아냈다. 그러나 최근 몇 년 동안 연구자들은 특별히 조직과 관련된 다섯 가지 근본적인 성격 특성을 찾아냈다.[20] 이 특성은 **그림 3-1**에 나와 있으며, 일반적으로 **Big Five 성격 특성**(Big Five personality traits)으로 불리고 있다. 이 그림에서 알 수 있듯이, 특정한 개인의 성격은 이 다섯 가지 특성 중 어느 곳에나 속할 수 있다. 이러한 특성은 우리의 일반적인 성격과 관련이 있다. 비록 Big Five 성격 특성이 업무 환경에서 항상 영향력이 있는 것은 아니지만, Big Five 성격은 우리 성격의 절반 이상을 설명하는 것으로 생각된다.

그림 2-4
심리적 계약

Big Five 성격 특성은 현재 연구자와 경영자 사이에서 매우 인기가 있다. 이 다섯 가지 차원은 조직 내 개인의 행동을 결정하는 데 중요하다고 여겨지는 기본적인 성격 특성을 나타낸다. 일반적으로 전문가들은 각 차원의 오른쪽 끝에 가까울수록 조직 환경에 긍정적인 반면, 왼쪽 끝에 가까울수록 긍정성이 떨어진다는 데 동의한다.

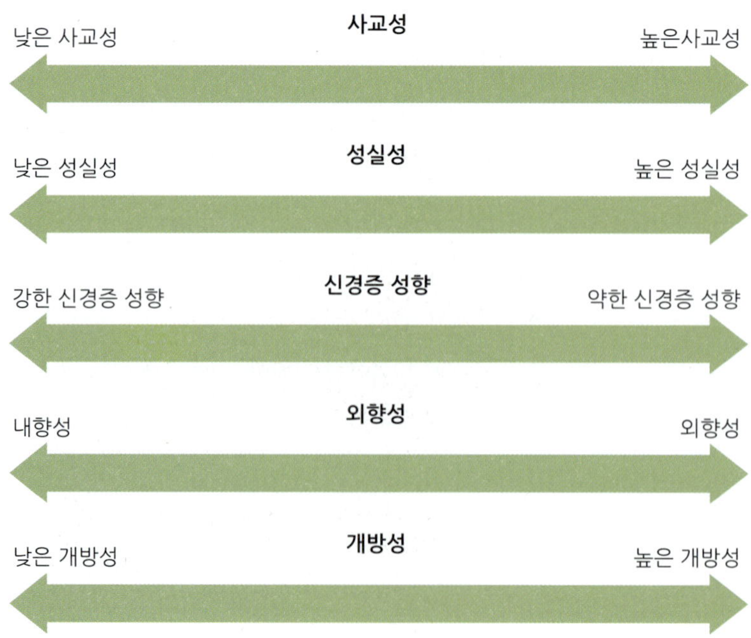

사교성(agreeableness)은 다른 사람과 잘 지내는 능력을 의미한다. 사교성은 어떤 사람들이 다른 사람들을 대할 때 온화하고, 협력적이며, 용서하고, 이해하고, 착한 특성을 가지도록 만든다. 사교성이 부족하면 다른 사람에 대하여 짜증을 잘 내고, 성미가 급하고, 비협조적이며, 적대적인 태도를 취하게 된다. 연구자들이 아직 사교성의 효과에 대하여 완전하게 검증하지는 못했지만, 사교성이 높은 사람들은 동료, 부하 직원, 상사와 좋은 업무 관계를 발전시키는 데 더 능숙한 반면, 사교성이 떨어지는 사람들은 특별히 좋은 업무 관계를 맺지 못할 가능성이 높다. 고객, 공급 업체 및 기타 주요 조직 구성원과의 관계에도 동일하게 적용될 수 있다.

사교성
다른 사람과 잘 지내는 능력.

성실성(conscientiousness)은 개인이 일을 완수하는 데 신뢰할 수 있는 정도를 나타낸다. 예를 들어, 어떤 사람들은 조직적이고, 세부적이며, 책임감이 있고, 신뢰할 수 있으며, 마감일을 맞추기 위해 신중하게 계획을 세운다. 이러한 개인은 성실성이 강하다고 특징지을 수 있다. 성실성이 낮은 사람들은 마감일을 놓치고, 다양한 작업을 무시하고, 조직화되지 않고, 일반적으로 신뢰도가 낮은 경향이 있다. 연구에 따르면, 일반적으로 높은 성실성은 많은 직업에서 업무 성과를 예측하는데 좋은 지표가 된다.

성실성
신뢰할 수 있고 조직적인 개인을 의미.

Fizkes/Shutterstock.com

성실성은 일을 완수하는 데 있어 신뢰할 수 있는 정도를 의미한다. 이 그룹은 동료 중 한 명이 프로젝트를 제시간에 완료할 수 있도록 노력하는 것을 인정하고 있다. 그는 성실성이 높을 가능성이 높다. 또한 동료들이 그를 진정으로 좋아하는 것처럼 보인다면 사교성도 높을 가능성이 높다.

Big Five 성격 차원 중 세 번째는 **신경증 성향**(neuroticism)이다. 신경증적인 사람들은 안정적인 사람들보다 분노, 불안, 우울증, 취약한 감정과 같은 불쾌한 감정을 더 자주 경험하는 경향이 있다. 안정성이 높은 사람들은 상대적으로 침착하고, 조용하고, 회복력이 있고, 안정적이다. 신경증 성향이 강한 사람들은 더 흥분하고, 불안하고, 반응이 심하고, 기분 변화가 극심한 경향이 있다. 신경증 성향이 약한 사람들(안정성이 높은 사람들)은 직무 스트레스, 압박감, 긴장을 더 쉽게 관리할 수 있을 것으로 예상된다. 그들의 안정성은 감정을 관리하기 위해 더 열심히 노력해야 하는 사람에 비해 더 신뢰할 수 있는 사람으로 보일 수 있다.

신경증 성향
분노, 불안, 우울, 취약한 느낌과 같은 불쾌한 감정을 경험하는 경향이 특징임.

외향성(extraversion)은 개인이 얻는 에너지의 원천과 관련이 있으며, 사회적 환경 및 관심에 대한 편안함 수준과도 관련이 있다. 외향적인 사람들은 외부 환경에서 에너지를 끌어오며, 더 사교적이고 자기 주장이 강하며 새로운 관계 형성에 개방적이다. **내향성**(introversion)은 이러한 특성의 반대편에 자리 잡고 있다. 내향적인 사람은 에너지의 원천이 내부에 있으며, 더 사색적이며, 개인적이고, 소수이지만 더 가까운 관계를 선호한다. 연구에 따르면 외향적인 사람들은 내향적인 사람들보다 더 빠르게 결정을 내리고, 더 쉽게 주의가 산만해지고, 행동 지향적인 것으로 나타났다. 외향적인 사람들은 혼자 시간을 보낼 때는 에너지를 소모하고, 사회적 상호작용을 통하여 활력을 얻을 가능성이 더 높다. 결과적으로 외향적인 사람들은 영업이나 마케팅과 같이 사회적 기회를 제공하는 직업에 매력을 느끼는 경우가 많다. 내향적인 사람들은 다른 사람들의 말을 잘 들어주고, 충동적인 결정을 내리지 않고, 외향적인 사람들보다 말하는 빈도가 적으며, 목소리도 작은 경향이 있으며, 사회적 환경에서 에너지를 얻기보다는 혼자 재충전해야 할 가능성이 높다. 외향성과

외향성
관계에 대한 편안함의 질.

내향성
인간관계 및 사회적 상황에서 편안함을 느끼지 못하는 경향.

내향성 어느 것이 좋다고 말할 수는 없고, 다른 Big Five 성격 특성처럼 사람들은 외향성과 내향성의 양극단의 중간 어딘가에 위치해 있다.

개방성
새로운 아이디어를 받아들이고 새로운 정보에 따라 변화할 수 있는 능력.

마지막으로 **개방성**(openness)은 개인의 신념과 관심 범위의 경직성을 반영한다. 개방성이 높은 사람들은 새로운 아이디어를 듣고 새로운 정보에 반응하며, 자신의 생각, 신념, 그리고 태도를 바꾸려고 한다. 또한 그들은 넓은 관심을 가지고 있으며, 호기심이 많고, 상상력이 풍부하며, 창의적인 경향이 있다. 반면, 개방성이 낮은 사람들은 새로운 아이디어를 덜 받아들이고 마음을 바꾸려 하지 않는 경향이 있다. 게다가, 그들은 관심 분야가 적고 좁으며, 호기심과 창의성이 떨어지는 경향이 있다. 개방성이 높은 사람들은 그들의 행동적 유연성이 높고, 조직 전반에 걸쳐 다양한 사람들과 더 효과적인 협력 가능성이 높기 때문에, 더 나은 팀원이 될 것으로 기대된다. 또한 개방성이 높은 사람들은 해외 주재원으로 파견되어 더 효과적으로 글로벌 업무를 수행하는 경향이 있다. 개방성은 변화를 받아들이려는 개인의 의지를 포함할 수 있다. 개방성이 높은 사람들은 변화에 더 수용적인 반면, 개방성이 낮은 사람들은 변화에 저항할 수 있다.

Big Five 성격 모형은 지속적으로 연구자와 경영자 모두의 관심을 받고 있다. 이 모형의 잠재적인 가치는, 특정 상황에서 특정 행동의 유용한 예측 변수라고 여겨지는 일련의 특성을 통합적으로 포함하고 있다는 점이다. 따라서 이 모형을 잘 이해하고, 직원의 특성을 정확하게 평가할 수 있는 경영자는 직원의 행동과 그 행동의 원인을 이해할 수 있는 좋은 위치에 있다. 반면에, 관리자는 다른 사람의 Big Five 특성을 과대평가하지 않도록 주의해야 하며, 그들의 행동과 그 행동의 결과를 이러한 특성의 탓으로 과다하게 돌리지 않도록 주의해야 한다. 가장 엄격하게 개발되고 유효한 척도를 사용한 평가조차도 약간은 부정확할 수 있다 더 구체적인 성격 특성을 사용하여 이직률이나 성과와 같은 결과를 예측하는 것이 일반적인 Big Five 특성보다 더 유용할 수도 있는데, 더 구체적인 특성이, 의도한 결과에 더 직접적으로 영향을 미치기 때문이다. 예를 들어, 다양한 창의적 팀을 위해 강력한 팀 플레이어를 채용하려는 경우, 팀워크에 대한 선호나 높은 집단 지향성(다양한 사람들과 일하는 것을 선호함)을 포함한 개인 간의 차이가 Big Five 특성보다 더 성과를 잘 예측할 수도 있다는 말이다. Big Five는 성격상의 특성으로 간주되기 때문에 잘 변화하지 않는 것으로 생각되지만, 적절한 노력을 기울이면 사람들은 자신의 특성을 조금씩 변화시킬 수 있다. Big Five 모형의 또 다른 한계는 이것이 주로 미국에서 수행된 연구에 기반을 두고 있다는 점이다. 따라서 이를 다른 문화에 일반화하면 아직 답이 나오지 않은 질문이 된다. 미국 내에서도, 다양한 다른 요인 특성이 팀과 조직의 행동에 영향을 미칠 가능성이 높다.

3-2b MBTI 성격 모형

마이어스-브릭스 성격 모형
칼 융의 심리 유형에 관한 연구를 기반으로 하고 마이어스-브릭스 유형 지표(MBTI)로 측정한 성격 유형.

마이어스-브릭스 성격 모형(Myers-Briggs framework)은 칼 융(Carl Jung)의 작업을 기반으로 하는 인기 있는 성격 모형으로, 사람들이 어떻게 그리고 왜 서로 다른 선호와 행동을 하는지를 이해하는 데 도움이 되도록 성격을 특성화한 것이다. 많은 사람들은 마이어스-브릭스 유형 지표(Myers-Briggs Type Indicator, MBTI)라고 불리는 널리 사용되는 설문지를 통하여 이 성격 모형을 알고 있다.[21] 전 세계적으로 200만 명 이상의 사람들이 매년 자기평가를 진행한다.[22] 심리학자 칼 융은 지그문트 프로이트(Sigmund Freud)와 동시대 사람이었으며, 형태 성격 이론(Gestalt personality theory)의 선도적인 주창자였다. MBTI는 이사벨 브릭스 마이어스(Isabel Briggs Myers)(1897~1979)와 그녀의 어머니 캐서린 쿡 브릭스(Katharine Cook Briggs)에 의해 개발되었는데, 사람들이 서로를 이해하고, 자신의 성격에 맞는 일을 찾을 수 있도록 돕고, 융의 개념을 일상의 언어로 표현하려는 목적이었다. 이사벨 마이어스가 1980년에 쓴 책 「Gifts Differing」과 개인 차이를 강조하는 그녀의 철학은 직장 내 다양성 운동을 장려하였다. MBTI는 양쪽 극단 있는 네 가지 척도 세트를 사용한다. 네 가지 척도 세트는 다음과 같다.[23]

1. 외향성(E)/내향성(I): 외향적인 사람들(Extraverts)은 사물과 사람에 의해 활력을 얻는다. 그들은 사회자이자 '준비, 발사, 조준'을 좌우명으로 하는 '즉각적인' 사고를 하는 사람들이다. 내향적인 사람들(Introverts)은 아이디어, 개념, 추상화에서 에너지를 얻는다. 그들은 사교적일 수는 있지만, 배터리를 재충전하기 위해 조용한 시간이 필요하다. 그들은 '준비, 조준, 조준'을 좌우명으로 하는 반성적인 사고를 하는 사람들이다.
   - 당신은 외부 세계에 집중하는 것을 선호하는가(외향성)? 아니면 자신의 내면 세계에 초점을 맞추는 것을 선호하는가(내향성)?
2. 감각형(S)/직관형(N): 감각적인 사람들(Sensing)은 세부적인 것에 관심을 갖는다(detail-oriented). 그들은 사실만을 원하고 믿는다. 반면, 직관적인 사람들(iNtuitive)은 자신이 배운 사실들 사이에서 패턴과 관계를 탐색한다. 그들은 자신의 직관을 믿고 '큰 그림'을 찾는다.
   - 당신은 자신이 받아들이는 객관적인 정보에 초점을 맞추는 경향이 있는가(감각형)? 아니면 해석하고 의미를 추가하는 것을 좋아하는가(직관형)?
3. 사고형(T)/감정형(F): 사고형 사람들(Thinkers)은 공정성에 가치를 두며, 객관적인 기준과 논리에 따라 사물을 비인격적으로 결정한다. 감정형 사람들(Feelers)은 조화에 가치를 두며 결정이나 판단을 내릴 때 인간의 가치와 필요에 중점을 둔다.
   - 당신은 결정을 내릴 때 논리와 일관성을 우선시하는가(사고형)? 아니면 관련된 사람과 특별한 상황(감정)을 우선시하는가(감정형)?
4. 판단형(J)/인식형(P): 판단형 사람들(Judging)은 결단력이 있고 계획을 세우는 경향이 있다. 그들은 과제를 완성하는 것에 집중하고 신속하게 조치를 취하며, 본질적인 것을 알고 싶어한다. 그들은 계획을 세우고 이를 지키며 마감일을 준수한다. 인식형 사람들(Perceiving)은 적응력이 뛰어나고 자발적이며 호기심이 많다. 그들은 많은 일을 시작하지만 종종 그것을 끝내는 데 어려움을 겪는다. 인식형에게 마감일은 당연히 연장되는 것으로 생각된다.
   - 세상을 대할 때 신속하게 결정하고 완료하는 것을 좋아하는가(판단형)? 아니면 새로운 정보와 옵션에 열린 마음을 유지하는 것을 선호하는가(인식형)?

이러한 선호도의 가능한 조합은 16가지 성격 유형으로 나타나며, 이는 네 가지 척도에서 개인의 성향을 나타내는 네 개의 문자로 표현된다. 예를 들면 ENTJ는 외향성, 직관형, 사고형 그리고 판단형을 나타낸다. MBTI 유형 평가는 https://www.humanmetrics.com/personality/test에서 온라인으로 간단히 해 볼 수 있다.

MBTI 성격 유형과 측정 도구는 성격 프로필을 식별하여 사람들을 분류하는 데 사용하도록 의도되지는 않았지만, 이러한 것에 결과를 사용하는 경우가 너무 많다. 이는 자칫 차별의 소지가 있고, 잘못된 진로 상담을 초래할 수도 있어 문제가 된다. MBTI는 인간의 유형을 구분하는데 신뢰할 수 없기 때문에, 사용자는 성격 유형에 따라 직원을 채용, 해고, 배치하는 데 활용해서는 안 된다. 5주 정도의 짧은 간격을 두고 재검사를 실시했을 때, 무려 50%의 사람들이 다른 유형으로 분류된다고 한다. MBTI가 채용 결정을 정당화하거나 진로 지도를 원하는 사람에게 신뢰할 수 있는 도움이 될 수 있다는 주장은 거의 근거가 없다.[24] 융은 자신의 작업이 성격 목록에 적용되는 것을 의도하지 않았다. 그는 "나의 유형학 체계는 단지 지향의 체계일 뿐이다. 내향성과 같은 요소가 있고, 외향성과 같은 요소가 있다. 개인을 분류하는 것은 전혀 의미가 없다. 예를 들어, "남편이 아내에게 또는 그 반대의 경우를 설명하는 것은 심리학자가 사용하는 도구일 뿐이다."라고 언급하였다.[25] 그럼에도 불구하고, MBTI는 매우 인기가 높기 때문에 아마도 직장 생활을 하면서 한두 번쯤은 MBTI를 접하게 될 가능성이 높다.[26] 그것은 서로 다른 정보의 우선순위를 정하는 방법, 결정 및 마감일에 접근하는 방법 등을 포함하여 사람들이 서로 다른 몇 가지 방식을 설명하는 재미있는 팀 구성 도구가 될 수는 있지만, 채용 및 승진을 포함한 조직의 결정을 내리는 데는 사용해서는 안 된다. Clifton Strengths Finder나 DiSC 평가와 같은 유사한 평가 도구 역시 인사 차원에서의 의사 결정에 활용되기보다는 팀 구성에 활용했을 때 보다 유용하다.

3-3 다른 중요한 성격 특성

이러한 복잡한 성격 모형 외에도, 몇 가지 다른 성격 특성도 조직 내의 행동에 영향을 줄 수 있다. 여기에는 통제 위치, 자기 효능감, 권위주의, 마키아벨리즘, 자존감, 그리고 위험 성향 등이 포함된다.

3-3a 통제 위치

통제 위치
자신의 상황이 자신의 행동 또는 자신이 통제할 수 없는 외부 요인의 결과라고 믿는 정도.

통제 위치(locus of control)는 자신에게 일어나는 사건에 영향을 미칠 수 있거나 통제한다고 믿는 정도를 말한다.[27] 어떤 사람들은 열심히 일하면 성공할 것이라고 믿는다. 그들은 또한 실패하는 사람들은 동기가 부족하기 때문이라고 믿는다. 내재론자(internal locus of control)는 자신의 삶과 자신에게 일어나는 일을 스스로 통제할 수 있다는 인식을 반영한다. 이와 다른 인식을 가진 사람들은, 여러 가지 운명, 기회, 운, 또는 다른 사람들의 결정 등이 결정한다고 믿는다. 예를 들어, 승진에 실패한 직원은 그 실패를 자신의 기술 부족이나 낮은 성과보다는 정치적 동기가 있는 상사나 불운 때문으로 돌릴 수 있다. 자신이 통제할 수 없는 힘이 자신에게 일어나는 일을 좌우한다고 생각하는 사람들을 외재론자(external locus of control)라고 한다. 표 3-2에는 중요한 조직적 요인에 대한 통제 위치의 영향이 요약되어 있다. 이 장의 Understand Yourself는 업무에 있어서 자신의 통제 위치를 평가할 수 있는 기회를 제공한다.

표 3-2
조직 성과에 대한 통제 위치의 영향

조직 성과	내재론자 vs. 외재론자
직무 만족	내재론자들은 일반적으로 자신의 직업, 급여, 상사, 그리고 동료에 대해 더 만족한다.
몰입	내재론자들이 더 몰입하며 낮은 결근을 보인다.
직무 동기부여	내재론자들이 외재론자에 비해 더 높은 과업 동기, 직무 참여, 자신감을 가지고 있다.
직무 성과	내재론자가 외재론자보다 직무 성과가 더 높은 경향이 있다.
경력 성공	내재론자가 외재론자보다 더 높은 급여를 받는 경향이 있다.
갈등과 스트레스	내재론자는 외재론자보다 역할 갈등, 일-가정 갈등, 탈진, 그리고 스트레스가 더 낮다고 보고된다.
사회적 통합	내재론자들이 직장에서 더 사회적으로 통합되는 경향이 있으며, 상사와 더 우호적인 관계를 보고한다.

Source: Adapted from Ng, T. W. H., Sorensen, K. L., & Eby, L. T. (2006). Locus of Control at Work: A Meta-Analysis. *Journal of Organizational Behavior, 27*, 1057–1087.

Understand Yourself

업무 통제 위치[28]

아래 척도를 사용하여, 아래 문항에 대한 자신의 동의 또는 반대를 1부터 7까지의 숫자를 적어라.

매우 아니다	아니다	약간 아니다	보통이다	약간 그렇다	그렇다	매우 그렇다
1	2	3	4	5	6	7

_____ 1. 직무는 내가 만들어 가는 것이다.
_____ 2. 대부분의 직업에서, 사람들은 성취하고자 하는 것은 무엇이든 거의 성취할 수 있다.
_____ 3. 내가 직업에서 무엇을 원하는지 안다면, 나는 그것을 줄 수 있는 직업을 찾을 수 있다.
_____ 4. 직원이 상사의 결정에 행복해 하지 않는다면, 이에 대해 조치를 취해야 한다.
_____ 5. 원하는 직업을 얻는 것은 대부분 운에 달려 있다.
_____ 6. 돈을 버는 것은 주로 운의 문제이다.
_____ 7. 대부분의 사람들은 노력하면 자신의 일을 잘해 낼 수 있다.
_____ 8. 정말 좋은 직업을 얻으려면 높은 자리에 있는 가족이나 친구가 있어야 한다.
_____ 9. 승진은 보통 행운의 문제이다.
_____ 10. 정말 좋은 직장에 취직하려면 무엇을 아는 것보다 누구를 아는지가 더 중요하다.
_____ 11. 업무 성과가 우수한 직원이 승진한다.
_____ 12. 많은 돈을 벌려면 관련된 사람을 알아야 한다.
_____ 13. 대부분의 직장에서 뛰어난 직원이 되려면 많은 운이 필요하다.
_____ 14. 일을 잘하는 사람은 일반적으로 보상을 받는다.
_____ 15. 대부분의 직원은 자신이 생각하는 것보다 상사에게 더 많은 영향력을 행사한다.
_____ 16. 많은 돈을 버는 사람과 적은 돈을 버는 사람의 가장 큰 차이점은 운이다.

점수 계산: 먼저 항목 1, 2, 3, 4, 7, 11, 14, 15에 대한 답을 7에서 답한 수를 빼서 다시 계산한다(6→1, 5→2, 4→3, 3→4, 2→5, 1→6). 처음에 쓴 숫자를 지우고 변경한 값으로 바꾸어 점수 계산에는 새 값만 사용한다. 이제 16개 항목의 점수를 모두 합산하여 작업 통제력 점수를 얻는다.

해석: 48점 미만은 내부 통제력이 강하다는 것을, 80점 이상은 외부 통제력이 강하다는 것을 나타낸다. 점수가 높을수록 외부 통제력이 높다는 것을 의미한다. 경영자의 점수가 낮을수록 내부 통제력이 더 높은 경향이 있다. 점수가 원하는 만큼 낮지 않다면 문항을 검토하고 자신에게 일어나는 일을 더 잘 통제할 수 있는 방법을 찾아보자.

Source: Adapted from Paul E. Spector.

3-3b 권위주의

권위주의
조직과 같은 계층적 사회 시스템 내에서 권력과 지위의 차이가 적절하다는 믿음.

또 다른 중요한 성격 특성은 **권위주의(authoritarianism)**인데, 이는 권력과 지위 차이가 조직과 같은 계층적 사회 시스템 내에서 적절하다고 믿는 정도이다.[29] 예를 들어, 권위주의적인 사람은 단지 상대방이 '상사'라는 이유만으로 지시나 명령을 받아들일 수 있다. 반면 덜 권위주의적인 사람은 상사의 합리적인 지시는 수행할 수 있지만, 그 지시상의 문제에 대해 의문을 제기하고, 상사와의 의견 차이를 표현하고, 심지어 그들이 어떤 이유에서든지 이의가 있는 경우, 명령 수행을 거부할 수도 있다. 엔론(Enron)과 아서 앤더슨(Arthur Andersen)을 멸망으로 이끌었던 스캔들이 터졌을 당시, 일부 회계사들은 중요한 문서를 당국이 입수하기도 전에 파쇄한 혐의로 기소되었다. 이 사람들이 사용한 방어 수단은 그들이 단순히 명령에 따랐다는 것이다. 마찬가지로 위워크(WeWork)의 전 CEO는 즐거운 문화를 조성하고 직원들에게 선물을 아끼지 않았지만, 더 큰 목적을 추구하기보다는 자기 자신에게 초점을 맞추었고, 조직 내에는 보복, 직장 내 괴롭힘, 그리고 CEO와 그의 기분에 따라 운영되는 가혹한 근무 환경이었다는 보고가 있었다.[30] 잘못된 것을 알면서도 명령을 따르기 위해 이러한 행동을 하는 것은 리더가 매우 권위주의적이라는 것을 암시한다.

Pra Chid/Shutterstock.com

권위주의는 조직 내 권력과 지위 차이가 적절하다고 믿는 정도를 말한다. 이 사람은 상사의 지시를 주의 깊게 듣고 그 지시를 따르려는 의지가 강하다. 권위주의가 낮은 사람은 지시를 잘 받아들이지 않을 수 있다.

3-3c 마키아벨리즘

마키아벨리즘
권력을 얻고 다른 사람의 행동을 통제하는 방식으로 행동하게 만드는 특성.

마키아벨리즘(Machiavellianism)은 또 다른 중요한 성격 특성이다. 이 개념은 16세기 작가 니콜로 마키아벨리(Niccolo Machiavelli)의 이름을 따서 지어졌다. 마키아벨리는 자신의 저서 「군주론(The Prince)」에서 군주들이 어떻게 더 쉽게 권력을 얻고 사용할 수 있는지를 설명하였다. '마키아벨리즘'이란 용어는 이제 권력을 얻고 다른 사람의 행동을 통제하려는 행동을 설명하기 위하여 사용된다. 연구에 따르면 마키아벨리즘의 정도는 사람마다 다르다고 한다. 마키아벨리즘이 높은 사람들은 매우 이성적이고, 감정에 휘둘리지 않는 경향이 있으며, 개인적 목표를 달성하기 위해서는 거짓말이라도 기꺼이 하고, 충성심과 우정을 거의 강조하지 않으며, 다른 사람들을 조종하는 것을 즐긴다. 반면, 마키아벨리즘이 낮은 사람들은 감정적이며, 성공하기 위한 거짓말을 덜 하고, 충성심과 우정을 높이 평가하고, 다른 사람을 조종하는 것을 즐기지 않는다.

3-3d 위험과 모호성에 대한 허용

위험에 대한 허용
위험에 대해 편안함을 느끼고, 기회를 인식하고, 기꺼이 위험한 결정을 내리는 정도.

또 다른 두 가지 관련 특성은 위험에 대한 허용과 모호성에 대한 허용이다. **위험에 대한 허용(tolerance for risk)**(위험 감수 성향이라고도 함)은 불확실성을 불편하게 느끼지 않고, 기회가 있다고 판단되면 위험성이 높은 결정이라도 마다하지 않는다. 예를 들어, 위험에 대한 허용이 높은 관리자는 새로운 아이디어를 실험하고 신제품에 대한 과감한 도박을 할 수 있다. 이러한 관리자는 조직을 새롭고 다른 방향으로 이끌 수 있다. 이 관리자는 혁신의 촉매제가 될 수도 있지만, 위험한 결정이 실패로 판명될 경우 조직의 지속적인 안녕을 위태롭게 할 수도 있다. 반면, 위험에 대한 허용도가 낮은 관리자는 조직을 정체시키고, 지나치게 보수적으로 조직을 이끌 수도 있지만, 안정성과 침착함을 유지함으로써 조직이 격동적이고 예측 불가능한 시기를 성공적으로 헤쳐나갈 수 있도록 도와줄 수도 있다. 따라서 관리자의 위험 성향에 따른 잠재적 결과는 조직의 환경과 경영 전략에 크게 좌우된다.

모호성에 대한 허용(tolerance for ambiguity)은 모호한 상황을 위협적으로 보는 경향을 반영한다.[31] 모호성에 대한 편협함은 모호하거나 불완전한 정보 또는 여러 가지 일관되지 않거나 모순되는 의미를 가진 정보를 심리적 불편이나 위협의 원인으로 인식하거나 해석하는 경향을 반영한다.[32] 모호성을 용인하는 것은 창의성, 위험에 대한 긍정적인 태도, 다양성에 대한 지향과 관련이 있다.[33] 모호성에 대한 허용이 낮은 관리자는 더 구체적으로 지시하는 경향이 있으며, 직원이 스스로 결정을 내릴 수 있도록 권한을 부여하지 않는다. 최고의 관리 전략은 모호성에 대한 허용이 낮은 개인을 잘 정의되고 규정된 직무에 배치하는 것이다.

모호성에 대한 허용
모호한 상황을 위협적이거나 바람직한 것으로 간주하는 경향을 반영.

3-3e A형 성격과 B형 성격

A형과 B형이라 불리우는 성격 프로필은, 진료실에서 대기중인 환자들의 특이한 행동을 관찰했던 두명의 심장 전문의에 의해 확인되었다. **A형 성격**(type A personality)은 참을성이 없고, 야심이 있으며, 불안해하고, 시간을 낭비하지 않기 위해 노력한다. 심장질환 진료를 받으러 온 환자들은 주로 A형 성향이 높으며, 의자 가장자리에 앉아 앞쪽 가장자리가 닳아버린 것을 발견했다. 반면 B형 성격은 A형 성격보다 좀 더 느긋하고 태평하며 경쟁심이 덜하다. **B형 성격**(type B personality)은 스트레스가 없는 것은 아니지만 도전과 위협에 그다지 격렬하게 반응하지 않는다. A형 성격과는 달리, B형 성격은 생산적인 활동에 적극적으로 참여하지 않는다 해도 시간을 낭비한다는 좌절감을 거의 경험하지 않는다.[34] A형 성격이 B형 성격보다 업무 성과가 더 높은 경우가 많지만,[35] A형 성격은 열정적인 일중독자로 간주되는 경우가 많고, 스트레스와 관상동맥 심장 질환에 더 취약하다. 비록 A형 행동과 관상동맥 질환 사이에 인과관계가 존재한다는 주장은 논란의 여지가 있지만, A형 성격과 스트레스의 일부 영향은 알려져 있다. 스트레스는 혈압을 증가시킨다. 스트레스가 지속되면 심장과 동맥에 손상 징후가 나타난다. 갑작스러운 심장마비의 14~18%는 정서적 스트레스 직후에 발생하며 사람이 화가 났을 때 발생할 가능성이 더 높은 것으로 추정된다.[36] 그러나 **그림 3-2**에서 보는 바와 같이, 극단적인 수준을 반영하는 A형 성격과 B형 성격은 거의 없다. 대부분의 사람들은 중간 근처에 있으며, 단순히 척도의 한쪽 또는 다른 쪽 끝으로 기울어진다.

A형 성격
참을성이 없고, 경쟁적이며, 야망이 크고, 불안함.

B형 성격
A형보다 더 편안하고 여유로우며 노골적인 경쟁심이 덜함.

Fizkes/Shutterstock.com
B형 성격은 편안하고 느긋하며 경쟁심이 덜한 사람을 말한다. 이 매니저는 프로젝트를 완료할 때 차분하고 여유로운 모습을 보인다. 확신할 수는 없지만, 이 매니저는 B형 성격일 가능성이 높다.

동료와 상사의 성격 유형을 이해하면, 업무 갈등의 잠

그림 3-2

극단적인 A형 성격 또는 B형 성격을 가진 사람은 거의 없다. 대신 사람들은 한 가지 유형 또는 다른 유형의 선호하는 경향이 있다. 이는 이 그림에 표시된 성격 간의 중첩으로 반영된다.

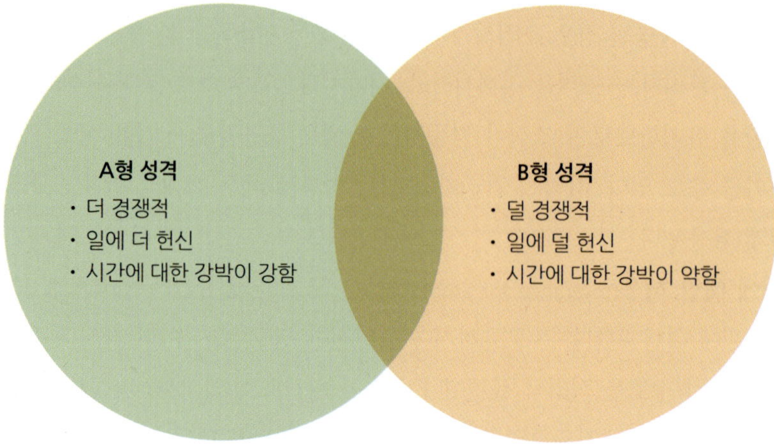

재적 원인을 더 잘 이해하고 관리하는 데 도움이 될 수 있다. 자신의 성격 유형을 인식하면 자신에게 적합한 업무 환경과 문화를 식별하는 데 도움이 될 수 있다. A형 성격 성향이 높은 경우에는 더 큰 자극이 필요하기 때문에, B형 성격에 비해 자신을 더 강하게 밀어붙이고, 더욱 타이트한 일정을 잡을 가능성이 높다. 관리자의 경우, A형 성격이 높고 외부 통제 위치가 있는 관리자는, B형 성격과 내부 통제 위치를 가진 관리자에 비해 인지된 스트레스 수준이 높고, 직무 만족도가 낮으며, 신체적·정신적 건강이 좋지 않은 경향이 있다. 일부 연구자들은 A형 성격 관리자에게 나타나는 부정적인 건강상의 결과가, A형 성격의 표면적인 매력보다 더 클 수 있다고 우려한다.[37]

3-3f 집단 괴롭힘 성격

직장 내 괴롭힘
언어 폭력을 통해 다른 직원을 반복적으로 학대하는 행위, 위협, 모욕 또는 협박하는 행위, 또는 상대방의 업무를 방해하는 방해 행위.

직장 내 괴롭힘(workplace bullying)은 언어 폭력을 통해 다른 직원을 반복적으로 학대하는 행위, 위협, 모욕 또는 협박하는 행위 또는 상대방의 업무를 방해하는 방해 행동을 말한다.[38] 「Time」, 「Management Today」, 「Psychology Today」와 같은 인기 있는 매체들은 직장 내 괴롭힘이 만연해 있음을 보도하고 있다. 괴롭힘은 직장으로서의 평판을 저하시킬 뿐 아니라, 이직률의 증가, 결근 증가, 산재 보상 비용 증가, 장애 보험료 인상 등 고용주에게 비용을 발생시킨다.[39] 미국인의 61%가 직장 내 괴롭힘에 대하여 알고 있으며, 6,000만 명이 넘는 사람들이 괴롭힘의 영향을 받고 있다.[40] 괴롭힘 행동의 61%는 상사에 의해 행해진다.[41] 대상자들의 45%는 스트레스와 관련된 건강 문제가 있다고 보고한다. 대상자들은 불안, 공황 발작, 우울증, 외상 후 스트레스 장애, 심지어 자살까지 겪는다.[42] 그럼에도 불구하고, 대상자의 29%만이 괴롭힘을 당했다고 신고하고, 단지 17%만이 공식적인 해결책을 찾는다.[43]

누가 괴롭히는가? 괴롭힘은 복잡하고 다양한 형태로 나타난다. 그러나 모든 유형에 공통적으로 나타나는 것은, 괴롭힘을 가하는 사람이 다른 사람을 통제하려는 욕구에서 비롯된 권한과 권력의 남용이다. 마키아벨리즘은 괴롭힘으로 이어질 수 있다. 마키아벨리즘 성향이 높은 사람은 사회적 영향력에 저항하고, 감정보다는 인지(합리적 사고)에 대한 지향을 보이며, 어떤 구조(상사의 구성 요소)를 만들어 통제하는 것을 좋아한다. 마키아벨리즘 성향이 높은 사람은 괴롭힘의 기초가 되는 개인적 목적을 달성하기 위해 다른 사람을 조종하고 착취한다.

어떤 사람들이 왜 괴롭히는지 설명하는 데 성격 유형이 도움이 된다면, 어떤 사람들이 괴롭힘의 대상이 될 가능성이 더 높은지를 이해하는 데도 도움이 될 수 있을까? 누가 표적이 될 것인지를 예측하는 명확한 성격 유형은 없지만, 더 내성적이고, 친화성이 낮으며, 성실성이 낮고, 경험에 대한 개방성이 낮으며, 감정적으로 더 불안정한 사람들이 괴롭힘을 당할 가능성이 더 높은 것으로 보인다.[44] 버크셔 해서웨이(Berkshire Hathaway), 구글(Google), IDEO, 그리고 바클레이즈 캐피탈(Barclays Capital)을 포함한 많은 기업에서 괴롭힘 문제를 예방하고 신속하게 해결하는 데 도움이 되는 명시적인 '괴짜 사절(no jerks)' 정책과 규칙을 가지고 있다.[45] 이 장의 Improve Your Skills에서

Improve Your Skills

관리자의 문제적 행동과 이에 대한 대응

자기애적 관리자의 유형

종류	주요 특성	목적	부하의 생존 전술	상급자의 행동
과대망상: 정신역동적	외적으로 거대한 자기 이미지; 다른 사람 착취; 다른 사람 평가 절하; 자존심이 위협 받으면 분노; 양심과 공감능력 제한됨; 취약한 자존심을 필사적으로 보호	존경받으려 함	존경심 표하기; 비난하지 않기; 멘토나 코치와 상담	관리자에 대한 면밀한 감독이 필요
과대망상: 배움	거창한 자기 이미지; 다른 사람을 착취; 부정적인 피드백을 받지 못함; 타인을 대하는 데 배려심이 없음	존경받으려 함	존경심 표하기; 비난하지 않기; 멘토나 코치와 상담	자동적인 믿음 철회
지배광	세세하게 관리; 모든 것에 대한 절대적인 통제 추구; 부풀려진 자기 이미지와 타인의 능력에 대한 평가 절하; 혼란을 두려워 함	다른 사람 통제	직접적인 제안 피하기; 새로운 아이디어가 그들의 것이라고 생각하게 하기; 비난하지 않기; 감탄과 존경심 표하기; 그들보다 더 빛나지 않기; 성취와 야망 축소; 작업을 문서화; 멘토와의 관계 구축; 다른 직위 찾기	360도 피드백; 심각한 해를 끼치지 않는 자리에 두기; 그들을 현재 지위로부터 제거하는 것 고려; 문제의 징후를 무시하지 않기
반사회적인	그들이 원하는 것을 가짐; 남들보다 앞서기 위해 거짓말을 하고 다른 사람이 방해가 되면 상처를 줌; 양심도 없고 공감 능력 부족	규칙을 위반하고 다른 사람을 학대하는 것에 대한 흥분	그들을 자극하지 않기; 그들이 당신을 파괴하기 전에 도피; 비윤리적이거나 불법적인 활동에 연루되지 않기; 동료 및 멘토와 연합하기; 도움을 줄 임원 찾기	우울증, 불안, 음주의 가능성을 고려할 것

Source: From Lubit, R. (2004, March/April). The Tyranny of Toxic Managers: Applying Emotional Intelligence to Deal with Difficult Personalities. *Ivey Business Journal*, 4.

는 괴롭히는(또는 해를 끼치는) 관리자의 유형과, 이에 대응하는 다양한 생존 전략(당신이 절대 사용할 필요가 없기를 바란다!)을 설명한다.

3-3g 상황의 역할

성격과 행동의 관계는 우리가 처한 상황(situation)의 강도에 따라 달라진다. 어떤 사람이 본질적으로 외향적이라 할지라도, 강의나 중요한 회의 같은 특별한 상황에서는, 그 성향을 억제하고 더 조용하고 유보적인 방식으로 행동할 수 있다. 마찬가지로, 내향적인 사람이라 할 지라도, 채용이나 브레인스토밍 세션에서는 상황에 적절하게 더 외향적인 방식으로 행동할 수 있다. 상황의 강도가 약할 때, 자신의 천성에 충실할 수 있고, 본래 성격이 자신의 행동을 이끌도록 할 수 있다. 강력한 문화를 가진 조직에서는 직원 행동에 대한 명확한 지침을 강조함으로써 개인의 성격이 행동에 미치는 영향을 제한한다. 조직 문화가 약하면 직원 개인의 표현이 더 많아지고 그 결과 더 다양한 직원 행동이 나타날 수 있다.

이제 당신은 개인 차이 중 일부를 잘 이해하게 되었다. 전 세계의 다른 문화에서 얼마나 자주 차이가 나는지 생각해 보는 것도 흥미롭다. 다른 문화권에서 만나는 사람들에게 업무 프로세스와 관계에 대한 기대치를 설명하도록 요청하는 것은 이러한 차이점을 이해하는 강력한 방법이다. 미국 노동력의 높은 다양성은 다른 문화권의 사람들과 함께 일할 가능성이 높다는 것을 의미한다. 낯선 행동이 개인의 차이 때문이라고 결론 내리기보다는 개인이 속한 문화가 행동에 영향을 미치는 매우 강력한 상황을 만들기 때문에, 문화가 업무 행동에 어떻게 영향을 미치는지 이해하는 것이 더 생산적일 수 있다. 이 장의 Global Issue에서는 전 세계의 다양한 문화권에 속한 사람들의 독특한 습관과 업무 스타일에 대한 예시를 제공한다.

Global Issues

문화에 따른 습관과 작업 스타일

- 콜롬비아에서는 사무실에 도착할 때 전체에게 인사하면 무례한 것으로 간주될 수 있으므로 개별적으로 인사하는 것이 중요하다.
- 인도에서는 회의에 15분 정도 늦어도 여전히 시간을 준수한 것으로 간주되지만, 독일에서는 심지어 단 몇 분이라도 불쾌한 것으로 간주될 수 있다.
- 프랑스에서는 Right to Disconnect법에 따라 대부분의 전문가가 근무 시간 이후에 도착하는 이메일에 응답할 책임이 없다.
- 이슬람 국가에서는 기도 시간을 존중해야 하며, 항상 다른 모임이나 전화 통화보다 우선시되어야 한다.
- 일본과 중국에서 명함을 교환할 때에는, 양손으로 잡고 자세히 살펴보며 상대방의 지위나 소속을 언급하거나 이름을 반복하여 존경과 관심을 표현하는 것이 중요하다.
- 중국에서는 요청을 거절하기 위해 "아니요."라고 말하기보다는 "제가 좀 바빠서요."와 같은 모호한 대답을 통해 간접적으로 메시지를 전달한다.

3-4 지능

성격과 성격 특성 외에 지능도 중요한 개인적 차이이다. 지능, 즉 정신적인 능력에는 보편적 인지 능력, 정보 처리 능력, 언어 능력, 감성 지능 등 다양한 유형이 있다.

3-4a 보편적 인지 능력

보편적 인지 능력(general mental ability)은 정보를 신속하고 유동적으로 습득, 처리 및 적용하는 능력으로, 추론, 기억, 이해 및 문제 해결이 포함된다. 이는 정보를 획득하고 처리하며 종합하는 능력과 관련이 있으며, 단순히 학습 능력으로 정의되기도 한다.[46] 매우 다양한 업무 영역에서 보편적 인지 능력과 성과 사이의 강력한 연관성은 조직 행동 분야에서 일관된 발견 중 하나이다.[47] 연구 결과에 따르면, 개인이 직장에서 처음 일을 시작할 때, 혹은 새로운 직장으로 옮겨 근로자가 업무를 수행하는 새로운 방법을 배워야 할 때나 복잡한 업무를 수행해야 할 때 이러한 정신적 능력이 중요하다고 한다.[48] 구글(Google)을 포함한 일부 기업들은 경력보다는 보편적 인지 능력을 기준으로 채용하는 것을 선호한다.[49] 기술 기반의 산업처럼 필요한 역량이나 직무가 빠르게 변화하는 경우, 현재의 지식과 기술만을 기준으로 선발하기보다는 부분적으로 적성이나 지능도 고려하여 채용하는 것이 합리적일 수 있다. 조만간 구식이 될 현재 버전의 작업을 수행하는 것보다 새로운 지식을 학습하고 적응하는 능력이 직무 성공에 더 중요하다.

보편적 인지 능력
정보를 신속하고 유동적으로 습득, 처리 및 적용하는 능력.

정보 처리 능력(information processing capacity)은 개인이 정보를 처리하고 조직하는 방식과 관련된다. 정보 처리 능력은 또한 초보자보다 전문가가 더 효율적이고 정확하게 정보를 처리하고 조직하기 때문에 과제 학습 및 수행에 있어서 전문가와 초보자 간 차이를 설명하는 데 도움이 된다.[50] 보편적 인지 능력은 정보 처리 능력에 영향을 미친다.[51] 나이 또한 정보 처리 능력의 차이를 설명한다. 젊은 성인에 비해 노인은 새로운 정보를 신속하게 처리하는 능력은 떨어지지만, 더 많은 양과 다양한 정보에 접근하는 경향이 있다.[52]

정보 처리 능력
개인이 정보를 처리하고 조직하는 방식과 관련.

정신 능력 테스트(mental ability test)는 언어적 또는 수리적 추론, 논리 및 지각 능력을 포함한 일반적인 정신 능력을 평가하기 위해 일발적으로 컴퓨터 또는 지필검사 형식을 사용한다. 이러한 테스트의 점수는 개인의 훈련이나 직업 학습 능력, 적응력 및 문제 해결 능력, 일상을 견딜 수 있는 능력을 예측할 수 있기 때문에,[53] 혁신, 지속적인 교육 및 일상적이지 않은 문제 해결이 필요한 작업에서의 예측 가치가 증가할 수 있다. 정신능력 검사의 종류로는 Wonderlic Personnel Test, Raven's Progressive Matrices, Kaufman Brief Intelligence Test, Wechsler Abbreviated Scale of Intelligence 등이 있다. 표 3-3은 Wonderlic 검사에 포함된 예시 항목을 보여 준다.

정신 능력 테스트는 사용하기가 쉽고 모든 직업에 가장 적합한 선택 방법이긴 하지만, 구조화된 인터뷰(structured interview)와 같이 직무 성과를 예측하는 다른 방법보다 3~5배나 더 큰 인종 간의 차이(racial subgroup differences)가 나타난다.[54] 이처럼 결과가 다른 이유가 완전히 이해되지는 않지만, 문화, 시험 코칭 및 시험 준비 프로그램에 대한 차별적인 접근, 다양한 시험 동기 수준이 중

표 3-3
정신 능력 검사 항목

다음 질문은 정신 능력을 측정하는 Wonderlic Personnel Test의 질문과 비슷하다.

1. 처음 두 진술이 사실이라고 가정한다면, 마지막 문장은 (1) 참인가 (2) 거짓인가, 아니면 (3) 확실하지 않은가?
   그 소녀를 축구를 한다.
   모든 축구선수는 스파이크 운동화를 신는다.
   그 소녀는 스파이크 운동화를 신는다.
2. 종이는 묶음당 0.36달러에 판매된다. 세 묶음의 가격은 얼마인가?
3. 아래 나열된 항목 5개 쌍 중 정확하게 중복된 항목은 몇 개인가?

Pullman, K. M.	Puilman, K. M.
Jeffrey, C. K.	Jeffrey, C. K.
Schoeft, J. P.	Shoeft, J. P.
Lima, L. R.	Lima, L. R.
Woerner, K. E.	Woerner, K. C.

4. PRESENT와 PRESERVE — 이 두 단어는
   (1) 비슷한 의미인가?
   (2) 모순되는 의미가 있는가?
   (3) 같은 것도 반대도 아닌 뜻인가?

답: 1—(1), 2—$1.08, 3—2, 4—(3)

요한 요인으로 작용할 것으로 추측된다.[55] 이처럼 정신 능력 테스트가 반드시 직업과 관련이 있는 것처럼 보이지 않기 때문에, 취업 지원자들에게는 부정적으로 인식되는 경우가 많다.[56]

정신 능력 검사를 사용할 때 고용 차별이 도덕적, 윤리적으로 문제가 있을 뿐만 아니라 법적으로 문제가 될 수 있기 때문에,[57] 이러한 검사를 구직자에게 사용하기 전에 보호 대상(protected)이거나 소수(underrepresented) 그룹에 대한 검사의 효과를 평가하는 것이 좋다. 정신 능력 검사는 다른 예측 변수와 결합하여 부정적인 영향을 줄이고 예측 정확도를 높일 수 있기 때문에, 그리고 부정적인 영향이 적은 대체 예측 변수를 사용하면 정신 능력 검사만 사용하는 것과 비교했을 때 직무 성공을 더 정확히 예측할 수 있기 때문에, 정신 능력 검사는 단독으로 사용해서는 안 된다.[58] 전미축구리그(National Football League)를 포함한 많은 조직에서 정신 능력 검사를 사용한다.[59]

3-4b 다중 지능

지능 검사는 종종 언어, 공간 인식 및 수리적 능력을 평가하기 위해 설계된 다양한 추상적인 질문이 포함된다. 그러나 한 번의 검사에서 나온 점수가 실제 지능을 반영한다고 믿는다면, 이는 다른 많은 인지 능력을 무시하는 것이다. 특정 지능 검사 결과의 점수가 낮다는 것은 해당 검사가 측정하는 유형의 지능에 대한 숙련도가 낮음을 의미하는 것일 뿐, 다른 유형의 지능 수준에 대해서는 아무것도 말해 주지 않는다.

다중 지능
모든 사람들이 다양한 정도로 가지고 있는 몇 가지 다른 형태의 지능이 있다는 것을 시사함.

많은 연구자와 학자들은 사람이 똑똑해지는 방법에 여러 가지가 있다는 사실을 깨닫고 있다.[60] 가드너(Gardner)의 **다중 지능(multiple intelligences)** 이론은 모든 사람이 다양한 정도로 가지고 있는 몇 가지 다른 형태의 지능이 있다는 것을 시사한다.[61]

1. 언어: 단어와 언어
2. 논리-수학: 논리와 숫자
3. 음악: 음악, 리듬, 사운드
4. 신체-운동학적: 신체의 움직임과 통제
5. 공간-시각: 이미지와 공간
6. 대인 관계: 다른 사람의 감정
7. 개인 간: 자기 인식

이렇듯 여러 종류의 지능은 서로 다른 내용의 영역을 나타낼 뿐 아니라, 피험자의 학습 선호도를 나타내기도 한다. 학습 이론에서는 학습 능력 평가가 일반적으로 수행되는 시험에서처럼(예: ACT, SAT, GMAT, 그리고 GRE와 같은 대학 입학 시험에서) 언어 및 논리와 수학적 지능만 검사할 것이 아니라 다른 분야의 지능도 측정해야 한다고 제안한다.[62] 다중 지능 이론에 따르면 학습과 교육은 각 개인의 특별한 지능에 초점을 맞추어야 한다. 예를 들어, 강력한 공간 지능이나 언어 지능을 가지고 있는 사람이라면, 이러한 능력을 개발하도록 독려해야 한다.[63] 이 이론은 또한 다중 지능의 문화적 맥락을 강조한다. 예를 들어, 가드너는 다양한 문화적 요구가 다양한 유형의 지능을 강조한다는 것을 관찰했다. 예를 들어, 캐롤라인 제도(Caroline Islands)의 폴로와트(Polowat)족이 보유한 높은 공간 능력은 바다에서 카누를 항해할 수 있게 해 주며, 일본 사회에서는 개인 지능의 균형을 요구한다.[64]

자신이 어느 영역에서 가장 강력한 지능을 가졌는지 알면 자신의 잠재력을 달성하는 데 적합한 직업과 학습 환경을 찾을 수 있다. 예를 들어, 당신의 지능 강점을 표 3-4의 직업 유형과 비

표 3-4
직업 선택과 지능 유형의 일치

지능의 유형	관련된 경력	선호하는 학습 스타일
신체-운동학: 신체적 민첩성과 균형; 신체 조절; 손과 눈의 조화	운동선수, 소방관, 요리사, 배우, 정원사	촉각과 느낌, 신체적 경험
대인 관계: 다른 사람과 관계를 맺고 그들의 감정을 인식하는 능력; 다른 사람의 행동을 해석; 감성 지능과 관련	심리학자, 의사, 교육자, 영업사원, 정치인	인간관계, 팀워크
개인 내: 자기 인식; 자신과 타인 및 세계와의 관계를 이해; 감성 지능과 관련	거의 모든 직업의 성공과 관련됨	자기반성, 자기발견
언어: 구두 및 서면 언어; 아이디어와 정보를 설명하고 해석	작가, 연사, 변호사, TV 및 라디오 진행자, 번역가	말과 글로 된 단어와 언어
논리-수학: 논리 및 패턴 감지; 분석적; 문제 해결; 수학에 우수	엔지니어, 감독, 과학자, 연구원, 회계사, 통계학자	논리와 숫자
뮤지컬: 리듬과 음색 패턴 인식; 음악적 능력; 높은 인지도와 소리의 사용	음악가, DJ, 음악 교사, 음향 엔지니어, 음악 프로듀서, 작곡가	음악, 소리, 리듬
공간-시각: 시각적 이미지의 생성 및 해석; 시각 및 특수 인식	예술가, 엔지니어, 사진작가, 발명가, 뷰티 컨설턴트	그림, 모양, 시각적으로

Source: Based on Gardner, H. (1983). *Frames of Mind*. New York: Basic Books; Gardner, H. (1993a). *Multiple Intelligences: The Theory in Practice*. NY: Basic Books; Gardner, H. (1993b). *Creating Minds*. NY: Basic Books; Marks-Tarlow, T. (1995). *Creativity Inside Out: Learning through Multiple Intelligences*. Reading, MA: Addison-Wesley.

교해 보라. 당신이 관리자라면, 부하 직원들에게 동일한 기술을 다양한 방식을 활용하여 개발할 수 있다. 예를 들어, 다양성 훈련(diversity training)을 실시한다고 했을 때, 신체-운동학적(bodily-kinesthetic) 학습자에게는 역할극에 참여하게 하고, 공간-시각적인(spatial-visual) 직원들에게는 학습한 내용을 전달하는 포스터를 만들게 할 수 있다. 이렇듯 개인이 선호하는 학습 스타일을 사용하면 학습이 쉽고 즐거워진다.

3-4c 감성 지능

감성 지능(EI)
감정을 인지하고, 표현하는 능력, 감정을 이해하고 사용하는 능력, 자신과 타인의 감정을 관리하는 능력을 포함하는 대인 관계 능력.

감성 지능(emotional intelligence, EI)은 감정을 인지하고, 표현하는 능력, 감정을 이해하고 사용하는 능력, 자신과 타인의 감정을 관리하는 능력을 포함하는 대인 관계 능력이다.[65] 감성 지능의 선구자인 다니엘 골먼(Daniel Goleman)은 감성 지능을 "자신과 타인의 감정을 인식하고, 동기를 부여하고, 자신과 인간관계에서 발생하는 감정을 관리하는 능력"으로 정의한다.[66] 그는 세 가지 개인적 역량(자기 인식, 자기 관리, 동기부여)과 두 가지 사회적 역량(공감 및 사회적 기술)을 포함하는 감성 지능의 다섯 가지 차원을 제시하였다. 감정 역량(emotional capabilities)은 조직의 변화에 영향을 미치는 여러 수준에서 작동할 수 있다.[67] 예를 들어, 고용 불안정에 대한 직원들의 정서적 반응과 관련한 스트레스에 대처하는 방식에 영향을 미칠 수 있다.[68] 감성 지능은 불안 등 기타 부정적인 감정 반응을 제어하고 긍정적인 감정 반응을 생성하기 위해 감정 조절 과정을 사용한다.[69] 불안이나 좌절과 같은 부정적인 감정은 주의를 산만하게 하고 학습과 성과를 저하시킨다.[70] 감정 조절과 통제는 직장에서 주의를 산만하게 하는 긍정적인 감정을 관리하는 데에도 중요할 수 있다. 감성 지능에는 다음과 같은 다섯 차원이 포함된다.

1. 자기 인식(self-awareness): 자신이 느끼는 감정을 인식
2. 자기 동기부여(self-motivation): 장애물, 좌절, 실패에도 굴하지 않음
3. 자기 관리(self-management): 자신의 감정과 충동을 조절
4. 공감(empathy): 다른 사람이 어떻게 느끼는지 감지
5. 사회적 기술(social skills): 다른 사람의 감정에 효과적으로 대응

인종, 문화, 민족, 나이, 성별, 종교에 관계없이 기쁨, 슬픔, 두려움, 놀라움, 분노, 경멸, 혐오와 같은 보편적인 감정이 얼굴에 표현되지만, 타인의 얼굴 표정에 담긴 감정적 의미를 인식하는 정도는 받아들이는 사람에 따라 다르다.[71] 이러한 감정을 인식하고 이해하는 것은 의사소통, 관계 구축, 친밀한 구축, 협상 및 기타 여러 관리 활동에 중요하다. 보다 효과적으로 의사소통을 하는 사람들의 경우에는 다른 사람의 얼굴 표정으로 전달되는 감정을 보다 더 잘 인식한다.[72]

감성 지능의 구성 요소는 이러한 얼굴 표정 인식을 포함하여 주의(attention)와 연습(practice)을 통해 개발할 수 있는 유연한 기술이다.[73] 다른 사람이 생각하고 느끼는 것을 이해하는 능력, 그들을 적절하게 설득하고 동기를 부여하는 방법, 갈등을 해결하고 협력을 구축하는 방법을 아는 능

력은 성공적인 관리자가 갖추어야 할 중요한 역량 중 하나이다. 많은 조직에서 다른 사람들에 대한 반응을 이해하고 관리하는 것뿐만 아니라 우리에 대한 타인의 반응을 이해하고, 그들에게 영향을 미치는 것이 중요하기 때문에, 다양성과 포용성의 향상을 위해 감성 지능을 높여야 한다. 다니엘 골만(Daniel Goleman)의 웹사이트를 방문하여, 그곳에서 제시하는 평가 중 하나를 완료하면 자신의 감성 지능 점수를 대략적으로 추정할 수 있다.[74] 혹자는 감성 지능의 개념이 지나치게 포괄적이고, 구체성(specificity)이 부족하며, 정적 특성(static traits) 요소와 가변 상태(malleable state)의 요소를 모두 포함하기 때문에 이론적 개념이 불분명하다고 주장한다. 감성 지능이라는 것이 단순히 학습된 기술인지 아니면 선천적인 능력인지 명확하지 않다. 많은 연구자들은 또한 감성 지능은 단순하게 말해, 일반적인 지능과 잘 확립된 성격 특성의 대리자(surrogate)에 불과하다고 주장한다.[75] 그러나 또 다른 여러 연구에서 감성 지능의 유용성을 보여 주고 있다.[76] 이는 성격 차원과 관련이 되어 있으면서도 성격과는 별개의 개념으로 밝혀졌으며, 감성 지능의 다양한 측정 값은 Big Five 성격 차원을 통제한 후에도 삶의 만족도와 직무 성과에 점진적인 예측력을 제공한다.[77] 감성 지능은 다른 능력 및 성격 특성 측정과는 구별되는 것으로 보인다. 감성 지능이 과연 어느 정도 유연하고 훈련 가능한 역량인지, 혹은 안정적인 성격 특성이나 정서적 능력의 집합체인지 확실하지는 않지만, 직무 수행, 스트레스가 많은 상황에 대한 조정 및 친사회적 행동과 관련되어 있다. 이 장의 Case Study에서는 페덱스가 어떻게 감성 지능을 새로운 리더 교육 프로그램에 통합했는지 살펴본다.

3-5 학습 스타일

이 장에서 다룰 마지막 개인 차이는 학습 스타일이다. **학습 스타일(learning style)**은 문제 해결, 학습 또는 유사한 활동에 참여하면서 정보를 처리하는 방법에 대한 개인 차이와 선호도를 의미한다.[87] 이러한 차이점과 선호를 반영하는 다양한 유형, 측정 및 모델이 존재한다. 이러한 접근의 대부분은 아동 학습에 초점을 맞추고 있지만, 이러한 차이가 성인에게도 중요할 수 있다는 증거가 있다. 연구에 따르면, 학습 중인 자료에 가장 효과적인 학습 방법을 사용하는 것이 중요하다.[88] 시간이 지남에 따라 가장 효과적인 학습 방법은 바뀔 수 있다. 예를 들어, 집에 전기를 연결하는 방법을 배우는 것은 강의로 시작하여, 학생들이 배선 및 안전 주의 사항에 대한 지식을 얻으면서 실습으로 진행할 수 있다. 그럼에도 불구하고, 학습 방법을 배우거나 가르치려는 내용에 가장 잘 맞추려면 사람들이 학습하는 다양한 방법을 이해하는 것이 중요하다. 다음에서는 학습 스타일에 대한 가장 널리 사용되는 몇 가지 접근 방식에 대해 논의하려 한다.

학습 스타일
문제 해결, 학습 또는 유사한 활동에 참여하는 동안 정보를 처리하는 방법에 대한 개인 차이와 선호도를 의미.

Case Study

페덱스의 감성 지능

글로벌 운송 회사인 페덱스(FedEx)는 "사람이 우선"이라는 철학을 갖고 있으며, 회사가 세계적 수준의 고객 서비스를 제공하려면 관리자도 직원을 관리할 때 서비스 정신을 갖춰야 한다고 믿고 있다.[78] 페덱스는 "최고의 다양성 고용주" 등 세계적으로 존경받는 기업으로 인정받아 수많은 상을 받은,[79] 매우 성공적인 기업 중 하나이다. 이 회사는 속도와 물류에 중점을 두고 있지만, 창업 초기부터 직원이 회사 성공의 열쇠이며 리더십이 효과적인 경영에 필수적이라는 점을 인식했다. 페덱스는 서비스 지향 문화와의 조화를 매우 중요하게 여기며, 섬기는 리더가 되는 것을 핵심 경영 가치 중 하나로 삼는다.[80]

페덱스는 리더십이 예전보다 더욱 복잡해졌음을 인식하고, 변화하는 인력을 관리하기 위해 관리자의 리더십 역량을 개발하고자 한다. 이 회사에서는 빠르고 정확한 결정을 내릴 수 있는 리더, 다른 사람에게 영향을 미치고 최선을 다하도록 동기를 부여할 수 있는 리더와, 그리고 다양한 직원이 이해관계자 모두를 위한 가치를 창출하며 지속 가능한 방식으로 뛰어난 성과를 추구하는 문화를 구축하는 데 도움을 줄 수 있는 리더를 원한다.[81] 페덱스 글로벌 리더십 연구원(FedEx Global Leadership Institute)의 리더십 선임 강사 지미 다니엘(Jimmy Daniel)은 "일부 리더는 직원에게 만족스럽고 보람 있는 업무 환경을 조성하는 데 필요한 것을 제공하는 데 천부적 능력을 갖고 있지만, 많은 리더는 이러한 기술을 익혀야 한다."라고 말했다.[82] 페덱스에서는 리더십 성과를 측정하기 위해 모든 직원이 관리자에 대한 피드백을 제공할 수 있는 연례 설문 조사를 실시한다. 설문 조사에는 공정성, 존중, 경청, 신뢰 등이 포함된다. 이러한 모든 특성이 관계 및 감정과 관련되어 있다는 인식은 페덱스 방식(Fedex way)으로 리더십을 발휘하는 관리자의 능력을 향상시키는 학습 가능한 역량으로서의 감성 지능에 대한 관심을 불러일으켰다.[83]

페덱스는 모든 신임 관리자들을 대상으로 한 리더십 개발 교육의 초점을 감성 지능에 맞추기로 결정했다. 직원들이 최선을 다하는 팀을 구축하기 위해서는 업무 중심의 관리만으로는 부족하며, 정서적 수준에서 롤모델, 멘토, 동기부여 역할을 효과적으로 수행할 수 있도록 자신의 감정과 행동을 관리해야 한다고 믿고 있다.[84] 이 회사에서는 새로운 관리자의 강점을 파악하고 개선할 수 있는 구체적인 감성 지능 역량을 제공하기 위해 5일 코스와 6개월 후속 코칭 프로세스를 개발하였다.

감성 지능 교육 및 코칭 프로그램은 관리자에게 자신의 감정과 행동을 관리하여 효과적인 영향력을 행사하고 역할 모델이 될 수 있도록 하는 데 중점을 두었다. 대부분의 리더들은 공감력, 정서적 이해력, 감정 탐색 능력의 향상으로 인해 관계, 영향력 및 의사 결정에서 큰 향상을 보였다.[85] 페덱스 경영진은 감성 지능 개발 프로그램의 성공에 고무되었고, 이 프로그램을 운영하고 전 세계의 새로운 리더를 코칭 할 수 있도록 수백 명이 넘는 강사를 교육했다.[86]

질문

1. 페덱스의 관리자가 감성 지능을 갖추는 것이 중요하다고 생각하는가? 당신의 생각을 설명하라.
2. 페덱스는 새로운 리더의 감성 지능을 어떻게 개발하는가?
3. 관리자의 감성 지능을 향상시키기 위해 페덱스가 할 수 있는 다른 일은 무엇이라고 생각하는가?

3-5a 감각 양식

학습 스타일 접근법의 하나는 감각 양식에 대한 선호를 다루는 것이다. **감각 양식(sensory modalities)**은 우리의 기본 감각 중 하나를 통해 환경과 상호작용 하는 시스템을 말한다.[89] 중요한 감각 양식은 다음과 같다.

감각 양식
기본 감각 중 하나를 통해 환경과 상호작용 하는 시스템.

- 시각적(visual): 눈으로 보는 학습
- 청각적(auditory): 귀를 통해 듣는 학습
- 촉각적(tactile): 신체 접촉을 통한 학습
- 운동 감각(kinesthetic): 직접 해 보기를 통한 학습

연구자들에 따르면, 미국 학생들의 약 20~30%가 청각적 학습을 선호하며, 약 40%는 시각적 학습을 선호하고, 나머지 30~40%는 촉각적/운동 감각, 시각적/촉각적 또는 위의 주요 감각들을 조합하여 사용하는 것을 선호하는 것으로 나타났다.[90] 많은 교사들이 학생들의 참여를 높이고, 각자의 감각 양식에 맞는 학습 요소를 제공하기 위해 다양한 학습 방법을 통합하고 있다.

3-5b 학습 스타일 목록

학습 스타일의 목록을 만드는 것은, 인지 스타일을 분류하는 가장 대표적인 접근 방식 중 하나이다.[91] 데이비드 콜브(David Kolb)는 능동적 실험, 성찰적 관찰, 구체적인 경험, 그리고 추상적 개념화의 네 가지 학습 유형을 제시하였다. 또한, 학습 과정을 능동적/수동적 차원과 구체적/추상적 차원을 나누었다.[92] 콜브는 네 가지 기본 학습 스타일을 제안하였다.[93]

1. 융합형(convergers): 학습을 위해서 주로 적극적인 실험과 추상적인 개념화에 의존한다. 이 스타일을 가진 사람들은 기술적인 업무와 문제에 있어서는 우수하지만, 대인 관계 학습 환경에서는 뛰어나지 못한다.
2. 발산형(divergers): 구체적인 경험과 반성적인 관찰에 주로 의존한다. 이 스타일을 가진 사람들은 다양한 관점에서 구체적인 상황을 구성하고 관계를 의미 있는 전체로 구조화하는 경향이 있다. 그들은 대안적인 가설과 아이디어를 만드는데 뛰어나며 상상력이 풍부하고, 사람 중심 혹은 감정 중심적인 경향이 있다.
3. 동화형(assimilators): 추상적 개념화와 성찰적 관찰에 의존한다. 이 유형은 추상적인 개념과 아이디어에 더 관심을 갖는 경향이 있다. 그들은 또한 아이디어의 실질적인 가치보다 아이디어의 논리적 건전성과 정확성에 초점을 맞추는 경향이 있다. 그들은 연구 및 기회 부서에서 일하는 경향이 있다.
4. 수용형(accommodators): 주로 적극적인 실험과 구체적인 경험에 의존하고, 위험 감수, 기회 추구 및 행동에 중점을 둔다. 수용자는 사람들을 쉽게 사귀고 소통하는 경향이 있으며, 마케팅과 영업과 같은 행동 지향적 업무에 특화되어 있다.

인지 스타일에 대해 많은 연구가 이루어졌지만, 아직까지도 이에 대한 이해에는 큰 차이가 있다. 스타일이 개념화 되는 방식에는 여러 가지가 있고,[94] 콜브의 측정 방법과 기본 이론에 대해서도 많은 비판이 있다.[95] 콜브의 측정 도구는 다양한 통계적, 추론적(inferential) 문제를 가지고 있으며, 신뢰도(reliability)가 낮다.[96] 대부분의 연구는 아동에 초점을 맞추었으며, 학습 스타일이 성인들의 학습에 어떻게 영향을 미치는지에 관심을 둔 연구는 많지 않다. 이러한 한계점에도 불구하고, 학자들은 인지 및 학습 스타일이 다양한 상황에서 인간의 행동과 성과를 이해하는 데 중요할 수 있다는 점을 제시하고 있다.

3-5c 학습 스타일 지향성

마지막으로, 아네트 타울러(Annette Towler)와 로버트 딥보이(Robert Dipboye)[97]가 콜브 도구가 가진 일부 한계를 해결하고, 학습에 대한 주요 스타일과 선호도를 알아보기 위해 개발한 학습 스타일 지향성 측정 도구를 소개한다. 그들은 학습 스타일 지향성이 Big Five 성격 특성을 넘어서는 학습 방법에 대한 선호도를 예측한다는 것을 밝혀냈다. 그들의 다섯 가지 핵심 요소는 다음과 같다.

1. 발견 학습(discovery learning): 탐구하려는 학습 성향. 발견 학습자는 주관적 평가, 상호작용 활동, 정보 제공 방법 및 능동적-성찰적 행동을 선호한다.
2. 경험 학습(experiential learning): 직접 해 보려는 욕구. 경험 학습은 행동 활동 선호와 긍정적인 관련이 있다.
3. 관찰 학습(observational learning): 학습을 촉진하는 데 도움을 주는 시연 혹은 다이어그램과 같은 외부 자극을 선호한다. 관찰 학습은 정보 제공 방법이나 적극적 성찰 방법에 대한 선호와 긍정적인 관련이 있다.
4. 구조화된 학습(structured learning): 메모 작성, 작업 기록 등 전략적 정보 처리 방식을 선호한다. 구조화된 학습은 주관적 평가에 대한 선호와 관련이 있다.
5. 집단 학습(group learning): 주로 다른 사람들과 함께 작업하는 것을 선호한다. 집단 학습은 행동 및 상호작용 학습에 대한 선호와 관련이 있다.

요약과 적용

조직 안의 개인을 이해하는 것은 모든 경영자에게 중요하다. 이러한 이해를 촉진하기 위한 기본적인 틀은 심리적 계약, 즉 조직에 기여하면 그 대가로 무엇을 얻을지에 대한 사람들의 기대이다. 조직은 최적의 개인–직무 적합성을 달성하기 위해 노력하지만 이 과정은 개인 차이로 인해 복잡해진다.

성격은 한 사람을 다른 사람과 구별해 주는 상대적으로 안정된 심리적·행동적 특성이다. Big Five 성격 특성은 사교성, 성실성, 신경증성, 외향성, 개방성이다. 마이어스–브릭스 차원과 감성 지능은 역시 조직의 성격에 대한 통찰력을 제공한다. 다른 중요한 성격 특성으로는 통제 위치, 자기 효능감, 권위주의, 마키아벨리즘, 자존감, 위험 성향 등이 있다. 학습 스타일 또는 문제를 해결하거나 학습 또는 유사한 활동을 하면서 정보를 처리하는 방법에 대한 개인의 차이와 선호도 역시 중요한 개인 차이 및 선호이며, 이를 포착하는 수많은 유형, 측정 및 모델이 있다. (5장에서는 동기부여에 있어서 학습의 역할을 다른 관점에서 논의할 것이다.)

사람은 모두 다르다. 우리는 각자의 성격, 인구통계학적 특성, 지능이 다르다. 동료, 관리자, 부하 직원의 특성을 이해하면 효과적인 조직 행동 도구나 관리 스타일을 선택할 수 있다. 유연성이 효과적인 관리의 핵심이라는 점을 기억하라. 다음 4장에서는 조직 행동에 영향을 미치는 또 다른 중요한 개인 차이의 주제인 태도, 가치관, 감정, 지각, 스트레스에 대해서 논의를 계속할 것이다.

Real-World Response

사노피에서의 감성 지능

주요 영업 사원들의 건강과 성과를 향상시키기 위해, 프랑스 제약회사 사노피는 비슷한 수준의 책임과 유사한 성과를 가진 담당자를 선별하고, 그중 70명을 선택하여 감성 지능 프로그램을 시범적으로 실시하였다. 두 그룹으로 나누어, 한 그룹은 자신과 경영자를 위해 고안된 감성 지능 개발 프로그램에 참여하였고, 통제 그룹은 이 프로그램에 참여하지 않았다. 이 프로그램에는 감성 지능 평가, 영업 사원과 관리자를 대상으로 영업 환경에서 감성 지능의 장점을 교육하기 위한 전일 1회 및 반일 2회 워크숍, 소그룹 평가 수업(영업 관리자용) 또는 감성 지능 코칭 세션(영업 사원 및 관리자 모두)이 포함되어 있었다. 사노피는 교육 전후에 담당자의 감성 지능을 추적함으로써 직원 복지 및 영업 성과를 포함한 감성 지능 및 결과의 향상을 확인할 수 있었다. 3개월 간의 프로그램 과정 동안 개발 그룹의 영업 담당자는 영업 성과를 12% 증가시켜 통제 그룹 동료보다 평균 55,200달러를 더 팔았고, 회사는 프로그램에 투자한 1달러당 6달러의 수익을 얻었다. 이 프로그램은 영업 담당자의 건강도 향상시켰다. 연구에 따르면 감성 지능은 행복과 긍정적인 관련이 있으며, 행복한 직원은 스트레스를 받는 영업 담당자보다 더 나은 서비스를 제공하고 상호작용 하는 것이 더 즐겁다는 사실이 밝혀졌다.

사노피는 조직 전반에 걸쳐 감성 지능을 중요하게 생각한다. 이는 전 세계 다양한 조직 수준의 직원을 교육하여 편견을 식별 및 제거하고 개인의 외모나 개인 정체성보다는 있는 그대로의 가치를 소중히 여기도록 훈련시킨다. 포용적인 리더십은 조직 문화의 핵심이며, 모든 직원의 적극적인 참여를 중시한다. 감성 지능 역량은 이러한 유형의 협업을 촉진하고, 회사 최고 경영진은 이를 모델로 만든다.

토론을 위한 질문

1. 심리적 계약이란 무엇인가? 왜 중요한가? 당신은 현재 어떤 심리적 계약을 맺고 있는가?
2. 조직에서 가장 중요하다고 생각하는 개인 차이는 무엇인가? 그 이유는?
3. 만일 당신이 인성 검사 점수 때문에 취업에 실패했다면, 어떤 반응을 보이겠는가?
4. 상사가 괴롭힘 행위를 한다면 어떻게 할 것인가?
5. 가드너의 다중 지능 중 관리자에게 가장 중요하다고 생각하는 것은 무엇인가?
6. 관리자에게 감성 지능이 중요하다고 생각하는가? 관리자로 승진할 사람을 결정할 때, 감성 지능을 어떻게 평가할 것인가?
7. 당신이 관리자라면, 부하를 고용할 때 어떤 개인 차이가 당신에게 중요한가? 그 이유는 무엇인가?

Understand Yourself Exercise

작업 통제 위치

이 장의 자신 이해를 통해 작업 통제 위치를 자체 평가할 수 있다. 측정값이 높을수록 외부 통제 위치가 더 많다는 것을 반영한다. 관리자는 더 내적인 통제 위치를 갖는 경향이 있다. 자체 평가를 마친 후 다음 질문에 답하라.

1. 당신의 점수가 직장에서의 통제력을 정확하게 반영한다고 생각하는가? 왜 그렇게 생각하는가? 아니면 왜 그렇지 않다고 생각하는가?
2. 관리자의 효율성에 있어서 작업 통제 위치가 어떤 영향을 미칠 수 있다고 생각하는가?
3. 작업 환경에서 이상적인 통제 위치는 무엇이라고 생각하며 그 이유는 무엇인가?
4. 당신의 작업 통제 위치가 질문 3에 대한 답변과 일치하도록 내년에 무엇을 할 수 있는가?

Group Exercise

감정 기반 개발

가뭄으로 오하이오주 농업 협동조합인 Auglaize Provico의 생존이 위협받았을 때, CEO인 래리 해먼드(Larry Hammond)는 비즈니스 모델을 바꿔야 한다는 것을 깨달았다. 곡물 엘리베이터를 매각하고, 인력을 25% 감축했으며, 기존 핵심 사업 외의 업무를 맡았다. 해먼드는 자신의 급여도 삭감했다.

그런 다음 해먼드는 직원 개개인의 고유한 강점과 재능을 활용하기 위해 강점 기반 개발을 구현했다. 강점 접근법은 모든 사람이 각기 다른 재능과 타고난 사고, 감정, 행동 패턴을 가지고 있음을 인정한다. 적절한 기술과 지식을 갖춘 재능을 인식하고 구축하면 강점이 만들어진다. 진정한 강점을 발휘하는 사람들이 좋은 성과를 내는 경향이 있다. 해먼드는 직원들이 타고난 재능을 활용하도록 장려함으로써 비즈니스를 발전시킬 수 있기를 희망했다.

Auglaize의 경영진은 이전에는 직원들의 약점을 파악하고 이를 수정하는 데 많은 시간을 할애하는 '약점 중심' 개발 방식을 사용했다. 이는 Auglaize의 경영진이 부정적인 접근을 했음을 의미한다. 해먼드는 이러한 접근 방식을 바꾸고 싶었다. 그는 "진정으로 '탁월해지고 싶다면' 자신을 알아야 한다. 자신이 무엇을 잘하는지, 무엇을 잘하지 못하는지 알아야 하는데 많은 사람들이 그렇지 못하다. 대부분의 사람들은 자신이 무엇을 못하는지를 남이 말해 주기 때문에 알고 있다. 그리고 우리는 또한 그것을 고치고 싶어하는 경향이 있다."라고 말했다. 직원들이 자신의 약점을 '수정'해야 한다는 생각은 일반적이지만, 약점을 고치려는 시도는 타고난 재능을 극대화하는 데 필요한 시간과 주의, 에너지를 빼앗아 문제가 될 수 있다. 직원들은 또한 자신의 약점을 고치려고 애쓰는 대신 자신의 재능을 발휘하고 무언가를 잘 해내는 것을 즐긴다.

협동조합의 모든 직원은 평가를 통해 자신의 상위 다섯

가지 재능을 측정하고 파악했으며, 각자의 강점에 대해 최소 두 번 이상 상담을 받았다. 이를 통해 Auglaize는 직원들이 자연스럽게 가장 잘할 수 있는 것을 기반으로 성장할 수 있었다. 직원들의 참여도, 생산성, 활력이 높아졌고 조직은 더 큰 성공을 거두었다. 한 전문가는 "문제는 정말로 가치 있는 사람들이 자신이 누구인지 모르는 경우가 많다는 것이다. 특히 변화의 시대에는 더욱 그렇다. 관리자가 주요 성과자에게 정기적으로 긍정적인 피드백을 제공하면 더 큰 도전에 대한 자신감이 높아지고 헌신이 강화된다."라고 말한다.

질문

1. 당신은 직원의 약점을 평가하고 개발하는 데 집중하는 것이 더 낫다고 생각하는가, 아니면 직원의 강점에 집중하는 것이 더 낫다고 생각하는가? 그 이유는 무엇인가?
2. 강점 기반 개발이 종업원 몰입을 높이는 이유는 무엇인가?
3. 만약 여러분이 관리자로서 약점 기반 개발이 아닌 강점 기반 개발을 사용한다면 직원들과 어떻게 다르게 상호작용할 수 있을까?

Sources: Robison, J. (2007). Great Leadership under Fire. *Gallup Management Journal.* Available online: http://gmj.gallup.com/content/26569/Great-Leadership-Under-Fire.aspx; Local Ag Companies Merge to Form New Cooperative. (2008, February 20). *Sidney Daily News*, 8; Zelm, A. (2008, March 10). Farm Firm Poised for Expansion. *The Evening Leader*, A1.

4 개인 가치, 지각, 반응

Individual Values, Perceptions, and Reactions

학습목표

이 장을 학습하면 독자들은 …

1. 업무와 관련된 세 가지 중요한 태도와 그 형성 방식을 설명할 수 있다.
2. 인지 부조화를 정의할 수 있다.
3. 조직 행동에서 가치와 감정의 역할과 중요성을 설명할 수 있다.
4. 기본적인 지각 과정과 지각이 조직 공정성, 정의, 그리고 신뢰에 어떻게 영향을 주는지를 설명할 수 있다.
5. 원인과 결과를 포함한 스트레스의 본질, 그리고 스트레스를 효과적으로 관리 할 수 있는 방법에 대하여 논의할 수 있다.

Real-World Challenge

요구르트에 그리스를 넣다

함디 울루카야(Hamdi Ulukaya)는 튀르키예(Turkey)에서 태어나고 자랐다. 그는 가족들이 수행하고 있는 낙농업을 도왔다. 그는 어머니가 오랫동안 전수되어 온 그 가정만의 독특한 조리법으로 만든 걸쭉하고 톡 쏘는 맛이 일품이었던 요구르트를 좋아했다. 그는 젊은 시절 유럽을 여행하면서, 비슷한 종류의 요구르트를 발견하고 진정한 마니아가 되었다. 그는 나중에 유럽식 요구르트가 일반적으로 최종 제품에서 유청(whey)(우유가 배양된 후 남은 물을 의미)을 제거하는 소위 그리스 공법(Greek process)을 사용하여 만들어졌으며, 그 결과 걸쭉하고 크림 같은 요구르트가 만들어졌다는 사실을 알게 되었다.

울루카야는 영어를 공부하기 위해 1994년에 미국으로 이주했다. 그는 미국을 사랑했지만 다농(Dannon), 요플레(Yoplait) 등 미국에서 판매하는 요구르트는 좋아하지 않았다. 이들 요구르트 제조업체들은 요구르트에 유청을 남겨 두는 다른

Patrick T. Fallon/AFP/Getty Images

공정을 사용하여 요구르트를 생산했다. 이 방식은 인체에 해는 없었지만, 더 묽었고, 크림 같은 느낌이 들지 않는 제품이라는 결과를 낳았다. 그는 자신이 자라면서 먹던 요구르트에 비해 맛이 좋지 않다고 생각했다. 한편, 울루카야는 식당용 페타치즈(feta cheese)를 생산하는 유프라테스(Euphrates)라는 소규모 사업을 시작했다. 그는 그것을 성공적인 사업으로 만들었고, 그 사업으로부터 약간의 부를 쌓았다.

2004년 어느 날, 울루카야는 크래프트사(Kraft Foods)가 폐쇄하는 요구르트 공장에 관한 기사를 읽었다. 그는 이렇듯 오래된 공장이 문을 닫는 현실과 이 지역 요구르트 제품에 대한 불만을 생각하면서, 자신의 아이디어를 구체화하기 시작했다. 그의 꿈은 현실에 기반을 두고 있었으며, 강력한 가치관의 토대 위에 서 있었다. 당신은 요구르트 사업을 구상하는 그에게 어떻게 조언하겠는가? 이 장을 읽고 나면 그를 인도하는 데 도움이 될 몇 가지 아이디어를 갖게 될 것이다.[1]

만일 상사가 더 열심히 일하라고 요구한다면, 당신은 그렇게 할 수 있겠는가? 대부분은 아마 자신이 그렇게 하기로 선택했다면 적어도 어느 정도는 추가적인 노력을 할 수 있을 것이다. 태도, 가치, 인식은 모두 인간의 행동과 직무 만족도에 영향을 미치기 때문에 이를 효과적으로 관리하는 것은 직원의 재량적 노력을 높이고 성과를 향상시키는 한 가지 방법이다. 종업원들은 개인의 가치가 조직의 가치와 일치하고, 업무에 만족하고 몰입하며, 회사와 작업 환경에 대해 긍정적인 태도를 가질 때, 더 열심히 일할 것이며, 직장을 그만 둘 가능성은 낮아진다.

지난 3장에서는 개인 차이의 개념을 소개하고 성격, 지능, 학습 스타일을 학습했다. 이 장에서는 계속해서 조직 내 개인의 행동에 초점을 맞춘다. 이 장은 태도에 대한 논의로 시작하여, 태도가 어떻게 형성되고 변화하는지 살펴본 다음, 인지 부조화와 업무 관련 세 가지 주요 태도에 대해 알아본다. 다음으로, 가치와 감정이 조직 행동에 어떤 영향을 미치는지 살펴볼 것이다. 그런 다음 공정성 및 신뢰와 관련된 인식의 역할에 대해 논의한다. 마지막으로 조직에서의 스트레스, 원인과 결과, 스트레스를 관리하는 방법을 다루는 것으로 이 장을 마무리한다.

4-1 조직에서의 태도

사람들의 태도는 분명히 조직 행동에 영향을 준다. **태도(attitudes)**는 사람들이 특정 생각, 상황 또는 다른 사람들에 대한 신념과 감정의 복합체이다. 태도는 대부분의 사람들이 자신의 감정을 표현하는 메커니즘이기 때문에 중요하다. 조직으로부터 급여를 적게 받는다고 느끼는 직원의 행동은 급여에 대한 직원의 감정을 반영한다. 마찬가지로, 관리자가 새로운 광고 캠페인이 좋다고 말한다면 이는 조직의 마케팅 노력에 대한 감정을 표현하는 것이다.

태도
특정 생각, 상황 또는 다른 사람에 대해 가지고 있는 개인의 신념과 감정의 복합체.

4-1a 태도는 어떻게 형성되는가

태도는 개인의 가치, 경험, 성격 등 다양한 요인에 의해 형성된다. 예를 들어, 우리가 정직과 진실성에 가치를 두고 있다면, 우리는 정직하고 도덕적이라고 믿는 관리자에 대해 특히 호의적인 태도를 형성할 수 있다. 이와 유사하게, 우리가 특정 동료와의 관계에서 부정적이거나 불쾌한 경험

Esb Professional/Shutterstock.com

태도는 사물에 대한 우리의 믿음과 감정이다. 예를 들어, 축구 팬들은 자신이 좋아하는 팀에 대해 긍정적인 태도를 갖고 그 팀이 승리하도록 응원하고, 로고가 새겨진 셔츠와 모자를 쓰고, 친구들에게 그 팀의 성과를 자랑함으로써 그 팀을 응원한다. 또한 자신이 응원하는 팀에 도움이 되기 때문에 다른 팀이 지는 것을 응원하기도 한다. 이러한 태도는 거주 지역, 팀에서 뛰는 선수 또는 기타 수많은 요인에 따라 달라질 수 있다.

을 했다면, 우리는 그 사람에 대해 호의적이지 않은 태도를 갖게 될 것이다. 3장에서 논의된 '빅5(Big Five)' 또는 개인의 성격 특성 역시 우리의 태도에 영향을 미칠 수 있다. 태도의 기본 구조를 이해하면 태도가 어떻게 형성되고 변화될 수 있는지 이해하는 데 도움이 된다.

태도는 일반적으로 어떤 대상에 대해 특정한 방식으로 행동하려는 안정적인 성향으로 간주된다. 여러 가지 이유로 인해, 사람은 어떤 정치인 혹은 특정한 어떤 식당이 마음에 들지 않는다고 결정할 수 있다(성향). 우리는 그 사람이 해당 정치인이나 식당에 대해 일관되게 부정적인 의견을 표현하고, 그 정치인에게 투표를 하지 않거나 그 식당에서 식사를 하지 않겠다는 일관되고 예측 가능한 의도를 유지할 것으로 기대한다. 이 관점에서, **그림 4-1**에 설명된 것처럼 태도에는 인지, 영향, 의도라는 세 가지 구성 요소가 포함된다.

인지
사람이 어떤 것에 대해 가지고 있다고 가정하는 지식.

인지(cognition)는 사람이 어떤 대상에 대해 가지고 있다고 가정되는 지식이다. 가령, 어떤 과목을 수강할 때, 교재가 훌륭하고, 자신이 좋아하는 시간대에 열리고, 강사도 훌륭하며, 과제 분량도 적당하기 때문에 그 수업이 좋다고 생각할 수 있다. 이 '지식'은 진실일 수도 있고, 부분적으로 진실일 수도 있고, 아니면 완전히 거짓일 수도 있다. 예를 들어, 여러 문제에 대해 후보자의 입장을 알고 있다고 생각하기 때문에 특정 후보자에게 투표하려고 할 수 있다. 실제로는, 그 후보의 정직성과 그의 발언에 대한 이해 정도에 따라, 그 문제에 대한 후보의 실제 생각이 유권자가 생각하는 것과 같을 수도 있고, 부분적으로 같을 수도 있고, 완전히 다를 수도 있다. 인지는 진실과 현실에 대한 지각을 기반으로 하지만, 이러한 지각이 현실과 완전히 일치하지는 않는다. 이에 대해서는 추후 다시 논의할 것이다.

정서
어떤 대상에 대한 감정.

그림 4-1
태도 형성

태도는 일반적으로 인지, 정서, 행동 의도의 순서로 형성된다. 즉, 우리는 진실이라고 믿는 것(인지)을 알게 된다. 이 지식은 감정(정서)을 유발한다. 인지와 정서는 함께 우리가 미래에 행동하려는 방식에 영향을 미친다.

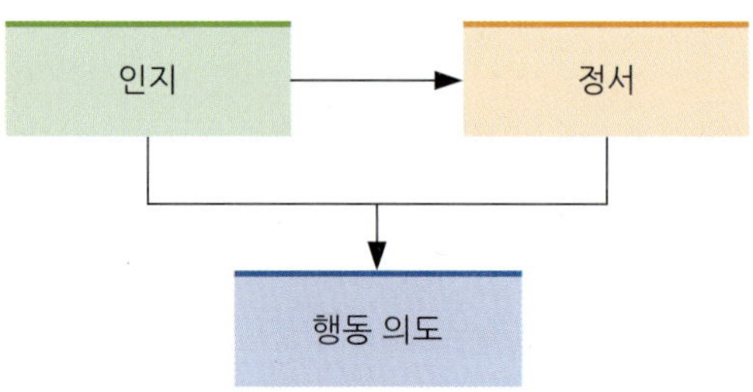

정서(affect)는 어떤 대상에 대해 느끼는 감정이다. 여러 면에서 정서는 감정과 유사하다. 즉, 우리가 의식적으로 통제할 수 있는 부분이 거의 또는 전혀 없다. 예를 들어, 대부분의 사람들은 사랑, 증오, 섹스, 전쟁과 같은 단어에 대해, 그 단어들이 전달하는 내용에 대한 자신의 감정을 반영하는 방식으로 반응한다. 비슷하게, 수강하는 과목 중 하나를 좋아하고, 다른 수업은 싫어하며, 또 다른 어떤 수업에는 무관심할 수 있다. 싫어하는 수업이 선택 과목이라면 크게 걱정하지 않는다. 그러나 그 수업이 전공 필수 수업이라면, 이러한 감정적 반응으로 인해 상당한 불안감이 생길 수 있다.

의도(intention)는 사람의 행동을 이끈다. 만일 어떤 강좌의 담당 교수를 좋아한다면, 다음 학기에 그 교수의 다른 수업을 들을 수도 있다. 그러나 의도가 항상 실제 행동으로 이어지는 것은 아니다. 만약 다음 학기에 이 교수의 강의가 오전 8시에 시작된다면, 다른 강사를 선택할 수도 있다. 어떤 태도와 이에 상응하는 의도는 다른 태도보다 개인에게 훨씬 더 중심적이고 중요하다. 한 가지 일(특정 수업 수강)을 하려고 했으나, 나중에 더 중요하고 중심적인 태도(늦잠을 좋아하는 것) 때문에 의도를 바꿀 수도 있다.

Zoriana Zaitseva/Shutterstock.com

정서, 인지, 행동 의도는 태도의 주요 구성 요소이다. 예를 들어, 특정 교수를 좋아하고(정서), 훌륭한 강사라고 믿고(인지), 다음 학기에 그 교수의 다른 수업을 들을 계획(행동 의도)을 세울 수 있다. 하지만 수업이 오전 8시에 예정되어 있다면, 아침 일찍 출근해야 하거나 늦잠을 자는 것을 좋아한다면, 다시 생각해 볼 수 있다!

4-1b 인지 부조화

인지 부조화는 태도가 우리의 행동에 어떻게 영향을 미치는지에 중요한 역할을 한다. 예를 들어, 당신은 모든 회사가 수익성이 있어야 하며 환경적인 책임을 부담해야 한다는 믿음을 강하게 가지고 있다고 가정해 보자. 그런데 최근에 끔찍한 오염을 유발하는 회사의 CEO가 되었다고 가정해 보자. 당신은 회사의 탄소 배출을 줄이는 데 비용이 너무 많이 들어서, 회사가 더 이상 수익을 낼 수 없다는 것을 알게 되었다. 어떻게 할 것인가? 환경적으로 책임 있는 태도와 수익성 있는 회사를 운영하는 것이 자신의 책임이라는 태도 사이의 차이는 소위 인지 부조화를 야기한다. **인지 부조화**(cognitive dissonance)는 행동과 태도 사이 혹은 서로 다른 두 태도 사이의 부조화 또는 갈등이다.[2] 사람들은 부조화를 경험하면, 이를 해결하기 위해 네 가지 접근 방식 중 하나를 사용하는 경우가 많다. 위에서 언급한 오염 사례에 대해 다음과 같은 대안이 있다.

의도
사람의 행동을 유도하는 태도의 구성 요소.

인지 부조화
행동과 태도 사이 또는 서로 다른 두 태도 간의 부조화 또는 갈등.

1. 행동을 바꾸어 회사의 탄소 배출량을 줄일 수 있다.
2. 수익성 있는 회사를 운영한다는 목표에 비해 오염이 그다지 중요하지 않다고 생각함으로써 인지 부조화를 감소시킬 수 있다.
3. 오염이 나쁘다는 믿음을 완화시키기 위해 오염에 대한 태도를 바꿀 수 있다.
4. 제품 제조로 인한 사회적 이익이 오염으로 인한 사회적 비용보다 크다는 더 나은 이유를 찾기 위해 추가적인 정보를 찾을 수 있다.

하지만 흥미롭게도, 사람들은 자신의 인지 부조화를 인식하면서도 그것을 줄이지 않기로 의식적인 결정을 내리기도 한다. 이 결정은 다음 세 가지 사항의 영향을 받는다.

1. 부조화를 일으키는 요소의 중요성에 대한 인식: 환경적

iStock.com/Dusan Ilic

인지 부조화는 흡연자들이 때때로 경험하는 현상이다. 인지적으로는 흡연이 건강에 좋지 않다고 '알고' 있지만 행동(흡연)은 이 지식과 모순된다. 이러한 부조화에 대처하기 위해 흡연자는 미래의 어느 시점에 금연하겠다는 목표를 설정할 수 있다.

책임의 중요성에 대한 강한 믿음을 고려한다면 아마도 이러한 부조화를 무시하는 것이 더 어려울 것이다. 부조화의 요소가 당신에게 덜 중요하다면, 그것을 무시하는 것이 더 쉽다.

2. 이러한 요소에 대해 느끼는 영향력의 정도: 만약 이사회가 오염을 줄이는 기술에 투자하는 것을 막고 있다면, 부조화를 합리화하고 아무런 조치도 취하지 않는 것이 더 쉬울 것이다. 하지만 혼자서 결정을 내린다면, 당신은 더 적극적인 방법으로 부조화를 해결할 가능성이 더 높다.
3. 부조화와 관련된 보상: 부조화를 감내하는 보상은 이에 대한 반응을 감소시키는 경향이 있다. 예를 들어, 환경 보호가 아닌 회사의 재무 성과를 기반으로 엄청난 규모의 보너스가 주어진다면, 이러한 부조화를 해결하기 위한 조치를 취하려는 동기는 줄어들 것이다.

4-1c 태도 변화

태도는 성격 특성만큼 안정적이지 않다. 예를 들어, 새로운 정보가 주어진다면 태도를 바꿀 수 있다. 경영자는 새로 부임한 자신의 동료가 직무 관련 경험이 부족하다는 이유로 인해 그 동료에 대해 부정적인 태도를 가질 수 있다. 그러나 새로운 동료와 한동한 함께 일한 후, 경영자는 그가 실제로 매우 재능이 있다는 것을 알게 되고, 결과적으로 보다 긍정적인 태도를 갖게 될 수도 있다. 마찬가지로, 태도의 대상이 바뀌면, 그 대상에 대한 태도가 바뀔 수 있다. 예를 들어, 종업원들이 자신의 급여가 부족하다고 느끼고, 그 결과 회사의 보상 시스템에 대해 부정적인 태도를 가지고 있다고 가정해 보자. 급여 인상은 이러한 태도를 더욱 긍정적으로 변화시킬 수 있다.

태도의 대상이 덜 중요해지거나 자신과의 관련성이 약화되어도 태도는 바뀔 수도 있다. 예를 들어, 한 직원이 회사가 제공하는 건강 보험에 대해 부정적인 태도를 갖고 있다고 가정해 보자. 만약 이 직원의 배우자가 좋은 보험 혜택을 제공하는 조직에 취직하게 되었다면, 더 이상 보험에 대해 걱정할 필요가 없을 것이며, 이러한 이유로 보험에 대한 태도가 온건하게 바뀔 수도 있다. 마지막으로, 앞서 언급했듯이 개인은 인지 부조화를 줄이기 위한 방법으로 자신의 태도를 바꿀 수 있다.

Andor Bujdoso/Alamy Stock Photo

태도는 조직에서 중요한 역할을 하며, 특히 직무 만족, 조직 몰입, 종업원 몰입과 같은 태도는 중요한 영향을 미친다. 이 디자이너 팀을 예로 들어 보자. 이들은 모두 함께 일하는 것을 즐기고 자신이 하는 일에 만족하는 것처럼 보인다. 그렇다면 생산성이 높고 조직이 효과적이고 성공적으로 유지되는 데 도움이 될 것이다.

오랜 역사를 가지고 있는 뿌리 깊은 태도는 변화에 저항하는 경향이 있다. 예를 들어, 프랭크 로렌조(Frank Lorenzo)라는 전직 항공사 임원은 수년에 걸쳐 항공업계로부터 반노조적이고 임금과 복리 후생을 삭감한다는 평판을 얻었다. 그 결과, 항공업계의 직원들은 그를 싫어하고 불신하게 되었다. 그가 이스턴항공(Eastern Airlines)이라는 회사를 인수했을 때, 직원들은 그를 향한 불신이 너무 강해서 그의 프로그램이나 아이디어에 협력하거나 리더로서 그를 지지하는 데 동의할 수 없었다. 그들 중 많은 사람이 몇 달 후 이 항공사가 파산했을 때, 자신의 일자리를 잃었음에도 불구하고 환호했다!

4-1d 주요한 업무 관련 태도

조직에 속한 사람들은 일에 대한 다양한 태도를 형성한다. 직원들은 자신의 급여, 승진 가능성, 상사, 직원 복리 후생, 업무 환경, 구내 식당의 음식, 회사 소프트볼 팀 유니폼 색깔 등 다양한 대상에 대해 여러 가지 태도를 가질 가능성이 높다. 물론 이러한 태도 중 일부는 여타 다른 태도보다 더 중요하다. 특히 조직에서 중요한 태도는 직무 만족, 조직 몰입, 그리고 종업원 몰입이다.

직무 만족

직무 만족은 조직 행동 분야에서 많이 연구되는 조직 성과 중 하나이다.[3] **직무 만족**(job satisfaction)은 직무에 대한 태도와 감정을 반영한다. **그림** 4-2에서 볼 수 있듯이 직무 만족에 큰 영향을 미치는 요소는 업무 자체, 태도, 가치관, 성격이다. 이 중에서 업무 자체의 특성에 대한 만족이 직무 만족에 가장 큰 영향을 미친다. 자신이 하고 있는 일이 마음에 들지 않으면 직업에 만족하기 어렵다. 도전적인 업무, 자율성, 다양성, 업무 범위도 직무 만족을 높인다.[4] 경영자로서 부하의 직무 만족을 높이고 싶다면 먼저 부하의 업무 특성을 개선하는 데 집중해야 한다. 동료, 상사, 부하 직원도 업무 경험의 일부이므로, 직무 만족에 영향을 미칠 수 있다. 태도와 인식은 전염성이 있을 수 있으며, 특히 신입 사원이 업무와 회사에 대한 인상을 형성할 때 더욱 그렇다. 동료가 자신의 업무에 불만족하고 불만을 가지고 있다면, 신입 사원은 행복하고 만족스러운 동료와 정기적으로 교류하는 경우에 비해 불만족스러움을 더 많이 느낄 가능성이 높다.

직무 만족
직무에 대한 태도와 감정을 반영.

그림 4-2
직무 만족에 미치는 영향

직무 만족은 조직에서 중요한 직무 관련 태도 중 하나이다. 직무 만족은 직무에 대한 태도와 정서를 모두 반영한다. 직무 만족은 개인의 성격, 가치관, 기타 태도 및 업무 자체의 영향을 많이 받는다.

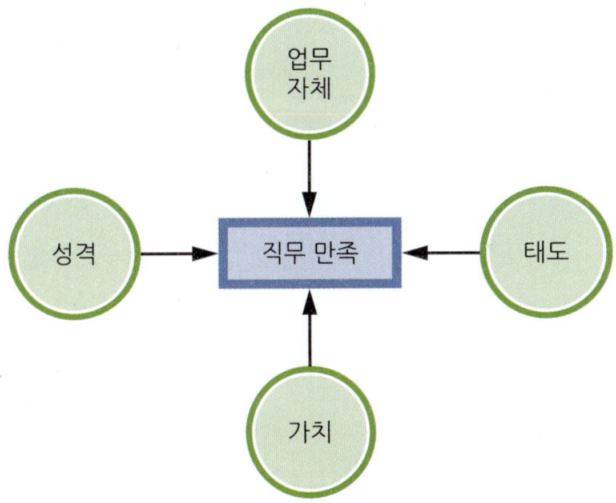

일반적으로 일에 대한 태도와 가치 역시 직무 만족에 영향을 미친다. 일에 대해 부정적인 태도를 가진 사람은 일에 대해 긍정적인 태도를 가진 사람보다 직무에 만족할 가능성이 낮다. 자신의 일에서 내재적 가치를 발견하는 직원은 자기 자신에게 중요한 일을 하고 있다. 업무에서 도전과 다양성을 중시하는 사람들은 단조로운 업무보다 이러한 특성을 가진 업무에 더 만족할 것이다.

흥미롭게도, 직무 만족은 시간이 지난다 해도 어느 정도 안정적으로 유지된다. 설사 직장이나 직업을 바꾸더라도 마찬가지다.[5] 어떤 사람들은 자신의 직무에 거의 만족하지 않는 반면, 어떤 사람들은 어떤 직무를 하더라도 만족하는 경향이 있다. 연구 결과에 따르면 직무 만족의 차이는 부분적으로 직원의 유전적 특성과 성격의 차이로 인해 발생한다.[6] 특히 핵심 자기평가(core self-evaluation), 외향성(extraversion), 성실성(conscientiousness) 등이 직무 만족에 영향을 미친다.[7] 따라서 직무에 잘 맞고 핵심 자기평가(광범위하고 일반적이며 긍정적인 자기 존중)가 높은 외향적이고 성실한 사람을 선발하면 직무 만족을 높일 수 있다.

행복한 직원이 정말 더 생산적인 직원일까? 대답은 '그렇다'이다. 그리고 직무 만족과 직무 성과 간의 긍정적인 관계는 직무가 복잡하고 전문성이 높은 직업에서 더욱 강하게 나타난다.[8] 직무 만족은 직원의 태도와 조직시민행동에 긍정적인 영향을 미치기 때문에(1장에서 설명한 대로), 만족도가 높은 직원은 조직에 이익이 된다. 반대로, 직무 불만족은 결근 및 이직률이 높을 뿐만 아니라, 지각(lateness), 약물 남용(drug abuse), 불평(grievance), 퇴직 결정과 같은 기타 이탈 행동과도 관련이 있다. 하지만 직무 만족 수준만이 중요한 것은 아니다. 직무 만족이 떨어지면, 이직 의도와 실제 이직률이 상승할 가능성이 높다.[9] 이러한 종업원 행동은 잠재적으로 높은 비용을 초래할 수 있기 때문에, 직원의 직무 만족 향상이 재정적으로 미치는 영향으로 인해 경영자는 자신의 직무와 회사에 대한 직원의 태도를 개선하는 데 투자하는 것이 필요할 수 있다.

조직 몰입

조직 몰입
직원이 조직과 조직의 목표와 동일시하고 조직에 남아 있기를 원하는 정도를 반영.

조직 몰입(organizational commitment)은 직원이 자신을 조직의 목표와 동일시하고 조직에 남아 있기를 원하는 정도를 반영한다. 종업원이 고용주에게 몰입한다고 느낄 수 있는 세 가지 방법이 있다.

1. 정서적 몰입(affective commitment): 조직에 대한 긍정적인 감정적 애착과 조직의 가치 및 목표에 대해 강하게 동일시하는 태도를 의미한다. 어린이 병원의 종업원들은 어린이들에게 최고 품질의 의료 서비스를 제공한다는 목표로 인해 조직에 정서적으로 더 몰입할 수 있다. 정서적 몰입은 직원들을 자발적으로 조직에 오래 머물게 하며, 더 높은 성과와도 관련이 된다.
2. 규범적 몰입(normative commitment): 도덕적 또는 윤리적 이유로 조직에 남아 있어야 한다는 의무감을 느끼는 경우를 의미한다. 회사로 부터 학비를 지원받아 MBA를 마친 직원은 자신이 진 빚을 갚기 위해 최소 몇 년은 회사에 남아 있어야 한다는 도덕적 의무감을 느낄 수 있다. 규범적 몰입은 더 높은 성과와 관련이 있으며, 직원들이 조직에 남아 있어야 한다는 의무감을 느끼기 때문에 조직에 머물게 된다.
3. 지속적 몰입(continuance commitment): 퇴사 시 발생하는 높은 경제적(예: 다른 직장으로 옮길 경우 가치 있는 스톡옵션을 잃을 수 있다는 점) 및/또는 사회적 비용(예: 동료와의 우정) 때문에 조직에 계속 남아 있는 경우이다. 지속적 몰입은 직원들이 조직에 계속 남아 있는 것이 더 이익이라고 생각하기 때문에 조직에 계속 남아 있도록 유도한다.

이 세 가지 유형의 조직 몰입은 상호 배타적이지 않다. 다양한 수준의 강도에서 동시에 정서적, 규범적, 지속적 몰입이 동시에 작용하기도 한다. 어느 시점에서든 직원은 세 가지 유형의 조직 몰입 모두 높거나 낮은 '몰입 프로파일(commitment profile)'을 갖게 된다.[10] 각 유형에 따라 직무 성과, 결근, 이직 가능성 등 직장 행동에 미치는 영향도 다르다.[11]

종업원 몰입

동료가 마음에 들지 않고, 상사가 무례하며, 업무를 수행에 필요한 자원이 부족하다면, 자신의 일에 대해 어떻게 생각하겠는가? 이런 상태에서 업무에 100% 집중할 수 있을까? 자신이 존중받고 있다고 느끼고 자신의 업무가 회사와 다른 사람들에게 얼마나 중요한지 알게 될 때, 직원들은 더욱 열정적으로 몰입하게 된다. **종업원 몰입**(employee engagement)은 "종업원들이 자신의 업무, 조직, 경영자 또는 동료들에 대한 정서적이고 지적인 유대감이 높아져 업무에 더 많은 재량적 노력을 기울이도록 영향을 미치는 것"이다.[12]

종업원 몰입
직원이 자신의 업무, 조직, 경영자 또는 동료에 대해 가지는 정서적, 지적 유대감이 높아져 업무에 더 많은 재량적 노력을 기울이도록 영향을 미치는 것.

몰입도가 높은 직원(engaged employees)은 자신의 업무에 최선을 다하며 회사에 대한 열정과 업무 수행에 대한 열정이 있기 때문에, 종종 자신에게 요구되는 수준을 뛰어넘는 성과를 내기도 한다. 반면, 몰입하지 않는 직원(disengaged employees)은 자발적인 노력을 원하는 경영자와의 정서적(emotional), 동기적(motivational) 연결이 부재하므로, 자신의 잠재적 능력에 가까운 성과를 내지 못한다. 몰입도가 낮은 직원은 최선을 다해 일하려는 마음보다는, 일을 마지못해 해야만 한다고 생각하기 때문에 결과적으로 자신이 꼭 해야 할 일만 하는 경우가 많다.

최근 한 연구에 따르면 직원 10명 중 3명만이 업무에 적극적으로 몰입하고 있는 것으로 나타났다.[13] 이러한 연구 결과는, 낮은 몰입이 초래하는 재정적 결과를 고려할 때 특히 문제가 된다. 반면, 높은 종업원 몰입 수준은 우수한 비즈니스 성과와 관련이 되어 있다는 증거가 있다. 예를 들어, 한 연구에 따르면, 종업원 몰입이 높은 기업은 종업원 몰입이 낮은 기업보다 5년간 주당 순이익 증가율이 거의 두 배에 달했다고 한다.[14] 마찬가지로 인적자원관리협회(Society of Human Resource Management)의 보고서에 따르면 종업원 몰입을 강화한 한 기업은 1년 동안 평균 170만 달러를 절감한 것으로 나타났다.[15] 경영자로서 당신은 종업원을 몰입시키는 동인이 종업원을 유치하고 유지시키는 동인과 다를 수 있다는 점을 기억할 필요가 있다. 종업원을 조직 내로 끌어들이는 것과 이들의 몰입을 유지하고 이탈을 막는 것과는 다르다.[16] 종업원 몰입은 다음의 경우 향상된다.

- 명확한 목표를 가질 때
- 업무를 잘 수행하는 데 필요한 자원을 확보할 때
- 성과에 대한 의미 있는 피드백을 받을 때
- 자신의 재능을 활용할 수 있을 때
- 좋은 일을 하는 것으로 인정받을 때
- 동료와의 긍정적인 관계를 맺을 때
- 배우고 성장할 수 있는 기회가 있을 때
- 후원적인 리더십이 있을 때

표 4-1은 전 세계적으로 다양한 직원 유치, 유지, 몰입의 동인을 세대별로 살펴본 타워스 페린(Towers Perrin)의 조사 결과를 요약한 것이다.

4-2 조직에서의 가치와 감정

가치와 감정 역시 조직 내 개인 행동의 중요한 요소이다. **가치**(values)는 개인 또는 집단에게 바람직하다고 여겨지는 행동 방식이나 최종적인 상태를 의미한다. 가치는 의식적인 것일 수도 있고

가치
개인 또는 집단에게 바람직한 행동 방식이나 최종 상태.

표 4-1
다양한 연령대별 직원 유치, 유지 및 몰입을 촉진하는 전 세계 3대 동인

18-24세의 주요 유치 동인	18-24세의 주요 유지 동인	18-24세의 주요 몰입 동인
• 경력 발전 기회 • 경쟁력 있는 기본급 • 학습 및 개발 기회	• 뛰어난 경력 발전 기회 제공 • 새로운 아이디어가 장려되는 환경에서 일하기 • 조직의 비즈니스 의사 결정에 대한 만족도	• 모든 수준의 리더를 육성하는 조직 • 고객의 우려 사항을 신속하게 해결하는 조직 • 직원 복지에 진심으로 관심이 있는 고위 경영진
45-54세의 주요 유치 동인	**45-54세의 주요 유지 동인**	**45-54세의 주요 몰입 동인**
• 경쟁력 있는 기본급 • 도전적인 업무 • 편리한 업무 위치	• 일하기 좋은 회사라는 평판 • 조직의 인사 결정에 대한 만족도 • 조직 내 잠재적 경력 트랙 이해	• 직원 복지에 진심으로 관심이 있는 고위 경영진 • 전년에 비해 기술 및 역량 향상 • 사회적 책임에 대한 조직의 평판

Source: Based on information provided in Exhibits 14, 15, and 16 of *Towers Perrin Global Workforce Study—Global Report* at http://www.towersperrin.com/tp/getwebcachedoc?webc= HRS/USA/2008/200803/GWS_Global_Report20072008_1208.pdf.

무의식적인 것일 수도 있다. 비록 대부분의 가치관은 10대 시기에 확립되는 경향이 있지만, 자녀의 탄생, 전쟁, 사랑하는 사람의 죽음, 질병, 사업 실패 등 삶의 주요 사건으로 인해 가치관이 바뀔 수 있다. 업무 가치(work values)는 성과와 유지 등 중요한 개인 및 조직의 결과에 영향을 미치며, 종종 그 자체로 중요한 업무 결과로 간주되기도 한다.[17]

기업 리더의 개인적 가치는 기업의 비즈니스 전략 및 인력 배치, 보상 체계, 경영자-부하 관계, 의사소통, 갈등 관리 스타일, 협상 접근 방식 등 조직 행동의 모든 측면에 영향을 미친다.[18] 개인적 가치는 윤리적 선택에도 영향을 미친다. 어떠한 윤리적 문제를 다루기 위한 명확한 규칙이 없을 때, 우리는 그때그때 당시의 가치에 따라 각 상황에 개별적으로 대응하는 경향이 있다.[19] 개인이 추구하는 가치는 기업 문화 등 조직의 영향과 결합되어, 개인적 가치에만 기반하여 내려지는 결정과는 매우 다른 결정으로 귀결될 수 있다.[20] 이러한 모호한 선택을 할 때, 우리는 강력한 기업 문화에 이끌린다. 그러나 개인의 가치와 조직의 문화적 가치가 충돌할 경우 윤리규범을 유지하기는 어렵다.

4-2a 가치의 유형

가치는 궁극적 가치와 도구적 가치로 나눌 수 있으며, 내재적 혹은 외재적인 것으로 설명될 수 있다. 이러한 차이점을 각각 살펴보자.

궁극적 가치와 도구적 가치

궁극적 가치
장기적인 삶의 목표를 반영하며 번영, 행복, 안정된 가족, 성취감 등이 포함.

한 저명한 연구자는 가치를 궁극적 가치와 도구적 가치라는 두 가지 유형으로 구분했다.[21] **궁극적 가치**(terminal values)는 우리의 장기적인 삶의 목표를 반영하며 번영, 행복, 안정된 가족, 성취감 등이 포함된다. 직업적 성공보다 가족을 더 중시하는 사람들은 직업적 성공을 우선시하는 사람들에 비해 적은 시간 동안 일하고, 대신 가족과 더 많은 시간을 보내려는 경향이 있다. 물론 가족에 대한 가치관이 강하다고 해서 성공적인 경력을 쌓을 수 없다는 것을 의미하는 것은 아니다. 궁극적 가치도 개인의 경험과 성취에 따라, 시간이 지나면서 변화할 수 있다. 처음엔 직업에서의 경력을 중시하던 사람들도 많은 돈을 받고 자신의 사업을 매각하게 되면 경제적 번영이라는 목표에 도달하게 되고, 이후에는 가족을 더 중요하게 여길 수 있다.

도구적 가치(instrumental values)란 궁극적 가치를 달성하기 위해 선호하는 수단 또는 행동 방식을 의미한다. 궁극적 가치는 우리가 성취하고자 하는 목표에 영향을 미치고, 도구적 가치는 목표에 도달하는 방법에 영향을 미친다. 궁극적 목표를 추구하는 우리의 행동을 이끄는 도구적 가치의 예로서는 정직, 야망, 독립성 등을 들 수 있다. 도구적 가치가 강할수록 우리는 그러한 가치에 더 많이 의존하여 행동한다. 정직에 가치를 두는 사람은 정직이라는 도구적 가치가 낮은 사람보다 번영과 성취감이라는 궁극적 가치를 추구하는 데 있어 더 윤리적으로 행동한다.

도구적 가치
우리가 선호하는 최종 가치 달성 수단 또는 선호하는 행동 방식.

내재적 및 외재적 업무 가치

내재적 업무 가치(intrinsic work values)는 일 자체와 관련이 있다. 예를 들어, 어떤 직원들은 계속해서 새로운 것을 배워야 하는 다양하고 도전적인 업무를 원하는 반면, 어떤 직원들은 매일 같은 방식으로 수행할 수 있는 단순한 업무를 선호한다. 대부분의 사람들은 일에 대해 진정으로 만족감을 느끼기 위해 자신의 업무에서 개인적인 내재적 가치를 찾아야 한다.[22] 도전적인 일을 소중히 여기고 새로운 기술을 배우는 것은 경력을 발전시키는데 도움이 될 수 있다. **외재적 업무 가치**(extrinsic work values)는 업무 수행의 결과와 관련이 있다.[23] 돈을 벌기 위해 일하거나 건강상의 혜택을 받기 위해 일하는 직원들은 외재적 업무 가치를 충족시킨다. 회사에서 높은 지위를 얻고, 양질의 업무로 인정받고, 고용 안정성을 갖는 것은 외재적 업무 가치이다.

내재적 업무 가치
일 자체와 관련.

외재적 업무 가치
업무 수행의 결과와 관련.

4-2b 가치 간의 갈등

개인 내, 개인 간, 개인-조직 간 가치 갈등은 종업원의 태도, 근속, 직무 만족 및 직무 성과에 영향을 미친다. 높은 순위에 있는 도구적 가치와 궁극적 가치가 충돌하고, 이 두 가지가 동시에 충족되지 않으면 내적 갈등과 스트레스를 경험하게 된다. 사람들은 경력의 어느 시점에서 야망이라는 도구적 가치와 행복이라는 궁극적 가치 사이에서 **개인 내 가치 갈등**(intrapersonal value conflict)을 경험한다. 행복을 추구하면 가족과 함께 좋은 시간을 보내거나 좋아하는 취미를 추구하여야 하지만, 개인적인 야망을 추구하게 되면 더 오랜 시간 일하고, 조직에서의 승진과 성공을 추구하게 되므로 이에 대한 갈등을 느끼게 된다. 사람들은 일반적으로 도구적 가치와 궁극적 가치가 일치할 때 더 행복하고 스트레스로부터 자유로워진다.

개인 내 가치 갈등
개인이 도구적 가치와 궁극적 가치 사이에서 갈등을 경험할 때 발생.

개인 내부에서 발생하는 내적 가치 갈등과는 달리, **개인 간 가치 갈등**(interpersonal value conflict)은 서로 다른 두 사람이 상충되는 가치를 가지고 있을 때 발생한다. 개인 간 가치 갈등은 종종 성격 충돌 및 기타 의견 불일치의 원인이 되기도 한다. 한 사람은 개인별 보상을 중시하는 반면, 다른 동료는 집단의 성과를 더 중요하게 여기는 경우, 이 두 사람은 새로운 프로젝트에 접근하는 방법을 놓고 갈등을 빚을 수 있다. 경영자는 사람들의 도구적 가치나 궁극적 가치의 구성이 서로 다르다는 점을 기억해야 한다. 이러한 차이는 업무 스타일, 업무 선호, 공지 사항이나 이벤트에 대한 반응의 차이로 이어질 수 있다.

개인 간 가치 갈등
서로 다른 두 사람이 상충되는 가치를 가지고 있을 때 발생.

마지막으로, 어떤 두 사람 간의 가치가 충돌할 수 있는 것처럼, 종업원 개인의 가치도 조직의

개인-조직 가치 갈등
직원의 가치와 조직의 가치가 충돌하는 경우.

가치와 충돌하여 **개인-조직 가치 갈등**(individual-organization value conflict)이 발생할 수 있다. 개인과 조직의 가치 충돌이 적을수록 직무 만족이 높아지고, 직무 성과가 높아지며, 스트레스는 낮아지고, 직무 몰입이 높아진다.[24]

4-2c 가치의 국가별 차이

전 세계적인 가치의 차이는 경영자의 행동에도 영향을 미칠 수 있다. 예를 들어, 라틴아메리카 사람들은 가족적인 충성심을 매우 중요하게 생각하기 때문에, 가능하면 유능한 가족 구성원이 될 수 있는 사람을 채용하는 경향이 있다.[25] 미국의 경영자들은 개인의 성취를 중시하는 경향이 있으며, 충성심보다는 지원자가 과거에 이룬 성과와 역량 평가를 중시하는 경향이 있다.

가치는 문화의 영향을 받는다. 연구에 따르면 많은 기본 가치가 문화에 따라 달라지는 두 가지 주요 차원, 즉 (1) 전통적/세속적-합리적 가치와 (2) 생존/자기표현적 가치로 압축될 수 있음이 밝혀졌다.[26] 전통적/세속적-합리적(traditional/secular-rational) 가치는 종교적 성격을 매우 중요하게 여기는 사회와 그렇지 않은 사회 사이의 차이를 반영한다. 전통적 가치를 가진 사회는 부모와 자식 간의 유대 관계와 권위에 대한 존중을 강조하며, 이는 높은 수준의 국가적 자부심과 민족주의적 관점으로 반영된다. 세속적-합리적 가치를 가진 사회는 그 반대의 특징을 보인다.

생존 가치(survival values)는 경제적, 물리적 안전을 강조한다. 자기표현 가치(self-expression values)는 주관적 행복, 자기표현, 삶의 질을 중요하게 생각하며 환경 보호, 다양성 관용, 의사 결정 참여에 높은 우선순위를 둔다. 또한 자기표현 가치가 높은 사회는 대인 신뢰와 관용성이 높고, 개인의 자유와 자기표현을 중시하는 경향이 있다.[27] **그림 4-3**은 두 가지 주요 가치의 차원이 국가별로 어떻게 다른지 보여 준다.

4-2d 행동에 있어서 감정의 역할

감정은 조직 행동에서도 중요한 역할을 한다. 당신은 불행하거나 두려울 때와, 기쁠 때의 행동이 같은가? 물론 그렇지 않을 것이다. 이것이 바로 감정이 직장에서 중요한 역할을 하는 이유이다. 행복한 직원과 불행한 직원의 성과 차이가 얼마나 큰지 쉽게 상상할 수 있다. 자신의 감정과 기분을 효과적으로 관리하는 직원은 회사의 경쟁 우위를 창출할 수 있다. 스타벅스(Starbucks)나 노드스트롬(Nordstrom)이 감정이 변덕스러운 직원들과 함께 성공할 수 있었을까? 그럴 가능성은 낮다.

우리 모두는 직장에서 감정을 경험한다. 우리의 행동은 의식적이고 이성적인 사고에 의해서만 결정되지 않는다. 사실, 의식적인 이성보다도 감정이 우리의 행동에서 더 큰 역할을 하는 경우가 많다. **감정**(emotion)은 특정 사물, 사람 또는 사건에 대하여 반응할 수 있도록 준비시키는 강렬하고 단기적인 생리적, 행동적, 심리적인 반응이다. 이 정의를 네 가지 중요한 요소로 나누어 살펴보자.

감정
특정 사물, 사람 또는 사건에 대하여 우리가 그것에 반응할 수 있도록 준비시키는 강렬하고 단기적인 생리적, 행동적, 심리적인 반응.

1. 감정은 짧은 사건이나 에피소드이다. 감정은 비교적 오래 지속되지 않는다. 큰 매출에 대한 흥분이나, 다가오는 마감일에 대한 불안감은 시간이 지나면 사라진다.

그림 4-3
전 세계적으로 가치가 어떻게 다른가

가치는 전 세계적으로 다르다. 가치의 차이를 이해하는 한 가지 유용한 방법은 세속적/합리적 가치와 생존/자기표현적 가치의 관점에서 접근하는 것이다. 이 그림은 세계 각 지역이 이 두 가지 가치관을 어떻게 반영하는지 보여 준다.

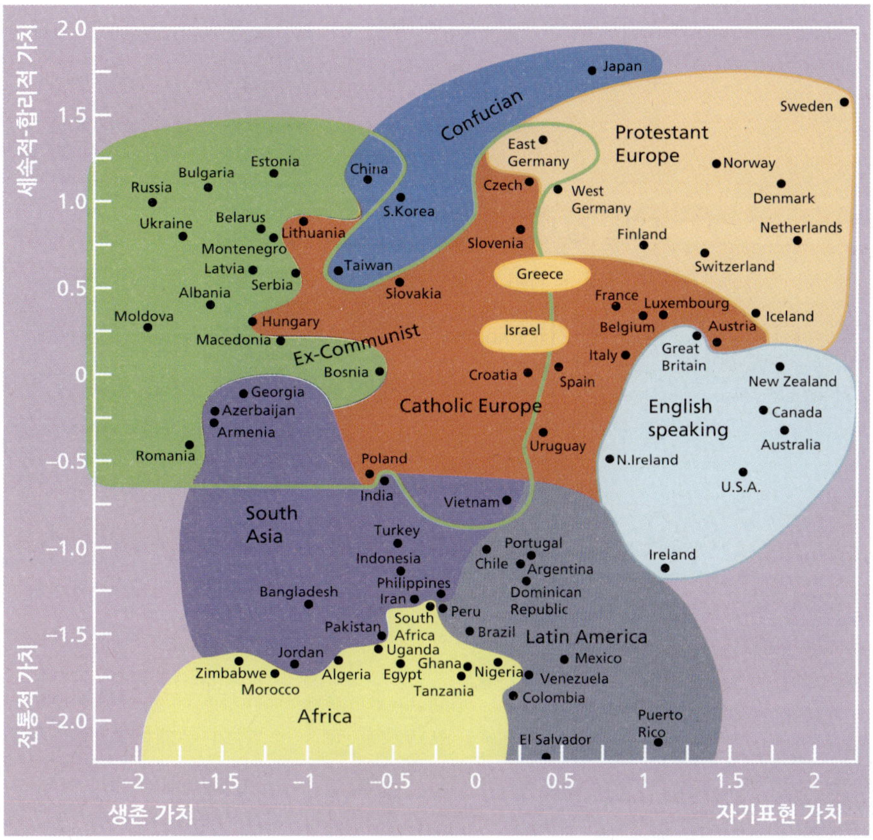

2. 감정은 무언가 또는 누군가를 향한다. 이는 특정 대상을 향하지 않는 단기적인 감정 상태인 기분(mood)과 구별된다.[28] 기분은 감정보다 강도가 낮고, 수시로 변화한다. 감정은, 예를 들어, 큰 매출을 올렸다거나, 과제의 마감일에 직면하고 있는 등 쉽게 파악할 수 있는 원인에 의해 촉발된다.
3. 감정은 경험된다. 감정은 심박수, 혈압, 얼굴 표정, 움직임, 목소리 톤과 같은 비자발적인 변화로 경험된다. 이러한 현상을 통해 감정을 경험할 수 있다.
4. 감정은 생리적 반응을 통해 신체적인 준비 상태를 만든다. 심박수, 아드레날린, 안구 운동의 증가는 우리 몸이 어떠한 행동을 취할 수 있도록 준비시킨다. 특히 두려움, 분노, 놀라움과 같은 강렬한 감정은 우리의 주의를 요구하고, 생각을 방해하며, 감정을 일으키는 원인에 주의를 집중하여 대응하도록 동기를 부여할 수 있다.

태도(attitude)는 어떤 사물에 대한 판단으로 여겨지는 반면, 감정은 경험하거나 느끼는 것이다. 감정은 태도만큼 오래 지속되지 않는다. 감정은 우리가 세상을 인식하는 방식에 영향을 미치고, 경험을 해석하는 데 도움을 주며, 이에 대응할 수 있는 원동력이 된다. 감정의 역할을 이해하는 것이 조직에서 중요한 이유는 무엇일까? 첫째, 감정은 유동적이다. 따라서 유능한 직원과 경영자는 자신의 감정과 타인의 감정에 긍정적인 영향을 미치는 방법을 알고 있다.[29] 둘째, 감정은 특정 행동에 참여하거나 참여하지 않으려는 동기를 생성하고 유지하는 데 영향을 미친다. 셋째, 연구에 따르면, 감정은 이직, 의사 결정, 리더십, 도움 행동, 팀워크 행동에 영향을 미칠 수 있다.[30] 부하 직원과 리더 간 감정 교류의 질은 업무그룹의 정서적 분위기에도 영향을 미친다.[31] 효과적인 리더는 종종 긍정적인 부하의 행동을 유도하기 위해 감정을 활용한다.

4-2e 정서와 기분

기분
특정한 대상을 향한 것이 아닌 단기적인 감정 상태.

감정의 원인은 분명하게 파악되는 경향이 있지만, 기분의 원인은 덜 명확하고, 불확실한 경향이 있다. **기분**(mood)은 특정한 대상을 향하지 않은 단기적인 감정 상태이다. 어떠한 감정을 일으키고, 즐거움이나 고통에 대한 기대에 따라 수시로 변화하는 즉각적인 반응과는 달리, 기분에 대해서는 대처하기도 어렵고, 그 기분은 몇 시간 혹은 며칠 동안 지속될 수 있다. 하루를 시작할 때의 기분은 그날의 업무 상황에 반응하는 방식 및 업무 성과에 영향을 미친다.[32] 기분은 개인의 감정 상태를 반영하기 때문에, 연구자들은 일반적으로 다양한 행동 신호를 통해 기분의 존재를 추론한다.

Sorbis/Shutterstock.com

감정과 기분은 개인이 업무를 수행하는 방식과 사람들이 타인을 인식하는 방식에 중요한 역할을 한다. 예를 들어, 이 스타벅스 바리스타는 행복하고 몰입한 것처럼 보인다. 그의 긍정적인 기분과 감정은 고객도 기분 좋게 만들 수 있다.

우리의 기분은 다른 사람의 영향을 받을 수 있다. 동료와의 불쾌한 상호작용은 긍정적인 상호작용보다 기분에 다섯 배 더 강하게 영향을 줄 수 있다고 한다.[33] 그룹 내 구성원들은 얼굴 표정, 음성, 행동 신호 등을 통해 서로의 기분에 관한 정보를 나타내며 상호 공유하곤 한다. 리더의 진정한 의도 혹은 조작된 의도에 대한 부하 직원의 판단은 그 리더에 대한 감정적 반응에 영향을 미친다.[34] 그룹 업무의 특성을 변경하거나, 업무 환경의 요소를 변경하거나, 동료들이 상호작용 하는 방식을 바꾸면, 구성원들이 서로에게서 얻는 기분에 관한 정보의 양과 유형이 변화하고, 이는 직원들의 기분에 영향을 미칠 수 있다.

정서성
특정 기분을 경험하거나 특정 감정으로 사물에 반응하는 경향을 나타냄.

정서성(affectivity)은 특정한 기분을 경험하거나, 특정한 감정을 통해 사물에 반응하는 경향을 나타낸다. 연구자들은 긍정과 부정이라는 두 가지 유형의 정서성을 확인하였다. 긍정 정서성이 높은 사람들은 쾌활함이나 열정을 포함한 긍정적인 감정을 더 많이 경험하는 경향이 있다 부정 정서성이 높은 사람은 짜증이나 긴장과 같은 부정적인 감정을 더 많이 경험하는 경향이 있다.

긍정적 정서
환희와 같은 감정을 특징으로 하는 높은 에너지와 긍정적인 평가의 조합을 반영.

부정적 정서
화남, 두려움, 괴로움 등의 감정으로 구성.

기분의 두 가지 주요 차원은 높은 에너지와 환희와 같은 감정의 조합을 반영하는 **긍정적 정서**(positive affect)와, 화남, 두려움, 괴로움 등의 감정을 포함하는 **부정적 정서**(negative affect)이다.[35] **그림 4-4**에서 볼 수 있듯이 긍정적 정서와 부정적 정서는 상반되는 것이 아니라 서로 다른 두 가지 차원이다.[36] 고양된 기분이 아니라고 해서 반드시 화가 나 있다는 의미는 아니며, 슬프지 않다고 해서 기분이 좋다고 말할 수는 없다. 정서는 어느 정도 성향이 있고, 시간이 지나도 상당히 안정적으로 유지되는 경향이 있다. 어떤 사람들은 다른 사람들보다 더 긍정적이고 낙관적인 경향이 있다. (물론 사회적 지위나 경제적 상태와 같은 요인도 기분과 에너지 수준에 영향을 미친다는 점

그림 4-4
긍정적 정서와 부정적 정서

정서는 긍정적 정서에서 부정적 정서에 이르기까지 연속체를 따라 다양하게 나타날 수 있다. 여기에 설명된 바와 같이 긍정적 정서도 부정적 정서도 반영하지 않는 양극단의 중간에 속할 수도 있다.

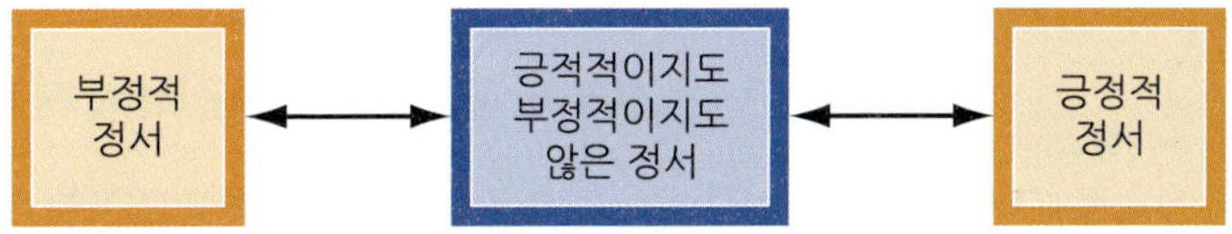

Source: Thompson, E. R. Development and Validation of an Internationally Reliable Short-Form of the Positive and Negative Affect Schedule (PANAS). *Journal of Cross-Cultural Psychology*, 38(2), 227–242. © 2007 by SAGE Publications. Reprinted by Permission of SAGE Publications.

에 유의해야 한다.) 부정적 정서는 조직시민행동(organizational citizenship behavior)을 줄이고, 이직과 반생산적 직무 활동을 높이며, 직무 만족도를 낮추고, 부상의 위험성을 높인다.[37] 정서는 교육 성과에도 중요한 영향을 미칠 수 있다. 긍정적 정서가 높거나 부정적 정서가 낮은 직원은 교육 후 자기 효능감이 더 크게 증가한다. 이는 어떠한 훈련 프로그램에 참여할 사람을 선발함에 있어, 참가자의 정서가 중요한 고려 사항이 될 수 있음을 시사한다.[38]

기분과 감정은 직장 및 경영자에 대한 만족도에도 영향을 미칠 수 있다. 긍정적 정서가 높은 사람은 창의성, 새로운 정보에 대한 개방성을 향상시키고, 의사 결정의 효율성을 높인다.[39] 또한 긍정적 정서성은 협상 테이블에서 협력 전략을 구사할 가능성을 높임으로써 협상의 결과를 향상시킨다. 수많은 연구에 따르면 행복한 개인은 결혼, 건강, 우정, 수입, 업무 성과 등 삶의 여러 영역에서 성공하는 것으로 나타났다.[40]

Understand Yourself

부정적 정서성

아래 척도를 사용하여 각 진술이 자신을 어떻게 묘사한다고 생각하는지, 그리고 평소 자신이 어떻게 느끼는지에 따라 표시하라.

매우 아니다	아니다	보통이다	그렇다	매우 그렇다
1	2	3	4	5

_____ 1. 우울한 기분이 자주 든다.
_____ 2. 나 자신에 대해 편안함을 느낀다.
_____ 3. 나 자신에게 매우 만족한다.
_____ 4. 기분이 자주 변한다.
_____ 5. 쉽게 당황한다.
_____ 6. 짜증을 거의 내지 않는다.
_____ 7. 우울함을 거의 느끼지 않는다.
_____ 8. 나 자신이 싫다.
_____ 9. 사물에 쉽게 신경 쓰지 않는다.
_____ 10. 자주 우울하다.

점수 계산: 항목 2, 3, 6, 7, 9는 5에서 점수를 뺀 다음 모든 점수를 합산하여 부정적 정서성의 점수를 계산한다.

해석: 부정적 정서성의 점수가 28점 이상이면, 30세 미만 178명의 표본과 비교했을 때 평균보다 높은 수치이다. 부정적 정서성을 줄이려면, 보다 긍정적으로 생각하고 감사할 수 있는 일에 집중하라. 감사 일기를 쓰면 삶을 긍정적으로 바라보는 데 도움이 될 수 있다.

Source: Goldberg, L. R. (1999). A Broad-Bandwidth, Public-Domain Personality Inventory Measuring the Lower-Level Facets of Several Five-Factor Models. In *Personality Psychology in Europe*, eds. I. Mervielde, I. J. Deary, F. De Fruyt, & F. Ostendorf (Vol. 7, pp. 7–28). Tilburg, Netherlands: Tilburg University Press; International Personality Item Pool, "Neuroticism," https://ipip.ori.org/newNEOKey.htm#Neuroticism; Gow, A. J., Whiteman, M. C., Pattie, A., & Deary, I. J. (2005). Goldberg's "IPIP" Big-Five Factor Markers: Internal Consistency and Concurrent Validation in Scotland. *Personality and Individual Differences*, 39(2), 317–329.

4-3 조직에서의 지각

지각
개인이 환경에 대한 정보를 인식하고 해석하는 일련의 과정.

개인이 환경에 대한 정보를 인식하고 해석하는 일련의 과정인 **지각**(perception)은 조직 내 행동의 또 다른 중요한 요소이다. 모든 사람이 어떤 대상에 대해 다 같은 방식으로 지각한다면 일은 훨씬 더 단순해질 것이다(흥미도 훨씬 떨어질 것이다!). 물론 사실은 그와 반대이다. 사람들은 동일한 것을 매우 다른 방식으로 지각한다. 더욱이 사람들은 종종 현실은 객관적이며, 모두가 같은 대상에 대해서는 같은 방식으로 지각할 것이라 가정한다.

이러한 아이디어를 검증하기 위해 미시간 대학교와 오하이오주립 대학교, 혹은 조지아 대학교와 플로리다 대학교의 학생들에게 최근에 있었던 두 학교 간의 미식축구 경기를 설명해 달라고 요청했다고 생각해 보자. 아마도 두 가지 서로 상충되는 이야기를 듣게 될 것이다. 이러한 차이는 주로 지각의 차이에서 비롯된다. 팬들은 같은 경기를 '경험'했지만, 극명하게 대조되는 방식으로 해석했다. 지각은 다양한 조직 행동에서 중요한 역할을 하므로, 경영자는 기본적인 지각 과정을 이해할 필요가 있다. 정의에서 알 수 있듯, 지각은 실제로 몇 가지 뚜렷한 프로세스로 구성된다. 더욱이, 지각을 통해 우리는 움직임과 같은 형태의 시각적 이미지 등 다양한 형태의 정보를 받는다. 정보의 수신자는 이러한 정보를 해석할 목적으로 지각을 사용하여 다양한 유형의 정보를 흡수한다.[41]

Marcus Scheer/Cal Sport Media/Lincoln NE U.S./Newscom

지각은 종종 두 라이벌 운동 팀 팬들의 서로 다른 반응으로 설명할 수 있다. 예를 들어, 이 팬들이 박빙의 축구 경기를 시청하고 있는데 경기 종료 몇 초 전 논란이 되는 플레이로 인해 결과가 결정되었다고 가정해 보자. 초록색 옷을 입은 팬들은 모두 심판의 판정이 옳았다는 데 동의할 수 있지만, 빨간색 팀 팬들은 심판이 잘못된 판정을 내려서 팀의 승리를 놓쳤다고 주장할 수 있다. 같은 경기를 보았음에도 불구하고 서로의 지각은 다를 수 있다.

4-3a 기본적 지각 과정

경영자에게는 선택적 지각과 고정관념이라는 두 가지 기본적인 지각 과정이 특히 중요하다.

선택적 지각

선택적 지각
불편하거나 우리의 신념과 모순되는 정보를 걸러내는 과정.

선택적 지각(selective perception)은 불편하거나 자신의 신념과 모순되는 정보를 걸러 내는 과정이다. 예를 들어, 관리자가 어떤 특정 직원을 유난히 좋아한다고 가정해 보자. 관리자는 그 직원에 대해 매우 긍정적인 태도를 가지고 있으며, 뛰어난 성과를 내는 직원이라고 생각한다. 어느 날, 관리자가 이 직원이 책상에서 자고 있는 것을 목격했다면, 이 관리자는 이 직원이 전날 밤 늦게까지 일해서 잠깐 낮잠을 취하는 것이라고 생각할 수 있다. 반대로 이 관리자가 해당 직원에 대해 매우 부정적인 태도를 가지고 있으며, 앞에서와 동일한 모습을 관찰한다고 가정해 보자. 이 경우 그 관리자는 해당 직원이 전날 밤 늦게까지 파티를 했을 것이라고 가정하고, 이 직원에 대한 부정적인 태도를 강화할 수 있다. 이와 같은 선택적 지각이 두드러지게 나타났던 시기가 코로나19 팬데믹 기간 동안이었다. 많은 사람이 마스크 착용, 사회적 거리두기, 백신 접종에 대한 증거를 듣고 읽었지만, 동일한 증거라도 그것을 해석하는 방식은 서로 달랐다.

고정관념

고정관념(stereotyping)이란 어떤 하나의 속성을 기준으로 사람을 분류하고, 이에 따른 분류에 라벨을 부여하는 것을 말한다. 특정 형태의 고정관념은 유용하고 효율적일 수 있다. 예를 들어, 어떤 경영자가 어떤 직무에서는 소통 능력이 중요하다고 믿고 있다고 생각해 보자. 이 경영자는 대학에서 언어 소통을 전공한 사람의 의사소통 능력이 다른 전공에 비해 뛰어나다고 믿는다. 그 결과 입사 지원자를 면접할 때마다 특히 언어 의사소통 전공자에게 주의를 기울인다. 의사소통 능력이 실제로 업무 성과에 도움을 주고, 언어소통을 전공하는 것이 실제로 그러한 능력을 제공한다면, 이러한 형태의 고정관념은 유용할 수도 있다. 사람들이 종종 잘못된 고정관념을 갖는 일반적인 속성은 인종과 성별이다. 이러한 고정관념은 부정확하며, 심지어는 해로울 수 있다. 예를 들어, 어떤 인사 부문 관리자가 여성과 남성이 수행할 수 있는 영역이 서로 다르다는 고정관념을 가지고 있다고 가정해 보자. 이러한 고정관념이 채용 관행에 영향을 미친다면, 이 회사의 경영자는 (1) 두 가지 직무 모두에서 조직에 소중한 인재를 잃을 수 있고, (2) 법을 위반하는 것이며, (3) 비윤리적으로 행동하는 것이다.

고정관념
하나의 속성을 기준으로 사람을 분류하거나 라벨을 붙이는 프로세스.

4-3b 지각 오류

우리가 지각한 것을 해석하는 방식에는 오류가 숨어 있을 수 있다. 고정관념과 선택적 지각이 이러한 오류의 근본적인 원인인 경우가 많지만, 다른 요인이 작용할 수도 있다. 예를 들어, 지각 지름길(perception shortcut)이 중요한 역할을 할 수 있다. 지각 지름길 중 하나는 범주화(categorization)인데, 이는 사람들을 어떤 그룹이나 범주(예: 남부출신, 활력 넘치는 사람, 운동 선수 등)로 분류하는 경향을 반영한다. 그리고는 그룹 내 유사성과 그룹 간의 차이점을 과장한다. 이것은 우리가 속하지 않은 특정 그룹의 구성원들을 실제보다 더 유사한 사람들로 바라보는 경향을 보여 준다. 어떤 사람이 일을 빨리 처리하는 것을 관찰하고, 그에 근거하여 그 사람이 얼마나 일을 잘하는지 평가한다면 그 사람을 '고성과자' 범주에 넣었을 수도 있다.

사람들을 어떠한 범주로 분류하게 되면, 선택적 지각은 우리의 관심사, 기대, 경험, 태도에 따라, 보이는 것을 선택적으로 해석한다. 예를 들어, 누군가를 고성과자(예시로 드는 계산원 Sue)로 분류하면, 그 사람의 높은 성과와 관련된 정보에 더 집중하고(그리고 더 잘 기억할 것이며) 낮은 성과를 반영하는 정보는 무시하는 경향이 있다. Sue가 금전 등록기 작동 과정에서 실수를 했다면, 우리는 이를 우연이나 기계의 문제일 것이라 치부하고, 그녀가 물품 스캔을 빠르고 신속하게 처리하여 생산성이 높다는 사실에만 관심을 기울일 것이다. 선택적 지각은 고정관념을 부정하기보다는 고정관념을 확인해 주는 정보와 행동에 초점을 맞추기 때문에, 오히려 고정관념을 강화한다. 부하 직원의 잠재적 능력이 높다고 믿는 상사는 관찰된 정보를 편향된 시각으로 긍정적으로만 해석하는 반면, 부하 직원의 능력이 낮다고 믿는 상사는 같은 정보라도 부정적으로 해석하여 그 부하 직원의 성과는 낮을 것이라는 고정관념을 강화시킬 것이다. 관리자는 부하 직원을 보다 객관적이고 정확하게 평가하기 위해 이러한 편견을 인식할 필요가 있다.

후광 효과(halo effect)는 하나의 (일반적으로 좋은) 특성을 바탕으로 어떤 사물이나 사람에 대한 전체적인 인상을 형성하는 것을 말한다. 예를 들어, 사람들은 외적인 아름다움을 다른 긍정적인 특성과 연관시키는 경향이 있다. 우리는 종종 외모가 매력적인 사람이 사회적으로 더 바람직한 성격을 가지고 있으며, 더 행복하고 성공적인 삶을 영위할 것이라고 가정한다.[42] 마찬가지로, Sue를 높은 성과를 내는 사람이라고 인식하기 때문에, 그녀가 지적이면서 활기차고, 높은 성과와 관련된 모든 요소를 지니고 있을 것이라 가정할 수 있다. 후광 효과의 반대 개념은 뿔 효과(horns effect)이다. 이는 하나의 '나쁜' 특성을 바탕으로 전체적인 인상을 형성할 때 나타난다. Bill이 저성과자라고 인식하면, Bill이 지능도 낮을 뿐만 아니라 동기부여도 부족할 것이라고 생각할 수 있다.

대조 효과(contrast effect)는 어떤 사람의 특성을 평가할 때, 다른 사람과의 비교를 통해 더 높거나 낮은 순위를 매길 때 발생한다. 예를 들어, Sue를 관찰한 후, 다른 평범한 계산원을 본다면, 우리는 높은 성과의 Sue와의 대조 효과 때문에, 그 계산원을 성과가 낮은 사람으로 평가할 수 있다. 투사(projection)는 자신의 특성을 다른 사람에게 투영할 때 발생한다. 채용 관리자가 자신의 젊은 시절과 비슷해 보이는 사람을 면접하는 경우, 그 지원자가 자신과 같은 가치관, 직업 윤리, 능력을 공유한다고 가정할 수 있다.

이는 첫인상 편견(first impression bias)과도 관련될 수 있다. 연구에 따르면 사람들은 자신이 부정적으로 반응했던 사람을 회피하는 경향이 있을 뿐만 아니라,[43] 부정적인 인상은 긍정적인 인상보다 바꾸기가 더 어렵다고 한다.[44] 첫인상은 빠르게 형성된다. 방금 만난 사람에 대해 부정적인 가정(assumption)을 하고 있다면, 부정적인 가정이 굳어지기 전에 그러한 부정적인 가정을 불식시킬 수 있는 긍정적인 정보를 빠르게 찾아보는 것이 좋다. 우리의 사회적 인식은 분명히 결함이 있을 수 있으며, 아무리 숙련된 관찰자라도 다른 사람에 대해 잘못 인식하고 잘못 판단할 수 있다. 한 번 잘못된 인식을 형성하면 그 인상은 지속될 가능성이 높다. 무엇인가에 대해 신중하게 생각하기 위해 필요한 동기와 자원을 가지고 있다 하더라도, 다양한 인지적 편견이 우리의 인식에 영향을 미칠 수 있다.

타인에 대한 인상과 기대 역시 자기실현적 예언(self-fulfilling prophecies)이 될 수 있다. 우리가 어떤 사람을 신뢰할 수 없는 사람으로 분류하면, 우리는 그 사람을 의심과 불신으로 대할 가능성이 높다. 이러한 행동은 상대방의 경계 반응을 불러일으키고, 이러한 반응은 우리의 초기 인상을 확인해 주는 역할을 한다. 업무 환경에서 자기실현 예언 효과에 대한 최초의 실험 중 하나는 소외 계층 직원을 대상으로 한 직무 교육 프로그램에서 실시되었다.[45] (실제로는 무작위로 선발되었지만) '적성이 높다'고 분류된 교육생은, 객관적인 테스트에서 더 높은 성취도를 보였고, 상사와 동료들로부터 더 높은 평가를 받았으며, 그렇게 분류되지 않은 교육생보다 중도 탈락률이 실제로 더 낮았다. 이와 같은 자기실현적 예언은 조직에 널리 퍼져 있다. 높은 기대치는 소외 계층이나 성취도가 낮다는 고정관념을 가진 사람들, 특정 상황에서 자신의 능력에 대해 확신이 없는 사람들에게 더 큰 영향을 미친다.[46] 자기실현적 예언은 새로 맺어진 관계에서 가장 잘 작동하는 것으로 보인다.

4-3c 지각과 귀인

자신이 시험에서 높은 성적을 거둔 것은 자신의 노력 혹은 능력 때문이라고 생각하는 반면, 타인이 시험에서 높은 점수를 받았다면, 그것은 운이 좋았거나, 교수가 너그럽게 채점한 덕분이라고 생각하는 경우가 있는가? 이는 지극히 보편적으로 나타나는 귀인이다. **귀인**(attribution)이란 자신은 물론 다른 사람의 행동과 성과에 대한 원인을 설명하고 왜 그런 행동을 하는지를 이해하는 방식을 말한다.[47] 조직에서 우리의 업무 성과와 궁극적인 생존 여부는 종종 우리 자신과 상사, 동료, 고객의 행동과 결과에 대한 귀인의 정확성에 달려 있는 경우가 많다.

귀인
우리 자신은 물론 다른 사람의 행동과 성과에 대한 원인을 설명하고 사람들이 왜 그런 행동을 하는지를 이해하는 방식.

극명하게 나타나는 귀인의 경향은, 행동이나 결과가 개인(노력이나 능력과 같은 내부 요인)에 의한 것인지, 아니면 환경(운, 자원 부족 또는 다른 사람과 같은 외부 요인)에 의한 것인지에 대한 것이다. **그림 4-5**에서 보는 바와 같이, 우리는 누군가의 행동이나 결과에 대해 내부적 귀인을 할지 외부적 귀인을 할지를 평가하기 위해 세 가지 규칙을 사용한다.[48]

1. 일관성(consistency): 그 사람이 과거에도 주기적으로 이런 식의 행동을 했거나, 과거에도 이러한 결과를 경험한 적이 있는가? 여러분의 룸메이트가 한 과목에서 지속적으로 좋은 성적을 받아왔다면, 최근 시험 성적이 높았던 것은 그의 능력이나 노력 같은 내부적인 원인에 기인할 가능성이 높다. 반대로 학기 초에 그의 성적은 형편없이 낮았었는데, 최근의 시험에서 성적이 갑자기 높아졌다면, 운과 같은 외부적인 원인에 기인할 가능성이 높다. 일관성은 내부적 귀인으로 이어진다.
2. 특이성(distinctiveness): 그 사람이 다른 상황에서도 같은 방식으로 행동하거나 비슷한 결과를 얻는가? 낮은 특이성은 개인이 특정한 방식으로 자주 행동하거나, 유사한 결과를 도출하는 것을 의미하며, 이는 내적 귀인으로 이어진다. 룸메이트가 계속 A학점을 받아온 학생이라면, 최근에 받은 높은 성적에 대한 특이성은 낮을 것이고, 따라서 내적 귀인을 하게 될 것이다. 반대로, 그가 C학점을 줄곧 받아온 학생이라면, 최근 높은 성적의 특이성은 높은 것이고, 따라서 이 높은 성적은 외부적으로 귀인할 가능성이 높다.

그림 4-5
귀인 과정

귀인 과정은 행동을 관찰하고 행동의 원인을 규명하는 것이나. 관찰된 행동들은 합의성, 일관성, 특이성 측면에서 해석된다. 이 해석에 기반한 행동은 내적, 외적 원인에 귀인된다.

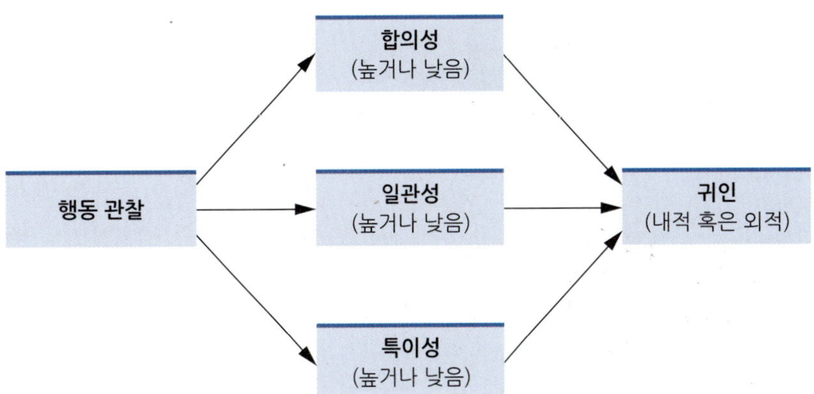

3. 합의성(consensus): 다른 사람들도 같은 상황에서 비슷하게 행동하거나 같은 결과를 받게 될까? 룸메이트가 높은 성적을 거둔 과목에서 다른 모든 학생도 A를 받았다면, 이를 합의성이 높다고 말하는 것이다. 이 경우 룸메이트의 성적은 외부적 원인으로 귀인할 것(시험이 매우 쉬웠다 등)이다. 합의성이 낮고 수업에서 좋은 성적을 받은 학생의 수가 매우 적다면, 룸메이트의 높은 성적에 대해서는 내적 귀인을 할 것이다.

귀인과 관련된 또 하나의 개념으로서, 사람들이 스스로 장애물(obstacles)을 만들어 성공 가능성을 낮출 때 발생하는 자기 불구화(self-handicapping)가 있다. 예를 들면 약물 및 알코올 사용, 연습 거부, 노력 감소 등이 있다. 이러한 방해물을 만들면 분명히 동기부여와 성과가 감소한다. 이러한 행동은 어리석게 보일 수 있지만, 매우 현실적으로 자기 능력을 보호하는 역할을 한다. 자기 불구화가 만들어 낸 방해 요소는 실패에 대한 쉬운 설명을 만들어 낸다. 이러한 장애물에도 불구하고 성공한다면, 그 사람의 성공은 더욱 커 보인다.

학생들은 때때로 자기 불구화 귀인을 사용한다. 예를 들어, 시험 공부를 하지 않는 것이다. 그들은 다음과 같이 생각할 수 있다.

- 열심히 공부하고 최선을 다했지만 성적이 낮게 나오면, 자신이 무능해 보이고 무능력하게 느껴질 것이다.
- 열심히 노력해서 시험에 합격을 했다면, 그 노력은 성공의 의미를 퇴색시킬 것이다. (그들이 정말 똑똑했거나 능력이 출중했다면 그렇게 열심히 노력할 필요가 없었을 것이므로)
- 노력을 하지 않고 실패했다면, 그 실패를 노력 부족으로 쉽게 설명할 수 있다. 그들은 자신이 정말 노력했다면 성공할 수 있었다고 믿을 수 있다. 시험에 실패하더라도 그것은 자신이 멍청하거나 능력 없음의 증거가 되지 않을 것이다.
- 공부를 하지 않았는데도 성공했다면, 그 성공에 대한 유일한 설명은 그 사람의 능력이 정말 높다는 것이다.

iStock.com/Visivasnc

자기 불구화는 사람들이 성공 가능성을 낮추는 장애물을 스스로 만들 때 발생한다. 예를 들어, 이 남자는 일하면서 술을 마시고 있다. 술은 그의 업무 성과에 영향을 미치고 잘못된 결정을 내릴 수 있다. 그가 술을 많이 마시지 않더라도 그의 행동을 관찰하는 다른 사람들은 그의 판단력에 의문을 품기 시작할 수 있다. 두 경우 모두 경력 성공의 기회를 해칠 수 있다.

이런 종류의 추론은 분명히 비생산적이다. 왜냐하면 노력을 덜 기울인 사람이 성공할 가능성은 분명히 낮기 때문이다. 자기 불구화는 유능해 보이는 것에 대한 관심이 높은 청소년기에 나타나는 경향이 있다. 노력의 귀인에 초점을 맞추고 자기 효능감(self-efficacy)을 키우면 이러한 행동을 극복하는 데 도움이 된다.

경영자로서 부하 직원의 성공 또는 실패에 대한 지각이나 귀인이 미래의 해당 활동에 투입할 노력의 양을 결정한다는 사실을 이해할 필요가 있다. 종업원들의 지각과 귀인은 향후 해당 활동에 투입할 노력의 양을 결정한다. 이러한 귀인은 사람마다 다를 수 있다. 실제로는 많은 노력을

Global Issues

문화가 귀인에 미치는 영향

문화 간 상호작용에서는 실제 행동 그 자체보다 행동에 대한 해석이 더 중요한 경우가 많다.[49] 서구 문화권에서는 개인의 자유와 자율성을 강조하기 때문에, 이러한 문화권의 사람들은 성향적 설명을 선호하는 반면, 집단 구성원 자격과 집단 규범 준수를 강조하는 집단주의 문화권의 사람들은 상황적 설명을 선호하는 경향이 있다.[50]

한 연구에서 미국과 중국 참가자에게 물고기 무리 앞에서 헤엄치는 물고기 한 마리의 사진을 보여 주었다. 중국인보다 미국인 참가자가 물고기 개체의 행동이 외부적 요인보다는 내부적 요인에 기인한다고 응답한 비율이 더 높았다.[51] 이러한 귀인의 차이는 문화적 성향이 다른 사람들이 자신의 환경에서 자신을 인식하는 방식 때문일 수 있다. 개인주의 성향이 강한 서양인들은 자신을 독립적인 개체로 보는 경우가 많기 때문에 맥락적인 세부 사항보다 개별 개체에 더 주목하는 경향이 있다.[52] 동료의 행동을 이해하려면 그들의 주관적인 문화를 이해해야 한다. 귀인 훈련은 다양한 동료의 행동에 대한 적절한 귀인을 이해하는 데 도움이 될 수 있다.

기울이지 않았는데도 많은 노력을 기울였다고 믿는 사람도 있고, 객관적으로 쉬운 작업을 어렵게 인식하는 등 사람마다 다를 수 있다. 성공을 내부적 원인으로 귀인하는 것은 자기 효능감을 키우고, 실패에도 불구하고 열심히 노력하고 지속하려는 동기를 증가시킨다.

조직에서 공정성과 신뢰는 중요하다. 경영자와 직원의 경우를 예로 들어 보자. 경영자가 직원과 어려운 징계 관련 대화를 나누고 있다고 가정해 보자. 대화의 근거가 공정하고 적절하게 처리되고 있다고 가정하면 경영자와 직원은 신뢰 관계를 유지할 수 있다. 하지만 대화의 근거가 공정하지 않다면 신뢰는 훼손될 것이다.

4-3d 공정성, 정의 그리고 신뢰에 대한 지각

지각과 지각 과정은 사람들이 공정성, 정의, 신뢰를 인식하는 방식에 중요한 역할을 한다. 직장이나 학교에서 부당한 대우를 받았다고 느꼈던 때를 생각해 보라. 왜 그렇게 느꼈는가? 이에 대하여 어떻게 대처했는가? 불공정을 인식하게 되면 우리는 종종 그것에 대해 무언가를 반응하려는 동기를 가지게 된다. 조직에서는 다양한 상황에서 불공정(불의라고도 함)에 대한 인식이 존재할 수 있다. 정리해고와 인원 감축은 해고된 직원뿐만 아니라 남아 있는 직원들에게도 불공정하다고 여겨지는 경우가 많다. 채용 및 승진 결정은 종종 선택되지 않은 사람들에게는 불공정하다고 여겨진다. 노조가 있는 환경에서는 경영자와 노조 대표 모두 상대방이 불공정하다고 인식하는 경우가 많다. 새로운 시스템을 배우거나 새로운 일을 하도록 요청받은 사람들에게는 그러한 조직 내의 변화조차 불공정한 것으로 생각될 수 있다.

조직 공정성(organizational fairness)이란 조직의 행사, 정책 및 관행이 공정하다고 느끼거나, 혹은 공정하지 않다고 생각하는 직원들의 인식을 의미한다.[53] 공정성은 높은 지위에 있는 다른 사람에게 의존해야 하는 상황에서 가장 중요한 관심사가 된다.[54] 왜 공정성에 관심을 가져야 하는가? 공정성에 대한 인식은 만족, 몰입, 신뢰, 이직률 등 다양한 직원의 태도와 행동에 영향을 미치기 때

조직 공정성
조직의 조치, 정책 및 관행이 공정하거나 공정하지 않다고 생각하는 직원들의 인식을 의미.

문이다. 절도, 태업, 기타 비윤리적인 행동 등 여러 가지 부정적인 행동은 불공정하다는 인식에서 발생할 수 있다.[55] 또한 조직의 조치가 불공정하다고 인식되면, 종업원들이 고용주를 상대로 소송을 제기할 가능성이 높아진다.[56] 이러한 공정성 인식의 결과는 대부분 조직에 명백한 경제적 영향을 미칠 수 있다.

관리자가 단순히 자신만 공정하게 행동하는 것만으로는 충분하지 않으며, 부하 직원들에게 공정하다고 인식되어야 한다는 점을 기억하는 것이 중요하다. 지각은 반응을 이끌어내는 요소이며, 관리자의 행동과 결정에 대한 부하 직원의 귀인과 해석은 그 관리자의 실제 의도 및 신념과 차이가 있을 수 있다. 미국 인력의 인구통계적 다양성으로 인해 많은 경영자는 인종에서부터 종교, 정치적 이념에 이르기까지 종업원들의 다양한 차이를 관리해야 하며, 이 모든 것이 갈등과 오해의 원인이 될 수 있다.[57] 조직 공정성에 대한 지각과 귀인을 효과적으로 관리하면 갈등이나 오해를 예방하거나 효과적으로 관리하는 데 도움이 될 수 있다.

공정성을 이해하는 것은 윤리적인 이유에서도 중요하다.[58] 최근 몇 년간 세간의 이목을 끄는 윤리적 위반 사례가 적지 않았다. 회사 리더를 포함한 모든 직원에게 조직 공정성 원칙에 대한 교육을 실시하면 윤리적 의사 결정을 내리는 데 도움이 된다. 직원들이 조직 공정성을 전반적으로 인식하고 조직이 공식적인 윤리 프로그램을 준수하려는 열망이 있으면, 비윤리적 행동이 줄어들고 직원들은 경영진에게 문제를 보고하려는 의지가 더 커진다.[59] 또한 공정성에 대한 개인의 기대는 윤리적 기대를 위반하는 사람이 징계를 받을 것이라는 기대를 가지게 한다.[60] 직원들의 공정성에 대한 기대를 충족시키지 못하면 비윤리적인 행동을 하게 될 수 있다.[61] 공정성은 다음에 논의될 세 가지 주요 방식으로 생각해 볼 수 있다.

분배 공정성

분배 공정성
자원 분배, 승진, 채용 및 해고 결정, 임금 인상 등을 포함한 받은 결과에 대해 지각된 공정성을 의미.

분배 공정성(distributive fairness)은 자원 분배, 승진, 채용 및 해고 결정, 임금 인상 등을 포함하여 의사 결정의 결과에 대해 지각된 공정성을 의미한다.[62] 당신과 친구가 동시에 지역 회사에 지원했다고 가정해 보자. 당신은 자신이 더 자격이 있다고 생각했겠지만 친구가 합격했고, 당신은 채용되지 않았다. 이 상황이 공정하다고 느껴지는가? 취업이 되지 않은 사실에 대해 느끼는 공정성에 대한 믿음은 분배 공정성에 대한 인식을 반영한다. 분배 공정성은 주어진 결과와만 관련이 있으며, 결정을 내린 과정의 공정성과는 관련이 없다.

절차 공정성

절차 공정성
결과를 도출하는 데 사용된 절차의 공정성을 다룸.

공정한 결과만큼 공정한 과정도 중요하다. **절차 공정성**(procedural fairness)은 결과를 도출하는 데 사용된 절차의 공정성(예: 어떤 규칙이 준수되었는지, 사람들이 의견을 제시하고 결과에 영향을 미칠 수 있는 기회가 있었는지 등)을 다룬다.[63] 예를 들어, 당신과 친구가 동시에 같은 직무에 지원했지만 친구만 합격한 경우를 다시 예로 들어 보자. 채용 담당자가 친구의 사촌이라는 사실을 알게 되어 당신이 더 뛰어난 자격을 갖추었음에도 불구하고 친구가 채용되었다면 어떻게 될까? 친척을 채용하기 위해 규정을 위반하는 것은 공정한 채용 절차에 대한 기준을 위반하는 것일 수 있다. 절차 공정성이 낮으면 업무 성과가 낮아지고, 지각, 태업 등 이탈 행동이 나타나고, 이로 인한 부정적인 결과가 발생할 가능성이 높아진다. 하지만 절차 공정성이 높으면 부정적인 반응이 훨씬 적다. 그렇다면 절차 공정성이 왜 그렇게 중요할까? 두 가지 이유가 있다. 첫째, 직원들은 현재 의사 결정 절차에 대한 지각을 통해 미래에 조직에서 어떻게 될지를 예측한다. 둘째, 공정한 절차는 직원들이 조직에서 가치를 인정받고 있다는 신호라고 받아들여진다.

상호작용 공정성

상호작용 공정성(interactional fairness)은 의사 결정 및 과정에 대한 정보의 양이 적절했는지, 의사 결정 과정에서 받은 대우와 설명이 공정했는지에 관한 인식을 의미한다. 성과급을 받지 못한 직원이 상사가 그 이유를 적절히 설명했다고 생각할까? 바람직하지 않은 평가 결과를 통보 받았을 때, 우리가 어떻게 대우받았는지는 받은 결과만큼이나 중요할 수 있다. 자신을 무례하게 대하거나 무시하는 사람에게는 최선을 다하기가 어렵다. 거짓이거나 모욕적인 말이나 행동은 상호작용 공정성이 낮은 것으로 볼 수 있다.[64]

상호작용 공정성
의사 결정 및 과정에 대한 정보의 양이 적절했는지, 의사 결정 과정에서 받은 대인 관계 대우와 설명이 공정했다는 인식.

상호작용 공정성은 두 가지 구체적인 유형의 대인 관계 대우를 설명한다.[65] 첫 번째 유형은 대인 관계 공정성(interpersonal fairness)으로, 절차를 실행하거나 결과를 결정하는 데 관여한 사람들로부터 공손함, 존엄성, 존중함으로 대우받는 정도를 의미한다. 두 번째 유형은 정보 공정성(informational fairness)으로, 직원들이 자신의 직장 생활에 영향을 미치는 결정에 대해 적절한 정보와 설명을 받는 정도에 관심을 갖는다.[66] 상사와 부하 직원 간의 관계에서 높은 수준의 상호작용 공정성을 형성하는 것이 중요하다. 상호작용 공정성이 낮아지면 상사나 조직에 대한 분노로 이어질 수 있다.[67] 상호작용 불공정성의 피해자는 종종 상사나 회사에 대한 적대감을 표현하는 경우가 많으며, 이는 부정적인 업무 행동으로 이어지고 조직 의사소통의 효율성을 감소시킬 수 있다.[68] 입사 지원자의 공정성 인식, 채용 조직에 대한 인식, 시험 응시 동기, 인지 능력 테스트 성과를 향상시키기 위해서는 상세한 설명이 필요하다.

지각과 신뢰

지속적으로 다른 사람을 공정하게 대할 때 얻을 수 있는 가장 중요한 결과 중 하나는 신뢰이다. **신뢰**(trust)란 어떤 사람이 당신을 감시하거나 통제할 수 있는 능력이 있음에도 불구하고, 그 사람이 당신을 이용하지 않을 것이라는 기대이다.[69] 신뢰는 장기적인 관계에 매우 중요하며 직무 성과와도 긍정적인 관련이 있다.[70] 신뢰가 형성된 업무 관계에서는 직원들이 '눈치 보기'에 시간과 에너지를 낭비하지 않고 업무에 집중할 수 있게 해 준다.[71] 신뢰는 관계의 발전 단계에 특히 중요하며 회사의 재무 성과와도 긍정적인 관련이 있다.[72] 500명의 비즈니스 전문가를 대상으로 실시한 설문 조사에 따르면, 경영자와 신뢰 관계가 해당 직장에 계속 근무하기로 결정하는 주요 요인으로 나타났다.[73]

신뢰
다른 사람이 감시하거나 통제할 수 있는 능력이 있음에도 불구하고 우리를 이용하지 않을 것이라는 기대.

Case Study

상사가 내면의 아이를 풀어 줄 때 해야 할 일

다음 시나리오를 생각해 보자.

당신은 소규모 지역 의류 매장 체인점의 부사장 10명 중 한 명이며 여성 의류 부서를 담당하고 있다. 당신의 임무 중 하나는 10명의 부서장과 회사 사장이 모두 모인 회의에서 매달 실적을 검토하는 것이다. 다른 부사장들과 마찬가지로 전월의 실적과 다음 달의 예상 실적을 보여 주는 파워포인트 프레젠테이션을 준비한다. 프레젠테이션이 진행되는 동안 연단에 올라 회의실 맨 앞에서 토론을 주도한다.

전반적으로, 이 회의는 모든 사람이 무슨 일이 일어나고 있는지, 전반적으로 무엇을 기대할 수 있는지 알 수 있는 매우 유용한 전체 전략의 일부이다. 일반적으로 유익하고 생산적인 회의의 유일한 단점은 사장이 나쁜 소식에 대처하는 데 무능하다는 점이다. 그는 짜증을 내고 '저성과자'를 비난한다. 그러다 보니 당신과 동료들은 항상 속이 불편한 상태로 회의에 들어와서 본격적인 위장 장애를 안고 회의장을 떠난다. 사장 자신은 자신이 솔직하고 열린 토론을 장려하고 있다고 생각하지만, 회의실의 다른 모든 사람은 구시대적인 괴롭힘이라고 생각한다.

당신은 이제 회의실 앞쪽에서 바닥에서 천장까지 이어지는 스크린에 500포인트 폰트(물론 빨간색)로 표시된, 월별 수치를 올려다보고 있는 자신을 발견한다. 땀을 뻘뻘 흘리며 실망스러운 매출 수치를 설명하려고 할 때 발표장 뒤편 벽에서 쿵하고 덜컹거리는 소리가 들린다. 깜짝 놀란 당신은 뒤쪽으로 고개를 돌리다가 다른 모두가 바닥에서 무언가를 찾거나 방 한쪽에 있는 창문을 통해 날씨를 확인하고 있는 것을 보고 깜짝 놀랐다. 마지막으로 뒤쪽 벽을 바라보니 바닥에 구부러진 의자가 넘어져 있는 것을 발견했다. 다시 고개를 들어 보니 사장이 팔짱을 끼고 얼굴을 찡그리고 서 있는 것이 보인다. "다음번에 저런 숫자를 보여 주면 그냥 넘어가지 않겠습니다!"라며 으르렁거린다.

믿거나 말거나, 이 이야기는 실화이다(개연성과 극적인 효과를 위해 몇 가지 세부 사항을 아주 조금 변경했지만). 이 이야기는 가능한 빨리 그리고 폭력을 최소화하면서 경영자로 승진하고자 하는 전문가와 사업가들을 위한 컨설턴트인 존 맥키(John McKee)가 들려주는 이야기이다. 맥키는 실제로 이 에피소드의 목격자이며, 자신이 본 것 중 '상사가 나쁘게 행동하는 가장 분명한 사례'라고 인정하면서도, 누군가 더 나은 사례를 제시해도 조금도 놀라지 않을 것이라고 덧붙였다.

업무 및 관리 팀 개발 전문 컨설턴트인 린 테일러(Lynn Taylor)는 시나리오에 등장하는 상사와 같은 상사를 스트레스를 받으면 자신의 권한을 통제하지 못하는 '끔찍한 사무실 폭군', 즉 TOT(Terrible Office Tyrants)라고 부른다. 테일러는 우리가 설명한 것과 같은 상사가 실제로 "다루기 힘든 압력을 처리하기 위해 잘못 행동하는 '내면의 유아'로 돌아간다는 연구 결과를 고려할 때 이러한 특징이 적절하다고 믿는다." 즉, 이들은 어렸을 때 '자기 이익만을 추구하는 결과'를 낳았던 행동으로 되돌아간다는 것이다. 테일러는 성인 직장에서 이들은 "대부분의 인간과 마찬가지로 세상을 지배하는 능력에 한계가 있다는 것을 가끔씩 발견하게 된다."고 설명한다. "이러한 깨달음과 더불어 순간적으로 명확한 의사소통을 할 수 없다는 사실이 그들을 분노하고 좌절하게 만든다."

테일러에 따르면, 'TOT와 유아가 공유하는 핵심적이고 평행한 특성'은 20가지가 있다. 테일러는 이 중 상당히 공격적인 행동은 '버릇없는 행동'으로 분류했다.

- 자랑하기
- 괴롭힘
- 요구
- 무시
- 충동성
- 거짓말
- 자기중심성

- 고집
- 짜증
- 텃세
- 징징거림

테일러는 "대부분의 짜증은 물건을 방에 던져 버리는 것과 관련이 없다."라고 확신하며 특히 덜 공격적인 형태(변덕, 기분 변화, 궁핍함)의 TOT 행동은 '적극적으로 관리'될 수 있다고 믿는다. 사람들은 자신이 감정적인 샌드백 취급을 받는 것을 좋아하지 않는다. 그녀는 '유머, 상식, 합리적 사고, 나쁜 행동에 대한 한계 설정'을 권장한다. 그리고 "TOT 관리에 있어서는 속담처럼 쿠키 항아리를 갖고 있는 부모가 되라."고 덧붙인다.

나쁜 상사를 이해하고 대처하는 테일러의 접근 방식은 포위당한 직원들에게 몇 가지 구체적인 대처 기술로 전환할 것을 제안한다. 예를 들어, 관리자의 강압적인 태도에 직면했을 때 다음과 같이 대답하는 것이 좋은 '젖꼭지'가 될 수 있다. "내일 할 일 목록에서 가장 먼저 처리할 거예요."라고 답하는 것이 좋다. 효과적인 기법에 대한 유용한 도구 상자를 찾고 있다면 인터넷에서 수십 가지를 찾을 수 있으며, 대부분은 심리학자나 조직 컨설턴트가 게시한 것이다. 다음은 US News 칼럼니스트이자 여성을 위한 커리어 조언 전문가인 캐런 번스(Karen Burns)가 정리한 것이다.

- 모든 것을 서면으로 기록하라. 진행 상황 보고서를 작성하고 날짜를 적어라. 구두로 지시를 받으면 답장 이메일에 요약하라.
- 뛰어난 성과를 내라. 단순히 좋은 직원이 되는 것 이상으로 긍정적인 태도를 유지하라. 업무를 수행하면서 미소를 짓고 있으면 다른 사람이 당신을 기습하기 어렵다.
- 순간을 포착하라. 단순히 상사를 피하기보다는 상사의 패턴을 연구하라. 상사가 화를 낼 때는 피하고 상사가 안정된 시간에 대화할 수 있도록 일정을 잡아라.
- 커뮤니티를 찾아보라. 동료 및 다른 관리자와의 유대관계를 통해 정신적 안정을 취하라. 직장 내에서는 멘토를, 외부에서는 대화할 수 있는 사람을 찾아 속내를 털어놓으라.
- 통제할 수 있는 것은 통제하라. 상사의 비이성적인 행동은 통제할 수 없으므로 자신이 통제할 수 있는 것, 즉 상사의 행동에 대응하는 방식을 통제하라. 짜증 섞인 목소리 톤은 무시하고 상사가 하는 말의 내용에 대응하라. 또한, 올바른 식습관과 운동, 충분한 수면을 취하고 나머지 시간은 제정신인 사람들과 함께 보내라.
- 자신의 권리를 알아 두라. 인사 부서(또는 그 이상)에 고충을 제기하려면 문제와 문제 해결을 위한 노력을 문서화하고 원하는 구제책(전근, 퇴직금 등)을 구체적으로 명시하라.
- 출구를 파악하라. 계획을 세우고, 준비가 되기 전에 강압적으로 조치를 취하지 마라.

질문

1. 일부 전문가에 따르면, 여기에 기록된 행동 유형은 다른 사회보다 비즈니스 세계에서 더 널리 퍼져 있다고 한다. 이것이 사실이라고 가정할 때, 그 이유는 무엇이라고 생각하는가?
2. 당신은 완벽주의자인가? 쉽게 좌절하는 편인가? 지금 이 시점에서 다른 사람을 관리하는 업무에 얼마나 잘 적응하고 있는가?
3. 태도, 가치관, 인식이 이 사례에서 예시된 행동에 어떤 영향을 미칠 수 있는가?
4. 스트레스는 어떻게 작용할까?

Sources: McKee, J. (2007, February 8). Worst Boss Ever. TechRepublic. Available online: www.techrepublic.com (accessed April 8, 2022); Taylor, L. (2009, August 27). Why Bad Bosses Act Like Toddlers. *Psychology Today.* Available online: www.psychologytoday.com (accessed April 8, 2022); Taylor, L. (2009, December 15). 10 Ways to Manage Bad Bosses. CNN Living. Available online: http://articles.cnn.com (accessed April 8, 2022); and Burns, K. (2009, November 4). How to Survive a Bad Boss. *U.S. News & World Report.* Available online: http://money.usnews.com (accessed April 8, 2022).

4-4 조직에서 스트레스

이 장에서 논의할 개인 행동의 마지막 요소는 스트레스이다. 많은 사람들이 스트레스를 단순한 문제라고 생각한다. 그러나 실제로 스트레스는 매우 복잡한 현상이며, 종종 오해되기도 한다. 직무 스트레스가 실제로 어떻게 작용하는지 알아보려면 먼저 스트레스를 정의한 다음 스트레스가 발생하는 과정을 설명해야 한다.

4-4a 스트레스의 본질

스트레스는 다양한 방식으로 정의되어 왔지만, 대부분의 정의는 스트레스는 자극(stimulus)에 의해 발생한다. 자극은 신체적 또는 심리적일 수 있으며, 개인은 어떤 방식으로든 자극에 반응한다.[74] 따라서 **스트레스**(stress)란 개인에게 과도한 심리적 또는 신체적 요구를 가하는 자극에 대해 개인의 적응하는 반응으로 정의된다. 코로나19 팬데믹 기간 동안 많은 사람들이 질병에 대한 두려움, 가족과 생계에 미치는 영향에 대한 걱정, 격리 기간 동안 경험하는 사회적 고립 등 스트레스 수준이 높아졌다.

스트레스
과도한 심리적 또는 신체적 요구를 가하는 자극에 대한 개인의 적응 반응.

이 정의의 근본적인 복잡성을 고려할 때, 그 구성 요소를 주의 깊게 살펴볼 필요가 있다. 첫 번째는 적응(adaptation)의 개념이다. 현재 논의하는 것처럼, 사람들은 여러 가지 방식으로 스트레스가 많은 상황에 적응할 수 있다. 두 번째는 자극의 역할이다. 일반적으로 스트레스 요인이라고 불리는 이 자극은 스트레스를 유발하는 모든 것을 말한다. 셋째, 스트레스 요인은 심리적 또는 물리적일 수 있다. 마지막으로 스트레스가 실제로 발생하려면 스트레스 요인이 개인에게 가하는 요구가 과도해야 한다. 물론 어떤 사람에게는 과도한 것이 다른 누구에게는 잘 견딜 수 있는 것일 수도 있다. 여기서의 핵심은 개인이 그 요구가 과도하다고 인식하지 않으면 실제로 스트레스가 발생하지 않는다는 것이다.

지난 몇 년 동안 항공사 직원들이 보고한 스트레스는 눈에 띄게 증가했다. 급여 및 복리 후생 삭감에 대한 압박, 연금 위협, 강등, 해고, 과중한 업무량 등이 복합적으로 작용하여 더욱 두드러지게 나타났다. 또한 코로나19 팬데믹 기간 동안 마스크 및 사회적 거리두기와 관련된 문제로 인하여 통제하기 힘든 승객의 적대감과 공격성이 증가했다. 그 결과 그 어느 때보다 많은 항공사 직원들이 상담 서비스를 찾고 있으며, 이직률과 결근도 증가하고 있다.

스트레스 프로세스

오늘날 우리가 스트레스에 대해 알고 있는 대부분의 정보는 한스 셀라이(Hans Selye) 박사의 선구적인 연구에서 비롯되었다.[75] 셀라이 연구의 가장 중요한 공헌은 일반적응증후군과 유스트레스 및 디스트레스의 개념을 규명한 것이다. **그림 4-6**은 **일반적응증후군**(general adaptation syndrome: GAS)을 그래픽으로 표현한 것이다. 이 모델에 따르면 우리 각자는 스트레스가 많은 사건에 대해 정상적인 수준의 저항력을 가지고 있다. 어떤 사람은 많은 스트레스를 견딜 수 있지만, 또 어떤 사람들은 훨씬 적은 스트레스를 견딜 수 있다. 개인별로 스트레스가 영향을 미치기 시작하는 임계값이 있다.

일반적응증후군
스트레스 요인에 대한 반응의 3단계인 경고, 저항, 탈진을 식별.

그림 4-6
일반적응증후군

일반적응증후군(GAS) 관점은 스트레스 과정의 3단계를 설명한다. 초기 단계는 경고 단계이다. 여기서 나타난 대로 개인의 저항은 종종 이 단계에서 정상 수준 약간 아래로 내려간다. 다음은 스트레서에 대한 실제적인 저항 단계로 보통 저항 정도가 정상 수준 이상으로 올라간다. 마지막으로 3단계에서는 피로 단계에 접어들고 개인의 저항은 정상 단계 이하로 급격하게 떨어진다.

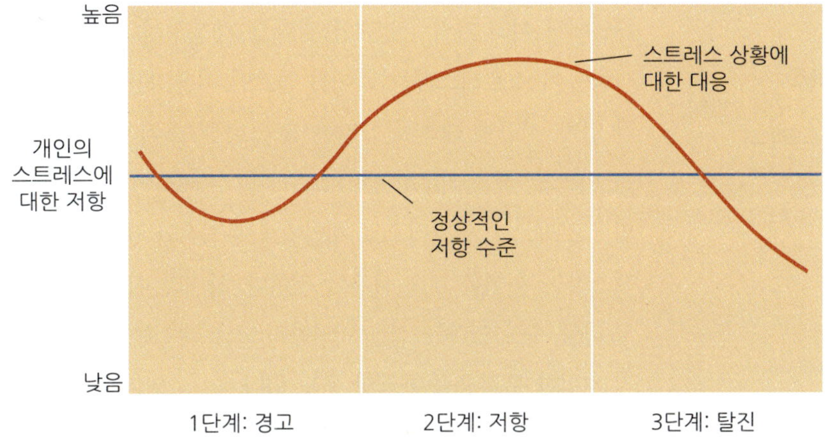

GAS는 사람이 스트레스 요인을 처음 접할 때 시작된다. 첫 번째 단계를 경고(alarm)라고 한다. 이 시점에서 사람은 어느 정도의 공포를 느끼고, 이에 대해 어떻게 대처해야 할지 고민하기 시작한다. 또한 개인은 '투쟁-도주(fight-or-flight)'라는 질문을 해결해야 할 수도 있다. '내가 이 상황에 대처할 수 있을까, 아니면 도망쳐야 할까?' 예를 들어, 당신이 밤새 장문의 보고서를 작성하라는 명령을 받았다고 가정해 보자. 당신의 첫 번째 반응은 '내일까지 어떻게 이걸 끝낼 수 있을까?'일 것이다.

스트레스는 사람마다 다른 방식으로 영향을 미친다. 예를 들어, 이 팀원들은 모두 스트레스를 받고 있는 것처럼 보이지만 조금씩 다르게 대응하고 있다. 운동, 과음, 요가 등 대처 방식도 다를 수 있다.

만약 스트레스 요인이 너무 심하면 쉽게 대처할 수 없을 지도 모른다. 그러나 대부분의 경우 개인은 자신의 힘(신체적, 정서적 또는 둘 다)을 모아 스트레스 요인의 부정적인 영향에 저항(resist)한다. 긴 보고서를 작성해야 하는 경우, 일단 마음을 진정시키고 집에 전화하여 가족에게 늦게까지 일한다고 말하고 소매를 걷어 붙이고 저녁 식사를 주문한 후 출근할 수 있다. 따라서 GAS의 2단계에서는 그 사람은 스트레스 요인의 영향에 저항한다.

종종 저항 단계에서 GAS가 종료된다. 경영자가 예상보다 일찍 보고서를 완성하면 파일을 저장하고 미소를 지으며 피곤하지만 행복하게 집으로 돌아갈 수 있다. 반면, 해결되지 않은 채 스트레스 요인에 장시간 노출되면 GAS의 3단계인 탈진(exhaustion) 단계가 시작될 수 있다. 이 단계에서는 말 그대로 포기하고 더 이상 스트레스 요인과 싸울 수 없게 된다. 예를 들어, 당신은 새벽 3시에 책상에서 잠들어 보고서를 끝내지 못할 수 있다.

디스트레스와 유스트레스

셀라이는 또한 스트레스의 원인이 꼭 나쁜 것일 필요는 없다고 지적했다. 예를 들어, 보너스를 받은 후 그 돈으로 무엇을 해야 할지 결정해야 하는 것도 스트레스가 될 수 있으며, 승진을 하고 주요 상을 받기 위한 연설을 하고, 결혼을 하는 등의 '좋은' 일도 스트레스가 될 수 있다. 셀라이는

유스트레스
긍정적인 사건에 수반되는 즐거운 스트레스.

디스트레스
부정적인 사건에 수반되는 불쾌한 스트레스.

이러한 유형의 스트레스를 **유스트레스**(eustress)라고 불렀다. 나중에 살펴보겠지만, 유스트레스는 개인에게 여러 가지 긍정적인 결과를 가져올 수 있다. 물론 부정적인 스트레스도 있다. 대부분의 사람들이 스트레스라는 단어를 들으면 떠올리는 것이 바로 이러한 **디스트레스**(distress)이다. 과도한 압박, 시간에 대한 불합리한 요구, 나쁜 소식 등이 모두 이 범주에 속한다. 코로나19에 대한 우려, 마스크 착용 의무화 등이 모두 디스트레스의 한 형태이다. 용어에서 알 수 있듯이 이러한 형태의 스트레스는 일반적으로 개인에게 부정적인 결과를 초래한다. 단순화를 위해 이 장에서는 스트레스라는 용어를 계속 사용할 것이다. 하지만 이 장을 읽고 공부하면서 스트레스는 좋을 수도 있고 나쁠 수도 있다는 점을 기억하라. 스트레스는 동기를 부여하고 자극을 줄 수도 있으며, 여러 가지 위험한 부작용을 초래할 수도 있다.

4-4b 스트레스의 일반적 원인

많은 것이 스트레스를 유발할 수 있다. **그림** 4-7은 조직적 스트레스 요인과 생활 스트레스 요인이라는 두 가지 큰 범주를 보여 준다. 또한 스트레스 결과의 세 가지 범주인 개인적 결과, 조직적 결과, 소진을 보여 준다.

그림 4-7
스트레스의 요인과 결과

스트레스의 요인과 결과는 복잡한 방식으로 관련돼 있다. 스트레스의 기본 요인은 조직 스트레스와 생활 스트레스 요인으로 구분할 수 있다. 공통의 결과에는 에너지 소진뿐만 아니라 개인 및 조직 차원의 결과가 있다.

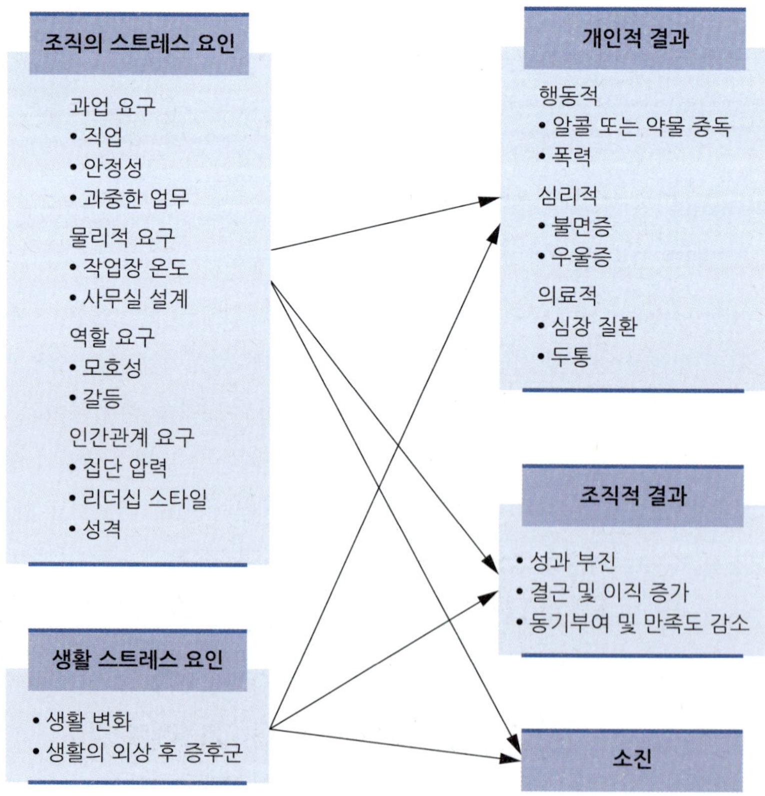

Reference: Adapted from Quick, James C., & Quick, Jonathan D. (1984) New York. *Organizational Stress and Preventive Management* (pp. 19, 44, and 76) McGraw-Hill. Used by permission of James C. Quick.

조직적 스트레스 요인

조직적 스트레스 요인(organizational stressors)은 직장에서 스트레스를 유발할 수 있는 다양한 요인을 의미한다. 조직의 스트레스 요인은 업무 요구, 물리적 요구, 역할 요구, 대인 관계 요구 등 네 가지로 구분할 수 있다.

조직적 스트레스 요인은 스트레스를 유발할 수 있는 직장 내 요인이다. 업무, 물리적, 역할 및 대인 관계 요구는 모두 조직 스트레스 요인의 유형이다. 예를 들어, 이 남성은 프로젝트가 밀렸거나 상사 또는 동료와 의견 차이가 있었거나 너무 많은 시간을 일했거나 에어컨이 없는 더운 사무실에서 일하고 있기 때문에 스트레스를 받고 있을 수 있다.

업무 요구(task demands)는 개인이 수행하는 특정 업무와 관련된 스트레스 요인이다. 일부 직업은 본질적으로 다른 직업보다 스트레스를 더 많이 받는다. 예를 들어, 뇌전문 외과 의사라는 직업은 본질적으로 스트레스가 많을 가능성이 높다. 석탄 채굴 및 독성 폐기물 처리와 같은 직업에는 건강에 해로운 환경이 존재한다. 직업 안정성 부족은 스트레스를 유발할 수 있는 또 다른 작업 요소이다. 비교적 안정적인 직업을 가지고 있는 직장을 잃는 것에 대해 지나치게 걱정하지 않을 것이다. 하지만 직업 안정에 대한 위협은 스트레스를 극적으로 증가시킬 수 있다. 예를 들어, 스트레스는 일반적으로 해고 기간 동안이나 다른 회사와의 합병 직후 조직 전체에서 증가한다. 마지막 업무 요구 스트레스 요인은 과부하(overload)이다. 과부하는 사람이 처리할 수 있는 것보다 더 많은 일을 할 때 발생한다. 과부하는 정량적(수행할 업무가 너무 많거나 수행할 시간이 너무 부족한 경우)이거나 정성적(업무 수행 능력이 부족하다고 생각하는 경우)일 수 있다. 과부하의 반대도 바람직하지 않을 수 있다는 점에 유의해야 한다. **그림 4-8**에서 볼 수 있듯이, 과부하가 긴장과 불안을 유발하는 것처럼, 지나치게 낮은 업무 요구 사항은 지루함과 무관심을 초래할 수 있다. 따

그림 4-8

업무량, 스트레스 및 성과

과다한 스트레스는 분명 좋지 않지만 너무 스트레스가 없는 것도 예상치 못한 문제를 일으킬 수 있다. 예를 들어, 너무 적은 스트레스는 지루함과 무관심을 일으킬 수 있고 낮은 성과를 동반한다. 그리고 과다한 스트레스는 긴장, 염려, 낮은 성과를 가져오지만 대부분의 사람에게 적정 수준의 스트레스는 활력, 동기부여, 성과를 가져온다.

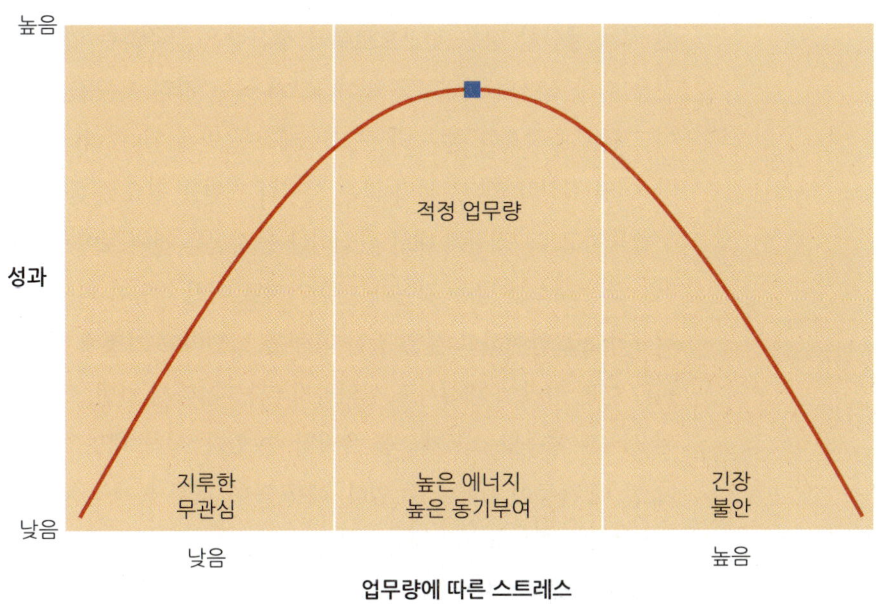

라서 업무량과 관련한 적당한 수준의 스트레스는 높은 수준의 에너지와 동기부여로 이어지기 때문에 최적이라 할 수 있다.

직무의 물리적 요구(physical demands) 사항은 작업 환경의 물리적 특성과 관련되어 있다. 중요한 요소 중 하나는 온도이다. 극한의 온도에서 실외에서 근무하는 경우 스트레스를 받을 수 있으며, 냉난방이 제대로 되지 않는 사무실에서 근무하는 것도 마찬가지이다. 무거운 화물을 싣거나 짐을 들어 올리는 등의 격렬한 노동도 비슷한 결과를 초래할 수 있다. 사무실 디자인도 문제가 될 수 있다. 사무실을 잘못 설계하면 사생활 보호가 어렵게 될 수 있고, 사회적 교류가 지나치게 많거나 적을 수 있다. 상호작용이 너무 많으면 업무에 집중할 수 없고, 너무 적으면 지루함이나 외로움을 유발할 수 있다. 마찬가지로 열악한 조명, 부적절한 작업 공간 및 이와 유사한 결함도 스트레스를 유발할 수 있다. 그리고 교대 근무는 수면과 여가 활동에 영향을 미치기 때문에 사람들에게 혼란을 초래할 수 있다.

역할 요구(role demands)는 조직의 사람들에게도 스트레스가 될 수 있다. 역할은 집단이나 조직의 특정 직위와 관련하여 기대되는 일련의 행동이다. 역할에는 공식적(즉, 직무 관련 및 명시적) 요구사항과 비공식적(즉 사회적이고 암묵적) 요구 사항이 모두 포함된다. 조직이나 작업 그룹의 사람들은 특정 역할을 맡은 사람이 특정 방식으로 행동하기를 기대한다. 그들은 이러한 기대를 공식적 혹은 비공식적으로 전달한다. 개인은 다양한 정확도로 역할 기대를 인식하고 그 역할을 수행하려고 시도한다. 그러나 이 과정에서 '오류'가 발생하여 역할 모호성(role ambiguity), 역할 갈등(role conflict), 역할 과부하(role overload)와 같은 스트레스를 유발하는 문제가 발생할 수 있다.

마지막 조직적 스트레스 요인은 집단 압력, 리더십, 대인 관계 갈등이라는 세 가지 대인 관계 요구(interpersonal demands)로 구성된다. 집단 압력(group pressure)에는 생산량 제한에 대한 압력, 집단의 규범을 준수하라는 압력 등이 포함될 수 있다. 예를 들어, 작업 그룹에서 각 구성원이 생산할 양에 대해 비공식적으로 합의하는 것은 매우 흔한 일이다. 이 수준보다 훨씬 더 많이 또는 훨씬 적게 생산할 경우, 집단으로부터 생산량을 맞추라는 압력을 받을 수 있다. 급여 인상이나 승진을 위해 집단의 기대치를 벗어나고자 하는 강한 욕구를 느끼는 개인이라면, 특히 집단의 수용이 그들에게 중요한 경우 더 큰 스트레스를 받게 된다. 리더십 스타일도 스트레스를 유발할 수 있다. 어떤 직원이 리더로부터 많은 사회적 지원을 필요로 한다고 가정해 보자. 하지만 리더는 매우 무뚝뚝하고, 그 직원에 대한 관심이나 동정심을 전혀 보이지 않는다고 생각해 보자. 이 직원은 아마도 스트레스를 받을 것이다. 마찬가지로 어떤 직원이 의사 결정에 참여하고 경영의 모든 측면에 적극적으로 참여하고 싶은 강한 욕구를 느낀다고 가정해 보자. 상사가 매우 독재적이고 부하 직원과 어떤 사안에 대해서도 상의하지 않는다. 다시 한번 스트레스가 발생할 가능성이 높다. 상반된 성격과 행동도 스트레스를 유발할 수 있다. 성격, 태도, 행동이 달라도 두 명 이상이 함께 일해야 할 때 갈등이 발생할 수 있다. 예를 들어, 내부 통제 위치(internal locus of control)에 있는 사람, 즉 항상 일을 자신이 통제하기를 원하는 사람은, 이와 반대로 일이 되어가는 것을 기다리는 편이고, 일이 벌어지는 대로 내버려두는 외부 통제 위치(external locus of control)를 가진 사람과 함께 일하는 것에 좌절감을 느낄 수 있다. 마찬가지로 조용하고 평화로운 근무 환경을 원하는 직원은 하루 종일 전화 통화를 해야 하는 업무를 담당하는 사람이 사무실의 바로 옆자리를 배정받으면 스트레스를 받을 수 있다.

마지막으로, 오늘날 많은 직장인이 다양한 원인으로 인한 스트레스를 동시에 경험하고 있다는 점도 주목해야 한다. 한 가지 예는 공항 보안 검색대이다. 이들은 수많은 기내 반입 물품을 처리해야 하며, 그중 일부는 잠재적으로 위험할 수 있다. 그들은 가능한 한 업무를 빨리 처리하라는 여행객의 압박에 시달리면서도 실수로 인한 잠재적 결과에 대해 끊임없이 상기해야 한다. 실제로 보안 관련 업무에 종사하는 많은 사람들이 그 어느 때보다 높은 스트레스 수준에 직면해 있다. 또한 조직 내 스트레스는 조직 외부에서 일어나는 사건에 의해서도 영향을 받을 수 있다. 재정적 문제, 아픈 자녀, 가까운 가족의 죽음을 겪은 개인은 의심할 여지없이 이러한 사건들로 인하여 스트레스를 경험하게 된다. 기후 변화, 러시아 우크라이나 전쟁, 논란의 여지가 있는 대법원 판결, 정당 간의 갈등 심화 등의 주제에 대한 뉴스와 그에 따른 기사들을 지속적으로 접하는 것도 많은 사람들의 스트레스를 증가시키는 요인으로 작용한다. 당연히 업무 외적으로 이와 유사한 문제에 직면한 개인들은 업무 중에도 영향을 받게 된다.

4-4c 스트레스의 결과

스트레스는 여러 가지 결과를 가져올 수 있다. 앞서 언급했듯이 스트레스가 긍정적일 경우 더 많은 에너지와 열정, 동기부여가 될 수 있다. 물론 더 우려되는 것은 스트레스의 부정적인 결과이다. **그림 4-7**을 다시 보면 스트레스가 개인적 결과, 조직적 결과, 그리고 소진을 초래할 수 있음을 알 수 있다. 먼저 나열된 많은 요소가 분명히 서로 연관되어 있다는 점에 주목해야 한다. 예를 들어, 알코올 남용은 개인의 결과로 나타나지만, 그 사람이 일하는 조직에도 영향을 미친다. 직장에서 술을 마시는 직원은 업무 수행 능력이 떨어지고 다른 직원에게 위험을 초래할 수 있다. 결과의 범주가 다소 자의적으로 보이는 경우 각 결과는 주요 영향 영역에 따라 분류된다는 점에 유의하라.

개인적 결과

스트레스의 개인적 결과는 주로 개인에게 영향을 미치는 결과이다. 조직도 직·간접적으로 어려움을 겪을 수 있지만 실제 대가를 치르는 사람은 바로 개인이다. 스트레스는 행동적, 심리적, 의학적 결과를 초래할 수 있다.

스트레스로 인한 행동 결과는 스트레스를 받는 당사자나 다른 사람에게 해를 끼칠 수 있다. 그러한 행동 중 하나가 바로 흡연이다. 연구에 따르면 담배를 피우는 사람은 스트레스를 받을 때 담배를 더 많이 피우는 경향이 있다는 것이 명확하게 입증되었다. 알코올 및 약물 남용이 스트레스와 관련이 있다는 증거도 있지만, 이 관계는 명확하게 정리되어 있지 않다. 다른 가능한 행동 결과로는 사고 성향, 공격성 및 폭력성, 식욕 장애 등이 있다. 스트레스의 심리적 결과는 개인의 정신 건강 및 웰빙과 관련이 있다. 사람들이 직장에서 스트레스를 너무 많이 받으면 우울증에 걸리거나 잠을 너무 많이 자거나 충분히 자지 못할 수 있다.[76] 스트레스는 또한 가족 문제와 성적인 어려움으로 이어질 수 있다. 스트레스의 의학적 결과는 개인의 신체적 건강에도 영향을 미친다. 심장병과 뇌졸중은 다른 질병 중에서도 특히 스트레스와 관련이 있다. 과도한 스트레스로 인해 발생하는 다른 일반적인 의학적 문제로는 두통, 요통, 궤양 및 관련 위장 및 장 질환, 여드름과 두드러기 같은 피부 질환 등이 있다. 일부 전문가들은 코로나19와 관련된 스트레스가 정신 건강에 미치는 영향이 향후 몇 년 동안 지속될 수 있다고 우려한다.

조직적 결과

앞에서 논의한 개인적 결과는 조직에도 영향을 미칠 수 있다. 스트레스로 인한 다른 결과는 성과 저하, 이직, 태도의 부정적인 변화 등 조직에 훨씬 더 직접적인 영향을 가져온다.

과도한 스트레스가 조직에 미치는 분명한 결과 중 하나는 성과 저하(decline in performance)이다. 작업자의 경우 이러한 성과 저하는 업무의 질 저하 또는 생산성 저하로 이어질 수 있다. 관리자들이 잘못된 의사 결정을 내리거나, 직원들이 짜증을 내고 함께 일하기 어려워지면서 업무 관계에 차질이 생길 수 있다. 철수 행동(withdrawal behavior)은 스트레스로 인해 발생할 수도 있다. 조직에서 가장 중요한 철수 행동의 두 가지 형태는 결근과 퇴사이다. 업무 스트레스에 대처하는 데 어려움을 겪는 사람들은 병가를 내거나 조직을 영원히 떠날 것을 고려할 가능성이 높다. 스트레스는 다른 형태의 철수 행동을 일으킬 수 있다. 일부 관리자들은 업무의 마감일을 지키지 않거나 점심 시간을 더 길게 가질 수 있다. 종업원은 조직이나 업무에 대한 관심을 중단시키는 심리적인 철수를 시도할 수 있다. 앞서도 언급했듯이 종업원 폭력은 스트레스로 인해 개인적으로 발생할 수 있는 잠재적인 결과의 하나이다. 특히 폭력이 다른 직원이나 조직 전반을 대상으로 하는 경우 조직에도 영향을 미칠 수 있다. 직원 스트레스의 또 다른 직접적인 조직적 결과는 태도와 관련이 있다. 앞서 언급한 것처럼, 직무 만족, 사기, 조직 몰입 등이 영향을 받을 수 있으며, 높은 수준의 성과를 달성하려는 동기부여도 영향을 받을 수 있다. 결과적으로 사람들은 중요하지 않은 일을 해야 한다며 불평하거나, 그럭저럭 적당히 일을 하는 등의 태도를 취하는 경향이 있다.

소진
과도한 압박과 만족의 원천이 너무 적을 때 발생하는 일반적인 피로감.

스트레스의 또 다른 결과인 소진은 개인과 조직 모두에게 분명한 영향을 미친다. **소진(burnout)**은 과도한 압박이 가해지거나 만족의 원천이 너무 적을 때 발생하는 일반적인 피로감이다.[77] 일을 완수하려는 높은 열망과 강한 동기를 가진 사람들은 특정 상황에서 소진에 빠지기 쉽다. 그들은 특히 조직이 목적을 달성하도록 지속적으로 요구하면서 조직이 자신의 주도권을 억압하거나 제한할 때 소진에 취약하다.

이러한 상황에서 개인은 일을 너무 많이 할 가능성이 높다. 즉, 조직의 기대를 충족시키려는 동시에 자신의 임무를 충족하려고 계속 노력할 수 있다. 이러한 상황의 가장 큰 부작용은 장기간에 걸친 스트레스, 피로, 좌절감, 과도한 요구에 따른 무력감이다. 이러한 결과들은 말 그대로 촛불이 스스로 타버리는 것처럼 종업원들의 열망과 동기를 감소시키고, 자신감 상실과 심리적 위축이 뒤따른다. 결국 소진이 발생할 수 있다. 이 정도의 상황이 되면, 아침에 출근하는 것이 두렵기 시작하고, 설사 더 많은 시간을 일한다고 하더라도 이전보다 성취도가 떨어지며 정신적, 육체적 피

Improve Your Skills

스트레스 관리 팁

우리 모두는 때때로 스트레스를 느낀다. 스트레스를 관리하는 방법을 알게 되면 건강과 생산성을 유지하는 데 도움이 된다. 스트레스 관리를 위한 두 가지 주요 전략은 다음과 같다. (1) 생물학적 피로 또는 과도한 흥분 상태에 대응하기 위해 차분하거나 편안한 감정을 만들기, (2) 부정적인 감정을 줄이기 위해 스트레스를 유발하는 상황에 대한 평가를 바꾸는 것이다. 다음은 각 전략을 사용하기 위한 몇 가지 팁이다.

차분하거나 편안한 감정 만들기

1. 건강한 식습관을 유지하고 카페인 과다 섭취를 피한다.
2. 양질의 수면을 충분히 취하고 필요하면 낮잠을 잔다.
3. 운동을 한다.
4. 명상을 포함한 이완 기법을 연습한다. 명상은 근육을 이완하고 아드레날린 수치를 낮추는 것으로 알려져 있다.
5. 애정 어린 관계를 발전시켜라. 포옹을 주고받는 것, 개나 고양이를 쓰다듬는 것, 친구들과 대화를 나누는 것 모두 스트레스를 줄일 수 있다.
6. 할 일 목록의 우선순위를 정하라. 영화 '바람과 함께 사라지다'에서 스칼렛 오하라가 말한 것처럼 "지금은 그런 생각을 할 수 없어요. 생각하면 미쳐버릴 것 같아요. 내일 생각해 볼게요."
7. "아니요.", "지금은 안 되요.", "정말 안 되요."라고 말하는 법을 배운다. 누구도 모든 것을 할 수는 없다!

상황에 대한 평가 바꾸기

1. 위기나 스트레스가 많은 사건을 기회로 여기도록 노력하라. 위기를 뜻하는 한자 危機는 두 개의 구성 문자로 구성된다. 하나는 위험에 대한 성격이고, 다른 하나는 기회에 대한 성격이다. 위기를 기회로 삼는 것은 부정적인 감정을 감소시키고 긍정적인 감정을 증가시켜 스트레스를 줄여 준다.
2. 스트레스 요인을 재구성하라. 상황을 덜 스트레스를 주거나 위협적인 방식으로 바꾸면 부정적인 감정과 스트레스를 줄일 수 있다. 예를 들어, 상사는 정말로 당신의 업무를 어렵게 만들려는 것이 아니라 단지 매우 바쁘고 마감일을 지켜야 하는 것일 뿐이라고 생각하라.
3. 희망적인 면을 찾아라. 상사가 중요한 보고서의 마감일을 앞당기는 것은 어려운 일이지만, 여러분의 재능을 보여 줄 수 있는 기회이며 곧 완료될 것이다!

로를 느낄 수 있다. 또한 소진은 자신이 매우 열정을 가지고 있는 일에 너무 열심히 일한 결과 발생할 수 있다는 점도 주목할 필요가 있다. 소진은 직장에만 국한되지 않고 가정이나 다른 환경에서도 휴식이나 자기 보호 시간 없이 지속 불가능한 양의 노력이 소비되는 경우에 발생할 수 있다.

4-4d 스트레스의 관리와 통제

스트레스가 널리 퍼져 있고 조직에 잠재적으로 파괴적이라는 점을 고려하면, 개인과 조직은 스트레스를 보다 효과적으로 관리하는 방법에 대해 관심을 가져야 한다. 그리고 실제로 그렇게 하고 있다. 지금까지 직장 내 스트레스 관리에 도움이 되는 많은 전략이 개발되었다. 그중에는 개인을 위한 것도 있고 조직을 위한 것도 있다.[78]

William Perugini/Shutterstock.com

사람들은 스트레스에 대처하는 데 도움이 되는 다양한 기술을 채택할 수 있다. 운동, 휴식, 시간 관리 개선 등이 일반적인 방법이다. 이 동료들은 스트레스를 조절하기 위해 심호흡 운동을 하고 있다.

개인적 대처 전략

개인의 스트레스 관리를 돕기 위한 많은 전략이 제안되었다. 운동은 스트레스를 관리하는 한 가지 방법이다. 규칙적으로 운동하는 사람은 운동을 하지 않는 사람보다 심장마비를 겪을 가능성이 낮다. 연구에 따르면, 정기적으로 운동하는 사람들은 긴장과 스트레스를 덜 느끼고 자신감이 강하며 낙천적인 태도를 보인다고 한다. 규칙적으로 운동하지 않는 사람들은 스트레스를 더 많이 느끼고 우울증에 걸릴 가능성이 더 높으며 기타 부정적인 결과를 경험할 가능성이 높다.

휴식은 스트레스를 관리하는 방법 중 하나다. 이 장의 서두에서 스트레스에 대처하려면 적응이 필요하다고 언급한 바 있다. 적절한 휴식은 적응을 위한 효과적인 방법이다. 휴식은 다양한 형태로 이루어질 수 있다. 휴식을 취하는 한 가지 방법은 정기적으로 휴가를 보내는 것이다. 한 연구에 따르면, 휴가를 다녀온 후 다양한 직장 특성에 대한 사람들의 태도가 크게 개선된 것으로 나타났다.[79] 사람들은 업무 중에도 휴식을 취할 수 있다. 예를 들어, 사람들은 평상시 근무 시간 동안 정기적으로 휴식을 취하는 것이 좋다. 매일 오후 10분 동안 눈을 감고 조용히 앉아 휴식을 취해 보자. (물론 알람 시계가 필요할 수도 있다!)

스트레스 관리를 위해 시간 관리가 필요하다는 견해도 있다. 시간 관리를 잘하면 일상의 많은 압박을 완화하거나 제거할 수 있다는 것이다. 시간 관리와 관련하여 많이 활용되는 방법은 매일 아침 그날 해야 할 일의 목록을 작성하는 것이다. 그런 다음 목록의 항목을 반드시 수행해야 하는 중요한 활동, 위임하거나 연기할 수 있는 선택적 사항 또는 사소한 일 등 세 가지 범주로 분류한다. 그런 다음 목록에 있는 일들을 중요한 순서대로 수행한다. 이 전략은 사람들이 매일 중요한 일을 더 많이 수행하는 데 도움이 된다. 또한 덜 중요한 활동은 다른 사람에게 위임하도록 권장한다.

시간 관리와 관련이 있는 개념은 과부하, 모호함, 갈등을 피하기 위해 개인이 적극적으로 노력하는 역할 관리이다. 예를 들어, 자신에게 기대되는 업무가 무엇인지 모른다고 해서 걱정만 하고 앉아 있어서는 안 된다. 대신 상사에게 설명을 요청하라. 또 다른 역할 관리 전략은 "아니요"라고 말하는 법을 배우는 것이다. "아니요"라고 말하는 것은 간단해 보일 수 있지만, 많은 사람들이 항상 "예"라고만 해서 스스로 문제를 일으킨다. 그들은 정규 업무 외에도 각종 위원회에서 활동하고, 추가 업무를 자원하고, 추가 과제에 참가하는데 동의한다. 물론 때로는 어쩔 수 없이 추가 의무를 받아들일 수밖에 없는 경우도 있다(상사가 새로운 프로젝트를 완수하라고 지시하면 어쩔 수 없이 해야 할 것이다). 하지만 대부분의 경우 "아니요"라고 말할 수 있는 상황임에도 "예"라고만 한다.

스트레스를 관리하는 마지막 방법은 지원 그룹을 개발하고 유지하는 것이다. 지원 그룹은 단순히 함께 시간을 보낼 수 있는 가족이나 친구들로 구성된 그룹을 말한다. 예를 들어, 퇴근 후 동료 몇 명과 함께 농구 경기를 보러 가는 것은 하루 동안 쌓인 스트레스를 해소하는 데 도움이 될 수 있다. 자신을 지지하는 가족과 친구는 일상적인 스트레스에 지속적으로 대처하는 데 도움이 될 수 있다. 지원 그룹은 위기 상황에서 특히 유용할 수 있다. 예를 들어, 한 직원이 몇 달 동안 노력해 온 승진을 하지 못했다는 사실을 방금 알게 되었다고 가정해 보자. 이 직원에게 스트레스를 함께 나누고 처리할 수 있는 좋은 친구가 있다면 큰 도움이 될 수 있다.

조직적 대처 전략

조직에서도 직원들의 스트레스 관리에 관심을 가져야 한다는 사실을 점점 더 깨닫고 있다.[80] 이러한 견해에 대해 일반적으로 인용되는 두 가지 근거가 있다. 하나는 조직이 스트레스를 유발하는 데 적어도 부분적으로 책임이 있기 때문에 스트레스 해소에 도움을 주어야 한다는 것이다. 다른 하나는 유해한 스트레스를 덜 받는 직원이 더 효과적으로 일할 수 있다는 것이다. 직원의 스트레스 관리를 돕기 위한 두 가지 기본 조직 전략은 제도적 프로그램과 보조 프로그램이다. 이러한 프로그램을 설명하기 위해 직원 자원 그룹과 친목 그룹(7장에서 설명)을 포함하여 다양한 용어가 사용된다.

스트레스 관리를 위한 제도적 프로그램은 확립된 조직적 제도를 통해 수행된다. 예를 들어, 적절하게 설계된 작업과 작업 스케줄(둘 다 6장에서 논의함)은 스트레스 완화에 도움이 될 수 있다. 특히 교대 근무는 수면과 휴식 패턴을 지속적으로 조정해야 하기 때문에 직원들에게 큰 문제를 일으킬 수 있다. 따라서 작업 및 작업 일정의 설계는 스트레스를 줄이기 위한 조직적 노력의 초점이 되어야 한다. 조직 문화도 스트레스 관리에 도움이 될 수 있다. 예를 들어, 일부 조직에서는 휴가에 관한 강력한 규범이 있다. 장기적으로 이러한 규범은 큰 스트레스를 유발할 수 있다. 따라서 조직은 업무와 업무 외 활동의 건강한 조합을 강화하는 문화를 조성하기 위해 노력해야 한다. 마지막으로, 감독은 스트레스 관리에 있어 중요한 제도적 역할을 할 수 있다. 감독자는 업무 과부하의 주요 원인이 될 수 있다. 상사가 스트레스를 유발하는 업무량을 할당할 가능성을 인지한다면 업무량을 합리적으로 유지하는 데 더 나은 역할을 할 수 있다.

스트레스를 줄이기 위한 제도적 노력과 더불어 많은 조직이 부수적 프로그램을 활용하고 있다. 부수적 스트레스 프로그램은 직원들이 스트레스에 대처할 수 있도록 특별히 고안된 조직적 프로그램이다. 조직은 이를 위해 스트레스 관리 프로그램, 건강 증진 프로그램 및 기타 종류의 프로그램을 채택하고 있다. 점점 더 많은 기업이 자체 프로그램을 개발하거나 이러한 유형의 기존 프로그램을 채택하고 있다. 예를 들어, 록히드 마틴(Lockheed Martin)은 직원들에게 고혈압 징후를 감지할 수 있는 선별 검사 프로그램을 제공한다. 요즘은 많은 기업에서 직원 피트니스 프로그램을 운영하고 있다. 이러한 프로그램은 직원들의 운동을 장려함으로써 간접적으로 스트레스를 해소하고 스트레스를 줄이는 것으로 추정된다. 부정적인 측면은 회사가 물리적 시설에 투자해야 하기 때문에 이러한 종류의 노력은 스트레스 관리 프로그램보다 훨씬 더 많은 비용이 든다는 것이다. 그럼에도 불구하고 점점 더 많은 기업이 이 옵션을 모색하고 있다. 예를 들어, 엘엘빈(L. L. Bean)은 직원들을 위한 최첨단 피트니스 센터를 운영하고 있다. 또한 구글(Google)이나 페이스북(Facebook)

과 같은 많은 기술 기업에서는 직원들을 위해 사내 마사지와 헬스장을 제공하고 있다.

마지막으로, 조직은 여러 종류의 프로그램을 통해 직원들이 스트레스에 대처할 수 있도록 돕는다. 예를 들어, GE(General Electric)의 프로그램과 같은 기존의 경력 개발 프로그램이 이러한 목적으로 사용된다. 다른 회사에서는 유머부터 마사지, 요가에 이르기까지 다양한 프로그램을 스트레스 해소 방법으로 활용하기도 한다. 물론 이러한 프로그램을 옹호하는 주장을 뒷받침하는 연구는 거의 또는 전혀 없다. 따라서 경영자는 직원들이 스트레스에 대처할 수 있도록 돕는 모든 조직적 노력이 최소한 합리적으로 효과적일 수 있도록 조치를 취해야 한다. 예를 들어, 리퍼블릭오브티(Republic of Tea)이라는 회사는 차 소비를 중심으로 건강한 라이프스타일을 장려하는 소규모 비상장 회사인데, 이 회사에서는 최근 직원들이 더 건강한 삶을 살 수 있도록 돕기 위해 보건부(Health Ministry)라는 포괄적인 프로그램을 시행했다. 영양사가 직원들에게 식단과 체중에 대한 무료 상담을 제공하고, 직원들은 헬스장 멤버십 비용으로 500달러를 받으며, 모든 직원이 근무 시간에 10~15분간 걷도록 권장하는 근무 시간 걷기 프로그램을 운영하고 있다. 직원들에게는 고급 워킹화도 제공되었다. 이 회사는 이러한 건강 관리 노력 덕분에 주문 처리 효율이 11% 향상되고 주문 정확도가 7% 향상되었으며, 직원들의 결근률도 감소했다고 밝혔다.[81]

4-4e 일과 삶의 균형

이 장의 여러 지점에서 개인의 일과 삶의 관계에 대해 언급했다. 이 마지막 섹션에서는 이러한 관계를 좀 더 명확하게 설명하겠다.

기본적인 일과 삶의 관계

일과 삶의 관계는 다양한 방식으로 특징지어질 수 있다. 예를 들어, 개인의 삶에서 특별히 일과 관련된 부분의 기본 차원을 생각해 보라. 일반적인 차원에는 개인의 현재 직업(근무 시간, 직무 만족 등), 경력 목표(개인의 포부, 경력 경로 등), 직장에서의 대인 관계(상사, 부하 직원, 동료 등), 직업 안정성 등이 포함된다.[82]

일-삶의 관계
개인의 직장 생활과 개인 생활의 상호 관계.

각 개인의 삶은 일과 뚜렷하게 분리되어 있다. 이러한 차원에는 개인의 배우자나 동반자, 부양가족(예: 자녀 또는 노부모), 개인적인 삶의 관심사(취미, 여가 시간의 관심사, 종교, 지역사회 참여) 및 친구 네트워크가 포함될 수 있다. 따라서 **일과 삶의 관계**(work-life relationships)에는 개인의 직장 생활 차원과 개인 생활 간의 모든 관계가 포함된다. 예를 들어, 부양가족(직장을 다니지 않는 배우자나 동거인, 부양 자녀, 부양 부모 등)이 많은 사람은 상대적으로 급여가 높고, 초과 근무 요구가 적고, 출장이 적은 직업을 선호할 수 있다. 반면, 부양가족이 없는 사람은 급여에 대한 관심이 적고 초과 근무에 대해 더 수용적일 수 있으며 업무 관련 여행을 즐길 수 있다. 스트레스는 개인의 일과 삶의 차원 사이에 기본적인 불일치나 불일치가 있을 때 발생한다. 예를 들어, 어떤 사람이 연로한 부모를 혼자서 돌보지만 상당한 출장과 야간 근무가 필요한 직업을 갖고 있다면 스트레스가 발생할 가능성이 높다.

일과 삶의 균형 잡기

물론 일과 삶의 균형을 맞추는 것은 쉬운 일이 아니다. 양쪽의 요구가 극단적일 수 있으므로, 일과 삶의 절충안을 마련할 준비가 필요할 수도 있다. 중요한 것은 잠재적인 장단점을 미리 파악하여 신중하게 검토하고 편안한 결정을 내릴 수 있도록 하는 것이다. 이를 위한 몇 가지 전략은 앞서 설명한 바 있다. 예를 들어, 유연한 근무 일정을 제공하는 회사에서 일하는 것은 매력적인 선택일 수 있다.

개인은 또한 일과 개인 생활의 균형을 맞추는 데 있어 장기적 관점과 단기적 관점의 중요성을 인식해야 한다. 예를 들어, 경력 초기에는 삶의 요구보다는 일의 요구에 조금 더 많이 대응해야 할 수도 있다. 경력 중반이 되면 좀 더 편안한 균형을 이룰 수 있다. 그리고 경력 후반부에는 재배치를 거부하거나 근무 시간을 단축하는 등 삶의 질을 우선시할 수 있다. 또한 사람들은 자신이 무엇을 중요하게 여기고 어떤 것을 기꺼이 희생할 것인지 스스로 결정해야 한다. 예를 들어, 맞벌이 부부 어느 한쪽이 다른 도시로 전근을 가게 될 때 직면하게 되는 딜레마를 생각해 보자. 한 가지 대안은 파트너 중 한 명이 일시적으로라도 다른 파트너를 위해 자신의 경력을 종속시키는 것이다. 예를 들어, 이동되는 파트너는 잠재적인 경력 단절이나 실직의 위험을 감수하고 제안을 거절할 수 있다. 또는 다른 파트너가 현재 직책에서 사임하고 새로운 위치에서 다른 직책을 구할 수도 있다. 부부가 별거를 결정하여 한 사람은 이사하고 다른 한 사람은 남기로 결정할 수도 있다. 부부 관계보다 각자의 직장 생활이 더 중요하다는 것을 깨닫고 각자의 길을 가기로 결정할 수도 있다.

마지막으로, 과거에는 일과 삶의 균형을 이해할 때, 일과 생활을 구분하는 경계선으로 생각했지만, 오늘날에는 많은 사람들이 일과 삶의 통합이라는 측면에서 더 많은 생각을 하게 되었다. 예를 들어, 저녁에 집에서 축구 연습을 하거나 장을 보는 동안에도 스마트폰이나 기타 디바이스로 직장 혹은 거래처에서 날라온 이메일과 문자를 읽고 응답하는 현실을 받아들이고 있다는 뜻이다. 하지만 동시에 직장에서 가족 상황에 대응하거나, 출장 중 자녀와 페이스타임(Facetime) 또는 줌(Zoom)으로 대화하거나, 재택근무 중 숙제에 대한 자녀의 질문에 답하기 위해 동일한 미디어를 사용하는 것이 더 자유롭다고 느낀다.

요약과 적용

태도, 가치, 감정, 지각, 스트레스는 모두 조직 행동에 영향을 미치는 중요한 요소이다. 어떤 것에 대한 우리의 믿음과 감정은 그것에 대한 우리의 태도에 영향을 미친다. 우리의 태도는 다시 의도를 통해 행동에 영향을 미친다. 직무와 관련된 가장 중요한 세 가지 태도는 직무 만족, 조직 몰입, 종업원 몰입이다. 직무 만족은 직업에 대한 우리의 태도와 감정을 반영한다. 조직 몰입은 직원이 조직과 조직의 목표를 동일시하고 조직에 머물기를 원하는 정도이다. 종업원 몰입은 직원이 자신의 업무, 조직, 관리자 또는 동료에 대해 갖는 감정적, 지적 연결이 높아짐을 반영하며, 이는 직원이 자신의 업무에 추가적인 재량적 노력을 적용하도록 영향을 미친다.

사람들이 가질 수 있는 가치에는 다양한 종류가 있다. 그러므로 개인이 서로 상충되는 가치를 갖는 것은 당연한 일이다. 가치는 전 세계 여러 지역의 문화에 따라 다르다. 감정, 정서, 기분도 행동에 중요한 영향을 미친다. 감정은 특정 사물, 사람 또는 사건에 대한 강렬하고 단기적인 생리적, 행동적, 심리적 반응으로, 우리가 이에 반응할 수 있도록 준비시켜 준다. 반면에 기분은 특정 대상을 향하지 않는 단기적인 감정 상태이다. 정서는 특정 기분을 경험하거나 특정 감정으로 사물에 반응하는 경향을 나타낸다.

지각은 사람이 환경에 관한 정보를 인식하고 해석하는 일련의 과정이다. 기본적인 지각 과정에는 선택적 지각과 고정관념이 포함된다. 후광 효과는 하나의 (일반적으로 좋은) 특성을 바탕으로 누군가에 대한 전반적인 인상을 형성할 때 발생한다. 대조 효과는 동일한 특성에서 더 높거나 낮은 순위를 가진 최근에 만난 다른 사람들과 비교하여 누군가를 평가할 때 발생한다. 또한 우리는 어떤 면에서 우리와 비슷하다고 인식되는 다른 사람에게 우리 자신의 특성을 투영하기도 한다. 지각과 귀인 또한 밀접한 관련이 있다. 내적 귀인에는 능력과 노력이 포함된다. 외적 귀인에는 운, 충분한 자원의 부재, 다른 사람의 간섭이나 도움 등이 포함된다. 분배적 공정성은 받은 결과의 공정성에 대한 인식이다. 절차적 공정성은 결정을 내리고 결과를 결정하는 데 사용된 정책과 절차의 공정성을 말한다. 대인 관계 공정성은 의사 결정 과정에서 사람들이 정중함, 존엄성, 존중을 받았는지를 말한다. 정보 공정성은 의사 결정 과정에서 받은 정보와 설명의 적절성에 중점을 둔다. 신뢰는 공정성의 결과물이다.

스트레스는 강한 자극에 대한 개인의 반응이다. 도전적인 사건은 부정적인 감정이 동반될 때만 스트레스가 된다. 일부 스트레스는 실제로 유익하다. 기능적 스트레스는 만족감, 흥분, 즐거움 등 긍정적인 감정을 유발하는 합리적인 수준의 스트레스를 합리적인 기간 동안 경험하는 것을 말한다. 역기능적 스트레스는 각성 부족 또는 각성 과다 상황으로 인한 스트레스가 너무 오랫동안 지속되는 것을 말한다.

GAS는 기본적인 스트레스 과정을 간략하게 설명한다. 스트레스는 업무, 신체적, 역할 및 대인 관계 요구로 인해 발생할 수 있다. 스트레스의 결과에는 조직 및 개인의 성과와 소진이 포함된다. 스트레스를 관리하기 위해 몇 가지 방법을 사용할 수 있다.

Real-World Response

요구르트에 그리스를 넣다

크래프트가 팔고자 내놓은 오래된 요구르트 공장에 대한 정보를 접한 후, 함디 울루카야는 뉴욕 북부로 차를 몰고 가서 공장을 조사한 후, 그 공장을 구입하기로 신속한 결정을 내렸다. 그는 개인적 저축과 미국중소기업협회의 대출을 함께 활용하여 공개되지 않았지만 저렴한 가격에 공장을 매입했다. 또한 그는 공장에서 일했던 전직 크래프트 직원 4명과 튀르키예에서 평판이 좋은 숙련된 요구르트 제조업체를 고용했다.

다음으로 그는 장비를 설치하고 생산 시스템을 개발해야 했다. 크래프트 공장에는 그에게 필요한 기본적인 요구르트 제조 장비가 모두 갖추어져 있었다. 하지만 그는 유럽에서 했던 방식대로 유청을 추출하고 싶었기 때문에 몇 가지 추가 장비도 필요했다. 간단한 검색 끝에 그는 위스콘신에서 분리기라는 중고 기계를 발견하고 5만 달러에 구입했다. 그는 다른 몇 가지 특수 장비(대부분 중고)를 구입하고 레시피와 생산 공정을 테스트할 준비를 마쳤다.

울루카야는 또한 새로운 요구르트 라인을 위한 독특한 포장을 만들고 싶었다. 그는 신생 기업이라 전통적인 광고에 투자할 여력이 없다고 생각했지만, 포장으로 소비자의 관심을 끌 수 있다는 결론을 내리고 다른 제조업체가 사용하는 것보다 더 납작하고 더 두꺼운 요구르트 용기 모형을 만들었다. 이렇게 하면 시선을 끌 수 있을 뿐만 아니라, 용기가 조금 더 크게 보일 수 있었다. 게다가 그는 요구르트 용기에 직접 인쇄하는 대신 플라스틱 슬리브에 라벨을 축소하여 더 선명하고 밝은 색상을 사용하여 포장을 더욱 차별화하고 소비자의 관심을 끌기로 결정했다. 일반적으로 그는 소비자의 인식을 바꾸고 싶었다.

하지만 울루카야는 일시적인 장애물을 만나게 되었다. 요구르트 용기를 만드는 첫 번째 단계는 틀을 만드는 것이다. 이 작업을 위해 미국 공급 업체로부터 받을 수 있는 최저 입찰액은 운전자본의 절반인 25만 달러였다. 하지만 결국 그는 콜롬비아에서 그 절반의 금액으로 작업을 수행할 수 있는 회사를 찾았다. 이제 그는 공장, 장비, 작업자, 포장재를 모두 갖추게 되었다. 하지만 여전히 제품이 필요했다.

마침내 2007년, 2년 동안 레시피를 시도하고 시험하며 사업 계획을 완성한 후, 울루카야는 새로운 요구르트를 출시했다. 그는 튀르키예어로 '목자'라는 뜻의 초바니(Chobani)라고 이름을 붙였다. 울루카야와 그의 첫 번째 마케팅 담당자는 제품의 가격 및 배치뿐만 아니라 제품에 대한 통제권을 유지하기 위해 기존 유통 업체를 통하지 않고 소매업체에 직접 접근했다. 예를 들어, 울루카야는 자신의 요구르트가 유기농 섹션이 아닌 다른 모든 요구르트와 함께 판매되는 것이 중요했다. 첫 주문은 롱아일랜드의 한 식료품점에 300상자였다. 일주일 후 식료품점에서 울루카야에게 전화를 걸어 제품이 매진되었다고 말하며 300상자를 더 주문했다.

초바니가 성공적이었다고 말하는 것은 과소평가일 수 있다. 예를 들어, 울루카야의 사업 계획에는 36개월 이내에 주당 2만 상자의 초바니 판매를 달성하는 것이었다. 울루카야는 신생 스타트업이 그 수준에 도달하지 못하면 사업을 접어야 한다는 것을 알고 있었다. 하지만 결과적으로 그의 목표는 너무 낮았던 것으로 판명되었다. 1년 만에 0이 하나 더 붙었다. 2009년 중반이 되자 매주 20만 상자가 팔려 나갔다. 초바니가 처음 출시되었을 때 미국 요거트 판매량에서 그릭 요거트가 차지하는 비중은 1% 미만이지만, 지금은 그 수치가 50%로 증가했다.

성장세가 계속 이어지자 아이다호주 트윈폴스(Twin Falls)에 두 번째 공장을 열었다. 세계 최대 규모의 요구르트 공장인 이 시설에는 약 7,000명의 직원이 근무하고 있다. 또한 유럽, 영국, 아시아 일부 지역, 호주, 캐나다, 멕시코 등 해외시장으로 사업을 확장했다. 2017년에는 초바니는 요플레를 제치고 세계에서 두 번째로 큰 요거트 회사(다논에 이어 2위)가 되었다.

울루카야는 이제 억만장자가 되었다. 하지만 그는 또한 부를 나누는 것이 중요하다는 신념도 가지고 있다. 예를 들어, 2016년에 그는 회사 지분의 10%를 직원들에게 나누어 주었고, 오래 근속한 직원 중 일부를 백만장자로 만들었다. 같은 해에 그는 또한 부모가 된 종업들에게 6주간의 유급 휴가를 제공할 것이라고 발표했다. 이러한 행동은 직원과 소유자가 파트너가 되어야 한다는 그의 개인적인 가치에서 비롯되었다.[83]

토론을 위한 질문

1. 상사가 지원자의 태도 평가를 포함하도록 회사의 채용 관행을 변경하는 것이 투자할 만한 가치가 있는지 확신하지 못한다면 어떻게 말하겠는가?
2. 부하 직원의 태도, 가치관 또는 감정에 영향을 미치는 것이 쉽다고 생각하는가? 그 이유는 무엇인가? 직원의 행동에 가장 큰 영향을 미칠 수 있는 것은 무엇인가? 그 이유는 무엇인가?
3. 개인의 태도를 구성하는 요소는 무엇인가? 각 구성 요소를 현재 당신이 어떤 일에 대해 가지고 있는 태도와 연관시켜 설명하라.
4. 직장에서의 행동에 최종적 가치와 수단적 가치 중 어떤 것이 더 큰 영향을 미치는가? 설명하라.
5. 긍정적인 영향력을 가진 것으로 보이는 지인을 생각해 보자. 부정적인 영향을 더 많이 받는 다른 사람을 생각해 보자. 두 사람의 기분과 태도 표현이 얼마나 일정한가?
6. 지각은 행동에 어떤 영향을 미치는가? 사람에 대해 어떤 고정관념을 가지고 있는가? 좋은 사람인가, 나쁜 사람인가?
7. 귀인을 만들었던 상황을 떠올리고 **그림 4-5**에 제공된 틀을 사용하여 설명해 보라.
8. 학생의 주요 스트레스 요인은 무엇인가? 학생들이 과도한 스트레스를 받으면 어떤 결과를 초래할 가능성이 가장 높은가?
9. 높은 에너지와 동기를 유발하기 위해 어느 정도의 스트레스가 필요하다는 데 동의하는가?
10. 스트레스에 어떻게 대처하는가?

Understand Yourself Exercise

부정적 정서성

정서성은 특정 기분을 경험하거나 특정 감정을 가지고 사물에 반응하는 경향을 나타낸다. 긍정적 정서성이 높은 개인은 쾌활함이나 열정과 같은 긍정적인 감정을 더 많이 경험하는 경향이 있다. 부정적 정서성이 높은 사람은 짜증이나 긴장 같은 부정적인 감정을 더 많이 경험하는 경향이 있다.

이 장의 Understand Yourself 박스에 있는 부정적 정서성과 관련된 자기 평가를 완료하고 점수를 매겨라. 교수자가 당신을 다른 학생과 짝을 지어줄 것이다. 두 사람은 2분 동안 최근의 주요 뉴스 기사에 대해 토론해야 한다. 2분이 다 지나면 각자 상대방의 정서적 성향을 추정해 보라(원하지 않는 경우 실제 점수를 공개하지 않아도 된다).

(이 연습을 제안한 뉴햄프셔 대학교의 폴 하비(Paul Harvey) 교수에게 감사를 전한다.)

Group Exercise

감정이 팀 성과에 미치는 영향

이 연습에서는 작업 팀의 구성원으로서 특정 감정을 역할극으로 수행하도록 요청받게 된다. 4명으로 팀을 나눈 후, 다음 설명을 읽고 1부터 4까지 숫자를 세어 팀 내에서 자신의 역할을 파악하라. 팀이 4명 이상인 경우 5명이 되면 1부터다시 번호 매기기를 시작한다.

역할 1: 투덜거림, 부정적인 정서
역할 2: 차분함
역할 3: 행복함, 긍정적인 정서
역할 4: 차분함

앞으로 5~10분 동안(강사가 멈추라고 할 때까지), 팀의 임무는 조직 행동 분야에서 가능한 슬로건에 대해 토론하고 팀이 가장 좋아하는 아이디어를 찾아내는 것이다. 강사가 지시하면 여러분의 역할은 다음과 같이 변경된다.

역할 1: 침착함
역할 2: 행복하고 긍정적인 정서
역할 3: 침착함
역할 4: 투덜거림, 부정적인 정서

다음 5~10분 동안(강사가 중단하라고 지시할 때까지), 지역 맥도날드 레스토랑 관리자가 직원들의 직무 몰입을 향상시킬 수 있는 최선의 방법을 논의하고 그룹에서 가장 마음에 드는 세 가지 아이디어를 결정하게 된다. 강사가 작업을 마치면 그룹 전체가 다음 질문에 답하고 답변을 학급과 공유할 준비를 하라.

질문

1. 당신의 감정이 팀 내 자신의 성과나 행동에 영향을 미쳤는가?
2. 팀 내에서 감정이 전염된 적이 있는가? 그렇다면 긍정적인(행복한) 감정과 부정적인(투덜거리는) 감정 중 어느 쪽이 더 전염성이 강했는가? 왜 그렇게 생각하는가?
3. 팀의 감정을 효과적으로 관리하기 위해 리더가 할 수 있는 일은 무엇인가? 시도해 볼 가치가 있을까?

5 행동 동기부여

Motivating Behavior

학습목표

이 장을 학습하면 독자들은 …

1. 동기부여의 본질에 대해 논의하고, 그 중요성과 기본적인 역사적 관점을 이해할 수 있다.
2. 동기부여에 대한 필요 기반 관점을 설명할 수 있다.
3. 동기부여에 대한 주요 프로세스 기반 관점을 설명할 수 있다.
4. 동기부여에 대한 학습 기반 관점을 설명할 수 있다.

Real-World Challenge

동기부여 된 사람들과 소프트웨어 강화

SAS는 매년 발표되는 포춘(Fortune)지의 '미국에서 일하기 좋은 100대 기업' 목록에 단골로 등장한다. 또한 세계에서 가장 큰 민간 소프트웨어 개발 회사 중 하나이다. 회사가 이 두 그룹 모두에 속한다는 사실은 놀랍지 않다. SAS와 그의 고위 리더십 팀은 훌륭한 인력을 유치하고, 그들이 열심히 일하며 회사의 최선의 이익을 위해 노력하고, 동시에 일과 삶의 균형을 잘 유지할 수 있는데 까지 나아간다.

SAS(이전에는 Statistical Analysis System으로 알려짐)는 여덟 개 대학의 컨소시엄으로 설립되었다. 그 목적은 연구자들이 연구 데이터를 효율적이고 신뢰성 있으며 접근성 좋게 분석할 수 있는 소프트웨어를 개발하고 시장에 내놓는 것이었다. 당시, 노스캐롤라이나 주립대학교(NCSU)는 파트너 대학 중 가장 강력한 메인프레임 컴퓨터를 보유하고 있었으며 컨소시엄의 호스트로 지정되었다. NCSU

JHVEPhoto/Shutterstock.com

의 교수인 짐 굿나잇(Jim Goodnight)과 짐 바(Jim Barr)는 프로젝트 리더로 임명되었다. 회사의 제품은 빠르게 수익을 창출하기 시작했고, 리더십 팀은 중요한 비즈니스 기회를 발견했다.

수년 후 NCSU의 사무실에서 수행하던 업무는 확장되어야 할 필요성에 직면했다. 핵심적인 팀은 건너편으로 사무실을 옮겨 SAS Institute, Inc.를 설립하고 독립적인 사기업이 되었다. 굿나잇 교수는 CEO 역할을 맡았고, 바 교수는 신제품 개발에 집중했다. 굿나잇은 처음부터 동기부여 되고 재능 있는 인력을 구축하고 유지하는 데 초점을 맞추고자 했다. 만약 그가 당신에게 어떻게 해야 할지 조언을 구한다면, 무엇을 말하겠는가? 이 장은 무엇이 효과가 있을지에 대한 몇 가지 제안을 줄 것이다.

3장과 4장에서 논의된 개인 차이의 복잡함을 고려했을 때 (그리고 이 장에서 더 확장될 내용을 포함하면), 사람들이 일하는 이유가 다양하다는 점은 분명하다. 어떤 사람들은 돈을 원하고, 어떤 사람들은 도전을 원하며, 어떤 사람들은 일과 삶의 균형을 원하고, 또 어떤 사람들은 경력의 발전을 원한다. 조직 내 사람들이 일에서 무엇을 원하고 어떻게 그것을 달성할 수 있다고 생각하는지는 그들의 일에 대한 동기를 결정하는 데 중요한 역할을 한다. 이 장에서 논의할 것처럼, 동기부여는 모든 조직에 있어 필수적이다. 실제로, 매우 효과적인 조직과 덜 효과적인 조직의 차이는 종종 그 구성원들의 동기에서 비롯된다. 따라서, 관리자들은 개인의 동기부여의 본질, 특히 업무 상황에 적용되는 것을 이해할 필요가 있다. 이 장에서 우리는 먼저 동기부여에 대한 다양한 필요 기반 관점(need-based perspectives)(욕구 기반 관점이라고도 함)을 탐구한다. 그런 다음 우리는 좀 더 정교한 프로세스 기반 관점(process-based perspectives)으로 주목을 돌리고자 한다. 마지막으로 동기부여에 대한 학습 기반 관점에 대한 논의로 이번 장을 마무리할 것이다.[1]

5-1 동기부여의 본질

동기부여(motivation)는 사람들이 어떤 대안적인 행동을 선택하는 대신 특정한 행동에 참여하게 만드는 일련의 힘이다. 기한이 되기 몇 주 전에 과제를 시작하여 학기말 보고서를 최대한 잘 만들기 위해 노력하는 학생들, 남들보다 앞서 나가기 위해 토요일에도 일하는 영업 사원들, 환자들의 상태를 확인하기 위해 전화로 후속 조치를 지시하는 의사들은 모두 동기부여를 받은 사람들이다. 물론, 해변에서 하루를 보내며 학기말 보고서를 피하는 학생들, 지루한 영업 전화를 피해 일찍 집에 가는 영업 사원들, 골프를 더 많이 치기 위해 후속 전화를 건너뛰는 의사들도 동기부여를 받은 사람들이다. 단지 목표가 다를 뿐이다. 관리자의 관점에서 전통적인 목표는 종업원들을 동기부여 하여 조직의 최선의 이익에 부합하는 방식으로 행동하게 하는 것이었다.[2] 그러나 최근에 많은 관리자들은 조직과 직원 모두에게 이득이 되는 방식으로 행동을 동기부여 하는 직장 내의 요인들이 더 나은 결과를 가져올 것이라는 것을 깨닫게 되었다.

동기부여
특정한 방식으로 행동하도록 사람들을 이끄는 일련의 힘.

5-1a 동기부여의 중요성

관리자들은 조직 내 구성원들이 높은 수준의 성과를 낼 수 있도록 동기를 부여하려 노력한다.

이것은 그들이 열심히 일하게 하고, 규칙적으로 출근하며, 조직의 사명에 긍정적인 기여를 하도록 만드는 것을 의미한다. 그러나 직무 성과는 능력과 환경뿐만 아니라 동기부여에도 의존한다. 이 관계는 다음과 같이 표현할 수 있다:

$$P = M \times A \times E$$

여기서, P는 성과, M은 동기부여, A는 능력, 그리고 E는 환경을 의미한다.

높은 수준의 성과를 달성하기 위해서는 종업원이 일을 잘 하고자 하는 욕구(동기부여)가 있어야 하고, 일을 효과적으로 수행할 수 있는 능력(능력)이 있어야 하며, 일을 수행하는 데 필요한 재료, 자원, 장비, 정보를 갖추고 있어야 한다(환경). 이러한 영역 중 어느 하나라도 부족하면 성과에 해가 된다. 따라서 관리자는 이 세 가지 조건이 모두 충족되도록 노력해야 한다.[3]

많은 상황에서 동기부여는 관리하기 가장 어려운 요소이다. 직원이 수행 능력이 부족하다면, 새로운 직무 기술을 배울 수 있도록 교육 프로그램에 참석시킬 수 있다. 그 직원이 기술을 배울 수 없다면, 더 단순한 일로 전환하고 더 숙련된 직원으로 교체할 수 있다. 직원이 재료, 자원, 장비, 정보가 부족하다면, 관리자는 이를 제공하기 위한 조치를 취할 수 있다. 예를 들어, 마케팅 부서에서 온 판매 예측 데이터 없이는 프로젝트를 완료할 수 없다면, 이 팀의 관리자는 마케팅 부서에 연락하여 그 정보를 요청할 수 있다. 그러나 동기부여가 부족하다면, 관리자는 직원이 더 열심히 일하도록 할 동기가 무엇인지 결정하는 더 복잡한 상황에 직면하게 된다. 물론, 우리 자신을 동기부여 하는 것이 무엇인지 이해하는 것도 중요하다.

5-1b 동기부여 프레임워크

동기를 이해하기 시작하는 방법 중 하나는 필요 결핍(need deficiencies)과 목표 지향적 행동을 살펴보는 것이다. **그림 5-1**은 논의를 조직하기 위해 사용하는 기본적인 동기부여 프레임워크를 보여 준다. **필요**(need) — 개인이 요구하거나 원하는 것 — 는 시작점이다.[4] 동기부여 된 행동은 보통 하나 이상의 중요한 필요를 가질 때 시작된다. 이미 충족된 필요가 행동을 동기부여 할 수도 있지만(예를 들어, 이미 달성한 생활 수준을 유지하려는 필요), 충족되지 않은 필요는 일반적으로 더 강렬한 감정과 행동 변화를 초래한다. 예를 들어, 만약 어떤 사람이 그들이 원하는 생활 수준에

필요
개인이 필요로 하거나 원하는 모든 것.

그림 5-1
동기부여 프레임워크
이 프레임워크는 동기부여 과정이 어떻게 일어나는지 이해하는 데 유용하다. 사람들이 필요 결핍을 경험할 때, 그들은 필요를 만족시키기 위한 방법을 찾게 되고, 이는 목표 지향적 행동의 선택으로 이어진다. 행동을 수행한 후에, 개인은 원래의 필요 결핍에 영향을 미치는 보상이나 처벌을 경험하게 된다.

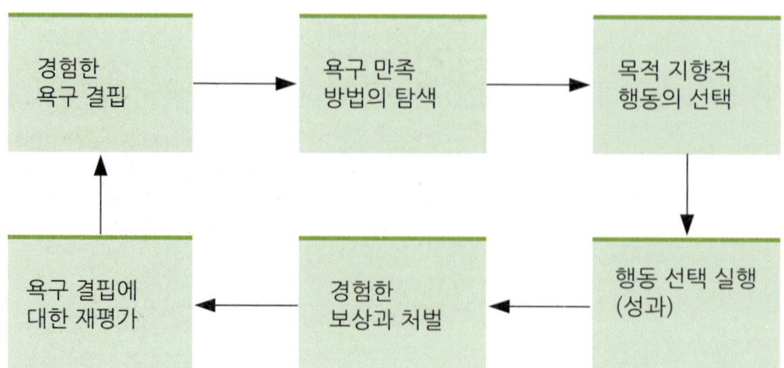

도달하지 못했다면, 이 충족되지 않은 필요는 사람들로 하여금 행동하도록 자극할 수 있다.

필요 결핍은 보통 그것을 만족시키기 위한 방법을 찾도록 유도한다. 그들의 업무가 조직에 대한 중요성을 반영하지 않고 더 많은 수입을 원하기 때문에 자신의 급여와 지위가 부족하다고 느끼는 사람을 생각해 보라. 그 사람은 세 가지 옵션을 가지고 있다. 단순히 인상과 승진을 조직에 요청하거나, 인상과 승진을 희망하며 더 열심히 일하거나, 더 높은 급여와 더 명성 있는 직함을 가진 새로운 일자리를 찾는 것이다.

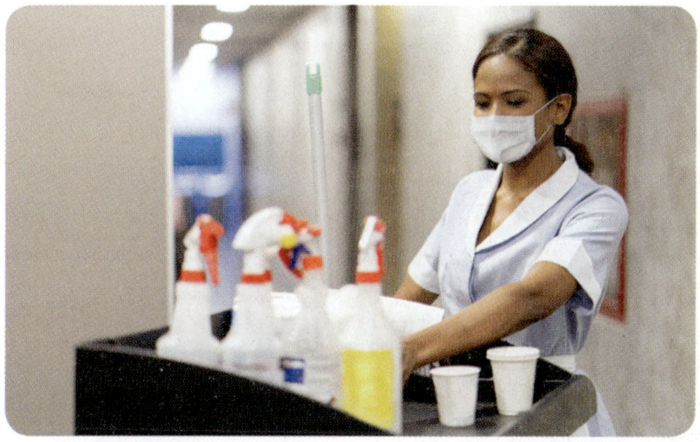
iStock.com/Andresr

동기는 필요의 결핍에서 시작된다. 예를 들어, 관리인이나 호텔 메이드, 가정부로 일하길 원하는 사람은 많지 않지만 기본 필요품을 구매하기 위한 돈에 대한 필요는 사람들이 이러한 종류의 일을 수행하도록 동기를 부여할 수 있다. 물론, 더 높은 수준의 소득을 얻고자 하는 동기는 사람들이 더 열심히 일하고 더 높은 임금을 지불하는 직책으로의 승진을 추구하도록 만들기도 한다.

다음은 목표 지향적 행동의 선택이다. 사람은 한 번에 여러 옵션을 추구할 수도 있다(예를 들어, 다른 일자리를 찾으면서 동시에 더 열심히 일하는 것처럼), 그러나 대부분의 노력은 하나의 옵션에 집중될 가능성이 높다. 다음 단계는 필요를 만족시키기 위해 선택한 행동을 실제로 수행하는 것이다. 그들은 아마도 더 긴 시간을, 더 열심히 일하기 시작할 것이다. 이러한 행동의 결과로 그들은 보상이나 처벌을 경험하게 될 것이다. 추가 인정을 받지 못하거나, 승진이나 급여 인상을 얻지 못하는 경우, 그들은 이 상황을 처벌로 여길 수 있다. 반면에, 그들의 높은 성과로 인해 실제로 승진과 인상을 받음으로써 그들의 행동에 대해 보상을 받을 수도 있다.

마지막으로, 개인은 달성된 결과가 원래의 욕구 결핍을 얼마나 완전히 해결하는지 평가한다. 만약 그 사람이 10%의 급여 인상과 부사장으로의 승진을 원했었다고 가정해 보자. 만약 그들이 둘 다 받았다면, 그들은 만족해야 한다. 반면에, 만약 그들이 7% 인상과 부사장으로의 승진만 받았다면, 그들은 계속 노력해야 할지, 이를 받아들여야 할지, 아니면 이전에 고려했던 다른 옵션 중 하나를 선택해야 할지를 결정해야 할 것이다. (물론 때때로, 최선을 다했음에도 불구하고 필요가 전혀 충족되지 않을 수도 있다.)

5-1c 동기부여에 대한 초기 관점

역사적으로 동기부여에 관한 견해들은 몇 가지 이유로 관심을 끈다. 우선, 이들은 현대의 동기부여에 대한 사고의 기초를 제공하였다. 또한, 이러한 견해들이 일반적으로 상식과 직관에 기반을 두고 있기 때문에, 그들의 장단점을 이해하는 것은 매니저들이 직장 내에서 직원 동기부여에 대한 유용한 통찰력을 얻는 데 도움을 줄 수 있다.

전통적 접근법

백 년 전 작업 동기에 대해 처음으로 다룬 저자 중 하나는 프레드릭 테일러(Frederick Taylor)였다. 테일러는 자신이 **과학적 관리**(scientific management)라고 부른 일의 구조화 방법을 개발했다.

과학적 관리
근로자들이 돈으로 동기부여 된다는 생각을 전제로 개발되었다.

Wisconsin Historical Society/Archive Photos/Getty Images

과학적 관리는 근로자들이 돈으로 동기부여 된다는 생각을 전제로 개발되었다. 프레드릭 테일러는 '가장 좋은 방법'을 사용하여 벽돌을 놓는 등의 작업을 통해 생산성을 극대화하기 위해 근로자들을 동기부여 하려고 인센티브 급여 시스템 사용을 옹호했다.

이 접근법의 기본 전제 중 하나로, 테일러는 직원들이 경제적으로 동기부여를 받고 가능한 한 많은 돈을 벌기 위해 일한다고 가정했다.[5] 그러므로 그는 인센티브 지급 시스템을 옹호했다. 그는 관리자들이 노동자들보다 수행되고 있는 일에 대해 더 많이 알고 있다고 믿었고, 경제적 이득이 모든 사람을 동기부여 하는 주된 것이라고 가정했다. 전통적 접근의 다른 가정들은 대부분의 사람들에게 일이 본질적으로 불쾌하며, 그들이 벌어들이는 돈이 수행하는 일의 성격보다 직원들에게 더 중요하다는 것이다. 그 결과, 충분한 대가를 지불한다면 사람들은 어떤 종류의 일이라도 수행할 것으로 예상될 수 있다. 돈의 역할이 동기부여 요인으로서 간과될 수는 없지만, 전통적 접근의 지지자들은 금전 보상의 역할에 국한된 너무 좁은 시각을 가지고 있었으며 다른 동기부여 요인들을 고려하지 못했다.

인간관계 접근법

인간관계 접근법
직원들의 의사 결정 참여에 대한 거짓된 감정을 조성함으로써 긍정적인 직원 태도와 열심히 일하려는 동기를 유발할 수 있다고 제안한다.

1930대에 인간관계 접근법이 과학적 관리를 대체했다.[6] **인간관계 접근법**(human relations approach)은 직원들이 유용하고 중요하다는 느낌을 가지길 원하며, 직원들이 강한 사회적 욕구를 가지고 있고, 이러한 욕구들이 돈보다 직원을 동기부여 하는 것이 더 중요하다고 가정했다. 인간관계 접근법의 지지자들은 관리자들이 노동자들이 중요하다고 느끼게 하고, 일상적인 활동을 수행함에 있어 어느 정도 자기 결정과 자기 통제의 여지를 허용하라고 조언했다. 자신이 참여하고 기여한다는 단순한 '환상'이 노동자의 기본적인 사회적 욕구를 만족시키고 성과를 높이는 데 동기를 부여할 것으로 기대되었다. 예를 들어, 관리자가 이미 결정했음에도 불구하고, 작업 그룹이 결정에 참여하도록 허용할 수 있다. 상징적인 참여의 제스처는 실제로 참여가 일어나지 않았음에도 동기를 강화하는 것으로 기대되었다.

인적자원 접근법

인적자원 접근법
사람들이 조직에 진정한 기여를 하고 싶어하고 그렇게 할 수 있는 능력이 있다고 가정한다.

인적자원 접근법(human resource approach)은 필요와 동기에 대한 개념을 한 단계 더 발전시킨다. 인간관계론자들은 기여와 참여의 느낌만으로도 종업원들의 동기를 증진시킬 것이라 믿었던 반면, 1950년대부터 등장하기 시작한 인적자원 관점은 그 기여 자체가 개인과 조직 모두에게 실제로 가치가 있다고 가정한다. 이는 사람들이 기여하고자 하는 욕구가 있으며 실제로 중요한 기여를 할 수 있다고 보는 것이다. 따라서 경영진의 임무는 참여를 장려하고 인적자원을 충분히 활용할 수 있는 작업 환경을 조성하는 것이다. 이러한 철학은 현대의 직원 동기부여에 대한 대부분의 관점을 이끈다. 예를 들어, 포드(Ford), 애플(Apple), 메타(Metal), 테슬라(Tesla)와 같은 기업에서는 직원들이 팀으로 일하는 경우가 많으며 다양한 문제를 해결하고 조직에 실질적인 기여를 하도록 요구한다.

5-1d 개인 차이와 동기부여

앞서 언급했듯이 개인 차이는 동기부여에서 핵심적인 역할을 한다. 간단히 말해, 개인은 서로 다른 것들에 의해 동기부여 된다. 앞의 두 장에서 자세히 탐구했듯이, 사람들은 서로 다른 능력, 필요, 성격, 가치, 자아개념을 가지고 있다. 이러한 수많은 차이 때문에, 모든 사람을 동기부여 하는 유일한 최선의 방법은 없다. 예를 들어, 다음과 같은 대화를 고려해 보자.

호르헤: 네가 직장을 그만둔 게 믿기지 않아. 네 일은 정말 흥미로워 보였고, 항상 새로운 것을 배울 기회가 있었잖아. 나는 날 도전하게 하는 일을 좋아해. 네 새 일은 너무 지루해 보여.

크리스: 음, 지루한 일이긴 하지만, 이 주변 어떤 일보다도 돈을 더 많이 벌어.

크리스에게 동기를 부여하는 것은 무엇인가? 돈이다. 하지만 호르헤는 도전적이고 다양한 업무를 하는 것에 더 높은 가치를 둔다. 이 간단한 예는 타인을 동기부여 하기 위해서는 무엇이 그들을 동기부여 하는지, 그리고 무엇이 그렇지 않은지를 먼저 이해하는 것이 중요하다는 사실을 강조한다. 이번 장의 Global Issues은 사람들 간의 차이가 문화적 차이로도 확장될 수 있음을 보여 준다.

타인을 동기부여 할 때 쉽게 저지를 수 있는 실수는 자신을 동기부여 하는 것들이 다른 사람들도 동기부여 한다고 가정하는 것이다. 사람들은 성격, 가치, 필요, 능력, 문화, 관심사 등에서 다양하다. 이러한 개인적 특성은 우리가 어떤 것들에 대해 열심히 일하게 만들고, 목표 달성을 위해 더 많은 노력을 기울이게 한다. 개인적 특성은 우리가 누구인지, 우리로 하여금 어떤 목표들에 비해 다른 목표들을 향해 더 열심히 노력하고 더 많은 노력을 기울이도록 만드는 내적인 동기부여 요인이다. 동기부여가 된 직원을 확보하는 출발점은 그들의 개인적 특성이 직무에서 높은 동기부여로 이어지는 사람들을 고용하는 것이다. 세부적인 주의를 요구하는 일은, 세부 사항에 주의를 기울이지 않는 사람에게는 그렇게 동기부여가 되지 않을 것이다. 반면에 양심적이고 세부 지향적인 사람에게는 크게 동기부여가 될 것이다. 개인의 경력에서 자신의 필요를 충족시키고, 목표를 달성하며, 태도를 보완할 수 있는 잠재력을 가진 직업을 찾는 것은 동기 유지에 도움이 될 수 있다.

우리가 이미 논의한 다양한 개인 차이에 더하여, 특정 과제를 수행하려는 동기와 매우 구체적으로 관련된 추가 요소가 종종 있다. 만약 당신이 충분한 제품을 팔아 할당량을 충족시킬 만큼 충분히 많은 제품 판매가 가능하다고 믿지 않는다면, 정말 열심히 노력할 동기가 될까? 할당량을 달성할 수 있다고 믿어야 동기부여 되기 때문에, 이 경우에는 아마도 동기부여가 되지 않을 것이다. 반대로, 당신이 할당량을 충족시킬 수 있으며, 그 할당량을 충족한 후에 커미션을 두둑히 받을 수 있다고 강하게 확신한다면, 열심히 일하는 데 크게 동기부여 될 것이다. 우리가 3장에서 이미 논의한 일반적인 자기 효능감을 개인 차이로서 기억해 보자. **과업 특정 자기 효능감**(task-specific self-efficacy)은 특히 직원의 동기부여와 관련이 있다.[7] 과업 특정 자기 효능감은 특정 과제를 수행하기 위해 필요한 것을 할 수 있다는 개인의 믿음이다. 과업 특정 자기 효능감은 특정 과제를 수행함에 있어 도전을 겪는 동안 개인의 노력과 지속성에 영향을 준다.[8] 여기에는 세 가지 차원

과업 특정 자기 효능감 특정 과제를 수행하고 완수하는 데 필요한 능력에 대한 개인의 믿음.

이 있다.

1. 크기(magnitude): 특정 과업 수행의 난이도에 관한 믿음
2. 강도(strength): 특정 과업을 잘 수행할 수 있는 자신감
3. 일반성(generality): 비슷한 과업을 잘 수행할 수 있다는 믿음

과업 특정 자기 효능감 인식은 변화할 수 있기 때문에, 능력 있는 관리자는 적극적으로 부하 직원들의 능력에 대한 인식을 향상시킨다. 관리자는 코칭과 격려를 통해 과업 특정 자기 효능감을 높일 수 있으며, 이는 직원이 실제로 더 나은 성과를 낼 잠재력이 있다고 가정할 때 가능하다. 만약 직원이 자신이 해낼 수 있어야 할 작업에서 실패한다 해도, 관리자는 그 직원에 대한 신뢰를 표현하고 성공적인 경험을 통해 그들을 인도할 수 있다. 직원이 성공했을 때, 관리자는 그 성공이 운이 아니라 직원의 기술과 노력 때문이었다고 인정함으로써 종업원들의 과업 특정 자기 효능감을 강화시킬 수 있다.

마찬가지로, 만약 당신이 어떤 업무를 수행할 수 있다는 자신감이 부족하다고 느낀다면, 성과의 장애물을 없애기 위한 조치를 취할 수 있다. 아마도 더 많은 연습이 필요하거나 코치를 찾거나 다른 사람들이 그 업무를 성공적으로 수행하는 것을 관찰하는 것이 당신의 과업 특정 자기 효능감과 동기를 증가시킬 것이다. 동기부여의 가장 중요한 결정 요인 중 하나는 당신이 시도하고 있는 일들을 달성할 수 있다고 믿는지 여부이다.

Global Issues

글로벌 인력 동기부여 하기

전 세계에 있는 직원들을 효과적으로 동기부여 하는 것은 상당한 도전이다. 관리자는 문화적 차이를 이해하고 가치와 필요에 민감해야 하며, 한 문화에서는 허용되는 것이 다른 문화에서는 금기시될 수 있음을 이해해야 한다. 미국 문화는 다른 많은 문화들보다 개인주의적이고 자기중심적이다. 미국 문화가 개인 성취를 가치 있게 여기기 때문에 미국인들은 종종 돋보이고 칭찬받길 원한다. 어떤 문화에서는 사람들이 미국인들이 추구하는 주목을 받으면 당황스럽거나 심지어 부끄러워할 수도 있다. 예를 들어, 한국에는 '모난 돌이 정 맞는다'라는 속담이 있다. 동아시아에서의 동기부여 및 보상 프로그램은 미국보다 더 가부장적인 경향이 있다. 인도네시아에서는, 회사가 좋은 한 해를 보냈다면, 보너스는 개인의 성과가 아니라 회사에서 일한 연수와 가족의 크기에 따라, 혹은 각 직원의 조직 충성도를 기준으로 지급한다.[9]

일부 동기부여 원칙들, 예를 들어, 사람들을 존중으로 대하는 것은 전 세계적으로 동등하게 적용된다. 콜게이트-팜올리브(Colgate-Palmolive)는 200개국 이상에서 운영되며, 그들의 70억 달러 수익 중 약 79%를 해외시장에서 얻는다. 진정으로 글로벌한 회사인 콜게이트는 어디서나 관리자가 직원들에게 존중을 보여 줄 것을 기대한다. 예를 들어, 콜게이트-팜올리브의 성과 평가 시스템은 관리자가 어떻게 존중을 본보기로 삼고 강화하는지를 평가한다.[10] 서로 다른 문화 출신의 직원들은 평등과 개인주의와 같은 것들을 다르게 가치 있게 여길 수 있지만, 공정성과 존중은 전 세계가 공감하는 것이다.

5-2 동기부여의 필요 기반 관점

필요 기반 관점은 대부분의 현대 동기부여 이론의 출발점을 대표하지만, 이러한 이론들은 비판자들에게도 주목을 받아 왔다.[11] **필요 기반 이론**(need-based theories)과 모델의 기본 전제는, 앞서 소개한 우리의 동기부여 틀과 일관되게, 인간은 하나 이상의 중요한 필요나 필요 범주에서의 결핍에 의해 주로 동기부여 된다는 것이다. 필요 이론가들은 사람들에게 가장 중요한 욕구를 식별하고 분류하려고 시도했다.[12] (어떤 관찰자들은 이러한 이론들을 행동을 동기부여 하는 내용 또는 실질과 관련이 있기 때문에 '내용 이론'이라고 부른다.) 가장 잘 알려진 필요 이론은 욕구 단계 이론과 ERG 이론이다.

필요 기반 이론
욕구 결핍이 행동을 유발한다고 전제하는 관점.

5-2a 욕구 단계

1940년대에 심리학자 매슬로우(Abraham Maslow)가 개발한 욕구 단계는 가장 잘 알려진 필요 이론이다.[13] 인간관계 학파의 영향을 받은 매슬로우는 인간이 '원하는' 동물이라고 주장했다. 즉 인간은 주어진 일련의 욕구를 만족시키고자 하는 본능적 욕망을 가지고 있다는 것이다. 더욱이 매슬로우는 이러한 욕구가 중요도에 따라 계층 단계의 구조로 배열되어 있다고 믿었으며, 가장 기본적인 욕구가 단계 구조의 기초를 이룬다고 생각했다.

그림 5-2는 매슬로우의 **욕구 단계**(hierarchy of needs)를 보여 준다. 이 계층 구조의 맨 아래에 있는 세 가지 욕구를 결핍 욕구라고 하는데, 이는 개인이 근본적으로 편안해지기 위해 반드시 충족되어야 하기 때문이다. 상위 두 가지 욕구 세트는 개인의 성장과 발전에 초점을 맞추기 때문에 성장 욕구(growth needs)라고 한다.

욕구 단계
인간의 욕구가 중요도 계층 구조 내에서 배열된다고 가정.

계층 구조의 가장 기본적인 욕구는 생리적 욕구(physiological needs)이다. 여기에는 음식, 성, 호흡에 대한 욕구가 포함된다. 그 다음 단계는 안전 욕구(safety needs)로, 적절한 주거와 의복, 걱정과 불안으로부터의 자유 등 안전과 보안을 제공하는 것들이다. 계층 구조의 세 번째 단계인 소속

그림 5-2
욕구 단계

매슬로우의 필요 단계설에서는 인간의 기본 욕구가 다섯 가지로 구성된다. 이 그림은 각각의 욕구 유형에 대한 일반적인 또는 조직 내에서의 예시를 보여 준다. 물론, 각 개인은 각 범주 내에서 다양한 구체적인 욕구를 가지고 있다.

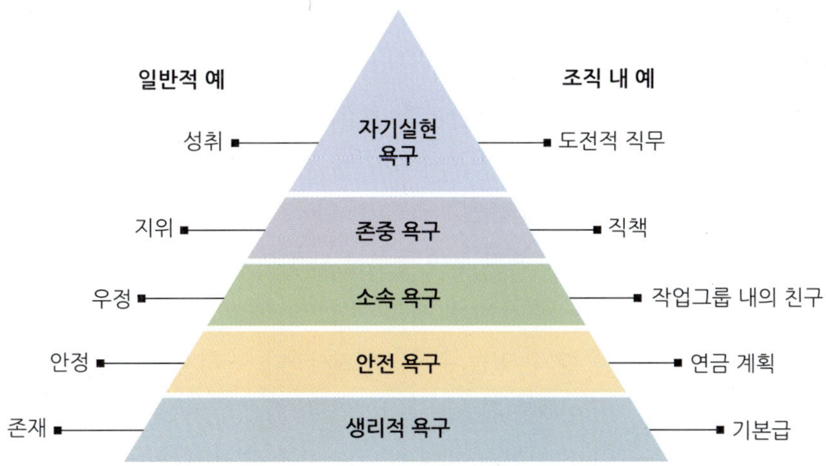

Source: Adapted from Abraham H. Maslow, "A Theory of Human Motivation," *Psychological Review*, 1943, vol., 50, pp. 374–396.

Andrey_Popov/Shutterstock.com

안정적이고 우수한 복리 후생과 높은 연봉을 제공하는 좋은 직장에 다니고 있다면 직책, 지위, 도전에 대한 동기를 부여받을 수 있다. 하지만 실직 상태이고 이제 막 일자리를 찾고 있다면 기본급과 안정성에 대한 필요성에 동기가 집중된다.

감 욕구(belongness needs)는 주로 사회적 욕구(social needs)이다. 예를 들면 사랑과 애정에 대한 욕구, 또래로부터 인정받고 싶은 욕구 등이 있다. 네 번째 단계인 존중 욕구(esteem needs)는 긍정적인 자아상과 자존감에 대한 욕구, 타인으로부터 존중받고 싶은 욕구 등 약간 다른 두 가지 종류의 욕구를 포함한다. 계층 구조의 가장 위쪽에는 자기실현 욕구(self-actualization)가 있다. 여기에서는 개인의 잠재력을 최대한 실현하고자 한다.

매슬로우는 각 욕구 단계가 충족되어야 그 위의 단계가 중요해진다고 믿었다. 따라서 생리적 욕구가 충족되면 그 중요성이 줄어들고 안전 욕구가 동기의 주요 원천으로 부상한다. 이러한 계층 구조에서의 상승은 자기실현 욕구가 주요 동기가 될 때까지 계속된다. 예를 들어, 발람 리(Balam Lee)라는 사람이 당분간 필요한 모든 돈을 벌고 현재 생활 수준에 매우 만족한다고 가정해 보자. 이경우 발람이 벌어들이는 추가 수입은 그녀의 행동과 동기부여에 거의 또는 전혀 영향을 미치지 않을 수 있다. 대신 발람은 자존감을 높이고 싶은 욕구 등 다른 욕구를 충족하기 위해 노력할 가능성이 높다.

그러나 이전에 충족되었던 하위 수준의 욕구 집합이 다시 결핍되면 개인은 해당 수준으로 돌아간다. 예를 들어, 발람이 예기치 않게 직장을 잃었다고 가정해 보자. 처음에는 저축이 있고 다른 좋은 일자리를 찾을 수 있다는 자신감이 있기 때문에 크게 걱정하지 않을 수 있다. 하지만 저축액이 줄어들면서 새로운 수입원을 찾고자 하는 동기가 점점 커질 것이다. 처음에는 급여가 많고 자존감 욕구를 충족시킬 수 있는 일자리를 찾을 수 있다. 하지만 재정 상황이 점점 더 나빠지면 자존감에 대한 기대치를 낮추고 식비와 집세 등 기본적인 생필품을 충당할 수 있는 안정적인 급여를 받는 일자리를 찾는 데 점점 더 집중할 수 있다.

대부분의 비즈니스에서 생리적 욕구는 아마도 가장 쉽게 평가하고 충족시킬 수 있는 부분일 것이다. 적절한 임금, 깨끗한 화장실, 환기, 쾌적한 온도와 근무 환경은 이러한 가장 기본적인 수준의 욕구를 충족시키기 위한 조건이다. 안전 욕구는 조직이 제공하는 업무 연속성(해고 금지), 고충 처리 시스템(자의적인 감독 조치로부터의 보호), 적절한 보험 및 퇴직 시스템(질병으로 인한 재정적 손실 방지 및 은퇴 소득 보장) 등을 통해 충족될 수 있다. 코로나19 팬데믹으로 인해 많은 사람들에게 안전의 중요성이 더욱 커졌다.

대부분의 소속 욕구는 조직 안팎의 가족 관계와 집단 관계를 통해 충족된다. 직장에서 사람들은 일반적으로 사회적 상호작용의 기초를 제공하고 사회적 욕구를 충족시키는 데 중요한 역할을 할 수 있는 우정을 발전시킨다. 관리자는 직원들 간의 상호작용과 집단 정체성을 촉진함으로써 이러한 욕구를 충족시킬 수 있다. 동시에 관리자는 가족 문제나 동료의 인정 부족이 직원에게 미칠 수 있는 영향(예: 낮은 성과 및 결근)에 민감할 수 있다. 직장에서의 존중 욕구는 직위, 희망 근무지, 성과급 인상, 포상 및 기타 형태의 인정을 통해 부분적으로나마 충족될 수 있다. 물론 장기적인 동기부여의 원천이 되려면 이러한 유형의 보상이 공평하게 분배되어야 하고 성과에 기반해야 한다.

자기실현 욕구는 아마도 가장 이해하기 어렵고 충족시키기도 가장 어려운 욕구일 것이다. 예를 들어, 얼마나 많은 사람들이 자기실현 욕구를 완전히 충족하는지 평가하기는 어렵다. 대부분의 경우 매슬로우의 계층 구조에 잘 부합하는 사람들은 자존감 욕구를 충족하고 자기실현을 향해 나아가고 있을 것이다. 대부분의 사람들에게는 자기실현을 실제로 달성하기보다는 자기실현을 위해 노력하는 것이 궁극적인 동기부여가 될 수 있다. 최근 몇 년 동안 보수는 높지만 성취감이 낮은 직업을 그만두고 간호사나 교사처럼 보수는 낮지만 성취감이 높은 직업을 찾는 경향이 뚜렷하게 나타나고 있다. 이는 이들이 자기실현을 위해 적극적으로 노력하고 있다는 것을 의미할 수 있다.

Pressmaster/Shutterstock.com

매슬로우에 따르면 사람들은 집단에 소속되고 우정의 일부가 되고자 하는 사회적 욕구를 포함한 일련의 욕구에 의해 동기를 부여받을 수 있다. 이러한 동료들은 직장에서의 긴밀한 업무 관계를 통해 소속감의 욕구를 충족하는 데 도움을 주는 것으로 보인다.

연구에 따르면, 이러한 욕구 단계가 다른 국가에서는 잘 일반화되지 않는 것으로 나타났다. 예를 들어, 그리스와 일본에서는 자기실현 욕구보다 안전 욕구가 직원들에게 더 큰 동기를 부여할 수 있다. 마찬가지로 스웨덴, 노르웨이, 덴마크에서는 소속감 욕구가 특히 중요하다. 멕시코, 인도, 페루, 캐나다, 태국, 터키, 푸에르토리코에서도 다양한 욕구의 상대적 중요도에 차이가 있다는 연구 결과가 있다.[14]

매슬로우의 욕구 단계는 어느 정도 직관적으로 이해가 된다. 또한 가장 먼저 대중화된 동기부여 이론이기 때문에 실무 관리자들 사이에서 잘 알려진 이론 중 하나이기도 하다. 그러나 연구에 따르면 이 이론에는 여러 가지 결함이 있는 것으로 밝혀졌다. 예를 들어, 5단계의 욕구가 항상 존재하는 것은 아니며, 실제 욕구 계층이 매슬로우의 모델과 항상 일치하는 것도 아니고, 욕구 구조는 이론에서 생각하는 것보다 더 불안정하고 가변적이다.[15] 또한 관리자가 이러한 이론을 지나치게 서툴거나 피상적으로 사용하는 경우가 있다. 따라서 이 이론의 주요 기여는 욕구 분류를 위한 일반적인 틀을 제공하는 데 있는 것으로 보인다.

5-2b ERG 이론

ERG 이론
존재, 관계(소속) 및 성장 필요성을 설명.

예일대 심리학자 앨더퍼(Clayton Alderfer)가 개발한 **ERG 이론**(ERG theory)은 중요한 동기부여 이론 중 하나이다.[16] 여러 측면에서 ERG 이론은 매슬로우의 욕구 단계 개념을 확장하고 구체화하지만, 두 이론 사이에는 몇 가지 중요한 차이점도 있다. E, R, G는 존재(existence), 관계(relatedness), 성장(growth)의 세 가지 기본 욕구 범주를 나타낸다. 존재 욕구(인간의 기본적인 생존에 필요한 욕구)는 매슬로우의 욕구 위계에서 대체로 생리적 욕구 및 안전 욕구에 해당한다. 관계(소속) 욕구, 즉 타인과 관계를 맺고 싶은 욕구는 매슬로우의 소속 및 존중 욕구와 유사하다. 마지막으로 성장 욕구는 매슬로우의 존중 욕구 및 자기실현 욕구와 유사하다.

매슬로우의 접근 방식과 달리 ERG 이론은 한 사람에게 두 가지 이상의 욕구(예: 관계 욕구와 성장 욕구)가 동시에 동기를 부여할 수도 있다고 주장한다. 매슬로우의 계층적 욕구 체계와의 더 중요한 차이점은 ERG 이론에는 만족(satisfaction)-진행(progression) 구성 요소와 더불어 좌절(frustration)-퇴행(regression) 구성 요소가 포함되어 있다는 것이다. 만족-진행 개념은 한 범주의 욕구를 충족한 후 다음 단계로 나아간다는 것을 암시한다. 이 점에서 욕구 단계와 ERG 이론은 일치한다. 그러나 욕구 단계 이론은 개인이 해당 수준의 욕구가 충족될 때까지 다음 단계에 머물러 있다고 가정한다. 반면, ERG 이론의 좌절-퇴행 구성 요소는 더 높은 수준의 욕구를 충족시키려다 좌절한 사람은 결국 이전 단계로 퇴행하게 된다고 말한다.[17]

예를 들어, 호세 에르난데스(Jose Hernandez)라는 사람이 관계 수준에서 기본 욕구를 충족하고 이제 성장 욕구를 충족하려고 한다고 가정해 보자. 즉, 그는 많은 친구와 사회적 관계를 맺고 있으며 이제 새로운 기술을 배우고 경력을 발전시키려고 노력하고 있다. 하지만 조직 내 제약(예: 도전적인 업무가 적고, 유리 천장이 존재하는 등), 승진 기회 부족 등 다양한 이유로 인해 이러한 욕구를 충족시키지 못하고 있다. 아무리 노력해도 현재 위치에 갇혀 있는 것 같다. ERG 이론에 따르면, 성장 욕구가 좌절되면 호세가 추구하는 관계 욕구가 다시 한 번 동기부여의 지배적인 요소가 될 것이다. 그 결과 그는 친구를 사귀고 사회적 관계를 발전시키는 데 새로운 관심을 갖게 될 것이다.

5-2c 2요인 이론

2요인 이론
만족도에 영향을 미치는 동기부여 요인과 불만족도를 결정하는 위생 요인을 파악.

동기부여에 대한 또 다른 중요한 욕구 기반 이론은 이중 구조 이론(dual-structure theory)이라고도 하는 **2요인 이론**(two factor theory)이다. 이 이론은 여러 면에서 앞에서 논의한 욕구 이론과 유사하다. 한때 동기부여에 대한 관리적 사고에서 중요한 역할을 했던 2요인 이론은 오늘날 이 이론을 받아들이는 연구자는 거의 없지만, 그럼에도 불구하고 여전히 실무 관리자들 사이에서 널리 알려져 있고 받아들여지고 있다.

이론의 발전

허츠버그(Frederick Herzberg)와 그의 동료들은 1950년대 말과 1960년대 초에 2요인 이론을 개발했다.[18] 허츠버그의 연구는 피츠버그에서 약 200명의 회계사 및 엔지니어 인터뷰로 시작되었다. 그는 인터뷰 참가자들에게 자신의 업무에 특히 만족하고 동기부여를 느꼈던 때와, 불만족하고 동기부여를 받지 못했다고 느꼈던 때를 기억해 보라고 요청했다. 그런 다음 좋은 감정과 나쁜 감정의 원인을 설명해 달라고 요구했다. 질문에 대한 응답은 면접관이 기록한 후 나중에 내용 분석을 거쳤다. (내용 분석에서는 응답자가 사용한 단어, 구, 문장을 분석하고 그 의미에 따라 분류했다.)

놀랍게도 허츠버그는 일에 대한 두 가지 감정에는 완전히 다른 요인들이 연관되어 있다는 사실을 발견했다. 예를 들어, '낮은 급여'를 불만족의 원인으로 꼽은 사람이 반드시 '높은 급여'를 만족과 동기부여의 원인으로 꼽는 것은 아니었다. 대신, 사람들은 인정이나 성취와 같은 완전히 다른 원인을 만족과 동기부여와 연관시켰다. 이 연구 결과를 통해 허츠버그는 만족도와 동기부여에 대한 일반적인 생각이 잘못되었다는 결론을 내렸다. **그림 5-3**에서 볼 수 있듯이, 당시에는 직무 만

그림 5-3
동기부여의 2요인 이론

만족도에 대한 전통적인 관점에서는 만족과 불만족이 한 차원의 반대편에 있다고 생각했다. 허츠버그의 2요인 이론은 보다 복잡한 관점의 증거를 발견했다. 이 이론에서 '동기부여 요인'은 만족에서 불만족에 이르는 하나의 차원에 영향을 미친다. '위생 요인'이라고 하는 다른 작업장 특성은 불만족에서 불만족 없음에 이르는 다른 차원에 영향을 미치는 것으로 가정한다.

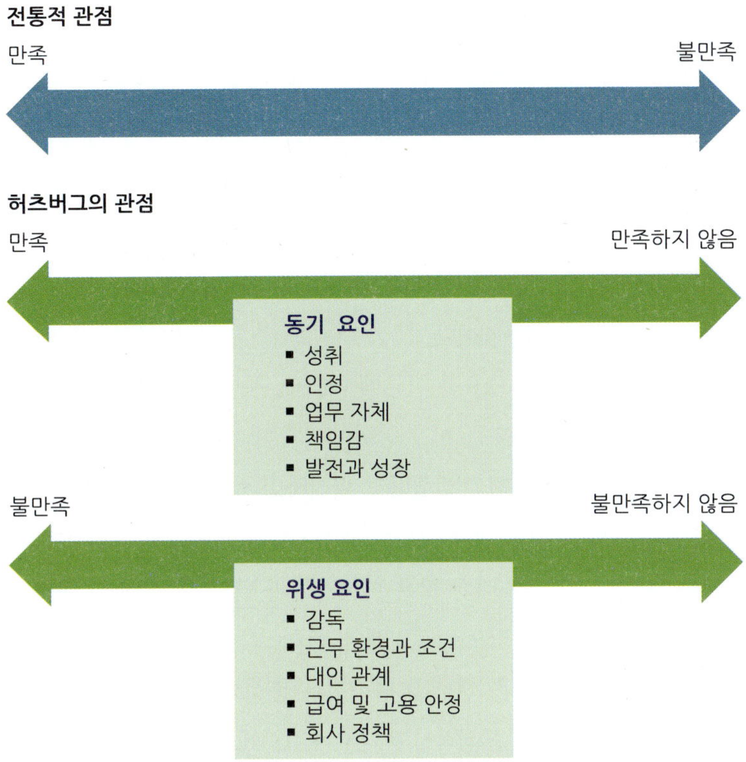

족도를 다음과 같은 단일 구성 요소로 간주하고 있었다. 허츠버그는 이것이 사실이라면 한 가지 요인 세트가 하나의 축을 따라 앞뒤로 이동하며 영향을 미쳐야 한다고 생각했다. 하지만 그의 연구에서는 두 가지 다른 요인 세트가 서로 다른 영향을 미치는 것을 확인했기 때문에, 허츠버그는 두 가지 다른 차원이 관여한다고 주장했다. 따라서 그는 동기를 두 가지 요인으로 보았다.

그림 5-3은 또한 만족에서 불만족에 이르는 한 차원과 불만족에서 불만족에 이르는 다른 차원이 있다는 2요인 개념을 보여 준다. 이 두 차원은 아마도 초기 인터뷰에서 확인된 두 가지 요인 세트와 연관되어 있을 것이다. 따라서 이 이론은 직원들이 만족하거나 만족하지 않을 수도 있고, 동시에 불만족하거나 불만족하지 않을 수도 있다고 제안했다.

또한 **그림 5-3**에는 허츠버그의 인터뷰에서 확인된 주요 요인이 나열되어 있다. 성취감, 인정, 스스로 업무를 계획하고 통제할 수 있는 기회 등과 같은 **동기 요인**(motivation factors)은 사람들이 만족도와 동기부여의 주요 원인으로 자주 언급했다. 이러한 요인이 직무에 존재할 때 만족과 동기를 유발할 수 있는 것으로 나타났으며, 이러한 요인이 없을 때는 불만족스럽다고(dissatisfaction) 느끼기보다는 만족이 없다(no satisfaction)고 느끼는 것으로 나타났다. 또 다른 요인인 **위생 요인**(hygine factor)은 불만족과 동기부여 부족 요인 질문에 대한 응답으로 제시되었다. 응답자들은 급여, 고용 안정성, 상사, 근무 조건이 부적절하다고 인식될 경우 불만족을 유발할 수 있다고 답했다. 하지만 이러한 요인들이 수용 가능한 수준으로 충족되어도, 반드시 만족(satisfaction)하는 것이 아니라 단순히 불만족스럽지 않다(not dissatisfied)고 답했다.

동기 요인
업무 자체에 내재되어 있으며 성취도 및 인정과 같은 요소를 포함.

위생 요인
업무 자체에 내재되어 있으며 급여 및 고용 안정과 같은 요소를 포함.

허츠버그는 직장에서 2요인 이론을 바탕으로 한 2단계 프로세스를 권장했다. 먼저 관리자는 불만족을 유발하는 상황을 제거해야 하는데, 허츠버그는 이것이 두 가지 차원 중 가장 기본적인 단계라고 가정했다. 예를 들어, 이샤나 셰티(Ishana Shetty)라는 사람이 자신이 감독하는 7명의 기술자 그룹에서 동기부여를 강화하기 위해 2단계 이론을 사용하고자 한다고 가정해 보자. 그녀의 첫 번째 목표는 위생 요인을 해결하여 불만이 없는 상태를 달성하는 것이다. 예를 들어, 기술자들의 임금이 시장 임금보다 약간 낮다는 사실을 발견하고 이들 중 몇 명이 고용 안정에 대해 걱정하고 있다고 가정해 보자. 그녀의 대응은 직원들의 급여를 인상하고 고용 안정에 대한 우려를 완화하는 것이다.

2요인 이론에 따르면, 불만족이 없는 상태가 되면 위생 요인을 통해 동기를 더 향상시키려는 시도는 시간 낭비이다.[19] 이 지점에서 동기부여 요인이 등장한다. 따라서 이샤나가 위생 문제를 적절히 처리했다고 확신하면 성취, 인정, 책임, 발전, 성장에 대한 반대급부를 늘리려고 노력해야 한다. 결과적으로 그녀는 부하 직원이 만족감과 동기부여를 느끼도록 도울 것이다.

다른 많은 이론가들과 달리 허츠버그는 관리자가 자신의 이론을 어떻게 적용할 수 있는지 명시적으로 설명했다. 특히 그는 직원의 업무를 구조화하기 위한 '직무 충실화(job enrichment)'라는 기법을 개발했다.[20] (직무 충실화에 대해서는 6장에서 상세히 설명한다.) 허츠버그는 이 기법을 자신의 핵심적인 동기부여 요인에 맞게 조정했다. 이렇듯 이론을 적용하기 위한 특별한 관심은 실무 관리자들 사이에서 2요인 이론이 널리 퍼진 이유를 설명할 수 있다.

이론 평가

2요인 이론은 매우 빠르게 인기를 얻었기 때문에 다른 어떤 조직 행동 이론보다 과학적으로 면밀히 조사되었다.[21] 그 결과는 다소 모순적인 측면이 있다. 허츠버그와 그의 동료들이 수행한 초기 연구는 이 이론의 기본 전제를 지지했으며, 몇 가지 후속 연구도 마찬가지였다.[22] 일반적으로 허츠버그와 동일한 방법론(회상된 사건의 내용 분석)을 사용한 연구는 이 이론을 지지하는 경향이 있다. 그러나 이 방법론 자체는 비판을 받아왔으며, 다른 방법을 사용하여 만족도와 불만족도를 측정한 연구에서도 허츠버그의 이론과는 상당히 다른 결과를 얻는 경우가 많았다.[23] 따라서 이 이론이 '방법론적인 영향(method bound)'을 받는다면 그 타당성에 의문이 제기될 수 있다.

이 이론에 대한 몇 가지 다른 비판이 제기되었다. 비평가들은 허츠버그의 연구 대상이었던 회계사와 엔지니어로 구성된 원래의 표본이 일반 근로자를 대표하지 않을 수 있다고 말한다. 또한 이들은 이 이론이 개인 차이를 설명하지 못한다고 주장한다. 후속 연구에 따르면 급여와 같은 요인이 한 표본에서는 만족도에, 다른 표본에서는 불만족도에 영향을 미칠 수 있으며 특정 요인의 효과는 개인의 연령과 조직 수준에 따라 달라진다는 사실이 밝혀졌다. 또한 이 이론은 만족도와 동기부여 사이의 관계를 정의하지 않는다.

연구에 따르면 2요인 프레임워크는 문화에 따라 다르다고 한다. 비록 제한된 연구이기는 하지만, 뉴질랜드와 파나마의 직원들은 동기 요기과 위생 요인의 영향을 미국 근로자와 다르게 평가한다는 연구 결과가 있다.[24] 따라서 조직 행동 연구자들이 더 이상 2요인 이론을 높이 평가하지 않는 것은 놀라운 일이 아니다. 실제로 이 분야에서는 훨씬 더 복잡하고 유효한 동기부여 개념을 채택하고 있으며, 그 대부분은 6장에서 설명할 것이다. 하지만 초기의 인기와 구체적인 적용 지침 등을 고려해 볼때, 2요인 이론은 동기부여 연구의 역사에서 특별한 위치를 차지할 가치가 있다.

5-2d 획득된 욕구 프레임워크

이제 마지막 욕구 기반 동기부여 관점에 대해 설명한다. **획득된 욕구 프레임워크**(acquired needs framework)는 맥클레랜드(David McClelland)가 발전시킨 것으로, 성취, 소속, 권력에 대한 욕구(이러한 욕구를 명시적 욕구라고도 함)를 중심으로 한다.[25] 이 프레임워크의 핵심적인 차별화 요소는, 이러한 욕구가 문화적, 사회적, 가족적 영향을 통해 획득되거나 학습된다는 주장이다.

획득한 욕구 프레임워크
성취, 소속감, 권력에 대한 욕구에 집중하는 이론.

성취 욕구

성취 욕구(need for achievement)는 과거보다 더 효과적으로 목표나 과제를 달성하고자 하는 개인의 욕구에서 비롯된다. 성취 욕구가 높은 개인은 적절히 어려운 목표를 설정하고 적절히 위험한 결정을 내리는 경향이 있다. 예를 들어, 전국적인 소매업체의 지역 관리자인 마크 코헨(Mark Cohen)이 매장의 매출 증대 목표를 1% 또는 50%로 설정한다고 가정해 보자. 첫 번째 목표는 너무 쉬울 수 있고, 두 번째 목표는 달성하기 불가능할 수 있으므로 두 목표 모두 달성의 필요성이 낮을 수 있다. 하지만, 예를 들어, 15% 처럼 이들 극단의 중간 정도의 목표는 합리적인 도전이 될 수 있으며 도달 가능한 목표일 수도 있다. 이 목표를 설정하는 것이 성취에 대한 높은 욕구를 더 정확하게 반영할 수 있다.

성취 욕구
과거보다 더 효과적으로 작업이나 목표를 달성하려는 욕구.

또한 성취 욕구가 높은 사람들은 자신의 성과에 대한 즉각적이고 구체적인 피드백을 원한다. 이들은 일을 끝낸 후 가능한 한 빨리 자신이 얼마나 잘했는지 알고 싶어 한다. 이러한 이유로 성취 욕구가 높은 사람들은 고객으로부터 거의 즉각적인 피드백을 받을 수 있는 영업 직무를 선호하고, 가시적인 진전이 더디고 피드백이 더 오랜 주기로 제공되는 연구 개발과 같은 분야는 기피하는 경우가 많다. 마크가 각 매장의 영업 실적에 대해 가끔식 확인하는 정도라면, 성취에 대한 욕구가 그리 높지 않은 것으로 보일 수 있다. 그러나 그가 자신의 지역에 있는 각 매장 관리자들에게 지속적으로 전화를 걸어 매출 증가에 대해 묻는다면, 이러한 활동은 그의 성취 욕구가 높다는 것을 나타낸다.

일에 대한 집착(preoccupation with work)은 성취 욕구가 높은 사람들의 또 다른 특징이다. 이들은 출근길, 점심 시간, 집에서도 일에 대해 생각한다. 이들은 일을 제껴두는 것을 불안해하고, 부분적으로 완료된 프로젝트의 작업을 중단해야 할 때 좌절감을 느낀다. 마크가 퇴근 이후 저녁에 업무에 대해 거의 생각하지 않는 다면 성취 욕구가 높은 사람이 아닐 수 있다. 그러나 일이 항상 머릿속에 떠오른다면 그는 실제로 높은 성취 욕구를 가진 사람일 수 있다.

마지막으로, 욕구 성취도가 높은 사람들은 일을 완수하는 데 있어 개인적인 책임을 지는 경향이 있다. 이들은 종종 추가 업무에 자원하고, 업무의 일부를 다른 사람에게 위임하는 것을 어려워한다. 따라서 다른 사람의 도움 없이 동료보다 더 많은 일을 해냈을 때 성취감을 느낀다. 마크가 어느 날 매장을 방문했다가 상품이 제대로 진열되어 있지 않고 바닥이 더러우며 점원들이 고객을 돕고자 하는 의욕이 없어 보인다고 가정해 보자. 성취 욕구가 낮은 사람이라면 점장에게 문제점을 한 번 지적하고 그냥 돌아갈 수도 있다. 그러나 성취 욕구가 높은 사람이라면 한동안 매장에 머물면서 필요한 사항을 일일이 체크하고 직접 감독할 수도 있다.

성취 욕구가 높은 사람이 성공하는 경향은 있지만, 고위 관리직에 오르지 못하는 경우도 많다. 이러한 현상에 대한 가장 일반적인 설명은 성취 욕구가 높은 사람들은 그들의 성취 욕구와 관련된 특성이 고위 관리직의 요구 사항과 충돌하는 경우가 많을 수 있다는 것이다. 최고 경영진은 해야 할 일이 많기 때문에 다른 사람에게 업무를 위임할 수 있어야 한다. 또한, 그들은 거의 즉각적인 피드백을 받을 수 있는 결정에 비해 피드백이 늦거나 더 위험한 결정을 내려야 하는 경우가 많다.[26] 높은 성취 동기를 가진 사람은 집단적 강화가 거의 또는 전혀 없이도 개별 기업가로서 잘 해내는 경향이 있다. 마이크로소프트(Microsoft)의 공동 창업자인 빌 게이츠(Bill Gates), 넷플릭스(Netflix)의 창업자이자 CEO인 리드 헤이스팅(Reed Hasting), 제너럴 모터스(General Motors)의 CEO인 메리 바라(Mary Barra) 등은 모두 높은 성취 욕구를 가진 사람으로 인정받고 있다.

소속 욕구

소속 욕구
인간적인 교제의 필요성.

또한 개인은 **소속 욕구(need for affiliation)**, 즉 인간관계에 대한 욕구를 경험한다.[27] 연구자들은 소속 욕구가 높은 사람과 낮은 사람 간의 몇 가지 차이점을 인식하였다. 소속 욕구가 높은 사람은 다른 사람으로부터 확인과 인정을 받기를 원하고 다른 사람의 감정에 대해 진심으로 걱정하는 경향이 있다. 이들은 다른 사람들, 특히 자신이 강하게 동일시하고, 자신이 친구가 되고 싶은 사람들도 자신을 원한다고 믿으며 행동할 가능성이 높다. 쉽게 예상할 수 있듯이, 소속 욕구가 강한 사람들은 영업직이나 교육직과 같이 대인 접촉이 많은 직종에 종사하는 경우가 가장 많다.

예를 들어, 지질학을 전공한 와탄카 잭슨(Watanka Jackson)이라는 사람이 동료들과는 거의 교류하지 않고 오랜 시간 혼자 외딴 지역에서 근무해야 하는 지질학자 또는 석유탐사 현장 엔지니어 일자리를 찾고 있다고 가정해 보자. 이러한 행동은 그의 학문적인 관심 외에도 구직 활동의 특성상 소속감의 필요성이 낮기 때문일 수 있다. 반면, 와탄카와 같은 반 친구인 한스 바그너(Hans Wagner)는 석유 회사 본사에서 일자리를 찾고 있을 수 있다. 그의 선호도는 적어도 부분적으로는 직장에서 다른 사람들과 함께 있고 싶은 욕구에 의한 것일 수 있으며, 소속에 대한 욕구가 더 높기 때문일 수 있다. 최근 갤럽의 설문 조사에 따르면 직장에 좋은 친구가 한 명 이상 있는 사람은 업무 몰입도가 높고 직무 만족도가 높을 가능성이 훨씬 높다고 한다.[28] 소속감 욕구가 높은 사람은 코로나19 팬데믹 기간 동안 원격 근무, 사회적 거리두기 등으로 인해 특히 더 큰 영향을 받았을 수 있다.

권력 욕구

권력 욕구
주변의 자원을 통제하려는 욕구.

세 번째 소위 후천적 욕구(acquired need)는 **권력 욕구(need for power)**, 즉 재정적, 물질적, 정보적, 인적자원을 포함하여 자신의 환경을 통제하려는 욕구이다.[29] 이 차원에서 사람들은 매우 다양하다. 어떤 사람은 권력을 추구하기 위해 많은 시간과 에너지를 소비하고, 어떤 개인은 아예 권력

Understand Yourself

무엇이 당신을 동기부여 하는가

다음 15개의 문항 각각에 대해 자신의 느낌에 가장 가깝게 일치하는 점수를 선택하라. 점수는 1(매우 그렇지 않다)에서 5(매우 그렇다) 사이이다.

현재 업무 또는 과거 업무 경험의 맥락에서 답변을 고려하기 바란다.

1. 나는 업무 성과를 지속적으로 향상시키기 위해 매우 열심히 노력한다. 1 2 3 4 5
2. 나는 경쟁을 즐긴다. 나는 스포츠를 비롯한 여러 가지 일에서 이기는 것을 좋아한다. 1 2 3 4 5
3. 일할 때 동료 직원들과 업무 외적인 이야기를 자주 나눈다. 1 2 3 4 5
4. 나는 어려운 도전을 즐긴다. 직장에서 나는 어려운 일을 맡는 것을 좋아한다. 1 2 3 4 5
5. 나는 관리자가 되는 것을 즐긴다. 나는 물건과 사람을 책임지는 것을 좋아한다. 1 2 3 4 5
6. 다른 사람들에게 호감을 얻는 것이 나에게 중요하다. 1 2 3 4 5
7. 일할 때는 내가 어떻게 하고 있는지, 일이 어떻게 진행되고 있는지 알고 싶어한다. 1 2 3 4 5
8. 나는 다른 사람의 의견에 동의하지 않을 경우, 그 사실을 상대방에게 알린다. 나는 의견 불일치를 두려워하지 않는다. 1 2 3 4 5
9. 많은 동료들은 내 친구이기도 하다. 나는 그들과 여가 시간을 보내는 것을 즐긴다. 1 2 3 4 5
10. 나는 보통 현실적인 목표를 설정하고 이를 달성하는 경향이 있다. 1 2 3 4 5
11. 다른 사람들이 내 아이디어에 동의하도록 하는 것이 중요하다. 1 2 3 4 5
12. 나는 클럽, 그룹, 기타 조직에 소속되는 것을 즐긴다. 1 2 3 4 5
13. 나는 어려운 일을 성공적으로 완수했을 때의 만족감을 즐긴다. 1 2 3 4 5
14. 나의 중요한 목표 중 하나는 주변 이벤트를 더 잘 통제하는 것이다. 1 2 3 4 5
15. 나는 혼자 일하는 것보다 다른 사람들과 함께 일하는 것을 선호한다. 1 2 3 4 5

점수 계산: 아래의 해당 줄에 15개의 진술 각각에 대한 점수를 기록하라. 그런 다음 각 열을 합산하여 성취, 권력, 소속 점수를 계산하라.

	성취	권력	소속
	1. ______	2. ______	3. ______
	4. ______	5. ______	6. ______
	7. ______	8. ______	9. ______
	10. ______	11. ______	12. ______
	13. ______	14. ______	15. ______
합계:	______	______	______

질문: 당신의 동기가 현재 리더십의 방식이나 앞으로 리더가 될 방식에 어떤 영향을 미친다고 생각하는가?

Source: Reprinted from Steers, R., & Braunstein, D. A behaviorally based measure of manifest needs in work settings. *Journal of Vocational Behavior*, 9(2), 251–266.

Gabo_Arts/Shutterstock.com

어떤 사람들은 권력에 대한 욕구에 의해 동기를 부여받다. 이러한 욕구는 인상적인 직책과 호화로운 사무실을 추구하도록 유도할 수 있다. 직책과 사무실은 다른 사람들에게 자신이 얼마나 큰 권력을 가지고 있는지 보여 줄 수 있는 수단으로 여겨진다.

을 회피하기도 한다. 권력에 대한 욕구가 높은 사람은 세 가지 조건이 충족되면 성공적인 관리자가 될 수 있다. 첫째, 자신의 이익보다는 조직의 발전을 위해 권력을 추구해야 한다. 둘째, 개인적으로 권력 욕구가 충족되면 직장 내 다른 사람들은 소외시킬 수 있으므로, 소속 욕구가 상당히 낮아야 한다. 셋째, 권력 욕구가 효과적인 조직적 또는 대인적 관계를 방해할 수 있으므로 권련 욕구를 스스로 억제할 수 있는 충분한 자기 통제력이 필요하다.[30] 이 장의 Understand Yourself를 통해 이러한 후천적 욕구에 의해 어떻게 동기가 부여될 수 있는지 통찰력을 얻을 수 있을 것이다.

5-3 동기부여의 과정 기반 관점

과정 기반 관점
사람들이 자신의 욕구를 충족시키기 위해 어떻게 행동하는지에 초점을 맞추는 관점.

과정 기반 관점(process-based perspective)은 동기가 발생하는 방식에 관심을 갖는다. 과정 관점은 보상이나 인정과 같은 특정 동기 유발 자극을 파악하기보다는 사람들이 욕구를 충족하기 위해 특정 행동 옵션을 선택하는 이유(욕구 자체에 관계없이)와 이러한 목표를 달성한 후 만족도를 평가하는 방식에 초점을 맞춘다. 동기에 대한 두 가지 유용한 과정 관점으로는 공평성 이론과 기대 이론이 있다.

5-3a 동기부여의 공평성 이론

공평성 이론
사람들이 대우받고자 하는 욕구에 초점을 맞추며, 불공평하다고 인식되는 것을 방지하고 불공평을 피하는 데 집중하는 관점.

공평성
다른 사람과 관련하여 공정한 대우를 받고 있다는 믿음이고, 불공평은 다른 사람과 관련하여 불공정한 대우를 받고 있다는 믿음.

동기부여의 **공평성 이론**(equity theory)은 조직 내 사람들은 공정한 대우를 받기를 원한다는 비교적 단순한 전제를 바탕으로 한다.[31] 이 이론에서 **공평성**(equity)은 타인과 비교하여 공정한 대우를 받고 있다는 믿음으로, 불공평(inequity)은 타인과 비교하여 불공정한 대우를 받고 있다는 믿음으로 정의된다. 공평성 이론은 사회적 비교(social comparison) 과정에서 파생된 여러 이론적 공식 중 하나다. 사회적 비교는 다른 사람의 상황에서 자신의 상황을 평가하는 것을 포함한다. 이 장에서는 주로 공평성 이론에 초점을 맞추는데, 이는 공평성 이론이 사회적 비교 접근법 중 가장 고도로 발전된 이론이자, 조직 내 사람들의 업무 동기에 가장 직접적으로 적용되는 이론이기 때문이다.

공평성 지각 형성

조직 내 구성원들은 다음의 네 단계 절차를 통해 공평성에 대한 지각을 형성한다. 첫째, 자신이 회사에서 어떤 대우를 받고 있는지 평가한다. 둘째, '비교 대상'이 어떻게 대우받고 있는지에 대해 지각한다. 비교 대상은 같은 업무 그룹에 속한 사람, 조직의 다른 부서에 속한 사람, 기타 조직 전체에 흩어져 있는 여러 사람의 조합일 수도 있다.[32] 셋째, 자신의 상황과 비교 대상의 상황을 비교한 다음 이 비교를 근거로 공평성 또는 불공평에 대한 인상을 형성한다. 넷째, 이러한 느낌의 강도에 따라 다음 절에서 설명하는 대안 중 하나 이상을 추구하도록 선택할 수 있다.

공평성 이론은 공평성 비교 과정을 투입 대 결과의 비율(input-to-outcome ratio)로 설명한다. 투입(input)은 교육, 경험, 노력, 충성도 등 조직에 대한 개인의 기여를 의미한다. 결과(outcome)는 급여, 인정, 사회적 관계, 내재적 보상 등 개인이 그 투입의 대가로 받는 것을 말한다. 따라서 공평성 프로세스는 본질적으로 자신이 맺는 심리적 계약에 대한 개인적인 평가이다. 자신과 타인을 대상으로 이루어지는 투입과 결과에 대한 개인의 평가는 부분적으로는 객관적인 데이터(예: 자신의 연봉)에 기반하고 부분적으로는 지각(예: 비교 대상의 인정 수준)에 기반한다. 공평성 비교는 다음과 같은 형태를 취한다.

$$\frac{\text{산출(자신)}}{\text{투입(자신)}} \quad \text{비교} \quad \frac{\text{산출(타인)}}{\text{투입(타인)}}$$

이 심리 방정식의 양쪽이 비슷하면 공평하다고 느끼고, 양쪽이 균형을 이루지 못하면 불공평하다고 느낀다. 그러나 공평성에 대한 인식이라는 것이 반드시 인지된 결과와 투입이 같아야 할 것을 요구하는 것은 아니고, 그들 간의 비율만 같으면 된다는 점에 유의할 필요가 있다. 어떤 사람은 비교 대상이 더 열심히 일하기 때문에 더 많은 돈을 벌 자격이 있다고 생각할 수 있으며, 따라서 그들의 산출(더 높은 임금)이 더 높은 투입(더 열심히 일함)에 비례하기 때문에 받아들일 수 있다고 생각할 수 있다. 상대방의 결과가 투입에 비해 불균형적으로 보일 때만 비교는 불공평에 대한 지각을 불러일으킨다.

공평성 및 불공평에 대한 대응

그림 5-4는 공평성 비교 결과를 요약한 것이다. 한 사람이 평등하다고 느끼는 대우를 받으면 일반적으로 현상 유지 수준의 동기부여가 된다. 예를 들어, 자신의 산출이 변하지 않고 비교 대상의 투입과 산출의 비율이 변하지 않는 한 조직에 동일한 수준의 투입을 계속 제공할 것이다. 그러나 실제든 상상이든 불공평을 경험하는 사람은 불공평을 줄이려는 동기를 갖게 된다. 불공평의

그림 5-4
공평 및 불공평 지각에 대한 반응

사람들은 자신의 상황과 다른 사람의 상황을 비교하여 공평성에 대한 인식을 형성한다. 평등을 인식하면 현재 상황을 유지하려는 동기가 생긴다. 불공평을 인식하면 불공평을 줄이기 위해 여기에 제시된 전략 중 하나 이상을 사용하도록 동기부여 된다.

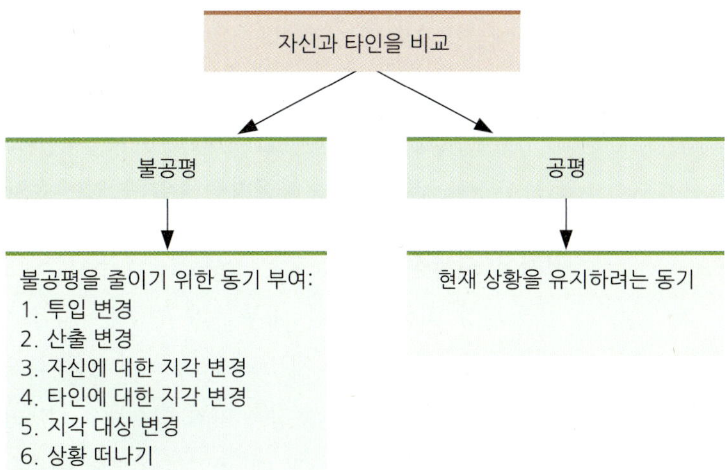

William Perugini/Shutterstock.com

공평성 이론의 핵심은 조직 내 사람들이 자신의 상황을 다른 사람의 상황과 비교한다는 것이다. 두 사람을 예로 들어 보자. 두 사람 모두 교육과 경험이 있고 자신의 시간, 재능, 노력을 회사에 기여하였다. 그 대가로 급여, 복리 후생, 기타 보상 및 다양한 형태의 인정을 받았다. 하지만 사진에서 서 있는 사람이 앉아서 이메일을 검토하는 사람이 자신보다 더 나은 대우를 받는다고 느낀다면 조직에 대한 기여도를 줄이거나 다른 곳에서 새로운 직장을 찾기로 결심할 수 있다.

정도가 클수록 동기부여의 수준은 더 강해진다.

사람들은 불공평을 줄이기 위해 여섯 가지 일반적인 방법 중 하나를 사용할 수 있다.[33] 첫째, 자기 자신의 투입을 바꿀 수 있다. 즉, 불공평이 어느 쪽에 있는지에 따라 비율을 바꾸기 위해 업무에 더 많은 노력을 기울이거나 덜 기울일 수 있다. 예를 들어, 임금을 적게 받고 있다고 생각하면 열심히 일하지 않기로 결정할 수 있다.

둘째, 자신의 산출을 바꿀 수 있다. 예를 들어, 급여 인상을 요구하거나, 성장과 발전을 위한 추가적인 길을 모색하거나, 조직으로부터 더 많은 것을 얻기 위해 도둑질에 의지할 수도 있다. 또는 현재의 직업 안정 수준이 원래 생각했던 것보다 더 크고 가치 있다고 판단하여 현재 산출의 가치에 대한 지각을 바꿀 수도 있다.

셋째, 더 복잡한 반응은 자신과 행동에 대한 지각을 바꾸는 것이다. 예를 들어, 우리가 불공평을 인지한 후라도, 원래의 자기 평가를 변경하여 실제로는 기여하는 바가 적었다고 판단했지만 원래 생각했던 것보다 더 많은 것을 받고 있다고 판단을 바꿀 수 있다. 예를 들어, 처음 생각했던 것만큼 실제로 많은 시간을 일하지 않는다고 판단할 수 있으며, 사무실에서 보내는 시간 중 일부는 실제로 조직에 기여하는 것이 아니라 사교를 위한 시간이었다라고 인정할 수도 있다.

넷째, 비교 대상인 타인의 투입 대비 산출에 대한 우리의 지각(perception)이 바뀔 수 있다. 다른 사람에 대한 평가의 대부분은 지각에 기반하며, 지각은 바뀔 수 있다. 예를 들어, 나에게 주어지는 보상이 부족하다고 느꼈지만, 비교 대상이 주말에 출근하고 밤에 퇴근하는 등 원래 생각했던 것보다 더 많은 시간을 일하고 있다고 판단을 변경할 수 있다.

다섯째, 비교 대상을 변경할 수 있다. 예를 들어, 기존의 비교 대상이었던 다른 사람이, 상사가 개인적으로 가장 좋아하거나, 유난히 운이 좋거나, 특별한 기술과 능력을 가지고 있는 사람이었다고 결론을 내릴 수 있다. 따라서 비교 대상을 변경했을 때, 그 새로운 사람이 더 타당한 비교의 근거를 제공할 수도 있는 것이다. 실제로 우리는 비교 대상을 자주 바꾼다.

마지막으로, 최후의 수단으로서 그 상황을 단순하게 떠날 수도 있다. 즉, 상황을 개선할 수 있는 유일한 방법은 완전히 다른 상황에 처하는 것이라고 판단할 수 있다. 다른 부서로 옮기거나 새로운 직장을 구하는 것이 불공평을 줄일 수 있는 유일한 방법일 수 있다.

평가 및 시사점

공평성 이론에 대한 대부분의 연구는 임금(시간당 임금 및 건당 임금)이 과잉 지급(overpayment) 혹은 과소 지급(underpayment) 됐을 때 근로자가 산출하는 결과물의 질 또는 양 중 어느 한 가지 비율에만 초점을 맞춰 협소하게 진행되었다.[34] 연구 결과는 특히 근로자가 자신이 과소 지급되고 있다고 느낄 때, 공평성 이론의 예측을 상당히 일관되게 뒷받침하고 있다. 시간당 임금을 받는 근로자가 불공평을 경험하면 작업의 품질을 낮춤으로써 투입을 줄이는 한편, 더 많은 생산을 하여 산출을 늘리려는 경향이 있다. 공평성 이론에서는 시간당 임금을 받는 어떤 사람이 과대 보상을 받는다고 느낀다면 투입의 질과 양이 증가할 것이고, 과소 보상을 받는다고 느끼면 질과 양을 감소시킬 것으로 예측한다. 연구 결과에 따라서는 과대 지급에 대한 반응보다는 과소 지급에 대한 반응이 더 강하게 나타나기도 하지만, 전반적으로 대부분의 연구는 공평성 이론의 기본 전제를 지지하는 것으로 보인다. 공평성 이론에 대한 한 가지 흥미로운 새로운 해석은 어떤 사람들은 불공평에 대한 지각에 더 민감하다는 점이다. 즉, 어떤 사람들은 조직 내에서 자신의 상대적 지위에 많은 관심을 기울인다. 어떤 사람들은 다른 사람의 상황을 고려하지 않고 자신의 상황에 더 집중한다.[35]

사회적 비교는 직장에서 강력한 요소임이 분명하다. 공평성 이론은 조직의 보상과 보상 시스템에 관해 중요한 함의를 내포한다. '공식적(formal)' 조직 보상(급여, 업무 할당 등)은 '비공식적(informal)' 보상(내재적 만족감, 성취감 등)보다 쉽게 관찰할 수 있기 때문에 공평성에 대한 사람들의 지각의 중심이 되는 경우가 많다.

공평성 이론은 관리자에게 세 가지 메시지를 제공한다. 첫째, 조직의 모든 구성원이 보상의 근거를 이해해야 한다. 예를 들어, 업무의 양이 아닌 업무의 질에 따라 더 많은 보상을 주고자 한다면, 그 사실을 모든 사람에게 명확하게 전달해야 한다. 둘째, 사람들은 보상에 대해 다면적인 관점을 취하는 경향이 있으며, 유형 및 무형의 다양한 보상을 인지하고 경험한다. 마지막으로, 조직 구성원들은 현실에 대한 인식을 바탕으로 행동한다는 것이다. 두 사람이 정확히 같은 연봉을 받지만 서로가 상대방이 더 많이 벌고 있다고 생각한다면, 각자의 공평성 경험은 현실이 아닌 지각에 근거할 것이다. 따라서 관리자가 두 직원이 공정한 보상을 받고 있다고 믿는다 해도, 지각이 관리자와 다를 경우에는 이러한 관리자들의 견해에 동의하지 않을 수 있다. 이 장의 **Improve Your Skills**는 직장에서의 공평성과 공정성의 복잡성을 더 잘 이해하는 데 도움이 될 것이다

5-3b 동기부여의 기대 이론

기대 이론(expectancy theory)은 공평성 이론보다 더 포괄적인 동기부여 모델이다. (기대 이론은 가치(valence)-수단성(instrumentality)-기대(expectancy)의 약자로 VIE 이론이라고도 한다). 이 이론이 처음 공식화된 이후 수년 동안 그 범위와 복잡성은 계속 증가해 왔다.

기대 이론
사람들이 무언가를 얼마나 원하는지, 그리고 그것을 얻을 수 있다고 생각하는 가능성에 따라 동기가 부여됨.

기본 기대 이론

빅터 브룸(Victor Vroom)은 일반적으로 이 이론을 직장에서의 동기부여에 처음 적용한 것으로 알려져 있다.[36] 이 이론은 개인이 여러 대안적 행동 중 하나를 어떻게 선택하는지에 대해 설명한다. 기대 이론의 기본 전제는, 우리가 무언가를 얼마나 원하는지, 그리고 그것을 얻을 가능성이 얼마나 높다고 생각하는지에 따라 우리의 동기가 달라진다는 것이다.

간단한 예시를 통해 이 전제를 더 잘 이해할 수 있다. 최근 대학을 졸업한 스물네 살의 한 여성이 관리직 일자리를 찾고 있다고 가정해 보자. 그녀는 온라인 채용 공고를 검색하던 중 애플

Improve Your Skills

공평성 및 공정성 프레임워크

이 연습을 통해 다양한 사람들이 공평성과 공정성에 대해 어떻게 프레임을 짜는지, 그리고 관리자로서 사람들이 이러한 프레임을 짜는 것을 어떻게 도와야 하는지에 대해 통찰력을 얻을 수 있다.

당신이 전자 산업에 종사하는 전문 직원 그룹의 관리자라고 가정해 보자. 직원 중 한 명인 아흐메드가 당신을 만나고 싶다고 요청하였다. 당신은 방금 회사에서 그룹 내 팀장 채용 공고를 냈고, 아흐메드가 이 직책을 원한다는 것을 알고 있다. 아흐메드는 직장에서의 꾸준한 노력을 바탕으로 기회를 얻을 수 있다고 생각하고 있지만, 당신은 조금 다르게 인식하고 있다. 약 10년 전에 아흐메드를 고용한 이래로 그는 성실하지만 뛰어난 직원은 아니었다. 그는 평균적인 성과 평가와 급여 인상 등을 꾸준히 받아 왔다. 하지만 그는 근무한 기간이 짧은 다른 직원들보다 성과가 더 좋지는 않았기 때문에 현재 연봉이 다소 적은 편이다.

당신은 다른 직원인 프리얀카를 이 직책에 임명하고 싶다. 그녀는 회사에서 근무한 지 6년밖에 되지 않았지만 지속적으로 최고의 성과를 냈다. 당신은 그녀의 성과에 대해 보상하고 싶고, 그녀가 팀 리더로서 훌륭한 일을 해낼 것이라고 생각한다. 반면에 그룹의 견실한 구성원인 아흐메드를 잃고 싶지도 않다. 예정된 아흐메드와의 미팅과 프리얀카를 팀장으로 임명한 후의 상황을 예상하여 다음 활동을 수행해 보자.

1. 아흐메드와 프리얀카의 투입과 산출 항목별로 정리한다. 여기에 설명된 단순한 항목을 넘어 다른 가능한 투입과 산출을 기록해 보자.
2. 아흐메드와 프리얀카가 상황을 어떻게 파악할지 설명하라.
3. 새 직책에 프리얀카를 채용하기로 한 결정을 전달하는 아흐메드와의 대화를 간략하게 설명하라.
4. 프리얀카가 아흐메드와 상호작용 할 때 어떤 조언을 해 줄 수 있을지 기록하라.
5. 아흐메드에게 동기를 부여하기 위해 제공할 수 있는 다른 보상을 찾아보라.

(Apple)에서 해외 사업을 총괄할 부사장을 찾고 있다는 사실을 알게 된다. 초봉은 250만 달러다. 그녀는 이 직업에 매력을 느꼈지만, 자신에게 맞지 않는 자리라고 생각하였다. 그러던 중 대학 교실의 책상 밑에 붙어 있는 껌을 긁어내는 일자리를 발견하였다. 초임은 시간당 9.25달러이며 경력은 필요하지 않다. 그녀는 이 일자리를 얻을 수 있다고 생각하지만 원하지는 않았다.

그러던 중 일하기 좋은 직장으로 유명한 성공적인 대기업의 관리자 훈련직 채용 공고를 보게 된다. 경력은 필요하지 않고 대학 학위가 기본 요건이며 초봉은 6만 달러이다. 이 여성은 아마도 (1) 자신이 원하고, (2) 합당한 기회가 있다고 생각하기 때문에 이 직책에 지원할 가능성이 높다. (물론 이 간단한 예는 대부분의 선택의 진정한 복잡성을 과소평가한 것이다. 구직 희망자의 지리적 선호도가 강하고, 다른 직업 기회도 있으며, 대학원 진학을 고려할 수도 있다. 실제로 이러한 결정은 대부분 복잡하다.) **그림 5-5**는 기본적인 기대 이론 모형을 요약한 것이다. 이 모형의 일반적인 구성 요소는 노력(동기부여 된 행동의 결과), 성과 및 결과이다. 기대 이론은 기대치와 가치로 설명되는 이러한 요소들 간의 연관성을 강조한다.

그림 5-5
동기부여의 기대 이론
기대 이론은 조직에서 직원 동기부여를 설명하는 가장 복잡한 모델이다. 기대 이론의 핵심 구성 요소는 다음과 같다. 노력 대 성과 기대치, 성과 대 결과의 도구성 및 결과이며, 각각 관련 가치를 가지고 있다. 이러한 구성 요소는 노력, 환경, 개인의 성과에 대한 결정 능력과 상호작용 한다.

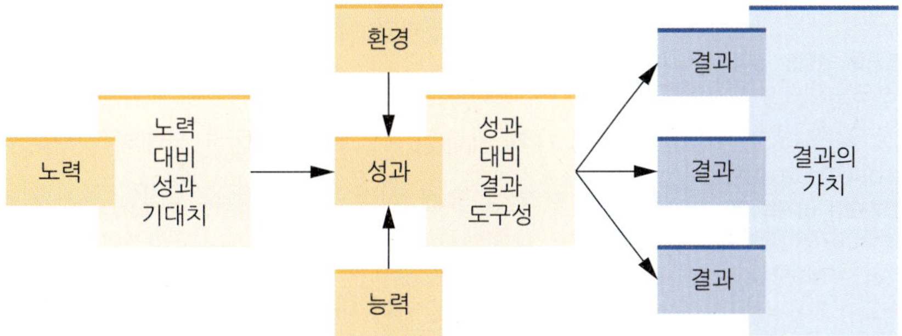

노력 대비 성과 기대치

노력 대비 성과 기대치(effort-to-performance expectancy)는 노력이 성과로 이어질 확률에 대한 개인의 지각이다. 자신의 노력이 더 높은 성과로 이어질 것이라고 믿는다면, 이 기대치는 매우 높아서 아마도 1.0에 가까워질 것이다. 여기서 1.0은 결과가 일어날 것이라는 절대적인 확신(absolute certainty)을 의미한다. 아무리 노력해도 성과가 동일할 것이라고 믿는 사람은 기대치가 매우 낮아서 결과가 발생할 확률이 0에 가까울 수 있으며, 이는 결과가 발생할 확률이 전혀 없다는 것을 의미한다. 자신이 투입한 노력과 이에 따른 후속 성과 사이에 중간 정도의 관계(정상적인 상황)가 있다고 생각하는 사람은 기대치가 1.0에서 0 사이에 존재할 것이다. 테니스 챔피언인 비너스 윌리엄스(Venus Williams)는 자신이 최대한으로 노력하면 출전하는 모든 경기에서 승리할 가능성이 크다고 믿는다. 그녀는 자신의 노력과 경기력 사이의 연관성을 분명히 인식하고 있다. (이 이론의 일부 버전에서는 이를 기대치라고 부른다.)

노력 대비 성과 기대치
노력이 성과로 이어질 확률에 대한 개인의 지각.

성과 대비 결과 기대치

성과 대비 결과 기대치(performance-to-outcome expectancy)는 도구성(instrumentality)이라고도 하며, 성과가 다른 특정 결과로 이어질 확률에 대한 개인의 지각을 의미한다. 성과가 높은 사람이 임금 인상을 받을 것이 확실하다고 생각하는 경우 이 기대치는 1.0에 가깝다. 반대로 성과와 임금 인상이 완전히 별개라고 생각하는 사람은 기대치가 0에 가깝다. 마지막으로 성과가 임금 인상 가능성에 어느 정도 영향을 미친다고 생각하는 사람은 기대치가 1.0에서 0 사이이다. 실제 업무 상황에서는 **그림 5-5**에서 볼 수 있듯이 여러 가지 결과가 성과에서 논리적으로 파생될 수 있기 때문에, 여러 가지 성과 대비 결과에 대한 기대치가 있다.

성과 대비 결과 기대치
성과가 특정 결과로 이어질 확률에 대한 개인의 지각.

각 결과에는 고유한 기대치가 있다. 미식축구팀인 그린베이 패커스(Green Bay Packers)의 쿼터백 애런 로저스(Aaron Rodgers)는 자신이 공격적으로 플레이하면 팀을 플레이오프에 진출시킬 가능성이 높을 것이라고 생각할 수 있다. 하지만 항상 공격적으로 플레이하면 VIP와 같은 개인적 영예를 얻을 수도 있겠지만, 부상의 가능성이 높고, 중간 가로채기를 당할 가능성이 더 높아진다(이 세 가지 모두 공격적 플레이의 결과로서 발생할 수 있다).

결과
특정 행동을 수행한 결과 발생하는 모든 것.

가치
특정 결과가 개인에게 미치는 매력 또는 비매력 정도.

결과 및 가치

결과(outcome)란 성과로 인해 발생할 수 있는 잠재적인 모든 것을 의미한다. 높은 수준의 성과는 급여 인상, 승진, 상사로부터의 인정, 피로, 스트레스, 시간 절약 등과 같은 결과로 이어질 수 있다. 결과의 **가치**(valence)는 그 결과에 대한 상대적 매력도 또는 비매력도, 즉 그 사람이 가지는 가치이다. 급여 인상, 승진, 인정 등은 모두 긍정적인 가치를 지니는 반면, 피로, 스트레스, 휴식 시간 부족은 모두 부정적인 가치로 인식될 수도 있다.

결과의 강도는 사람마다 다르다. 업무 관련 스트레스는 어떤 사람에게는 심각한 부정적 요인일 수 있지만 다른 사람에게는 약간의 성가심에 불과할 수 있다. 마찬가지로, 급여 인상은 돈이 절실히 필요한 사람에게는 강한 긍정적 가치가 될 수 있고, 주로 승진에 관심이 있는 사람에게는 약간의 긍정적 가치가 될 수 있으며, (세금에 불리한 위치에 있는 사람에게는) 심지어 부정적 가치가 될 수도 있다!

기본 기대 이론에 따르면 동기부여 된 행동이 발생하기 위해서는 다음의 세 가지 조건이 충족되어야 한다. 첫째, 노력 대비 성과 기대치가 0보다 높아야 한다. 즉, 노력을 기울이면 높은 수준의 성과가 나올 것이라고 합리적으로 기대할 수 있어야 한다. 둘째, 성과 대 결과 기대치가 0보다 높아야 한다. 즉, 성과가 현실적으로 가치 있는 결과를 가져올 것이라고 믿어야 한다. 셋째, 긍정적인 요소가 부정적인 요소보다 크다는 전제 하에서, 모든 가치의 합이 음수일 수도 있다. 즉, 스트레스와 피로는 다소 음의 값을 가질 수 있지만 급여, 승진, 인정이 매우 높은 양의 값을 갖는다면 성과와 관련된 결과 집합의 전체 값은 양이 될 것이다.

개념적으로 모든 관련 결과의 가치와 그에 상응하는 기대 패턴은 거의 수학적 방식으로 상호작용 하여 사람의 동기부여 수준을 결정한다고 가정한다. 대부분의 사람들은 행동의 다양한 결과에 대한 가능성과 선호도를 평가하지만, 이렇게 계산적인 방식으로 접근하는 경우는 실제로는 드물다.

포터-룰러 모델

기대 이론이 최초로 발표된 이후, 이 이론은 현대 동기부여 이론의 주요 흐름으로 자리 잡았다. 그 이후로 이 모델은 여러 차례 개선되고 확장되었다. 기대 이론을 기반으로 한 대부분의 이론적 접근은 우선 동기를 파악하고 결과와 기대치를 측정한다. 하지만 라이먼 포터(Lyman Porter)와 에드워드 롤러(Edward Lawler)가 개발한 변형된 기대 이론 만큼은 예외이다. 이 연구자들은 기대 이론을 사용하여 직원 만족도와 성과 간의 관계에 대한 새로운 관점을 개발했다.[37] 일반적인 통념으로는 높은 만족도가 성과로 이어진다는 것이었지만, 포터와 롤러는 그 반대의 주장을 펼쳤다. 보상이 적절하다는 전제하에, 높은 수준의 성과가 있을 때 만족으로 이어질 수 있다는 것이다.

포터-룰러 모형은 **그림 5-6**에 나와 있다. 이 모형의 몇 가지 특징은 기존의 기대 이론과 상당히 다르다. 예를 들어, 확장된 모델(extended model)에는 능력, 특성, 역할 인식이 포함된다. 동기부여 주기가 시작될 때 노력(effort)은 잠재적 보상의 가치(valence)와 지각된 노력-보상 확률(expectancy)의 함수이다. 그런 다음 노력은 능력, 특성 및 역할 인식과 결합하여 실제 성과를 결정한다.

그림 5-6
포터-룰러 모형

포터-롤러 기대 모형은 만족도와 성과 간의 관계에 대한 흥미로운 충장을 제공한다. 이 모형은 만족도가 그림에서와 같이 결정된다고 예측한다. 즉 지각된 내재적 보상 및 외재적 보상의 영향을 받는다고 주장한다. 즉, 많은 사람들이 예상하는 것처럼 만족도가 성과를 유발하는 것이 아니라, 반대로 만족을 이끌어 내는 것이 성과라고 한다.

Source: Figure from Lyman W. Porter & Edward E. Lawler, *Managerial Attitudes and Performance*. Copyright © 1968. McGraw-Hill, Inc. Used by permission of Lyman W. Porter.

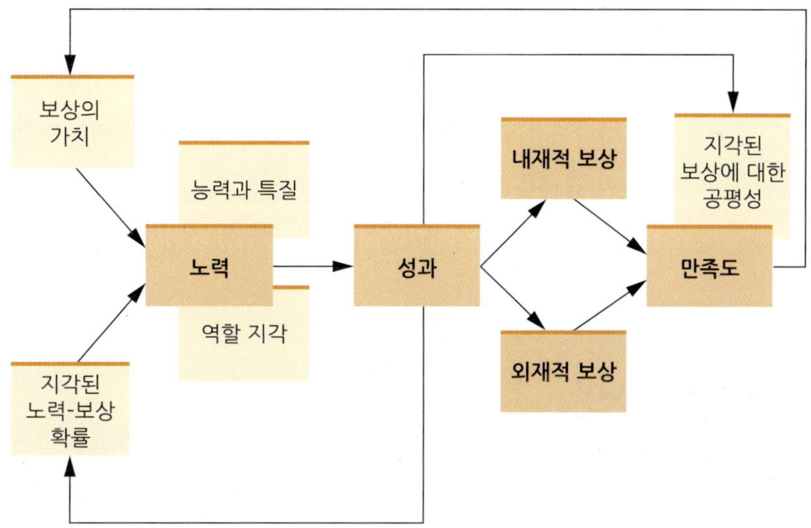

성과는 두 가지 종류의 보상을 가져온다. 내재적 보상(intrinsic rewards)은 무형적인 것으로서 업적이나 성취감 등을 의미한다. 외재적 보상(extrinsic rewards)은 급여 및 승진과 같은 유형의 결과물이다. 개인은 자신의 성과가 조직에 미치는 가치를 판단하고, 공평성 이론에서와 같이 사회적 비교 과정을 통해 자신이 받은 보상의 공평성에 대한 인상을 형성한다. 보상이 공평하다고 생각되면 직원은 만족감을 느낀다. 이후 주기에서 보상에 대한 만족도는 예상되는 보상의 가치에 영향을 미치고, 노력에 따른 실제 성과는 미래에 인지되는 노력-보상 확률에 영향을 미친다.

평가 및 시사점

기대 이론은 다양한 환경에서 다양한 방법을 사용하여 많은 연구자들에 의해 검증되었다.[38] 앞서 언급한 바와 같이, 이론의 복잡성은 축복이자 저주였다.[39] 이 이론을 평가하기 위해 수행된 연구보다 양날의 검이 더 분명한 것은 없을 것이다. 여러 연구에서 이 이론의 다양한 측면을 뒷받침하고 있다. 예를 들어, 기대와 가치 모두 직장에서의 노력 및 성과와 관련이 있는 것으로 밝혀졌다.[40] 또한, 사람들은 (1) 기대되는 보상을 소중히 여기고, (2) 자신의 노력이 성과로 이어질 것이라고 믿고, (3) 자신의 성과가 원하는 보상으로 이어질 것이라고 믿지 않으면 동기부여 된 행동을 하지 않는다는 기대 이론의 주장이 연구를 통해 확인되었다.[41]

그러나 기대 이론은 매우 복잡하기 때문에 연구자들이 검증하기가 매우 어렵다. 특히 모델의 여러 부분을 측정한 값의 타당성이 부족할 수 있으며, 변수 간의 관계를 조사하는 절차가 연구자들이 원하는 기준에 비추어 덜 과학적인 경우가 많다. 게다가 사람들은 기대 이론이 암시하는 것처럼 자신의 행동을 선택할 때 합리적이고 객관적인 경우가 드물다. 그럼에도 불구하고, 이 모델의 논리는 비록 미미하지만, 연구 결과는 일관되게 이 이론을 지지하고 있으며, 이러한 결과들과 결합되어 많은 것을 배울 수 있다.

연구에 따르면 기대 이론은 다른 어떤 나라들 보다 미국 종업원들의 동기를 설명할 가능성이 더 높다고 한다. 미국 사람들은 목표 지향적인 경향이 강하고 자신의 노력이 성공에 영향을 미칠 수 있다고 생각하는 경향이 있다. 따라서 기대치, 가치, 결과가 적절히 조합되면 동기부여가 높을 것이다. 하지만 다른 국가에서는 다른 패턴이 존재할 수도 있다. 예를 들어, 이슬람 국가의 많은 사람들은 알라신(이슬람교의 최고 존재)이 모든 행동의 결과를 결정한다고 생각하기 때문에 기대의 개념이 적용되지 않을 수 있다.[42]

기대 이론은 매우 복잡하기 때문에 직장에서 직접 적용하기는 어렵다. 관리자는 각 직원이 원

Case Study

아라마크의 긍지 세우기

필라델피아에 본사를 둔 전문 서비스 분야의 선두 주자인 아라마크(Aramark)는 약 28만 명의 직원이 22개국에 있는 고객사에 서비스를 제공하고 있다.[44] 아라마크는 델타항공과 사우스웨스트항공의 비행기를 청소하는 직원들에게 더 나은 동기부여를 하고자 했다. 대부분 이민자로 구성된 저임금 직원의 이직률은 한때 연간 100%를 넘었다. 사기가 저하되고 승객이 비행기에 두고 내린 지갑과 기타 귀중품이 사라질 확률이 높았다.

아라마크의 관리자인 로이 펠라즈(Roy Pelaez)는 이러한 상황을 반전시키려면 직원들에게 동기를 부여하기 위해 몇 가지 관행을 깨야 한다고 생각했다. 그는 다음과 같이 말했다. "관리자는 직원의 개인적인 문제에 관여해서는 안 되지만 나는 정반대의 관점을 가지고 있다. 직원에게 영향을 미치는 모든 문제는 결국 당신에게도 영향을 미친다. 직원을 잘 돌보면 직원도 당신과 당신의 고객을 잘 돌볼 것이다." 그는 일반적인 '이달의 직원' 표창 프로그램 외에도 영어 교사를 초빙하여 일주일에 두 번씩 개인 시간에 직원들을 가르치고, 금요일에 시민권 수업을 추가하여 직원들이 미국 시민이 될 수 있도록 지원했으며, 정부 프로그램에서 보조금을 받는 공인 베이비시터를 배치하여 미혼모가 직장에 계속 출근할 수 있도록 지원했다. 그는 직원들이 서로 워드 프로그램과 스프레드시트 교육을 받을 수 있도록 컴퓨터 3대를 갖춘 작은 컴퓨터 실습실을 만들기도 했다. "이 모든 것이 중요한 이유는 직원들이 회사와 진정으로 연결되어 있다고 느끼기를 원하기 때문이다."

또한 그는 6개월 동안 개근을 하거나, 현금과 신용카드가 들어 있는 지갑이나 수첩을 제출한 직원에게는 하루의 유급 휴가를 제공했다. '이달의 우수 직원'으로 선정된 직원에게는 영화 관람권, 전화 카드 또는 '버거 머니'를 제공했다. 그 결과로 이직률은 연간 12%까지 떨어졌는데, 이는 최저임금을 지급하는 직종에서는 놀라운 수치이다. 또한 승무원들은 비행기에서 많은 양의 돈을 회수하기 시작하여 분실된 지갑 250여 개와 5만 달러 이상의 현금을 승객들에게 돌려주었다.[45]

이러한 노력으로 아라마크의 매출은 5년 만에 500만 달러에서 1,400만 달러로 크게 증가했다. 1998년 이래로 이러한 프로그램을 통해 아라마크는 포춘(Fortune)지가 선정한 '미국에서 가장 존경받는 기업' 목록에 선정된 동종 업종의 3개 기업 중 하나가 될 수 있었다.[46]

질문

1. 아라마크의 직원들에게는 어떤 동기부여 이론이 적용되었는가?
2. 자신이 이곳의 관리자라면 직원들에게 동기를 부여하기 위해 어떻게 하겠는가? 로이 펠레즈처럼 되려고 노력하기보다는 자신의 개인적인 관리 스타일과 신념에 대해 솔직하게 서술하라.
3. 동기부여 아이디어의 효과를 가로막는 장애물에는 어떤 것이 있다고 생각하는가? 이를 극복하기 위해 무엇을 할 수 있는가?

하는 보상이 무엇인지, 그 보상이 각 개인에게 얼마나 가치 있는지를 파악하고, 다양한 기대치를 측정하고, 마지막으로 동기를 부여하기 위해 관계를 조정해야 한다. 그럼에도 불구하고 기대 이론은 실무 관리자에게 몇 가지 중요한 지침을 제공한다. 다음은 보다 근본적인 지침 중 일부이다.

1. 각 직원이 원하는 주요 결과를 결정한다.
2. 조직 목표를 달성하는 데 필요한 성과 수준과 종류를 결정한다.
3. 원하는 수준의 성과가 가능한지 확인한다.
4. 원하는 결과와 원하는 성과를 연결한다.
5. 상충되는 기대치가 있는지 상황을 분석한다.
6. 보상이 충분히 큰지 확인한다.
7. 전체 시스템이 모든 사람에게 공평한지 확인한다.[43]

5-4 동기부여의 학습 기반 관점

학습은 직원 동기부여의 또 다른 핵심 요소이다. 우리는 지난 3장에서 학습 스타일에 대해 논의했으며, 이제 동기부여의 관점에서 학습에 대해 살펴보고자 한다. 어떤 조직에서든 종업원들은 어떤 행동이 보상을 받고 어떤 행동이 무시되거나 불이익을 받는지 빠르게 학습한다. 따라서 **학습(learning)**은 동기부여 된 행동을 유지하는 데 중요한 역할을 한다. 학습은 직간접적인 경험에서 비롯되는 행동, 혹은 비교적 영구적인 행동 잠재력의 변화를 의미한다. 예를 들어, 우리는 새로운 소프트웨어 응용 프로그램의 다양한 기능과 옵션을 연습하고 실험함으로써 프로그램의 사용법을 익힐 수 있다.

학습
직·간접적인 경험으로 인한 행동 또는 행동 잠재력의 비교적 영구적인 변화.

5-4a 학습이 이루어지는 방법

전문가들은 전통적으로 학습이 고전적 조건화라는 과정을 통해 가장 자주 일어난다고 생각했다. 그러나 최근에는 인지적 과정을 기반으로 하는 경우가 더 많다는 것을 이해하게 되었다.

전통적인 관점: 고전적 조건화

역사적으로 가장 영향력 있는 학습 접근법은 이반 파블로프(Ivan Pavlov)가 개를 대상으로 한 유명한 실험에서 개발한 고전적 조건화이다.[47] **고전적 조건화(classical conditioning)**는 조건화된 반응이 무조건적인 자극과 연결되는 단순한 형태의 학습을 의미한다. 그러나 조직에서는 단순한 행동 및 반응에 대해서만 이러한 방식의 학습이 적용될 수 있다. 예를 들어, 어떤 종업원이 어느 날 상사로부터 매우 나쁜 소식을 들었다고 생각해 보자. 그 직원은 그날 상사가 입은 정장의 색깔을 나쁜 소식과 연관시킬 수 있다. 따라서 다음에 상사가 같은 정장을 입고 사무실에 출근한다면, 그 직원은 두려움과 불길한 예감을 느낄 수 있다.

고전적 조건화
조건부 반응과 무조건 자극을 연결하는 간단한 학습 형태.

그러나 이러한 형태의 학습은 분명히 단순하며 동기부여에 직접적인 영향을 미치지는 않는다. 학습 이론가들은 고전적 조건화가 학습 과정에 대한 흥미로운 통찰력을 제공하기는 하지만, 인간의 학습을 설명하기에는 부적절하다는 사실을 깨달았다. 우선, 고전적 조건화는 하나의 자극과 하나의 반응 사이의 단순한 인과 관계(cause-and-effect relationships)에 의존하기 때문에 인간에 의해 수행되는 더 복잡한 형태의 학습된 행동을 다룰 수 없다. 또 다른 이유로 고전적 조건화는 선택의 개념을 무시하고, 행동이 반사적 또는 비자발적이라고 가정한다. 따라서 이 관점에서는 사람들이 여러 가지 행동 중에서 의식적으로 합리적으로 한 가지 행동 방침을 선택하는 상황을 설명할 수 없다. 이러한 고전적 조건화의 단점 때문에 이론가들은 결국 복잡한 학습과 관련된 과정을 설명하는 데 더 유용해 보이는 다른 접근법으로 넘어갔다.

현대적 관점: 인지 과정으로서의 학습

현대 학습 이론은 결코 단일 이론이나 모델에 국한되어 있지는 않으며, 일반적으로 학습을 인지 과정(cognitive process)으로 간주한다. 즉, 사람들이 학습하는 방식에 의식적이고 능동적인 참여자라고 가정한다.[48]

우선, 인지적 관점에 따르면 사람들은 자신의 과거 경험에 의존하며, 과거의 학습을 현재 행동의 기초로 활용한다. 이러한 경험은 지식 또는 인식을 형성한다. 예를 들어, 직무 선택에 직면해 있는 종업원은 그의 이전 경험을 바탕으로 어떤 직무를 선택할 지 결정한다. 둘째, 사람들은 자신의 행동을 선택한다. 직무 선택에 직면해 있는 종업원은 두 가지 대안 중 하나를 선택한다. 셋째, 사람들은 자신의 선택에 따른 결과를 인식한다. 직무를 선택한 그 종업원이 자신이 선택한 직무에서 보람과 성취감을 느낄 때, 관리자들은 그 해당 직무에 할당한 것이 좋은 선택이었음을 인식하고 그 이유를 이해하게 된다. 마지막으로, 관리자들은 이러한 결과를 평가하고, 이를 사전 학습에 추가한다. 이는 직원들의 향후 선택에 영향을 미친다. 내년에 직업을 선택해야 하는 상황에 직면했을 때 직원들은 역시 아마도 같은 직업을 선택하도록 동기를 부여받게 될 것이다. 앞서 설명한 바와 같이 학습에 대한 여러 가지 이론은 인지적 관점을 취한다. 그중 가장 대표적인 것이 강화 이론이다. 강화 이론 자체가 새로운 것은 아니지만, 몇 년 전부터 조직 환경에 적용되기 시작했다.

5-4b 강화 이론 및 학습

강화 이론
행동은 그 결과의 함수라는 생각에 기반.

'조작적 조건화(operant conditioning)'라고도 불리우는 **강화 이론**(reinforcement theory)은 일반적으로 스키너(B. F. Skinner)의 연구와 연관되어 있다.[49] 단순하게 말하자면, 강화 이론은 행동이란 그 결과의 함수라고 제안한다. 즐거운 결과를 초래하는 행동은 반복될 가능성이 높고(직원은 현재 행동을 반복하도록 동기를 부여받음), 불쾌한 결과를 초래하는 행동은 반복될 가능성이 낮다(차라리 다른 행동을 하도록 동기부여 받음). 강화 이론은 또한 주어진 상황에서 사람들은 다양한 가능한 행동을 탐색한다고 본다. 미래의 행동을 선택하는 것은 이전 행동이 초래한 결과에 영향을 받는다. 이미 언급했듯이 인지 또한 중요한 역할을 한다. 따라서 현대 이론가들은 학습에 대한 전통적 관점이 제안하는 기계적 자극과 반응 간의 연관성을 가정하기보다는 사람들이 의식적으로 다양한 행동을 탐색하고 가장 바람직한 결과를 초래하는 행동을 체계적으로 선택한다고 믿는다.

신입 직원이 자신의 상사와 잘 지내는 가장 좋은 방법을 배우고 싶어한다고 가정해 보자. 처음에 직원은 매우 친절하고 비공식적으로 상사를 대하지만 상사는 냉담하고 때로는 짜증스러운 태도로 일관한다. 상사가 긍정적으로 반응하지 않으므로 이 신입 직원은 이런 행동을 지속할 가능성이 낮다. 사실, 이 직원은 이후에는 더 형식적이고 사무적으로 행동할 것이고, 오히려 상사가 이러한 자세를 훨씬 더 잘 받아들인다는 것을 알게 된다. 이 직원은 새로운 행동으로의 변경이 긍정적인 결과를 가져오므로, 이러한 행동을 지속할 것이다. 이러한 프로세스가 어떻게 작동하는지 자세히 살펴보기에 앞서, 먼저 다른 사람들의 경험을 바탕으로 한 학습의 기본적인 측면을 한 가지 더 생각해 보자.

5-4c 사회적 학습

최근 몇 년 동안 관리자들은 사회적 학습의 힘을 인식해 왔다. **사회적 학습**(social learning)은 다른 사람의 행동을 관찰하고, 그 결과를 인식하고, 자신의 행동을 변화시킬 때 발생한다. 일부 전문가들은 사회적 학습을 사회 인지 이론(social cognitive thoery)이라고 부른다. 우리는 다른 사람을 관찰하거나, 동영상 등을 시청하면서 새로운 업무를 수행하는 방법을 배울 수 있다. 또는 상사가 지각한 동료 직원을 질책하는 것을 목격함으로써 지각을 하면 안 된다는 것을 배울 수 있다. 사회적 학습 이론에 따르면 개인의 행동은 그 사람의 인지 및 사회적 환경에 의해 결정된다. 보다 구체적으로 말하자면, 사람들의 행동과 태도는, 적어도 부분적으로는, 다른 사람들이 자신에게 기대하는 것에 대한 반응의 형태로 학습된다.

사회적 학습
사람들이 다른 사람의 행동을 관찰할 때, 그 결과를 인식하고 결과적으로 자신의 행동을 변경.

사회적 학습에 적합한 환경을 조성하려면 다음의 몇 가지 조건이 충족되어야 한다. 첫째, 관찰하고 모방하려는 대상 행동이 비교적 단순해야 한다. 기계의 사양을 설정하기 위해 서너 개의 버튼을 누르는 방법이나 컴퓨터를 켜는 방법 정도는 다른 사람이 하는 것을 보기만 해도 배울 수 있지만, 복잡한 기계의 작동 순서나 복잡한 소프트웨어 패키지를 실행하는 방법은 여러 단계를 직접 연습하지 않고는 배울 수 없을 것이다. 둘째, 사회적 학습은 일반적으로 지적인(intellectual) 것이 아니라, 구체적인 행동의 관찰과 모방으로 이루어진다. 우리는 다른 사람들이 어느 특정 관리자의 다양한 행동에 대해 어떻게 대응하는지 관찰할 수 있고, 혹은 몇 가지 구성 부품을 활용하여 최종 조립품으로 조립하는 방법을 지켜보면서 배울 수 있다. 하지만 컴퓨터 소프트웨어를 작성하는 방법, 복잡한 텍스트를 작성하는 방법, 개념화하는 방법, 추상적으로 사고하는 방법 등은 단순한 관찰을 통해서는 배울 수 없을 것이다. 마지막으로, 사회적 학습이 일어나기 위해서는 관찰된 행동을 모방할 수 있는 신체적 능력이 있어야 한다. 많은 사람이 주말마다 야구 경기나 테니스 경기를 시청하지만, 애런 저지(Aaron Jodge)처럼 강속구를 받아치거나, 세레나 윌리엄스(Serena

Fizkes/Shutterstock.com

사회적 학습은 다른 사람의 행동을 관찰하고, 다른 사람의 행동을 인식할 때 발생한다. 다른 사람의 행동을 관찰한 결과로 자신의 행동을 변경한다. 이 개인은 보상과 승진을 받게 된다. 이제 그의 동료들도 그와 같은 방식으로 업무를 수행하도록 동기를 부여받을 수 있다.

Williams)처럼 백핸드 스트로크를 구사할 수는 없다.

사회적 학습은 다양한 방식으로 동기부여에 영향을 미친다. 일상 업무에서 보이는 많은 행동은 다른 사람들로부터 배운 것이다. 신입 직원이 입사 후, 기존에 존재하는 작업 그룹(work group)에 합류했다고 생각해 보자. 이 직원은 이미 신입 사원 교육 및 이전의 경험을 토대로 자신이 어떻게 행동해야 하는지 어느 정도는 알고 있다. 그러나 이 그룹은 새로운 상황에 맞게 행동을 조정하는 데 필요한 매우 구체적인 단서를 제공한다. 이 그룹 구성원들은 자신들의 행동을 탱해 구성원에게 기대하는 복장, 구성원들이 상사에 대해 어떻게 '느껴야' 행동을 통해 어떻게 복장을 갖추어야 하는지, 관리자의 행동에 대해서는 어떻게 느껴야 하는지 등을 가르쳐 줄 수 있다. 따라서 이 그룹에 합류한 신입 직원은 이 새로운 환경에서 행동하는 방법을 어느 정도는 이미 알고 있는 것에 대한 반응으로, 또한 부분적으로는 그룹 내 다른 사람들이 제안하고 시범을 보이는 것에 대한 반응으로서 배우게 된다.

5-4d 행동 수정

행동 수정
강화 이론을 조직 상황에서 사람들의 행동에 영향을 미치는 데 적용함.

학습 이론만으로도 관리자에게 중요한 시사점을 줄 수 있지만, 조직의 행동 수정 이론은 훨씬 더 실용적인 적용이 가능하다. **행동 수정**(behavior modification)이란 조직 환경에서 사람들의 행동에 영향을 미치기 위해 강화 이론을 적용하는 것이다.[50] 행동 수정의 한 가지 측면은 직원들이 바람직한 방식, 혹은 바람직하지 않는 방식으로 행동하는 것이 관찰될 때, 다양한 종류의 강화 기제를 활용하는 것이다. **그림 5-7**에는 이러한 종류의 강화가 요약되어 있다. 이제 이러한 다양한 종류의 강화에 대해 더 자세히 논의한 후, 이를 적용할 수 있는 다양한 상황과 적용 타이밍에 대해 살펴보고자 한다.

강화의 종류

그림 5-7에 표시된 것처럼 강화에는 네 가지 유형이 있다. 긍정적 강화(positive reinforcement)는 바람직한 행동(예: 높은 성과)의 반복 가능성을 높이기 위해 보상(reward)을 사용하는 것이다. 예를 들어, 어느 생산직 직원이 불편하지만 중요한 안전 장비를 착용한 경우, 관리자는 해당 직원을 칭

그림 5-7
강화 요인의 종류

개별 행동은 자극이 제공되거나 제거되는 데 따라 영향을 받는다. 또한 행동은 자극이 긍정적인지 부정적인지에 따라 달라진다.

Sources: Based on B. Lachman, F. Camm, & S. A. Resetar, *Integrated Facility Environmental Management Approaches: Lessons from Industry for Department of Defense Facilities*, 2001. Santa Monica, CA: RAND Corporation. http://www.rand.org/pubs/monograph_reports/MR1343/.

행동 \ 자극의 특성	긍정적	부정적
자극 제공	긍정적 강화 – 행동 증가	처벌 – 행동 감소
자극 제거	소거 – 행동 감소	부정적 강화 – 행동 증가

찬함으로써 향후 이 직원이 지속적으로 안전 장비를 착용할 가능성을 높일 수 있다. 일부 소매업체에서는 신규 고객 유치를 통해 신용카드를 신규로 신청하게 한 직원에게 상품권을 제공하는 방식으로 긍정적 강화를 활용하기도 한다. 올리브 가든(Olive Garden)이나 칠리스(Chillis)와 같은 레스토랑에서 일하는 종업원들이 서비스에 만족한 고객으로부터 받은 후한 팁은 종업원에게 긍정적인 강화가 된다.

부정적 강화(negative reinforcement)는 바람직한 행동을 하지 않을 경우 현재 또는 미래에 발생할 수 있는 불쾌한 결과를 제거함으로써 그러한 행동이 반복될 가능성을 높이는 것을 의미한다. 즉, 불쾌한 상황을 피하거나 제거하면 동기가 부여될 수 있다. 예를 들어, 위험한 제조 장비가 작동될 때, 그 장비의 작업자가 지속적으로 큰 부저(buzzer) 소리를 듣도록 설정되어 있다고 가정해 보자. 작업자가 일련의 안전 점검을 실행한 후에는 부저 소리를 멈춘다. 기계 작업자는 부저가 멈추기를 원하기 때문에 안전한 작업 행동(안전 점검 실행)에 참여하도록 동기를 부여받는다. 출퇴근 시간이 길거나 불편한 직원들에게 재택근무를 하도록 허용하고, 더 나아가 성과가 높은 경우 재택근무를 더 자주 허용하면(출퇴근의 불편함을 없애주면) 이들은 더욱 보람을 느끼고 좋은 성과를 낼 수 있다.

처벌(punishment)은 바람직하지 않은 행동의 가능성을 줄이기 위해 부정적인 결과를 적용하는 것이다. 예를 들어, 관리자는 실적이 저조한 직원의 근무 시간을 단축할 수 있다. 다른 일반적인 형태의 처벌에는 구두 및 서면 질책, 공식적인 징계 활동, 의사 결정에 대한 참여 축소 등이 있다. 처벌에 따른 다양한 결과가 발생할 수 있기 때문에 대부분의 조직에서는 규칙과 정책을 통해 처벌의 사용을 관리한다.

마지막으로 소거(extinction)는 바람직 하지 않은 행동이 발생한 후 다른 강화(긍정적이든 부정적이든)를 제거하여 해당 행동이 반복될 가능성을 줄이는 것이다. 예를 들어, 관리자가 종업원의 부적절한 농담에 계속 호응해 준다고 가정해 보자. 이 웃음은 긍정적인 강화의 역할을 하므로 직원은 계속해서 부적절한 농담을 할 수 있다. 관리자가 이것이 문제임을 깨닫고 그 직원이 농담을 그만두기를 원한다. 이제부터 관리자는 부적절한 농담을 무시하기 시작한다. 시간이 지남에 따라 관리자의 긍정적인 반응이 없으면 이 직원이 농담을 할 동기가 감소하고 해당 행동은 사라진다.

강화가 효과를 발휘하려면 사람들은 보상을 행동과 연관시켜야 한다. 즉, 사람들은 자신이 왜 보상을 받는지 정확히 알아야 한다. 행동을 가장 효과적으로 강화하려면 보상은 행동 후에 가능한 한 빨리 제공되어야 한다. 보상은 여러 형태가 있으며, 굳이 많은 비용을 들이지 않아도 되지만, 반드시 보상을 받는 사람이 원하는 것이어야 한다. 비용은 거의 들지 않지만 받는 사람에게 큰 의미가 있는 상징적 보상(symbolic rewards)은 강력한 보상 수단이다. 상패나 인증서를 수여하는 것은 이러한 상징적 보상의 예이다.

보상은 윤리적 행동에도 영향을 미친다. 여러 연구에서 인센티브가 비윤리적 행동을 증가시킬 수 있다는 사실이 밝혀졌지만,[51] 보상과 처벌이 윤리적 행동에 미치는 영향은 복잡하다. 윤리적 행동에 대해 보상을 줄 경우, 윤리적 행동의 본질적 가치가 과소평가 될 수 있기 때문에 보상이 항상 윤리적 행동을 증가시키는 것은 아니다.[52] 자발적 도움 행동에 경제적 인센티브를 제공하면 사람들의 참여 동기가 약화될 수 있다.[53] 제재(sanction)를 내린다 해도 개인이 윤리적 의사 결정의 관점 대신, 제재로 인한 불이익과 비윤리적 행동으로 얻는 이익을 중심으로 한 좁은 시각에 따라 결정을 내릴 가능성이 높아지므로, 약한 제재는 제재가 전혀 없는 것보다 윤리적 행동을 오히려 더 약화시킬 수 있다.[54] 무엇이 옳은지에 따라 행동 방침을 선택하는 대신, 비윤리적 행동이 처벌의 위험을 감수할 가치가 있는지에 대한 평가가 결정의 기준이 되기 때문이다.

강화 타이밍

위에서 언급했듯이, 강화는 영향을 받는 행동이 발생한 직후에 이루어지는 것이 가장 이상적이다. 하지만 여러 가지 이유로 이것이 항상 가능하지는 않다. 따라서 강화를 제공하는 데 활용될 수 있는 일정의 옵션을 이해하는 것이 좋다. 연속 강화(continuous reinforcement) 일정은 바람직한 행동이 발생할 때마다 강화하는 일정이다. 부분 강화(partial reinforcement) 일정은 바람직한 행동을 일부 시간에만 강화시키는 일정이다. 부분 강화 스케줄에는 다음의 네 가지 유형이 있다.

1. 고정 비율(fixed ratio): 예를 들어, 시간당 오류 없이 10개의 정답을 맞출 때마다 급여 보너스를 받는다면, 지정된 수의 정답을 맞출 때마다 바람직한 행동이 강화된다.
2. 고정 간격(fixed interval): 일정 시간이 경과하면 원하는 행동이 강화된다(예: 주급을 받는 경우).
3. 가변 비율(variable ratio): 예를 들어, 상사가 콜센터 상담원에게 세 번째 통화 후 칭찬하고, 그 후 일곱 번째 통화 후 칭찬하고, 그 후 네 번째 통화 후 칭찬하는 등 예측할 수 없는 횟수의 행동이 반복되면서 바람직한 행동이 강화되는 방식이다.
4. 가변 간격(variable interval): 예를 들어, 지역 감독관이 점검을 위해 언제 작업장을 방문할지 모르는 경우처럼, 예측할 수 없는 시간이 경과한 후에 바람직한 행동이 강화된다.

고정 비율 일정은 원하는 행동에 대한 높은 일관된 반응률을 생성하지만, 강화가 중단되면 빠르게 소멸한다. 고정 간격 일정은 간격이 끝날 무렵에는 높은 성과를 나타내지만 강화가 발생한 직후에는 낮은 성과를 나타내며, 가변 비율 일정은 바람직한 행동으로 반응하는 비율이 높고 일정하며 행동이 소멸하기 어렵다. 가변 간격 일정을 사용하면 개인의 행동이 강화의 가용성에 영향을 미치지 않기 때문에 동기부여에 미치는 영향이 최소화된다.

연구에 따르면 학습을 유도하는 가장 빠른 방법은 지속적인 강화를 사용하여 원하는 행동이 발생할 때마다 강화하는 것이다. 이 접근 방식의 단점은 보상이 중단되는 즉시 원하는 행동의 빈도가 감소한다는 것이다(소멸). 행동을 유지하는 데 가장 효과적인 일정은 가변 강화이다. 이를 위해서는 원하는 행동이 발생할 때마다 강화하는 것이 아니라, 평균적으로 몇 번 원하는 행동이 발생하면 강화하는 방식이 효과적이다. 행동을 수행하면 언제든지 보상을 받을 수 있기 때문에 이 접근 방식은 행동의 강력한 동기부여가 된다. 가변 강화의 좋은 예로 슬롯머신(slot machine)을 들 수 있다. 플레이어는 슬롯머신이 언젠가는 돈을 지급한다는 것을 알지만 언제 지급될지 모르기 때문에 게임을 잃고 강화되지 않을 때에도 오랫동안 게임을 계속하도록 동기가 부여된다.

행동 수정의 관점에서 모든 행동은 발생한 사건의 결과로 이해될 수 있다. 다시 말하면 관리자는 자신의 보상 방식으로 인해 그에 상응하는 행동 결과를 얻는다. 직원이 계속 지각하는 것은 정시 출근에 대한 적절한 긍정적 결과를 제공하지 않거나, 지각에 대한 부정적 결과가 적절하게 나타나지 않거나, 둘 다 해당하기 때문일 수 있다. 올바른 행동에 동기를 부여하기 위해 행동 수정 전문가는 원하는 행동을 파악한 다음 이를 신중하게 강화한다. 이 과정에는 다음 다섯 단계가 포함된다.[55]

1. 문제를 정의한다. — 무엇을 개선해야 하는가?
2. 변경하고자 하는 특정 행동을 식별하고 정의한다.
3. 대상 행동의 발생을 기록하고 추적한다.
4. 원치 않는 행동의 현재 부정적인 결과를 분석하고 원하는 행동에 따른 더 긍정적인 결과를 준비한다.
5. 행동이 개선되었는지, 얼마나 개선되었는지 평가한다.

이 장에서는 관리자가 직원 성과에 동기를 부여하는 데 사용할 수 있는 다양한 이론을 다루었다. 표 5-1에는 이 장에서 다룬 동기부여 개념들이 다양한 조직관리 과제에 어떻게 적용될 수 있는지 요약되어 있다. 동기부여 관점이 작동하는 이유와 방식을 이해하면 관리자가 동기부여 기

표 5-1
다양한 동기부여 개념과 이론을 다양한 관리 과제에 적용하여 직원들의 동기를 강화할 수 있다.

관리 과제	동기부여 이론					
	자기 효능감	맥클레랜드 욕구 이론	허츠버그 2요인 이론	기대 이론	공평성 이론	강화
회사는 저비용 사업 전략을 가지고 있지만 직원들에게 동기를 부여해야 한다.	x	x	x	x	x	x
직원이 자신의 성과 목표를 달성하지 못하고 있다고 느낀다.	x			x		
직원이 상대적으로 과소 지급받고 있다고 느낀다.			x		x	
직원이 부적절한 행동(괴롭힘, 동료 조롱)에 참여하고 있다.						x
유능한 직원이 도전적 업무를 하고 있다고 느끼지 못한다.		x	x	x		
작업이 반복적이라 지루하고 더 이상 동기부여 되지 않는다.		x	x			

법과 동기부여 기회를 더 잘 연결시키고 성공 가능성을 높이는 데 도움이 된다. 6장에서는 업무와 보상이 직원 성과에 동기를 부여하는 데 사용될 수 있는 다양한 방법을 자세히 살펴본다. 이러한 동기부여 방법, 기법 및 프로그램은 이 장에서 논의한 다양한 이론에서 파생되었으며 관리자를 위한 운영 지침도 제공한다.

요약 및 적용

동기부여는 사람들이 행동하게 만드는 일련의 힘이다. 동기는 욕구에서 시작된다. 사람들은 자신의 욕구를 충족시킬 수 있는 방법을 찾고 그에 따라 행동한다. 이러한 행동은 보상이나 처벌로 이어진다. 정도의 차이는 있지만, 어떤 결과가 원래의 욕구를 충족시킬 수도 있다. 과학적 관리론에서는 돈이 직장에서 인간의 주요 동기부여 요인라고 주장했다. 인간관계 관점에서는 사회적 요인이 주요 동기부여 요인라고 제안했다. 개인 차이는 동기부여에 중요한 역할을 할 수 있다.

매슬로우에 따르면 인간의 욕구는 생리적 욕구부터 안전, 소속감, 존중, 자기실현에 이르기까지 중요도에 따라 계층을 이루고 있다. ERG 이론은 매슬로우의 원래 계층 구조를 개선한 것으로 좌절-퇴행 요소가 포함되어 있다. 허츠버그의 2요인 이론에서 만족과 불만족은 같은 차원의 반대쪽 끝이 아니라 서로 다른 두 가지 차원이다. 동기부여 요인은 다음과 같은 영향을 미치는 것으로 추정된다. 위생 요인은 불만족에 영향을 미치는 것으로 추정된다. 허츠버그의 이론은 관리자들 사이에서 잘 알려져 있지만 몇 가지 결함이 있다. 후천적 욕구에는 성취, 소속감, 권력에 대한 욕구가 포함된다.

공평성(공정성) 이론에서는 사람들이 공정한 대우를 받기를 원한다고 가정한다. 이 이론은 사람들이 조직에서 자신의 투입 대 결과 비율을 비교 대상자의 비율과 비교한다는 가설에 근거한다. 자신에 대한 대우가 불공평하다고 느끼면 불공평을 줄이기 위한 조치를 취한다. 다소 복잡한 모델인 기대 이론은 사람들이 목표를 원하고 달성할 가능성이 합리적이라고 생각하면 목표를 향해 노력할 동기가 생긴다는 가정에서 출발한다. 노력 대비 성과 기대는 노력이 성과로 이어질 것이라는 믿음이다. 성과 대비 결과 기대는 성과가 특정 결과로 이어질 것이라는 믿음이다. 가치는 성과가 가져올 수 있는 다양한 결과 중 개인에게 바람직한 결과이다. 포터-롤러의 기대 이론은 만족도와 성과 간의 관계에 대한 유용한 통찰력을 제공한다. 이 모델은 성과가 다양한 내재적 및 외재적 보상으로 이어질 수 있음을 시사한다. 이러한 보상이 적절한 것으로 인식되면 만족으로 이어진다.

학습도 직원 동기부여에 중요한 역할을 한다. 다양한 일정에 따라 제공되는 다양한 종류의 강화는 동기부여 된 행동을 증가시키거나 감소시킬 수 있다. 사람들은 사회적 학습 과정의 영향을 받는다. 조직 행동 수정은 학습 및 강화 원칙을 사용하여 직원의 동기부여와 성과를 향상시키는 전략이다. 이 전략은 효과적인 성과 측정과 높은 수준의 성과를 달성한 직원에 대한 보상 제공에 크게 의존한다.

Real-World Response

동기부여 된 사람들과 소프트웨어 강화

SAS의 창립자들은 창립 초기부터 인정의 중요성을 인식했다. 예를 들어, 첫 번째 고객 100명을 달성했을 때 짐 굿나잇은 모든 직원에게 피자를 사서 금요일 오후에 축하 파티를 열었다. 이에 대해 모두가 너무 고마워해서 그는 신규 고객 100명이 생길 때마다 이 관행을 계속 이어갔다. 또한 굿나잇은 성장 초기 단계에서 간단한 간식을 원하는 직원을 위해 사무실 곳곳에 M&M 그릇을 비치하기 시작했다.

직원 중심 관행의 확산에 발맞춰 SAS는 미국 기업 중 최초로 회사에서 후원하는 탁아소를 열었다. 이후 레크리에이션 및 피트니스 센터, 건강 관리 센터, 구내 카페를 추가했다. 이러한 가시적인 혜택 외에도 SAS는 직원을 공정하게 대우하는 것으로 명성을 쌓았다. 이 모든 것을 종합적으로 고려한 결과, SAS는 첫 번째 '최고의 직장' 상을 수상했다. 실제로 SAS는 이러한 지속적인 인정 덕분에 2005년 포춘이 선정한 '가장 일하기 좋은 직장 명예의 전당'의 첫 22개 회원사 중 하나로 선정되었다.

혁신적인 제품과 충성스럽고 의욕적인 직원들을 바탕으로 SAS는 지속적으로 성장하고 발전했다. 한 건물에 50명의 직원이 근무하던 본사는 18개 건물로 확장되었으며, 현재 전 세계 14,000명의 직원이 120개국에서 300만 명의 사용자를 지원하고 있다. 또한 모든 대륙과 미국의 주요 도시, 대부분의 국제 비즈니스 센터에 사무소를 설립했다. 호주에 위치한 SAS 지사는 미국 외 지역에서 '최고의 직장'으로 선정된 최초의 기업 단위로, SAS의 문화가 전 세계로 뻗어나갈 수 있는 역량을 갖추고 있음을 입증했다. 영국, 멕시코, 포르투갈, 핀란드, 중국, 네덜란드, 벨기에, 노르웨이, 스웨덴 등에서도 '최고의 직장'으로 선정되는 영예를 이어갔다.

2008~2009년 경기 침체가 시작될 무렵, SAS의 직원들은 해고와 감원 가능성에 대해 당연히 긴장하고 있었다. 경쟁사들은 이미 대규모 감원을 발표하고 있었지만, CEO인 굿나잇은 글로벌 웹캐스트를 통해 SAS의 13,000명 직원 중 단 한 명도 일자리를 잃지 않을 것이라고 발표했다. 굿나잇은 회사의 연간 수익 증가 실적을 효과적으로 관리하면서, 비용 절감을 위해 다른 분야를 주시함으로써 위험을 감수한 결과, 2009년에도 여전히 성장세를 이어갈 수 있었다. 마찬가지로, 코로나19 팬데믹 기간 동안 실직한 SAS 직원은 한 명도 없었다.

공평한 급여를 지급하고, 훌륭한 복리 후생을 제공하며, 회사로부터 존중과 가치를 인정받기 때문에 SAS 직원들은 회사에 대한 충성도가 매우 높고 지속적으로 기여하고자 하는 의욕이 높다. 인정과 지속적인 성장 외에도, 다른 소프트웨어 개발 회사들이 겪는 이직률의 극히 일부에 불과한 연간 이직률(업계 평균이 22%인 반면, SAS의 평균 이직률은 2~3%)을 자랑하고 있다(SAS의 이직률 대부분은 다른 직장으로 이직하기보다는 퇴직에 기인하다).

SAS는 높은 연봉을 지급하지 않으며, 보상도 평균을 약간 상회하는 수준이다. 하지만 넉넉한 이익 공유 프로그램을 제공한다. 또한 업무 외적인 삶에서 오는 스트레스와 압박을 최소화하기 위해 직원의 건강과 웰빙에 초점을 맞추고 직원들이 성공할 수 있도록 지원한다. 직원들에게 일과 삶의 균형을 강조하는 이유는 이것이 "직원들의 창의성을 더욱 장려할 것"이라고 믿기 때문이다. SAS의 직원과 그 가족은 8명의 사회복지사가 유언장 작성, 노인 돌봄 준비, 일과 삶의 균형에 대한 상담 등을 지원하는 사무실, 의사, 간호사, 물리 치료사, 영양사, 심리 치료사가 상주하는 구내 건강 클리닉, 구내 약국 등의 편의 시설을 무료로 이용할 수 있다. 또한 SAS는 직원들이 특별한 가족 행사를 계획할 수 있도록 회사 컨시어지(concierge) 서비스를 제공한다. SAS 캠퍼스에 있는 최신식 체육관에는 웨이트 룸, 심혈관 장비, 축구 및 소프트볼 경기장, 테니스 코트, 육상 트랙, 75피트 규모의 수영장이 있는 아쿠아틱 센터, 에어로빅 스튜디오, 실내 농구 및 라켓볼, 당구대 등을 갖추고 있다. 또한 미용실, 현대적인 협업 업무 공간, 보조금을 지원하는 카페테리아, 건물을 장식하는 예술품과 조각품도 있다. 모든 층에 공용 업무 공간과 휴게실이 마련되어 있다.

여기에는 스낵, 간식, M&M, 탄산음료가 비치되어 있다. 마지막으로, SAS는 넉넉한 휴가 및 유연 근무 옵션도 제공한다. 회사는 직원들이 업무 수행에 필요한 시간을 스스로 정할 수 있다고 믿는다. SAS의 직원들은 매일 최선을 다하기 위해 일관되게 동기를 부여받고 몰입하고 있다.[56]

토론을 위한 질문

1. 당신의 성과 수준이 동기부여에 직접적으로 영향을 받은 적이 있는가? 당신의 성과는 당신의 능력에 의한 것인가 아니면 환경에 의한 것인가?
2. 자신의 경험에서 이를 뒷받침하는 사례와 그렇지 않은 사례를 구별해 보라. 매슬로우의 욕구 계층 이론을 반박해 보라.
3. 직장이나 학급에서 불공평을 경험한 적이 있는가? 그것이 여러분에게 어떤 영향을 미쳤는가?
4. 보상이 부족하다는 인식과 보상이 과하다는 인식 중 어느 것이 더 심각한 문제일까?
5. 기대 이론이 조직 환경에서 직접 사용하기에는 너무 복잡하다고 생각하는가? 왜 그렇게 생각하는가?
6. 포터와 롤러가 제시한 성과와 만족도 간의 관계가 타당하다고 생각하는가? 이 모델을 지지하거나 반박하는 사례를 인용해 보라.
7. 네 가지 유형의 재강화를 각각 경험한 경우를 서술하라.
8. 가장 자주 받는 다섯 가지 형태의 강화(예: 임금, 성적 등)를 파악해 보라. 각 형태마다 강화가 주어지는 일정은 어떠한가?

Understand Yourself Exercise

관리 동기부여 기술

이 활동의 목표는 관리 동기부여 기술을 더 잘 이해하고 개발하는 것이다. 각자의 파트너를 배정받은 후, 누가 관리자 역할을 하고 누가 부하 직원 역할을 할 것인지 결정한다. 부하 직원의 임무는 한 장의 종이로 종이 비행기를 접어서 수업에서 만든 다른 종이 비행기보다 더 멀리 날리는 것이다. 교수자는 부하 직원에게 관리자와 공유해서는 안 되는 비밀 역할 과제를 부여한다. 역할 시트를 읽은 후 부하 직원은 역할 과제에 설명된 상황을 연기한다. 부하 직원은 관리자에게 자신이 무엇을 할 것인지 말하지 않고 주어진 상황에서 실제 직원처럼 행동하여 연기하면 된다. 부하 직원은 관리자의 감독하에 비행기를 접을 책임이 있다.

관리자로서 당신의 임무는 동기부여 문제를 파악하고, 상황을 분석하고, 부하 직원에게 동기를 부여하기 위한 다양한 전략을 시도하는 것이다. 부하 직원은 역할 설명에서 자신의 상태를 사실적으로 묘사해야 하며, 동기를 부여하고 행동을 변화시키려는 관리자의 시도에 현실적으로 대응하는 것이다.

강사가 지시하면 역할극은 중단된다. 그런 다음 부하 직원은 관리자에게 자신에게 주어진 역할을 보여 주고, 상황을 분석하고 개선하기 위해 관리자가 잘한 점과 잘못한 점에 대해 이야기한다. 파트너가 관리 기술을 향상시킬 수 있도록 솔직하고 건설적인 피드백을 제공한다.

그 다음 역할을 바꾼다. 강사는 새로운 부하 직원에게 다른 역할을 할당한다. 연습이 완료되면 관리자에게 피드백을 제공하는 등 이 과정을 반복한다.

Group Exercise

영업 직원 동기부여

이 활동의 목표는 개인과 조직의 목표를 조정하고 직원 동기부여를 관리할 때 관리자처럼 생각하는 연습을 하는 것이다. 4~5명의 학생으로 구성된 그룹으로 나눈 후 아래 시나리오를 읽는다.

당신은 새로운 고급 소매 의류 매장인 Threads의 관리 팀이라고 가정한다. 회사의 비즈니스 전략은 고품질의 고객 서비스와 고품질 제품을 제공하는 것이다. 마을에서 가장 저렴한 매장은 아니지만, 직원들이 고객이 약간의 추가 비용을 기꺼이 지불할 수 있는 서비스 지향적인 분위기를 조성하기를 기대한다.

판매 직원이 매장의 성공에 필수적이라는 것을 알고 있다. 이들에게 동기를 부여하여 비즈니스의 경쟁 우위를 창출하는 데 도움이 되는 시스템을 만들고자 한다. 첫 번째 매장이므로 직원에게 동기를 부여하는 가장 좋은 방법을 결정하기에는 다소 늦은 감이 있다. 이미 시장 경쟁이 치열한 창업 판매원이 정해졌지만, 매장 수익의 10%를 할당하여 판매 직원에게 동기를 부여하는 데 사용하기로 결정했다.

팀으로 협력하여 다음 질문에 대한 답을 토론한다. 각자의 답을 학급과 공유할 수 있도록 미리 준비하라.

질문

1. 영업 직원에게 어떤 행동을 기대하는가?
2. 질문 1에 대한 답변을 고려할 때 영업 직원에게 어떤 목표를 설정하겠는가?
3. 이러한 행동에 대한 보상을 위해 어떤 유형의 시스템을 설정하겠는가?
4. 어떤 문제를 주의 깊게 살펴보고 있는가? 이러한 잠재적인 문제가 발생하지 않도록 사전에 어떻게 대처하겠는가?

미주(endnotes)는 한경사 홈페이지 www.hankyungsa.co.kr의 공지 사항에서 PDF 파일로 다운로드 할 수 있습니다.

6 업무와 보상을 통한 행동 동기부여

Motivating Behavior with Work and Rewards

학습목표

이 장을 학습하면 독자들은 …

1. 직무 설계에 대한 다양한 접근 방식을 설명하고 각 접근 방식을 동기부여와 연관시킬 수 있다.
2. 동기부여에 영향을 줄 수 있는 방법을 포함하여 직원 참여, 권한 이양 및 유연 근무 방식에 대해 논의할 수 있다.
3. 특히 동기부여의 목표 설정 이론을 포함하여 목표 설정에 대한 광범위한 관점에 대해 말할 수 있다.
4. 동기부여에 있어 성과 관리의 역할에 대해 토론할 수 있다.
5. 조직에서 직원에게 동기를 부여하기 위해 다양한 종류의 보상을 사용하는 방법을 설명할 수 있다.

Real-World Challenge

코인베이스의 유연성을 통한 동기부여[1]

코인베이스(Coinbase)는 비트코인(Bitcoin), 이더리움(Ethereum), 라이트코인(Litecoin) 등 P2P 오픈소스 디지털 통화로 거래를 촉진하는 암호 화폐 서비스를 제공한다. 코인베이스의 사명은 전 세계의 경제적 자유를 증진하는 것이다. 코인베이스는 성과와 결과에 대해 높은 기대와 강렬한 문화를 가진 조직으로 빠르게 성장하고 있다. 경영진은 직원들에게 권한을 부여하고 직원들이 주인처럼 행동하고 사명 달성에 대해 100% 책임을 지기를 기대한다. 직원들은 매우 똑똑하고 의욕적이며 열심히 일하기 때문에, 유연한 유급 휴가 정책을 가지고 있음에도 불구하고, 재충전과 동기부여 및 참여 유지를 위해 휴가의 사용을 적극적으로 권장해야 할 정도이다.

코로나19 팬데믹 기간 동안에는 사회적 거리두기로 인해 직원들이 재택근무를 해야 했다. 원격 근무를 신청한 직원은 한 명도 없었지만, 모두 재택근무에 적

Bloomberg/Getty Images

응했고, 코인베이스는 우려했던 것보다 운영상의 복잡성을 줄이면서 원격 근무로의 전환에 성공할 수 있었다. 원격 근무에 대한 경험이 쌓이면서 이 회사 리더들은 원격 근무를 직원들에게 동기를 부여하고 참여도를 높이는 데 활용할 수 있을지를 고민했었다. 이 회사에서 당신에게 원격 근무를 동기부여 도구로 사용하는 방법에 대한 조언을 구한다고 상상해 보자. 이 장을 읽고 나면 몇 가지 좋은 아이디어가 생길 것이다.

5장에서는 동기부여에 대한 다양한 관점을 설명했다. 하지만 어떤 이론이나 모델도 동기부여를 완벽하게 설명하지 못하며, 각 이론은 실제로 동기부여 된 행동을 유발하는 요인 중 일부만을 다룬다. 또한 어느 한 가지 이론이 조직 상황에 적용 가능하다고 한다면, 관리자는 그 이론을 행동으로 옮겨야 한다. 따라서 관리자들이 이러한 동기부여 이론을 도구 또는 프레임워크로서 효과적으로 활용하기 위해서는 동기부여와 성과 향상을 위한 다양한 운영 절차, 시스템, 적용 방법을 이해해야 한다.

그림 6-1은 동기부여에 대한 다양한 이론을 잠재적 동기(potential motivation) 및 실제 동기(actual motivation), 그리고 이러한 잠재적 동기 및 실제 동기를 성과로 전환하기 위해 필요한 운영 방법과, 이에 연관되는 기본 프레임워크를 보여 준다. 그림의 왼쪽은 동기부여 된 행동이 필요(욕구) 기반 또는 과정 기반 상황에 의해 유도될 수 있음을 보여 준다. 즉, 사람들은 불평등에 대한 인식, 기대 관계(expectancy relationship), 강화 조건(reinforcement contingencies) 등 다양한 욕구 또는 다양한 과정을 통해 동기부여 될 수 있다. 이러한 욕구, 과정 및 학습 기반 개념은 그림의 중앙에 설명된 상황, 즉 성과 향상을 위한 동기부여 행동의 잠재성을 높인다. 예를 들어, 종업원들이 직장에서 더 많은 사회적 관계를 원한다고 가정해 보자. 즉, 관계성 또는 소속감의 욕구를 충족하고 싶을 때, 만약

그림 6-1
조직의 성과 향상

관리자는 다음과 같은 다양한 방법을 사용하여 성과를 향상시킬 수 있다. 동기부여에 대한 필요 및 과정(프로세스) 기반 관점은 성과 향상을 위한 동기부여 행동의 잠재력을 높이는 데 관련된 몇 가지 요인을 설명한다. 그런 다음 관리자는 직무 설계와 같은 수단을 사용할 수 있다. 직원 참여, 유연 근무 방식, 목표 설정, 성과 관리, 조직 보상 등이다.

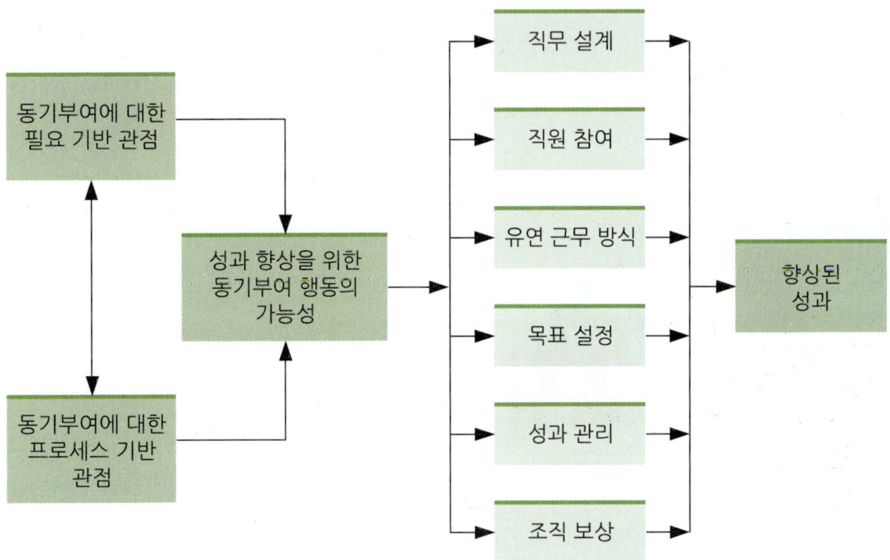

더 높은 성과가 이러한 사회적 욕구를 충족시킬 수 있다고 생각한다면, 이들은 더 높은 수준의 성과를 달성하기 위해 노력할 가능성이 있다. 이와 마찬가지로, 이전에 거두었던 높은 성과에 따라 강력한 긍정적 강화(positive reinforcement)가 뒤따랐었다면, 이들은 추가적인 긍정적 강화를 받기 위해 성과를 향상시키려는 동기부여가 되었을 가능성이 있다.

그러나 관리자가 성과 향상을 위한 동기부여의 잠재력을 실제 동기부여 및 성과 향상으로 전환하기 위해서는 특정한 단계적 절차를 수행해야 할 수도 있다. 경우에 따라 이러한 단계적 절차는 잠재력을 창출하는 특정 욕구나 프로세스와 연계될 수 있다. 예를 들어, 성과 향상에 따라 사회적 상호작용의 기회를 더 많이 제공함으로써 종업원들이 가진 사회적 욕구를 충족시킬 수 있다. 이를 위해 관리자는 팀이 월별 성과 목표를 달성했을 때, 직원들에게 파티를 열어 줄 수도 있다. 그러나 일반적으로 관리자는 잠재적인 동기부여 행동을 실제 행동과 성과로 전환하기 위해 더 나아가야 한다. **그림 6-1**의 오른쪽에는 이를 위해 사용되는 몇 가지 일반적인 방법이 나열되어 있다. 이 장에서는 먼저 조직이 지속 가능한 성과를 창출하는 방법에 대해 논의한 다음, 직무 설계, 직원 참여 및 권한 이양, 유연 근무제, 목표 설정, 성과 관리, 조직 보상 등 여섯가지 구체적인 동기부여 방법에 대해 자세히 논의할 것이다.

6-1 지속 가능한 성과 창출

지속 가능한 조직
인내심을 갖고 시간이 지나도 창의적이고 효율적으로 일할 수 있는 조직.

지속 가능한 조직(sustainable organization)이란 시간이 흘러도 지속적으로 창의성과 효율성을 유지하는 조직을 말한다.[2] 지속 가능한 조직은 사람, 환경, 경제적 이익의 세 가지 균형을 동시에 유지해야 한다. 환경적이고 경제적인 지속 가능성에 대한 연구는 그동안 많이 진행되어 왔고, 실무적으로도 활발히 실천되어 왔지만, 인간적 차원의 지속 가능성은 최근에서야 주목을 받고 있다. 조직의 경영자들이 종업원들의 복지에 관심을 기울여야 하는 것은 윤리적 이유 외에도, 종업원들의 지속적인 동기부여와 높은 기업 성과를 위해 필수적이기 때문이다. 미국 산업안전보건관리국(The Occupational Safety and Health Administration)은 "조직은 가장 중요한 자원인 근로자의 안전, 건강, 복지를 보호하지 않고는 결코 지속 가능할 수 없다."[3]라고 명시하고 있다.

건강하지 않은 환경에서 일하는 것은 개인의 건강은 물론 업무 성과에도 좋지 않다. 이 관리자가 직속 상사에게 하는 것처럼 소리를 지르는 상사 밑에서 일하는 대부분의 사람들은 동기부여를 유지하기가 어려울 것이다.

해로운 경영 관행(toxic management practices)과 건강하지 못한 직장은 직원의 동기를 약화시키고 조직의 수익성 및 성과를 저해한다.[4] 경영자들이 윤리와 직원 복지에 관심을 기울임으로써 수익성을 높이는 동시에 더 많은 이해관계자(stakeholder)에게 서비스를 제공하는 기업이 점점 많아지고 있다. 비즈니스 라운드테이블(Business Roundtable)에는 총 2,000만 명 이상의 직원을 고용하고 있는 세계 최대 기업의 CEO들이 회원으로 참여하고 있다. 이 비즈니스 라운드테이블의 비전 선언문(vision statement)은 직원에 대한 투자와 근로자, 공급 업체, 지역사회, 노조원, 파트너 등을 포함한

광범위한 구성원을 지원하는 것을 포함, 기업의 책임을 우선순위로 삼고 있다.[5]

하지만 안타깝게도 많은 경우, 직장 내 직무 스트레스와 번아웃(burnout)을 감소시키기 위해 조직을 적절히 변화시키려 하기보다는 약물이나 상담으로만 치료하려는 경우가 많다(물론 두 가지 모두 필요한 경우도 있다). 글로벌 제약 회사인 머크(Merck)의 리더들은 과로, 부적절한 교육, 소통 부족에 대한 직원들의 우려에 귀를 기울이고, 이를 해결하기 위해 직원들로 구성된 팀을 만들었다. 이들은 직원들 자신이 업무량과 일정을 더 잘 통제할 수 있도록 업무를 재구성했다. 급여 부서에서 근무하는 대부분의 직원들이 매주 초반에 가장 중요한 업무를 처리한다는 사실을 알게 된 머크는 직원들에게 재택근무 시간을 늘리고 주당 근무 시간을 단축하여 업무량이 많은 시간대의 초과 근무 필요성을 줄였다. 이러한 변화는 초과 근무 필요성과 비용을 줄이고, 직원들의 동기를 높이며 결근과 이직률을 감소시켰다.[6]

직장에서의 성공
활력과 학습에 대한 긍정적인 심리 상태.

지속 가능성의 인간적 차원에서 가장 중요한 요소 중 하나는 **직장에서의 성공**(thriving at work)이라고 할 수 있다. 성공하는 직원은 직장에서 성장하고 발전할 수 있는 활력을 얻고 활력과 학습의 긍정적인 심리 상태를 경험한다.[7] 성공은 직원의 건강, 동기부여, 직무 만족도 및 성과를 높이고 소진을 줄이는 데 도움이 된다.[8] 연구에 따르면 건강한 식습관(건강한 아침 식사, 충분한 수분 섭취, 적당한 식사량 등)을 가지고 매주 심혈관 및 근력 운동을 하고 밤에 7~8시간 규칙적으로 자며 수면 및 기상 시간이 일정하고 규칙적인 휴식을 취하여 몸을 움직이고 정신을 맑게 하는 사람이 더 많은 번영감을 경험하고 성공할 가능성이 높다.[9] 경영자들은 이러한 행동을 가능하게 하는 데 중요한 역할을 담당한다. 밤이나 주말에도 문자나 이메일을 보내 종업원들과 업무적인 연락을 하려는 상사나, 휴가 사용을 권장하지 않는 조직 문화는 종업원들의 업무 능력을 저해한다.

Andrey_Popov/Shutterstock.com

직장에서 너무 오래 앉아 있으면 직원들의 건강이 악화될 수 있다. 고용주는 직원들에게 규칙적인 휴식과 운동을 통해 건강과 번영을 증진할 수 있다.

건강을 위한 휴식의 의무화, 건강식 및 마음챙김 교육 제공, 운동 및 건강 증진, 일관된 근무 일정 제공, 일과 삶의 균형 향상, 충분한 수면 보장 등을 통해 직원의 번영을 촉진하는 고용주의 역할에 대한 인식이 점점 더 높아지고 있다. 연구에 따르면, 조직은 직원들에게 의사 결정의 재량권을 부여하고, 정보를 폭넓게 공유하며, 피드백을 제공하고, 예의를 지키는 분위기를 유지함으로써 직원의 번영을 촉진할 수 있다.[10] 직원들이 스트레스, 불안 및 기타 정신 건강 문제에 대한 도움을 받을 수 있도록 지원하고 장려하는 것도 도움이 된다. 실제로 업무 스트레스로 고통받는 미국 직장인의 40%만이 고용주에게 자신의 고민을 보고했으며, 고용주에게 스트레스를 보고한 직원 중 40%만이 정신 건강 전문가에게 의뢰하거나 스트레스 관리 수업을 제공하는 등의 도움을 제공받았다고 한다.[11] 많은 고용주가 종업원 자원 그룹(employee resource group: ERG)을 활용하여 직원 건강 프로그램을 개발하고 홍보한다. 예를 들어, 출판사 센게이지(Cengage)의 정신 건강 ERG는 전문가 초청 강연, 지원 커뮤니티 조성, 회사 리더와의 협력을 통한 웰니스 데이(wellness day) 등 다양한 방식으로 직원 교육 및 웰니스를 지원한다.

성공을 증진하는 또 다른 방법은 직원 개인에게 더 의미 있고 개인의 영향력을 높일 수 있는 직무를 설계하는 것이다. 이러한 직무 설계 전략에는 고객이나 다른 직원을 도울 수 있는 기회를 찾고, 에너지 조절을 개선하도록 돕고, 흥미나 열정을 불러일으키는 본질적인 동기를 부여하는 업무에 집중하려는 목적이 내포되어 있다.[12] 다음에서는 직무 설계를 통해 업무의 동기부여 잠재력을 향상하는 방법에 대해 논의한다.

6-2 조직의 직무 설계

직무 설계
조직에서 직무를 정의하고 구조화하는 방법.

지루한 직무는 대부분의 종업원들에게 동기부여가 되지 않으므로,[13] **직무 설계**(job design)는 관리자가 직원 성과를 향상시키기 위해 사용할 수 있는 중요한 방법이다.[14] 개인적 수준에서의 직무 설계는 조직이 직무를 정의하고 구조화하는 방식이다. 앞으로 설명하겠지만, 적합하게 설계된 직무는 이 직무를 수행하는 사람들의 동기부여, 성과 및 직무 만족도에 긍정적인 영향을 미칠 수 있다. 반면, 잘못 설계된 직무는 동기부여, 성과, 직무 만족도를 저해할 수 있다. 개별 업무를 어떻게 설계해야 하는지에 대한 최초의 널리 퍼진 모델은 직무 전문화였다. 예를 들어, 장비가 조립 라인을 따라 이동할 때 장비에 안전 스티커를 부착하는 작업자는 전문화된 업무를 수행하는 것이다.

6-2a 직무 전문화

직무 전문화의 주창자인 프레드릭 테일러(Frederick Taylor)는 직무를 과학적으로 연구하여 각 직무를 작은 요소의 업무로 세분화한 다음, 해당 업무를 수행하는 모든 근로자에게 표준화해야 한다고 주장했다.[15] 테일러의 견해는 스코틀랜드 경제학자 애덤 스미스(Adam Smith)가 주장한 분업에 관한 역사적 저서에서 비롯되었다. 실제로 **직무 전문화**(job specialization)는 일반적으로 그 옹호자들이 주장한 장점의대부분을 실현하였다. 전문화는 대규모 조립 라인의 길을 열었으며, 1900년대 초 미국 산업이 수십 년 동안 극적인 생산량 증가를 달성하는 데 기여했다.

직무 전문화
직무를 작은 구성 작업으로 세분화하고 해당 작업을 수행하는 모든 근로자에게 표준화하여 적용하는 방식.

직무 전문화는 최적의 수행 방법을 파악할 수 있을 때 일상적인 업무를 합리적이고 효율적으로 구성하는 방법이다. 예를 들어, 많은 공장의 작업은 고도로 전문화되어 있으며, 생산성을 극대화하도록 설계된 경우가 많다. 그러나 실제로는 한 가지 작업을 매번 같은 방식으로 수행하면 작업의 극심한 단조로움 등 문제가 발생할 수 있다. 토스터기 조립 작업을 생각해 보자. 전체 조립을 담당하는 사람은 비효율적일지라도 작업이 복잡하고 어렵다고 느낄 수 있다. 하지만 조립 라인에서 토스터가 지나갈 때 가열 코일을 토스터에 삽입하기만 하면 되는 단순한 작업만을 전문적으로 수행하면 공정은 더 효율적일 수 있지만 작업자가 흥미를 느낄 가능성은 낮다. 지루함과 단

직무 전문화에는 직무를 면밀히 연구하고, 직무를 작은 구성 요소 작업으로 세분화한 다음, 해당 작업이 어떻게 수행되어야 하는지 표준화하는 작업이 포함된다. 작업을 수행하는 모든 근로자가 이를 수행해야 한다. 작업자는 정해진 표준 절차를 따른다.

조로움에 지친 작업자는 열심히 일하려는 동기가 떨어지고 작업의 품질이 낮아지거나 자신의 업무에 대해 불평하는 경향이 더 커질 수 있다. 이러한 이유로 관리자들은 직무 설계의 대안을 찾기 시작했다.

6-2b 직무 전문화의 기초적인 대안

관리자들은 직무 전문화의 문제를 해결하고, 지루함이 덜하며 더욱 매력적인 직무 창출의 방법을 제시하고자 직무 설계의 대안을 모색하기 시작했다. 이들은 처음에는 직무 순환과 직무 확대라는 두 가지 대안적 접근 방식을 개발했다. 이러한 접근 방식은 직무 충실화와 함께 오늘날에도 여전히 널리 사용되고 있다.

6-2c 직무 순환

직무 순환(job rotation)은 근로자의 동기부여와 흥미를 유지하기 위해 한 직무에서 다른 직무로의 체계적인 전환을 의미한다. 전문화된 직무 설계에서는 각 업무가 작은 부분으로 세분화된다. 예를 들어, 몽블랑(Mont Blanc)이나 크로스(Cross)의 고급 펜을 조립하는 작업은 잉크 카트리지 테스트, 카트리지를 펜 통에 삽입하기, 캡을 통에 끼우기, 조립된 펜을 상자에 넣기 등 네 가지 단계로 이루어질 수 있다. 한 작업자가 첫번째 단계를 수행하고, 그 다음 작업자가 두번째 단계를 수행하는 식의 작업 설계다.

직무 순환
체계적으로 작업자를 한 직무에서 다른 직무로 이동시켜 단조로움과 지루함을 최소화한다.

직무 순환을 사용하더라도 작업자들이 수행하는 업무 그 자체는 동일하게 유지된다. 하지만 해당 작업을 수행하는 종업원은 다양한 작업에 걸쳐 체계적으로 순환 배치된다. 예를 들어, 블라드(Vlad)에서는 작업자가 업무 1(잉크 카트리지 테스트)부터 시작한다. 그 이후에는 매주 또는 매월 정기적으로 업무 2로, 업무 3으로, 업무 4로, 그리고 다시 업무 1로 돌아오는 방식으로 순환 배치된다. 작업 2(카트리지를 통에 삽입하는 작업)로 시작한 작업자는 작업 3, 4, 1을 순차적으로 수행한 후 다시 작업 2로 순환한다. 또는 패스트푸드점에서 교대 근무를 하는 동안 직원이 근무 시간 내내 한 가지 작업만 하지 않고 계산대, 음료 스테이션, 튀김기, 진열대를 순환하며 일한다.

하지만 안타깝게도 직무 순환이 단조로움과 지루함의 문제를 완전히 해결하지는 못한다.[16] 근로자가 정해진 직무 순환 주기에 따라 기존의 직무를 수행하게 되면, 이 근로자는 한 가지가 아닌 여러 가지 일상적이고 지루한 직무를 경험할 수 있다. 근로자가 새로운 업무를 수행할 때 약간의 흥미를 가지고 직무 교대를 시작할 수는 있겠지만, 그 효과는 대개 오래 가지 않는다. 순환 근무는 효율성을 떨어뜨릴 수도 있다. 예를 들어, 윤(Yun)은 음료 스테이션에서 가장 뛰어난 역량을 발휘하는 직원이고, 켈리스(Kelis)는 뛰어난 계산원일 수 있다. 두 직원을 순환 배치하면 각자가

Sorbis/Shutterstock.com

직무 순환은 근로자를 한 직무에서 다른 직무로 체계적으로 이동시키는 것이다. 직무 순환은 동기부여와 흥미를 유지하기 위한 것이지만, 실제로는 직무 전문화에서 비롯된 단조로움과 지루함의 문제를 해결하는 데 거의 도움이 되지 않는다. 이 레스토랑에서는 근무 교대 중에 직원들이 다른 스테이션으로 순환 근무를 하는 경우가 많기 때문에 두 시간씩 근무하는 경우도 있다. 계산대에서 두 시간 감자튀김을 만들고 한 시간 동안 청소하는 등 지루함을 줄이고 업무에 집중할 수 있도록 도와준다.

능숙하지 않은 업무에 시간을 소비하게 된다. 직원의 재능을 항상 최대한 활용하는 것은 아니지만, 직무 순환은 다양한 관련 직무를 순환하면서 더 많은 직무 기술을 습득할 수 있기 때문에 효과적인 교육 기법이다. 이를 통해 조직은 종업원들을 새로운 직무로 전환 배치하거나, 결근한 직원을 대체할 수 있는 등 유연성을 높일 수 있다. 현재 많은 미국 기업이 교육 목적 혹은 기타 목적으로 직무 순환을 활용하고 있지만, 근로자에게 동기를 부여하기 위해 직무 순환을 활용하는 기업은 거의 없다. 미국에서 가장 큰 닭고기 가공 회사 중 하나인 필그림 프라이드(Pilgrim's Pride)는 안전 및 위생의 이유로 직무 순환을 활용한다. 닭 가공 공장의 근로자는 손목터널증후군(carpal tunnel syndrome)과 같은 부상을 입을 수 있는데, 필그림스 프라이드의 관리자들은 근로자를 서로 다른 직무에 순환 배치하면 이러한 부상의 위험을 줄일 수 있다고 믿는다. 미국 교통안전국(TSA)에서도 공항 보안 검색 요원을 다양한 업무에 순환 배치한다. 20~30분 간격으로 변경하여 지루함을 방지하고 지속적인 주의가 필요한 업무에 집중할 수 있도록 돕는다.

6-2d 직무 확대

직무 확대
근로자에게 더 많은 과업을 부여하는 것을 포함함.

직무 확대(job enlargement) 또는 수평적 직무 할당(horizontal job loading)은 이전에 다른 작업자가 수행하던 작업까지 포함하도록 현 작업자의 과업을 확장하는 것이다. 예를 들어, 크로스(Cross) 펜 공장에서 직무 확대가 도입된 경우, 앞에서 언급한 네 가지 과업을 두 개의 '더 큰' 과업으로 재설계할 수 있다. 한 작업자 세트는 카트리지를 테스트한 뒤, 이 카트리지를 배럴(펜대)에 삽입하는 작업(기존의 1, 2단계 작업)까지 수행하고, 다른 작업자들은 배럴에 뚜껑을 씌운 뒤 캡을 통에 씌우고 펜을 상자에 넣는다(기존 3단계와 4단계). 이러한 직무 설계 변경의 논리는 각 작업자가 동시에 수행하는 작업의 수를 증가시키면 여러 작업을 번갈아 하는 것보다 단조로움과 지루함을 줄일 수 있다는 것이다.

메이텍(Maytag)은 직무 확대를 초기에 도입한 기업 중 하나이다.[17] 예를 들어, 세탁기 워터 펌프를 조립하는 경우, 컨베이어 벨트에서 6명의 작업자가 순차적으로 수행하던 작업을 각 작업자가 혼자서 펌프 전체를 완성하도록 변경했다. 하지만 이러한 직무 확대 조치는 원하는 효과를 얻지 못했다. 일반적으로 전체 생산 순서가 단순하고 숙달하기 쉬운 작업으로 구성되어 있는 경우, 단순히 더 많은 종류의 작업을 수행한다고 해서 작업자의 업무가 의미 있게 변화하지는 않는다. 예를 들어, 기계에 볼트 두 개를 끼우는 작업을 볼트 세 개를 끼우고 전선 두 개를 연결하는 작업으로 '확대'한다고 해도 원래 작업의 단조로움은 본질적으로 유지된다. 너무 많은 작업을 추가하면 업무 과부하와 동기부여 감소로 이어질 수도 있다.

6-2e 직무 충실화

직무 순환과 직무 확대가 극단적인 전문화의 부정적 효과를 감소시킬 좋은 대안으로 제시되었으나, 결국 관리자들에게는 실망감을 안겨 주었다. 그 이유 중 하나는 이와 같은 대안이 완전히 발전된 이론 중심의 방법이 아닌, 직관적이고 협소한 접근 방식이었기 때문이다. 그 결과 새롭고 더 복잡한 직무 설계의 접근 방식인 **직무 충실화**(job enrichment)가 개발되었다. 직무 충실화는 5장에서 설명했던 동기부여의 2요인 이론을 기반으로 한다. 이 이론에 따르면 직원들은 업무의 중요성, 업무 식별 및 기술 다양성 증가로 인한 성취감, 책임감, 보람과 같은 긍정적인 업무 관련 경험을 통해 동기를 부여받을 수 있다. 이를 달성하기 위해 직무 충실화는 수평적 직무 부여에서와 같이 기존 직무에 더 많은 업무를 추가하는 것뿐만 아니라 직원에게 해당 업무에 대한 통제권을 더 많이 부여하는 수직적 직무 확대를 시도한다.[18]

직무 충실화
근로자에게 더 많은 업무를 부여하고 수행 방법을 더 잘 제어할 수 있게 함.

한 제조업체에서는 기계공들을 위해 직무 충실화를 사용했다. 관리자들은 기계공들의 이직률은 지나치게 높고, 성과는 너무 낮다고 생각했다. 직원들은 제조 공정의 한 단계만 다른 직원들과 상대적으로 동일하게 작업했다. 회사는 이들을 팀으로 분류하고 문제 해결, 재무 분석, 의사 결정, 커뮤니케이션 등 관련 기술을 교육한 후 자재 주문 및 입고, 일정 및 작업 흐름 관리, 제품 품질 보장 등의 책임을 부여했다. 직원들은 팀에서 업무를 완수하는 데 필요한 모든 장비의 작동법을 습득하기 시작하였으며, 신 기술 개발을 통해 급여가 인상되었다. 이러한 변화로 인해 주문 건수는 증가하였고, 정시 납기 준수율이 증가하였으며, 품질 개선과 이직률 하락의 효과가 나타났다.

Pressmaster/Shutterstock.com
직무 충실화에는 근로자에게 더 많은 업무와, 자신의 업무를 제어할 수 있는 권한이 주어진다. 예를 들어, 이 의류 디자이너는 새로운 의류를 만들기 위한 디자인을 위해 원단을 선택하고, 새로운 디자인을 개발하고, 맞춤 제작을 한다.

많은 직무 충실화 프로그램이 실패했다는 점에도 유의해야 한다.[19] 일부 기업에서는 직무 충실화가 비용 대비 효과가 없었고, 기대했던 결과를 얻지 못하는 경우도 있었다.[20] 예를 들어, 푸르덴셜 보험(Prudential Insurance)에서 시도되었던 여러 프로그램은 효과가 없다고 판단되어 포기했다. 직무 충실화의 효과가 나타나지 않은 것은, 동기부여의 2요인 이론이 내포하고 있는 결함과 관련이 있다. 하지만 이 이론은 몇 가지 중요한 측면에서 여전히 유효하다. 관리자와 학계 이론가들의 지속적인 노력은 궁극적으로 더 복잡하고 정교한 이론적 관점을 이끌어 냈는데, 그중 많은 부분이 다음에 고려할 직무 특성 이론에서 분명하게 드러난다.

6-2f 직무 특성 이론

직무 특성 이론(job characteristics theory)은 직무가 가지고 있는 동기부여 특성에 초점을 맞춘다. **그림 6-2**에 표시된 이 이론은 해크먼(Hackman)과 올드햄(Oldham)에 의해 개발되었다.[21] 이 이론의 핵심은 직무의 특성이 직무에 대한 직원의 반응의 향상 정도를 결정하는 세 가지 중요한 심리 상태에 영향을 미친다는 개념이다. 세 가지 중요 심리 상태는 다음과 같다.

직무 특성 이론
업무의 다섯 가지 동기부여 특성과 세 가지 중요한 심리 상태를 활용하여 결과를 향상시킬 수 있다는 이론.

1. 경험된 과업에 대한 의미감(meaningfulness): 개인이 업무를 일반적으로 의미 있고, 가치 있고, 보람 있는 것으로 경험하는 정도
2. 업무 결과에 대한 책임감(responsibility): 개인이 업무 결과에 대해 개인적으로 책임감과 의무감

그림 6-2
직무 특성 이론

직무 특성 이론은 직무 설계 방법에 관한 중요한 현대적 모델이다. 관리자는 다섯 가지 핵심 직무 특성을 사용하여 세 가지 중요한 심리 상태를 개선할 수 있다. 이러한 상태는 개인 및 업무의 다양한 측면을 개선할 수 있다. 개인 차이는 직무 특성이 종업원들에게 미치는 영향을 좌우한다.

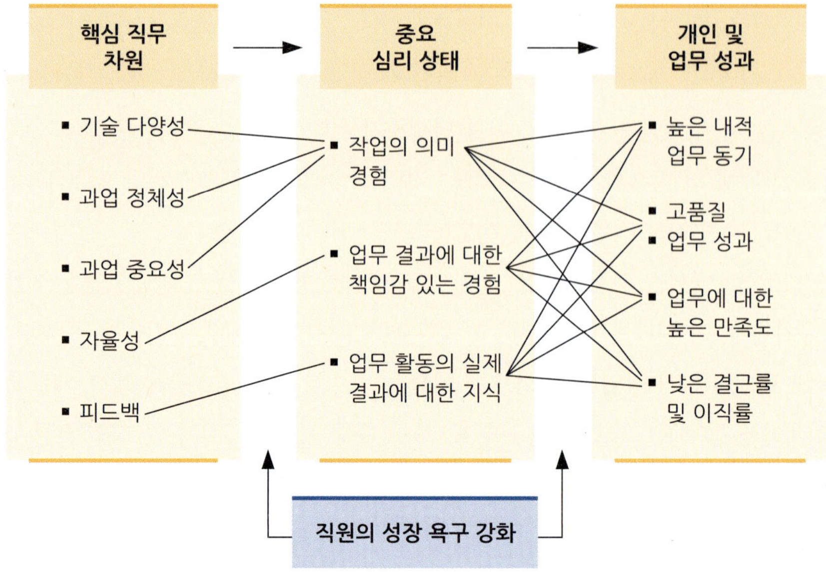

을 느끼는 정도

3. 결과에 대한 지식(knowledge of results): 개인이 업무를 얼마나 효과적으로 수행하고 있는지 지속적으로 파악하는 정도

이러한 상태가 충분히 높은 수준에서 경험되면 직원은 자신에 대해 좋은 감정을 느끼고 직무에 호의적으로 반응할 가능성이 높다. 해크먼과 올드햄은 세 가지 중요한 심리 상태는 다음과 같은 다섯 가지 직무 특성 또는 핵심 직무 차원에 의해 촉발된다고 주장하였다.[22]

1. 기술 다양성(skill variety): 직무를 수행하기 위해 필요한 기술과 재능 및 활동의 다양성 정도
2. 과업 정체성(task identity): 직무 '전체'에서 식별 가능한 정도, 즉 직무상 가시적인 결과의 시작과 끝이 존재하는 정도
3. 과업 중요도(task significance): 직무가 직속 조직과 외부 환경 모두에서 다른 사람의 삶이나 직무에 영향을 미치는 정도
4. 자율성(autonomy): 직무가 개인에게 실질적인 자유, 독립성 및 재량권을 허용하여, 그 개인이 직무 수행 일정을 정하고 직무 수행 절차를 결정하는 정도
5. 피드백(feedback): 직무 활동이 개인에게 업무 수행의 효과에 대한 직접적이고 명확한 정보를 제공하는 정도

그림 6-2는 이 다섯 가지 직무 특성이 중요한 심리 상태에 작용하여, 높은 내적 업무 동기(intrinsic motivation), 높은 업무 성과, 높은 업무 만족도, 낮은 결근 및 이직률 등 다양한 개인 및 업무 성과에 영향을 미친다는 것을 나타내며, 직무 설계에서 개인 차이가 어떤 역할을 하는지도 보

여 준다. 자신의 성장과 발전에 대한 욕구가 강한 사람들은 특히 이 다섯 가지 핵심 직무 특성에 의해 동기부여 되어야 한다. 반면, 개인적 성장과 개발에 대한 욕구가 약한 사람은 핵심 직무 특성으로부터 동기부여 될 가능성이 낮다. 어떤 사람들은 급여와 복리 후생이라는 외재적 보상(extrinsic reward)만을 위해 일할 뿐, 업무의 다양성, 정체성, 중요성, 자율성, 피드백이라는 내재적 요소에 의해 동기를 부여받지 못한다. 자율성을 높이는 것은 고강도 직무로 인한 업무 스트레스 증가와 신체적, 정신적 건강 악화를 완화하는 데 특히 중요한 것으로 밝혀졌다.[23] 이 장의 Improve Your Skills에서 제시하는 방법을 사용하면 직무 재설계 방법의 복잡성에 대한 높은 통찰력을 개발할 수 있다.

직무 설계에 대한 이러한 접근 방식에 대해서는 많은 연구가 진행되었다.[24] 이러한 연구는 일반적으로는 이론을 뒷받침한다고 말할 수 있겠지만, 사실 성과와 직무 특성 간의 상관관계는 거의 발견되지 않았다.[25] 이 이론의 몇 가지 명백한 약점도 드러났다. 첫째, 이론을 테스트하는 데 사용되는 측정이 항상 타당하고 신뢰할 수 있는 것은 아니라는 점이다. 또한 개인 차이의 역할이 연구에 의해 검증된 것도 아니다. 마지막으로, 실행 지침이 구체적이지 않기 때문에, 관리자는 상황에 맞게 지침을 임의로 조정한다. 그럼에도 불구하고 이 이론은 직무를 연구하고, 직무를 변화시키는 데 있어 여전히 인기있는 관점으로 남아 있다.[26]

Improve Your Skills

직원 동기부여를 위한 충실화된 일자리 제공

이 활동은 작업 설계와 관련된 프로세스를 평가하여 동기를 부여하는 데 도움이 된다. 강사가 학급을 서너 명으로 구성된 그룹으로 나눈다. 직무의 특성을 평가할 때는 1(매우 낮음)에서 7(매우 높음)의 척도를 사용한다.

1. 위의 척도 값을 사용하여 직무 특성 이론에서 사용된 각 핵심 직무 차원(다양성, 정체성, 중요성, 자율성, 피드백)에 대한 점수를 행정 보조원, 교수, 식당 종업원, 자동차 정비공, 변호사, 즉석 요리사, 백화점 점원, 건설 노동자, 신문 기자, 전화 모집인에게 할당한다.
2. 연구자들은 동기부여 잠재력 점수(MPS)를 계산하여 직무의 동기부여 특성을 평가하기도 한다. MPS의 일반적인 공식은 다음과 같다.

$$\frac{(\text{다양성} + \text{정체성} + \text{중요성})}{3} \times \text{자율성} \times \text{피드백}$$

   이 공식을 사용하여 1단계의 각 작업에 대한 MPS를 계산한다.
3. 이제 강사가 목록에 있는 직업 중 하나를 그룹에 할당한다. 이 직업을 어떻게 합리적으로 강화할 수 있을지 토론한다.
4. 재설계된 직무에 대한 새로운 MPS 점수를 계산하고 순위 순서에서 새로운 위치를 확인한다.
5. 재설계 제안의 실현 가능성에 대해 논의한다. 특히, 추천한 변경 사항이 다른 직무, 보상 체계, 해당 직무에 적합한 사람을 채용하는 데 사용되는 선발 기준에 어떤 변화가 필요한지 살펴본다.
6. 관찰한 내용을 다른 학생들과 간단히 토론한다.

6-3 직원 참여 및 권한 부여

참여
직원들에게 업무 관련 의사 결정에 대한 발언권을 부여함.

권한 부여
근로자가 자신의 책임과 권한 범위 내에서 스스로 업무 목표를 설정하고, 의사 결정을 내리고, 문제를 해결할 수 있도록 지원하는 프로세스.

직원의 참여 촉진과 권한 부여를 통해 직원 동기를 강화할 수도 있다. 참여와 권한 부여는 조직 내 직원의 업무 수행 방식을 근본적으로 바꾸기 때문에 어떤 의미에서 직무 설계의 연장선상에 있다고 말할 수 있다. **참여**(participation)는 종업원들이 자신의 업무에 대한 결정에 발언권을 가질 때 일어난다. (관리자가 최적의 직원 참여 수준을 결정하는 데 도움이 되는 중요한 모델인 브룸(Vroom)의 의사 결정 트리 접근 방식은 12장에서 설명할 것이다.) **권한 부여**(empowerment)는 종업원들이 자신의 책임과 권한 범위 내에서 스스로 업무 목표를 설정하고, 의사 결정을 내리고, 문제를 해결할 수 있도록 지원하는 프로세스를 의미한다. 이는 업무 자체, 업무 맥락, 업무 환경을 포함하되 이에 국한되지 않는 다양한 영역에서 참여와 자율성을 촉진하는 다소 광범위한 개념이다.[27]

동기부여 측면에서 참여와 권한 부여의 역할은 5장에서 논의하였던 필요 기반 관점(need-based perspective)과 기대 이론(expectancy theory)의 관점에서 파악할 수 있다. 의사 결정에 참여한 직원은 그 결정을 실행하는 데 있어 의사 결정에서 배제된 직원에 비해 더욱 헌신할 가능성이 높다. 또한, 성공적으로 의사 결정을 내리고 이를 실행한 후 긍정적인 결과를 얻었다면, 이는 성취 욕구를 충족하고 인정과 책임을 느끼며 자존감을 높이는 데 도움이 될 수 있다. 한편으로는 조직의 의사 결정에 참여하도록 요청받는 것만으로도 직원의 자존감이 향상될 수 있다. 또한, 종업원 참여는 그들의 기대치를 명확히 하는 데도 도움이 된다(5장에서 설명한 기대 이론의 구성 요소). 즉, 의사 결정에 참여함으로써 종업원들은 자신의 성과와 자신이 가장 원하는 보상 사이의 연관성(기대)을 더 잘 이해할 수 있다.

6-3a 종업원 참여 영역

종업원이 자신의 업무에 대해 의견을 제시하거나 어떤 결정을 내리는 데 참여하도록 하는 것은 많은 경우 고용주와 직원 모두에게 도움이 된다. 예를 들어, 관리자는 업무 수행 방법을 구체적으로 지시하는 대신, 해당 직원에게 업무 수행 방법에 대해 스스로 결정할 수 있는 자율성을 부여할 수 있다. 직원들은 자신의 업무에 대한 전문 지식과 경험을 바탕으로 스스로 생산성을 향상시킬 수 있다. 또한 특정 상황에서 어떤 재료나 도구를 사용할지, 언제 일하고 언제 휴식을 취할지 등에 대한 결정을 내릴 수 있는 역량을 갖춘 종업원도 존재할 수 있다.

Fizkes/Shutterstock.com

참여(participation)와 몰입(involvement)은 종종 직원의 동기부여를 촉진하는 데 사용된다. 예를 들어, 이 경영진은 직원 중 한 명과 문제를 해결하는 최선의 방법에 대해 상의하고 있다.

댈러스 인근의 소규모 철강 생산업체인 채퍼럴 철강 회사(Chaparral Steel)은 직원들에게 업무 수행 방식에 대한 상당한 자율성을 부여하고 있다. 이 회사에서 새로운 압연기 선반(rolling mill lathe)이 필요했을 때, 구매 예산으로 100만 달러를 책정하고는 구매 결정을 운영 기계 기술자

(operating machinist)에게 맡겼다. 이 운영 기계 기술자는 다양한 옵션을 조사하였고, 일본과 유럽의 여러 공장을 방문한 후, 책정 예산의 절반도 안 되는 비용으로 대체할 수 있는 기계를 추천했다. 이러한 경험은 채퍼럴의 모든 직원이 언제, 어떤 이유로든 회사 문서, 기록 또는 기타 정보에 접근할 수 있는 '오픈 북 경영(open-book management)'이라는 혁신적인 개념을 개척하는 데에도 도움을 주었다.

근무 일정 등 직원들에게 영향을 미치는 관리적 의사 결정을 종업원 스스로 내리도록 하는 것도 도움이 될 수 있다. 개인의 업무가 비교적 독립적인 경우, 종업원들이 각자 자신의 교대 근무 시간, 휴식 시간, 점심 식사 시간 등을 스스로 결정하게 할 수 있다. 또한 작업 그룹이나 팀 자체적으로 팀 구성원의 휴가 및 휴무일을 정할 수도 있다. 제품의 품질 개선 활동에 일반 종업원들을 참여시키는 것도 권장할 만하다. 현장에서 직접 제품을 만드는 종업원들은 일반적으로 제품이 가지고 있는 문제와 개선의 기회를 가장 잘 파악할 수 있는 위치에 있다. 이러한 유형의 참여는 성공적인 일본 및 글로벌 기업의 특징이며, 많은 미국 기업들도 이를 따르고 있다.

6-3b 참여 및 권한 부여에 대한 접근 방식

최근 몇 년 동안 많은 조직에서 직원의 참여와 권한 부여를 기존의 영역 밖으로 확장하는 방안을 적극적으로 모색하고 있다. 디지털 제안함이나 질의응답 회의와 같은 간단한 기법을 통해 직원들의 참여를 어느 정도 증가시킬 수 있으며, 직원들이 추가적인 책임감을 받아들일 준비가 되어 있다면 작업 팀 자체적으로 어떠한 결정을 내리거나, 안전이나 성과 개선을 위해 일정 금액을 지출할 수 있는 자율성을 부여하는 것도 효과적일 수 있다. 조직에서 참여와 몰입을 촉진하는 이유는 조직에서 보유한 종업원 고유의 지식과 역량을 더 잘 활용하기 위함이다. 오늘날 많은 관리자는 '참여'라는 용어보다 '권한 부여'라는 용어를 선호하는데, 이는 '권한 부여'가 보다 넓은 범위에서 포괄적인 참여의 수준을 의미하기 때문이다.

직원의 역량 강화를 목적으로 일부 기업에서는 작업 팀(work team)을 사용한다. 이 방법은 일본 기업에서 품질 서클(Quality Circle)이라고 부르는 것을 사용한 데서 비롯되었다. 품질 서클은 품질과 관련된 문제를 파악하고 해결책을 제안하기 위해 자발적으로 정기적으로 모이는 직원 그룹이다. 품질 서클은 빠르게 더 광범위하고 포괄적인 작업 그룹으로 발전하여 현재는 보편적으로 '작업 팀'이라고 불린다. 이러한 팀은 자신의 업무를 계획, 조직, 지시 및 통제할 수 있는 권한을 부여받은 직원들의 모임이다. 감독자는 전통적인 '상사'라기보다는 코치의 역할에 더 가깝다. 7장에서 작업 팀에 대해 더 자세히 설명할 것이다. 직원의 참여를 촉진하기 위해 사용하는 또 다른 방법은, 계층 구조를 없애고 훨씬 더 분권화(decentralized)함으로써 전반적인 조직 방식을 변경하는 것이다. 권한과 책임을 가능한 한 조직의 아래쪽으로 위임하여 업무에 대한 통제권을 실제로 업무를 수행하는 사람들이 직접 갖도록 하는 것이다.

넷플릭스(Netflix)는 비디오 스트리밍 시장에서 아마존, 애플, 디즈니 등과 경쟁하기 때문에 직원들에게 높은 성과 기준(performance standards)을 적용하고 있다. 이 회사는 재능 있는 직원을 채용하고, 충분한 급여를 지급하며, 명확한 목표에 직원을 집중시키고, 목표 달성을 위해 필요한 일을 할 수 있도록 권한을 부여한다.[28] 심지어 업무에 방해가 되지 않는 한 직원들이 원하는 만큼 휴가를 사용할 수 있도록 한다.[29] 파타고니아(Patagonia)는 직원들에게 권한을 부여하여 직원 충성도를 높이는 회사로 유명하다.[30]

어떤 직원은 권한을 부여받았을 때 동기부여 되기도 하지만, 책임이 커진다고 해서 모든 직원이 동기부여 되는 것은 아니다. 그럼에도 불구하고 임파워먼트는 많은 직원의 동기를 높이는 데 중요한 관리 도구가 될 수 있다. 다른 직원에게 권한을 부여하는 실질적인 방법은 다음과 같다.[31]

- 명확한 비전과 목표 명확히 하기
- 자기 효능감을 높이고 기술을 쌓을 수 있는 개인 숙달 경험 육성
- 성공적인 행동 모델링
- 긍정적인 메시지 전달 및 직원들의 긍정적인 감정 불러일으키기
- 종업원의 업무 성과와 관련된 피드백 제공
- 역량, 정직성, 공정성을 보여줌으로써 직원 신뢰 구축

그러나 어떤 기법을 사용하든 임파워먼트(권한 부여)는 다음의 조건이 충족될 때만 조직의 효율성을 높일 수 있다. 첫째, 조직이 하위 계층에 권한과 자율성을 부여하려는 노력을 진심으로 기울여야 한다. 일부 영역에서만 참여를 촉진하기 위한 보여 주기식 노력은 성공하기 어렵다. 둘째, 조직은 참여와 권한을 부여하는 노력을 지속해야 한다. 더 많은 권한을 부여했다가 나중에 그 권한이 축소되거나 완전히 박탈된다면 직원들은 분개할 수 있다. 셋째, 조직은 직원들의 역량을 강화하기 위해 인내심을 가지고 체계적으로 노력해야 한다. 직원들이 권한을 부여받은 업무를 수행할 수 있는 능력과 자신감을 모두 갖출 때까지 너무 많은 권한을 너무 갑자기 넘기면 재앙을 초래할 수 있다. 마지막으로, 조직은 교육에 대한 투자를 늘릴 준비가 되어 있어야 한다. 업무 방식과 관련하여 더 많은 자유를 부여받은 직원들은 그 자유를 가장 효과적으로 행사할 수 있도록 추가적인 교육이 필요하다. 정보 기술을 이용하여 조직은 모든 사람이 필요한 정보를 적시에 제공함으로써 직원의 역량을 강화할 수 있다. 다음의 Global Issues에서는 참여와 권한 이양에 관한 다른 나라의 사례를 통해 몇 가지 시사점을 제공한다.

6-4 유연 근무 방식

오늘날 많은 조직에서는 실제 업무를 재설계하고 직원의 참여를 활용하는 것 외에도 다양한 유연 근무 방식(flexible work arrangement)을 실험하고 있다. 이러한 근무 방식은 근로자에게 근무 방식과 시간에 대한 유연성을 제공함으로써 직원을 동기부여시키고, 성과를 향상시키기 위한 것이다. 인기 있는 유연 근무제에는 가변 근무제, 탄력 근무제, 연장 근무제, 직무 공유, 재택근무 등이 있다.[32]

Global Issues

세계의 종업원 참여 사례

작업 팀 사용을 개척한 것이 미국 기업이라고 생각하는 사람들이 꽤 있지만 그렇지 않다. 작업 팀을 처음 사용한 기업은 스웨덴(당시)의 자동차 제조업체인 볼보(Volvo)이다. 1970년대 중반, 볼보는 스웨덴의 칼마르(Kalmar) 마을에 완전히 새로운 종류의 공장을 설계하고 건설했다. 칼마르 공장에서는 작업자가 한 자리에 서서, 움직이는 컨베이어 벨트를 따라 움직이는 자동차를 부분적으로 조립하는 방식의 간단한 개별 조립 작업을 수행하는 전통적인 조립 라인을 채택하지 않았다. 대신, 부분적으로 조립된 자동차가 있는 플랫폼을 한 팀 구역에서 다른 팀 구역으로 이동시켰다. 플랫폼이 팀 구역에 들어오면 팀원들은 긴 업무 목록에 있는 작업을 완성하기 위해 하나의 팀으로 협력했다. 대부분의 경우 각 팀은 직접적인 감독 없이 작업하고, 스스로 작업 속도를 정하고, 심지어 개인 휴식 시간에 휴식을 취하기도 했다. 샤워실과 사물함 시설도 갖추어 놓았다. 볼보는 이러한 접근 방식에 대해, 직원들에게 권한을 부여하고 업무에 대한 의사 결정에 참여할 수 있도록 하면 직원들의 동기부여가 높아져 더 높은 품질의 제품을 생산할 수 있다는 점을 내세웠다.

도요타(Toyota), 닛산(Nissan), 혼다(Honda)와 같은 일본 자동차 회사들도 미국 회사들보다 훨씬 앞서 이러한 팀제를 운영했다. 일본 공장은 전통적인 조립 라인 배치와 비슷하지만, 작업자는 여전히 팀 단위로 일하며, 공간이나 작업의 종류에에 제한을 받지 않는다. 대신 각 팀 내의 작업자는 작업 공간을 이동하여 서로 돕고, 함께 작업을 수행하고, 잠깐의 휴식이 필요한 팀원을 대신할 수 있다. 일본 시스템의 또 다른 특징은 문제가 발견되면 누구라도 스스로의 권한으로 조립 라인을 멈출 수 있는 권한을 부여받는다는 점이다. 참여와 권한 이양을 기반으로 하는 이러한 팀 중심의 접근 방식은 특히 제품 품질과 관련하여 일본 자동차 회사가 세계를 지배할 수 있었던 요인으로 자주 언급된다.

이러한 접근 방식이 스웨덴과 일본에서 성공할 수 있었던 주요 이유는 성과와 보상이 밀접하게 연결되어 있기 때문이다. 대부분의 미국 업무 시스템은 개인의 기여도, 개인 성과, 개인 보상을 중심으로 구축되어 있다. 하지만 칼마르와 일본에서는 팀 중심으로 업무가 이루어지고, 보상도 마찬가지이다. 즉, 개인의 성과가 아닌 팀 성과에 따라 보상과 인정을 제공한다. 그 결과 모든 팀원이 최대한 생산적으로 협력하는 것이 모든 팀원에게 최선의 이익이 된다.

6-4a 유연 근무 일정

물론 예외는 있겠으나, 미국에서 대부분 전통적인 전문직 근무 일정은 주 5일 기준, 아침 8시 또는 9시에 시작하여 오후 5시에 끝난다(관리자와 기타 전문직은 이 시간 외에 많은 시간을 추가로 근무하는 경우가 많다). 정확한 시작 시간과 종료 시간이 일정하지는 않지만, 다른 나라의 대부분 회사들도 사전에 정의된 근무 일정을 사용하고 있다. 하지만 이렇게 하루 종일 근무하는 일정은 은행, 혹은 병원에 가거나, 자동차 정비를 받는 등 일상적인 개인 업무를 처리하기 어렵게 만든다. 이러한 업무 일정에 얽매인 직원들은 이러한 개인 용무를 처리하기 위해 병가나 휴가를 내야 하는 경우가 많다. 심리적인 측면에서는 이러한 꽉 짜인 업무 일정 때문에 너무 무력감을 느끼고, 분노와 좌절감을 느끼는 사람들도 있다.

압축 근무 일정
직원들이 기존 주 5일보다 적은 일수 동안 40시간을 근무하는 일정.

이러한 문제에 대응하기 위해 일부 기업에서는 **압축 근무 일정**(compressed work schedule)을 시행하고 있다.[33] 압축 근무 일정을 따르는 직원은 40시간 근무를 하지만, 전통적인 5일보다 적은 일수만큼 일한다. 일반적으로 이 일정은 4일 동안 하루 10시간씩 근무하고 하루를 추가로 쉬는 방식을 이용한다. 이 일정의 한 가지 문제점은 조직의 모든 직원이 동시에 쉬는 경우, 휴무일에 문제를 처리하거나 고객 또는 공급 업체를 상대할 근무자가 없다는 것이다. 반면에 회사가 종업원 개인의 휴무일을 지정하는 경우, 대부분 월요일과 금요일에 휴무일을 얻지 못한 직원들은 질투 혹은 불만을 표시할 수 있다. 또 다른 문제점은 직원들이 하루 동안 너무 많은 시간을 일하면, 피곤이 누적되고 추후 업무 성과가 떨어지는 경향이 있다는 점이다.

일부 조직에서 사용하는 스케줄을 '9-80' 스케줄이라고 한다. 이 방식에 따르면 직원은 한 주는 기존 스케줄로 근무하고 그 다음 주에는 압축 스케줄로 근무하여 금요일에 격주로 휴무한다. 즉, 9일 동안 80시간(2주 풀타임 근무에 해당)을 근무하는 것이다. 이렇게 하면, 전체 직원의 절반이 정규 근무를 하고, 절반은 압축 근무를 번갈아 가며 근무함으로써 조직은 항상 인력을 유지하면서도 직원들은 매달 이틀의 추가 휴무일을 얻을 수 있다.

직무 공유
두 명 이상의 시간제 직원이 하나의 풀타임 일자리를 공유하는 경우.

마지막으로, 압축 근무 일정의 특수한 형태는 **직무 공유**(job sharing)이다. 직무 공유에서는 두 명의 파트타임 직원이 하나의 풀타임 일자리를 공유한다. 직무 공유는 시간제 근무만을 원하는 사람이나, 취업 시장 여건이 좋지 않은 경우에 적합할 수 있다. 조직 입장에서는 더 다양한 직원의 선호를 수용할 수 있고, 더 많은 사람의 재능을 활용할 수 있다. 가장 간단히 보여 줄 수 있는 직무 공유 방식은 아마도 안내 데스크 직무일 것이다. 예를 들어, 한 명의 직원이 매일 오전 8시부터 정오까지 안내 데스크에서 근무하고, 정오부터 오후 1시까지는 휴무한 후, 오후 1시부터 오후 5시까지는 두 번째 직원이 안내 데스크에서 근무하는 경우, 일반 관찰자나 사무실 방문객은 업무가 공유되었다는 사실을 눈치채지 못할 것이다. 오전에 담당하는 업무와 오후에 담당하는 업무는 독립적으로 이루어질 가능성이 높으며, 계속 진행해야 할 업무가 있을 경우, 오전 근무자는 오후 근무자에게 그 업무에 대해 업데이트 해 줄 수 있다. 이러한 유형의 직무는 쉽게 공유할 수 있다.

6-4b 연장 근무 일정

연장 근무 일정
상대적으로 긴 유급 휴무와 긴 근무 일정으로 구성됨.

일부 조직에서는 비교적 긴 시간 근무한 후 비교적 긴 시간 유급 휴가를 사용하는 **연장 근무 일정**(extended work schedule)을 사용한다. 이러한 일정은 한 근로자를 다른 근로자로 전환하는 데 드는 비용이 높거나, 소규모 인력을 보유하는 데 따른 효율성이 있을 때 가장 자주 사용된다.

KBR의 예를 들어보자. KBR은 중동을 비롯, 외국에 있는 미군 시설을 관리하는 대형 방위 계약 업체이다. KBR의 민간 직원은 유지보수, 물류, 음식, 세탁, 우편 서비스 등의 업무를 처리한다. KBR 직원의 일반적인 근무 일정은 하루 12시간, 주 7일 근무이다. 직원들이 이러한 일정을 수용하고 유지하도록 동기를 부여하기 위해 회사는 직원들에게 프리미엄 임금을 지급하고, 120일 근무할 때마다 16일의 유급 휴가 및 전 세계 주요 목적지로 향하는 항공권을 제공한다. 이와 같은 연장 근무 일정을 통해 이 회사는 기존의 전통적인 근무 일정 방식보다 적은 인원으로도 업무를 수행할 수 있다.

해양 석유 시추 플랫폼, 대양 횡단 화물선, 남극과 같이 먼 곳에 있는 연구 실험실, 외딴 곳에서 촬영하는 영화 제작진 등 이러한 유형의 연장 근무에 적합한 다른 직종도 있다. 구체적인 근무 시간 및 근무 일수, 휴가 기간은 다양하지만, 이러한 직종의 대부분은 장시간 근무 후 연장 휴가와 추가 수당을 지급하는 것이 특징이다. 예를 들어, 엑손모빌(Exxon-Mobil)의 해양 시추 플랫폼 근로자는 일반적으로 5주 동안 매일 근무한 후 2주 동안 휴가를 받는다.

일부 조직에서는 비교적 긴 시간 근무한 후 비교적 긴 시간 유급 휴가를 사용하는 연장 근무 일정을 사용하는 것이 유용하다고 생각한다. 예를 들어, 해양 시추 플랫폼을 운영하는 회사에서는 헬리콥터로 작업 현장과 해안을 오가며 근로자를 운영한다. 플랫폼에서 일하는 근로자는 몇 주 동안 매일 10시간 또는 12시간씩 연속으로 일할 수 있다. 그런 다음 장기간의 휴가를 받는다.

6-4c 유연 근무 일정

또 다른 인기 있는 대체 근무 방식은 플렉스타임(flextime)이라고도 불리우는 **유연 근무 일정**(flexible work schedule)이다. 앞서 설명한 압축 근무 일정은 직원들에게 '정상' 근무 시간 동안 휴가를 제공하지만, 근무하는 날에는 여전히 규칙적이고 정해진 스케줄을 따라야 한다. 플렉스타임은 일반적으로 직원들이 근무일에 대한 결정권은 적지만, 근무 시간에 대한 개인적 통제권을 더 많이 부여한다.[34]

유연 근무 일정
직원들이 매일 근무하는 시간을 보다 개인적으로 제어할 수 있음.

그림 6-3은 플렉스타임이 어떻게 운영되는지 보여 준다. 하루 근무 시간은 유연 근무 시간과 핵심 근무 시간의 두 가지 범주로 나뉜다. 모든 직원은 핵심 시간(core time)에는 반드시 근무해야 하지만 유연 시간에는 자신의 스케줄을 선택할 수 있다. 따라서 어떤 직원은 아침 일찍 출근하여 오후 중반에 퇴근하고, 다른 직원은 아침 늦게 출근하여 오후 늦게까지 근무하고, 또 다른 직원은 아침 일찍 출근하여 점심 시간을 길게 갖고 오후 늦게까지 근무하는 등 다양하게 선택할 수 있다.

이미 언급했듯이, 이 방식의 가장 큰 장점은 근무자가 개인의 필요에 맞게 근무 시간을 조정할 수 있다는 것이다. 늦은 오후에 치과를 방문해야 하거나, 자녀가 출전하는 스포츠 경기를 보기 위해 일찍 퇴근해야 하는 사람은 아침 일찍 업무를 시작할 수 있다. 어느 날 밤 늦게까지 근무한 사람은 다음 날 늦게 출근할 수 있고, 점심시간에 개인적인 일을 처리해야 하는 사람은 더 긴 점심시간을 가질 수 있다. 하지만 플렉스타임은 조직의 다른 사람들이 핵심 시간대 외에 언제 회의에 참석할 수 있을지 모르기 때문에 관리하기가 어렵다. 또한 조직이 매일 더 오랜 시간 동안 열려 있어야 하므로 전기 및 공과금과 같은 비용도 더 많이 든다.

그림 6-3
유연 근무 일정

유연 근무 일정은 오늘날 일부 조직에서 사용되는 중요한 새로운 근무 방식이다. 모든 직원은 '핵심 시간' 동안 직장에서 근무한다. 여기에 표시된 가상의 예에서 핵심 시간은 9시부터 오전 11시와 오후 1시~3시, 나머지 시간은 유연하게 운영되며 총 근무 시간만큼 직원들이 자유롭게 출퇴근할 수 있다.

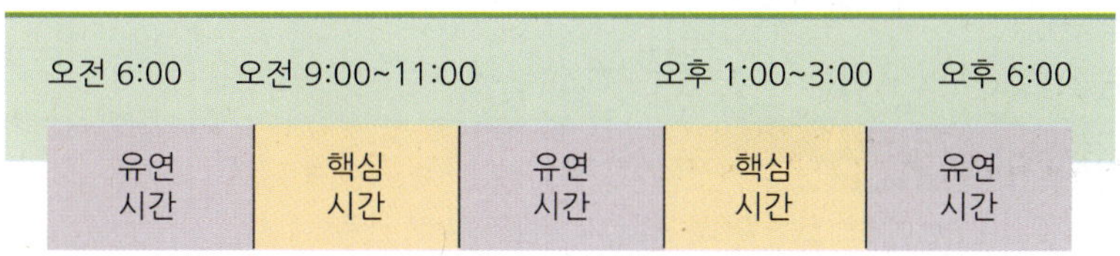

일부 조직에서는 근무자가 스스로 자신의 근무 시간을 정하고 매일 그 일정을 따르는 방식을 사용한다. 근로자가 매일 자신의 일정을 수정할 수 있도록 허용하는 조직도 있다. 유연 근무제나 가변 근무제와 같은 근무 시간 정책은 일하는 부모에게 특히 중요하다. 코로나19 팬데믹 기간 동안 많은 고용주가 학교 휴교로 인해 원격 근무와 유연 근무를 실험해야 했고, 이러한 정책이 효과적이며 생산성까지 높일 수 있다는 사실을 발견했다. 근로자들은 이러한 정책의 혜택을 받았으며, 최소한 어느 정도의 유연성을 기대하는 경우가 점점 더 많아지고 있다.[35]

6-4d 대체 근무 장소

재택근무
직원이 근무 시간의 일부를 외부에서 근무하는 방식.

전통적인 근무 방식에 대한 또 다른 옵션은 대체 근무지를 사용하는 것이다. 이 접근 방식의 가장 일반적인 버전은 **원격 근무**(remote working) 혹은 **재택근무**(telecommuting)로 불리며, 직원들이 근무 시간의 일부 또는 전부를 외부, 주로 집에서 근무할 수 있도록 허용한다. 직원들은 휴대폰 문자, 채팅, 이메일, 마이크로소프트360(Microsoft 360)과 같은 인터넷 기반 팀워크 도구 및 기타 기술을 사용하여 동료와 상호작용 하고, 출퇴근하지 않고도 사무실에서와 마찬가지로 원격지에서 업무 및 작업을 수행할 수 있다. 줌(Zoom), 팀스(Teams)와 같은 화상 회의 시스템과 디스코드(Discord)와 같은 메시징 플랫폼 등 최신 커뮤니케이션 기술의 성능과 정교함이 향상되면서 재택근무가 훨씬 쉬워졌다. 코로나19 팬데믹으로 인해 원격 근무의 도입이 가속화되었고 어도비(Adobe), 아마존(Amazon), 애플(Apple)을 비롯한 많은 기업에서 직원들이 적어도 일부 시간 동안은 원격으로 근무할 수 있도록 허용하고 있다.

많은 직원이 원격 근무를 선호하는 이유는 유연성을 높일 수 있기 때문이다. 예를 들어, 일주일에 하루나 이틀을 집에서 보내면 유연 근무제나 압축 근무제에서와 마찬가지로 개인 일정을 유연하게 활용할 수 있다. 또한 출퇴근에 시간을 낭비할 필요가 없고 업무에 방해받을 가능성이 적기 때문에 직원들은 재택근무를 통해 더 많은 업무를 처리할 수 있다고 생각한다. 조직도 원격 근무를 통해 여러 이점을 누릴 수 있다. (1) 직원들이 '공식적인' 휴가를 덜 사용하게 되므로 결근과 이직률을 줄일 수 있고, (2) 특정 날짜에 출근하는 사람이 줄어들기 때문에 주차 공간과 같은 시설 비용을 절약할 수 있다. 또한 차량 운행이 줄어들어 환경적 이점도 있다. 반면에 모든 직원이 이러한 환경에서 성공적인 것은 아니다. 어떤 직원은 고립감을 느끼고 직장에서의 사회적 상호작용을 그리워한다. 또 다른 직원들은 아침 식탁에서 일어나 책상에 앉아 업무를 시작할 수 있는 자제력과 절제력이 부족하다. 또한 관리자는 대면 접촉이 필요한 회의 및 기타 활동 일정을 조정하는 데 어려움을 겪을 수 있다. 세계보건기구(WHO)는 코로나19 팬데믹 기간 동안 많은 사람들이 원격 근무를 할 때 근무 시간이 길어지고, 팀원이나 관리자와 지속적으로 연락해야 한다는 압박감을 느끼며, 물리적으로

Prostock-studio/Shutterstock.com

오늘날 많은 고용주는 유연한 근무 일정을 제공하고 직원들이 대체 근무지에서 자유롭게 근무할 수 있도록 한다. 예를 들어, 이 직원은 자택에서 근무하고 있다. 물론 모든 직무에서 이러한 방식을 적용할 수 있는 것은 아니며, 이러한 방식을 적용하는 직무에서도 직원은 직무에 대한 책임을 다한다는 요건이 충족되어야 한다.

고립된 상태에서 근무하는 등 위험요인이 있다는 것을 확인했다. 그러나 이 보고서는 또한 출퇴근하지 않음으로써 절약된 시간으로 인해 근로자가 하루에 30분 이상 운동하고 식당에서 식사하는 것보다 건강에 더 좋은 집밥을 먹을 수 있는 가능성이 높아졌다는 점도 언급하고 있다.[36]

6-5 목표 설정 및 동기부여

목표 설정과 피드백은 직원 성과를 향상시키는 유용한 방법 중 하나이다.[37] 동기부여 관점에서의 **목표(goal)**는 의미 있는 목적을 말한다. 목표는 대부분의 조직에서 두 가지 목적으로 사용된다. 첫째, 동기부여를 관리하기 위한 유용한 프레임워크를 제공한다. 관리자와 직원은 스스로 목표를 설정하고 이를 달성하기 위해 노력할 수 있다. 조직의 전체 목표가 매출을 10% 늘리는 것이라면, 관리자는 개별적인 목표를 할당함으로써 조직 목표를 달성할 수 있다. 둘째, 목표는 효과적인 통제 장치이다(통제란 조직이 얼마나 잘 수행되고 있는지 모니터링하는 것을 의미한다). 직원들의 단기 성과를 목표와 비교하는 것은 조직의 장기 성과를 모니터링하는 효과적인 방법이 될 수 있다. 그러나 만약 목표 진척도에 대한 피드백이 주어지지 않는다면 종업원들은 목표 달성을 위해 자신의 행동을 어떻게 조정해야 하는지 알 수 없다. 종업원들이 자신에게 부여된 목표를 달성하고, 이에 대해 가치 있는 보상을 받게 된다면 목표와 피드백의 동기부여 잠재력은 강력해진다.

목표
의미 있는 목적.

사회 학습 이론(social learning theory)은 목표 설정이 성과에 대한 동기를 부여하는 방법을 설명한다.[38] 이 관점에 따르면, 성과에 대한 자부심이나 수치심은 목표를 달성한 정도에 따라 달라진다. 목표를 달성한 사람은 목표를 달성에 대해 자부심을 느끼는 반면, 목표를 달성하지 못한 사람은 결과에 실망하고 심지어 수치심을 느낄 수도 있다. 자부심이나 실망의 정도는 자기 효능감(self-efficacy), 즉 목표를 달성할 수 있다는 믿음에 영향을 받는다. 달성할 수 없다고 생각되는 목표가 주어졌을 때에는 목표 달성 실패에 대한 실망이 덜할 것이다.

6-5a 목표 설정 이론

사회 학습 이론은 목표가 행동에 동기를 부여하는 이유 및 방법에 대한 통찰력을 제공한다. 또한 목표 달성에 실패했을 때 사람들이 어떻게 대처하는지를 이해하는 데 도움이 된다. 에드윈 로크(Edwin Locke)와 그의 동료들의 연구는 동기부여 맥락에서 목표 설정 이론의 유용성을 가장 명확하게 입증했다.[39] 로크의 목표 설정 이론(goal setting theory)은 행동이란 의식적인 목표와 의도에 따른 결과라고 가정한다. 관리자는 조직 구성원에게 목표를 설정함으로써 그들의 행동에 영향을 미칠 수 있어야 한다. 이러한 전제를 감안할 때, 사람들이 스스로 목표를 설정하고 그 목표를 달성하기 위해 노력하는 과정을 철저히 이해하는 것이 과제이다. 목표 설정 이론의 초기 버전에서는 목표 난이도와 목표 구체성이라는 두 가지 목표 특성이 성과를 형성할 것으로 예상했다.

목표 난이도(goal difficulty)는 목표가 얼마나 어려우며, 노력이 필요한지를 나타낸다. 사람들이 목표를 달성하기 위해 노력한다면 더 어려운 목표를 달성하기 위해 더 열심히 노력할 것이라고 가정하는 것이 합리적일 것이다. 하지만 그 목표는 너무 어려워서 달성할 수 없을 정도여서는 안 된

목표 난이도
목표가 도전적이고 노력이 필요한 정도.

iStock.com/PeopleImages

목표 설정은 직원에게 동기를 부여하는 데 매우 유용한 방법이 될 수 있다. 특히 직원의 목표 설정을 돕고 목표 달성에 대해 보상하는 경우 효과적이다. 사진에서 관리자와 부하는 다음 분기에 대한 부하의 목표를 검토하고 있다.

다. 새로운 관리자가 영업 팀에게 매출을 300% 늘리라고 요청한다면, 영업 팀은 그 목표는 결코 달성할 수 없는 목표라고 생각하여 목표를 무시할 수 있다. 좀 더 현실적이지만 여전히 어려운 목표, 예를 들어, 매출 20% 증가 정도라면 동기부여가 되는 효과적인 목표가 될 수 있다.

많은 연구에서 목표 난이도의 중요성을 뒷받침하고 있다.[40] 웨이하우서(Weyerhaeuser)를 대상으로 한 사례 연구에서, 관리자는 벌목 현장에서 제재소까지 많은 목재를 운반하는 트럭 운전사에게 도전적인 목표를 부여했다. 9개월 동안 운전기사들은 이전 트럭당 평균 적재량으로 25만 달러 상당의 새 트럭이 필요했을 만큼 운송하는 목재의 양을 늘렸다.[41] 보상은 또한 어려운 목표에 대한 동기를 높인다. 도전적인 목표를 달성했을 때 보상을 받는 사람은 목표 달성에 대한 보상을 받지 못하는 사람보다 더 노력할 것이다.

목표 구체성
목표의 명확성과 정확성.

목표 구체성(goal specificity)은 목표의 명확성(clarity)과 정확성(precision)을 의미한다. '생산성 향상'이라는 목표는 그다지 구체적이지 않지만, '향후 6개월 동안 생산성 3% 향상'이라는 목표는 매우 구체적이다. 비용, 생산량, 수익성 및 성장과 관련된 목표와 같은 일부 목표는 명확하고 정확한 용어로 쉽게 설명할 수 있다. 하지만 직무 만족도 제고, 사기 향상, 회사 이미지 및 평판 개선, 윤리적 행동 및 사회적 책임 촉진과 같은 목표는 구체적이거나 측정 가능한 용어로 말하기가 훨씬 더 어렵다.

난이도와 마찬가지로, 구체성도 성과와 일관되게 관련되는 것으로 나타났다. 앞서 언급한 목재 트럭 운전사를 대상으로 한 연구에서도 목표 구체성을 조사했다. 트럭 운전사가 처음 운반한 화물은 각 트럭이 운반할 수 있는 최대 무게의 60% 정도에 불과했다. 관리자들은 운전자들에게 94%라는 새로운 목표를 설정했고, 운전자들은 곧 이를 달성할 수 있었다. 목표가 달성하기에 쉽지는 않았지만 구체적이었기 때문에 달성할 수 있었다.

로크의 이론은 광범위한 관심을 얻었으며, 연구자뿐 아니라 실무의 관리자들에게도 지지를 얻었다. 따라서 로크와 그 동료인 게리 라탐(Gary Latham)은 조직 목표 설정의 복잡성을 반영하여 목표 설정 프로세스의 확장된 모델을 개발했다. **그림 6-4**에 보여 주고 있는 확장된 이론에 따르면 목표 지향적 노력은 앞서 설명한 난이도와 구체성, 수용과 몰입이라는 네 가지 목표 속성의 함수라고 한다. **목표 수용**(goal acceptance)은 개인이 목표를 자신의 것으로 받아들이는 정도이다. 상사가 직원에게 이번 시간 내에 20개를 달성하라고 지시한다고 해서 그 직원이 반드시 이 목표를 받아들이고 노력한다는 의미는 아니다. **목표 몰입**(goal commitment)은 목표 달성에 개인적으로 관심이 있는 정도이다. 다음 시험에서 A를 받겠다는 목표를 세웠지만, 이 목표에 대한 몰입도가 높지 않다면, B를 받더라도 괜찮다고 생각할 것이다. 반면에 제품 품질을 10% 개선하기 위해 필요한 모든 조치를 취하겠다고 다짐하는 관리자는 목표 달성을 위한 몰입 정도가 높은 것이다. 목표 수용과 몰입을 촉진하는 요인으로는 목표 설정 과정에의 참여 여부, 도전적이면서도 현실적인 목표 설

목표 수용
개인이 목표를 자신의 것으로 받아들이는 정도.

목표 몰입
한 사람이 개인적으로 목표 도달에 관심이 있는 정도.

그림 6-4
동기부여의 목표 설정 이론

동기부여에 대한 목표 설정 이론은 직원에 대한 동기부여에 중요한 의미를 제공한다. 적절한 목표 난이도, 구체성, 수용, 몰입은 목표 지향적 동기부여에 기여한다. 이러한 노력은 결국 성과에 직접적인 영향을 미친다.

Source: Reprinted from Latham, G. P., et al. (1979, Autumn). The Goal-Setting Theory of Motivation. *Organizational Dynamics*.

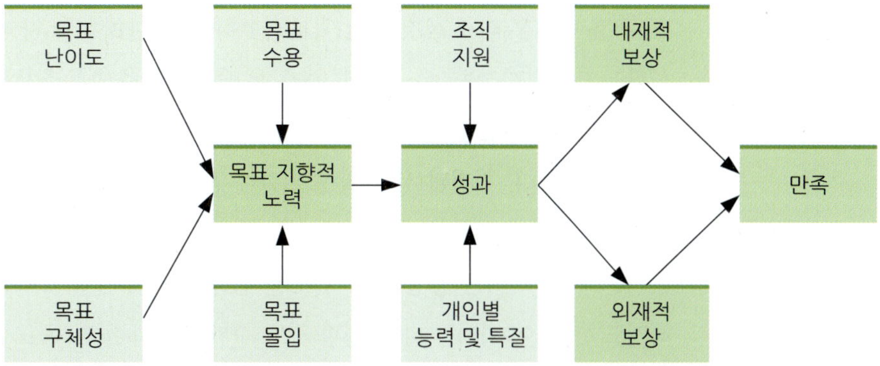

정, 목표 달성이 가치 있는 보상으로 이어질 것이라는 믿음 등이 있다.[42]

실제 성과는 목표 지향적 노력, 조직의 지원, 개인의 능력과 특질이 상호작용 하여 결정된다. 조직의 지원은 성과 달성을 돕거나 방해하는 데 있어 조직이 하는 모든 일을 의미한다. 긍정적인 지원은 목표를 달성하는 데 필요한 모든 자원을 제공하는 것을 의미할 수 있고, 부정적인 지원은 비용 부담이나 직원 감축 등의 이유로 목표 달성에 필요한 자원을 제공하는 데 적극적이지 않는 것을 의미할 수 있다. 개인의 능력과 특질은 업무를 수행하는 데 필요한 기술 및 기타 개인적 특성이다. 종업원들은 성과에 따라 다양한 내재적 및 외재적 보상을 받게 되며, 이는 결국 만족도에 영향을 미친다. 이 모델의 후반 단계는 5장에서 설명한 포터와 롤러의 기대 모델과 매우 유사하다.

6-5b 목표 설정에 대한 더 넓은 관점

> **목표 관리(MBO)** 조직의 목표가 조직 전체에 걸쳐 계단식으로 이어지는 협업적 목표 설정 프로세스.

일부 조직은 **목표 관리**(management by objectives, MBO)라는 다소 광범위한 관점에서 목표 설정을 수행한다. MBO 접근 방식의 핵심은 조직 목표가 조직 전반에 걸쳐 체계적으로 계단식으로 내려오는, 협업적 목표 설정 프로세스라는 점이다. 여기에서는 일반적인 접근법에 대해 논의하지만, 많은 조직에서는 각자 조직의 목적에 맞게 MBO를 적용하고, 그것을 다양한 이름으로 부른다. (실제로 오늘날 대부분의 기업은 다른 이름을 사용한다. 하지만 다른 일반적인 명칭이 등장하지 않았기 때문에 이 접근 방식을 계속해서 MBO라고 할 것이다.)

성공적인 MBO 프로그램은 최고 경영자가 조직의 전체 목표를 설정하는 데에서 시작된다. 이렇게 조직 전체 목표가 설정된 후에는 조직의 모든 관리자와 직원이 협력하여 부서 및 팀 목표를 설정한다. 먼저 전체 목표가 모든 사람에게 전달된다. 그런 다음 관리자는 각 부하 직원을 만나 목표를 설명하고, 함께 부하 직원이 목표에 가장 효과적으로 기여할 수 있는 방법을 결정한다. 관리자는 상담자 역할을 하며, 부하 직원이 적절하고 실행 가능한 목표를 개발할 수 있도록 도와준다. 예를 들어, '비용 5% 절감'이라는 목표는 검증이 가능하지만 '최선을 다하기'라는 목표는 검증이 불가능하다. 마지막으로 관리자와 부하는 목표 달성에 필요한 자원이 있는지 탐색한다. 전체 프로세스는 각 직급의 관리자가 자신의 부하 직원과 만나 목표를 개발하면서 조직의 아래로 흐른다. 따라서 앞서 언급했듯이 맨 위에 설정된 초기 목표는 조직 전체에 걸쳐 계단식으로 내려간다.

목표 달성을 위해 설정된 기간(보통 1년) 동안 관리자는 각 부하 직원과 주기적으로 만나 진행 상황을 점검한다. 새로운 정보에 따라 목표를 수정하거나 추가적인 자원을 제공하거나 다른 조치를 취해야 할 수도 있다. 관리자가 해결할 수 있는 목표 달성의 장애물(예: 품질이 낮은 원자재)도 파악할 수 있다. 지정된 성과 달성 기간이 끝나면 관리자는 각 부하 직원과 최종 평가 회의를 진행한다. 이 회의에서 관리자와 부하는 목표가 얼마나 잘 달성되었는지 평가하고 그 이유에 대해 논의한다. 이 회의는 종종 성과 검토를 겸하여 목표 달성에 따른 급여 조정 및 기타 보상을 결정하기도 한다. 이 회의는 다음 성과 검토 주기를 위한 초기 목표 설정 회의의 역할도 할 수 있다.

6-5c 목표 설정의 과제

목표 설정 이론은 다양한 환경에서 널리 검증되었다. 여러 연구를 통해 목표의 난이도와 구체성이 성과와 밀접한 관련이 있다는 사실이 지속적으로 입증되었다. 반면, 수용 및 몰입과 같은 다른 요소에 대한 연구는 상대적으로 저조하였다. 직원들이 목표 설정에 참여하도록 하는 것이 두 요소 모두에 중요하다고 알려져 있지만, 사람들이 목표를 어떻게 받아들이고 헌신하게 되는지에 대해서는 잘 알려져 있지 않다. 또한 목표 설정은 단기적 목표와 장기적 목표를 모두 고려해야 한다. 직원들이 단기적인 성과에 너무 집중하면 장기적인 고려 사항을 희생할 수 있다. 목표 달성에 대해 높은 보상을 제공하는 직원은 목표를 달성하고 보상을 확보하기 위해 속임수를 쓰거나 안전하지 않은 행동을 하거나 비윤리적인 행동을 하고 싶은 유혹을 받을 수도 있다. 그러나 이러한 문제에도 불구하고 목표 설정은 관리자가 동기를 실제 성과 향상으로 전환하는 데 사용할 수 있는 중요하고 효과적인 도구이다.

실용적인 관점에서 볼 때 MBO는 많은 강점을 가지고 있기 때문에 여전히 인기가 높다. MBO는 조직 전체에 목표 설정 이론을 체계적으로 구현하는 데 도움이 되기 때문에 직원들에게 동기를 부여할 수 있는 잠재력이 분명히 존재한다. 또한 보상의 근거를 명확히 하고 직원과 상사 간의 커뮤니케이션을 촉진할 수 있다. MBO에서는 성과 관리가 더 쉽고 명확해지며, 관리자는 이 시스템을 사용하여 통제 목적으로 의미 있는 성과 데이터를 확보할 수 있다.

그러나 기업이 편법을 택하거나 의도치 않게 프로세스가 작동하는 방식을 훼손하는 경우 MBO를 사용하는 데 어려움이 있을 수 있다. 예를 들어, 최고 관리자가 실제로 참여하지 않는 경우, 목표가 실제로는 조직 중간층에서 설정되는 경우가 있다. 직원들이 이러한 상황을 인지한다면, 최고 경영진이 참여하지 않은 목표라서 덜 중요하고, 따라서 자신의 참여가 시간 낭비라는 신호로 해석하여 목표 달성에 냉소적이 될 수 있다. 또한 MBO는 검증 가능성을 높이기 위해 정량적 목표를 지나치게 강조하는 경향이 있는데, 이는 협업, 팀원 코칭 등 수치로 쉽게 할당할 수는 없지만, 성과에 중요한 행동을 저해할 수 있다. 또 다른 잠재적 문제는 모든 목표에 대한 직원의 진행 상황을 문서화해야 하므로 많은 정보 처리와 기록 보관이 필요하다는 점이다. 마지막으로, 일부 관리자는 부하 직원을 목표 설정에서 배제시킨 채, 그들에게 목표를 할당하고, 목표 달성을 지시하는 경우도 있다.

균형 잡힌 관점에서 보면, MBO가 잘 실행될 경우 조직의 목표 설정 관리와 성과 향상에 효과적이고 유용한 시스템이 될 수 있다. 연구 결과에 따르면, 조직의 고유한 상황에 맞게 신중하게 실행하면 지지자들이 주장하는 많은 효과를 거둘 수 있다고 한다. MBO를 적절히 활용하면 조직의 보상 시스템을 관리하는 효과적인 접근 방식이 될 수도 있다. 그러나 각 상사와 직원 간의 정기적인 일대일 대화가 필요하므로 시간이 많이 걸리고, 대화 속에 바람직 하지 못한 성과에 대한 비판적 평가가 포함될 가능성이 있다. 그러나 관리자의 가장 중요한 책임 중 하나는 직원을 코칭하고 개발하며 성과 기준이 충족되고 있는지 확인하는 것이므로, 종업원과의 대화는 성공적인 성과 관리의 중요한 요소이다.

6-6 성과 관리

앞서 설명한 것처럼 대부분의 목표는 성과를 지향한다. 관리자는 직원의 동기부여와 성과를 향상시키기 위해 직무 설계, 참여 확대 및 권한 이양 촉진, 대체 근무 방식 고려, 목표 설정 등 다양한 방법을 시도 할 수 있다. 하지만 이들의 활동이 동기부여와 성과를 향상시키는데 효과적이지 못할 수도 있다. 따라서 관리자는 성과가 1년에 한 번 연례행사가 아니라 자주 관리할 수 있고 관리해야 하는 것임을 이해하는 것이 중요하다.[43] 보상이 효과적으로 사용되기 위해서는 효과적인 성과 관리가 필수적이다. 성과 관리의 핵심은 개인 또는 그룹의 성과를 실제로 측정하는 것이다. **성과 평가**(performance appraisal)는 상사가 (1) 직원의 업무 행동과 성과를 이전에 설정된 기준과 비교하여 측정 및 평가하고, (2) 그 결과를 문서화하고, (3) 그 결과를 직원에게 전달하는 프로세스이다.[44] **성과 관리**(performance management)는 직원, 작업 그룹 및 사업부가 조직 목표를 달성하도록 지시하고 동기를 부여하는 보다 지속적인 프로세스이며 성과 평가와 관련된 프로세스 및 활동뿐 아니라 직원을 인정, 코칭 및 교육하는 것을 포함한다. 성과 관리가 효과적으로 수행되면 직원 성과 평가에서 예상치 못한 일이 발생하는 것을 방지하고 관리자와 부하 직원 간의 소통 채널이 유지될 수 있다. 이를 통해 관리자는 성과 평가 회의 전에 모든 성과 문제를 신속하게 처리하고, 직원이 잘하고 있을 때 코칭과 교육을 제공하거나 추가 책임을 부여할 수 있다.

성과 평가
감독자가 직원의 업무 성과 및 행동을 측정하고 이전에 설정된 기준과 비교하여 결과를 문서화하고 그 결과를 직원에게 전달하는 프로세스.

성과 관리
성과 평가와 관련된 프로세스 및 활동은 물론 직원을 인정, 코칭 및 교육하는 지속적인 프로세스.

6-6a 성과 측정의 목적

성과 측정의 주요 목적 중 하나는 직원에게 가치 있는 피드백을 제공하는 것이다. 종업원이 관리자가 자신의 행동이나 성과의 변화를 바란다는 것을 알지 못하면 이를 개선하기는 어렵다. 성과 피드백은 조직의 관점에서 현재 해당 직원이 어떤 위치인지를 알려 주며, 일반적으로 보상 할당 및 급여 인상을 결정하고, 이를 정당화하는 데 사용된다. 성과 평가 등급(performance evaluation ratings)은 성과 관리 프로세스 중 교육, 개발 및 개선 기회에 대한 논의의 출발점으로 사용되는 경우가 많다. 마지막으로, 성과 관리 시스템에서 생성된 데이터는 미래의 인적자원 수요를 예측하고, 경영 승계를 계획하고, 채용, 교육 및 개발 프로그램과 같은 기타 인사 관리 활동을 수행하는 데 사용될 수 있다. 이는 성과 평가가 단순히 하향식 정보 전달이 아닌 상호 대화로 이루어질 때 가

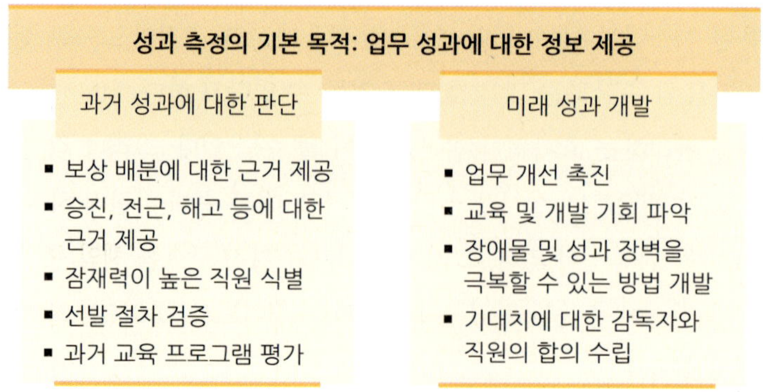

그림 6-5
성과 관리의 목적
성과 측정은 대부분의 조직에서 다양한 역할을 수행한다. 이 그림은 이러한 역할이 관리자가 직원의 과거 성과를 판단하고 관리자와 직원이 미래의 성과를 개선하는 데 어떻게 도움이 되는지 보여 준다.

장 효과가 좋다. 또한 직원들은 관리자와 직원 간의 대화만으로는 드러나지 않는 현재 및 미래 성과 문제에 대한 통찰을 얻을 수 있는 경우가 많다.

평가 정보의 용도는 업무 성과 피드백을 제공하는 것이다. 성과 평가 정보는 직원이 승진할 준비가 되었거나, 다른 영역에서 경험을 쌓기 위한 추가 교육이 필요하다는 것을 보여 줄 수 있다. 또한 특정 직무에 대한 기술이 부족하므로 그 역할을 수행할 다른 사람을 채용해야 한다는 것을 보여줄 수도 있다. 성과 평가의 목적은 **그림 6-5**와 같이 과거 성과에 대한 판단과 미래 성과 개발이라는 두 가지 범주로 크게 나눌 수 있다.

판단 지향적(judgmental orientation) 성과 평가는 직원의 과거 성과를 평가하는 데 중점을 두는 방식으로서, 주로 직원의 과거 행동과 성과를 측정하고, 이를 조직의 기준과 비교하는 데 집중한다. 개발 지향적(developmental orientation) 평가는 미래에 초점을 맞추고 성과 평가의 정보를 사용하여 성과를 개선하는 데 중점을 둔다. 향후 성과 향상이 평가 프로세스의 목적이라면 관리자는 직원의 목표 또는 목표, 성과에 방해가 되는 장애물이나 문제 제거, 향후 교육 필요성 등에 초점을 맞출 수 있다.

6-6b 성과 관리의 요소

직원 성과 평가는 대부분 모든 유형의 조직에서 실시하지만, 실시 빈도와 방식은 다양하다. 성과 평가에서 가장 중요한 세 가지 이슈는 누가(who), 얼마나 자주(how often), 어떻게 성과를 측정하는가(how to be measured)이다.

대부분의 평가 시스템에서 주요 평가자는 상사인데, 이는 상사가 직원의 일상적인 성과를 가장 잘 파악할 수 있는 위치에 있기 때문일 것이다. 또한 직원에게 성과 피드백을 제공하고 성과에 따른 보상 및 제재를 결정하는 것도 상사의 업무 중 하나이다. 부하 직원이 변화하고 개선하도록 동기를 부여하려면 성과 피드백이 건설적이고 명확하게 전달되어야 한다. 이 장의 Understand Yourself를 통해 자신의 피드백 제공 스타일에 대한 통찰력을 얻을 수 있기를 바란다.

그러나 상사가 직원의 성과에 대해 불완전하거나 왜곡된 정보를 가지고 있는 경우 문제가 발생할 수 있다. 예를 들어, 원격 근무자, 고객에게 직접 전화를 거는 영업 사원, 현장에서 장비 문제

Understand Yourself

피드백 스타일

이 활동은 성과 평가 피드백의 역학 관계를 이해하는 데 도움이 될 것이다. 효과적인 관리를 위해서는 성과를 진단하는 것이 중요하다. 성과 평가는 진단과 동기부여를 모두 포함하므로 조직의 효과적인 기능에 매우 중요하다. 대부분의 성과 평가 시스템이 직면하는 어려움 중 하나는 상사나 관리자가 일대일 대면으로 피드백을 제공하는 것을 불편하게 생각한다는 것이다. 그 결과 직원들은 성과 평가가 실제로 무엇을 의미하는지, 성과 평가의 목적이 무엇인지, 어떻게 성과를 개선할 수 있는지에 대해 모호하다고 느낀다. 상사나 관리자는 상황을 적절히 진단하지 않았기 때문에 부하 직원이 성과 피드백에 어떻게 반응하는지 이해하지 못하거나 가치 있는 피드백을 제공하는 데 필요한 스킬이 부족하여 이러한 문제를 해결하지 못한다. 아래에는 일련의 피드백 행동이 나열되어 있다. 각 행동 관리에 대한 설명을 자세히 읽은 다음, 해당 행동이 자신이 하는 일이나 생각하는 일을 가장 잘 반영하는 응답을 선택하라. 해당 응답에 동그라미를 표시하여 선택을 표시한다. 가능한 응답은 다음과 같다.

Y = 그렇다, 확실히 나에게 해당한다.
Y = 그렇다, 나에게 해당되는 것 같다.
? = 잘 모르겠다.
N = 아니다, 나에 대한 설명이 아닌 것 같다.
N = 아니다, 확실히 나에게 전혀 해당되지 않는다.

1. 커뮤니케이션을 할 때는 상대에게 내 말이 잘 이해되고 있는지 확인하려고 노력한다.
   Y Y ? N N
2. 가능하면 내 관점이 받아들여지고 실행될 수 있도록 노력한다.
   Y Y ? N N
3. 내 아이디어에 대한 반론을 쉽게 처리하고 받아들일 수 있다.
   Y Y ? N N
4. 나와 다른 사람 사이에 커뮤니케이션 문제가 발생하면 대개 상대방이 잘못한 경우가 많다.
   Y Y ? N N
5. 상대방이 내가 무슨 말을 하는지 이해하고 있는지 확인한다.
   Y Y ? N N
6. 누군가 개인적인 문제를 가지고 나에게 찾아올 경우, 나는 편견을 갖지 않고 객관적으로 경청하려고 노력한다.
   Y Y ? N N
7. 누군가 나에게 의문을 제기하거나 비판하는 말을 들을 때면 상대방이 말하는 동안 답변을 생각하며 정신적으로 반론을 펼치는 경우가 종종 있다.
   Y Y ? N N
8. 상대방이 아이디어를 완성하도록 내버려 두었다가 내가 개입하거나 대신 마무리한다.
   Y Y ? N N
9. 누군가의 말을 들을 때, 나는 쉽사리 상대의 관점을 다시 해석(의역)한다.
   Y Y ? N N
10. 말하는 사람이나 메시지에 대한 편견을 갖지 않으려고 노력한다.
    Y Y ? N N
11. 나는 누군가에게 정보를 제공할 때 사실과 데이터를 사용하는 것을 선호한다.
    Y Y ? N N
12. 받는 사람의 감정에 공감하는 커뮤니케이션은 약점을 드러내는 경향이 있다.
    Y Y ? N N
13. 나는 다른 사람들이 내가 그들의 행동을 어떻게 생각하는지(좋은, 나쁜, 강한, 약한 등) 확실히 알도록 노력한다.
    Y Y ? N N
14. 사람들이 일을 제대로 하도록 하려면 무엇을 해야 하는지 알려줘야 한다.
    Y Y ? N N

15. 나는 누군가와 대화할 때 "어떻게 생각하세요?"라고 질문하여 문제에 대한 수용성을 높이는 것을 좋아한다.

Y Y ? N N

16. 상사라면 사람들은 자신이 무엇을 해야 하는지 알려주기를 기대한다.

Y Y ? N N

17. 나는 개인과 토론할 때 질문적이고 비지시적인 질문을 사용하려고 노력한다.

Y Y ? N N

18. 부정적인 피드백을 제공할 때는 받는 사람이 내가 상황을 어떻게 바라보는지 확실히 알기를 원한다.

Y Y ? N N

19. 나는 공감하며 경청하려고 노력한다. 상대방의 말과 내가 생각하는 발신자의 의도를 모두 경청한다.

Y Y ? N N

20. 누군가에게 피드백을 제공할 때마다 나는 보통 그 피드백에 따라 행동하도록 설득하고 싶다.

Y Y ? N N

점수 계산: (a) 1, 3, 6, 8, 9, 10, 11, 15, 17, 19번은 Y=2, Y=1, ?=0, N=-1, N=-2점으로, (b) 2, 4, 5, 7, 12, 13, 14, 16, 18, 20번은 Y=-2, Y=-1, ?=0, N=1, N=2점으로 계산한다.

해석: (a)의 질문은 협업적이고 개방적인지 평가하는 것이다. (b)의 질문은 독재적이고 폐쇄적인 스타일인지 평가한다. (b)의 질문에 '예'라고 답하면 피드백 스타일이 덜 효과적이라는 뜻이므로 점수가 역으로 계산된다. 따라서 전체 합계 점수가 높을수록 더 효과적인 스타일을 나타낸다. 점수의 합은 전체적인 피드백 스타일을 나타낸다. 가장 낮은 전체 점수는 -40점, 가장 높은 전체 점수는 +40점이다. 대부분의 사람들은 긍정적인 범위에서 점수를 받을 것이다.

를 처리하는 유지보수 담당자 등 회사 외부에서 혼자 근무하는 직원의 성과에 대해 감독자가 직접적으로 아는 것이 거의 없을 수 있다. 상사가 직원의 업무와 관련된 기술 지식에 대한 이해가 제한적인 경우에도 비슷한 문제가 발생할 수 있다.

360도 피드백
직원이 조직 내 모든 측면의 사람들로부터 성과 피드백을 받는 성과 평가 방법.

이러한 문제에 대한 한 가지 해결책은 직원의 성과에 대해 잘 알고 있는 여러 사람의 평가를 통합하는 시스템을 사용하는 것이다. 직원을 평가자로 포함하는 것도 한가지 방법이다. 실제로 그렇게 하지 않을 수도 있지만, 대부분의 직원은 편견 없이 자신을 평가할 수 있는 능력을 가지고 있다. 오늘날 일부 회사에서 사용되는 다면 평가 접근 방식 중 하나는 **360도 피드백**(360-degree feedback)(다중 원천 피드백이라고도 함)이라고 하는 것이다. 이 방법은 직원이 상사, 동료 및 동료, 부하 직원 등 조직 내 모든 '측면'에 있는 사람들로부터 성과 피드백을 받는 것이다. 따라서 피드백은 주변 모든 사람 또는 360도 모든 방향에서 제공된다. 이러한 방식의 평가는 관리자에게 기존 평가가 제공하는 것보다 훨씬 더 광범위한 성과 관련 피드백을 제공하기 때문에 매우 유용하다. 360도 피드백은 매출 증가나 생산성 향상과 같은 객관적인 성과에 좁게 초점을 맞추기보다는 대인 관계나 리더십 스타일과 같은 요소에 초점을 맞추는 경우가 많다. 예를 들어, 어떤 사람은 다른 사람과 대화할 때 너무 가까이 다가가는 습관이 있다는 사실을 알게 되고, 어떤 사람은 다른 사람들이 자신을 성질이 급하다고 인식한다는 사실을 알게 될 수 있다. 이러한 것들은 상사가 성과 평가의 일부로 인식조차 하지 못한 것일 수도 있다. 부하 직원과 동료는 일반적으로 판단 지향적 성과 피드백보다 이러한 종류의 개발지향적인 피드백을 훨씬 더 흔쾌히 제공하며, 동료나 상사의 보상이나 처벌에 영향을 미칠 수 있는 평가를 요청받는 것을 선호하지 않는다.

또 다른 중요한 문제는 평가의 빈도이다. 직원의 성과 수준, 수행 중인 업무 유형 또는 성과에 대한 직원의 정보에 대한 필요성에 관계없이 고용주는 일반적으로 정기적으로 최소 1년에 한 번 이상 성과 평가를 실시한다. 행동이 발생한 시점에 가까운 시점에, 더 자주 피드백을 제공하는 것이 유용하기 때문에 반기별 또는 분기별로 평가를 실시하는 조직이 점점 더 많아지고 있다. 또한 공식적인 성과 평가가 부정확하고 시의적절하지 않으며, 고성과자에게 적절한 보상을 제공하지 않거나, 저성과자를 제대로 처리하지 못한다는 종업원과 관리자 모두의 불만으로 인해, 공식적인 성과 평가를 없애는 기업들도 늘고 있다.[45] 액센츄어(Accenture), 딜로이트(Deloitte), 골드만삭스(Goldman Sachs) 등은 연례 성과 평가를 관리자와 직원 간의 지속적인 코칭 위주의 성과 토론으로 대체하고 있다. 이 장의 Case Study에서는 어도비(Adobe)가 어떻게 연례 성과 검토를 지속적인

Case Study

어도비에서 성과 평가 폐지[46]

어도비(Adobe)는 규모가 크고 다각화된 글로벌 소프트웨어 기업 중 하나이다. 어도비의 핵심 가치 중 하나는 직원이 가장 중요한 자산이라는 믿음이다. 하지만 직원 설문 조사에 따르면 연례 성과 평가가 직원들의 동기를 저하시키고 있으며, 연례 평가 이후 이직률이 증가하는 것으로 나타났다. 또한 이러한 전체 프로세스를 조율하는 데 9개월이 걸리고 관리자가 이를 수행하는 데 약 8만 시간이 소요될 정도로 시간과 비용이 과도하게 든다는 사실을 깨달았다. 따라서 어도비는 성과 검토 시스템을 비공식적이지만 자주 실시하는 데 초점을 맞춰 재설계하였고, 관리자가 자신의 공식적 업무 과정에서 실시간 피드백이 필요한 팀원을 자유롭게 코치할 수 있도록 했다.

새로운 접근 방식은 세 단계로 구성된다. 먼저 직원과 관리자가 직원의 목표에 대한 명확한 기대치를 설정하는 것으로 시작된다. 두 번째 단계는 직원의 목표 대비 성과에 대해 상사, 동료 및 다른 직원으로부터 실시간으로 피드백을 지속적으로 받는 것이다. 세 번째 단계는 매 분기 말에 직원들이 관리자와 함께 잘 수행한 영역과 아직 개발 기회가 있는 영역에 대한 요약을 논의하는 것이다. 분기별 검토뿐만 아니라 연중 내내 성과에 따른 승진이 이루어진다.

성과에 대한 새로운 관리 접근 방식이 정확성과 공정성에 대한 직원들의 인식을 모두 개선한 결과, 이제 직원의 78%가 관리자가 피드백에 개방적이라고 믿고 있으며, 참여도가 높아지고 사기가 크게 상승했으며 이직률이 감소했다. 관리자의 관리 업무량도 상당히 감소했으며, 더 자주 소통할 수 있게 되어 생산성과 민첩성 향상에도 도움이 되었다. 또한 많은 신입 사원이 비정형 성과 검토 방식이 다른 고용주의 공식적인 성과 검토 프로그램보다 선호하는 차별화 요소라고 언급했다. 어도비는 직원들이 큰 그림에서 자신의 위치를 알 때 더 나은 성과를 낼 수 있다고 믿으며, 이 새로운 시스템은 가장 필요할 때 건설적인 비판과 긍정적인 강화를 모두 제공한다.[47]

질문

1. 더 자주 소통함으로써 얻을 수 있는 이점은 무엇인가?
2. 상사가 혼자 판단하는 것보다 직원에게 잘한 점과 개발이 필요한 분야를 요약해 달라고 요청한다면 어떤 이점이 있는가?
3. 직원들이 더 자주 피드백을 받는 것 외에 어도비의 새로운 성과 관리 접근 방식이 제공하는 이점은 무엇인가?

실시간 피드백에 중점을 둔 시스템으로 대체했는지 설명한다.

국제 경영을 추진하고 있는 관리자는 성과 평가 전략에 문화적 현상을 포함시켜야 한다. 예를 들어, 미국과 같이 개인주의가 강한 문화권에서는 개인 수준에서 성과를 평가하는 것이 일반적이면서도 당연하게 받아들여진다. 그러나 일본과 같은 집단주의 문화에서는 성과 평가가 거의 항상 그룹 성과와 피드백에 더 중점을 두어야 한다. 또한 운명, 숙명 또는 종교적 통제에 대한 믿음이 강한 국가에서는 직원들이 자신의 행동이 뒤따르는 결과와 무관하다고 생각하므로 성과 피드백을 전혀 받아들이지 않을 수도 있다.

6-6c 성과 측정

좋은 성과 관리의 기본은 측정해야 할 대상을 정확하게 파악하고 이를 정확하게 측정할 수 있는 최적의 방법을 선택하는 것이다. 잘못된 것을 잘된 것으로 측정하거나 올바른 것을 잘못되었다고 측정하는 것은 효과적인 성과 관리가 아니다. 중요한 성과 차원을 파악한 후에는 이를 평가하는 가장 좋은 방법을 찾아야 한다. 성과를 측정하는 다양한 방법에 대한 자세한 설명은 이 책의 범위를 벗어나며, 인적자원 관리나 성과 평가 전문 교과서에서 다루는 것이 더 적절하다. 그러나 성과를 평가하는 방법에 대한 몇 가지 일반적인 의견을 제시할 수는 있다.

성과 측정은 관리자가 직원들의 보너스, 급여 조정, 승진, 전근, 교육 및 징계에 관한 결정을 내리는 데 사용될 정보를 제공한다. 법원과 평등고용기회 가이드라인(Equal Employment Opportunity guideline)은 성과 측정이 친분, 나이, 성별, 종교, 출신 국가 등 직무와 무관한 요소가 아닌, 직무 관련 기준에 따라 이루어지도록 의무화했다. 또한 의사 결정권자에게 유용한 정보를 제공하기 위해서는 성과 평가는 타당하고 신뢰할 수 있으며 편견이 없어야 한다. 일관되게 너무 관대하거나 너무 가혹한 평가를 내리거나 모든 평가가 중간에 몰려서는 안 된다.[48] 또한 지각의 오류(perceptual errors)나 시점의 오류(timing errors)가 없어야 한다. 객관적인 평가는 편견의 영향을 덜 받기 때문에 주관적인 평가보다는 객관적으로 성과를 측정하는 것이 바람직하다.

개인의 성과를 평가하는 가장 인기 있는 방법으로는 평가 척도, 체크리스트, 에세이 또는 일지 등이 있고, 평가자가 평가 대상자에 대해 두 개 이상의 진술 중 어느 것이 사실인지 선택해야 하는 강제 선택 방식(forced choice system)도 있다. 이러한 시스템은 신중하게 개발해야 하지만 약간의 교육만 받으면 대부분의 관리자가 쉽게 사용할 수 있다. 그러나 대부분의 개인을 거의 같은 수준으로 평가하는 경향과, 다양한 수준의 성과를 차별화하는데 한계가 있다는 점은 모든 평가 방식에 공통적으로 나타나는 문제점이다.

Ragma Images/Shutterstock.com

성과 관리의 핵심 요소는 성과를 측정하고 평가하는 것이다. 이와 같은 성과 평가 척도는 일반적으로 조직에서 성과를 평가하는 데 사용된다.

비교법(comparative methods)은 두 명 이상의 직원을 다양한 성과 차원에서 서로 비교하여 평가하는 방식이다. 가장 많이 사용되는 비교법은 각 성과 수준에 일정 비율의 부하 직원을 배치해야 하는 강제 배분인 순위 정하기와, 평가자가 두 직원 중 중요한 성과 차원에서 더 나은 직원을 선택한 다음 이러한 상대 평가를 결합하여 부하 직원의 순위 목록으로 만드는 쌍대 비교법(paired comparison)이 있다. 비교법은 개별적인 방법보다 개발 및 사용이 어렵고, 많은 관리자에게 익숙하지 않으며, 데이터를 분석하고 유용한 정보를 생성하기 위해 별도의 소프트웨어 프로그램이 필요할 수 있다.

6-6d 성과 관리에 대한 균형 성과표 접근 방식

균형 성과표(BSC)
비교적 구조화된 성과 관리 방법으로 재무 및 비재무적 성과 측정을 단일 모델로 구성함.

널리 사용되는 성과 관리 시스템 중 하나는 균형 성과표 방식이다. **균형 성과표**(balanced scorecard, BSC)는 재무 및 비재무적 성과를 파악하고 이를 단일 모델로 구성하는 구조화된 성과 관리 기법이다.[49] 기본 BSC는 **그림 6-6**에 나와 있다.

BSC의 핵심은 조직의 비전과 전략이다. 이러한 비전과 전략은 최고 경영진에 의해 명확하게 수립되고 조직 전체에 전달되어야 한다. 다음으로, 관리자는 조직 성공의 네 가지 핵심 요소인 고객 인식(customer perception), 재무 성과(financial performance), 내부 비즈니스 프로세스(internal business process), 혁신 및 학습(innovation and learning)에 대한 객관적인 목표를 설정하고 측정하는 방안을 수립한다. 이후의 모든 성과 측정은 이 프레임워크를 바탕으로 이뤄진다.

예를 들어, 최고 경영자가 고객들이 회사를 고품질, 프리미엄 가격대의 패션 시계(예: 롤렉스)를 제조하는 선호 업체로 간주하기를 원한다고 가정해 보자. 이러한 비전을 지원하기 위한 조직 차원의 목표와 측정 기준은, 해당 목표 시장에서 50%의 시장 점유율과 98%의 고객 만족도를 유지하는 것이라고 생각해 보자. 여기서 영업 담당자의 성과 평가의 주요 영역 중 하나는, 영업 담당자가 개인적으로 받은 고객 평점을 근거로 고객 만족도를 높이는 데 얼마나 기여하고 있는지에 초점을 맞출 수 있다. 이러한 BSC 방식을 지원하는 소프트웨어 시스템은 다수의 공급자에 의해

그림 6-6
균형 성과표(BSC)

균형 성과표는 구조화된 성과 관리 기법이다. 가장 기본적인 형태로, 관리자는 고객 인식, 재무 성과, 내부 비즈니스 프로세스, 혁신 및 학습을 평가하는 방법에 대한 목표와 측정을 모두 설정한다. 이러한 각 목표와 측정은 서로 일관성이 있어야 할 뿐 아니라, 조직의 비전과 전략 등 전반적인 목표와도 일치해야 한다.

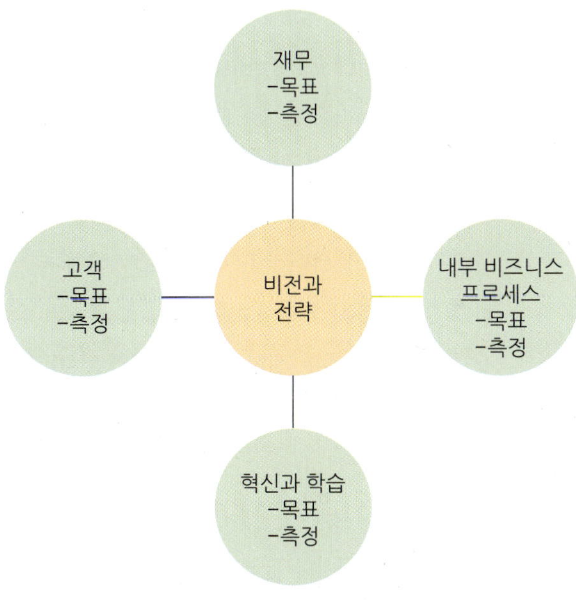

판매되고 있다.

BSC의 유효성을 뒷받침하는 데 사용되는 대부분의 증거는 일화적인(anecdotal) 것들이 대부분이고, 엄격하고 실증적인 방식으로 입증되지는 않았다. 건강 보험사인 카이저 퍼머넌트(Kaiser Permanente)의 북동부 사업부는 균형 성과표 시스템을 구축하여 정기적으로 직원들의 급여와 함께 배포되는 보고서를 작성했다. BSC를 광범위하게 활용하기 위해 회사 인트라넷에서도 데이터를 사용할 수 있으며, 주기적으로 업데이트하여 정보를 최신 상태로 유지함으로써 직원들의 관심을 계속 끌 수 있도록 한다.[50]

6-7 조직의 개인 보상

보상 시스템
조직 기여에 대한 대가로 직원에게 보상과 혜택을 할당하는 데 관여하는 인력, 프로세스, 규칙 및 절차, 의사 결정 활동을 포함한 모든 조직 구성 요소.

앞에서도 언급했듯이 성과 관리의 목적 중 하나는 직원에게 보상을 제공하기 위한 기반을 마련하는 것이다. 또한 보상은 관리자가 행동 동기를 부여하는 데 사용할 수 있는 가장 강력한 수단 중 하나이다. **보상 시스템**(reward system)은 조직에 대한 기여에 대한 대가로 직원에게 보상과 혜택을 할당하는 데 관여하는 사람, 프로세스, 규칙 및 절차, 의사 결정 활동을 포함한 모든 조직 요소로 구성된다. 조직의 보상 시스템을 살펴볼 때 심리적 계약(2장에서 설명)과 직원 동기부여(5장에서 설명) 에 대한 역할을 염두에 두는 것이 중요하다. 예를 들어, 보상은 조직이 심리적 계약의 일부로 직원에게 제공하는 유인책이며, 보상은 직원들이 업무 관련 행동을 선택함으로써 이들의 욕구 일부를 충족시켜 준다.

6-7a 보상의 역할, 목적 및 의미

대부분의 조직에서 보상 시스템의 목적은 자격을 갖춘 직원을 유치하고, 유지하고, 동기를 부여하는 것이다. 조직의 보상 구조는 평등한 대우와 규정 준수를 보장하기 위해 공평하고 일관성이 있어야 한다. 보상은 법을 준수해야 하고, 또한 조직에 대한 개인의 기여를 공정하게 판단해야 하지만, 대부분의 경우 이러한 기여를 객관적으로 측정하기는 매우 어렵다. 이러한 한계를 고려하여 관리자는 가능한 한 공정하고 공평하도록 노력해야 한다. 마지막으로, 조직이 유능한 직원을 유치하고 유지하기 위해서는 보상 시스템이 외부 노동 시장에서 경쟁력을 갖춰야 한다.[51]

이러한 광범위한 고려 사항 외에도 조직은 자체 조건, 자원 및 요구 사항을 기반으로 보상 철학을 개발해야 하며, 이러한 철학은 실제 보상 시스템 안에 잘 정의되고, 내재화되어 구축되어야 한다. 예를 들어, 벤앤제리(Ben & Jerry's)는 매년 자체적으로 최저 임금을 재계산하여 직원들이 실제 생활비에 부합하는 생활 가능한 임금을 받을 수 있도록 한다. 이러한 조치는 회사가 단순히 최저 임금을 지급하는 데 그치는 것이 아니라 더 나아가 직원들의 기여에 더 높은 가치를 두고 있다는 메시지를 전달한다.

사람들은 보상을 받을 수 있는 일을 하는 경향이 있기 때문에 조직은 보상 시스템을 통해 어떤 유형의 행동이나 성과를 장려할지 결정해야 한다. 이러한 행동 및 성과는 회사의 비즈니스 전략과 경쟁 우위를 강화하는데 필요한 성과, 근태, 팀워크, '수익'에 대한 기여도, 책임감, 윤리 등이 포함될 수 있다. 앞서 설명한 대로 성과 측정은 이러한 행동을 평가하고, 보상 시스템은 보상을 받을 행동을 선택한다. 보상 시스템은 인플레이션, 시장 상황, 기술, 노동조합 활동 등과 같은 변동성이 큰 경제 문제도 고려해야 한다.

보상이 직원들에게 많은 의미를 가지고 있음을 인식하는 것도 중요하다. 내재적 보상과 외재적 보상은 표면적 가치와 상징적 가치를 모두 지니고 있다. 직원에게 보상의 **표면적 가치**(surface value)는 객관적인 의미 또는 가치이다. 예를 들어, 급여가 5% 인상된다는 것은 개인이 이전보다 5% 더 많은 소비 능력을 갖게 되었다는 것을 의미하며, 승진은 표면적으로는 새로운 의무와 책임을 의미한다. 그러나 관리자는 보상이 **상징적 가치**(symbolic value)도 지니고 있음을 인식해야 한다. 다른 모든 직원이 8%의 연봉 인상을 받을 때 한 사람이 5%의 연봉 인상을 받는다면, 조직이 그 해당 직원을 다른 직원들보다 덜 중요하게 생각한다는 의미로 해석할 수 있다. 그러나 그 사람이 5%의 인상을 받고 모든 동료가 1%만 인상되었다면, 그 의미는 정반대로, 그 해당 직원이 가장 가치 있는 직원으로 간주될 수 있다. 따라서 보상은 조직에서 자신이 얼마나 가치 있는 사람인지뿐 아니라 다른 사람에 비해 자신이 조직에서 얼마나 중요한 사람인지에 대한 메시지를 전달한다. 관리자는 보상이 전달할 수 있는 다양한 의미, 즉 표면적인 의미뿐만 아니라 상징적인 메시지에도 주의를 기울여야 한다.

표면적 가치
보상의 객관적 의미 또는 가치.

상징적 가치
보상의 가치에 대한 주관적이고 개인적인 의미.

6-7b 보상 유형

대부분의 조직은 여러 유형의 보상을 사용한다. 가장 일반적인 것은 기본급(임금 또는 급여), 인센티브 시스템, 복리 후생, 특전, 포상이다. 이러한 보상을 결합하여 개인의 **보상 패키지**(compensation package)가 구성된다.

보상 패키지
총 보수(임금, 급여, 커미션), 조직이 개인에게 제공하는 인센티브, 복리 후생, 특전 및 포상.

대부분의 사람들에게 일에 대한 가장 중요한 보상은 금전적 보수이다. 물론 돈은 물건을 살 수 있다는 점에서 중요하지만, 앞서 언급했듯이 직원의 가치를 상징하기도 한다. 급여는 여러 가지 이유로 조직에 매우 중요하다. 우선, 효과적으로 계획되고 관리되는 급여 시스템은 동기부여와 성과를 향상시킬 수 있다. 또 다른 이유로, 직원 보상은 많은 조직에서 예산의 50% 이상을 차지하는 비즈니스 수행의 주요 비용이기 때문에 잘못 설계된 급여 시스템은 조직에 부담이 된다. 마지막으로, 급여는 직원 불만의 주요 원인이기도 하므로, 잘못 설계된 시스템은 이직률 및 사기 저하와 같은 다른 영역의 문제를 초래할 수 있다.

인센티브 제도(incentive system)는 특정 유형의 성과에 대한 대가로 직원이 추가 보상을 받을 수 있는 제도이다. 인센티브 프로그램의 예는 다음과 같다.

인센티브 시스템
직원이 특정 유형의 성과에 대한 대가로 추가 보상을 받을 수 있는 계획.

1. 단위 보상 프로그램(piece work programs): 근로자의 수입을 생산된 단위 수에 연동하는 제도
2. 이익 분배 프로그램(gain-sharing programs): 비용 절감 아이디어에 대해 직원 또는 작업 그룹에 추가 수익을 부여하는 제도
3. 보너스 제도(bonus systems): 조직 또는 부서의 재무 성과에 따라 특별 기금에서 관리자에게 일시불로 지급하는 프로그램

4. 장기 보상(long-term compensation): 주가 성과, 주당 순이익 또는 자기자본 수익률에 따라 관리자에게 추가 수입을 제공하는 프로그램
5. 성과 연봉제(merit pay plan): 직원의 성과에 따라 급여를 인상하는 성과급 플랜
6. 이윤 배분제(profit-sharing plans): 회사 이익의 일부를 미리 정해진 비율로 모든 직원에게 분배하는 이익 공유 계획
7. 스톡옵션제(employee stock option plans): 직원이 할인된 가격으로 자사 주식을 구매할 수 있도록 마련해 두는 제도

주로 직원 개인을 대상으로 하는 보상 계획은 보상을 받기 위한 경쟁이 치열해지고 동료의 성과를 방해하거나, 양을 위해 질을 희생하거나, 고객을 두고 싸우는 등 일부 파괴적인 행동을 유발할 수 있다. 반면에 그룹 인센티브 제도에서는 직원들이 서로를 신뢰하고 협력해야 한다. 물론 모든 인센티브 제도에는 장단점이 있다.

임원에 대한 장기 보상은 거액의 금액과 지급 근거로 인해 특히 논란의 여지가 많다. 임원 보수의 증가는 최근 몇 년 동안 미국 기업들이 직면해야 했던 논란이 많은 주제 중 하나이다. 고위 임원, 특히 CEO의 자리는 힘들고 스트레스가 많으며, 타고난 재능과 함께 수십 년의 노력이 필요한 자리이다. 성공한 최고 경영자는 분명 상당한 보상을 받을 자격이 있다. 문제는 일부 기업이 이러한 관리자에게 조직에 대한 공헌에 비해 과도한 보상을 제공하고 있는가 여부이다.[52]

회사가 빠르게 성장하고 수익도 빠르게 증가하면 일반적으로 CEO에게 높은 보수를 지급하는 것에 대해 이의를 제기하는 경우가 상대적으로 적다. 하지만 조직이 직원들을 해고하거나 재무 성과가 감소하고 있는데도 CEO가 여전히 막대한 보수를 받고 있는 경우, 이에 대한 반발이 커진다. 이러한 상황에서는 이사회가 임원 보상 결정의 적절성을 면밀히 검토해야 한다. 최고위 관리자와 하위 직원 간의 임금 격차도 많은 관심을 받고 있다. 1980년 대기업 CEO는 일반 직원보다 평균 42배 많은 보수를 받았다. 2020년에는 이 수치가 299배로 증가했다.[53] 신입 사원에게는 생활비나 생계비조차 지급되지 않는데 왜 CEO는 연간 수억 달러의 보수를 받는지 정당화하기 어려울 수 있다.

역사적으로 남성과 여성 간, 그리고 전통적으로 유리한 인구 집단과 불리한 인구 집단 간에도 임금 격차가 존재해 왔다. 많은 조직이 이러한 격차를 적극적으로 해소하려 노력하고 있으며, 급여 정책을 더욱 투명하게 만들고 있다. 여성과 전통적으로 불리한 집단이 저소득 근로자의 비중을 높게 차지하고 있고, 이들 집단 출신 기업 리더의 비율은 훨씬 적기 때문에 임금 격차는 성별 및 인종 격차의 중요한 원인으로 지목되고 있다.

보상 패키지의 또 다른 주요 구성 요소는 일반적으로 직원 복리 후생(employee benefits)이라고도 하는 **간접 보상**(indirect compensation)이다. 기업에서 제공하는 일반적인 혜택은 다음과 같다.

간접 보상
보상 형태로 제공되는 직원 혜택.

1. 비근무 시간에 대한 급여: 유급 시간 중 임에도 근무하지 않은 점심 시간, 휴게 시간, 커피 브레이크, 세면 또는 준비 시간이 포함된다. 사업장 외 비근무 중 유급 시간에는 휴가, 병가, 공휴일, 개인 휴가 등이 포함된다.

간접 보상의 일반적인 형태 중 하나는 근무하지 않은 시간에 대한 보상을 받는 것이다. 휴가 시간은 자주 사용되는 유급 휴가의 한 형태이다. 물론 여기에서 볼 수 있듯이 오늘날의 비즈니스 세계에서는 휴가 중에도 이메일을 확인하고 동료와 소통하는 사람들이 많다.

2. 사회보장 기여금: 고용주는 연방보험기여법(Federal Insurance Contribution Act)에 따라 설립된 사회보장 납부금의 절반을 기여하고 나머지 절반은 직원이 지불한다.
3. 실업 보상(unemployment compensation): 직장을 잃었거나 일시적으로 해고된 사람들은 실업 보험으로부터 임금의 일정 비율을 받는다.
4. 장애 및 산재 보험: 고용주는 업무상 부상 또는 질병(산재보험worker's compensation) 또는 업무 외 질병, 상해 또는 임신(장애 보험disability compensation)으로 인해 일할 수 없는 근로자를 돕기 위해 기금을 납부한다.
5. 생명 및 건강 보험 프로그램: 대부분의 조직은 개인이 직접 가입할 때 지불해야 하는 비용보다 훨씬 저렴한 비용으로 보험을 제공한다.
6. 연금 및 퇴직 프로그램(pension or retirement plans): 대부분의 조직은 퇴직 후 직원에게 보조 소득을 제공하기 위한 프로그램을 제공한다. 연금은 평균 급여와 고용주에 대한 근속 연수에 따라 퇴직자에게 특정 금액을 지급한다. 퇴직 프로그램을 통해 종업원들은 정기적으로 퇴직 기금에 세전 기여를 할 수 있다(고용주도 불입하는 경우가 많음). 이렇게 적립된 금액은 외부에 투자되며, 퇴직자의 수입은 적립금 수준과 시간이 지남에 따라 투자 성과에 따라 달라진다.

고용주가 지불하는 사회보장, 실업 및 근로자의 실업 보상 기여금은 법으로 정해져 있다. 하지만 다른 종류의 복리 후생에 대한 부담금 액수는 각 회사가 결정한다. 어떤 조직은 다른 조직보다 이러한 복리 후생 비용에 더 많이 기여한다. 어떤 회사는 비용 전액을 부담하고, 어떤 회사는 건강 보험과 같은 특정 복리 후생 비용의 일정 비율을 부담하고 다른 복리 후생 비용은 전액 부담한다. 또한 일부 고용주는 직원들에게 고급 음식, 사내 보육, 건강 관리 및 반려동물 보험을 제공한다. 직원들이 관심 있는 분야에 자원봉사를 할 수 있도록 유급 시간을 제공하는 곳도 있다. 트랜스 유니언(TransUnion)은 미국 내 직원들에게 1년에 하루 자원봉사를 할 수 있는 시간을 제공하며, 직원 1인당 연간 최대 2,000달러를 501c3 단체에 기부할 수 있도록 지원한다.[54]

특전(perquisites)은 조직의 일부 구성원, 일반적으로 최고위 관리자에게 부여되는 특권 또는 혜택이다. 수년 동안 많은 기업의 최고 경영진은 회사 제트기, 요트, 별장 또는 임원 전용 식당을 무제한으로 사용할 수 있는 특전을 누려 왔다. 일본에서는 고급 골프 클럽의 유료 회원권이, 영국에서는 일등석 여행이 인기 있는 특전으로 꼽힌다. 미국 국세청에서는 일부 '특전'이 소득의 한 형태로 간주되어 과세 대상이 될 수 있다는 판결을 내렸다. 이 결정으로 인해 혜택의 성격이 크게 바뀌었지만 완전히 사라지지는 않았으며, 사라질 가능성도 없다. 그러나 오늘날에는 많은 혜택이 업무와 관련되는 경향이 있다. 예를 들어, 임원이 출퇴근하면서 업무를 수행할 수 있도록 차량과 운전기사를 제공하고, 여행 중에도 보다 편안하게 업무를 수행할 수 있도록 공항 클럽 멤버십을 제공하는 것이 인기 있는 특전이다. 하지만 무엇보다도 이러한 특전은 받는 사람의 지위를 높여

특전
조직의 일부 구성원(일반적으로 최고위 관리자)에게 부여되는 특별 권한.

주므로 직무 만족도를 높이고 이직률을 낮출 수 있다.[55]

직원 인정
명시적, 금전적 또는 비금전적 인정과 바람직한 직원 행동과 성과에 대한 칭찬.

직원 인정(employee recognition)은 바람직한 직원 행동과 결과에 대해 명시적, 금전적 또는 비금전적 인정과 칭찬을 주는 것이다. 탁월한 성과, 조직 문화와 가치에 부합하는 행동, 소속된 작업 그룹이나 조직에 대한 지속적인 기여에 대해 재정적 보상 시스템 외에 추가하여 직원에게 인정을 제공하면 동기부여와 참여도를 높일 수 있다. 보상의 동기부여 효과는 인정과 감사를 통해 더욱 강화된다. 우수 직원상을 우편으로 받거나 급여에서 500달러의 감사 보너스를 받는 것은, 시상식에서 회사 리더의 감사와 인정의 말과 함께 받는 것과 비교했을 때, 그 영향이 동일하지 않을 것이다. 고객이나 동료로부터 '감사하다' 또는 '정말 수고하셨다!'와 같은 비공식적인 인정과 감사도 받는 사람의 동기부여에 영향을 미칠 수 있다. 상품이나 상품권으로 교환할 수 있는 상품권이나 포인트 같은 금전적 가치를 지닌 보상을 제공하는 포상 프로그램이 점점 더 보편화되고 있다.

William Perugini/Shutterstock.com

상과 상금은 뛰어난 성과에 대한 보상으로 자주 사용된다. 이 관리자는 회사에서 가장 많은 매출 성장을 달성한 공로를 인정받아 상을 받는다.

효과적인 포상 프로그램은 직원이 인정받고 있다는 느낌을 주고, 동기를 강화하며, 근속률을 높이는 데 도움이 되므로, 조직의 생산성과 성과에 기여할 수 있다. 인정 프로그램은 조직에 전략적으로 매우 중요하며 종종 고성과 업무 시스템(high-performance work system)의 핵심 요소 중 하나로 간주된다. 자신의 성과를 인정받지 못하면, 이직 및 심리적 고통을 유발하는 직장 내 위험 요소가 된다고 알려져 있다.[56]

많은 회사에서 직원들은 장기근속, 개근, 무결점(품질 작업), 비용 절감 제안 등에 이르기까지 모든 것에 대해 상을 수여한다. 포상 프로그램은 실행에 필요한 시간과 현금 포상의 경우 금전적 비용이 많이 들 수 있지만, 적절한 조건에서 포상 제도를 활용하면 성과를 개선할 수 있다. 한 중간 규모의 제조 회사에서는 부주의한 작업 습관으로 인해 불량품 폐기 및 재작업 비용(결함이 있는 부품을 폐기하거나 표준에 맞게 재작업하는 데 드는 비용)이 증가했다. 경영진은 완벽하거나 거의 완벽에 가까운 작업을 수행한 직원을 표창하기 위해 무결점 프로그램(zero-defects program)을 도입했고, 시행 첫 달 동안 배송 작업자 두 명이 2,000개가 넘는 부품을 처리하면서 단 한 건의 결함만 발생시켰다. 부서 경영진은 회의 석상에서 각 직원에게 상패와 리본을 수여했다. 다음 달에는 같은 두 명의 작업자에게도 결함이 발생하여 포상이 없었다. 그 다음 달에는 두 작업자가 무결함을 달성하자 최고 경영진은 다시 한 번 회의를 소집하여 상패와 리본을 수여했다. 공장의 다른 곳에서는 작업자들이 품질에 대한 인정을 받으려고 노력하면서 결함, 불량, 재작업이 급격히 감소했다. 하지만 이 공장에서 효과가 있었던 것이 다른 공장에서는 효과가 있을 수도 있고, 없을 수도 있다.[57]

6-8 성과 보상 관련 이슈

보상 시스템에 대한 논의의 대부분은 일반적인 문제에 초점을 맞추었다. 그러나 표 6-1에서 볼 수 있듯이 조직은 조직 보상 시스템을 개발할 때 다른 문제도 해결해야 한다. 조직은 직원에게 특정 수준의 보수를 지급할 수 있는 능력, 경제 및 노동 시장 상황, 보상 체계가 조직의 재무 성과에 미치는 영향을 고려해야 한다. 또한 조직은 성과와 보상 간의 관계뿐만 아니라 보상 시스템의 유연성, 보상 시스템에 대한 직원 참여, 급여 비밀 유지, 국외 파견자 보상 문제도 고려해야 한다.

표 6-1
보상 시스템 개발 시 고려해야 할 문제

이슈	중요한 예
급여 비밀 보장	• 개방형, 폐쇄형, 부분형 • 성과 평가와 연계 • 형평성 지각
직원 참여	• 인사 부서에 의해 • 직원/경영진 공동 위원회에 의해
유연 시스템	• 카페테리아 스타일 복리 후생 • 연간 일시금 또는 월별 보너스 • 급여 또는 복리 후생
지불 능력	• 조직의 재무 성과 • 향후 예상 수익
경제 및 노동	• 물가 상승률
시장 요인	• 업계 급여 표준 • 실업률
조직 성과에 미치는 영향	• 비용 증가 • 성과에 미치는 영향
해외 주재원 보상	• 생활비 차이 • 관련 형평성 이슈 관리

6-8a 성과와 보상의 연계

관리자가 급여의 상징적 가치를 최대한 활용하기 위해서는 직원들이 자신의 보상이 성과와 연계되어 있다는 인식을 가져야 한다. 예를 들어, 조직의 모든 직원이 동일한 시급으로 일을 시작한 후 6개월 또는 1년마다 미리 정해진 임금 인상을 받는다면, 이는 분명히 성과와 아무런 관계가 없다. 이 조직에서 같은 연차의 모든 직원의 가치는 동일하며, 급여 인상은 직원이 조직에서 근무하는 기간에만 연계되어 있음을 의미한다. 이는 직원의 업무 성과가 우수하든, 평균이든, 아니면 성과가 부진한 직원이든 상관없이 적용된다. 유일한 요건은 직원이 해고를 피할 수 있을 만큼만 일을 잘하면 된다는 것이다.

다른 극단적인 예로, 조직은 모든 보상을 실제 성과와 연결하려고 시도할 수 있다. 따라서 각 신입 직원은 경력, 교육, 기술 및 기타 직무 관련 요소에 따라 각기 다른 임금으로 시작할 수 있다. 입사 후 직원은 성과에 따라 보상을 받게 된다. 예를 들어, 한 직원은 이전 회사에서 10년의 경력과 좋은 성과 기록을 가지고 있기 때문에 시간당 30달러로 시작할 수 있다. 다른 직원은 경력이 4년밖에 되지 않았고 성과 기록이 뛰어나지는 않지만 적당하기 때문에 시간당 24달러로 같은 일을 시작할 수 있다. 첫 번째 직원은 기대에 부응하는 성과를 냈기에, 일 년 내내 여러 차례의 급여 인상, 보너스, 상을 받을 수 있지만, 두 번째 직원은 한두 번의 작은 인상만 받고 다른 보상은 받지 못할 수도 있다. 물론 조직은 급여 차이가 성과(연공서열 포함)에만 근거하고 성과와 관련이 없는 요소(예: 성별, 인종 또는 기타 차별적 요소)에 근거하지 않도록 해야 한다.

실제로 대부분의 조직은 이 두 극단 사이의 어느 한 지점에서 보상 전략을 개발하려고 시도한다. 모든 직원을 정확하게 구분하는 것은 매우 어렵기 때문에 대부분의 기업은 동일한 직책에 있는 모든 직원에게 기본 보상 수준을 설정한다. 예를 들어, 모든 신입 사원은 경력에 관계없이 동일한 급여율로 시작할 수 있다. 또한 평균적인 직원을 무시하지 않으면서도 고성과자에게 합리적인 인센티브와 기타 인센티브를 제공하기 위해 노력할 수도 있다. 관리자가 기억해야 할 중요한 사실은 보상이 성과에 대한 동기를 부여하려면 종업원 자신이 공정한 대우를 받고 있다고 느끼고, 자신의 업무 관련 행동과 가치 있는 보상 사이에 명확하고 직접적인 연관성이 있어야 한다는 것이다.

6-8b 유연한 보상 시스템

유연한 보상 시스템
직원이 자신의 니즈에 가장 적합한 조합으로 복지 혜택을 선택하는 제도.

유연한 보상 시스템 또는 카페테리아식 보상 시스템은 표준적인 보상 시스템의 인기 있는 변형이다. **유연한 보상 시스템**(flexible reward system)을 통해 종업원들은 정해진 한도 내에서 자신의 필요에 가장 적합한 혜택의 조합을 선택할 수 있다. 예를 들어, 젊은 직원은 학자금 상환을 선호할 수 있고, 일하는 부모는 더 많은 보육 혜택을 선호할 수 있으며, 중년 직원은 퇴직 계획에 고용주가 더 많은 기여금을 적립해 줄 것을 원할 수 있다. 카페테리아식 시스템(cafeteria-style system)을 사용하면 이렇듯 각 직원이 자신의 필요에 가장 적합한 복리 후생(benefits) 조합에 일정 금액을 할당할 수 있다. 이를 통해 보상의 동기부여 가치를 극대화하면서 동시에 직원 전체에 걸쳐 보상의 가치를 일관되게 유지할 수 있다. 일부 고용주는 직원들에게 회사 브랜드가 새겨진 커피잔과 같은 소품에서부터 텔레비전 또는 휴가 패키지에 이르기까지 다양한 보상으로 교환할 수 있는 포인트를 제공한다.

일부 조직에서는 이러한 유연한 접근 방식을 급여에 적용하기 시작했다. 예를 들어, 직원들은 때때로 연봉을 월 단위로 쪼개서 집행하는 대신 일시불로 인상할 수 있는 옵션을 선택할 수 있다. 대형 보험 회사인 UNUM에서는 직원들에게 1월 한 달에 연봉의 3분의 1을 일괄 인출할 수 있는 옵션을 제공한다. 이를 통해 직원들은 새 자동차 구입, 주택 구입, 자녀의 대학 교육비 같은 주요한 지출을 더 쉽게 처리할 수 있다. 물론 이러한 수준의 유연성을 제공하는 데 드는 관리 비용은 크지만, 많은 직원이 이러한 유연성을 중요하게 생각하며 이러한 보상 패키지를 제공하는 고용주에 대한 강한 충성심과 애착을 가질 수 있다.

6-8c 참여형 급여 시스템

조직의 의사 결정에 근로자가 참여하는 오늘날의 추세에 따라 급여 결정 프로세스에 대한 직원 참여도 증가하고 있다. 참여형 급여 시스템(participative pay system)에서는 직원이 시스템의 설계 혹은 관리 또는 두 가지 모두에 참여할 수 있다. 급여 시스템은 조직의 인사 부서 직원, 조직 내 관리자 위원회, 외부 컨설턴트, 내부 직원들에 의해 설계될 수 있다. 직원에게 동기를 부여하는 계획을 수립하고 실행하는 데 성공하는 조직 중에는 경영진과 직원의 공동 태스크 포스(joint task force)를 통해 보상 시스템을 설계한 경우가 많다. 급여 시스템 관리에 직원이 참여하는 것은 참여형 급여설계의 자연스러운 확대에 해당한다.

6-8d 급여 투명성

급여 공개 정책(policy of open salary information)을 채택한 조직에서는 직원들의 정확한 급여 금액이 공개된다. 예를 들어, 주 정부는 급여 대장에 있는 모든 직원의 급여를 공개한다. 완전 비밀 유지 정책(policy of complete secrecy)은 직원의 급여, 평균 또는 백분율 인상률, 급여 범위에 관한 정보를 다른 직원에게 제공하지 않는 것을 의미한다. 일부 조직에서는 완전 공개 또는 완전 비밀 시스템을 갖추고 있지만, 대부분의 조직은 이들의 중간 정도의 시스템을 갖추고 있다. 글래스도어(glassdoor.com)나 페이스케일(payscale.com)과 같은 웹사이트는 특정 조직의 직무에 대한 보상 수준을 공유하므로, 사람들은 쉽게 알 수 있다. 또한 메릴랜드, 네바다, 콜로라도를 비롯한 여러 주에서는 고용주가 첫 면접 후, 또는 구직자의 요청이 있을 경우 채용 공고에 급여 범위를 제공하도록 하는 투명 임금법(pay transparency law)이 시행되고 있다. 최근 국가노동관계위원회(The National Labor Relations Board)는 직원들의 급여 논의를 금지하는 규칙을 제정하거나 시행하는 것은 노동관계법(National Labor Relations Act)에서 보호되는 직원 권리에 대한 간섭, 구속, 강압에 해당한다는 기존의 판결을 지지했다.[58]

6-8e 주재원 보상

주재원 보상(expatriate compensation)은 보상 시스템 관리에서 또 다른 중요한 문제이다.[59] 예를 들어, 현재 휴스턴에 거주하며 근무하고 연간 12만 5,000달러의 수입을 올리는 관리자를 생각해 보자. 이 수입으로 매니저는 주거를 유지하고, 자동차를 유지하며, 의료 서비스를 이용하는 등 자신의 라이프스타일을 유지할 수 있다. 이제 매니저가 휴스턴보다 생활비가 상당히 높은 도시인 도쿄나 제네바 또는 런던으로 전근을 요청받는다고 가정해 보자. 동일한 급여로는 해당 도시에서 비슷한 라이프스타일을 유지할 수 없다. 따라서 고용주는 매니저의 보상 패키지를 재설계하여 새 근무지에서도 직원의 라이프스타일이 이전 근무지에서와 비슷하게 유지할 것이다.

이제 다른 시나리오를 생각해 보자. 같은 관리자가 저개발 국가로의 전근을 요청받았다고 가정하자. 이 국가의 생활비는 미국 기준으로 보면 상당히 낮을 수 있다. 그러나 주택 선택의 폭이 상대적으로 적고, 학교와 의료 서비스가 열악하며, 혹독한 기후, 더 큰 개인적 위험 또는 이와 유사한 매력적이지 않은 특성도 있을 수 있다. 회사는 라이프스타일의 질 저하를 상쇄하기 위해 이 관리자에게 일정 수준의 추가 보상을 지급해야 할 것이다. 따라서 해외 주재원을 위한 보상을 개발하는 것은 복잡한 과정이다.

그림 6-7은 주요 다국적 기업인 아모코(Amoco)에서 사용하는 해외 근무자 보상 방식을 보여 준다. 그림의 왼쪽은 자국 직원이 현재 급여를 어떻게 사용하는지 보여 준다. 급여의 일부는 세금으로, 일부는 저축하고 나머지는 소비한다. 직원이 해외로 이직하라는 요청을 받으면 인사 관리자는 해당 직원과 협력하여 새로운 보상 패키지에 대한 공평한 대차 대조표를 개발한다. 그림의 오른쪽에 표시된 것처럼 개인의 보상 패키지는 잠재적으로 다음 여섯 가지로 구성된다. 첫째, 개인은 자국(여기서는 미국)에서의 세금 및 사회보장 납부액을 충당할 수 있는 소득을 받게 된다. 또한 개인은 파견된 국가에서의 해외 세금과 추가 자국 세금을 납부해야 할 수도 있다. 회사에서는 이러한 비용도 부담한다.

다음으로, 회사는 직원의 현재 자국 내 소비 수준에 적합한 금액도 지급한다. 해외 거주지의 생활비가 국내보다 더 높은 경우 회사는 초과 해외 비용을 지불한다. 또한 직원은 현재 저축하고

그림 6-7
주재원 보상 대차 대조표

직원에게 해외 근무를 요청하는 조직은 일반적으로 생활비 차이 및 유사한 요소를 고려하여 보상 수준을 조정해야 한다. 아모코는 여기에 표시된 시스템을 사용한다. 직원의 국내 기본 급여는 먼저 왼쪽에 표시된 세 가지 범주로 분류된다. 그런 다음 적절하고 공평한 수준의 보상에 도달할 때까지 오른쪽의 범주에 보상을 추가하여 조정한다.

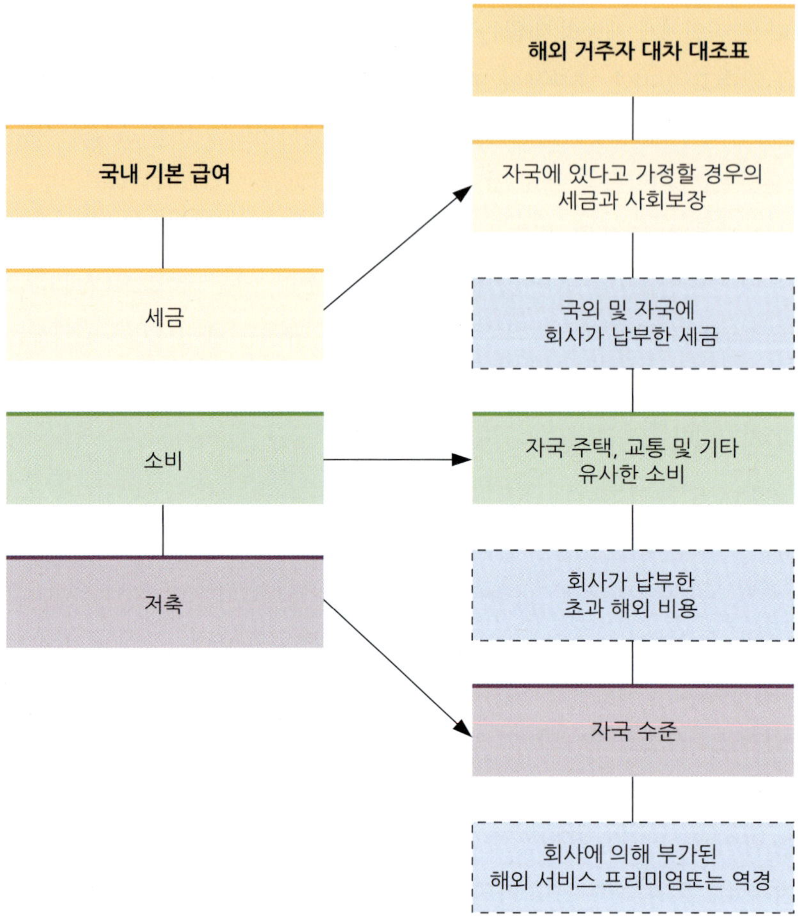

있는 금액에 상응하는 저축 소득을 받는다. 마지막으로, 파견으로 인해 직원이 어려움을 겪을 경우 회사에서 추가 해외 근무 프리미엄 또는 고생에 대한 수당을 추가한다. 이와 같이 해외 파견 보상 패키지는 조직에 매우 큰 비용이 들 수 있으므로 신중하게 개발 및 관리해야 한다.[60]

5장 말미에는 표 5-1을 제시하여 지금까지 이 장에서 논의한 다양한 동기부여 이론이 몇 가지 대표적인 경영 과제를 해결하는 데 어떻게 사용될 수 있는지 설명하였다. 표 6-2는 이 장에서 논의한 다양한 동기부여 도구와 기법이 동일한 과제에 어떻게 사용될 수 있는지를 보여 준다. 물론 각 상황은 고유하며 성공을 보장할 수 없다는 점을 염두에 두어야 한다. 하지만 이러한 제안은 관리자가 직장에서 발생하는 다양한 문제를 해결하기 위해 언제, 어떠한 동기부여 방법을 사용해야 하는지 알 수 있도록 도와주는 효과적인 출발점을 제공한다.

표 6-2
직원 동기부여와 관련된 다양한 관리 과제는 업무 및 보상과 관련된 방법을 통해 해결할 수 있다.

관리 과제	동기부여 방법과 기술					
	직무 설계	참여 및 권한 이양	유연한 근무	목표 설정	성과 관리	보상
회사는 저비용 사업 전략을 가지고 있지만 직원들에게 동기를 부여해야 한다.	x	x	x	x	x	x
직원이 자신의 성과 목표를 달성하지 못하고 있다고 느낀다.		x		x	x	x
직원이 상대적으로 과소 지급받고 있다고 느낀다.			x		x	x
직원이 부적절한 행동(괴롭힘, 동료 조롱)에 참여하고 있다.				x	x	x
유능한 직원이 도전적 업무를 하고 있다고 느끼지 못한다.	x	x		x	x	x
작업이 반복적이라 지루하고 더 이상 동기부여 되지 않는다.	x	x	x	x	x	x

요약 및 적용

관리자는 성과 향상을 위해 동기부여 된 행동의 잠재력을 활용하여 종업원의 성과를 향상시키려고 한다. 동기를 성과로 전환하는 데 자주 사용되는 방법에는 직무 설계, 참여 및 권한 이양, 대체 근무 방식, 성과 관리, 목표 설정 및 보상이 포함된다.

직무 설계의 본질은 조직이 직무를 정의하고 구조화하는 방식이다. 과거에는 직무의 전문화가 일반적인 추세였지만 최근에는 극단적인 전문화에서 벗어나는 추세이다. 전문화에 대한 초기의 두 가지 대안은 직무 순환과 직무 확대였다. 직무 확대 접근법은 직무 설계에 대한 상당한 관심을 불러일으켰다. 직무 특성 이론은 직무 충실화에 대한 초기 연구에서 발전했다. 이 이론의 기본 전제 중 하나는 직무의 특성이 동기부여를 설명할 수 있다는 것이다. 또 다른 전제는 관리자가 직무에서 이러한 동기부여 특성을 강화하기 위해 노력해야 하지만, 개인 차이도 고려해야 한다는 것이다.

참여 및 권한 부여는 다양한 비즈니스 환경에서 직원 동기부여를 개선하는 데 도움이 될 수 있다. 다양한 종류의 작업 팀과 평등하게 분산된 조직 구성 방식 등 새로운 관리 관행은 조직 전체의 직원에게 권한을 부여하기 위한 것이다. 직원의 역량을 강화하고자 하는 조직은 참여 촉진과 관련하여 다양한 문제를 이해해야 한다. 오늘날에는 동기부여를 통한 업무 성과를 높이기 위해 유연 근무제가 활용된다. 압축 근무제, 유연 근무제, 연장 근무제, 직무 공유, 재택근무 등이 대표적인 방안으로 꼽힌다.

동기부여의 목표 설정 이론에 따르면 적절한 목표 난이도, 구체성, 수용성, 몰입이 더 높은 수준의 동기부여 된 성과를 가져올 수 있다. 목표에 의한 관리(MBO)는 회사의 최상위에서 최하위까지 목표를 계단식으로 설정하여 조직 전체로 목표 설정을 확장한다.

성과 관리는 조직 목표를 달성하기 위해 직원, 작업 그룹 및 사업부를 지휘하고 동기를 부여하는 지속적인 프로세스를 의미하며, 성과 평가와 관련된 프로세스 및 활동은 물론 직원의 인정, 코칭 및 교육도 포함된다. 성과 측정은 업무 행동을 측정하여 정해진 기준과 비교하고 그 결과를 기록 및 전달하는 프로세스이다. 성과 평가의 목적은 직원의 업무 성과를 평가하고 보상, 인사 계획, 직원 교육 및 개발과 같은 조직적 활용을 위한 정보를 제공하는 것이다. 성과 평가의 세 가지 주요 이슈는 누가 평가를 수행할지, 얼마나 자주 수행할지, 성과를 어떻게 측정할지이다.

보상 시스템의 목적은 자격을 갖춘 직원을 유치, 유지, 동기부여 하고 내부적으로 공평하고 외부적으로 경쟁력 있는 급여 구조를 유지하는 것이다. 보상은 표면적 가치와 상징적 가치를 모두 가지고 있다. 보상은 금전적 보상, 간접 보상 또는 혜택, 조건부 보상, 표창 및 포상, 인센티브의 형태로 이루어진다. 보상 시스템을 설계하거나 분석할 때는 동기부여 효과, 비용, 조직 시스템과의 적합성 등의 요소를 고려해야 한다. 보상 시스템을 효과적으로 관리하려면 성과와 보상이 연계되어야 한다. 보상을 관리하려면 유연한 보상 시스템, 직원의 보상 시스템 참여, 보상 시스템의 비밀 유지, 해외 근무자 보상 등의 문제를 해결해야 한다.

Real-World Response

코인베이스의 유연성을 통한 동기부여

코인베이스의 비전 중 하나는 더 많은 경제적 자유가 있는 세상을 만드는 것이다. 코인베이스는 고정된 근무 장소에 얽매이지 않는 것이 중요하다는 것을 인식하고 있다. 코로나19 팬데믹 기간 동안 원격 근무의 성공을 경험한 코인베이스는 모든 직원이 사무실, 재택근무, 하이브리드 방식 중 자신과 가족에게 가장 적합한 방식을 선택할 수 있는 원격 우선 근무 정책을 만들었다. 코인베이스의 글로벌 직원 경험 책임자는 "원격 우선 근무는 직원에게 선택권을 부여하고 사무실 근무 여부와 관계없이 직원에게 훌륭한 경험을 제공하는 것이다."라고 말한다. 사무실 근무와 원격 근무의 결합은 직원들로부터 큰 호평을 받았으며, 이를 통해 코인베이스는 한 곳에 모여 일하는 데 따른 위험을 줄일 수 있었다. 직원들은 새로운 원격 우선 사고방식의 유연성을 높이 평가하고 있으며, 이 중 94%는 새로운 정책의 이점이 단점보다 크거나 적어도 균형이 맞는다고 답했다. 코인베이스 직원의 거의 절반이 완전히 원격 근무를 하고 있으며, 이는 팬데믹 이전에 비해 6%에서 증가한 수치이다. 직원들은 가족과 더 가까이 지낼 수 있게 되었고, 배우자가 경력이나 교육 기회를 추구할 수 있게 되었으며, 출퇴근 시간을 단축할 수 있었다.

원격 근무 우선 정책은 코인베이스의 강한 문화와 직원들의 지원으로 인해 잘 작동되었다. 이 회사의 문화는 오랫동안 협업, 효율적인 의사 결정 및 의사 결정에 대한 서면 기록 남기기에 중점을 두어 왔으며, 이는 온라인 환경에서도 잘 작동했다. 변화에 따른 과제를 파악하기 위해 부서 간 다기능 팀을 구성하였고, 직원들의 아이디어와 우려 사항을 상담했으며, 내부 전문가들은 원격 우선제도를 지원하기 위해 조직이 어떻게 변화해야 하는지 재설계하는 일을 맡았다. 또한 회사의 명확한 사명과 공유된 목표는 직원들이 원격 근무를 할 때 협력적이고 효율적으로 일하는 데 도움이 되었다.

새로운 원격 우선 근무 방식에서 포용적인 문화를 강화하기 위해 코인베이스는 직원들이 원하는 연결과 협업 방식을 기반으로 더 많은 연결과 협업의 기회를 만드는 데 투자했다. 팬데믹 초기에 호응이 좋았던 해피아워 대신 목적 지향적인 이벤트가 더 큰 성공을 거두었다. 가상 커피 채팅, 원격 오프 사이트, 해커톤(Hackathons) 등을 통해 의도적인 직원 연결을 강화함으로써 사기, 참여도, 신뢰, 포용성이 향상되었다. 코인베이스는 원격 근무자가 스스로 업무를 중단하는 것이 어렵다는 사실을 깨달은 후, 전사적 셧다운을 통해 직원들에게 휴식을 제공함으로써 번아웃을 사전에 예방하기 위해 노력했다. 코인베이스는 또한 직원의 사무실 근무 빈도에 관계없이 승진률, 높은 성과 평가 및 유지율을 동등하게 보장하기 위해 경력 관리의 형평성을 관리해 왔다. 새로운 원격 우선 정책이 코인베이스에 효과를 발휘하고 있다. 2021년 한 해 동안 직원 수가 3배로 늘고, 새로운 시장으로 확장했으며, 새로운 암호 화폐 혁신 기술을 도입하고, 상장 기업이 되었다.

토론을 위한 질문

1. 직무 충실화와 직무 특성 이론에서 제안하는 접근 방식 간의 주요 유사점과 차이점은 무엇인가?
2. 기대 및 형평성 이론의 관점에서 직원 참여가 증가하면 어떤 동기부여 결과가 발생할까?
3. 작업 팀 구성 시 발생할 수 있는 동기부여 문제는 무엇인가?
4. 어떤 형태의 유연 근무제를 선호하는가? 재택근무는 어떤 형태가 좋다고 생각하는가?
5. 교수자가 현재의 수업을 운영할 때 목표 설정을 사용할 수 있는 프레임워크를 개발해 보자.
6. 직원들이 단순히 업무를 수행하도록 내버려두는 대신 항상 성과를 측정하고 평가해야 할 이유는 무엇일까?
7. 학생으로서의 성과는 어떤 방식으로 평가되는가? 강사의 성과는 어떻게 측정되는가? 이 방법의 한계는 무엇인가?
8. 작업의 성과를 측정할 수 없는 경우도 있는가? 왜 그렇게 생각하는가?
9. 이 수업의 학생으로서 시간과 노력에 대한 대가로 어떤 '보상'을 받는가?

Understand Yourself Exercise

어려운 결정 내리기

아래는 함께 일하는 관리자 8명의 성과에 대해 당신이 작성한 메모이다. 이제 막 입사한 지 1년이 되어 첫 연봉 인상을 고려해야 하는 8명의 매니저 각각의 연봉 인상을 제안하라. 당신의 결정은 선례를 남길 수 있으며, 급여 비용을 가급적 낮춰야 한다는 점을 염두에 두어야 한다. 그러나 인상 폭에 대한 회사의 공식적인 제한은 없다. 각 매니저의 이름 옆에 백분율을 표시하여 각 매니저에게 지급하고자 하는 인상 규모를 표시하라.

변형: 교수자는 여러 가지 방법 중 하나로 상황을 변화를 줄 수 있다. 한 가지 방법은 8명의 매니저가 모두 동일한 연봉(예: 3만 달러)으로 입사하여 총 급여 비용이 24만 달러라고 가정하는 것이다. 상급 경영진이 현재 급여 비용의 10%에 해당하는 급여 인상 풀을 허용한 경우, 관리자는 2만 4,000달러를 인상된 연봉으로 지급할 수 있다. 또한 인상은 인상률 형태가 아닌 실제 달러 금액으로 처리할 수 있다. 또 다른 흥미로운 시나리오는 모든 관리자가 평균 3만 달러의 서로 다른 액수의 연봉으로 입사했다고 가정하는 것이다. (교수자는 이러한 급여가 어떻게 달라지는지에 대해 여러 가지 흥미로운 가능성을 만들 수 있다.) 그런 다음 교수자가 제공한 추가 정보를 사용하여 여러 관리자에게 급여를 제안해야 한다.

______% 에이브러햄 맥고완(Abraham McGowan). 에이브는 좋은 성과를 내는 사람이 아니다. 당신이 의견을 구했던 다른 사람들도 그가 효과적이라고 생각하지 않는다. 하지만 당신은 그가 관리하기 가장 어려운 작업 그룹 중 하나를 맡았다는 것을 알고 있다. 부하 직원들의 기술 수준이 낮고 업무 환경이 더럽고 힘들기 때문이다. 그를 잃으면 대체할 사람을 찾을 수 있을지 확신이 서지 않는다.

______% 벤지 버거(Benjy Berger). 벤지는 독신이며 평온한 싱글의 삶을 사는 것 같다. 일반적으로 그의 업무 성과는 기대에 미치지 못한다고 느껴지며, 그의 '바보 같은' 행동은 동료 직원들에게 잘 알려져 있다.

______% 클라이드 클로드(Clyde Clod). 당신은 클라이드를 최고의 부하 직원이라 부를 수 있다고 생각한다. 그러나 다른 사람들은 그를 유능한 관리자로 생각하지 않는 것이 분명하다. 클라이드는 부유한 아내와 결혼했으며, 추가 자금이 필요하지 않다.

______% 데이비드 두들(David Doodle). 당신은 두들과의 개인적인 관계를 통해 그가 개인적인 문제로 인해 더 많은 돈이 절실히 필요하다는 것을 알고 있다. 당신이 아는 한, 그 역시 최고의 부하라 할 수 있다. 그런데 어떤 이유에서인지 다른 부하 직원들은 그의 열정을 공유하지 않고, 그의 성과에 대해 농담 섞인 비하의 말을 하는 것을 들었다.

______% 엘리 엘레스버그(Ellie Ellesberg). 엘리는 지금까지 맡은 업무에서 매우 성공적인 성과를 거두었다. 그녀가 어려운 직무를 수행했기 때문에 특히 인상적이다. 그녀는 다른 많은 사람들보다 돈이 더 많이 필요하며, 당신은 그녀의 탄탄한 성과로 인해 그녀를 존경하고 있다.

______% 프레드 포스터(Fred Foster). 프레드는 놀라울 정도로 유쾌한 사람이다. 그는 훌륭한 일을 해 왔으며 일반적으로 회사에서 최고라 불릴 수 있는 사람 중 한 명이라는 것이 다른 사람들 사이에서도 인정된다. 그는 명랑하고 돈과 승진에 별로 신경 쓰지 않는 것으로 보이는데, 당신에게는 이것이 매우 놀라웠다.

______% 그레타 고슬로우(Greta Goslow). 그레타는 너무 지루하다는 것이 당신의 의견이다. 하지만 놀랍게도 다른 사람들은 그레타의 업무 성과가를 매우 높이 평가하고 있다. 또한 그녀는 급여 인상이 절실히 필요하다. 최근에 남편과 사별한 그녀는 가족과 네 명의 아이를 부양하는 것이 매우 어렵다는 것을 알게 되었다.

______% 해리 허머(Harry Hummer). 당신은 해리를 개인적으로 알고 있는데, 그는 계속 돈을 낭비하는 것 같다. 해리에게 주어진 업무는 상당히 쉬운데, 당신은 그가 특별히 일을 잘하지 못한다고 생각한다. 따라서 다른 새로운 관리자 중 몇 명이 해리가 새 그룹에서 최고라고 꼽는 데 대해 매우 놀랐다.

학생들에게 위의 여덟 명에게 대한 과제를 수행하게 한 후, 그룹 또는 전체 학급에서 토론할 수 있는 기회를 준다.

후속 질문

1. 최고 성과자와 최하위 성과자 사이에 명확한 차이가 있는가? 그 이유는 무엇인가?
2. 인상 결정을 내리는 데 사용할 수 있는 정보 유형에 차이가 있었는가? 다양한 정보 출처를 어떻게 활용하였는가?
3. 인상률 배정은 동기부여에 대한 다양한 관점을 어떤 방식으로 반영했는가?

Source: Lawler, E. E., III. (1975). *Motivation Through Compensation*, adapted by D. T. Hall. In *Instructor's Manual for Experiences in Management and Organizational Behavior*. New York: John Wiley & Sons.

Group Exercise

당신은 소규모 자동차 부품 제조업체에 다니고 있다. 이 회사 설립자이자 CEO인 알버트 픽스(Albert Q. Fixx)는 오랫동안 현대 경영 기법을 적용하여 회사의 경영 관행을 지속적으로 개선하는 데 전념해 왔다. 그는 지난 주말에 경영 효율성에 대해 전국적으로 존경받는 컨설턴트가 진행하는 세미나에 참석했다. 이 세미나의 기조 연설자와 그룹 세션은 회사 전체의 생산성을 향상시키고 직원들의 업무에 대한 헌신을 강화하기 위한 수단으로 직원 참여를 활용하는 데 초점을 맞추었다.

주말의 세미나를 통해 영감을 얻은 픽스는 일요일 밤에 바로 사무실로 돌아가 월요일 아침 일찍 모든 관리자에게 이메일을 작성하여 보냈다. 그는 주말 아침을 요약한 후 다음과 같이 썼다.

> 나는 참여 경영이 우리 회사의 생산성 향상의 핵심이라고 확신합니다. 여러분은 세미나에 참석하지 못했으므로 세미나 참가자에게 제공된 모든 유인물의 사본을 첨부합니다. 여기에는 참여 경영 실천에 대해 알아야 할 모든 것이 설명되어 있으며, 이번 주부터 모든 종업원이 이러한 원칙을 실천하기 시작할 것으로 기대합니다. 현재 나와 회사는 모두 참여 경영에 전념하고 있습니다. 각자의 부서에서 참여 경영 원칙을 적용하지 않는다면, 여러분은 앞으로 우리 회사같은 미래 지향적인 조직에 남아있기 매우 어려울 것입니다.

교수자는 수업을 4~7명으로 구성된 그룹으로 나눈다. 그룹의 각 구성원은 관리자 역할을 맡게 되며, '관리자' 그룹은 다음 문제 각각에 대해 토론한다. 그룹이 합의에 도달하지 못하더라도 각 문제에 대해 그룹이 생각하는 바를 전체 수강생들과 토론할 준비를 하라.

질문

1. 픽스의 이메일이 효과적인 참여를 유도할 가능성은 얼마나 되는가? 확률이 50%보다 더 높을까, 아니면 더 낮을까?
2. 각 관리자는 이메일에 어떻게 응답했는가? 당신의 답변이 대부분의 그룹원의 답변과 일치했는가, 아니면 조금이라도 다른 입장을 취했는가? 만약 다른 입장을 취했다면 그룹원들을 당신의 생각으로 설득하는 것이 가치가 있다고 생각하는가? 왜 그렇게 생각하는가?
3. 회사에서 참여 경영을 실행하는 픽스의 접근 방식에 대한 그룹의 의견은 무엇인가? 그의 접근 방식이 참여적 관행을 구현하는 가장 좋은 방법이라고 생각하지 않거나, 그의 이메일이 주제를 소개하는 가장 좋은 수단이라고 생각하지 않는다면, 그의 접근 방식을 개선할 수 있는 몇 가지 방법에 대해 토론해 보라.

미주(endnotes)는 한경사 홈페이지 www.hankyungsa.co.kr의 공지 사항에서 PDF 파일로 다운로드 할 수 있습니다.

3부 조직의 사회 및 집단 프로세스

7장 집단 및 팀

8장 의사 결정 및 문제 해결

9장 의사소통

10장 갈등 관리 및 협상

1장의 내용을 돌아보면, 관리자는 성과 행동을 강화하고, 종업원들의 헌신과 참여를 높이며, 조직시민행동을 촉진하고, 직원의 역기능적 행동을 최소화함으로써 조직을 효과적으로 만들기 위해 노력한다. 2장에서는 고려해야 할 몇 가지 환경적 요인을 확인했다. 2부에서는 "개인은 왜 그렇게 행동을 하는가?"라는 질문을 던지고 개인의 특성, 가치관, 인식과 반응, 직원 동기부여 개념과 이론, 업무와 보상이 동기를 강화하고 유도하는 데 어떻게 사용될 수 있는지에 대해 논의함으로써 이 질문에 대한 해답을 제시했다.

3부에서는 "집단과 팀은 왜 그렇게 행동하는가?"라는 질문을 던질 것이다. 개인과 마찬가지로 집단과 팀의 행동 및 조직의 효율성 증진을 위한 역할을 더 잘 이해하기 위해서는 다양한 관점을 살펴볼 필요가 있다. 7장에서는 조직의 필수적인 부분이자 조직의 성공을 결정하는 주요 요소인 집단과 팀에 대해 논의하는 것으로 시작한다. 그 다음 8장에서는 의사 결정과 문제 해결에 대해 설명한다. 의사 결정은 개인의 활동일 수도 있지만, 집단이나 팀의 맥락에서 이루어지는 경우가 많으며 대개 다른 사람에게 영향을 미친다. 9장에서는 커뮤니케이션을 다룬다. 마지막으로 10장에서는 집단 및 팀, 갈등 및 협상과 관련된 또 다른 중요한 요소들을 다룬다. 3부 각 장의 학습을 마치고 나면 집단과 팀이 존재하는 이유를 더 명확하게 이해할 수 있을 것이다.

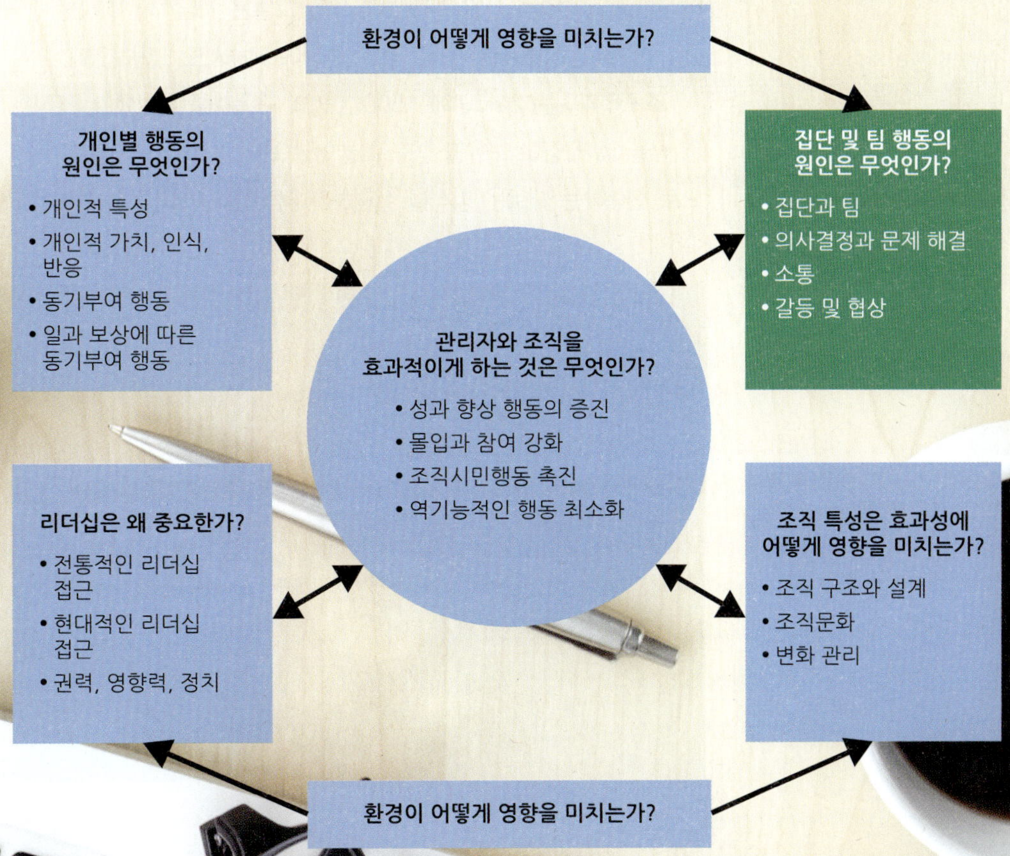

7 집단 및 팀

Groups and Teams

학습목표

이 장을 학습하면 독자들은 …

1. 여러 유형의 집단과 팀을 설명할 수 있다.
2. 다섯 가지 핵심 집단 성과 요소를 조직의 집단 및 팀과 연관시킬 수 있다.
3. 새로운 팀을 형성하는 상황에서 집단 및 팀 개발의 단계, 기타 팀 성과 요소, 구현 프로세스에 대해 토론할 수 있다.
4. 팀의 주요 장점과 단점을 파악할 수 있다.
5. 중요한 팀 역량과 관리자가 효과적인 팀 성과를 촉진할 수 있는 방법을 설명할 수 있다.
6. 가상 팀과 관련된 새로운 기회와 도전 과제에 대해 설명할 수 있다.
7. 다양성 및 다문화 팀과 관련된 새로운 팀 기회와 도전 과제에 대해 설명할 수 있다.

Real-World Challenge

미래를 내다보기

스포티파이(Spotify)를 출시한 다니엘 에크(Daniel Ek)와 마틴 로렌존(Martin Lorentzon)은 자동 뮤직 비디오가 없고, 광고를 시청해야 하는 기본 기능은 무료로 제공하고, 오프라인 듣기나 광고 없는 듣기 등의 추가 기능은 유료 구독을 통해 제공하는 '부분 유료화' 서비스로 시작했다. 이는 당시에는 참신한 아이디어였지만, 구글과 애플이 조만간 자체 음악 스트리밍 서비스를 시작할 것이라는 걸 에크와 로렌존은 알고 있었다. 이러한 상황에서 살아남기 위해서는 규모를 키우고 속도를 내야 하며, 그러기 위해서는 스톡홀름(Stockholm)의 파트너들도 글로벌화해야 할 필요가 있음을 알고 있었다. 또한 그들은 지금까지 회사를 성공으로 이끈 문화와 사고방식을 어떻게 유지할 것인가에 대해서도 고민하였다.

스포티파이는 2013년에 1,500만 명의 구독자를 확보했고, 조직은 10명 규모의 팀을 30개 정보 보유할 정도로 늘어났으며, 엄격한 책임감보다는 지식을 기반으로 협력하는 새로운 방식을 실험하기 시작했다. 학자들은 이미 이러한 형태의

Funstock/Shutterstock.com

조직 구조를 단순 위계가 아닌 헤테라키(heterarchy)라는 계층 구조에 기반한 것으로 파악하고 있었다. 헤테라키 계층 구조는 순위가 매겨지지 않은 시스템 또는 다양한 방식으로 요소의 순위가 매겨질 수 있는 시스템을 말한다. 에크와 로렌존이 당신에게 이 조직 구조의 실행 방법 및 절차에 대해 조언을 구했다고 가정해 보자. 이 장을 읽으면서 그들에게 어떤 조언을 해줄 수 있을지 생각해 보라.

1장에서 조직이란 인간 행동으로 구성되어 있으며, 조직의 중요한 성과를 달성하는 데 있어 사람들 간의 상호작용이 중요하다는 점을 언급했다. 실제로 모든 관리 업무의 상당 부분은 직간접적으로, 혹은 조직 내부와 외부 간 사람들과의 상호작용과 관련이 있다. 또한 조직에서 이루어지는 대부분의 업무는 집단 이나 팀 단위로 일하는 사람들에 의해 수행된다. 이 장은 조직의 대인관계 프로세스를 주로 다루는 3부의 중 첫 번째 장이다. 3부의 시작 페이지에서는 1장에서 설명한 이 책의 구성 프레임워크를 다시 한 번 제시한다. 이를 통해 논의의 현재 위치와 앞으로의 내용을 더 잘 이해할 수 있다. 이 장에서는 조직의 집단과 팀에 대해 논의하는 것으로 시작한다. 다음 세 개의 장에서 의사 결정과 문제 해결(8장), 의사소통(9장), 갈등 관리와 협상(10장)에 대해 집중적으로 다룬다.

7-1 집단과 팀의 유형

집단이라는 용어에 대한 정의는 말 그대로 수백 가지에 달한다. 집단은 인식, 동기부여, 조직, 상호 의존성, 상호작용 및 기타 무수히 많은 요소의 관점에서 정의되어 왔다. 여기서는 **집단**(group)을 간단히 두 명 이상의 사람이 서로 영향을 주고받으며 상호작용 하는 것으로 정의한다.[1] 물리적으로 가까이 있는 두 사람이 상호작용 하면서 서로에게 어느 정도 영향을 주지 않는다면 그것은 집단이라고 하기 어렵다. 동료들이 관련 업무를 함께 수행하기는 하지만, 이들 간에 상호작용이 없다면 집단이 아니다.

또한 집단과 팀이 반드시 같은 것은 아니라는 점에 유의해야 한다. 모든 팀은 집단이지만 모든 집단이 팀은 아니다. **팀**(team)은 공동의 목표를 공유하고 팀과 자신의 성과에 대한 책임을 공유하는 2명 이상의 개인으로 구성된 상호 의존적인 모임으로 정의한다.[2] 이 정의의 핵심은 팀원들이 정보, 자원, 기술과 관련하여 상호 의존적이라는 것이다. 업무가 복잡해짐에 따라 팀원들 간에 더 많은 조정이 필요하다. 팀원들의 역할이 상호 의존적이 되면서 팀워크, 상호 커뮤니케이션, 피드백에 대한 필요성이 증가한다. 커뮤니케이션과 협업에 대한 요구도 급격히 증가한다.[3] 따라서 모든 팀은 집단이지만 집단이 반드시 팀인 것은 아니다.[4]

집단
서로 영향을 주고받으며 상호작용 하는 두 명 이상의 사람들의 모임.

팀
공통의 목표를 공유하고 팀과 자신의 결과에 대한 책임을 공유하는 2명 이상의 개인으로 구성된 상호 의존적인 모임.

7-1a 작업 그룹

작업 그룹(workgroup)은 업무를 수행하기 위해 조직에서 설정한 공식적인 집단이다. 작업 그룹에는 지휘 집단(혹은 기능 집단)과 친교 집단(팀)이 포함된다. **지휘 집단**(command group)은 비

작업 그룹
조직이 업무를 수행하기 위해 구성한 공식적인 집단.

지휘 집단
기능적 보고 관계가 있는 비교적 영구적이고 공식적인 집단으로, 일반적으로 조직도에 포함되어 있는 집단.

Lipik Stock Media/Shutterstock.com

집단은 대부분의 조직에 널리 퍼져 있다. 이와 같은 다양한 종류의 작업 그룹과 팀은 여러 가지 기능을 수행하고 여러 가지 역할을 수행한다.

교적 영구적이며, 집단 관리자와 관리자에게 보고하는 사람이 모두 있는 등 기능적 보고 관계를 가지고 있다는 것이 특징이다. 지휘 집단은 일반적으로 조직도에 포함되어 있다. **친교 집단**(affinity group)은 조직 내 같은 직급의 직원들이 정기적으로 만나 정보를 공유하고, 새로운 기회를 포착하고, 문제를 해결하기 위해 비교적 영구적으로 모이는 모임이다.[5]

친교 집단
정보를 공유하고, 새로운 기회를 포착하고, 문제를 해결하기 위해 정기적으로 만나는 조직 내 같은 직급의 직원 모임.

기업 조직에서 대부분의 직원은 일반적으로 공식 조직도에 명시된 대로 지휘 집단에서 일한다. 회사 내에 존재하는 지휘 집단의 규모, 형태, 조직 구조는 상당히 다양할 수 있다. 조직의 일반적인 지휘 집단에는 품질 보증 부서, 고객 서비스 부서, 비용 회계 부서, 인사 부서 등이 포함된다. 다른 유형의 지휘 집단에는 일본식 관리 방식처럼 제조 및 조립 공정의 하위 섹션이 각각 작업자 팀에 할당되는 작업팀이 포함된다. 팀원들은 각 작업을 수행할 사람을 팀 내에서 결정한다.

친교 집단은 특별한 유형의 공식 집단으로, 조직 내에 설치하기는 하지만 실제로 공식적인 조직 구조의 일부는 아니다. 조직 계층 구조의 일부가 아니기 때문에 지휘 집단도 아니고, 하나의 작업보다 더 오래 존재하기 때문에 작업 그룹이라고 볼 수도 없다. 친교 집단은 역할, 책임, 의무, 관심사를 공유하는 직원들로 구성된 집단으로, 일반적인 조직 계층 구조의 수평적 부분을 나타낸다. 구성원들은 역할, 업무, 직급과 같은 중요한 특성을 공유하기 때문에 서로에 대한 호감도가 높다. 친교 집단의 구성원은 일반적으로 직책이 매우 유사하고 업무가 비슷하지만 조직 내 다른 부서 또는 부서에 속해 있는 경우가 많다.

친교 집단은 정기적으로 모임을 가지며, 구성원들은 기록자, 보고자, 진행자, 회의 주최자 등의 역할을 분담한다. 구성원들은 공개적이고 정직하게 소통하고, 적극적으로 경청하며, 기밀을 존중하고, 시간 약속을 지키고, 준비성을 갖추고, 집중력을 유지하고, 개별적으로 책임을 지고, 서로와 집단을 지지하는 등의 간단한 규칙을 따른다. 친교 집단의 가장 큰 장점은 조직의 기존 경계를 넘어 조직 내 다양한 부서와 부서 간의 원활한 커뮤니케이션을 촉진한다는 점이다. 예를 들어, 일라이릴리(Eli Lilly Compnay)는 조직 내에 10개의 친교 집단을 공식적으로 인정하고 있다. 이 중 한 집단은 중국 문화에 초점을 맞추고 있으며, 중국인 직원과 비중국인 직원을 포함한 구성원들이 정기적으로 만나 문화적 차이를 해소하는 데 도움을 주고 있다. 일라이릴리의 또 다른 집단은 여성 네트워크(Women's Network)라고 불리며 성별 이슈에 초점을 맞추어 활동하고 있다. 일부 기업의 직원들은 독서 모임을 결성하고 정기적으로 만나 공통 관심사에 대해 토론한다.[6] 또한 세브론(Chevron)과 애플(Apple)과 같은 일부 기업에서는

Rawpixel/Deposit Photos

친교 집단은 일부 회사에서 광범위하게 활동하고 있다. 사진에 나와 있는 회사 종업원들은 모두 정해진 책에 대해 토론하기 위해 정기적으로 모이는 독서 모임의 회원들이다. 사진에 보이지 않는 두 명의 동호 회원은 책의 재미있는 장면을 역할극으로 연기하고 있다.

사회적으로 고립된 근로자들이 코로나19 팬데믹(Covid-19 Pandemic)하에서 사회적으로 고립된 근로자들을 돕기 위한 임시 친교 모임을 만들기도 하였다.

표 7-1
팀의 종류

기능별 팀	같은 부서 또는 기능 영역에서 온 팀원들로 구성된다.
교차기능 팀	서로 다른 부서 또는 기능 영역에서 온 팀원들로 구성된다.
문제 해결 팀	문제를 해결하고 개선하는 자기 주도적 팀 스스로 목표를 설정하고 팀에서 정의한 방식으로 목표를 추구한다.
벤처 팀	새로운 제품, 프로세스 또는 비즈니스를 만들고 개발하기 위해 반자율적으로 운영된다.
가상 팀	지리적으로 및/또는 조직적으로 분산된 동료들로 구성되며 통신 및 정보 기술을 사용하여 소통한다.
글로벌 팀	다른 국가에 거주하는 팀원들과 대면 또는 가상으로 소통하는 팀이다.

7-1b 팀

조직은 또한 다양한 유형의 팀을 사용한다. 팀에는 여러 가지 유형이 있는데, 가장 일반적인 유형은 표 7-1에 요약되어 있다. 각 팀 유형은 서로 다른 구성원으로 구성되며 서로 다른 유형의 업무를 담당한다. **기능별 팀**(functional team)의 구성원은 같은 부서 또는 기능 영역에서 온 사람들이다. 마케팅 직원으로 구성된 팀과 재무 직원으로 구성된 팀이 기능별 팀의 예이다.

교차기능 팀(cross-functional team)에는 다른 부서 또는 기능 영역의 구성원들이 모여 있다. 이는 일반적인 유형의 업무 팀 중 하나이다. 교차기능 팀의 예로는 조직의 여러 기능 또는 부서를 대표하는 팀원으로 구성된 최고 경영진 팀이 있다. 일부 조직은 회사의 핵심 업무가 교차기능 팀에서 수행되도록 설정되어 있다. 예를 들어, 제품 혁신 및 디자인 회사인 아이디오(IDEO)는 분야 간 팀워크가 혁신과 창의성을 높인다고 믿는다.[7] 팀은 아이디어를 공유하고 개선하여 구성원들의 역량을 강화하고 문제 해결을 위한 더 많은 기회를 제공한다. 스틸케이스(Steelcase), 아이디오, 하멜(Hammel), 그린 앤 에이브라햄슨(Green & Abrahamson), 메이요 클리닉(Mayo Clinic)은 모두 다양한 전문성을 가진 직원들로 구성된 교차기능 팀을 활용하여 창의성과 팀 성과를 향상시키고 있다.[8]

기능별 팀
같은 부서 또는 기능 영역에서 온 팀원들로 구성된 팀.

교차기능 팀
서로 다른 부서 또는 기능 영역에서 온 팀원들로 구성된 팀.

교차기능 팀은 몇 가지 강점이 있다. 특히 고객 서비스 및 신제품 개발과 같은 업무를 더 빠르게 처리할 수 있을 뿐만 아니라 창의성을 높일 수 있다. 또한 교차기능 팀은 서로 다른 기술, 인식, 경험을 한데 모아 복잡한 문제를 해결하는 기업의 능력을 향상시킨다. 여러 기능 영역에서 다양한 사람이 모이기 때문에 조직의 다른 영역에 대한 종업원들의 지식도 증가한다. 하지만 이러한 다양성이 제대로 관리되지 않고 갈등이 효과적으로 처리되지 않는다면 교차기능 팀의 강점이 될 수 있는 다양성이 도리어 약점이 될 수도 있다.

문제 해결 팀
직장에서 문제를 해결하고 개선하기 위해 설립된 팀.

Tzido Sun/Shutterstock.com

사진 속의 사람들은 창고 설계 및 레이아웃을 평가하기 위해 함께 일하는 문제 해결 집단이다. 이들은 효율성을 개선하고 창고 운영 비용을 낮추기 위한 제안 사항을 도출하는 임무를 맡았다. 평가가 끝나고 권장 사항을 제시하면 이들은 각자 본연의 업무로 돌아간다.

문제 해결 팀(problem-solving team)은 업무상 문제를 해결하고 개선하기 위해 구성된 팀이다. 문제 해결 팀의 핵심적인 강점은 직원들이 실제로 업무를 수행하므로, 일반적으로 업무에 대한 지식 정도가 매우 높다는 것이다. 문제 해결을 담당하는 팀에 직원을 배치하면 이러한 전문성을 발휘할 수 있다. 예를 들어, 원자재 공급 업체인 콜게이트(Colgate)와 JM후버(JM Huber)는 여러 분야의 전문가로 구성된 팀을 공동으로 구성하여 비용을 절감할 수 있는 방법을 찾아냈다. 이 팀은 궁극적으로 수십만 달러의 비용 절감을 실현했다.[9] 품질 분임조(quality circle)는 장기간 존속할 수 있는 반면, 제안 팀(suggestion team)은 특정 문제를 단기간에 해결하기 위해 구성된다. 문제 해결 팀은 직원들이 의사 결정에 참여하기 때문에 의사 결정에 대한 직원들의 헌신도를 높일 수 있다. 또한 조직의 중요한 문제를 해결하기 위해 외부 팀에 도움을 요청하는 사례도 점점 더 많아지고 있다. 하나의 사례로서, 넷플릭스(Netflix)가 영화 추천 시스템의 정확도를 높이기 위한 콘테스트를 후원한 적이 있었는데, 186개국에서 4만 개 이상의 팀이 참가하여 백만 달러의 상금을 놓고 경쟁을 벌이기도 했다.[10]

자기 주도 팀
스스로 목표를 설정하고 이를 달성하기 위한 방법을 결정하는 팀.

자기 주도 팀(self-directed team)은 스스로 목표를 설정하고 팀에서 스스로 결정한 방식을 통해 이 목표를 추구한다. 팀원들은 근무 및 휴가 일정, 물품 주문, 성과 평가 등 일반적인 팀에서 팀장이나 관리자가 담당하는 업무를 스스로 담당한다. 3M(포스트잇 노트, 스카치 테이프 및 기타 수많은 제품을 제조하는 회사)에서는 자기 주도적 업무팀을 통해 제품, 서비스 및 프로세스를 개선하는 동시에 고객 대응력을 높이고, 운영 비용을 절감하고, 생산성을 높이고, 업무 주기를 단축하는 성과를 거두었다. 자기 주도 팀은 헌신도, 품질, 효율성을 향상시킬 수 있다. 또한 교차 교육을 받은 팀원들은 인력이 부족할 경우 다른 업무를 대체함으로써 팀 운영의 유연성을 높이는 데도 도움이 된다. 그러나 자기 주도 팀은 일반적으로 많은 직원들에게 부족한 자기 관리(self-management) 및 팀워크 기술(team skill)이 필요하기 때문에 구현하기 어렵다.

벤처 팀
새로운 제품(제품 개발 팀), 프로세스(프로세스 설계 팀) 또는 사업(벤처 팀)을 만들고 개발하기 위해 반자율적으로 운영되는 팀.

벤처 팀(venture team)은 신제품(제품 개발 팀), 프로세스(프로세스 설계 팀) 또는 사업(벤처 팀)을 새롭게 창출하고 개발하기 위해 반자율적으로 운영되는 팀이다.[11] 이러한 팀을 조직의 공식적인 구조에서 분리하면 혁신성을 높이고 소요 시간(cycle time)을 단축할 수 있다.

가상 팀
지리적으로나 조직적으로 분산되어 있는 동료들이 인터넷 및 기타 정보 기술을 사용하여 소통하는 팀.

가상 팀(virtual team)은 조직에서 점점 더 보편화되고 있다. 출장비 절감에 대한 압박과 함께 새로운 형태의 기술(예: Zoom 및 Microsoft Teams)을 통해 지리적으로 분산되어 있는 종업원들도 대면 상호작용과 거의 유사한 방식으로 쉽게 소통할 수 있게 되었다. 이러한 추세는 조직이 코로나19 팬데믹 상황에서 업무 관련 압박에 대처하는 데 도움이 되었으며, 팬데믹의 영향이 가라앉은 이후에도 훨씬 더 보편화되고 있다. 물론 이러한 가상 방식으로 회의를 진행할 때 동료와의 개인적인 유대감이 줄어들 수도 있다. 가상 팀은 지리적으로나 조직적으로 분산된 동료들이 인터넷과 기타 정보 기술을 사용하여 소통하는 팀이다.[12] 일부 가상 팀원들은 서로 얼굴을 보지 못할 수도 있다. 많은 조직에서 다양한 목표를 달성하기 위해 가상 팀을 사용한다. 예를 들어, 156개국에 29만 5,000명 이상의 직원을 보유한 세계적인 회계 법인 중 하나인 프라이스워터하우스쿠퍼스(PriceWaterHouseCoopers)는 가상 팀을 사용하여 전 세계 종업원들이 특정 고객을 위한 제안을 준비하기 위해 1~2주 동안 함께 모인다.

Rawpixel/Deposit Photos
벤처 팀은 신제품(제품 개발 팀), 프로세스(프로세스 설계 팀) 또는 사업 아이디어를 창출하고 개발하기 위해 반자율적으로 운영된다. 이러한 벤처 팀원들은 다른 회사를 인수할 때 재무적 타당성을 평가한다.

월풀(The Wirlpool Corporation)은 염화불화탄소

(chlorofluorocarbon)가 필요 없는 냉장고를 개발하는 2년간의 프로젝트에서 미국, 브라질, 이탈리아의 전문가들로 구성된 가상 팀을 활용했다.[13] 이 장의 뒷부분에서 가상 팀에 대해 자세히 설명한다.

글로벌 팀(global team)은 여러 나라에서 모인 팀원들로 구성된다. 글로벌 팀은 가상으로 구성될 수도 있고, 직접 대면하여 만날 수도 있다. 살림 용품을 제조하는 다국적 기업인 프록터앤갬블(Proctor & Gamble)은 글로벌 팀을 통해 신시내티 본사의 직원들이 전 세계 직원 및 공급 업체와 협업할 수 있도록 지원한다. BSH(Bosch und Siemens Hausgerate GmbH)는 유럽, 아시아, 미국, 라틴아메리카 50개국에서 48개의 생산 현장과 41개의 공장을 운영하고 있는 글로벌 기업이다. 이 회사는 보쉬(Bosch), 지멘스(Siemens) 등의 브랜드로 가전제품을 판매하고 있으며 스페인, 중국, 라틴아메리카의 글로벌 직원들로 구성된 팀을 통해 신제품의 기술과 콘셉트를 개발하고 있다.

글로벌 팀
여러 나라에서 온 팀원들로 구성된 팀.

7-1c 비공식 집단

공식 집단과 팀은 조직에 의해 설립되는 반면, **비공식 집단**(informal group)은 구성원들에 의해 형성되며 비교적 영구적인 **친목 집단**(friendship group)과 수명이 짧은 **관심사 집단**(interest group)으로 구성된다. 친목 집단은 구성원들이 함께 함으로써 얻을 수 있는 우호적인 관계와 즐거움에서 생성된다. 퇴근 후 '해피아워(happy hour)'나 커피를 마시며 소통하는 직장인들의 모임은 친목 집단의 예가 될 수 있다. 관심사 집단은 공통의 활동이나 관심사를 중심으로 조직되지만, 구성원들이 친구가 될 수도 있다. 동료들과 함께 판타지 스포츠 게임이나 NCAA 농구 브래킷 챌린지를 하는 그룹은 관심사 집단에 속한다.

비공식 집단
비공식 집단은 구성원에 의해 형성됨.

친목 집단
비교적 영구적이고 비공식적이며 구성원 간의 사회적 관계에서 혜택을 얻을 수 있는 집단.

관심사 집단
비교적 일시적이고 비공식적이며 회원들의 공통 활동이나 관심사를 중심으로 조직되는 집단.

관심사 집단의 좋은 예로는 지난 몇 년 동안 발전해 온 직장 여성들의 네트워크(networks of working women)가 있다. 이들 중 상당수는 남성 위주의 조직에서 일하는 다른 여성들과 만나고 싶어 하는 여성들의 비공식적인 사교 모임으로 시작되었지만, 곧 이익 단체로 발전하여, 이 모임에 참여하는 회원들은 초창기에 추구했던 사회적인 목적을 훨씬 뛰어넘는 혜택을 누리고 있다. 이 네트워크는 상담, 취업 알선, 관리 교육을 위한 정보 시스템으로 발전했다. 일부 네트워크는 결국 공식적이고 영구적인 협회로 발전되었고, 일부는 특정 관심사를 넘어 사회적 관계에 기반한 비공식 집단으로 남았으며, 일부는 해산되기도 하였다. 이러한 집단들은 관리직 및 행정직에 종사하는 여성의 비율이 지속적으로 증가하는 데 부분적으로 영향을 미쳤을 수 있다.

Randy Shropshire/Getty Images Entertainment/Getty Images

관심사 집단은 공통의 활동이나 관심사를 중심으로 조직되지만, 회원들 간에 우정이 생길 수도 있다. 이 사람들은 다가오는 시즌을 위해 판타지 풋볼 팀(fantasy football team)을 구성하고 있다.

Wirestock Creators/Shutterstock.com

이 사람들은 여성 네트워킹 이벤트에 참석하고 있다. 따라서 이들은 경력 개발에서 여성 문제를 촉진하는 데 공통의 관심을 가지고 있기 때문에 관심사 집단에 해당한다.

7-2 집단 성과 요인

모든 집단의 성과(performance)는 (추후에 설명할 집단 형성 이유와 발전 단계 외에도) 여러 가지 요인에 의해 영향을 받는다. 성과가 높은 집단에서는 종종 집단의 성과가 구성원 개개인의 기여도를 합친 것보다 더 큰 집단 시너지가 발생한다. 이러한 성과 가속화가 발생한 데는 몇 가지 추가 요인이 있을 수 있다.[14] 다섯 가지 기본 집단 성과 요인은 구성(composition), 규모(size), 규범(norms), 응집성(cohesiveness), 비공식적 리더십(informal leadership)이다. 만약 당신이 효과적인 성과를 내지 못하는 집단이나 팀에 속해 있다면 Improve Your Skills에 제시된 내용이 유용한 진단 도구가 될 수 있다.

Improve Your Skills

팀의 문제 진단하기

다음은 팀 문제를 진단할 때 물어 볼 수 있는 몇 가지 질문이다.

1. 명확한 방향성
   - 팀원 각자가 팀이 달성하기 위해 존재하는 목적을 명확하게 말할 수 있는가?
2. 실제 팀 업무
   - 팀이 모든 고객과 주요 결과물에 대해 공동의 책임을 지고 있는가?
   - 팀이 업무 전략에 대한 결정을 개인에게 맡기지 않고 집단적으로 내리는가?
   - 팀원들이 서로를 기꺼이 도울 의향과 능력이 있는가?
   - 팀이 성과에 대한 팀 차원의 피드백을 받는가?
3. 팀 보상
   - 전체 보상의 80% 이상이 개인이 아닌 팀에게만 제공되는가?
4. 기본 물질적 자원
   - 팀에 자체 회의 공간이 있는가?
   - 팀이 작업을 수행하는 데 필요한 기본 자료를 쉽게 구할 수 있는가?
5. 작업 관리 권한
   - 고객의 요구를 충족하는 방법
   - 취해야 할 조치와 시기
   - 필요하다고 판단될 때 업무 전략을 변경할지 여부
   - 팀원들은 특별한 승인을 받지 않고도 다음 사항을 결정할 수 있는 권한이 있는가?
6. 팀 목표
   - 팀원들이 구체적이고 공유된 팀 목표를 명확히 밝힐 수 있는가?
7. 개선 규범
   - 팀원들이 문제를 발견하고 해결하도록 서로를 격려하는가?
   - 팀원들이 팀에 기여하기 위해 팀원들 간에 서로 다른 점을 공개적으로 논의하는가?
   - 팀원들이 새로운 운영 방식에 대한 실험을 장려하는가?
   - 팀은 다른 팀으로부터 적극적으로 배우려고 노력하는가?

Source: Wageman, R. (1997, Summer). Critical Success Factors for Creating Superb Self-Managing Teams. *Organizational Dynamics*, 26(1), 59.

7-2a 집단 구성

집단의 구성은 집단의 생산성을 결정하는 데 중요한 역할을 한다.[15] **집단 구성**(group composition)은 구성원의 동질성 또는 이질성으로 설명되는 경우가 많다. 구성원들의 연령, 업무 경험, 교육, 기술 전문성, 문화적 배경 등 집단 업무에 중요한 한 가지 또는 여러 면에서 유사하다면, 그 집단은 동질적(homogeneous)이다. 이질적인(heterogeneous) 집단에서는 구성원들이 집단 업무에 중요한 요소 중 어느 한 가지 이상의 측면에서 서로 다르다. 조직에서 종업원들을 유사한 기술 전문성을 기반으로 배정할 때 동질적인 집단이 형성된다. 이러한 지휘 집단에서 일하는 사람들은 연령이나 경력 등 몇 가지 면에서는 다를 수 있지만, 중요한 업무 성과 변수인 기술 전문성 측면에서는 동질적이라고 말할 수 있다.[16]

집단 구성
집단 업무에 중요한 요소에 대한 집단 구성원 간의 유사성 또는 차이의 정도.

집단의 구성과 생산성 간의 관계를 탐구한 연구는 상당히 많이 진행되었다. 집단의 연령 및 근속 기간의 이질성은 이직률과 관련이 있는 것으로 나타났다. 연령과 경력이 다른 구성원들로 구성된 집단은 구성원이 자주 바뀌는 경향이 있다.[17] 동질적인 집단에서는 집단이 수행하는 작업이 단순하거나, 협력이 필요하거나, 집단 작업이 순차적이거나, 빠른 조치가 필요할 때 생산성이 더 높아질 가능성이 있다. 이질적인 집단은 과제가 복잡하고, 집단적 노력이 필요하며(즉, 구성원 각자가 서로 다른 과제를 수행하고 이러한 노력의 합이 집단 결과물을 결정함), 창의성이 요구되고, 철저한 숙의보다 속도가 덜 중요할 때 생산성이 더 높을 가능성이 있다. 예를 들어, 신제품 마케팅을 위한 아이디어를 요청받은 집단은 가능한 한 다양한 아이디어를 개발하기 위해 이질적이어야 할 필요가 있다.

집단 구성과 과제 유형(type of task) 간의 연관성은 동질적인 집단과 이질적인 집단의 전형적인 상호작용으로 설명할 수 있다. 동질적인 집단에서는 갈등이나 의견 차이가 비교적 적으며, 의사소통이 원활하고, 상호작용이 많은 경향이 있다. 따라서 업무에 협력과 속도가 필요한 경우 동질적인 집단이 더 바람직하다. 하지만 최선의 해결책을 찾기 위해 복잡한 정보 분석과 창의력이 필요한 작업이라면 다양한 관점을 가진 사람들이 모인 이질적 집단이 더 적합할 수 있다. 이러한 집단에서는 더 많은 토론과 더 많은 갈등이 발생할 가능성이 높으며, 이 두 가지 모두 집단의 의사 결정의 질을 향상시킬 수 있다.

조직이 점점 더 문화적으로 다양해짐에 따라 집단 구성이 특히 중요해지고 있다. 문화권에 따라 집단 구성원을 중요시하는 정도 및 권위, 불확실성, 기타 중요한 요소를 바라보는 시각이 다르다. 최근 다양한 문화권의 사람들로 구성된 집단을 다루는 방법에 대한 관심이 높아지고 있다.[18] 일반적으로 문화적 다양성이 높은 집단을 담당하는 관리자는 다음의 몇 가지를 예상할 수 있다. 첫째, 구성원들은 적어도 초기에는 서로를 불신할 가능성이 높다. 여기에서는 구성원 각자가 가지고 있는 고정관념이 문제가 될 수 있으며, 의사소통에 문제가 발생할 가능성이 높다. 따라서 관리자는 이러한 집단이 처음에는 원활하게 작동하지 않을 수 있다는 점을 기억해야 한다. 관리자는 문화적으로 다양한 집단이 성숙해짐에 따라 발생하는 난관을 극복하는 데 더 많은 시간을 할애해야 하며, 집단이 주어진 임무를 수행할 것으로 기대하기 위해 더욱 긴 시간이 소요되는 것을 허용해야 한다.

7-2b 집단 규모

집단의 구성원 수인 집단은 최소 2명부터 서로 상호작용 하고 영향을 줄 수 있는 만큼 구성될 수 있다. 집단 규모(group size)는 성과에 중요한 영향을 미칠 수 있다. 구성원이 많은 집단은 더 많은 자원을 사용할 수 있고, 비교적 독립적인 작업을 많이 수행할 수 있다. 아이디어를 창출하기 위해 만들어진 집단에서는 구성원이 많은 집단이 더 많은 아이디어를 산출하는 경향이 있지만, 집단이 커질수록 아이디어의 증가율은 급격히 감소한다.[19] 특정 시점이 지나면 상호작용과 커뮤니케이션의 복잡성이 커져 대규모 집단이 합의를 도출하기가 더 어려워질 수 있다.

Rawpixel.com/Shutterstock.com

집단의 규모는 구성원들이 서로 상호작용 하는 능력에 영향을 미칠 수 있다. 예를 들어, 이 집단은 너무 커서 하나의 집단으로는 효과적으로 기능하기 어려울 수 있다. 아마도 집단 구성원들은 더 작은 하위 집단을 형성할 것이고, 일부 집단은 그렇게 하고 있는 것으로 보인다.

대규모 집단에서는 상호작용과 커뮤니케이션이 훨씬 더 공식적으로 이루어질 가능성이 높다. 대규모 집단은 회의에서 다룰 의제를 정하고, 정해진 절차에 따라 토론을 통제하는 경향이 있다. 그 결과, 업무에 사용되어야 할 시간이 집단 내 상호작용과 커뮤니케이션을 조직하고 구조화하는 등의 관리적이고 절차적인 일에 허비된다. 또한 규모가 크면 일부 사람들의 참여가 저조해지고, 결석률이 높아질 수 있으며, 의미 있는 기여를 하려는 시도를 하지 않는 경향이 생긴다. 또한 다른 구성원들의 유사한 시도에 의해 자신의 반복적인 기여나 참여가 좌절되면 회의에 나오지 않을 수도 있다. 또한, 집단이 커질수록 대인 관계에 매력을 느낄 기회가 많아져 사회적 상호작용은 많아지고 업무적 상호작용은 줄어들게 된다. **사회적 태만**(social loafing)은 집단의 일부 구성원들이 마치 혼자서 일하는 것처럼 집단에 대해 많은 노력을 기울이지 않는 경향을 말한다. 사회적 태만은 종종 일부 구성원이 자신이 열심히 일하지 않으면 다른 구성원이 그 빈자리를 메워 줄 것이라고 가정하기 때문에 발생한다. 이것이 얼마나 큰 문제가 되는지는 작업의 성격, 관련된 사람들의 특성, 잠재적인 문제를 인식하고 이에 대해 조치를 취할 수 있는 집단 리더의 능력에 따라 달라진다.

사회적 태만
집단의 일부 구성원이 혼자서 일할 때보다 집단에서 더 적은 노력을 기울이는 경향.

Wavebreakmedia/Deposit Photos

사회적 태만은 어떤 집단 구성원이 다른 구성원보다 적은 노력을 기울이고, 다른 구성원이 그 공백을 메우도록 방치할 때 발생한다. 예를 들어, 사진에 나와 있는 이 남성은 산만한 태도를 보이고, 팀원들이 하는 일에 주의를 기울이지 않는다. 하지만 이 사람은 프로젝트가 완료되었을 때 다른 팀원들만큼의 공로를 인정받게 될 수도 있다.

따라서 가장 효과적인 집단 규모는 집단 구성원들이 서로 효과적으로 상호작용 하고 영향을 미칠 수 있는 능력에 따라 결정된다. 상호작용의 필요성은 집단의 성숙도, 집단의 과제, 개별 구성원의 성숙도, 집단 리더 또는 관리자의 커뮤니케이션, 잠재적 갈등 및 과제 활동을 관리하는 능력에 영향을 받는다. 어떤 상황에서는 3~4명이 가장 효과적인 집단 규모이지만, 어떤 집단은 15명 이상의 구성원이 있어야 효과적으로 기능할 수 있다.

7-2c 집단 규범

규범(norm)은 행동의 적절성을 판단하는 기준이다. 규범은 특정 상황에서 기대되는 행동을 결정한다. 집단 규범은 일반적으로 집단 발달의 두 번째 단계(의사소통 및 의사 결정)에서 확립되어 성숙 단계로 이어진다. 규범은 다른 사람의 행동을 예측할 수 있는 근거를 제공함으로써 사람들이 집단에 부합하고 수용 가능한 방식으로 행동할 수 있도록 한다. 규범이 없다면 집단의 활동은 혼란스러울 것이다.

규범
행동의 적절성을 판단하는 기준.

규범은 구성원의 성격 특성, 상황, 과제, 집단의 역사적 전통이 결합되어 형성된다.[20] 규범은 개인과 조직의 결과에 긍정적일 수도 있고 부정적일 수도 있는데, 이는 비록 결과가 부정적일지라도 집단의 구성원들은 규범을 따르는 경향이 있기 때문이다. 집단 규범을 준수하지 않으면 일탈 행동을 바로잡으려는 시도가 이루어지는데, 심지어는 언어적 학대, 신체적 위협, 배척의 형태로 나타날 수도 있고, 심지어는 집단에서 추방당할 수도 있다. 그러나 집단 규범은 집단 구성원에게 중요한 행동에 대해서만 적용된다. 예를 들어, 고객에게 프로페셔널한 이미지를 전달하기 위해 직원들이 전통적인 사무실 복장(정장)을 입는 것이 사무실 규범인 경우, 어떤 직원이 청바지와 스웨터를 입고 출근했다면 이는 집단 규범을 위반한 것으로 간주되며, 신속하게 지적을 받게 될 것이다. 하지만 사무실에서 고객과의 접촉이 거의 없어 복장을 중시하는 규범이 존재하지 않는다면 청바지를 입는 사람이 있다는 사실조차 눈치채지 못할 수 있다.

규범은 조직에서 네 가지 용도로 사용된다. 첫째, 규범은 집단의 생존을 돕는다. 집단은 집단 목표를 달성하는 데 도움이 되지 않거나 집단의 생존에 위협이 되는 비정상적인 행동을 거부하는 경향이 있다. 따라서 외적인 위협이 적은 성공적인 집단은 일탈 행동에 대해 더 관대할 수 있다. 둘째, 집단 구성원에게 기대되는 행동을 단순화하고 예측 가능성을 높인다. 구성원들은 규범에 익숙하기 때문에 각 행동을 분석하고 대응을 결정할 필요가 없다. 구성원들은 집단 규범에 근거하여 다른 사람의 행동을 예측할 수 있으며, 이는 일반적으로 생산성과 목표 달성률의 증가로 이어진다. 셋째, 규범은 집단이 난처한 상황을 피하는 데 도움이 된다. 집단 구성원들은 종종 다른 구성원의 자기 이미지를 손상시키지 않기를 원하며, 구성원의 감정을 상하게 할 수 있는 특정 주제를 피할 가능성이 높다. 마지막으로 규범은 집단의 중심 가치를 표현하고 다른 사람들에게 집단을 식별하는 역할을 한다. 특정 상황에서의 특정 복장, 매너리즘 또는 행동은 구성원들의 결집점이 될 수 있으며 다른 사람들에게 집단의 성격을 나타낼 수 있다.[21]

7-2d 집단 응집성

집단 응집성(group cohesiveness)은 집단이 함께 지내려는 노력의 정도를 의미하는데, 각 구성원들이 집단에 남아 있으려는 힘이 작용한 결과이다. 응집성을 만드는 힘은 집단에 대한 매력, 집단 이탈에 대한 저항, 집단 구성원으로 남고자 하는 동기이다.[22] **그림 7-1**에서 볼 수 있듯이 집단 응집성은 성숙도, 동질성, 관리 가능한 규모, 상호작용 빈도 등 집단 역학의 여러 측면과 관련이 있다.

집단 응집성
집단이 함께 지내려고 노력하는 정도.

그림 7-1은 또한 다른 집단과의 경쟁이나 외부 위협이 존재함으로 인해 집단 응집성이 높아질

그림 7-1
집단 응집성에 영향을 미치는 요인과 집단 응집성의 결과

응집성을 변화시키는 요인과 응집성에 따른 결과 측면에서 응집성이 높은 집단이 유리하지만, 어떤 상황에서는 응집성이 높은 집단이 조직에 부정적인 영향을 미칠 수도 있다.

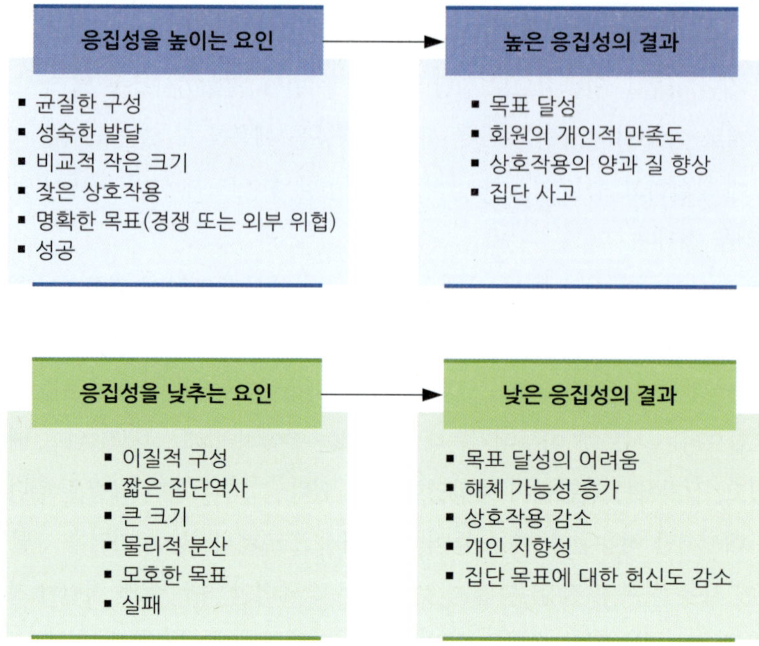

수 있음을 보여 준다. 이 두 가지 요인 모두 제시된 목표에 구성원들의 주의를 집중시키고 함께 일하려는 의지를 높일 수 있다. 끝으로, 어떤 사람이 자신의 목표를 성공적으로 달성했을 때, 그 사람은 자신이 유능하고 성공적인 사람으로 여겨지는 것에 자부심을 느낄 것이다. 이는 집단의 응집성을 높인다. 이것이 "성공은 또 다른 성공을 낳는다."라는 유명한 표현의 배경 중 하나일 수 있다. 성공한 집단은 더욱 결속력이 강해져 더 큰 성공을 거둘 수 있다. 물론 개인적 차이, 자존심, 다른 활동에서 더 많은 개인적 성공에 대한 유혹 등 다른 요인들이 지속적인 성공을 방해할 수도 있다.

집단 성과 요인에 대한 연구는 응집성과 집단 생산성 간의 관계에 초점을 맞추어 왔다.[23] 응집성이 높은 집단은 응집성이 낮은 집단보다 목표 달성에 더 효과적인 것으로 나타났으며, 특히 미국 기업의 연구 개발 부서를 대상으로 한 연구에서 응집성이 높은 집단이 목표 달성에 더 효과적인 것으로 나타났다.[24] 그러나 응집성이 높은 집단이 응집성이 낮은 집단보다 조직적 측면에서 반드시 더 생산적인 것은 아니다. **그림 7-2**에서 볼 수 있듯이, 집단의 목표가 조직의 목표와 양립할 수 있는 경우, 응집성이 높은 집단이 그렇지 않은 집단보다 생산성이 더 높을 수 있다. 즉, 응집성이 높은 집단이 조직의 이익에 기여한다는 목표를 가지고 있다면 조직적 측면에서 생산적일 가능성이 매우 높다. 그런데 만약 어떤 집단이 조직의 비즈니스와 거의 관련이 없는 목표를 세웠다고 생각해 보자. 집단의 노력때문에 조직의 목표가 손상될 수 있는 상황에서도 그 그룹은 자신의 목표를 달성하기 위해 노력할 것이다. 이런 경우 강한 응집성은 오히려 조직의 생산성에 해로운 영향을 미친다.

응집성은 집단에서 특정한 문제를 발생시키는 주요한 요인이 될 수도 있다. 예를 들어, 집단의

그림 7-2
집단 응집성, 목표, 생산성
이 그림은 집단이 응집성이 있고 집단의 목표가 조직의 목표와 일치하는 것이 가장 좋은 조합이라는 것을 보여 준다. 응집성이 높은 집단에서 집단의 목표가 조직의 목표와 일치하지 않을 때는 잠재적인 집단 성과가 가장 낮다.

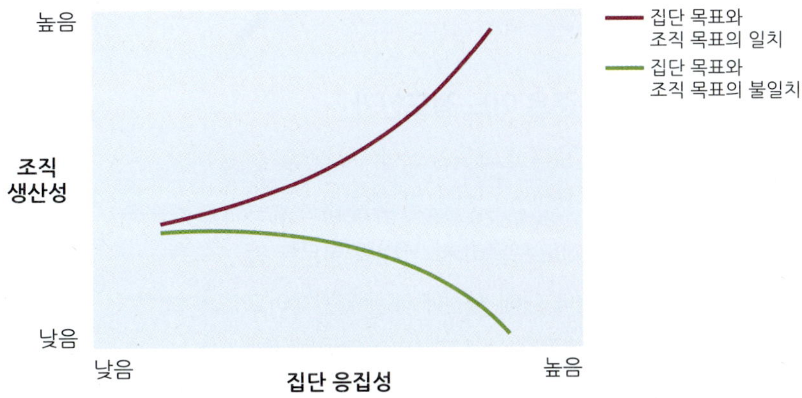

최우선 관심사가 대안에 대한 비판적 분석이 아닌 만장일치 결정일 때 발생하는 **집단 사고**(group think)를 생각해 볼 수 있다.[25] (8장에서 집단 사고에 대해 논의하겠다.) 이러한 문제는 집단 응집성과 생산성에 관한 증거와 함께 관리자가 응집성이 높은 집단을 육성하는 것의 장단점을 신중하게 검토해야 함을 의미한다.

집단 사고
집단의 최우선 관심사가 대안에 대한 비판적 분석이 아닌 만장일치 결정일 때 발생.

마지막으로, 집단 구성원의 감성 지능(emotional intelligence)이 응집성을 촉진할 수 있다는 새로운 증거들이 등장하고 있다. 여기서 감성 지능이란 감정을 인식하고 표현하는 능력, 감정을 이해하고 사용하는 능력, 자신과 타인의 감정을 관리하는 능력을 포함하는 대인 관계 능력을 말한다.[26] 잘 정의된 감성 지능을 갖고 있지 않은 집단은 업무 및 관계 갈등이 증가하고 갈등 강도가 높아지는 것을 경험하기도 한다.[27] 팀 성과를 개선하기 위해 감성 지능 교육을 사용하는 조직의 예로는 미국 공군(US Air Force)과 로레알(L'Oreal)이 있다. 다음의 Understand Yourself는 자신의 감성 지능 능력을 평가하고 이해하는 데 도움이 될 것이다.

7-2e 비공식적 리더십

마지막 집단 성과 요소는 비공식적 리더십이다. 대부분의 기능적 집단과 팀에는 공식적인 리더, 즉 조직에서 임명하거나 집단 구성원들이 공식적으로 선택한 리더가 있다. 그러나 친목 및 이익 단체는 구성원들이 직접 구성하기 때문에 여기서 공식적인 리더는 반드시 구성원들이 선출하거나 지정해야 한다. 어떠한 집단에서는 이러한 리더를 지정하기도 하지만(예: 소프트볼 팀에서 주장을 선출할 수 있음), 그렇지 않은 집단도 많다. 또한, 공식적인 리더가 지정되어 있더라도 다른 사람에게 리더십을 기대할 수도 있다. 이처럼 **비공식 리더**(informal leader)는 리더십 활동에 참여하지만 공식적으로 리더십을 발휘할 권리가 인정되지 않은 사람을 말한다. 집단이나 팀에서 공식 리더와 비공식 리더는 같은 사람일 수도 있고, 다른 사람일 수도 있다. 예를 들어, 대부분의 집단과 팀에는 업무적 역할과 사회 정서적 역할을 모두 수행할 수 있는 사람이 필요하다. 비공식 리더는 두 가지 역할을 모두 효과적으로 수행할 수 있는 사람일 가능성이 높다. 공식적인 리더가 이 두가지 역할을 함께 수행할 수 없는 경우, 비공식적인 리더가 공식적인 리더의 기능을 보완하기

비공식 리더
리더십 활동에 참여하지만 조직이나 집단에서 공식적으로 그 권한을 인정받지 못한 사람.

Understand Yourself

당신의 감성 지능 수준은 어느 정도인가

감성 지능은 당신이 보다 효과적인 집단 구성원 및 팀원이 되는 데 도움이 될 뿐만 아니라 삶의 다른 많은 영역에서 효율성을 높이는 데도 도움이 된다. 다음 질문은 감성 지능의 네 가지 측면에 대해 자신에 대한 일반적이고 높은 수준의 통찰력을 제공하는 데 도움이 될 것이다. (이 항목이 관심 있는 주제라면 온라인에서 정서 지능에 대한 더 포괄적인 평가가 많이 있지만, 인터넷의 모든 정보가 그러하듯, 평가의 타당성 여부를 먼저 판단하라).

다음 척도를 사용하여 각 질문에 정직하게 답하라. 각 문항 번호의 왼쪽 공란에 있는 척도에 1부터 7까지 자신의 답변에 해당하는 숫자를 기입하라.

매우 아니다	아니다	약간 아니다	보통 이다	약간 그렇다	그렇다	매우 그렇다
1	2	3	4	5	6	7

개념화

_____ 1. 나는 어떤 상황에도 적응할 수 있다.

_____ 2. 나는 다른 사람들을 흥미롭게 만드는 능력이 있다.

_____ 3. 나는 다른 사람들을 흥분시키는 것이 무엇인지 안다.

_____ 4. 나는 방금 만난 사람들과 잘 어울린다.

_____ 5. 나는 다른 사람의 감정을 잘 감지한다.

_____ 6. 나는 사람들의 기분을 좋게 하기 위해 무슨 말을 해야 할지 안다.

점수 계산 및 해석: 30점 이상의 점수는 자기 감정에 대한 높은 평가를 반영하며, 자신과 타인의 감정을 잘 이해하고 있다는 것을 의미한다. 다른 사람의 감정에 민감하게 반응하고 자신의 감정을 활용해 긍정적인 행동을 유도하는 것은 업무와 개인 생활 모두에서 중요하다. 낮은 점수를 받은 각 항목에 대해 생각해 보고 해당 영역에서 개선하기 위해 무엇을 할 수 있을지 생각해 보라. 점수의 유용성은 자기 인식의 정확성에 따라 달라진다는 점을 기억하는 것이 중요하다.

Source: The International Personality Pool representation of the items from Peterson, C., & Seligman, M. E. P. (2004). *Character Strengths and Virtues: A Handbook and Classification*. New York: Oxford University Press and Washington, DC: American Psychological Association. International Personality Item Pool Social/Personal/Emotional Intelligence, IPIP.org, https://ipip.ori.org/newVIAKey.htm#Soc_Pers_Emot_Intelligence.

위해 종종 등장한다. 공식 리더가 두 가지 역할을 모두 수행할 수 없는 경우, 한 명 이상의 비공식 리더가 등장하여 두 가지 기능을 모두 수행하기도 한다.

Wavebreakmedia/Deposit Photos

비공식 리더는 공식적인 권한 없이 리더십 활동을 하는 사람을 말한다. 예를 들어, 공사 감독관을 생각해 보라. 프로젝트 관리자가 다른 업무를 처리하느라 자리를 비운 사이 두 명의 감독자 중 한 명이 책임을 맡게 되었다면, 이 감독관은 회사에서 실제로 부여한 권한보다 더 큰 역할을 수행함으로써 비공식적 리더로 부상하게 된다.

비공식적 리더십은 바람직한가?[28] 많은 경우 비공식적 리더는 구성원들에게 본보기가 되거나, 전문가로서의 영향력을 발휘하는 등 상당히 강력한 힘을 발휘한다. 그들이 조직의 이익을 위해 일할 때, 그들은 엄청난 자산이 될 수 있다. 패트릭 마홈스(Patrick Mahomes), 르브론 제임스(LeBron James), 애비 웜바흐(Abby Wambach)와 같은 유명 운동선수들은 비공식 리더의 훌륭한 사례이다. 하지만 비공식 리더가 조직의 목표에 반하는 행동을 할 경우 상당한 어려움을 초래할 수도 있다. 이러한 리더는 성과 기준을 낮추거나, 공식적 파업이나 비노조적 파업을 선동하거나, 기타 방식으로 조직을 혼란에 빠뜨릴 수 있다.

7-3 새로운 집단 및 팀 만들기

관리자에게는 새로운 집단과 팀을 만들 기회가 자주 있다. 집단과 팀이 조직의 효율성에 중요한 역할을 할 수 있다는 점을 고려할 때, 이 절차는 논리적이고 합리적으로 접근하는 것이 분명 중요하다. 일반적으로 새로운 집단이나 팀을 만드는 경우 관리자는 집단과 팀이 거치는 단계를 알고 있어야 하며, 다양한 성과 요인을 어떻게 고려해야 하는지 이해해야 하고, 전문가들이 팀을 구현하기 위해 제안하는 공식적인 절차를 숙지하고 있어야 한다.

7-3a 집단 및 팀 개발의 단계

집단은 고정되어 있지 않으며, 새로운 집단이나 팀이 만들어지면 일반적으로 완전한 기능을 갖추기 전에 몇 가지 '성장통'을 겪게 된다. 소집단에 대한 전통적인 연구는 (1) 상호 수용, (2) 소통과 의사 결정, (3) 동기부여와 생산성, (4) 통제와 조직의 4단계 개발 절차에 관심을 가져왔다.[29] 각 단계와 이를 대표하는 활동은 **그림** 7-3에 나와 있다. 이 책에서는 각 단계를 따로 구분하여 논의하려 한다. 하지만 각 단계의 활동은 서로 겹치는 경향이 있기 때문에 집단이 한 단계에서 다른 단계로 이동하는 시점을 뚜렷하게 파악하기는 어렵다.

그림 7-3

집단 개발 단계

이 그림은 새로 형성된 집단이 성숙한 집단으로 진화하는 단계를 보여 준다. 새 구성원이 추가되거나 기존 집단이 새로운 작업을 맡게 되면 집단은 이 단계를 다시 거쳐야 한다.

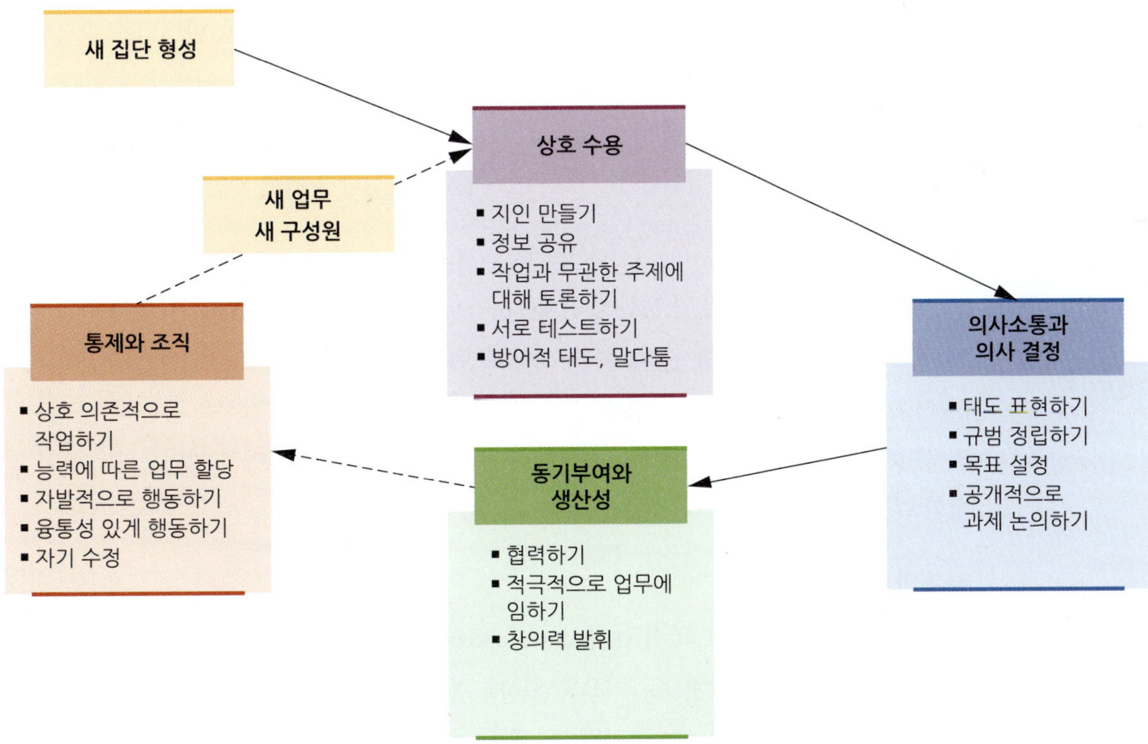

상호 수용

상호 수용 단계
구성원들이 자신에 대한 정보를 공유하고 서로를 알아가는 단계.

집단 개발의 **상호 수용 단계**(mutual acceptance stage)(형성 단계라고도 함)에서는 집단이 형성되고, 구성원들이 자신에 대한 정보를 공유함으로써 서로를 알아가는 단계이다. 이들은 날씨, 정치, 스포츠 또는 조직 내 최근 사건과 같이 집단과 거의 관련이 없는 주제에 대해 토론함으로써 서로의 의견을 탐색한다. 공식적인 목표 등 집단 업무의 일부 측면도 이 단계에서 논의될 수는 있다. 그러나 구성원들이 아직 서로에 대해 잘 모르고 서로의 의견을 평가하는 방법을 모르기 때문에 이러한 토론은 그다지 생산적이지 않을 수 있다. 구성원들이 이미 서로를 알고 있다면 이 단계는 짧을 수 있지만, 새로운 목적을 가진 새로운 집단이기 때문에 완전히 건너뛸 가능성은 낮다. 게다가 다른 구성원들이 잘 모르거나 전혀 모르는 구성원이 몇 명 있을 수 있다.

구성원들이 서로를 알아가면서 조직 내 정치나 혹은 논란이 된 사건 등 보다 민감한 문제로 논의가 전환될 수 있다. 이 단계에서 구성원들은 다양한 이슈에 대한 서로의 견해를 탐색하고 서로의 반응, 지식, 전문성에 대해 배우면서 사소한 논쟁과 약간의 불화가 발생할 수 있다. 토론을 통해 구성원들은 서로의 신념과 가치가 얼마나 비슷한지, 서로를 어느 정도 신뢰할 수 있는지 이해하게 된다. 구성원들은 이전 집단 및 조직 경험에 비추어 집단 활동에 대한 기대치를 논의할 수 있다.[30] 결국 대화는 집단의 이슈로 전환된다. 이 논의가 진지해지면 이 집단은 다음 단계인 소통과 의사 결정으로 넘어간다.

소통과 의사 결정

소통 및 의사 결정 단계
구성원들이 자신의 감정을 더 솔직하게 이야기하고 집단 목표와 집단 내 개인 역할에 대해 합의하는 단계.

집단 구성원들이 서로를 받아들이기 시작하면 집단은 **소통 및 의사 결정 단계**(communication and decision making stage)(폭풍 단계라고도 함)로 진행된다. 이 단계에서는 구성원들이 자신의 감정과 의견을 더 솔직하게 이야기하기 때문에 갈등이 증폭될 수 있으며, 반대되는 관점에 대해 관대해지고, 합리적인 해결책이나 결정을 내리기 위한 다양한 아이디어를 탐색할 수 있다. 집단의 구성원들은 일반적으로 이 단계에서 행동 규범을 개발하기 시작한다. 구성원들은 집단의 목표에 대해 토론하고 최종적으로 합의한다. 그런 다음 목표를 달성하기 위한 역할과 과제가 할당된다.

동기부여와 생산성

동기부여 및 생산성 단계
구성원들이 협력하고 서로 도우며 과제를 완수하기 위해 노력하는 단계.

다음 단계인 **동기부여 및 생산성 단계**(motivation and productivity stage)(규범화 단계라고도 함)에서는 개인적인 관심사와 관점보다는 집단에 도움이 되는 활동으로 초점이 옮겨간다. 구성원들은 자신에게 주어진 업무를 수행하고, 서로 협력하며, 서로의 목표 달성을 돕는다. 구성원들은 동기부여가 높고 창의적으로 과제를 수행할 수 있다. 이 단계에서 집단은 과업을 달성하고 집단 개발의 마지막 단계를 향해 나아간다.

통제와 조직

통제 및 조직 단계
집단이 성숙하고 구성원들이 함께 일하며 유연하고 적응력이 뛰어나며 스스로 수정하는 단계.

마지막 단계인 **통제 및 조직 단계**(control and organization stage)(수행 단계라고도 함)에서는 집단의 목표를 달성하기 위해 효과적으로 일하는 단계이다. 개별 과업은 상호 합의와 능력에 따라 할당된다. 성숙한 집단에서는 구성원들의 활동이 경직된 구조적 제약을 받기보다는 자발적이고 유연하게 이루어진다. 성숙한 집단은 자신의 활동과 잠재적 결과를 평가하고 필요한 경우 수정 조치를 취한다. 집단이 장기간 생산성을 유지하려면 유연성, 자발성, 자기 수정의 특성이 매우 중요하다.

하지만 모든 집단이 이 네 단계를 모두 거치는 것은 아니다. 어떤 집단은 마지막 단계에 도달하기 전에 해산하기도 하고, 어떤 집단은 이전 단계를 완전히 마무리 하지 못한 채 다음 단계로 넘어가기도 한다. 예를 들어, 집단이 서로를 알아가고 신뢰를 쌓는 데 필요한 시간을 투자하기도 전에, 리더의 압박, 마감일 또는 외부 위협(예: 최고 경영진) 등으로 인해 이 첫 번째 단계가 중단될 수도 있다.[31] 초기 단계의 작업이 완료되지 않은 상태에서 구성원들이 후속 단계의 활동을 강요받게 되면 좌절감을 느낄 가능성이 높으며, 집단이 완전히 발전하지 못하고 생산성이 떨어질 수 있다.[32] 집단 생산성은 각 단계의 성공적인 진행에 달려 있다. 네 가지 발전 단계를 통해 완전히 성숙한 집단은 일반적으로 생산적이고 효과적인 집단이 된다.[33] 구성원들은 상호 의존적이고, 조율되고, 협력적이며, 업무에 유능하고, 업무에 대한 동기가 부여되고, 자기 수정이 가능하며, 서로 적극적으로 소통한다.[34] 집단이 성실하게 노력하고 발전과정에 주의를 기울인다면 이 과정은 오랜 시간이 걸리지 않는다.

마지막으로, 구성원이 바뀌거나, 한 과제가 완료되고 새로운 과제가 시작되는 등 근무 조건 및 관계가 변화하게 되면, 집단은 응집성과 생산성을 유지하기 위해 하나 이상의 발달 단계를 다시 경험해야 할 수도 있다. 예를 들어, 샌프란시스코 포티나이너스(San Francisco Forty-Niners)는 NFL 선수들의 파업으로 인한 불편하고 불안한 시기를 보낸 후 복귀한 적이 있다. 이 팀의 코치는 엄격한 연습을 실시하는 한편, 선수들이 함께 모여 서로의 감정을 털어놓을 수 있는 시간을 가졌다. 이 과정을 통해 서서히 팀 단결력이 회복되었고, 선수들은 남은 시즌을 준비하면서 다시 농담을 나누고 친목을 도모하기 시작했다.[35] 성숙한 집단으로 거듭난 선수들은 이후 두 번의 슈퍼볼(Super Bowl) 우승이라는 성과를 거두었다. 최근에는 코로나19 팬데믹이 완화되며 직원들이 실제 업무 공간으로 복귀하는 것을 지켜보면서, 몇 달 동안 보지 못했던 동료나 팬데믹 기간 동안 원격으로 채용되어 직접 만나지 못했던 직원들과 다시 친해지는 데 시간을 할애하는 것이 유용하다는 것을 알게 된 기업들도 있다. 쉘(Shell Oil)과 할리버튼(Halliburton)은 이러한 활동을 수행했다.

이와 같은 단계가 분리되어 뚜렷하게 구분되는 것은 아니지만, 많은 집단에서 과제에 소요되는 기간의 중간 지점(midpoint)에서 상당히 예측 가능한 활동으로 전환한다.[36] 집단의 문제 해결 과정은 고유한 접근 방식으로 시작하여 할당된 시간의 중간 정도까지는 이를 유지할 수 있다. 이 지점에서는 종종 그동안 집중해 왔던 활동들의 실패, 기존의 가정에 대한 재검토, 오래된 활동 패턴의 폐기, 새로운 관점의 채택, 극적인 진전 등 그동안 진행되어 온 과정에 중대한 변화가 생긴다. 이러한 중간 지점을 지난 후에는 새로운 패턴의 활동이 막판까지 유지될 수 있다. 과제의 종료 직전에 또 다른 전환이 일어날 수도 있다. 이 전환기에 집단은 완료 단계로 전환하여 작업을 마무리하기 위한 마지막 활동을 시작한다.

7-3b 팀 성과 요인 이해하기

절차적 이익
사람들이 독립적으로 일하지 않고 함께 일하기 때문에 발생하는 성과 향상.

절차적 손실
팀원 개개인이 혼자 일했을 때보다 팀의 성과가 떨어질 때 발생하는 성과 감소.

팀 효능감
목표 달성에 필요한 행동을 조직하고 실행할 수 있다는 팀의 공유된 믿음.

신뢰
다른 사람의 행동을 모니터링하거나 관찰하기 어려운 상황에서 다른 사람들이 자신의 약속을 지킬 것이라는 믿음.

팀에서 함께 일하는 사람들은 팀원들의 개별적인 노력의 단순합보다 더 많은 또는 더 높은 품질의 결과물을 만들어 낼 수 있는 잠재력을 가지고 있다. **절차적 이익**(process gain)은 사람들이 독립적으로 일하는 것이 아니라 함께 일하기 때문에 발생하는 성과 향상을 의미한다. 절차적 이익은 팀에서 일하는 목표, 즉 함께 일하는 사람들이 혼자 일할 때보다 더 많은 일을 더 잘 해내는 것을 말한다.

안타깝게도 많은 팀이 절차적 이익을 실현하지 못하고 대신 **절차적 손실**(process loss)을 경험한다. 절차적 손실은 집단이나 팀에서 함께 일하는 사람들의 성과가 개별 구성원이 혼자 일했을 때보다 낮을 때 발생한다. 절차적 손실을 줄이기 위해서는, 역할과 업무 배정을 명확히 하고 무임승차자(free riders)를 용납하지 말아야 한다. 무임승차자는 다른 사람의 업무에 의존하기 때문에 집단 성과에 기여하지 않는다. 절차적 손실을 일으키는 많은 요인을 해결하려면 팀의 업무 수행 방식에 주의를 기울여야 한다. 몇 가지 팀 성과 요인을 인식한다면, 절차에 대한 향상 가능성을 높일 수 있다. 이러한 요인 중 일부는 앞서 언급한 집단 성과 요인과 밀접한 관련이 있으며, 이 외의 다른 요인도 있다.

절차적 이익을 촉진하는 데 유용한 방법 중 하나는 팀 효능감을 개발하고 촉진하는 것이다. **팀 효능감**(team efficacy)은 목표 달성에 필요한 행동을 조직하고 실행할 수 있다는 팀의 공유된 믿음이다.[37] 팀 효능감은 특히 팀 내 상호 의존성이 높을 때 특히 팀 성과와 밀접한 관련이 있다.[38] 팀 효능감은 팀 구성원 중 적어도 일부가 스스로 강한 자기 효능감을 갖도록 하고, 팀원에게 적절한 지원과 훈련을 제공하며, 팀에 대한 자신감을 표현하고 격려함으로써 향상될 수 있다.

앞서 언급했듯이 응집성이 높은 팀의 구성원들은 팀에 남아서 최대한 기여하고 팀 규범을 준수하려는 동기를 갖는 경향이 있다. 응집성이 부족한 팀원들은 팀이나 팀 목표에 그리 강하게 헌신하지 않거나, 자신의 잠재력을 최대한 발휘하지 않기 때문에 팀 성과는 저하된다.[39] 따라서 집단과 팀의 관리자는 팀의 응집성을 증진하기 위해 노력해야 한다.

또한 관리자는 팀원들 사이에 신뢰를 구축하기 위해 노력해야 한다. **신뢰**(trust)는 특히 다른 사람의 행동을 감시하거나 관찰하기 어려운 상황에서 다른 사람이 자신의 약속을 지킬 것이라는 믿음이다.[40] 팀은 반복되는 긍정적 경험, 공유된 목표에 대한 헌신, 팀원의 필요, 동기, 아이디어에 대한 이해를 통해 팀원 간의 신뢰를 구축한다. 팀에 대한 신뢰가 부족하면 모든 팀 활동이 약화될 수 있으므로 신뢰 구축은 관리자들에게 중요한 과제이다. 업무에 대한 피드백을 자주 제공하고 대인 관계를 맺으면 다양한 팀원들이 각자의 다양성을 활용하여 절차적 이득을 창출할 수 있다.[41]

관리자는 또한 사회적 태만(social loafing)을 방지하기 위해 노력해야 한다. 실제로 사회적 태만은 절차적 손실의 주요 원인이다. 연구에 따르면 사회적 태만은 특히 사소하거나 중간 정도의 중요성을 갖는 업무에서 많이 발생한다.[42] 사회적 태만은 매우 중요한 업무[43]나 소규모 팀에서는 드물게 나타난다.[44] 사회적 태만은 팀원들이 자신의 개인적 기여가 제대로 평가받지 못할 것이라고 느끼거나, 팀 내 다른 사람들이 대신 해 줄 것으로 기대해 자신의 업무를 게을리하기 때문에 발생한다.[45]

이와 반대되는 행동은 혼자 일할 때보다 다른 사람들이 함께 있을 때 실제로 더 열심히 일하고 더 많은 동기를 부여받을 때 발생한다. 이를 **사회적 촉진**(social facilitation)이라고 하는데, 다른 사람들에게 잘 보이고 싶으며 긍정적인 자기 이미지를 유지하려는 동기가 있을 때 주로 발생한다. 사회적 촉진은 혼자 일할 때보다 관찰자가 있는 상황에서 더욱 자주 발생한다. 사람들은 때때로 다른 사람들이 보고 있다는 이유만으로,[46] 또는 평가에 대한 불안감으로 인해 집단으로 작업할 때 더 많은 노력을 기울인다.[47]

사회적 촉진
다른 사람에게 잘 보이고 싶은 동기가 있고 긍정적인 자기 이미지를 유지하고자 할 때 발생.

따라서 팀 규모를 가급적 작게 유지하고, 각 팀원에게 기대하는 바를 명확히 하며, 팀에 대한 개인의 기여를 식별할 수 있도록 하면 사회적 태만을 줄이고 사회적 촉진을 장려하는 데 도움이 된다.[48] 예를 들어, 어떤 팀원에게 회의 후 이틀 내에 회의록을 팀과 공유하라는 책임을 부여하면, 이 책임을 맡은 팀원이 회의록을 작성하여 배포할 가능성은 높아진다. 팀원에게 자신이 담당할 업무를 선택하게 하면 업무 완수에 대한 동기가 높아질 수 있다.

또한, 관리자는 팀원들의 명확한 역할을 설정해야 한다. **역할**(role)은 각 팀원이 맡은 직책에 따라 수행해야 하는 행동과 업무를 정의한다. 집단 및 팀 개발의 주요 결과 중 하나는 팀 내에서의 명확한 역할을 정립하는 것이다. 팀원들이 자신에게 기대되는 역할과 다른 팀원들에게 기대하는 역할이 무엇인지 이해하면 팀원 간 갈등이 줄어들고 원활한 팀 성과가 가능해진다. 팀의 역할과 기대치를 명확히 하면 절차적 손실을 줄이는 데도 도움이 된다.

역할
각 팀원이 맡은 직책에 따라 수행해야 하는 행동과 업무.

긍정적인 규범을 확립하는 것도 중요하다. 규범은 팀원들이 서로에게 무엇을 기대해야 하는지 알 수 있도록 도와줌으로써 높은 성과를 보장하는 데 도움이 된다. 긍정적인 팀 규범의 예로는, 회의가 열릴 시에, 준비된 상태로 정시에 회의에 도착하여 적극적으로 참여하는 것을 들 수 있다. 팀원들은 다음과 같은 이유로 규범을 준수한다. (1) 처벌을 피하고 보상을 받기 위해, (2) 자신이 좋아하고 존경하는 팀원을 본받기 위해, (3) 규범을 내면화하고 그것이 적절한 행동 방식이라고 믿기 때문에 규범을 따른다.[49]

관리자는 가능하다면, 공유된 팀 목표를 만들고 피드백(feedback)을 제공해야 한다. 성과가 높은 팀(high-performing team)일수록 모든 팀원이 헌신할 수 있는 명확하고 도전적인 목표를 세우고, 스스로 측정할 수 있는 하위 목표와 지표(milestone)들을 만든다. 성과가 부진할 경우, 피드백은 팀의 목표 달성을 위해 현재 수행되고 있는 행동과 프로세스를 신속하게 조정하는 데 도움을 준다.[50] 한국 스타벅스(Starbucks)에서는 남녀 직원이 서로 다른 업무를 수행하고 있으며, 여성이 바닥 청소와 설거지 등 소위 '전통적인' 업무를 전부 수행하고 있다는 사실에 주목했다. 이러한 문제를 해결하고 보다 통합된 팀 접근 방식으로 나아가기 위해 스타벅스는 그때까지 여성이 주로 수행하던 업무를 중심으로 팀 공동 목표를 설정하였고, 남녀 구분 없이 종업원들이 이러한 업무를 수행하도록 장려했다.[51]

효과적인 팀워크 행동에 동기를 부여하기 위한 또 다른 방안은 팀 보상(team rewards)이다. 팀 보상을 팀 성과와 연계하면 팀원들이 개인 목표가 아닌 팀 목표를 추구하도록 동기를 부여한다.[52] 팀워크가 원활히 이루어지기 위해서는 기업이 보상 및 보상 프로그램의 중점을 개인 보상에서 팀 보상으로 전환할 것을 요구 받는다. 개인 보상은 자신의 전문 지식을 자유롭게 공유하면서, 다른 팀원들에게 도움을 주며, 팀의 발전을 위해 노력하는 효과적인 팀 플레이어에게 제공되어야 한다.

개인의 성과에만 보상을 주는 스타(star) 시스템은 팀의 효과성을 저해한다.

팀에 특히 중요한 개인적 기여를 한 팀원에게는 일부 개별 보상이 적절할 수 있지만, 대부분의 보상은 팀 차원에서 이루어져야 한다. 관리자는 새로운 팀원을 통합하는 것이 중요하다는 점을 기억해야 한다. 팀원들의 이직은 팀의 효율성을 저해하므로 새로운 팀원들을 적극적으로 통합하고 사회화해야 한다.[53] 이러한 신규 팀원 통합 및 사회화 과정에서 리더의 역할은 매우 중요하다. 새로운 팀원을 통합하기 위해서는, 공동의 목표에 대한 헌신, 긍정적인 정서, 팀 프로세스 형성과 같은 요인을 촉진하여 모든 팀원에게 동기를 부여하는 것이 필요하다. 팀 사회화(team socialization)는 팀원들을 팀과 팀 미션에 연결하는 정서적 유대감을 형성하고 신뢰와 공동체 의식을 구축하는 데 도움이 된다. 기존 팀원들이 시간과 노력을 들여 새 구성원을 팀에 통합시키지 않으면 팀의 응집성이 떨어지고, 새로운 구성원은 자신의 잠재력을 최대한 발휘할 수 없어서 팀에 대한 헌신도가 떨어질 가능성이 높다.

7-3c 실행 프로세스

조직 전반에 걸쳐 팀제를 실행하는 것은 쉽지 않으며 많은 노력과 시간과 훈련 및 인내가 필요하다. 실제로 전통적인 조직 구조에서 팀 기반 구조로 전환하는 것은 조직의 큰 변화이며, 조직 문화의 전면적인 변화를 필요로 한다. 일반적으로 조직은 명확한 방향 설정과 통제를 위해 계층적으로 설계된다. 하지만 조직은 역동적인 환경에 신속하게 대응할 수 있어야 한다. 기존 절차에 인위적으로 부과된 팀 절차에만 의존하는 것은 재앙의 지름길이다. 본 절에서는 조직을 팀 기반으로 변화시키는 데 필요한 몇 가지 필수 요소를 제시한다. 이 절차는 **그림** 7-4에 나와 있다.

1단계: 시작

1단계에서는 팀원들을 선발하고, 업무를 시작할 준비를 함으로써 팀이 성공할 수 있는 최상의 기회를 갖도록 한다. 초기 교육의 대부분은 정보 제공 또는 '인지(awareness)' 교육으로, 최고 경영진이 팀의 성공에 대한 확고한 의지를 가지고 있으며, 결코 한 번 실험해 보는 것이 아니라는 메시지를 전달한다. 일반적으로 운영 위원회에서 훈련을 시작하고, 이를 통해 정보가 팀원들에게 전달된다. 훈련을 통해 팀 기반 조직으로 전환해야 하는 이유, 팀 선정 방법, 팀 업무 방식, 팀의 역할과 책임, 보상 및 고용 안정에 대한 내용이 전달된다. 일반적으로 훈련은 팀의 업무를 수행하는 데 필요한 기술, 팀이 조직 내에서 기능하는 데 필요한 관리 기술, 팀원 및 조직 전반에서 다른 사람들과 협력하는 데 필요한 대인 관계 기술을 다룬다. 때로는 이러한 대인 관계 기술이 중요할 수 있다. 팀 훈련에서는 '관리' 그 자체보다는, '다르게 관리되는' 것이라는 생각을 확립하는 것이 중요하다. 새로 결성된 팀의 경우에는 스스로를 관리한다는 데 차이가 있다. 팀 경계(team boundaries)도 파악해야 하고, 사전에 수립된 예비 계획을 팀 상황에 맞게 조정하는 작업도 필요하다. 일반적으로 종업원들이 처음 몇 달 동안 많은 변화가 일어나고 있다고 느끼면서 열의가 고조되고 상당히 긍정적인 기대감을 갖는다. 변화에 대한 이러한 초기 열정으로 인해 팀별 성과는 시작과 동시에 증가한다.

그림 7-4
팀 구현의 단계

조직에서 팀을 구현하는 것은 길고 힘든 과정이다. 팀 도입이 결정되면 운영 위원회는 전체 프로세스를 계획하는 설계팀을 위한 계획을 수립한다. 목표는 팀이 스스로 관리할 수 있도록 하는 것이다. 각 단계에 걸리는 시간은 조직에 따라 다르다.

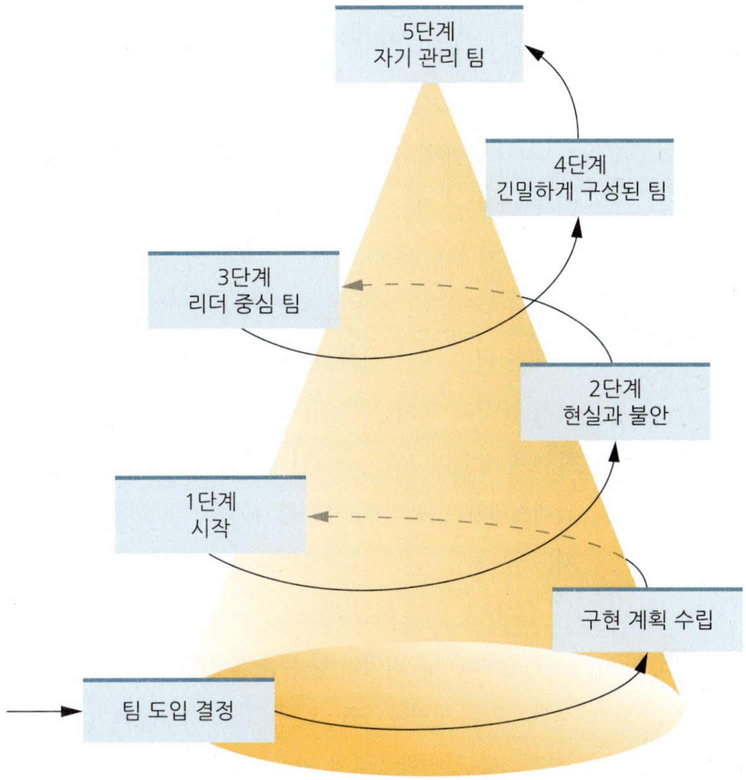

2단계: 현실과 불안

약 6~9개월이 지나면 팀원과 관리자는 새로운 상황이 가져오는 모호함으로 인한 좌절감과 혼란을 호소한다. 종업원들에게는 새로운 방식이 제시하는 기회에 대한 희망보다는, 결코 익숙하지 않은 업무, 더 많은 책임감, 고용 안정에 대한 걱정이 더 커진다. 모든 훈련과 준비가 중요하기는 하지만, 앞으로 다가올 폭풍과 반발에 대비하기에는 결코 충분하지 않다. 커민스 엔진 컴퍼니(Commins Engine Company)는 종업원들과 관리자들이 앞으로 닥칠 어려움에 대비할 수 있도록 수많은 '예측 워크숍(prediction workshop)'을 개최했지만 효과가 없었다. 이 회사의 종업원들도 다른 회사의 직원들과 별 다르지 않은 문제들을 보고하였다. 여기에 대한 가장 좋은 방안은 1단계를 매우 잘 수행한 상태에서, 관리 책임자를 분명히 하고, 관련된 모든 사람의 역할과 책임을 명확히 규정하도록 계속 노력하며, 이를 통해 긍정적인 행동이 일어나도록 강화하는 것이다.

일부 관리자들은 새로 구성된 팀으로부터 완전히 동떨어져 팀이 스스로 관리하도록 하는 것이 팀 구현의 전부라고 여기는 실수를 저지르기도 한다. 실제로 관리자는 적극적으로 팀원들을 격려하고, 팀 성과를 관찰하며, 팀 간의 중개자 역할을 하고, 팀이 필요한 리소스를 확보하도록 지원하면서 올바른 유형의 커뮤니케이션을 촉진해야 한다. 또한 때로는 팀의 실패를 보고 싶어 하는 방해자들로부터 팀을 보호하기 위해 앞장서야 한다. 그러나 관리자 역시 불안과 혼란을 느낀다. 관리자들이 옹호하는 변화는 그들의 업무 부담을 가중시킨다. 또한, 적어도 팀 결성 초기에는 업무나 프로젝트가 완료되지 않거나 주문이 제때 배송되지 않을 수 있으며, 이로 인해 자신들이 비난받을 수 있다는 실질적인 위협이 존재한다.[54] 관리자들은 또한 팀원들 자신이 지금 무엇을 하고 있는지 모르기 때문에 여전히 팀에 개입하여 문제를 해결해야 한다.

3단계: 리더 중심의 팀

이전 단계에서 경험했던 불편함과 좌절감이 최고조에 달할 때, 팀원들은 대개 기존에 경험했던 관리자 중심 조직 구조와 유사한 시스템을 갈망한다(**그림 7-4** 참조). 하지만 팀원들이 팀 내에서 자기 주도성과 리더십에 대해 학습하면서, 보통 팀 내 한 명의 리더에게 집중하기 시작한다. 또한 구성원들이 스스로를 관리하는 방법을 배우고, 팀을 하나의 단위로 생각하기 시작한다. 관리자는 팀 단위 조직이 갖는 긍정적인 가능성을 느끼기 시작하고, 부서의 일상적인 운영에서 서서히 물러나 팀의 표준, 규정, 시스템, 자원에 집중하기 시작한다.[55] 따라서 이 단계는 팀이 진화하는데 장애가 되는 것처럼 보일 수 있지만, 내부 리더 한 명의 부상과 그에 대한 의존은 기존의 위계질서와 전통적인 권한에 집중하는 것에서 벗어나려는 것이기 때문에, 팀 개발에 장애가 되지는 않는다.

설계 및 운영 위원회(design and steering committee)는 이 단계에서 두 가지를 확실히 해야 한다. 첫째, 강력한 팀 리더의 등장을 장려해야 한다. 새로운 리더는 회사에서 임명할 수도 있고 팀에서 자체적으로 선임할 수도 있다. 최고 경영진은 팀 전환을 통해 생산이 계속될 것이라는 가정 하에, 팀 리더를 임명함으로써 얻을 수 있는 추가적인 통제권을 선호하는 경우가 있다. 반면, 회사에서 임명한 리더가 이전에 관리자와 같은 사람인 경우, 팀원들은 실제로 달라졌다고 생각하지 않을 것이다. 반면, 팀에서 선임한 리더가 적절한 리더십 교육을 받지 않았고 팀의 목표를 제대로 수행하지 않는다면 문제가 될 수 있다.

팀에서 선임한 리더가 비효율적일 경우, 일반적으로 팀에서는 이 문제를 인식하고 팀을 정상 궤도에 올려놓는 데 필요한 조정을 하게 된다. 팀 리더십과 관련한 또 다른 가능성은 분기, 월, 주 또는 일 단위로 직책을 교체하는 리더의 순환제(rotating system)이다. 리더 순환제는 팀원 모두의 전문적 성장을 촉진하고 팀의 자기 관리 역량을 강화한다.

이 단계의 두 번째 중요한 과제는 각 팀이 고유한 정체성을 개발하도록 돕는 것이다. 성숙한 팀이 활동하는 모습을 관찰하기 위해 관리자들이 팀을 방문하는 것은 새로 구성된 팀에게 좋은 단계가 될 수 있다. 좋은 성과를 낸 팀과 개인을 표창하는 것은 항상 큰 힘이 되며, 특히 팀이 표창 대상자를 선정할 때 더욱 그렇다. 문제 해결 단계, 도구, 기법에 대한 지속적인 교육은 필수적이다. 관리자는 가능한 한 많은 문제 해결 기회를 팀 수준까지 내려 보내야 한다. 끝으로, 팀 정체성이 발전함에 따라 팀은 사교 활동을 전개하고 티셔츠, 팀 이름, 로고 및 기타 정체성을 과시할 수 있는 아이템을 개발한다. 이 모든 것이 팀이 다음 단계로 나아가고 있다는 확실한 신호이다.

4단계: 긴밀하게 구성된 팀

팀 구현의 네 번째 단계에서는 다른 팀과 조직 전체에 해가 될 수도 있을 정도로 내부에 집중하는 긴밀한 팀이 형성된다. 이러한 팀은 대개 모든 것을 할 수 있다는 자신감이 넘친다. 팀 자체적으로 문제를 해결하고, 일정과 자원을 관리하고, 내부 갈등을 해결한다. 하지만 외부 팀과의 소통이 감소하기 시작하고, 실적이 저조한 팀원을 감싸고, 다른 팀과의 경쟁 관계가 악화되어 건전하지 않은 경쟁으로 이어질 수 있다.

4단계에 내재된 강렬한 팀 충성심과 고립의 위험을 피하기 위해 관리자는 팀이 지금까지 번창할 수 있었던 일들을 계속할 수 있도록 해야 한다. 첫째, 팀 대표들이 돌아가며 정기적으로 만나는 협의회를 통해 다른 팀과의 소통 채널을 열어 두는 동시에, 다른 팀과 소통하고 협력하는 팀에게 보상을 제공할 필요가 있다. 코네티컷에 있는 디지털 이큅먼트(Digital Equipment)의 공장에서는 매주 팀 대표들이 모여 성공 및 실패 사례를 공유함으로써 전사적으로 문제를 예방하고 팀 운영을 개선할 방안을 찾는다.[56] 둘째, 경영진은 성과에 대한 최신 정보를 제공하는 작업장 내 컴퓨터 단말기 혹은 정기적으로 개최되는 회의를 통해 성과에 대한 피드백을 제공한다. TRW의 공장에서는 경영진이 4단계에서 동료 성과 평가를 도입하였다. 이 단계에서는 팀 자체적으로 이와 같은 관리 업무를 수행할 준비가 되어 있기는 했지만, 실제로 평가를 수행하고 전달하는 방법을 익히기 위해서는 상당한 훈련이 필요하다는 사실을 발견했기 때문이었다. 셋째, 관리자들은 사전에 마련된 계획에 따라 권한과 책임을 팀에게 이양하고 모든 팀원들이 팀 업무 수행에 필요한 기술에 대한 훈련을 실시해야 한다. 4단계가 끝나면 팀은 스스로 관리할 책임을 부담할 준비가 되어 있어야 한다.

5단계: 자기 관리 팀

5단계는 지난 수개월 또는 수년간의 계획하고 실행해 온 최종 결과다. 성숙한 팀은 성과 목표를 달성하거나 심지어는 초과 달성할 것이다. 여기서는 모든 팀원들이 팀 리더십 기능을 공동으로 책임지고 있다. 관리자와 감독자는 일상적인 업무에서 물러나 팀을 위한 계획과 상담을 제공한다. 아마도 가장 중요한 것은, 성숙한 팀은 지금보다 나은 개선을 위해 새로운 아이디어를 받아들이고, 필요에 따라 구성원, 역할, 업무를 변경하기도 하며, 조직의 전략적 목표를 달성하기 위해서라면 필요한 어떠한 것이라도 수행할 수 있을 정도로 유연하다는 점일 것이다. 팀이 성숙하고 잘 운영되고 있다고 하더라도 팀이 계속 궤도에 오르기 위해서는 몇 가지 조치가 필요하다. 무엇보다도 첫째, 개인과 팀은 직무 기술, 팀 및 대인 관계 기술에 대한 훈련을 지속적으로 받아야 한다. 둘째, 팀의 발전과 생산성을 촉진하기 위한 지원 시스템을 지속적으로 개선해야 한다. 셋째, 팀은 항상 조직 내의 내부 고객 및 공급 업체들과의 관계를 개선해야 한다. 조직 내 팀 간 파트너십은 조직 내부 팀이 외부 고객의 요구를 지속적으로 충족하는 데 도움이 될 수 있다.

7-4 팀 관리

팀을 지속적으로 관리하려면 추가적인 통찰력이 필요하다. 여기에는 팀의 혜택과 비용에 대한 이해, 팀의 효과적인 성과 촉진, 팀워크 역량 파악 및 개발이 포함된다.

7-4a 팀제의 장점과 단점에 대한 이해

전 세계적으로 팀제의 인기가 급격히 높아지면서 일부 조직에서는 단순히 남들이 다 하니까 팀

표 7-2
조직에서 팀제의 장점

분야	종류	예시
성과 향상	생산성 향상	암팩스: 정시 배송이 98%증가
	질적 향상	케이슈즈: 백반 선낭 불량 건수가 5,000건에서 250건으로 감소
	고객 서비스 향상	이스트만: 생산성 70% 증가
직원 만족	삶의질 향상 스트레스 감소	밀워키 뮤츄얼: 직원 지원 프로그램 사용률이 업계 평균보다 40% 낮은 수준으로 감소
비용 감소	이직, 결근, 근무 중 부상 감소	코닥: 이직 50%감소 택사스 인스트루먼트: 비용 50%이상 절감 웨스팅하우스: 비용 60% 절감
조직 향상	혁신성, 유연성 증가	IDS 뮤추얼 펀드 운영: 시장 활동의 변동에 대처할 수 있는 유연성 향상 휴렛팩커드: 혁신적인 주문 처리 시스템

Sources: Examples derived from Katzenbach, J., & Eisenhardt, K. (2013). *HBR's 10 Must Reads on Teams*. Boston: Harvard Business School Press; Gustafson, P., & Liff, S. (2014). *A Team of Leaders: Empowering Every Member to Take Ownership, Develop Initiative, and Take Ownership*. New York: AMACOM; and McChrystal, S., & Collins, T. (2015). *Team of Teams: New Rules of Engagement for a Complex World*. New York: John Wiley and Sons.

제를 도입하는 경우가 있으나, 이는 명백한 잘못이다. 회사가 팀을 만드는 이유는 해당 조직에 팀제가 적합하기 때문이어야 한다. 모든 조직에서 팀을 시작하는 가장 분명한 이유는 팀 기반 환경에서 얻을 수 있는 성과 향상, 직원 복리 후생, 비용 절감, 조직 개선 등 긍정적인 이점 때문이다. 네 가지 장점 분야와 몇 가지 예가 표 7-2에 나와 있다. Case Study에서는 또 다른 예를 소개한다.

Case Study

아이디오의 팀워크

아이디오(IDEO)는 국제적 수상 경력에 빛나는 디자인 회사이다.[57] 매년 심리학자, 기계공학자, 생물학자, 산업 디자이너로 구성된 팀이 애플(Apple)의 첫 컴퓨터 마우스부터 심장 제세동기, 깔끔한 치약 튜브에 이르기까지 다양한 프로젝트를 진행하고 있다.

아이디오의 기업 철학은 팀워크가 혁신과 창의성을 향상시킨다는 것이다. 집단 브레인스토밍은 한 번에 많은 새로운 아이디어를 도출하는 데 사용된다. 프로젝트 팀은 구성원들의 기술을 활용하고 함께 문제를 해결함으로써 아이디어를 공유하고 개선한다. 다양한 분야로 구성된 팀의 다양성이 더 높은 품질과 더 빠른 혁신을 가능하게 한다고 믿는다.[58]

프로젝트에 관계없이 아이디오 팀은 동일한 절차를 사용한다. 먼저 유사한 제품과 경험을 파악한 다음, 이를 사용하는 사람들을 관찰한다. 그런 다음 팀은 연구와 관찰을 바탕으로 고객의 문제에 대한 혁신적인 솔루션을 시각화, 평가, 개선 및 구현한다. 아이디오 팀원들은 지위나 공식적인 직함이 없으며, 모든 팀원이 동등하게 존중받는다.[59]

질문

1. 팀워크가 아이디오의 혁신에 어떤 영향을 미치는가?
2. 다양성은 아이디오에서 팀워크의 효율성에 어떤 영향을 미치는가?
3. 아이디오에서 프로젝트 팀을 구성할 때 어떤 특성을 중요하게 생각하는가?

성과 향상

성과 향상(enhanced performance)은 생산성과 품질의 향상, 고객 서비스 개선 등 다양한 형태로 나타날 수 있다. 팀으로 일하면 직원들의 노력 낭비를 피할 수 있고, 오류를 줄이며, 고객에게 더 잘 대응할 수 있어 인력 투입 단위당 생산물을 더 많이 얻을 수 있다. 이러한 향상은 새로운 방식으로 개인의 노력을 모으고 팀의 이익을 위해 지속적으로 개선하려는 노력의 결과이다.[60] 예를 들어, 노스캐롤라이나에 있는 제너럴 일렉트릭(General Electric) 공장은 팀제를 도입한 후 생산성이 20%나 증가했다. 케이슈즈(K Shoes)는 팀제를 도입한 후 생산성이 19% 증가했고 제조 공정에서의 불량률이 크게 감소했다고 한다.

비용 절감

권한을 부여받은 팀은 불량품과 실수를 줄이고, 근로자 보상 청구 건수, 결근 및 이직률을 감소시키는 등 팀제를 기반으로 하는 조직에서는 상당한 비용 절감(reduced cost) 효과를 보고 있다. 팀원들은 자신이 성과에 대한 이해관계를 느끼며, 성과에 대한 가치를 인정받기 위해 팀 성과에 기여하고 싶어 하고, 팀에 헌신하며, 결코 다른 팀원들을 실망시키고 싶어하지 않는다. 윌슨(Wilson)의 스포츠용품은 팀제를 실시한 덕분에 5년 동안 매년 천만 달러를 절감했다고 보고하였다. 콜게이트-팜모라이브(Colgate-Palmolive)는 팀 기반 방식으로 바꾼 후 기술자들의 이직률이 획기적으로 낮아져 기술자의 90%가 5년 이상 유지되었다고 보고했다.

조직에서의 추가적인 이점

위계적이고 지시적인 문화에서 팀 기반 문화로 전환함으로써 얻을 수 있는 또 다른 이점으로는 혁신, 창의성, 유연성 증가 등이 있다.[61] 팀을 활용하면 대규모 조직에서 중복된 관료주의 계층을 없애고 계층 구조를 수평화할 수 있다. 종업원들은 최고 경영진과 더 가깝고 친밀하게 소통할 수 있다. 자신의 노력이 중요하다고 생각하는 직원들은 더 큰 기여를 할 가능성이 높다. 또한 팀제는 팀원들이 창의적으로 문제를 혁신하고 해결하도록 끊임없이 요구한다. 권한이 부여된 팀은 기존의 방식이 효과가 없을 경우 이를 버리고 새로운 방식을 자유롭게 개발할 수 있다. 글로벌 경쟁이 치열해지면서 조직은 변화에 발맞춰 끊임없이 적응해야 한다. 팀제는 신속하게 대응할 수 있는 유연성을 제공한다. 모토로라(Motorola)가 팀제를 도입한 초기에 존재했던 한 팀에서는 중요 부품의 주기 시간을 단축하고 배송을 개선하기 위해, 공급 업체 선정과 관련한 최고 경영진의 오랜 정책에 이의를 제기했다. 몇 번의 시도 끝에 경영진은 마침내 이 팀이 시스템을 변경하도록 허용했고, 결과적으로 기대했던 효과를 거두었다.

직원 만족

직원들은 팀 환경에서 많은 혜택을 누리는 경향이 있다. 베이비붐 세대(baby-boomer)와 '포스트부머(postboomer)' 세대의 일에 대한 태도, 삶에 대한 중요성, 그리고 원하는 것의 차이에 많은 관심이 집중되고 있다. 일반적으로 젊은 근로자는 자신의 업무와 조직에 대한 만족도가 낮고, 권위와 감독에 대한 존중도가 낮으며, 급여 이상의 무엇인가를 원하는 경향이 있다. 팀제는 현재 근로자들이 추구하는 자기 통제감(self-control), 인간의 존엄성, 업무와의 일체감, 자존감 및 자기 성취감을 제공할 수 있다. 팀제는 기존의 위계적이고 관리자 중심적인 시스템에 의존하는 대신, 직원들이 스스로를 관리하고, 업무에 대한 결정을 내리고, 주변 세상을 실제로 변화시킴으로써 스스로 성장하고 존중과 존엄성을 얻을 수 있는 자유를 제공한다.[62] 결과적으로 직원들은 더 나은 직장 생활을 할 수 있고 직장에서 받는 스트레스를 줄일 수 있다.

팀제의 비용

팀제가 발생시키는 비용은 일반적으로 팀 기반 조직으로 변경하는 데 따르는 어려움으로 표현된다. 특히 전통적인 계층적 관리 철학하에서 관리 기술을 개발해 온 관리자들은 코치(coaches) 및 촉진자(facilitators)로서의 새로운 역할에 대해 좌절감과 혼란을 표했다. 일부 관리자들은 팀에게 점점 더 많은 감독 업무를 넘기면서 마치 자신이 실직을 당한 것 같이 느낀다고 한다.

종업원들 또한 팀 문화로 변화하는 과정에서 자신을 패배자라고 느낄 수 있다. 기술 자문 직원과 같은 일부 전통적인 직원 집단은 기술자가 수행하던 기술적인 업무를 팀이 점점 더 많이 수행함에 따라 자신의 일자리가 위태로워진다고 느낄 수 있다. 이러한 상황에서는 기술 분야 직원을 위한 새로운 역할과 급여 체계를 개발해야 할 수도 있다. 종종 기술 인력이 팀 또는 소규모 팀에 배정되어 팀 활동에 참여하는 구성원이 되는 경우가 있다.

팀제의 또 다른 비용은 전체 팀 개발 프로세스의 속도가 정체된다는 점이다. 이 장의 다른 곳에서 설명한 것처럼, 팀이 전체 개발 주기를 거쳐 성숙하고 효율적이며 효과적인 팀이 되는 데는 오랜 시간이 걸린다. 새로운 팀 시스템의 긍정적인 효과가 나타나기 전에 생산성이 떨어질 수도 있다. 최고 경영진이 더딘 진척에 조바심을 내면 팀이 해체되어 조직이 원래의 계층적 형태로 되돌아가고 직원, 관리자, 조직 모두 상당한 손실을 입을 수 있다.

아마도 팀제의 가장 위험한 비용은 팀 기반 조직으로의 변화를 조기에 포기하는 것이다. 최고 경영진이 조급해 져서 팀 변화 프로세스를 조기에 중단하고 팀이 충분히 발전하고 혜택을 실현하지 못하도록 방치하게 되면 종업원, 중간 관리자, 경영자들이 그동안 기울였던 모든 노력이 물거품이 된다. 그 결과 경영진 전반과 특히 의사 결정권자에 대한 직원들의 신뢰가 떨어질 수 있다.[63] 생산성과 효율성의 손실은 회복하기 매우 어려울 정도로 커질 수도 있다. 따라서 경영진은 팀 기반 조직으로의 변화에 전적으로 헌신해야 한다.

7-4b 효과적인 성과 촉진

이 장에서는 팀의 여러 가지 장점과 팀 기반 조직으로 변경하는 프로세스에 대해 설명했다. 팀제는 소규모 및 대규모 조직, 현장과 사무실, 전 세계 모든 국가에서 활용할 수 있다. 팀은 사업성과향상을 목적으로 시작되어야 하며, 적절한 계획과 실행 전략을 활용해야 한다. 이 단락에서는 팀 기반 조직으로 전환할 때 간과해서는 안 되는 세 가지 필수적인 이슈에 대해 설명하고자 한다.

최고 경영진의 지원

팀제를 도입할 때 어디서부터 시작해야 할지에 대한 질문은 사실 전혀 문제가 되지 않는다. 모든 성공적인 팀 구현의 변화는 최고 경영진에서 시작된다. 최고 경영진은 세 가지 중요한 역할을 수행해야 한다. 첫째, 최고 경영진은 사업 성과와 관련된 이유로 팀 기반 조직으로 전환하기로 결정해야 한다. 유행이라고 해서, 상사가 팀에 관한 세미나에 다녀왔다고 해서, 급한 일이 있다고 해서 팀제로의 전환과 같은 대대적인 문화적 변화가 추진되는 것은 바람직하지 않다. 둘째, 변화의 목적을 조직의 나머지 구성원에게 전달하는 데는 최고 경영진이 중요한 역할을 한다. 셋째, 어려운 시기에는 최고 경영진이 변화의 노력을 지원해야 한다. 앞서 설명한 것처럼 팀 실행 초기에는 일반적으로 성과가 저하된다. 최고 경영진의 지원에는 팀원들을 구두로 격려하는 것도 포함될 수 있지만 팀을 위한 조직적인 지원 시스템도 필요하다. 팀을 위한 지원 시스템의 예로는 보다 효율적인 재고관리 및 일정계획 시스템, 더 나은 채용 및 선발 시스템, 개선된 정보 시스템, 적절한 보상 시스템 등이 있다.

시간 축에 대한 이해

조직에서 팀제를 도입할 때 너무 많은 것을 너무 빨리 기대하는 경우가 많다. 실제로 상황이 나아지기도 전에 오히려 악화되는 경우도 많다.[64] **그림 7-5**는 팀제를 도입한 직후에는 팀 성과가 하락했다가 반등하여 원래 수준 이상으로 상승하는 과정을 보여 준다. 미네소타주 미니애폴리스에 있는 금융 서비스 회사인 Investors Diversified Services(현재는 아메리칸 익스프레스의 일부)의 경영진은 팀제로 전환을 위한 계획 수립에 3~4개월이 소요될 것으로 예상했다. 하지만 실제 계획 수립에는 8개월 반이나 걸렸다.[65] 성과 수준이 최소한 팀 구성 이전 수준으로 회복되기까지는 1년 이상이 걸리는 경우가 많다. 적절한 계획 없이 팀을 시행하면 성과가 이전 수준으로 회복되지 않을 수도 있다. 성과 개선에 오랜 시간이 걸리는 것은 팀에 대한 유행에 반응하여 즉각적인 성과를 기대했던 관리자에게 실망감을 안겨 줄 수 있다.

이전 단락에서 설명한 바 있는 실행 단계는 팀 성과 곡선 상의 주요 지점에 해당한다. 1단계에서는 팀에 대한 기대와 열정으로 인해 성과가 약간 상승하는 경우도 있지만, 일반적으로 이 단계

그림 7-5
팀의 성과 및 구현

팀 성과 곡선은 현실이 닥치면 처음에는 성과가 떨어지고 팀원들이 좌절과 불안을 경험한다는 것을 보여 준다. 그러나 팀이 성숙하고 스스로 관리할 수 있게 되면 곧 성과가 증가하여 기록적인 수준으로 올라간다.

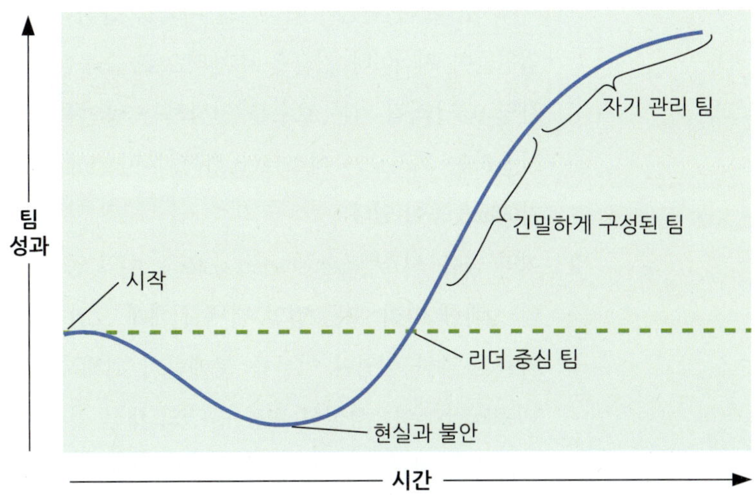

에서의 성과는 보통 수준이다. 2단계인 현실과 불안의 시기에는 훈련 프로그램에 대한 실망과 최고 경영진의 방향 제시가 부족하여 혼란과 좌절을 겪으면서 실제 성과가 하락할 수 있다. 3단계에서는 리더 중심으로 팀이 운영되면서 팀단위의 아이디어 발굴에 더욱 익숙해지고, 업무에 다시 집중하게 된다. 이처럼 3단계에서는 내부 리더의 지도력이 재정립된다. 따라서 성과는 대개 이전 수준으로 회복된다. 4단계에서는 팀이 팀워크의 진정한 잠재력을 경험하면서 이전 수준 이상의 성과를 낸다. 마지막으로 5단계에서는 자기 관리 팀이 성숙하고, 유연해지면서 일반적으로 최고의 성과를 낸다.

팀 기반으로 변화하는 조직은 이러한 변화에 수반되는 시간과 노력을 인식할 필요가 있다. 즉각적이고 긍정적인 결과에 대한 기대는 실망으로 이어질 수 있다. 리더 중심 단계와 팀 중심 단계 사이에서 성과가 가장 빠르게 증가하는 이유는, 팀이 어렵고 성과가 낮은 단계를 극복할 수 있는 훈련을 받고, 독립성과 자유에 기반하여 스스로 업무에 대한 결정을 내릴 준비가 되었기 때문이다. 팀원들은 서로에게, 그리고 팀의 성공을 위해 깊이 헌신하고 있다. 경영진은 5단계에서 팀이 조직의 전략적 목표에 집중할 수 있도록 해야 한다.

조직적 보상의 변화

직원에게 보상을 제공하는 방식은 조직의 장기적인 성공에 매우 중요하다. 개인의 동기부여에 적합한 기존의 보상 시스템은 팀 기반 조직에는 적합하지 않다. 기존 환경에서는 일반적으로 직원의 개인 성과, 연공서열 또는 직급에 따라 보상을 받는다. 그러나 팀 기반 상황에서는 팀원들이 일반적으로 팀 성과 목표를 달성하는 데 필요한 다양한 기술을 습득한 것에 대해 보상을 받으며, 때로는 팀 성과에 따라 보상을 받기도 한다. 이러한 보상 시스템은 팀이 변화하는 환경 요인에 대응하는 데 필요한 유연성을 촉진하는 경향이 있다. 팀 환경에서는 지식 기반 보상, 이익 공유 시스템, 팀 성과급의 세 가지 유형의 보상 시스템이 일반적이다.

1. 지식 기반 보상(skill-based pay): 지식 기반 보상 시스템에서는 팀원들이 특정 팀에 필요한 핵심 기술과 경력 단계 또는 팀의 필요에 따라 특수적 지식을 추가적으로 습득해야 한다. 일부 조직에서는 모든 팀원이 핵심적인 기술을 습득해야만 추가 급여를 받을 수 있다. 예를 들어, 종업원들이 지식이나 기술을 추가적으로 습득할 때마다 고정된 최대 금액에 도달할 때까지 시간당 0.5달러씩 기본 보수를 인상하는 방안을 생각해 볼 수 있다. 기술 기반 급여 시스템을 사용하는 회사로는 이스트만 화학회사(Eastman Chemical Company), 콜게이트-팔모라이브, 화이자(Pfizer) 등이 있다.
2. 이익 공유 시스템(gain-sharing system): 이익 공유 시스템은 일반적으로 조직, 부서 또는 공장의 성과에 따라 모든 팀의 전 팀원에게 보상을 제공한다. 이러한 시스템에서 팀원들이 기준치를 초과한 이익의 일부를 분배받기 위해서는 기준 실적을 초과해야 한다. 웨스팅하우스(Westinghouse)는 생산성, 비용, 품질의 개선 성과에 따라 공장 내 모든 직원에게 동일한 금액을 지급한다. 직원들이 회사를 위해 더 열심히 일한 결과로서 자신이 창출한 이익을 공유하는 데 대해 직원들의 반응은 대체로 긍정적이다. 반면에 사업의 상황 및 기타 통제할 수 없는 요인으

로 인해 사전 설정된 기준치 이상의 개선이 불가능한 경우, 직원들은 실망감을 느끼고 심지어 제도에 환멸을 느낄 수도 있다.

3. 팀 성과급(team bonus plan): 팀 성과급은 성과 및 급여의 단위가 공장, 부서 또는 조직 전체가 아닌 팀이라는 점을 제외하면 이익 공유 플랜과 유사하다. 각 팀에는 팀에서 현실적이라고 생각하는 구체적인 성과 목표 또는 기준 측정값이 있어야 계획이 효과적이다. 팀 성과급을 사용하는 회사로는 밀워키 보험회사(Milwaukee Insurance Company), 콜게이트-팔모라이브, 해리스(Harris Corporation) 등이 있다.

Michaeljung/Shutterstock.com

팀 활용을 늘리는 조직은 보상 시스템을 변경해야 할 가능성이 높다. 예를 들어, 이 조직은 업무 팀의 높은 성과를 인정하고 보상하고 있다. 과거에는 이 조직은 개인의 성과에 더 중점을 두었다.

조직 보상 시스템의 변화는 대부분의 직원에게 충격 혹은 위협이 될 수 있다. 하지만 보상 시스템을 업무 조직 및 성취 방식에 맞추는 것은 매우 긍정적인 효과를 가져올 수 있다. 제시된 세 가지 유형의 팀 기반 보상 시스템은 간편성을 위해 어느 하나의 제도를 단독으로 사용할 수도 있고, 조직이 가진 고유한 유형의 문제를 해결하기 위해 이 세가지를 조합하여 사용할 수 있다.

7-4c 팀워크 역량

효과적인 팀이 되기 위한 토대 중 하나는 팀원으로 선발된 사람들의 특성이다. 업무 성과에 기여할 수 있는 대인 관계 기술과 역량을 갖추고, 팀 환경에서 업무를 잘 수행할 수 있는 사람들을 팀에 배치하는 것이 중요하다. 팀워크 능력은 다음과 같다.[66]

1. 갈등 해결 능력
   - 바람직한 팀 갈등을 인식하고 장려하고 바람직하지 않은 팀 갈등을 억제하는 능력
   - 팀에 직면한 갈등의 유형과 원인을 인식하고 적절한 해결 전략을 실행하는 능력
   - 기존의 분배적(win-lose) 전략이 아닌 통합적(win-win) 협상 전략을 사용할 수 있는 능력
2. 협업적 문제 해결 능력
   - 참여적 문제 해결이 필요한 상황을 파악하고 적절한 참여 정도와 유형을 활용할 수 있는 능력
   - 협력적 집단 문제 해결의 장애물을 인식하고 적절한 수정 조치를 실행하는 능력
3. 의사소통 능력
   - 개방적이고 지원적인 의사소통 능력
   - 객관적으로 경청하고 능동적 경청 기술을 적절히 사용하는 능력
   - 비언어적 메시지와 언어적 메시지 간의 일치성을 극대화하고 타인의 비언어적 메시지를 인식하고 해석할 수 있는 능력
   - 가벼운 대화와 의례적인 환영 행사에 참여할 수 있는 능력과 그 중요성을 인식하는 능력

4. 목표 설정 및 자기 관리 능력
    - 구체적이고 도전적이며 수용 가능한 팀 목표를 수립하는 데 도움을 주는 능력
    - 건설적인 피드백을 제공하는 능력
5. 계획 및 업무 조정 능력
    - 팀원 간의 활동, 정보 및 작업을 조정하고 동기화하는 능력
    - 개별 팀원에게 업무 및 역할 할당을 설정하고 업무량의 적절한 균형을 유지하는 데 도움을 주는 능력

팀워크 역량에는 팀 내 윤리적 행동에 대한 이해도 포함된다. 동료와 더 자주 그리고 더 강하게 상호작용 할수록 동료는 행동에 더 강한 영향력을 미친다.[67] 다른 사람의 윤리적 행동은 우리 자신의 윤리적 행동에 영향을 미친다.[68] 이는 특히 관리자에게 해당되며 관리자로서 일관되게 좋은 모범을 보이는 것이 중요하다.[69] 팀에서 특히 중요한 윤리적 이슈는 네 가지이다.

1. 팀은 어떻게 업무를 공정하게 분배하는가?
2. 팀은 어떻게 책임을 할당하고 공로를 인정하는가?
3. 팀은 어떻게 참여를 보장하고, 갈등을 해결하고, 의사 결정을 내리는가?
4. 팀은 어떻게 사기와 부패를 피하는가?

팀 계약
팀의 프로세스, 역할 책임에 대한 기본 규칙을 정한 팀원 간의 서면 계약서.

팀 계약(team contract)은 팀의 프로세스, 역할, 책임에 대한 기본 규칙을 정한 팀원 간의 서면 계약이다. 팀원들은 모두가 달성하고자 하는 업무의 질, 의사 결정 방식, 참여 수준과 개인의 책임을 파악하기 위해 소통하고 협상해야 한다. 팀 계약은 불평등한 자원 배분으로 인한 팀 갈등의 가능성을 줄이고 무임승차를 방지하는 데 도움이 된다. 팀 계약은 개인의 책임감을 높이고, 명확한 규칙과 기대치를 설정함으로써 윤리적 팀 행동을 장려하고, 팀 성과와 팀원 만족도를 향상시킬 수 있다.

7-5 새로운 팀 기회와 도전 과제

조직에서 팀제가 더욱 보편화됨에 따라 두 가지 추가적인 기회와 과제를 해결해야 한다. 바로 가상 팀과 다양성 및 다문화 팀이다.

7-5a 가상 팀

가상 팀을 관리하는 것은 어려울 수 있지만, 코로나19 팬데믹을 겪으면서 가상 팀을 효과적으로 관리하는 방법에 대해 많은 것을 배웠다. 일부 직원들은 수년간 원격 근무를 해왔지만, 코로나19 팬데믹으로 인해 더 많은 사람들이 원격 근무를 하게 되었다. 이러한 원격 근무 방식 중 일부는 다시 전통적인 방식으로 되돌아갔지만, 일부는 여전히 가상으로 유지되고 있으며, 일부는 하이브리드 환경으로 진화했다. 개인이 원격 근무 방식에 대해 익숙해지면서 가상 팀에 대한 친숙함과 수용성도 함께 높아졌다.

가상 팀의 팀원들은 지리적 공간과 시간으로 인해 서로 떨어져 있는 경우가 많기 때문에 효과적으로 협업하는 데 어려움을 많이 느낀다. 이러한 환경에서는 팀원들이 서로 고립되어 있으므로, 팀에 소속감을 느끼기 어려운 경우가 많다. 서로 얼굴을 보고 공통 언어와 문화를 공유하는 팀원들로 구성된 팀을 이끄는 것도 어려운 일인데, 팀이 '가상화'되고 기술을 통해 소통하며, 문화와 생활 경험이 전혀 다른 팀원들이 협업해야 하는 경우 이러한 어려움은 배가된다.[70]

가상 팀을 통해 조직은 물리적인 위치에 관계없이 특정 업무에 가장 적합한 인재를 활용할 수 있고, 심화되는 경쟁에 더 빠르게 대응할 수 있으며, 재택근무나 이동 중인 개인에게 더 큰 유연성을 제공할 수 있다. 경우에 따라 팀원 중 일부는 조직에 소속된 직원이 아닌 프리랜서나 제휴 파트너일 수도 있다. 어떤 팀에서는 팀원들 간에 한 번도 얼굴을 마주치지 않을 수도 있다. 많은 가상 팀이 특정 조직 내에서 운영되지만, 점점 더 많은 가상 팀이 조직의 경계를 넘나들고 있다.[71] 휴렛-패커드, 모토로라, 텍사스 인스트루먼트는 기업의 전략을 실행하기 위해 가상 팀에 의존한다.[72]

가상 팀의 리더십 기술

기술로 서로 연결되어 있고, 구성원들이 서로 자주 만나지 않는 가상 팀을 효과적으로 이끌려면 같은 장소에서 함께 일하는 팀을 관리하고 이끌 때와는 다른 기술과 행동이 필요하다.[73] 서로 다른 위치에서 서로 다른 기술로 일하면 소통, 협업, 팀원들 및 다른 조직과의 통합에 어려움을 겪게 된다. 팀원들이 서로 또는 다른 직원들을 직접 보지 못한다면 팀과 조직 커뮤니티의 일원으로 소속감을 느끼기 어려울 수 있다.

가상 팀 리더가 할 수 있는 가장 중요한 일 중 하나는 개방성, 신뢰, 지원, 상호 존중, 위험 감수 등을 특징으로 하는 소통의 분위기를 조성하는 것이다. 이는 팀이 긍정적인 업무 관계를 구축하고, 정보를 공개적으로 공유하며, 내집단(in-group)과 외집단(out-group)의 차이를 줄이고, 의사소통의 내용을 잘못 해석하는 것을 방지하는 데 도움이 된다.[74]

한 전문가는 가상 프로젝트 팀 또는 원격 관리 상황에서 중요한 리더십 기술을 다음과 같이 다섯 가지 범주로 분류했다.[75]

1. 효과적인 의사소통과 상황에 맞는 기술 활용하기: 협업 온라인 도구는 가상 팀이 파일, 회의, 작업 할당을 관리하는 데 도움이 된다.
2. 상호 신뢰, 존중, 소속감, 공정성을 바탕으로 팀원 간의 공동체를 구축하기: 효과적인 리더는 모든 팀원의 기여를 요청하고, 이들의 기여를 소중히 여기며 모든 팀원을 일관되게 존중하고 공정하게 대우한다.
3. 동기를 부여하는 분명한 공유 비전, 팀 목적, 목표, 기대치 설정: 브레인스토밍 세션 중에 아이디어를 공격하지 말라고 조용히 상기시키는 것과 같은 미묘한 메시지는 가상 팀 규범을 형성하는 데 강력한 도구가 된다.
4. 모범을 보이고 측정 가능한 결과에 집중하기: 효과적인 가상 리더는 명확한 목표를 설정하고 명확한 업무 배정을 한다. 그런 다음 리더는 팀원들에게 이에 대한 책임을 부여한다.
5. 조직의 경계를 넘어 조정하고 협업하기: 가상 팀 리더는 여러 조직에 속한 사람들, 리더가 속한

조직의 직원이 아닌 프리 에이전트 및 제휴 파트너와도 효과적으로 협력해야 한다.

리더의 행동

팀원과의 대면 접촉이 부족한 가상 팀의 리더는 팀원의 성과를 모니터링하고 업무상 문제에 대한 해결책을 실행하기가 어렵다. 또한 가상 팀 리더가 일반적인 멘토링, 코칭 및 개발 기능을 수행하기도 어렵다. 가상 팀 리더는 물리적으로 참석하지 않고도 팀 스스로 이러한 기능을 수행할 수 있도록 권한을 부여하여 업무를 수행해야 한다는 과제를 안고 있다.[76]

예를 들어, 가상 팀의 구성원은 전통적으로 전문성과 역량, 그리고 이전 가상 팀 경험에 따라 선발되었다. 이들은 팀의 효율성에 기여하고 가상 환경에서 효과적으로 운영할 수 있는 기술 지식, 기술, 능력 및 기타 속성을 갖추고 있어야 한다. 또한 원격 근무에 능숙한 사람들이 늘어나면서 진정한 가상 팀 과제를 수행할 수 있는 직원의 수가 크게 증가했다. 가상 팀 리더가 팀원을 모니터링하거나 개발해야 할 필요성은 그다지 중요하지 않을 수도 있다. 가상 팀 리더는 이러한 기능의 일부를 팀 자체에 분배하여 자기 관리 팀으로 만들 수 있다.

또한 가상 팀 리더는 팀원 개개인의 구체적인 목표와 함께 명확하고 매력적인 팀 방향을 제시해야 한다.[77] 명확한 방향과 목표는 팀원들이 자신의 성과를 모니터링하고 평가할 수 있게 해 준다.[78] 이는 모든 팀에 해당되지만 가상 팀 리더는 더욱 능동적이고 체계적이어야 한다. 가상 팀 리더는 팀이 자연스럽게 행동하는 방식이 되는 팀 절차를 개발해야 한다.

가상 팀 리더가 이를 수행할 수 있는 한 가지 방법은 팀 형성 초기에 적절한 작업 방식과 절차를 개발하는 것이다.[79] 작업 방식은 리더의 부재 시에도 팀에서 발생하는 일관된 행동 패턴을 만든다. 리더는 바람직한 작업 방식(예: 표준 운영 절차)을 정의하고, 팀원들에게 이를 교육하고, 이를 준수하도록 충분한 동기부여와 인센티브를 제공할 수 있다. 또한 리더는 팀원들의 적절한 행동을 명시하는 규칙과 가이드라인을 정할 수 있다. 예를 들어, 온라인 커뮤니케이션은 부적절한 언어, 선동적인 표현 등 통제되지 않은 개인 행동으로 이어지는 경향이 있다.[80] 따라서 가상 팀 리더는 적절한 온라인 소통과 부적절한 소통을 명시하는 표준 운영 절차를 개발할 필요가 있다. 가상 팀원들은 전체 팀 환경으로부터 분리되어 있기 때문에, 리더가 환경을 모니터링하고 중요한 변경 사항을 팀원에게 알리는 것도 중요하다.[81]

그룹웨어 및 집단 의사 결정 지원 시스템

동기화 혹은 비동기화 정보 기술은 가상 팀원들을 지원한다.[82] 화상 회의(예: Zoom), 메신저, 전자 회의, 컨퍼런스 콜 등의 동기화 기술은 실시간 소통 및 상호작용을 가능하게 한다. 이메일이나 위키(wikis), 구글 독스와 같은 비동기화 기술은 정보 전달을 지연시킨다. 여러 가상 팀에서는 두 가지 유형의 정보 기술을 모두 사용하며, 전달되는 정보 및 수행 중인 업무에 가장 적합한 기술을 사용한다. 바슈롬(Bausch & Lomb)은 웹 기반의 협업 도구가 회의 횟수를 줄이고 시너지 효과를 높여 업무에 집중할 수 있는 시간을 더 많이 확보할 수 있다는 사실을 발견했다.[83]

실상 많은 팀 회의가 제대로 운영되지 않고, 너무 오래 걸리며, 성과가 너무 적다. 회의 관리 소프트웨어, 전자 칠판, 협업 문서 편집기는, 팀원들이 아이디어를 제공하고, 익명으로 다른 사람의 아이디어를 보고, 댓글을 달고 투표할 수 있도록 하여 회의를 원활하게 진행하는 데 도움을 준다. 컴퓨터를 매개로 한 의사소통은 팀원들이 서로 더 효과적으로 소통할 수 있도록 지원하여, 팀 성과를 향상시킨다.

가상 팀이 작동하는 데 있어서 적합한 기술을 사용하는 것은 매우 중요하다. 사무용 가구 제조업체인 스틸케이스(Steelcase)는 부서 간, 사무실 간, 심지어는 회사 간의 가상 팀을 통해 일상의 업무를 처리한다.[84] 출장 비용을 절감하고 팀 생산성과 효율성을 높이기 위해 소프트웨어를 사용하여 가상 팀을 지원하고 마치 같은 장소에 있는 것처럼 함께 일할 수 있도록 지원한다. 이 협업 소프트웨어는 가상 팀을 전 세계 각지에 있는 팀원들과 연결하고 회의 프로세스를 체계화할 수 있도록 도와준다. 팀은 모든 팀원의 컴퓨터 또는 기타 장치에서 동기화된 안전한 작업 공간 내에서 문서를 확인하고 프레젠테이션을 표시하여 파일을 공유하고(Google 문서 도구와 같은 애플리케이션 사용), 프로젝트를 관리하고, 사업절차를 조정할 수 있다. 팀원들은 가상 회의 도구를 사용하여 메신저, 채팅 또는 음성통화로 소통할 수 있다. 회의 마법사(meeting wizard)는 회의를 생성하고 팀원을 초대하는 과정을 간편하게 도와준다. 회의가 만들어지면 모든 참가자가 손쉽게 안건 주제를 추가하고, 실행 항목을 만들고, 파일을 첨부하고, 회의록을 기록할 수도 있다.[85]

7-5b 다양성 및 다문화 팀

다양성(diversity)은 팀 효율성에 도움이 될 수도 있고 방해가 될 수도 있다. 다양성은 경쟁 우위를 창출하고[86] 팀의 의사 결정을 개선할 창의성과 혁신의 원천이 될 수 있다.[87] 혁신적 기업들은 의도적으로 이질적인 팀을 활용하여 문제를 해결한다.[88]

다양성 문제가 관련 당사자들에 의해 적절히 다루어 지지 않으면, 오해와 갈등이 발생하여 결근, 품질 저하, 사기 저하, 경쟁력 상실은 물론 작업 그룹의 응집성 저하로 이어질 수 있다. 일반적으로 다양성이 높은 집단은 동질적인 집단에 비해 구성원들의 모든 필요를 충족시키는 능력이 떨어지고, 통합과 소통이 부족하며 갈등이 더 많이 발생하는 경향이 있다.

정보 다양성, 즉 지식과 경험의 다양성은 일반적으로 팀 성과에 긍정적인 영향을 미친다. 팀원들 각자 가지고 있는 고유한 지식은 팀의 지식 자원을 확대하고, 고려할 수 있는 선택을 증가시켜 창의력과 문제 해결력을 높일 수 있기 때문이다. 또한, 이렇게 확장된 지식 자원은 모든 팀원에게 분명하게 드러나기 때문에, 팀원들은 일반적으로 다른 팀원들의 기여를 매우 쉽게 받아들인다.

반면에 인구통계학적 다양성이 성과에 미치는 영향은 그리 긍정적이지 않다. 특히 다양한 환경에서 일하는 데 익숙하지 않은 개인에게는 문화 및 기타 다양성에 기반한 차이가 가져올 장점과 시너지 효과가 분명치 않을 수 있다. 결과적으로 인구통계학적 다양성이 높아질수록 팀 갈등이

pixelfit/E+/Getty Images

조직에서 다양성이 점점 더 보편화되고 있는 것처럼, 집단과 팀도 점점 더 다양해지고 있다. 예를 들어, 이 집단은 여러 가지 형태의 다양성을 반영한다. 집단과 팀의 다양성은 창의성과 혁신을 촉진할 수 있다. 하지만 안타깝게도 이는 갈등의 원인이 되기도 한다.

증가하고 팀 성과가 낮아지는 경향이 있다.[89] 인구통계학적 다양성이 증가하면 팀원들이 서로 다른 사람들과 효과적으로 협력하지 못해 업무 팀이 정보 다양성을 활용하는 데 더 어려움을 겪을 수 있다. 이런 일이 발생하면 인구통계학적으로 다양한 업무 팀이 효과적으로 성과를 낼 수 있는 잠재력을 잃게 된다.

다양성의 잠재적 이점을 활용하기 위해 많은 기업에서는 팀의 정보적 다양성을 높이기 위한 조치와, 다양성에 익숙하며 팀워크에 능숙한 사람들을 적극적으로 배치하는 조치를 취하고 있다. 팀의 다양성을 효과적으로 관리하는 것은 다양성에 대한 팀원들의 태도와도 관련이 있다. 실제로 조직의 다양성·형평성·포용성(DEI)을 개선하기 위한 프로그램과 최고 경영진의 노력은 종종 문화

Global Issues

다문화 팀의 효율성 높이기

다문화 팀의 효율성을 높이려면 어떻게 해야 할까? 가장 좋은 해결책은 조금씩 양보하여 의사 결정에 대한 다른 접근 방식을 조정하고 존중하는 방법을 배우는 것이다. 예를 들어, 미국의 글로벌 관리자들은 참을성이 없는 상사를 팀 회의에서 배제하고 자주 업데이트를 제공하는 방법을 배웠다. 다른 문화권의 관리자에게도 비슷한 교훈을 줄 수 있는 것은 "세부 사항에 대해 이야기할 준비가 되기 전에 큰 그림을 봐야 한다."와 같이 필요한 사항을 명확하게 알려 주는 것이다.[90]

다문화 팀의 문제를 해결하기 위한 네 가지 전략은 다음과 같다.

1. 적응: 문제를 성격 문제가 아닌 문화적 차이로 바라보기. 이는 팀원들이 기꺼이 문화적 차이를 파악하고 인정하며, 그들과 함께 살아가는 방법을 알아내는 데 책임을 질 수 있을 때 효과적이다.
2. 구조적 개입: 팀의 형태를 바꾸기. 팀원 모두가 참여할 수 있도록 사회적 상호작용과 업무를 구조화할 수 있다.
3. 관리자의 개입: 규범을 조기에 설정하거나 더 높은 수준의 관리자를 데려오는 것이다. 이는 일반적으로 팀 초기에 가장 효과적이다. 한 다국적 팀의 관리자가 새로운 팀원들에게 영어를 모국어로 사용하지 않지만 기술적으로 업무에 가장 적합한 사람이었기 때문에 선택되었다고 말함으로써 존중의 규범을 설정한 사례가 있다. 따라서 각 팀원은 다른 팀원들의 의사소통 기술에 대해 인내심을 가져야 했다.[91]
4. 퇴장: 다른 옵션이 실패했을 때 팀원을 팀에서 나가게 한다. 감정이 너무 고조되고 체면이 너무 많이 상실되면 팀이 다시 효과적으로 협력하는 것이 거의 불가능할 수 있다.[92]

한 전문가는 다음과 같이 말했다.

가장 근본적인 것은 존중의 롤모델이 되는 것이다. 이는 다른 팀원들에게도 영향을 미친다. 팀원들이 문제가 성격이 아닌 문화적 차이에서 비롯된 것임을 인식하도록 돕는 것이 큰 도움이 된다. 그리고 팀원들을 실망시키고 짜증나게 하는 행동이 문화 때문이라는 것을 알 수 있도록 도와주면 사람들은 그 문화에서는 어떻게 일을 해낼 수 있을까라는 호기심을 갖게 된다. 호기심을 불러일으키면 학습의 동기가 된다. 마지막으로 너무 성급하게 개입하면 안 된다. 직원이 언제나 문제를 가져와서 해결해 주면 스스로 문제를 해결하는 방법을 배우지 못한다.[93]

관리자와 다문화 팀원은 의사소통 문제, 언어 차이, 다양한 업무 스타일, 오해로 인한 조정 손실을 최소화하면서 각 구성원의 강점을 활용할 수 있는 방법을 찾아야 한다.[94]

적 변화와 종업원들의 수용성 향상으로 이어진다.

다문화 팀은 관리자에게 답답한 딜레마를 안겨줄 수 있다. 문화적 차이는 효과적인 팀워크에 상당한 장애물을 만들 수 있지만, 심각한 피해가 발생하기 전까지는 이를 인식하기 어려울 수 있다. 다문화 팀의 문제는 단지 의사소통 방식이 다르기 때문이라고 생각하기 쉽지만, 위계와 권위에 대한 태도, 의사 결정에 대한 상충되는 규범 역시 다문화 팀의 성공에 장애물이 될 수 있다.[95] 다음에서는 이 세 가지 요소에 대해 자세히 설명한다.

직접 혹은 간접 의사소통

서구 문화권에서의 의사소통은 일반적으로 직접적이고 명시적이어서, 듣는 사람이 맥락이나 화자에 대해 잘 몰라도 해석이 가능하다. 다른 많은 문화권에서는 메시지가 전달되는 방식에 의미가 내포되어 있는 경우가 많다. 예를 들어, 서양 사람들은 'A를 선호하시나요, 아니면 B를 선호하시나요?'와 같은 직접적인 질문을 통해 다른 사람의 선호도와 우선순위에 대한 정보를 얻는다. 간접적인 의사소통을 사용하는 문화권에서는 상대방의 제안에 변화가 있거나 없는 것을 통해 선호도와 우선순위를 유추해야 하는 경우가 많다. 다문화 환경에서 서양인이 아닌 사람들은 서양인의 직접적인 의사소통을 쉽게 이해할 수 있지만 서양인은 서양인이 아닌 사람들의 간접적인 의사소통을 이해하는 데 어려움을 겪는 경우가 많다.[96] 의사소통 문제는 정보 공유를 줄이거나 대인 관계 갈등을 유발하거나 두 가지 모두를 유발하여 효과적인 팀워크에 장애를 만든다. 문화마다 허용되는 의사소통 패턴이 다르기 때문에 상호작용 할 다른 문화의 의사소통 패턴과 규범을 숙지하는 것이 좋다.

위계와 권위에 대한 서로 다른 태도

구조적으로 팀은 다소 평평한 구조를 가지고 있다. 하지만 조직 내 지위에 따라 사람을 다르게 대우하는 문화권의 팀원들은 평평한 팀에서 불편함을 느끼는 경우가 많다. 위계적 문화권의 팀에서는 지위가 높은 팀원에게 예의를 갖추면 적절한 행동으로 보일 수 있지만, 팀원 대부분이 평등주의 문화권 출신인 경우에는 신뢰도가 떨어질 수 있다. 예를 들어, 다문화 팀에서 인도 출신의 엔지니어는 일반적으로 문화적으로 팀 리더나 연장자와 논쟁하는 것에 익숙하지 않다.[97] 이는 팀 내 모든 구성원의 의견을 확보하는 능력을 저하시킨다.

상충되는 의사 결정 규범

결정을 얼마나 빨리 내려야 하는지, 얼마나 많은 분석이 필요한지에 관해서는 문화마다 상당한 차이가 있다. 다른 나라의 관리자에 비해 미국 관리자들은 상대적으로 적은 분석으로 매우 빠르게 의사 결정을 내리는 것을 좋아한다. 한 미국 기업의 브라질 관리자는 한 협상에서 다음과 같이 말했다. "첫날에는 세 가지 사항에 합의했고, 둘째 날에는 이어서 네 번째 사항부터 시작하길 원했다. 하지만 한국인들은 달랐다. 이들은 다시 처음으로 돌아가서 1번부터 3번까지 다시 논의하길 원했다. 내 상사는 거의 심장마비가 올 지경이었다."[98]

요약 및 적용

집단은 서로 영향을 주고받으며 상호작용 하는 두 사람 이상의 사람들이다. 팀은 공통의 목표를 공유하고 팀과 자신의 결과에 대해 책임을 공유하는 최소 두 명의 개인으로 구성된 상호 의존적인 집합체이다. 모든 팀은 집단이지만 모든 집단이 팀인 것은 아니다. 조직에서 흔히 볼 수 있는 집단의 종류에는 작업 그룹, 팀, 비공식 집단 등이 있다.

모든 집단의 성과는 집단의 구성 이유와 발전 단계 외에도 여러 가지 요인에 의해 영향을 받는다. 다섯 가지 기본 집단 성과 요인은 구성, 규모, 규범, 응집성, 비공식 리더십이다. 집단 구성은 구성원의 동질성 또는 이질성 측면에서 가장 자주 설명된다. 집단 규모 또한 성과에 중요한 영향을 미칠 수 있다. 규범은 행동의 적절성을 판단하는 기준이며 특정 상황에서 기대되는 행동을 결정한다. 집단 응집성은 집단이 함께 남아 있으려는 노력의 정도이며, 이는 구성원들이 집단에 남아 있으려는 힘의 작용에서 비롯된다. 마지막 집단 성과 요인은 비공식적 리더십으로, 리더십 활동을 하지만 공식적으로 리더십을 발휘할 권리를 인정받지 못한 개인의 출현을 의미한다.

새로운 집단이나 팀이 구성되면 일반적으로 여러 단계의 발전 과정을 거치게 된다. 팀과 달리 소집단 자체에 대한 전통적인 연구는 (1) 상호 수용, (2) 의사소통 및 의사 결정, (3) 동기부여 및 생산성, (4) 통제 및 조직화(형성, 폭풍, 규범화 및 수행)의 4단계 개발 과정에 초점을 맞춰왔다. 팀워크 측면에서 성과에 기여하는 다른 요소로는 절차적 이익 또는 손실, 팀 효능감, 신뢰, 사회적 촉진, 역할 등이 있다. 팀을 구현하는 과정은 모든 주요 조직 변화의 경우와 마찬가지로 접근해야 한다.

관리자는 팀 사용의 잠재적 이점과 비용을 명확하게 이해해야 한다. 또한 최고 경영진의 지원 제공, 시간 축 이해, 보상 변경 필요성에 대한 계획 등 효과적인 팀 성과를 촉진하기 위해 무엇을 해야 하는지 파악해야 한다. 팀워크 역량을 개발하기 위한 노력도 중요한다.

가상 팀과 다문화 팀은 오늘날 대부분의 조직과 관련된 팀워크의 중요한 새로운 영역이다. 관리자는 이 두 가지 유형의 팀을 가장 효과적으로 활용하는 방법을 이해하기 위해 노력해야 한다.

Real-World Response

미래를 내다보기

창업자 에크와 로렌존은 스포티파이를 성공으로 이끈 문화와 사고방식을 유지하기 위해 앱 개발에 사용하는 것과 같은 애자일 프로세스를 검토했다. 애자일 프로세스는 애플리케이션을 만들 때 반복적인 개발과 지속적인 피드백의 요소를 통합한다. 규칙과 관행은 최소한으로 유지되며, 개발자는 집단으로 협업하고 신속하고 효과적으로 의사 결정을 내릴 수 있는 권한을 부여받는다.

조직은 먼저 직원들을 30~200명의 엔지니어로 구성된 대규모 팀인 '부족(tribe)'이라는 이름으로 집단화하여 명확한 사명과 원칙, 선임 리더를 두었다. 각 팀 안에는 스쿼드 및 챕터라고 하는 소규모 집단이 있다. 스쿼드(squad)는 창의성을 장려하고 교차 기능적 역할을 포함하는 미니 스타트업이다. 챕터(chapter)는 같은 관리자를 공유하며 공동의 과제를 논의함으로써 개인의 성장과 기술 개발에 집중하도록 되어 있다. 이러한 집단을 연결하는 개념은 코딩 경험과 지식을 공유하는 비슷한 기술과 관심사를 가진 직원들로 구성된 '길드(guild)'라는 개념이다.

애자일 프로세스를 통해 팀은 자율성을 핵심 개념으로 하는 '애자일 라 스포티파이(Agile à la Spotify)'(일명 '더 스키니')라는 일련의 조직 설계 원칙을 마련했다. 그 후 스키니는 본사 벽에 인쇄되었다.

- 지속적인 개선: 스포티파이에서 내가 하는 일의 일부는 개인적으로나 조직 전체에서 지속적으로 개선할 수 있는 방법을 모색하는 것이다.
- 반복적인 개발: 스포티파이는 가능한 한 빨리 가정을 검

증할 수 있도록 짧은 학습 주기를 중요하게 생각한다.

- 단순성: 업무의 확장은 스포티파이 성공의 핵심이다. 확장하는 동안 단순성을 지침으로 삼아야 한다. 이는 기술 솔루션뿐만 아니라 일하는 방식과 조직을 구성하는 방식에서도 마찬가지이다.
- 신뢰: 스포티파이는 직원과 팀이 업무 방식과 업무 내용에 대해 정보에 입각한 결정을 내릴 수 있도록 신뢰한다.
- 서번트 리더십: 스포티파이의 관리자는 직원들에게 무엇을 하라고 지시하기보다는 코칭, 멘토링, 장애물 해결에 집중한다.

여러 지표가 스포티파이의 조직 구조가 효과적이라는 것을 보여 준다. 회사는 '포용성'을 측정하기 위해 점수화한 지표를 사용하여 정기적으로 직원들을 확인한다. 이 지수에는 편견이나 차별을 넘어 직원들이 존중받고 있다고 느끼는지, 자신의 목소리가 들리는지 등을 묻는 주관적인 측정 항목이 포함되어 있다. 스포티파이는 연례 포용성 발표에 앞서 매년 다양성 데이터 보고서를 발표한다. 스포티파이의 '밴드 매니페스토'는 가치, 사명, 비전 및 기타 모델의 핵심 구성 요소를 간략하게 설명하는 '스키니'를 확장한 것이다.

실제로 스포티파이가 여전히 원래의 조직 형태를 어느 정도까지 사용하고 있는지에 대해서는 다소 모호한 부분이 있는데, 이러한 모호함은 기업이 성장함에 따라 자연스럽게 공식화되는 과정에서 비롯된 것이다. 스포티파이의 원래 조직 구조와 사업 방식은 음악 산업의 직접적인 영향을 받았다. 그리고 더 공식적인 정책과 절차를 추가하면서 이러한 영향을 고수하려고 노력하고 있다. 가장 창의적인 프로세스부터 보다 공식적인 역할과 책임에 이르기까지, 스포티파이는 그 뿌리를 찾아 영감을 얻고 있다.[99]

토론을 위한 질문

1. 자신이 속한 여러 집단을 파악하고 이 장에서 논의된 집단 유형 중 하나로 분류해 보라.
2. 당신이 속해 있었던 효과적인 팀에 대해 생각해 보라. 무엇이 그 팀을 효과적으로 만들었는가? 실적이 저조했던 팀에 대해 생각해 보라. 성과가 저조했던 이유는 무엇인가?
3. 당신이 속한 집단의 규모가 너무 크거나 너무 작아서 업무를 완수하지 못하는 경우가 있었는가? 그렇다면 리더나 구성원들이 문제를 완화하기 위해 무엇을 할 수 있을까?
4. 자신이 속한 두 집단의 규범을 각각 두 가지씩 나열하라. 이러한 규범은 어떻게 시행되고 있는가?
5. 다음 진술에 대해 토론하라. "집단 응집성은 집단에서 함께 일함으로써 얻을 수 있는 좋고 따뜻한 느낌이며, 모든 집단 리더가 자신이 이끄는 집단에서 발전시키기 위해 노력해야 하는 것이다."
6. 어떤 사람들은 팀 기반 조직으로 변경하는 것이 조직에 '합리적'이라고 말한다. 그렇게 생각하는 네 가지 주요 이유는 무엇인가?
7. 팀 계약이 팀의 효율성을 향상시킬 것이라고 생각하는가? 왜 또는 왜 그렇지 않다고 생각하는가?
8. 팀 성과에 있어 정보의 다양성과 인구통계학적 다양성 중 어느 것이 더 중요하다고 생각하는가? 그 이유는 무엇인가? 다문화 팀이 이러한 유형의 다양성을 증가시키는가? 그렇다면 어떻게 증가시키는가?

Understand Yourself Exercise

당신은 팀원으로서 얼마나 잘 어울리는가

자신이 속해 있던 집단이나 팀을 생각해 보라. 참여의 성격에 관한 다음 질문에 가장 정확한 옵션을 선택하여 답하라. 정답이나 오답은 없다. 몇 가지 항목에 '가상'으로 답해야 할 수도 있고, 경우에 따라서는 두 개 이상의 집단 또는 팀워크 환경에서의 경험을 반영한 '복합' 답변에 의존해야 할 수도 있다.

1. 나는 정보와 의견을 제공한다.

   a. 매우 자주 **b.** 자주 **c.** 가끔 **d.** 드물게 **e.** 전혀 안함

2. 나는 집단에서 일어나는 일을 요약한다.
   a. 매우 자주 **b.** 자주 **c.** 가끔 **d.** 드물게 **e.** 전혀 안함
3. 나는 문제가 발생하면 무슨 일이 일어나고 있는지 파악한다.
   a. 매우 자주 **b.** 자주 **c.** 가끔 **d.** 드물게 **e.** 전혀 안함
4. 나는 집단 작업을 시작한다.
   a. 매우 자주 **b.** 자주 **c.** 가끔 **d.** 드물게 **e.** 전혀 안함
5. 나는 집단이 취할 수 있는 방향을 제안한다.
   a. 매우 자주 **b.** 자주 **c.** 가끔 **d.** 드물게 **e.** 전혀 안함
6. 나는 적극적으로 경청한다.
   a. 매우 자주 **b.** 자주 **c.** 가끔 **d.** 드물게 **e.** 전혀 안함
7. 나는 집단의 다른 구성원에게 긍정적인 피드백을 준다.
   a. 매우 자주 **b.** 자주 **c.** 가끔 **d.** 드물게 **e.** 전혀 안함
8. 나는 타협한다.
   a. 매우 자주 **b.** 자주 **c.** 가끔 **d.** 드물게 **e.** 전혀 안함
9. 나는 긴장 완화를 돕는다.
   a. 매우 자주 **b.** 자주 **c.** 가끔 **d.** 드물게 **e.** 전혀 안함
10. 나는 말한다.
   a. 매우 자주 **b.** 자주 **c.** 가끔 **d.** 드물게 **e.** 전혀 안함
11. 나는 회의 시간과 장소가 정해지도록 돕는다.
   a. 매우 자주 **b.** 자주 **c.** 가끔 **d.** 드물게 **e.** 전혀 안함
12. 나는 집단에서 무슨 일이 일어나고 있는지 관찰하려고 노력한다.
   a. 매우 자주 **b.** 자주 **c.** 가끔 **d.** 드물게 **e.** 전혀 안함
13. 나는 문제 해결에 도움을 주려고 노력한다.
   a. 매우 자주 **b.** 자주 **c.** 가끔 **d.** 드물게 **e.** 전혀 안함
14. 나는 과제가 완료되도록 책임을 다한다.
   a. 매우 자주 **b.** 자주 **c.** 가끔 **d.** 드물게 **e.** 전혀 안함
15. 나는 집단이 즐거운 시간을 보내는 것을 좋아한다.
   a. 매우 자주 **b.** 자주 **c.** 가끔 **d.** 드물게 **e.** 전혀 안함

점수 계산: 다음 표에 표시된 값에 따라 점수를 부여한다. 예를 들어, 문제 5의 'b'는 1점, 문제 6의 'b'는 3점의 가치가 있다. '점수' 열에 있는 숫자를 합산하여 총점수를 확인하라.

질문	a	b	c	d	e	점수
1	1	2	3	2	1	
2	1	2	3	2	1	
3	1	2	3	2	1	
4	2	2	3	1	0	
5	0	1	3	1	0	
6	3	3	2	1	0	
7	3	3	2	1	0	
8	2	3	3	1	0	
9	1	2	3	1	0	
10	0	0	3	2	1	
11	2	3	3	1	0	
12	3	3	2	1	0	
13	2	3	3	1	0	
14	2	2	3	1	0	
15	1	1	2	1	1	
					합계	

41~45점: 당신은 매우 유능한 팀원이다.
35~40점: 당신은 효과적인 팀원이다.
35점 미만: 팀워크 기술을 향상시킬 필요가 있다.

Source: Adapted from University of South Australia, "Test Your Effectiveness as a Team Member." Working in Teams' Online Workshop. Handout: "Teamwork Skills Questionnaire."

Group Exercise

첫 번째 작업:

1. 혼자서 종이의 왼쪽에 세로로 알파벳을 차례대로(A–Z) 적는다.
2. 교수자가 문서에서 무작위로 한 문장을 골라 그 문장의 첫 26글자를 소리 내어 읽는다. 종이에 적힌 A–Z의 알파벳 열의 바로 오른쪽 세로 열에 이 글자들을 적는다. 모든 참가자는 26개의 동일한 두 글자 조합을 가져야 한다.
3. 혼자서 각 글자 쌍에 해당하는 이니셜을 가진 유명한 인물을 떠올리고 글자 옆에 이름을 적는다(예: MT — 마크 트웨인). 10분의 시간이 주어지고, 한 세트당 하나의 이름만 허용된다. 정당한 이름 하나당 1점이 부여되므로 최대 점수는 26점이다.

4. 시간이 만료되면 다른 참가자들과 종이를 교환하고 서로의 작품에 점수를 매긴다. 이름의 적절성에 대한 분쟁은 교수자가 해결한다. 나중에 연습할 때 사용할 수 있도록 점수를 보관한다.

두 번째 작업: 교수자는 전체를 5~10명씩 집단으로 나눈다. 모든 집단에는 거의 같은 수의 구성원이 있어야 한다. 이제 각 집단은 위의 작업을 되풀이한다. 다시 한 번 종이의 왼쪽에 알파벳 글자를 역순(Z–A)으로 적는다. 교수자가 두 번째 열의 새로운 글자 세트를 지시한다. 시간 제한과 점수 계산 절차는 동일한다. 차이점은 집단이 이름을 생성한다는 것이다.

세 번째 작업: 각 팀은 가장 많은 이름을 생각해 낸 집단 구성원을 식별한다. 교수자는 이러한 '최고'의 학생들을 한 집단에 배치한다. 그런 다음 모든 집단이 다시 한 번 이 작업을 반복하지만, 이번에는 읽은 글자가 첫 번째 열에, 알파벳 글자가 두 번째 열에 배치된다.

각 팀은 첫 번째 작업에서 팀원들의 평균 개인 점수를 계산하여 별도로 보관한 두 번째 및 세 번째 작업의 팀 점수와 비교한다. 교수자는 각 집단의 각 파트의 평균 개인 점수와 팀 점수를 칠판에 적는다.

후속 질문

1. 개인 평균 점수와 팀 점수에 차이가 있는가? 차이가 있다면 그 이유는 무엇인가?
2. 이 활동의 팀 점수는 일반적으로 개인 평균 점수보다 높지만, 어떤 조건에서 개인 평균이 집단 점수를 초과할 수 있는가?

Source: Adapted from Jones, J. J., & Pfeiffer, J. W. (eds.). *The Handbook for Group Facilitators* (pp. 19–20). Copyright © 1979 Pfeiffer.

8 의사 결정 및 문제 해결

Decision Making and Problem Solving

학습목표

이 장을 학습하면 독자들은 …

1. 의사 결정과 문제 해결의 본질을 요약하고, 두 가지가 서로 어떻게 다른지 설명할 수 있다.
2. 의사 결정에 대한 합리적인 접근 방식에 대해 토론할 수 있다.
3. 의사 결정의 주요 행동 측면에 대해 토론할 수 있다.
4. 조직에서 그룹 의사 결정에 대해 토론할 수 있다.
5. 창의성이 의사 결정 및 문제 해결에 영향을 미치는 방식을 포함하여 창의성의 본질에 대해 토론할 수 있다.

Real-World Challenge

윤리적 도전

2천만 달러 규모의 항공기 엔진 수리 회사의 CEO는 문제가 되는 정보를 알게 되었다. 한 항공사가 그의 회사에서 수리했던 제트기 8대의 터빈이 더 이상 작동하지 않아 운항을 중단했다고 보고해 왔다. 이 항공사는 이 엔진 수리 회사가 사용한 부품이 문제의 원인이라고 주장했다. 보고를 받은 지 두 시간 만에 추가로 신고 전화가 걸려 왔고, 항공사는 회사 부품의 문제라고 주장하며 총 11대의 비행기를 착륙시켰다. 언론에 보도되지는 않았지만, 미국 연방항공청(FAA)에 이 문제가 통보되었다. CEO는 회사에 대출을 해 준 금융기관이 이러한 고발 사실을 알게 되면 대출이 중단될 수 있다고 우려하였다. 이는 회사에 해가 될 뿐만 아니라 자신의 지분도 위태로워질 수 있었다. 그는 FAA가 조사를 시작했으니 자세한 내용이 밝혀질 때까지 기다리는 수밖에 없다고 생각했다.

안타깝게도 이 회사는 연례 감사를 받는 중이었다. 이 과정에서 CEO는 회사

Echo/Getty Images

에 부정적인 재무적 영향을 미칠 수 있는 미해결 상황을 감사관에게 알렸다는 내용의 문서에 서명을 해야 했다. FAA의 조사 사실을 공개하는 것은 회사의 재정적 파산을 의미할 수 있었다. 이 CEO는 "우리 업계에서는 제조업체 직원의 약물이나 알코올 사용에 대한 윤리 강령이 매우 엄격하지만 이와 같은 정보를 보고할 때 어떻게 처리해야 하는지 알려주는 규정은 없다."고 강변하였다.[1]

이 CEO가 당신에게 이 경우 어떻게 결정해야 할지 물어본다고 상상해 보라. 정보를 공개하여 수백 명 직원의 일자리와 회사에 대한 자신의 재정적 지분을 위험에 빠뜨려야 할까? 아니면 더 많은 정보를 얻을 때까지 조용히 있어야 할까? 이 장을 읽고 나면 이 CEO에게 보다 바람직한 조언을 해 줄 수 있을 것이다.

경영자는 일상적으로 결정을 내린다. 여기에는 어려운 결정도 있고, 쉬운 결정도 있을 것이다. 하지만 어떤 결정을 내리든 어떤 사람은 비판할 것이고, 또 다른 어떤 사람들은 박수를 보낼 것이다. 실제로 험난한 비즈니스 세계에서 간단하거나 쉬운 결정이란 거의 없다. 어떤 경영자는 장기적인 회사의 목표에 집중하고, 그에 따라 의사 결정을 내린다. 반면에 어떤 경영자들은 현재에 집중한다. 어떠한 결정은 종업원 혹은 투자자 등 사람과 관련된 것이기도 하고, 또 다른 어떤 결정은 자금과 관련된 결정일 수도 있다. 무엇에 관한 결정이든, 결정을 내릴 때는 신중한 생각과 고려가 필요하다.

이 장에서는 의사 결정에 대한 다양한 관점을 설명한다. 먼저 의사 결정의 본질을 살펴보고, 이를 문제 해결과 구별하는 것으로 시작한다. 다음으로, 의사 결정 과정을 이해하기 위한 여러 가지 접근 방식을 설명한다. 그런 다음 의사 결정과 관련된 행동적 측면을 파악하고 논의하고, 그룹 의사 결정의 주요 요소에 대해 설명할 것이다. 마지막으로 효과적인 의사 결정의 핵심 요소라고 할 수 있는 창의성에 대해 논의한다.

8-1 의사 결정의 본질

의사 결정(decision making)이란 여러 대안 중에서 하나를 선택하는 것이다. 새 공장 부지를 찾고 있는 경영자를 생각해 보자. 그는 잠재적인 후보지를 파악하고 여러 관련 기준(예: 토지 비용, 교통 접근성, 지역 노동력, 재산세율 등)에 따라 각 후보지를 평가할 것이다. 이 평가를 통해 일부를 검토 대상에서 제외할 수는 있겠지만, 회사의 요구 사항을 충족하는 부지의 후보는 여전히 복수일 가능성이 높다. 이 시점에서 경영자는 결정을 내리고 매입할 부지 한 곳을 선택해야 한다.

의사 결정
여러 대안 중에서 선택하는 과정.

반면 **문제 해결**(problem solving)이란 질문에 대한 답을 찾는 것이다. 앞서 언급한 경영자가 공장을 짓기에 가장 적합한 부지를 결정하고 토지 매입 절차를 시작했다고 가정해 보자. 이 경영자는 해당 부지의 실질적인 소유주가 모호하다는 사실을 발견한다. 이 문제에 대한 가장 유력한 해결책은 부동산 변호사의 도움을 받는 것이다. 대부분의 경우 변호사가 상황을 파악한 다음 매입 절차를 계속 진행할 수 있다. 이 경우 토지 소유자가 누구인지에 대한 정답은 한 가지뿐일 테니 더 이상 결정할 필요가 없다.

문제 해결
질문에 대한 답을 찾는 과정.

Johnny Habell/Shutterstock.com

부동산 개발자는 이 부지에 쇼핑몰 건설을 고려했었다. 하지만 많은 분석, 인구통계학적 및 지리적 연구, 측량 끝에 개발자는 여기에 쇼핑몰을 건설하지 않기로 결정했고, 이 부동산을 다시 매물로 내놓았다.

어떤 경우에는 의사 결정 상황과 문제 해결 상황이 엇비슷하게 시작하지만, 나중에는 서로 다른 경로로 이어질 수 있다. 이에 대한 이해를 돕기 위해 앞에서 언급했던 공장 부지 선택의 사례를 다시 생각해 보자. 각각의 후보지를 평가한 결과 후보지가 하나만 남았다면, 더 이상 의사 결정의 상황은 존재하지 않는다. 의사 결정 상황이 바뀌어 문제 해결의 단계로 변화하게 된다. 여기서 토지 소유권의 문제가 발생한다면, 부동산 변호사가 이 경영자에게 "법적 소유자를 파악하는 데 오랜 시간과 막대한 비용이 소요될 수 있다."고 조언할 수 있다. 이제 이 경영자는 토지를 매입하기 위한 노력을 계속할지 아니면 이 거래에서는 철수하고 다른 옵션을 찾을지 결정을 내려야 한다. 문제 해결 상황에서 의사 결정의 상황으로 변화한 것이다. 보통 우리의 관심사는 대부분 의사 결정과 관련이 있다. 그러나 우리는 이러한 의사 결정 상황에서 발생하는 문제 해결과 관련된 시사점을 식별해 낼 것이다.

그림 8-1은 의사 결정의 기본 요소를 보여 준다. 의사 결정권자의 행동은 목표에 따라 달리 결정된다. 여러 가지 대안적 행동 방침은 여러 가지 의사 결정의 결과와 각각 연결되어 있다. 따라서 의사 결정권자들은 각 대안 및 각 의사 결정의 결과가 발생할 가능성, 각 결과의 상대적 가치에 대한 정보를 활용할 수 있다. 의사 결정권자는 이러한 정보에 대한 평가를 바탕으로 하나의 대안을 선택하게 된다.

조직에서 이루어지는 의사 결정은 해당 의사 결정의 빈도와 정보의 조건에 따라 분류될 수 있다. 의사 결정의 맥락에서, 빈도(frequency)는 특정 의사 결정 상황이 얼마나 자주 반복되는지를 의미하며, 정보 조건(information conditions)은 다양한 결과의 가능성에 대해 얼마나 많은 정보를 이용할 수 있는지를 나타낸다.

그림 8-1
의사 결정의 요소

의사 결정권자는 목표를 세우고, 목표의 관점에서 여러 대안의 결과를 평가한 후 실행할 하나의 대안을 선택한다.

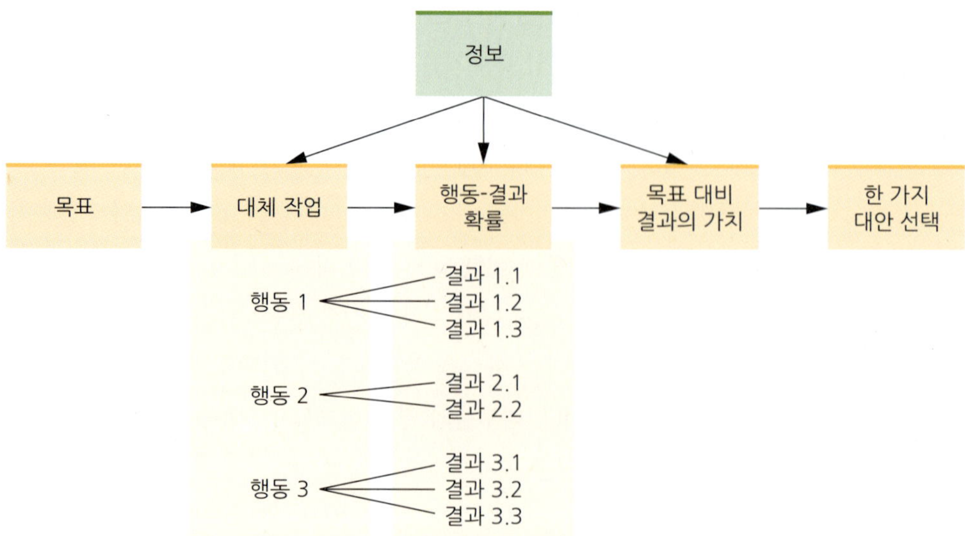

8-1a 의사 결정 유형

반복 빈도(frequency of recurrence)는 의사 결정이 정형화된 것인지 혹은 비정형화된 것인지를 결정한다. **정형화된 의사 결정**(programmed decision)은 의사 결정 규칙을 개발할 수 있을 만큼 자주 반복되는 결정을 의미한다. **의사 결정 규칙**(decision rule)은 의사 결정자가 의사 결정 상황에 대해 미리 특정한 정보를 가지고 있다면 어떤 대안을 선택할지를 예측할 수 있게 해 준다. 즉, 동일한 상황에서는 그에 적합한 의사 결정 규칙이 사용된다. 정형화된 의사 결정은 일반적으로 목표가 명확하고 잘 알려져 있으며, 의사 결정 절차가 이미 확립되어 있고, 정보의 출처와 채널이 명확하게 정의되어 있는 등 고도로 구조화되어 있다.[2]

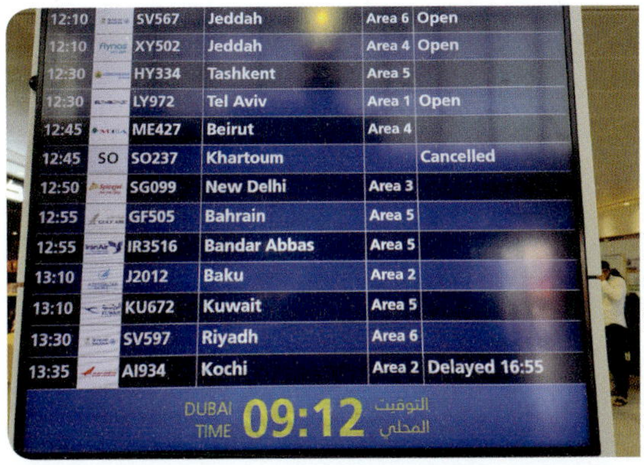

Harshit Srivastava S3/Shutterstock.com

항공사는 종종 정형화된 의사 결정 규칙을 사용하여 항공편 취소 및 지연과 같은 결정을 내린다. 예를 들어, 특정 항공편 전용 비행기에 기계적 문제가 발생하여 수리에 며칠이 걸리는 경우와 항공사에 다른 항공편이 없는 경우, 해당 항공사의 결정 규정에 따라 항공편을 취소해야 할 수 있다. 그러나 절차에 따라 몇 시간 내에 비행기를 수리할 수 있다고 판단되면 비행이 단순히 지연될 가능성이 높다.

항공사는 비행기에 고장이 발생하여 특정 항공편을 이용할 수 없는 경우 정해진 절차를 사용하여 대처한다. 승객은 이러한 상황을 비교적 자주 경험하지 않기 때문에 이 문제를 정형화된 결정으로 간주하지 않을 수 있다. 하지만 항공사는 비행기를 운항할 수 없게 만드는 장비 문제가 반복적으로 발생한다는 것을 알고 있다. 따라서 항공사마다 자체적으로 장비 문제 발생 시 활용할 수 있는 명확하게 정의된 절차, 발생한 문제의 성격 및 기타 상황(예: 예약된 승객 수, 동일한 목적지의 다음 예정 항공편, 다른 비행기의 가용성 등)에 따라 항공편을 지연, 취소시키거나 다른 비행기를 투입하여 운항을 지속할 수 있다. 마찬가지로, 코로나19 팬데믹 기간 동안 정부 기관에서 승객의 마스크 착용 요건을 마련하여, 항공사들로 하여금 마스크 착용을 의무화하고 이를 준수하지 않는 승객을 처리하기 위한 표준 절차를 만들게 하였다.

정형화된 의사 결정
의사 결정 규칙을 개발할 수 있을 만큼 자주 반복되는 의사 결정.

의사 결정 규칙
의사 결정자에게 의사 결정 상황의 특성에 따라 어떤 대안을 선택해야 하는지 알려 주는 진술.

그러나 이전에 경험하지 못한 문제나 의사 결정 상황이 발생하면 의사 결정권자는 이전에 확립된 의사 결정 규칙에 의존할 수 없다. 이러한 성격의 결정은 **비정형화된 의사 결정**(non-programmed decision)이라고 하며, 여기에는 문제 해결이 필요하다. 여기서의 의사 결정은 고유하며 특수한 형태의 의사 결정으로, 의사 결정 규칙의 도움 없이 대안을 개발하고 평가해야 하는 경우가 많다.[3] 비정형화된 의사 결정은 정보가 모호하고 의사 결정을 위한 명확한 절차가 없으며 목표가 모호한 경우가 많기 때문에 제대로 구조화되지 않는다. 한 가지 사례를 들어 보자면, 유명한 아이스크림 제조업체인 블루벨 유업(Blue Bell Creameries)은 생산 시설이 잠재적으로 위험한 박테리아인 리스테리아에 감염되었다는 사실을 알게 되었다. 이는 회사가 처음으로 경험하는 소비자 건강과 관련한 심각한 문제였으며, 경영진은 이에 대한 대응 방법을 결정할 때 상당한 모호함을 경험해야만 했다. 2022년에 발생한 땅콩버터 및 여러 종류의 유아용 조제 분유 리콜 사태도 비슷한 양상을 보였지만, 이 사태의 해당 제조업체들은 이전에 리콜을 실시한 경험이 있었기 때문에 참고할 수 있는 몇 가지 경험을 가지

비정형화된 의사 결정
드물게 반복되고 이전에 설정된 의사 결정 규칙이 없는 의사 결정.

Jamie Squire/Staff/Getty Images News/Getty Images

정형화되지 않은 의사 결정은 문제 해결과 판단이 필요한 비정상적이거나 복잡한 상황이 발생했을 때 필요하다. 블루벨 유업은 생산 시설 중 한 곳에서 박테리아를 발견했다. 2015년, 블루벨의 관리자들은 박테리아를 박멸하기 위해 모든 생산 시설을 폐쇄했다. 전체 프로세스에 수개월이 걸렸고 수백만 달러의 비용이 발생했다.

표 8-1
정형화된 결정과 비정형화된 결정의 특징

특성	정형화된 결정	정형화되지 않은 결정
결정 유형	잘 구성된 구조	잘못된 구조
빈도	반복적이고 일상적	새롭고 독특함
목표	명백함, 구체적	모호함
정보	즉시 사용 가능	사용 불가, 불분명한 채널
결과	주요하지 않음	주요함
조직 수준	하위 계층	상위 계층
해결을 위한 시간	짧음	상대적으로 김
해결의 기반	규칙적 의사 결정, 절차 설정	판단 및 창의성

고 있었다. 코로나19 팬데믹 기간 동안 항공사가 마스크 요건에 대해 정형화된 결정을 내렸지만, 이 외에도 즉각적인 판단과 비정형화된 결정이 필요한 상황이 여전히 발생했다. 정형화되지 않은 결정에서의 핵심 요소는 리더와 의사 결정권자의 올바른 판단이다.[4]

표 8-1은 정형화된 의사 결정과 비정형화된 의사 결정의 특징을 요약한 것이다. 정형화된 의사 결정은 조직의 하위 수준에서 더 흔하게 일어나는 반면, 최고 경영진의 주요 책임은 조직의 장기적인 효율성을 결정하는 어려운 비정형화된 의사 결정을 내리는 것이다. 최고 경영진이 책임지는 전략적 의사 결정은 체계적이지 않고 일상적이지 않으며 그 결과가 광범위한 영향을 초래한다.[5] 정형화된 의사 결정은 이전에 검증된 규칙과 절차에 따라 이루어질 수 있지만, 비정형화된 의사 결정은 일반적으로 의사 결정권자의 사고력과 창의력을 요한다. 즉, 모든 문제에는 결정이 필요하지만, 모든 결정이 문제 해결을 필요로 하는 것은 아니다.

8-1b 의사 결정 조건

우리는 원하는 결과를 얻기 위해 의사 결정을 내린다. 하지만 그 결과에 대한 정보는 다양하게 존재한다. 사용 가능한 정보의 범위는 모든 대안적 결과를 알 수 있는 완전한 확실성과 모든 대안적 결과를 알 수 없는 완전한 불확실성이라는 양 끝의 두 개 점 사이의 연결선 어딘가에 위치한다. 이러한 두 극단 간의 위치는 어느 정도의 불확실성(risks)을 내포한다. 다시 말하면, 의사 결정권자는 발생 가능한 결과에 대한 정보를 알고 있으며, 그것이 발생할 확률을 추정할 수 있다.

정보의 조건에 따라 의사 결정권자에게는 다양한 과제가 주어진다.[6] 예를 들어, 플레이스테이션(PlayStation)의 마케팅 관리자가 새로 출시한 비디오 게임에 대해 많은 비용이 드는 판촉 활동을 시작할지 여부를 결정하려고 한다고 가정해 보자(**그림 8-2** 참조). 이해를 돕기 위해 상황을 단순화시켜, 이 마케팅 관리자에게는 게임을 홍보하거나 홍보하지 않는 두 가지 대안만 있다고 가정하자. **확실성의 조건**(condition of certainty)하에서 관리자는 이 두 가지 대안이 가져올 결과를 확실하게 알고 있다. 새 게임을 대대적으로 홍보하면 회사는 1,000만 달러의 수익을 실현할 수 있다.

확실성의 조건
관리자는 주어진 행동의 각 대안이 어떤 결과를 가져올지 알고 있으며, 다양한 결과의 확률을 추정할 수 있는 충분한 정보를 가지고 있다.

그림 8-2
다양한 의사 결정 조건에 따른 대안적 결과

확실성, 위험성, 불확실성이라는 세 가지 의사 결정 조건은 새로운 비디오 게임을 시장에 출시할지 여부를 결정하는 것과 관련이 있다.

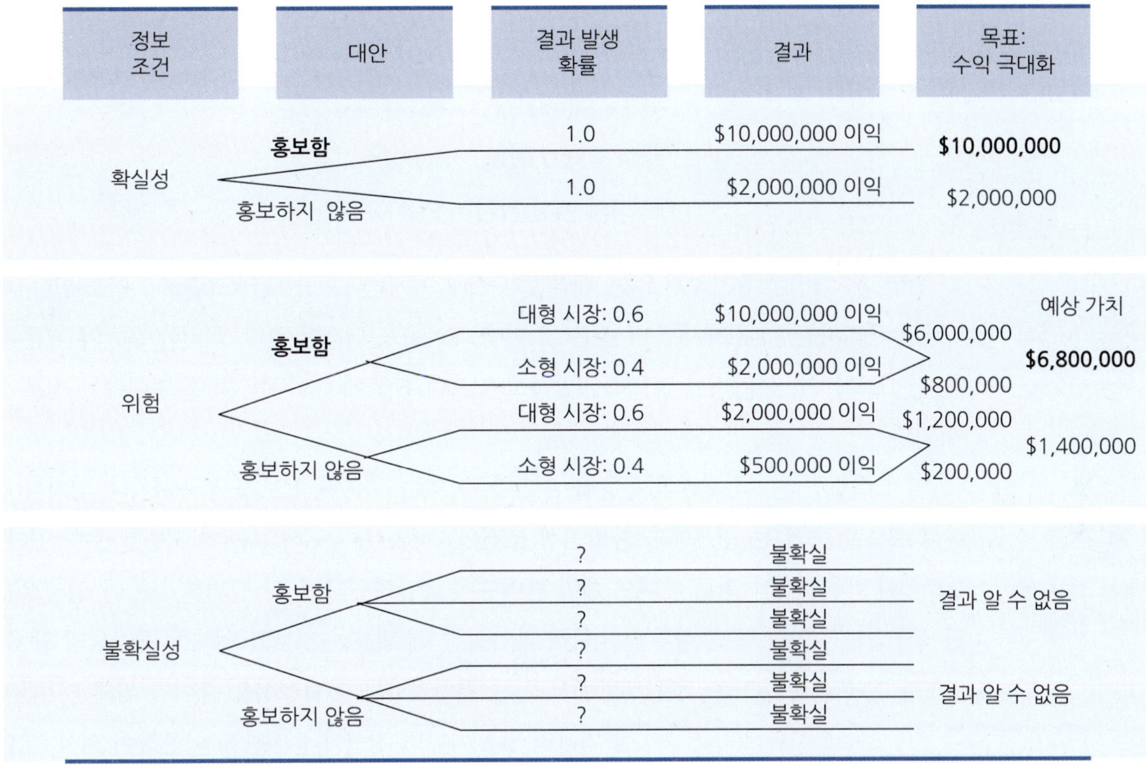

반면 홍보를 하지 않을 경우 이 회사는 200만 달러의 이익만 실현하게 된다. 이 경우 결정은 간단하다. 게임을 홍보하면 된다(이 수치는 이 예시의 목적을 위해 만들어진 것으로, 실제 수치가 아니다). 하지만 실제로 이렇게 '절대적으로 확실한' 의사 결정 조건은 거의 없다. 간단한 예로, 한 기업이 대출 기관으로부터 단기 대출을 받아야 하는 경우, 은행의 대출 조건의 '상대적 확실성(relative certainty)'을 비교하여 가장 좋은 조건을 제시하는 은행을 선택할 것이다. 2022년 말, 유나이티드 항공사(United Airlines)는 와이드바디 여객기 100대를 새로 구매할 계획을 발표했다. 이러한 계획을 만족시킬 수 있는 제조업체는 두 곳뿐이어서 유나이티드는 보잉(Boeing) 777 또는 에어버스(Airbus) A350 중 하나를 선택해야 했다. 가격과 납품 일정은 계약에 따라 결정되기 때문에 유나이티드는 두 업체 중 하나를 선택하든지 혹은 두 업체의 제품을 섞어서 구매하든지 상대적 확실성에 기반하여 선택할 수 있는 위치에 있었다.

불확실의 조건
의사 결정자는 주어진 행동의 결과를 확실하게 알 수는 없지만 다양한 결과의 확률을 추정할 수 있는 충분한 정보를 가지고 있다.

불확실의 조건(condition of risk)에서 의사 결정자는 주어진 행동의 결과가 어떻게 될지 확실하게 알 수는 없지만 다양한 결과의 확률을 추정할 수 있는 충분한 정보를 가지고 있다. 따라서 시장 연구 부서에 의해 수집된 정보를 바탕으로 마케팅 관리자는 각 결과의 가능성을 추정할 수 있다. 여기서의 대안은 시장 확장에 대한 기대이다. 비디오 게임 시장이 더욱 커질 확률이 0.6이고 반대로 더 작아질 확률이 0.4이라고 하자. 이러한 확률을 기반으로 마케팅 관리자는 프로모션 활동의 기대 가치와 각 활동과 관련된 기대 수익을 계산할 수 있다. 대안의 기대 가치를 구하기 위해 관리자는 각 결과의 값에 해당 결과의 발생 확률을 곱한다. 가능한 모든 결과에 대한 이러한 계산의 합이 해당 대안의 기대 가치를 나타낸다. 이 경우, 새 게임을 홍보하는 대안 1의 기대 가치는 다음과 같다.

$$0.6 \times \$10{,}000{,}000 = \$6{,}000{,}000$$
$$\pm 0.4 \times \$2{,}000{,}000 = \$800{,}000$$
$$\text{대안 1의 예상 가치} = \$6{,}800{,}000$$

반면, 새 게임을 홍보하지 않는 대안 2의 기대 가치는 140만 달러(**그림 8-2** 참조)이다. 따라서 마케팅 관리자는 기대 가치가 더 높은 첫 번째 대안을 선택해야 한다. 이러한 수치와 결론은 설득력 있어 보이지만 불완전한 정보에 기반하고 있으며 확률에 대한 추정치일 뿐이라는 점을 인식해야 한다.

불확실성 조건
의사 결정권자가 가능한 결과의 확률을 추정하기엔 충분한 정보가 부족하다.

의사 결정권자에게 결과의 확률을 추정할 수 있는 충분한 정보가 부족하거나, 심지어 결과를 전혀 예측할 수 없는 경우에는 **불확실성 조건**(condition of uncertainty)에 직면할 수도 있다. 플레이스테이션의 예에서 최근 비디오 게임 판매량이 급감하였다면, 이 급격한 감소가 일시적인 것인지 영구적인 것인지, 혹은 상황을 명확히 파악하는 데 필요한 정보가 언제쯤 제공될지 알 수 없는 경우가 이에 해당한다. 이러한 상황에서 의사 결정권자는 불확실성을 줄이기 위해 더 많은 정보를 기다리거나, 아니면 경험이나 직관에 의존하여 의사 결정을 내릴 수 있다. 코로나19 팬데믹 기간 동안 의사 결정권자들은 위기의 심각성이나 잠재적 지속 기간과 관련하여 상당한 불확실성에 직면했었다. 물론 의사 결정을 확실성, 위험, 불확실성의 측면에서 항상 그렇게 구분하는 것이 쉽지 않다는 점도 기억해야 한다.

Shuang Li/Shutterstock.com

의사 결정 조건은 확실성에서 위험, 불확실성에 이르기까지 다양하다. 예를 들어, 회사에서 플레이 스테이션용 비디오 게임을 새로 출시할 계획이라면 관리자는 마케팅 예산을 수립할 때 위험 및 불확실성과 관련된 요소를 평가해야 한다.

의사 결정에 대한 몇 가지 접근 방식은 관리자가 의사 결정에 도달하는 과정에 대한 통찰력을 제공한다. 합리적 접근법(rational approach)은 그 논리와 경제성 때문에 매력적이다. 그러나 의사 결정이 전적으로 합리적인 과정이 아닌 경우가 많기 때문에 이 접근법에 대한 의문이 제기된다. 반면 행동적 접근법(behavioral approach)은 의사 결정의 합리성에 대한 한계를 설명하려고 시도한다. 나중에 설명하겠지만, 많은 관리자가 의사 결정을 내릴 때는 합리적 접근과 행동적 접근을 결합한다. 다음 절에서 이러한 접근 방식에 대해 더 자세히 살펴볼 것이다. 먼저, Case Study에서는 인기 있는 여행 비즈니스의 성공에 영향을 미친 다양한 의사 결정에 대해 설명할 것이다.

Case Study

강을 누비다

PBS에서 방영된 「명작극장(Masterpiece Theatre)」을 시청한 적이 있다면 바이킹 크루즈(Viking Cruises)에 대해 알고 있을 것이다. 바이킹 크루즈선이 유럽의 강을 따라 항해하며 부다페스트에 입항하는 장면은 적어도 일부 사람들에게는 여행이 어떻게 이루어져야 하는지에 대한 상징적인 이미지가 되었다. 이러한 이미지의 배후에는, 30년 동안 수많은 효과적인 결정을 내린 결과 세계적인 규모와 성공을 거둔 크루즈 회사인 바이킹 크루즈가 있다.

바이킹은 1997년 노르웨이 출신의 토스타인 하겐(Torstein Hagen)이 창업하여 현재까지 운영하고 있다. 하겐은 하버드에서 MBA를 취득한 후 유럽 맥킨지(McKinsey & Company)의 컨설턴트로 일했다. 그곳에서 그가 맡았던 중요 업무 중 하나는 1974년 대형 크루즈 회사인 홀랜드 아메리카(Holland America)를 파산에서 구하는 것이었다. 이 일을 통해 그는 해양 비즈니스 전반과 특히 크루즈 비즈니스의 복잡성을 배울 수 있었고, 그 기술은 나중에 큰 도움이 되었다. 1990년대 중반, 한 러시아 투자자 그룹이 하겐을 고용하여 한 해운 회사의 인수 및 자금 조달을 주선하는 일을 맡겼다. 당시 이 투자자들은 유람선 4척을 소유하고 있었다. 하겐은 투자자들이 해운 회사를 인수한 후 유람선을 팔고 싶어 한다는 사실을 알게 되었고, 이를 인수하겠다고 제안했다. 러시아의 여러 강에서 운항할 수 있도록 제작된 이 배들은 최초의 바이킹 함대가 되었다. 하겐은 곧 리버 크루즈 산업이 성장 잠재력이 크다는 것을 깨달았다. 2000년, 그는 유럽의 KD 리버 크루즈를 인수하여 바이킹 선단을 총 26척으로 늘리고 세계 최대 규모의 리버 크루즈 선단을 만들었다.

하겐의 지시에 따라 바이킹은 특정 비즈니스 요건을 충족하기 위해 모든 선박을 개조했다. 우선, 체육관, 수영장, 전문 레스토랑과 같은 '군더더기'를 제거했으며, 운영 효율성을 개선하기 위해 선박을 표준화했다. 또한 하겐은 목표 시장을 미국과 서유럽의 나이가 많고 부유한 영어권 커플로 명확하게 정의했다. (일부 평론가들은 이러한 접근 방식이 일부 사람들을 환영하지 않는다는 것을 암시한다는 이유로 비판하기도 했다. 바이킹은 18세 이상이면 누구나 예약할 수 있지만 비영어권 사용자에게는 예약을 받지 않는다고 밝혔다.)

그 후 몇 년 동안 바이킹은 중국의 강을 순항하기 위해 특별히 건조된 선박을 포함하도록 선단을 확장하고 영국, 캐나다, 미국에 영업 사무소를 개설했다. 또한 하이브리드 디젤 엔진을 사용하도록 선박을 개조하기 시작하여 연료비를 절감하고 수익을 증대했다. 2011년에는 바이킹의 성장을 가속화하는 두 가지 중요한 결정을 내렸다. 먼저 「명작극장」 프로그램 후원을 시작하여 타깃 고객층에 대한 인지도를 획기적으로 높였다. 또한 바이킹은 '롱십'이라는 새로운 선박 디자인을 통해 새로운 성장 단계를 선언하고 이 새로운 디자인이 적용된 선박 40척을 주문했다. 롱십은 각 선박의 수용 인원을 늘리는 동시에 더 넓은 공용 공간을 만들었다.

2013년에 하겐은 소규모 원양 크루즈 선박을 출시하며 원양 크루즈 사업에 진출할 의사를 밝혔다. 첫 번째 바이킹 원양선인 바이킹 스타(Viking Star)가 2015년에 출항했고, 그 후 수 년 동안 몇 척의 선박이 계속 추가되었다. 대부분의 다른 원양 크루즈는 재방문하는 승객에게 다양한 경험을 제공하기 위해 각 선박의 개성을 살리려고 노력한다. 그러나 표준화된 하천용 크루즈 선박으로 성공을 거둔 바이킹은 새로운 선박이 출시될 때마다 약간의 개선만 가하면서 대양 선박을 다시 표준화했다.

2019년, 바이킹은 세 번째 크루즈 시장에 진출할 것이라고 발표했는데, 이 시장은 이른바 원정 크루즈를 중심으로 한 시장이다. 원정 크루즈는 이국적이고 접근하기 어려운 목적지에 초점을 맞추기 때문에 특수한 장비를 갖춘 맞춤형 선박이 필요한 경우가 많다. 초기 계획은 남극, 북극권, 북미 오대호, 갈라파고스 섬 등의 목적지를 여행하기 위해 각각 389명의 승객을 태울 수 있는 두

척의 소형 특수 선박이 필요했다. 이 크루즈는 2022년에 시작되었다. 바이킹은 또한 2022년에 미시시피강에서 리버 크루즈 여정을 시작했다.

많은 기업과 마찬가지로 바이킹도 코로나19 팬데믹으로 인해 큰 타격을 받았다. 실제로 유람선은 전염성 질병과 관련하여 불행한 역사를 가지고 있는데, 바이러스나 박테리아 감염이 유람선 승객에게 발생하면 빠르게 전파되어 탑승한 사람들에게 영향을 미치는 경우가 많다. 더 큰 문제는 사람들이 배에 '갇혀' 배 자체가 정박할 수 없는 상황에서 탈출할 수 없다는 것이다. 다행히도 바이킹은 코로나19 바이러스가 전 세계적인 보건 문제가 될 것이 분명해졌을 때 신속하고 단호하게 대응했다. 2020년 3월 12일, 모든 운항을 즉시 중단한다고 발표한 바이킹은 주요 크루즈 회사 중 가장 먼저 조치를 취했다. 그리고 2021년 말부터 점진적으로 서비스를 재개했다. 하겐은 초기 보도 자료에서 "약 23년 전 바이킹을 시작한 이래로 우리는 항상 고객과 직원을 최우선으로 생각해 왔다. 재무 구조가 탄탄한 민간 기업으로서 분기별 수익에 대해 걱정할 필요가 없으며, 이러한 유연성 덕분에 항상 그래왔듯이 고객과 직원을 위해 최선을 다할 수 있게 되었다."고 강조했다.[7]

질문

1. 크루즈 산업에 정형화된 의사 결정에는 어떤 것이 있는가? 가장 정형화되지 않은 의사 결정은 무엇인가?
2. 이 사례에서 바이킹이 내린 주요 결정을 둘러싼 조건은 무엇인가?
3. 당신이 의사 결정자라면, 이 사례에서 논의된 각 주요 결정의 효과를 평가하기 위해 어떤 기준을 사용하겠는가?

8-2 합리적인 접근 방식 의사 결정

합리적인 의사 결정 접근법 의사 결정을 위한 체계적인 단계별 프로세스.

합리적 의사 결정 접근법(rational decision-making approach)은 관리자가 체계적인 단계별 프로세스를 따른다고 가정한다. 또한 조직이 논리적인 선택을 하고 환경적으로 가장 합리적인 일을 하는 데 전념하며, 전적으로 객관적이고 완전한 정보를 가지고 있는 의사 결정권자가 조직을 관리한다고 가정한다.[8]

8-2a 합리적인 의사 결정의 단계

그림 8-3은 목표를 설정하는 것부터 시작하여 최상의 결정을 내리고, 실행하고, 통제할 때까지 논리적으로 프로세스를 실행하는 단계를 보여 준다.

상황별 목표 명시

합리적인 의사 결정 과정은 상황적 목표, 즉 특정 상황에 대한 목표를 설정하는 것에서 시작된다. 예를 들어, 마케팅 부서는 연말까지 특정 시장점유율을 확보하는 것을 목표로 잡을 수 있다. (어떤 의사 결정 모델은 목표에서 시작하지 않을 수도 있다. 그럼에도 불구하고 여기에 포함시킨 이유는 목표가 의사 결정 여부를 결정하는 데 사용되는 기준이 되기 때문이다.)

문제 확인

문제 확인의 목적은 목표와 관련된 정보를 수집하는 것이다. 목표와 실제 상태 사이에 불일치

그림 8-3

합리적인 의사 결정 접근 방식

합리적 모델은 목표부터 실행, 측정 및 제어에 이르기까지 체계적인 단계별 접근 방식을 따른다.

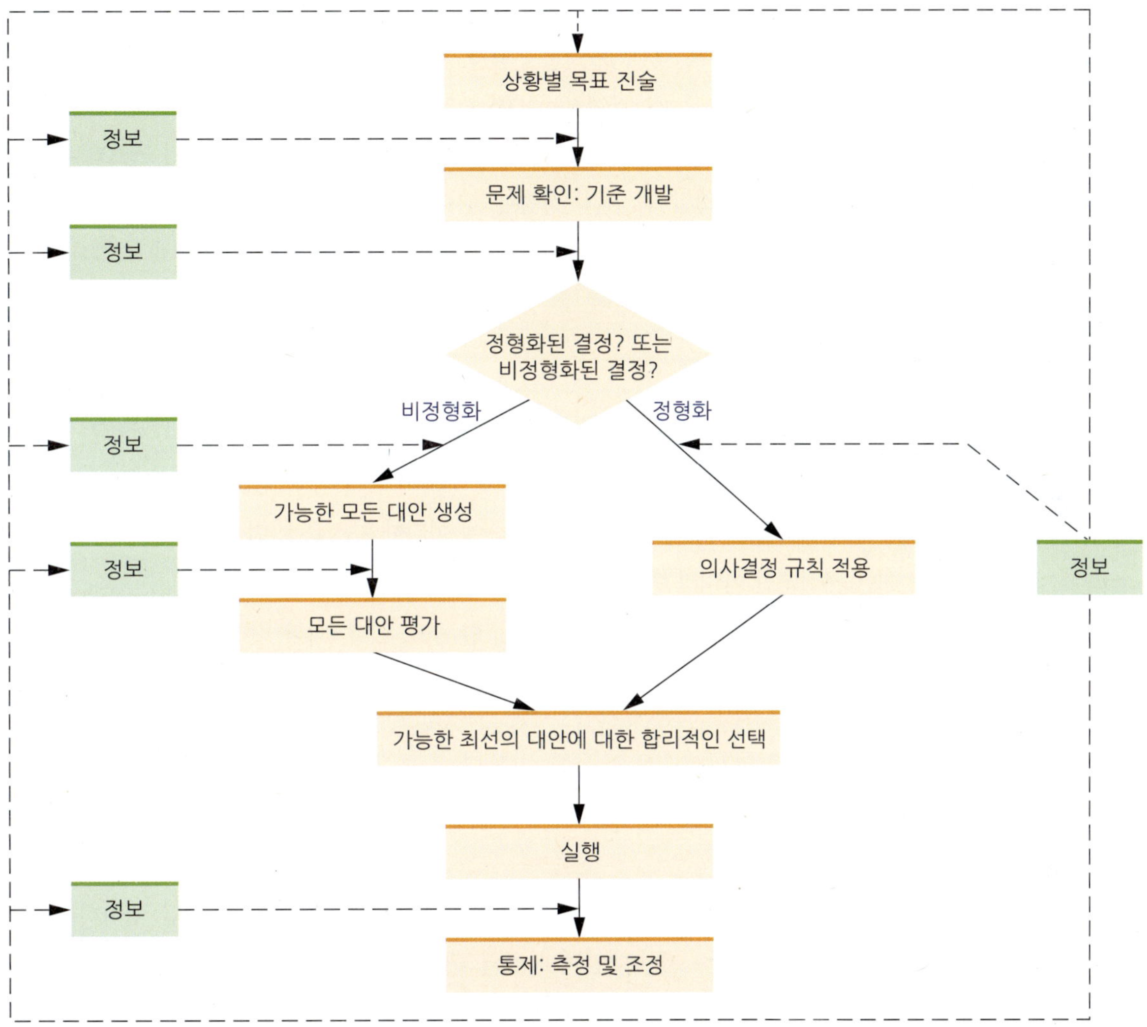

가 있는 경우 조치가 필요할 수 있다. 마케팅 부서의 사례를 생각해 본다면, 이 부서에서는 현재의 실제 시장점유율에 대한 정보를 수집한 후, 이를 목표로 정한 시장점유율과 비교할 수 있다. 이 두 가지 시장점유율의 사이의 차이는 의사 결정이 필요한 문제가 있음을 보여 준다. 이 단계에서는 정보의 신뢰성이 매우 중요하다. 부정확한 정보는 잘못된 의사 결정으로 이어지거나, 실제로는 그렇지 않은데도 의사 결정이 필요하지 않다고 믿게 만들 수 있다.

의사 결정 유형 결정

다음으로, 의사 결정권자는 다루고 있는 문제가 정형화된 의사 결정인지 비정형화된 의사 결정인지를 결정해야 한다. 정형화된 의사 결정이 필요한 경우 적절한 의사 결정 규칙이 적용되고,

그 다음 과정은 대안 중에서 선택하는 단계로 넘어간다. 분석 결과 경쟁 업체가 인쇄 광고에 더 많은 비용을 지출하고 있는 것으로 밝혀진 경우에는 정형화된 마케팅 결정이 필요하다. 인쇄 광고물을 제작하고 이를 위한 공간을 매입하는 것은 마케팅 부서에 잘 정립되어 있는 기능이기 때문에 이 문제는 정형화된 결정만 있으면 된다.

정형화된 대로 상황을 진단하고 의사 결정 규칙을 적용하여 해결책을 도출하는 것이 간단해 보일 수 있지만 여전히 실수가 발생할 수 있다. 잘못된 의사 결정 규칙을 선택하거나 실제로는 정형화되지 않은 의사 결정이 필요한데도 문제에 대해 정형화된 의사 결정이 필요하다고 가정하면 잘못된 의사 결정이 내려질 수 있다. 정형화되지 않은 결정이 필요하다는 판단을 내릴 때도 동일한 주의가 필요하다. 상황을 잘못 진단하면 의사 결정권자는 쓸데 없는 일에 시간과 자원을 낭비하게 된다.

대안 생성

정형화되지 않은 의사 결정의 다음 단계는 대안을 생성하는 것이다. 합리적 과정에서는 의사 결정자가 문제에 대한 가능한 모든 대안을 다 고려할 것이라 가정한다. 그러나 단순한 비즈니스 문제에도 수많은 해결책이 있을 수 있기 때문에 이러한 가정은 비현실적이다. 의사 결정권자는 상황에 대한 지식뿐만 아니라 자신의 교육과 경험에 의존하여 대안을 도출할 수 있다. 또한 동료, 부하 직원, 상사 등 다른 사람에게서 정보를 구할 수도 있다. 의사 결정권자는 문제의 증상을 분석하여 실마리를 찾거나 직관이나 판단에 의존하여 대안을 개발할 수 있다. 예시의 마케팅 부서에서 정형화되지 않은 결정이 필요하다고 판단될 경우 시장점유율을 높이기 위한 대안들을 만들어야 할 필요가 있다.

대안 평가

대안의 평가란 미리 정해진 의사 결정 기준에 따라 가능한 모든 대안을 평가하는 것이다. 궁극적인 의사 결정 기준은 '어떤 대안이 목표와 더 가까운 이점을 가져다줄 것인가'이다. 의사 결정권자는 각 대안을 검토하여 원하는 상태와 실제 상태 사이의 불일치를 줄일 수 있다는 증거를 찾아야 한다. 평가 프로세스에는 일반적으로 (1) 각 대안의 예상 결과(이익) 설명, (2) 각 대안의 예상 비용 평가, (3) 각 대안과 관련된 불확실성 및 위험 추정 등이 포함된다.[9] 대부분의 의사 결정 상황에서 의사 결정자는 모든 대안의 결과에 대한 완벽한 정보를 갖고 있지는 않다. **그림 8-2**의 앞부분에서 볼 수 있듯이 결과를 확실하게 알 수 있는 경우도 있지만, 아무런 정보도 가지고 있지 않기 때문에 결과가 완전히 불확실한 경우도 있다. 불확실성은 매우 일반적인 상황이다.

대안 선택

대안을 선택하는 것은 일반적으로 의사 결정 과정에서 가장 중요한 단계이다. 이 단계는 모든 대안의 혜택, 비용, 위험 및 불확실성을 기준으로 가능한 가장 높은 보상을 제공하는 대안을 선택하는 것이다. 플레이스테이션 판촉 활동의 예시를 떠올려 보자. 의사 결정권자는 두 가지 대안의 기대치를 계산하여 평가했다. 합리적 접근 방식에 따라 관리자는 기대 가치가 가장 큰 대안을 선택해야 한다고 설명했다.

그러나 합리적인 접근 방식을 사용하더라도 대안을 선택하는 데 어려움이 발생할 수 있다. 첫째, 두 가지 이상의 대안의 성과가 동일한 경우, 의사 결정자는 더 많은 정보를 필요로 하거나, 아니면 다른 기준을 적용하여 선택해야 한다. 둘째, 하나의 대안만으로 목표를 달성할 수 없는 경우, 두세 가지 대안을 조합하여 실행할 수 있다. 마지막으로, 하나의 대안이나 복수 대안의 조합으로도 문제를 해결할 수 없는 경우, 의사 결정권자는 더 많은 정보를 얻거나, 또 다른 대안을 고려하거나, 아니면 목표를 변경해야 한다.[10]

선택 단계의 중요한 부분은 **비상 계획**(contingency plan), 즉 기본 행동 방침이 예기치 않게 중단되거나 부적절하게 될 경우 취할 수 있는 대체할 수 있는 방안을 고려하는 것이다. 비상 계획은 선호하는 대안을 선택하고 이를 실행하는 단계로 넘어가는 과정의 일부이다. 비상 계획을 수립할 때 의사 결정권자는 일반적으로 '이 대안을 실행하는 동안 예상치 못한 일이 발생하면 어떻게 할 것인가?' 또는 '경제가 불황일 경우 이 대안을 선택하면 회사가 망할 것인가?' 또는 '경제가 갑자기 반등하여 성장하기 시작하면 이 계획을 어떻게 변경할 수 있는가?'와 같은 질문을 던진다.

비상 계획
기본 조치가 예기치 않게 중단되거나 부적절한 경우 취할 수 있는 대체 조치.

Alan Crosthwaite/Alamy Stock Photo

비상 계획은 합리적인 의사 결정의 일환으로 개발되는 경우가 많다. 예를 들어, 주가가 향후 24개월 동안 꾸준히 상승할 것이라는 가정하에 결정을 내린다고 해 보자. 주가가 하락하기 시작하면 어떻게 되는가? 이러한 예상치 못한 경제적 혼란에 대비하여 비상 계획을 수립할 수 있다.

계획 실행

다음은 결정을 실행에 옮기는 단계이다. 실행은 의사 결정 과정에 참여한 사람들의 몰입과 동기부여를 바탕으로 이루어지며, 실제로 실행을 통해 몰입과 동기를 강화할 수도 있다. 실행이 성공하려면 자원의 적절한 사용과, 유능한 관리 기술이 필요하다. 예를 들어, 새로운 플레이스테이션 게임을 대대적으로 홍보하기로 결정했다면, 마케팅 관리자는 이 프로젝트를 작업 그룹이나 태스크포스에 할당하여 이러한 결정을 실행하게 된다. 이 팀의 성공 여부는 리더십, 보상 구조, 커뮤니케이션 시스템, 그룹 역학 관계에 따라 달라진다. 때로는 의사 결정자가 이미 자신이 내린 선택을 의심할 수도 있다. 이러한 의심을 **결정 후 부조화**(post-decision dissonance)라고 하는데, 이는 4장에서 설명한 바 있는 인지 부조화(cognitive dissonance)와 밀접한 관련이 있다.[11] 이러한 부조화로 인한 긴장감을 완화하기 위해 의사 결정자는 새로운 정보를 통해 자신의 결정을 더욱 합리화하려고 시도할 수 있다.

결정 후 부조화
이미 내린 선택에 대한 의심과 후회.

통제: 측정 및 조정

합리적 의사 결정 프로세스의 마지막 단계에서 의사 결정의 결과는 측정되고 원하는 목표와 비교된다. 목표치에 미치지 못하는 불일치가 지속되면 의사 결정권자는 새로운 목표를 설정함으로써 프로세스를 다시 시작할 수 있다. 의사 결정 결과에 만족하지 못할 경우 또 다른 실수를 피하기 위해 의사 결정 프로세스를 수정할 수도 있다. **그림 8-3**에서 통제 단계로부터 다른 단계로 이어지는 화살표를 보면 알 수 있듯이 프로세스의 어느 부분에서든 변경은 이루어질 수 있다. 따라서 의사 결정은 조직에서 역동적이고 스스로 수정되며 계속 진행되는 프로세스다.

마케팅 부서에서 새로운 광고 캠페인을 실행한다고 가정해 보자. 이 캠페인을 시행한 후 시장 조사 데이터를 지속적으로 모니터링하고 새로운 시장점유율과 목표 시장점유율을 비교한다. 만약 이 광고가 원하는 효과를 거두었다면, 프로모션 캠페인은 변경되지 않을 것이다. 하지만 데이터 분석 결과 광고 시행 후에도 시장점유율에 변화가 없다면 추가적인 결정과 비상 계획의 실행이 필요할 수 있다.

합리적 접근 방식의 강점과 약점

합리적 접근 방식에는 몇 가지 장점이 있다. 의사 결정자가 논리적이고 순차적인 방식으로 의사 결정을 고려하도록 하고, 대안에 관한 심층적인 분석을 통해 의사 결정자가 감정이나 사회적 압력이 아닌 객관적 정보에 근거하여 의사 결정을 할 수 있도록 한다. 그러나 이 접근법의 가정은 종종 비현실적이다.[12] 관리자가 이용할 수 있는 정보의 양은 일반적으로 시간이나 비용의 제약에 의해 제한되며, 대부분의 의사 결정권자가 대안에 대한 정보를 처리하는 능력은 제한되어 있다. 또한 모든 대안이 쉽게 비교할 수 있도록 정량화되어 있는 것은 아니다. 마지막으로, 아무도 미래를 예측할 수는 없기 때문에 의사 결정권자가 각 대안의 가능한 모든 결과를 알 가능성은 거의 없다.

8-2b 증거 기반 의사 결정

합리적인 의사 결정 관점은 지난 수십 년간 존재해 왔지만, 최근 일부 전문가들(특히 Jeffrey Pfeffer와 Robert Sutton)은 합리성에 대한 새로운 관점을 요구하고 있다.[13] 이러한 새로운 관점을 **증거 기반 관리**(evidence-based management: EBM)라고 부른다. 증거 기반 관리는 의사 결정에 사용할 수 있는 최상의 이론과 데이터를 식별하고 활용하기 위한 노력으로 정의된다. 이 접근법의 지지자들은 다음과 같은 다섯 가지 기본 원칙을 사용할 것을 권장한다.

증거 기반 관리
의사 결정에 사용할 수 있는 최상의 이론과 데이터를 파악하고 활용하기 위한 노력.

1. 명백한 사실을 직시하고, 불편하더라도 진실을 말하도록 장려하는 문화를 조성하라.
2. 사실에 기반한 의사 결정, 즉 최상의 증거를 확보하고 이를 행동 지침으로 삼는 데 전념해야 한다.
3. 조직을 미완성된 시제품(prototype)으로 간주하고, 실험과 실행을 통한 학습을 장려하라.
4. 사람들이 추천하는 사항에 대한 위험 요소와 약점을 찾아라. (아무리 좋은 약이라도 부작용은 존재한다.)
5. 실제로 검증되지 않았지만 강하게 지지되는 믿음, 과거에 했던 일 또는 과거에 성공했던 일에 대한 무비판적 '벤치마킹'에 근거한 결정을 내려서는 안 된다.

EBM 지지자들은 '실제로 검증되지는 않았지만 강하게 지지되는 믿음' 또는 '무비판적인 벤치마킹'에 기반을 둔 의사 결정에 의문을 제기할 때 증거 기반 관리를 사용하면 특히 설득력이 있다고 주장한다. 예를 들어, 고성과자에게 저성과자보다 훨씬 더 많은 급여를 지급하는 것은 매우 흔한 일이다. 제프리 페퍼(Jeffrey Peffer)와 로버트 서튼(Robert Sutton)의 연구에 따르면 성과 보수 정책(performance-based compensation policy)은 종업원이 혼자서 또는 독립적으로 일할 때 좋은 효과를 내고 있음을 보여 준다. 그러나 오늘날 수많은 조직 차원에서 결정을 내려야 하는 협력적인 팀이 될 때는 전혀 다른 문제이다. 이러한 상황에서 최고액 연봉을 받는 임원과 최저액 연봉을 받는 임원 간의 격차가 크면 클수록 회사의 재무 성과는 더 저조해진다. 그 이유는 무엇일까? 페퍼와 서튼에 따르면, 급여 격차가 크면 팀원 간의 신뢰와 팀 기반의 강력한 의사 결정에 기여하는 사회 연결망을 약화시킬 수 있기 때문이다.

일부 조직에서 사용하는 인사 평가 및 보상 방식을 고려해 보자. 전설적인 잭 웰치(Jack Welch)가 GE에서 시행했던 '스택랭킹(강제적 할당)'이라는 것은 성과에 따라 직원을 상위 20%, 중간 70%, 하위 10%의 세 그룹으로 나누고 하위 그룹에 속한 직원부터 해고하는 방식이다. 페퍼와 서튼은 강제적 할당이 종업원들의 사기와 협동심을 떨어뜨렸고, 궁극적으로는 생산성을 감소시킨다는 사실을 발견했다. 또한 하위 10%를 자동으로 해고하는 것은 효과적인 팀워크를 불필요하게 망치는 경우가 너무 많다는 결론을 내렸다. 이와 함께 민간 항공사 조종사가 저지르는 실수의 73%가 신입 승무원과 함께 근무하는 첫날에 발생한다는 사실을 발견했다.[14]

물론, 증거를 고려하더라도 인식 및 기타 행동 프로세스는 종종 사람들이 그 증거를 보는 방식에 영향을 미칠 수 있다. 예를 들어, 코로나19 팬데믹 기간 동안 일부 전문가들은 과학 및 의학 데이터를 보고 사회적 거리 두기, 마스크 착용 등의 필요성을 전폭적으로 지지하였다. 그러나 다른 전문가들은 동일한 증거를 '확인'해 본 결과, 해당 데이터가 오해의 소지가 있으며, 위와 같은 조치가 필요하지 않다고 결론을 내리기도 했다.

8-3 의사 결정의 행동적 접근법

합리적 접근법은 관리자가 논리적이고 합리적으로 운영한다고 가정하는 반면, 행동적 접근법은 의사 결정 과정에서 인간 행동의 역할과 중요성을 인식한다. 허버트 사이먼(Herbert A. Simon)은 인간이 내리는 의사 결정이 항상 합리적이고 논리적으로 이루어지는 것은 아니라는 사실을 발견한 초기 전문가 중 한 명이었다.[15] 사이먼은 이후에 노벨 경제학상을 수상하기도 했다. 그의 의사 결정에 대한 관점은 어떤 의사 결정을 해야 하는지 처방을 내리기보다는 실제 상황에서 어떻게 의사 결정이 이뤄지는가를 설명하는 **의사 결정 관리 모델**(administrative model of decision making)을 제시하였다. (사이먼은 관리자가 관리 모델을 사용해야 한다고 주장한 것이 아니라 관리자가 실제로 어떻게 의사 결정을 내리는지에 대해 설명한 것이다.) 이 장의 Understand Yourself를 통해 감정이 의사 결정에 어떤 영향을 미칠 수 있는지에 대한 통찰을 얻을 수 있다.

의사 결정 관리 모델
관리자가 의사 결정을 내릴 때 제한적 합리성, 경험 법칙, 차선책, 만족화를 이용한다고 주장하는 것.

8-3a 관리 모델

관리 모델의 중요한 가정 중 하나는 의사 결정권자가 합리적 접근법에 의해 추정된 완벽한 합

Understand Yourself

감정 기반 의사 결정

다음 척도를 사용하여 아래의 진술에 대한 동의 또는 반대를 반영하는 1부터 6까지의 숫자를 기입하라. 완료되면 지침에 따라 점수를 계산하고 해석한다.

매우 아니다	아니다	약간 아니다	약간 그렇다	그렇다	매우 그렇다
1	2	3	4	5	6

______ 1. 나는 중요한 결정을 내릴 때 내 감정에 귀를 기울인다.
______ 2. 나는 논리가 아닌 영감을 바탕으로 인생의 목표를 설정한다.
______ 3. 나는 내 기분에 따라 삶을 계획한다.
______ 4. 나는 내 삶을 논리적으로 계획한다.
______ 5. 나는 감정이 내 삶의 방향을 제시한다고 믿는다.
______ 6. 나는 중요한 의사 결정은 논리적 근거에 기반해야 한다고 믿는다.
______ 7. 나는 마음보다는 머리에 귀를 기울인다.
______ 8. 나는 감정이 아니라 사실을 기반으로 의사 결정을 내린다.

점수 계산: 문제 4, 6, 7, 8의 경우 다음과 같이 점수를 변경해준다. 1→6, 2→5, 3→4, 4→3, 5→2, 6→1. 이제 8개의 문항에 대한 답안을 합산한다.

해석: 36점 이상이라면, 결정을 내릴 때 감정에 크게 의존하는 경향이 있다는 뜻이다. 이는 결정을 너무 빨리 내리려고 한다는 의미일 수 있다. 결정할 때 감정이 어떤 역할을 하는지 인식하고 의식적으로 더 많은 시간을 들여 사실을 파악하고 고려한 후 결정하도록 노력해야 한 다.

24점에서 35점 사이라면, 의사 결정 시 논리와 감정을 균형 있게 사용하는 경향이 있음을 의미한다. 복잡한 결정을 내릴 때는 직관이 도움이 될 수 있지만, 감정보다는 사실에 초점을 맞추도록 노력하자.

23점 이하인 경우, 의사 결정 시 감정보다 논리를 우선시하는 경향이 있다. 이는 효과적인 의사 결정으로 이어질 수 있지만, 의사 결정이 느려질 수도 있다.

Source: International Personality Item Pool: A Scientific Collaboratory for the Development of Advanced Measures of Personality Traits and Other Individual Differences. Available online: http://ipip.ori.org.

제한된 합리성
의사 결정권자가 문제와 관련된 모든 측면과 대안에 대한 정보를 다룰 수 없으므로 문제의 일부 의미 있는 부분을 해결하기로 선택한다는 주장.

리성이 아니라 제한된 합리성을 가지고 운영한다는 것이다. **제한된 합리성**(bounded rationality)을 가진 개인은 어떤 문제에 대한 최선의 해결책을 추구하고 있지만, 그 문제와 관련된 모든 정보를 처리하고, 모든 가능한 해결의 대안을 만들고 그중 최상의 해결책을 선택하는 것은 대부분 의사 결정자의 능력을 초과하는 것이다. 따라서 경영자들은 철저하지도 않고, 완전히 합리적이지도 않은 하나의 절차에 기반을 둔, 결코 이상적이지 않는 해결책을 수용할 수밖엔 없다.

예를 들어, 최근의 한 연구에 따르면 조직에서 어떤 프로젝트를 진행할 경우, 시간에 대한 압박이 있을 때에는 보통 가장 유리하게 생각되는 두 가지의 대안만을 남기고 모든 대안을 제거한 후 남은 두 가지의 대안에 집중하여 매우 세밀하게 진행한다고 한다.[16] 따라서 제한된 합리성으로 작동하는 의사 결정자는 의사 결정 과정에의 입력 요소를 제한하고 판단과 개인적인 편견은 물론 논리에 따라 결정을 내린다.[17]

관리 모델의 특징은 (1) 절차 및 경험에 근거한 규칙의 이용, (2) 준최적화, (3) 만족화이다. 의사 결정의 불확실성은 처음에는 절차와 경험 법칙에 의존함으로써 줄일 수 있다. 예를 들어, 인쇄물 홍보의 증가가 과거에 기업의 시장점유율을 증가시켜 주었다면, 이 연관성은 기업 종사자에게는 경험 법칙으로 이용될 수 있다. 이전 달의 시장점유율이 기준 이하로 떨어졌을 때, 기업은 다음 달 인쇄물 홍보 지출을 25% 증가시킬 수 있다.

준최적화(suboptimizing)는 가능한 최상의 결과에 조금 못 미치는 결과를 받아들이는 것이다. 조직 내부의 어떤 제약으로 인해 실제 상황에서 이상적인 결정을 내리는 것이 불가능한 경우가 종종 있다. 의사 결정권자는 다른 부서, 제품 라인 또는 의사 결정에서 의도하지 않은 부정적인 결과를 피하기 위해 종종 차선책을 선택해야만 한다.[18] 예를 들어, 자동차 제조업체가 한 번에 한 모델씩 생산 일정을 잡게 되면, 비용을 크게 절감시키고 효율성을 높일 수 있다. 이 경우 생산 팀의 최선책은 단일 모델 스케줄링이 된다. 그러나 다양한 모델을 제공하여 최적의 판매 매출 목표를 설정하려는 마케팅 팀은 완전히 다른 모델을 단기간에 생산하는, 생산 팀과는 정반대되는 생산 일정을 요구할 수도 있다. 중간 단계에 있는 디자인 및 일정 계획이 모두 중요한 팀은 유사성이 높은 모델을 묶는 장기적인 실행을 계획하여 생산 및 마케팅 팀이 추구하는 이점을 준최적화할 수 있다. 이는 동일한 생산 라인에서 다양한 차체 스타일을 여러 모델에 걸쳐 생산하는 도요타(Toyota)나 포드(Ford) 같은 대형 자동차 제조업체가 실행하고 있는 방법이기도 하다.

준최적화
조직의 다른 측면에서 의도하지 않은 부정적인 결과를 방지하기 위해 가능한 최선의 결과에 비해 다소 못 미치는 선택을 하게 되는 것.

행동적 접근법의 마지막 특징은 **만족화**(satisficing)이다. 이는 최소 요구를 충족하는 해결책을 찾을 때까지 대안들을 조사하는 것이다.[19] 보통 대안 탐색은 유사 문제들에 대한 이전의 경험을 바탕으로 한 절차 및 경험에 근거한 규칙에 의해 진행되는 연속적인 과정이다. 탐색은 종종 처음으로 최소 수용 가능한 선택지가 도출될 때 나올 종료된다. 그 결과로 만들어진 선택은 요구되는 상태와 실제 상태 간의 차이를 좁혀줄 수 있지만, 최적 해결책이 아닐 수 있다. 과정이 반복됨에 따라 점진적인 개선이 실제와 요구 상태 간의 차이를 조금씩 줄여 준다.

만족화
최소한의 요구 조건을 충족시키는 대안이 발견될 때까지만 대안을 검토 및 탐색하는 것.

8-3b 의사 결정에 영향을 미치는 기타 행동 요인

관리자는 관리 모델에서 식별된 행동 요소 외에도 의사 결정에 영향을 미칠 수 있는 다른 행동 요인도 숙지하고 있어야 한다. 여기에는 정치적 영향, 직관, 몰입 상승, 위험 성향, 윤리가 포함된다. 전망 이론 역시 관련이 있다.

의사 결정에 영향을 미치는 정치적 영향

정치적 영향은 의사 결정에 있어서 중요한 역할을 할 수 있다. 13장에서 정치적 행동에 대해 다룰 것이지만, 정치의 주요 요소 중 하나인 **연합**(coalition)은 특히 의사 결정과 관련이 있다. 연합은 공동의 목표를 달성하기 위해 결성된 개인 또는 그룹 단위의 비공식적인 동맹을 의미한다. 이들 공동의 목표는 종종 선호되는 의사 결정 대안이 될 수 있다. 예를 들어, 주주 연합은 이사회가 특정한 결정을 내리도록 압력을 가하기 위해 단결한다. 실제로 델(Dell) 컴퓨터의 경영진과 경영진에 반대하는 주주 간의 권력 투쟁은 양측이 서로 우위를 점하기 위해 연합에 의존했다.[20] 연합의 영향은 긍정적일 수도, 부정적일 수도 있다. 영리한 관리자가 조직을 효율성과 수익성을 창출하는 길로 이끄는 데 도움을 줄 수 있지만, 잘 계획된 전략과 의사 결정을 내리는 데 걸림돌이 될 수도 있다. 관리자는 연합을 언제 사용해야 하는지, 연합이 조직의 최대 이익 창출을 위해 움직이고 있

연합
공동의 목표를 달성하기 위해 결성된 개인 또는 집단의 비공식적인 동맹.

는지 평가하는 방법과, 이에 따른 역효과를 관리하는 방법을 인지하고 있어야 한다.[21]

직관

직관
주의 깊은 고려 없이 어떤 것에 대해 갖는 내재적인 믿음.

직관(intuition)이란 어떠한 대상에 대해 의식적으로 고려하지 않는 내재적인 믿음을 의미한다. 경영자는 가끔씩 옳다고 느끼거나 예감이 들기 때문에 무언가를 결정한다. 그러나 이 느낌은 보통 임의적이라기보다는, 오히려 유사한 상황에 대한 다년간의 경험과 실제에 기반을 둔다. 내재적인 감각은 경영자가 완전한 합리적 단계를 통하지 않고서도 의사 결정을 할 수 있도록 도와준다. 말콤 글래드웰(Malcolm Gladwell)의 베스트셀러 「Blink: 생각하지 않고 생각하는 힘」은 직관이 이전에 신뢰되었던 것보다 더 나은 결정을 내릴 수 있다고 강하게 주장한다. 반면에 일부 다른 전문가들은 이러한 견해에 이의를 제기하며, 직관은 이해과 경험을 바탕으로 빠른 의사 결정을 하게 하는 것이라고 주장한다.[22]

Fizkes/Shutterstock.com

직관, 몰입도 상승 등과 같이 다양한 행동의 힘이 의사 결정에 영향을 미칠 수 있다. 예를 들어, 이 매니저는 직관을 통해 최근 물가 상승 추세가 지속될지, 아니면 향후 몇 달 동안 하락할 가능성이 더 높은지 판단한다.

뉴욕 양키스는 나이키, 리복, 아디다스 등 세 개의 주요 운동화 제조업체에 연락해 스폰서십 계약을 체결하고 싶다는 의사를 전달했다. 아디다스는 이 제안에 대해 즉각 응답했고, 경쟁 업체들이 세부 사항을 분석하는 동안 계약을 체결할 수 있었다.[23] 일론 머스크(Elon Musk)나 리처드 브랜슨(Sir Richard Branson) 같은 이들은 직관에 근거하여 빠른 결정을 내리기도 한다. 하지만 경험이 부족한 관리자는 직관에 지나치게 의존하지 않도록 주의해야 한다. '옳다고 생각되는 것' 때문에 이성과 논리를 계속 무시한다면, 언젠가는 재앙이 닥쳐올 수 있다.

몰입 상승

몰입 상승
의사 결정자가 자신의 결정이 틀렸다는 사실을 알고도 그 결정을 계속 고수할 때 발생하는 것.

의사 결정에 영향을 미치는 또 다른 중요한 행동적 요인은 선택된 행동 방침에 대한 **몰입 상승**(escalation of commitment)이다(매몰 비용 오류라고도 함). 의사 결정권자들은 종종 어떤 결정을 내린 후, 그 결정이 잘못됐다고 판단될지라도 그 결정을 고수하는 행동 방침에 집착하거나 심지어 이 결정에 대한 투자를 늘리는 경우도 있다.[24] 사람들은 새로운 증거가 그 결정이 번복되어야 한다는 것을 시사하는 경우에도, 이전 결정에 투자한 시간, 돈, 심지어 (군대의 경우) 인간의 생명까지 계속해서 더 많이 투자하는 것을 정당화하기도 한다.

예를 들어, 사람들이 어떤 회사의 주식을 매수했을 때, 주가가 계속 떨어지더라도 그 주식을 계속 보유하거나, 심지어는 더 매수하는 경우도 있다. 이들은 수익을 기대하며 주식을 매수한 다음 손실이 증가하더라도 주식을 계속 보유하는 행동 방침을 선택한 것이다. 오랜 기간 동안 팬아메리칸 항공(Pan American World Airway, 팬암)은 세계적인 항공사 중 하나였다. 어느 순간, 회사 경영진은 회사 수익의 일부를 부동산 및 기타 사업으로 다각화하는 데 투자하기로 결정했다. 당시, 항공 산업은 미국 정부의 진입 규제가 심했고, 팬암의 매출과 수익은 매우 안정적이었다. 그러나 업계 규제가 완화되자, 팬암은 어려움을 겪기 시작했고 다른 항공사에 시장점유율마저 빼앗기기 시작했다. 손실이 커졌음에도 불구하고 팬암의 경영진은 계속 규제 완화 이전과 같이 운영했다. 팬암의 경영진이 항공사 운영의 구시대적 관행이 얼마나 비효율적인지 깨닫게 되었을 때, 전문가들이 지적한 것과 같이 남은 항공 사업을 매각하거나 회사에 좀 더 수익을 가져다줄 수 있는 사업에 집중하는 것이 '합리적인' 결정이었을 것이다. 그러나 여전히 이 회사는 무엇보다도 항공 사업이 최우선이라고 생각했기 때문에, 회사의 수익성 있는 보유 자산을 매각하면서 항공사 운영을 지속하였다. 결국 이 회사는 비효율적이고 효과적이지 못한 항공사로 전락했고, 수익성이 높은 노선을 매각한 후 결국 델타(Delta) 항공에 인수되었다. 팬암의 경영진이 몇 년 전에 더 합리적인 결정을 내렸더라면, 팬암은 항공 산업 없이도 오늘날까지 여전히 수익성 있는 기업으로 남아 있을 가능성이 높다.[25]

이처럼 의사 결정자는 외줄을 타듯이 신중한 의사 결정을 내려야 한다. 우선 의사 결정자들이 너무 오랫동안 부정확한 결정에 집착하지 않도록 경계해야 한다. 이는 자칫 재정적인 어려움을 초래할 수 있다. 다른 한 편으로는, 몇 년 전 아디다스(Adidas)가 그랬던 것처럼 경영진이 잘못된 것으로 보일 수 있는 의사 결정으로부터 너무 빨리 철수하는 것도 경계해야 한다. 아디다스는 한때 운동화 전문 브랜드로 시장을 지배하기도 하였다. 이후 일반 운동화 시장까지 진출하여 좋은 성과를 거두었다. 하지만 경영진은 판매 매출 부진을 운동화 시장의 호황이 끝났다는 신호로 잘못 받아들였다. 이에 아디다스는 상당한 생산량을 감축하는 잘못된 결정을 내렸다. 이후 운동화 시장에서는 나이키(Nike)가 선두로 다시 도약했고, 아디다스는 회복하지 못했다. 다행히도, 새로운 경영진이 아디다스의 의사 결정 방식을 바꿨고, 아디다스는 다시 운동화 및 의류 시장에서 강자로 부상할 수 있었다.

위험 성향과 의사 결정

위험 성향(risk propensity)의 행동적 요소는 의사 결정자가 결정을 내릴 때 기꺼이 위험을 감수하고 시도하는 정도를 말한다. 어떤 관리자는 의사 결정에 신중을 기한다. 이들은 합리적인 모델을 고수하려고 노력하며 극도로 보수적인 태도를 취하기도 한다. 이러한 관리자들은 실수를 방지할 가능성이 높으며, 큰 손실을 초래하는 결정을 내리는 경우는 드물다. 또 다른 관리자들은 의사 결정에 있어 매우 진보적이며 위험을 기꺼이 감수한다.[26] 이들은 직관에 크게 의존하고, 결정 속도가 빠르며, 투자 규모가 큰 결정에 따르는 위험을 감수한다. 도박과 마찬가지로, 이러한 관리자는 보수적인 관리자보다 자신의 결정으로 큰 성공을 거둘 가능성이 높지만, 더 큰 손실을 입을 가능성 또한 높다.[27] 조직 문화는 다양한 수준의 위험 성향을 조성하는 데 있어 가장 중요한 요소이다.

위험 성향
의사 결정권자가 결정을 내릴 때 위험을 감수하는 정도.

윤리와 의사 결정

윤리(ethics)는 옳고 그른 행동에 대한 개인적인 믿음이다. 윤리적 행동은 일반적으로 사회적 규범에 부합하는 행동이며, 비윤리적 행동은 일반적인 사회적 규범에 부합하지 않는 행동이다. 관리자가 내리는 결정의 일부는 관리자의 개인 윤리의식과는 거의 관련이 없거나, 전혀 관련이 없을 수 있지만, 그 밖의 결정들은 관리자 윤리에 영향을 받는다. 예를 들어, 직원 채용 및 해고, 고객

윤리
무엇이 옳고 그른 행동으로 여겨지는지에 대한 개인의 믿음.

및 공급 업체와의 거래, 임금 책정 및 업무 할당, 경비 지출 내역서(비용 계정) 관리 등의 사안과 관련된 결정은 대부분 윤리적 영향을 받는다. 물론 관리자도 옳고 그름의 차이를 무시한 채 치명적인 개인적 결정을 내릴 수도 있다.

일반적으로 관리자의 윤리적 딜레마는 직·간접적인 개인의 이익 또는 단순한 개인적 선호와 관련될 수 있다. 예를 들어, 인수·합병 결정을 앞두고 고민하는 최고 경영자를 생각해 보자. 만약 이 경영자의 스톡 옵션 패키지가 본인에게 이익이 되는 방향과 다른 방향으로 결정을 내린다면 이 회사의 주주들은 더 많은 이익을 얻을 수 있지만, 본인이 생각하는 방향으로 결정을 내리면 막대한 개인적 이득을 얻을 수 있다고 생각해 보자. 또한 어떠한 결정이 관리자의 개인적 가치를 직접적으로 높이지는 않지만 업무 경력 향상에 도움이 될 간접적인 개인적 이익이 발생할 수도 있다. 또는 관리자는 자신의 거주지에서 가장 가까운 회사 시설을 먼 곳으로 이전해야 하는 선택의 기로에 놓일 수도 있다.

관리자는 모든 결정을 윤리적 맥락에서 신중하고 주의 깊게 판단해야 한다. 물론 최종적인 목표는 관리자 개인의 이익이 아니라, 회사 차원에서 최선의 이익에 부합하는 결정을 내리는 것이다. 이를 위해서는 개인의 정직함과 성실성이 필요하다. 관리자는 이 과정에서 잠재적인 윤리적 딜레마에 대해 동료들과 논의하는 것이 도움이 된다는 것을 알게 될 것이다. 다른 사람들은 종종 관리자가 의도치 않게 비윤리적인 결정을 내리는 것을 방지하도록 상황을 객관적으로 바라볼 수 있는 시각을 제공해 주어야 한다. 이번 장의 Global Issues는 윤리의식에 대한 문화적, 국가적 영향에 대해 논의한다.

전망 이론과 의사 결정

전망 이론
사람들이 위험 조건에서 의사 결정을 내릴 때, 수익을 얻는 것보다 손실을 피하는 것에 더 동기부여 되는 경향이 있음을 설명하는 이론.

마지막으로, **전망 이론**(prospect theory)은 사람들이 자신의 행동에 대한 결정을 내리는 방식에 유용한 통찰을 준다.[31] 기본적으로 전망 이론은 위험 조건 아래에서 이루어지는 의사 결정에 집중한다. 그리고 이러한 결정이 최종적인 결과 그 자체보다 이익 또는 손실의 잠재적 가치로부터 더 큰 영향을 받는다고 주장한다. 또한 전망 이론은, 다른 모든 조건이 동일할 경우, 사람들은 이익을 추구하기보다 손실을 피하려는 동기가 더 강하다고 주장한다. 다시 말해, 사람들은 자신이 가지고 있지 않은 것을 얻을 수 있다는 가능성보다 자신이 가지고 있는 것을 잃을 수 있다는 위협에 더 큰 동기부여가 된다는 것이다.

예를 들어, 최근 한 연구에서 시카고의 공립학교 교사를 표본으로 이 가설을 검증해 보았다. 한 교사 그룹은 학생들이 특정 시험 점수 목표를 달성하면 학년 말에 최대 8,000달러의 보너스를 받을 수 있다는 말을 들었다. 다른 그룹은 학기 초에 4,000달러의 보너스를 선불로 받았다. 후자에 해당하는 교사들은 학생이 시험 점수 목표를 달성하지 못하면 보너스를 반납해야 하지만, 학생이 목표 점수를 달성하면 보너스는 그대로 유지하면서 연말에 다시 보너스로 최대 4,000달러를 더 받을 수 있다는 말을 들었다. 그 결과, 두 번째 교사 그룹의 학생들이 연말에 더 높은 시험 점수를 받았다. 연구자들은 위의 연구를 통해 잃을 것이 있는 교사(선불 보너스 4,000달러의 일부

Global Issues

문화와 국가가 윤리의식에 미치는 영향

주어진 상황에서 윤리적 문제를 인식하지 못할 경우, 후속 결정을 내릴 때 이를 고려하지 않을 가능성이 높다. 연구에 따르면 문화와 국가 모두 윤리적 문제에 대한 인식에 영향을 미치는 것으로 나타났다. 다른 한 연구에 따르면 대만의 영업 사원은 자사 또는 경쟁사 영업 사원과 관련된 윤리적 문제를 더 많이 인식하는 반면, 미국의 영업 사원은 동료의 행동과 관련된 윤리적 문제를 더 많이 인식하는 것으로 나타났다.[28]

두 번째 연구에서는 문화가 비슷해 '문화적 사촌'이라고 불리는 호주인과 미국인의 윤리의식을 비교해 보았다. 비슷한 문화를 가지고 있음에도, 미국인이 호주인보다 정보를 숨기거나 건물 감정인을 오도하는 시나리오에서 윤리적 문제를 식별할 가능성이 더 높은 것으로 나타났다.[29]

세 번째 연구에서는 전 세계 관리자들에게 다음과 같은 상황에서 어떻게 할 것인지 결정하도록 하였다.[30]

현재 당신은 친한 친구가 운전하는 차에 타고 있다. 그러던 와중에 보행자를 치게 되었다. 제한 속도가 시속 20마일인 도시 지역에서 최소 시속 35마일로 달리고 있었다는 사실을 당신은 알고 있다. 당시 목격자는 없었고, 변호사는 시속 20마일로만 운전했다고 증언하면 최악은 면할 수 있다고 한다.

1. 친구는 당신이 친구를 보호해 줄 것을 기대할 권리가 있을까?
   a. 그는 친구로서 내가 최대 제한 속도보다 느리게 달렸다고 증언할 것을 기대할 분명한 권리가 있다.
   b. 그는 친구로서 내가 최대 제한 속도보다 느리게 달렸다고 증언할 것을 기대할 권리가 있다.
   c. 그는 친구로서 내가 최대 제한 속도보다 느리게 달렸다고 증언할 것을 기대할 권리가 없다.
2. 선서한 증인의 의무와 친구에 대한 의무를 고려해 볼 때, 당신은 어떻게 행동할 것인가?
   a. 시속 20마일로 달렸다고 증언한다.
   b. 시속 20마일로 달렸다고 증언하지 않는다.

이 상황에 대해 관리자들의 반응은 매우 다양하게 나타났다. 캐나다(96%), 미국 (95%), 스위스(94%), 스웨덴(93%) 관리자의 90% 이상이 사회적 규범은 모든 사람을 위해 만들어졌기 때문에 친구가 거짓 증언을 바랄 권리가 없다고 답했다. 따라서 그들은 친구가 시속 20마일로 운전하고 있었다고 증언하지 않을 것이다. 반면, 한국(26%), 베네수엘라(34%), 러시아 (42%), 중국 (48%) 관리자 중 친구를 보호하는 증언을 하지 않겠다고 답한 응답자는 반도 되지 않았다.

또는 전부)가 잃을 것이 없는 교사보다 학생들의 시험 점수를 향상시키려는 동기가 더 강하다고 추론했다.[32]

8-3c 의사 결정을 위한 통합적 접근법

합리적 접근법의 비현실성과 행동적 접근법의 제한적이고 단기적인 지향성으로 인해 어느 쪽도 완전한 의사 결정이라 할 수 없다. 그러나 각각의 가치적인 특징은 **그림 8-4**에서 보여 주고 있는 의사 결정을 위한 실제적 접근법으로 통합될 수 있다. 이 과정의 단계는 합리적 접근법에서와 동일하다. 그러나 보다 현실적인 과정을 제공할 수 있도록 행동적 접근에서 확인된 조건들이 추가되었다. 예를 들어, 통합적 접근법(integrated approach)은 의사 결정자가 모든 대안을 고안해 내야

그림 8-4

행동 지침이 있는 의사 결정을 위한 실제적인 접근법

실용 모델은 합리적 의사 결정 방법에 행동적 접근법에 의해 인정된 일부 조건을 적용한다. 합리적 모델과 유사하나, 실제 접근법은 각 과정 단계에서 개인적 한계를 인정한다.

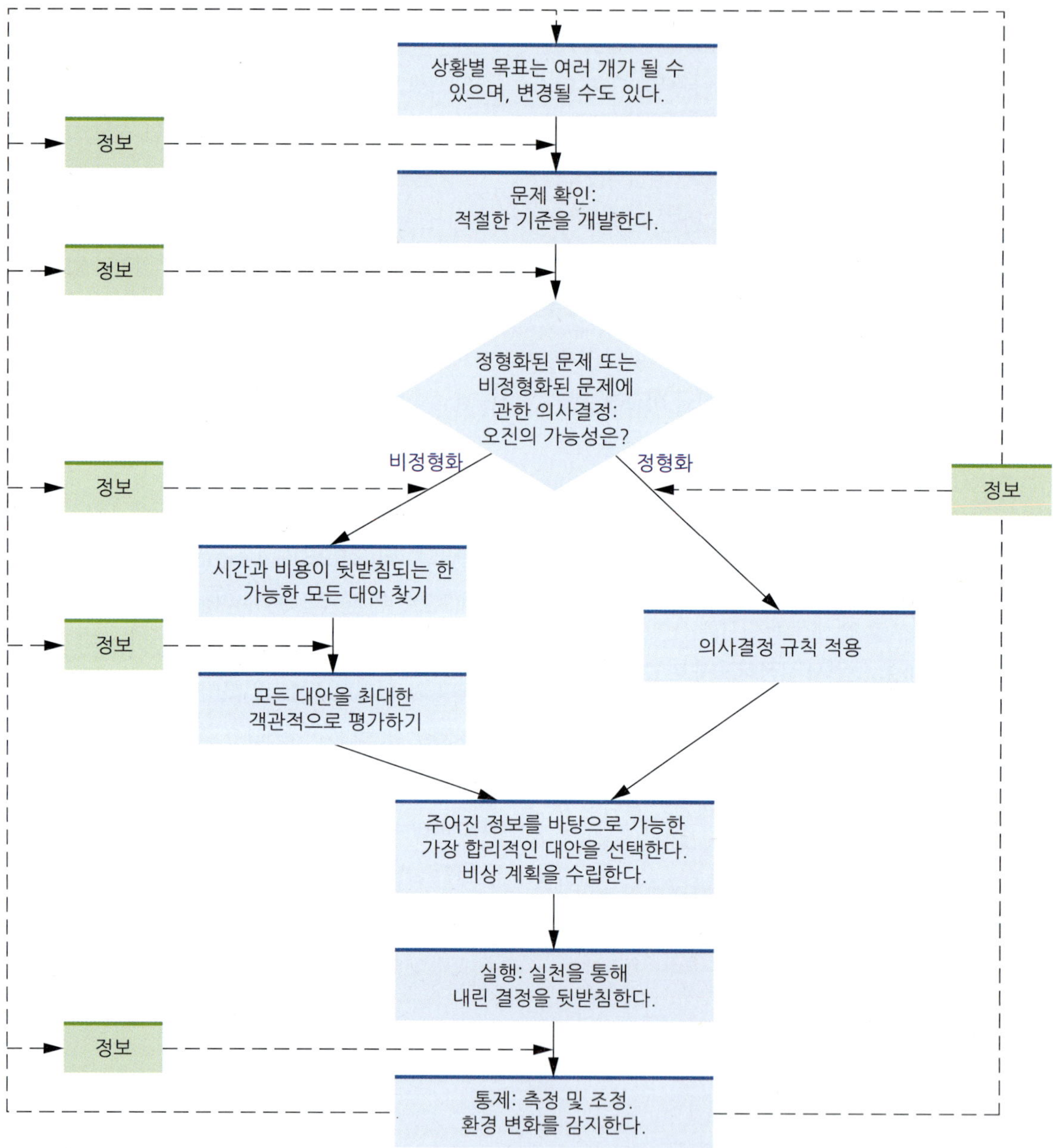

한다고 주장하는 대신, 시간, 비용 및 기타 상황의 현실성이 받쳐 주는 한도 내에서 가능한 많은 대안을 생성해야 한다고 주장한다. 이 두 가지 접근 방식을 종합해 보면, 합리적 접근 방식은 의사 결정을 위한 분석적 프레임워크를, 행동적 접근 방식은 중재적 영향력(완화력)을 제공해 준다.

실제로 의사 결정권자는 조직 운영상의 어려운 의사 결정을 내릴 때 이성적 접근 방식, 행동적 접근 방식, 통합적 접근 방식을 적절히 혼합하여 사용한다. 일부 의사 결정권자는 결정을 내리기 전에 가능한 한 많은 정보를 수집하고, 대안을 개발 및 평가하고, 전문가에게 조언을 구하는 체계적인 프로세스를 사용하는 반면, 또 다른 의사 결정권자는 결정을 성급하게 내린 후, 부하 직원에게 명령을 내리는 과정에서 이 결정을 뒤엎기도 한다. 여기서 후자의 관리자는 의사 결정을 내릴 때 많은 정보를 필요로 하거나, 합리적인 접근 방식을 사용하지 않는 것처럼 보인다. 그러나 최근 연구에 따르면, 빠르게 의사 결정을 내리는 관리자 역시 느리고 체계적으로 의사 결정을 내리는 관리자만큼 많은 정보를 사용하거나 더 많은 대안을 생성하고 평가하는 것으로 나타났다.[33]

8-4 조직 내 그룹 의사 결정

7장에서 살펴봤듯이, 조직 내 사람들은 공식 및 비공식, 정규직 및 계약직, 다기능 팀 등과 같이 다양한 그룹에 소속되어 일한다. 이러한 그룹의 대부분은 조직 그 자체, 혹은 조직 구성원들에게 영향을 미치는 결정을 내린다. 따라서 우리는 그룹의 집단 의사 결정을 고려할 필요가 있다. 논의할 주요 요소로는 집단 양극화, 집단 사고, 집단 문제 해결 방법 등이 있다.

8-4a 집단 양극화

어떠한 문제나 해결책에 대한 구성원들의 태도와 의견은 그룹 내 토론 과정에서 바뀔 수 있다. 일부 연구에 따르면, 이러한 변화는 더 위험한 결론으로 향하는 상당히 일관된 움직임이 나타나는데 이를 '위험 쏠림 현상(risky shift)' 이라고 부른다.[34] 다른 연구와 분석에 따르면 그룹에 의해 유도된 변화가 항상 더 많은 위험을 감수하려는 것은 아니며, 그룹이 더 보수적인 견해로 이동할 가능성이 높다는 사실이 밝혀졌다.[35] 일반적으로 **집단 양극화**(group polarization)는 그룹 구성원의 토론 후 평균적인 태도가 토론 이전의 평균적 태도보다 더 극단적인 경향을 보일 때 발생한다.[36]

집단 양극화
토론 후 그룹의 평균적인 태도가 토론 이전의 평균적인 태도보다 더 극단적으로 변하는 경향.

이러한 양극화는 집단 토론의 몇 가지 특징에 기인한다. 집단 토론 중에 다른 사람들이 자신의 의견을 공유한다는 사실을 인식하면, 개인은 자신의 의견에 더욱 확신을 갖게 되어 더욱 극단적인 견해를 피력할 수 있다. 설득력 있는 주장 또한 양극화를 조장할 수 있다. 특정한 입장을 강력하게 지지하는 구성원이 토론에서 자신의 의견을 설득력 있게 주장하면, 그 입장을 지지하지 않던 사람들도 그 입장이 옳다고 생각하게 될 수 있다. 또한, 구성원은 집단 내에서 결정을 내리기 때문에 결정이나 그 결과에 대해 개인적인 책임이 없다고 생각할 수 있다. 이러한 책임의 분산은 개인으로서 내릴 수 있는 결정보다 더 급진적인 결정을 쉽게 받아들이고 지지할 수 있게 해 준다.

양극화는 집단 의사 결정에 큰 영향을 미칠 수도 있다. 집단의 구성원들이 토론 전부터 특정 입장이나 결정 사항에 편향되어 있는 경우, 결정 후의 입장은 더욱 극단적으로 나타날 것으로 예상된다. 이러한 현상을 이해하는 것은 의사 결정에 영향을 주려는 사람에게 유용하다.

8-4b 집단 사고

집단 사고
집단 내 구성원들이 응집력 있는 집단에 깊은 소속감을 느끼고, 만장일치에 대한 욕구가 다른 행동 방침을 평가하려는 동기를 상쇄할 때 발생하는 사고방식.

7장에서 설명한 것처럼, 응집력이 높은 팀은 목표를 성공적으로 달성하는 경우가 많지만, 때로는 심각한 어려움을 겪기도 한다. 여기서 발생할 수 있는 한 가지 문제는 바로 **집단 사고**(group think)이다. 어빙 재니스(Irving L. Janis)는 집단 사고를 "사람들이 응집력 있는 집단에 강한 소속감을 느낄 때, 만장일치를 위한 집단 구성원들의 노력이 대안적인 행동 방침을 현실적으로 평가하려는 동기를 압도할 때 나타나는 사고방식"이라고 정의한다.[37] 집단 사고가 발생하면, 집단은 자신도 모르게 최선의 결정이 아닌 만장일치를 목표로 삼게 된다. 이때 개별 구성원은 이러한 의사 결정에 이의를 제기하는 것이 적절하지 않다고 판단할 수 있다. 집단 사고는 조직 내 의사 결정 상황에서 빈번하게 발견된다. 자기결정 팀(self-managing team)이 특히 이러한 유형의 사고에 취약하므로, 팀의 활용이 증가하는 현재의 추세로 인해 집단 사고의 사례가 증가할지도 모른다.[38]

FatCamera/E+/Getty Images

조직에서의 의사 결정은 주로 집단에 의해 이루어진다. 집단 의사 결정에는 여러 장점이 있지만, 집단 양극화를 비롯한 여러 위험 요소도 있다. 예를 들어, 동료들이 의사 결정에 관여하는 것을 들 수 있다. 지나치게 모험적이거나, 반대로 지나치게 보수적인 결정을 내리는 양극화가 발생하지 않도록 노력해야 한다.

집단 사고의 증상

집단 사고를 촉진시키는 조건은 응집력, 리더가 생각하는 솔루션에 대한 지지, 전문가 의견으로부터 격리된 집단의 세 가지를 들 수 있다. 1986년 우주왕복선 챌린저호(Challenger) 폭발 사고에 대한 분석을 바탕으로, 집단 사고 현상에 대한 기존의 관점 외에도 시간적 압박의 증가와 비판적 사고를 억제하는 리더의 역할도 집단 사고 증상에 영향을 주는 요인에 포함되었다.[39] **그림 8-5**는 개정된 집단 사고 프로세스를 개괄적으로 보여 준다.

집단 사고가 만연해 있는 집단은 여덟 가지의 뚜렷한 증상을 보인다.

1. 구성원의 대부분이 불가침성(invulnerability)에 대한 환상을 가지고 있으며, 과도한 낙관주의를 불러일으키고 극단적인 위험 감수 분위기를 조장한다.
2. 과거의 결정을 합리화시키거나, 그러한 결정을 재고할 것을 요구하는 경고를 약화시키기 위해 구성원들이 집단적 노력을 한다.
3. 집단의 도덕성에 대한 맹목적인 믿음으로 인해 구성원들이 자신의 결정이 가져올 윤리적, 도덕적 결과물에 대해 고려하지 못하는 경향이 있다.
4. 상대방의 리더를 너무 무능해서 협상의 대상으로 과소평가하거나, 너무 약하거나 어리석어서 목적 달성을 위한 위험 감수를 하지 못하는 존재로 보는 고정관념을 갖는다.
5. 집단의 고정관념, 환상 또는 집단의 결정에 반대하는 주장을 하는 구성원에 대해, 이러한 반대 주장은 결코 충성스러운 구성원이라면 하지 않을 것이라는 직접적인 압박을 가한다.
6. 의심과 반론의 중요성을 최소화하려는 집단 구성원의 성향을 반영하여, 집단 합의에서 벗어나는 의견을 자체 검열하여 이러한 이견이 표출되는 것을 막는다(집단 구성원은 집단에 대한 어떠한 의구심도 표현할 수 없다).

그림 8-5

집단 사고 과정

집단 사고는 지시적인 리더가 있고 응집력이 높은 집단이 시간적 압박을 받을 때 발생할 수 있으며, 이는 잘못된 의사 결정 과정을 초래할 수 있고, 성공적인 결과를 가져올 가능성이 낮다.

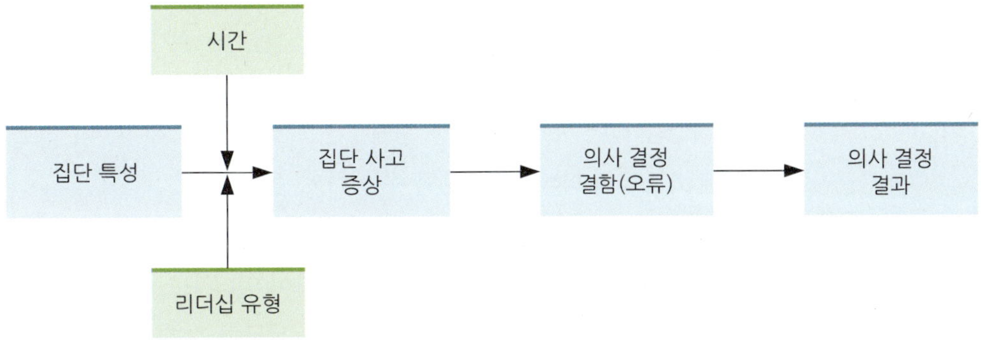

Source: Moorhead, G., Ference, R., & Neck, C. P. (1991). Group Decision Fiascoes Continue: Space Shuttle Challenger and a Revised Groupthink Framework. *Human Relations*, 44, 539–550.

7. 만장일치에 대한 환상은 부분적 일탈에 대한 자기 검열에서 비롯되며, 침묵이 동의를 의미한다는 잘못된 가정으로 인해 더욱 강화된다.[40]
8. 자발적인 '마인드 가드(보호자)'의 출현, 즉 결정의 효과성과 도덕성에 대해 공유된 복종을 파괴할 수 있는 불리한 정보로부터 집단을 보호하는 구성원이 등장한다.[41]

재니스는 리처드 닉슨(Richard Nixon) 대통령 재임 시절 워터게이트(Watergate) 사건의 은폐에 닉슨 대통령과 함께 연루된 할드먼(H. R. Haldeman), 존 에를리히만(John Ehrlichman), 존 딘(John Dean) 등의 인물이 집단 사고의 희생양이었을 수 있다고 주장한다. 대부분의 집단 사고 증상에 대한 증거는 편집되지 않은 회의록에서 찾을 수 있다.[42] 집단 사고는 기업과 정부의 명백히 실패한 전략과 이러한 정책을 지속하는 이유를 설명하는 데 도움이 된다.

의사 결정 결함 및 의사 결정의 질

집단 사고가 지배하게 되면 의사 결정에 결함이 생길 가능성이 높아진다. 이는 전체적인 대안을 살펴볼 가능성을 감소시키고, 집단은 일부(대개 한두 가지) 대안에만 집중하게 될 수도 있다. 조금 더 선호하는 대안에 대해 논의할 때, 집단은 드러나지 않은 위험과 결함을 미처 발견하지 못할 수 있다. 이들이 설사 새로운 정보를 획득한다 하더라도, 그것이 가져다 줄 이득이 확실치 않고, 새로운 대안을 선택하는 데 소요될 비용을 줄이기 위해 이전에 수용되지 않았던 새로운 대안을 고려하지 않는다. 집단은 자신들의 견해에 반하는 전문가의 의견은 받아들이지 않을 것이며, 자신들이 선호하는 의견을 강화하는 정보만 보고할 것이다. 1986년 1월 우주왕복선 챌린저호 발사 사례에서는 결정을 내려야만 하는 시간적인 압박과 리더의 성향으로 인해, 발사와 관련한 부정적인 정보(신호)를 간과했다는 점에서 이는 집단 사고

LukeandKarla.Travel/Shutterstock.com

우주왕복선 챌린저호(1986년)와 컬럼비아호(2003년)는 폭발로 인해 탑승자 전원이 사망하였다. 각 우주왕복선 임무와 관련하여 의사 결정에 대한 자세한 연구에 따르면, 집단 사고가 두 사고에 영향을 미쳤을 가능성이 높다.

의 산물일 수 있다. (안타깝게도, 2003년 우주왕복선 컬럼비아호가 발사되기 이전에도 이와 같은 패턴이 반복적으로 발생했던 것으로 보인다.) 끝으로, 집단은 자신들이 선택한 방안의 잠재적인 문제점이나, 경쟁사의 대응 가능성 등을 고려하지 않기 때문에 비상 계획을 고려하지 않을 것이다. 재니스는 집단 사고의 이러한 문제들은 피로감, 편견, 부정확한 정보, 정보 과부하, 무지와 같은 문제 요소들에 의해서도 발생할 수 있다고 주장한다.[43]

그렇다고 의사 결정에서 생기는 이러한 결함이 항상 부정적인 결과나 실패로 이어지는 것은 아니다. 설사 의사 결정 과정에서 나에게 결함이 있더라도, 상대방 리더가 잘못된 의사 결정을 내린다면 전투에서 승리할 수도 있다. 그럼에도 불구하고, 결함이 있는 프로세스에 의해 도출된 의사 결정은 성공하기 어렵다. 집단 사고에 대한 주장은 설득력이 있지만, 엄격한 경험적 검증을 거치지 않았다는 점에서 한계가 있다. 관련 연구는 집단 사고 모델의 일부를 뒷받침하지만 몇 가지 의문을 제기하기도 한다.[44]

집단 사고의 예방

우리는 관리자들이 집단 의사 결정을 할 때 집단 사고를 줄이기 위한 몇 가지 제안을 제시하고자 한다. 표 8-2에 요약된 바와 같이, 이러한 지침은 리더와 조직, 개인 또는 프로세스 중 어디에 적용되는지에 따라 네 가지 범주로 나뉜다. 이 모든 것은 고려하고 있는 대안에 대한 비판적 평가를 촉진시키고, 만장일치 추구 경향을 방지하기 위해 제안하는 것이다.

표 8-2
집단 사고를 예방하는 처방전

A. 리더 처방전
   1. 모든 사람에게 비판적인 평가자 역할을 부여하라.
   2. 공정성을 유지하되 개인적 선호 사항을 언급하지 마라.
   3. 적어도 한 명의 집단 구성원에게 지명반론자 역할을 부여하라.
   4. 집단에 도전할 수 있는 외부 전문가를 활용하라.
   5. 반대 의견에도 개방적인 자세를 취하라.

B. 조직 처방전
   1. 여러 개의 독립적인 집단을 구성하여 동일한 문제에 대해 연구하도록 하라.
   2. 관리자와 집단 리더에게 집단 사고 예방법을 교육하라.

C. 개인 처방전
   1. 비판적 사고력을 갖추어라.
   2. 신뢰할 수 있는 제3자와 집단 심의 사항을 논의하고, 그것을 집단에 다시 보고하라.

D. 프로세스 처방전
   1. 주기적으로 집단을 하위 집단으로 나누어 문제에 대해 논의하라.
   2. 외부 요인에 대해 연구하는 시간을 가져라.
   3. 결정을 하기 전에 한 번 더 회의를 하여 사안에 대해 다시 검토하라.

8-4c 의사 결정에 참여하기

집단 의사 결정에서 중요한 점은 직원들이 의사 결정에 어느 정도 기여해야 하는가이다. 과학적 관리론과 같은 초기 경영 이론에서는, 관리자와 근로자의 업무 경계가 명확하게 구분되어 있었다. 관리자는 결정을 내리고 직원은 이를 실행하는 역할을 맡아야 한다고 주장했던 것이다.[45]

한편 직원들의 자아 관여, 동기부여 및 만족도를 높이기 위해 직원들도 의사 결정에 참여할 수 있도록 해야 한다는 주장도 있었다.[46] 수많은 연구 결과에 따르면, 업무에 대한 책임감과 도전 의식을 가진 직원이 의사 결정에 참여하는 것이 동기부여와 업무의 질을 높여 주는 반면, 그렇지 않은 직원들이 의사 결정 과정에 참여하는 것은 시간 낭비이며, 경영상의 부담으로 느낄 수 있다.[47]

직원의 의사 결정 과정 참여가 적절한가의 여부는 상황에 따라 다르다. 추정이나 예측 또는 정확성 판단이 필요한 작업(일반적으로 '판단 작업'이라고 함)에서는 일반적으로 개인보다 집단이 더 우위에 있다. 하지만 때로는 유능한 개인 한 명이 집단보다 더 나은 판단을 내릴 수도 있다.

문제 해결 상황에서는, 일반적으로 집단이 개인보다 더 나은 해결책을 더 많이 만들어 낸다. 하지만 집단이 해결책을 개발하고 의사 결정을 내리는 것은, 개인보다 훨씬 더 오랜 시간을 필요로 한다. 보통, 개인이나 소규모 집단은 상대적으로 통제하기 힘든 대규모 집단이나 조직보다 훨씬 빠르게 어떤 일을 해낼 수 있다. 또한, 개별적인 의사 결정은 집단 사고나 집단 양극화와 같은 집단 의사 결정 과정에서 발생할 수 있는 문제를 방지할 수 있다. 해결해야 할 문제가 매우 간단하다면, 유능한 한 사람이 그 문제에 집중하여 해결하는 편이 더 나을 수 있다. 반면, 문제가 복잡한 경우에는 집단이 문제 해결에 더 적합할 수 있다. 이러한 문제는 보통 여러 부분으로 나뉘는데, 각 부분의 문제를 논의하고 의사 결정을 내리기 위해 집단에 속해 있는 개인 또는 소규모 집단에 할당하기도 한다.

집단 의사 결정의 또 다른 장점은 구성원들로 하여금 종종 업무(작업)에 대해 더 많은 관심을 보이도록 한다는 점이다. 업무에 대한 관심이 높아지면 업무에 투입되는 시간과 노력이 증가하게 되어 더 많은 아이디어를 만들어 내고, 더 철저하게 해결책을 모색하며, 좀 더 나은 대안 평가를 하게 되므로, 의사 결정의 질이 높아질 수 있다.

리더십에 대한 브룸(Vroom)의 의사결정나무(decision tree) 접근법(12장 참조)은 부하 직원의 적절한 참여 수준을 규정하는 데 널리 사용되는 방법 중 하나이다.[48] 이 모델에는 '결정'(리더 혼자서 결정)부터 '위임'(집단이 결정하고 각 구성원이 동등한 발언권을 갖는 방식)까지 다양한 의사 결정 방식이 포함되어 있다. 리더의 성향은 상황 및 부하 직원의 특성과 관련된 일곱 가지 사항에 따라 달라진다.

의사 결정에 참여하는 것은 조직 구조와도 관련이 있다. 예를 들어, 분권화된 조직에서는 계층 구조 전체에 걸쳐 일부 의사 결정 권한이 위임된다. 분권화된 조직일수록 직원들이 의사 결정에 더 많이 관여하는 경향이 있다. 의사 결정에 대한 참여를 리더십이나 조직 구조 또는 동기부여와 관련된 것 등 어떤 것으로 보든지 간에, 이는 여전히 조직의 중요한 측면으로 남아 있다.[49]

8-4d 집단 문제 해결

일반적인 사회집단(교류 집단)은 의사 결정 과정의 여러 단계 중 어느 하나에 어려움을 겪을 수 있다. 대안 생성 단계에서 흔히 발생되는 한 가지 문제점은 모든 그럴듯한 대안을 찾기 전에 조사가 임의로 종료될 수 있다는 점이다. 여러 유형의 집단 상호작용에서 이러한 현상을 볼 수 있다. 대안이 처음 제시되었을 때 구성원들이 대안에 대한 반응을 즉각적으로 보이면, 잠재적 기여자들은 집단으로부터 당혹스러운 비판을 면하기 위해 자신의 아이디어를 자체적으로 검열할 수도 있다. 경험이 많거나, 지위가 높거나, 권력이 있는 구성원으로 인해 위축되어 자신감이 부족한 집단 구성원도 난처한 상황이나 처벌이 두려워 자신의 아이디어를 자체적으로 검열할 수도 있다. 또한 집단의 리더는 시간, 적절성, 비용, 실현 가능성 등을 이유로 아이디어 창출을 제한할 수 있다. 대안 도출 방식 개선을 위해 관리자는 브레인스토밍(창조적 집단 사고), 명목 집단 기법, 델파이 기법 등 세 가지 기법 중 하나를 사용하여 집단의 문제 해결 능력을 높일(촉진시킬) 수 있다.

브레인스토밍

브레인스토밍
의사 결정의 아이디어 창출 단계에서 사용되는 기법으로, 다양한 행동 방침 대안을 개발하는 데 도움이 되는 활동.

브레인스토밍(brainstorming)은 의사 결정의 아이디어 생성 단계에서 가장 많이 사용되며, 조직에 새롭고 중대한 결과를 가져올 수 있는 문제를 해결하기 위해 사용된다. 브레인스토밍 방식에서 집단은 특정한 문제에 대한 대안을 도출하기 위해 모인다. 구성원들은 아이디어를 제시하고 간략한 설명을 통해 아이디어를 명확히 한다. 도출된 각 아이디어는 화이트보드나 문서용 카메라로 모든 구성원이 볼 수 있는 전체 화면에 노출된다. 이때 구성원들의 자기 검열을 방지하기 위해, 아이디어를 평가하려는 시도는 허용되지 않는다. 집단 구성원은 비록 위험하거나 비현실적으로 보이는 아이디어라도 떠오르는 모든 아이디어를 제안할 수 있다. (사실 이런 아이디어 자체가 없다는 것은 집단 구성원이 자기 검열을 하고 있다는 증거이다.) 이후에 이어지는 세션에서는, 기록된 아이디어를 구성원에게 배포하여 검토하도록 한 후 대안에 대한 평가를 진행한다.

Esb Professional/Shutterstock.com

브레인스토밍은 아이디어와 대안을 도출하는 데 사용된다. 이들은 새로운 광고 캠페인을 위한 색상과 디자인을 고안하고 있다. 이 단계에서는 여러 대안을 찾는 데 중점을 둔다. 의사 결정 과정 후반부에는 최종 선택을 할 때까지 여러 대안의 범위를 줄인다.

브레인스토밍의 목적은 집단 구성원들의 창의력을 자극하고 다른 구성원들과의 협력을 바탕으로 완전히 새로운 아이디어와 솔루션을 이끌어 내는 것이다. 브레인스토밍은 문제에 대한 해결책, 평가 계획 또는 의사 결정 그 자체를 제공하지는 않는다. 대신, 일반적인 대안보다 더 혁신적이고 포괄적인 대안 목록을 만든다.

명목 집단 기법

명목 집단 기법
집단 구성원이 결정이 내려질 때까지 토론부터 투표에 이르기까지의 절차를 따르는 것.

명목 집단 기법(nominal group technique)은 집단 의사 결정 개선을 위한 또 다른 수단이다. 브레인스토밍은 주로 대안을 도출하는 데 사용되지만, 명목 집단 기법은 문제를 파악하고 대안 평가를 위한 적절한 기준을 마련하는 등 의사 결정 절차의 다른 단계에서도 활용될 수 있다. 명목 집단법을 사용하기 위해서는 개별 집단이 모여 문제를 해결해야 한다. 이 회의에서는 안건에 대해 설명하고 각 개인이 아이디어 목록을 작성하는데, 이때 구성원 간의 토론은 허용되지 않는다. 5~10분 간의 아이디어 구상 시간이 끝나면 개별 구성원이 차례대로 돌아가면서 집단에 각자의 아이디어를 보고한다. 아이디어는 모든 사람이 볼 수 있는 곳에 기록되며(예: 모든 사람이 참석한 경우 화이트보드나 문서 전용 카메라, 원격으로 회의가 진행되는 경우 온라인 문서 공유 플랫폼), 구성원들은 다른 사람의 아이디어를 각자의 목록에 반영하도록 권장된다. 아이디어에 대한 발표가 모두 끝난 후에는, 구성원들이 토론을 통해 아이디어에 대한 발표를 기반으로 그 아이디어를 계속 발전시키거나 다음 단계로 넘어갈 수 있다. 이 과정은 '실시간' 회의가 아니어도 전화나 디지털 미디어를 통해 진행될 수 있다. 하지만 회의는 구성원들이 집단 분위기를 조성하는 데 도움이 되며, 구성원들이 목록을 개발하는 데 최선을 다하도록 서로를 압박한다.

토론이 끝난 후, 구성원들은 각각의 아이디어에 대해 비공개 투표를 진행하거나 순위를 매기거나 혹은 기타 합의된 방식으로 좀 더 낫다고 생각되는 아이디어를 선택한다. 위협적인 느낌을 줄이기 위해 보고는 비공개로 진행된다. 투표 후, 집단은 결과에 대해 토론하고 계속해서 아이디어를 생성하고 토론할 수 있다. 적절한 의사 결정에 도달할 때까지 아이디어 생성-토론-투표의 절차를 반복하면서 진행한다. 명목 집단 기법은 두 가지 주요한 장점이 있다. 우선, 집단 구성원 간 권력 및 지위 차이로 인한 부정적인 영향을 없애 주는 데 도움이 되며, 다른 한 가지는 문제를 탐색하여 대안을 도출하거나 평가하는 데 사용할 수 있다는 것이다. 하지만 창의성을 제한할 수 있는 구조적인 특성이 큰 단점이다.

델파이 기법

델파이 기법(Delphi technique)은 원래 미래 예측을 위해 전문가의 판단이나 의견을 체계적으로 수렴하는 방법으로, 랜드연구소에서 개발되었다. 해당 기법은 직접 대면하지 않는 집단을 위해 설계되었다. 한 가지 예를 들자면, 유명한 장난감 제조업체의 제품 개발 관리자는 델파이 기법을 사용하여 업계 전문가들의 견해를 조사하여 장난감 시장의 발전을 예측할 수 있었다.

델파이 기법
미래 예측 방법을 개발하기 위해 전문가의 판단이나 의견을 체계적으로 수렴하는 방법.

집단의 조언을 필요로 하는 관리자는 이 프로세스의 중심 인물이다. 전문가 집단을 모집한 후, 관리자는 온라인 설문 조사를 개발한다. 설문 조사는 쟁점이나 해당 분야의 동향, 새로운 기술 개발 및 기타 관리자가 관심 있는 요소를 다루는 쉬운 질문들로 구성되어 있어 비교적 간단하다. 관리자는 설문 응답을 요약하고 또 다른 설문 조사를 통해 전문가에게 다시 알려 준다. 이러한 절차는 관리자가 필요한 정보를 얻는 데 필요한 만큼 반복될 수 있다. 델파이 기법은 전문가가 물리적으로 거리가 떨어져 있거나 익명성을 원할 때, 또는 참가자들이 극심한 의견 차이로 인해 서로 소통하는 데 어려움을 겪을 때 유용하다. 이 방법은 또한 의사 결정 집단에 존재할 수 있는 위협을 피할 수 있다. 반면에, 이 기법은 집단 구성원 간의 직접적인 상호작용으로 인해 유익한 결과를 저해하기도 한다.

8-5 창의성, 문제 해결과 의사 결정

창의성
새로운 개념을 만들거나 기존 개념에 대한 새로운 개념을 고안하는 능력.

창의성은 모든 사람에게 존재하는 중요한 개인 변수이다. 창의성은 의사 결정과 문제 해결 모두에서 중요한 역할을 하기 때문에 3장과 4장에서 다른 개인적 수준 측면에서의 개념과 함께 논의하기보다는 이번 장에서 별도로 이 개념을 설명한다. **창의성**(creativity)이란 새로운 아이디어를 창출해 내거나 기존 아이디어에 대한 새로운 관점을 구상하는 개인의 능력이다. 따라서 창의성은 문제 또는 의사 결정 상황을 정의하고, 대안을 식별하며, 각 대안을 평가하는 방식에서 중요한 역할을 할 수 있다. 창의력을 통해 관리자는 사물을 바라보는 새로운 시각을 찾게 될 수도 있다.[50] Improve Your Skills를 통해 창의성과 의사 결정 사이의 연관성에 대해 더 잘 이해할 수 있다.

Improve Your Skills

아이디어 차용을 통한 창의적인 의사 결정

창의적인 의사 결정은 참신하고 유용하며, 다른 영역에서 아이디어를 차용하여 의사 결정 과정의 기초로 활용하는 경우가 많다.[51] 요하네스 구텐베르크의 활판 인쇄기 아이디어는 프랑스 라인 밸리의 나사식 와인 프레스 기술(포도주 짜는 기구)에서 영감을 얻었다. 1440년 구텐베르크는 나무 틀 안에 들어 있는 이동식 핸드셋 블록 글자의 돌출된 표면 위로 잉크를 굴려 종이에 압착하는 인쇄기를 만들었다.[52] 그는 금세공, 리넨, 다른 용도로 사용되는 프레스에 대한 지식을 창의적으로 결합시켜 혁신적인 솔루션을 개발했다. 애플의 스티브 잡스는 아마존의 킨들(Kindle)을 아이패드 개발에 있어서 영감의 원천으로 인정했다. 마찬가지로, 우버의 관리자들은 차량 공유 사업과 음식 배달 사업과의 유사점을 발견하고 우버 잇츠(Uber Eats)를 출시했다.

창의적인 의사 결정이 대부분의 사람들에게 생소할 수 있지만, 다른 영역과 관련된 문제를 해결할 수 있는 기존의 아이디어를 추구하면서 의사 결정 시 신중한 과정을 거치게 된다. 하지만 차용한 아이디어는 원료만 제공할 뿐이라는 어려움이 여전히 남아있다. 저명한 작가 데이비드 코드 머레이(David Kord Murray)는 창의력을 향상시키기 위한 여섯 가지 단계를 제시했다.[53]

1. 정의하기(defining): 해결하려는 문제를 정의하라. 문제를 어떻게 정의하느냐에 따라 해결 방법이 결정된다. 문제의 범위를 너무 좁게 또는 너무 넓게 정의하면 실수를 범하는 경우가 많다.
2. 차용하기(borrowing): 비슷한 문제로부터 아이디어를 차용하라. 한 가지 전략은 경쟁사부터 시작하여 다른 산업과 비즈니스 외적인 부분을 포함해 자연, 과학, 엔터테인먼트 등 다양한 분야에서 유사한 문제를 어떻게 해결하는지 파악하는 것이다.
3. 결합하기(combining): 차용한 아이디어들을 결합하라. 앞서 구텐베르크의 인쇄기에서 언급했듯이 이것이 창의성의 본질이다.
4. 배양하기(incubating): 잠재의식이 활성화되도록 기다렸다가 잠재의식이 생성하는 아이디어에 귀를 기울여라. 여기에는 잠을 자거나 아이디어에 대한 생각을 잠시 접어두는 것도 포함될 수 있다. 때로는 어떤 것도 생각하지 않는 것이 가장 효과적일 수도 있다.
5. 판단하기(judging): 내린 의사 결정에 대한 강점과 약점을 파악하라.
6. 강화하기(enhancing): 결정에 긍정적인 요소를 더 많이 포함하고 부정적인 요소를 줄이도록 조정하라. 시행착오를 통해 결정을 발전시키고 적절히 조정하라.

Adapted from Murray, D. K. (2009). *Borrowing Brilliance: The Six Steps to Business Innovation by Building on the Ideas of Others*. New York: Gotham.

무엇이 사람을 창의적으로 만들까? 창의적인 과정은 어떻게 이루어질까? 심리학자들은 아직 이러한 질문에 대한 완전한 답을 찾지 못했지만, 몇 가지 일반적인 패턴을 살펴보면 조직 내에서 개인 창의성의 원천과 창의성이 발현되는 과정을 이해하는 데 도움이 될 수 있다.[54]

8-5a 창의적 개인

수많은 연구자가 창의적인 사람들의 공통적인 특성을 설명하기 위해 노력해 왔다. 이러한 속성은 일반적으로 배경 경험, 개인적 특징, 인지 능력의 세 가지 범주로 나뉜다.

배경 경험과 창의성

연구자들은 대부분의 창의적인 사람들이 창의성을 키울 수 있는 환경에서 자랐다는 사실을 발견했다. 모차르트(Mozart)는 음악가 집안에서 자랐고, 여섯 살 때부터 작곡과 연주를 시작했다. 위대한 과학자였던 피에르(Pierre Curie)와 마리 퀴리(Marie Curie) 부부는 노벨 화학상을 수상한 딸 아이린(Irene)을 키워냈다. 토마스 에디슨(Thomas Edison)의 창의력은 그의 어머니에 의해 길러졌다. 그러나 그들과는 매우 다른 배경을 가진 사람들도 창의력을 발휘한 사례가 있다. 아프리카계 미국인으로 노예제 폐지론자이자 작가였던 프레드릭 더글라스(Frederick Douglass)는 메릴랜드주 터커호에서 노예로 태어났으며, 교육의 기회가 제한적이었다. 그럼에도 불구하고, 그의 강력한 웅변과 창의적인 사고는 노예 해방 선언으로 이어졌고, 이는 미국 내 노예제도를 불법화한 계기가 되었다.

개인적 속성과 창의성

특정한 개인 특성은 개인의 창의성과도 관련이 있다. 대부분의 창의적인 사람들은 개방적이고, 복잡한 문제에 매력을 느끼며, 에너지가 넘치고, 독립성과 자율성, 강한 자신감과 스스로가 실제로 창의적이라고 생각하는 강한 믿음을 가진다. 이러한 특성을 가진 사람은 그렇지 않은 사람보다 창의적일 가능성이 높다.

인지 능력과 창의성

인지 능력은 지적으로 사고하고 상황과 데이터를 효과적으로 분석할 수 있는 개인의 능력이다. 지능은 개인의 창의성을 위한 전제 조건일 수 있으나, 창의적인 사람 대부분이 높은 지능을 가지고 있기는 하지만, 지능이 높다고 해서 모두 창의적인 것은 아니다. 창의력은 차별화되고, 융합적으로 사고하는 능력과도 관련이 있다. 차별화된 사고란 사람들이 상황, 현상 또는 사건 간의 차이를 이해할 수 있게 해 주는 기술을 말한다. 융합적 사고는 사람들이 상황, 현상 또는 사건 간의 유사성을 이해할 수 있게 해 주는 기술을 말한다. 창의적인 사람들은 일반적으로 차별화된 사고와 융합적 사고 모두에 매우 능하다.

Everett Historical/Shutterstock.com

Paul Popper/Popperfoto/Getty Images

Everett Historical/Shutterstock.com

창의력은 때때로 창의력을 증진시키고 호기심을 자극하는 환경에서 자란다. 토마스 에디슨의 창의력은 어머니에 의해 길러졌으며, 에디슨은 역사에 길이 남을 발명가로 성장했다.

그림 8-6
창의적 과정

창의적 과정은 일반적으로 다음의 네 단계를 따른다. 물론 예외는 존재하고, 프로세스가 다른 경우도 있다. 하지만 대부분의 경우 이러한 단계는 창의적 과정의 본질을 파악하도록 한다.

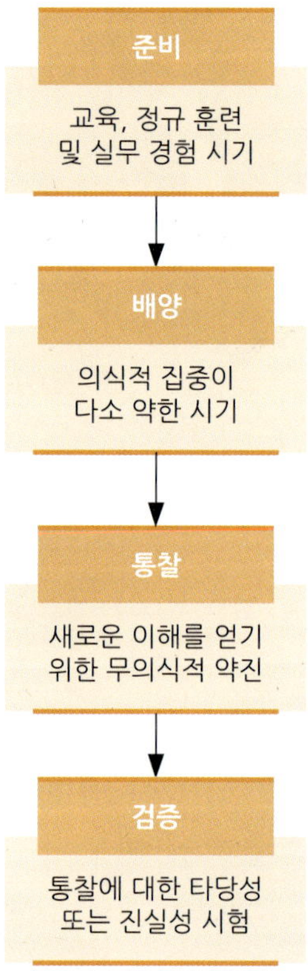

8-5b 창의적 과정

창의적인 사람들은 종종 아이디어가 '순식간에' 떠오르는 것처럼 보이지만, 실제로 개인의 창의적 활동은 일련의 단계를 거쳐 진행되는 경향이 있다. **그림 8-6**에는 창의적 과정의 주요 단계가 정리되어 있다. 모든 창작 활동이 이 네 단계를 따라야 하는 것은 아니지만, 대부분의 창작 활동은 이 단계를 거친다.

준비

창의적 과정은 일반적으로 **준비**(preparation) 단계에서 시작된다. 공식적인 교육과 훈련은 일반적으로 방대한 양의 연구와 지식에 익숙해질 수 있도록 하는 가장 효율적인 방법이다. 경영 관리 또는 사업 서비스에 창조적으로 공헌을 하기 위해서는 일반적으로 경영 또는 경제학과 같이 관련 분야에 대한 공식적인 교육과 훈련을 받아야 한다. 이것이 학부 및 석사 수준의 경영 교육과 평생교육 및 자격증 프로그램에 대한 수요가 높은 이유 중 하나이다. 공식적인 경영 교육은 개인이 빠르게 업무에 적응하고 빠르게 기여할 수 있는 효과적인 방법이 될 수 있다. 공식 교육이 끝난 후 관리자가 실무에서 쌓은 경험도 창의적 과정에 기여할 수 있다. 여기서 중요한 점은, 창의적인 사람들을 위한 교육과 훈련에는 끝이 없다는 것이다. 그들이 세상의 문제에 관심을 두고, 세상 돌아가는 방식에 대한 호기심이 지속되는 한 교육과 훈련은 계속된다. 화학 박사 학위를 취득한 후, 제약 업계에서 수년간 일하면서 화합물과 그것이 인체에서 작용하는 방식에 대해 더 많은 것을 배웠던 브루스 로스(Bruce Roth)도 그런 사람 중 한 명이다.

준비
일반적으로 창의적 과정의 첫 번째 단계로, 교육 및 정규 훈련이 포함됨.

배양

창작 과정의 두 번째 단계는 **배양**(incubation)으로, 준비 과정에서 습득한 지식과 아이디어가 더욱 숙성되고 발전할 수 있게 하는, 상대적으로 약한 수준의 의식적 집중 단계를 말한다. 배양의 흥미로운 측면은 이성적 사고를 잠시 멈추는 것이 종종 도움이 된다는 것이다. 일부 창의적인 사람들은 조깅이나 수영과 같은 신체 활동을 통해 생각에서 벗어나 휴식을 취하기도 한다. 책을 읽거나 음악을 듣는 사람들도 있고, 때로는 잠을 자면서 휴식을 취하기도 한다. 브루스 로스는 당시 신생 제약 회사였던 워너 램버트(Warner-Lambert)에 입사하여 콜레스테롤을 낮추는 약을 개발하는 데 일조했다. 그는 여가 시간에 추리 소설을 읽거나 등산을 즐겼다. 나중에서야 그는 연구실 업무에서 벗어난 여가 시간이 오히려 가장 좋은 생각을 할 수 있게 만들어 준 시간이었다는 점을 인정했다.

배양
창의적인 사람이 준비 과정에서 습득한 지식과 아이디어를 발전시키는, 상대적으로 덜 강렬한 의식적 집중 단계.

통찰

일반적으로 준비 단계와 배양기를 거친 후에 발생하는 **통찰**(insight)은 창의적인 사람이 어떤 문제 상황에서 자연스럽게 새로운 지식을 습득하도록 하는 돌파구이다. 통찰 단계는 배양기 동안 흩어져 있던 모든 생각과 아이디어가 한데 모이는 것을 의미한다. 이는 갑자기 발생하기도 하

통찰
배양 기간 동안 감춰져서 흩어져 있던 생각과 아이디어가 한데 모여 획기적인 결과물을 만들어 내는 창의적 과정의 단계.

고 시간이 지남에 따라 서서히 진행되기도 한다. 통찰은 새로운 경험이나 새로운 데이터가 생겨나는 것처럼 오래된 사안이나 문제를 새로운 방식으로 생각하도록 만드는 외부적인 사건에 의해 발생될 수도 있고, 사고의 패턴이 마침내 새로운 지식을 생성하는 방식으로 통합되는 완전히 내부적인 사건에 의해 발생될 수도 있다. 브루스 로스는 개발 중인 신약이 이미 시판 중인 다른 약보다 효과적이지 않다는 초기 연구 자료를 검토하고 있었다. 하지만 이 검토 과정에서 이전에는 확인되지 않았던 통계학적 관계를 발견했다. 그때 그는 자신이 중대한 돌파구를 찾았다는 것을 깨달았다.

검증

통찰이 발생하면 **검증**(verification)을 통해 통찰의 유효성 또는 진실성을 확인한다. 창의적인 아이디어 대부분이, 검증 과정에서 통찰이 실제로 예상한 결과로 이어지는지 여부를 판단하기 위해 과학적 실험을 거친다. 검증에는 제품 또는 서비스의 시제품 개발이 포함되기도 한다. 시제품은 신제품 개발 아이디어가 실제로 효과가 있는지 테스트 하기 위해 제작된 제품 중 하나(또는 극소수)를 말한다. 시제품은 일반적으로 거의 판매되지는 않지만, 창의적 과정에서 개발된 통찰을 검증하는 데에는 매우 유용하다. 신제품이나 새로운 서비스가 개발되었을 때, 시장에서의 검증은 그 뒤에 숨겨진 창의적인 아이디어에 대한 최종 점검이 된다. 브루스 로스와 그의 동료들은 신약을 테스트하기 시작했고, 결국 FDA의 승인을 받았다. 리피토라는 이름의 이 약은 역사상 매우 많이 팔린 의약품 중 하나가 되었다. 워너-램버트는 현재 연간 20억 달러 이상의 매출을 올리고 있는 화이자에 인수되었다.[55]

검증
통찰의 유효성 또는 진실성이 결정되는 창의적 과정의 마지막 단계.

8-5c 조직의 창의성 강화

관리자는 다양한 방법을 통해 조직의 창의성을 강화하고 장려시킬 수 있다.[56] 창의성을 강화시키는 중요한 방법 중 하나는 명시적인 목표를 제시하여 창의성을 조직 문화의 일부로 만드는 것이다. 예를 들어, 3M이나 러버메이드(Rubbermaid)와 같이 창의성을 강조하는 기업들은 향후 매출의 일정 비율을 신제품에서 가져오겠다는 목표를 제시한다. 이는 창의성과 혁신이 중요하다는 것을 명시한다.

창의성을 향상시키는 또 다른 중요한 부분은 창의적 성공에 대해 보상해 주는 동시에 창의적 실패에 대해 불이익을 주지 않도록 유의하는 것이다. 서류상으로는 가치 있어 보이는 많은 아이디어가 실현되지 못하기도 한다. 실패한 아이디어를 처음 제안한 사람이 해고되거나 다른 불이익을 받게 된다면, 조직 내 다른 사람들은 자신의 업무에 더욱 소극적일 것이다. 그럴 경우, 창의적인 아이디어는 잘 나오지 않게 된다. 진정으로 창의성을 기르고 향상시키고자 하는 관리자는 개인이 어떠한 처벌에 대한 두려움 없이 아이디어를 제안할 수 있도록 심리적 안정감을 제공하는 문화를 조성해야 한다.

요약 및 적용

의사 결정은 여러 대안 중에서 하나의 대안을 선택하는 과정이다. 문제 해결은 질문에 대한 답을 찾는 것을 의미한다. 의사 결정의 기본 요소에는 목표 선정, 대안 행동 과정 고려, 목표와 관련하여 고유한 가치를 지닌 대안의 잠재적인 결과 평가, 결과 평가를 기반으로 한 대안 선택이 포함된다. 또한 대안, 결과 및 가치에 관한 정보는 확인이 가능하다.

정형화된 의사 결정은 정해진 의사 결정 규칙에 따라 정형화되고 반복적으로 이루어지는 의사 결정이다. 비정형화된 의사 결정은 정보 출처가 명확하지 않은 비일상적이고 구조화되지 않은 상황과 관련되며, 이러한 의사 결정은 기존의 의사 결정 규칙에 따라 이루어질 수 없다. 의사 결정은 주요 조건에 따라 분류될 수도 있다. 확실성, 위험, 불확실성의 분류는 대안의 결과와 관련하여 이용 가능한 정보의 양을 반영한다.

합리적 접근법은 의사 결정을 목표 설정, 문제 파악, 대안 생성 및 평가, 선택 및 실행, 통제권 행사로 이어지는 합리적인 절차로 간주한다. 근거 기반 의사 결정은 의사 결정 시 합리성의 필요성을 강조하는 용어이다.

절차 및 경험 법칙의 사용, 준최적화, 만족화는 행동 모델을 특징짓는 요소이다. 그 밖의 다양한 행동 과정도 조직의 의사 결정에 영향을 미친다. 연합에 의한 정치적 행동, 경영자의 직관, 선택한 행동 방침에 점점 더 몰입하는 경향은 모두 중요하다. 위험 성향은 의사 결정에 있어 중요한 행동 측면이다. 윤리 역시 관리자가 의사 결정을 내리는 방식에 영향을 미친다. 전망 이론에 따르면 사람들은 이익을 얻기보다는 손실을 피하려는 동기가 더 강하게 나타남을 알 수 있다. 따라서 이성적 관점과 행동적 관점은 통합 모델로 결합될 수 있다.

창의력이란 새로운 아이디어를 구상하는 능력을 말한다. 수많은 개인적, 배경적 요인이 개인의 창의력 수준에 영향을 줄 수 있다. 창의적 과정 자체는 일반적으로 준비, 배양, 통찰, 검증의 네 단계로 이루어진다. 관리자는 다양한 방법을 통해 조직의 창의성을 높이거나 낮출 수 있다.

Real-World Response

윤리적 과제

항공기 엔진 부품 정비 회사의 CEO는 자신의 회사 부품이 11대의 비행기 이륙 금지 조치의 원인일 수 있음을 밝혔는가? 직원 수백 명의 일자리와 자신의 회사 지분을 잃을 위기에 빠뜨렸는가? 아니면 더 많은 정보를 얻을 때까지 침묵을 지켰는가? 올바른 선택이 항상 명확한 것은 아니며, 이러한 유형의 결정은 관리자가 내려야 하는 많은 어려운 결정 중 하나이다.

이 경우, CEO는 미국 연방항공청(FAA)에서 조사가 들어온다는 소식이 알려지면 은행에서 회사의 대출을 회수하고 회사 투자자들이 돈을 잃을 수 있다는 점을 고려해야 한다. 또한 은행이 대출을 회수하기 시작하고 회사가 직원을 해고해야 할 경우 직원들에게 미칠 영향에 대해서도 걱정해야 했다. 그러나 그는 승객이 자신의 안전과 관련하여 스스로 결정할 수 있는 상황에서 승객에 대한 책임이 있는지는 고려하지 않았다. 몇 년이 지나고 나서야, 그가 승객의 안전은 전혀 고려하지 않았음을 인정했다.

결국 CEO는 해당 정보를 공개하지 않기로 결정하고 회계 감사 서류에 서명하였다. 끝내 미국 연방항공청은 엔진 고장의 과실이 누구에게 있는지 파악하는 것이 불가능하다는 결론을 내렸다. 항공기 이륙 금지 조치의 원인이 될 수도 있는 회사 이름이 공개되지 않았기 때문에, 일자리를 잃은 사람은 없었고 CEO는 재정적으로 회사 지분을 유지했다.

토론을 위한 질문

1. 어떤 사람들은 의사 결정은 조직이 아닌 개인이 내리는 것이므로 '조직적' 의사 결정에 대한 연구는 무의미하다고 주장한다. 이 주장에 동의하는가? 동의하는, 혹은 동의하지 않는 이유는 무엇인가?
2. 현재 당신이 재학 중인 학교에 입학하기로 결정했을 때 어떤 정보를 이용했는가?
3. 매일 아침 알람이 울리면 일어나서 학교나 직장에 갈지, 아니면 침대에 누워 잠을 더 잘지 결정해야 한다. 이것은 정형화된 결정인가, 비정형화된 결정인가? 그렇게 생각하는 이유는 무엇인가?
4. 의사 결정 과정에서 정보가 어떤 중요한 역할을 하는지 세 가지 이상 설명하라.
5. 의사 결정의 합리적 모델에서 정보의 역할은 행동 모델에서 정보의 역할과 어떻게 다른가?
6. 여러 가지 의사 결정 모델을 논의하는 것이 왜 합리적일까?
7. 결정을 내렸을 때 만족스러웠던 순간이 있었는가? 준최적화를 한 적이 있는가?
8. 비효율적인 행동 방침에 심하게 몰입한 상황을 경험한 적이 있다면 설명하라. 어떻게 대처했는가? 다른 방법으로 처리했어야 한다고 기대하는가? 그렇다고(혹은 그렇지 않다고) 생각하는 이유는 무엇인가?
9. 위험한 결정을 내릴 때 얼마나 편안함을 느끼거나 불편함을 느끼는가?
10. 스스로를 비교적 창의적이라고 생각하는가? 창의적 과정의 네 단계를 사용하여 창의적임을 발견한 사례를 떠올려 보라.

Understand Yourself Exercise

합리적인 의사 결정하기*

현재 개인적으로 결정을 내려야 하는 사안을 하나 고른다. 전공을 선택한다거나, 자동차를 구입한다거나, 아파트를 임대한다거나, 직업을 선택한다거나, 그 어떤 문제든 상관없다. 이제 기준과 목표를 파악하고, 기준에 가중치를 부여하고, 대안을 생성 및 평가하고, 대안의 순위를 매기고, 결정을 내리는 등 합리적인 의사 결정 절차를 적용하라.

그런 다음, 이 결정의 결과를 보다 직관적이거나 감정적인 프로세스를 따랐을 때 도달했을 결과와 비교해 보라. 결과가 달라졌는가? 어떤 프로세스를 따랐을 때 최선의 결정을 했다고 생각하는가? 그 이유는 무엇인가?

* 이 문제를 제공해 준 벨뷰대학교의 캐롤린 유세프 교수에게 감사의 말을 전한다.

Group Exercise

슈퍼히어로*

당신이 좋아하는 슈퍼히어로를 선택하라. 이제 인구가 많은 섬에 큰 지진이 발생했다고 가정해 보자. 당신의 슈퍼히어로가 이 상황에서 섬을 어떻게 구할 수 있을까? 5분 동안 자유롭게 아이디어를 적어 보라.

이제 5~6명의 학생으로 그룹을 구성하여, 각자가 어떤 슈퍼히어로를 선택했는지 이야기하고 슈퍼히어로의 특별한 능력을 바탕으로 만든 아이디어를 공유해 보자. (예: 배트맨은 자신만의 능력과 도구를 활용하여 잔해에 갇힌 사람들을 구하고, 헐크는 잔해의 일부를 들어서 던질 수 있다.) 그런 다음 그룹은 슈퍼히어로와 관련해서 도출된 아이디어를 바탕으로 실현 가능한 해결책을 찾기 위해 상호 협력해야 한다. (예: 배트맨의 갈고리는 인명 구조 중 큰 장애물을 옮기는 데 사용할 수 있도록 개조할 수 있다).

* 이 활동을 제안해 준 데이븐포트대학교의 짐 고트 교수에게 감사의 말을 전한다.

9 의사소통

Communication

학습목표

이 장을 학습하면 독자들은 …

1. 효과적인 의사소통을 방해하는 요소와 이를 효과적으로 관리하는 방법을 포함한 의사소통 과정을 설명할 수 있다.
2. 세 가지 유형의 주요한 의사소통에 대해 설명할 수 있다.
3. 성공적인 의사소통의 특징을 요약할 수 있다.
4. 의사소통을 방해하는 다양한 요소와 이를 극복하는 방법을 설명할 수 있다.
5. 다양한 유형의 의사소통에 활용되는 미디어의 풍부함에 대해 설명할 수 있다.
6. 의사소통 유형 간 차이점을 설명할 수 있다.

Real-World Challenge

마이크로소프트가 의사소통을 활용하여 코로나19 위기를 관리한 방법[1]

1975년 소꿉친구인 폴 앨런(Paul Allen)과 빌 게이츠(Bill Gates)가 설립한 마이크로소프트(Microsoft)는 Microsoft Surface와 Xbox One을 비롯하여 컴퓨터 소프트웨어와 장치를 제조하는 글로벌 기업이다. 2014년 현 CEO인 사티아 나델라(Satya Nadella)가 취임한 이후로는 클라우드 컴퓨팅에 집중해 왔으며, 세계적으로 가치 있는 상장 기업 중 하나로 자리매김하였다.

마이크로소프트는 '최고의 직장' 조사에서 자주 높은 순위를 차지하며, 나델라의 리더십 아래 배움과 지속적인 발전에 중점을 둔 문화를 발전시켜 왔다. 직원들의 협업과 팀워크의 필요성을 인식한 나델라는 공감, 포용성, 접근성을 마이크로소프트의 초석으로 삼았다. 회사 경영진이 매월 직원들과 함께 회의하는 타운홀(Town Hall) 미팅 및 질의응답 세션에는 수백 명의 직원이 직접 참석하며, 이 회의는 마이크로소프트의 15만 명 이상의 직원에게 컴퓨터를 통하여 생중계된다.

Sean Gallup/Getty Images News/Getty Images

다른 여러 기업과 마찬가지로 마이크로소프트도 2020년 코로나19 기간 동안 직원들이 재택근무를 하도록 했고, 이로 인해 많은 의사소통 문제를 경험했다. 회사 경영진은 생산성과 혁신에 필수적인 직원 및 비즈니스 그룹 간의 협력과 의사소통이 지속적으로 이뤄지길 원했다. 또한 마이크로소프트는 코로나19로 인해 스트레스가 많은 시기에 직원들을 지원하고, 사업 현황 및 코로나19 관련 사항에 대한 최신 정보를 제공하고자 했다. 이 회사가 당신에게, 원격 근무로 전환된 회사에서 직원 간 의사소통과 협력을 유지하는 방법에 대한 조언을 구했다고 가정해 보자. 이 장을 읽고 나면, 당신은 직원들이 재택근무를 시작한 후에도 마이크로소프트가 팀 기반의 협업 문화와 의사소통을 유지할 수 있는 방법에 대한 좋은 아이디어를 얻을 수 있을 것이다.

직원 수가 10만 명 이상인 조직에서는 잘못된 의사소통으로 인해 연간 6,000만 달러 이상의 비용이 발생하고, 소규모 조직의 경우에도 연간 40만 달러 이상의 비용이 발생하는 것으로 추정된다.[2] 정보는 사업에 있어서 중요한 자원이므로 효과적인 의사소통을 통해 정보를 교환하는 방법을 이해하는 것은 개인 및 조직의 성공에 필수적이다. **의사소통**(communication)은 집단 간에 공유된 지식과 감정을 만들어 내기 위해 정보를 표현하거나 교환하는 과정을 말한다. 의사소통은 사회적 행동으로서 정보를 주고받으면서 긍정적이고 생산적인 관계를 구축 및 유지할 수 있게 해 주기 때문에 업무뿐만 아니라 일상생활에서도 매우 중요하다. 효과적인 의사소통이 없는 조직이 어떤 모습일지 상상해 보자. 경영자는 회사나 직원들을 제대로 관리할 수 없고, 직원들은 서로 협력할 수 없으며, 올바른 의사 결정이 이루어지지 않을 것이다. 조직은 의사소통을 통해 전략, 목표, 성과를 달성한다. 조직의 의사 결정권자가 이러한 전략을 계획하고 개발하기 위해서는 반드시 의사소통이 필요하다. 의사 결정을 위해서는 정보 전달이 필요하다. 경영자는 이러한 전략과 결정을 직원들에게 전달하고, 직원들은 이를 실행하기 위해 서로 소통한다. 또한 관리자의 경우, 고객 및 공급 업체와 소통하고 시장 및 경쟁 업체에 대한 정보를 얻기 위해 의사소통을 활용한다. 또한, 의사소통은 더 높은 수준의 직원 참여를 가능케 하며, 이는 더 나은 재무 결과 및 조직의 안정성을 가져올 수 있다.[3]

의사소통
집단 간에 공유된 지식과 느낌을 만들어 내기 위해 정보를 표현하거나 교환하는 과정.

조직을 이해하는 한 가지 방법은, 조직 내부 및 조직의 외부 경계를 넘나들며 발생하는 의사소통의 패턴을 생각해 보는 것이다. B2B 커뮤니케이션은 서로 다른 기업 간에 이루어지며, B2C 커뮤니케이션은 기업과 개인 고객 간에 이루어진다. 조직마다 종업원들은 다양한 미디어와 방법을 이용하여 서로 소통하며, 이러한 소통 패턴이나 미디어 혹은 프로세스는 조직 문화, 전략 및 성과에 대한 가변성(variability)을 이해하는 데 중요한 요소이다. 하향식 의사소통(downward communication)은 조직의 고위 임원이 조직의 하위 직급 직원(예: 관리자에서 부하 직원)과 소통할 때 발생한다. 하향식 의사소통은 일반적으로 업무 수행 방법, 성과 목표, 회사의 정책 및 성과를 내는 방식 등에 대한 메시지로 구성된다. 반대로 상향식 의사소통(upward communication)은 하위 직급 직원이 고위 직급의 임원과 소통할 때 발생한다. 예를 들어, 부하 직원이 관리자에게 자신이 겪고 있는 어려움이나 고민을 이야기할 때 상향식 의사소통이 발생한다. 상향식 의사소통을 장려하면, 관리자는 부하 직원이 목표와 지시 사항을 이해하고 있는지 확인할 수 있고, 직원의 어려움과 불만 사항을 관리자에게 계속 말할 수 있도록 하며, 직원에게 아이디어 제시 및 제안을 할 수 있도록 기회를 제공함으로써 수용과 헌신을 높일 수 있다. 수평적 의사소통(horizontal communication)은 조직 내 같은 수준의 다른 사람들과 소통할 때 발생한다. 관리자는 업무를 완수하기 위해 서로에게 의존하는 경우가 많으며, 자원 및 작업 속도를 조정하기 위해서는 소통이 필요할 것이다. 만약 조직 구성원들이 부서와 직급을 넘나들며 소통하고 있다면, 이는 대각선 의사소통(diagonal communication)을 하고 있는 것이다. 예를 들어, 라이언(Ryan)의 부하 직원인 오웬(Owen)이 다른 부서에 있는 라이언과 동급의 관리자에게 연락하는 경우 대각선 의사소통이 발생했다고 볼 수 있다. 대각선 의사소통은 조직 내 여러 부서의 직원들이 새로운 제품을 개발하거나 문제를 해결하는 데 도움이 되는데, 다양한 직급과 여러 부서의 사람들로 구성된 다기능 팀 프로젝트에서 흔하게 볼 수 있다. 또한 대각선 의사소통은 그룹을 연결하고 회사 전체에 정보를 알리는 데도 도움이 된다.

의사소통은 신뢰, 존중, 업무가 구축되고 유지되는 방식이기 때문에 효과적인 의사소통은 조직을 하나로 묶어 주는 역할을 하며[4] 개인, 팀, 사업부가 상호 의존적으로 작동할 수 있는 원동력이 된다. 의사소통이 더 효과적으로 이루어지는 조직에서는 직원들이 상호 간 오해 없이 메시지를 더 빠르게 전달할 수 있고, 실수나 갈등의 가능성을 줄일 수 있기 때문에 업무 성과가 더 높게 나타난다.[5]

개인적 환경에서든 업무 환경에서든, 의사소통을 잘할수록 성공에 필요한 것을 얻을 가능성이 높아진다. 하지만 그 중요성에도 불구하고, 의사소통은 직장을 포함한 대부분의 관계에서 겪는 큰 어려움 중 하나이다. 리더가 되기 위해 관리자는 (특히 경제적으로 어려운 시기에) 훌륭한 소통 기술을 갖춰야 한다. 억만장자 투자자인 워렌 버핏(Warren Buffet)은 "의사소통의 기술을 갈고 닦으면 순자산을 50%까지 늘릴 수 있다. 소통 능력의 비교적 작은 개선만으로도 미래의 수입뿐만 아니라 삶의 여러 측면에서 큰 차이를 만들 수 있다."라고 말했다.[6]

이 장에서는 의사소통 절차, 다양한 의사소통의 종류와 성공적인 소통의 특징, 소통의 장벽과 이를 극복하는 방법, 풍부한 미디어 콘텐츠의 중요성, 다양한 의사소통의 유형에 대해 다룰 것이다. 이 장은 의사소통의 절차를 잘 이해하고 보다 효과적인 전달자가 되는 데 도움이 될 것이다.

9-1 의사소통 과정

의사소통(communication)이라는 단어는 '나누다, 공동으로 만들다'라는 뜻의 라틴어 communicare에서 유래되었다.[7] 효과적인 의사소통을 위해서는 발신자와 수신자 간의 합의가 필요한 것이 아니라, 발신자가 의도한 대로 정보가 수신되어야 한다. 정보는 한 방향으로 전달되거나, 발신자와 수신자 상호 간에 전달될 수 있다. 단방향 커뮤니케이션에서는 정보가 한 방향으로만 전달된다. 발신자는 메시지를 전달한 후, 수신자의 피드백을 기대하지도 않고 받지도 않는다. 예를 들어, 관리자가 직원에게 고객을 도와주라고 지시했는데 직원이 아무 대꾸 없이 지시를 이행하거나, 관리자가 어떤 종업원에게 잘하고 있다고 말한 후 이 종업원이 뭔가 말하기도 전에 자리를 뜬다면 이는 단방향 소통이다. 관리자가 어느 종업원에게 회의에 참여하라고 말했을 때, 그 말을 들은 종업원이 "바로 가겠습니다."라고 응답한 상황을 가정해 보자. 여기서 만약 수신자가 발신자에게 피드백을 제공한다면 발신자와 수신자가 양방향 소통을 시작한 것이다. 피드백은 의도한 메시지가 제대로 전달되었는지 확인함으로써 커뮤니케이션 절차의 효율성을 높여 준다.

의사소통은 한 사람으로부터 다른 사람에게 정보를 전달하여 지식과 느낌을 나누는 과정이다. 이 두 동료는 중요한 업무 문제에 대해 대화를 나누고 있다. 두 사람 모두 의사소통 과정에 참여하고 있으며 효과적으로 소통하고 있는 것 같다.

효과적인 의사소통은 발신자의 메시지를 상대방이 오해 없이 수신했을 때 발생한다. **그림 9-1**은 의사소통 과정을 보여 준다. 의사소통 절차 모델의 여섯 가지 요소는 다음과 같다.

1. **부호화**(encoding)는 메시지 발신자가 생각이나 아이디어, 사실을 기호나 그림 또는 단어로 구성된 메시지로 번역할 때 발생한다.
2. **메시지**(message)는 전송의 대상이 되는 기호화된 정보이다. 예를 들어, 관리자가 신입 직원인 잭(Zack)에게 잘하고 있다는 격려의 말을 전하고 싶은 상황을 생각해 보자. 관리자가 그 생각을 잭이 꾸준히 업무 성과를 내고 있으며 목표 수준의 90% 이상을 달성하고 있음을 단어로 표현한다면, 이 단어가 바로 메시지이다. 관리자는 시간 경과에 따른 잭의 성과 증가를 보여 주는 그래프와 잭의 목표 성과 수준을 나타내는 선으로 표현할 수도 있다.
3. **채널**(channel)은 음성, 글, 그래프, 동영상, 인트라넷, 인터넷, 텔레비전, 보디랭귀지 등 수신자에게 메시지를 보내는 데 사용되는 매체를 말한다.
4. 메시지의 수신자가 받은 메시지를 보거나, 읽거나, 듣게 되면 **해석**(decoding)이 이루어진다. 해석은 메시지를 수신자가 이해할 수 있는 형태로 변환하거나 번역하는 작업을 말한다. 해석된 정보는 발신자가 의도한 의미를 잘 살려야 하지만, 항상 그런 것은 아니다.

부호화
생각이나 아이디어, 사실 등을 기호, 그림, 단어 등으로 구성된 메시지로 변환하는 것.

메시지
부호화된 정보.

채널
메시지 전송에 사용되는 매체.

해석
메시지를 수신자가 이해할 수 있는 내용으로 다시 번역하는 것.

그림 9-1
의사소통 과정

의사소통은 메시지가 부호화되는 것, 채널을 통해 전송되는 것, 수신자가 부호를 해독하는 것 등 여러 단계를 포함한다. 피드백은 효율성을 높이는 데 도움이 되지만, 반대로 소음은 피드백을 차단하거나 왜곡할 수도 있다.

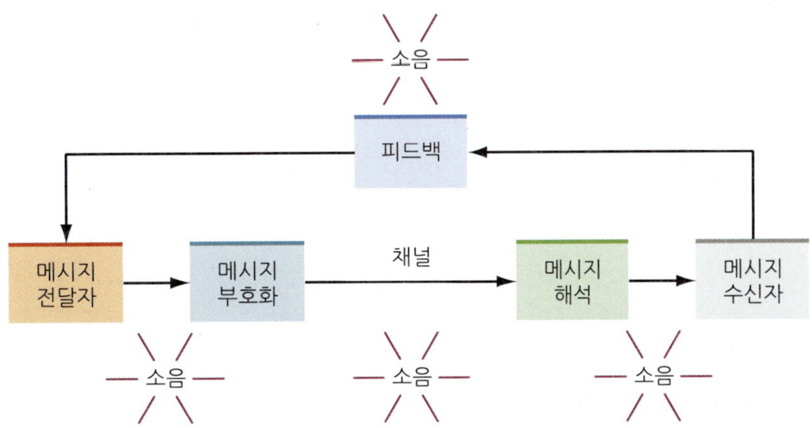

피드백
의사소통 성공 여부의 확인.

5. **피드백**(feedback)은 의사소통의 성공 여부를 확인하는 것이다. 양방향 커뮤니케이션에서는 메시지 수신자가 발신자에게 새 메시지를 다시 보내고, 발신자는 수신자가 원래 메시지를 의도한 대로 이해했는지 평가한다. 메시지를 반복해서 보내거나, 메시지의 의미를 의역하고, 설명을 요구하고, 결론이 올바른지 묻는 것도 피드백의 한 형태이다.

소음
발신자가 전달하려는 메시지를 어떤 식으로든 차단, 왜곡 또는 변경하는 모든 것.

6. **소음**(noise)은 발신자가 전달하고자 하는 메시지를 어떤 식으로든 차단, 왜곡 또는 변경시키는 모든 것을 말한다. 소음은, 예를 들어, 벨이 울린다거나 사람들이 이야기하는 소리와 같이 물리적인 환경 요소일 수도 있고, 발신자 또는 수신자가 송수신하는 메시지에 집중하지 못해서 발생할 수도 있다.

Monkey Business Images/Shutterstock.com

소음은 메시지를 차단하거나 왜곡할 수 있다. 예를 들어, 한 사람이 회의 중에 문자를 보내고 있다고 가정해 보자. 이때 당사자는 회의 자체보다 자신의 문자 메시지에 더 많은 주의를 기울이기 때문에 다른 사람의 말을 완전히 이해하지 못할 가능성이 높다.

의사소통 과정에서 발신자는 정보를 단어, 기호 또는 그림으로 변환(부호화)하여 어떤 매체(채널)를 통해 수신자에게 전달한다. 그런 다음 발신자는 메시지를 수신하여 발신자가 의도한 것과 동일하도록 재번역(해석)한다. 의사소통 과정 어느 곳에서나 소음(노이즈)이 유입되어 수신된 메시지를 해독하기 어렵게 만들고 발신자가 의도한 메시지와는 다른 메시지가 전송될 수 있다. 이때 피드백은 양방향 의사소통을 생성하여 소통의 성공 여부를 확인하고 수신된 메시지가 정확한지 확인하는 데 도움이 된다. 하지만 안타깝게도 커뮤니케이션이 이루어지는 과정 중 언제든 문제가 발생하여 최종적으로 수신되는 메시지가 송신된 메시지와 다른 경우가 생길 수도 있다. 이러한 오류는 발신자 또는 수신자, 조직 또는 소음에서 비롯될 수 있다. 소음에는 불필요하게 길거나 모호한 메시지, 음악이나 사이렌과 같은 발신자 또는 수신자를 방해하는 요소, 좋지 않은 비디오 품질 등 의사소통의 명료성과 수신된 메시지의 본질을 흐리거나 감소시키는 모든 요소를 포함한다. 소음은 모든 단계에서 의사소통 과정을 방해할 수 있으므로 해석된 메시지의 정확성과 의사소통 과정의 효율성을 높이기 위해서는 소음을 최소화해야 한다. 명확하고 간결하며 일관성 있는 의사소통은 소음을 줄이는 데 도움이 된다. 피드백은 메시지 수신자가 메시지에 대한 언어적 또는 비언어적 응답을 발신자에게 전달할 때 발생하며, 발신자는 메시지가 얼마나 정확하게 수신되었는지 평가할 수 있다. 이 장의 뒷부분에서 설명하겠지만, 피드백의 중요한 구성 요소인 적극적인 경청을 통해 의사소통 과정을 더욱 향상시킬 수 있다.

9-2 의사소통 수단

의사소통은 언어적(verbal), 비언어적(non-verbal) 또는 서면(written) 형태로 이루어질 수 있다. 모든 의사소통의 형태를 마음대로 선택할 수는 없지만(예를 들어, 긍정적인 메시지와 함께 부정적인 표정을 사용하는 것은 모순될 수 있음), 일반적으로 우리는 커뮤니케이션(의사소통)의 과정에서 의사소통의 여러 특성 중 하나를 선택할 수 있다. 어떤 것을 사용할지는 전달하려는 메시지의 성격, 메시지의 긴급성, 수신자가 해당 매체 또는 채널을 사용하여 메시지를 수신할 수 있는지 여부 등 여러 요인을 고려해야 한다. 예컨대 어느 직원이 원격으로 근무하는데, 온라인 채팅 중이거나 상황을 즉시 해결해야 하는 경우에는 이메일보다 채팅이나 문자 메시지가 더 빠를 것이다. 하지만 동료가 바로 옆에 있는 경우에는 구두로 메시지를 전달하는 것이 더 빠를 수 있다. 민감하거나 복잡한 성격의 메시지는 서면보다는 구두로 전달하는 것이 좋을 수 있다. 메시지 전달을 위해 선택한 소통 매체는 수신자가 접근할 수 있어야 한다. 예를 들어 헤드폰을 착용한 사람은 구두 메시지를 듣지 못할 수 있으며, 집에서 인터넷 연결이 원활하지 않은 직원은 이메일이나 문자를 제때 받지 못할 수도 있다. 수신자가 발신자에게 보내는 구두 또는 서면 신호가 없는 단방향 커뮤니케이션(의사소통) 상황에서는 행동 반응이나 신체 언어와 같은 비언어적 요소를 통해 상대방의 이해 여부를 확인할 수 있다.

9-2a 언어적 의사소통

언어적 의사소통(verbal communication)이란 구어나 구문을 통해 이루어지는 의사소통을 말한다. 언어적 의사소통은 일반적으로 정보를 제공하거나, 설득하거나, 아이디어를 표현하고 논의하기 위해 이루어진다. 언어적 의사소통은 실시간으로 이루어지는 경우가 많지만, 직원들이 회사 **인트라넷**(intranet)을 통해 미리 녹화된 교육 동영상이나 CEO의 동기부여 영상을 시청하는 경우처럼 실시간이 아닌 경우도 있다. 여기서 인트라넷이란 직원들이 안전한 환경에서 서로 소통하고 정보를 저장하며 협업할 수 있도록 지원하는 조직의 개인 네트워크 공간을 말한다. 효과적인 언어적 의사소통은 관리자가 갖춰야 할 중요한 역량인데, 여기에는 말하는 내용이나 방법뿐 아니라 다른 사람의 메시지를 수신하는 방법까지 모두 포함된다. 문서화된 의사소통에서도 단어 선택이 중요하며, 수신자에게 적절한 단어를 선택해야 한다. 사람들은 이러한 사실을 알고 있으며, 교수나 부모님에게 말할 때와, 친구에게 말할 때는 서로 다른 단어를 사용하는 경향을 보인다. 또한 상대방의 이해 수준에 맞게 단어를 선택하는 것도 중요하다. 비전문가와 소통할 때 전문적인 용어를 사용하면 상대방이 전달 내용을 이해하지 못할 가능성이 높기 때문이다.

언어적 의사소통
구어와 구문을 통해 의사소통을 하는 것.

인트라넷
직원들이 안전하게 커뮤니케이션(의사소통)하고 협업하며 정보를 저장하는 데 도움이 되는 조직의 비공개 네트워크.

언어적 억양(verbal intonation)은 구어나 구문에다 강조점을 부여하는 것이다. 예를 들어, "잠깐 얘기 좀 할까요?"라는 간단한 말을 밝고 경쾌한 어조로 말할 때와, 강하고 화난 어조로 말할 때는 전혀 다른 의미로 해석될 수 있다. 표 9-1에 나와 있는 "에이든이 승진했다."라는 문장을 보자. 이 문장에서 강조하는 단어를 달리 하면 문장의 의미가 완전히 달라지는 것을 볼 수 있다. "중요한 것은 무슨 말을 하느냐가 아니라 어떻게 말하느냐이다."라는 점을 꼭 기억하기 바란다.

언어적 억양
특정한 구어 및 구문에 강조점을 부여하는 것.

9-2b 비언어적 의사소통

비언어적인 행동과 목소리 톤과 같은 커뮤니케이션 방식은 우리가 실제로 말하는 단어보다 내포하고 있는 메시지의 의미가 더 중요하다. 이러한 **비언어적 커뮤니케이션**(nonverbal communication)은 말이나 글로 표현되는 것이 아니다. 화재 경보, 미소, 이모티콘, 빨간 신호등, 누

비언어적 의사소통
말하거나 쓰지 않았지만 다른 사람에게 의미가 있는 의사소통.

표 9-1
강조에 따른 의미 변화
강조하는 단어가 달라지면 메시지의 의미가 달라질 수 있다.

Aiden earned a promotion.	제나가 아니라 에이든이 승진했다.
Aiden **earned** a promotion.	에이든이 승진한 것은 정치적인 결정에 의한 것이 아니라 그가 노력했기 때문이다.
Aiden earned **a** promotion.	에이든은 두 번이 아닌 한 번의 승진을 받았으며, 에이든의 승진이 유일한 승진이 아니었을 수도 있다.
Aiden earned a **promotion**.	에이든은 승진을 했지만 봉급 인상이나 휴가 일수가 늘어난 것은 아니다.

군가의 화난 표정 등과 같이, 때로는, 가장 강력하고 의미 있는 커뮤니케이션 방식이 비언어적인 것일 수 있다. 비언어적 의사소통은 언어적 의사소통의 중요한 구성 요소로(언어적 요소 없이도 이루어질 수 있지만) 표정, 손짓, 눈 맞춤과 같은 신체 언어로 구성된다.

보디랭귀지
다른 사람에게 정보를 전달하기 위해 사용하는 제스처나 표정 등의 신체 움직임.

보디랭귀지(body language)란 표정과 같은 신체 움직임으로 상대방에게 정보를 전달하는 것을 말한다. 예를 들어, 성과 평가 면접에서 피평가자인 직원이 손가락으로 테이블을 두드리거나 의자에 앉아서 안절부절못하는 것은 말하지 않아도 불안감을 나타낸다는 것을 알 수 있다. 연구에 따르면, 일반적인 대면으로 이루어지는 의사소통에서는 전체 메시지의 7%는 단어로, 38%는 목소리와 억양으로, 55%는 표정과 보디랭귀지로 전달된다고 한다.[8] 보디랭귀지가 음성 메시지와 일치하지 않을 경우, 수신자는 말로 전달되는 메시지보다는 보디랭귀지를 '전달하고자 하는 메시지의 진정한 의미'로 해석할 가능성이 높다.[9] 효과적이고 의미 있는 의사소통이 되려면 이 세 부분이 모두 일치해야 한다. 세 부분 중 하나라도 일치하지 않으면 상충되는 메시지가 전송되고 있는 것이다.[10] 예를 들어, 관리자가 팔짱을 끼고 서서 고개를 좌우로 흔들면서 보고서를 잘 작성했다고 말한다면, 해당 부하 직원은 그 메시지가 어떤 의미인지 확신하기 어려울 것이다.

Urbanscape/Shutterstock.com
동료나 부하 직원의 보디랭귀지를 유심히 보면 도움을 청하기 전에 도움이 필요한 시점을 파악하는 데 도움이 될 수 있다. 예를 들어, 이 이미지에서 직원의 혼란스러운 표정을 본 상사는 자세한 설명이 필요하거나 도와줄 게 있는지 물어 볼 수 있다.

의식적으로 보디랭귀지를 상황에 맞춰 사용하는 것은 다른 사람의 보디랭귀지를 해석하는 방법만큼이나 중요한 소통 능력이다. 비언어적인 신호와 목소리 톤을 조절하면 메시지를 보다 강하게 전달할 수 있을 것이다. 예를 들어, (모든 문화권에 적용되는 것은 아니지만) 미국에서는 말하는 동안 고개를 돌리면 사람들이 내 말을 신뢰하지 않는 경향이 있다. 다른 사람들에게 자신감 있고 유능한 사람으로 보이고 싶다면, 똑바로 서서 눈을 마주치고 미소를 짓는 등 자신감과 에너지를 드러내는 모습을 보여 주어야 한다. 어깨를 축 늘어뜨리고 고개를 숙인 채 걷거나, 밋밋한 어조로 말하고, 안절부절못하는 모습을 보이면 우유부단하고, 부정적이며, 경험이 부족하다고 여겨진다.[11]

언어적 요소가 있든 없든 간에 수신자가 메시지를 해석하는 데 있어 보디랭귀지의 중요성을 고려했을 때, 비언어적인 신호를 이해하고 이것을 바탕으로 의도한 메시지를 전략적으로 명확하게 전달해 내는 것이 중요하다. 비언어적 행동을 통해 의식적으로 정보를 보낼 때 그 행동이 눈에 띄는 경우 의미가 전달될 가능성이 높으며,[12] 커뮤니케이션 과정에서 발신자가 경험하는 문화 및 모든 종류의 소음과 같은 요인에 의해 영향을 받을 수 있다. 바쁘거나 스트레스를 받을 때는 자신의 의사를 효과적으로 전달하기가 더 어려울 수 있지만, 이럴 때일수록 보디랭귀지가 의도한 메시지를 일관되게 전달하는 것이 중요하다. 면접 시 긍정적인 비언어적 의사소통과 적극적인 경청을 보여 주기 위해서는 다음의 내용(SLANT)을 연습하기를 권한다.

Sit up	바르게 앉아라
Lean forward	몸을 앞으로 당겨라
Act interested	관심을 표명하는 행동을 하라
Nod with your head	고개를 끄덕여라
Track the speaker with your eyes	말하는 사람과 눈을 맞추어라

코로나19 팬데믹으로 인해 많은 직원이 사무실 근무 대신 재택근무를 하게 되었다. 이로 인해 직원들의 소통 방식에 극적인 변화가 생겼다. 직접 만나서 비언어적 의사소통을 하고 동료들과 자주 교류하기보다는, 줌(Zoom)이나 마이크로소프트의 팀즈(Teams)와 같은 비대면 화상 기술 플랫폼을 통해 문자, 채팅, 이메일, 전화 통화, 화상 회의 등 다양한 형태의 미디어를 사용함으로써 소통이 이루어졌다. 코로나19 거리두기 제한 조치가 해제되고 많은 직원이 직장으로 복귀한 후에도 많은 사람들이 마스크를 착용하고 있어 여전히 감정과 중요한 비언어적 메시지를 전달하기 위한 표정 사용이 어렵다.

이 장의 Improve Your Skills에서는 면접(interview) 업무를 수행할 때 적절한 보디랭귀지를 사용하는 데 도움이 될 것이다.

9-2c 적극적 경청

경청은 단순히 듣는 것과는 다르다. 듣는 것은 수동적이지만 경청은 능동적으로 의미를 찾는 것이다. **적극적 경청**(active listening)은 의사소통에서뿐만 아니라 효과적인 리더십을 위해 다른 사람이 말하는 내용의 의미와 정서적 요소를 정확하게 인식하는 능력을 말한다. 적극적 경청에는 듣는 사람의 태도와 기술적인 경청 능력[13]이 모두 포함되며, 메시지의 의미가 불분명할 경우 그 의미를 명확히 하는 과정에 적극적으로 참여해야 한다. 각 당사자는 서로가 최종 메시지를 명확히 이해할 때까지 적극적으로 경청해야 한다. 상대방과 효과적으로 의사소통하기 위해서는 상대방의 말을 경청하는 것이 필요하다. 의사소통이 이루어지는 과정에서 상대방이 자신의 의견을 경청하거나 자신의 의견이 가치 있다고 느끼지 못하면 본인의 메시지에 긍정적인 반응을 보일 가능성은 낮아진다. 상대방이 말하고 질문할 수 있도록 해 주고, 방해나 간섭 없이 적극적이고 긍정적으로 경청하는 것은 효과적인 의사소통 과정의 일부이며, 상대방에게는 중요한 피드백을 제공한다.

적극적 경청
다른 사람의 말을 경청하고 언어적 및 비언어적인 요소를 사용하여 메시지의 의미를 명확히 하는 과정에 적극적으로 참여하는 것.

적극적 경청에는 크게 세 가지 단계가 있다.[14] 먼저, 청자(listener)는 전달되는 정보를 인지하고

Improve Your Skills

면접 스킬 향상

면접 진행 시 활용할 수 있는 의사소통 기술은 지원자를 평가하는 데 도움이 되고 지원자가 면접에서 최선을 다할 수 있도록 도와준다. 효과적인 면접 진행을 위한 몇 가지 팁을 알아보자.

효과적인 면접을 위해 해야 할 것

- 지원자에게 장애가 있는 경우 필요한 편의를 제공하라.
- 처음 2분 동안은 친밀한 관계(rapport)를 형성하고 인터뷰의 주도권을 잡아라.
- 보디랭귀지를 크게 하고 곧은 자세로 앉으며, 편안하고 자신감 있는 자세를 취하고, 지속적인 눈맞춤을 통해 유쾌하고 적극적인 모습을 보여라.
- 지원자가 편안함을 느낄 수 있도록 하고, 질문할 수 있는 기회를 제공하라.
- 진심 어린 목소리로 적절한 속도로 말하라.
- 지원자를 평가하는 것 외에도 지원자에게 기회를 제공하고, 해당 직책에 대한 관심을 높이기 위해 노력해야 한다는 점을 기억하라.
- 지원자와 그들의 경험에 관심을 보이고, 주의 깊게 경청하며 고개도 가끔 끄덕여라.
- 직무와 관련된 구체적인 질문을 하라.

효과적인 면접을 위해 해선 안 되는 것

- 성의 없이 악수하거나 과할 만큼 세게 악수하지 마라.
- 꼭 필요한 경우가 아니라면 테이블을 사이에 두고 마주 앉는 형식의 면접은 일부 지원자를 긴장하게 만들 수 있다.
- 지나치게 가까이 서는 것을 피하라. 지원자의 개인 공간을 존중하라.
- 구체성 없이 "당신에 대해 말해 주세요."라고 말하는 것은 지양하라.
- 다른 일을 하지 마라. 지원자에게 집중하라.

Sources: Adapted from Burges-Lumsden, A. (2005, April 5). Body language for successful HR, *PersonnelToday.com*. Available online: https://www.personneltoday.com/hr/body-language-for-successful-hr/; New York State Department of Civil Service. (2012). How to Conduct a Job Interview, March. http://www.cs.ny.gov/pio/interviewguide/conductinterview.cfm. Office of Disability Employment Policy (2010). Accommodating Persons with Disabilities. United States Department of Labor.

이해하는 과정(감지, sensing)에 있어야 한다.[15] 둘째, 청자는 수신한 정보를 해석하고 그것을 바탕으로 종합(처리, processing)해야 한다.[16] 마지막으로, 청자는 언어적 또는 비언어적 단서를 통해 이 정보에 반응(응답, responding)해야 한다.[17] 눈을 마주치고 상대방이 보내는 모든 메시지에 집중하는 등 자신이 적극적으로 경청하고 있다는 신호를 보내는 몇 가지 방법이 있다. 우선 모호한 단어를 식별하고, 구어와 비언어적 단서 사이의 차이를 식별한다. 언어적 메시지와 비언어적 메시지가 모순되는 경우, 질문을 던지고 자신만의 말로 바꿔서 화자(sender)에게 메시지를 다시 전달한다. 화자는 자신이 전달하고자 하는 메시지를 제대로 이해했는지 확인해야 하고, 오해가 있는 경우에는 이를 명확히 해야 한다. 이 과정을 통해 의사소통 파트너는 서로를 이해할 수 있다.[18] 적극적인 경청은 직원의 아이디어와 요구 사항이 더 잘 전달되고 납득되도록 함으로써 신뢰를 얻고 포용력을 향상시키는 데 도움이 된다. 이는 상호 간에 이해를 돕고 오해의 소지를 줄이기 때문에 원격으로 근무하는 직원들에게도 도움이 된다.

일반적으로 훌륭한 경청자가 되기 위한 전문가들의 조언은 다음과 같다. 적극적 경청자는 다음의 조언에 따른다.

- 개인의 추론, 사실, 판단에 세심하게 주의를 기울이고, 자신이 들은 내용을 논리적으로 연결시킨다.
- 발표자 쪽으로 몸을 기울이고, 눈을 맞추고, 산만한 모습을 보이지 않는 등 발표자의 말을 주의 깊게 듣고 있다는 확실한 비언어적 단서를 표출해 준다.
- 발표자에게 건설적인 피드백을 제공하고, 내용을 재확인하고, 개선을 위한 질문을 하는 등 발표를 주의 깊게 듣고 있다는 분명한 언어적 증거를 보여 준다.
- 배타적이고 적대적이며 경멸적인 어투를 지양하고, 말하는 중간에 끼어들지 않고 포용적이며 친근한 어투를 사용하여 발표자에게 존중을 표한다.

경청 능력은 효과적인 의사소통에 중요한 역할을 한다. 이 두 사람은 모두 집중하고 서로에게 주의를 기울이고 있는 것처럼 보인다. 그 결과, 이들은 서로가 논의한 내용에 대한 공통된 견해를 갖게 될 가능성이 높다.

- 어조나 어휘, 보디랭귀지에서의 변화와 같이 발표자의 비정상적이거나 일관되지 않은 의사소통 단서를 추적하여 발표자가 전달하려는 실질적인 메시지를 파악한다.
- 발표자가 말하거나 추론한 내용을 바탕으로 발표자의 동기, 개인의 관심사, 청자에게 기대하는 내용 등을 파악한다.
- 발표자가 말한 내용에 대해 솔직하고 명확하며 시의적절하게 발표자를 존중해 주면서, 적절한 인정을 표한다.

이 장의 Understand Yourself는 자신의 듣기 능력을 이해하는 데 도움이 될 것이다.

9-2d 피드백 주고받기

피드백을 주고받는 것은 성공적인 업무 처리를 위한 필수 요소이다.[19] 우리는 동료 및 부하 직원, 때로는 상사와 효과적으로 피드백을 주고받아야 한다. 수신자에게 가장 효과적이고 받아들이기 쉬운 피드백은 적시에, 자주, 일관성 있게, 구체적으로, 비공개로 제공하는 피드백이다. 바람직하지 않은 행동이 다른 사람에게 미치는 결과를, 상대방의 기분을 해치지 않으면서도 건설적으로 다루는 것은 학습 가능한 기술이다. 다음은 효과적이고 건설적인 비판을 하기 위한 몇 가지 지침이다.[20]

- 개인적인 피드백을 제공하라. 아무리 건설적인 비판이라도 동료, 부하 직원, 상사, 고객 등 다른 사람이 보는 앞에서 피드백을 받는 것은 생각보다 훨씬 더 위협적일 수 있다. 팀에 대해 비판을 하게 될 경우, 특정인을 지목하지 말고 "여러분 각자의 강점과 개선할 점에 대해 개별적으로 이야기하겠지만, 지금 제가 드리는 피드백은 팀 전체에 도움이 되었으면 해서 드리는 것입니다."와 같이 말하는 것이 좋다.
- 허락을 요청하라. 사람들은 예상했던 것보다 예상치 못한 피드백에 더 강하게 반응을 보일 것이다. 허락을 받으면 수신자의 정보 수용도가 높아지고, 피드백의 적절한 시기를 가늠할 수 있게 된다. "앞으로 이런 상황이 발생했을 때 어떻게 처리할지 상의하고 싶은데 괜찮겠어요?"라

Understand Yourself

자신의 경청 능력 평가

15개 항목으로 구성된 이 설문지를 두 번 작성하라. 첫 번째는 최근 회의나 사교 모임에서 했던 자신의 행동에 대해 생각해 보라. 각 질문 옆에 '예' 또는 '아니요'를 표시하고, 각 질문에 솔직하게 답하라. 두 번째로, 각 질문에 대한 자신의 행동이 만족스러우면 답변 옆에 '+'를 표시하고, 만족스럽지 않은 행동을 했을 경우에는 '−'를 표시한다.

1. 나는 자주 여러 대화를 동시에 들으려고 한다.
   [예] [아니요] [+ 또는 -]
2. 나는 사람들이 나에게 사실만 알려주고 내 나름의 해석을 할 수 있도록 허용하는 것을 좋아한다.
   [예] [아니요] [+ 또는 -]
3. 가끔 사람들에게 집중하고 있는 척하기도 한다.
   [예] [아니요] [+ 또는 -]
4. 나는 비언어적 의사소통에 능숙하다고 생각한다.
   [예] [아니요] [+ 또는 -]
5. 나는 보통 다른 사람이 말하기 전에 무슨 말을 할지 이미 알고 있다.
   [예] [아니요] [+ 또는 -]
6. 나는 보통 관심 없는 대화는 화자의 주의를 돌리면서 끝낸다.
   [예] [아니요] [+ 또는 -]
7. 나는 종종 고개를 끄덕이거나, 얼굴을 찌푸리거나, 비슷한 동작을 취하여 상대방의 말에 대한 내 느낌을 상대방에게 알린다.
   [예] [아니요] [+ 또는 -]
8. 나는 보통 상대방이 말을 끝내면 즉시 응답한다.
   [예] [아니요] [+ 또는 -]
9. 나는 대화가 진행되는 동안 대화 내용을 평가한다.
   [예] [아니요] [+ 또는 -]
10. 나는 보통 상대방이 말을 하고 있을 때 답변을 생각한다.
    [예] [아니요] [+ 또는 -]
11. 화자의 의미 전달 방식으로 인해 내용을 듣지 못하는 경우가 많다.
    [예] [아니요] [+ 또는 -]
12. 나는 보통 사람들에게 의미를 추측하기보다는, 자신이 말한 내용을 정확히 설명해 달라고 요청한다.
    [예] [아니요] [+ 또는 -]
13. 나는 다른 사람의 관점을 이해하려고 노력한다.
    [예] [아니요] [+ 또는 -]
14. 말하는 내용보다 내가 듣고 싶은 내용을 더 자주 듣게 된다.
    [예] [아니요] [+ 또는 -]
15. 대부분의 사람들은 의견이 다를 때 내가 상대방의 관점을 이해했다고 생각한다.
    [예] [아니요] [+ 또는 -]

점수 계산: 하단의 답을 보고 틀린 문제 수를 더한 다음 7을 곱하고 105에서 그 값을 뺀 후 점수를 기입한다.

해석: 틀린 문제에 '−' 표시가 많다면, 경청 실력을 향상시킬 수 있는 좋은 통찰력을 가지고 있다는 뜻이다.

91~105점이라면 좋은 경청 습관을 가지고 있는 것이다! 이러한 기술은 관리자로서 큰 도움이 될 것이다.

77~90점이라면 경청 실력을 조금 더 향상시킬 여지가 있다. 이 평가지에 나와 있는 행동을 참고하여 매일 몇 가지 행동을 실천해 보자.

76점 미만일 경우 경청에 어려움을 겪는 경향이 있으므로 듣기 기술을 향상시키기 위해 열심히 노력해야 한다. 이 평가지의 행동을 참조하여 행동 중 몇 가지를 매일 연습해 보자.

Source: Source: Reprinted by permission of the publisher from Supervisory Management © 1989 American Management Association, New York, NY; www.amanet.org.

답: 1-아니요, 2-아니요, 3-아니요, 4-예, 5-아니요, 6-아니요, 7-아니요, 8-아니요, 9-아니요, 10-아니요, 11-아니요, 12-예, 13-예, 14-아니요, 15-예

고 말하면 대개 동의를 하게 된다. 만약 "무슨 말을 하려는지 알겠는데, 별로 듣고 싶지 않다."는 식의 답변이 오면, 나중에 다시 시도하는 것이 좋다. 하지만 피드백을 기다릴 수 없는 상황이라면 "죄송하지만 정말 중요한 사안이라 지금 논의해야 합니다."라고 응답하는 것이 효과적일 수 있다.

- 피드백 내용이 부정적이더라도 긍정적인 말로 시작하라. 예를 들어, 피드백을 시작할 때 관련 행동이나 최근의 성공에 대한 칭찬으로 피드백을 시작하면 방어적인 태도를 완화시키는 데 도움이 될 수 있다. 칭찬은 곧 있을 부정적인 피드백의 균형을 잡아 줌으로써 전달하려는 내용의 부정성을 줄여 준다. 상황에 따라 교정적 피드백(corrective feedback)이 주된 내용인 경우에는 대화를 긍정적으로 마무리하는 것이 좋다.
- 구체적이되 지나치게 냉혹하거나 부정적이어서는 안 된다. 실제 행동과 그 행동이 왜 문제가 되는지 설명해 주면, 상대방이 스스로 고쳐야 하는 행동과 그 이유를 이해하는 데 도움이 될 수 있다. 사람들은 가끔 자신의 행동이 다른 사람에게 어떤 부정적인 영향을 미치는지 깨닫지 못하기 때문에, 자신의 행동이 미치게 될 부정적인 영향을 설명해 주면 그 사람이 변화하도록 동기를 부여하는 데 도움이 될 수 있다. 피드백을 받는 사람으로부터 호의적인 반응과 행동 변화를 이끌어 내겠다는 목표에 집중하라.
- 도움이 될 만한 변경 사항을 구체적으로 제안하라. 진정으로 도움이 되려면, 건설적인 피드백을 통해 행동을 효과적으로 수정할 수 있는 몇 가지 구체적 아이디어를 제공하는 것이 이상적이다. 이는 피드백 제공자가 건설적인 의도를 가지고 있으며, 피드백 수신자에게 해를 끼치려는 것이 아님을 강조하는 것이다.

부정적인 피드백에 대응하는 것은 어려운 일이다. 피드백을 요청해서 건설적인 피드백이 전달되더라도, 그 내용을 무시하고 부정적인 감정이나 반박을 통해 대응하고 싶을 수도 있다. 부정적인 피드백을 받고 제대로 대응하려면 다음과 같이 하는 것이 좋다.[21]

- 피드백에 대한 감사를 표하라. 피드백을 주는 것도 쉽지 않다는 사실을 기억하라. 피드백 받을 당시의 기분이 어떻든 간에 일단 피드백에 대한 진심 어린 감사로 응답을 시작하라. 이렇게 하면 피드백을 주는 사람이 더욱 힘이 되고 도움이 되는 피드백을 제공하는 데 영향을 줄 수도 있다. 감사를 표하는 게 어렵거나 비꼬는 것처럼 보일 위험이 있다면, 최소한 한숨을 쉬는 등의 부정적인 반응은 피하도록 하자.
- 가능한 모든 피드백에 동의하라. 모든 피드백이 옳을 수 있다는 점을 감안하고 할 수 있는 최대한 피드백을 받아들이고, 필요한 경우 사과도 감수한다. 당면한 상황과 주제에 따라 달라질 수 있겠지만, 주어진 피드백을 완전히 받아들일 순 없더라도 이것이 최선의 대응일 수 있다. 평가 및 임금 인상 또는 승진에 가장 중요한 것은 상사의 주관적인 의견이라는 점을 기억하자.
- 필요한 경우 더 자세한 피드백을 요청하고, 후속 질문하는 것을 두려워하지 마라. 요점을 명확히 하거나 다른 해결책이 더 적절한지 물어 봄으로써 피드백을 진지하게 받아들이고 있음을 보여 주자.

- 책임감을 가져라. 자신의 행동에 책임을 지는 것은 피드백을 주는 사람의 주된 목표인 해당 행동에 대해 무언가를 하겠다는 의사를 보여 주는 것이다. 자신의 잘못이 아닌 일에 대해 책임을 질 필요는 없지만, 문제가 발생한 원인을 이해하고 있으며 문제를 해결하거나 개선하겠다는 의사를 보여 주면 피드백을 제공한 사람의 기대에 부응할 가능성이 높다.

9-2e 문서화된 의사소통

문서화된 의사소통
디지털 방식, 인쇄물 또는 종이 문서에 적힌 단어나 기호를 통해 이루어지는 의사소통.

문서화된 의사소통(written communication)은 디지털 방식이나, 인쇄물 또는 종이 문서에 적힌 단어나 기호를 통해 이루어진다. 디스코드(Discord)나 슬랙(Slack), 문자, 인스턴트 메시지, 이메일, 프로젝트 관리 소프트웨어, 클라우드 기반 협업 도구로 소통할 수 있는 시스템과 댓글, 업데이트, 게시물 등 직장 내에 디지털 매체가 널리 보급되어 있는 상황에서 글쓰기는 많은 직장에서 중요하게 여겨진다. 채팅과 문자를 포함한 서면 커뮤니케이션은 영구적인 것으로 보아야 하며, 민감한 정보가 포함된 경우 법적 책임이 발생할 수 있다. 서면으로 메시지를 보낼 때는 항상 각별히 주의하고, 서면으로 보낸 내용은 영원히 남을 수 있음을 기억해야 한다.

9-3 성공적인 의사소통의 특징

직장에서 효과적으로 의사소통하려면 청중을 고려한 명확하고 간결하며 일관성 있는 의사소통이 필수적이다.

9-3a 명료성

명료성
혼동 없이 해석할 수 있는 체계화된 메시지.

의사소통의 **명료성**(clarity)을 위해서는 체계적인 메시지가 필요하며, 혼선을 줄 수 있는 정보나 잘못 해석될 여지가 있는 정보는 피해야 한다. 청중이 정확하게 이해할 수 있다는 확신이 없는 한, 속어와 전문 용어 사용은 피해야 한다. 또한, 모호한 표현은 피하도록 하고, 필요한 경우 구체적인 예시를 함께 제시해 주어야 한다. 목표 설정을 위한 회의, 성과 검토, 승계 계획 논의 시에는 의사소통의 명료성이 필수적이다. 특히 복잡한 정보는 가능한 명확하게 전달하는 것이 중요하다.

구두로 의사소통할 때, 고개를 끄덕이거나 이마를 찌푸리는 등 비언어적 신호를 통해 화자는 자신의 메시지가 명확하게 전달되고 있는지 파악할 수 있다. 때로는 듣는 사람에게 질문을 하는 것도 청자의 이해도를 파악하는 데 도움이 될 수 있다. 말하기 전에 생각을 정리하고 보디랭귀지를 크게 하면 메시지의 명확성을 높일 수 있다.

대부분의 사람들은 무언가를 적을 때 빠르게 작성하려는 경향이 있기 때문에, 이메일이나 채팅, 문자를 활용할 경우 소통이 원활하지 못할 가능성이 높다. 이메일을 작성할 때는, 제목을 활용하여 요점을 간결하고 명확하게 전달하고, 읽는 사람의 시선을 확실하게 끌고, 마감일을 강조하는 것이 좋다. 단순히 '안건(Agenda)'과 같은 제목보다는 '수요일 오후 1시 새 환불 정책에 대한 회의 안건' 혹은 '화요일 오전 10시까지 의견 필요'와 같은 제목을 사용하는 것이 좋다. 생각보다 많은 사람의 이메일 수신 메시지 보관함이 가득 차 있다는 사실을 기억해야 한다. 따라서 제목에서 해당 이메일이 왜 중요한지 잘 전달되지 않으면, 읽기를 미루거나 이메일을 읽지 않고 삭제할 수도 있다. 또한 각 이메일은 하나의 주제만 명시하도록 하고 첫 문장에는 이메일 작성 목적을 명시하도록 한다. 이메일을 쓰자마자 바로 보낼 수도 있지만, 보내기 전에 다시 읽어 보고 필요한 경우 맞춤법 및 문법 검사를 통하여 전달하고자 하는 내용이 체계적이고 명확하며 간결한지 한 번 더 확인하는 것이 좋다. 또한 오해의 소지가 없는지 확인하고, 메시지에서 파생될 수 있는 질문을 예상하여 이메일을 보내도록 한다.

9-3b 간결성

간결성
지나치게 복잡한 메시지를 피하고 한 가지에 초점을 맞춤으로써 효율적으로 정보를 전달하는 것.

의사소통의 **간결성**(conciseness)은 메시지의 핵심을 극대화해 주는 동시에 메시지 전달에 소요되는 시간을 최소화함으로써 이루어진다. 간결한 커뮤니케이션의 목적은 '적은 양으로 더 많은 것을 말하기'이다. 메시지의 간결성을 떨어뜨리는 몇 가지 일반적인 오류로는, 구체적인 요지가 없는 경우, 불필요한 정보를 전달하거나, 전달하고자 하는 메시지가 핵심 문제/주제로부터 벗어난 경우(이로 인해 핵심 메시지의 중요성이 약화됨), 또는 메시지가 잘 정리되지 않은 경우 등이 있다.[22] 메시지가 길거나 모호할 경우 메시지가 불분명해지고 오해를 불러일으키며, 결국에는 정보의 핵심을 놓칠 가능성이 높다.

메시지의 간결성을 확보하기 위해서는 정보 과부하(information overload) 현상을 피하는 것이 중요하다. 정보 과부하는 처리해야 할 정보가 너무 많다고 느껴져서 결정을 내리지 못하거나, 적절한 조치를 취하지 못할 때 발생한다. 수신자가 메시지를 처리하는 과정에서 방해 요소가 되는 정보 과부하를 피하는 좋은 방법 중 하나는 전달하려는 메시지 내용이 잘 정리되어 있는지, 사용 중인 매체나 메시지를 받는 대상에 비해 메시지가 너무 길지는 않은지 확인하는 것이다. 구어에서 "음…"이나 "어…"와 같은 불필요한 단어를 쓰지 말아야 하는 것처럼, 새로운 내용 없이 길이만 늘리는 불필요한 단어나 정보를 추가하지 말아야 한다. 메시지 수신자는 집중할 수 있는 시간이 제한되어 있으므로, 발신자가 가장 중요하다고 생각하는 부분에 주의를 집중하는 것이 가장 효과적이다. 코로나19 팬데믹 기간 동안 명확하고 간결한 의사소통의 예로 월마트 '6-20-100' 지침을 들 수 있다. '6-20-100' 지침이란 안전한 물리적 거리 유지를 위해 6피트 떨어져 서기, 20초 동안 올바르게 손 씻기, 체온 화씨 100도를 공공 활동 자제의 신호로 간주하기를 말한다.[23] 스트레스가 많은 직원들의 사기를 북돋아 주기 위해 슬랙(Slack)의 CEO인 스튜어드 버터필드(Stewart Butterfield)는 직원들에게 "우리는 할 수 있습니다. 스스로를 돌보고, 가족을 돌보면서, 좋은 파트너가 되십시오."라는 개인 관리의 중요성을 담은 메시지를 보내기도 했다.[24]

Andrey_Popow/Shutterstock.com

오늘날 정보 과부하는 점점 더 보편화되고 있다. 직원들이 휴대폰을 포함, 하나 이상의 이메일 계정, 소셜 미디어와 슬랙 또는 마이크로소프트 팀즈의 채팅 등 회사에서 제공하는 커뮤니케이션 채널을 동시에 모니터링 하는 것은 드문 일이 아니다.

메시지를 작성할 때는 메시지 수신자, 메시지 길이뿐 아니라, 메시지를 효과적으로 전달하기 위해 필요하고 적절하다고 판단되는 정보를 고려하는 것도 중요하다. 수신자의 특성(사용한 언어적 배경 또는 유창성)과 전달된 정보와의 관련성은 메시지가 '간결하다', '불필요하다/요지에 맞지 않는다/길다', '정보가 부족하다/짧다'로 인식되는 정도를 결정하는 기준이 되므로 매우 중요하다. 경우에 따라서는, 어떤 정보를 길이와 깊이가 다른 다양한 메시지를 활용하여 여러 그룹에 전달하는 것이 더 효과적일 수 있다. 많은 대규모 조직에서는 각 그룹(예: 인턴, 대졸 신입 사원, 경력직, 재고용자)에게 가장 중요한 기능을 강조할 수 있도록 지원자 그룹을 다양하게 나눠서 이 작업을 수행한다.

의사소통 간결성의 또 다른 중요한 측면은 회의가 구성되고 운영되는 방식이다. 미국에서는 직원들이 하루에 5,500만 건의 회의에 참석하지만, 그 성과는 미미한 것으로 추정된다.[25] 따라서 회의 일정을 잡기 전에, 해당 회의에서 전달하고자 하는 메시지를 이메일이나 공지 사항 또는 다른 커뮤니케이션(의사소통) 채널/매체를 통해 더 효율적이고 간결하게 전달할 수 있는지 고려해 보는 것이 중요하다. 그럼에도 회의는 필요하기 때문에, 보다 효율적이고 효과적인 회의를 위해 투자할 가치가 있다. 따라서 회의 전, 중, 후에 명확하고 간결한 의사소통이 중요하다. 표 9-2에는 보다 효과적인 회의를 위한 몇 가지 팁이 요약되어 있다.

이 장의 Case Study에서는 마이크로소프트의 CEO 사티아 나델라가 의사소통의 효율성과 효과성을 모두 향상시키기 위해 마이크로소프트의 회의 문화에 어떻게 혁신을 가져왔는지에 대해 소개한다.

9-3c 일관성

일관성
메시지, 채널 및 미디어 전반에 걸쳐 핵심적 내용이 시간이 지나도 동일하게 유지되는 것.

대부분의 경우, 우리는 다양한 채널/매체를 통해 메시지를 반복적으로 전달하거나 동일한 채널/매체를 통해 여러 번 메시지를 전달한다. 심지어는 우리가 매일 하는 일상적인 언어적 의사소통에도 계획되거나 계획되지 않은 비언어적 의사소통이 함께 일어난다. 따라서 우리가 전달하고자 하는 메시지는 시간이 지남에 따라 채널이나 매체 전반에 걸쳐 **일관성**(consistency)을 유지하

표 9-2 효과적인 회의 진행

효과적인 회의는 참가자들의 시간을 잘 활용하고 정보와 아이디어 소통이 원활하게 이루어지도록 설계되어 있는 것을 말한다.
직접 만나야 할 충분한 이유가 있어야 한다(이메일이나 다른 기술로도 충분하다면 그 기술을 사용하라).
사전에 공지된 안건을 따라야 한다.
회의를 시작하는 시간과 마치는 시간을 정하라.
모든 사람에게 발언권을 보장해 주어야 한다(이는 권력을 지닌 참석자의 발언 시간을 제한하는 것을 의미하기도 하다).
가능하면 참석자들에게 회의 전에 중요한 자료를 사전에 검토하도록 하고, 모든 사람에게 정보에 대해 미리 파악할 시간을 주어 회의 시간을 낭비하지 않도록 한다.
회의가 끝난 후 회의 내용이 적힌 요약본을 배포하라.

Case Study

마이크로소프트 회사의 효과적인 회의[26]

빌 게이츠가 마이크로소프트 CEO로 재직하던 시절 마이크로소프트는 직원과 팀이 서로 경쟁하는 것이 일상인 냉혹한 환경으로 유명했다. 빌 게이츠는 당시 빙(Bing) 검색 엔진 프로젝트의 리더였던 사티아 나델라를 회의에 불러 회사의 클라우드 시스템인 아주어(Azure)를 강화하기 위한 소프트웨어 인수 가능성에 대해 논의한 적이 있다. 나델라는 빙이 이미 이 기술을 도입하고 있다는 사실을 알고 있었지만, 마이크로소프트가 이 기술을 아주어에 통합할 것을 제안했을 때 조용히 앉아 아무 말도 하지 않았던 것은, 게이츠를 포함한 회사 리더들이 빙을 손실을 내는 부서로 보고 있다고 생각했기 때문이다. 나델라는 시간이 한참 지나고 나서야 회의 당시 자신의 침묵을 후회했고, 그 당시 마이크로소프트의 문화와 업무 환경이 회의에서 적절한 발언을 하는 데 방해가 되었다는 사실을 인정했다.

이 경험을 바탕으로, 나델라가 마이크로소프트의 CEO가 된 후에 했던 일 중 하나는 회사의 회의 문화를 완전히 바꿔놓는 것이었다. 그는 이제 직원들에게 시간을 낭비하는 무의미한 회의는 하지 말라고 지시했다. 회사 리더들 간의 원활한 소통을 위해 매주 금요일 최고 경영진과 4시간 동안 직접 만나서 회의를 진행하고, 한 달에 한 번 있는 금요일 회의는 8시간 동안 진행하도록 했다. 나델라는 마이크로소프트의 고위 경영진이 열린 소통을 유지하고 사일로(silos)로 변질되는 것을 방지하기 위해 같은 의견을 공유하는 것이 중요하다고 생각했다. 더 나은 회의를 위해 나델라가 제시한 세 가지 규칙은 다음과 같다.

1. 더 많이 들어라.
2. 말을 적게 하라.
3. 때가 되면 결단력을 발휘하라.

질문

1. 나델라의 새로운 회의 규칙이 마이크로소프트의 의사소통 효율성에 어떤 영향을 미칠 것이라고 생각하는가?
2. 의사소통의 효과를 높일 수 있는 다른 회의 규칙에는 어떤 것이 있다고 생각하는가? 자신이 참석해야 하는 회의에 어떤 규칙이 있으면 좋겠는가?
3. 주간 회의 이외에 팀원들이 모두 같은 정보를 공유할 수 있도록 고위 경영진과 소통할 수 있는 다른 방법으로는 무엇이 있을까?

는 것이 중요하다. 일관성 없이 전달되는 정보는 갈등과 혼란을 야기하고, 시간을 낭비하며, 신뢰도를 떨어뜨릴 가능성이 높다.[27] 그렇다면 메시지의 일관성이 무엇일까? 일관성의 핵심 원칙은 메시지의 핵심이 그대로 유지되면서 메시지 간에 모순이 없도록 하는 것이다. 코로나19 팬데믹 초기에 슬랙의 CEO는 모든 직원에게 "제가 앞서 이미 말씀드렸던 내용을 조금 더 강조하여 한 번 더 말씀드리고 싶습니다. 일 때문에 스트레스 받지 마세요."라는 메모를 보냈다.[28]

커뮤니케이션에서 일관성의 중요성을 보여 주는 조직 차원에서의 좋은 예는 조직 문화의 확립과 유지에 있다. 기반이 잡힌 조직 문화는 사람들이 서로 협력하고 조직에서 전해지는 이야기와 의식, 상, 훈장 등을 통해 전달되는 가치에 노출되면서 시간이 지남에 따라 발전하는 공유된 가치와 규범을 필요로 한다. 조직의 가치에 대한 정보가 일관성 있게 전달되지 않으면, 조직 문화가 확실히 잡히지 않고 조직의 핵심 가치가 직원들에게 공유되지 않는다.

개인 수준의 경우, 일관성 없이 전달된 메시지는 발신자가 의도한 대로 해석되지 않을 가능성이 높으며, 혼란 또는 무반응으로 이어질 가능성이 높다. 메시지의 언어적 구성 요소와 비언어적 구성 요소가 일치하지 않으면 전송된 메시지를 정확하게 해석하는 수신자의 능력이 저하된다. 예를 들어, 상사가 팔짱을 끼고 이마를 찡그리며 고개를 뒤로 젖힌 채 고개를 절레절레 흔들면서 업무에 대해 칭찬하는 언어적인 메시지는 미소를 지으며 눈을 맞추고 몸을 앞으로 내밀며 하는 칭찬만큼 명확하거나 강하게 전달되지는 않을 것이다.

중요한 정보를 단 한 번만 전달하고 모든 직원이나 심지어는 단 한 명의 직원이라도 메시지를 모두 수신하고 이해했다고 판단하는 것은 잘못된 생각이다. 정보가 중요할수록 여러 커뮤니케이션(의사소통) 채널을 통해 여러 번 일관되게 전달하는 것이 더 중요하다. 기술 변화가 바로 직전까지 임박한 한 조직은 직원들에게 이메일을 한 통 보냈고, 모두가 회사의 계획에 대해 같은 생각을 가지고 있다고 생각했다. 그 이후로 기술 변화와 관련하여 상태 업데이트나 후속 정보가 제공되지 않아 직원들은 새로운 기술이 회사에 도입되었을 때 놀라움을 금치 못했다. 직원들은 당연히 분노와 부담감을 느꼈고, 이는 생산성과 직무 만족도 저하로 이어졌다.[29] 반면, 전 세계적으로 경기 침체기를 겪고 있을 당시 사업이 부진할 때 뉴코철강(Nucor Steel)의 관리자는 정기적이고 꾸준한 의사소통을 통해 조직의 사기를 유지했다. CEO는 회사 공장에서 보내는 시간을 두 배로 늘렸고, 한 공장의 총책임자는 매주 직원들에게 주문량에 대한 정보를 업데이트하여 보내 주었다.[30]

메시지를 일관성 있게 반복적으로 보내 주는 것은 더 오래 기억할 수 있도록 기억력을 향상시켜 주고[31] 설득 과정에서도 중요하다.[32] 간결한 메시지를 일관되게 반복해 주면 소음의 영향을 최소화하고 수신자가 전달된 메시지를 수신, 처리 및 기억할 가능성이 높아진다.

9-3d 청중 고려 사항

청중 고려
청중을 파악하고 청중의 규모와 이해 수준, 관심사, 태도 및 신념에 맞게 메시지를 조정하는 것.

청중을 고려(audience consideration)한다는 것은 청중을 파악하고 청중의 규모나 조직의 수준, 이해도와 메시지 접근 능력 등과 같은 요소에 맞게 메시지를 작성하고, 의사소통 매체를 조정하는 것을 의미한다. 대규모 청중을 대상으로 하는 서면 및 언어적 메시지는 일반적으로 소규모 그룹이나 개인에게 보내는 메시지보다 더 형식적인 경우가 많다. 또한 회사 CEO들을 대상으로 하는 프레젠테이션은 조직 내 하위 직급을 대상으로 하는 프레젠테이션보다 더 형식적인 경우가 많다. 연령대가 높은 직원들의 경우 이메일이나 직접 만나서 메시지를 받는 것을 선호하는 반면, 젊은 직원들은 문자 메시지나 다이렉트 메시지를 선호할 수 있다. 그러나 반대로 연령대가 높은 관리자가 다이렉트 메시지와 문자 메시지를 선호하고, 젊은 직원들이 이메일을 선호할 수도 있으므로 나이에 대한 고정관념을 버리고 판단하는 것이 중요하다. 사회경제적 계층에 따라 또는 단지 선택에 따라 기술에 대한 접근성이 다를 수 있으므로, 모든 직원이나 구직자가 초고속 인터넷, 가정용 컴퓨터 등을 동등하게 다룰 수 있다고 생각하지 않는 것도 중요하다.

메시지를 작성할 때는 항상 듣는 이가 말하고자 하는 주제에 관해 알고 있는 지식을 과대평가하지 않는 것이 중요하다. 청중이 주제에 대해 잘 알지 못하면 메시지를 이해하지 못하고 금방 흥미를 잃게 된다. 반면에, 청중의 주제에 대한 지식 수준을 과소평가할 경우, 우쭐대는 것처럼 들리거나 설득이나 동기부여에 실패할 수 있다. 청중의 태도나 신념, 관심사를 이해하면 가장 중요한 정보나 쟁점에 대한 메시지를 전달할 수 있기 때문에 청중을 설득하거나 동기부여 시킬 수 있는 메시지를 작성하는 데 도움이 된다. 콜센터 기술 솔루션 회사인 제네시스(Genesys)의 CEO는 조지 플로이드(George Floyd) 사망 사건에 따른 시위와 시민 불안을 심각하게 받아들이고 있음을 알리는 이메일을 개개인을 포함하여 회사 전체에 보내려고 했을 때, 어떤 단어를 선택해서 써야 할지 고민했다. "내가 누군가의 기분을 상하게 하지는 않을까? 내가 내 생각만을 밀어붙이고 있지는 않은가? 사람들에게 어떻게 받아들여질지 생각해야 했다. 사람들이 어떻게 받아들일까?"[33]

9-4 의사소통 장벽

의사소통은 단순히 메시지를 전달하는 것뿐만 아니라 직원이나 팀, 조직 전체의 성공을 결정하는 중요한 절차이다. 의사소통 과정은 소음을 발생시키고 의사소통을 방해하는 많은 잠재적인 장애물에 의해 원활하게 진행되지 않을 수 있다. 의사소통 장벽(communication barriers)은 메시지의 명확성을 떨어뜨리고 수신자의 메시지 이해도를 떨어뜨린다. 표 9-3에는 다음에 함께 논의할 몇 가지 일반적인 의사소통 장벽에 대해 요약되어 있다.

9-4a 소음

이 장의 앞부분에서 설명한 것처럼, 발신자가 전달하려는 메시지를 어떤 식으로든 차단, 왜곡 또는 변경하려는 것은 의사소통 효과에 장애를 초래하게 된다. 예를 들어, 발신자나 수신자 주위가 산만하거나 메시지에 집중할 수 없는 경우, 메시지를 온전히 수신하고 그 의미를 정확하게 이해하기가 더 어려워진다. 메시지가 불필요하게 길거나 모호하면 메시지의 의미가 왜곡될 수 있다. 또한 수신자가 스트레스를 받고, 피곤하거나 바쁘다면 의사소통의 효율성에 문제가 될 수 있다.

표 9-3
일반적인 의사소통 장벽

의사소통 장벽에 대한 인식은 장벽의 영향을 줄이고 정보의 흐름을 개선하는 데 도움이 된다.

장애물	설명
소음	발신자가 전달하려는 메시지를 차단, 왜곡 또는 변경하는 모든 것
선택적 인지	수신자가 일반적으로 기존의 신념을 더욱 강화하기 위해 자신의 기대와 신념에 따라 제한된 양의 메시지를 수신하는 것
오해	발신자가 의도한 방식으로 메시지를 이해하지 못하는 경우
필터링	발신자가 의도적으로 정보 전달을 보류하거나, 수신자가 받은 메시지를 무시하거나 왜곡하는 경우
정보 과부하	정보가 너무 많으면 모든 정보를 처리하기 어려울 수 있으므로 이를 방지하기 위해 명확성과 간결성이 중요
조직 문화 또는 조직 구조	문화는 누가 누구에게 무엇을 전달할 의향과 허용 범위에 영향을 미칠 수 있으며, 전달 방법을 제한할 수 있음
문화 차이	각 국가의 문화마다 정보나 아이디어의 표현 규범과 방식이 서로 다름

9-4b 선택적 인지

선택적 인지
수신자는 일반적으로 기존의 신념을 강화하기 위해 자신의 기대와 신념에 따라 제한된 양의 메시지를 수신하는 것.

사람들은 대개 듣고 싶지 않은 말은 듣지 않으려 하고, 이미 알고 있는 것과 일치하는 말만 들으려는 경향이 있다. **선택적 인지**(selective perception)는 사물을 있는 그대로 보기보다는, 자신의 관심사, 기대, 경험, 태도에 따라 선택적으로 해석할 때 발생한다. 때때로 사람들은 상충되는 정보를 무시하고 자신이 이미 알고 있는 것을 확인할 수 있는 정보에만 집중하기도 한다. 선택적 인식은 우리의 기대, 필요, 동기, 관심사 및 기타 개인적 특성과 일치하는 일부분만 받아들이도록 한다.

Tong_Stocker/Shutterstock.com

사진의 오른쪽에 있는 건축가는 왼쪽에 있는 건설 작업자와 이 건설 프로젝트에 대해 다르게 인식하고 있는 것 같다. 효과적으로 소통하면 서로의 관점을 이해하고 각자의 요구와 기대를 모두 충족시킬 수 있는 솔루션을 도출하는 데 도움이 된다.

예를 들어, 관리자의 전문성은 복잡한 문제를 인식하고 해결하는 방식에 영향을 미칠 수 있을 것이다.[34] 두 명의 관리자가 어떤 문제에 대하여 동일한 정보를 받았지만 이 두 관리자는 문제를 다르게 볼 수 있다. 재무 관련 배경 지식을 가진 관리자는 문제를 재무 기반으로 볼 가능성이 더 높고, 생산 관련 배경 지식을 가진 관리자는 문제를 생산 기반으로 볼 가능성이 더 높을 것이다. 이처럼 각 관리자는 자신의 전문 지식과 기대에 부합하는 정보만 선택적으로 인지하고 다른 유형의 정보에는 그다지 주의를 기울이지 않는다는 것을 알 수 있다.

9-4c 오해

오해
수신자가, 발신자가 의도한 방식대로 메시지를 이해하지 못한 경우.

오해(misperception)는 발신자가 의도한 대로 메시지를 이해하지 못할 때 발생한다. 발신자의 보디랭귀지가 발신자의 말과 일치하지 않고, 수신자가 그 보디랭귀지를 전달하려는 중요한 메시지로 잘못 해석하기 때문에 오해가 발생하게 된다. 수신자가 발신자의 메시지에서 원하는 부분만 선택적으로 인식하여 메시지의 의미를 왜곡하는 것도 오해의 원인이 될 수 있다. 또한 주의 깊게 충분히 듣지 않는 것도 오해의 원인이 될 수 있다.

9-4d 필터링

필터링
발신자가 정보의 전달을 보류하거나, 수신자가 전송된 정보의 일부 또는 전부를 무시하거나 왜곡하여 전체 정보보다 적은 양의 정보만 수신된 경우.

필터링(filtering)은 정보를 보류하거나, 무시 또는 왜곡으로 인해 사람들이 전체 정보보다 적은 양의 정보를 수신했을 때 발생한다. 필터링은 수신자로 하여금 원하는 대로 정보를 받아들이도록 발신자가 정보를 조작할 때 발생할 수 있다. 예를 들어, 성과 평가에 대비하여 상사에게 잘 보이려고, 어떤 관리자는 자신의 상사에게 관리 부서에서 잘 진행되고 있는 부분에 대해서만 보고하고, 현재 직면하고 있는 어려움에 대해서는 언급하지 않는 것을 들 수 있다.

9-4e 정보 과부하

정보 과부하
사용 가능한 정보의 양이 개인의 처리 능력을 초과하는 경우.

수신자가 너무 많은 정보를 가지고 있을 때도 필터링이 일어날 수 있다. 사용 가능한 정보의 양이 처리 능력을 초과하면 **정보 과부하**(information overload)가 발생하게 된다. 정보가 너무 많을 경우에는, 일종의 필터링 전략을 사용하여 관리 가능한 양으로 줄여야 한다. 예를 들어, 받은 편지함에 500개의 이메일이 쌓여 있는 임원은 이메일 발신자나 발신자가 전하고자 하는 긴급성 등 일종의 필터를 적용하여 어떤 이메일을 당장 읽을지, 어떤 것을 나중에 읽기 위해 저장할지, 혹은 삭제할지 결정할 수 있다. 필터링은 의사소통 과정에서 소음(noise)의 양을 줄이는 데 도움이 되므로 관리자에게 필수적이다. 효과적인 필터링은 관련성 있는 정확한 정보의 양을 늘리고 나머지는 최소화하는 것이다.

많은 조직에서 이메일 메시지를 효과적으로 필터링하고 관리하여 정보 과부하를 방지하는 것이 중요하다. 하위 폴더를 체계적으로 관리하면 이메일 수신함의 과부하를 방지할 수 있다.

9-4f 조직 장벽

조직 장벽
조직의 위계 구조나 문화가 의사소통을 방해하는 경우.

의사소통에서 **조직 장벽**(organizational barriers)은 조직의 위계적 구조와 문화에서 비롯된다. 직급이나 부서의 전문성이 다양하면 직급과 부서 간 의사소통이 어려워질 수 있다. 직급이 다르면 일반적으로 서로 다른 유형의 정보에 초점을 맞추기 때문에 의사소통에 방해가 될 수 있다. 예를 들어 고위 경영진은 일반적으로 전반적인 문제와 비즈니스 전략과 관련된 정보에 집중하는 반면, 하위 직급의 직원은 고객 문제, 생산 및 작업 마감일에 집중한다. 테슬라(Tesla)의 CEO 일론 머스크(Elon Musk)는 관료주의나 형식적인 지휘 체계로 인한 의사소통 문제를 방지하려고 노력했다. 그는 직원들에게 다음과 같이 말했다. "소통은 '지휘 계통'을 통해서가 아니라 업무 수행에 있어서 필요한 방식으로 최대한 빠르게 이루어져야 한다. 그럼에도 지휘 체계 의사소통을 고수하려는 관리자는 곧 다른 곳에서 일하게 될 것이다."[35]

어떤 조직 문화는 열린 의사소통을 장려하는 반면, 어떤 문화는 제한된 정보만을 공유하는 것을 장려한다. 물리적인 회사 업무 공간 설계를 통해 조직의 의사소통 문화가 확립될 수도 있을 것이다. 예를 들어, 칸막이벽이 없는 개방형 설계는 사람들이 쉽게 질문하고 아이디어를 제안할 수 있어 의사소통을 촉진시킬 수 있다. 그러나 개방형 오피스는 사생활 보호가 안 되고 시끄러우며, 직원들이 지속적으로 감시 당한다고 느끼게 되어 노출된다는 기분과 불편함을 느낄 수 있다. 코로나19 기간 동안 많은 직원이 성공적으로 원격 근무를 시작했고 유연 근무제가 보편화되자 일부 고용주는 기존의 업무용 책상이나 칸막이가 없는 도서관 환경과 비슷하게 사무실 공간을 재설계했다.[36] 대신, 대형 업무용 테이블, 사생활을 보장받고 집중력을 높일 수 있는 개별 공간, 조용히 집중할 수 있는 편안한 의자를 갖춘 비지정 협업 업무 공간으로 구성했다. 공유 좌석제(hot desking)는 직원들이 매일 사무실에 출근하는 대신, 업무 효율성을 높이고 비용을 절감하기 위해 여러 사람이 다른 시간대에 업무용 책상을 공유할 수 있도록 만들어 놓은 것으로, 많은 조직에서 시행하고 있다. 공유 좌석제는 같은 시간에 사무실에 있지 않기 때문에 교대 근무를 하는 직원들에게 특히 유용하다.

애니메이션 회사인 픽사(Pixar)의 사무실은 모든 것이 협업을 장려하도록 설계되어 있다. 회사를 설립한 스티브 잡스(Steve Jobs)는 공간을 설계할 때 직원들 간의 상호작용을 유도하기 위해 건물 전체에 화장실이 한군데만 있도록 설계하기도 했다. 또한 게임, 소파, 다양한 모임 공간은 직원들이 이동하고 소통하며 협업하는 데 도움이 된다.[37]

9-4g 문화 차이

문화 차이
각 국가의 문화마다 정보와 아이디어를 표현하는 규범과 방식이 다른 것.

단어와 몸짓(gestures)은 문화에 따라 다른 의미를 가질 수 있으며, 이는 의사소통의 **문화 차이(cultural differences)**를 반영한다. 예를 들어, 세계 여러 지역에서 엄지손가락을 치켜세우는 동작은 '좋아요'를 의미한다. 그러나 나이지리아, 아프가니스탄, 이란, 이탈리아 및 그리스 일부 지역에서는 음란한 모욕으로 간주되며 미국에서 가운데 손가락과 같은 의미를 지니고 있다.

저맥락 문화
단어에 의존하여 의미를 전달하는 문화.

고맥락 문화
상황 및 비언어적 단서를 사용하여 의미를 전달하는 문화.

일부 문화권에서는 사람들이 주관적인 해석을 거의 남기지 않고 그들이 의미하는 바를 말하고, 말한 바 그대로 의미하는 경향이 있다. 이러한 **저맥락 문화(low-context cultures)**에서는 의미를 전달하기 위해 단어 자체에 의존한다.[38] 반면에 **고맥락 문화(high-context cultures)**의 사람들은 의미를 전달하기 위해 비언어적 단서(nonverbal cues) 또는 상황적 단서(situational cues)나 단어 이외의 사물에 의존한다. 예를 들어, '아니요'라는 거절의 의미를 나타낼 때 '상사에게 물어 볼게요.' 또는 '그건 어려울 수 있습니다.'라고 말하는 일본인의 경향은 맥락을 중시하는 문화를 반영하는 것이다. 상대방이 내 아이디어에 대해 어떻게 생각하는지 물어 본 후의 침묵이 이어지는 것처럼 가끔은 말하지 않은 것이 큰 의미를 갖기도 한다.

아시아나 아랍 문화와 같이 맥락을 중시 여기는 문화권에서 소통하려면 더 많은 신뢰와 이해가 필요하다. 고맥락 문화에서는 관리자가 직접 지시하기보다는 제안 형태를 띠는 경향이 있다. 반면 독일, 스위스 또는 북아메리카 문화와 같은 저맥락 문화권에서는 의사소통이 더 직접적이고 노골적인 경향이 있다.

15개국의 관리자를 대상으로 한 비공식 설문 조사에 따르면, 전 세계 사람들과 소통하는 데 있어 가장 큰 어려움은 문화에 대한 이해 부족이었다. 다른 해결해야 할 과제는 (순서대로) '철저하고 신중한 해석', '신중한 청중 조사', '의사소통을 간단하게 유지하는 것', '모든 사람을 존중하는 것', '기술을 자산으로 활용하는 것', '유사점뿐만 아니라 차이점까지 파악하는 것' 등이 있다.[45] 이 장의 Global Issues에서는 의사소통에 관련된 추가적인 문화적 이슈에 대해 설명한다.

9-4h 의사소통 장벽 극복하기

직원과 조직이 의사소통 장벽을 극복할 수 있는 방법이 있다. 효과적인 의사소통 및 경청 전략에 대한 교육을 통해 발신자와 수신자 모두의 행동을 개선하여 표 9-3에 언급된 문제들을 줄일 수 있다. 또한 직원들은 다문화 교육을 통해 문화적 의사소통에서의 패턴 차이를 인식하고 각 개인에게 맞는 메시지를 전달할 수 있을 것이다. 이때 가장 효과적인 메시지 전달 매체를 선택하는 것도 중요하다. 예를 들어, 채팅에서 짧은 텍스트나 댓글로 충분할 때도 있고, 긴 이메일이 더 나을 때도 있으며, 직접 만나서 하는 대면 회의만이 메시지를 전달하기에 적절할 때도 있다. 또한 메시지 설정과 보내는 시기도 수신자가 메시지를 받는 방식에 영향을 미친다. 일부 회의는 비공개로 진행해야 하고, 공휴일 등 수신자가 부정적인 반응을 보일 수 있는 날짜를 피하여 일정을 잡아야

Global Issues

의사소통에 있어서 문화적 차이

구두 및 서면 의사소통은 전 세계적으로 다양하게 이루어지는 문화의 일부이다.[39] 국제 비즈니스 의사소통 과정은 언어, 환경, 기술, 사회 조직, 사회 역사, 권위에 대한 신념, 다양한 비언어적 의사소통 등 다양한 변수를 통해 필터링 된다.[40] 문화 간 비즈니스 의사소통의 문제는 한 문화권의 참가자가 상대방 문화권의 의사소통 관행이나 전통, 사고방식을 이해하지 못할 때 발생한다.

사람들은 일반적으로 자신의 행동이 합리적이라고 판단하고 자신의 문화 가치와 관행을 모든 사람에게 적용시키려고 일반화하는 경향이 있다. 예를 들어, 빠른 것을 중시하는 문화권에서는 만나는 모든 사람도 빠른 것을 중시한다고 생각할 수 있다. 하지만 많은 히스패닉 문화권에서는 시간을 지키지 않는 것이 문화적으로 용인된다. 문화권마다 고유한 가치관이 있고, 그중 일부는 다른 문화권의 가치관과는 상당히 다르기 때문에 심지어는 옳고 그름의 개념 자체가 모호한 경우도 많다. 국제 비즈니스에서는 각 문화권의 가치관에 따라 무엇이 적절한지, 무엇이 현명한지, 무엇이 옳은지에 대한 질문이 자주 제기된다.[41]

문화적 차이를 다루는 것은 다문화 팀(cross-cultural teams)에서 특히 중요한데, 이러한 차이로 인해 정보 공유가 줄어들거나 대인 관계 갈등이 발생하거나, 심하게는 둘 다 발생할 가능성이 있기 때문이다. 예를 들어, 직접적인 의사소통에 대한 서양의 규범은 간접적 의사소통에 대한 아시아의 규범과 충돌하는 경우가 많다. 미국과 일본 간의 공동 프로젝트를 이끌고 있는 한 미국인 관리자는 자신의 팀이 직면한 문제를 설명하면서 "일본에서는 대화하고 토론하기를 원한다. 우리가 휴식을 취하는 동안, 일본인들은 조직 내에서 이야기한다. 일본은 남아 있는 나머지 조직에서도 조화가 이루어지기를 원한다. 나에게 제일 어려운 것은, 그들이 '알겠다'를 의미하는 줄 알았는데 그것이 아니라 단지 '당신의 말을 듣고 있다'라는 의미일 때였다."[42]

한 관리자가 회사 운영에 큰 지장을 줄 수 있는 시스템 결함을 발견하자, 미국인 상사와 일본인 동료들에게 이메일을 보냈다. 그녀의 일본인 동료들은 관리자가 규범을 위반했다고 여겼다. 무엇이 잘못되었는지 알고 있더라도, 직접적으로 지적하기보다는 간접적으로 문제를 언급해 주었더라면 더 나은 반응을 보였을지도 모른다. 일본인의 일반적인 대응은 규정 위반자를 조직으로부터 고립시키는 것이기 때문에 미국인 관리자는 사회적, 물리적으로 고립되었다. "그들은 말 그대로 내 사무실을 창고에 두었는데, 그곳에는 책상이 바닥부터 천장까지 쌓여 있었고 그곳에는 나 혼자 있었다. 그들은 나를 완전히 고립시켰고, 이는 내가 내부 조직의 일원이 아니며 필요할 때만 나와 소통하겠다는 신호였다."고 회고했다.[43]

유능한 관리자는 정보를 전달하는 사람의 관점에 따라 주어진 메시지에 대한 의미가 어떻게 달라지는지 잘 알고 있다. 문화권마다 비즈니스가 다르게 진행되므로, 직원들이 문화권 간에 의사소통의 어려움과 갈등을 야기할 수 있는 부분들을 인지하도록 교육을 받으면 비즈니스 관계가 개선될 것이다.[44]

한다.

조직 의사소통 방식에 변화를 주는 것도 의사소통 장벽을 없애는 데 도움이 될 수 있다. 예를 들어, 일부 조직에서는 정보를 '잘 알지 못하는' 직원이 정보를 받지 못하도록 하는 낙수 효과(trickle-down) 의사소통 방식을 사용하고 있다. 이러한 조직은 보통 상사와 부하 직원 간의 직급 차이가 큰 계층적 구조를 보인다. 이러한 하향식 의사소통 방식은 정보 과부하를 줄이는 데는 도움이 될 수 있지만, 하위 직원의 정보 필터링이 증가하여 메시지 왜곡을 유발할 수 있다. 예를 들어, 한 사람이 옆에 있는 사람에게 어떤 문구나 생각을 속삭이고, 그 사람이 다음 사람에게 속삭이는 '전화 게임(phone game)'을 생각해 보자. 게임이 끝날 즈음, 마지막 사람은 처음 시작할 때 알려 준 메시지를 거의 모르는데, 이는 메시지가 사람과 사람 사이를 이동하면서 그 의미가 사라졌기 때문이다. 그러나 정보가 더 널리 전파되는 수평적 의사소통 구조는 모든 직원이 동일한 곳에서 정보를 얻으므로 왜곡을 줄일 수 있게 된다. 또한 직원들이 조직에서 자신의 목소리를 내고 권한을 부여받는다고 느끼는 열린 의사소통을 촉진시킨다.[46]

9-5 매체 풍부성

매체 풍부성
비언어적 단서를 전달하고, 신속한 피드백을 제공하고, 성격 특성을 전달하고, 자연언어 사용을 지원하는 의사소통 매체의 능력.

의사소통 매체는 **매체 풍부성**(media richness) 또는 비언어적 단서를 전달하고, 신속한 피드백을 제공하고, 성격 특성을 전달하고, 자연언어 사용을 지원하는 능력에 따라 분류될 수 있다.[47] 매체의 풍부성은 다음 네 가지 요소에 따라 달라진다.

1. 상호작용성(interactivity) 또는 피드백의 가용성: 발신자는 즉각적인 피드백을 통해 메시지를 수정할 수 있다. 풍부성이 높은 매체일수록 더 빠른 피드백을 제공한다.
2. 물리적 존재, 음성 억양, 비언어적인 단서, 사진 등 다양한 단서를 전달할 수 있는 기능: 풍부성이 높은 매체일수록 다양한 단서를 전달할 수 있다.
3. 광범위한 개념과 아이디어를 전달하기 위한 다양한 언어: 예를 들어, 새로운 광고 캠페인에 대한 아이디어는 편지보다 직접 대면하여 얘기를 나누는 것만큼 다양한 방식으로 표현될 수 없다. 풍부성이 높은 매체를 사용하면 더 다양한 언어를 사용할 수 있다.
4. 개인에 대한 매체의 집중도 또는 감정 및 기타 사회적 단서를 표현할 수 있는 정도: 풍부성이 높은 매체일수록 개인에 더 집중할 수 있다.

이러한 속성을 더 많이 나타내는 매체일수록 더 풍부하고, 덜 나타내는 매체일수록 더 간결하다. 직접적인 대면은 즉각적인 피드백이 가능하고, 다양한 단서를 전달하며, 자연언어를 사용하기 때문에 가장 풍부성이 높은 매체라고 볼 수 있다. 반면에 메모나 편지와 같은 공식적인 문서화된 메시지는 몸짓이 부족하고 단서가 제한적이며 발신자가 즉각적인 피드백을 받지 못하기 때문에 풍부성이 높은 매체라고 볼 수 없는 것이다.

관리자는 업무 또는 의사소통에 필요한 정보의 풍부성과 가장 적합한 매체를 선택해야 한다. 업무가 모호하고 불확실할수록 이를 뒷받침하는 매체는 더욱 풍부해야 한다. 예를 들어, 텍스트 기반의 컴퓨터 메시지는 아이디어를 도출하는 데는 적합하지만, 갈등이나 문제를 처리하고 다루는 데는 적합하지 않다. 화상 회의의 경우, 의사 결정 작업에는 적합하지만, 협상에는 적합하지 않다. 표 9-4는 다양한 매체의 풍부성을 비교하는 방법에 대해 설명하고 있다.

때로는 대면 의사소통을 통해 활발한 소통이 가능하고 상호 간의 존중뿐만 아니라 서로에 대한 진심을 전할 수 있기 때문에, 대면 의사소통이 이루어지는 과정에서 발생하는 추가 비용이 아

표 9-4
다양한 관리적 의사소통을 위한 매체의 풍부성

미디어는 풍부함의 측면에 있어서 다양하다. 관리자는 의사소통 효과를 높이기 위해 메시지에 적합한 매체를 선택하도록 노력해야 한다.

매체	풍부함	피드백 가용성	단서 개수	언어 다양성	개인의 집중도
대면	높음	높음	높음	높음	높음
화상회의	높음	높음	높음	높음	높음
전화	적당함	적당함	적당함	적당함	높음
메시지	적당함	높음	낮음	낮음	적당함
이메일	적당함	적당함	낮음	낮음	적당함
개인용 문서	낮음	낮음	낮음	낮음	낮음
공식적인 문서 서신	낮음	낮음	낮음	낮음	낮음

깝지 않을 때가 있다. 한 예로, 룩소티카 그룹(Luxottica Group)이 경쟁사인 콜 내셔널(Cole National)을 인수한 후, 룩소티카 인사 담당자들은 오하이오주 메이슨에 있는 본사에서부터 오하이오주 트윈스버그에 있는 콜 본사로 일주일에 한 번씩 꾸준히 출장을 다녔다. 이 방문은 인수 합병 초기부터 문화적인 차이에 의한 충돌로 인한 인수 합병의 실패를 방지하기 위한 노력의 일환이었다. 룩소티카의 인사 기술 및 분석 담당 수석 이사인 로빈 윌슨(Robin Wilson)과 10여 명의 인사과 담당자들은 이전 트윈스버그의 콜 직원 600여 명을 자신들이 매우 중요하게 여겨진다는 것을 인식하게 하고, 또한 그들의 궁금한 점을 해소시켜 주기 위해 이 출장을 떠난 것이다. 또한 룩소티카는 콜센터를 설치하여 전직 콜센터 직원들의 문의를 전담하기도 했다. "이 모든 것이 포용의 문화를 보여 주기 위한 것이었다."라고 윌슨은 말했다.[48]

9-6 의사소통 방식

상사가 부하 직원과 소통하는 방식은 부하 직원의 업무 만족도,[49] 업무의 질,[50] 고용주에 대한 헌신에 직접적인 영향을 미칠 수 있다.[51] 가장 효과적인 관리자는 업무 목표 달성을 촉진하고 업무에 있어 직원들의 참여도를 유지시키는 것이다. 즉, 이러한 관리자의 메시지는 업무에 관한 정보를 전달하고 직원들에게 도움을 제공하는 데 중요한 역할을 한다.

9-6a 업무 중심 의사소통과 관계 중심 의사소통

업무 중심 의사소통(task-oriented communication)은 수신자가 무엇을 해야 하는지, 언제 어디서 해야 하는지, 어떻게 해야 하는지를 전달하여[52] 업무 효율성, 달성해야 할 목표의 명확성 및 생산성을 향상시키는 것을 말한다. 관리자가 부하 직원에게 진열대를 채워 넣으라고 지시하거나, 기계 작동 방법에 대해 지시를 내리는 것은 업무 중심 의사소통을 사용하고 있는 것이다.

업무 중심 의사소통 업무 효율성, 목표 명확성 및 생산성을 향상시키려는 소통.

반면에 **관계 중심 의사소통**(relationship-oriented communication)은 직원 중심이며 직원들 간의 신뢰와 헌신, 협력을 높이기 위한 것이다.[53] 이는 부하 직원을 지원해 주고, 권한을 부여하며, 동기를 부여해 줌으로써 업무 성과에 영향을 미친다. 관계 중심의 의사소통은 사회적, 정서적 지원을

관계 중심 의사소통 직원 중심적이며 직원들 간의 신뢰와 헌신, 협력을 높이기 위한 방식의 의사소통.

제공하는 데 중점을 두고, 직원의 개성과 개개인의 요구에 각별한 주의를 기울인다.[54] 긍정적이고, 따뜻하며, 호감을 표하고, 포용을 담은 메시지는 긍정적인 업무 환경을 조성하고 직원들에게 동기를 부여하는 데 도움이 된다.[55] 관리자가 부하 직원에게 문제 해결 방식에 있어서 창의성을 높이 평가한다고 말하거나, 직원이 업무에 많은 시간을 할애했거나, 특히나 긴 교대 근무를 해서 피곤하거나 스트레스를 받고 있다는 사실을 인지하는 것은 관계 중심 의사소통을 사용하고 있는 것이다. 관계 중심 의사소통의 한 가지 사례로, 코로나19 팬데믹 초기에 마이크로소프트 CEO 사티아 나델라가 직원들에게 이메일을 보내 직원들의 노고에 감사를 전하고 공감을 표하며 코로나19 및 재택근무와 관련된 어려움을 공감한 것을 들 수 있다.

분명한 것은 두 가지 유형의 의사소통 방식 모두 필요하며, 관리자가 이 두 가지를 전략적으로 적절하게 사용하지 못하면 그 효과는 떨어질 것이다.[56] 또한 경영진은 보다 다양한 매체를 활용하여 전략적으로 관계를 구축하는 의사소통을 추구해야 한다. 업무 중심의 의사소통은 일반적으로 비교적 덜 풍부한 채널을 통해 효과적으로 이루어진다.

9-6b 의사소통 방식

의사소통 방식
사람들이 다른 사람들과 상호작용 하고 정보를 교환하는 방식.

사람마다 **의사소통**하는 **방식**(communication style)이나 다른 사람과 상호작용 하고 정보를 교환하는 방식이 다르다. 무엇을 말하는지도 중요하지만 어떻게 말하는지도 중요하기 때문에, 행동과 의사소통 사이의 다양한 패턴을 보여 주는 몇 가지 의사소통 방식을 살펴보도록 하자. 이러한 용어의 정의와 각 용어 사용의 함축된 의미를 이해하는 것은 보다 효과적인 의사소통을 위해 중요하다.

수동적 의사소통 방식
갈등을 피하려 하고 자신의 욕구와 필요 사항보다 타인의 욕구와 필요 사항을 우선시하는 것.

수동적인 의사소통 방식(passive communication style)은 의사소통에 크게 관심을 기울이지 않으며, 다른 사람의 생각이나 요구에 쉽게 굴복하는 경향을 보인다. 이 유형의 사람은 흐름에 따라가는 경향이 있으며 자신의 감정이나 선호도 또는 요구 사항 같은 것들을 드러내지 않는다. 또한 자신의 이익이나 가치에 부합하지 않더라도 다른 사람들이 원하는 것을 따르는 경향이 있다. 예를 들어, 당신의 업무가 너무 바쁜데도 불구하고 동료가 프로젝트를 도와 달라고 요청했을 때 당신이 동의한다면, 당신은 수동적인 성향인 것이다. 이는 자신의 요구가 전달되거나 충족되지 않아 스트레스나 분노, 피해의식을 유발할 수 있기 때문에 효과적인 의사소통 방식이라고 할 수 없다.

수동적이면서 공격적인 의사소통 방식
협조적인 것처럼 보이지만 조용히 의사소통하는 것과 반대되는 느낌이나 행동을 하는 경우.

수동적이면서도 공격적인 의사소통 방식(passive-aggressive communication style)을 보이는 사람은 겉으로 보기에는 협조적인 것처럼 보이지만, 실제로는 자신이 말하는 것과 정반대의 감정이나 행동을 하고 있는 것을 볼 수 있다. 하나의 예로, 종종 너무 거절하고 싶을 때 "예"라고 대답하는 것을 들 수 있다. 반면에 수동적 공격성 성향을 가진 사람은 수동적인 의사소통 성향을 가진 사람처럼 흐름을 따라가거나 문제 및 갈등에 직접적으로 맞서기보다는, 부정적인 보디랭귀지를 사용하거나, 상대방을 무시하거나, 다른 사람에게 불만 사항을 제기하는 등 부정적인 태도나 행동을 보이는 것을 볼 수 있다. 시간이 지남에 따라 이러한 유형의 의사소통 방식은 관계를 악화시키고 상호 신뢰와 존중을 잃게 하여 자신의 목적이나 목표 달성을 더욱 어렵게 만든다. 따라서 이는 효과적인 의사소통 방식이 아니다.

단호한 의사소통 방식(assertive communication style)은 다른 사람이 자신을 이용하지 못하게 하고, 자신의 욕구를 충족시키지 못하여 발생하는 부정적인 행동을 하지 않도록 방지하는 스타일로서, 다른 유형보다 더 건강한 의사소통 방식이다. 이는 다른 사람의 의견을 고려하고 위압적이지 않으면서도 자신의 의견이나 욕구, 아이디어를 공개적으로 전달하는 것을 포함한다. 이 의사소통 방식은 정직한 관계, 서로에게 도움이 되는 상황, 상호 존중을 형성하는 데 중점을 둔다. 솔직하게 "아니요"라고 기꺼이 말하는 것, 정중하게 자신의 의견을 말하고 그 의견에 대해 토론하는 것, 감정을 절제하는 것, 자신감을 나타내기 위해 몸짓을 사용하는 것 모두가 이 의사소통 방식의 요소에 해당한다.[57] 단호한 소통 방식은 자신의 요구와 타인의 요구를 모두 충족시키고 서로에게 좋은 상황을 만들도록 노력한다. 단호한 의사소통의 핵심 중 하나는 "나는 같은 실수를 반복하는 것이 싫어."와 같이 '나'라는 표현을 사용하여 자신의 감정과 선호도를 전달하는 것이다. 이것이 가장 효과적인 의사소통 방식이라고 할 수 있다.

단호한 의사소통 방식
다른 사람의 의견을 고려하고 위압적이지 않으면서 자신의 요구 사항이나 욕구 및 아이디어를 공개적으로 전달하는 것.

공격적인 의사소통 방식(aggressive communication style)은 원하는 것을 큰 목소리로 요구하거나 비난, 협박, 비판, 위협, 공격 등을 통해 다른 사람을 지배하려 하거나 통제하려는 것을 말한다. 이 유형은 다른 사람의 질문이나 의견을 무시할 뿐 아니라, 권력이나 권위에 대한 욕구를 나타낸다. 공격적인 의사소통을 사용하는 사람들은 본인이 상황에 따른 적절한 리더십이나 권위적인 행동을 보여 주고 있다고 생각할 수 있지만, 오히려 무례하고 신뢰를 잃게 만듦으로써 다른 사람들의 반감을 사고 동기부여가 되고 설득력 있는 목표를 되려 약화시킬 수 있다. 직장 내 공격성을 보여 주는 사례로는 고함이나 모욕, 직장 동료 뒷담화, 악의적인 소문 퍼뜨리기 등과 같은 언어적 공격이 대부분이다.[58] 연구에 따르면 직장 내 언어적인 공격성이 스트레스, 건강 문제, 참여도 및 성과 저하, 이직률 증가 등 여러 가지 방면에서 부정적인 영향을 미치는 것으로 나타났다.[59]

공격적인 의사소통 방식
다른 사람을 비난, 협박, 비판, 위협 또는 공격하여 지배하거나 통제하는 행위.

iStock.com/Fizkes
공격적인 의사소통 유형은 동기부여를 약화시키고 신뢰를 잃는 경우가 많다.

요약 및 적용

의사소통 과정은 발신자가 정보를 단어, 기호 또는 그림으로 변환(부호화)하면서 시작된다. 변환된 메시지를 어떤 매체(채널)를 통해 수신자에게 전달하고, 수신자는 메시지를 수신하여 발신자가 의도한 것과 동일한 메시지로 재번역(해석)한다. 이 과정에서 소음이 유입되어 수신된 메시지가 발신자가 의도한 메시지와 달라질 수 있다. 피드백은 양방향 의사소통이 일어나도록 하여 의사소통의 성공 여부를 확인하고 수신된 메시지가 정확한지 파악하는 데 도움이 된다. 비언어적 표현이나 업무 상호 의존성 또한 잠재적인 장애물로, 의사소통 과정에 영향을 미친다. 개인이 독립적으로 일할 때, 업무를 완수하기 위해 별도의 자료나 정보에 의존할 때보다 의사소통에 있어서 요구 사항이 더 적다.

성공한 관리자는 대개 뛰어난 의사소통 능력을 갖추고 있다. 언어적, 비언어적, 문서화된 표현 및 회의 관리 능력은 효과적인 의사소통에 중요하며, 적극적인 경청과 효과적인 피드백 주고받기 또한 마찬가지로 중요하다. 효과적인 의사소통에는 소통의 명확성, 간결성, 일관성뿐만 아니라, 청중을 고려한 메시지 전달을 포함된다. 명확성을 통해 혼란을 야기하는 정보나 잘못 해석될 수 있는 정보를 피하고, 체계적인 메시지로 정보를 전달할 수 있다. 간결성은 불필요한 정보가 포함되지 않도록 메시지를 특정한 초점에 맞춰 체계적으로 제시할 수 있게 해 준다. 일관성은 메시지를 전하는 데 사용되는 매체와 메시지 전달 채널 또는 소요 시간과 관계없이 동일한 메시지를 지속적으로 보여 주는 것을 말한다. 명확하고 간결하며 일관된 의사소통은 수신자가 정보를 정확하게 해석하고 활용할 수 있게 한다. 모든 직원에게 일관되고 명확하며 간결한 방식으로 더 많은 정보를 전달할수록, 직원들은 직장 내에서 관계를 유지하고 조직의 목표를 추구하기 위해 더 많은 권한을 부여받는다고 느낀다.

의사소통의 성공 여부는 효과적인 의사소통을 가로막는 장벽을 극복하는 데에도 달려 있다. 선택적 인지, 오해, 필터링, 정보 과부하, 조직 문화 및 구조, 문화 차이 등이 모두 의사소통의 성공을 방해할 수 있는 요소이다. 따라서 단호한 의사소통을 바탕으로 업무 및 관계 중심의 의사소통으로 의사소통 및 관리의 효율성을 제고한다.

Real-World Response

마이크로소프트가 의사소통을 활용하여 코로나19 위기를 관리한 방법

코로나19가 발생하기 전부터 마이크로소프트는 이미 자체 기술을 활용하여 직원들이 통합된 디지털 업무 공간에서 협업하는 디지털 지원 업무 환경으로 전환하기 시작했다. 직원들 간 협업과 업무 생산성 향상에 중점을 둔 마이크로소프트는 마이크로소프트365 및 팀즈를 비롯한 회사 자체 제품을 사용하여 직원의 업무 환경을 더 유동적이고 개인 맞춤형이 되도록 조성하였고, 글로벌 팀워크와 협업이 최대한 원활하고 쉽게 이루어질 수 있도록 했다.

코로나19로 인한 건강 및 안전에 대한 위협으로 인해 직원들에게 원격 근무를 제안했을 때 마이크로소프트는 자사의 기술과 문화를 활용하여 업무 방식의 전환을 촉진하고 직원들 간의 의사소통을 계속 유지하도록 했다. CEO인 사티아 나델라가 직원들에게 이메일을 통해 코로나19 및 재택근무와 관련된 어려움에 대해 공감을 표하고 감사를 표했는데, 그의 메시지는 지구상의 모든 개인과 조직이 더 많은 것을 성취할 수 있도록 지원해 주겠다는 마이크로소프트의 사명을 더욱 강화하고 직원들이 위기 상황에서 위료진과 응급 구조대, 학교, 정부에게 있어 자신의 업무가 얼마나 중요한지 인식하도록 도왔다. 또한 마이크로소프트 직원들은 위기 상황에서 기업이 신속하고 효과적으로 협업할 수 있도록 하는 애플리케이션을 48시간 만에 만들어 내기도 했다. 이 애플리케이션을 통해 기업은 직원들에게 푸시 알림으로 즉각적으로 업데이트하도록 하고, 특정 위치에 대한 비상 연락망을 제공하며, 관리자가 신속하게 조치를 취할 수 있도록 했다.

마이크로소프트의 타운홀 회의는 회사의 문화와 사명, 전략을 강화하는 직원과의 대화로서 중요했기 때문에 이 회사의 리더들은 회의가 원격으로 진행되더라도 가능한 한 직원들과 대화가 유지되기를 원했다. 이 행사의 핵심 원칙 중 하나는 CEO와 리더십 팀이 함께 모여 직원들과 직접 대화하고 질의응답 시간을 가지는 것이다. 이러한 상호작용을 유지하기 위해 모든 리더십 팀원은 전 직원에게 실시간으로 방송되는 마이크로소프트 팀즈 모임에 참여했다. 회사의 리더들은 직접 대면하는 것처럼 서로 대화하고 직원들의 질문에 자연스럽게 답변해 주었다. 직원들은 비공개 SNS인 야머(Yamme)를 사용하여 질문을 하고, 실시간으로 캡션이 제공되었으며, 전용 PC를 통해 회의가 진행되는 동안 수화 통역사가 화면에 고정되어 있었다. 평소에는 약 10,000명의 직원이 가상 회의에 참석하지만, 이번에는 22,000명 이상이 실시간 Q&A에 참여했고 13,000

명이 비디오 전용 라이브 스트리밍을 시청했다. 회의가 끝난 후에는 15,000명 이상의 직원이 추가로 온디맨드 녹화본을 시청했다. 마이크로소프트의 경영진은 공지 사항을 게시하고 피드백을 요청하는 등의 작업을 직원들이 쉽게 응답할 수 있도록 실시간 온라인 소셜 네트워크인 야머(Yammer)를 활용하여 그 어느 때보다 높은 참여율을 기록했다고 전했다. 마이크로소프트는 직원들이 재택근무를 하는 한 계속해서 이 플랫폼을 통하여 직원들과 소통할 계획이라고 밝혔다.

다른 여러 조직과 마찬가지로, 마이크로소프트에서도 원격 근무로 바뀌면서 회사 내 직원들의 의사소통 방법이 변화하였음을 발견했다. 게다가 원격 근무에는 이전에 의존했던 오디오 및 비디오 통화의 동기식 방법보다, 이메일이나 메시기 등의 비동기식 방법이 더 많이 사용되고 있다는 것을 알게 되었다. 마이크로소프트는 비교적 덜 풍부한 의사소통 매체로의 전환으로 인해 직원들이 복잡한 정보를 전달하고 처리하는 데 어려움이 있다는 점을 인정했지만, 직원들은 생산성에 변화가 없다고 답했으며, 관리자로부터 포용과 지지를 받는다는 느낌이 역대 최고치에 달했다고 말했다. 코로나19 기간 동안 마이크로소프트는 원격 근무에 대한 운영 경험을 바탕으로 원격 및 하이브리드 근무 방식에서 관리자와 직원 간의 유연성과 의사소통의 중요성을 강조했다. 마이크로소프트는 이러한 문제를 해결하기 위해 링크드인(LinkedIn), 팀즈 및 기타 마이크로소프트 제품에 새로운 기능을 계속해서 추가하고 있다고 밝혔다.

토론을 위한 질문

1. 당신이 선호하는 정보 수신 방법은 무엇인가? 이 질문에 대한 당신의 답변은 수신된 정보의 종류에 따라 다른가?
2. 직원 문화 다양성이 의사소통 매체 활용에 주는 시사점은 무엇인가?
3. 다른 사람들과 이야기할 때 가장 흔한 소음은 무엇인가? 그 소음의 영향을 줄이기 위해 무엇을 할 수 있는가?
4. 만약 상사에게 나쁜 소식을 전해야 한다면 어떤 의사소통 매체를 사용하겠는가?
5. 만약 당신이 해고 통보를 받는다면, 그 소식을 어떻게 듣고 싶은가? 그 이유는 무엇인가?
6. 당신이 참석한 회의를 여타 회의에 비해 더 효과적이거나 덜 효과적으로 만든 것은 무엇인가?
7. 상사가 단호한 의사소통 방식보다 공격적인 의사소통 방식을 사용하여 당신의 생산성을 높이도록 동기를 부여한다면 어떻게 반응하겠는가? 그 이유는 무엇인가?

Understand Yourself Exercise

간결하게 글쓰기

다음 고객 불만 사항을 읽고, 고객의 불만 사항 대처에 있어서 비즈니스 담당자의 목표를 설명하는 목록을 작성하라. 그런 다음 회사 대표의 역할을 맡아 이에 대한 답변으로 비즈니스 이메일을 작성하라. 해결 방안과 불만 사항을 제기한 고객의 요청을 따를 수 없는 이유 또는 그것이 적절하다고 판단되는 모든 근거를 제공하라. 이때 명확하고 간결한 비즈니스 방식을 사용하고 이메일을 형식을 갖춰 전문적으로 작성해야 한다.

친애하는 담당자님께

4월 15일에 미시간 애비뉴 매장에서 귀사의 노트북 컴퓨터를 구입했습니다. 하지만 안타깝게도, 하드웨어 문제로 인해 컴퓨터가 제대로 작동하지 않았습니다. 작업을 위한 컴퓨터가 필요한데, 구입한 지 얼마 되지 않아 컴퓨터 수리 때문에 기계를 두 번이나 가져가야 해서 실망스러웠습니다. 이로 인해 시간 낭비는 물론 업무 생산성도 떨어졌습니다. 이제는 이 컴퓨터를 더 이상 신뢰할 수 없고, 수리가 완료되었음에도 불구하고 더 많은 데이터가 손실될까봐 계속 걱정됩니다.

문제 해결을 위해, 지금 사용하고 있는 이 컴퓨터를 정상적으로 작동하는 새 컴퓨터로 교환해 주셨으면 합니다. 구매 영수증 사본과 두 번의 수리 영수증을 함께 동봉합니다.

담당자님의 답변과 문제 해결을 기다리겠습니다. 8월 30일까지 기다렸다가 해결되지 않을 경우 소비자 보호 기관이나 거래개선협회(BBB)에 도움을 요청하겠습니다.

위의 주소 또는 이메일(myfakemail@gmail.com)로 저에게 연락해 주세요.

진심을 담아, Pat으로부터

명확성, 간결성, 일관성을 위한 편집

문서화된 의사소통 기술 연습을 위해, 교수자에게 이 수업에서 추가 학점 획득의 기회를 요청하는 이메일 초안을 작성해 보라. 추가 학점을 받는 것이 적절하다고 생각하는 이유를 설명하고 어떤 추가 학점 기회를 원하는지, 왜 그것이 수업과 관련이 있는지 구체적으로 설명해야 한다. 그런 다음 이메일을 보다 명확하고 간결하며 일관성 있게 수정하라. 그러고 나서 이메일 초안과 수정본 모두 제출하라.

Group Exercise

적극적인 경청

최소한 4명이 되도록 그룹을 구성한다. 그런 다음 각 그룹은 다음 제시된 직장 내에서 발생할 수 있는 시나리오 중 하나를 선택한다.

1. 급여 인상을 요구하는 직원
2. 직원에게 새로운 휴가 정책에 대해 설명하는 상사
3. 직장 동료에게 회사 문화에 대해 물어 보는 신입 사원
4. 문제에 대한 잠재적 해결책을 제시하는 두 명의 신입 사원

시나리오를 선택한 후에, 각 그룹은 20분 동안 3분 분량의 미니 연극 두 편을 준비한다. 첫 번째 연극은 팀원 1과 2가 시연하도록 하며, 적극적 경청 기법 없이 상호작용을 보여 주어야 한다. 팀원 3과 4가 시연하는 두 번째 연극에서는 대화는 그대로 하면서 적극적 경청 기법을 명확하게 사용하도록 한다.

*이 활동을 제안해 준 데이븐포트대학교의 짐 고트 교수에게 감사의 말을 전한다.

미주(endnotes)는 한경사 홈페이지 www.hankyungsa.co.kr의 공지 사항에서 PDF 파일로 다운로드 할 수 있습니다.

10 갈등 관리 및 협상

Managing Conflict and Negotiating

학습목표

이 장을 학습하면 독자들은 …

1. 갈등 악화 프로세스를 포함하여 갈등의 본질과, 갈등을 완화할 수 있는 방법을 설명할 수 있다.
2. 다섯 가지 대인 관계 갈등 관리 전략에 대해 토론할 수 있다.
3. 몇 가지 효과적인 갈등 해결 행동에 대해 설명하고 건설적인 갈등을 만드는 방법에 대해 토론할 수 있다.
4. 분배적 협상과 통합적 협상의 차이점을 설명할 수 있다.
5. 대체적 분쟁 해결의 세 가지 유형을 식별할 수 있다.

Real-World Challenge

마크스앤스펜서에서의 분쟁 해결[1]

글로벌 의류, 가정용품 및 식품 소매업체인 마크스앤스펜서(Marks & Spencer)는 세계적으로 8만 5,000명 이상의 직원을 고용하고 있다. 마크스앤스펜서는 직장 내 갈등과 분쟁이 피할 수 없는 일이라는 것을 이해하고 있으며, 이를 책임감 있게, 윤리적으로 처리하고자 한다. 또한 분쟁에 소요되는 시간과 손상된 동료 관계로 인해 직원들이 업무에 집중하고 최선을 다하는 데 방해가 될 수 있음을 잘 알고 있다.

마크스앤스펜서는 직원들이 안전한 환경에서 공정하고 상호 합의된 건설적인 해결책을 찾을 수 있는 기회를 제공하고, 갈등이 발생한 후에도 긍정적이고 자신 있게 앞으로 나아갈 수 있도록 지원하고자 한다. 이 회사 경영진이 대안을 찾기 위해 당신에게 의뢰한다면, 어떤 조언을 할 것인가? 이 장을 마치면 몇 가지 좋은 아이디어가 떠오를 것이다.

iStock.com/Yujie Chen

갈등은 사람, 작업 그룹, 조직 간의 상호 의존성으로 인해 불가피하게 발생하는 결과이다.[2] 모든 조직이 상호 의존적인 시스템이라는 점을 고려할 때 갈등이 없는 조직은 존재하지 않는다.[3] 실제로 중간 관리자는 업무 시간의 약 25%를 갈등 관리에 할애한다.[4] 갈등을 효과적으로 관리하는 능력은 개인의 성공과 조직의 성과 모두에 영향을 미친다.

많은 사람이 갈등은 본질적으로 파괴적이라고 생각하지만, 사실 갈등이 유익하고 바람직한 경우도 있다. 관리자와 직원이 고객의 요구 사항을 놓고 갈등을 빚거나, 두 직원 간에 어떤 일을 처리하는 방법에 대해 의견이 다를 때 갈등은 단기적으로 부정적인 결과를 초래할 수 있다. 갈등은 한쪽 또는 양쪽 모두 협력을 철회하거나 거부할 때 의사 결정의 질을 떨어뜨릴 수 있다.[5] 또한, 패션 회사 지아니 베르사체(Gianni Versace)에서 CEO 지안카를로 디 리시오(Giancarlo Di Risio)가 도나텔라 베르사체(Donatella Versace)와 창의적 통제권을 놓고 갈등을 겪은 후 사임한 사례에서 보듯, 소중한 인적자원의 이탈로 이어질 수도 있다.[6]

하지만 장기적으로 보면 갈등은 더 나은 의사 결정, 직원들의 동기부여, 고객 만족도 향상 등 긍정적인 결과로 이어질 수도 있다. 갈등을 잘 관리하면 문제 해결과 혁신을 개선하고, 직원의 참여와 헌신을 높이며, 업무 프로세스와 목표를 명확히 할 수 있다. 갈등을 어떻게 관리하느냐에 따라 갈등이 긍정적인 결과를 가져올지 부정적인 결과를 가져올지 결정된다. 예를 들어, 갈등이 없는 상황과 비교했을 때, 갈등이 협력적인 문제 해결을 통해 관리된다면 의사 결정의 질이 향상될 수 있다. 건설적인 변화는 일반적으로 잘 관리된 갈등의 결과로 나타난다.

협상은 갈등을 관리하고 해결하는 데 중요한 기술이자 다른 많은 관리 활동의 일부이며, 모든 관리자가 수행해야 할 업무이기도 하다. 보다 효과적인 협상가가 되면 개인적인 협상에서도 도움이 될 것이다. 이 장을 읽고 나면 갈등이 무엇인지, 조직에서 갈등의 역할은 무엇인지, 갈등을 관리하는 방법은 무엇인지 이해하게 될 것이다. 또한 보다 효과적인 협상가가 되는 방법도 알게 될 것이다.

10-1 갈등의 본질

갈등(conflict)은 두 명 이상의 당사자가 자신의 이익, 필요 또는 우려에 대한 위협을 인식할 때 발생하는 의견 불일치이다. 갈등은 건설적일 수도 있고 파괴적일 수도 있다.[7] 어느 저명한 갈등 해결 전문가는 갈등이 긍정적인지 부정적인지는 갈등 자체보다는 갈등에 대한 당사자의 대응에 의해 결정된다고 말한다.[8] 즉, 당사자가 원하는 결과뿐만 아니라 갈등 관리 프로세스에 초점을 맞추는 것이 갈등의 잠재적 이점을 실현하는 열쇠이다. 실패한 갈등 관리는 3세대로 이어지는 가족 기업이 별로 없는 이유이다. 1,002명의 가족 기업 소유주를 대상으로 한 설문 조사에 따르면 가족 기업이 고령화됨에 따라 잠재적 갈등이 현저히 증가하는 것으로 나타났다.[9]

갈등
두 명 이상의 당사자가 자신의 이익, 필요 또는 우려에 대한 위협을 인식할 때 발생하는 의견 불일치.

갈등이 저절로 해결되는 것처럼 보일 때까지 갈등을 확대하는 행동은 **역기능적 갈등**(dysfunctional conflict)을 유발한다. 역기능적 갈등은 두 당사자 간의 감정과 차이에 초점을 맞추며, 갈등의 당사자들이 실질적인 문제를 잊은 채 상대방에게 복수 혹은 보복하거나 심지어 상처를

역기능적 갈등
양 당사자 간의 감정과 차이에 초점을 맞춘 파괴적인 갈등.

Compassionate Eye Foundation/DanKenyon/DigitalVision/Getty Images

갈등은 둘 이상의 당사자가 자신의 이익이나 필요, 관심사에 대한 위협을 인식하면서 발생한다. 사진의 두 동료는 무엇인가 의견 불일치를 겪으며, 건설적일 수도 파괴적일 수도 있는 갈등이 막 시작되고 있는 것 같다.

주는 데 집중하기 때문에 갈등을 악화시킬 수 있다.

역기능적 갈등은 직원, 작업 그룹 및 회사 성과에 부정적인 영향을 미칠 뿐만 아니라 직원 우울증, 결근, 이직 및 소진으로 이어질 수 있다.[10] 역기능적 갈등의 결과 당사자 중 적어도 한 명이 경멸감을 느끼고 의사소통을 중단하는 것이 특징이다.[11] 역기능적 갈등의 결과에 만족하는 사람은 아무도 없으며, 갈등으로 인한 잠재적 이익이 실현되지 않으며, 하나의 갈등에서 발생한 부정적인 감정은 다음 갈등으로 이어져 부정적인 소용돌이를 일으킨다. 그 결과, 역기능적 갈등은 종종 초기 문제와 분리되어 원래의 갈등이 소멸되거나 잊혀진 후에도 계속된다.

건설적인 갈등
적응적이고 긍정적인 갈등. 기능적 갈등이라고도 함.

하지만 동시에 갈등은 긍정적일 수도 있다. 예를 들어, 의견 갈등이 끝난 후 기분이 나아진 적이 있지 않는가? 갈등이 효과적으로 해결되면 갈등은 건강한 것이 될 수 있다. 갈등은 더 큰 학습, 유연성, 창의성으로 이어질 수 있다.[12] 상황, 사람, 문제에 적응하고 반응하는 행동은 **건설적인 갈등**(constructive conflict)을 만들어 낸다. 건설적인 갈등은 다른 말로 기능적 갈등(functional conflict)이라고도 하는데, 양 당사자의 상호 이익과 상호 목표 달성을 극대화하기 위해 균형을 맞추려는 노력이다. 건설적 갈등은 창의성, 적응, 상호 수용 가능한 결과를 발견하려는 욕구를 포함한다. 건설적인 갈등은 새로운 대안과 아이디어의 발굴로 이어질 수 있다.[13] 건설적인 갈등은 자연스럽고 피할 수 없는 창조적인 힘이며, 직원과 조직에 유익할 수 있다.[14]

10-1a 일반적인 갈등의 원인

과업 갈등
작업 또는 목표에 대한 의견 불일치.

무엇이 갈등을 유발하는가? 간단히 말해서 갈등은 의견 불일치를 유발하는 여러 요인으로 인해 발생할 수 있다. 다음에서는 조직에서 흔히 일어나는 갈등의 원인 아홉 가지에 대해 설명한다. 이는 표 10-1에 요약되어 있다.

iStock.com/Moyo Studio

과업 갈등은 달성해야 할 작업 또는 목표에 대한 의견 불일치이다. 사진에서 보이는 주스를 예로 들어 보자. 마케팅 부서는 고객에게 더 많은 선택권을 주기 위해 여러 가지 맛, 크기 및 포장을 선호할 것이다. 반면에 생산 부서는 생산 비용을 낮추기 위해 맛의 종류, 크기, 포장의 종류를 줄이는 것을 선호할 수 있다.

10-1b 다양한 작업 목표

과업 갈등(task conflict)은 작업 또는 목표에 대한 의견 불일치이다. 적당한 수준의 과업 갈등은 프로젝트의 초기 단계에서 혁신을 높이고 선택할 수 있는 대안을 더 많이 생성하기 때문에 유익하다. 그러나 시간이 지남에 따라 업무가 복잡해지면 과업 갈등은 부정적으로 작용할 가능성이 높다.[15] 업무 갈등은 올바르게 처리하면 매우 생산적일 수 있다. 예를 들어 마케팅 직원은 매출을 극대화하기 위해 다양한 제품을 제공하고자 하는 반면, 생산 직원은 효율성과 비용에 초점을 맞추고 가급적 적은 종류의 제품을

표 10-1
조직에는 다양한 갈등의 원인이 있다.

갈등의 원인	
다양한 작업 목표	달성해야 할 목표에 대한 의견 불일치
다양한 프로세스 목표	작업 또는 목표 달성 방법에 대한 의견 불일치
개인의 차이	동기, 포부 또는 성격의 차이
자원의 제약	인식 또는 실제 자원 제약에 대한 양립할 수 없는 요구 또는 경쟁
변화	변화의 불확실성은 종종 갈등을 야기하고 서로 다른 조직 그룹의 상대적 중요도를 바꾸어 버림
다른 가치	선과 악, 옳고 그름, 공정과 불공정에 대한 신념의 인지적 또는 실제적 비양립성
원활하지 않은 커뮤니케이션	사람들이 필요한 정보가 부족하거나, 잘못된 정보를 가지고 있거나, 정보를 다르게 해석하거나, 어떤 데이터가 관련성이 있는지에 대해 동의하지 않는 경우
직무 상호 의존성	한 사람이나 부서가 자원이나 정보를 다른 사람에게 의존하면 갈등이 발생할 가능성이 높아짐
조직 구조	갈등(수평적 또는 수직적)은 조직의 구조적 또는 프로세스 특성으로 인해 발생할 수 있음

오랫동안 경제적으로 생산하는 것을 선호한다. 이러한 과업 갈등을 해결하게 되면 비용 효율성에 대한 조직의 요구와 매출 극대화라는 목표 간의 균형을 맞출 수 있다. 과업 갈등의 다른 예는 어떤 포장 디자인이 가장 좋은지, 품질과 수량 중 어느 것이 더 중요한지에 대해 직원들이 서로 의견이 다른 경우이다.

보상 시스템(compensation system)은 종종 조직 내에서 서로 다른 업무 목표를 만들어 낸다. 예를 들어, 마케팅 직원은 회사에서 판매한 제품 수에 따라 보상을 받지만, 생산 직원은 제품당 평균 비용을 기준으로 보상을 받는다면, 이 두 직원 간에 발생하는 갈등은 충분히 이해할 수 있다. 이러한 갈등은 피할 수도 있다. 갈등을 줄이는 하나의 방법은, 마케팅 직원과 생산 직원에게 판매와 비용에 대한 공동 책임을 부여하는 것이다. 직원, 작업 그룹 및 부서를 경쟁사나 어려운 경제 상황과 같은 공동의 적에 집중하게 하면 직원들이 공동의 목표를 추구하면서 단결하게 되고 갈등으로 인한 부정적인 영향을 줄일 수 있다.

10-1c 다양한 프로세스 목표

어떤 작업을 당신이 원하는 방식으로 하고 싶었는데, 다른 사람이 와서 그 방식 말고 다른 방식으로 수행하자고 주장한 경험이 있는가? 달성하고자 하는 목표는 같더라도 그 목표를 달성하는 방법에 대해서는 의견이 다를 수 있다. **프로세스 갈등**(process conflict)은 업무 수행 방법, 책임 소재, 업무 위임 방식에 대한 갈등을 반영한다.[16] 역할 모호성(role ambiguity)은 프로세스 갈등을 증가시킨다. 관리자가 직원에게 업무를 명확하게 위임하지 않으면 직원들은 가장 안전한 과제만을 수행하려 하고, 위험한 과제는 가급적 피하려 하는데, 이러한 상황에서 프로세스 갈등이 발생할 수 있다.

프로세스 갈등
작업을 수행하는 방법, 누가 무엇을 책임질 것인지, 그리고 어떻게 업무를 위임해야 하는지에 대한 갈등.

10-1d 개인 차이

관계 갈등
개인 또는 그룹 간의 비호환성이나 차이로 인한 갈등.

같이 일하는 상대방이 마음에 들지 않아서 함께 일하는 데 어려움을 겪은 적이 있는가? 이와 같은 갈등은 개인의 동기, 열망 또는 성격의 개인 차이로 인해 발생할 수 있다. 개인 차이(individual differences)는 개인 또는 그룹 간의 비호환성 또는 차이로 인해 발생하는 **관계 갈등**(relationship conflict)의 흔한 유발 요인이다. 관계 갈등은 성격, 특히 독단주의와 권력 동기와 같은 개인적 특성에 의해 촉발될 수도 있다. 관계 문제는 종종 분쟁을 부추기고 불필요한 역기능적 갈등의 소용돌이로 이어지기도 한다.

관계 갈등은 결코 좋은 일이 아니다. 실제로 대인 관계 갈등은 연령, 문화, 직종에 관계없이 모든 직원에게 스트레스의 주요 원인으로 인식되고 있다. 다양한 직종에 종사하는 종업원의 25%가 직장에서 가장 골치 아픈 스트레스로 대인 관계 문제를 꼽았다.[17] 또 다른 연구에서는 직장에서의 부정적인 사회적 상호작용이 직원들이 업무상 해롭다고 느끼는 상황의 75%를 차지할 정도다.[18]

관계 갈등은 주로 감정(보통 분노와 좌절)과 상대방의 인격, 성격 및 동기에 대한 상반된 인식에 의해 유발된다. 일부 갈등은 사람들이 자신과 다른 사람의 감정 및 느낌을 무시하기 때문에 발생한다. 또 다른 갈등은 어떤 사안에 대해 서로 다른 감정을 느낄 때 발생한다. 관계 갈등은 개인적이기 때문에 더 극단적으로 변하는 경향이 있다. 1,200만 달러 규모에 달하는 어떤 기업에서는 CEO와 COO의 관계가 극도로 악화되어 복도에서 서로를 피하고, 대화도 거의 하지 않으며, 서로 소통할 일이 있을 때에도 다른 사람을 통할 정도였다.[19]

관계 갈등은 구체적인 문제에 관한 것이 아니기 때문에 당사자 누구도 문제 해결에 관심이 없으며, 심지어 새로운 문제가 만들어질 수도 있다. 이러한 관계 갈등을 과업 갈등으로 전환하지 못하면 서로가 상대방을 신뢰할 수 없는 사람처럼 행동하고, 더 많은 문제를 찾게 되며, 상대방에 대해 더 화를 내기 때문에 상황은 거의 악화된다. 때로는 관계 갈등을 겪고 있는 직원을 다른 팀으로 이동시켜 분리해야 하는 경우도 있다.

프로젝트 팀으로 모여 처음 함께 일하면, 초기에는 프로세스 갈등이 낮지만 시간이 지남에 따라 점차 증가하는 경향이 있고, 프로젝트가 진행 중인 동안에는 중간 수준의 업무 갈등이 있으며, 프로젝트가 끝나갈수록 관계 갈등은 증가한다.[20] 이 경우, 서로가 존중하는 문화를 조성하고, 안전하고 균형 잡힌 관점 및 감정 표현을 강조한다면 관계 갈등을 억제하는 데 도움이 될 수 있다. 인텔(Intel)은 모든 신입 직원에게 갈등을 건설적으로 관리하는 방법을 교육한다. 이 회사의 종업원들은 서로 긍정적인 방식으로 다른 사람을 대하고, 다른 사람을 설득할 때에는 의견(opinion)보다는 사실(fact)을 사용하며, 관련된 사람보다는 문제에 집중하는 방법을 배운다.[21]

10-1e 자원 제약

이해 갈등
양립할 수 없는 요구 사항이나 경쟁으로 인한 갈등 또는 실제 자원의 제약.

희소한 자원의 가용성(availability)과 배분(allocation)은 조직 갈등의 주요한 원인이다. 결코 양립할 수 없는 요구와 인식, 또는 제한된 자원을 확보하기 위한 경쟁은 이해 상충을 일으킬 수 있다.[22] 이처럼 **이해 갈등**(conflict of interest)은 누군가가 자신의 필요를 충족하기 위해 다른 사람의 필요와 이익을 희생해야 한다고 믿을 때 발생한다. 이는 특히 자원(예: 돈이나 시간)을 나누는 것이, 한 쪽의 이익이 다른 쪽의 손실이 되는 제로섬 게임(zero-sum game)일 때 문제가 된다. 다음과 같은 문제들에 의해 이해 갈등이 발생할 수 있다.

- 시간, 비용, 물리적 자원을 포함한 실질적인 문제
- 분쟁 처리 방식과 관련된 절차적 문제
- 공정성에 대한 인식, 신뢰 또는 참여에 대한 관심 등 심리적 문제

이해 갈등은 양 당사자의 이해관계에 대한 공동 해결책을 모색함으로써 가장 잘 해결될 수 있다. 예를 들어, 더 많은 예산을 확보하거나 더 많은 사무실 공간을 확보하는 등 부족한 자원을 확충할 수 있다면 양측이 모두 만족할 수 있는 수준으로 갈등이 해결될 수 있다. 이해 갈등을 해결하면 창의성과 혁신이 증가하고 성과가 촉진되는 경우가 많다.[23]

10-1f 변화

변화(change)는 갈등을 유발하는 또 다른 요인이다. 실제로 갈등 없이 변화는 불가능하다는 말이 있다.[24] 갈등의 주요 원인 중 하나는 불확실성(uncertainty)이다. 조직 개편, 규모 축소, 비즈니스 전략 변경 등 조직의 변화는 불확실성과 자원 갈등의 위험을 증가시킨다. 규제나 시장 상황의 변화로 인해 여러 조직 그룹의 상대적 중요도가 달라지는 경우, 외부 변화도 갈등을 유발할 수 있다. 예를 들어, 강력한 신규 경쟁자가 시장에 진입하면 기업의 마케팅 및 광고 부서는 이전에는 연구개발 또는 인사 부서에서나 사용할 수 있었던 인적 지원을 받을 수 있다. 회사를 상대로 대규모 소송이 제기되면, 법무 부서의 상대적 지위와 지원의 수준이 높아질 가능성이 있다.

애플 컴퓨터가 Apple II 컴퓨터에서 Macintosh PC로 초점을 전환한 것은 변화에 수반될 수 있는 갈등을 잘 보여 주는 사례이다. 애플의 공동 창립자 스티브 잡스(Steve Jobs)가 회사 강당에서 새 컴퓨터를 발표할 때, Mac 사업부 직원들은 맨 앞자리에서 이를 지켜보았다. 반면에 Apple II 사업 부문에 종사하는 직원들은 사무실에서 폐쇄 회로 TV를 통해 잡스의 프레젠테이션을 지켜보아야 했다. 이러한 차별적 대우를 통해 잡스는 Mac이 회사의 미래이며, Apple II는 그다지 중요하지 않다는 메시지를 분명히 전달했다. 이로 인해 애플의 공동 창립자이자 Apple II을 발명했던 스티브 워즈니악(Steve Wozniack)이 사임하고 Apple II 직원들의 사기가 급격히 떨어지면서 상당한 내부 갈등이 이어졌다.[25]

Trong Nguyen/Shutterstock.com

애플의 공동 창업자 스티브 잡스는 회사 직원들에게 컴퓨터 개발의 새로운 방향에 대한 발표회를 진행할 당시, 당시 Apple II 사업부 직원들은 사무실에서 원격으로 보게 한 반면, 신제품인 Mac 컴퓨터 사업부 직원들은 발표회장 맨 앞줄에 앉아 행사를 지켜보았다. 이러한 이질적인 대우로 인해 갈등이 발생했고, 결국 애플의 또 다른 공동 창업자인 스티브 워즈니악이 사임하는 데 결정적인 역할을 했다.

10-1g 다른 가치

가치 갈등
신념 체계상에서 지각되거나 실재하는 가치의 비호환성으로 인해 발생하는 갈등.

각자가 가진 가치관과 세계관은 서로 다르다. 이러한 차이는 **가치 갈등**(values conflict)의 원천이며, 무엇이 좋은지 나쁜지, 옳은지 그른지, 공정한지 불공정한지에 대한 신념의 인지적 또는 실제적인 비양립성으로 인한 갈등을 발생시킨다. 가치 갈등은 사람이나 그룹이 서로 다른 가치관을 가지고 있거나, 세상을 다르게 이해할 때 발생할 수 있다. 예를 들어, 어떤 직원은 조직 구성원이라면 회사의 이익을 극대화하는 데 집중해야 한다고 믿는 반면, 또 다른 어떤 직원은 회사가 최대 다수의 사람들에게 최대 이익을 제공하는 데 집중해야 한다고 생각한다고 가정해 보자. 이 두 직원은 가치 갈등을 경험하고 있는 것이다.

가치에 대한 위반은 국가 문화에 따라 다르게 나타난다. 다양한 사건은 다양한 문화적 맥락에서 서로 다른 핵심 관심으로 인해 갈등을 유발할 수 있다. 예를 들어, 미국에서는 다른 사람의 권리를 침해하는 행위가 큰 분노를 유발하는 반면, 한국에서는 의무 위반과 남들이 보기에 부끄러운 행위가 더 큰 분노를 유발한다.[26] 미국인은 갈등을 개인의 권리 확보 및 침해의 문제로 인식하는 반면, 일본인은 의무와 책임에 대한 위반으로 인식하는 경향이 있고, 타협을 통해 해결해야 하는 것으로 본다.[27]

10-1h 원활하지 않은 커뮤니케이션

정보 갈등
필요한 정보가 부족하거나, 잘못된 정보를 제공받거나, 정보를 다르게 해석하거나, 관련 정보에 대해 의견이 일치하지 않을 때 발생하는 갈등.

불확실성은 갈등의 주요 원인 중 하나라는 점을 기억하자. 커뮤니케이션이 원활하지 않으면 불확실성이 증가하여 갈등의 가능성이 높아질 수 있다. **정보 갈등**(information conflict)은 중요한 정보가 부족하거나, 잘못된 정보를 얻거나, 정보를 다르게 해석하거나, 어떤 정보가 관련성이 있는지에 대한 동의가 이루어지지 않을 때 발생한다.

관리자가 전략의 변경이나 예정된 일정 변경을 일부 직원에게만 알리고 다른 직원들에게는 알리지 않는 경우, 중요한 정보를 알고 있는 직원과 정보가 부족한 직원 간에 갈등이 발생할 가능성이 높다. 이메일은 풍부한 의사소통을 제한하고 오해의 가능성을 높이기 때문에, 대면이나 전화를 통한 소통에 비해 갈등이 확대될 가능성이 더 높다.[28]

10-1i 직무의 상호 의존성

한 사람이 직무 수행에 필요한 자원이나 정보를 다른 사람에게 의존할 경우 갈등의 가능성이 높아진다. 동료와 함께 수업 과제를 수행한다고 상상해 보자. 과제의 성과가 자신의 능력보다 동료 학생이 수행한 작업의 품질에 달려 있는 경우, 과제를 반으로 나누고 각자 자신이 맡은 부분을 독립적으로 수행하는 경우보다 갈등이 발생할 가능성이 높다,

10-1j 조직 구조

구조적 갈등
조직의 구조적 또는 프로세스적 특징으로 인한 갈등.

구조적 갈등(structural conflict)은 조직의 구조적 또는 프로세스적 특징의 결과이다. 구조적 갈등은 수평적 또는 수직적 갈등일 수 있다. 수평적 갈등(horizontal conflict)은 라인(line)과 스태프(staff) 간에 발생하거나, 생산 부서와 마케팅 부서 간의 갈등처럼 동일한 조직 수준의 그룹 간에 발생하

기도 한다. 대표적인 예로 마케팅의 장기적 관점인 매출과 생산의 단기적 목표인 비용 효율성 사이에서 발생하는 마케팅-생산 간 갈등을 들 수 있다. 각 부서에 속한 직원들이 당면하고 있는 현실은 자신이 속해 있는 부서와 동일시되기 때문에, 이러한 성격의 갈등은 다른 부서에 대한 반응으로 정당화된다.[29]

수직적 갈등(vertical conflict)은 임금 문제, 혹은 업무의 통제권을 둘러싼 갈등을 포함하여 조직 내 다양한 계층 수준 간에서 발생한다. 노조와 경영진 간의 관계는 수직적 갈등의 대표적인 예이다.

수직적 갈등
조직 내 다양한 계층 수준 사이에서 발생하는 갈등.

구조적 갈등은 조직 구조로 인한 것이므로 조직 설계(organizational design)를 조정하면 구조적 갈등을 줄이거나 없앨 수 있는 경우가 많다. 부서의 구조적 설계를 환경의 요구와 일치시키면 효율성이 향상된다. 구조적 개입은 해당 부서의 갈등의 원인을 해결함으로써 적당한 수준의 건설적 과업 갈등으로 조절하여 관계 갈등을 최소화하는 데 초점을 맞춰야 한다.

10-1k 갈등 악화

안타깝게도 앞서 언급했듯이 갈등은 악화되는 경향이 있다. 갈등 악화(conflict escalation)는 갈등에 관련되어 있는 한 당사자(개인, 소그룹, 부서 또는 조직 전체)가 먼저 공격적인 전술을 사용할 때 발생한다.[30] 갈등 해결을 위한 건설적인 접근 방식이 실패하고 결렬되면 갈등이 확대된다. 갈등이 악화될수록 상황을 되돌리기가 더 어려워지고 역기능이 발생할 가능성이 높아진다. 표 10-2은 프리드리히 글라슬(Friedrich Glasl)의 9단계 갈등 악화 모델이다.[31]

갈등 악화의 첫 번째인 경화(hardening) 단계에서는 양측의 의견이 굳어지고 두 상대방의 갈등이 시작된다. 양자 간의 의견 차이가 있기는 하지만, 양측은 토론을 통해 문제를 해결할 수 있다고 믿는다. 두 번째 논쟁(debate) 단계에서는 양측의 의견이 대립되고 감정이 고조된다. 양측은 흑백의 논리로 생각하기 시작하고 자기 우월주의(self-superiority)와 상대 열등주의(opponent inferiority)의 관점을 채택한다. 건설적인 갈등은 일반적으로 두 번째 단계에서 해결된다. 세 번째 단계인 말보다 행동이 앞서는 단계(action over words)에서는 상대방에 대한 공감이 감소하고 '더 이상 대화가 도움이 되지 않는다'는 생각을 한다. 이 단계에서는 갈등이 점점 더 파괴적으로 변한다. 네 번째 단계인 이미지와 연합(images/coalition) 단계에서는 양측에 대한 부정적인 소문이 퍼지면서, 양측은 싸움을 준비하고 지지자를 찾아나서면서 서로에 대한 고정관념이 형성된다. 다섯 번째 단계인 깎아내리기(loss of face) 단계는 상대방의 공개적인 평판을 나쁘게 하기 위한 공개적이고 직접적인 공격이 시작되는 단계이다. 여섯 번째 단계인 전략적 위협(threat as a strategy) 단계에서는 위협과 그 위협에 대응한 맞위협(counter-threat) 행동이 증가한다. 이 단계에서는 최후통첩(ultimatums)이 이루어지고 갈등 확대가 가속화된다. 일곱 번째 단계인 제한된 전복 시도(limited attempts to overthrow) 단계에서는 상대방을 더 이상 인격체로 보지 않는다. 이 단계에서는 상대방을 전복시키려는 제한된 시도로 인해 약간의 개인적 피해는 허용 가능한 결과로 간주된다. 여덟 번째 단계인 적진 분열(fragmentation of the enemy)에서의 목표는 시스템의 파괴와 해체이며, 이 목표는 공격적으로 추구된다. 아홉 번째이자 마지막 단계인 무한 전쟁(together into the abyss) 단계로 돌입할 경우, 돌아

표 10-2

글라슬의 9단계 갈등 악화 모델

프리드리히 글라슬은 갈등이 어떻게 확대되는지 설명하는 9단계 모델을 개발하였다.

단계	주요 갈등 문제	행동	다음 단계로 이동하는 계기
1. 경화	• 객관적인 문제	• 토론	• 논증 전술
2. 토론	• 객관적인 문제 우월성/열등성	• 언어적 대립 • 감정적 압박 • 논쟁 • 토론	• 협의 없는 조치
3. 말보다 행동	• 객관적인 문제 • 자기 이미지 • 자신의 숙련도 증명	• 한 쪽이 좌절하여 상대와 상의하지 않고 행동을 취함 • 상대의 목표를 막고 상대의 양보를 강요함 • 언어적 의사소통 감소 및 비언어적 의사소통 증가	• 상대방의 신원을 직접 겨냥한 은밀한 공격
4. 이미지 및 연합	• 이슈에 대한 집중에서 갈등의 '승패' 사고방식의 개인화로의 전환 • 자신의 평판 저장	• 연합 결성 • 상대방의 핵심 정체성에 대한 공격 • 규범의 틈새를 악용하는 공격	• 체면 상실
5. 깎아내리기	• 기본 가치 • 자신의 존엄성 회복 • 상대 노출 • 상대에 대한 불신	• 상대의 평판 공격 • 자신의 명성 회복	• 전략적 위협 • 최후통첩
6. 전략적 위협	• 상대 제어	• 갈등 확대 • 미래 대안을 제한하는 위협 및 최후통첩 제시	• 최후통첩 또는 협박 실행
7. 전복 시도의 제한	• 자신보다 상대방에게 더 많은 피해 • 생존	• 상대를 전복시키려는 시도가 제한됨 • 사람으로 보이지 않는 상대	• 핵심을 공격하여 상대를 산산조각내기 위한 노력
8. 적진 분열	• 더 이상 승리할 수 없는 생존 • 상대의 악의보다 오래 버티기	• 상대를 산산조각내기 위한 행위 • 전력 기반을 파괴하여 상대를 전멸시킴 • 실제 의사소통 없음	• 포기 • 자기 보존 • 총력전
9. 무한 전쟁	• 개인 파괴를 포함한 모든 대가를 치르는 전멸	• 방대한 폭력으로 치루는 무한 전쟁 • 상대방이 파괴된다면 자신의 파괴도 받아들임	

Sources: Glasl, F. (1982). The Process of Conflict Escalation and Roles of Third Parties (1982). In *Conflict Management and Industrial Relations*, eds. G. B. J. Bomers & R. B. Peterson (pp. 119–140). The Hague: Kluwer Nijhoff Publishing; Glasl, F. (1992). Konfliktmanagement. *Ein Handbuch für Führungskräfte und Berater* (2nd ed.). Stuttgart: Bern; Glasl, F., & Kopp, P. (1999). *Confronting Conflict: A First-Aid Kit for Handling Conflict*. Binghamton, NY: Hawthorn Press.

표 10-3

동료 폭력 위험 요인

조직에서 동료 폭력의 위험을 높이는 요인에는 여러 가지가 있다.

• 다른 사람 감독하기
• 스트레스가 많은 환경에서 근무
• 성격 갈등
• 인력 부족 작업장
• 경기 침체기

갈 방법이 없는 완전한 대결이 된다. 자기 전멸의 대가를 치르더라도 상대방을 멸망시키고자 한다.[32]

이 갈등 악화 모델의 후반 단계는 극단적으로 들릴 수 있다. 하지만 안타깝게도 극단적인 직장 내 공격과 폭력은 실제로 발생한다. 표 10-3에는 직장 내 갈등이 폭력 위험 증가로 발전하는 데 관련된 몇 가지 요인이 요약되어 있다. 이러한 상황에서는 잠재적인 갈등에 특히 주의를 기울이고 갈등이 발생했을 때 신속하게 관리하는 것이 바람직하다. 공감과 연민의 감정을 불러일으키고 양 당사자가 공동의 목표에 집중하도록 하는 것도 갈등을 완화하는 데 도움이 된다. 공정성(fairness)은 갈등이 발생했을 때 폭력의 위험을 감소시키는 경우가 많다.[33]

10-1l 갈등 완화

비록 어떠한 갈등이 빠르게 확대되지는 않는다 하더라도, 여전히 해결되지 않은 갈등은 직원의 에너지를 소모하고 업무 성과를 떨어뜨린다. 갈등의 초기 단계에서 갈등이 확대되는 것을 관리하는 것이 분명 더 쉽다. 하지만 안타깝게도 갈등은 초기 단계에서 감지하기 어려운 경우가 많다. 갈등이 아직 미미하기 때문에 당사자들도 갈등이 더 이상 확대되는 것을 막기 위해 시간과 에너지를 투자할 동기가 거의 없다.

업무를 잘 수행하는 방법에 대해 동료와 의견이 일치하지 않아 갈등에 휘말린 경우, 갈등의 확대를 방지하는 좋은 방법 중 하나는 상대의 행동에 대해 과잉 반응하지 않고 상대방의 행동과 동일하게 반응하는 것이다. 때로는 적절하지 않은 대응이 갈등을 더 악화시킬 수 있다. 갈등의 초기 단계에서는, 서로의 역학 관계를 인식하고 개인 행동의 한계를 설정하면 효과를 얻을 수 있으며, 갈등 악화 프로세스에 휘말리는 것을 피할 수 있다.

TeeraponPromnam/Shutterstock.com

열린 소통과 토론을 통해 갈등을 완화할 수 있는 경우가 많다. 사진에 보이는 이 두 동료는 의견 차이를 좁히고 이제 합의에 이르렀음을 상징하는 악수를 하고 있다.

관리자는 갈등 완화 프로세스(de-escalation process)를 모델링하고 갈등 악화에 대한 제한(예: 위협이나 폭력 금지)을 설정하고 실행함으로써 갈등 악화의 가능성을 감소시킬 수 있다. 관리자는 갈등 해결 촉진자(conflict resolution facilitation) 역할도 할 수 있다. 앞서 설명한 글라슬의 9단계 갈등 악화 모델을 참조하면 갈등이 어느 정도 진행되었는지, 어떻게 대응하는 것이 좋은지 평가하는 데 도움이 될 수 있다. 또한 갈등이 다시 발생하지 않도록 지속적으로 모니터링하는 것도 중요한다. JP모건체이스(JP Morgan Chase)의 CIO(chief investment officer)인 아이나 드류(Ina Drew)가 라임병에 감염되어 출근을 하지 못하는 동안 드류의 부하 직원들 사이에는 긴장과 관계 갈등이 고조되었다. 이러한 문제로 인해 회사는 1년간 30억 달러 이상의 거래 손실이 발생했다.[34] 표 10-4에는 분쟁이 확대될 때 취해야 조치와 피해야 할 조치 사항이 요약되어 있다.

갈등이 해결된 후에는 당사자 간의 정의에 대한 관념과 신뢰를 회복하는 것이 중요하다. 함

표 10-4
갈등 완화

종업원들 간의 갈등을 완화하기 위해 관리자는 필요한 조치를 취할 수 있다. 갈등이 확대되는 것을 방지하기 위해 피해야 할 행동도 있다.

취해야 할 행동	피해야 할 행동
공감하는 경청자 되기	구두 또는 신체 언어를 통해 적대감을 표현하는 행위
상대방에게 집중	처음부터 모든 요청 거부
지연 전술을 사용하여 감정 확산을 위한 시간 만들기	도전, 위협, 대담함
보디랭귀지 조절 — 긴장을 풀고, 다리와 팔을 꼬지 않고, 눈을 맞춘다	목소리 높이기
양측 모두 윈윈할 수 있는 해결책을 찾을 수 있음을 강조	어느 한 쪽을 비난하거나 당사자의 체면을 손상시킬 수 있는 발언
감정이 아닌 문제에 집중	상황 또는 갈등 최소화하기

께 달성하려는 목표를 상기시켜 공동의 목표와 정체성을 강화하면 향후 갈등의 가능성을 줄이는 데 도움이 될 수 있다. 특히 업무 성과에 영향을 미치지 않는다면 갈등에 항상 개입할 필요는 없다는 점을 기억하는 것도 중요하다. 직원들이 교육과 경험을 통해 서로의 차이를 해결하고 갈등을 스스로 해결하는 방법을 학습하면, 갈등 해결을 위해 관리자에게 의존하는 정도는 낮아질 것이다.

10-1m 갈등에서 감정의 역할

갈등을 겪을 때 우리는 종종 어떤 감정을 느낀다.[35] 사실, 사람들은 다음 사항에 대해 감정적이라는 것을 인식하기 전까지는 자신이 갈등을 겪고 있다는 사실을 인식하지 못한다.[36] 갈등을 인식하는 것(perceiving)과 느끼는 것(feeling) 사이에는 중요한 차이가 있으며, 갈등을 느끼기 전에는 인식하지 못하는 경우가 많다.[37] 한 전문가에 따르면 "감정은 갈등의 중요한 요소이다. 감정은 현실에 대한 개인의 주관적인 해석 및 현재 상황에 대한 반응을 정의한다."[38] 감정적 요소는 관계 갈등에서 가장 분명하게 드러나기는 하지만, 과업 갈등 및 프로세스 갈등 상황에서도 감정이 개입될 수 있다.[39]

많은 경우, 인간의 감정(feeling)과 정서(emotion)는 그 사람이 갈등에 대처하는 방식에 영향을 미친다. 감정을 조절하고 문제에 집중하면 갈등이 확대되는 것을 방지할 수 있다. 상대방의 감정을 평가하고 인정하는 것도 갈등을 보다 효과적으로 관리하는 데 도움이 된다.

협업
양측이 원하는 것을 모두 충족시키려는 욕구를 반영하는 갈등 관리 스타일.

10-2 대인 관계 갈등 관리 전략

자신이 관여하고 있는 갈등의 원인을 이해했다면, 이를 해결하기 위한 최선의 전략을 강구해야 한다. 이 절에서는 타인에 대한 관심과 자신의 이익에 대한 관심이 다른 다섯 가지 갈등 관리 전략을 소개하고자 한다.[40] **그림 10-1**은 타인에 대한 관심과 자신의 이익 추구에 초점을 맞추는 이 다섯 가지 대인 갈등 관리 스타일을 비교한 것이다.

그림 10-1
대인 관계 갈등 관리 스타일

일반적인 대인 관계 갈등 관리 스타일에는 다섯 가지가 있다. 이 유형은 타인에 대한 배려와 자신에 대한 배려라는 측면에서 차이가 있다.

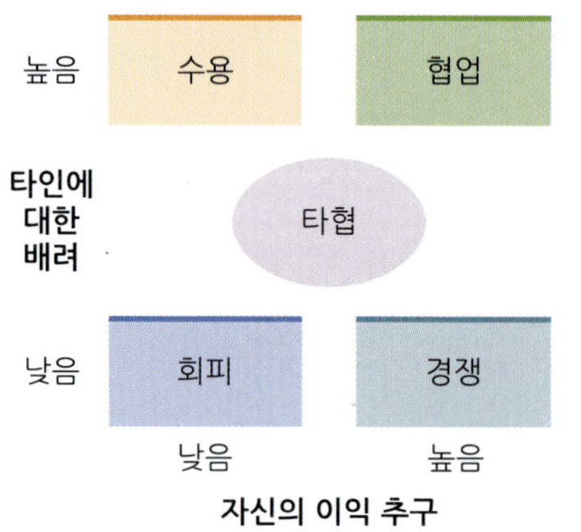

Source: Based on Rahim, M. A., & Blum, A. A. (Eds.) (1994). Global Perspectives on Organizational Conflict (p. 5). Westport, CT: Praeger.

협업(collaborating)은 자신의 이익에 대한 높은 관심과 상대방의 이익에 대한 높은 관심을 반영한다. 이 갈등 관리 스타일은 문제 해결을 강조하고 양측이 모두 원하는 결과를 추구한다. "양쪽의 요구를 모두 충족시킬 수 있는 해결책을 찾아보자"는 문구는 협업하는 갈등 관리 스타일을 반영한다. 협업은 해결책을 도출하는 데 필요한 커뮤니케이션에 상당한 시간과 에너지가 소요될 수 있지만, 결과에 대한 약속을 구축하는 데 도움이 된다. 한 당사자가 상대방의 신뢰와 개방적 태도를 역이용할 수 있는 위험이 있기는 하지만, 일반적으로 협업은 대부분의 갈등을 관리하기 위한 최선의 접근 방식으로 간주된다. 협업의 목적은 '나도 이기고 너도 이긴다'는 목표를 가지고 양측의 요구를 모두 충족시키는 것이다.

Bunyarit Klinsukhon/Shutterstock.com

대인 관계 갈등을 관리하기 위한 몇 가지 전략이 있다. 타협은 당사자들이 어떤 것에는 동의할 수 있지만 다른 것에는 동의하지 않을 때 자주 사용된다. 경영진과 노동조합 간의 갈등과 같은 특정 경우에는 타협안을 계약서 형태로 명시하여 법적인 강제력을 부여하려 한다.

타협(compromising)은 갈등을 끝내기 위해 양 당사자들이 무엇인가를 희생하는 갈등 관리 스타일이다. 이 중간의 접점을 찾으려는 갈등 해결 스타일은 자신의 이익과 상대방의 이익에 대한 적당한 고려를 반영한다. "중간에서 만날 수 있을 것 같다." 또는 "원래 입장을 재고해 볼 의향이 있다."고 말하는 것은 타협 스타일을 반영한다. 타협 스타일은 일시적인 해결책을 찾거나, 파괴적인 권력 투쟁을 피하기 위해, 또는 갈등을 신속하게 해결해야 할 때 자주 사용된다. 타협의 목표는 '나도 일부는 얻고 일부는 잃고, 당신도 일부 얻고 일부는 잃는 것'이다.

경쟁(competing)은 자신의 이익에 대한 관심은 높고 상대방에 대한 관심은 낮기 때문에 발생하는 갈등 관리 스타일이다. 이 접근 방식은 일반적으로 갈등을 일으킨 이슈가 중요하거나, 선례를 남기고자 할 때 사용된다. 그러나 한 쪽이 다른 쪽을 지배하려고 하기 때문에 이러한 갈등 관리 스타일은 갈등을 확대할 수 있으며 패자는 보복을 시도할 수 있다. 경쟁적인 갈등 관리 스타일을 사용하는 사람은 보통 위협이나 최후통첩을 사용한다. "이 제안을 받아들이지 않으면 거래는 끝이다."라고 말하는 것은 경쟁 스타일을 반영한다. 경쟁의 목표는 '내가 이기고 너는 지는 것'이다.

타협
갈등을 끝내기 위해 양측이 무언가를 희생하는 갈등 관리 스타일.

경쟁
상대방을 희생시키면서 자신의 이익을 추구하는 스타일.

수용(accommodating)은 협력적인 갈등 관리 스타일이다. 수용은 자신의 이익에 대한 관심은 낮고 상대방의 이익에 대한 관심은 높다는 것을 반영한다. 이 갈등 관리 스타일은 일반적으로 나보다 상대방에게 더 중요한 이슈를 다룰 때 사용된다. 이 스타일은 자신이 틀렸다는 것을 인식할 때도 적절하다. "당신에게 가장 좋은 것이라면 무엇이든 따르겠다."라고 말하는 것은 수용적인 스타일을 반영한다. 수용적 갈등 해결의 목표는 '내가 지고 네가 이기는 것'이다.

수용
협력적인 갈등 관리 스타일.

회피(avoiding)는 갈등을 무시하거나 갈등의 존재 자체를 부정하는 소극적인 갈등 관리 스타일이다. 이 스타일은 자신의 이해관계에 대한 관심과 상대방의 이해관계에 대한 관심이 모두 낮다는 것을 반영한다. 사소한 갈등을 관리할 때 이 전략을 사용하면 피해가 발생하지 않을 수 있지만, 중요한 문제가 관련되어 있을 때는 최대의 피해를 초래할 수 있다. 회피는 정보가 부족하거나 갈등 해결을 시도하는 것이 더 많은 문제를 일으킬 가능성이 있는 경우(아마도 상대방이 공격적인 스타일인 것으로 알려진 경우)에 사용된다. 회피 스타일의 가장 큰 단점은 당사자 모두의 이익에 부합하지 않을 수 있다는 것이다. 회피의 목표는 '승자도 패자도 없는 것'이다. 갈등은 때로는 불편하게 느껴지기 때문에 작업 그룹 구성원은 종종 회피와 같은 소극적인 형태의 갈등 관리에 의존하기도 한다.[41] 이 장의 Understand Yourself를 통해 선호하는 갈등 관리 스타일을 평가해 볼 수 있다.

회피
갈등을 무시하거나 갈등의 존재를 부인하는 행위.

일반적으로 조직의 목표를 달성하기 위해 사용되는 한, 대인 관계 갈등을 다루는 각 유형은 적절하고 윤리적이다.[42] 사람마다 선호하는 갈등 관리 스타일이 다르기 때문에 자신만의 스타일을

Understand Yourself

선호하는 갈등 관리 스타일

당신이 편하게 느끼는 갈등 관리 스타일을 선택한다. 자신이 선호하는 갈등 관리 스타일을 이해하면, 적절한 스타일을 더 잘 활용할 수 있는 방법을 생각해 볼 수 있다.

자신의 갈등 관리 스타일을 이해하는 데 도움이 되도록 각 스타일을 얼마나 자주 사용하는지에 따라 다섯 가지 갈등 관리 스타일의 순위를 매겨 보라.

______ 경쟁　　______ 회피

______ 협업　　______ 수용

______ 타협

가장 낮은 숫자의 스타일은 선호하는 갈등 관리 스타일을 반영한다. 이것이 당신을 정확하게 반영한다고 생각하는가? 그 스타일은 언제 가장 적합한가? 언제 가장 적합하지 않은가? 만약 다른 스타일을 선택한다면 무엇을 할 수 있는가?

Sources: Adapted from Tang, T. L. P. (1992). The Meaning of Money Revisited. *Journal of Organizational Behavior*, 13, 197–202; Roberts, J. A., & Sepulveda, C. J. (1999, July). Demographics and Money Attitudes: A Test of Yamauchi and Templer's (1982) Money Attitude Scale in Mexico. *Personality and Individual Differences*, 27, 19–35; and Yamauchi, K., & Templer, D. (1982). The Development of a Money Attitudes Scale. *Journal of Personality Assessment*, 46, 522–528.

적절히 적용하는 것이 중요하다는 점을 기억하자. 가장 중요한 것은 직장 내 갈등을 적극적으로 관리하는 것이다. 연구에 따르면 갈등은 스트레스와 정서적 피로로 이어진다고 한다.[43] 이 장의 Global Issues에서 배울 수 있는 것처럼, 문화적 가치관(cultural value)도 선호하는 갈등 관리 스타일에 영향을 미칠 수 있다.

Global Issues

문화에 따른 갈등 관리의 차이

각 문화권은 문화적 가치관의 차이에 의해 서로 다른 갈등 해결 전략을 채택한다.[44] 예를 들어, 미국 관리자에 비해 아시아 관리자는 갈등에 대해 명시적으로 논의하는 것을 피한다. 미국의 관리자는 자신이 선호하는 갈등 해결 방식을 상대방에게 설득하기 위해 우위를 점하고 적극적으로 경쟁하는 스타일을 선호하는 경향이 있다.[45] 중국 관리자는 타협과 회피를 선호하는 반면, 영국 경영진은 협력과 경쟁을 선호한다.[46] 아랍-중동 지역 경영진은 대인 관계 갈등을 처리할 때 통합하고 회피하는 스타일을 더 많이 사용한다.[47]

또 다른 예로, 인도 문화권에서 온 당신의 부하 직원은 당신의 체면을 세우기 위해 직접적인 피드백을 주는 것을 주저할 수 있다. 또한 다른 사람들이 주변에 있을 때는 특히 당신이 듣고 싶어하는 말만 할 수 있다. 인도인들은 건설적인 피드백을 요구할 때 긍정적인 것만 전달하는 경향이 있기 때문에, 그들이 말하지 않는 것을 알아채기 위해 더욱 주의 깊게 들어야 한다.[48] 자신의 공적 체면을 유지하려는 욕구는 지배적 갈등 스타일을 더 많이 사용하게 하며, 상대방의 체면을 유지하려는 욕구는 갈등 관리의 회피, 통합, 타협 스타일을 더 많이 사용하게 만든다.[49]

또한 집단주의 문화권(collective cultures)의 구성원들은 개인주의 문화(individualistic culture)가 강한 구성원들과는 갈등을 인식하고 관리하는 방식이 다르다.[50] 집단주의에서는 집단의 조화와 상호 의존성을 강조하며 개인주의는 개인의 권리와 독립성을 강조한다. 중국 문화는 집단주의적이고 미국 문화는 개인주의적이다. 집단 사회는 공공의 개입을 정당화할 만큼 심각해지기 전에 내부에서 갈등을 해결해야 하기 때문에 공개적인 갈등을 피하는 경향이 있다.[51]

10-3 갈등 프로세스

이상의 사항들을 종합한 갈등 프로세스가 **그림** 10-2에 요약되어 있다. 잠재적 갈등이 발생하면 양 당사자가 이를 인지하게 된다. 실재하는 의견 불일치는 인식된 의견 불일치와 다를 수 있으며, 갈등은 종종 인식된 의견 불일치를 과장하는 오해를 수반한다. 양쪽 모두 잠재적인 갈등에 대해 아무런 감정을 느끼지 않는다면 갈등은 더 이상 확대되지 않는다. 예를 들어, 라이언(Ryan)은 상사와 업무 수행 방법에 대한 의견이 다르다. 하지만 그가 상사의 방식대로 수행해도 상관없다고 생각한다면 양쪽 모두 의견 불일치에 대해 감정을 느끼지 않고 갈등이 종료된다. 반면에 자신의 방식이 더 효과적이라고 강하게 느끼거나, 상사가 취한 방식은 효과가 없을 것이라고 생각한다면 감정이 느껴질 수 있다. 이 경우 갈등이 확대되기 시작한다. 그러면 양쪽 모두 갈등을 건설적으로 종결하든지, 아니면 갈등을 계속 확대시켜 파괴적인 상황까지 이르게 하든지, 어느 한 가지의 갈등 관리 전략을 실행하게 된다.

그림 10-2
갈등 프로세스

갈등 프로세스에는 갈등의 방향과 규모를 정의하는 몇 가지 요소가 포함된다. 의견 불일치, 감정, 그리고 악화는 모두 중요한 역할을 하며 최적의 갈등 관리 전략을 제시한다.

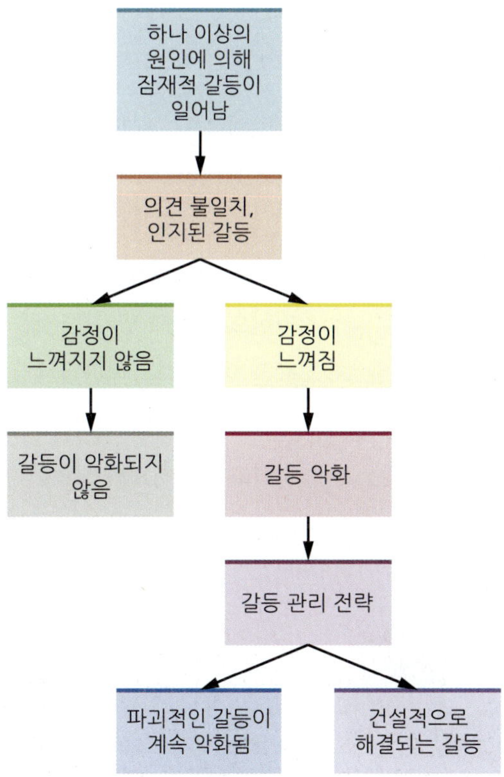

10-3a 갈등 관리 기술

다행히 대부분의 관리자는 효과적인 갈등 관리에 필요한 기술을 배울 수 있다. 갈등 해결 교육 전문가들은 다음과 같은 네 가지 방안을 제안한다.[52]

1. 경청하기(상대방의 입장을 이해하고 있다는 것을 보여 주기 위해 눈을 맞추고, 말을 바꾸고, 상대방의 의사를 다른 말로 표현하는 것 포함)
2. 질문하기
3. 비언어적 의사소통
4. 중재

표 10-5
경력 개발을 위한 최고의 갈등 해결 행동과 최악의 갈등 해결 행동

관리자가 갈등에 대처하는 방식은 경력에 큰 영향을 미칠 수 있다. 효과적인 접근 방식과 효과적이지 않은 접근 방식이 있다.

최고의 갈등 해결 행동	최악의 갈등 해결 행동
• **관점 취하기:** 상대방의 입장이 되어 그 사람의 관점을 이해하려고 노력한다. • **직위보다는 관심사에 집중하기:** 이해관계에는 고객에게 더 나은 서비스를 제공하거나 업무 기대치를 명확히 하는 것이 포함될 수 있다. 결과에 초점을 맞추면 갈등의 근본 원인이 해결될 가능성이 높아진다. • **해결 방안 만들기:** 다른 사람 또는 그룹과 브레인스토밍하고, 질문하고, 문제에 대한 해결책을 만들어 보라. • **감정 표현하기:** 상대방과 솔직하게 이야기하고 자신의 생각과 감정을 표현한다. • **먼저 다가가기:** 상대방에게 먼저 다가가서 먼저 손을 내밀고 화해를 시도한다. • **문서화:** 동의와 이견이 있는 부분을 문서화하여 공통의 이해와 명확한 의사소통을 보장한다. • **완화:** 공통 관심사를 강조하면서 양측의 차이점을 완화한다. • **갈등과 관련하여 상대방이 취하기를 바라는 구체적인 몇 가지 조치를 제시해 달라고 요청:** 예를 들어 "금요일 오전 10시라는 마감일을 맞출 수 있도록 수요일 정오까지 보고서를 보내 주세요."라고 말하는 것이다.	• **갈등 회피:** 갈등이 지나가기를 바라며 갈등을 피하거나 무시하는 것은 거의 성공하지 못한다. • **어떤 대가를 치르더라도 승리하기:** 자신의 의견을 강력하게 주장하고, 입장 변화를 고려하지 않고, 대인 관계의 대가를 치르더라도 무조건 이기려고 하는 것은 신속하고 만족스러운 갈등 해결에 도움이 되지 않는 접근 방식이다. • **분노 표출:** 분노를 표현하고, 언성을 높이고, 거칠고 화난 단어를 사용하면 상대방이 방어적인 태도를 취하게 되어 갈등 해결이 더디거나 불가능해질 수 있다. • **상대방을 비하하는 행위:** 상대방을 비웃고, 상대방의 생각을 조롱하고, 비꼬는 것은 무례한 행동이며 갈등 해결에 도움이 되지 않는다. • **보복하기:** 상대방의 업무를 방해하고, 상대방에게 보복하고, 복수를 시도하는 것은 비전문적이고 무례한 행동이며 갈등 해결에 도움이 되지 않는다. • **갈등 당사자를 따로 만나기:** 갈등에 관련된 각 직원의 유일한 목표는 자신의 사건의 장점을 설득하는 것이기 때문에, 각 당사자와 따로 만나면 당사자는 갈등 해결에 전념하기보다는 자신의 입장에 더 집착할 가능성이 높다.

Sources: Delahoussaye, M. (2002, June). Don't Get Mad, Get Promoted. *Training, 39*, 20; Heathfield, S. M. (2009). Workplace Conflict Resolution: People Management Tips. About.com. Available online: http://humanresources.about.com/od/managementtips/a/conflict_solue.htm; Susskind, L., & Cruikshank, J. (1987). *Breaking the Impasse: Consensual Approaches to Resolving Public Disputes*. New York, NY: Basic Books.

갈등을 중재하는(mediate) 경우, 특정한 답변을 유도하는 질문보다는 어떠한 답변이라도 수용할 수 있는 개방적인 질문을 하고, 고개를 끄덕이는 등의 비언어적 단서를 사용함으로써 자신이 진심으로 돕고 있다는 것을 보여 준다. 비언어적 단서를 포착하고 추가 정보를 찾아보라. 중재 기술은 열린 마음, 비판적이지 않으며 침착함 유지, 공감과 민감성 발휘, 중립 유지, 기밀성 존중, 유연성과 탄력성 발휘 등을 포함한다.[53] 양 당사자가 상호 협력 없이는 도달할 수 없는 상위 목표를 파악하고 소통하도록 노력한다.

갈등을 성공적으로 해결하는 개인의 능력은 리더로서의 효과성과 관련되어 있다.[54] 갈등 관리 능력이 떨어지는 관리자는 높은 자리로 올라갈 수 없다.[55] 갈등 해결 행동과 승진자로서의 적합성 인식 사이에는 강한 상관관계가 있으며,[56] 이 내용은 표 10-5에 요약되어 있다.

Astrakan Images/Image Source/Getty Images

경청은 중요한 갈등 관리 기술이다. 사진 속의 이 여성은 자신이 왜 동료에게 불만을 품고 있는지 설명하고 있다. 한편 동료는 그녀가 무슨 말을 하는지 주의를 기울이고 있다. 경청하는 기술은 상대방이 너무 화를 내지 않도록 도와주고 더 나은 업무 관계를 발전시키는 데 도움이 될 것이다.

10-3b 건설적인 갈등 만들기

경영의 선구자인 워렌 베니스(Warren Bennis)는 "리더는 갈등을 피하거나 억압하거나 부정하지 않고, 오히려 갈등을 기회로 여긴다."라고 말했다.[57] 이 장에서는 갈등이 더 나은 의사 결정, 더 나은 관계 및 기타 긍정적인 결과로 이어질 수 있다는 것을 배웠다. 하지만 대부분의 사람들은 갈등을 싫어한다. 갈등을 피하거나, 갈등을 일으키는 반대 의견을 억누르는 것이 창의적이고 효과적인 아이디어와 해결책을 이끌어 내는 데 있어 더 쉽고, 스트레스가 적고, 경력에 덜 위험한 방안이라고 여긴다. 종종 우리는 자신이 옳은지 확신하지 못하면서도 조롱이나 거절을 두려워할 수 있다.[58] 그러나 갈등을 피하는 조직은 글로벌 환경에서 성공적인 경쟁을 펼치는 데 점점 더 어려움을 겪게 될 것이다. 그렇다면 관리자는 갈등의 긍정적인 결과를 실현하기 위해 무엇을 할 수 있을까?

성공적인 디자인 회사 아이디오(IDEO)는 브레인스토밍(brainstorming)의 세 가지 규칙을 사무실 벽면에 붙여 놓았다고 한다. (1) 아이디어의 양에 집중하고, (2) 다른 사람의 아이디어를 비판하지 않으며, (3) 다른 사람의 아이디어를 정교화하고 구축한다.[59] 에머슨 전자(Emerson Electric)에서는 갈등을 전략 계획 프로세스의 기본 요소로 삼아 활발한 토론 분위기를 조성한다.[60] 호텔 업체인 메리어트(Marriott)는 관리자가 직원에게 어떤 일을 요구하는 이유를 설명할 수 없는 경우, 직원은 그 일을 하지 않아도 된다는 정책을 가지고 있다.[61]

Wirestock Creators/Shutterstock.com

관리자는 때때로 사고를 자극하고 새로운 아이디어를 개발하기 위해 건설적인 갈등을 일으킬 필요가 있다. 예를 들어, 이 브레인스토밍 팀에서 팀원들은 다양한 대안을 발견하고 이를 범주화하여 논의하고 있다.

조직에서는 건설적인 갈등의 성공적인 해결을 위해, 갈등 회피자에게 불이익을 주는 조치를 취하기도 한다. 또한 건설적인 갈등에 참여하는 직원에게 보상을 제공하면 조롱이나 거절에 대한 직원의 두려움을 줄이는 데 도움이 될 수 있다. 반대 의견을 제시해 준 것에 대해 "감사하다."라는 간단한 인사말만으로도 직원들에게 자신의 의견을 말해도 괜찮다는 신호가 된다. 건설적인 대화에 익숙한 직원 혹은 효과적인 갈등 관리 전략을 사용하는 경향이 있는 사람을 채용하면 건설적인 갈등을 개선하고 조직의 성과를 향상시킬 수 있다.

한 명 이상의 직원에게 악마의 대변자(devil's advocate) 역할을 맡기면 서로 다른 관점을 도입할 수 있는 보다 안전한 환경을 제공하여 건설적인 갈등을 유발하는 데 도움이 될 수 있다. 여러 그룹이 문제를 개별적으로 논의한 다음, 서로 다른 관점을 공통의 프레임워크에 더 잘 통합하기 위해 함께 논의하는 변증법적 방법(dialectical method)은 다양한 관점이 표현되고 의사 결정에 통합될 수 있도록 보장함으로써 갈등을 줄이는 데 도움이 될 수 있다.

10-4 협상 프로세스

누구나 언젠가는 협상을 해야 할 때가 있다. 예를 들어 친구와 저녁 식사 장소를 논의하거나, 새 차 가격을 흥정하거나, 상사에게 급여를 인상해야 한다고 설득하는 것도 모두 협상이다.[62] 우리는 종종 다른 사람들과 갈등을 겪으며 해결책을 찾기 위해 협상을 해야 하는 상황을 경험한다. 따라서 협상 기술을 익히는 것은 관리자에게 매우 중요할 뿐만 아니라 모든 직원의 업무 효율을 향상시키는 데도 도움이 된다.

10-4a 협상 기술

협상
두 명 이상의 당사자가 합의에 도달하기 위해 제안, 반대 제안 및 양보를 하는 프로세스.

협상(negotiation)은 두 명 이상의 당사자가 합의에 도달하기 위해 제안, 반대 제안, 양보를 하는 과정이다. 대부분의 관리자는 여러 협상을 업무의 일부로 수행한다. 고객 및 공급 업체와의 업무 제안 및 계약을 협상해야 하고, 확보한 자원을 다른 부서와 공유해야 하며, 상사 및 부하 직원과도 합의를 이루어야 한다. 성공적인 협상가가 되려면 효과적인 경청, 의사소통, 계획, 설득, 전략 수립, 협력 기술이 필요하며 이러한 기술은 연습을 통해 익힐 수 있다.

한 연구에 따르면, 취업 제의를 받았을 때 연봉 협상을 한 학생은 최초의 제안보다 7~8% 더 많은 연봉을 받았지만, 남성의 52%가 협상을 한 반면 여성은 12%만이 협상을 한 것으로 나타났다.[63] 연봉 협상을 하지 않음으로써 많은 여성 교수가 은퇴할 때까지 약 50만 달러 이상을 손해 보는 것으로 나타났다. 또한 여성은 남성보다 협력적인 협상 스타일을 사용하는 경향이 있지만 그 차이는 상당히 작다. 협상 행동과 결과에 성별 차이가 있을 수 있다는 사실은 구직자, 특히 여성 및 기타 성 정체성을 가진 구직자뿐만 아니라 기업에게도 중요하다. 신입 사원의 초봉은 부분적으로 협상을 통해 결정되기 때문에 성별에 따른 임금 격차가 발생하고, 이 격차는 시간이 지남에 따라 상당히 커질 수 있다. 이로 인해 기업은 차별에 대한 소송을 당할 위험에 처할 수 있다.

분배적 협상
한 당사자의 이익은 다른 당사자의 동등한 손실로 상쇄되는 형태의 협상.

협상의 두 가지 유형은 분배적 협상과 통합적 협상이다. **분배적 협상**(distributive negotiation)은 한 당사자가 얻는 이익이 상대방이 얻는 손실과 동등한 수준으로 상쇄되는 제로섬(zero-sum) 조건에서 발생한다. 분배적 협상은 본질적으로 관련 당사자 간에 자원을 배분한다. 분배적 협상은 승패의 방식으로 갈등을 구조화하기 때문에 경쟁적이고 적대적인 경향이 있다. 예를 들어, 한 관리자가 회사의 총예산에서 1달러를 더 받을 때, 다른 누군가는 1달러를 덜 받게 된다.

야후(Yahoo!) 전 CEO인 제리 양(Jerry Yang)은 마이크로소프트와의 협상 실패로 인해 많은 비난을 받았다. 협상 과정에서 제리 양이 보인 행동은 그가 분배적 협상 전략을 추구하면서 자신의 협상 위치를 잘못 파악한 것으로 나타났다. 하이테크 분석가인 롭 엔덜(Rob Enderle)은 제리 양이 "계속 더 많은 돈을 받아야 한다고 말하면서 자신의 위치가 얼마나 불안정한지 깨닫지 못했다."고 설명했다.[64] 양은 결국 야후! 이사회에 의해 해고되었다.

통합적 협상
어느 쪽도 손해를 보지 않는 윈윈 협상.

통합적 협상(integrative negotiation)은 어느 쪽도 손해를 보지 않는 윈윈(win-win) 협상이다.[65] 일반적으로 통합적 협상은 협상이 끝났을 때 어느 쪽도 손해 봤다고 느끼지 않기 때문에 분배적 협상보다 낫다. 통합적 교섭은 장기적으로 좋은 관계를 구축하는 데 도움이 되며 원한을 최소화한다. 이는 협상이 끝난 후에도 양측이 지속적으로 협력해야 할 때 특히 유용하다.

통합적 협상의 전형적인 예로는 오렌지 하나를 둘러싼 분쟁을 들 수 있다. 두 사람이 오렌지 전체를 원한다는 입장을 취할 경우, 분쟁의 중재자는 각자에게 오렌지의 절반씩을 준다. 하지만 양측의 이해관계를 고려했다면 서로 윈윈할 수 있는 다른 결과가 나올 수도 있었을 것이다. 한 사람은 오렌지의 과육을 먹고 싶었지만 다른 한 사람은 쿠키를 굽는 데 사용할 껍질만 원할 수 있다. 중재자가 양측의 이해관계를 이해했다면 두 사람 모두 절반이 아닌 원하는 것을 모두 얻을 수 있었을 것이다.[66]

통합적 협상의 네 가지 기본 원칙은 다음과 같다.[67]

1. 문제와 사람을 분리한다. 관계 문제(또는 감정, 오해, 의사소통 문제와 같은 '사람 문제')를 실질적인 문제와 분리하여 독립적으로 처리한다.
2. 직책이 아닌 이해관계에 집중한다. 사람들이 원하거나 필요하다고 말하는 것이 아니라 사람들이 진정으로 원하고 필요로 하는 것에 대해 협상한다.
3. 상호 이익을 위한 옵션을 고안한다. 한 쪽이 이기려면 다른 쪽은 져야 한다는 기존 입장을 고수하는 대신 양쪽이 모두 이길 수 있는 새로운 해결책을 모색한다.
4. 객관적인 공정성 기준을 주장한다. 협상된 계약에 대한 객관적인 공정성 기준이 외부에 존재하는 경우(예: 다른 회사의 단체 협상 조건 등)가 가장 이상적이다.

ITT의 수석 부사장 겸 인사 담당 이사인 스캇 크럼(Scott Crum)은 양측이 타협하지 않고 서로의 이익을 만족시키는 통합적 교섭에 중점을 둔다. 이를 위해 크럼은 자신의 협상 스타일과 전술을 통해 신뢰를 구축하는 데 중점을 둔다. 그는 먼저 당사자들에게 요구 사항이 아닌, 자신의 관심사를 먼저 말하도록 요청한다. 관심사를 먼저 파악하면 양측의 요구 사항에 대한 이해도가 높아질 뿐만 아니라 신뢰도 쌓이다. 크럼은 존중이 신뢰를 쌓고, 이는 개방성으로 이어지며, 이는 지속적이고 최종적인 윈윈 솔루션을 달성하는 데 매우 중요하다고 생각한다.[68]

협상을 진행할 때, 상대방에 대해 조사하고 이해하는 것도 도움이 된다. 상대방의 배경, 상호작용, 협상 스타일을 더 잘 이해할수록 더 효과적으로 협상할 수 있다. 긍정적인 대화로 시작하고, 개방적이고 신뢰하는 환경을 조성하며, 서로 윈윈할 수 있는 상황을 강조한다. 철저하게 준비하고, 적극적으로 경청하며, 대안을 생각해 보라. 선택지가 많다고 느낄수록 협상에서 유리한 위치에 설 수 있다.[69]

다음은 효과적인 협상가가 되기 위한 몇 가지 제안 사항이다.[70]

- 협상에 들어가기 전, 모든 측면을 평가하고 상대방의 목표를 고려한다. 또한 협상 상대방이 당신이 원하는 것을 줄 수 있는지, 아니면 당신이 원하는 것을 주기 위해서는 다른 사람의 허가를 받아야 하는지 파악한다.
- 거래를 양자택일의 문제로 보지 마라. 협상은 타협이다.
- 양측이 문제에 대한 상대방의 인식과 서로의 관심사를 알고 있는지 확인한다.
- 우선순위를 파악하고, 포기할 수 있는 것과 포기할 수 없는 것을 파악한다. 고용 계약을 협상하는 경우, 자신에게 가장 중요한 것(예: 더 많은 휴가, 서명 보너스)과 덜 중요한 것(예: 명망 있는 직책)을 파악한다. 모든 것이 중요한 것처럼 행동하고 덜 중요한 것에 대해서는 마지못해 양보한다. 상대방은 이러한 양보를 승리로 여기고 더 중요한 것에 대해 양보할 수 있다.
- 레버리지(leverage)의 원천을 파악하고 활용한다. 레버리지는 협상 상황에서 상대방에게 도움이 되거나 방해가 될 수 있는 모든 요소로 구성된다. 예를 들어, 반드시 판매하기를 원하는 판매자는 불리할 수 밖에 없다. 또한 상대방이 빨리 뭔가 결정을 내고자 한다면, 당신은 협상에서 우위를 점할 수 있다. 또한 여러 제안을 동시에 받아 검토한다면, 당신의 협상력을 높일 수 있다.

- 상대방의 입장을 이해하고 있다는 것을 보여 준다. 상대방의 감정을 반영함으로써 상대방이 당신을 같은 편으로 간주하도록 도와준다. 상대방이 좌절하는 것처럼 보이면 당신이 상대방이 좌절하고 있다는 사실을 알고 있음을 알려라. 상대방이 "나도 정말 답답해!"라고 대답하면 이제 서로가 무언가에 동의하는 것이다. 상대방의 감정에 공감하면 따뜻하고 생산적인 분위기를 유지하는 데 도움이 된다.
- 감정을 억제한다. 협상은 긴장을 유발하고 감정을 자극할 수 있다. 자신의 목표를 끊임없이 상기하면, 적절한 수준의 냉정함을 유지하고 협상을 명확하게 이해하는 데 도움이 될 수 있다. 협상 중인 사안에 이성적으로 집중하고 감정이 격해지기 시작하면 잠시 휴식을 취한다. 또한, 너무 많은 욕심을 드러내지 않도록 주의한다. 그렇지 않으면 협상력이 떨어질 수 있다. 당신이 감정적으로 무언가를 원한다는 것을 상대가 눈치채면 당신의 협상력은 약해진다.
- 본인의 'BATNA'를 안다. BATNA란 '협상된 합의에 대한 최선의 대안(best alternative to a negotiated agreement)'의 약자이다. 협상이 이루어지지 않았다면 할 수 있었던 일 또는 상대방과 합의에 도달할 수 없는 경우 할 수 있는 일을 의미한다. 협상의 목적은 이 최선의 대안과 비교하여 상대방과 합의를 도출함으로써 자신의 이익을 더 잘 충족시키는 것이다. 협상 중인 합의안과 BATNA를 비교하지 않는다면 자칫 아예 합의를 하지 않는 것보다 더 나쁜 합의를 할 수 있다.[71] 협상이 교착 상태에 빠진 경우, 백업 계획을 진행할 준비가 되어 있음을 상대방에게 알리는 것도 프로세스를 다시 시작하는 데 도움이 될 수 있다. 이 장의 Improve Your Skills에서는 협상 기술 향상을 위한 몇 가지 팁을 제공한다.
- 언제 물러나야 하는지 파악한다. 더 이상 타협할 수 없고 적어도 한 쪽이 조건을 받아들이지 않으려는 경우 협상을 종료해야 할 때이다.

Improve Your Skills

올바른 협상의 기술

해야 할 것

- 철저히 준비하기
- 침묵을 유리하게 활용하기
- 따뜻한 인사를 건네고 친밀감 형성하기
- 자신의 위치와 포기할 수 있는 것과 포기할 수 없는 것을 이해하기
- 자신감 있는 자세를 유지하고, 몸을 앞으로 기울이고, 미소 짓기
- 좋은 눈 맞춤 유지
- 양질의 열린 질문 던지기
- 명확하고 신중한 방식으로 말하기
- 공감 표시
- 제어된 에너지 표시

피해야 할 것

- 끊임없이 눈을 마주치기
- 그룹 구성원의 의견 무시하기
- 상대방이 있는 곳에서 승리 축하하기
- 차갑거나 거친 목소리
- 닫혀 있는 태도의 보디랭귀지(팔짱을 끼고 고개를 숙이고 눈을 마주치지 않음)

10-4b 협상의 문화적 문제

국가 문화마다 선호하는 협상 스타일이 다르다. 예를 들어 러시아인은 데드라인을 무시하고 양보를 나약함의 표시로 여기는 경향이 있다.[72] 프랑스인과 같은 일부 문화권에서는 다른 문화권보다 갈등에 더 익숙하다. 프랑스인들에게는 재치 있는 말 혹은 외교적인 언행도 중요하지만, 이들은 매우 직접적으로 상대편의 주장에 대해 질문하고 조사하는 경우가 있다.[73] 사우디아라비아에서는 체면을 지키는 것이 필수적이다. 상대방에게 당혹감을 주는 것은 협상에 재앙이 될 수 있다. 사우디아라비아 사람들에게는 따뜻한 관계를 유지하는 것도 중요한다.[74] 인도와 같이 집단에 소속감을 갖고 규범을 준수하며 집단 구성원 간의 조화를 중시하는 집단 지향적 문화(group-oriented culture)에서 개인의 선호를 주장하는 것은 덜 효과적일 수 있다.[75] 이라크인들은 실제로 말하는 내용보다 말하는 방식에 더 많은 주의를 기울인다. 차분하고 감정적이지 않은 방식으로 전달되는 메시지는 감정을 담아 전달되는 메시지보다 무게와 신뢰도가 떨어진다.[76] 다른 사람들로부터 호감을 얻고자 하는 미국인의 욕구는 여러 문화권에 잘 알려져 있기 때문에, 다른 문화권의 숙련된 협상가들은 협상의 결과에 좋을 경우 친구 관계를 맺을 수 있다는 점을 내세움으로써 협상에서 우위에 서고자 한다.[77]

ESB Professional/Shutterstock.com

문화적 차이는 협상에서 중요한 역할을 할 수 있다. 예를 들어 미국, 유럽, 아시아, 중동 사람들은 서로 다른 협상 스타일을 가지고 있다. 문화적 차이를 인식하면 문제와 오해를 피하는 데 도움이 된다.

서로 다른 문화적 규범 때문에 자신이 무례한 대우를 받았다고 생각하면 프로젝트 전체가 망가질 수 있다. 한미 협상(Korean-US negotiation)에서 미국 협상단은 한국의 협상팀으로부터 정보를 얻는 데 어려움을 겪었다. 그들은 한국 고위 경영진에게 직접 불만을 제기했으며, 협상이 거의 결렬될 뻔 했다. 한국 문화에서는 위계 질서를 엄격하게 고수하기 때문에, 고위급 관리자들은 이러한 행동에 불쾌감을 느꼈다. 한국의 문화에서는 자신들보다 낮은 직급인 협상단이 미국 협상단보다 먼저 이 문제를 보고했어야 했다. 한국 협상단 역시 자신들이 상사에게 보고도 하기 전에 미국 측에서 먼저 상사를 끌어들인 것에 대해 분개했다. 결국 미국 고위 관리자들이 한국을 방문하여 한국 팀원들에게 적절한 사과의 뜻을 전한 후에야 위기는 해결되었다.[78] 문화 간 협상은 협상 대상 이외의 문제에도 주의를 기울여야 한다는 점을 분명히 알아야 한다. 다양한 협상 전술의 적절성, 관계 발전에 중점을 두어야 할 부분, 마감 시한에 대응하는 방법, 심지어 협상을 개최해야 하는 장소까지 모두 국가 문화의 영향을 받는다. 국가 간 협상을 할 때는 특히 여러 가지 준비가 중요하다.

10-4c 대체적 분쟁 해결

때때로 두 당사자가 직접 협상을 통해 수용 가능한 합의에 도달하지 못하는 경우가 있다. 이러한 경우 당사자들은 교착 상태를 극복하고 재판을 피하기 위해 제3자를 개입시킬 수 있다. 이 과정을 **대체적 분쟁 해결**(alternative dispute resolution)이라고 한다. 대체적 분쟁 해결에는 세 가지 유형이 있다.

대체적 분쟁 해결
당사자 간의 교착 상태를 극복하기 위해 제3자를 협상에 참여시키는 행위.

조정
제3자가 당사자 간의 긍정적인 관계를 구축하고만족스러운 합의를 유도한다.

중개
공정한 제3자인 중개자는 설득과 논리를 이용하여 토론을 용이하게 하고 대안을 제시하며 각 측의 우선순위를 설정함.

중재
제3자가 관여하며 일반적으로 당사자에게 합의를 강요할 권한이 있음.

1. **조정**(conciliation): 제3자가 당사자 간의 긍정적인 관계를 구축하고, 의사소통을 개선하며, 토론을 촉진한다. 양 당사자가 만족스러운 합의를 하도록 유도하며, 양 당사자가 사전에 동의한 경우, 구속력 있는 의견을 제시할 수 있다.
2. **중개**(mediation): 공정한 제3자(중개자)가 설득과 논리를 사용하여 대안을 제시하고 양측의 우선순위를 정하여 토론을 촉진한다. 중개 자가 합의안을 제안할 수 있지만 강제력은 없다.
3. **중재**(arbitration): 제3자가 개입하며 일반적으로 당사자에게 합의를 강요할 수 있는 권한을 가진다.

조정은 대체적 분쟁 해결 절차의 첫 번째 단계인 경우가 많다. 조정자는 당사자가 수락하거나 거부할 수 있는 해결책을 제안할 수 있지만, 조정의 목표는 어디까지나 당사자가 더 잘 소통하고 스스로 문제를 해결하도록 하는 것이다. 중재와 중개 또한 공정한 결과라는 이상을 추구한다.

중개는 자발적이고 구속력이 없는 절차이지만, 중재 결과는 법적 구속력이 있다. 갈등이 크게 확대되지 않았고 양측 모두 협상을 통해 갈등을 해결하려는 동기가 있다면 중개는 매우 효과적일 수 있다. 중개자가 중립적이라고 인식되지 않는다면 중개가 효과적이지 않을 가능성이 높다.

Fizkes/Shutterstock.com
중개는 대체적 분쟁 해결의 일반적인 형태이다. 사진에서의 중개자는 메모를 하며 다른 두 사람이 분쟁을 해결할 수 있도록 돕고 있다. 효과적인 중개자가 되려면 훈련과 기술이 필요하다.

중재는 계약이나 법률에 의해 요구되거나 당사자가 동의하는 경우 자발적으로 이루어질 수 있다. 협상 당사자는 중재인(arbitrator)이 협상 당사자의 최종 제안 중 하나를 선택하도록 제한하거나, 중재인이 원하는 대로 자유로운 판단을 내릴 수 있도록 하는 등 중재 규칙을 정할 수 있다. 중재는 조정과 달리 항상 합의로 이어지지만, 적어도 한 당사자가 불만족스러워할 가능성이 높기 때문에 나중에 갈등이 재연될 수 있다. 2018년을 기준으로, 미국 내 비노조 민간 고용주의 절반 이상(54%)이 고용 계약에 의무 중재 조항을 두어 직원들이 사적 영역에서 분쟁을 해결하도록 강제하고 있다.[79]

옴부즈맨
불만 사항을 조사하고 불만 당사자 간의 공정한 합의를 중개하는 사람.

옴부즈맨(ombudsman)은 불만 사항을 조사하고 불만 당사자 간의 공정한 해결책을 중개하는 사람이다. 대학에서는 학생과 학교 간의 갈등을 해결하기 위해 옴부즈맨을 두는 경우가 많으며, 대기업에서는 소비자와의 갈등을 중개하기 위해 옴부즈맨을 두는 경우가 많다. 옴부즈맨은 분쟁이 비교적 작은 규모일 때 분쟁을 해결하는 데 도움을 준다. 이 장의 Case Study에서는 옴부즈맨이 기업이 다양한 유형의 내부 갈등을 해결하는 데 어떻게 도움을 줄 수 있는지 설명한다.

Case Study

구조에 나선 옴부즈맨

내부 갈등을 처리하기 위해 옴부즈맨을 활용하는 중소기업이 점점 더 많아지고 있다. 바이살라 그룹(Vaisala Group)의 일원이 된 매사추세츠주의 데이터 프로세서 설계 회사인 시그메트(Sigmet)의 공동 창업자 앨런 시그지아(Allan Siggia)[80]와 그의 공동 창업자 리처드 파사렐리(Richard Passarelli)는 직원들의 다툼을 관리하기 위해 최선을 다했지만 한계에 부딪혔다. 사소한 의견 불일치도 싸움으로 이어질 수 있었다. 시그지아는 "사람들이 겪는 어려움은, 선의는 있지만 나처럼 훈련받지 않은 사람이 감당할 수 있는 수준을 넘어섰다."라고 회고했다.[81]

파트너들은 내부 갈등을 더 잘 처리하기 위해 옴부즈맨을 고용하여 일주일에 몇 시간씩 시그메트에서 근무하도록 했다. 옴부즈맨은 직원들을 상대로 업무가 어떻게 진행되고 있는지 묻고 화가 난 직원들을 상담했다. 옴부즈맨은 직원들의 문제를 경청하고 질문을 던지며 해결책을 마련하는 데 도움을 주었다. 예를 들어, 원치 않는 어떤 동료의 의견 주장에 지친 직원에게는 해당 동료에게 행동을 중단하도록 요청하는 가상 대화를 진행하였다. 이 세션은 회사나 개인에게 해를 끼칠 급박한 위험이 없는 한 기밀로 진행되었으며, 솔직하게 이야기하도록 권장되었다. 더 많은 개인 정보 보호를 원하는 직원은 외부 회의를 원할 수도 있다. 또한 옴부즈맨은 갈등을 일으키는 회사 정책을 파악하는 데 도움을 주었다. 예를 들어, 모호한 직무 설명으로 인해 영역 다툼이 발생하자 명확한 직무 설명을 작성하고 성과 평가를 부활해야 할 필요성이 확인되었다.[82]

그 결과, 시그메트는 개선된 소통, 스트레스 감소, 갈등 감소를 경험했다. 중립적인 사람이 갈등 해결에 도움을 주면서 경영진의 업무 시간이 30% 더 늘어났고 동료들은 더 효율적으로 협력할 수 있게 되었다. 사무실의 사기 또한 크게 향상되었다.[83]

질문

1. 옴부즈맨이 직원과 시그메트 모두에게 어떻게 도움이 되었는가?
2. 옴부즈맨이 회사 내부 직원인 것이 좋은가, 아니면 외부인인 것이 좋은가?
3. 직원으로서 옴부즈맨에게 어떤 유형의 문제를 제기하고 싶은가? 옴부즈맨이 관여하지 않았으면 하는 문제 유형에는 어떤 것이 있는가?

요약 및 적용

갈등은 조직 생활의 자연스러운 일부이다. 갈등은 더 나은 결정을 내리는 등 긍정적인 결과로 이어질 수도 있지만, 적절히 처리하지 않으면 부정적인 결과로 이어질 가능성도 있다. 감정은 의견 불일치를 갈등으로 전환하는 데 도움이 된다. 갈등이 확대되는 것을 막기 위해 다양한 갈등 관리 전략을 사용할 수 있다.

조직의 효율성은 적절한 갈등 진단과 관리를 통해 향상된다.[84] 이를 효과적으로 수행하려면 관리자는 다섯 가지 대인 갈등 관리 전략의 장단점을 인식하고 이해해야 한다. 이러한 전략은 협력, 타협, 포용, 수용, 회피이다.

갈등 해결 행동으로 좋은 것은 자신의 관점 취하기, 해결책 만들기, 감정 표현하기, 다가가기, 동의와 이견이 있는 부분 문서화하기 등이 있다. 나쁜 갈등 관리 행동으로는 갈등 회피, 무조건 이기기, 분노 표출, 상대방 비하, 보복 등이 있다. 또한 관리자는 언제 어떻게 건설적인 갈등을 만들어야 하는지 이해해야 한다.

협상은 잠재적인 갈등을 해소하는 좋은 방법 중 하나이다. 양 당사자의 요구를 모두 충족시키려는 통합적 협상 관행은 일반적으로 양 당사자 간의 건전한 관계를 유지하는 장기적인 해결책을 마련하는 데 가장 적합하다. 대안적 분쟁 해결은 협상 당사자가 직접 해결책을 협상할 수 없는 경우에 사용할 수 있다. 대체적 분쟁 해결에는 조정, 중개, 중재의 세 가지 유형이 있다.

Real-World Response

마크스앤스펜서에서의 분쟁 해결[85]

영국에 본사를 둔 소매업체 마크스앤스펜서(Marks & Spencer)는 직원들이 안전한 환경에서 공정하고 상호 합의된 건설적인 갈등 해결책을 찾는 데 사용할 수 있는 프로세스를 원했다. 또한 직원들이 갈등이 발생한 후에도 긍정적이고 자신감 있게 앞으로 나아갈 수 있기를 원했다. 이러한 목표를 달성하기 위해 마크스앤스펜서는 회사 문화에서 분쟁 해결을 제공할 공인 중개자 팀을 교육하기로 결정했다. 중개 프로세스에 대한 경영진의 헌신적인 노력은 회사 전체에서 중개를 주요 분쟁 해결 프로세스로 채택하는 데 필수적이었다.

먼저 각 당사자가 중개자와 분쟁에 대해 개별적으로 이야기를 나누면서 중개 절차가 시작된다. 그런 다음 양 당사자는 중개자와 두 번째로 만나 서로를 이해하고 회의 중에 어떻게 대응할지 논의한다. 중개자는 각 당사자가 성공적인 결과를 도출하고 격한 감정을 완화할 수 있도록 코칭하는 데 중점을 둔다. 점심 식사 후 당사자들은 분쟁을 논의하고 해결하기 위해 다시 만난다. 중개를 통해 직장 내 문제를 가능한 한 빨리 해결하여 사태가 악화되는 것을 방지하고 분쟁 해결을 덜 적대적으로 만들 수 있다. 분쟁에 관련된 사람들을 한자리에 모아 무엇이 잘못되었고 어떤 영향을 미쳤는지 살펴봄으로써 중개 과정을 통해 직원들 간의 관계가 더욱 강화될 수도 있다. 기존의 공식적인 고충 처리 절차에 대한 대안으로 중개를 장려하고 제공할 수 있는 숙련된 중개자를 양성함으로써 보다 건강한 분쟁 해결을 도모할 수 있다. 이는 마크스앤스펜서에서 개발한 문화이다.

토론을 위한 질문

1. 건설적인 갈등을 경험한 적이 있는가? 어떤 일이 있었는가? 의견 불일치를 어떻게 풀었는가?
2. 역기능적인 갈등을 경험한 적이 있는가? 무슨 일이 있었는가? 왜 갈등이 더 일찍 해결되지 않았는가?
3. 관리자는 어떻게 건설적인 갈등을 촉진할 수 있는가?
4. 관리자에게 가장 어려운 갈등의 원인은 무엇이라고 생각하는가? 그 이유는 무엇인가?
5. 현재 동료, 친구 또는 가족 등과 겪고 있는 당신의 갈등에 대해 생각해 보자. 글라슬의 갈등 악화 단계 중 어느 단계에 있는가? 갈등이 다음 단계로 악화되지 않도록 하기 위해 무엇을 할 수 있는가?
6. 당신의 부하 직원 두 명이 관계 갈등을 겪고 있다면 이를 관리하기 위해 어떻게 하겠는가? 그 이유는 무엇인가?
7. 당신의 부하 직원 두 명이 업무 갈등을 겪고 있다면 이를 관리하기 위해 어떻게 하겠는가? 그 이유는 무엇인가?
8. 문화 간 협상에서 부정적인 결과가 발생할 가능성을 최소화하기 위해 무엇을 할 수 있을까?
9. 중개자가 권고한 합의를 전적으로 수락하고 협조하려면 어떤 일이 일어나야 하는가?

Understand Yourself Exercise

노조 갈등

인터넷을 통해 갈등 관리에 관한 무료 자가 평가 도구를 검색한다. 온라인 평가에 참여하고 받은 피드백을 읽으면서 다음 질문에 대한 답변을 생각해 보자.

질문

1. 자가 평가에 따르면, 당신의 주된 갈등 관리 스타일은 무엇인가? 이 결과에 동의하는가? 아니면 동의하지 않는가?
2. 이러한 갈등 관리 스타일은 갈등을 해결하는 방식을 어떻게 묘사하겠는가?
3. 현재 직면하고 있는 갈등에 가장 적합한 스타일을 사용하기 위해 무엇을 배워야 한다고 생각하는가?

Group Exercise

최대한 많이 승리한다!

진행 방법: 각 팀은 10번의 연속 라운드 동안 'X' 또는 'Y' 중 하나를 선택하고 팀 이름이 적힌 작은 종이에 선택 사항을 적어 강사에게 제출한다. 각 라운드의 '보상'은 아래에 설명된 대로 다른 팀의 선택 패턴에 따라 결정된다.

선택 패턴	지급액
4 Xs	각각 $1 손실
3 Xs	각각 $1 획득
1 Y	$3 손실
2 Xs	각각 $2 획득
2 Ys	각각 $2 손실
1 X	$3 획득
3 Ys	각각 $1 손실
4 Ys	각각 $1 획득

과제: 각 라운드에서 팀원들은 의논하여 공동 결정을 내린다. 5라운드, 8라운드, 10라운드가 시작되기 전에 팀원들은 3분 동안 서로 의논한 후, 1분 안에 팀원들과 의논하여 결정을 내려야 한다. 보상이 배가되는 보너스 라운드가 세 번 있다는 점에 유의한다.

라운드	허용 시간	다른 팀과 회의	당신의 선택	획득 $	손실 $	잔액	보너스?
1	2분	아니요					아니요
2	1	아니요					아니요
3	1	아니요					아니요
4	1	아니요					아니요
5	3 + 1	예					보너스 3배
6	1	아니요					아니요
7	1	아니요					아니요
8	3 + 1	예					보너스 5배
9	1	아니요					아니요
10	3 + 1	예					보너스 10배

미주(endnotes)는 한경사 홈페이지 www.hankyungsa.co.kr의 공지 사항에서 PDF 파일로 다운로드 할 수 있습니다.

4부

리더십과 조직 내 영향력 과정

우리가 이 책에서 지속적으로 탐구하는 핵심 질문은 관리자와 조직을 효과적으로 만드는 것이 무엇이고, 성과 행동이나 몰입과 참여 그리고 시민행동과 역기능적인 행동들이 조직 효과성에 어떤 영향을 미치는가이다. 3부에서는 다양한 형태의 사회적 행동을 통해 이러한 질문에 대한 답을 찾고자 하였다. 7장에서 집단과 팀에 대해 논의하였고 8장에서는 의사 결정과 문제 해결에 중점을 두었다. 9장에서는 의사소통에 대해 살펴보고 10장에서는 조직 내의 갈등과 협상에 대해 논의하였다.

4부에서는 '리더십이 왜 중요한가?'라는 질문을 제기한다. 11장에서는 전통적인 리더십 접근 방식을 살펴보고, 현대적인 리더십 접근 방식은 12장에서 자세히 다룬다. 13장에서는 조직 내의 권력, 영향력 및 정치에 대해 논의한다. 4부를 마치면 리더십이 구성원의 성과 행동, 몰입과 참여, 시민행동, 그리고 역기능적 행동에 어떻게 영향을 미치는지에 대하여 확실하게 이해하게 될 것이다.

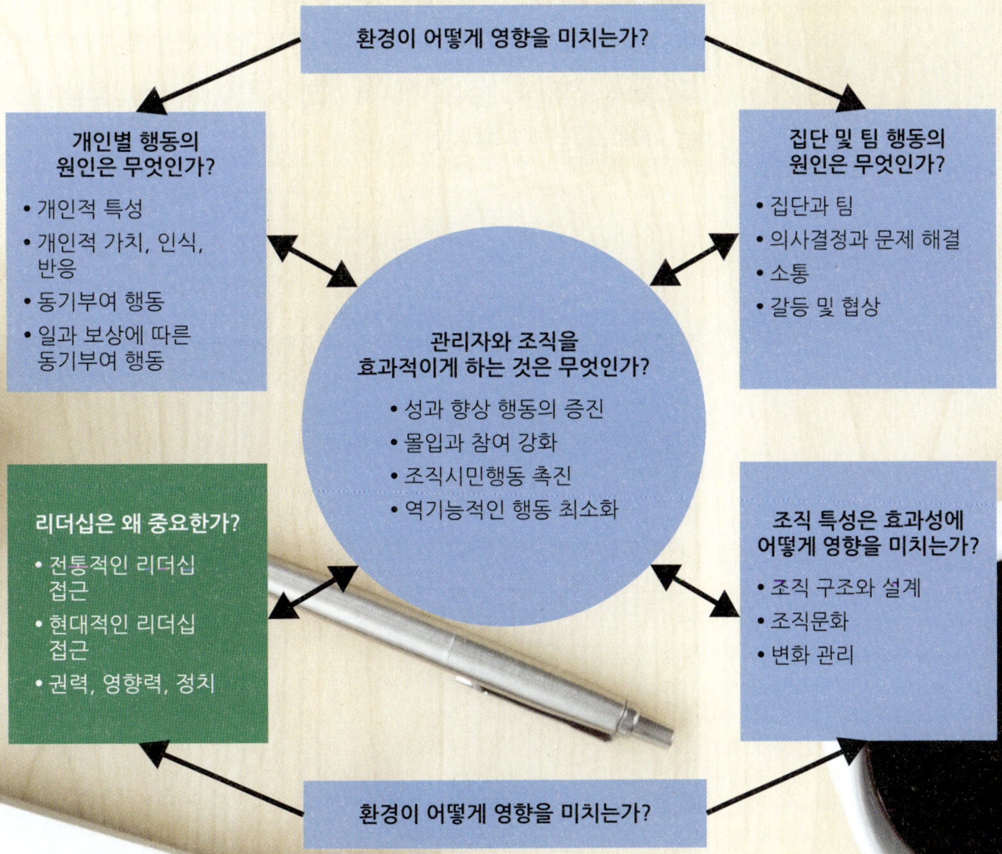

11 전통적인 리더십 접근 방식

Traditional Leadership Approaches

학습목표

이 장을 학습하면 독자들은 …

1. 리더십 본질과 특성을 이해할 수 있다.
2. 리더십에 대한 초기 접근 방식의 발자취를 파악할 수 있다.
3. 최소선호동료 이론 및 경로-목표 이론을 포함한 리더십의 상황 이론과 모델의 출현에 대해 논의할 수 있다.
4. 리더십에 대한 브룸의 의사결정나무 접근 방식을 설명할 수 있다.

Real-World Challenge

GM 이끌기[1]

메리 바라(Mary Barra)는 GM의 최고 경영자로 임명된 2014년 전까지 경영 보조, 공장 관리자, 제품 개발자 및 인사 담당자 등 다양한 직무를 수행했다. 그녀는 산업의 전례 없는 어려움 속에서도 21세기의 성공적인 지도자 중 한 명으로 손꼽히면서 효과적으로 리더십 기술과 스타일을 개발해 왔다. GM은 메리 바라와 그녀의 리더십에 의존하여 케딜락(Cadillac) 브랜드 재건, 새로운 제품 출시, 이익 향상과 같은 야심 찬 계획을 추진했다. GM과 메리 바라가 당신에게, 그녀의 리더십이 회사를 어떻게 변화시키고 성공을 증진시킬 수 있었는지에 대해서 당신에게 조언을 요청했다고 가정해 보자. 이 장을 읽은 후 당신은 그들과 나눌 수 있는 좋은 아이디어를 얻게 될 것이다.

Bill Pugliano/Getty Images News/Getty Images

리더십이라는 주제가 경영학에서 가장 폭넓게 논의되고 연구되는 주제이자 조직 생활의 인기 있는 속성 중 하나가 된 이유는 바로 리더십이 가진 신비로움 때문이다. 조직 연구자들이 지난 수십 년 동안 리더십 및 이와 관련된 무수한 현상에 대하여 강도 높은 연구를 실시하는 동안, 관리자들은 효과적인 리더의 특성과 조직의 성공을 위한 리더십의 중요성을 논의해 왔다. 그러나 리더십이 경영학의 전반적인 분야에서 보편적인 개념임에도 불구하고, 역설적으로 여전히 많은 부분에서 해답을 찾지 못하고 있다. 그렇다면 왜 우리는 리더십을 계속 공부해야 하는가? 첫째, 리더십은 조직에 있어 그 실무적 중요성이 매우 높다. 둘째, 많은 부분이 여전히 미궁 속에 빠져 있음에도 불구하고, 연구자들은 리더십의 효과성에 영향을 미치는 핵심 변수들을 확인하고, 이를 분류해 내기 위해 노력하고 있다.[2]

리더십에 대해 논의할 두 개의 장 중 첫 번째인 이번 장은 리더십을 이해할 수 있는 기초로서, 기본적이면서 전통적인 모델들을 소개한다. 여기서는 리더십의 의미에 대한 논의를 시작으로, 리더십의 정의 및 리더십과 관리의 차이점이라는 주제를 다룰 것이다. 다음으로, 리더십의 역사적 관점과 특성, 그리고 행동론적 접근 방식을 통해 리더십을 조명할 것이다. 그리고 대부분의 리더십 연구의 근간을 형성하는 데 기여한 세 가지 현대적 리더십 이론이라고 할 수 있는 피들러(Fiedler)의 최소선호동료(LPC) 이론, 경로-목표(path-goal) 이론, 그리고 브룸(Vroom)의 의사결정나무 접근 방식을 검토할 것이다. 다음 장에서는 여러 가지 현대적 리더십에 대한 새로운 접근법에 대해 살펴볼 것이다.

리더십
과정이자 속성.

과정으로서의 리더십
비강압적인 영향력 행사 포함.

속성으로서의 리더십
영향력을 성공적으로 활용하는 사람들이 가진 특성 조합.

영향력
타인의 지각, 믿음, 속성, 동기부여, 타인의 행동 등에 영향력을 미칠 수 있는 능력.

11-1 리더십의 본질

리더십이라는 용어는 일상생활의 대화에서도 쉽게 접할 수 있기 때문에, 그 자체는 일반적으로 누구나 쉽게 받아들이는 개념이다. 하지만 그래서 오히려 어려울 수 있다. 리더십은 성격 혹은 동기부여 등 조직 행동의 다른 핵심적 용어들과 같이 매우 다양한 방식으로 사용되고 있다. 따라서 우리는 먼저 이 책에서 사용되는 리더십의 의미를 분명하게 할 필요가 있다.

11-1a 리더십의 의미

리더십(leadership)은 과정과 속성의 측면에서 정의할 수 있다.[3] **과정으로서의 리더십**(leadership as a process)은 비강압적인 영향력을 직접적으로 행사하고, 집단 구성원들의 활동을 통해 목표를 달성하도록 조정하는 것이다. **속성으로의 리더십**(leadership as a property)은 자신의 영향력을 성공적으로 활용한다고 인식되는 사람들이 가진 특성의 조합이다.[4] 이러한 리더십의 두 가지 관점 간의 공통적 요소인 **영향력**(influence)은 타인의 지각, 믿음, 태도, 동기부

Monkey Business Images/Shutterstock.com

리더십은 과정이자 속성이다. 이 여성 임원은 조직의 새로운 경영 전략에 대하여 동료들의 느낌에 영향력을 미치려고 노력하고 있다. 그러므로 그녀는 과정으로서의 리더십을 활용하고 있다. 더욱이, 만약 그녀가 동료들의 지원을 성공적으로 얻게 된다면, 그들은 그 원인을 그녀의 리더십 특성들(속성)에 귀속시킬 것이다.

여, 또는 타인의 행동에 영향을 미칠 수 있는 능력을 말한다. 조직의 관점에서 보면, 리더십은 개인과 집단 행동에 강력한 영향을 미칠 수 있기 때문에 필수적인 요소이다.[5] 어떠한 집단이 지향하는 목표는 종종 리더가 갈망하는 목표이며, 그 목표는 상위 조직의 목표와 부합하는 목표일 수도 있고, 그렇지 않을 수도 있다.

리더십은 물리력이나 강압을 수반하지 않는다. 부하들의 행동을 감독하기 위하여 독단적인 물리력과 공식적 권한에 의지하는 관리자는 리더십을 발휘하는 것이 아니다. 그래서 다음 절에서 보다 포괄적으로 논의하겠지만, 관리자나 감독자는 리더가 될 수도 있고 그렇지 못할 수도 있다. 한편으로 리더는 자신으로부터 기인한 특성들을 실질적으로 지니고 있으면서도, 자신이 그러한 특성들을 가지고 있음을 거의 인식하지 못할 수도 있다는 점에 주목해야 한다.

11-2b 리더십 대 관리

여러 정의에 따르면, 리더십과 관리(management)는 서로 연관되어 있으나 동일하지는 않다는 것이 명백하다. 어떤 사람은 관리자가 되고, 어떤 사람은 리더가 되며, 때로는 둘 다가 되거나 아무것도 되지 않을 수도 있다.[6] 두 개념 간의 기본적인 차이점은 표 11-1와 같다. 표의 왼쪽 열은 관리와 차별화되는 리더십의 네 가지 요소이다. 오른쪽 두 개의 열은 리더십의 관점과 관리의 관점에서 각 요소가 어떻게 다른지를 보여 주고 있다. 계획의 실행을 예로 들자면, 관리자는 결과를 통제하고 목표 대비 달성 정도를 비교하며, 편차를 수정하는 데 중점을 둔다. 반면에, 리더는 목표 달성을 위하여 관료적인 장애물을 극복할 수 있도록 부하들을 북돋우는 데 초점을 둔다.

리더와 관리자의 차이를 좀 더 강조하기 위하여, 병원에서의 관리자와 리더의 다양한 역할을 고려해 보자. 대형 병원 스태프의 수장이라면 직위에 의해 리더라고 할 수 있다. 하지만 이 수장은 스태프들로부터 신뢰나 존경을 받지 못할 수 있으며, 오로지 그 직위에 부여된 권한에 의지해야만 할 수도 있다. 그러나 혼란스런 상황을 돌봐야 하는 경우와 특별한 환자를 다루는 방법을 다른 사람에게 지시해야 하는 경우에는 오히려 공식적인 권한이 없는 응급실의 간호사가 매우 효과적

표 11-1
관리와 리더십에 대한 코터(Kotter)의 구별법

활동	관리	리더십
안건 창출	계획과 예산 편성. 원하는 결과를 도출하기 위한 시간표와 세부적 과정을 수립; 원하는 결과를 실현하는 데 필요한 자원의 할당	방향 설정. 미래, 또는 먼 미래의 비전과 그 비전을 성취하는 데 필요한 변화를 유발할 수 있는 전략을 개발
안건을 달성하기 위한 인적 네트워크 개발	조직화와 인력 선발. 모집과 선발 계획을 완수하고, 계획을 실행할 권한과 책임을 위임하며, 사람들을 인도할 수 있는 절차와 정책을 입안하고, 실행을 감시할 수 있는 시스템이나 방법을 고안해 낼 수 있는 구조를 수립	인재 배치. 전략과 비전, 정당성을 이해하는 사람들로 구성된 연합과 팀을 만들기 위해 말과 행동을 통해 조직이 나아갈 방향에 대해 의사소통
계획 실행	통제와 문제 해결. 결과와 계획에 대한 세밀한 검토, 차이의 인식, 그리고 이러한 문제들을 해결하기 위한 계획과 조직화	동기부여와 영감. 인간의 기본적인 욕구를 충족함을 통해 정치적, 관료적, 자원적 한계를 극복할 수 있도록 사람들을 북돋움
결과물	예측 가능성과 질서를 유지하고 다양한 이해관계자가 예상하는 주요 결과들(예: 고객과의 시간 엄수, 주주를 위한 예산 안정성)을 지속적으로 도출할 수 있는 잠재력	때로는 급진적인 변화를 만들고 매우 유용한 변화(예: 고객이 원하는 신상품, 기업의 경쟁력 향상에 도움이 되는 노사 관계를 위한 새로운 접근법)를 도출할 수 있는 잠재력

Source: From Kotter, J. P. (2010). *A Force for Change: How Leadership Differs from Management*. New York: Free Press.

일 수 있다. 응급실의 다른 사람들은 그 간호사의 판단을 신뢰하고 간호사의 의사 결정 기술에 대해 확신을 갖고 있기에 그렇게 반응을 했을 수 있다.

스무 명의 의사와 간호사, 조무사들을 감독하는 소아과 과장은 스태프의 완전한 존경과 확신, 신뢰를 누리고 있을지도 모른다. 그들은 순순히 그의 조언을 듣고, 의문의 여지없이 지시를 따르며, 때로는 그의 지시가 소아과의 목표를 달성하는 것과는 거리가 먼 사항이라 할지라도 따른다.

관리자가 되었다는 것이 리더가 되었다는 것을 의미하지는 않는다. 관리자는 리더가 될 수도, 되지 못할 수도 있다. 이와 비슷하게, 리더의 직위는 어떠한 집단의 장으로 선임되어 리더십 자격이 부여되듯이 공식적일 수도 있고, 아니면 집단 구성원들의 합의하에 부여되는 집단 내 계급처럼 비공식적일 수 있다. 앞서 언급된 스태프의 수장은 관리자이지만 진정한 리더는 아니다. 응급실의 간호사는 리더이지만 관리자는 아니다. 그리고 소아과장은 둘 다 해당된다. 관리자는 과업을 수행하기 위해서 자신의 권위를 사용하는 반면, 리더는 자신의 영향력에 의존한다.

조직이 효과적이기 위해서는 관리와 리더십 둘 다 필요하다. 예를 들어, 리더십은 변화를 유도하고 창출하는 데 필요하고, 조직이 힘든 시간을 벗어나는 데 도움이 된다.[7] 관리는 협력과 체계적인 결과를 달성하고 안정성과 예측성에 근거하여 사무적 활동을 처리하는 데 도움이 된다. 관리는 리더십과의 결합을 통해 계획되고 정돈된 변화를 달성하는 데 도움이 되며, 리더십은 관리와 결합하여 조직이 환경에 적절하게 대응하고 유지시킬 수 있다. 덧붙여, 관리자와 리더는 도덕적 환경을 조성하고 조직 문화 내에 윤리의 역할을 결정짓는 데 중요한 임무를 담당한다.[8] 이 장의 Improve Your Skills는 리더십 역할 준비에 도움이 될 것이다.

11-2 리더십에 대한 초기 접근 방식

리더와 리더십이 인간사에 미치는 영향력이 지대하였음에도 불구하고, 이들에 대한 과학적인 연구가 시작된 것은 불과 1세기 전이었다. 초기 연구들은 리더십의 특성이나 개인적 특징에 초점을 두었다.[9] 이후의 연구들은 리더의 실질적인 행동에 중심을 두었다.

11-2a 리더십의 특성 접근 방식

링컨, 나폴레옹, 잔다르크, 히틀러, 간디는 매우 잘 알려진 이름들이다. 초기 연구들은 리더가 타인과 구별될 수 있는 특성이나 특징을 가지고 있다고 믿었다. 게다가 이러한 특성들은 상대적으로 안정적이고 지속적인 것으로 여겨졌다. **특성 접근 방식**(trait approach)을 따르는 연구자들은 리더십 특성을 규명하였고, 이를 측정하기 위한 방법을 개발하였으며, 리더를 선발하는 데 이러한 방법들을 사용하였다.

특성 접근 방식
효과적인 리더와 그렇지 않은 리더를 구분할 수 있는 안정적이면서 지속적인 성격 특성을 규명하려는 접근 방식.

이러한 연구 주제를 다룬 수많은 연구는 20세기 전반기 수십 년 동안 계속되었다. 초창기의 연구자들은 중요한 리더십 특성에 지능, 우월성, 자신감, 에너지, 활동성, 과업 관련 지식 등이 포함된다고 믿었다. 또한 추후 연구들을 통해서 더 많은 특성이 목록에 포함되었다. 유감스럽게도, 특성 목록에 너무 많은 요소가 포함되어 실용적 가치를 잃어버릴 정도였다. 또한, 이 접근 방식의 많

Improve Your Skills

리더가 될 준비가 되었는가

이 연습은 리더십을 위한 당신의 현재 준비 상태를 평가하고 리더십 유형 중 현재 선호하는 것은 무엇인지를 파악할 수 있도록 고안되었다. 아래에 업무 성과의 본질에 관한 명확한 선호도를 나타낸 열 가지 문항이 있다. 각 문항에 대하여 동의 여부 정도를 표시하라(매우 동의하면 1, 매우 동의하지 않으면 5).

선호에 대한 서술	**매우 동의함**				**매우 동의 하지 않음**
1. 나는 많은 사람 앞에 나서는 것을 좋아한다.	5	4	3	2	1
2. 나의 방식을 다른 사람들이 따르도록 영향력을 행사했을 때, 만족하고 자부심을 느낀다.	5	4	3	2	1
3. 나는 나 혼자서 결과를 성취하는 것보다 집단의 일원으로 성과를 달성하는 것을 더 즐긴다.	5	4	3	2	1
4. 동아리나 스포츠 조직의 장이 된 경험이 있다.	5	4	3	2	1
5. 학교나 기업에서 작업 그룹 내에서 가장 영향력이 있는 사람이 되고자 노력한다.	5	4	3	2	1
6. 집단 내에서 나는 좋은 관계를 유지하는 것에 가장 신경 쓴다.	5	4	3	2	1
7. 집단 내에서 나는 과업목표를 달성하는 것을 가장 신경쓴다.	5	4	3	2	1
8. 집단 내에서 나는 타인의 욕구와 감정을 배려하는 모습을 항상 보인다.	5	4	3	2	1
9. 집단 내에서 나는 업무 처리를 돕기 위하여 활동과 과제를 항상 체계화하려고 한다.	5	4	3	2	1
10. 집단 내에서 나는 타인의 욕구를 지원하고 과업의 성취를 독려한다.	5	4	3	2	1

점수 계산: 주어진 표에 따라 당신이 체크한 점수를 기입하라.

리더십 준비 점수	1~5번의 점수 합산: _______
리더십 유형 점수	
과업 선호 점수	7번, 9번의 점수 합산: _______
관계 선호 점수	6번, 8번의 점수 합산: _______ 과업과 관계 점수 간의 차이: _______ 가장 높은 점수: 과업: _______ 관계:_______
적응성 점수	10번의 점수: _______

해석:

리더십 준비 상태: 1~5번의 총점이 20점 이상이면, 당신은 리더십 역할을 기꺼이 즐길 것이다. 당신의 총점이 10점 이하라면, 당신은 개인적 성취에 보다 더 관심을 가지는 사람이다(적어도 현 시점에서는). 당신의 총점이 그 중간에 있다면, 어느 쪽으로도 발전될 수 있으므로 리더십 잠재력은 아직 유동적이며 환경에 따라 달라진다.

리더십 유형: 6~10번은 리더십 유형를 파악하기 위한 것으로, 당신의 리더십 유형이 과업 지향적이냐, 관계 지향적이냐, 또는 유동적이냐를 나타낸다. 현재의 선호하는 리더십 유형은 과업과 관계 차원의 두 점수 중 더 높은 것이 무엇이냐에 따라 결정된다. 선호도의 강도는 두 차원의 점수 간 차이로 나타난다.

리더십 유형의 적응성: 10번에서 4 또는 5를 선택하였다면, 상황에 따라 적응하는 것을 좋아함을 의미한다.

Source: Adapted from Hunsaker, P. L. (2005). *Management: A Skills Approach* (2nd ed., pp. 419–420). Upper Saddle River, NJ: Pearson Education.

은 연구들은 일관된 결과를 보여 주지 못하였다.

예를 들어, 초창기 논쟁 중 하나는 링컨(Abraham Lincoln)과 같이 효과적인 리더는 상대적으로 키가 더 크다는 것이었다. 그러나 곧 이어 히틀러(Hitler)나 나폴레옹(Napoleon)과 같이 키가 크지 않은 효과적인 리더도 있다는 비판이 일었다. 일부 학자들은 체형이나 별자리, 심지어 필체 패턴 등이 리더십과 관련이 있다고 보았다. 하지만 이러한 연구들은 리더십과 관련되어 있다고 추정되는 특성이 무엇인지 제시하지 못하거나, 어떻게 리더십과 관련이 있는지를 증명함에 있어 심각한 이론적 문제점을 가지고 있다. 여러 가지 이유로 인하여 특성 접근 방식은 수십 년 전부터 더 이상 연구되지 않았다.

Dinodia Photos/Hulton Archive/Getty Images

리더십의 특성 접근 방식은 효과적인 리더와 그렇지 않은 리더를 구별하는 안정적이고 명확한 특성에 초점을 맞춘다. 간디는 그의 정직과 겸손 때문에 탁월한 리더로 평가되었다.

그러나 최근 들어 특성 접근 방식이 다시 관심을 받고 있다. 몇몇 학자들은 특성 중 일부를 리더십 연구에 재도입하고 있다. 대표적인 특성으로는 감성 지능, 동기, 동기부여, 정직과 진실성, 자신감, 인지적 능력, 경영 지식, 그리고 카리스마(12장에서 논의)가 있다.[10] 일부 사람들은 생물학적 요인까지도 리더십에 중요한 역할을 한다고 믿는다. 이러한 특성들은 리더십 측면에서의 타당성을 확인하기도 전에 알려졌기 때문에, 이들에 대한 과학적 평가들이 오히려 우리가 리더십 현상을 명확하게 파악하는 데 방해가 되기도 하였다. 또한 불행하게도, 이러한 특성들은 사람들이 리더십을 발휘할 수 있는 기회를 박탈하기도 하였다. 여성이나 흑인, 히스패닉계는 (그들에 대한 편견이나 선입견과 같은 이유를 제외하더라도) 미국 대기업의 이사회나 최고 경영진에서 차지하는 비율이 낮다. 이 장의 Case Study에서 보다 자세하게 이 주제를 다룬다.

11-2b 리더십에 대한 행동 접근 방식

1940년대 말 대부분의 연구자들은 리더십을 특성 접근 방식에서 관측 가능한 과정이나 활동으로 보는 관점으로 이동하기 시작하였다. 일명 행동 접근 방식의 목표는 효과적인 리더십과 관계가 있는 행동은 무엇인지를 파악하는 데 있었다.[11] 이들은 효과적인 리더의 행동은 그렇지 않은 리더들의 행동과는 어떻게든 다르며, 상황에 관계 없이 일관성을 갖고 있다고 보았다. 리더십에 대한 **행동 접근 방식**(behavioral approach)은 미시건 연구, 오하이오 연구, 리더십 격자가 있다.

행동 접근 방식
효과적인 리더와 그렇지 않은 리더를 구분할 수 있는 행동을 규명하려는 노력.

미시건 리더십 연구

미시건 리더십 연구(Michigan leadership studies)는 미시건대학에서 수행됐던 연구 프로그램이다.[12] 이 연구의 목표는 효과적인 성과를 보인 집단에서 나타난 리더십 행동의 패턴을 알아내는 것이었다. 연구자들은 효과적인 감독자가 그렇지 못한 감독자들과 어떻게 다른지를 알아내고자 다수 조직의 고성과 및 저성과 집단의 감독자와 부하들에 대한 인터뷰를 실시하였고, 효과적인 감독자의 행동을 수집하고 분석하였다. 리더십 행동의 두 기본적 유형인 직무 중심적인 리더 행동과 종업원 중심적인 리더 행동이 **그림 11-1**의 윗부분과 같이 식별되었다.

미시건 리더십 연구
리더십을 1차원으로 보고 양 끝을 직무 중심적 리더십과 종업원 중심적 리더십으로 정의.

Case Study

이사회의 다양성 추구

2018년 맥킨지(Mckinsey)가 수행한 1,000개 기업에 대한 연구에서 경영진에서 인종과 민족의 다양성을 가진 기업 중 최상위 25%에 속한 기업은 재정적으로 평균 이상의 성과를 보일 확률이 33% 높았으며, 성별 다양성 면에서는 최상위 25%에 속한 기업이 21% 더 높은 성과를 보였다. 미국 도시연맹(National Urban League)의 CEO인 마크 모리알(Marc H. Morial)에 따르면, 기업이 소수자 소비자들(underrepresented consumers)과 다른 이해관계자들의 이익을 보호하기 위해서는 기업 이사회에 소수민족이 참여하도록 하는 것이 중요하다. 그는 "아프리카계 미국인의 목소리와 관점이 기업 이사회에 필요한데, 그 이유는 아프리카계 미국인들에게 영향을 미치는 경영 결정을 할 때 우리 커뮤니티의 요구에 대해 책임감 있게 대응하고 예민하게 다룰 수 있도록 하기 위함이다."고 주장했다. 하지만 모리알에 따르면 "아프리카계 미국인들은 여전히 미국 기업의 이사회에서 미미한 비율을 차지하고 있다."

2021년에는 미국에서 상장된 3,000개의 대형 회사 이사회 중 여성과 다른 소수민족이 25.6%를 차지했다. 세계적으로는 관리직 종사자의 거의 40%와 전문가의 51%가 여성이다. 미국에서는 임원의 25%, 관리자의 23%가 민족 다양성을 가지고 있다. 2010년 이후로 기업 이사회에서 아프리카계 미국인 남성의 참여는 크게 증가하지 않고 있다.

이사회 다양성을 증진하기 위해 미국증권거래위원회(SEC)는 2021년에 나스닥 상장 기업이 최소 두 명의 다양한 이사(적어도 한 명의 여성 및 소수민족 구성원 포함)를 보유해야 하며, 이를 지키지 못할 경우 그렇지 않은 이유를 설명해야 하는 규정을 도입했다. 이사회 다양성은 매년 공개되어야 하며, 미국증권거래위원회는 기업이 다양한 후보자 네트워크에 접속할 수 있는 채용 서비스 포털을 승인했다.

로버트 메넨데즈(Robert Menedez, 미국 상원에 있는 일곱 명의 히스패닉 의원 중 한 사람)는 미국 기업이 월스트리트의 이사회가 도심지의 주요 상업지역의 현실을 반영할 필요가 있다고 믿는다.

> 우리는 다양한 집단의 사람들이 미국 기업의 일부가 되는 것을 일상화해야 한다. 이것은 올바른 일을 하는 것뿐만 아니라 기업과 그들이 투자하고 있는 커뮤니티에도 이로운 좋은 경영 결정이다.

질문

1. 기업 이사회의 다양성이 바람직하다고 생각하는가? 바람직하다고 혹은 바람직하지 않다고 생각하는 이유는 무엇인가?
2. 조직에 가장 도움이 되는 다양성 유형은 어떤 것인가? 왜 그렇게 생각는가?
3. 기업은 어떻게 기업 이사회의 다양성을 높일 수 있는가?

Sources: Stych, A. (2021, October 7). 50/50 Women on Boards Study Says Women Now Hold More Than 25% of Corporate Board Seats, *BizWomen*. Available online: https://www.bizjournals.com/bizwomen/news/latest-news/2021/10/number-of-women-on-large-company-boards-tops-25.html?page=all; Prince, C. J. (2021, February 19). How Eight CEOs Are Making Diversity Happen (Really), *ChiefExecutive*. Available online: https://chiefexecutive.net/how-eight-ceos-are-making-diversity-happen-really/; Morial, M. H. (2011, April 14). National Urban League Trains African Americans for Corporate Boards. *BlackVoiceNews*. (2010, August 4). Results of Menendez's Major *Fortune 500* Diversity Survey: Representation of Women and Minorities on Corporate Boards Still Lags Far behind National Population. menendez.senate.gov press release. Available online: http://www.menendez.senate.gov/news-and-events /press/results-of-menendezs-major-fortune-500-diversity-survey-representation-of-women-and-minorities-on-corporate-boards-still-lags-far-behind-national-population; Bell, D. A., Llewellyn, R. C., & Forbess, J. (2021, August 19). SEC Adopts Nasdaq Rules on Board Diversity, *Harvard Law School Forum on Corporate Governance*. Available online: https://corpgov.law.harvard.edu/2021/08/19/sec-adopts-nasdaq-rules-on-board-diversity/; Missing Pieces Report: The Board Diversity Census, Deloitte, 2021. Available online: https://www2.deloitte.com/us/en/pages/center-for-board-effectiveness/articles/missing-pieces-report-board-diversity.html.

직무 중심적 리더 행동(job-centered leader behavior)을 보이는 리더는 부하들의 일에 세심한 관심을 보이며, 일의 절차에 대하여 설명하고, 성과를 중요시 여긴다. 리더의 기본적 관심사는 과업의 완성이다. **종업원 중심적 리더 행동**(employee-centered leader behavior)을 보이는 리더는 인

그림 11-1

리더십의 초기 행동 접근 방식

초창기 리더십에 대한 행동적 접근 방식의 두 초기 연구는 미시간 리더십 연구와 오하이오 리더십 연구이다. 미시건 연구의 결과는 리더는 직무 중심적 행동과 종업원 중심적 행동의 두 가지 기본적 유형이 존재하며, 이 둘은 1차원의 양 끝에 위치한다고 보았다. 오하이오 연구 또한 리더의 행동을 '배려'와 '구조주도' 두 가지로 구분하였지만, 차이점은 두 유형이 실제적으로 독립적인 차원을 가진다고 보았다.

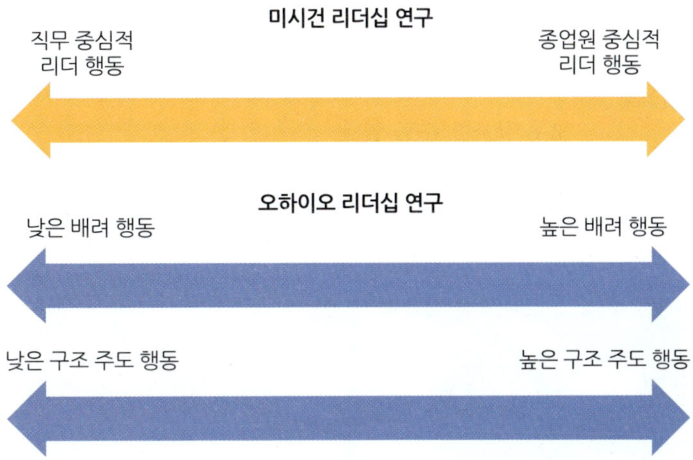

간적 부분에 관심을 둠으로써 고성과 목표를 달성하는 효과적인 작업 그룹을 구축하고자 한다. 리더 행동의 두 유형은 일차원의 양 끝에 위치하고 있다고 보았다. 그래서 미시건 연구자들은 리더는 직무 중심이거나 종업원 중심적 리더 행동을 보이며, 동시에 두 가지 리더 행동을 보일 수 없다고 보았다. 게다가 그들은 직무 중심적 리더 행동보다 종업원 중심적 리더 행동이 보다 효과적인 집단 성과를 달성한다고 생각하였다.

직무 중심적 리더 행동은 부하의 성과를 직접 지시하고 모니터링하는 것과 관련이 있다. 오른쪽의 매니저는 두 부하가 프로젝트의 현재 목표와 일정을 이해했는지 확인함으로써 직무 중심적 리더 행동을 보여 주고 있다.

오하이오 리더십 연구

오하이오 리더십 연구(Ohio State leadership studies)는 미시건 연구와 동일한 시대인 1940년대 말에서 1950년대 초에 이루어졌다.[13] 연구를 진행하는 동안 오하이오 주립대의 행동과학자들은 부하가 리더의 행동을 평가할 수 있는 설문지를 개발하였다. 이는 군 조직 및 일반 조직에서 쓸 수 있었다. 이 연구는 리더 행동의 여러 유형을 규명하였지만, 주로 배려와 구조 주도의 두 가지 유형에 초점을 맞추었다.

배려 행동(consideration behavior)을 보이는 리더는 부하의 감정을 고려하고, 부하의 의견을 존중한다. 리더와 부하 간의 관계는 상호 신뢰와 존경, 그리고 쌍방향 의사소통으로 특징지을 수 있다. 반면에, **구조 주도 행동**(initiating-structure behavior)을 보이는 리더는 자신이 기대하는 것이 무엇인지를 부하에게 전달함으로써 리더와 부하의 역할을 명확히 한다. 또한 리더는 의사소통 통로를 구축하고 집단의 과업을 달성할 수 있는 방법을 결정한다.

오하이오의 리더십 연구자들은 미시건 연구에서 다루었던 종업원 중심적 행동과 직무 중심적 행동과 달리, 배려와 구조 주도를 동일한 연속체로 보지 않았다. 대신 **그림 11-1**의 아래 부분에서 볼 수 있듯이 두 행동을 독립적 차원으로 간주하였다. 그 결과, 리더는 높은 구조 주도 행동과

직무 중심적 리더 행동
부하들의 일과 업무 절차를 설명하고, 성과에 대해 지대한 관심을 표명하는 등과 관련하여 세심한 주의를 기울임.

종업원 중심적 리더 행동
높은 성과를 달성하는 효과적인 업무 집단을 구축하는 데 심혈을 기울임.

오하이오 리더십 연구
리더의 배려와 구조 주도 행동을 리더십의 독립적 차원으로 정의.

배려 행동
리더는 부하의 감정을 고려하고, 부하의 의견을 존중.

구조 주도 행동
리더는 자신이 기대하는 것이 무엇인지를 부하에게 전달함으로써 리더와 부하의 역할을 명확히 규정함.

낮은 배려 또는 낮은 구조 주도 행동과 높은 배려의 행태를 보일 수 있다. 또한 둘 다 높거나 낮은 리더 행동을 나타낼 수도 있다. 예를 들어, 부하의 역할과 기대치를 명확히 하면서도 부하의 감정에 대해서는 둔감한 리더가 있을 수 있고, 그 반대의 경우도 있을 수 있으며, 동시에 이 두 가지를 모두 강조할 수도 있다.

오하이오 리더십 연구자들은 리더십 행동의 안정성에 대해서도 조사하였는데, 상황이 일정하게 유지된다면 리더의 행동 패턴은 거의 변하지 않는 것으로 나타났다.[14] 이들의 또 다른 관심 주제는 효과성과 관련된 리더 행동의 조합이었다. 첫째, 그들은 배려와 구조 주도 행동이 모두 높게 발휘하는 리더가 가장 효과적이라고 여겼다. 그러나 인터내셔널 하비스터(International Harvester, 현재는 Navistar Corporation)의 연구에서 높은 구조 주도 행동을 통해 좋은 성과를 거둔 리더라 할지라도 그 부하들의 만족도는 낮았다. 반대로, 높은 배려를 보였지만 성과가 좋지 못했던 리더의 부하들은 결근이 적었다.[15] 이후에 수행된 연구들은 선행 연구들의 이러한 결과가 중요한 변수 모두를 고려하지 못한 문제에서 기인하였음을 밝혀냈다. 그럼에도 불구하고 오하이오 리더십 연구는 리더십 연구의 중요한 한 획을 그었다.[16]

iStock.com/Shironosov

리더는 부하의 감정과 웰빙에 진정한 관심을 보여 배려 행동을 나타낸다. 이 리더는 방금 나쁜 소식을 접한 동료의 상태를 확인함으로써 배려 행동을 보이고 있다.

리더십 격자

리더십 격자
다섯 가지의 리더십 유형은 사람에 대한 관심과 생산성에 대한 관심의 다양한 조합을 반영.

리더십에 대한 또 다른 행태론적 접근 방식은 **리더십 격자**(leadership grid)인데, 원래 관리 격자(managerial grid)로 불렸다.[17] 리더십 격자는 리더십 유형을 평가하고, 이상적인 유형을 따르도록 관리자를 훈련시키는 방법을 제공하였다. 리더십 격자의 최근 버전은 **그림 11-2**에 나타나 있다. 수평축은 생산에 대한 관심(concern for production)으로, 직무 중심적 행동 및 구조 주도 행동과 유사한 개념이다. 그리고 수직축은 사람에 대한 관심(concern to people)으로, 종업원 중심적 행동 및 배려 행동과 유사한 개념이다. 리더십 격자에서는 리더십 행동의 다섯 가지 좌표를 다음과 같이 제시하였다.

- 1,1 관리자(무능한 경영)는 생산과 사람에 대해 최소한의 관심만 가진다.
- 9,1 관리자(권위 준수)는 생산에 대해서 높은 관심을 두지만 사람에 대해서는 주의를 거의 기울이지 않는다.
- 1,9 관리자(사교적 경영)는 사람에 대해 높은 관심을 두지만 생산에 대해서는 주의를 거의 기울이지 않는다.
- 5,5 관리자(중도적 경영)는 사람과 생산 모두에 적절한 관심을 보인다.
- 9,9 관리자(팀 경영)는 사람과 생산 모두에 최대한의 관심을 기울인다.

이러한 관점에 따르면, 리더십의 이상적인 유형은 9,9이다. 따라서 리더십 격자에 대한 연구자들은 관리자가 이러한 리더십 유형을 달성할 수 있도록 다양한 개발과 훈련 프로그램을 만들었

그림 11-2
리더십 격자

리더십 격자는 리더십 유형을 평가하는 방법이다. 이 격자를 사용하는 조직의 종합적인 목적 은 관리자들이 지속적으로 사람과 생산 모두를 신경 쓰도록 조직 개발 기술을 통해서 그들을 훈련하는 데 있다.

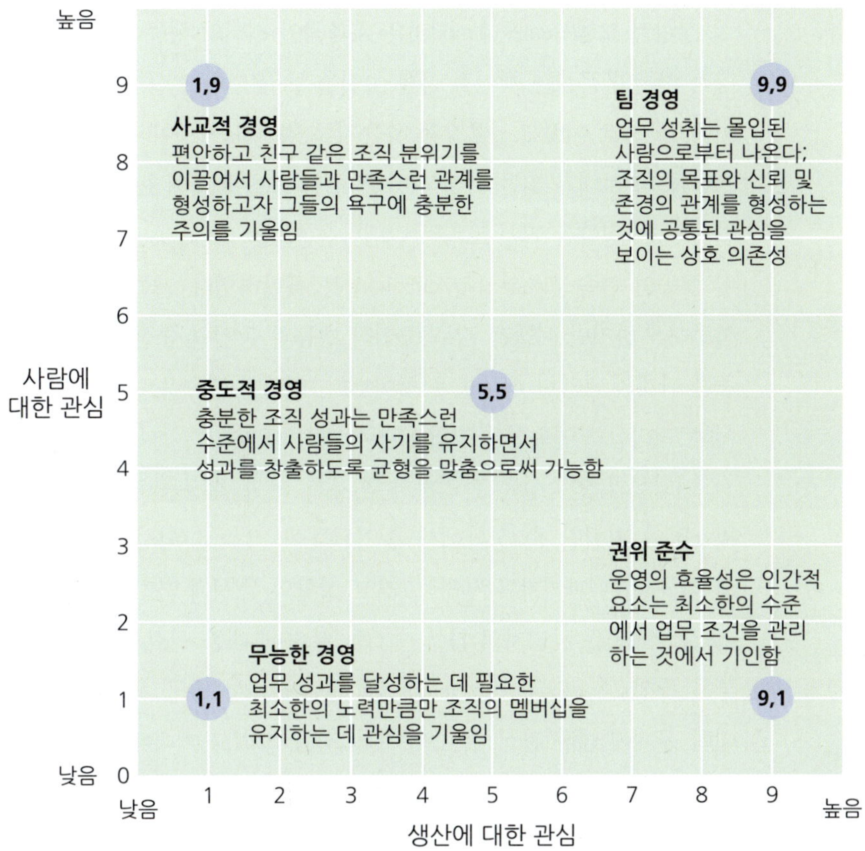

Source: Blake, R. R., & McCanse, A. A. *The Leadership Grid Figure from Leadership Dilemmas—Grid Solutions* (p. 29). Houston: Gulf Publishing Company. (Formerly *The Managerial Grid* by Robert R. Blake and Jane S. Mouton.) Copyright © 1997 by Grid International, Inc. Reproduced by permission of Grid International, Inc.

다. 에드워드(A.G. Edwards), 미국연방항공청(FAA), 에퀴코어(Equicor) 등의 기업이 리더십 격자 모형을 사용하고 있기는 하지만, 이를 뒷받침해 줄 만한 과학적 증거는 거의 없는 실정이라는 것이 문제다. 아직까지 모든 상황에서 적용 가능하고 효과를 발휘할 수 있는 리더십 모델을 개발하지는 못하였다. 이후에 논의하겠지만, 실제로 그러한 증거가 존재할 가능성은 낮다.

11-3 상황적 리더십 모델의 등장

리더십 행동 이론들이 비록 복잡하기는 했지만, 리더십에 대한 보다 현실적인 접근 방식을 개발하는 데 중요한 역할을 하였다. 특히, 이러한 이론들은 리더로서 미리 갖춰야 할 속성들(특성 접근 방식)이 있는 것이 아니라, 리더가 실제로 무엇에 관심을 두느냐(행동 접근 방식)가 중요하다고 주장하였다. 이러한 이론들은 효과적인 리더십이 될 수 있는 만병통치약을 만들 수 있다고 보았다. 하지만 복잡한 사회 시스템을 고려할 때, 언제나 성공할 수 있는 예측 가능하고 명확한 공식은 존재하지 않는다.

행동론자들은 효과적인 리더십을 위한 결정적인 방안을 찾을 수 있다는 희망을 갖고 리더의 행동과 종업원 반응 간의 일관된 관계를 규명하고자 노력하였다. 그러나 예상한 것처럼, 그들의 시도는 실패했고, 리더십을 이해하기 위해서는 또 다른 접근법이 필요하게 되었다. 리더십 이론의 진화에 있어 다음 단계는 상황적 모델의 등장이었다.

상황적 모델(situational model)은 효과적인 리더의 행동이 상황에 따라 다양하다고 가정한다. 상황적 이론의 목표는 핵심적 상황 요인들을 규명하고, 그 상황에 맞는 효과적인 리더십은 어떤 것이며, 또 서로 어떻게 상호작용 하는지를 명시하는 것이다. 주요 상황적 이론을 논의하기 전에, 많은 이론의 토대가 되는 가장 중요한 초기 모델에 대해 논의할 필요가 있다. 의사 결정 과정에 대한 중대한 영향을 미친 로버트 탄넨바움(Robert Tannenbaum)과 워렌 슈미트(Warren Schmidt)는 리더십 행동의 연속성(leadership continuum)을 제안하였다. 그들의 모델은 초기 미시간 연구와 매우 유사하다.[18] 하지만 이들은 직무 중심적 행동과 종업원 중심적 행동 이외에도 관리자가 고려해야 할 중간 단계의 다양한 행동들을 찾아냈다. 리더십 행동을 연속적인 맥락에서 파악하고자 노력한 것이다. 리더십의 연속성은 **그림 11-3**에 제시하였다.

리더십의 연속성은 관리자가 혼자서 의사 결정을 해야 하는 극단적 상황에서부터 리더가 최소한의 지침만 준 상황에서 종업원들이 스스로 의사 결정하는 것까지를 포함한다. 연속성의 각 지점은 관리자와 부하, 그리고 상황의 특성에 따라 영향을 받는다. 관리자 특성(managerial characteristics)은 관리자의 가치 시스템, 부하에 대한 신뢰, 개인적 성향, 그리고 안전감을 포함한다. 부하 특성(subordinate characteristics)은 독립에 대한 욕구, 책임을 맡을 준비 정도, 모호성에 대한 인내력, 문제에 대한 관심, 목표와 지식, 경험, 그리고 기대에 대한 이해 등이 포함된다. 그리고 상황 특성(situational characteristics)은 의사 결정에 영향을 미칠 수 있는 조직의 유형, 집단 효과성, 문제 그 자체, 그리고 시간 압박 등이 포함된다.

따라서 리더십 연속성은 리더의 행동이 연속선상에 있으며, 특정 상황의 요인과 특성들이 특

그림 11-3

탄넨바움과 슈미트의 리더십 연속성

탄넨바움과 슈미트의 리더십 연속성은 리더십에 대한 현대적 상황론적 접근 방식의 선구적 이론이다. 연속성은 리더십의 일곱 가지 수준을 나타내고 있으며, 극단적인 상사 중심적 리더십에서 극단적인 부하 중심적인 리더십까지 포함한다.

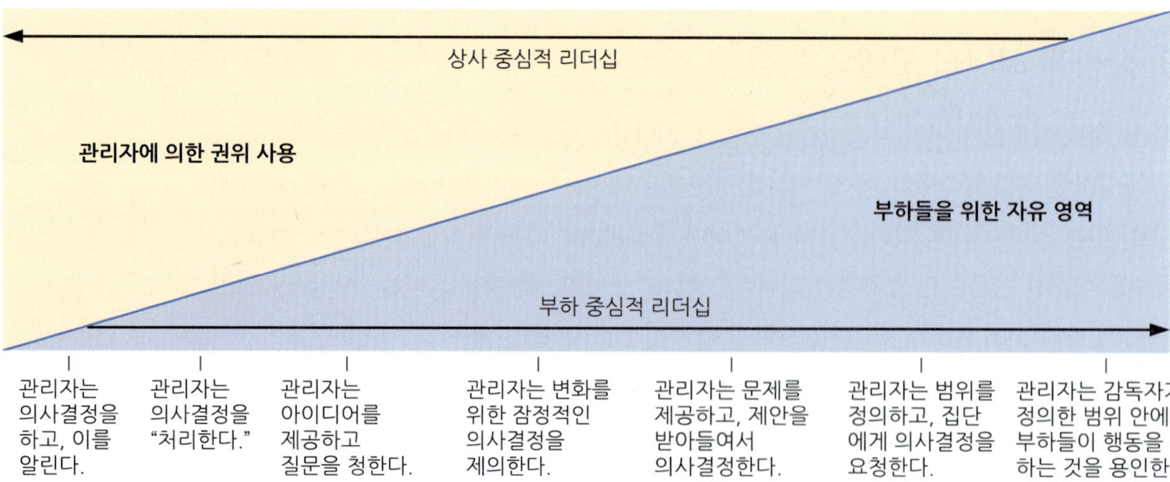

Source: Based on an exhibit from "How to Choose a Leadership Pattern" by Robert Tannenbaum and Warren Schmidt (May–June 1973).

정한 리더십 형태의 성공 여부에 영향을 미칠 수 있다고 보았다. 이러한 이론적 체계는 상황적 요인의 중요성을 알아내는 데 공헌하였지만, 뒷받침할 만한 논거는 부족했다. 즉, 보다 종합적이고 포괄적인 이론으로 발전하기에는 부족한 점이 있었다. 본 절에서는 리더십의 상황적 이론에서 널리 인정하는 세 가지 주요 이론인 최소선호동료 이론, 경로-목표 이론, 그리고 브룸(Vroom)의 의사결정나무 접근 방식을 살펴본다.

11-4 리더십의 최소선호동료 이론

프레드 피들러(Fred Fiedler)는 **리더십의 최소선호동료 이론**(LPC theory of leadership)을 개발하였다. 이 이론은 리더의 성격과 상황의 복잡성을 고려하고 이를 설명하고자 하였다. 이 이론은 초기에는 '리더십 상황 이론'으로 불렸다. 그러나 상황이론이라는 명칭은 일반적인 의미를 함축하고 있기에 혼란을 방지하기 위해서 새로운 명칭으로 불리게 되었다. 최소선호동료는 가장 같이 일하기 싫은 동료를 의미하며, 뒤에서 다시 설명할 것이다. 최소선호동료 이론은 리더의 효과성이 상황에 따라 달라지며, 그 결과로 특정 상황에서 어떤 리더는 효과적이지만, 다른 리더는 그렇지 않을 수 있음을 주장한다. 이 이론은 리더와 상황간의 적합성 여부에 따라 그 효과는 달라질 수 있음을 설명하고 있다.

리더십의 최소선호동료 이론
리더십의 효과성은 상황에 따라 달라짐을 제안하는 이론.

11-4a 과업 대 관계 동기부여

피들러와 동료 연구자들은 리더십의 효과성이 리더의 성격과 상황 간의 적합성에 달려 있다고 주장하였다. 피들러는 리더의 기본적인 성격적 특성을 과업 동기부여(task motivation) 또는 관계 동기부여(relationship motivation)의 두 가지로 구분하는 도구를 개발하였다. 또한 상황적 맥락을 리더에게 매우 유리한 상황에서부터 매우 불리한 상황으로 개념화하였다. 과업 및 관계 동기부여라는 피들러의 아이디어는 행동론적 접근 방식과 개념적으로 동일하다. 과업 동기부여는 직무 중심적 및 구조 주도 리더 행동과 매우 유사하며, 관계 동기부여는 종업원 중심적 및 배려 행동과 비슷하다. 그러나 피들러 이론의 중요한 차이점은 리더가 가진 성격에 기반하여 과업 대 관계 동기부여로 분류하였다는 점이다.

그 성격의 차이는 최소선호동료 척도를 통해서 측정된다. **최소선호동료**(least-preferred coworker: LPC) 척도는 먼저 리더에게 가장 같이 일하기 싫은 동료를 선택하게 하고, 서로 상충되는 의미를 지닌 형용사가 제시된 16개의 척도를 통해서 그와 같이 일하기 싫은 이유를 표시하도록 한다.[19] 이 장의 Understand Yourself를 완성함으로써 자신의 최소선호동료 유형을 측정할 수 있다.

최소선호동료
척도는 리더의 동기부여를 측정함.

피들러는 문항에 사용된 서술들이 같이 일하기 싫은 동료에 대한 것이기보다는 리더 자신에 대한 내용이라고 가정하였다. 예를 들어, 모든 사람은 가장 같이 일하기 싫어하는 동료에 대해서는 '불친절함'을 선호할 것이라고 그는 믿었다. 단지 '불친절함'에 대한 정도의 차이는 리더의 성격적 특성에 기인한다고 보았다. 또한 그는 높은 최소선호동료 점수를 보인 리더(즉, 최소선호동료에 대해 호

Understand Yourself

최소선호동료 척도

가장 협력이 어려운 사람을 떠올려 보자. 이는 현재 함께 일하거나 과거에 알고 지냈던 사람일 수 있다. 반드시 여러분이 싫어하는 사람일 필요는 없지만, 일을 처리하는 데 가장 어려움을 겪은 사람이어야 한다.

다음 설문지는 그 사람을 여러분이 어떻게 보는지 묻는 것이다.

양 끝에 있는 단어를 보고 한 칸에만 ✔를 표시하면 된다. 옳은 답이나 틀린 답은 없다. 되도록 빠르게 설문에 응하라. 처음 생각한 답이 보통 가장 정확하다. 어떤 항목도 빠뜨리지 말고 ✔로 표시한 각 칸의 숫자를 모두 더하라. 점수 계산 지침은 표의 하단에 있다.

쾌활한	8	7	6	5	4	3	2	1	쾌활하지 않은
다정한	8	7	6	5	4	3	2	1	다정하지 않은
거절하는	8	7	6	5	4	3	2	1	수용적인
도움이 되는	8	7	6	5	4	3	2	1	좌절을 주는
열정적이지 않은	8	7	6	5	4	3	2	1	열정적인
긴장하는	8	7	6	5	4	3	2	1	여유 있는
거리를 두는	8	7	6	5	4	3	2	1	친근한
냉정한	8	7	6	5	4	3	2	1	다정한
협조적인	8	7	6	5	4	3	2	1	비협조적인
지원적인	8	7	6	5	4	3	2	1	적대적인
따분해 하는	8	7	6	5	4	3	2	1	흥미 있어 하는
싸우기 좋아하는	8	7	6	5	4	3	2	1	조화를 이루는
자신 있는	8	7	6	5	4	3	2	1	주저하는
효율적인	8	7	6	5	4	3	2	1	비효율적인
우울한	8	7	6	5	4	3	2	1	유쾌한
개방적인	8	7	6	5	4	3	2	1	폐쇄적인

점수 및 해석: 78 이상은 높은 LPC로 간주되며 사람 지향적인 것으로 해석되고, 29 이하는 낮은 LPC로 간주되며 과업 지향적인 것으로 해석된다.

Source: Fiedler, F. E. (1967). *A Theory of Leadership Effectiveness* (p. 41). New York: McGraw-Hill.

의적인 리더 — 역자 주)는 대인 관계에 대해서 보다 더 관심을 두는 반면에, 낮은 최소선호동료 점수를 보인 리더(즉, 최소선호동료에 대해 덜 호의적인 리더 — 역자 주)는 과업과 관련된 문제에 관심을 가진다고 주장하였다. 최소선호동료 점수에 대해서 다양한 해석을 하는 연구자들은 최소선호동료 점수가 성격 이외에도 행동이나 알려지지 않는 요소들을 반영하는 지수일 수 있다고 보았다. 실제로, 최소선호동료를 측정하는 방식이나 해석은 오랫동안 논란이 되어 왔다.

11-4b 상황적 호의성

피들러는 상황적 호의성을 결정하는 세 가지 요소를 규정하였다. 리더와 구성원 간의 관계(가장 중요), 과업 구조, 그리고 리더의 직위 권력(가장 덜 중요)이 바로 그 세 가지 요소이다.

리더-구성원 관계(leader-member relations)는 부하와 리더 사이에 존재하는 개인적 관계를 나타낸다. 이는 리더에 대한 부하의 신뢰와 존경, 확신의 정도에 기초하고 있으며, 반대로 부하에 대한 리더의 신뢰와 존중, 그리고 확신의 정도에도 기초한다. 높은 수준의 상호 간 신뢰와 존경, 그리고 확신은 리더와 구성원이 좋은 관계를 맺고 있음을 명확히 보여 주며, 반대로 낮은 수준의 상호 간 신뢰와 존경, 확신은 리더와 구성원의 관계가 좋지 못함을 나타낸다.

06photo/Shutterstock.com

리더십의 최소선호동료 이론에 따르면 효과적인 리더 행동은 상황 특성에 따라 다르다. 과업 구조는 상황 요소 중 하나로서 작업자들이 리더에게 요구하는 것이 무엇인지에 영향을 미친다. 사진의 중국 음료 생산 라인과 같이 고도로 구조화된 과업에서는 작업자들이 과업 중심 리더십에 크게 의존하지 않을 수 있다.

과업 구조(task structure)는 상황적 호의성을 결정하는 두 번째로 중요한 요인이다. 구조화된 과업은 일상적이고, 간단하며, 이해하기 쉽고, 명확하다. 최소선호동료 이론에서는 리더가 구조화된 과업을 선호한다고 가정하는데, 리더가 과업을 수행하기 위한 활동들을 정의하는 데 개입할 필요가 없으므로 다른 일에 보다 많은 시간을 투자할 수 있기 때문이다. 반면에, 비일상적이고 모호하며 복잡한 과업을 의미하는 비구조화된 과업은 부하들의 활동을 지시하고 유도하는 데 주요한 역할을 수행하는 부담을 리더에게 주기 때문에 덜 선호된다고 보았다.

마지막으로, 리더의 직위 권력(leader position power)이란 리더의 역할 자체에 내재된 권력을 의미한다. 리더가 구성원의 일을 할당하고 보상 및 처벌하며 승진자를 추천하는 등의 권력을 갖고 있다면, 직위 권력은 강하고 리더에 호의적이다. 그러나 리더가 부하의 직무를 배정하기 위해 다른 누군가의 승인이 필요하고, 보상과 처벌을 통제하지 못하며, 승진과 관련하여 자신의 목소리를 내지 못한다면, 직위 권력은 약하고 리더에게 덜 호의적이다. 조직 내 많은 의사 결정이 리더의 통제를 벗어나 있는 경우가 많다.

피들러는 리더의 동기부여와 상황적 호의성, 그리고 집단의 성과 간 관계에 대한 수많은 연구를 진행하였다. 표 11-2은 이러한 연구들의 결과를 요약한 것이다.

연구 결과를 해석하기 위해, 먼저 이 표에서 제시된 상황적 호의성을 살펴보자. 여기에서는 세 가지 변수의 다양한 조합에 의한 여덟 가지의 상황이 도출된다. 이러한 상황은 리더의 입장에서

표 11-2
리더십의 최소선호동료 이론

리더-구성원 관계	좋음				나쁨			
과업 구조	구조화된		비구조화된		구조화된		비구조화된	
직위 권력	높음	낮음	높음	낮음	높음	낮음	높음	낮음
상황적 호의성	매우 우호적인			적당히 우호적인			매우 우호적이지 않은	
	↓			↓			↓	
추천되는 리더 행동	과업 지향적 행동			관계 지향적 행동			과업 지향적 행동	

매우 우호적인 경우에서부터 매우 우호적이지 않은 경우로 구분된다. 예를 들어, 리더와 구성원이 좋은 관계를 가지고 있으며, 과업이 구조적인 경우에는 직위 권력에 상관없이 리더에게는 매우 우호적인 상황이다. 그러나 리더와 구성원의 관계가 좋지 못하고, 과업이 비구조화된 경우에는 직위 권력에 상관없이 리더에게는 매우 우호적이지 않은 상황이다.

표에서는 여덟 가지 상황에서 보다 높은 성과를 달성할 수 있는 방안을 리더십의 관점에서 제시하고 있다. 과업 지향적 리더는 매우 우호적인 상황이나 매우 비우호적인 상황에 적합하다. 예를 들어, 리더와 구성원의 관계가 좋지 못하고 과업 또한 비구조적이면서 리더의 직위 권력이 낮은 경우에 과업 지향적 리더가 효과적이다. 또한 과업 지향적인 리더는 리더와 구성원의 관계가 좋고 과업 또한 구조화되어 있으면서 리더가 높은 직위 권력을 지닌 경우에도 효과적이다. 마지막으로, 이 이론은 상황적 호의성이 중간 정도인 상황에서 관계 지향적 리더가 좋은 성과를 달성하는 데 보다 적합함을 보여 주고 있다.

11-4c 리더-상황 일치

만약 관계 지향적 리더가 매우 호의적인 상황, 혹은 호의적이지 않은 상황에 직면하거나, 과업 지향적 리더가 상황적 호의성이 중간 정도인 경우를 만나게 된다면 어떤 일이 발생할 것인가? 피들러는 이것을 리더와 상황 간의 '불일치'로 보았다. 이 이론의 기본적 가정을 되새겨 보면, 리더십 행동은 성격적 특성으로 간주한다. 따라서 상황과 일치하지 못한 리더는 상황에 적응하지 못할 뿐만 아니라 효과적이기 어렵다. 피들러는 리더와 상황이 불일치할 경우에 취할 수 있는 방법은 '직무 공학(job engineering)'을 통해 상황을 변화시켜야 한다고 주장하였다.[20]

예를 들어, 피들러는 만약 관계 지향적 리더가 매우 우호적이지 않은 상황에 처해 있다면 과업의 구조화를 위한 제도나 절차들을 보완하고 리더와 구성원 간의 관계를 개선하기 위해 부하들과 보다 많은 시간을 보내는 노력을 기울일 것을 제안하였다. 또한 피들러는 상황적 호의성을 평가하고 상황을 변화시켜 리더와 상황 간 일치를 유발할 수 있도록 감독자들을 훈련하는 프로그램을 개발하기도 하였다.[21] 와이어하우저(Weyerhaeuser)와 보잉(Boeing)은 피들러의 훈련 프로그램을 활용하고 있다.

11-4d 평가 및 시사점

피들러의 최소선호동료 이론의 타당성은 연구 결과가 일관되지 못하기 때문에 계속 논쟁의 대상이 되고 있다. 이 이론이 가진 두드러진 단점은 최소선호동료 측정 방법의 타당성이 결여된 점과 리더의 행동은 변하지 않는다는 가정이 비현실적이라는 점이다.[22] 그러나 이 이론은 리더십 연구들이 상황의 중요성을 인식하게 된 계기를 제공하였고, 조직의 환경이 효과적인 리더십에 미치는 효과를 고려하였다는 점에서 리더십 이론에 중요한 공헌을 하였다.

11-5 리더십의 경로-목표 이론

리더십의 상황적 접근 방식의 또 다른 중요 이론은 경로-목표 이론이다. 마틴 에반스(Martin Evans)와 로버트 하우스(Robert House)가 공동 개발한 경로-목표 이론은 리더가 가지고 있는 확고한 특성보다는 리더 행동과 상황에 관심을 두고 있다.[23] 경로-목표 이론은 리더의 행동이 상황에 따라 변화하고, 상황에 적응할 수 있는 존재로 본다는 점에서 최소선호동료 이론과 차이가 있다.

11-5a 기본적인 가정

리더십의 경로-목표 이론(path-goal theory of leadership)은 5장에서 논의되었던 동기부여의 기대 이론(expectancy theory)에 뿌리를 두고 있다. 기대 이론에 따르면, 직무 성과가 원하는 결과를 유발하고(기대) 이러한 결과가 개인에게 주는 가치(유의성)를 통해서 개인의 태도와 행동을 예측할 수 있다. 리더십의 경로-목표 이론은 리더가 부하들의 기대에 영향을 미치는 행동들을 얼마나 표출하는가에 따라 부하들의 동기부여 정도가 달라진다고 주장한다. 즉 리더는 부하들이 원하는 보상(목표)을 이끌어 낼 수 있는 행동(경로)이 무엇인지를 명확히 제시함으로써 부하의 성과에 영향을 미친다. 물론, 이상적으로는 조직으로부터 획득할 수 있는 보상은 성과에 기반을 둔 보상이어야 한다. 또한 경로-목표 이론에서는 리더는 상황에 따라 다른 행동을 보일 수 있음을 시사한다. 끝으로, 경로-목표 이론과 직접적으로 관련되지는 않지만, 이 장의 Global Issues에서는 리더가 현지 기업의 기대와 일치하는 방식으로 행동하는 것이 중요하다는 것을 보여 주며, 리더가 직접 관리하고 있는 현지 기업 종업원들이 선호하는 방식으로 유연하게 행동하는 것이 중요함을 강조한다.

리더십의 경로-목표 이론
효과적인 리더는 추구하는 보상(목표)을 이끌 수 있는 경로(행동)를 분명히 한다.

Global Issues

문화 간 리더의 역할

24개 국가의 다양한 산업에서 1,000명 이상의 최고 경영자 및 5,000명의 고위 경영진을 대상으로 대규모의 국제연구조사*가 진행되었다. 이 조사는 최고 경영자의 리더십 행동이 소직의 성공에 미치는 영향을 파악하기 위해 실시되었다. 연구의 기본 가설은 최고 경영자의 행동과 현지 기업에서 그의 리더십에 대한 기대의 일치가 최고 경영자의 효과성을 예측할 수 있으리라는 것이었다. 결과는 이 가설을 명확하게 지지하였으며, 현지 기업의 리더십 기대가 일치하면 할수록 최고 경영진의 팀 헌신도 및 기업 성과가 높게 나타났다.

이 연구는 또한 기업의 경쟁 성과를 예측하는 데에 가장 중요한 다섯 가지 최고 경영자의 리더십 행동으로 다음과 같이 도출하였다.

1. 비전을 갖춘 리더십
2. 팀을 통합하는 리더십
3. 행정적으로 능숙한 리더십
4. 결단력 있는 리더십
5. 영감을 주는 리더십

*House, R. J., Dorfman, P. W., Javidan, M., Hanges, P. J., & De Luque, M. F. S. (2013). *Strategic Leadership across Cultures: GLOBE Study of CEO Leadership Behavior and Effectiveness in 24 Countries*. Los Angeles: Sage Publications.

iStock.com/Filadendron

리더십의 경로-목표 이론은 효과적인 리더 행동은 부하 직원을 원하는 보상(목표)으로 이끄는 데 필요한 경로 또는 행동을 명확하게 하는 것이라고 제안한다. 사진의 관리자는 승진과 급여 인상을 위해 어떤 일을 해야 하는지 직속 부하에게 설명하고 있다.

11-5b 리더 행동

그림 11-4에서 볼 수 있듯이, 경로-목표 이론은 리더의 행동을 지시적, 지원적, 참여적, 그리고 성취 지향적으로 구분한다. 지시적(directive) 리더십을 지닌 리더는 부하들에게 자신이 요구하는 것이 무엇인지를 주지시키고, 과업을 수행하기 위한 지침을 제공하며, 해야 할 일의 계획을 짜고, 성과 표준을 따르도록 한다. 지원적(supportive) 리더십을 실천하는 리더는 부하의 현재 상태, 그들의 행복과 욕구에 관심을 가지며 부하들에게 우호적이다. 참여적(participative) 리더십을 발휘하는 리더는 부하에게 조언을 제공하고, 부하의 의견을 의사 결정에 반영한다. 마지막으로 성취 지향적(achievement-oriented) 리더십을 발휘하는 리더는 도전적인 목표를 설정하고, 부하들이 높은 수준의 성과를 달성하기를 기대하며, 부하가 목표를 달성하고자 부단한 노력을 기울일 것이라고 확신하는 경향이 있다. 최소선호동료 이론과는 다르게, 경로-목표 이론은 리더는 행동을 변화시킬 수 있고, 여러 또는 모든 리더십 형태를 동시에 행할 수 있다고 본다. 또한 리더십 유형의 적절한 조합은 상황적 요인에 따라 달라진다고 보았다.

11-5c 상황적 요인

경로-목표 이론은 리더 행동과 부하들의 만족 간 관계에서 부하의 특성과 환경의 특성을 고려한다(**그림** 11-4 참조).

부하의 성격적 특성 중 중요한 것이 통제 위치(locus of control)와 인식된 능력(perceived ability)이다. 3장에서 살펴보았던 개념인 통제 위치는 어떤 결과가 자신의 행동으로 인한 것이라고 믿거나 혹은 외부적 요인에 의한 것으로 믿는 정도를 의미한다. 연구자들은, 어떤 결과가 자신의 행동에

그림 11-4
리더십의 경로-목표 이론

리더십의 경로-목표 이론은 리더 행동을 지시적, 지원적, 참여적, 성취 지향적인 네 가지 행동으로 구분하였다. 이 이론은 리더에게 부하의 개인적 특성과 환경적 특성과 같은 상황적 요인에 맞게, 다르게 행동할 것을 제안한다.

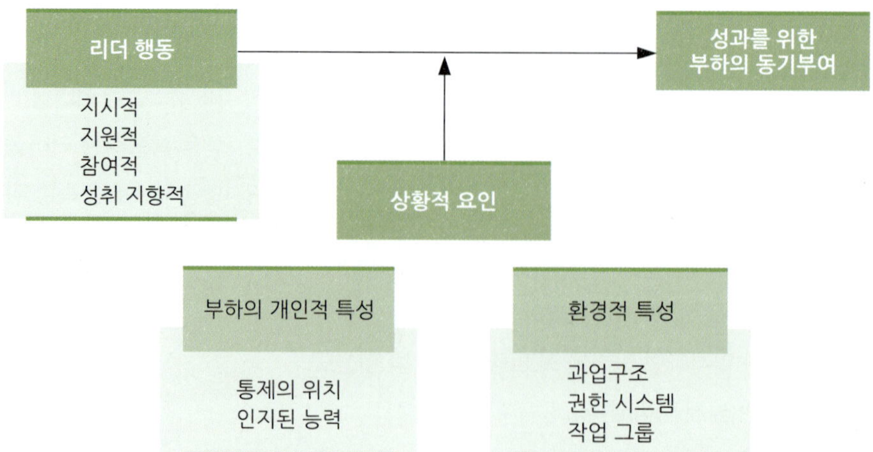

기인한 것으로 판단하는 개인들이 참여적 리더에게 보다 만족을 느끼며(이들은 자신의 노력이 차이를 만든다고 느낀다), 외부적 요인에 의해서 어떤 결과가 발생된 것이라고 믿는 개인들은 지시적 리더에 보다 호감을 갖는다고 보았다(이들은 자신의 활동은 결과에 거의 영향을 미치지 않는다 생각한다). 인식된 역량은 자신의 과업 수행 역량에 대해서 어떻게 바라보느냐와 관련이 있다. 자신의 능력이 뛰어나다고 판단하는 종업원들은 지시적 리더십의 필요성을 상대적으로 낮게 인식하는 반면에(그들은 일을 어떻게 해야 하는지를 알고 있으므로), 자신의 능력에 대해서 상대적으로 낮게 평가하는 종업원들은 지시적 리더십을 선호하는 경향이 있다(어떻게 일을 하면 되는지를 알려줄 수 있는 사람을 원하므로).

중요한 환경적 특성으로는 과업 구조(task structure), 공식적 권한 시스템(formal authority system), 그리고 일차적 작업 그룹(primary work group) 등을 거론할 수 있다. 경로-목표 이론에서 리더의 행동은 부하들이 환경의 불확실성에 효과적으로 대처할 수 있도록 도움으로서 그들을 동기부여시킬 수 있다고 본다. 하지만 어떤 경우에는 리더십이 불필요하거나, 오히려 부하들의 만족도를 떨어뜨릴 수도 있다. 예를 들어, 과업이 구조화된 경우, 지시적 리더십은 상대적으로 불필요하므로, 효과적이지 않다. 유사한 사례로, 작업 그룹 자체적으로 구성원에게 충분한 사회적 지원을 제공한다면 지원적 리더는 이들에게는 그리 매력적이지 않을 것이다. 따라서 리더의 행동이 특정 상황에 처한 사람 및 그를 둘러싼 환경과 얼마나 일치하는가에 따라 리더의 행동이 부하의 동기부여에 미치는 영향도 달라질 수 있다.

11-5d 평가와 시사점

경로-목표 이론은 리더의 행동과 상황적 요소가 부하의 태도와 행동에 미치는 영향을 이해하기 위해 고안된 프레임워크이다. 그러나 경로-목표 이론의 목적은 리더십에 대한 명확한 해답을 제시하기 위한 것이라기보다 여러 제안에 대한 연구가 활발히 이루어지도록 자극하는 데 있다. 일부 연구에서 이 이론의 주요한 가정이 검증되기는 했지만, 전체 모델에 대한 타당성을 확보하였다고 보기는 어렵다. 게다가 이 이론의 많은 가정들이 여전히 다듬어지지 않거나 검증받지 못한 상태이다. 그러므로 리더십에 대한 정형화된 이론을 도출하기 위해서는 지속적인 연구가 필요하다.

11-6 브룸의 의사결정나무 접근 방식

리더십에 대한 주요 현대적 리더십 중 세 번째 이론은 **브룸의 의사결정나무 접근 방식(Vroom's decision tree approach)**이다. 이 이론의 초창기 모델은 빅터 브룸(Victor Vroom)과 필립 예톤(Philip Yetton)에 의해서 고안되었고 추후에는 브룸과 아서 야고(Authur Jago)가 확장하고 재고찰되었다.[24] 최근 브룸은 초기 모형을 개선한 이론을 개발하고 있다.[25] 경로-목표 이론과 마찬가지로, 이 접근 방식은 주어진 상황에서 가장 적합한 리더십 유형을 제시하고자 하였다. 그러나 브룸의 접근 방식은 의사 결정 과정에서 부하의 참여와 관련된 리더의 행동만을 고려하고 있다.

브룸의 의사결정나무 접근 방식
의사 결정에서 부하들의 참여가 허용되는 정도를 규정하고자 하였음.

11-6a 기본적인 가정

브룸의 의사결정나무 접근 방식은 의사 결정 시 상황적 특성에 따라 종업원의 참여 정도를 결정해야 한다고 보았다. 다른 말로 하면, 모든 상황에 들어맞는 최선의 의사 결정 과정이란 존재하지 않으며 다양한 문제 속성(문제나 결정의 특성)을 평가한 후, 리더는 종업원의 참여 정도와 이에 적절한 의사 결정 유형을 선택해야 한다는 것이다.

브룸의 최근 모델에서는 관리자가 두 가지의 다른 의사결정나무(시간 기반 의사 결정, 개발 기반 의사 결정) 중 하나를 선택해야만 한다고 가정한다.[26] 이를 위하여 관리자는 먼저 상황과 관련된 다양한 요소를 평가한다. 이러한 평가는 의사 결정 요소의 점수를 결정한다. 예를 들어, 첫 번째 요소는 결정의 중요성을 고려한다. 만약 그 결정이 매우 중요하고 조직에 미치는 영향 또한 매우 크다면(예: 새로운 공장의 입지를 고르는 것) 이러한 결정의 중요성은 높다. 그러나 만약 일상적이고 결정의 결과가 별로 중요하지 않다면(예: 기업 내 소프트볼 팀의 유니폼 로고를 결정하는 것) 결정의 중요성은 낮다. 이러한 평가에 따라 관리자가 그에 적합한 의사결정나무의 경로를 따르도

그림 11-5
브룸의 시간 기반 의사결정나무

이 매트릭스는 의사 결정에서 시간이 가장 중요한 상황에 적합한 것으로, 깔때기처럼 작동한다. 특정 의사 결정 문제를 해결하기 위해서 좌측에서 시작하며, 문제에서 나타날 수 있거나 나타나지 않을 수 있는 상황적 요소를 각 열에 표기하였다. 각 상황적 요소에 대하여 높거나 낮음을 선택하면서 진행되며, 이러한 과정은 마지막 마디에 도달할 때까지 계속된다.

<table>
<tr><th></th><th>의사 결정의 중요성</th><th>몰입의 중요성</th><th>리더의 전문성</th><th>몰입의 가능성</th><th>집단의 지원</th><th>집단의 전문성</th><th>팀 역량</th><th></th></tr>
<tr><td rowspan="22">문제 진술</td><td rowspan="18">높음</td><td rowspan="13">높음</td><td rowspan="5">높음</td><td>높음</td><td>—</td><td>—</td><td>—</td><td>결정</td></tr>
<tr><td rowspan="4">낮음</td><td rowspan="3">높음</td><td rowspan="2">높음</td><td>높음</td><td>위임</td></tr>
<tr><td>낮음</td><td rowspan="3">조언
(집단적)</td></tr>
<tr><td>낮음</td><td>—</td></tr>
<tr><td>낮음</td><td>—</td><td>—</td></tr>
<tr><td rowspan="8">낮음</td><td rowspan="4">높음</td><td rowspan="3">높음</td><td rowspan="2">높음</td><td>높음</td><td>촉진</td></tr>
<tr><td>낮음</td><td rowspan="3">조언
(개인적)</td></tr>
<tr><td>낮음</td><td>—</td></tr>
<tr><td>낮음</td><td>—</td><td>—</td></tr>
<tr><td rowspan="4">낮음</td><td rowspan="3">높음</td><td rowspan="2">높음</td><td>높음</td><td>촉진</td></tr>
<tr><td>낮음</td><td rowspan="3">조언
(집단적)</td></tr>
<tr><td>낮음</td><td>—</td></tr>
<tr><td>낮음</td><td>—</td><td>—</td></tr>
<tr><td rowspan="5">낮음</td><td>높음</td><td>—</td><td>—</td><td>—</td><td>—</td><td>결정</td></tr>
<tr><td rowspan="4">낮음</td><td rowspan="4"></td><td rowspan="3">높음</td><td rowspan="2">높음</td><td>높음</td><td>촉진</td></tr>
<tr><td>낮음</td><td rowspan="3">조언
(개인적)</td></tr>
<tr><td>낮음</td><td>—</td></tr>
<tr><td>낮음</td><td>—</td><td>—</td></tr>
<tr><td rowspan="4">낮음</td><td rowspan="3">높음</td><td rowspan="3">—</td><td>높음</td><td>—</td><td>—</td><td>—</td><td>결정</td></tr>
<tr><td rowspan="2">낮음</td><td rowspan="2">—</td><td rowspan="2">—</td><td>높음</td><td>위임</td></tr>
<tr><td>낮음</td><td>촉진</td></tr>
<tr><td>낮음</td><td>—</td><td>—</td><td>—</td><td>—</td><td>—</td><td>결정</td></tr>
</table>

Source: Victor H. Vroom's Time-Driven Model from *A Model of Leadership Style*, copyright 1998.

그림 11-6
브룸의 개발 기반 의사결정나무

이 매트릭스는 빠른 의사 결정보다는 종업원의 개발에 보다 관심을 두는 리더에게 적합한 방법이다. <그림 11-5>의 시간 기반 나무처럼, 리더는 일곱 가지의 상황적 요인을 평가한다. 이러한 요소들은 리더가 의사 결정 과정에서 추천된 절차를 끝까지 따르도록 도와준다.

<table>
<tr><th></th><th>의사 결정의 중요성</th><th>몰입의 중요성</th><th>리더의 전문성</th><th>몰입의 가능성</th><th>집단의 지원</th><th>집단의 전문성</th><th>팀 역량</th><th></th></tr>
<tr><td rowspan="15">문제 진술</td><td rowspan="12">높음</td><td rowspan="8">높음</td><td rowspan="8">—</td><td rowspan="4">높음</td><td rowspan="3">높음</td><td rowspan="2">높음</td><td>높음</td><td>결정</td></tr>
<tr><td>낮음</td><td>위임</td></tr>
<tr><td>낮음</td><td>—</td><td rowspan="3">조언
(집단적)</td></tr>
<tr><td>낮음</td><td>—</td><td>—</td></tr>
<tr><td rowspan="4">낮음</td><td rowspan="3">높음</td><td rowspan="2">높음</td><td>높음</td></tr>
<tr><td>낮음</td><td>촉진</td></tr>
<tr><td>낮음</td><td>—</td><td rowspan="3">조언
(개인적)</td></tr>
<tr><td>낮음</td><td>—</td><td>—</td></tr>
<tr><td rowspan="4">낮음</td><td rowspan="4">—</td><td rowspan="4">—</td><td rowspan="3">높음</td><td rowspan="2">높음</td><td>높음</td></tr>
<tr><td>낮음</td><td>촉진</td></tr>
<tr><td>낮음</td><td>—</td><td rowspan="3">조언
(집단적)</td></tr>
<tr><td>낮음</td><td>—</td><td>—</td></tr>
<tr><td rowspan="3">낮음</td><td rowspan="2">높음</td><td rowspan="2">—</td><td>높음</td><td>—</td><td>—</td><td>—</td></tr>
<tr><td>낮음</td><td>—</td><td>—</td><td>—</td><td>결정</td></tr>
<tr><td>낮음</td><td>—</td><td>—</td><td>—</td><td>—</td><td>—</td><td>촉진</td></tr>
</table>

Source: Victor H. Vroom's Development-Driven Model from *A Model of Leadership Style*, copyright 1998.

록 안내한다. 관리자가 가장 적절한 시기에 의사 결정하는 것에 관심이 있을 때 활용할 수 있는 의사결정나무가 있는 반면, 다른 의사결정나무는 시기보다는, 관리자가 부하의 의사 결정 기술을 개발시키는 데 관심이 있는 경우에 활용할 수 있다.

두 가지 의사결정나무를 **그림** 11-5와 11-6에서 볼 수 있다. 문제 속성(상황적 요소)은 의사결정나무의 제일 위(가로축)에 정리되어 있다. 의사 결정자는 도표의 왼편에서 시작하여 첫 번째 문제 속성(결정의 중요성)을 평가한다. 이 평가는 의사결정나무의 두 번째 마디의 경로를 결정하며, 다음의 속성(몰입의 중요성)을 평가한다. 이러한 과정은 마지막 마디에 도달할 때까지 계속된다. 이러한 방법으로, 관리자는 상황에 맞는 효과적인 의사 결정 유형을 발견하게 된다.

나뭇가지들의 끝(최종적 의사 결정)에 영향을 주는 다양한 결정 유형은 주어진 상황에서 부하의 참여 수준에 영향을 준다. 다섯 가지 유형은 아래와 같이 정의된다.

1. 결정(decide): 관리자는 독단적으로 결정하고 부하들에게 이를 알리거나 '납득시킨다'.
2. 위임(delegate): 관리자는 문제의 변수들과 본질을 파악하고 이에 대한 대안을 개발함에 있어 부하의 참여를 허용한다.
3. 조언(consult)(개인적): 관리자는 집단의 구성원 개개인에게 문제를 제시하고, 그들의 의견을 취합한 후에 의사 결정한다.
4. 조언(집단적): 관리자는 집단 구성원 전체에게 문제를 제시하고, 그들의 의견을 획득한 후에 의사 결정한다.

5. 촉진(facilitate): 관리자는 집단의 전체에 문제를 제시하고, 문제점과 한계를 정의한 후에 구성원들이 의사 결정을 위한 토론에 참여하도록 독려한다.

브룸의 의사결정나무 접근 방식은 리더십에 중점을 두고 복잡한 관점을 제공한다. 브룸은 관리자가 상황을 정확하면서도 빠르게 평가하고 종업원의 참여에 관한 적절한 의사 결정이 이루어지도록 도와주는 전문가적 시스템을 개발하였다. 할리버튼(Halliburton Company), 리턴(Litton Industries), 볼랜드 인터내셔널(Borland International)과 같은 많은 기업들은 자사의 관리자들에게 다양한 종류의 의사결정나무 모델을 사용하는 방법을 교육, 훈련하고 있다.

11-6b 평가와 시사점

지금까지 설명한 브룸의 접근 방식은 비교적 최근의 버전으로, 완벽하게 과학적으로 검증된 것은 아니다. 그러나 초기 모형 및 수정 모형들은 큰 관심을 이끌었고 많은 연구자로부터 지지를 받았다.[27] 예를 들어, 일부 연구들은 이 모델에서 예측한 것과 동일한 방법으로 의사 결정을 하는 개인이 그렇지 않은 사람들에 비해서 더 효과적임을 보여 주기도 했다. 따라서 이 모델은 관리자가 의사 결정 과정에서 부하를 어느 정도까지 참여시킬지 판단하는 데 도움을 주는 도구로 여겨진다.

요약 및 적용

리더십은 과정이자 속성이다. 과정으로서의 리더십은 목표 달성을 위하여 집단 구성원들의 활동을 조율하고 지시하는 등의 비강압적 영향력을 사용함을 의미한다. 속성으로서의 리더십은 성공적으로 영향력을 발휘하는 사람들이 가진 특성의 조합이다. 리더십과 관리는 서로 연관되지만, 구별되는 현상이다.

초기의 리더십 연구는 리더로서의 중요한 행동과 특성을 구명하고자 시도하였다. 미시건 대학과 오하이오 리더십 연구는 리더의 행동을 직무와 종업원에 중점을 둔 두 가지 유형으로 각각 정의하였다. 미시건 리더십 연구는 두 유형의 리더 행동을 일차원의 연속선상에 존재한다고 보았지만, 오하이오 리더십 연구는 분리된 차원으로 보았다. 그리고 리더십 격자는 이러한 개념들을 보다 발전시켰다.

리더십에 대한 상황론적 이론은 상황에 적합한 리더십 유형을 정의하고자 시도하였다. 리더십 연속성은 탄넨바움과 슈미트가 최초로 제안하였다. 피들러의 최소선호동료 이론은 리더십 효과성은 리더십의 유형(리더의 특성처럼)과 상황 호의성 간의 일치로 결정된다고 보았다. 상황적 호의성은 과업 구조, 리더–구성원 관계, 그리고 리더의 지위 권력에 의해서 결정된다. 리더 행동은 성격적 특성의 영향을 받기 때문에 쉽게 변하지 않는다고 가정하였다.

경로–목표 이론은 상황에 맞는 적합한 리더십 행동이 무엇인지를 구명하는 데 집중하였다. 경로–목표 이론은 리더 행동은 지시적, 지원적, 참여적, 또는 성취 지향적으로 구분되며, 환경의 특성과 부하의 성격적 특성에 따라 적합한 리더 행동이 결정된다고 보았다.

브룸의 의사결정나무 접근 방식은 상황 특성에 따라 적합한 의사 결정 유형을 선택해야 한다고 보았다. 이 접근 방식의 의사 결정 과정에서 관리자는 부하들의 참여 정도를 결정하고, 상황을 평가하면서 순차적으로 의사결정나무 경로를 따라가게 된다.

Real-World Response

GM 이끌기

메리 바라(Mary Barra)의 강력한 리더십 역량은 GM의 수익성 향상과 캐딜락 브랜드 부활에 도움이 되었다. 민주적 리더십 스타일을 가진 바라는 피드백을 요청하고 직원들의 의견을 중요시하며, 팀이 합의에 도달하지 못할 경우 결정을 짓는 역할을 한다. 그녀는 문제를 알리기 위해 직원들과 회의를 하는데, 정보 전달뿐만 아니라 감정적으로도 팀의 두려움과 희망에 호소하여 리더십을 실현한다. 그리고 GM의 가치와 일치하는 사람들을 고용하는 것의 중요성을 강조했다. 그녀는 "진정으로 사람들과 소통하는 것, 구성원들의 감정과 이성을 얻는 것, 그리고 권한을 어떻게 부여하는지가 중요하다."고 말했다.

바라는 동기부여 리더십을 실천하며 겸손하고 협력적이며, 정기적으로 팀원에게 공로를 인정하였다. 그녀는 직원들에게 성공을 위한 자유를 부여하고 문제가 발생하면 정직하게 표현하도록 요구한다. 또한 직원을 존중하고 존경하며, 직원이 처벌을 받지 않고도 문제를 신고할 수 있도록 '안전을 위한 발언 프로그램(speak for safety program)'을 도입했다.

바라는 성공적인 리더가 어떻게 책임감 있게 행동해야 하는지를 보여 주었다. 2018년에 GM은 최상위, 중간 및 최하위 '임금 구간(band)'에서 임금 평등을 실현한 글로벌 기업 중 하나로 선정되었고 성별 임금 격차도 없었다. 그녀는 기념사에서 "우리는 사람과 지구에 대해 책임 있고 용기 있게 행동해야 합니다. 우리의 행동은 차세대에게 장기적인 영향을 미치기 때문입니다. 모든 직원이 최대한 기여할 수 있는 작업 환경을 만들어야 합니다. 또한 우리가 살고 일하는 지역사회를 개선해야 합니다."라고 연설하였다.

토론을 위한 질문

1. '리더십'을 어떻게 정의할 것인가? 본 장에서 제시된 정의와 당신의 정의를 비교·분석하라.
2. 리더가 아닌 관리자의 예와 관리자가 아닌 리더의 예를 제시하라. 이 둘을 구분할 수 있는 것은 무엇인가? 또한 공식적 그리고 비공식적 리더에 대한 예도 제시하라.
3. 성공적인 리더의 특성은 무엇이라고 생각하는가? 당신은 특성 접근 방식이 타당하다고 생각하는가?
4. 최근 성공한 관리자(순위나 연봉 고려)가 효과적인 리더가 가진 특성 중 일부(매력적인 외모가 큰 키 등과 같은)를 가질 수 있음을 보여 주는 연구들이 나타나고 있다. 이러한 결과를 어떻게 설명할 수 있는가?
5. 본 장에서 정의한 것 이외에 리더의 행동 중 다른 유형은 무엇이 있을까?
6. 피들러의 최소선호동료 이론을 비평하라. 상황의 다른 요소들도 중요한가? 리더의 행동은 불변한다는 피들러의 주장이 타당하다고 혹은 타당하지 않다고 생각하는가? 그 이유는 무엇인가?
7. 리더십 동기부여는 개인적 특성에 기인한다는 피들러의 주장에 대해 동의 혹은 동의하지 않는가? 그 이유는 무엇인가?
8. 리더십의 최소선호동료 이론과 경로–목표 이론을 비교·분석하라. 각각의 강점과 약점은 무엇인가?
9. 리더십 이론의 세 주요 이론인 최소선호동료 이론, 경로–목표 이론, 브룸의 의사결정나무 접근 방식 중 가장 포괄적인 것과 가장 구체적인 것은 무엇인가? 가장 실용적 가치가 높은 것은 무엇인가?
10. 어떻게 하면 브룸의 의사결정나무 접근 방식을 관리자가 현실적으로 활용할 수 있을까?

Understand Yourself Exercise

당신의 리더십 잠재력은?

아래 짝 지어진 각 문장에 대해 다음의 방법에 따라 5점을 배분하라. 첫 번째 문장이 완전히 당신과 일치하고 두 번째 문장이 전혀 당신과 일치하지 않는다면, 첫 번째에 5점을 주고 두 번째에 0점을 주면 된다. 그 반대라면 0과 5를 입력하면 된다. 문장이 일반적으로 당신과 일치한다면, 분배는 4와 1이거나, 일반적으로 일치하지 않는다면 1과 4일 수 있다. 두 문장이 모두 당신과 일치하는 경향이 있다면, 3과 2이거나, 2와 3이어야 한다. 각 문장 쌍에 대한 합산 점수는 반드시 5이어야 한다. 정답이나 오답은 없다. 이 문제에 정직하게 답변한다면, 당신의 리더십과 관련된 행동을 더 잘 이해할 수 있을 것이다.

다음은 각 문장 쌍에 대한 가능한 점수 분배이다.

0-5 또는 5-0 진술 중 하나는 완전히 당신과 같다. 다른 하나는 당신과 전혀 같지 않다.

1-4 또는 4-1 한 가지 진술은 일반적으로 당신과 같다. 다른 하나는 그렇지 않다.

3-2 또는 2-3 두 진술 모두 당신과 비슷하지만 하나는 약간 당신과 더 비슷하다.

1. ______ 나는 집단에 관심이 있고 책임질 의향이 있다.
   ______ 다른 사람이 그룹을 맡아 주길 원한다.
2. ______ 내가 리더가 아닐 때, 나는 리더에게 의견을 제시하여 성과를 개선하는 데 기꺼이 참여한다.
   ______ 내가 리더가 아닐 때, 제안을 하기보다는 리더의 방식대로 일을 처리하고자 한다.
3. ______ 나는 다른 사람들이 내 제안을 듣고 받아들이도록 영향을 주고 참여하고 싶어한다.
   ______ 나는 다른 사람에게 영향을 미치는 데 관심이 없다.
4. ______ 내가 리더일 때, 집단 구성원과 관리 책임들을 공유하고 싶다.
   ______ 내가 리더일 때, 집단을 관리하고 싶다.
5. ______ 나는 명확한 목표를 갖고 이를 달성하기 위한 계획을 세우고 실행하고 싶다.
   ______ 나는 매우 일반적인 목표를 갖고 상황이 되는 대로 대처하는 것을 선호한다.
6. ______ 나는 업무 수행 방식을 바꾸고 새로운 일을 배우고 수행하는 것을 선호한다.
   ______ 나는 안정성을 좋아하고 같은 방식으로 일을 하는 것을 선호한다. 나는 새로운 것을 배우고 수행하는 것을 싫어한다.
7. ______ 나는 사람들과 협력하며 그들이 성공하도록 돕는 것을 좋아한다.
   ______ 나는 사람들과 협력하며 그들이 성공하도록 돕는 것을 별로 좋아하지 않는다.

점수 계산: 리더십 잠재력 점수를 계산하려면 각 번호의 첫 번째 문장에 대한 점수(0에서 5)를 합산하라. 두 번째 문제의 숫자는 무시하라. 총점은 0에서 35 사이에 있어야 한다. 당신의 점수를 기입하라.

0 — 5 — 10 — 15 — 20 — 25 — 30 — 35

낮은 리더십 잠재력 **높은 리더십 잠재력**

해석: 일반적으로 점수가 높을수록 효과적인 리더가 될 수 있는 잠재력이 높다. 리더십 성공의 핵심은 단순한 잠재력뿐만 아니라 인내와 노력이 필요하기 때문에, 이 책을 공부하면서 배운 원칙과 이론을 개인 및 직업에 적용하면서 리더십 능력을 개발할 수 있다. 시작하는 좋은 방법 중 하나는 효과적인 리더십 문장 중 낮은 점수가 나온 문장을 살펴보고 해당 행동을 향상시키도록 연습하는 것이다.

Sources: Adapted from Lussier, R. N., & Achua, C. F. (2001). *Leadership: Theory, Application and Skill Development*. Cincinnati, OH: Southwestern College Publishing. ©2001 Cengage Learning.

Group Exercise

관리자와 리더

이 활동은 당신이 관리자와 리더에 대한 가정 및 시각을 다른 학생들과 비교하는 기회를 제공한다.

수행 과제:

1. 성공적인 관리자의 특성 열 가지와 성공적인 리더의 다른 특성 열 가지를 작성하라.
2. 작성한 목록을 작은 집단의 다른 학생들과 공유하고 다음을 논의하라.
   (A) 다양한 학생들의 목록에 어떤 관리자의 특성들이 나타나는가?
   (B) 다양한 학생들의 목록에서 어떤 리더 특성이 나타나는가?
   (C) 학생들이 자신의 관리자 특성 목록과 리더 특성 목록 양쪽에 모두 기재한 특성이 있는가?
3. 당신의 집단에서 학생들의 관리자의 열 가지 특성과 리더의 열 가지 특성을 하나의 목록으로 정리하라.
4. 집단 목록을 전체 강의실 학생들과 공유하고 다른 학생들이 당신 집단의 관리자와 리더 각각에 대한 최종 목록에 동의하는지 물어 보라. 최종 두 목록에 공통점이 있는가? 관리자 목록과 리더 목록 모두에 나타나는 특성은 무엇인가?

미주(endnotes)는 한경사 홈페이지 www.hankyungsa.co.kr의 공지 사항에서 PDF 파일로 다운로드 할 수 있습니다.

12 현대적인 리더십 접근 방식

Contemporary Views of Leadership in Organizations

학습목표

이 장을 학습하면 독자들은 …

1. 리더십의 현대적인 상황 이론을 이해하고 설명할 수 있다.
2. 추종자의 시각에서 본 리더십에 대해 논의할 수 있다.
3. 리더십 대체 요인과 중화 요인이 리더십 필요에 어떻게 영향을 미치는지를 설명할 수 있다.
4. 리더십의 본질의 변화와 새롭게 등장하는 리더십 이슈를 설명할 수 있다.

Real-World Challenge

보잉에서의 윤리적 리더십[1]

보잉(Boeing)은 65개 이상의 국가에서 14만 명 이상의 직원을 고용하고 있는 시카고 소재의 항공우주기업이다. 보잉은 세계 최대의 항공우주기업이자 미국의 주요 수출 업체로서 상업용 비행기, 군용 항공기, 우주 및 보안 시스템, 그리고 글로벌 지원 서비스를 만들고 있다.

보잉의 전 최고 경영자 이사회 의장인 데니스 뮬렌버그(Dennis Muilenburg)는 종업원을 존중하는 가치를 중시했다. 또한 보잉의 미래를 위해서는 윤리적으로 행동하고 사업 목적을 잃지 않는 것이 중요하다는 것을 알고 있었다. 뮬렌버그는 자신이 '태어나기 전부터 존재했던 국가의 보물을 지키는 양치기'라고 믿었으며, 그 보물은 자신의 증손녀가 태어난 이후에도 여전히 존속해야 할 것이라고 생각했다. 따라서 그는 회사의 주주와 이해관계자의 이익을 모두 충족시키는 장기 계획에 중점을 두었다.

Richard Ellis/Alamy Stock Photo

뮬렌버그는 보잉의 근본적인 가치들이 높은 성과를 달성하고 유지하는 능력에 직접적인 영향을 미친다고 강하게 믿었다. 뮬렌버그가 미래에 보잉을 효과적으로 이끌기 위해 당신에게 조언을 요청했다고 가정해 보자. 이 장을 읽은 후 당신은 뮬렌버그에게 도움이 되는 좋은 아이디어를 얻게 될 것이다.

11장에서 논의했던 리더십의 세 가지 주요 상황적 이론은 리더십에 대한 생각을 변화시켰다. 사람들은 더 이상 리더십에 있어 단 하나의 최선의 방법을 찾으려는 강박관념에 사로잡히지 않게 되었다. 이들은 보편적인 리더십 방식이나 관계를 찾으려는 노력도 더 이상 기울이지 않는다. 대신, 연구자 및 관리자 모두 리더십에 대해 다양한 새로운 관점에 주의를 기울이는 쪽으로 바뀌었다. 이 새로운 접근 방식이 바로 이 장의 주제이다. 우리는 상대적으로 새로운 두 가지의 상황적 리더십 이론에 대해 논의하고, 또한 초기 이론들을 개선한 현대 리더십 이론에 대해서도 다루고자 한다. 또한 추종자들의 시각에 초점을 맞춘 리더십 이론도 검토하고, 최근에 고려되고 있는 전통적인 리더십에 대한 잠재적인 대체 이론들을 살펴본다. 그 다음, 리더십의 본질이 어떻게 변화하고 있는지를 설명하고, 리더십에 있어서 떠오르는 이슈들에 대한 토론으로 이 장을 마무리한다.

12-1 현대적 상황적 이론

최소선호동료(LPC) 이론, 경로-목표(path-goal) 이론, 그리고 브룸(Vroom)의 의사결정나무(decision tree) 접근 방식은 리더십 이론 연구의 방향을 바꾸어 놓았다. 당연하게도 상황적 이론(situational theory)은 새롭게 개발되었고, 나아가 위의 상황 이론 모델에 대한 변화와 개선도 함께 이루어졌다.

리더-구성원 교환 관계(LMX) 모델
상사와 각각의 부하 사이의 관계가 획일적이지 않고 개별적인 관계의 중요성을 강조.

12-1a 리더-구성원 교환 관계 모델

조지 그랜(George Graen)과 프레드 단세로우(Fred Dansereau)에 의해 제시된 **리더십의 리더-구성원 교환 관계 모델**(leader–member exchange model (LMX) of leadership)은 상사와 각각의 부하 사이의 관계가 획일적이기보다는 개별적이라는 점에 초점을 맞추었다.[2] 각 관리자-부하 관계는 수직적 짝(vertical dyad)으로 불린다. 이 모델은 리더들이 부하들과 개별적인 관계를 형성하는 것에 초점을 맞추었기에, 초기 접근 방식과는 다르다. **그림** 12-1은 리더-구성원 교환 관계 이론의 기본 개념을 보여 준다.

이 모형은 상사가 자신이 신뢰하는 소수의 부하와 특별한 관계를 형성한다고 제시하면서 이를 '내집단'이라 부른

Gorodenkoff/Shutterstock.com

리더-구성원 교환 관계 모델의 기본 가정 중 하나는 상사들이 부하 직원 각자와 개별적인 관계를 형성하는 경향이 있다는 것이다. 이 상사는 그의 부하 중 한 명에게 조금 더 자세히 설명하고 있는데, 그녀는 상사로부터 특별한 관심을 받는 내집단의 구성원일 수 있다.

그림 12-1
리더-구성원 교환 관계 모델
리더-구성원 교환 관계 모델은 리더가 부하 개개인과 각기 다른 관계를 설정한다는 것을 가정한다. 그림이 보여 주듯이 이 관계의 핵심 요소는 부하 개개인이 리더의 '내집단'에 속해 있느냐 또는 '외집단'에 속해 있느냐에 달려 있다.

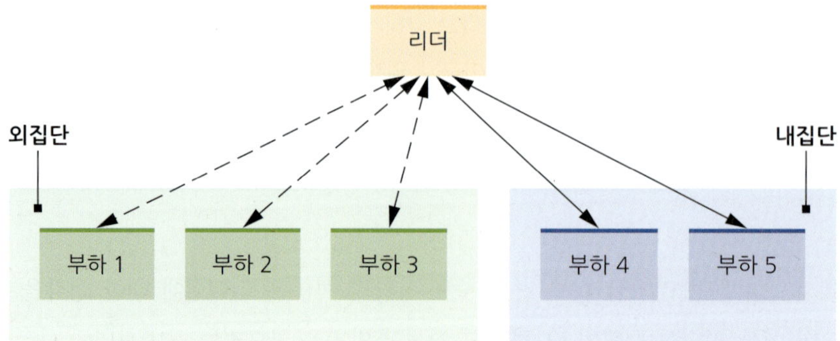

내집단
상사로부터 더 많은 책임감과 재량권을 수반하는 특별한 과제를 부여받는 부하 직원들의 집단. 예를 들면, 업무 일정에 대한 높은 재량권을 포함한 다양한 특권을 받음.

외집단
상사가 관심과 시간을 덜 쓰는 부하 집단. 이들은 상사로부터 일상적인 과제를 부여받으며 정보 흐름에서 벗어나 있음.

허시와 블랜차드 모델
이 모델은 적절한 리더 행동이 추종자들의 '준비 상태'(예: 부하의 동기부여, 능력, 경험 및 책임수용에 대한 관심 정도)에 따라 달라진다는 가정을 기반으로 함.

다. **내집단**(in-group)은 책임과 자율성이 요구되는 특별한 의무를 부여받는다. 예를 들면, 내집단에 속해 있는 종업원들은 업무 일정에 대한 더 많은 재량과 특권을 받으며, 민감한 정보를 제공받기도 하고, 남들보다 먼저 곧 있을 사건에 대해 알게 되기도 한다. 그들은 일반적으로 리더로부터 더 많은 보상과 강한 지지를 얻는다.

내집단에 속하지 못한 종업원은 **외집단**(out-group)으로 불리는데, 이들은 상사의 관심을 적게 받는다. 외집단의 구성원들은 그룹 전체가 의무적으로 수행해야 하는 일상적인 업무를 내집단 사람들 보다 더 많이 수행해야 하며, 정보 공유에서도 불리하다. 또한 그들은 리더로부터 더 적은 보상과 더 약한 지지를 받는다.

그림 12-1에서 보는 바와 같이 리더는 5명의 부하들과 일대일 또는 양자 관계를 가진다. 부하와 상호작용 하는 초기에 상사는 내집단 또는 외집단 관계를 결정한다. 리더가 어떤 기준으로 부하를 내집단 구성원으로 선택하는지는 확실하지 않지만, 그 결정은 개인적인 상호 적합성과 부하의 역량에 바탕을 둔 것으로 보인다. 많은 연구에서는 내집단과 외집단의 존재를 확인해 주고 있다. 또한 일반적으로 내집단 구성원들이 상대적으로 더 높은 성과와 만족 수준을 보이는 경향이 있음을 알아냈다.[3]

Fizkes/Shutterstock.com

허시와 블랜차드 모델은 적절한 리더 행동이 추종자들의 성숙도에 따라 달라진다고 제안한다. 이 리더는 아마도 집단의 "준비 상태"가 높다는 것을 보여 주기 위해 매우 캐주얼하고 비공식적인 방식으로 무엇인가를 설명하고 있다.

12-1b 허시와 블랜차드 모델

최근의 상황론적 관점 중 관리자들에게 가장 인기 있는 것은 허시와 블랜차드 모델이다. 11장에서 논의했던 리더십 격자(leadership grid)와 마찬가지로, 이 모델 또한 경영 컨설팅 수단으로 개발되었다. **허시와 블랜차드 모델**(Hersey and Blanchard model)은 적절한 리더의 행동은 부하들의 '성숙도(readiness)'에 달려있다는 생각에 기초하고 있다.[4] 여기서 성숙도라는 것은 부하의 동기부여 수준, 역량, 경험, 책임감을 받아들이려는 의지 등을 나타낸다. **그림** 12-2는 허시-블랜차드의 기본 모델을 보여 준다.

그림 12-2
허시와 블랜차드 모델

허시와 블랜차드의 리더십 이론은 부하의 성숙도에 따라 리더의 행동이 달라져야 함을 보여 준다. 이 그림은 리더십 행동의 다양한 변형을 보여 준다. 곡선은 리더의 관계 행동이 낮은 곳에서 시작하여 점차 증가하다가 부하의 성숙도가 높아짐에 따라 다시 낮아지는 것을 보여 준다. 반면 리더의 과업 행동은 부하의 성숙도가 낮은 상황에서 높게 시작했다가 점차 낮아지는 것을 보여 준다.

Sources: The Situational Leadership® Model is the registered trademark of the Center for Leadership Studies, Escondido, CA. Excerpt from Hersey, P., & Blanshard, K. H. (1977). *Management of Organizational Behavior: Utilizing Human Resources* (3rd ed., p. 165). Englewood Cliffs, NJ: Prentice-Hall.

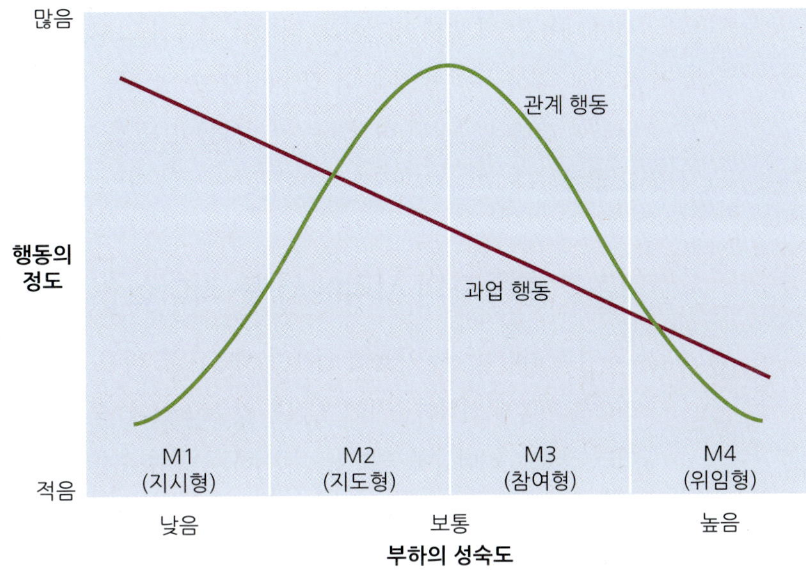

그림 12-2에서 볼 수 있듯이 부하의 성숙도가 높아지면서, 리더십 방식이 변화한다. 예를 들어, 부하의 성숙도가 낮으면, 리더는 부하들의 나아가야 할 방향을 제공하고 역할을 규정하는 '지시적(telling)' 방식에 의존한다. 부하의 성숙도가 낮은 수준에서 중간 수준 정도라면 리더는 설명과 정보를 동반하여 방향을 제공하고 역할을 규정하는 '지도(selling)' 방식을 사용한다. 부하의 성숙도가 중간에서부터 높은 수준에 있는 경우, 리더는 의사 결정을 공유할 수 있도록 허락하는 '참여(participating)' 방식을 사용한다. 마지막으로, 부하의 성숙도가 높을 때, 리더는 감독이 거의 없거나 존재하지 않는 상태에서 독립적으로 일할 수 있도록 허락하는 '위임(delegating)' 방식을 사용하는 것이 효과적이다.

12-1c 다른 이론들의 개선과 수정

이러한 최근의 모델들과 함께, 앞서 제시된 세 개의 상황적 이론들 또한 다양한 개선과 수정이 이루어졌다. 예를 들어, 11장에서 제시된 최소선호동료 이론(LPC theory)은 여전히 중요한 모델이며, 연구자들은 이론의 타당성을 개선하기 위하여 지속적으로 노력하고 있다. 예를 들자면, 피들러(Fiedler)는 최근 상황적 호의성(situational favorableness)의 주요 요인으로서 스트레스의 개념을 추가했으며, 리더의 지식과 경험은 상황을 특징짓는 다양한 수준의 스트레스에 대처할 수 있는 핵심적 역할을 한다고 주장했다.[5]

경로-목표 이론 또한 지난 수 년동안 수정 및 개선이 이루어졌다. 이 이론은 초창기에는 리더 행동을 두 가지로 고려하였으나, 이후 세 번째 행동이 추가되었고, 최근에는 11장에서 언급된 리더의 네 번째 유형이 포함되는 진화 과정을 거쳤다. 최근 들어서는 경로-목표 이론에 대한 연구가 상대적으로 많지는 않지만, 이 이론이 가지고 있는 직관적 논리(intuitive logic)와 연구자들의 포괄적 지원으로 인해, 리더십 실무에 영향을 줄 수 있는 가능성이 크게 증가하고 있다.

마지막으로, 브룸(Vroom)의 의사결정나무(decision tree) 접근 방식도 거듭 발전하였다. 11장에 제시된 내용은 세 번째 버전이다. 더욱이, 브룸과 그의 동료들은 관리자들이 있는 그대로의 '본원적(natural)' 의사 결정 방식을 더 잘 이해할 수 있도록 훈련과 평가 자료를 계속해서 개발하고 있다. 다양한 모델의 향상된 버전들은 관리자들이 특정 상황에서도 최적의 참여 수준을 결정할 수 있도록 돕는다.

12-2 추종자의 시각에서 본 리더십

일부 리더십 전문가들에 의해서 채택된 또 다른 최근의 관점들은 추종자(follower)의 시각에서 리더를 어떻게 인식하는가에 초점을 맞추고 있다. 즉, 부하 및 다른 관찰자들은 어떤 방식으로, 또 어느 정도로 리더십에 중요성을 부여하는가? 추종자의 시각에서 리더십을 바라보는 세 가지 주요 접근 방식은 변혁적 리더십, 카리스마 리더십, 그리고 리더십의 귀인이다.

12-2a 변혁적 리더십

변혁적 리더십
리더가 변화의 필요성을 인지하고, 변화를 이끌기 위한 비전을 수립하며, 그 변화를 효과적으로 실행할 수 있는 것을 의미함.

변혁적 리더십(transformation leadership)은 변화 추구와 안정성 유지 간의 기본적인 차이점에 초점을 맞춘다.[6] 이 관점에 따르면, 상당수의 리더들은 업무를 할당하고, 의사 결정을 내리고, 성과를 평가하는 등 일반적이고 일상적인 업무 과제를 수행한다. 그러나 경우에 따라서 이들은 합병을 관리하고, 새로운 작업 그룹을 형성하거나 조직 문화를 새롭게 정의하는 등 중요한 변화를 추진하고 관리해야 한다. 전자의 사항들은 거래적 리더십에 관한 것이고, 후자의 내용은 변혁적 리더십과 관련된 것이다.[7]

거래적 리더십
규칙적이고 엄격한 행동에 초점을 맞춤.

11장에서 설명했던 관리(management)와 리더십(leadership)의 차이에 대해 상기해 보자. **거래적 리더십**(transactional leadership)은 규칙적이고 엄격한 리더십 행동을 포함한다는 점에서 본질적으로 관리와 비슷하다. 그러나 리더십의 일반적인 개념과 가까운 변혁적 리더십은 리더가 변화의 필요성을 인지하고, 변화를 이끌기 위한 비전을 수립하며, 그 변화를 효과적으로 실행할 수 있는 능력들의 조합이다. 대단한 영향력을 가진 리더만이 이와 같은 변화를 성공적으로 수행할 수 있다. 심지어 성공한 기업들도 정체 또는 침체를 벗어나기 위해 주기적으로 변화할 필요가 있다는 점을 감안할 때, 전문가들은 변화가 조직의 필수적이라고 주장한다. 그에 따라, 변화를 위한 리더십 또한 언제나 중요하다.[8]

효과적인 리더십의 또 다른 특징은 어떤 접근 방식이 필요한지 파악하는 능력이다. 전설적인 애플(Apple)의 공동 창업자인 스티브 잡스(Steve Jobs)가 사망하면서 팀 쿡(Tim Cook)이 애플의 최고 경영자가 되었다. 당시 애플은 막대한 이익을 내고 있었고, 세계에서 가장 높은 가치를 기록하는 기업 중 하나였으며, 새로운 제품과 기술을 개발하는 강력하고 튼튼한 프로세스를 가지고 있었다. 이런 이유로, 쿡은 극적인 변화의 필요성을 느끼지 못했다. 그가 시행한 몇 가지의 변화는 수년 만에 배당을 실시하는 것 정도였고, 애플의 오늘은 잡스가 재임하던 시절과 본질적으로 동일하다. 반면에, 사티아 나델라(Satya Nadella)는 마이크로소프트(Microsoft)의 최고 경영자로 취임하면서, 극적인 변화의 필요성을 인식했다. 결과적으로 그는 기업 문화를 경쟁적인 것이 아닌 협력적이고 학습 중심적인 문화로 변화시켰고, 기업을 클라우드(cloud)에 초점을 맞추도록 조정하는 일련의 중요한 전략적 계획을 수행했다.

사티아 나델라는 마이크로소프트의 최고 경영자로 취임하면서, 기업 문화와 경영 전략에 여러 변화를 도입하여 자신의 변혁적 리더십 스타일을 부각시켰다.

리더는 또한 변혁적 또는 거래적 리더십에서 다른 리더십으로 전환할 필요성을 느끼기도 한다. 예를 들어, 앨런 멀러리(Alan Mulally)는 절망적인 곤경에 빠진 포드 자동차(Ford Motor)에 적합한 리더십이 무엇일까를 고민하였다. 생산 라인과 시설은 낡았고, 품질에 대한 평가는 매우 좋지 않았던 반면, 소요되는 비용은 너무 많았다. 멀러리는 극단적인 변혁적 리더십을 사용하여 기업 전반을 점검하고, 모든 측면에서 새로운 활력을 불러일으켜, 포드를 건강한 미국의 3대 자동차 회사 중 하나로 변모시켰다. 실제로, 제너럴 모터스(General Motors)와 크라이슬러(Chrysler)는 연방 정부의 긴급 구제 자금을 필요로 했지만, 포드는 정부 지원 없이도 위기를 극복하였다. 그리고 빠르게 큰 수익을 냈다. 변혁이 완수한 후 멀러리는 거래적 역할로 전환하였고, 더 높은 수익과 시장 점유율을 위한 방향으로 기업을 계속 이끌고 있다.[9] Case Study에서 또 다른 변혁적 리더십의 예를 살펴볼 수 있다.

12-2b 카리스마 리더십

11장에서 논의한 특성 이론과 같이 카리스마 리더십에 근거한 관점에서 **카리스마**(charisma)란 리더의 개인적인 특성으로 간주한다. 카리스마는 지지와 동의를 불러일으키는 대인 관계적 매력의 한 형태이다. Understand Yourself에서는 당신이 얼마나 카리스마적인지 파악할 수 있는 통찰력을 제공한다.

카리스마
지지와 수용을 불러일으키는 대인 관계적 매력.

카리스마 리더십(charismatic leadership)은 리더의 개인적 카리스마에 근거한 영향력의 일종이다. 다른 조건이 동일하다면, 카리스마를 가진 사람은 카리스마가 없는 사람보다 다른 사람에게 더 큰 영향력을 미칠 것이다. 예를 들어, 카리스마가 있는 상사는 카리스마가 부족한 상사보다 더 성공적으로 부하 행동에 영향을 미칠 것이다. 그러므로 영향력은 다시 한번 이러한 관점에서 리더십의 근본적인 요소라고 할 수 있다.[11]

카리스마 리더십
리더의 개인적 카리스마에 기반하여 발휘하는 영향력의 한 형태.

카리스마 리더십은 상호 간의 끌림의 형태로, 지지와 수용을 일깨우는 특징이 있다. 우크라이나 대통령 볼로디미르 제렌스키는 러시아의 침공 기간 동안 카리스마 리더로 간주되었다.

로버트 하우스(Robert House)는 다양한 사회과학 분야로부터 발견한 내용에 근거하여 카리스마 리더십 이론을 처음으로 제안했다.[12] 그의 이론은 카리스마 리더들이 더 높은 자신감을 가지고, 믿음과 이상에 대한 확신을 가지며, 사람들에게 영향력을 미치려는 강한 욕구를 가질 것이라고 주장했다. 카리스마적 리더들은 또한 추종자의 성과에 대해 높은 기대감을 가지고 의사소통하며, 또한 추종자에

Case Study

머크에서 변혁을 주도하다[10]

케네스 프레이저(Kenneth Frazier)는 머크(Merk)의 새로운(현재는 전임) 최고 경영자로 임명된 후 회사를 신속하게 변화시켰다. 그는 "머크가 미래 선두 주자가 되기 위해서는 계속해서 우리의 운영 모델을 조정하고 우리 산업에서 전례 없는 수준의 변화를 이루어야 한다."라고 선언했다. 의약품 산업에서 제품 개발은 상당히 오랜 기간이 걸리며 새로운 약을 시장에 내놓기까지 평균 12~15년이 소요된다. 머크의 재무 모델은 20년의 특허 기간을 기반으로 하며, 이 기간이 지나면 회사는 독점을 상실하게 된다. 따라서 머크가 정기적으로 제품을 새로운 것으로 교체하지 않으면 사업을 유지할 수 없다. 프레이저는 회사의 결정이 단기적인 합리성을 추구하지 않도록 하는 것이 자신의 임무라고 생각했다.

프레이저는 회사를 안정시키고 연구 및 개발 기능을 강화하는 데 중점을 두었다. 머크는 이전에는 화학 및 백신에 중점을 두었지만 이제는 생물의학 분야로 확장하였다. 인간 유전학은 컴퓨터 과학과 마찬가지로 그들의 활동에 큰 영향을 미친다. 프레이저는 회사를 과학이 주도하고 가장 중요한 의학적인 질문에 대한 답을 찾는 데 초점을 맞추었다. 프레이저는 올바른 과학 인재를 찾아내고 혁신적인 연구를 가능하게 하는 환경을 조성하는 데에 우선순위를 두었다.

그는 최고 경영자의 가장 중요한 역할이 "회사 내에서 올바른 사람들을 리더십의 위치에 두고, 회사 내부의 인센티브를 일치시키는 것"이라고 믿었다. 프레이저는 "내가 배운 것은 회사가 항상 직원의 복지를 생각하며 목적을 가지고 있어야 한다는 것이다. 내 임무는 기회마다 이를 강조하는 것이다."라고 말했다.

변혁적 리더로서 프레이저의 강력한 성과는 그가 2021년 아이젠하워 시민권상을 수여받은 것이며, 이는 그의 사회적 책임과 지속 가능한 개발 분야에서의 성취를 인정한 것이다. 또한 머크에서의 리더십, 변혁 및 성장을 통해 환자, 이해관계자 및 사회에 혜택을 주는 혁신적인 결과를 내기 위한 그의 노력을 인정받아 2021년 최고 경영자상을 수상했다.

질문

1. 케네스 프레이저가 최고 경영자로서 변혁적 리더십을 어떻게 발휘할 수 있었는지 설명하라.
2. 프레이저가 최고 경영자로서 그가 처한 상황을 고려할 때 피들러의 리더십 유형 중 어떤 것이 가장 적절하다고 생각하는가?
3. 만약 당신이 프레이저라면, 이 장에서 배운 내용을 바탕으로 머크를 높은 성과와 혁신적이며 윤리적인 기업으로 지속적으로 변화시키기 위해 어떻게 할 것인가?

대한 신뢰를 표현하려는 경향이 있다고 보았다. 일론 머스크(Elon Musk)는 현대적인 카리스마 리더이다.[13]

카리스마 리더의 또 다른 예로서 볼로디미르 젤렌스키(Volodymyr Zelenskyy), 스티브 잡스(Steve Jobs), 버나데트 데블린(Bernadette Devlin), 마틴 루터 킹 주니어(Martin Luther King, Jr.), 아이 웨이웨이(Ai Weiwei), 콘돌리자 라이스(Condoleezza Rice)와 매니 파키아오(Manny Pacquiao) 같은 인물들을 들 수 있다. 불행하게도, 카리스마는 리더들에게 다른 방향으로 권력을 부여하기도 한다. 예를 들어, 아돌프 히틀러(Adolf Hitler)나 오사마 빈 라덴(Osama bin Laden)도 자신을 따르는 사람들에게 매력을 발산하는 강한 카리스마를 가지고 있었다.

Understand Yourself

당신은 얼마나 카리스마가 있는가?

카리스마 리더는 다른 사람들에게 쉽게 영향을 미치는 것처럼 보인다. 그들은 비전을 명확히하고 다른 이들을 걱정하며 높은 기대를 갖고 높은 성과를 거두는 집단이나 조직을 만든다. 아래 자가 진단을 통해 당신의 카리스마적 리더로서의 잠재력을 알 수 있을 것이다.

지침: 문항은 당신의 특성과 관련된 것이다. 각 문항을 주의 깊게 읽고 해당 문항이 당신에게 얼마나 적합한지 결정한 후 해당 점수를 제시된 공간에 기입하라.

매우 아니다	아니다	보통이다	그렇다	매우 그렇다
1	2	3	4	5

_____ 1. 나의 친구들은 내가 배우가 될 만하다고 말한다.
_____ 2. 나는 나의 업무와 사회적인 상황에 대해 자신감을 가지고 있다.
_____ 3. 나는 무대를 좋아한다.
_____ 4. 나는 음악을 들으면 박자에 맞춰 움직이기 시작한다.
_____ 5. 나는 종종 사교 행사에서 주목을 받는다.
_____ 6. 나는 일반적으로 강렬하고 긍정적인 인상을 남기려고 노력한다.
_____ 7. 나는 가까운 친구들과 대화할 때 안아주거나 손을 건넨다.
_____ 8. 나는 개방적이고 호기심이 많으며 여러 가지에 관심이 있다.
_____ 9. 나의 친구들은 나에게 자신들의 문제를 얘기하고 조언을 구한다.
_____ 10. 나는 일반적으로 단호하다.
_____ 11. 나는 사회적으로 자유롭고 진정성 있게 행동한다.
_____ 12. 나의 친구들은 나에게 대부분 상황에서 리더 역할을 기대한다.
_____ 13. 나는 다른 사람의 의견과 행동을 비판하는 대신 이해하려고 노력한다.
_____ 14. 나는 다른 사람을 상처 주지 않게 말하려고 노력한다.
_____ 15. 나는 모든 연령과 성별의 사람들과 손쉽게 소통할 수 있다.
_____ 16. 나는 유머 감각이 있다.
_____ 17. 나는 순발력과 유머 감각으로 주목받는다.
_____ 18. 나는 쉽게 웃고 자주 미소 짓는다.

해석: 각 문항의 점수를 더하여 총점을 계산하라. 총점이 72~90이면 상대적으로 높은 카리스마 수준이다. 총점이 18~36이면 상대적으로 카리스마가 적은 편이다. 총점이 37~71이면 중간 정도의 카리스마를 가졌다고 볼 수 있다.

그림 12-3은 오늘날의 대다수 전문가들이 인지하고 있는 조직 내 카리스마 리더십의 세 가지 요소를 보여 준다.[14] 첫 번째, 카리스마가 있는 리더들은 미래의 트렌드와 패턴을 마음속에 그릴 수 있고, 자신과 다른 사람들에게 높은 기대감을 형성할 수 있으며, 그러한 기대를 만족시키는 행동을 솔선수범하여 보여 준다. 다음으로, 카리스마가 있는 리더는 개인적 열정과 자신감, 그리고 지속적인 성공 패턴을 입증함으로써 다른 이들의 열정을 북돋울 수 있다. 마지막으로, 카리스마가 있는 리더는 다른 사람들을 지지하고, 그들과 공감하며, 그들에 대한 신뢰를 표현함으로써 동기부여 시킬 수 있다.[15]

오늘날 카리스마 리더십은 수많은 책과 논문의 주제이자 관리자들 사이에서 매우 보편적인 개념이다.[16] 하지만 불행하게도 카리스마 리더십의 영향과 의미에 초점을 두고 이를 검증하려는 연

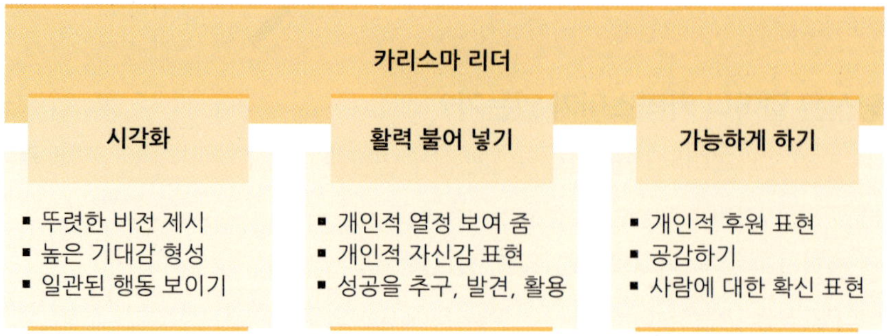

그림 12-3
카리스마 리더
카리스마 리더는 세 가지 기본적 특징을 가진다. 이 그림에서 보는 바와 같이 시각화, 활력 불어 넣기, 가능하게 하기 등이다. 카리스마 리더는 어떤 조직 상황에서도 강력하다.

Source: Nadler, D. A., & Tushman, M. L. (1990, Winter). Beyond the Charismatic Leader: Leadership and Organizational Change, *California Management Review*, 70–97.

구는 소수에 불과하다. 카리스마 리더십에 대한 오랜 윤리적 관심은 또한 사람들을 불편하게 하기도 했다. 일부 카리스마 리더들이 그들의 부적절하고, 비윤리적이며, 심지어 불법적 행동조차 추종자들을 위한 것이라는 맹목적 믿음을 불어넣는다는 사실 때문이다. 상당한 개인적 카리스마를 가진 사람으로부터 리더십 역할을 이양받는 것 또한 힘든 일이다.

12-2c 귀인과 리더십

이 책의 4장의 귀인 이론(attribution theory)에서 사람들은 행동을 관찰하고, 그 후에 행동의 원인(그리고 의미)을 유추하는 경향이 있음을 논의하였다. 리더십과 귀인 이론은 우리에게 분명한 의미를 전달하는데, 특히 리더십이 추종자의 시각을 통해서 형성될 때 더욱 그러하다. **리더십의 귀인 이론**(attribution perspective of leadership)은 리더십과 관련된 맥락에서 행동들이 관찰될 때, 사람들은 해당 행동을 보인 사람의 리더십 능력이나 권력의 정도를 다르게 해석할 수 있다.

리더십의 귀인 이론
리더십과 관련된 맥락에서 행동이 관찰될 때, 해당 행동을 보인 사람의 리더십 능력이나 권력의 정도를 다르게 해석.

예를 들어, 한 개인이 확신을 갖고 단호하게 행동하는 것이 관찰되었다고 가정해 보자. 어떤 사람들은 그 사람이 말하고 행동하는 것을 유심히 관찰하고, 다양한 상황에서 그에게 조언을 구하거나 의견을 물어보려는 경향을 보인다. 우리는 이 사람의 단호한 행동이 그를 리더로 보이게 한 것이라고 결론지을 수 있다. 그러나 상황이 달라지면 그 사람의 자신감이나 단호함이 특별한 것으로 느껴지지 않을 수도 있다. 이때 사람들은 그들이 하는 말에 대해 무관심하고, 굳이 그들에게 조언을 청하지 않는다. 이러한 경우 우리는 이 사람을 리더로 간주하지 않을 가능성이 더 높다.

귀인(attribution)은 우리 자신의 행동이나, 리더처럼 보이는 어떠한 사람의 실질적인 능력에 대한 판단에 영향을 미칠 수 있다. 예를 들어, 우리가 앞서 언급했던 집단을 관찰한 후 그 집단에 합류했다고 가정해 보자. 우리가 이미 어떤 사람에게 리더십이 있는 것으로 간주하였다면, 우리는 다른 사람들의 행동을 모방하면서 그 사람을 리더처럼 대우할 가능성이 높다. 또한 그 사람이 더욱 자신감 있게 리더십 역할을 지속적으로 수행할 수 있도록 독려할 수도 있다.

이러한 현상을 좀 더 자세히 살펴보자. 어느 낯선 사람들의 한 무리가 엘리베이터에 갇힌 상황을 가정해 보자. 이 무리 중 한 사람이 즉각적으로 연락을 취하는 등 책임감 있게 나선다. 그는 다른 사람들에게 자신감 있는 모습을 보이면서 안심시키고, 사람들에게 자신이 누구에게 구조 요

Global Issues

문화가 리더 특성에 미치는 영향

보편적으로 긍정적인 리더 특성	보편적으로 부정적인 리더 특성	문화에 따라 다르게 해석되는 리더 특성
신뢰할 만한	화를 잘 내는	예리한
의존할 수 있는	독재적인	민감한
탁월함을 지향하는	비협조적인	회피적인
정직한	무자비한	위험을 감수하는
동기부여 하는	자기중심적인	지배적인

Sources: Based on House, R. J., Hanges, P. J., Javidan, M., Dorfman, P. W., & Gupta, V. (2004). *Culture, Leadership, and Organizations: The GLOBE Study of 62 Societies*. London: Sage Publications; Avolio, B. J., & Dodge, G. E. (2000). E-Leadership: Implications for Theory, Research, and Practice. *Leadership Quarterly*, 11(4), 615–668.

청을 해야 하는지 잘 알고 있으며, 구조 팀이 올 때까지 무엇을 해야 하는지를 말해 준다. 이런 경우 엘리베이터의 다른 사람들은 그 사람의 리더십을 인지할 것이고, 그 사람의 행동에 긍정적인 반응을 보이며 현 상황 해결에 대한 신뢰를 그 사람에게 부여할 것이다. 반면에, 같은 상황에서 어떤 사람이 이러한 상황을 해결하고자 나서긴 했지만 자신감이 결여되어 보이고 무엇을 해야 하는지에 대해서 무지하고 허둥댄다면, 다른 사람들은 그 사람에 대해 반기를 들 것이고, 그 사람이 무슨 말을 하는지에 대해서 별다른 주의를 기울이지 않으며, 아마도 결국에는 리더십을 보이는 다른 사람에게 의지할 것이다.

리더십에 대한 귀인은 특히 대통령 선거 기간에 잘 나타난다. 후보와 참모들은 항상 자신감을 표출하고, 동정을 보이며, 무엇을 해야 하는지를 잘 알고, 자신이 준비가 되어 있음을 가장 보기 좋게 내보이고 싶어 한다. 지지자들은 자신들의 최고의 관심사가 달려있다고 인지되는 위기 상황에서 리더의 행동에 특히 관심을 기울인다. 이번 장의 Global Issue에서는 다양한 리더십 특성에 대한 보편적인 해석과 함께, 리더십의 특성이 문화에 따라 다르게 해석될 수 있음을 보여 준다. 이는 동일한 리더에 대한 인식이 문화권에 따라 달라질 수 있다는 점을 강조한다.

12-3 리더십 대체론

최근 주목받고 있는 리더십에 대한 또 다른 시각은 리더십 대체론이다. 일부 경우에는 리더십이 불필요하거나 리더십과 무관한 상황도 존재할 수 있다. 이러한 상황에 기여하는 요인들을 리더십 대체 요인이라고 한다. 리더십을 실행하고 있는 상황에서도 리더의 영향력이 무시되거나 관련성이 없는 경우들도 존재한다.

12-3a 리더십 대체 요인

리더십 대체 요인
개인, 과업, 그리고 조직의 특정 요인이 리더가 부하의 만족감과 성과에 대해 미치는 영향력보다 더 큰 경우를 의미.

리더십 대체 요인(leadership substitutes)이란 부하들의 만족과 성과에 영향을 미치는 리더의 능력을 압도하는, 즉 리더의 능력보다 더 큰 영향을 미치는 개인, 과업, 또는 조직적 특성들을 의미한다.[17] 다시 말해, 특정 요인들이 존재할 때, 종업원은 리더의 지시 등 역할이 없어도 자신의 업무를 수행할 수 있다. 계층적인 리더십이 중요하게 여겨지는 전통적 이론들과는 다르게, 리더십 대체 요인의 가정은 어떠한 상황에서 리더십이 중요하지 않을 수 있다는 것이다. 표 12-1에 여러 가지 기본적인 리더십 대체 요인들이 제시되어 있다.

표 12-1
리더십의 대체 요인과 중화 요인

개인	집단
• 개인 전문성 • 동기부여 • 경험 및 훈련 • 보상에 대한 무관심	• 집단 규범 • 집단 응집력
직무	**조직**
• 구조화된/ 자동화된 • 높은 통제 • 내재적인 만족감 • 배태된 피드백	• 엄격한 절차와 규칙 • 명확한 목표와 목적 • 엄격한 보상 시스템

만약 심각한 중상을 입은 환자를 태운 응급 차량이 병원 응급실 옆에 멈춰 섰다고 생각해 보자. 응급실 직원들은 상황을 통제하고 무엇을 해야 할지 가르쳐 줄 누군가를 기다리며 서 있겠는가? 당연히 아니다. 그들은 어떻게 대처할지, 누구에게 맡길지, 누구와 소통하고, 어떻게 팀을 이루어 상황을 해결할지 등에 관한 일을 고도로 훈련받아 잘 준비된 전문가들이다. 한마디로, 그들은 리더의 역할을 하는 사람이 없어도 어떻게 일을 해결해 나갈지에 대한 충분한 능력이 있는 사람들이다.

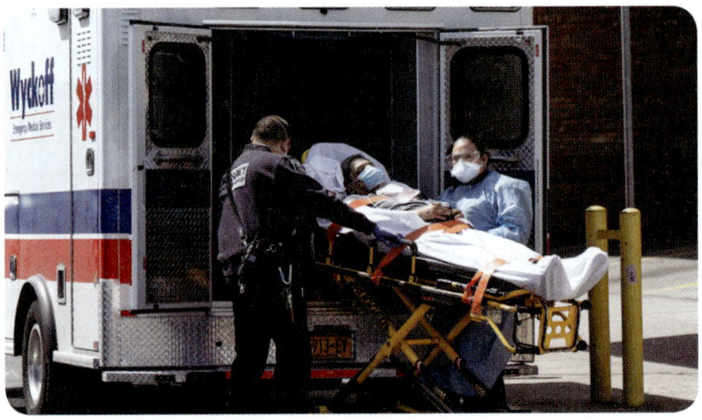

Lev Radin/Shutterstock.com

리더십 대체 요인은 리더가 존재하든 존재하지 않든 성과를 촉진할 수 있다. 예를 들어, 이 응급 차량이 응급실에 도착하면 의사와 응급 의료 전문가들은 말하지 않아도 무엇을 해야 하는지 알고 있다. 그들의 훈련과 전문성은 리더십을 대체하는 역할을 한다.

개인의 능력, 경험, 훈련, 지식, 동기부여 그리고 전문적인 성향은 리더십을 대체할 수 있는 특성들이다. 반복적이고, 일상적이며 구조화 정도가 높고, 규칙적인 피드백과 내재적인 만족으로 특징지어지는 과업에는 리더의 개입이 필요 없다. 따라서, 만약 업무가 종업원에게 내재적인 만족을 충분히 제공한다면, 리더의 지원이 불필요할 수 있다.

명확한 계획과 목표, 규칙과 절차, 응집력이 강한 업무 집단, 강한 보상 구조, 그리고 상사와 부하 간의 물리적 거리는 리더십을 대체할 수 있는 조직의 특성들이다. 예를 들어, 만약 직무의 목표가 명확하고 직무 수행을 위한 많은 규칙과 과정이 있다면, 리더의 지휘는 불필요할지도 모른다. 지금까지 연구는 리더십 대체 요인의 개념을 파악하고자 진행되었지만, 추가적인 연구는 다른 잠재적 대체 요인과 그것이 리더십 효과성에 미치는 영향 등에 초점을 맞출 필요가 있다.[18]

12-3b 리더십 중화 요인

리더십 중화 요인
리더의 다양한 리더십 활동을 중화시키는 요인.

리더가 존재하고 다양한 리더십 행동을 실행하려고 노력함에도 불구하고 다양한 요인에 의해서 그러한 행동이 무용지물로 될 수 있다. 그러한 요인들을 **리더십 중화 요인**(leadership neutralizers)이라고 한다. 예를 들어, 경험이 그리 많지 않은 새 리더가 경험이 풍부하고 규범이 있으며 높은 응집력을 보이는 집단을 지휘하게 되었다고 가정해 보자. 리더에게 요구되는 성과의 수준이 그렇게 높지 않은 경우, 기존에 형성되어 있는 조직의 규범이 충분히 영향력을 미칠 수 있기 때문에 리더의 힘은 그다지 중요하지 않을 수 있다. 또 설사 매우 높은 성과를 요구하는 경우에라도 조직의 규범이 조직 구성원들을 좌우할 수 있으므로 리더가 서툴고 능력이 없다 하더라도 성과에 피해를 미치지 않을 수도 있다.

집단 요인들과 더불어, 직무 그 자체의 요인들이 '차이를 만들 수 있는' 리더의 능력을 제한하는 경우도 있다. 예를 들어, 컨베이어 벨트와 같이 움직이는 조립 라인에서 일하는 종업원들을 생각해 보자. 종업원들은 조립 작업의 정해진 속도로만 일을 하기 때문에 업무량은 생산 라인의 속도에 의해 제한될 것이다. 게다가, 만약 업무 수행의 질이 (간단한 과업 혹은 엄격한 품질 관리 절차 등에 의해) 제한된다면, 리더가 종업원 개개인의 작업 행동에 영향을 미칠 수 있는 힘은 강하지 않을 것이다.

마지막으로, 조직 요인 또한 리더의 일부 행동을 중화시킬 수 있다. 종업원에 대한 동기부여를 위해 성과급을 활용하려는 새로운 리더가 있다고 하자. 그런데 그 리더가 맡게 될 새로운 조직에서는 종업원들의 임금 상승률이 노조 협약(union contracts)에 의해서 정해지거나 종업원의 근속 연수 혹은 생활비에 의해 결정될 수도 있다. 또는 어떤 종업원의 경우 이미 동일 직종에서 최상급의 연봉을 받고 있는 상황이 있을 수도 있다. 그렇다면 리더가 사용하고자 했던 이전의 방식들은 중화되므로, 리더는 새로운 접근 방식을 찾아야 할 것이다.

12-4 변화하는 리더십의 성격

다양한 리더십의 대안이 존재하기는 하지만, 여전히 리더십은 여러 가지 상황에서 필요하며, 리더십의 특성은 계속해서 진화하고 있다.[19] 최근 리더십의 변화 가운데 관리자들은 리더의 코치로서 역할이 더욱 중요해진다는 것을 인지해야 하며, 리더십 행동의 성별 및 문화 간 패턴을 잘 이해해야 한다.

12-4a 코치로서의 리더

7장에서 보았듯이, 오늘날 많은 조직은 팀을 활용한다. 그리고 다른 많은 조직은 관료제 조직에 내재된 옛 방식인 명령과 통제를 제거하고, 종업원 개개인이 보다 독립적으로 업무를 수행할 수 있도록 권한을 위임하고 동기부여를 하기 위해 계층을 줄이려는 노력을 기울이고 있다. 이에 따라 리더의 역할 또한 변한다. 리더들이 상황을 통제하고, 업무를 지시하고, 작업자들을 감독하며, 성과를 긴밀하게 모니터링하며, 의사 결정하고, 그리고 활동을 구조화해야 한다고 기대되던 시절이 있었지만, 오늘날 리더들은 사람을 관리하는 방식을 변화시켜야 할 필요성에 직면하고 있다. 아마도 이러한 새로운 역할에 대한 최고의 묘사는 리더가 감독자 대신 코치(coach)가 되는 것이다.[20]

Monkey Business Images/Shutterstock.com

리더는 감독자보다는 코치로서 역할을 수행하도록 요청받는 경우가 늘고 있다. 이 축구 코치가 선수들에게 방향을 제시하는 것처럼, 관리자들은 부하의 업무를 세밀하게 관리하고 성과를 통제하는 대신 촉진하는 역할을 수행하게 된다.

스포츠 경기 팀의 코치 관점에서 생각해 보자. 코치는 선수를 선발하고 기본적인 지시(공격과 방어와 같은)를 내린다. 코치는 또한 선수들의 기량을 높이고 그들이 특정한 기술을 활용할 수 있게 가르쳐 준다. 하지만 경기에서 코치는 경기장 외곽에서 지켜볼 뿐이다. 경기를 풀어 가고 임무를 완수하는 것은 선수들의 몫이다. 코치는 승리했을 때 명예를 얻을 수는 있지만, 실제로 경기에서 득점을 올리지는 않는다.

이와 비슷하게 조직의 리더로서 코치는 팀 구성원 및 신규 직원을 선발하고 기본적인 지시를 내리며, 구성원을 훈련 및 개발시키며 기술을 익히도록 돕고, 다른 곳에서 필요한 정보 및 자원을 구할 수 있도록 한다. 리더는 구성원 사이의 충돌을 해결하고, 갈등을 중재한다. 또한 코치는 팀 내 여러 활동 및 기능들을 연결시키는 중요한 역할을 할 수도 있다. 하지만 이러한 활동을 넘어서, 리더는 낮은 자세로 최대한 직접적인 지휘 없이도 팀 구성원들이 일을 완수하게 해야 한다.

물론, 몇몇 관리자들은 오랫동안 이어져 오던 전통적인 접근 방식이 코치 역할로 바뀌는 것에 곤란을 겪을 수 있다. 하지만 어떤 리더는 거의 또는 아무런 어려움 없이 변화에 성공한 것으로 보인다. 캠벨 스프(Campbell's Soup), 핼리버튼(Halliburton), 윰 브랜드(Yum! Brands)와 같은 기업들은 자사의 관리자가 더 좋은 코치가 될 수 있도록 성공적인 훈련 프로그램을 발전시켜 왔다. 코치로서의 역할 내에서, 어떤 리더들은 경험이 부족한 사람들이 스스로 더 잘 준비할 수 있도록 도와주는 **멘토**(mentor)로서의 책임을 부담하기도 한다.

멘토
새로운 직원이나 경험이 적은 사람이 성공적인 경력을 더 잘 준비할 수 있도록 도와주는 역할.

12-4b 성별과 리더십

리더십의 성격을 변화시키는 또 다른 요소는 조직의 상위 계층에서 여성의 숫자가 증가하는 것이다. 대부분의 기존 리더십 이론과 연구는 남성 리더를 대상으로 하였기에, 다음 단계에서는 여성과 다른 성별(남성 또는 여성이 아닌)이 어떻게 리더십을 발휘하는지에 대한 더 많은 이해를 위하여 연구의 발전이 이루어져야 함은 당연하다. 예를 들어, 리더십 유형이 성별에 따라 다른가? 현재로서 성별 연속체(gender continuum) 또는 남성과 여성이 아닌 성별(nonbinary)을 가진 리더에 대한 연구는 존재하진 않지만, 일부 초기 연구들은 남성과 여성의 리더십은 본질적으로 매우 큰 차이가 있다고 보았다.[21] 그러나 이러한 차이는 크지 않으며, 개별 리더는 성별이나 기타 다른 인구학적 특성과 무관하게 다양한 방식으로 리더십을 발휘할 수 있기 때문에 어떤 사람의 리더십 유형 혹은 개인의 능력을 성별이나 기타 인구학적 특성을 기반으로 편견을 갖는 것은 좋은 생각이 아니다.

한 예로, 원래의 고정관념과 대조적으로 여성 리더라고 해서 반드시 남성 리더에 비해 더 배려적이거나 지원적이지 않다. 이와 유사하게, 남성 리더가 반드시 여성 리더에 비해 더 체계적이고 냉정하거나 통제적이지 않으며, 과업 지향적인 것도 아니다. 일부 사례에서 찾아볼 수 있는 차이점은 여성이 의사 결정 과정에서 보다 민주적인 경향을 보이는 반면, 남성은 좀 더 독재적인 성향을 띤다는 것이다.[22]

이러한 패턴에 대해서는 두 가지 설명이 가능한데, 하나는 여성이 남성에 비해 대인 관계 기술이 좀 더 강하고 의사 결정 과정에서 타인의 참여를 보다 효과적으로 실행하기 때문이다. 반면에, 남성은 대인 관계 기술이 약하기 때문에 자신의 판단에 의존하는 경향이 있다. 또 다른 설명은 여성이 고위직을 맡고 있을 때 고정관념에 의한 타인의 저항을 경험할 수 있기 때문이다. 만약 그렇다면, 여성은 의사 결정 과정에서 타인을 보다 적극적으로 참여시켜 적대감이나 갈등을 최소화하려고 할 것이다. 그러나 다양한 성소수자(LGBTQIA) 집단 내의 리더들 간에 존재하는 역동성을 포함하여 성별과 리더십 간의 역동성을 보다 더 이해하기 위해 더 많은 노력이 필요함은 명백하다. 물론, 성공한 여성 리더인, 댈러스 매버릭스(Dallas Mavericks)의 최고 경영자 신디아 마셜(Cynthia Marshall), 유럽중앙은행(European Central Bank) 총재 크리스틴 라가드(Christine Lagarde), 스웨덴 벤처 투자 회사 웰스트리트(Wellstreet)의 의장이자 파트너 캐롤린 파버거(Caroline Farberger), 펩시코(Pepsico)의 전 최고 경영자 인드라 누이(Indra Nooyi), 샘스클럽(Sams Club) 대표이사 및 최고 경영자 로잘린드 브루어(Rosalind Brewer)는 여성도 훌륭한 리더가 될 수 있다는 것을 분명하게 보여 주고 있다.

Wirestock Creators/Shutterstock.com

더 많은 여성이 고위직 리더십 자리를 차지함에 따라, 전문가들은 여성과 남성의 리더십이 다른가에 대한 질문을 제기해 왔다. 의미 있는 차이는 거의 발견되지 않았지만, 이 질문은 계속해서 제기될 것이다. 물론 문제는 어느 한 성별이 더 '잘' 리더십을 발휘하는지가 아니라, 단순히 차이가 있는지의 여부이다. 2019년부터 유럽중앙은행 총재로 재직 중인 프랑스 정치인 겸 변호사인 크리스틴 라가드는 높은 수준의 리더십 효과를 보여 주었다.

12-4c 문화 간 리더십

리더십에 대한 또 다른 변화된 관점은 문화 간 이슈와 관련된 것이다. 여기서 문화는 국제적 차이와 한 문화 내에서의 다양성에 기반을 둔 차이를 아우르는 포괄적 개념이다. 우선 여기서는 국가 간 문화 이슈에 초점을 맞추고자 한다. 다양성과 사회적 상호작용 등에 대하여 논의한 것처럼, 리더십에 대한 주제들이 문화 간 리더십으로 확대되는 것은 명백하다.

예를 들어, 조직의 인적자원이 다양해짐에 따라 문화 간 요소들 또한 조직 내에서 점점 중요해지고 있다. 대부분의 리더십 연구는 백인 남성 리더들을 표본으로 삼거나 사례 연구의 대상으로 삼았다. 그러나 아프리카계 미국인, 아시안계 미국인, 히스패닉, 라틴계 리더, 성 소수자 리더 그리고 여타 소수민족 출신자들이 리더십 직위에 오르게 되었고, 리더의 인력풀이 점차 다양해짐에 따라 오늘날 적용 가능한 리더십의 모델과 이론을 재평가할 필요가 있다.

종교 또한 리더십에서 잠재적 이슈가 될 수 있다. 예를 들어, 이슬람교도로 구성된 팀의 리더가 기독교인이거나 천주교 신자인 경우 다양하고 복잡한 이슈에 직면하게 될 것이다. 물론 이러한 이슈는 반대의 경우에도 충분히 발생할 수 있다. 리더와 부하들이 겉으로는 별다른 다양성의 문제가 없어 보이는 경우에도 문화 간 이슈는 존재한다.

12-4d 국제 리더십 및 글로브 프로젝트

문화 간 이슈는 국제적인 상황에서도 명확하게 존재한다. 예를 들어, 일본 기업이 미국에 있는 기업을 운영하기 위하여 임원을 파견할 때, 그 임원은 자신의 리더십 유형을 적당하게 조정하고 두 국가 간에 존재하는 문화적 차이들에 대해 적응할 필요가 있다. 일본은 일반적으로 집단주의로 특징지을 수 있는 반면에, 미국은 보다 개인주의에 기초하고 있다. 그러면 일본 임원은 개인적 공헌과 보상의 중요성과 개인과 집단의 역할에 대한 일본인과 미국인의 인식 차를 인정할 필요가 있다. 이는 미국의 리더가 아시아에 파견되는 경우에도 마찬가지이다.

글로벌 리더십을 학습하기 위해, 여러 나라 연구자로 구성된 연구팀은 글로브 프로젝트(Project GLOBE(Global Leadership and Organizational Behavior Research Project))라는 이름으로 일련의 연구를 진행하고 있다. 로버트 하우스(Robert House)가 주도하고 있는 글로브는 지금도 여전히 진행 중이다.[23] 글로브는 다양한 문화에서 관찰 및 평가되는 여섯 가지 리더 행동을 확인하였다.

1. 카리스마/가치-기반 리더십(charismatic/value-based leadership): 영감과 동기부여, 고성과를 유발할 수 있는 능력. 비전을 가지고 있는, 자기 희생적인, 신뢰할 수 있는, 결단이 있는, 그리고 성과 지향적인 것을 포함.
2. 팀 지향적 리더십(team-oriented leadership): 팀 구축과 공통의 목표 의식을 강조. 협력적인, 사교적인, 그리고 행정적으로 능숙한 것을 포함.
3. 참여적 리더십(participative leadership): 리더가 의사 결정시 타인을 참여시키는 정도가 높음. 참여적이고 비독단적임.
4. 인간 지향적 리더십(humane-oriented leadership): 지원적, 배려적, 공감적, 그리고 관대함. 겸손과 감수성을 표현.
5. 자율적 리더십(autonomous leadership): 독립적이고 개인주의적인 것을 선호함. 자율적이고 독자적임.
6. 자기 보호적 리더십(self-protective leadership): 리더와 집단의 안전과 안정을 보장하기 위한 행동. 자기중심적인, 지위를 자각하는, 갈등을 유도하고, 체면을 중시함을 포함.

Oneinchpunch/Shutterstock.com

국제적 리더십이 점점 더 중요해지고 있다. 이 사우디아라비아 관리자는 새로운 팀을 이끌게 되었다. 그녀와 팀원들은 팀 내의 문화적 차이와 팀원들과 새로운 리더 간의 문화적 차이를 인식해야 할 것이다.

이러한 행동은 세계적으로 62개 국제적 사회(global societies)를 대상으로 연구되고 있다. 이는 대부분 국가가 다르거나, 한 국가에서 명백하게 구분되는 사회(예: 남아프리카의 흑인과 백인)로, 각각 분리되어 조사되었다. 사전 조사에 의하면, 62개 사회는 10개의 문화적 클러스터로 압축되었다. 예를 들어, 북유럽 클러스터에는 핀란드, 스웨덴, 덴마크, 노르웨이가 포함되며, 남아시아 클러스터에는 인도, 인도네시아, 말레이시아, 태국, 이란이 속한다.

일반적으로 글로브의 연구 결과는 어떤 문화적 클러스터에 포함되는지에 관계없이 부하들은 다양한 리더 행동에 유사한 방식으로 반응함을 알 수 있다. 예를 들어, 북유럽 클러스터의 종업원들은 리더가 영감을 불러일으키고 의사 결정에 참여시켜 주기를 원하는 반면, 지위나 자기중심적 속성과 관련된 것에는 관심이 낮았다. 따라서 카리스마적/가치-기반 리더십과 참여적 리더십이 가장 중요하지만, 인간 지향적과 자기보호적 리더십은 중요하지 않았다. 그러나 남아시아 클러스터의 종업원들은 대부분 리더가 협력적이고 타인이 원하는 것에 민감하며 지위와 체면을 중시하기를 원하였다. 결론적으로, 자기보호적과 카리스마/가치-기반 리더십이 가장 중요하였고, 반면에 자율적 그리고 참여적 리더십이 중요하지 않았다.[24] 물론, 앞서 언급한대로 이 연구는 아직도 진행 중이며, 현 시점에서 일반화를 논의하기는 시기상조다.

12-5 리더십에서 떠오르는 이슈

마지막으로, 리더십에서 떠오르는 세 가지 이슈인 전략적 리더십, 윤리적 리더십, 가상 리더십을 논의하고자 한다.

12-5a 전략적 리더십

전략적 리더십은 최고 경영진의 역할과 명시적으로 관련된 리더십의 새로운 개념이다.[25] 우리는 **전략적 리더십**(strategic leadership)을 조직 내부와 조직을 둘러싼 환경의 복잡성을 이해하고, 상위 수준에서 이들을 조정하고 유지할 수 있는 능력으로 정의한다. 어떤 점에서 전략적 리더십은 앞서 언급한 변혁적 리더십의 확장된 개념으로 볼 수 있다. 그러나 최근에는 전략과 전략적 의사 결정을 인정하고 있는 추세이다. 다시 말해서, 변혁적 리더십과 전략적 리더십은 변화의 개념을 포함한다는 점에서는 동일하지만, 변혁적 리더십은 함축적으로 변화를 이끄는 능력에 초점을 두는 반면에, 전략적 리더십은 리더가 전략적으로 생각하고 기능하는 능력에 보다 더 큰 비중을 둔다.

전략적 리더십
조직과 조직을 둘러싼 환경의 복잡성을 이해하고, 상위 수준에서 둘 사이를 조정하고 유지할 수 있는 능력.

이러한 역할을 보다 효과적으로 수행하기 위해 관리자는 조직의 역사나 문화, 강점과 약점 등에 대해 철저하게 이해해야 한다. 덧붙여, 리더는 조직 환경을 완벽하게 이해해야 한다. 이러한 이해는 현재의 조건과 상황뿐만 아니라 곧 일어날 중요한 트렌드과 이슈들을 아우르는 것이어야 한다. 전략적 리더는 또한 조직이 효과적으로 환경과 연계되어 있는 부분과 그렇지 못한 부분을 파악하여 기업이 현재의 환경을 어떻게 조정하고 있는지 인식할 필요가 있다. 마지막으로, 환경적 트렌드와 이슈를 고려함에 있어 전략적 리더는 현재 정렬(현재 조직 내에서 경영 전략과 프로세스와 팀 간 협력 등이 일관되도록 조율하는 것)뿐만 아니라 미래 정렬(미래 조직 내에서 경영 전략과 프로세스와 팀 간 협력 등이 일관되도록 정렬 상태를 설계하고 계획하는 것)까지도 향상시키는 일을 한다. GM의 최고 경영자 메리 베라(Mary Barra), 알리바바(Alibaba) 그룹 창업자 잭 마(Jack Ma) , 테슬라(Tesla) 및 스페이스X의 최고 경영자 일론 머스크(Elon Musk)는 모두 강력한 전략적 리더로 인정받고 있다.

12-5b 윤리적 리더십

윤리적 리더십
윤리적 행동 원칙을 기반으로 조직 구성원들을 이끄는 과정.

우리는 흔히 최고 경영진은 윤리적인 사람일 것이라고 가정한다. 그러나 폭스바겐(Volkswagen), 그라비티 페이먼츠(Gravity Payments), 웰스 파고(Wells Fargo)와 같은 기업에서 발생한 스캔들은 최고 경영진에 대한 신뢰를 흔들어 놓았다. 이런 이유로 윤리적 리더십에 대한 높은 기준은 효과적인 리더십을 위한 전제 조건으로 여겨진다. 좀 더 구체적으로 보면, 최고 경영진은 그들이 어떤 행동을 할 때 높은 윤리적 기준을 따르고 항상 윤리적으로 행동하며, 동일한 기준으로 조직 구성원들을 대할 것을 요구받는다. 따라서 **윤리적 리더십**(ethical leadership)은 윤리적 행동 원칙을 기반으로 조직 구성원들을 이끄는 과정이다.

최고 경영진의 행동은 더욱더 면밀히 검토되고 있고, 새로운 리더를 선임함에 있어서 윤리성은 갈수록 세밀하게 고려된다. 기업 지배 구조에 대한 압력이 강해질수록 높은 윤리적 기준을 가진 개인이 리더십 직위에 선임되도록 더 많은 노력을 요구하고, 최고 경영진의 행동으로 인한 결과에 대한 책임이 과거에 비해 더욱 강조되고 있다.[26]

12-5c 가상 리더십

가상 리더십
원격 기술을 통한 리더십.

마지막으로 **가상 리더십**(virtual leadership)은 조직에서 중요한 이슈로 떠오르고 있다. 초창기에 리더와 종업원들은 동일한 물리적 위치에서 함께 근무하였고, 정기적으로 개인적(즉, 대면) 상호작용을 통해 소통하였다. 그러나 오늘날 코로나19의 영향으로 리더와 종업원들은 서로 거리가 먼 장소에서 종종 근무하게 된다. 이러한 근무 형태는 일주일에 하루 내지 이틀은 집에서 근무하는 사람과, 본사에서 멀리 떨어진 곳에서 직장 생활과 가정을 동시에 꾸리는 사람들을 만들어 냈으며, 직접적인 만남은 비정기적으로 이루어진다. 가상 리더십은 다양한 형태의 원격 기술(distance technologies)을 통한 리더십을 말한다.

부하들과 정기적인 접촉이 없는 경우에 관리자는 어떻게 리더십을 발휘할 수 있는가? 또한 부하들의 발전을 위한 조언을 어떻게 할 수 있는가? 리더와 부하들 간의 의사소통은 여전히 이루어지고 있지만, 전화나 이메일을 통한 방식이 큰 비중을 차지한다. 이러한 상황에서 리더는 컴퓨터 화면상의 문장을 전달하는 것을 넘어 부하들과 관계를 유지하고 창출하기 위하여 더 노력해야 할지도 모른다. 웃거나 악수하는 등의 물리적 의사소통은 온라인에서 불가능할 수 있지만, 관리자는 공감이나 강화 또는 건설적 피드백을 (필요할 때에) 이메일로 전달하면서 개인적인 고마움을 덧붙일 수 있다. 또한 관리자는 부하들과 대면하는 상황뿐만 아니라 원격 상황에서도 강한 관계를 형성할 수 있는 기회로 이용할 수 있다.

이러한 간단한 처방 이외에 가상 세계에서 기능하는 관리자들을 위한 이론이나 연구가 부족하다. 물론 코로나19 대유행 기간 동안 우리는 많은 것들을 배웠다. 따라서 원격 근무(remote work)가 더욱 일반적으로 사용되게 되면, 연구자와 관리자는 가상 리더십과 관련한 이슈와 문제점들을 포괄하는 이론적 틀을 개발하고 이와 관련한 해법 등을 다룸에 있어서 공동의 노력과 협업을 기울일 필요가 있다.[27] 가상 리더들은 부하와 의사소통하기 위해 전자 통신에 의존해야 하므로 이 장의 Improve Your Skills에서는 효과적인 이메일 의사소통을 위한 몇 가지 팁을 소개한다.

Improve Your Skills

관리자를 위한 네티켓 팁

오늘날 가상 리더십이 점차 증가하고 있다. 관리자는 전자 매체에서도 의사소통 규칙을 준수해야 한다. 여기 몇 가지 팁을 제안한다.

- 이메일의 제목에서 주요한 목적을 전달하라.
- '전체 회신' 또는 '회신' 버튼을 클릭할 때 주의하라. 이메일 수신자 전체에게 회신이 필요하지 않을 수 있다.
- 나쁜 소식은 직접 전달하라. 누군가를 해고하거나 좋지 않은 소식을 전달할 때는 이메일을 사용하지 말라. 이메일에는 신체 언어, 얼굴 표정 또는 억양이 없기 때문에 직원에게 민감한 뉴스를 전달하는 가장 나쁜 방법이다. 1:1 미팅이 더 나은 방법이다.
- 이메일 메시지 작성 시 주의하라. 이메일은 쉽게 저장되고 공유될 수 있으며 언제나 안전하지 않다. 서면 평가 및 기타 문서와 마찬가지로 법정 절차에서 증거로 요청될 수 있다.
- 메시지가 오해의 소지가 있는 경우 이메일을 사용하지 말라. 메시지가 복잡하거나 기술적이거나 잘못 해석될 가능성이 있는 경우 전화 또는 대면 미팅을 사용하라.
- 메시지를 보내기 전에 항상 내용을 검토하라.

Sources: 10 Email Etiquette Rules to Make Your Email Better. (2022). *Emailetiquetteguru.com*. Available online: https://emailetiquetteguru.com/email-etiquette-rules-10-effortless-ways-and-examples/; Top 11 Email Etiquette Rules to Follow for Professional Communication. (2021, December 30). *Indeeed.com*. Available online: https://www.indeed.com/career-advice/career-development/email-etiquette-rules; Flynn, N. (2001). *The E-policy Handbook: Designing and Implementing Effective E-mail, Internet, and Software Policies*. New York: Amacom Books.

요약 및 적용

리더십 교환 이론은 상사와 각 부하 사이의 가변적인 관계의 중요성을 강조한다. 각 상사-부하 쌍은 '수직적 짝'으로 불린다. 허시와 블랜차드 모델은 적합한 리더 행동은 부하의 동기부여, 역량, 경험, 책임 수용 의지 정도에 의해 결정된다. 그 밖의 주요한 상황 이론들도 다양한 개선과 수정이 계속적으로 이루어지고 있다.

추종자의 시각에서 리더십을 바라보는 주요 이론에는 세 가지가 있다. 변혁적 리더십은 변화를 위해 이끌 것인가 아니면 안정을 추구할 것인가의 차이에 기반하고 있다. 카리스마 리더십에서 카리스마는 부하의 지원과 수용을 불러일으키는 대인관계적인 매력의 형태이다. 귀인 이론은 리더십과 관련된 맥락에서 어떤 행동이 관찰될 때, 해당 행동을 보이는 사람에게 리더십 능력이나 권력의 수준을 귀인할 수 있다고 주장한다.

최근 들어 주목을 받고 있는 리더십에 대한 또 다른 관점은 리더십을 대체할 수 있는 방안(리더십 대체 이론)에 대한 것이다. 일부의 경우, 리더십이 불필요하거나 리더십과 무관한 정황들이 존재한다. 이러한 정황에 영향을 미치는 요인을 리더십 대체 요인이라 부른다. 다른 경우에는 개인이 리더십을 발휘하려고 노력하는 상황일지라도, 리더십의 효과를 감소시키거나, 중화시키는 요소가 존재할 수 있다(리더십 중화 이론).

리더십의 성격은 계속적으로 진화한다. 리더십에 대한 최근의 변화 중에서 리더에게 중요시되는 역할이 코치임을 인식할 필요가 있다. 잘 조직된 팀을 활용하는 조직에서 코치와 같은 리더의 역할이 가장 강조된다. 리더 행동에서 성별차이는 점차 중요성이 증대되고 있으며, 조직의 위계에서 여성의 숫자가 증가되는 경우에 특히 더욱 중요하다. 국가 간 그리고 국가 내에서 리더십의 문화 간 패턴 또한 중요성이 증대되고 있다. 글로브 프로젝트는 글로벌 리더십에서 재조명받고 있다.

마지막으로, 리더십에서 세 가지 떠오르는 이슈가 있다. 전략적 리더십은 최고 경영진의 역할과 명시적으로 관련된 리더십의 새로운 개념이다. 윤리적 리더십은 모든 조직에서 리더가 행동할 때 높은 윤리적 기준을 따라야 하고 윤리적으로 행동해야 하며, 동일한 기준으로 조직 구성원들을 대할 것을 요구한다. 코로나19 대유행 기간 동안 직원들이 원격으로 일하기 시작하면서 가상 리더십의 중요성이 증가했으며, 원격 및 혼합 근무 체제가 더욱 지속될 경우 그 중요성은 계속 증가할 것이다.

Real-World Response

보잉에서의 윤리적 리더십

세계 최대의 항공우주기업으로서 보잉(Boeing)의 미션은 세계를 연결하고, 보호하며, 탐험하며, 영감을 주는 것이다. 전 최고 경영자인 데니스 뮬렌버그(Dennis Muilenburg)는 보잉 직원들의 협력, 혁신, 그리고 열정이 보잉의 지속적인 성공에 중요하다는 것을 인식하고, 보잉이 핵심 가치(투명성, 품질, 안전, 다양성, 신뢰를 포함)를 유지하고 이를 보잉 비전의 중심에 두기 위해 헌신적으로 노력했다. 뮬렌버그는 직원들이 하는 일과 그 방식 사이에 상충 관계가 없어야 한다고 느꼈으며, 직원들이 보잉의 가치와 윤리적 행동에 집중하도록 지속적으로 유도했다. 이를 위해 직원들로 하여금 윤리적으로 그리고 규정을 준수하면서 일하는 것이 무엇을 의미하는지에 대해 논의할 수 있도록 하였고, 직원들이 작업을 그러한 방식으로 수행할 수 있도록 하였다. 모든 임원은 올바른 일을 할 용기가 필요했고, 보잉의 가치에 충실해야 했다. 뮬렌버그가 선도한 매우 높은 수준의 정직함과 탁월함은 보잉에서 매우 중요했기 때문에 '보잉 행동 강령'을 만들어 모든 직원에게 어떻게 일하고 상호작용해야 하는지에 대한 간단하고 통일된 기준을 제시했다.

뮬렌버그는 자전거를 타고 보잉의 세계 각지의 시설을 방문하면서 그와 함께 타고 싶은 직원은 누구나 초대했다. 수천 명의 직원이 그의 제안에 참여했으며, 그는 자신의 진정성과 접근 가능성을 강조하며 보잉의 핵심 가치를 강화했다. 게다가 뮬렌버그는 보잉의 연례 윤리 교육에서 회사 전체 토론을 진행하며 윤리적 결과를 강조했다.

매출, 수익 및 운영 현금 흐름을 포함한 모든 기존 척도에서 뮬렌버그는 기대를 뛰어넘었다. 그의 매 분기 우수한 성과는 회사의 주가를 높이는 데 도움이 되었으며, 그의 보잉에 대한 비전은 수십 년 동안 이어질 것으로 기대된다. 그의 개방적이고 윤리적인 문화에 대한 헌신은 보잉 성공의 기반이었다.

토론을 위한 질문

1. 리더-구성원 교환 관계 모델과 허시와 블랜차드 모델을 비교 분석하라.
2. 당신은 현재 또는 과거에 내집단의 구성원이었던 적이 있는가? 또는 외집단에 속한 적이 있는가? 당신의 경험상 두 경우의 차이점은 무엇인가?
3. 세 가지 전통적인 상황 이론들 중에서 리더-구성원 교환 관계와 가장 유사한 것은 무엇인가? 허시와 블랜차드 모델과 가장 유사한 이론은 무엇인가?
4. 변혁적 리더로 손꼽을 수 있는 사람은 누구인가? 그 사람은 얼마나 성공 또는 실패하였는가?
5. 가장 카리스마적이라고 생각되는 세 사람의 이름을 적어라. 그들은 리더로서 얼마나 잘 역할을 수행하고 있는지 설명해 보라.
6. 당신은 카리스마가 전무하거나 거의 없던 사람이 카리스마적인 사람으로 될 수 있다고 생각하는가? 그것은 어떻게 가능한가? 불가능하다면 그 이유는 무엇인가?
7. 당신은 어떤 사람에게 직접적으로 리더십을 발휘한 적이 있는가?
8. 당신의 조직에서 리더십을 무용지물로 만들거나 대체했던 것이 있다면 무엇인가?
9. 당신은 남성과 여성이 사람들을 이끄는 방식이 차이가 있다고 믿는가? 만약 그렇다면, 그 차이를 설명할 수 있는 요소는 무엇인가?
10. 전략적 리더십은 '비전략적 리더십'과 어떻게 구별되는가?
11. 일부 사람들은 성공한 관리자나 리더라고 하더라도 모든 상황에서 완전히 진실할 경우에는 성공할 수 없다고 생각한다. 예를 들어, 한 정치인이 비록 세금 인상은 불가피하다고 생각하더라도 이러한 생각이 완전히 노출될 경우에는 상당한 표를 잃을 것이라고 느낄 수 있다. 당신은 이러한 생각에 동의하는가, 혹은 동의하지 않는가?.

Understand Yourself Exercise

리더십 대체 요인과 중화 요인 이해

비교적 간단해 보이는 두 가지 직무와 훨씬 복잡해 보이는 두 가지 직무를 식별하라. 각 직무에 대해 가능한 많은 리더십 대체 요인과 중화 요인을 식별하라. 그런 다음 다음 질문에 답하라.

1. 이 활동을 수행함에 있어 자신의 경험이 얼마나 영향을 미치는가?
2. 리더십 대체 요인이 없는 직무도 있을까? 있다면 예시를 제시하라.
3. 관리자는 리더십 대체 요인을 적극적으로 찾아야 할까? 그 이유는 무엇인가?

Group Exercise

누가 리더인가?

이 활동은 누가 리더인지에 대한 당신의 정의를 다른 학생들과 비교해 보는 것이다. 먼저 혼자서 대부분 사람이 리더로 인식할 것으로 생각되는 효과적인 리더 10명을 나열해 보고, 그런 다음 소집단에서 당신의 목록을 공유하고 토론한 다음 질문에 대답해 보라.

1. 두 명 이상의 학생들의 목록에서 중복되는 동일한 리더가 있었는가?
2. 이 동일한 리더들의 공통점은 무엇인가? (교육, 산업, 보유한 직종, 가족 내력 등)

이제 각 집단이 합의하여 10명의 리더 목록을 작성하고 그 집단 목록을 학생 전체와 공유하라. 각 집단 목록에 있는 리더들의 공통점이 무엇인지 확인하라. 어떤 리더가 다른 리더들과 극명하게 다르게 보이는 경우, 그 사람을 다른 리더들과 차별화시키는 것이 무엇인지 논의하라.

시간이 허락한다면 위 연습을 반복해 보라. 예를 들어, 특정 다양성 차원 내에서 특이 리더나 다양한 산업 간의 리더를 구체적으로 살펴보라. 여기에는 여성 및 성 소수자(LGBTQIA) 리더, 원주민 리더, 정치인, 종교 리더 등이 포함될 수 있다. 이를 통해 추가적으로 얻게 된 정보는 무엇인가?

13 권력, 영향력, 정치

Power, Influence, and Politics

학습목표

이 장을 학습하면 독자들은 …

1. 다양한 종류의 지위 및 개인 권력을 설명할 수 있다.
2. 개인 및 집단이 권력을 얻고 사용하는 방법을 논의할 수 있다.
3. 어떤 영향 전술이 가장 효과적이고 덜 효과적인지 설명할 수 있다.
4. 조직에서 정치적 행동에 영향을 미치는 요인들을 설명할 수 있다.
5. 인상 관리가 권력과 영향력에서 어떤 역할을 하는지 요약할 수 있다.

Real-World Challenge

애플에서의 권력과 영향력

스티브 잡스(Steve Jobs)는 미국 경영 역사상 굉장히 위대한 관리자로 여겨진다. 하지만 그가 위대한 리더였을까? 여기에는 비록 많은 사람들이 동의하겠지만, 그의 권력과 영향력 행사 방식에 따라 의견이 갈리기도 한다. 대부분 아는 바와 같이 스티브 잡스는 소년 시절 친구인 스티브 워즈니악(Steve Wozniak)과 함께 Apple I 개인용 컴퓨터의 프로토타입을 개발하였고, 이를 판매하기 위해 애플(Apple)을 설립했다. 그러나 회사를 정말로 유명하게 만든 제품은 Apple II였다. 1985년, 워즈니악은 여러 가지 이유로 회사를 떠났고 잡스는 혼자서 애플을 이끌게 되었다.

잡스는 회사를 계속 확장시켰고 가정용 컴퓨터 시장에서 주요 기업으로 만들었다. 그는 신제품을 계속해서 출시하면서 실제로 관리 대신 혁신에 중점을 두었고 급기야 이사회(board of directors)의 다른 구성원들은 경험이 더 풍부한 관리자를 필요로 한다고 결정하기에 이르렀다. 오랜 탐색 끝에 애플은 팹시코(PepsiCo)에서 매우 존경받는 최고 경영자인 존 스컬리(John Sculley)를 고용하여 회사를 맡기

Photo Oz/Shutterstock.com

DFree/Shutterstock.com

기로 했다. 하지만 불행하게도 잡스와 스컬리는 바로 충돌하기 시작했다. 잡스는 혁신과 미래 제품 개발에 중점을 둘 것을 원했지만, 스컬리는 현재 제품, 수익성 및 시장점유율에 중점을 두고자 했다. 마침내 스컬리는 자신의 영향력과 정치적 기술을 사용하여 이사회를 설득하였고, 잡스를 해고시켰다.

하지만 잡스는 좌절하지 않고 넥스트(NeXT)라는 또 다른 컴퓨터 회사를 창업했다. 한편 스컬리는 애플을 성장시켰고, 매출은 8억 달러로 증가했다. 그러나 전략적 이슈로 인한 이사회 구성원들과의 다툼 끝에 1993년에 스컬리가 애플에서 물러났다. 1997년, 애플은 넥스트를 인수하였고, 잡스는 자신이 창업했던 회사에 다시 합류했다. 그리고 그해 후반기에 다시 최고 경영자로 임명되었다.[1]

애플 투자자들이 당신에게 권력, 영향력 및 정치적 행동이 회사에 어떠한 영향을 미쳤는지 이해하는 데 있어 도움을 요청한다면, 이 장을 읽은 후 몇 가지 좋은 아이디어를 갖게 될 것이다.

권력(power)이라는 단어는 다양한 이미지와 생각을 떠올리게 한다. 권력이란 좋은 것일 수도 있고 나쁜 것일 수도 있다. 권력과 영향력이 효과적으로 사용된다면, 관리자의 성과에 필수적이다. 그러나 부적절하게 사용될 경우 권력은 비윤리적인 행동으로 이어지고, 직원들과 조직에 피해를 줄 수 있다. 권력과 영향력을 효과적으로 사용하기 위해 필요한 기술을 익혀야 하며, 자칫 잘못 사용하면 경력을 망칠 수도 있다. 조직 내 갈등은 종종 권력 및 영향력과 관련이 있으며, 조직 내 업무 집단 간 권력 관계와 관련성이 있다. 따라서 권력과 영향력이 무엇이며, 어떻게 효과적으로 사용하는지를 이해하면 어떤 조직에서든 성공 가능성을 높일 수 있을 것이다.

정치는 권력 및 영향력과 밀접한 관련이 있다. 관리자로서 자신의 성공뿐만 아니라 조직 내 정치를 이해하는 것도 중요하다. 왜냐하면, 조직 내 정치가 기업 성과에 긍정적이거나 부정적인 영향을 미칠 수 있기 때문이다. 이 장에서는 권력, 영향력, 그리고 정치의 본질에 대해 논의한다. 이 장을 읽은 후에는 이를 어떻게 효과적으로 활용하여 경력을 발전시키고 더 효과적으로 관리할 수 있는지에 대한 좋은 아이디어를 갖게 될 것이다.

13-1 조직 내 권력

권력(power)은 개인이나 집단이 다른 개인이나 집단이 특정 행동을 하도록 영향력을 행사하는 잠재적 능력이다.[2] 권력은 개인뿐만 아니라 집단이 가질 수도 있다. 흥미로운 점은 권력을 얻더라도 사람마다 그 행동이 다르다는 점이다. 어떤 사람들은 권력을 이타적으로 사용하지만, 다른 사람들은 이기적인 동기로 사용하기도 한다.[3]

권력
개인이나 집단이 다른 개인이나 집단의 행동에 영향을 미치는 잠재적인 능력.

권위 있는 학자인 데이비드 맥클렐랜드(David McClelland)는 그의 경력 초반기에는 효과적인 리더십이 성취 욕구(need for achieve)에 기반을 두어야 한다고 하였지만, 이후 실제로 리더의 성과를 주도하는 것은 리더의 **권력 욕구**(need for power),[4] 즉 다른 사람을 통제하고 영향력을 행사하거나 다른 사람에게 책임을 지려는 욕구였다는 점을 발견하였다(5장에서 권력에 대한 욕구를 소개하고 논의했던 것을 회상해 보라). 그는 개인의 권력 욕구를 즉각적으로 만족시키려는 것을 미루고,

권력 욕구
다른 사람들을 통제하고 영향력을 미치거나 다른 사람들에게 책임을 지고 싶어함.

표 13-1
권력 유형

합법적 권력	권위 있는 지위로 인한 권력
보상적 권력	보상을 통제함으로써 발휘되는 권력
강제적 권력	처벌을 통제함으로써 발휘되는 권력
전문적 권력	지식, 기술, 전문성에 의해 발생하는 권력
정보적 권력	정보를 통제함으로써 발휘되는 권력
준거적 권력	부하가 리더를 존경, 감탄, 동일시하여 발생하는 권력
설득적 권력	논리와 사실을 기반으로 설득할 수 있는 능력으로 인한 권력

충동적으로 행동하지 않을 때 긍정적일 수 있다는 것을 발견했다. 나중에 이를 **리더십 동기 패턴**(leadership motive pattern), 즉 충동 통제 능력을 갖춘 높은 권력 욕구와 낮은 친교 욕구라고 불렀다.[5] 리더십 동기 패턴은 권력 욕구에 기반하며, 일반적으로 높은 관리 성과와 관련이 있다.

대부분 전문가는 일반적으로 권력의 종류 일곱 가지에 동의한다.[6] 이는 표 13-1에 요약되어 있다. 합법적, 보상적, 강제적 권력은 조직 내의 지위에서 나온다. 이러한 권력은 조직 계층의 상층부에서 더 강하다. 전문적, 정보적, 준거적, 설득적 권력은 개인 권력의 유형이다. 이러한 권력은 각 개인의 독특한 특성에 따라 달라진다. 뒤에서 이러한 지위와 개인 권력의 원천에 대해 더 자세히 논의하고 가장 효과적인 사용을 위한 팁을 제공할 것이다.

리더십 동기 패턴
높은 권력 욕구(높은 충동 통제 능력을 갖춘)와 낮은 친교 욕구.

13-1a 지위 권력

관리자의 일부 권력은 조직의 권한에서 비롯된다. 관리자들은 일반적으로 자신의 지위에 따른 공식적인 권한을 갖는다. 이는 그들에게 직무 기술에 포함된 일을 직원들에게 요청할 수 있는 합법적인 권리를 부여한다. 조직의 권한은 관리자에게 **지위 권력**(position power)을 제공하며, 이는 조직 내에서의 자신의 직위에 기반한 권력이다. 예를 들어, 회사의 사장, 대학의 총장, 스포츠 팀의 관리자 등은 각 직위에 따라 특정 형태의 통제력을 갖는다. 다음에서는 지위 권력의 세 가지 유형(직무로 인한 권력, 보상 통제로 인한 권력, 처벌 통제로 인한 권력)에 대해 살펴볼 것이다.

지위 권력
개인이나 집단이 다른 개인이나 집단의 행동에 영향을 미치는 잠재적인 능력.

합법적 권력

합법적 권력(legitimate power)은 개인의 특성이나 행동이 아닌 관리직을 맡은 사람의 공식적 지위에 기반한 권력의 유형이다. 이는 기업이 관리자에게 신규 직원 채용, 업무 할당, 직원 업무 감시 및 조직 규칙 집행과 같은 결정을 내릴 수 있도록 부여된 공식적 권한이다. 부하들은 관리자의 지위가 그들에게 특정 요청을 할 권리가 있다고 믿기 때문에 그의 지시에 따른다. 예를 들어, 간호사들은 상사가 설정한 근무 시간에 출근해야 하는데, 비록 그 근무 시간이 마음에 들지 않아도 따라야 한다. 일정 관리자가 근무 시간을 할당할 합법적 권한을 갖고 있기에 직원들은 결정된 근무 일정을 수용할 것이다.

합법적 권력
개인이 맡은 관리 직무에 기반한 지위 권력으로, 개인의 특성이나 행동이 아니라 관리자의 역할에 따른 것.

Andrey_Popov/Shutterstock.com
이 관리자는 다음 달의 근무 일정을 관리하고 있다. 부하들은 관리자가 합법적 권력에 따라 업무를 할당할 권리가 있기에 일정을 따를 것이다.

합법적 권력을 효과적으로 사용하기 위해서는 적절한 의사소통 통로를 따르고 부하의 관심에 따라 반응하는 것이 중요하다. 업무 수행을 요구하는 것은 공손하게 하되 자신감 있게 표현되어야 하며, 권한은 명확하게 전달되어야 한다. 일을 수행하라는 요구는 당연히 부하의 직무와 일치해야 한다. 예를 들어, 관리자가 부하에게 더 열심히 일하라고 요구하는 것은 합법적이지만, 부하에게 자신의 개인적인 업무를 맡기는 것은 합법적이지 않다.

Caiaimage/Paul Bradbury/OJO+/Getty Images

보상적 권력은 조직 구성원들에게 영향을 미치고 동기부여 하기 위해 보상을 활용하는 것이다. 예를 들어, 이 관리자는 조직 구성원 중 한 명을 우수한 성과자로 인정함으로써 보상 권력을 사용하고 있다.

보상적 권력

보상적 권력(reward power)은 유형적인(예: 급여 인상 또는 선호하는 업무 할당 등) 것과 무형적인(예: 칭찬) 것을 활용하여 추종자에게 영향을 주고 동기를 부여하는 지위 권력이다. 학생들은 좋은 성적이라는 보상을 받기를 원하기 때문에 교수의 지시와 제시된 기한을 따른다. 보상은 고성과를 유도하기 위해 관리자들이 사용하는 가장 강력한 도구 중 하나이다. 실제로 조직에서 보상의 효과적인 활용은 기업 전반 성과 향상의 주요 원인이 될 수 있다.

보상적 권력
보상을 활용하여 추종자에게 영향을 주고 동기를 부여하는 지위 권력.

보상이 강력한 동기 유발자이기 때문에, 그것들이 직원 행동에 미치는 긍정과 부정적인 영향을 감독하는 것이 중요하다. 예를 들어, 미용실의 관리자는 미용사들이 미용 제품을 더 많이 판매할 수 있도록 동기부여 시키기를 원한다. 관리자는 매달 제품을 가장 많이 판매한 미용사에게 상을 주기 시작했다. 그러나 어떤 미용사의 고객들은 항상 다른 미용사들의 고객보다 더 많은 제품을 구매하는 경향이 있었기 때문에, 다른 미용사들은 그 상을 받을 방법이 없다고 느꼈다. 그들은 제품을 더 판매하려고 노력하는 대신, 노력을 포기했고 전체 제품 판매와 수익은 실제 감소했다. 분명한 사실은 보상이 부적절하게 사용되면 원래 의도와는 달리 보상을 못 받은 직원들의 동기는 감소할 수 있다. 보상 권력을 효과적으로 사용하려면 매력적인 보상(직원 간 다소 차이는 있겠지만)을 제공하고, 합리적인 요구를 하며 당신이 제공하는 보상이 윤리적일 뿐만 아니라 뇌물로 인식되지 않도록 하는 것이 좋다.

강제적 권력
처벌을 피하려는 두려움에 기반한 지위 권력.

강제적 권력

만약 처벌(punishment)할 수 있는 능력을 가진 관리자라면 직원들이 처벌을 받을 수 있다는 두려움으로부터 벗어나기 위해 자신의 말을 따르게 할 수 있다. 이는 **강제적 권력**(coercive power)이다. 처벌에는 근무 시간의 축소(결과적으로 총임금 감소), 원하지 않는 근무 시간 배정, 서면 또는 구두 질책이 포함된다. 강사가 글쓰기 과제에 대한 평가 시 맞춤법이 미흡하면 감점할 것이라고 경고하는 것은 강제 권력 사용이다.

처벌로 위협하는 것은 직원에게 부작용을 초래할 수 있으며, 스트레스, 원한, 사기 감소, 보복을 포함하여 심지어 잘못 사용될 경우 관리자의 직위를 잃을 수도 있다.

Joke_Phatrapong/Shutterstock.com

강제적 권력은 두려움이나 처벌을 피하려는 욕구에 기반한 지위 권력이다. 관리자가 부하에게 소리치거나 비난하는 경우에 나타난다. 이 상사는 강제적 권력을 사용하여 부하 중 한 명을 비판하고 있지만, 회의에 참석한 다른 사람도 영향을 받은 것 같다.

처벌의 위협은 비생산적이며, 동기를 약화시킬 수 있으므로 절대적으로 필요한 경우에만 사용하는 것이 좋다. 예를 들어, 종업원들이 위험한 행동 혹은 부정직하거나 불법적인 행동을 하는 경우를 생각해 보자. 이 경우 해당 규정과, 규정 위반 시 처벌받는다는 것을 해당 종업원에게 알려주어야 하며, 처벌 전에 충분한 경고 및 개선 기회를 부여하고, 위반 사항을 확실히 인지하였을 때만 처벌을 사용해야 그 종업원의 원한과 보복을 줄이는 데 도움이 된다. 강제 권력을 가장 효과적으로 사용하기 위해서는 적절한 처벌을 신속하고 일관되게 집행하며, 적대적으로 보이지 않도록 하고, 경고와 처벌 통지는 비공개로 하는 것이 좋다.

13-1b 개인 권력

지위 권력이 직원들의 온전한 협조를 보장하지 않는다는 점에 주목할 필요가 있다. 예를 들어, 인기 없는 상사의 부하 직원들은 단순히 직무 요구를 충족시키기 위한 최소한의 노력만 기울일 것이다. 다른 사람의 행동이나 태도에 영향을 미치기 위한 능력은 관리자의 권력에 의존하기도 하지만, 관리자의 역량(capability)에도 달려 있다. 이러한 개인적 역량은 관리자에게 **개인 권력**(personal power)을 부여하며, 이는 개인의 특성에 기반하기 때문에 그들이 일하는 조직의 지위와 관계없이 유지된다. 다음에서는 조직 내 공식적인 지위와는 무관한 개인 특성에 기반한 네 가지 권력(즉, 전문 지식에 기반한 권력, 정보 통제로 인한 권력, 타인의 존경에 기반한 권력, 설득 능력에 기인한 권력)에 대해 살펴볼 것이다.

개인 권력
개인 특성을 기반으로 하며 직무나 조직과는 무관하게 해당 개인이 갖게 되는 권력.

전문적 권력

전문적 권력(expert power)은 개인의 특정 분야에서의 전문 지식을 기반으로 한다. 예를 들어, '오마하의 현자(Sage of Omaha)'로 불리는 워렌 버핏(Warren Buffet)의 경제 관련 강연은 많은 사람이 경청한다. 사람들은 대개 개인이 가진 지식, 기술 또는 전문성에 대한 신뢰 때문에 전문적 권력에 반응한다. 예를 들어, 일부 영업직 관리자는 특정 시장 세분화(market segments)나 고객에 대한 특별한 지식을 갖고 있어 다른 관리자와 직원들 사이에서 전문적 권력을 갖는다.

전문적 권력
개인의 지식이나 전문성을 기반으로 하는 개인 권력.

Monkey Business Images/Shutterstock.com

전문적 권력은 개인의 지식이나 전문성을 기반으로 한다. 이 기술자는 새로운 동료에게 작업 방법을 보여 주고 있다. 작업 방법에 대한 그의 지식은 그에게 전문적 권력을 제공한다. 물론 새로운 동료가 작업을 스스로 하게 된다면 기술자의 전문적 권력은 감소한다.

전문적 권력은 개인의 지식에 기반하므로, 조직 내 어느 곳에서든 개인적 권력이 존재할 수 있다. 당신의 전문적 권력을 강화하려면 조직에서 중요하게 인식되는 지식의 전문성을 식별하려고 노력하라. 그다음 공식적인 교육이나 직무 학습을 통해 해당 영역에서 자신의 전문 지식을 높여라. 회사의 산업, 제품, 서비스 및 시스템에 대한 전문가가 되라. 진실을 말하고 자신감 있게 행동하며 해당 분야 내에서 최신 정보를 유지함으로써 전문성에 대한 타인의 인식을 높일 수도 있다.

정보적 권력

정보를 통제함으로써 **정보적 권력**(informational power)을 행사할 수 있다. 특정 지식을 가진 전문가들 외에도 조직 내 일부 사람들은 중요한 정보에 대한 접근을 통제하거나 접근을 가능케 할 수 있다. 이러한 정보의 문지기들은 다른 사람들에게 필요한 정보를 제공하거나 보류함으로써 다른 사람들에게 권력을 행사할 수 있다. 예를 들어, 광범위한 개인 네트워크를 가진 관리자는 다른 사람들이 가지지 못한 정보에 접근할 수 있을 것이다. 그러나 지식은 한 번 공유되면 그 지식이 제공한 정보적 권력은 손실된다. 따라서 정보적 권력에 의존하는 관리자들은 획득하기 어려운 정보를 지속적으로 제공해야 할 필요가 있다.

정보적 권력
정보를 통제함으로써 발생하는 권력.

준거적 권력

준거적 권력(referent power)은 관리자의 카리스마나 매력에 기반한 또 다른 유형의 개인 권력이다. 부하들은 관리자를 롤모델로 간주하며, 그가 가진 존중, 존경, 호감으로 인해 복종하게 된다. 부하들은 관리자로부터 개인적으로 인정받기를 원하기 때문에 관리자가 행하고 원하는 대로 따른다. 일관된 윤리적 행동은 당신의 평판을 높여주고 따라서 준거적 권력도 높여준다. 일론 머스크(Elon Musk)나 오프라 윈프리(Oprah Winfrey)는 많은 사람에게 카리스마 있는 리더로 간주된다.

준거적 권력
관리자의 카리스마나 다른 사람에 대한 매력을 기반으로 하는 개인적 권력.

준거적 권력은 잘 드러나는 리더에게만 국한되지 않는다. 모든 관리자는 부하를 존중하고 조직 문화와 일치하는 행동을 보이며 효과적인 롤모델이 됨으로써 준거적 권력을 효과적으로 사용할 수 있다. 관리자는 일관성 있게 자신의 말을 실천함으로써 부하에게 요구하는 태도와 행동을 촉진하는 준거적 권력을 사용할 수 있다.

설득적 권력

설득적 권력(persuasive power)은 다른 사람을 설득함에 있어 논리와 사실을 활용하는 능력에 기인한다. 효과적인 청취 기술을 개발하고, 상대방의 목표와 동기를 식별하고, 그에 걸맞게 호소함으로써 설득적 권력을 강화할 수 있다.

설득적 권력
다른 사람을 설득함에 있어 논리와 사실을 활용하는 능력에 따른 권력.

13-2 권력의 사용

권력을 사용할 때, 주어진 상황 혹은 영향을 미치고자 하는 상대방에 따라 조절하는 것이 중요하다. 준거적 권력과 전문적 권력이 직원의 내적 동기(internal motivation)와 자발적인 복종(voluntary compliance)에 긍정적인 영향을 미친다는 전제 하에서는 언제나 적절하다고 할 수 있다. 그러나 이러한 종류의 권력이 항상 효과적이지는 않다. 종업원을 효과적으로 동기부여 하기 힘들 때는 합법적이거나 보상적인 권력이 더 적절할 수 있다. 일부 권력이 부족한 경우에는, 자신의 권력 유형을 평가하고 특정 상황에서 어떤 권력을 활용할지 전략적으로 선택해야 한다.

합법적, 보상적 및 강제적 권력은 종업원의 외적 동기(external motivation)와 의무적인 복종(obligatory obedience)에 의존한다. 관리자들이 합법적 권력과 보상적 권력을 영향력 수단으로 자주 사용하지만, 강제적 권력은 적절하게 사용되는 경우가 드물기 때문에, 아주 극단적인 상황에서만 사용되어야 한다. 효과적인 리더들은 주로 합법적, 보상적 또는 강제적 권력보다 전문적 권력과 준거적 권력에 의존하는 경향이 있다. 합법적, 보상적 및 강제적 권력을 사용하여 타인에게 영향을 미치는 것은 리더십이라기보다는 권력을 행사하는 것이다. 리더십은 추종자들이 리더의 목표를 자발적으로 따르고, 억지로 끌려가지 않을 때 더욱 효과적이다.

말과 행동을 통해 적절하게 부하들을 일깨워 동기부여 하는 데 권력을 사용할 수 있다. 예를 들어, 추종자들의 경쟁심이 필요할 때는 그들의 권력 욕구를 자극할 수 있다. 어려운 목표를 달성하기 위해 탁월한 노력을 고취하고자 할 때는 추종자들의 성취 욕구를 자극할 수 있다.

13-2a 권력 획득과 사용

그렇다면 조직 내에서 당신의 권력을 어떻게 높일 수 있을까? 어떻게 하면 좋은 연봉을 얻고 승진할 수 있을까? 권력을 남용하지 않으려면 어떻게 해야 할까? 이 섹션에서는 이러한 질문에 답하고, 당신의 경력에서 권력을 효과적으로 획득하고 사용하는 방법에 대한 몇 가지 아이디어를 제공할 것이다.

각 유형의 권력마다 정도가 다르다는 것을 인식하는 것이 중요하며, 각 유형의 권력을 언제 사용해야 하는지를 이해하는 것도 중요하다. 당신의 일이 중요하고 특별하며 다른 업무로 대체하기가 어렵다면 당신의 권력은 더 커진다. 만약 당신이 회사에 중요한 전문 지식을 가지고 있고, 당신이 속한 분야에 있는 다른 사람들이 그러한 전문 지식을 많이 가지고 있지 않아 대체하기 어려운 경우에도 당신의 권력은 더 커진다. 만약 쉽게 대체될 수 있고 업무 집단이나 조직에 큰 가치가 없다면 권력은 약해질 것이다. 표 13-2는 당신이 소속된 조직에서 가지고 있는 권력의 크기를 이해

표 13-2

당신의 권력은 어느 정도인가?

이 장에서 학습한 것처럼, 다른 사람들에게 중요한 희소 자원을 통제하는 개인들에게 권력은 더 크게 나타난다. 이 측정 도구는 당신이 얼마나 상사와 동료들에게 중요하고 희소성이 있는지를 평가하는 것이다. 제시된 척도를 바탕으로 문항에 응답하라.

매우 아니다	아니다	보통이다	그렇다	매우 그렇다
1	2	3	4	5

_____ 1. 나의 직무가 제대로 수행되지 않으면, 내 부서/지역이 잘 돌아가지 않을 것이다.
_____ 2. 내가 떠나면, 나의 관리자는 내 기술과 능력을 대체할 사람을 찾는 데 어려움을 겪을 것이다.
_____ 3. 이 부서/지역의 많은 다른 사람들은 일을 잘하는 나에게 의존하는 것 같다.
_____ 4. 나의 관리자는 내가 다른 많은 사람이 할 수 없는 일을 한다는 것을 알고 있다.
_____ 5. 나의 관리자는 나에게 많이 의존한다.
_____ 6. 나의 관리자는 내가 독특한 직무 기술과 능력을 가진 것을 알고 있다.

점수 계산: 조직 내에서 당신의 인지된 권력을 계산하기 위해 여섯 가지 설문에 대한 답을 합산하라. 총점은 6에서 30 사이여야 한다. 당신의 점수가 아래 연속선에서 어느 위치에 있는지 확인하라.

5 —— 10 —— 15 —— 20 —— 25 —— 30
인지된 권력 낮음 인지된 권력 높음

해석: 당신의 인지된 권력이 높을수록, 당신이 영향력을 미치고자 하는 일에서의 성공 가능성은 높아진다. 당신이 성공적으로 영향력을 행사하기 위해서는 전문적, 준거적, 정보적 권력에 의존할 필요가 있다. 만약 당신의 현재 권력 수준을 높이고 싶다면, 당신의 집단에 유용하면서 다른 집단 구성원이 가지고 있지 않은 기술과 전문 지식을 개발하는 방법을 찾아보라. 경청과 설득 기술을 높이는 것도 좋은 방법이다.

Source: Boss, R. W. (2000). Hospital Professionals' Use of Upward Influence Tactics. *Journal of Managerial Issues*, 7, 92–108.

하는 데 도움이 된다.

당신은 전문성을 개발하고 우수한 성과를 냄으로써 권력을 높일 수 있다. 기술적 전문성 외에도 회사 내에서 전문가가 되는 것은 당신을 가치 있고 강력한 자원으로 만들 수 있다. 회사의 역사, 전략, 웹사이트 내용 및 소셜 미디어 활용 방법을 배워 보라. 각 부서가 다른 부서 및 회사 전체에 어떻게 기여하는지 알아보라. 당신의 산업이나 전체 경제에 영향을 미칠 새로운 동향을 식별하라. 이러한 중요한 문제들을 회사 내 다른 핵심 인물들에게 발표할 기회를 갖도록 경영진을 설득하라. 당신이 수행하고 있는 과업이 조직의 중요한 문제와 관련이 있다는 것을 보여 주고, 당신과 당신의 과업 성과가 연봉과 승진을 결정하는 사람들에게 잘 보이도록 하라. 당신의 경력에서 도움이 될 수 있는 긍정적인 관계를 개발하기 위한 내부 및 외부 네트워크를 구축하라.

권력 그 자체는 절대적인 의미에서 좋다 혹은 나쁘다고 말할 수 없다. 중요한 것은 권력이 어떻게 사용되는가이다. 권력과 관련하여 중요한 점은 권력 남용의 잠재적 위험이다. **권력 남용**(abuse of power)이란 권력을 사용하여 누군가를 모욕하고 악용하거나, 누군가의 이익을 빼앗거나, 나중에 후회하게 될 무엇인가를 하도록 다른 사람에게 영향을 끼치는 것이다. 개인의 존엄성을 모독하고 다른 사람의 직무 성과나 보상에 부정적으로 개입하거나 방해하는 것은 권력 남용의 예이다.[7] 권력 남용에 관한 뉴스 기사는 매일 쉽게 찾을 수 있다. 권력 남용의 결과로는 조직의 재정적 피해 외에도 직원 만족도의 감소, 도움 행동의 감소, 직원의 비윤리적 행동 증가,[8] 그리고 이직률의 증가가 포함될 수 있다.

권력 남용
어떤 종류의 권력을 사용하여 다른 누군가를 모욕, 악용, 이익 탈취 또는 나중에 후회하게 될 무엇인가를 그들이 하게끔 영향력을 행사하는 것.

권력이 있다고 해서 반드시 그것을 사용해야 하는 것은 아니다. 부하가 공식적인 업무 규칙을 따르지 않을 경우 해고할 수 있는 능력이 있다고 해서 반드시 해고를 해야 하는 것은 아니다. 또한, 권력을 사용하여 원하는 행동에 영향력을 발휘하는 것이 효과적이라는 보장도 없다. 만약 어떤 직원이 특정 근무 시간대에 일하지 않은데 대해 당신에게 처벌할 권력이 있더라도, 만약 그 권력을 발휘한다면 그 직원은 추가 근무를 거부하고 퇴사할 수 있다. 당신의 권력은 통제하는 자원이나 성과를 부하들이 중요하게 생각하는 정도에 따라 결정된다. 만약 부하들이 원하는 것을 당신이 갖고 있지 않다면, 그들에 대한 권력은 없는 것과 같다.

권력의 무제한 행사는 권력 남용으로 이어질 수 있다. 관리자들은 원하는 대로 자유롭게 행동해서는 안 되며, 관리자의 권력은 책임(responsibilities)과 일치해야 한다. 예를 들어, 부하의 성과를 책임지고 있는 관리자는 성과급과 같은 보상 권력을 가지고 있어야 한다. 하지만 관리자의 권력은 일을 수행하는 데 필요한 것을 초과해서는 안 된다. 따라서 주기적으로 관리자의 행동과 성과를 검토하고 행동에 대한 책임을 묻는 것은 중요하다. 심지어 최고 경영자들도 이사회에 자신의 행동과 성과를 보고한다. 2002년에 제정된 사베인스-옥슬리법(Sarbanes-Oxley Act) 같은 제도는 최고 경영자의 무제한 권한을 제한한다.

권력 남용으로 잘 알려진 것은 직장 내 괴롭힘(bullying), 비인격적인 감독, 그리고 성희롱(sexual harassment, 원하지 않는 성적 접근이나 요구, 또는 순응하지 않을 시 처벌하겠다는 협박)이다. 관리자들이 효과적인 전술을 통해 설득하거나 영향력을 미치는 방법을 모를 경우, 그들은 두려움, 위협 그리고 협박의 방법을 사용하게 될지도 모른다.[9]

마크 큐번은 댈러스 매버릭스 프로 농구팀의 구단주이다. 큐번은 확실한 지위 권력을 가지고 있다. 또한 가끔 강제적 권력을 사용하며 때로는 준거적 권력에 의존한다. 그러나 그의 모욕적인 행동 때문에, 때론 다른 목표 달성에 제약을 받는다.

NBA 농구 팀 매버릭스(Mavericks)의 구단주인 마크 큐번(Mark Cuban)은 권력만으로 원하는 것을 얻을 수 없다는 것을 보여 주는 좋은 예이다. 큐번은 여러 기업의 소유주로서 지위 권력을 가지고 있으며, 많은 사람은 그의 준거적 권력으로 인하여 그를 존경하였다. 그는 강제적 권력을 가지고 게임에서 이기지 못하는 코치들을 해고하였으며, 전문적 권력을 가진 것으로도 인식되었다. 그는 다른 영향력 있는 사람들과 연결되어 정보적 권력도 높았다. 그럼에도 불구하고, 큐번의 행동은 자신의 명성에 손상을 입혔을 뿐 아니라 상당한 재무적 손실을 발생시켰다. 그는 팀이 패배할 때 선수 대기실에 들이닥쳐 선수들에게 욕하고 심판을 못마땅하게 여길 때도 있었다. 그는 더 많은 프로팀을 소유하려 하였지만, NBA에서 보인 자신의 나쁜 행동 때문에 다른 스포츠 리그에서는 입찰 참여를 제한당하기도 했다.

13-2b 권한 위임

권한 위임
직원과 권력을 공유하고 어느 정도의 결정 권한과 실행 권한을 직원들에게 주는 것.

권한 위임(empowerment)은 조직에서 권력이 얼마나 공유되며 직원들이 어느 정도의 결정 권한과 실행 권한을 가지는지를 나타낸다.[10] 권한 위임은 조직 전체 문화에 내재되어 있을 수도 있고, 개별 관리자에 의해 실천될 수도 있다. 직원들 스스로 품질 향상, 비용 절감 및 업무 효율을 높일 수 있도록 하는 권한 위임은, 직원들에게 자체 관리를 위한 피드백을 더 많이 제공하는 컴퓨터 기술의 발전으로 인해 조직 내에서 더욱 보편화되고 있다. 만약 훈련받은 직원이 중요하고 정확한 정보를 적시에 가질 수 있다면, 그는 관리자의 개입 없이도 당면한 상황을 처리하고 기회를 포착할 수 있을 것이다. 이는 조직의 유연성(flexibility)과 대응성(responsiveness)을 증가시킬 수 있다.

본질적으로, 권한 위임에는 두 가지가 필요하다. 첫째, 관리자들은 권한을 부여받는 직원들이 자신의 업무에 대해 더 많은 권한과 통제를 갖도록 허용해야 한다. 둘째, 관리자들은 그러한 개인 및 집단이 권한을 행사할 수 있는 기술과 자신감을 갖도록 훈련을 시키고, 자원을 제공하며, 코칭해야 한다. 직원이나 집단에게 권한이 있다고 말하는 것만으로는 충분하지 않다. 직원들은 권한을 행사할 수 있는 지식을 가져야 하며, 그것을 성공적으로 수행할 수 있다고 믿어야 한다. 우리는 한 제조업체에 대한 컨설팅을 수행하는 중 이를 목격했다. 권한을 부여받은 팀은 관리자와 상의하지 않고 팀 프로세스를 개선하기 위해 최대 500달러까지 사용할 수 있는 권한이 있었다. 그러나 처음에는 팀은 돈을 전혀 사용하지 않으려 했고, 자신의 선택이 나쁜 결과를 낳을까 두려워했다. 팀은 실전 훈련 프로그램을 통해 의사 결정, 의사소통 및 문제 해결 기술을 익힌 후에야 비로소 권한을 행사할 자신감을 얻었다. 넷플릭스(Netflix) 직원들은 자신의 업무를 끝내기만 하면 원하는 대로 개인 시간을 쓸 수 있다. 구글(Google) 직원들도 새로운 제품 아이디어를 실험해 보는 데 매주 20%의 업무 시간을 사용할 수 있다.

당신의 윤리적 행동에 대한 좋은 평판은 당신이 부적절하게 행동할까 걱정하는 상사의 우려를 줄여주고, 더 많은 책임과 권한을 부여하는 데 도움이 된다. 그리고 그런 좋은 평판으로 인하여 당신의 영향력은 높아질 수 있다.[11]

윤리적 리더가 되는 것은 숨겨진 동기를 없애고 신뢰를 구축할 수 있기에 권력의 원천이기도 하다. 또한, 윤리성은 우리의 주의를 집중시켜 다른 사람들의 영향에 대한 저항력을 증가시키고 결국, 우리에 대한 타인의 권력을 감소시킨다.

기술은 직원들이 스스로 문제를 해결할 수 있도록 돕는다. 예를 들어, IT 회사에서 일하는 가상의 인물 주아니타(Juanita)는 분기 보너스를 받기 위해 꾸준히 자신에게 주어진 목표를 충족해야 한다고 생각해 보자. 그녀는 디지털 성과 게시판을 통해 자신의 성과를 확인한다. 색으로 구분된 화면에서 그녀의 목표가 미달되었음을 확인한다. 그녀는 자신이 정시에 출근하고 생산적인 사람이라고 알고 있다. 그런데 왜 그녀의 성과가 미달된 것일까? 주아니타의 상사인 팻(Pat)은 주아니타의 성과 목표가 지난 한 달 동안 일관되게 낮았고, 항상 점심 이후에 그런 현상이 발생했다는 것을 파악하였다. 이것이 문제의 근본 원인이었다. 그녀의 오후 근무는 점심 휴식 후 시작되는데, 비록 점심을 서둘러 먹기는 하지만, 정해진 시간보다 10분씩 늦게 사무실로 복귀하곤 했다.[12] 이에 주아니타는 이동 시간을 고려해 휴식 시간 10분을 추가하도록 일정 변경을 요구하였다. 디지털 성과 게시판은 이러한 사소한 일정 변경 승인뿐만 아니라, 상사인 팻의 도움 없이도 스스로 자신의 문제를 해결하도록 돕는다.

13-2c 하위 조직이 권력을 얻는 방법

이제 개인 권력이 아니라 조직의 의사 결정에 더 큰 영향을 미치는 하위 조직(예: 부서 또는 집단)의 권력이 어떻게 획득되는지 살펴보자. 작업 그룹, 부서 또는 하위 조직의 권력은 자원 통제나 전략적 권력(strategic power)에서 비롯된다. 집단에 의해 통제된는 자원(예: 예산, 공간)이 중요한 것일수록 해당 집단의 자원 권력은 더 커진다. 의사 결정에서 중요한 역할을 하는 집단은 상위 결정에 영향을 미치면서 전략적 권력을 갖게 된다. 다른 하위 조직의 성과에 영향을 미치는 핵심 하위 조직(key subunits)은 더 큰 권력을 갖는다. 하위 조직의 권력 향상에 영향을 미치는 조건들을 살펴보자.

자원 부족

자원이 부족한 상황에서 하위 조직 간의 권력 차이는 증가될 가능성이 크다. 조직 전체에 중요한 희소 자원을 통제하는 하위 조직은 더 큰 권력을 가진다. 자원이 풍부한 경우 하위 조직 간의 권력 차이는 줄어든다.

중심성

하위 조직의 활동이 다른 하위 조직의 작업에 영향을 미치는 정도에 따라 그 중심성이 결정된다(예: 예산 승인 권한). 그들의 영향이 더 직접적일수록(예: 해당 하위 조직의 성과가 하락할 때 조직 전체가 빨리 체감할 경우), 그리고 하위 조직이 기업의 주요 제품 또는 서비스에 중요하게 영향을 미칠 경우 중심성은 상승한다. 이것이 생산 및 마케팅 부서가 인적자원 부서보다 더 큰 권력을 갖게 되는 이유 중 하나다.

대체 가능성

하위 조직의 권력은 조직 내·외의 다른 사람들이 그들의 책임을 잘 수행할 수 있을수록 감소한다. 노동 시장은 대체 가능성에 큰 영향을 미친다. 하위 조직이 보유한 기술이 노동 시장에서 희소해지면 해당 하위 조직의 권력이 증가한다. 하위 조직의 작업이 외주화(outsourced)될 수 있다면, 해당 단위의 권력은 외주화의의 위협으로 인해 감소할 수 있다.

불확실성

조직은 갑작스럽고 불확실한 것을 싫어한다. 정확한 계획, 자금 조달, 예산 편성 및 인력 고용은 모두 상당 부분 예측 가능한 미래에 의존한다. 하위 조직이 불확실성에 잘 대처하거나 불확실성이 증가하는 기간 동안 조직을 잘 관리한다면 더 큰 권력을 가지게 될 것이다.

13-3 조직에서의 영향력

영향력 있는 사람들은 권력을 갖지만, 권력 있는 모든 사람이 영향력을 가지는 것은 아니다. 예를 들어, 직원들은 종종 경영진의 통제와 인센티브보다 동료들의 사회적 영향에 더 민감하게 반응한다. 리더십은 주로 다양한 권한이나 상호작용 방식을 통하여 다른 사람들의 행동과 태도에 영향을 미치는 과정이다. 그러나 리더가 권력을 사용하여 누군가에게 성공적으로 영향을 미치는가의 여부는 상대방이 그의 영향을 허용하는지에 따라 달라진다. 관리자가 가지고 있는 공식 권력이나 권한을 활용하는 것보다 부하들이 그 영향력을 받아들이는 것이 훨씬 중요하다. 만약 당신이 불법 행위나 자격 부족으로 인해 부하들의 존경을 잃는다면, 그들이 기업 목표를 위해 최선을 다하도록 효과적으로 동기부여 할 수 없을 것이다.

13-3a 영향력 전술

영향력 전술
다른 사람의 행동에 영향을 미치기 위해 권력을 활용하는 방법.

영향력 전술(influence tactics)은 다른 사람의 행동에 영향을 미치기 위해 권력을 활용하는 방식이다. 이러한 전술을 활용하면 당신의 요구에 다른 사람들이 긍정적으로 반응할 가능성이 높아진다. 직장에서 상사와 동료에게 더 큰 영향을 미칠 수 있는 능력이 있다면 당신에게 어떤 변화가 일어나겠는가? 학교에서 동급생과 강사에게 더 효과적으로 영향을 미칠 수 있다면 당신에게 어떤 변화가 일어나겠는가?

영향력 전술은 상황과 영향을 받는 사람에 따라 다르게 활용되어야 하며, 연습을 통해 익힐 수 있다. 그러나 영향력 시도에 대한 반응이 언제나 긍정적이지만은 않다. 표 13-3은 몇 가지 영향력 전술과 그에 대한 반응들을 요약한 것이다.

다양한 영향력 전술 중 합리적 설득, 영감에 호소, 그리고 상담은 일반적으로 가장 효과적이며, 압박은 가장 비효과적이다.[13] 여러 가지 영향력 전술을 동시에 사용하면 효과가 증가할 수 있다. 예를 들어, 비위 맞추기는 개인적 호소의 효과를 높일 수 있다. 합리적 설득은 다른 전술들과 함께 사용할 수 있다. 그러나 압박은 개인적 호소와 비위 맞추기의 기본이 되는 친숙한 감정을 약화시킬 수 있다.

표 13-3
영향력 전술과 반응

영향력 전술	
연합 전술	상대방이 무엇인가를 하도록 설득하기 위하여 다른 사람들의 도움을 받는 것. 즉, 상대방에게 제안에 동의하거나 태도를 바꾸도록 설득하기 위하여 타인의 지지를 활용하는 것.
상담	문제 해결을 위하여 상대방에게 조언을 요청하거나 추종자들이 리더의 결정에 잘 따르도록 함께 목표를 설정하는 것. 즉, 추종자들의 우려와 지속적인 몰입을 위한 제안들을 바탕으로 목표 또는 문제 해결 방법을 유연하게 조정하는 것.
교환	현재 또는 미래에 누군가와의 협력을 얻기 위해 가치 있는 무엇인가를 교환하는 것. 일반적으로 높은 비용 때문에 다른 전술이 실패했을 때 사용하는 것.
비위 맞추기	상대방을 기분 좋게 만들거나 상대방이 도움을 베풀도록 아첨하거나 칭찬하는 것(예: 추가적인 프로젝트 자금을 요청하기 전에 관리자의 옷차림을 칭찬), 또는 유머를 사용하는 것.[16] 다른 전술이 실패한 이후보다 좀 더 미리 사용하는 것이 더 효과적임.
영감에 호소	상대방의 열망, 가치 및 이상에 호소하여 그들이 헌신하도록 하거나, 동기부여를 높이기 위하여 무엇인가를 할 수 있다는 자신감을 높이는 것.
합법화 전술	규칙, 전례 또는 공식 문서를 참고하여 특정 요구를 하기 위하여 공식 권한을 강화하는 것. 요구의 합법성이 의심될 경우 초기에 사용해야 함.
개인적 호소	상대방에게 '친구라는 이유'로 무엇인가를 하도록 요구하거나, 개인적인 호의를 요청하는 것.
압박	상대방에게 영향을 주기 위하여 강압 또는 지속적으로 추적하거나 일깨워 주는 것. 불만과 같은 원치 않는 부작용이 초래될 위험이 있음.
합리적(또는 이성적) 설득	상대방을 설득하기 위하여 논리와 사실을 이용하는 것.
영향력 시도에 대한 반응	
몰입	영향력 시도를 지지하고 적극적인 참여자가 되는 것.
순응	영향력을 행사하는 사람이 원하는 대로 하지만 개인적으로 몰입하지는 않는 것.
소극적인 저항	영향력을 행사하는 사람의 영향력 시도를 거부하지만, 시도하고자 하는 것을 방해하지 않는 것.
능동적인 저항	영향력을 행사하는 사람의 영향력 시도를 거부할 뿐만 아니라 시도하고 하는 것을 적극적으로 방해하고 그의 태도까지도 바꾸려 하는 것.

Source: Adapted from Yukl, G. A. *Leadership in Organizations* (9th ed., p. 172, Table 6.8). Upper Saddle River, NJ: Pearson Education, © 2020.

영향력 전술은 영향력을 주는 사람의 권력과 두 사람 간의 대인 관계와 조화되는 전술을 선택하는 것이 가장 효과적이다. 영향력의 주체와 객체가 상호신뢰하고 공유된 목표가 있는 경우 합리적 설득, 상담, 협력(연합 전술) 등이 효과적일 수 있다. 개인적 호소가 효과적이려면 보통 어느 정도의 친분을 쌓는 것이 필요하다. 상급자와의 관계에서 단호한 태도는 효과적이지 않을 수 있다.

영향력 시도는 종종 첫 번째 시도에서는 성공하지 못할 수 있으며, 시간이 흐름에 따라 숙련된 전술의 연속적 사용이 필요할 수 있다. 부하나 동료에게 처음 영향력을 시도할 때는 쉽고 비교적 낮은 비용(예: 친분을 약화시키는 정도가 낮은)이 드는 간단한 요청이나 다소 약한 형태의 합리적 설득을 사용하는 것이 좋다. 예상되는 저항에 대응하기 위해서는 강한 합리적 설득과 상담, 개인적 호소, 영감에 호소 및 협력과 같은 부드러운 전술이 필요하다. 저항이 계속된다면 더 강한 전술로 대응하거나, 상황이 더 악화된다면 전술을 중단하는 것이 좋다.[14] 이 장의 Case Study는 직원들이 리더의 결정에 영향력을 미치려는 과정에서 다양한 영향력 전술을 사용하는 사례를 보여 준다.

Case Study

의사 결정에 영향 미치기

당신은 새로운 프로젝트 선정 책임을 맡은 관리자이다. 예산의 제한으로 한 개의 프로젝트만 지원할 수 있다. 결정은 내일 아침까지 내려야 한다. 당신의 팀원들이 방금 회의에서 각자 프로젝트 아이디어를 제시했고, 당신은 선택의 어려움을 겪고 있다. 각 프로젝트는 장점이 있으며 모두 성공할 가능성이 있어 보인다. 회의가 끝나갈 무렵 팀원들은 선정되기 위하여 각자 아래와 같이 당신에게 호소하고 있다.

호세(Jose): 팀장님은 훌륭한 리더이고 팀을 위해 항상 훌륭한 결정을 내렸습니다. 이번에도 최고의 선택을 할 것이라고 확신합니다!

키라(Kira): 팀장님은 항상 높게 목표를 잡아야 한다고 말씀하셨습니다. 저는 제 아이디어가 회사가 새로운 시장에 진출하고 더 높은 수준으로 올라가는 데 도움이 될 것이라고 생각합니다.

존(John): 저는 제 아이디어가 투자 수익률이 가장 높고 리스크가 가장 적을 것으로 생각합니다. 제가 한 시장 조사는 신뢰할만하며 제 아이디어가 최선의 선택일 것이라고 생각합니다.

샌디(Sandy): 저는 마케팅 팀과 이야기를 나눴고 그들은 제 아이디어가 성공적일 것이라고 하였습니다. 저는 마케팅 팀에서 이 프로젝트를 진심으로 지지할 것이라고 생각하고 있습니다. 팀장님께서 이 프로젝트를 선택해 주길 희망합니다.

질문

1. 각 팀원들이 사용한 영향력 전술은 무엇인가?
2. 당신이 생각하기에 당신의 선택에 가장 큰 영향을 미치는 영향력 전술은 무엇인가? 그 이유는?
3. 당신이 생각하기에 당신의 선택에 가장 비효과적인 영향력 전술은 무엇인가? 그 이유는?

13-3b 영향력 효과성에서 국가 문화의 역할

다른 사람에게 효과적으로 영향을 미치는 능력은 문화적 지능(cultural intelligence)이 높을수록 강해진다. 즉 문화적으로 다양한 환경에서 효과적으로 기능하는 능력이 높을수록 다른 사람에게 영향을 미치는 능력이 높아진다. 다양한 문화, 가치, 관점을 이해하면 다른 사람에게 중요한 것과, 그들에게 가장 효과적으로 영향을 미치는 방법에 대한 민감도는 높아진다.

영향력 전술은 국가 및 조직 문화의 사회적 가치와 일치할 때 가장 효과적이다. 예를 들어, 상담은 리더에 대한 복종이 강한 국가 문화보다 전통적으로 민주주의가 강한 국가 문화에서 더 효과적이다.[15] 이 장의 Global Issues에서는 서로 다른 국가 문화에서 다양한 영향력 전술을 적합하게 사용해야 하는 중요성을 설명하고 있다.

13-3c 설득 기술

영향을 미치는 것은 종종 다른 사람들을 설득하여 무언가를 하거나 믿도록 하는 것을 의미한다. 설득(persuasion)은 명령이 아니라 상대방이 원하기 때문에 행동하도록 만드는 방법이다. 더 많은 자원을 원하는 관리자들이나 핵심 직원이 떠나지 않기를 원하는 상사, 이사회에서 사업 아이디어를 설명하는 회사의 대표, 이 모두에게 설득력이 필요하다. 대부분 사람은 습관 변화에 저항을

Global Issues

국가 문화에 따라 달라지는 영향력 전술의 효과성

합리적 설득과 상담이 비록 많은 국가에서 효과적인 영향력 전술로 확인되었지만,[17] 국가 문화에 따라 여러 영향력 전술의 적절성은 달라질 수 있다.[18] 예를 들어, 홍콩과 대만의 관리자를 생각해 보자. 두 국가의 관리자 모두 교환과 합리적 설득이 가장 효과적인 영향력 전술이라고 믿는다. 그러나 대만의 관리자는 홍콩 관리자보다 영감에 호소와 비위 맞추기를 더 많이 사용하며, 홍콩 관리자는 압박이 더 효과적인 전술이라고 생각한다.[19] 서구 관리자들은 중국 관리자들보다 직접적이고 업무 중심의 영향력 전술을 더 효과적으로 여기며, 중국 관리자들은 개인적인 관계나 비공식적인 접근이 포함된 전술을 선호한다.[20] 이러한 차이를 이해하는 것은 해외 파견 근무자뿐만 아니라 다문화 직장에서 근무하는 모든 사람에게 중요하다.

영향력 기술을 맥락과 대상에 따라 조화시키는 것은 상향이나 하향에서 모두 중요하다. 한 연구에 따르면, 상사의 국가 문화에 적합한 상향적 영향력 전술을 보여 주는 현지 관리자들은 그렇지 않은 관리자들보다 승진 기회가 훨씬 많았다. 독일 기업에서는 이익을 교환하고 연합 전술을 구사하는 것이 승진 기회와 관련성이 더 높았다.[21] 이에 반해, 상향으로 자기주장을 호소하는 전술의 경우, 미국 기업에서는 승진 기회와 더 관련성이 높았지만, 에콰도르 기업에서는 그렇지 않았다.[22] 당신이 가진 권력의 원천뿐만 아니라 여러 영향력 전술에 대한 상대방의 수용 정도가 관리자로서 당신의 효과성을 높여 줄 것이다.

보이기 때문에 관리자는 변화를 위해서는 항상 설득 기술을 사용해야 한다.[23]

설득은 철저하고 신중하게 준비하고, 자신의 주장을 효과적으로 구성하고, 생생하고 명료하게 증거를 제시하며, 청중과 올바른 감정적 연결을 찾는 것이 필요하다. 이는 단순히 상품을 판매하는 기술 그 이상이다. 한 전문가는 "많은 경영인이 설득을 오해하고 있으며, 훨씬 더 많은 사람은 여전히 이를 제대로 활용하지 않는다."라고 지적한다.

다음은 설득력을 갖추기 위한 몇 가지 권고 사항이다.[24]

Jetta Productions/Blend Images/Getty Images

조직에서 설득 기술은 매우 중요하다. 일반적으로 설득은 철저하고 신중한 준비가 필요하다. 예를 들어, 이 관리자는 동료에게 그녀가 새로 개발한 시스템을 지지하도록 설득하고 있다. 그녀는 그에게 자료를 보여 주면서 그녀의 시스템이 다른 대안보다 더 낫다고 설명하고 있다.

- 당신의 기술과 대인 관계에 기반한 신뢰를 구축하라. 바른 자세와 적절한 목소리 크기, 그리고 자신감 있는 모습은 다른 사람들이 당신을 빠르게 신뢰하도록 만들 것이다.
- 시작할 때 강제로 받아들이도록 하지 말라. 강제적으로 하게 되면 잠재적인 반대자들이 즉시 저항하고, 적극적으로 대항하도록 하는 빌미를 제공하게 된다.
- 공통점을 찾고 타협할 준비를 하라. 모든 청중은 각각 다르다. 이미 당신의 마음이 정해졌다고 보여서는 안 된다. 청중이 쉽게 이해하고 공감할 수 있는 언어로 의사소통하고 그들이 공유하는 가치와 신념을 반영하라.

- 설득력 있는 몇 가지 주장만을 기반으로 강력한 입장을 제시하라. 너무 많은 사실과 정보로 사람들을 압도하려 하지 말라.
- 논리적 주장만 하기보다는 감정적으로 사람들과 연결하라.
- 청중으로부터의 피드백을 수렴하고, 그 피드백을 자신의 주장에 반영하라.
- 인내심을 발휘하라. 첫 번째 시도에서 설득되는 사람은 매우 드물다.

13-3d 상향적 영향력

상향적 영향력 스타일
함께 사용되는 상향적 영향력 전술의 조합.

부하의 행동을 이끌기 위해 영향력을 사용하는 것 이외에도 **상향적 영향력 스타일**(upward influence styles)은 상급자에게 영향을 미치는 데 사용될 수 있다. 잭웰치(Jack Welch)가 GE의 최고경영자로 있을 때, 그는 인터넷이 경영을 변화시킬 것임을 깨달았다. 그는 GE의 젊고 '인터넷에 익숙한(webified)' 직원들이 더 나은 인터넷 기술과 e-비즈니스 지식을 갖추고 있지만, 나이 많고 높은 직급의 임원들은 이러한 지식을 갖추고 있지 않다고 인식했다. 그는 이러한 새로운 기술에 대한 전문 지식을 공유하기 위해 인터넷에 능통한 젊은 직원들과 GE의 세계 각지 600명의 임원과 짝을 지웠다. 이러한 조치는 관리자들의 e-비즈니스 역량을 강화하였으며, 이 회사의 독특한 '상향 멘토링(mentoring up)' 프로그램은 회사 내 모든 수준의 관리자가 상향적 영향력을 더 편하게 발휘할 수 있도록 하였다.[25] 오늘날 프록터앤갬블(Proctor & Gamble), 쉘(Shell Oil Company) 및 유나이티드 항공(United Airlines)과 같은 일부 기업은 높은 직위의 관리자들이 소셜 미디어 및 다른 현대적인 통신 기술을 잘 사용할 수 있도록 유사한 프로그램을 활용한다.

JohnnyGreig/E+/Getty Images

조직은 여러 방법으로 상향적 영향력을 발휘할 수 있다. 예를 들어, 이 젊은 관리자는 새로운 하드웨어와 소프트웨어 기능을 상사에게 소개하고 있다. 그녀의 즐겁고 협조적인 설명 방식은 앞으로 상사의 인식에 영향을 미칠 것이다.

상향적 영향력은 조직에서 개인의 효과성을 상당히 증진시킨다는 측면에서 중요하다.[26] 상향적 영향력에는 아래와 같은 여섯 가지 기본적인 전술이 있다.[27]

1. 비위 맞추기(ingratiation): 상사의 기분을 좋게 하려고 아첨하고 공손하게 행동하거나 친절하고 겸손하게 행동하는 것.
2. 교환(exchange): 호의나 보상을 교환하여 순응을 유도하는 것.
3. 합리성(rationality): 논리, 계획, 이성, 타협을 사용하는 것.
4. 단호함(assertiveness): 공격, 괴롭힘, 언쟁 또는 명령을 사용하는 것.
5. 연합(coalition): 단결된 행동을 보이기 위해 다른 조직 구성원들의 지지를 구하는 것.
6. 상향적 호소(upward appeals): 상급자의 개입을 부탁하기 위해 비공식적 혹은 공식적으로 호소하는 것.

일반적으로 당신의 권력 원천은 상향적 영향력 전술의 사용 방식을 결정한다. 예를 들어, 준거적 권력을 가진 직원은 통합(integration)을 사용할 것이며, 전문적 권력을 가진 사람은 합리성

Understand Yourself

상향적 영향력 자기 평가

사람들은 자신의 상사에게 영향을 미치려 할 때 다양한 전술을 사용한다. 다음의 척도를 사용하여 상사에게 영향을 미치는 동안 얼마나 자주 다음 행동을 하는지 기입하라. 옳고 그름이 없으니, 솔직하게 답하라.

전혀		가끔		자주		거의 항상
1	2	3	4	5	6	7

_____ 1. 나는 요청할 때 매우 겸손하게 행동한다.
_____ 2. 나는 요청하기 전에 좋은 인상을 주려고 한다.
_____ 3. 나는 요청하기 전에 친근하게 행동한다.
_____ 4. 나는 과거 상사에게 주었던 나의 호의를 상기시킨다.
_____ 5. 나는 교환을 제안한다. (예: 이것을 해 주면 나도 뭔가를 해 드릴게요.)
_____ 6. 만약 상사가 내가 원하는 대로 행동한다면, 나도 개인적 희생(예: 야근하기)을 하겠다고 제안한다.
_____ 7. 나는 상사를 논리적으로 설득한다.
_____ 8. 나의 요청에 대한 이유를 설명한다.
_____ 9. 나의 의견을 뒷받침하는 정보를 상사에게 제공한다.
_____ 10. 나는 갈등을 해결하기 위하여 상사와 직접 대면한다.
_____ 11. 나는 분노를 말로 표현한다.
_____ 12. 나는 강력한 방식(예: 요구사항 제시, 마감기한 설정, 강한 감정 표현 등)을 사용한다.
_____ 13. 나는 나의 요청을 뒷받침하기 위해 동료의 지원을 확보한다.
_____ 14. 나는 나의 요청을 뒷받침하기 위해 부하의 지원을 확보한다.
_____ 15. 나는 나의 영향력을 돕도록 조직 내 다른 사람들을 동원한다.
_____ 16. 나는 (나의 상사보다) 더 높은 상급자의 비공식적인 지원을 확보한다.
_____ 17. 나는 나의 요청을 뒷받침하기 위해 (나의 상사보다) 더 높은 상급자에게 공식적이고 법적인 절차를 요구한다.
_____ 18. 나는 나의 상사에게 영향력을 미치는 (나의 상사보다) 더 높은 상급자에게 의존한다. 즉, 명령 계통에 의존한다.

점수 계산:

비위 맞추기: 1~3 문항의 합 _____
교환: 4~6 문항의 합 _____
합리성: 7~9 문항의 합 _____
단호함: 10~12 문항의 합 _____
연합: 13~15 문항의 합 _____
상향적 호소: 16~18 문항의 합 _____

해석: 각 상향적 영향력의 점수를 보고 가장 높은 점수에서부터 가장 낮은 점수순으로 나열하라. 가장 높은 점수의 전술은 당신이 가장 선호하는 것이다. 당신의 점수 순위에 동의하는가? 앞으로 어떤 전술을 더 자주 사용해 볼 계획인가? 그 이유는 무엇인가?

Sources: Table 4 (adapted) from Kipnis, D., Schmidt, S. M., & Wilkinson, I. (1980). Intraorganizational Influence Tactics: Explorations in Getting One's Way. *Journal of Applied Psychology*, 65(4), 440–452. Text excerpts (adapted scale items) from Schriesheim, C. A., & Hinkin, T. R. (1990). Influence Tactics Used by Subordinates: A Theoretical and Empirical Analysis and Refinement of the Kipnis, Schmidt, and Wilkinson Subscales. *Journal of Applied Psychology*, 75(3), 246–257.

(rationality)을 선호할 것이다. 당신이 영향력을 행사하려는 상사의 특성에 맞추어 전술을 조정하는 것도 중요하다.[28] 이 장의 Understand Yourself에서는 자기 평가를 통해 자신이 선호하는 상향적 영향력 전략에 대해 배울 수 있을 것이다.

여섯 가지의 상향적 영향력 전술은 개별적으로 사용될 수 있지만 종종 상향적 영향력 스타일이라 불리는 것으로 서로 조합되어 사용된다. 사람들이 상사에게 영향을 끼치려고 할 때 선호되

는 스타일이 있다. 네 가지 상향적 영향력 스타일은 다음과 같다.[29]

1. 샷건(shotgun): 이 스타일은 가장 많은 영향력을 동시에 사용하고 자기주장과 협상을 강조한다. 샷건 스타일을 가진 관리자는 근무 기간이 짧고, 개인 이익에 대한 욕구가 가장 크며 작업 수행 방법에 대한 아이디어가 받아들여지도록 노력하는 경향이 있다. 이 관리자는 다양한 전술을 사용하여 원하는 것을 얻으려고 시도한다. 이 스타일은 직무 긴장 및 개인적인 스트레스와 관련성이 매우 높다.
2. 전술가(tactician): 이 스타일은 평균적인 영향력을 사용하고 이성을 강조한다. 전술가 스타일을 가진 관리자는 기술과 지식 기반을 제공하는 비일상적인 하위 조직을 활용하는 경향이 있다. 이들은 조직 내에서 예산, 정책, 인사에 상당한 영향력을 행사하는 경향이 있으며 규정 준수를 위해 이성과 논리를 많이 사용한다. 이 스타일은 강제적인 샷건 스타일에 비해 직업 긴장과 개인적인 스트레스가 낮으며, 보다 나은 개인 성과를 보인다.
3. 방관자(bystander): 이 스타일은 상사에게 영향력을 거의 사용하지 않는다. 방관자 스타일을 가진 관리자는 일상적인 작업을 수행하는 하위 조직을 이끌며, 일반적으로 예산, 정책 또는 인사 문제에 대한 조직적 권한이 거의 없다. 또한, 다른 사람의 순응이 필요한 개인적 또는 조직적 목표가 없기 때문에 일반적으로 영향력을 거의 행사하지 않는다. 관리자의 30~40%는 방관자로 분류된다.
4. 아첨꾼(ingratiator): 이 스타일은 주로 친근감 전략을 사용하지만 다른 영향력 전술도 어느 정도 사용한다. 아첨꾼이라는 별명은 이들이 행사하는 영향력 방식을 반영한다. 연구에 따르면, 최고 경영진의 관리자들이 최고 경영자(이사회의 이사거나 임원 중 한 명)에게 아첨하고 확신에 찬 의견을 표현하거나 호의를 베푸는 것과 같은 행동을 사용할 경우, 이사회의 임원으로 지명되는 경향이 더 강하다고 한다.[30]

13-4 조직 정치

조직 정치
행위자에게 보상(행위자의 이익을 보호하거나 증진시킴)을 제공할 수 있는 능력을 갖춘 사람을 향한 사회적 영향력 시도.

조직에서 다른 사람과 작업 과정에 미치는 영향력의 정도는 사람들의 능력에 따라 차이가 난다. 그렇기에 자신의 이익 보호와 증진을 위해 할 수 있는 일에도 차이가 난다. **조직 정치(organizational politics)**는 행위자에게 보상(행위자의 이익을 보호하거나 증진 시킴)을 제공할 수 있는 능력을 갖춘 사람에 대해 사회적인 영향력을 발휘하려는 시도이다.[31] 누구든지 어느 순간에는 다른 사람이 자기의 생각이나 자신이 좋아하는 행동을 따르도록 영향력을 행사하는데, 이때 조직 정치를 사용하게 된다. 효과적인 조직 정치의 핵심은 설득을 통해 효과적으로 영향을 미치고, 지원을 유발하며, 신뢰하도록 만드는 것이다.

조직 정치는 조직 내에서 일상적이다. 사실상 미국의 모든 종업원은 직·간접적인 조직 정치에 연관되어 있다.[32] 조직 정치로부터 부정적인 영향을 받은 직원은 조직 정치를 부정적으로 인식하는 경향이 있고, 이익을 얻은 사람들은 그것을 유용한 도구로 간주하는 경향이 있다. 직원들은 자신의 인식에 기반하여 행동하므로 조직 정치에 대한 직원들의 인식을 이해하는 것이 조직 정치를 효과적으로 관리하는 데에 있어 중요하다.

조직 정치는 행위자에게 보상(행위자의 이익을 보호하거나 증진시킬)을 제공할 수 있는 능력을 갖춘 사람을 향한 사회적 영향력 시도하는 것이다. 두 사람은 회의에 참석한 동료들에게 영향을 미치기 위해 비밀 정보를 공유하고 있다. 따라서 이들은 조직 정치를 하고 있다.

조직 정치는 직원 개인들과 조직 문화의 결과물이다. 일부 문화는 특정 유형의 정치적 행동을 허용할 뿐 아니라 심지어 촉진하기도 한다. 정치적 행동은 작업 환경의 모호성이나 불확실성이 매우 높은 경우에 가장 잘 발생할 수 있다.[33] 일부 조직은 정치적 행동을 예방하려고 노력한다. 예를 들어, 소프트웨어 회사 SAP 석세스 팩터스(SAP SuccessFactors)의 신입 사원들은 서면으로 '14가지 참여 규칙'에 동의한다. 이 규칙은 "나는 협업을 잘하는 사람이 될 것이다. 어떤 경우에도 나쁜 사람이 되지 않을 것이다."로 시작한다. 회사의 창립 원칙 중 하나는 "우리 조직은 우리가 하는 일을 끝없이 사랑하는 사람들로만 구성할 것이다. 우리는 협력적이고 평등하며 능력주의적인 환경에서 개인을 최대한 존중할 것이다. 즉, 투명하게 정보를 공유하고, 정치적 행동을 배제하며, 지역적 편향이나 계급 구조를 없애고, 각 부서 간의 경계를 허물고 개인 간 경쟁을 배제하며 오직 선하게 행동하는 것이다."이다. 이 회사에서는 직원들이 완벽할 것을 기대하지는 않는다. 하지만 적어도 의도적이었든 아니었든 자제력을 잃거나 동료를 무시하는 행동을 했을 때는 이에 대해 사과하기를 기대한다.[34]

유진 맥케나(Eugene McKenna)는 조직에서 다음과 같은 일반적인 정치적 전술들이 존재한다는 것을 확인했다.[35]

1. 정보 통제(controlling information): 특정인에게 정보를 제한.
2. 의사소통 통로 통제(controlling lines of communication): 정보 관리 부서(자)를 지정하여 특정 정보에 대한 접근을 제한.
3. 외부 전문가 활용(using outside experts): 외부 컨설턴트는 중립적으로 보이지만, 관리자 편에서 일하면서 보수를 받고 지시를 수행.
4. 안건 통제(controlling the agenda): 특정 주제만 논의하도록 유도.
5. 게임 행동(game playng): 정보를 누설하거나 친분이 있는 사람들에게만 피드백을 제공하는 등의 행동.
6. 이미지 구축(image building): 이미지 전문가들(spin doctors)을 동원하여 원하는 이미지만을 전달.
7. 연합 구축(building coalition): 권력이 있는 사람들과 친분을 다지거나 특정 목표를 촉진하기 위해 소규모 하위 집단 형성.
8. 결정 요소 통제(controlling decision parameters): 결정하기 전에 영향력을 미치려는고 시도.
9. 정치적 경쟁자 제거(eliminating political rivals): 심지어 현재의 자리에서 자신에게 방해되지 않도록 승진시키기도 함.

조직 정치가 건설적일 때는 거의 관찰되지 않는다. 정치가 이기적인 목적으로 사용될 때, 직원들은 회사가 매우 정치적인 곳이라고 인식하는 경향이 있다. 직원들이 작업 환경을 정치적이라고 인식하면 할수록, 직무 불안과 퇴사 의향은 커지며, 직무 및 상사에 대한 만족도, 조직에 대한 헌신도는 낮아진다.[36] 자신의 작업 환경에 대한 정치적 인식은 생산성에도 영향을 미치고, 실제 정치적 환경이 만들어지는 데에도 영향을 미친다.[37] 다른 사람들이 정치적인 행동 덕분에 앞서 나간다고 인식하면, 직원들은 더 많은 정치적 행동을 하게 된다.[38] 따라서 조직 문화는 인식된 정치 활동의 정도와 해당 조직의 직원들의 반응에 영향을 받는다.[39]

정치적 기술(political skill)은 대인적 영향력뿐만 아니라, 타인의 사고방식을 존중하는 사회적 민첩성(social astuteness)을 포함한다. 강력한 네트워크를 구축하고 다른 사람들로부터 진정성을 인정받는 것도 높은 정치적 기술을 반영한다. 정치적 기술은 직무 성과와 긍정적인 관계가 있음이 확인되었다.[40] 표 13-4에 제시된 자기 평가를 통해 정치적 기술을 더 잘 이해할 수 있을 것이다.

13-4a 정치적 행동의 원인

조직 정치의 핵심에는 갈등(conflicts)이 있다.[41] 정치적 행동은 자기 이익을 추구하므로, 다른 사람의 이익을 위협할 수 있다. 지각된 위협이 보복으로 이어지면 갈등이 발생한다. 불확실성은 정치적 행동을 증가시킨다. 정해진 규칙과 정책이 없는 상황에서, 직원들은 종종 자기 이익을 위한 규칙을 스스로 개발한다. 불확실한 상황에서의 결정은 특히 정치적 영향을 받기 쉽다.

가치 있는 자원의 부족(예: 인사 이동, 급여 인상, 사무 공간 할당, 예산)도 정치적 행동을 촉진한다. 가치 있는 자원을 획득하기 위한 경쟁(jockeying)은 전형적인 정치적 행동이며, 이는 자원이 부족한 조직이 더 많은 정치적 환경에 노출되는 이유이다. 자원이 왜 제한되어 있는지 이해하면 정치적 활동의 대상이 누구일지, 정치적 행동이 얼마나 강력할지 예측하는 데 도움이 될 수 있다. 다른 곳에서 확보할 수 없는 중요한 자원의 통제권을 가진 사람은 정치적 영향력 전술의 대상이 될 가능성이 높다.

어떤 사람들은 갈등을 피하기 위해 타인의 영향력 시도에 저항하지 않기도 한다. 이것은 정치적으로 보이지 않을 수 있지만, 사실 정치적 행동의 한 형태이다. 조직에서 정치적 행동과 비정치적 행동은 의도를 통해 구별된다.[42] 즉, 어떤 행동이 특히 자신의 이익을 증진하기 위해 이루어진다면(갈등 회피 포함), 그 사람은 정치적으로 행동하고 있다고 볼 수 있다.[43] '배를 흔들지 않는' 직원들은 위협적인 상대로 보이지 않기 때문에 '내집단(in-group)'에서 환영받을 수 있고, 정치적으로 행동하는 개인이나 집단의 계획을 방해하지 않으므로 가치 있는 성과를 얻을 수 있다. 행동하지 않는 것이든, 아니면 목적 달성을 위해 따르는 것이든, 그러한 정치적 행동은 자신의 이익을 증진하기 위한 합리적이고 유리한 접근일 수 있다.

디즈니(Walt Disney company)의 최고 경영자인 밥 차펙(Bob Chapek)는 2021년과 2022년 초반기까지 회사의 수익성을 증가시키기 위해 취한 조치(테마파크 입장료 가격 인상, 직원 감축 등)로 인해 많은 비판을 받았다. 어떤 사람들은 디즈니의 이사회가 그를 실제로 해고할 것이라고 예상했지만, 2022년 이사회에서는 차펙과 그의 전략과 전술에 대한 지지를 약속했다. 이 지지 표명 이후, 그는

표 13-4

정치적 기술 측정 도구

이 평가를 통해 자신의 정치적 기술을 잘 이해하게 될 것이다. 문항을 읽고 다음 척도를 참고하여 솔직하게 응답하라.

매우 아니다	아니다	약간 아니다	보통이다	조금 그렇다	그렇다	매우 그렇다
1	2	3	4	5	6	7

______ 1. 나는 직장에서 다른 사람들과 네트워킹하는 데 많은 시간과 노력을 쏟는다.
______ 2. 나는 내 주변에 있는 대부분 사람들을 편안하고 안락하게 만들 수 있다.
______ 3. 나는 다른 사람들과 손쉽고 효과적으로 의사소통할 수 있다.
______ 4. 나는 대부분 사람들과 좋은 관계를 쉽게 형성할 수 있다.
______ 5. 나는 다른 사람들을 매우 잘 이해한다.
______ 6. 나는 직장에서 영향력 있는 사람들과의 관계를 쉽게 구축할 수 있다.
______ 7. 나는 특히 다른 사람들의 동기와 숨은 의도를 잘 감지한다.
______ 8. 나는 다른 사람들과 소통할 때 진실되게 말하고 행동하려고 노력한다.
______ 9. 나는 필요할 때 지원을 받을 수 있는 광범위한 친구들과 직장 동료들의 네트워크를 형성하고 있다.
______ 10. 나는 직장에서 중요한 많은 사람들을 알고 있으며 잘 지내고 있다.
______ 11. 나는 많은 시간을 들여 다른 사람들과 관계를 형성하는 데 투자한다.
______ 12. 나는 다른 사람들이 나를 좋아하게 만드는 데 능숙하다.
______ 13. 다른 사람들이 나의 말과 행동을 진심이라고 믿는 것이 중요하다.
______ 14. 나는 다른 사람들에게 진정으로 관심을 보이려고 노력한다.
______ 15. 나는 개인적인 관계와 직장 네트워크를 활용하여 직장에서 일어나는 일에 영향력을 미치는 것에 능숙하다.
______ 16. 나는 좋은 직관력을 가지고 있고 다른 사람에게 나 자신을 어떻게 표현해야 하는지 잘 알고 있다.
______ 17. 나는 항상 다른 사람에게 영향을 미치기 위한 올바른 말이나 행동을 본능적으로 알고 있다.
______ 18. 나는 사람들의 얼굴 표정에 주의를 기울인다.

점수 계산: 18개 문항의 점수를 합산하라. 이 점수가 전반적인 정치적 기술 점수이다. 72 이상의 점수는 높은 편이며, 36 미만의 점수는 낮은 편이다. 정치적 기술의 네 가지 영역에 대한 점수를 계산하려면 아래 각 영역별 문항의 점수를 합산하라.

사회적 기민성	대인 관계 영향력	네트워킹 능력	표면적 진실성
5 ______	2 ______	1 ______	8 ______
7 ______	3 ______	6 ______	13 ______
16 ______	4 ______	9 ______	14 ______
17 ______	12 ______	10 ______	
18 ______		11 ______	
		15 ______	

총점수: ______/126

영역별 점수:
사회적 기민성: ______/35 대인 관계 영향력: ______/28
네트워킹 능력: ______/42 표면적 진실성: ______/21

해석: 점수가 높으면 높을수록, 해당 영역에서 당신의 정치적 기술은 더 강하다.

Source: Ferris, G. R., Davidson, S. L., Perrewé, P. L. (2005). *Political Skill at Work: Impact on Work Effectiveness* (p. 23). Mountain View, CA: Davies-Black.

평판이 좋은 디즈니 TV 사업의 수장인 피터 라이스(Peter Rice)를 해고했다. 평론가들은 라이스가 차펙의 후임으로 자리매김하려고 노력한 것처럼 보였고, 이것이 차펙에게 직접적인 위협이 되었기 때문에 해고가 이루어졌다고 믿었다. 그러나 디즈니의 성과가 계속해서 하락함에 따라 일부 이사들은 2022년 말에 차펙을 해고하고 전 최고 경영자였던 밥 아이거(Bob Iger)로 대체하도록 다른 이사들을 설득했다.[44]

조직 정책(organizational policies)은 때때로 정치적 행동을 보상하고 지속시킬 수 있다. 특히 어떤 보상 정책은 정치적 행동에 참여하는 개인들은 보상하고 그렇지 않은 사람들을 처벌할 수 있다. 개인 중심의 보상(individually oriented rewards)은 종종 자기 이익을 위한 정치적 행동을 유도한다. 이

Improve Your Skills

조직 정치 인식

정치적 행동은 주로 세 가지로 구분된다. 첫째, 일반적인 정치적 행동으로서, 가치 있는 결과물을 얻기 위한 개인의 자기 이익 추구이다. 둘째, 자신의 이익을 추구하되, 특별한 행동을 취하지 않는 것이다. 마지막으로 조직의 정책으로 인해 정치적으로 행동하는 것이다.[50] 아래의 척도를 기반으로 문항 평가를 통해 당신이 속한 조직의 정치적 환경을 측정할 수 있을 것이다.

매우 아니다	아니다	약간 아니다	보통 이다	조금 그렇다	그렇다	매우 그렇다
1	2	3	4	5	6	7

______ 1. 우리 조직의 사람들은 다른 사람을 비난하며 자신을 높이려고 노력한다.

______ 2. 우리 부서에는 누구도 반대할 수 없는 영향력 있는 집단이 언제나 존재한다.

______ 3. 우리 조직에서는 힘 있는 사람에게 동의하는 것이 가장 좋은 선택이다.

______ 4. 우리 조직에서는 배를 흔들지 않는 것(혼란이나 불안정 조장)이 가장 좋다.

______ 5. 때로는 조직의 시스템에 맞서는 것보다 침묵하는 것이 더 쉽다.

______ 6. 때로는 진실을 말하는 것보다 다른 사람들이 원하는 말을 하는 것이 더 낫다.

______ 7. 말할 것을 생각하는 것보다 말한 대로 생각하는 것이 더 안전하다.

______ 8. 나의 임금 인상은 우리 조직의 임금 정책과 무관하다.

______ 9. 임금 인상과 승진을 결정함에 있어 조직의 정책은 중요치 않다.

______ 10. 우리 조직의 승진은 정치적으로 결정되기 때문에 가치가 없다.

점수 계산: 10문항의 점수를 더하라. 총점은 10에서 70 사이여야 한다. 총점을 연속선상에 표시하라.

10 — 20 — 30 — 40 — 50 — 60 — 70

정치적이지 않음 매우 정치적임

Sources: Adapted from Kacmar, K. M., & Ferris, G. R. (1991). Perceptions of Organizational Political Scale (POPS): Development and Construct Validation. *Educational and Psychological Measurement*, 51, 193–205; and Kacmar, K. M., & Carlson, D. S. (1997). Further Validation of the Perceptions of Politics Scale (POPS): A Multiple Sample Investigation. *Journal of Management*, 23, 627–658.

러한 유형의 행동이 보상되거나 강화되면, 보상을 얻기 위해 사용된 전술은 반복될 가능성이 높다. 이는 정치적 행동을 촉진하고 보상하는 문화를 유발할 수 있다. 정치적 행동에 대해 보상하면, 이전에 정치적으로 행동하지 않았던 사람들도 미래에는 그렇게 행동할 수 있다. 자기를 타인과 비교하여 불평등하게 보상받은 것으로 인식하는 개인들은 자신의 보상을 증가시키기 위해 정치적인 행동을 시작할 수 있다. 이번 장의 Improve Your Skills을 통해 조직에서 정치가 얼마나 큰 영향을 미치는지 평가하는 능력을 키울 수 있을 것이다.

13-4b 조직 정치 관리

철학자 플라톤(Plato)은 수십 세기 전 "정치에 참여하지 않는 똑똑한 자들은 더 어리석은 자들에 의해 통치되는 처벌을 받는다."고 분석한 바 있다. 한 전문가는 "사무실의 조직 정치에 적극적으로 참여하지 않는 사람이라 하더라도 게임이 어떻게 돌아가는지를 알면 사각지대 전투에서 생존 기회가 많아진다."[45]고 조언한다. 미국 대기업 150개사의 경영자를 대상으로 한 조사에서는 그들이 조직 내 정치에 19%의 시간을 낭비한다고 밝혀졌다. 이는 적어도 일주일에 하루를 사용한다는 것을 의미한다.[46] 조사 대상이었던 경영진들은 대부분 시간을 내부 갈등, 경쟁자와의 분쟁, 그리고 직장에서의 다른 예민한 상황을 다루는 데 사용했다고 말했다. 조직 정치가 만연한 현상이고 정치적 기술이 직무 스트레스를 감소시킨다[47]는 연구 결과를 고려한다면, 이 분야에서 정치적 기술을 개발하는 것은 가치있는 작업이다.

조직적인 자원 부족, 모호한 역할과 목표, 중앙 집중화, 복잡성과 같은 조직적인 요소들이 정치적 행동을 촉진하는 것을 고려할 때, 공식적인 규칙과 절차는 정치적 행동의 발생을 줄이는 데 도움이 될 수 있다. 직무 기대 명확화, 의사소통 과정 공개, 비효율적이고 부도덕하거나 책임감 없는 직원들과 직접 대면하고, 그들에게 좋은 롤모델이 되는 것은 정치적 행동을 감소시킬 수 있다.

각 관리자에게 할당된 직원 수를 합리적인 수준으로 유지하는 것도 정치적 행동을 줄이는 하나의 방법이다. 대규모 작업 그룹에서는 각각의 직원에 대한 관리자의 개별적인 관심은 줄어들게 되는데, 이는 모호성과 불확실성을 증가시켜 정치적인 환경을 더 촉진할 수 있다.

조직 정치를 관리하는 것은 권력을 관리하는 것이다. 한 전문가가 말하듯 "사무실에서 좋은 정치인이 된다는 것은 개인의 안건을 공통 목표로 전환하는 방법을 아는 것"[48]이다. 만약 당신이 부하들의 동기와 목표를 이해한다면, 정치나 부적절한 권력 사용을 피하면서도 그들이 가장 원하는 것을 달성하도록 도울 수 있다. 신뢰와 개방성을 구축하여 직원들이 보복을 두려워하지 않고 감정, 두려움, 의견을 자유롭게 토론할 수 있게 하는 것은 정치적 행동의 필요성을 줄일 수 있다.[49]

세계적인 디자인 및 전략 컨설팅 회사인 아이디오(IDEO)의 리더들은 조직 내 정치적 행동을 줄이고 혁신을 촉진하기 위해, 직원들이 상사가 원하는 답에 구애받지 않는 아이디어 친화적(idea-frinendly) 환경을 조성했다. 결과적으로, 아이디오 직원들은 상사가 방에 있든 없든 자유롭게 의견을 표현한다.

13-5 인상 관리

타인에게 긍정적으로 인식되는 것은 더 큰 권력과 영향력과 관련이 있으며 직원들이 정치적 환경에서 성공하는데 도움이 된다. **인상 관리**(impression management)는 타인의 인식을 제어하기 위해 원하는 이미지나 태도를 만드는 과정이다.[51] 물론 제시된 이미지가 항상 정확한 것은 아니지만, 만약 다른 사람들이 나중에 해당 이미지가 거짓임을 알게 된다면 역효과를 일으킬 수 있다.

인상 관리
타인의 인식을 제어하기 위해 원하는 이미지나 태도를 만드는 과정.

인상 관리 자체가 나쁜 것은 아니다. 실제로 대부분 사람은 어떤 형태의 대인 관계에서든지 정기적으로 속임수를 사용한다. 연구에 따르면 사람들의 61.5%의 일상 대화가 속임수를 포함하고 있으며,[52] 2주에 평균 16번의 '백색 거짓말(사소한 거짓말 — 역자 주)'을 한다.[53]

자기 감시(self-monitoring) 성향이 높은 사람들은 자기에 대한 타인의 인식에 큰 관심을 가지고 상황에 맞게 행동을 하기에 인상 관리 행동을 할 가능성이 높다.[54] 이러한 사람들은 상황을 잘 파악하고 원하는 이미지를 만드는 데 능숙하다. 반면에 자기 감시 성향이 낮은 사람들은 상황과 관계없이 일관된 자신의 이미지를 표현하는 경향이 있다.

자기 감시
타인의 인식에 큰 관심을 가지고 상황에 맞게 행동을 조정하는 것 .

인상 관리를 하는 사람들은 종종 긍정적으로 인식되고자 노력을 기울인다.[55] 인상 관리 기술

iStock.com/FG Trade

인상 관리는 타인의 인상을 제어하기 위해 원하는 이미지나 태도를 만드는 과정이다. 이 여성은 중요한 회의에 앞서 자신감 있고 긍정적이려고 노력하고 있다. '좋은 인상'을 남기고 싶어하는 것은 당연한 욕망이지만, 중요한 것은 그 인상이 타당하고 일관성이 있어야 한다는 점이다.

은 구직자들이 면접에서 긍정적인 결과를 얻기 위해 흔히 사용된다. 특히 자기 홍보 및 비위 맞추기와 같은 인상 관리 기술은 취업 면접에서 효과적일 수 있다. 그러나 자기 홍보는 직장에서는 그다지 효과적이지 않은 경우가 많다. 왜냐하면, 당신의 상사는 실제로 당신이 어떻게 일을 하는지 더 잘 관찰할 수 있기 때문이다. 실제로 자기 홍보에 집착하는 사람들은 성과 평가를 낮게 받는다.[56]

관리자로서 부하 직원의 인상 관리와 속임수를 감지할 수 있는 능력을 가졌다면, 이는 확실히 유용하다. 속임수를 가장 명확하게 나타내는 것은 비언어적 신호이므로 상대방의 몸짓에 중점을 두는 것이 특히 도움이 된다. 표 13-5에는 타인의 인상 관리와 속임수를 감지하는 몇 가지 팁이 제시되어 있다.

표 13-5

인상 관리 행동 감지

타인의 인상 관리 행동을 정확하게 해석하려면 많은 경험과 연습이 필요하지만, 다음과 같은 자발적인 신호들은 인상 관리를 하는 개인이 자기 표현을 관리하려는 감정과 인지적 노력의 표현으로 어느 정도 인상 관리 행동을 감지할 수 있다.[57]

1. 높은 목소리 톤: 진실을 말하는 사람에 비해 음성의 톤이 높다.
2. 발성 오류: 단어 사이에 '어(uh)', '아(ah)', 또는 '음(um)'을 넣는다.
3. 발성 일시 중지: 대화 중에 더 길게 침묵한다.
4. 부정적인 단어 사용: '아니다(no)', '아닌(not)', '할 수 없다(can't)', 및 '하지 않을 것이다(won't)' 같은 단어를 사용한다.
5. 시선 이동: 상대방으로부터 시선을 피해 먼 곳을 바라본다.
6. 동공 확장: 어두운 조명에서처럼 동공이 확장되는 경향이 있다.
7. 눈 깜박임: 자주 눈을 깜빡인다.
8. 손의 움직임: 손으로 계속 물건을 만지작거린다.
9. 다리 움직임: 다리 꼬집기, 발 구르기, 앉아 있을 때 몸을 흔들거나 돌린다.
10. 고정된 자세: 말할 때 손동작을 적게 쓰고, 머리가 고정되어 있다.

요약 및 적용

권력, 영향력, 정치적 기술은 적절하게 사용된다면 성공을 위한 필수 도구가 된다. 그러나 부적절하게 사용될 경우 신뢰를 훼손하고 비윤리적 행동을 초래하며, 해로운 조직을 만들 수 있다. 이 도구들을 이해하고 효과적으로 사용하는 것은 보다 성공적인 관리자가 되는 데 도움이 된다.

지위 권력(합법적, 보상적 및 강제적)은 조직 내 직위에서 나온다. 개인 권력(전문적, 정보적, 준거적 및 설득적)은 조직에서의 직위와 상관없이 개인의 독특한 특성에서 비롯된다. 리더의 목표에 대한 추종자의 행동이 자발적이고 강제되지 않을 때 리더가 더 효과적이기 때문에, 효과적인 리더들은 주로 합법적, 보상적 또는 강제적 권력보다는 전문적 및 준거적 권력에 의존하는 경향이 있다.

부하들은 의사 결정 과정에 직접 참여함으로써 의사 결정에 영향을 미친다. 즉, 권한이 부여되면 부하는 스스로 결정을 내릴 수 있는 능력과 권한을 얻게 된다. 조직 내 하위 조직이 중요하면서도 희소한 자원을 통제하며, 조직에서 중심적인 역할을 하고, 대체할 수 없으며, 불확실성을 성공적으로 관리하여 조직에 도움이 될 때 그 권력은 더욱 강력해진다.

합리적 설득과 영감에 호소, 그리고 협상은 가장 효과적인 영향력 전술이며, 압박은 가장 비효과적이다. 주요한 상향적 영향력 전술은 비위 맞추기, 교환, 합리성, 단호함, 연합 및 상향적 호소 등이 있다.

상황의 불확실성과 자원의 중요성과 희소성, 그리고 조직 정책은 정치적 행동에 영향을 미칠 수 있다. 인상 관리는 자신에 대한 타인의 인식에 영향을 미치기 위해 타인이 원하는 이미지나 태도를 전달하는 것이다. 타인에게 긍정적으로 인식되려는 이유는 더 큰 권력과 영향력을 얻기 위함이며, 이는 직원들이 정치적 환경에서 성공하는 데 도움이 될 수 있다.

Real-World Response

애플에서의 권력과 영향력

스티브 잡스는 애플에서의 두 번째 임기 동안 맥북, 아이팟, 아이폰, 아이패드 및 아이튠즈와 같은 혁신을 주도했다. 이 과정에서 애플은 디지털 제품 시장에서 우세한 위치를 차지하게 되었고, 잡스는 전설로 남게 되었다. 그러나 그의 리더십 스타일에 대한 논쟁은 여전하다. 대부분은 잡스가 열정적이지만 거칠고 냉담한 성격을 가졌다는 것에 동의한다. 그는 애플의 모든 직원에게 탁월함과 완벽을 요구했다. 그는 투명하기보다는 비밀스럽게 행동했으며, 팀워크를 촉진하기 위한 별다른 노력을 기울이지 않았다.

어떤 사람은 "잡스는 경영의 모든 규칙을 위반했다. 그는 합의를 이끄는 것이 아니라 자신의 직감에만 충실한 독재자였다. 그는 세부 사항에 지나치게 개입하고 통제하는 관리자였다. 그는 미적 감각이 놀랄 만큼 뛰어난 사람으로, 이는 대부분 경영인에게 언제나 부족한 능력이다. … 그는 결코 온건하지 않았고 항상 직원들을 압박했으며 애플 제품이 어떻게 보이고 작동해야 하는지 결정을 내릴 때 항상 자신의 직관에만 의존했다."라고 했다. 그럼에도 불구하고 애플은 빠르게 성장했다. 하지만 안타깝게도 2003년에 잡스는 췌장암 진단을 받았고 건강 상태가 심각해졌다.

잡스는 자신의 건강이 나빠지기 시작하자 팀쿡(Tim Cook)을 운영총괄책임자(COO)로 승진시켰고, 쿡이 이후 애플을 이끌 리더가 될 것이라는 점을 명확히 했다. 쿡은 12년 동안 IBM에서 근무한 후 컴팩(Compaq)에서 고위직을 맡았던 인물이다. 그는 1997년에 잡스로부터 스카웃 제의를 받고 애플에 합류했다. 쿡은 잡스가 자신을 후계자로 보고 있다는 것을 인식하면서, 고위직을 차례로 거쳐 2011년에 최고 경영자로 취임했다. 쿡은 최고 경영자를 맡은 직후에 경영진에 변화를 주었는데, 이는 정치적 행동을 줄이기 위한 일환이었다. 그는 더 차분하고 친화적인 기업 문화를 만들려고 노력했으며 투명성과 팀워크의 필요성을 더욱 강조했다. 보도에 따르면, 쿡은 잡스처럼 사람들을 비난하지는 않지만, 기대치는 항상 높은 편이라고 한다.

2014년에 쿡은 블룸버그 비즈니스(Bloomberg Business) 기고문에서 자신이 동성애자임라는 것을 밝히면서 "나는 동성애자로 자부심을 가지고 있으며, 동성애자로 사는 것은 하나님이 내게 주신 큰 축복 중 하나로 생각한다."라고 고백하였다. 이 발표를 통해 그는 포춘 500 기업 중 최초이자 당시에는 유일한 공개적인 동성애자 경영자가 되었다. 그 이후 쿡은 다양성과 포용의 경영자로 떠올랐고, 성소수자들(LGBTQ)의 권리 옹호자로 활동하고 있다. 애플은 계속해서 번창하고 있으며, 성장의 둔화 조짐은 보이지 않는다. 스티브 잡스가 자신의 후임자를 정확히 식별하기 위해 세밀하게 계획한 것처럼, 쿡도 추후에 자신을 대체할 후임자가 누구인지 이미 알고 있을 것이다.[58]

토론을 위한 질문

1. 이 강좌를 진행하는 교수는 어떤 권력을 가지고 있는가?
2. 당신의 학습을 위한 동기부여를 위해 교수는 어떤 영향력 기술을 사용하는가?
3. 지난주, 어떤 사람이 다른 상황에서는 행하지 않았을 특정 행동을 당신에게 강요한 경험이 있는가? 어떤 영향력 전술을 사용했는가?
4. 당신이 어떤 사람의 영향력을 받아들일 때, 그 영향력의 윤리성이 중요한가? 그 이유는?
5. 권력, 영향력 및 정치적 기술의 윤리적 사용은 승진에 어떤 도움을 줄 수 있는가?
6. 당신은 상사에게 영향을 미친 적이 있는가? 어떤 상향적 영향력 전술을 시도했는가? 영향력 시도가 성공했다면(혹은 성공적이지 못했다면) 그 이유는 무엇인가?
7. 사무실에서의 정치는 좋은 것인가 혹은 나쁜 것인가? 왜 그렇다고 생각하는가?
8. 당신은 업무에서 어떻게 인상 관리를 하는가?

Understand Yourself Exercise

윤리적 의사 결정에 영향력을 미치기

아래 시나리오를 읽고 이어지는 과제를 수행하라.

새 직장을 시작한 직후, 새로운 401(k)(퇴직연금 — 역자 주) 운용회사로부터 우려스러운 보고서를 받았다. 직원들이 제출한 사회보장번호(Social Security Number)와 이름이 일치하지 않는다는 것이다. 이는 이들이 미국에서 일할 자격이 없는 불법 이민자일 가능성이 있음을 시사한다. 당신은 이와 관련된 조사를 시작한다. 그러나 당신의 상사는 당신에게 신속히 조사를 중단하라고 지시하며, 비록 이들이 미국에서 일할 자격이 없더라도 회사의 손해를 감수하면서까지 이들을 해고할 필요는 없다고 말한다. 당신은 이들이 연방이민법(federal immigrant law)을 의도적으로 위반하는 것이라는 우려를 표명하였으나, 회사의 리더들은 심각하게 여기지 않았다. 그들은 이 법을 시행하는 정부 기관인 이민/세관국(ICE), 국경/관세국(CBP) 및 시민권/이민서비스국(USCIS)이 다루어야 할 더 큰 문제들이 있을 것이며, 심지어 적발된다 해도 그 벌금은 회사가 수용 가능한 정도라고 하였다. 회사는 저렴한 노동력으로 더 큰 이익을 얻을 수 있기 때문이다.

과제: 이 장에서 배운 내용을 활용하여 회사의 불법 이민자 고용 정책을 바꾸기 위해 당신이 취할 행동을 설명하라. 당신의 조치가 얼마나 효과적인가? 그 이유는 무엇인가?

Group Exercise

강사에게 영향을 미치기

각각 4~6명의 학생으로 구성된 집단을 만들고, 책임자를 정하라. 이 장에서 배운 내용을 활용하여 담당 교수에게 이 과목의 평가 기준을 변경하도록 설득하기 위한 전략을 만든다(비록 실제 변경은 학기가 이미 너무 진행되어 어려움이 예상되지만). 사용할 영향력 전술과 어떤 권력 원천을 활용할 것인지 식별하라. 이제 전체 앞에서 발표한 다음, 가장 설득력 있는 제안을 한 팀에 투표하라.

미주(endnotes)는 한경사 홈페이지 www.hankyungsa.co.kr의 공지 사항에서 PDF 파일로 다운로드 할 수 있습니다.

5부 조직 과정과 특성

14장 조직 구조와 설계

15장 조직 문화

16장 조직 변화와 변화 관리

4부에서는 조직 효과성과 경쟁력을 구축하기 위해서 관리자가 직원의 성과 행동, 조직에 대한 몰입, 조직에 대한 열의를 높이기 위해 무엇을 해야 하는가에 대해서 알아보았다. 구체적으로, 리더십이 중요한 이유에 대해 면밀하게 살펴보았다. 11장에서는 전통적인 리더십 접근법을 다루었고, 12장에서 현대적인 리더십 접근 방식을 다루었으며, 13장에서는 권력, 영향력, 정치와 같은 리더십과 관련된 주제를 다루었다.

이 책의 마지막 부분인 5부에서는 조직의 특성이 관리 및 조직의 효율성에 미치는 영향에 초점을 맞춘다. 14장에서는 조직 구조와 조직 설계에 대해 알아본다. 15장은 조직 문화를 다룬다. 16장에서는 변화 관리에 대해서 논의하면서 결론을 내린다. 여러 측면에서 변화 관리는 이전 부분에서 다룬 모든 영역(개인 행동, 그룹 및 팀 행동, 리더십 행동, 조직 변화 등)을 함께 다룰 수 있기 때문에 결론을 맺기에 좋은 주제이다.

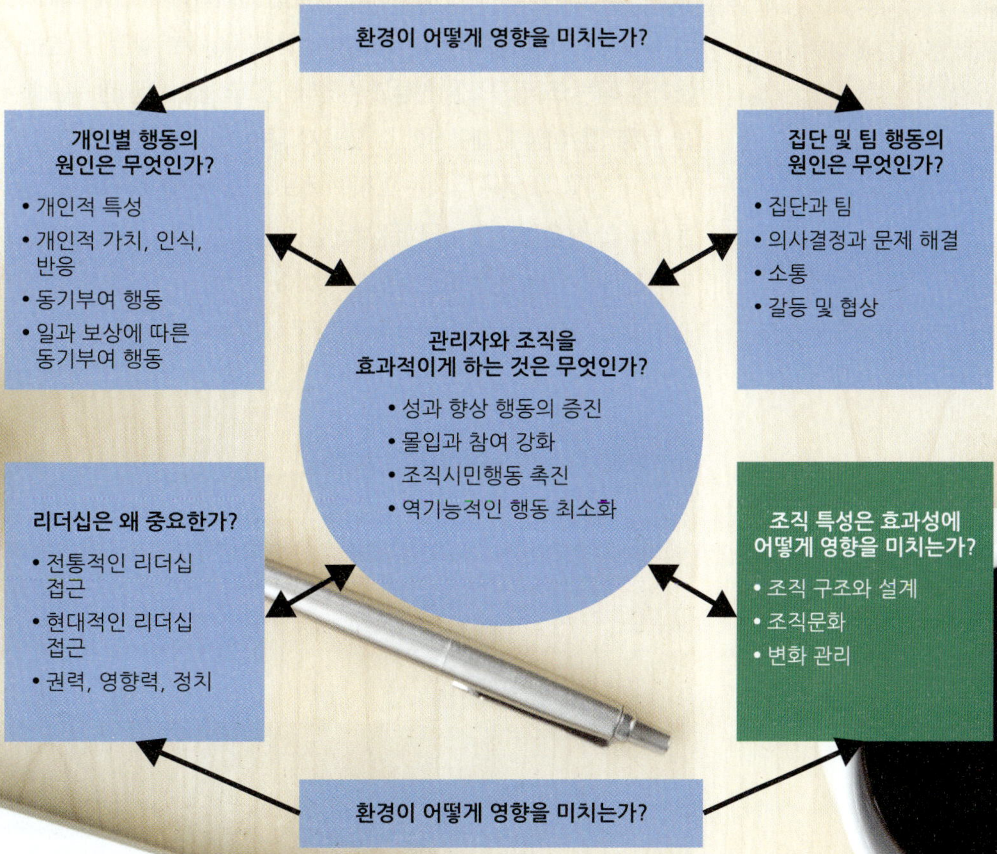

14 조직 구조와 설계

Organizational Structure and Design

학습목표

이 장을 학습하면 독자들은 …

1. 조직 구조의 요소를 파악할 수 있다.
2. 기계적 구조와 유기적 구조를 설명할 수 있다.
3. 조직 구조에 영향을 미치는 요인을 설명할 수 있다.
4. 기본적인 조직 구조 유형을 설명할 수 있다.
5. 조직 구조 관련 현 이슈에 대해서 논의할 수 있다.

Real-World Challenge

더 빠른 트위터 구축하기[1]

트위터(Twitter)의 공동 창업자이자 CEO인 잭 도시(Jack Dorsey)가 CEO직에서 물러나면서, 최고 기술 책임자인 파라그 아그라왈(Parag Agrawal)이 후임자로 임명되었다. 도시의 체제에서는 직원이 디자인, 제품 개발, 엔지니어링 등 직무별로 배치되었고, 각 팀은 수익, 제품, 핵심 기술 등 업무 내용별로 조직되어 있었다. 트위터의 조직 문화는 혁신이 느리고 내부 갈등에 빠져 있다는 비판을 받았다.

아그라왈은 운영을 간소화하고 성장을 가속화하기 위해 트위터를 재구성하려 하였다. 그는 더 명확하고 빠른 의사 결정, 더 빠른 실행, 더 높은 책임감을 가능하게 하는 조직 구조를 만들고 싶었다. 아그라왈이 이러한 목표를 달성하기 위해 트위터를 어떻게 재구성할 수 있을지 당신에게 아이디어를 요청했다고 상상해 보자. 이 장을 다 읽은 후에는 조직이 목표의 명확성과 조직의 응집성을 높이면서 동시에 더 빠른 속도와 더 나은 혁신을 가능하게 하는 조직 구조를 어떻게 설계할 것인가에 대한 통찰력을 얻게 될 것이다.

Kyodo News/Getty Images

이 책의 마무리 단계로, 이번 장에서는 조직 설계와 조직 변화를 다룰 예정이다. 조직이 구성원의 행동 방식, 장려하려는 태도, 구성원이 달성하기를 원하는 것을 결정했다면, 이를 최적으로 실현하게 만드는 조직 구조를 설계하고 적절한 지원 문화적 가치와 규범을 개발해야 한다. 올바른 조직 구조는 비즈니스 전략을 가장 잘 실행할 수 있도록 함으로써 조직에 경쟁 우위를 제공한다.[2]

조직 구조는 운영 방식에 영향을 미쳐 성과에 영향을 준다.[3] 잘못된 조직 구조는 의사소통을 방해하고 업무 프로세스를 느리게 만들 수 있다. 효과적인 조직 구조는 조직의 작업 효율성을 향상시키고, 직원의 동기를 증진하고, 직원 간 혹은 조직 전반의 업무 관계를 촉진한다. 조직 구조는 조직의 운영 방식, 직원의 의사소통 방식, 기대되는 행동 방식에도 영향을 미친다.

효과적인 조직 구조는 효율성을 향상시키고, 긍정적인 업무 관계를 촉진한다. 비효율적인 조직 구조는 의사소통과 협력을 차단하고 직원의 동기를 고갈시킨다. 조직 구조는 직원 만족도, 헌신,[4] 이직률[5]과도 관련이 크다.

이 장에서는 먼저 조직 구조와 조직도에 대해 논의한다. 여기서 조직 구조에 영향을 미치는 요소를 논의한 후, 다양한 유형의 구조와 각 유형이 가장 적합한 상황에 대해 알아볼 것이다. 나아가, 가상 조직을 포함한 모든 조직 구조에 조직 구성원들을 통합시켜, 협업과 지식 이전을 향상시키는 방법에 대해서도 논의할 것이다. 이 장을 공부한 독자는 회사의 비즈니스 전략을 지원하고, 직원의 바람직한 행동을 증진하는 조직 설계 방법을 알게 될 것이다.

14-1 조직 구조의 요소

조직 설계(organizational design)는 조직이 설정한 목표를 달성할 수 있도록 조직 구조와 조직 문화의 여러 측면을 선택하고 관리하는 과정이다. 조직 내부 혹은 외부의 변화에 따라서 조직을 설계하고 변경하는 것은 핵심적인 관리 활동이다.

조직 설계
조직이 설정한 목표를 달성할 수 있도록 조직 구조와 조직 문화의 여러 측면을 선택하고 관리하는 과정.

조직 구조
과업, 권력, 보고 관계에 관한 공식적 시스템.

조직 설계의 중요한 결과 중 하나가 **조직 구조**(organizational structure)인데, 이는 업무, 권한, 보고 관계의 공식적인 시스템을 의미한다. 조직 구조는 직원들이 조직 목표 달성을 위해 협력하도록 조정하고, 통제하고, 동기를 부여하는 핵심 요소이다. 조직 구조가 조직의 요구 사항과 일치하면 조직 효율성이 향상되고 갈등은 감소한다.

조직 구조는 의사소통, 팀워크, 협력에 영향을 미치며 그룹 간 관계를 활성화하거나 제한함으로써 직원 행동에 영향을 미친다. CEO만이 결정을 내리는 고도로 중앙집권화된 관료주의 조직에서 일할 때와, 자율적 권한이 부여된 독립적인 팀 중심의 조직에서 일할 때의 차이점을 생각해 보자. 개인에게 부여된 자율성, 영향력 및 업무 다양성은 그 조직의 유형에 따라 달라질 것이다. 각 유형의 효과성은 조직의 속성과 환경에 따라 달라질 것이며, 조직 유형마다 내부 커뮤니케이션 패턴과 개인의 책임 정도가 다를 것이다.

집에서 만든 초콜릿을 판매하는 사업을 혼자서 시작한다고 가정해 보자. 이 사업이 빠르게 성장한다면 너무 많은 일을 처리해야 하므로 혼자서 감당하기가 힘들 것이다. 따라서 초콜릿을 만들고, 마케팅하고, 판매하고, 배송하는 데 도움을 줄 사람을 고용해야 한다. 이들을 모두 채용했

그림 14-1
조직도 — 좁은 통제의 범위

조직도는 조직의 명령 및 보고 관계를 나타낸다. 만약 통제의 범위가 좁은 경우에는 이 그림과 같이, 조직 내 단계의 수가 증가한다. 그래서 상대적으로 '높은' 조직이라고 한다.

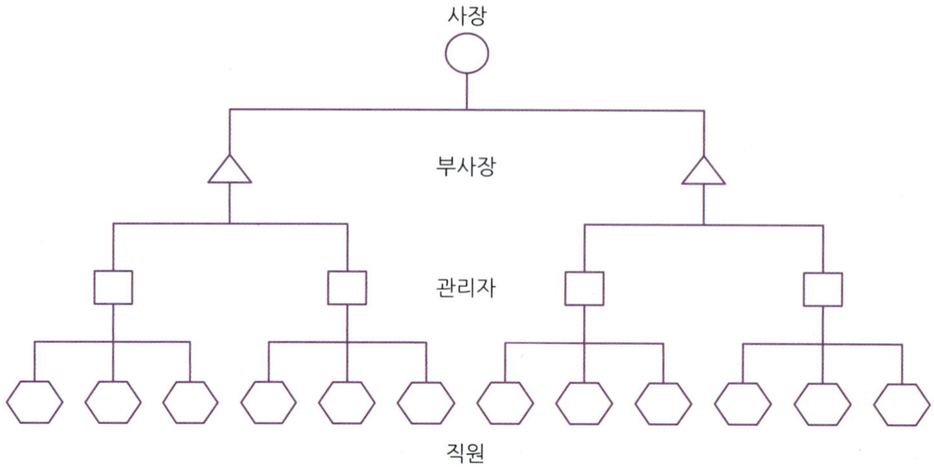

iStock.com/NicoElNino

조직도는 회사의 명령 체계 및 보고 관계를 그림으로 나타낸 것이다. 조직이 성장함에 따라, 각 사업 부문과 기능 영역별로 별도의 조직 구조도가 만들어지기도 한다.

조직도
조직 내 명령 및 보고 관계를 그림으로 나타낸 것.

다면, 그 다음에는 무엇을 해야 할까? 자신이 원하고 필요로 하는 가능한 최선의 방법으로 작업을 완료할 수 있도록 과업과 인력을 구성해야 한다. 이를 위해 회사의 명령 체계와 보고 관계를 설명하기 쉽게 **그림 14-1**과 같은 **조직도**(organizational chart)를 만드는 것이 좋다. 조직도의 상위에 위치한 사람은 그 아래 수준의 활동과 성과를 감독하고 책임을 진다. 회사가 성장함에 따라 업무 흐름(work flow)과 조직 구조는 변화하는 요구 사항을 가장 잘 충족할 수 있도록 재구성된다.

조직도에서의 개인 위치가 회사와 성과에 대한 상대적 중요성을 반영한다고 믿는 것은 흔히 저지르는 실수이다. 일반적으로 가장 중요한 것은 각 개인이 조직에 기여하는 바이고, 조직 내 모든 수준의 사람들은 나름대로의 의미 있는 기여를 할 수 있다. 이케아(IKEA)와 같은 소매 체인의 영업 사원을 생각해 보자. 조직도에서는 낮은 위치에 있더라도, 이들 영업 사원이 제대로 교육받지 못하고, 동기가 부여되지 않고, 관리가 제대로 이루어지지 않으면 이케아의 성과가 어떻게 될 것인가를 상상하는 것은 어렵지 않다. 소매 영업 사원은 조직도에서 최하위에 있음에도 불구하고 이케아의 성과에 큰 영향을 미친다. 글로벌 물류 회사인 페덱스(FedEX)의 부사장은 배송 기사에 대해서 다음과 같이 말했다. "내가 출근하지 않는 건 괜찮다. 하지만 그들이 일하러 오지 않으면 우리는 … 큰 낭패를 겪게 될 것이다."[6]

14-1a 조직 구조의 특성

조직 구조는 회사의 분업, 통제 범위, 위계, 공식화, 집권화 정도를 반영한다. 구조마다 이러한

표 14-1
조직 구조의 특성

분업: 직원들이 전문화 혹은 일반화하는 정도

통제 범위: 한 사람에게 직접 보고해야 하는 사람의 수

위계: 다른 사람에 대해서 일부 사람들이 공식적 권한을 가지는 정도

공식화: 조직의 규칙, 절차, 커뮤니케이션이 문서 등으로 규정되어 있는 정도

집권화: 권력과 의사 결정 권한이 특정 상위 수준에 집중되어 있는 정도

각 특성의 수준은 다르다. 표 14-1에 이러한 특성을 요약해 두었다.

분업

조직도는 명령 체계 외에도 직원이 전문화하거나 일반 직원으로서 다양한 작업을 수행하는 정도를 반영하는 노동 **분업**(division of labor)을 보여 준다. 고도로 전문화된 기업에는 잘 정의된 업무(예: 시장 조사, 가격 책정, 회계)에 관심을 집중하는 '전문가(specialist)'의 비율이 더 높다. 조직의 높은 수준에서보다 낮은 수준에서 전문화 경향은 높다. 분업의 정도는 조직의 직무 수[7] 또는 각 기능 영역 내에서의 전문화 정도[8]에 반영된다.

분업
직원들이 전문화되어 있는 정도.

분업을 많이 할수록 업무 효율은 높아진다.[9] 전문화된 직원은 적은 교육으로도 업무를 더 빨리 배울 수 있으며, 좁은 범위의 업무에 집중하기 때문에 업무를 변경한다 하더라도 시간이 많이 들지 않는다. 또한 분업 정도가 높은 경우에는 해당 직무를 수행할 사람을 선발하거나 그들의 능력을 평가하는 것도 쉬워진다. 이들은 좁은 범위의 직무에서 전문성을 키웠기 때문에 해당 업무에 대한 숙련도가 높다. 그래서 그들은 자신의 분야에 더 큰 자율성과 의사 결정 권한을 갖는 경우가 많으며, 이의 결과로, 환경 및 기술 변화에 대해 조직이 빠르게 대응할 수 있도록 돕는다.

반면, 분업 수준이 높으면, 개별 직원들이 자기 직무에 고립되는 경향이 커진다. 이로 인해 회사의 각 부서가 다른 부서의 요구 사항을 이해하는 것이 어려워지고, 자신이 속한 부서의 요구를 우선시하여, 부서 간 갈등이 높아질 우려가 있다. 부서별로 직원의 전문성이 높아지면서 직원이 수행할 수 있는 업무 수가 제한되어 조직의 유연성도 떨어지게 된다.

제너럴리스트(generalist)는 전문가보다 비용이 적게 드는 경우가 많기 때문에 더 많은 비율의 제너럴리스트를 고용하는 조직에서는 비용을 절감할 수 있다. 하지만 제너럴리스트는 기능 혹은 분야별 전문가가 아니기 때문에 어느 정도 이상의 수준을 요구하는 업무를 수행해야 하는 경우에는 외부의 전문가의 도움을 받아야 한다. 그 결

Liderina/Shutterstock.com

이 소규모 건축 회사는 각 직원이 일련의 정의된 작업을 갖고 있기 때문에 고도로 전문화되어 있다. 사진 왼쪽에 있는 직원이 수석 건축가이다. 왼쪽 직원은 회계 업무를 담당하고, 가운데 여성은 마케팅 업무를 담당하고 있다.

과, 비용과 업무 수행 시간이 더 들게 될 수도 있다.

통제 범위

통제 범위
개인에게 직접 보고하는 사람의 수.

개인에게 직접 보고하는 사람의 수를 그 사람의 **통제 범위**(span of control)라고 한다(또는 관리 범위라고 부른다). **그림 14-2**는 앞에서 보여 주었던 **그림 14-1**의 구조보다 통제 범위가 더 넓은 수평적 조직 구조를 보여 준다. **그림 14-2**의 가장 낮은 수준의 감독자는 **그림 14-1**의 높은 구조에서 3명 아닌 7명의 직원을 감독한다. 통제 범위가 좁을수록 비용이 더 많이 드는 것이 사실이지만, 면밀한 감독과 더 많은 코칭이 가능하다. 새롭고 복잡한 작업에는 좁은 범위의 통제가 필요하다. 넓은 통제 범위는 직원에게 자기 관리에 대한 더 큰 자율성과 책임을 부여하며, 생산직 등 반복적인 업무를 수행하는 직군에 가장 적합하다.

Fizkes/Shutterstock.com

통제 범위는 관리자에게 직접 보고하는 사람의 수를 나타낸다. 이 관리자는 4명의 업무를 지휘하고 있다. 물론 그녀에게 보고하는 사람이 더 있을 수도 있다. 다양한 요인에 의해서 통제 범위가 넓혀지거나 좁혀질 수 있다.

대체적으로 볼 때, 직속 부하가 9명을 초과하면 효과적으로 관리하기가 어려운 것으로 간주되지만, 이상적인 통제 범위에 대해서는 아직까지 합의가 이루어지지는 않았다. 기술(조립 라인 또는 전산화된 콜센터 관리 기술 등)이 면밀한 감독을 대체할 때, 직원들의 지시와 통제가 덜 필요할 때, 그리고 감독되는 작업들이 유사할 때 넓은 통제 범위가 적합하다.

위계

위계
다른 사람에게 대해서 공식적 권한을 갖는 정도.

조직이 **위계**(hierarchy)를 만들 때, 일부 직원에게 다른 직원에 대한 권한을 부여하여 관리 및 감독 관계를 설정한다. 위계는 조직도의 '높음' 또는 '평평함'을 설정한다. 예를 들어, **그림 14-1**은 4개의 위계를 보여 주고, **그림 14-2**는 좀 더 평평한 3개 위계를 가진 회사를 보여 준다. 조직에 계층

그림 14-2
조직도 — 넓은 통제 범위

그림에 나타난 바와 같이, 조직이 상대적으로 넓은 통제 범위를 사용하면 조직 구조의 수준이 평평해진다.

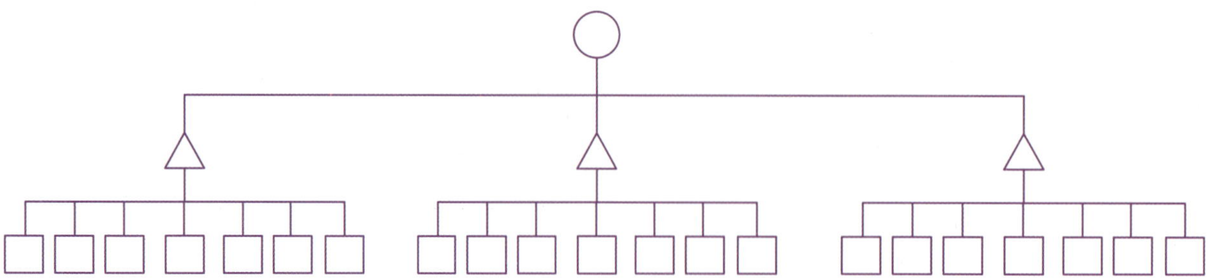

Source: Phillips/Gulley 465.

이 많을수록 계층 구조가 커진다.

위계는 여러 부서 간의 조정을 쉽게 만들 수 있지만, 필요 이상의 위계를 가져서는 안 된다. 조직에 충분한 계층이 존재하지 않으면 문제가 발생할 수 있으며, 작업 활동에 통제와 조정이 필요한 경우 중간 관리 계층이 작업 프로세스를 촉진할 수 있다. 지나치게 강한 위계는 조직의 최상위 소수에게 너무 많은 권한을 부여하여 비윤리적인 행동의 위험을 증가시킬 수 있다. 위계는 명확한 명령 체계를 생성하므로 직원 간의 상호작용과 의사소통을 제한할 수도 있다.

빠르게 변화하는 글로벌 시장에서 더 나은 경쟁을 하기 위해 조직은 위계의 수를 줄이고, 속도와 효율성을 향상시키기 위한 방향으로 구조 조정을 진행하고 있다. 테슬라(Tesla)에서는 관리 계층의 수를 줄이거나 수평화하고 일부 비즈니스 기능을 결합함으로써 효율성을 개선하였으며, 여러 관리 계층을 제거하였다.[10] 온라인 소매업체인 자포스(Zappos)에서는 계층 구조를 완전히 없애고 홀라크라시(holacracy)라는 새로운 구조를 촉진하여 협업을 장려하였는데, 직함과 상사, 일을 처리하는 방법에 약간의 혼란이 생겼다. 급여 결정이 어려워졌고, 일부 직원은 상사와 상의 없이 결정을 내리는 것을 불편해 했다.[11]

개인별 직무를 자율관리 팀(self-managed work team)으로 그룹화하면 팀이 이전에 상위 관리 계층이 맡았던 일부 역할을 통합하기 때문에 계층 구조가 줄어든다. 하지만 이 경우에도 관리자의 역할은 여전히 중요하다.

공식화

공식화(formalization)는 조직의 규칙이나 절차, 커뮤니케이션 등이 기록되는 정도를 의미한다.[12] 고도로 공식화된 기업에서는 의사 결정에 유연성이 거의 없으며, 절차와 보상 모두 명시적인 규칙을 따른다. 고성과를 위해서는 공식화가 그다지 필요하지 않다. 구글과 인터넷 신발 소매업체인 자포스(Zappos)는 공식화가 낮은 것으로 알려져 있다. 하지만 공식화는 직무와 역할 명확성이 높이기 때문에 직원들의 몰입도를 높일 수 있다.[13] 역할 명확성이 없으면 불만, 불안, 성과 저하가 발생할 수 있다.[14] 직원들이 공식적인 규칙과 절차에 따라 보상이 일관되게 지급된다고 인식하면 적절한 보상을 받고 있다는 자신감이 높아진다.

Monkey Business Images/Shutterstock.com

공식화는 조직의 규칙, 절차, 커뮤니케이션 등이 문서화되어 있는 정도를 의미한다. 이 작업장은 공식화 정도가 매우 낮은 것으로 보인다. 대신, 규칙과 절차가 거의 없는 것으로 보이고, 구조도 없는 것으로 보이며, 커뮤니케이션도 단순한 대화를 통해 수행된다.

집권화

앞서 언급한 가상의 초콜릿 회사를 포함하여, 조직은 처음 만들어지면 일반적으로 조직의 상층부에 권력과 의사 결정 권한이 집중된 조직, 즉 **집권화된 조직**(centralized organization)이 된다. 집권화의 두 가지 하위 구성 요소는 의사 결정 참여와 권한의 위계이다.[15] 처음 초콜릿 회사를 차리면, 혼자서 모든 의사 결정을 하고 작업 역시 모두 직접 해야 한다. 이처럼 집권화 수준이 높으

집권화된 조직
권력과 의사 결정 권한을 상층부에 집중시킨 조직.

면, 의사소통과 책임이 분명하게 구분되고, 결정된 사항이 즉각적으로 실행될 수 있다. 집권화는 한 명 또는 소수의 사람이 모든 관련 정보를 효과적으로 획득하고 처리하여 적시에 적절한 결정을 내릴 수 있는, 복잡하지 않고 안정적인 환경에 가장 적합하다.

분권화된 조직
조직에 영향을 미치는 의사 결정 권한을 분산시킨 조직.

집권화된 조직은 조직의 상위 수준에 권한을 집중하는 반면, 평면적이고 **분권화된 조직**(decentralized organization)은 의사 결정을 위해 낮은 수준에 더 많은 권한과 자율성을 부여한다.[16] 직원의 자율성이 높을수록 중간 관리의 필요성이 줄어들기 때문에 분권형 조직은 중앙집권형 조직보다 평면적인 구조를 갖는 경향이 있다. 수평적인 구조는 혁신을 촉진하고, 의사 결정 속도를 높이며, 관리 계층이 적기 때문에 비용을 절감할 수 있다. 분권화는 조직이 복잡한 환경에서 비일상적인 작업을 수행할 때 가장 좋다. 왜냐하면 환경과 가장 가까운 관리자가 결정을 내리고 이를 신속하게 구현할 수 있도록 하기 때문이다.

낮은 직급의 직원이 적절한 정보, 전문성, 동기를 가지고 자신의 업무와 관련된 결정을 내릴 수 있다면, 조직과 직원 모두에게 이익이 되는 경우가 많다.[17] (분권화의 특성인) 직원 참여는 조직에서 중요한 관리 도구이다. 이는 조직 효율성을 향상시키고 긍정적인 직원 태도를 달성하는 데 도움이 된다.[18] 분권화는 종업원을 조직에 더 많이 참여시키고, 조직의 사명과 가치에 대한 동일성을 높여 조직에 대한 헌신을 증가시킨다.[19]

조직이 완전히 집권화되거나 분권화될 수는 없다. 현실에 존재하는 조직은 양쪽을 끝단으로 하는 연속선상 어딘가에 있다고 보면 된다. 존슨앤존슨(Johnson & Johnson)은 분권화된 회사로 잘 알려져 있다. 이 회사의 경영자들은 해외 사업부를 운영하는 것이 얼마나 어려운지를 잘 알고 있다. 따라서 존슨앤존슨에서는 현지 관리자가 사업을 운영한다. 이들이 각 시장의 고객 요구에 가장 잘 부합할 것이라고 믿기 때문에 그들에게 일을 맡긴다.[20]

집권화된 조직에서는 많은 관리자가 자신이 홀로 직무와 임무를 완수해야 한다는 데 대한 막중한 책임을 느끼게 된다. 실제로 관리자들이 모든 일을 스스로 해야 한다고 믿는다면 스스로 실패의 가능성을 높이는 것과 같다. 앤드류 카네기(Andrew Carnegie)에 따르면 "모든 일을 스스로 하려는 사람이나 모든 공로를 인정받고 싶은 사람은 누구도 위대한 사업을 만들 수 없다." 다른 사람에게 일을 위임하면 자신은 더 중요한 작업에 집중할 수 있을 뿐만 아니라 부하 직원의 기술을 개발하고 신뢰를 높여 더 높은 품질의 제품으로 이어질 수도 있다. 이 장의 Improve Your Skills는 보다 효과적으로 위임하기 위한 몇 가지 방법을 제공한다.

기계적 조직
엄격하고 전통적인 관료주의. 집중화된 권력과 수직적 커뮤니케이션을 특징으로 하는 조직 구조.

유기적 조직
유연하고 분권화된 구조. 공식적 권한의 연결 정도가 약하고, 권력이 분산되어 있으며, 개방적 커뮤니케이션이 주를 이루고, 직원의 과업 성취를 돕기 위해 적응성에 초점을 맞춘 조직 구조.

14-1b 기계적 조직과 유기적 조직

조직 구조는 기계에 가깝다고 보거나(기계적 조직) 혹은 생물에 가깝다고(유기적 조직) 볼 수 있다. **기계적 조직**(mechanistic organization)은 중앙집권화된 권력과 계층적 의사소통을 갖춘 경직되고 전통적인 관료제이다. 직무에 대한 기술은 통일되어 있으며, 공식적인 규칙과 규정에 따라서 의사 결정을 한다. 기계적인 조직은 비용을 최소화할 수 있고, 상대적으로 안정적이거나 느리게 변화하는 환경에 적합하다. 대신, 새로운 기회가 빠르게 나타날 때, 기계적 조직으로 대응하기에

Improve Your Skills

권한 위양 기술

모든 조직 구조에서 필요에 따라 자신의 통제권을 포기하고 업무와 책임을 다른 사람에게 위임하는 것이 중요하다. 관리자인 내가 다른 직원보다 지속적으로 더 오랜 시간 일하고 기본 책임을 완수하는 데 어려움을 겪는다면 자신의 일을 위임하는 것이 도움이 될 수 있다. 관리자가 업무에 대한 통제권을 포기하는 것은 어려운 일이지만, 그렇게 하는 것이 경영 성과에 필수적이다. 여기, 보다 효과적인 위임을 하는 데 도움이 되는 몇 가지 팁이 있다.

1. 적절한 경우에만 위임하라: 위임받을 사람이 작업을 완료하는 데 필요한 기술, 능력, 정보가 부족하면 그 작업을 성공적으로 완료할 수 없다. 해당 작업이 장기적인 성공(예: 채용)에 중요한 경우에는 당신이 계속 참여해야 할 것이다. 왜냐하면 최종 제품에 대한 책임은 여전히 당신에게 있기 때문이다.
2. 철저하게 설명하고 기대하는 바를 밝혀라: 권한 위양을 할 대상에게 요청할 내용과 요청하는 이유를 철저하게 설명하라. 최종 결과물로 무엇을 예상하고 있는지를 명확하게 설명하라. 또한 권한 위양 대상자가 자신을 가질 수 있도록 그들에게 충분한 신뢰를 보여주는 게 좋다.
3. 과업을 완수할 수 있게 충분한 권한을 제공하라: 권한을 위양받은 사람이 그 과업을 수행하려면 충분한 권한이 주어져야 한다. 세세하게 간섭해서는 안 된다.
4. 필요한 도구와 정보를 제공하라: 권한 위양 대상자에게 필요한 자원과 정보가 제공되지 않으면, 그들은 실패할 수밖에 없다.
5. 윈윈(win-win)이 되도록 상황을 만들어라: 권한 위양 대상자도 이익을 볼 수 있도록 상황을 만들어라. 예를 들어, 새로운 과업을 수행함으로써 새로운 기술을 익힐 수 있는 사람에게 과업을 할당한다.
6. 위임받을 사람의 업무량을 신중하게 고려하라: 바쁜 사람은 당신뿐만이 아니다. 권한 위양 대상자에게 여유가 있는지를 먼저 확인하라.

는 늦다.

이와 대조적으로, **유기적 조직**(organic organization)은 보다 모호한 권한을 가진 유연하고 분산된 조직이다. 그들은 권력을 분산시키고, 커뮤니케이션 채널을 개방하며, 직원들이 목표를 달성할 수 있도록 적응성에 중점을 두고 있다.[21] 유기적 조직은 시장과 경쟁 변화에 더 빠르게 인식하고 대응할 수 있고, 더 나은 고객 서비스을 제공하고, 더 빠른 의사 결정을 내릴 수 있다는 장점이 있다. 팀 및 기타 수평적 구조로 대표되는 유기적 조직 구조는 직업 만족도 증진,[22] 정서적 헌신 증가,[23] 학습 촉진[24]과 관련이 있다고 알려져 있다.

노드스트롬(Nordstrom)의 유기적 구조는 **그림 14-3**의 직원 핸드북에 반영되어 있다. 수년 동안 신입 사원들은 75개의 단어가 적힌 간난한 회색 카드만을 받았다. 최근에 들어서야 신입 직원에게 구체적인 규칙과 법적 규정을 요약한 추가 자료가 제공되고 있지만, 낮은 수준의 공식화와 고객 서비스에 대한 강조는 여전히 유지되고 있다.

기계적 구조와 유기적 구조는 서로 연속적으로 연결되어 있으며, 완벽하게 유기적이거나 완전히 기계적인 조직은 없다. **그림 14-4**에 표시된 것처럼 기업은 일반적으로 기계적/유기적 연속체를

그림 14-3

노드스트롬의 종업원 핸드북

노드스트롬은 소매업에서 오랜 기간 선구자적 역할을 맡아 왔다. 수년 동안, 신입 사원들에게는 75개의 단어가 적힌 회색 카드로 구성된 핸드북이 지급되었다.

Welcome to Nordstrom

We're glad to have you with our Company. Our number one goal is to provide outstanding customer service. Set both your personal and professional goals high. We have great confidence in your ability to achieve them.

Nordstrom Rules: Rule #1: Use good judgment in all situations. There will be no additional rules. Please feel free to ask your department manager, store manager, or division general manager any question at any time.

노드스트롬에 입사한 것을 환영합니다.

우리 회사와 함께 하게 되어 반갑습니다. 우리 회사의 첫 번째 목표는 고객에게 탁월한 서비스를 제공하는 것입니다. 개인적 목표와 직장인으로서의 목표를 높게 설정하시기 바랍니다. 우리는 당신이 그 두 가지 목표를 달성할 것이라고 확신합니다.

노드스트롬의 규칙: 규칙 1: 모든 상황에서 바람직한 판단을 내리세요. 다른 추가적인 규칙은 없습니다. 언제라도 무슨 질문이라도 상관없으니, 부문별 관리자, 매장 관리자, 사업부 관리자들에게 편안하게 질문하세요.

Source: Adapted from Spector, R. (2000). *Lessons from the Nordstrom Way: How Companies Are Emulating the #1 Customer Service Company.*

그림 14-4

기계적/유기적 연속체

기계적이냐 혹은 유기적이냐로 조직 구조 형태를 설명하는 것이 유용하긴 하지만, 실제로는 모든 조직이 이 두 가지 극단적인 형태의 연속선상의 어딘가에 있다. 실제로, 여기서 볼 수 있듯이, 연속선상 어느 한 곳의 기계적/유기적 특성을 생각해 볼 수 있다.

기계적 구조

- 모델 1: 엄격한 관료주의
- 모델 2: 최고 경영팀에 의해서 운영되는 관료주의
- 모델 3: 기능 혹은 사업부 간 미팅, 팀, 태스크포스가 있는 관료주의
- 모델 4: 매트릭스 조직
- 모델 5: 프로젝트 기반 혹은 팀 기반 조직
- 모델 6: 느슨하게 연결된 유기적 네트워크

유기적 구조

Understand Yourself

당신이 선호하는 조직 구조는 무엇인가

사람마다 선호하는 조직 구조는 다르다. 이 자기진단 도구는 본인이 선호하는 조직 구조에 대한 통찰을 제공할 것이다. 15개의 질문에 동의하는 정도를 1에서 7 사이 숫자로 표시하라. 그리고 아래 제시된 계산법에 따라서 응답값을 계산하라.

매우 아니다	아니다	약간 아니다	약간 그렇다	그렇다	매우 그렇다
1	2	3	4	5	6

나는 이러한 조직에서 일하고 싶다.

______ 1. 조직 상층부가 목표를 정해 준다.
______ 2. 모든 직무에 대해서 명확한 직무 기술서가 제시된다.
______ 3. 경영진이 중요한 의사 결정을 내린다.
______ 4. 승진과 임금 인상은 성과 수준과 더불어 재직 기간에 따라서 결정된다.
______ 5. 명확한 권한 및 책임 소재가 설정되어 있다.
______ 6. 나의 경력이 잘 계획되어 있다.
______ 7. 나의 직무 안정성은 높다.
______ 8. 나는 내 직무에만 몰입하면 된다.
______ 9. 나는 나의 상사를 항상 만날 수 있다.
______ 10. 조직의 규정과 규칙은 명확하게 정해져 있다.
______ 11. 정보는 엄격하게 명령 체계를 따라서 전달된다.
______ 12. 내가 새로운 과업을 할 때 최소의 내용만 배우면 된다.
______ 13. 작업 그룹에는 구성원 교체가 거의 발생하지 않는다.
______ 14. 직원들은 상사의 권한을 잘 받아들인다.
______ 15. 내가 속한 작업 그룹 동료들이 받은 훈련 및 쌓은 기술이 나의 것과 비슷하다.

점수 계산: 15개 항목 모두에 대한 점수를 합산한다. 이 평가는 당신의 선호도에 대한 이해를 높이자는 것이지 당신을 평가하려는 것이 아님을 밝힌다.

해석: 75점 이상의 점수는 안정적이고 규칙 중심적이며 계층적이며 관료적인 조직을 선호하며, 기계적인 조직에서 편안함을 느낄 것임을 나타낸다. 수평적이고 유연하며 혁신적인 조직에서는 좌절감을 느낄 가능성이 높다.

45점 미만의 점수는 혁신적이고 유연하며 팀 기반인, 보다 유기적인 구조를 선호한다는 것을 의미한다. 이는 소규모 조직의 특징인 경향이 있다. 계층 구조와 규칙이 많은 지나치게 경직된 조직 구조에서 좌절감을 느낄 가능성이 높다.

45~75점 사이의 점수는 기계적 또는 유기적 구조에 대한 명확한 선호가 없음을 반영한다.

Source: Veiga, J. F., & Yanouzas, J. N. (1979). *The Dynamics of Organization Theory: Gaining a Macro Perspective* (pp. 158–160). St. Paul, MN: West Publishing.

따라 두 형태의 일부 특성이 드러난다. 이 장의 Understand Yourself는 유기적 구조와 기계적 구조 중에서 자신이 어느 것을 선호하는지 알 수 있게 해 준다.

14-2 조직 구조의 결정

표 14-2에서 볼 수 있듯이, 특정 조직에 적합한 조직 구조를 결정할 때 고려할 요소는 많다. 이에 대해서 좀 더 자세히 살펴보자.

표 14-2
무엇이 조직 구조에 영향을 미치는가

영향 요인	예시
사업 전략	저원가 전략은 혁신 전략보다 위계적이고 엄격한 구조를 필요로 한다.
외부 환경	빠르게 환경이 변하는 경우에는 유연한 구조가 필요하다.
조직의 인재	종업원이 전문적인 기술(예: 변호사, 과학자)을 가지고 있고 협업이 필요하다면, 관료적인 구조보다는 평평하고 팀 기반의 구조가 더 적절할 것이다.
조직 크기	조직이 커질수록 더욱 전문화되고, 위계가 많아지고, 규칙도 많아진다.
종업원 행동 방식에 대한 기대	종업원이 명시적 규칙과 절차를 따르기를 바랄 경우에는 위계적이고 집권화된 구조가 더 적합하다.
조직의 생산 기술	조직이 단위 생산을 하고 고객 맞춤형 생산을 할 경우에는 통제 범위가 넓은 수평적 구조가 적합하다.
조직 변화	환경과 사업 전략이 변화함에 따라서 조직 구조도 바뀐다.

14-2a 사업 전략

회사의 사업 전략은 조직 구조의 적합성에 영향을 미치는 중요한 요소 중의 하나이다.[25] 단순한 전략에는 단순한 설계가 적합하고, 전략에 복잡한 프로세스와 상호작용이 필요할 때는 좀 더 복잡한 설계가 필요하다. 조직 구조를 사업 전략에 맞추면 회사 성과가 높아진다. 예를 들어, 혁신 전략은 공식화와 집권화 정도가 낮고 전문화가 높을 때 가장 잘 지원한다. 원가 우위 전략은 적당한 공식화, 집권화, 전문화가 있는 구조에서 가장 잘 작동한다.

14-2b 외부 환경

또 다른 중요한 요소는 기업의 외부 환경이다. 급변하는 환경에서는 끊임없는 변화에 효과적으로 대처하기 위해 보다 유연한 구조가 필요하다. 이는 일반적으로 관련 정보를 처리하고 변화하는 환경에 적응하기 위해 어떤 방식으로든 권한을 분산해야 함을 의미한다.

매우 차별화된 시장 환경에 직면해 있는 기업은 일반적으로 각 시장 부문에 적합한 서비스를 제공하기 위해 다양한 사업 단위를 만든다. 예를 들어, 자동차에 대한 소비자 선호도는 전 세계적으로 다르기 때문에 혼다(Honda) 등 자동차 제조업체는 각 세분 시장에 서비스를 제공하기 위해 서로 다른 사업 단위를 만드는 경우가 많다. 조직은 때때로 공급자에게 조직 구조의 요소를 강요할 수도 있다. 월마트(Walmart)나 GM(General Motors)에서는 공급 업체에 대해 회계 시스템과 비용 통제를 시행한다.

14-2c 조직의 인재

조직 구조에 영향을 미치는 세 번째 요소는 조직의 인재이다. 예를 들어, 자신의 행동과 결정의 기반이 되는 전문적 규범을 습득하고 있는 고도로 숙련된 근로자(예: 의사 또는 변호사)가 작업을 효과적으로 수행하기 위해서는 평면적인 팀 기반의 구조가 유리하다. 광고 및 마케팅 회사는 보통 팀제로 조직이 구성된다.

14-2d 조직 크기

조직의 크기도 조직 구조에 영향을 미친다.[26] 소규모 조직은 대규모 기업에 비해 관료주의가 덜한 경향이 있다. 대규모 조직은 소규모 기업보다 전문화 및 부서화, 계층 구조, 규칙이 더 많은 경향이 있다. 규모가 큰 기업은 규모의 경제로 인해 비용이 절감되는 이점도 있다. 항상 그런 것은 아니지만, 일반적으로 조직과 그 하위 단위가 클수록, 계층 구조가 커질수록, 집권화의 정도가 높아질수록, 조직은 더욱 관료적으로 운영되고, 관리자와 직원 간의 갈등 가능성도 커진다.[27]

iStock.com/Moyo Studio

조직의 크기는 조직 구조에 영향을 미친다. 작은 조직은 큰 조직에 비해 덜 관료적이다. 하나의 사례로서, 위 사진과 같은 2인 기업에서는 공식적 구조가 없다. 조직이 성장하여 더 많은 디자이너를 고용하게 되면 공식적 구조가 만들어질 것이다.

최적의 조직 규모를 식별하는 것은 불가능하다. 많은 회사들이 보다 유기적인 형태로 시작하는 경향이 있지만, 종업원의 수가 1,000명을 넘어가면 증가하는 조정 및 의사소통 요구를 충족하기 위해 기계적인 구조를 채택한다. 조직 규모가 커질수록 관료주의가 심해지고, 개성이 떨어지고, 조직이 동일시되기 어려워지는 경우가 많아 직원의 헌신도는 감소한다.[28] 그럼에도 불구하고 구글(Google)을 포함한 일부 대기업은 유기적인 구조의 요소를 유지하고 있다.

존슨앤존슨(Johnson & Johnson)을 포함한 많은 회사가 소규모 조직의 유연성, 적응력 및 신속한 의사 결정과 대기업이 가진 규모의 경제의 장점을 결합시키고 있다. 그들은 큰 조직 내에 좀 더 작은 단위를 만들기 위해 노력한다.

14-2e 행위에 대한 기대

조직 구조에 영향을 미치는 네 번째 요소는 직원이 어떻게 행동해야 하는지, 어떤 태도를 장려하거나 억제하려는지에 대한 조직의 기대이다. 이 결정은 부분적으로는 회사의 가치에 기초한다. 직원들이 의사 결정을 내리고, 협력적으로 일하도록 장려하려면 분산된 평면적 구조가 적합하다. 직원들이 명시적인 규칙과 절차를 따라야 한다면, 계층적이고 집권화된 구조가 필요할 것이다. 발전소와 의약품 제조 시설은 직원이 명시적인 규칙과 절차를 따라야 하기 때문에 매우 집권화되고 계층적인 구조를 채택하는 경향이 있다.

14-2f 생산 기술

조직 구조에 영향을 미치는 다섯 번째 요소는 조직의 기술(production technology) 또는 핵심 생산 시스템(primary

iStock.com/Jacoblund

단위 생산 방식을 채택한 기업은 작은 묶음 단위 생산을 하거나 고객 맞춤형 생산을 한다. 예로, 이 고객 맞춤형 의류 제조업체는 규칙과 절차가 거의 없는 수평적 구조를 가진다.

단위 생산
작은 묶음 단위 혹은 고객별 맞춤형 생산 방식.

production system)이다. **단위 생산**(unit production)은 제품을 소량으로 생산하거나 고객 맞춤형 제품을 만드는 방식이다. 기업이 이 방식을 채택할 경우에는 기계보다 직원의 재능이 더 중요하며, 사전에 규칙과 절차를 명시하기가 어렵다. 따라서 관리 통제 범위가 넓은 평면 구조가 적합하다. 광고 대행사와 컨설팅 회사는 일반적으로 단위 생산 방식을 사용한다.

대량생산
동일한 제품을 많은 수량으로 생산하는 방식.

기업이 **대량생산**(mass production)을 사용하는 경우, 일반적으로 조립 라인과 기계를 사용하여 동일한 제품을 대량으로 만든다. 이 경우, 관리 통제 범위가 좁고 관료적인 구조가 적절할 것이다. 허쉬(Hershey Company)와 새무엘 아담스 주류회사(Sam Adams Brewery)는 대표적인 대량생산 조직이다.

연속생산
기계가 지속적으로 제품을 만드는 방식.

회사가 **연속생산**(continuous production)을 채택한 경우, 기계는 지속적으로 제품을 만들고 직원은 기계를 모니터링하면서 변경을 계획한다. 조직의 최하층에서는 기계가 대부분의 작업을 수행하기 때문에 연속생산을 위해서는 기계적인 구조와 낮은 수준의 감독이 필요하다. 연속생산을 사용하는 기업의 조직 구조는 위계가 많고 통제 범위가 좁다. 심지어 역피라미드 형태인 경우도 많다. 다우 케미컬(Dow Chemical)과 엑슨모빌(Exxon Mobil)에서 이러한 연속생산 방식을 사용한다.

14-2g 조직 변화

조직은 종종 전략을 바꾸고 변화하는 환경에 적응하고, 이에 대응한 변화를 지원하기 위해 구조를 수정한다. 삼성(Samsung)은 보다 집권화된 구조를 채택하였고, 의사 결정을 촉진하고, 효율성을 증진시키기 위해 최고 운영 책임자(chief operating officer) 직책을 신설하였다. 아바야(Avaya)의 CEO는 최고 구조 조정 책임자(chief restructuring officer)를 임명하여 신사업 지원을 위한 구조 조정을 이끌도록 했다.

Jenson/Shutterstock.com

이 공장은 연속생산 방식을 채택하였고, 제품 생산은 주로 기계의 의존하고 있다. 이러한 기계적 구조에서 생산은 주로 기계가 하고 직원은 주로 감독만 하므로 여기서 감독의 수준은 낮다.

14-3 조직 구조의 유형

신생 조직이나 젊은 조직에서는 조직 규모가 작기 때문에 기업가나 창립자 그룹이 의사 결정을 내리며, 대부분의 의사소통은 일대일로 이루어진다. 이러한 유형의 조직 구조를 **전관료주의적 구조**(prebureaucratic sturcture)라고 하고, 이러한 구조는 고도로 집권화되어 있으며 업무 표준화 수준이 낮다. 이러한 유형의 구조는 창립자가 조직의 결정과 성장을 관리할 수 있기 때문에 단순한 작업 및 기업가적인 조직에 가장 적합하다.

전관료주의적 구조
낮은 표준화, 완전한 집권화, 일대일 커뮤니케이션으로 특징지어지는 작은 조직.

창업자의 개인적인 특성과 가치는 회사 구조의 특성을 주도하며, 이는 회사가 성장하는 과정에서도 계속 유지된다.[29] 실제로 다른 조건이 동일하다면 조직의 구조와 전략을 결정하는 것은 창업자의 성격이다.[30] 빌 고어(Bill Gore)의 가치와 신념은 고어텍스 옷감을 제조하는 38억 달러 규모의 첨단 소재 회사인 고어사(W. L. Gore)의 구조에 영향을 미쳤다.[31]

소규모 회사가 성장함에 따라 일반적으로 더 높은 수준의 표준화(standardization)와 더욱 수직적인 구조를 채택하면서 **관료주의적 구조**(bureaucratic structure)를 발전시킨다. 관료주의적 구조에는 공식적인 노동 분업, 계층 구조, 작업 절차의 표준화 등이 있으며, 직원의 행동은 문서화된 규칙을 따른다.[32] 이러한 조직에서는 조직 상층부로 올라갈수록 더욱 중요하게 여겨지는 경향이 있으며, 이러한 구조는 집권화된 의사 결정과 엄격한 명령 체계에 반영되어 있다. 관료주의는 과업을 이해하기 쉽고, 최적의 작업 방식을 쉽게 알 수 있는 대규모 조직에 적합하다.

관료주의적 구조
공식적 분업, 위계, 업무 수행 절차의 표준화와 같은 특성을 지닌 조직.

조직이 성장함에 따라 조직은 직원을 하위 단위(subunits)로 분할하는 방법을 결정해야 한다. 이는 종업원을 그들이 수행하는 작업과 관련된 방식으로 그룹화하는 것을 의미한다. 종업원을 그룹화하는 여섯 가지 근거는 다음과 같다.

1. 종업원의 지식과 기술: 종업원의 지식에 따라 그룹화된다. 예를 들어, 제약 회사에는 종양학, 유전학과 같은 부서가 있다.
2. 업무 기능: 업무 기능별로 그룹화된다. 예를 들어, 많은 조직에 인사, 마케팅, 연구 개발 부서가 존재한다.
3. 업무 프로세스: 수행하는 활동에 따라 그룹화된다. 예를 들어, 소매업체에는 두 가지 다른 판매 프로세스를 반영하는 서로 다른 소매점과 온라인 부서가 있을 수 있다.
4. 산출물: 작업하는 제품이나 서비스를 기준으로 그룹화된다. 예를 들어, 어떤 회사에서는 홈 케어 제품을 포함하는 사업부와 반려동물 영양에 중점을 두는 사업부 등이 있을 수 있다.
5. 고객: 서비스를 제공하는 고객 유형에 따라 그룹화된다. 예를 들어, 컴퓨터 제조업체에는 가정용, 중소기업용, 대기업용, 공공기관용 컴퓨터를 개발하는 부서를 둘 수 있다.
6. 위치: 근무하는 지리적 영역을 기준으로 그룹화된다. 예를 들어, 로우스(Lowe's Home Improvement) 등 많은 소매업체에서는 지역별로 단위를 분류한다.

다음으로는 이러한 다양한 그룹화에서 발생하는 몇 가지 구조에 대해 알아보자.

14-3a 기능식 구조

기능식 구조
기술이 유사하거나, 유사한 장비를 사용하거나, 업무 수행 절차가 동일하거나 유사한 부서 혹은 집단으로 묶는 조직 구조.

기능적 구조(functional strcture)는 기술이 유사하거나, 유사한 장비를 사용하거나, 업무 수행 절차가 유사한 부서나 집단으로 묶는 조직 구조이다. 예를 들어, 마케팅 부서는 마케팅 전문가로 구성되고, 인사 관리 부서는 인사 관리에 특화된 종업원들로 구성되어 있다. 시스코(Cisco Systems)는 분산형 구조에서 기능형 구조로 개편을 추진하면서 그 규모가 줄어들었다. 더불어, 제품 복제, 제품 및 프로세스 설계의 표준화 강화로 인해 비용이 절감되었다.[33]

기능적 구조에서는 규모의 경제(economies of scale)가 향상되므로 소수의 제품이나 서비스만 판매하는 안정적인 환경에 있는 조직에 더욱 잘 작동하는 경향이 있다. 각 기능 내에서의 경력 경로는 명확하며, 직원들의 기술 개발은 심층적으로 이루어지지만, 특정한 기능에만 초점을 맞추는 경향이 있다. 기능적 구조의 단점으로는 기능 간 조정 및 의사소통이 부족하고, 제품이나 서비스 제공에 대한 명확한 책임이 없다는 점을 들 수 있다. 직원들이 조직 전체가 아닌 자신이 수행하는 기능과 관련된 좁은 관점만을 개발하는 경우 갈등의 위험이 증가한다.

14-3b 사업부 구조

사업부
특정 지역, 특정 제품 및 서비스, 혹은 특정 시장을 중심으로 기능들을 모아 놓은 것.

사업부(division)란 특정한 지리적 영역(지리적 구조), 제품이나 서비스(제품 구조) 또는 시장(시장 구조)을 중심으로 구성된 기능들을 모은 것이다. 여러 제품이나 서비스, 지리적 영역, 고객군을 보유한 조직에서는 사업부 구조(divisional structure)가 일반적이다.

회사가 글로벌 기업이라면 다양한 지역을 담당하는 다양한 부서를 배치할 수 있다. 또는 유사한 제품이 다른 지역에서 판매되는 경우 회사는 대부분의 기능적 작업을 본사에서 유지하면서, 제품을 판매하기 위해 다른 지역에 부서를 설치할 수 있다. 이 장의 Global Issues에서 다국적 조직에서 사용하는 조직 구조 중 일부를 논의한다.

사업부 구조는 직원의 전문 지식이 특정 제품, 고객 및 지리적 지역에 집중되기 때문에 기능 간 조정을 개선하고 환경 변화에 대응하는 유연성을 가능하게 한다. 필요에 따라 부서를 추가하거나 삭제할 수 있으므로 이러한 구조는 필요에 따라 조직의 성장이나 규모 축소에도 도움이 될 수 있다. 이 구조의 단점은 부서 간에 경쟁과 갈등이 나타날 수 있고, 자원과 기술이 각 부서에 중복되기 때문에 규모의 경제가 감소하며, 직원이 조직 목표보다는 부서 목표에 집중할 수 있다는 점이다.

14-3c 매트릭스 구조

매트릭스 구조
프로젝트 혹은 제품 매니저와 기능 매니저 양쪽에 보고하는 구조.

동시에 두 명의 상사가 있는 것을 상상할 수 있겠는가? 하지만 실제로 **매트릭스 구조**(matrix structure)에서는 한 명의 직원이 프로젝트 혹은 제품 팀과 기능 관리자 모두에게 보고한다.[34] 각각의 종업원은 작업 팀(work team)에서 자신이 수행하는 기능을 대표하며, 그 팀은 효과적으로 임무를 수행하며, 올바른 결정을 신속하게 내리는 데 필요한 기술과 전문 지식을 모두 포함하고 있다.

Global Issues

다국적 기업의 조직 구조

다국적 기업들은 비즈니스 전략을 지원하기 위한 효과적인 구조를 구축하는 데 어려움을 겪고 있다. 글로벌 비즈니스를 지원하는 네 가지 주요 조직 구조는 다음과 같다.

1. 글로벌 제품 사업부 구조(예: 맥도날드): 모든 기능적 활동은 본사의 제품 그룹에 의해 통제된다. 현지 관리자는 일반적으로 제품 결정에 의견을 제공하지 않으며 현지 행정, 법률 및 재정 문제에만 관여한다. 이 구조는 글로벌 통합의 이점이 크고 지역적 차이가 적을 때 적합하다.
2. 글로벌 지역 사업부 구조(예: 프리토-레이): 지역 및 국가 관리자에게는 현지 상황에 맞게 전략을 조정할 수 있는 실질적인 자율성이 부여된다. 이 구조는 지역적 차이가 크고 글로벌 통합의 이점이 적을 때 적합하다.
3. 글로벌 다국적 사업부 구조(예: P&G): 현지 관리자와 본사 간에는 아이디어, 자원, 직원의 양방향 흐름을 통해 균형 잡힌 매트릭스 관계가 존재한다. 이 구조는 글로벌 통합과 로컬 대응이 모두 필요할 때 잘 작동한다.
4. 지역 본부 구조(예: 코카콜라, 소니): 지역 본부는 제품 부문과 협력하는 지리적으로 중요한 지역(주로 북아메리카, 아시아, 라틴아메리카 및 유럽)에 설립되어 글로벌 초국가적 부문 매트릭스 구조하에서 일반적으로 발생하는 것보다 더 명확한 운영 목표와 방향을 지역 단위에 제공한다. 이 구조는 글로벌 통합과 로컬 대응의 균형이 필요할 때 적합하다.

프로젝트 관리자(project manager)는 프로젝트에 대한 다양한 기능의 역할을 조정하고 팀 성과에 대한 책임을 진다. 매트릭스 구조의 조직도는 **그림 14-5**에 나와 있다.

매트릭스 구조에는 두 명의 상사, 즉 프로젝트 또는 제품 상사와 해당 기능 관리자가 있기 때문에 보고 관계가 복잡하다. 이중 보고 관계(dual-reporting relationship)에 적응하는 것은 어려울 수 있지만, 팀원 간의 의사소통이 개방적이고 기대치와 목표가 공유되면 이런 문제는 최소화될 수 있다. 기능 관리자 외에 프로그램 관리자를 추가하면 비용이 더 높아지는 경향이 있고, 2인 체제로 인해 권력 투쟁이 발생할 수도 있다.

매트릭스 조직은 고품질의 고객 서비스를 제공하는 데 능숙하고, 매우 유연하며, 작업 단위에 의사 결정에 필요한 모든 기능적 전문 지식이 포함되어 있기 때문에 변화에 신속하게 대응할 수 있다. 매트릭스 조직은 불확실한 환경에서 복잡한 업무를 수행하기에 적합한 조직 구조이다. 매트릭스 구조는 기능식 측면의 관계는 영속적이고, 다른 측면(예: 프로젝트 측면)은 임시적일 때 효과적으로 작동한다. 예를 들자면, 어떤 초콜릿 공장에서 생산 전문가를 발렌타인

iStock.com/Jacoblund

매트릭스 조직은 기능식 구조와 프로젝트 팀 구조를 합쳐서 만들어진다. 포드자동차(Ford Motors)는 새로운 버전의 무스탕과 같은 차량을 설계할 때 매트릭스 구조를 활용한다.

그림 14-5
조직도 — 매트릭스 구조

매트릭스 구조는 프로젝트 팀 혹은 제품 팀 조직과 기능식 구조를 결합해서 만들어진다. 매트릭스 구조에서는 동시에 두 사람(기능 관리자와 프로젝트 혹은 제품 팀 관리자) 이상의 관리자에게 보고해야 한다.

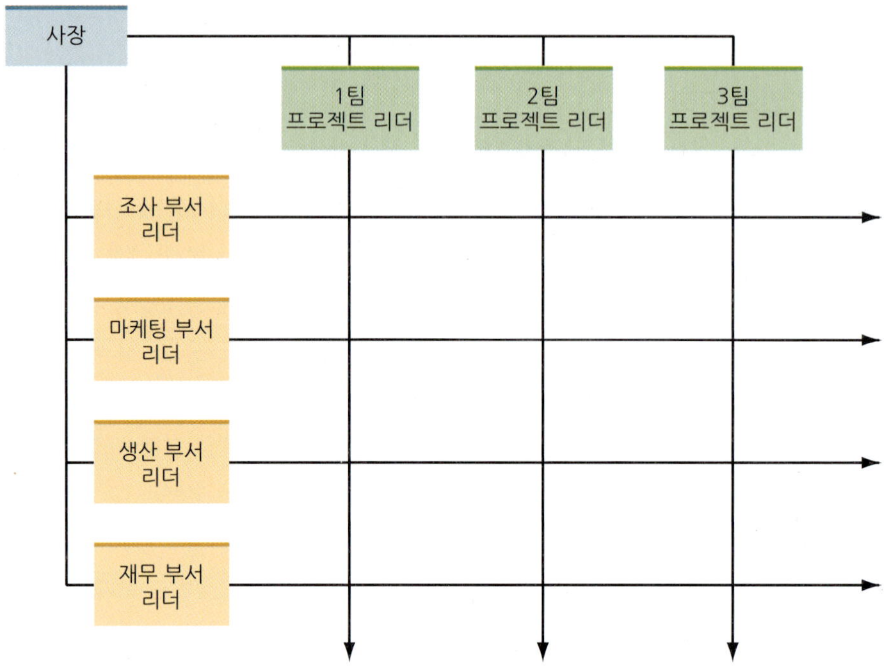

Source: Phillips/Gulley 474.

데이 대비 프로젝트 팀에 3개월 간 파견 보내고, 다음 4개월 동안에는 씩스 플래그(Six Flags. 미국의 놀이동산 체인 — 역자 주) 놀이동산 프로젝트 팀에 파견을 보내는 식이다.

여러 프로젝트 관리자들이 상호 협력하면서 조직 자원, 재무 자원, 인적자원을 활용하면, 매트릭스 구조는 더욱 효과적일 것이다.[35] 매트릭스 구조를 통해서 전문성은 분산되어 있지만, 커뮤니케이션을 증진하고, 의사 결정 속도를 높인다면 기능 부문 조직의 가장 큰 문제점인 부서 이기주의(protectionism)를 줄일 수 있다. 그 결과, 기능 간 협력이 높아지고 더욱 효과적인 의사 결정이 가능해질 것이다.

14-3d 팀 기반 구조

팀 기반 구조
수평 또는 수직 팀이 조직 전체나 일부를 정의한다.

팀 기반 구조(team-based structure)의 조직에서는 조직의 일부 또는 전체를 정의할 수 있는 수평적 또는 수직적 팀이 만들어진다. 매트릭스 팀과 달리 팀 기반 구조에서는 다양한 기능의 팀 구성원이 프로젝트 또는 제품 팀에 고정적으로 할당되며, 기능 관리자에게 보고할 필요가 없다. 팀 기반 구조는 여러 기능 영역의 협업과 각 기능의 기여가 필요한 경우 가장 적합하다.

14-3e 격자 구조

격자 구조
특정 프로젝트와 과업을 완수하기 위해서 교차기능 팀과 교차계층 하위 팀이 만들어졌다가 해체되는 방식으로 운영되는 조직 구조.

격자 구조(lattice structure)를 가진 조직에서는 특정 프로젝트와 작업을 완료하기 위해 필요에 따라 교차기능 팀(cross-functional team) 및 교차계층 하위 팀(cross-level sub team)이 구성되고 해체된다. 이러한 구조는 컨설팅 조직에서 흔히 나타난다.

고어사는 델라웨어주 뉴왁에 본사를 둔 30억 달러 규모의 첨단 소재 회사로 고어텍스(Gore-Tex) 직물, 엘릭시어(Elixir) 브랜드의 기타 줄, 글라이드(Glide) 치실 등을 제조하고 있다.[36] 창립자인 빌 고어는 다음과 같이 말하곤 했다. "진정한 커뮤니케이션은 직원들이 카풀로 출퇴근할 때 일어난다. 왜냐하면 위계적 조직에서 공식적 명령 체계에 상관없이 직원들이 자유롭게 이야기를 나눌 수 있기 때문이다."[37] 그는 조직이 위기 상황에 처했을 때, 이를 극복하기 위한 태스크포스(task forces) 팀을 만들어 기존의 규정을 버리고, 위험을 감수하여 돌파구를 찾아가는 과정을 목격했다.[38] 그 결과, 고어는 최소한의 계층 구조와 소수의 규칙을 갖춘 격자 구조를 구현하여 회사를 마치 소규모 태스크포스처럼 운영하기로 결정했다. 그는 직원들에게 다른 사람들과 소통할 때는 반드시 직접적인 일대일 커뮤니케이션을 하라고 지시하였다. 고어사에는 사장(CEO)이 있고, 사업 부문 및 비즈니스 조직들이 있지만, 최소한의 위계만 있을 뿐 조직도는 없다. 여기서의 상급자는 감독을 하는 상사라기보다는 후원자 역할을 한다. 목표는 이를 실행할 책임이 있는 사람들에 의해 설정되며 업무와 기능은 약속 시스템을 통해 조직화된다. 이를 통해 직원은 공식적인 업무를 할당받는 대신 자신의 재능과 관심을 활용하는 역할을 스스로 만들 수 있다. 이 장의 Case Study에서는 토마토 가공 회사인 모닝스타(Morning Star)의 격자 구조를 소개한다.

14-3f 네트워크 조직

네트워크 조직(network organization)은 조정과 통제를 위해 사회적 메커니즘을 사용하여 하나의 큰 실체처럼 행동하는 자율 단위의 집합체 혹은 회사를 의미한다. 네트워크 조직은 외부 회사가 더 잘 할 수 있거나 또는 더 저렴하게 수행할 수 있는 모든 기능(예: 마케팅 및 급여)을 계약을 통해 수행하기 때문에 조직의 관리자는 프리랜서 직원, 계약자 및 전략적 제휴의 네트워크를 조정하고 제어하는 데 많은 시간을 할애한다.

네트워크 조직
조정과 통제를 위해 사회적 메커니즘을 사용하여 하나의 큰 실체처럼 행동하는 자율 단위의 집합체 혹은 기업.

의류 소매업체인 H&M은 구매자와 협력하여 의류를 개발한 후 700개가 넘는 공급 업체 네트워크에 아웃소싱하는 사내 디자이너 팀을 보유하고 있다.[42] 이를 통해 H&M은 다른 경쟁사보다 더 유연한 대응과 저비용을 유지할 수 있다.

네트워크 조직은 빈번한 거래의 변경을 요구하지 않고, 공급 불확실성이 적으며, 맞춤화(customization)를 필요로 하지 않는 기능을 수행하는 데 가장 적합하다. 이 경우, 거래를 수행하고 모니터링하는 데 드는 비용이 크지 않기 때문에 조직이 해당 작업을 수행할 전문가를 고용하는 데 큰 부담이 없다. 이러한 전문가들로 이루어진 조직에서는 거래 규모가 커서 그들이 수행하는 고품질 제품을 더 저렴하게 제공할 수 있는 경우가 많다.

네트워크 조직에는 직접적인 감독 체계나 표준화된 규칙 및 절차가 없기 때문에 다른 방식으로 참가자를 조정하고 통제해야 한다. 이를 수행하는 방법 중 일부는 공동 보상 및 제한된 접근을 통해 수행된다.

Case Study

모닝스타의 격자 구조

8억 달러 규모의 큰 성공을 거둔 캘리포니아 토마토 가공 회사인 모닝스타(Morning Star Company)는 자기 관리 철학을 바탕으로 설립되었다. 상사도, 직함도, 구조적 위계도 없다.[39] 회사 경영 철학의 핵심은 자유이며, 이는 효과적인 조정에 중요하다고 간주된다. 회사는 자유로움을 통해, 누가 시키는 대로 하는 것이 아니라 자신이 정말 좋아하는 것에 이끌렸을때 열정과 성과가 모두 높아진다고 믿고 있다. 회사 철학에 부합하는지 여부에 대한 엄격한 선발 심사와 자기 관리에 대한 신입 사원 교육을 통해 이 회사 종업원은 공식적인 상사 없이 일하는 자율성과 책임에 적응할 수 있게 한다.

회사의 격자 구조는 높은 수준의 자기 관리를 요구한다. 매년 모든 직원은 '고객의 품질과 서비스 기대치를 지속적으로 달성하는 토마토 제품 및 서비스 생산'이라는 모닝스타의 전반적인 목표에 어떻게 기여할 것인지 서약하는 개인 사명 선언문을 작성한다. 또한 모든 직원은 자신의 업무로 인해 가장 큰 영향을 받는 직원과 동료 양해(CLOU: Colleague Letter of Understanding) 각서를 체결한다. 이 문서에 종업원 개개인을 위한 운영 계획을 작성하고 최대 30개 활동에 대한 관련 성과 지표를 명시한다. 직원들은 또한 자신의 역할을 수행하는 데 필요한 교육, 자원 및 협력을 확보할 개인적 책임을 진다.[40]

모든 조직에서 그렇듯, 이 회사에서도 종업원들 간에 해결해야 할 분쟁이 발생한다. 직원 중 누군가가 CLOU의 내용을 이행하지 않는다고 판단하면, 당사자들이 직접 만나 이 문제를 논의한다. 이를 통해 문제를 해결할 수 없는 경우에는 신뢰할 수 있는 내부 중재자를 선택하여 의견을 듣는다. 당사자 중 어느 한쪽이 중재를 통해 제안된 해결책에 반대하는 경우 다른 동료 직원 6명으로 구성된 패널이 모여 중재자의 권고 사항을 승인하거나 다른 대안을 제안한다. 그것이 받아들여지지 않으면, 사장은 두 직원을 모아 구속력 있는 결정을 내린다. 직원들은 자기 관리에 대한 가치를 잘 알고 있기 때문에, 대부분의 경우, 직원 간 분쟁이 사장에게까지 전달되는 일은 거의 없다.[41]

질문

1. 모닝스타의 격자 구조는 어떻게 의사소통을 원활하게 하는가?
2. 동료 간 양해 각서는 모닝스타 직원들이 보다 효율적으로 협력하는 데 어떻게 도움(또는 해)이 된다고 생각하는가?
3. 당신의 회사에도 동료 간 양해 각서가 활용되기를 원하는가? 왜 그렇게 생각하는가?

- 공동 보상(joint payoff): 네트워크는 제품이나 프로젝트를 중심으로 구성되고 최종 제품을 기준으로 지불이 이루어지므로, 제품이 성공하지 못하면 네트워크 참여자 누구도 이익을 얻지 못한다. 이는 모두가 최선을 다하도록 동기를 부여한다.
- 제한된 접근(restricted access): 소수의 장기 파트너로만 상호 교환을 제한함으로써 네트워크로 연결된 조직은 서로에 대한 의존도가 더 높아진다. 미래 비즈니스에 대한 기회를 증가시킴으로써 장기적인 관계는 한 조직이 다른 조직을 활용하려는 인센티브를 감소시킨다. 왜냐하면 네트워크에서 쫓겨나고 향후 작업 기회를 잃게 되기 때문이다.

14-4 조직 구조에서의 현 이슈

이 절에서는 조직 구조와 관련된 네 가지의 새로운 문제인 가상 조직, 직원 통합을 위한 메커니즘, 실천 공동체, 구조 조정이 성과에 미치는 영향 등을 살펴보려고 한다.

14-4a 가상 조직

가상 조직(virtual organization)은 회사명과 계약자 간 조정 관리를 제외한 거의 모든 기능을 외부에 위탁한다. 가상 조직에는 영구적으로 운영하는 사무실이 없을 수도 있다. 가상 조직은 기술로 연결된 가상 팀을 사용하는 경우가 많지만, 종업원들은 대면 회의를 할 수도 있다.

가상 조직
회사명과 계약자 간 조정 관리를 제외한 거의 모든 기능을 외부에 위탁한 조직.

가상 조직은 매우 복잡한 경향이 있다. 아웃소싱된 기능에 대한 통제력을 상실하면 의사소통, 조직 구성원 및 경력 경로에 대한 모호함, 원격 관리 기술 등에서 많은 문제가 발생한다. 공식적인 계약과 법적 계약은 이러한 관계를 관리하는 데 도움이 될 수 있다. 그럼에도 불구하고, 가상 환경을 통해 비용 절감과 유연성 향상은 많은 기업에 경쟁 우위를 제공한다.

지진이나 허리케인과 같은 심각한 자연재해가 발생하면 지리적으로 분산된 자원봉사자와 조직이 가상 조직으로 연합하여 복구 노력을 돕는 것이 드문 일은 아니다. 회원들은 종종 온라인으로 조직되고, 도움을 필요로 하는 사람과 도움을 제공할 수 있는 사람들의 정보를 찾고, 이들을 서로 연결시켜 준다. 필요 시에는, 잘 훈련된 자원봉사자와 전문가를 즉각적으로 보낼 수 있는 자발적 조직도 많이 존재한다.

14-4b 직원 통합

직원을 부서, 기능 영역 또는 그룹으로 분할하려면, 직원 및 그룹 간 조정과 의사소통을 촉진하는 통합 메커니즘(integrating mechanism)이 추가적으로 필요하다. 여기서 말하는 통합 메커니즘이란 여러 부서의 관리자들 간의 소통이나 문제 식별 및 해결을 위한 공동 조정과 같이 간단한 것일 수 있다. 이렇게 비공식적으로 이루어지는 경우 이를 **직접 접촉**(direct contact)이라고 한다.

직접 접촉
문제를 식별하고 해결하기 위해 서로 다른 부서의 관리자들과 비공식적으로 함께 일하는 것.

관리자나 팀 구성원에게 **연락소 역할**(liaison role)을 할당하고 이들에게 다른 그룹과의 의사소통 및 조정에 대한 공식적인 책임을 맡길 수도 있다. 특정 프로젝트나 문제를 해결해야 할 때, 조직에서는 **태스크포스**(task force)라는 임시 위원회를 조직하는 경우가 많다. 하지만 통합 요구 사항이 영구적이고 더욱 복잡해지면 **교차기능 팀**(cross-functional team)이 만들어진다. 교차기능 팀은 특정 문제나 반복되는 요구 사항을 해결하기 위해 만들어진 영구 태스크포스와 같다.

연락소 역할
다른 부서의와 커뮤니케이션을 조율하는 책임이 공식적으로 부여된 관리자 혹은 팀 구성원.

태스크포스
특정 프로젝트나 문제를 해결하기 위해서 잠정적으로 만들어진 위원회.

교차기능 팀
특정 문제나 반복되는 요구에 대응하기 위해 만들어진 영구적 태스크포스.

14-4c 실행 공동체

실행 공동체(communities of practice)는 기업에서 직원을 통합하고, 공식 구조에 관계없이 업무를 완료하는 데 필요한 비공식 구조를 만드는 데 도움이 될 수 있다. 실행 공동체는 특정 주제에

실행 공동체
특정한 주제에 대한 전문 지식과 관심을 공유하려는 목적으로 비공식적으로 함께 묶인 사람들의 그룹.

대한 전문 지식과 관심을 공유하기 위해 비공식적으로 함께 묶인 사람들의 그룹이다.[43] 여기에는 교육 시스템 설계를 전문으로 하는 컨설턴트나, 자신의 지식과 통찰력을 다른 엔지니어들과 기꺼이 공유하려는 환경 엔지니어 등이 포함된다. 실행 공동체는 기간 및 구성 측면에서 다양한 형태로 존재할 수 있다. 실행 공동체에 참여하는 사람들은 문제에 대한 새로운 해결 방법이나 접근 방식을 만들 수 있는 대화방과 토론 게시판을 포함하여 개방적이고 창의적인 방식으로 지식과 경험을 공유한다. 회사는 인터넷과 인트라넷을 활용하여 공동체 의식을 키우고, 여러 위치와 사업부에서 지식을 공유하고, 직원의 지식과 전문성을 활용하여 조직 내 다른 사람들이 문제를 더 빨리 해결할 수 있도록 돕는다.

대부분의 회사에는 여러 부서를 아우르는 실행 공동체가 있다. 현장 기술자들은 경험을 공유하고 서로 문제 해결을 도우며, 신제품을 개발하는 연구자들은 전문 지식을 갖춘 전문가를 찾아 전 세계를 누비고 있다. 이러한 커뮤니티는 조직도에 표시되지 않고 임원진이 공식적으로 인정하지도 않지만, 기업은 이러한 커뮤니티의 이점을 인식하고 홍보하고 지원하는 경우가 많다.

셰브론(Chevron Corporation)은 'operational excellence'라는 커뮤니티를 100개 이상 보유하고 있다. 이들 중 하나는 한 위치에서 문제를 일으킨 가스 시추 기술의 잠재적 위험에 대한 정보를 신속하게 공유하여 약 3천만 달러의 피해를 예방한 사례가 있다. 캐터필러(Caterpillar)에서는 직원, 딜러, 고객, 공급 업체 등 37,000명 이상의 등록 참가자가 포함된 2,700개 이상의 커뮤니티를 구축했다. 이를 통해 딜러와 공급 업체들이 이룩한 품질 및 생산성 향상은 투자를 7배 이상 정당화하기에 충분한 결과를 만들어 냈다.[44]

관리자는 직접 효과적인 실행 공동체를 만들 수 없고, 단지 공동체가 존재하는 데 필요한 조건만 제공할 뿐이다. 사람들이 자발적으로 참여하기 때문에 '명령 및 통제'에 기반한 관리 스타일은 성공적인 실천 공동체를 육성하기 어려울 것이다. 성공적인 관리자는 적합한 사람들을 모으고, 신뢰를 구축하고, 적절한 인프라를 제공함으로써 실행 공동체를 육성한다.[45] 목표를 지시하고 개별 성과 측정 기준을 적용하면 실행 공동체가 붕괴될 수 있으며, 아무런 조치 없이 돈을 쓰는 것 역시 낭비일 수 있다.[46]

커뮤니티 구성원 간의 상호 연결성을 향상시키는 비교적 간단한 방법은 구성원이 적절한 전문가를 신속하게 식별할 수 있도록 각 커뮤니티 구성원의 전문 분야에서 검색 가능한 데이터베이스를 개발하는 것이다. 데이터베이스에 일부 개인 정보를 포함하면 도움이 될 수 있다. 당신이 연락하는 사람이 취미나 모교를 공유하고 있다면 어색함을 깨는 데 도움이 될 수 있다. 실행 공동체의 핵심은 공동체 구성원들 간의 관계망이다. 모든 이메일, 토론 게시판 채팅 및 전화 통화는 회원 간의 관계를 강화하고 커뮤니티를 구축한다.

관리자로서 실행 공동체가 번성할 수 있는 조건을 어떻게 만들 수 있을까? 여기에 대한 전문가의 조언은 다음과 같다.[47]

1. 명확한 비즈니스 요구에서 시작한다. 회사가 보다 효과적으로 업무를 수행하는 데 도움이 되는 커뮤니티를 구축하라.
2. 작게 시작한다. 아이디어를 테스트하고 여러 가지 형식을 시도하여 직원들이 좋아하는 것과 가장 효과적인 것이 무엇인지 알아보라.
3. 관리자도 참여한다. 자신의 관리자가 커뮤니티에 적극적으로 참여하는 것을 보면 직원들도 참여할 가능성이 더 높아질 것이다.
4. 커뮤니티의 요구 사항을 지원하고 커뮤니티 구성원이 편안하게 사용할 수 있는 기술을 사용한다. 토론 게시판, Microsoft 365와 같은 협업 클라우드 플랫폼 및 기타 기술 사용에 대한 일부 교육이 필요할 수 있다. 포드(Ford Motor Company)와 델타항공(Delta Airlines)을 포함한 일부 회사에서는 직원의 참여를 촉진하기 위해 가정용 컴퓨터와 인터넷 연결을 매우 저렴한 가격에 제공하기도 했다.
5. 이미 진행 중인 비공식적인 실행 방안을 존중하고 이를 기반으로 구축한다. 종업원들은 이미 자신의 업무를 더 잘 수행하는 데 도움이 되는 일종의 실행 커뮤니티를 만들었을 수 있다. 이미 구축되어 있는 것이 무엇인지 파악하고, 이를 기반으로 커뮤니티를 구축하라. 종업원은 이미 커뮤니티의 프로세스와 관행에 어느 정도 익숙해져 있으며 기꺼이 이를 더 활용할 것이다.
6. 기여를 축하하고 작은 성공을 기반으로 구축한다. 실행 공동체를 구축하는 데는 시간이 걸리며 직원들이 새로운 방식으로 행동해야 한다. 회사 인트라넷이나 회사 뉴스레터를 통해 커뮤니티가 비즈니스 문제를 해결한 방법을 강조하고 의미 있게 기여한 직원을 표창한다.

많은 기업이 실행 공동체에 투자하는 이유는 사람들 사이에 지식을 전달하는 공동체의 능력 때문이다. IBM, HP, 유니시스(Unisys)와 같은 조직에서는 이를 '지식 네트워크'라고 부른다. 지식 기반 조직은 급변하는 시장에 대응하기 위해 자신의 전문 지식을 지속적으로 업데이트하고 활용하는 적극적인 '지식 근로자'가 될 종업원을 필요로 한다. 직원들은 서면 및 온라인 정보의 원천뿐 아니라 관련 경험과 기술을 가진 다른 사람들과의 활발한 아이디어 교환으로 구성된 지식의 흐름에 참여할 수 있어야 한다.[48] 이는 또한 선배 직원으로부터 후배 직원에게 지식을 전달하는 데 도움이 된다. 이를 통해 직원들 중 일부가 퇴직하더라도 핵심 지식이 손실되지 않도록 보장한다.

14-4d 성과에 대한 구조 조정의 효과

CEO가 교체되면 기업 구조 조정(restructuring)이 뒤따르는 경우가 많다.[49] 실적 하락 등으로 어려움을 겪고 있는 조직은 성과를 개선하기 위한 방법으로 구조 조정을 고려하는 경우가 많다.[50] 비록 구조 조정이 조직의 부분적인 문제를 확실히 해결할 수 있다 하더라도 그것이 만병통치약은 아니며,[51] 의도하지 않은 결과를 초래할 수 있다.[52]

구조 조정 과정은 많은 스트레스를 일으키며, 변화된 사항이 제대로 소통되지 않으면 직원의 동기를 감소시킬 수 있다. 변화가 혼란스럽거나 회사에서의 미래가 모호할 경우 고성과자들이 회사를 떠나는 경우가 많다. 새로운 구조에 직원 수를 줄일 경우, 구조 조정에서 살아남은 생존자들도 스트레스, 헌신의 감소, 더 높은 이직 의도를 보일 수 있다.[53]

구조 조정 노력은 미래에 초점을 맞춰야 한다.[54] 구조 조정은 또한 조직이 개선하려는 모든 것의 실제 원인을 해결해야 한다.[55] 예를 들어, 저성과의 문제가 감독자에게 문제가 있었다기보다 직원 동기가 낮아서 발생하는 경우에, 구조 조정은 핵심 문제를 해결하는 좋은 방법이 아니다. 구조조정은 안정성을 확보하고, 성과를 향상시키며, 직원의 스트레스와 혼란을 최소화하기 위해 가능한 신중하게 추진되어야 한다.

요약 및 적용

조직 설계는 조직이 목표를 달성할 수 있도록 조직 구조와 문화의 측면을 선택하고 관리하는 프로세스이다. 조직 구조는 조직 내 업무, 권한, 보고 관계의 공식적인 시스템이다. 조직도는 회사의 보고 관계와 명령 체계를 보여 주는 그림이다.

분업은 직원들이 전문화하거나 일반화하는 정도를 말한다. 통제 범위는 개인에게 직접 보고하는 사람의 수이다. 위계는 일부 직원이 다른 직원에 대해 공식적인 권한을 갖는 정도이다. 집권화는 권력과 의사 결정 권한이 분산되지 않고 조직의 상위 계층에 집중되는 정도를 말한다. 위임을 통해 관리자는 더 중요한 업무에 집중하고, 다른 사람의 기술을 개발하고, 신뢰를 높이고, 더 높은 품질의 제품을 만들 수 있다.

조직의 구조는 비즈니스 전략, 외부 환경, 인재, 규모, 직원의 행동 방식에 대한 기대치, 생산 기술 및 조직 변화의 영향을 받는다. 전관료주의적 구조는 새로운 조직과 소규모 조직에서 일반적이다. 표준화가 낮고 전체가 집권화되어 있는 것이 특징이며, 대부분의 의사소통은 일대일로 이루어진다. 관료주의적 구조는 보다 공식적인 노동 분업, 보다 큰 계층 구조, 작업 절차의 보다 표준화된 구조를 갖는다.

네트워크 조직은 빈번한 교환이 필요하지 않고, 공급 불확실성이 없으며, 맞춤화가 필요하지 않은 기능에 가장 적합하다. 이 경우, 교환하고 모니터링하는 데 드는 비용이 크지 않으므로 조직이 해당 작업을 수행할 전문가를 고용하는 데 큰 문제가 되지 않는다. 기계적인 조직은 집권화된 권력과 계층적 의사소통을 갖춘 경직되고 전통적인 관료제이다. 유기적 구조는 권한의 명확한 경계가 없는 유연하고 분산된 구조로, 분산된 권한, 개방형 커뮤니케이션 채널, 직원의 목표 달성을 돕는 적응성에 중점을 둔다.

실행 공동체는 공동 기업에 대한 전문 지식과 관심을 공유하기 위해 비공식적으로 함께 묶인 사람들의 그룹이다. 이는 조직이 부서 간 경계를 넘어 내부적으로 지식을 공유하는 데 도움이 된다.

Real-World Response

더 빠른 트위터 구축하기

파라그 아그라왈이 트위터의 CEO로 취임했을 때, 그는 명확한 의사 결정, 책임 강화, 빠른 실행이라는 목표를 중심으로 회사를 재편하는 데 시간을 아끼지 않았다. 트위터의 운영을 간소화하고 성장을 가속화하기 위해 이전에 분리되어 있던 기능들이 통합되었다. 이전에는 직원들이 엔지니어링, 디자인, 제품 개발 등과 같이 기능별로 나눠져 있었지만, 개편 이후에는 고객 제품, 수익, 핵심 기술과 같이 구분된 팀을 중심으로 협력해서 일하게 되었다.

제품 및 기술 팀의 경우, 트위터의 총괄 관리자 모델에 따라, 회사의 핵심 목표를 지원하는 관리자 직원들이 스스로 교차기능 업무를 수행하고, 빠른 의사 결정을 내리고, 더 나은 성과를 낼 수 있도록 권한이 부여되었다. 아그라왈은 새로운 구조를 통해 회사의 핵심 축인 소비자, 수익 및 핵심 기술이 개선된 운영적 엄격성(operational rigor)을 통해 훨씬 더 빠르게 움직일 수 있으므로, 더 빠른 결정을 내리고, 책임이 증가하며, 더 나은 전략적 실행 및 결과로 이어질 것이라고 믿었다.

토론을 위한 질문

1. 위계적 조직과 수평적 조직에서 경력 경로가 어떻게 다를 수 있다고 생각하는가?
2. 기업이 더욱 수평적이고 유기적인 구조로 전환하는 이유는 무엇이라고 생각하는가? 이것이 적절하다고 생각하는가?
3. 조직의 어떤 영역(예: 기능)을 집권화하는 것이 가장 좋다고 생각하는가? 탈중앙화에 가장 적합한 것은 어떤 영역인가?
4. 더 많은 권한 위양을 하지 못하는 이유는 무엇인가? 이러한 장애물을 어떻게 극복할 수 있는가?
5. 당신이 아이폰 애플리케이션을 판매하는 회사를 시작한다면 어떤 조직 구조를 만들겠는가? 그 이유는 무엇인가?
6. 직원들이 협력하여 일하고 갈등을 최소화하기를 원한다면 어떤 조직 구조 채택을 고려하겠는가? 그 이유는 무엇인가? 어떤 구조를 피하겠는가? 그 이유는 무엇인가?
7. 노드스트롬의 매우 유기적이고 비공식적인 구조에는 어떤 유형의 사람이 잘 어울리겠는가? 그 이유는 무엇인가?
8. 기업 구조 조정 과정에서 최고의 직원이 떠나지 않도록 하기 위해 무엇을 하겠는가?

Understand Yourself Exercise

나는 효과적으로 권한 위양을 하는 사람인가

이 장에서 배운 것처럼, 권한 위양은 모든 조직 구조에서 매우 중요한 관리 기술이다. 다음 테스트를 통해서 당신의 권한 위양 습관을 측정해 보자.

매우 아니다	아니다	보통이다	그렇다	매우 그렇다
1	2	3	4	5

______ 1. 나는 더 많은 것을 위임하고 싶지만 내가 위임한 업무는 내가 원하는 방식으로 완료되지 않을 것 같다.

______ 2. 제대로 위임할 시간이 없다고 생각한다.

______ 3. 권한 위양으로 너무 많은 문제가 발생하기 전에 필요한 경우 내가 잘못된 점에 대해서 조치할 수 있도록, 나는 당사자가 모르게 그들의 업무를 주의 깊게 체크할 것이다.

______ 4. 나는 전체 업무를 위임하는데, 구체적으로 말하면, 내가 개입하지 않고도 직원이 업무를 완료할 수 있는 기회를 제공할 것이다. 그런 다음, 최종 결과만 검토한다.

______ 5. 명확한 지시를 내렸는데도 불구하고 일이 제대로 수행되지 않았으면, 나는 화가 날 것이다.

_____ 6. 나는 직원들의 헌신이 부족하다고 느낀다. 그러므로 내가 위임하는 어떤 일도 내가 하는 것만큼 잘 완료되지는 않을 것이다.

_____ 7. 나는 더 많은 것을 위임하고 싶지만, 내가 위임 대상인 사람보다 그 일을 더 잘할 수 있다고 생각한다.

_____ 8. 나는 더 많은 것을 위임하고 싶지만, 내가 위임한 사람이 무능력한 일을 하면 나는 심한 비난을 받을 것이다.

_____ 9. 내가 일을 위임한다면, 내 일은 그다지 재미있지 않을 것이다.

_____ 10. 나는 일을 위임했더라도, 결과적으로 내가 마무리하는 경우가 많다.

_____ 11. 나는 위임을 통해서 시간을 절약해 본 적이 별로 없다.

_____ 12. 나는 업무를 명확하고 간결하게 위임하며, 업무 수행 방법을 정확히 설명한다.

_____ 13. 직원들이 필요한 경험이 부족하기 때문에 원하는 만큼 위임할 수 없다.

_____ 14. 나는 위임을 했을 때 통제력을 상실한다고 느낀다.

_____ 15. 나는 더 많은 것을 위임하고 싶지만 거의 완벽주의자라서 그렇게 하는 것이 쉽지 않다.

_____ 16. 나는 내가 해야 할 것보다 더 오랜 시간 일한다.

_____ 17. 나는 직원들에게 일상적인 업무를 맡길 수 있지만, 비일상적인 업무는 나 자신이 맡아야 한다고 느낀다.

_____ 18. 내 상사는 내가 업무의 모든 세부 사항을 자세히 확인하기를 기대한다.

점수 계산: 18개의 질문에 응답한 값을 모두 합산하라.

해석: 점수가 72점을 넘으면 직원의 재능을 제대로 활용하지 못하는 것이므로 더 많은 권한을 위임해야 한다.

점수가 36~71점이라면 위임 습관이 개선될 수 있다.

점수가 35점 미만이라면 효과적인 위임자라고 볼 수 있다.

4 또는 5로 응답한 질문에 잘 검토하라. 이를 통해 더 많은 위임을 방해할 수 있는 장애물과 변명에 대한 통찰력을 얻을 수 있게 된다.

위임 기술을 향상시키기 위해, 일주일 동안 아무에게도 연락할 수 없는 섬으로 여행을 가야 한다고 상상해 보라. 다음 주에 달성해야 할 것이 무엇인지 파악하고 이 작업들을 완료하기 위해 작업을 어떻게 위임할 것인지 생각해 보라. 그런 다음, 일부 작업과 책임을 위임하고 결과에 놀라지 않는지 확인하라.

Source: *Management Review* by T. J. Krein. Copyright 1982 by American Management Association.

Group Exercise

매트릭스냐 아니냐. 그것이 문제로다

상황

플래티넘 리조트(Platinum Resorts)는 멕시코 플라야 델 카르멘, 자메이카, 네그릴, 바하마 프리포트, 플로리다주 키웨스트에 위치한 올인클루시브 럭셔리 리조트 체인이다. 일부 고객은 해마다 같은 지점을 방문하고, 다른 고객은 그룹 내 다른 여러 지점을 방문하여 새로움을 추구한다. 그러나 최근 보고서에 따르면 매출이 감소하고 고객 불만이 증가한 것으로 나타났다. 리조트 관리자들은 각 위치(프런트 데스크, 음식 서비스, 하우스키핑, 유지 관리)의 중간 관리자가 회사 기준을 지키지 않는다고 비난하고 있다. 현재 회사는 4개 리조트 각각에 부사장을 두는 사업부 구조를 채택했다.

의사 결정

일관되지 않은 서비스와 약한 판매로 인해 좌절한 플래티넘 리조트는 컨설턴트를 초빙했다. 컨설턴트는 각 리조트를 방문하고 직원 및 고객과 대화한 후, 회사가 현재의 부서 구조에서 매트릭스 조직으로 이동할 것을 권장하였다. 컨설턴트는 NASA와 같은 많은 혁신적인 조직에서 기능적 및 부문별 제어를 달성하기 위해 매트릭스 조직을 사용한다고 설명하였다. 일부 관리자는 이것이 좋은 아이디어라고 생각하지만 다른 관리자는 이 새로운 조직 구조로 인해 자신의 권한과 통제력이 약화될 수 있다고 우려하였다. 플래티넘 리조트는 뭔가 변화가 필요하다는 것을 알고 있지만 이것이 올바른 해결책인지 확신할 수 없었다.

팀 활동

4명씩 한 팀을 만들고, 각자에게 다음 역할을 맡긴다.

- 플래티넘 리조트의 회장
- 멕시코 플라야 델 카르멘 리조트의 영업 관리자
- 플로리다 키웨스트 리조트의 청소부
- 자메이카 니그릴 리조트의 고객

1. 다른 팀원들과 상의하지 않고 혼자서 생각해 볼 때, 맡은 역할의 관점에서 플래티넘 리조트가 매트릭스 구조를 채택해야 한다고 생각하는가?
2. 그룹을 구성하고 각 구성원이 매트릭스 조직으로 조직하는 것의 잠재적인 장단점을 제시하라.

미주(endnotes)는 한경사 홈페이지 www.hankyungsa.co.kr의 공지 사항에서 PDF 파일로 다운로드 할 수 있습니다.

15 조직 문화

Organizational Culture

학습목표

이 장을 학습하면 독자들은 …

1. 조직 문화의 의미와 중요성, 유래에 대해 설명할 수 있다.
2. 갈등의 문화와 포용의 문화에 대해 토론할 수 있다.
3. 기술과 혁신이 조직 문화에 어떤 영향을 미치는지 토론할 수 있다.
4. 조직이 문화를 어떻게 효과적으로 관리하는지 설명할 수 있다.

Real-World Challenge

아사나의 우수한 직장 문화 만들기[1]

작업장 생산성 관리 회사인 아사나(Asana)의 창립자들은 처음부터 문화를 '저절로 일어나는' 것으로 보지 않고, 마치 소프트웨어 제품을 개발하는 것처럼 신중하게 설계하고, 테스트하고, 디버깅하고, 반복해야 하는 것이라고 믿었다. 아사나의 사명은 "모든 팀이 쉽게 함께 일할 수 있도록 하여 인류의 번영을 돕는 것"[2] 이며, 창립자는 바로 이 회사를 통해 자신들이 원하는 변화를 창출할 수 있기를 원했다. 그들의 목표는 직원들이 자신의 업무에 대해 주인의식과 책임감을 가질 수 있는 투명한 직장을 만드는 것이었는데, 이러한 목표는 회사의 사명에 의해 영감을 받았고, 급속도로 성장하는 조직에서 가능하면 마찰 없이 성취하고자 하였다. 민첩한 조직 문화를 조성하면, 아사나가 사명을 수행하고 효과적으로 경쟁하는 데에도 도움이 될 것이다. 이러한 유형의 조직 문화를 만들고 유지하도록, 당신은 아사나에 어떤 조언을 하겠는가? 이 장을 읽고 나면 좋은 아이디어가 생길 것이다.

AP Images/Eric Risberg

조직 문화(organizational culture)는 조직 성과에 필수적이다. 이는 직원의 결정과 행동에 영향을 미칠 뿐만 아니라 조직에서 발생하는 일들과, 그러한 일들이 발생하는 원인을 설명한다. 조직 구조가 조직의 뼈대이듯이, 조직 문화는 직원의 행동 방식에 영향을 미치는 조직특성의 뼈대라고 생각할 수 있다. 조직 문화를 이해하고 관리하는 것은 개인과 조직의 성과를 향상시킬 수 있는 중요한 역할이다. 이 장을 읽고 나면, 조직 문화와 이를 관리하는 방법을 더 잘 이해하게 될 것이다.

조직 문화
조직 구성원의 태도와 행동에 영향을 미치는 공유된 가치, 규범, 가정.

15-1 조직 문화의 의미와 결정 요인

조직에 특정 유형의 문화가 있다는 것은 무엇을 의미할까? 조직 문화는 구성원의 태도와 행동[3]을 지도하고, 환경을 인식하고 반응하는 방식에 영향을 미치는 공유된 가치, 규범 및 가정의 시스템이다. 이러한 가정은 일반적으로 조직 구성원에 의해 당연하게 여겨지며, 사회화 과정을 통해 새로운 구성원에게도 전달된다.

조직 문화는 업무 수행 방식과 직원들이 상호작용 하는 방식에 반영된다. 문화가 진화하고 변화하는 데에는 오랜 시간이 걸린다. 신뢰는 문화의 기초이며, 시간이 지남에 따라 반복적인 상호작용을 통해 획득된다. 긍정적인 문화가 충분히 강해지면 직원 간 상호작용이 더욱 효율적이게 된다. 관계가 개선되고 직원들은 공동 목표를 달성하기 위해 협력한다. 조직 문화가 비즈니스 전략을 뒷받침할 때, 회사는 더 높은 성과를 낼 수 있다. 일반적인 조직 문화의 주제에는 윤리, 혁신, 다양성과 포용성, 일상적 또는 형식적, 협업이 포함된다.[4] 올바른 조직 문화를 발전시키고 유지하는 것이 중요하지만, 결코 쉬운 일은 아니다.

조직 문화는 조직 구성원의 태도와 행동에 영향을 미치는 공유된 가치, 규범, 가정이다. 인공물은 조직 문화를 물리적으로 구현한 것이다. 예로, 사진의 사무실 세팅에는 개방성, 비공식성, 감사의 문화를 나타내는 인공물이 많이 나타나 있다.

조직 문화는 공식 및 비공식 관행(practice), **인공물**(artifact), 옹호된 가치와 규범, 가정으로 구성된다. 인공물은 신화를 포함한 문화의 물리적 표현이고, 여기에는 조직이나 설립자, 수상식, 행사 및 의식, 장식, 사무실 공간 할당, 복장 규정, 호칭 방법, 공식적인 조직의 가치 목록 등이 포함된다.

인공물
조직 문화를 보고 만질 수 있도록 물리적으로 구현시켜 놓은 것.

IBM는 조직 문화 변화 노력을 강화하기 위해, IBM의 상징처럼 여겨지던 흰색 셔츠와 넥타이의 복장 규정을 폐지했다.[5] 철강 회사인 누코(Nucor Corporation)에서는 팀 문화를 구축하고 강화하기 위한 상징적인 조치로 연례 보고서의 표지에 모든 직원의 이름을 기재하도록 하였다.[6]

옹호되는 가치와 규범(espoused values and norms)은 조직이 공개적으로 명시한 것이다. 예를 들어, 조직에서는 윤리적 행동이 선호되는 가치이자 표준이라고 명시하고, 윤리적 행동이 해당 문화적 요소의 산물로서 회사의 원동력임을 알리는 표지판을 사무실에 걸어 놓을 수도 있다.

옹호되는 가치와 규범
조직이 공개적으로 명시하는, 선호되는 가치와 규범.

실행된 가치와 규범(enacted value and norm)은 조직에서 실제로 일어나는 일에 대한 관찰을 바탕으로 직원들이 보여 주는 가치와 규범이다. 회사의 최고 관리자가 불법적이거나 비윤리적인

실행된 가치와 규범
조직에서 실제로 일어나는 일에 대한 관찰을 바탕으로 직원들이 보여 주는 가치와 규범.

행동에 연루된 경우, 이는 공식적으로 명시된 윤리 가치와 무관하게 회사에서 실행된 가치와 규범이다. 만약 이 회사의 옹호 가치가 윤리적인 경우, 그 옹호 가치와 실행된 가치 사이의 차이로 인해 직원 태도와 회사 성과에 부정적인 영향을 미칠 수 있다.[7] 성과 관리, 피드백 및 보상 시스템은 모두 옹호된 가치와 실행된 가치를 일치시키는 데 도움이 된다. 글로벌 클라우드 기반의 홍보 솔루션 회사인 시전(Cision)은 회사의 가치를 구현하는 개인이나 팀에 분기별로 회사 기념품, 100달러 기프트 카드, 우승자가 수혜자를 선택할 수 있는 자선 기부금 등을 제공하는데, 이러한 제도는 조직 가치(company value)에 기반한다.[8]

기본 가정
시간이 지남에 따라 당연하게 받아들여져 회사 문화의 핵심이 되는 조직 가치.

기본 가정(assumption)은 시간이 지남에 따라 당연하게 받아들여져 회사 문화의 핵심이 되는 조직 가치이다.[9] 이러한 기본 가정은 쉽게 변하지 않는 조직 행동의 지침이 된다. 예를 들어, 아웃도어 의류 회사인 파타고니아(Patagonia)는 사회적 책임과 환경 인식을 추구하는 기업으로 유명하다.[10] 파타고니아의 직원들은 아마도 관리자가 환경적으로 무책임한 행동을 하는 것을 보면 놀랄지도 모른다. **그림 15-1**은 문화의 네 가지 구성 요소를 보여 준다.[11]

문화에 영향을 미치는 공식적인 관행(practice)에는 이익 공유, 복리 후생, 교육 및 개발 프로그램과 같은 보상 전략이나 직원들이 재택근무를 할 수 있도록 지원하는 화상 회의 시스템 등이 포함된다. 비공식적인 관행으로는 상향식 소통과 아이디어 공유를 위한 '열린 경영(open-door management)', 직원들 간 상호 협력, 여러 계층의 직원들이 함께 점심을 먹으며 아이디어를 공유하는 문화 등이 있다.

15-1a 문화는 중요한가

문화는 중요한가? 한 전문가는 "조직 문화는 조직의 우수성을 결정하는 핵심 요소이다. … 리더십의 핵심 기능은 조직 문화의 창출과 관리이다."라고 했다.[12] 연구에 따르면, 문화를 적극적으로 관리한다면, 조직과 직원이 장기적으로 전략적 목표를 달성할 가능성이 더 높아진다고 한다. 문화는 (1) 전략적으로 관련성이 있고, (2) 강력하며, (3) 변화하는 환경에 적응하기 위한 혁신과 변화를 강조할 때 조직 성과를 향상시킨다.[13] 문화가 기업의 효율성에 미치는 영향은 직원들이 긍정

그림 15-1
조직 문화의 4수준
조직 문화에는 인공물, 가정, 옹호되는 가치, 실행된 가치의 네 가지 수준이 있다.

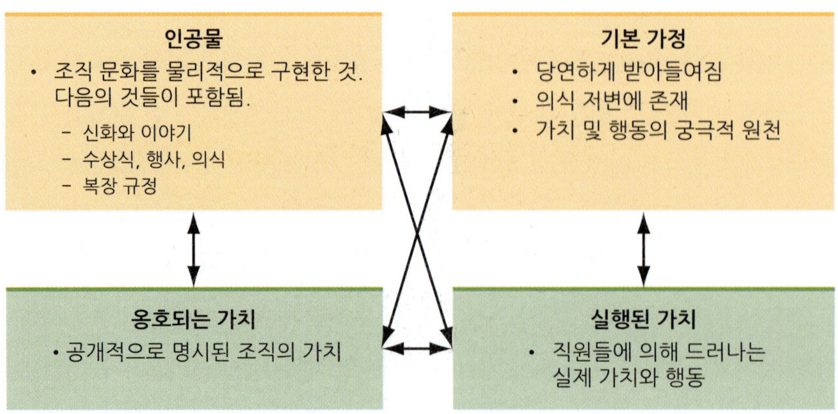

적인 태도를 가질 때 더욱 커진다.[14] 기업 문화는 비즈니스 전략을 강화해야 하며, 경쟁 우위를 제공할 수 있다. 비즈니스 전략과 기업 문화의 방향이 서로 다르면 전략이 아무리 훌륭하더라도 문화가 이길 것이다.[15]

문화는 경쟁 우위의 원천이다. 지식 공유를 지원하고 협력하는 문화를 조성하면 긍정적인 성과를 얻을 수 있다. 기술은 공유 문화를 가능하게 할 수 있다. 예를 들어, 제록스(Xerox)는 2만 5,000명의 현장 서비스 엔지니어에게 영업 통화 중에 상담할 수 있는 지식 공유 시스템의 접근 권한을 부여하였는데, 이 시스템을 통해 연간 1,500~2,000만 달러에 달하는 부품 및 인건비가 절감되었다.[16] 로우스(Lowe's Home Improvement)는 기술을 활용하여 직원들의 의사소통 및 협업 방식을 개선하였다. 로우스는 회사 내부적으로 사회적 기업 컨퍼런스를 주최하고 있으며, 많은 직원이 협업 기술을 사용하여 일상 업무를 수행하고 있다.[17]

조직 문화는 강할 수도 있고, 약할 수도 있다. 강력한 문화는 적절한 행동을 명확히 하고, 널리 공유되며, 내부적인 일관성을 유지한다. 강력한 문화는 두 가지 방식으로 조직 성과를 향상시킬 수 있다. 첫째, 직원들에게 활력을 불어넣고 더 높은 이상과 가치에 호소하고 의미 있고 통합된 목표를 중심으로 그들을 결속시킴으로써 성과를 향상시킨다. 이러한 문화는 직원의 헌신과 노력을 자극한다.[18] 줌(Zoom Video Communications)의 신입 사원 온보딩 프로그램의 중심에는 문화가 있다. 업무를 시작하기 전에 전 세계의 신입 사원들이 캘리포니아주 산호세에서 열리는 교육에 참석하여, 회사와 문화에 대해 배우고 관계 구축을 시작한다. 또한, 이들이 회사 문화에 대해 익숙해지면 멘토와 짝을 이루게 된다. 행복한 직원들은 좋은 기업 문화를 굳건하게 유지하기 위해 축하 이벤트, 각종 행사, 지역사회 및 자원봉사 등에 적극 참여한다.[19]

Wavebreakmedia Ltd/Getty Images

강한 조직 문화는 직원들이 의미 있고 통일된 목표를 달성하도록 행동을 조율하고 활기를 불어넣는다. 사진 속 직원들은 회사에서 장려하는 커뮤니티 캠페인 활동의 일환으로 토요일 오전에 함께 나무를 심고 있다. 이 조직은 강한 조직 문화를 가진 것으로 보인다.

둘째, 강력한 문화는 직원 행동을 조절함으로써 성과를 향상시킨다. 공유된 가치와 규범은 공식적인 통제 시스템처럼 직원 자율성을 침해하지 않으면서도, 직원의 행동과 의사 결정을 이끄는 회사 우선순위와 목표에 관심을 집중시킨다. 강력한 문화는 변화하는 환경에 대처하는 데 특히 도움이 된다.[20]

그러나 강한 문화가 약한 문화보다 항상 더 나은 것은 아니다. 조직 문화가 긍정적인지 부정적인지가 중요하다. 강력하고 긍정적인 문화는 회사의 가치 체계에 대한 직원의 헌신을 촉진하고, 직원과 회사의 가치를 일치시키는 데 도움이 된다. 강력하고 긍정적인 조직 문화가 갖추어진 조직에서 발견할 수 있는 직원들의 행동의 예로 공장 관리자가 현장에 도착했을 때 직원들의 반응을 들 수 있다. "우리는 관리자가 생산 현장을 둘러보는 것을 언제나 환영한다. 이를 통해서, 관리자들에게 우리가 생산 현장에 얼마나 윤리적이고, 효율적으로 일하고 있는지 보여 주는 것이 우리의 자부심이다. 우리는 관리자가 있고 없고 여부에 상관없이 이렇게 일한다." 하지만 조직의 바람에 부합하지 않는 규범이나 가치가 강하게 자리잡은 강한 조직 문화에서는 관리자가 현장을 방문했을 때 이렇게 반응할 것이다. “잠시 집중!!! 공장 관리자가 생산 현장으로 오고 있다. 열심히 일하는 것처럼 행동해!!!”

강력한 문화는 안정적이고 일관된 직원 가치와 행동을 창출하기 때문에 변화가 느리다. 회사가 변화하는 경쟁이나 새로운 비즈니스 전략에 적응하기 위해 문화를 바꿔야 하는 경우 강력한 문화는 회사의 발전에 어려움을 초래할 수 있다. 문화가 약한(그러나 너무 약하지는 않은) 회사는 다양한 상황에 더 빨리 적응할 수 있다. 문화는 조직 내에서 여러 가지를 하나로 묶는 접착제와 같다. 문화가 너무 약하면 직원을 효과적으로 이끌 수 없다. 연구에 따르면, 변화와 혁신을 수용하는 적응형 문화(adpative culture)를 갖춘 조직의 장기적인 재무 성과가 가장 높은 것으로 나타났다.[21]

강한 문화에서 직원들은 좋건 나쁘건 회사의 가치와 문화를 강화하는 행동에 참여하게 된다. 강력한 윤리 문화는 공식 및 비공식 조직 구조와 시스템을 통해 직원의 윤리적 행동과 헌신에 영향을 미치는 것으로 알려져 있다.[22] 리더십, 의사소통, 보상 시스템 및 공식적인 윤리적 행동 강령을 포함하는 전반적인 윤리적 환경은 직원의 비윤리적 행동을 감소시킨다.[23]

웰스파고(Wells Fargo) 스캔들의 원인은 비윤리적인 행동이었다. 많은 문제의 기저에는 무엇보다도 결과와 개인의 성과를 추구하는 문화가 있었다. 지속적인 수익의 성장과 개인 성과를 강조한 반면, 기업 경영자에 대한 견제와 균형 시스템은 부재하였기에 기업 문화가 잘못된 방향으로 기울었다. 2008년 주택 위기 당시 기업의 비윤리적 행동으로 인해, 로버트 뮬러(Robert Mueller) FBI 국장은 만연한 주택 대출 상품 사기 및 범죄에 맞서기 위한 ‘정직의 문화(culture of integrity)’를 요구했다.[25]

문화는 규칙과 기대치가 불분명하거나 직접적인 감독이 없는 상황에서 수행하는 작업 등 직원의 재량적 행동에 영향을 미치기 때문에 조직에 중요하다. 조직이 가능한 모든 상황을 포괄하는 절차나 정책을 만드는 것은 불가능하기 때문에 문화는 매우 중요하다. 기업 문화는 직원 동기 부여의 중요한 원천 중 하나이다. 넷플릭스(Netflix)는 직원들에게 상당한 자율성과 책임감을 부여하는 문화 덕분에 성공을 거둘 수 있었고, 이를 매우 중요하게 생각한다. 직원의 소중한 아이디어에 대한 솔직한 피드백은 회사의 의무 사항으로 받아들여지며, 넷플릭스 문화의 필수 구성 요소이다.[26]

조직의 문화를 이해하면 상사의 기분을 상하게 하거나 사회적 실수를 저지를 가능성을 줄여 경쟁 우위에 도움이 된다. 회사 가치 및 최고 경영진의 시각과 일치하는 아이디어를 표현함으로써 회사 내 영향력을 키울 수 있다.

15-1b 조직 문화를 창출하고 유지하는 방법

조직 문화는 해당 업계의 영향을 받기도 한다. 다양한 산업은 다양한 문화를 발전시킨다. 예를 들어, 원자력 발전소는 인터넷이나 생명공학 기업과는 매우 다른 문화를 가지고 있다. 조직 문화는 또한 그 조직이 속한 국가 문화의 영향도 받는다. 러시아, 중국, 미국의 기업들은 그들이 속한 국가 문화의 영향을 받는다. 회사 창립자와 리더도 기업 문화에 영향을 미친다.

자포스와 같은 온라인 소매업체는 전략적으로 조직 문화와 사업 전략을 연계시킨다. 이 회사에서는 직원들에게 최고 수준의 고객 서비스를 요구하는데, 이는 고객 유지에 도움이 된다.

Bloomberg/Getty Images

대부분의 관리자들은 교육을 통해 비즈니스 전략을 수립하고, 자기 개발을 통해 조직의 역량이 기업 전략에 부합하도록 준비한다. 하지만 교육을 통해 조직 문화를 창출하고 발전시키기는 어려우며, 개인의 경험과 참여가 필요하다. 조직의 리더는 비즈니스 전략을 지원할 수 있도록 문화를 정의하고, 문화가 직원들에게 노출되도록 행동하고, 직원들에게 문화가 중요한 이유를 이해하도록 설명하며, 조직 문화를 유지하는 데 책임감을 가져야 한다. 조직 문화를 만들고 유지하는 데는 매우 많은 시간이 소요된다. 자포스(Zappos), 사우스웨스트 항공(Southwest Airlines), 나이키(Nike)와 같은 조직이 우수한 조직 문화를 갖게 된 것은 우연이 아니다.

조직의 창립자와 초기 경영진은 회사의 문화를 형성하는 역할을 하고, 이러한 문화는 경영진의 철학, 가치, 비전 및 목표에 의해 강화된다. 이러한 요소들은 회사의 구조, 보상 시스템, 고객 관계 정책, 인사 정책, 개인 행동 및 동기부여에 영향을 미치며, 조직 문화를 강화한다.

피터 스윈번(Peter Swinburn)은, 10번의 인수와 합작 투자로 여러 회사 출신의 인력이 뒤섞여 있던 대형 음료 회사인 몰슨 쿠어스(Molson Coors)의 경영권을 잡았을 때, 응집력 있는 기업 문화를 조성하는 것을 최우선 경영 과제로 삼았다.[27] 그는 이렇게 말했다. "브랜드를 개발하는데 5년을 투자하면서, 조직 문화를 개발하는 데에는 왜 5년도 투자하지 않는가?"[28] 그렇다면, 리더는 어떻게 조직의 문화를 창출하고 유지하고 변경할 수 있을까? 표 15-1에는 전문가가 권장하는 몇 가지 전술이 제시되어 있다.

전략, 기술, 조직 구조 상의 변화는 모두 직원의 태도, 행동, 가치 및 기술 변화의 필요성을 촉발시킨다. 이를 위해서는 새로운 직원의 행동과 가치를 강화시킬 수 있는 조직 문화의 변화가 필요하다. 다양성(diversity) 등 중요한 문화적 측면을 평가하기 위해 코카콜라와 같은 회사는 직원 인식 설문 조사 및 포커스 그룹 면접을 실시하고 있다.

조직 문화에는 여러 수준이 있다. 마케팅 전략, 고객 서비스 인식 등 문화의 표층 부분(outer layer)은 자주 변할 수 있다. 하지만 근본적인 가치와 이념을 포함한 문화의 심층 부분(inner layer)은 변화하는 속도가 훨씬 느리다.

조직은 또한 다양한 영역에서 다양한 문화를 가질 수 있다. 다양한 사업부 또는 조직의 하위 그룹은 고유한 요구 사항을 지원하는 고유한 문화를 개발할 수 있다. 이는 여러 하위 그룹에 속한 직원이 여러 다른 조직 문화에 동시에 노출된다는 의미이다.

표 15-1
리더가 조직 문화에 영향을 미치는 방법

- 회사의 명확한 사명감과 가치관을 개발하고, 회사의 주된 관심사로서 측정하고, 통제할 사항들을 종업원들에게 전달한다.
- 원하는 문화를 구축하기 위해 원하는 가치를 공유, 표출, 강화할 수 있는 직원을 선발한다. 가구 소매업체 이케아(IKEA)는 태도와 가치, 자격뿐 아니라 회사 문화와의 적합성을 기준으로 직원을 채용한다. 철강회사인 누코(Nucor Corporation)는 다른 회사를 인수할 때 문화적 호환성을 의제로 삼을 정도로 문화를 중시한다. 인수를 고려하는 회사를 방문할 때, 공장 관리자와 직원이 어떻게 소통하는지 세심한 주의를 기울인다.[29]
- 적절한 가치와 신념을 보여 주고 예시하기 위해 일상에서 구체적인 행동을 사용한다. 예를 들어, 월마트(Walmart)는 회사의 비용 통제 문화를 끊임없이 직원들에게 상기시킨다. 수십억 달러 규모의 사업을 책임지고 있는 월마트의 부사장은 절약의 이미지를 강화하기 위해 자신의 방문객을 무료 증정품인 듯 보이는 의자에 앉히기도 했다.[30]
- 문화를 강화하는 일관된 역할 모델 행동을 수행한다. 월마트 전 CEO인 리 스캇(Lee Scott)과 탐 쇼위(Tom Schoewe)는 각각 연간 수백만 달러를 벌었지만, 출장에서는 소박한 호텔 방을 함께 썼다. 스캇은 "방을 공유하는 것은 우리가 하는 일의 매우 상징적인 부분"이라고 말했다. "일종의 균형을 맞추는 행동이다. 지역 관리자에게는 방을 다른 사람과 같이 사용하라고 해 놓고, 제가 방을 쇼위와 같이 쓰지 않으면 어떤 일이 벌어질까요? 만약 그렇게 하면, 두 가지 별도의 기준이 적용되는 셈이죠. 이것은 마치 제가 고객이 가장 중요하다고 해 놓고, 정작 나는 다른 기준에 따라서 행동하는 꼴입니다."[31] 리더는 문화를 설정하고, 직원은 리더의 행동을 통해 어떤 행동과 태도가 적절한지를 학습한다.
- 인적자원 관리 절차와 기준을 일관되게 만든다. 직원들에게 보상하는 방식으로 회사의 우선순위를 전달한다. 연봉 인상과 승진을 특정한 행동들과 연결하면 리더가 생각하는 우선순위의 메시지가 전달된다.
- 문화를 표현하고, 정의하며, 강화하는 전통과 의식을 육성한다. 시상식 및 행사, 신입 사원 오리엔테이션에서 CEO의 연설이나, 회사의 성공 사례를 소개하는 기회 등을 통해서 회사의 문화를 정의하고 강화할 수 있다.

15-2 갈등과 포용에 관한 문화

조직 문화에 대해 보다 잘 이해하기 위해서, 갈등 문화 그리고 수용 문화라는 두 종류의 문화에 대해서 생각해 보자.

15-2a 갈등 문화

갈등 문화
갈등을 다루는 공유되는 규범.

적극적인 갈등 관리 규범
개방적으로 갈등을 해결함.

수동적인 갈등 관리 규범
존재하는 갈등을 회피함.

합의적인 갈등 관리 규범
협력적 방식으로 갈등을 해결함.

비합의적인 갈등 관리 규범
경쟁적 방식으로 갈등을 해결함.

갈등 문화(conflict culture)는 특정 문화 유형이다. 기업에는 갈등을 관리하는 문화, 다시 말하면, 갈등을 관리하는 공유된 규범이 있다. 이는 적극적/수동적 차원과 협력/경쟁 차원이라는 두 가지 차원을 반영한다. **적극적인 갈등 관리 규범**(active conflict management norms)은 개방적인 방식으로 갈등을 해결하는 데 비해, **수동적인 갈등 관리 규범**(passive conflict management norms)은 존재하는 갈등을 되도록 회피하려고 한다. **합의적인 갈등 관리 규범**(agreeable conflict management norms)은 협력적 방식으로 갈등을 해결하려고 하지만, **비합의적인 갈등 관리 규범**(disagreeable conflict management norms)은 경쟁 방식으로 갈등을 해결하려고 한다. 이를 정리하면 **그림 15-2**와 같이 갈등에 대한 문화가 네 가지(지배적, 협력적, 수동-공격적, 회피적)로 유형화된다.[32]

지배적 갈등 문화

지배적인(dominating) 갈등 문화는 활발하면서도 경쟁적이다. 공개적인 대결은 물론 열띤 논쟁과 위협도 허용된다.[33]

협력적 갈등 문화

협력적(collaborating) 갈등 문화는 활발하면서 우호적이다. 직원들은 갈등을 적극적으로 관리하고 협력하여 해결하여 모든 관련 당사자를 위한 최선의 해결책을 찾는다. 사우스웨스트 항공(Southwest Airlines)은 협력적인 갈등 문화를 가지고 있다. 다음은 사우스웨스트 항공의 한 조종사의 증언이다.

> "조종사와 승무원 간에는 상호작용이 제대로 이루어지지 않을 때도 있다. 만일 그들이 화가 났다면, 우리는 팀워크 접근 방식으로 함께 해결한다. 문제가 생기면 스스로 해결하는 것이 가장 좋지만, 그렇게 할 수 없다면 다음 단계로 넘어가는데, 이 단계에서는 모든 당사자가 참석하는 회의가 소집된다."[34]

그림 15-2
갈등 관리에 대한 문화

갈등에 대한 문화에는 네 가지 유형이 있다. 첫 번째 차원은 적극적/수동적 규범이고, 두 번째 차원은 합의적/비합의적 규범이다.

	비합의적	합의적
적극적	지배적	협력적
수동적	수동-공격적	회피적

Source: Gelfand, M. J., Leslie, L. M., & Keller, K. M. (2008). On the Etiology of Conflict Cultures, *Research in Organizational Behavior*, 28, 137–166.

회피적 갈등 문화

갈등을 회피하는(avoidant) 문화는 수동적이며 합의에 의존한다. 이러한 유형의 문화는 질서와 통제를 유지하고 조화와 대인 관계를 유지하려고 노력하는 문화다.[35] 일반적으로, 상대방의 관점을 무조건 수용 혹은 굴복한다든지, 갈등을 일으키는 주제를 바꾸거나 갈등 문제에 대한 공개 토론을 회피한다.

수동-공격적 갈등 문화

수동-공격적(passive-aggressive) 갈등 문화는 수동적이면서도 비협의적이다. 이 문화는 갈등을 토론 등 공개적으로 다루기보다는, 침묵을 지키고, 정보를 숨기고, 직장과 동료들을 회피하는 등 소극적인 저항을 통해 갈등을 처리하기 위한 규범이 주를 이룬다.[36] 병원에는 종종 여러 계층의 권위와 강력한 관료주의(bureaucracy)로 인해 수동-공격적 갈등 문화가 있다.[37]

국가 및 지역 문화는 조직의 갈등 문화 유형에 영향을 미칠 수 있다. 이 장의 Global Issues에서는 조직의 갈등 문화에 영향을 미치는 국가 문화에 대해서 살펴본다.

15-2b 포용에 관한 문화

조직 문화는 다양성(diversity), 형평성(equity), 포용성(inclusion)의 효과적 관리에 중요한 부분이다. 조직의 가치와 문화는 조직 구성의 다양성과 상호작용 하면서, 사회적 관계, 갈등, 생산성과 창의성에 영향을 미친다.[43] 집단적 이익에 초점을 맞춘 조직은 다양성의 잠재적 이점을 더 잘 활용한다. 많은 연구 결과가 다양성을 존중하는 문화가 흑인, 백인, 히스패닉계 미국인의 이직률 감소와 관련이 있다는 주장을 뒷받침하고 있다.[44] 다양성을 중요시한다는 인식이 흑인 직원의 결근 감소와도 관련이 있다.[45]

조직의 **포용 문화**(culture of inclusion)는 대다수 구성원이 소외 계층 구성원의 고용을 늘리기

포용 문화
조직 내 소수자를 다수자가 포용하는 정도 및 소수자의 자질과 능력을 문제 삼는가의 여부.

Global Issues

갈등 문화에 대한 국가 문화의 영향

국가 혹은 문화적 수준의 문화는 갈등 관련 문화를 포함하여 조직 문화의 여러 측면에 영향을 미친다. 지배적인 갈등 문화는 미국 등 개인주의(individualism)를 강조하는 국가 문화에서 더 자주 발생할 수 있다. 예를 들어, 미국 언론과 기관에서는 갈등을 '전쟁' 또는 '승리해야 하는 것' 등 적대적으로 언급하는 경우가 많다.[38]

협력적 갈등 문화는 보다 평등주의적이고 집단주의적인 문화, 그리고 네덜란드와 같이 경쟁보다 협력을 중시하는 문화에서 더 흔하게 나타난다.[39] 갈등 회피적 문화는 불확실성 회피(uncertainty avoidance)와 집단주의(collectivism)가 강한 문화에서 더 자주 나타날 수 있다. 많은 아시아권에서처럼, 권위에 의존하고 집단 내 조화를 유지한다.[40] 수동-공격적 갈등 문화는 가학적인 지도자가 있는 사회에서와 같이 권력 거리(power distance)가 더 멀거나, 사회 및 조직의 약자들이 불평등한 권력 분배를 당연히 여기고[41] 수용하는 문화에서 더 많이 나타난다.[42]

위한 노력이 중요하다고 생각하는 정도와, 이러한 직원의 자격 및 능력에 의문을 제기되는지 여부를 반영한다.[46] 이러한 인식은 특정 개인에게 다양성이 드러나는 정도와 회사의 다양성 활동에 의해 영향을 받을 수 있다.

오티스(Otis Elevator)에서는 포용 문화가 안전 문화를 정착시키는 데 필수적인 것으로 여겨지고 있다. 현장 직원은 매우 높은 곳에서 중장비를 작동한다. 감정적으로 안전하지 않다고 느끼면, 실제로 사고가 발생할 수 있다. 오티스의 CEO인 주디 막스(Judy Marks)는 "그들이 매일 밤 무사히 집에 돌아갈 수 있으려면 '온전한 자아'가 작업 현장에 있어야 한다."라고 말했다. 6만 9,000명의 직원 모두가 '환대받고, 안전하며, 경청되는' 느낌을 가질 수 있도록, 회사는 채용, 보상 및 기타 비즈니스 관행에 대한 독립적인 검토를 실시하여, 의식적·무의식적 편견 및 반인종주의을 발견하고, 이를 제거하여 포용 학습을 구현했다. 조직 내 가장 낮은 수준에서부터 조직의 최고 경영진에 이르기까지 모든 수준에서 합의를 이끌어 내기 위해서 자문 그룹(advisory group)을 조직하였다.[47]

주택 금융 회사인 패니메이(Fannie Mae)는 직원을 소중히 여기고 유지하는 기업 문화의 필요성을 인식하였고, 항시 직원들을 대상으로 "당신의 관점에서 볼 때, 조직 문화를 개선하기 위해 우리가 무엇을 할 수 있겠는가?"라는 질문을 던진다. 이러한 질문을 통해, 회사가 항상 크리스마스만 중요하게 여기고, 자신의 종교에서 중요하게 여기는 로쉬 하샤나(Rosh Hashanah), 라마단(Ramadan) 또는 디왈리(Diwali) 같은 기념일들은 인정받지 못하고 있다는 점에 대해 유대인, 무슬림, 힌두교도 종업원들이 언짢게 생각하고 있다는 것을 알게 되었다. 문제는 회사가 서둘러 재무적 조정의 마무리하는 과정에서 다시 불거졌다. 하루 12시간, 일주일에 6일 일하는 일정에서는 종교 행사 참여가 어려웠다. 그래서 회사는 여러 종교의 주요 종교 행사를 표시한 달력을 만들었다. 해당 종교 행사가 다가오면, 회사 인트라넷에 명절의 의미와 역사를 담은 경영진의 메시지가 게시된다. 또한 현장

Case Study

마이크로소프트의 포용 문화 만들기[48]

마이크로소프트(Microsoft)의 사명은 모든 사람과 조직이 더 많은 것을 성취할 수 있도록 역량을 강화하는 것이다. 이러한 목표는 직원들이 최선을 다할 수 있도록 인적자원의 다양성에 몰입과 포용적인 문화를 증진하려는 노력을 통해 달성된다. 마이크로소프트는 자사의 문화가 조직 성공의 가장 중요한 원동력이라는 것을 인식하고 있기 때문에, 서로 존중하고 보람을 느끼며 다양하고 포용적인 업무 환경을 조성하기 위해 노력하고 있다. 최고의 제품을 만들기 위해 자폐 증상이 있는 직원을 포함, 모든 영역에 걸쳐 다양하고 포용적인 인력이 필요하다. 마이크로소프트에서는 모든 직원이 회사에 소속감을 느끼면서 완전하고 진정한 자아를 바탕으로 기꺼이 공헌하기를 바란다.

마이크로소프트에서 다양성과 포용성은 단순한 성별과 인종 이상의 의미를 갖는다. 여기에는 문화, 종교, 연령, 정치적 성향, 교육, 성적 취향 등도 포함된다. 다양성과 포용성을 위한 문화를 구축하겠다는 약속은 모든 사람이 포용되고 인정받고 있다고 느낄 수 있는 환경을 조성하는 것을 의미하며, 이는 결국 회사의 성공에 도움이 될 수 있는 환경이 된다. CEO로서 사티아 나델라(Satya Nadella)는 사람들이 팀의 다양성을 인식할 수 있도록 내부 메시지를 강화하고, 관리자와 직원들이 함께 학습할 수 있는 무의식적 편견 줄이기 교육 과정을 운영 중이다.

다양한 인재 파이프라인을 구축하고, 회사의 채용 대상을 보다 포용적으로 확장하기 위한 다양한 투자 외에도, 마이크로소프트의 관리자들은 포용적인 채용과 효과적인 코치 혹은 후원자가 되는 과정을 이수해야 한다. 마이크로소프트의 다양한 종업원 자원 그룹(employee resource group: ERG)과 직원 네트워크는 종업원들 간의 커뮤니티 구축과, 회사가 종업원들의 요구 사항을 파악하고 해결하는 데 도움이 된다. 회사가 다양한 인재를 채용, 유지, 성장시키고 그들에게 장기적인 경력 계획을 제공하는 데에도 상당한 노력, 시간 및 리더십이 투입된다.

모든 직원이 가치 있다고 느끼고, 성장할 수 있으며, 자신의 목적 의식을 성취할 수 있는 권한을 부여받는 조직 문화를 구축하고 유지하기 위해 마이크로소프트는 직원들에게 변화를 수용하라고 요구한다. 마이크로소프트의 포용 이니셔티브(inclusion initiatives)는 성과 및 개발 접근 방식를 재정의하고, 종업원들 간 상호 방해 금지, 질문하는 습관 만들기, 스트레스가 많은 상황을 줄이고 동료의 스트레스를 최소화하기 등 일상적인 열 가지 포용적 행동을 제시한다. 경영진은 마이크로소프트가 추구하는 문화를 모델로 삼아야 하며, 이들 성과급의 일부는 조직 내 다양성과 포용성의 발전 정도에 의해서 결정된다.

질문

1. 마이크로소프트에서 가장 중요한 다양성 유형은 무엇이라고 생각하는가?
2. 다양하고 포용적인 업무 환경의 중요한 요소는 무엇이라고 생각하며, 마이크로소프트에서는 이러한 요소가 어떤 모습인가?
3. 마이크로소프트에서 직원 종업원 자원 그룹(ERG)의 역할은 무엇인가?

의 관리자들이 해당 종교 행사에 어떻게 대처해야 하는가를 지시하는 내용도 담겨 있다.[49] 이 장의 Case Study에서는 마이크로소프트가 포용적인 문화를 구축하기 위해 어떤 노력을 했는지 나타나 있다. 또한 Improve Your Skills에서는 회사 문화를 더 잘 평가할 수 있는 몇 가지 팁이을 통해서 당신이 어떤 조직 문화에 더 적합한지에 대해 알게 될 것이다.

Improve Your Skills

조직 문화 측정

성공적이고 행복한 직원이 되려면 자신의 가치관, 선호도, 목표를 기업 문화에 맞추는 것이 중요하다. 하지만 정식 직원이 되기 전에 회사의 문화를 어떻게 확인할 수 있을까? 전문가들은 다음과 같이 제안한다.[50]

1. 물리적인 주변 환경을 관찰하라. 직원의 옷차림, 사무실 개방 형태, 사용되는 가구 유형, 벽에 전시된 품목 등에 주의를 기울여라. 금지된 활동에 대한 경고 표시도 통찰력을 제공할 수 있다.
2. 문화에 대해 개방형 질문을 하라. 여러 직원에게 "이 회사의 조직 문화를 어떻게 설명하겠는가?"라고 물어보라. 그들의 반응을 주의 깊게 들어 보라. 그들이 동의하는가? 긍정적이고 열정적으로 보이는가?
3. 홈페이지를 확인해 보라. 회사는 스스로를 어떻게 표현하고 있는가? 직원이 쓴 추천의 글은 단순히 글에 불과한가? 아니면 진솔하게 보이는가?
4. 다른 사람들의 말을 들어 보라. 조직 내에서 실제로 '고객 서비스', '윤리'에 대한 논의를 하는가? 아니면 숫자 만들기(재무적 성과)에 대해 더 강조하는 말이 들리는가?
5. 당신이 어떤 사람에게 소개될 때, 사람들이 어떻게 행동했는지 기록하라. 당신이 만나는 사람들은 격식을 차린 사람인가, 아니면 소탈한 사람인가? 진지한 사람인가, 아니면 여유로운 사람인가? 당신은 부서의 모든 사람에게 소개되고 있다고 생각하는가, 아니면 선택된 소수의 직원에게만 소개되고 있다고 생각하는가?
6. 협력사, 고객, 전직 직원을 포함한 외부인의 견해를 들어 보라. 이러한 정보 소스는 회사를 '관료적', '대처하기 불편함', '개방적이고 유연함', '긍정적이고 매력적인 직장'과 같은 용어로 일관되게 설명되는가?

15-3 문화에 대한 기술과 혁신의 효과

원하는 문화를 만들고 유지하는 것은 기술을 통해 촉진될 수 있지만, 동시에 기술 사용의 결과로 인해 더욱 어려워질 수도 있다. 직원들이 코로나19 팬데믹 기간 동안 재택근무를 하고, 이 경험을 통해, 직접적인 소통이 부재한 상황에서 조직 문화를 구축하고 유지하는 것이 얼마나 어려운지 깨달았다. 혁신과 문화는 서로에게 큰 영향을 미친다.

15-3a 문화 조성과 유지를 위해 인트라넷 사용하기

인트라넷(intranets)은 직원들 사이에 공동체 의식을 구축하고 강화함으로써 조직의 문화를 강화하는 데 도움이 될 수 있다. 조직의 문화는 부서에 따라, 심지어 관리자에 따라서도 달라질 수 있다. 대기업의 다양한 부서에서 일하는 사람들에게 조직 문화에 대해 물어보면 서로 다른 대답을 얻을 가능성이 높다. 작업 그룹(workgroups)은 자체적인 문화를 가지는 경우가 많다. 따라서 인트라넷을 사용, 공통의 회사 가치를 중심으로 다양한 부서 및 위치의 직원을 통합하는 데 도움을 줄 수 있는 공통의 문화 기반을 구축할 수 있다. 이를 통해 사람들은 더 넓은 조직과 연결되고, 직원의 행동 및 의사 결정 방식의 일관성이 강화된다.

조직을 위한 핵심은, 무조건 최신 정보 기술을 사용하는 것이 아니라, 신뢰, 개방성, 관계 구축 및 정보 공유 문화를 만들고 유지하기 위한 올바른 기술을 활용하는 것이다. 인트라넷 디자인은 서로 다른 유형의 문화를 반영하며, 조직의 문화는 역으로 정보의 흐름을 통제하고, 행동 규범을 확립함으로써 강화된다. 일부 인트라넷은 회사, 전략 및 목표를 향한 진행 상황에 대해 직원들이 사용할 수 있는 많은 정보를 제공하기도 하고, 주로 일정 관리 기능과 같은 셀프 서비스 도구로도 사용된다. 슬랙(Slack)이나 마이크로소프트 팀즈(Teams)와 같은 인트라넷은 커뮤니케이션을 촉진하고 조직 문화를 강화시킬 수 있다. 다음은 인트라넷이 조직 문화를 반영하고, 조직 문화에 영향을 미치는 방법들이다.

Khakimullin Aleksandr/Shutterstock.com

인트라넷은 다양한 부서와 장소에 있는 직원들을 한곳으로 묶을 수 있는 문화적 공통 기반을 제공한다. 또한 인트라넷은 조직을 하나로 묶어 주는 연결성을 유지하는 데 도움이 된다.

1. 내용 범위: 다루는 내용의 범위가 좁은 인트라넷은 비밀 유지 및 정보 은폐(information hoarding) 문화를 강화할 수 있다. 인사, 회사 및 업계 뉴스, 블로그, 위키, 회사 리더와의 인터뷰, 성과 지표 등 다양한 주제에 대한 정보와 기타 유용한 사이트에 대한 링크가 포함된 인트라넷은 개방성과 팀워크의 문화를 반영한다.
2. 직원 피드백 및 기여에 대한 개방성: 직원들이 '좋은가? 아니면 그렇지 않은가?'와 같이 피드백을 할 수 있는 인트라넷은 직원의 기여를 소중히 여기는 참여 문화를 반영한다. 보다 집중화되고 편집 및 필터링이 많이 이루어지는 인트라넷은 정보의 흐름이 덜 자유롭고 직원의 기여가 덜 권장되는 문화를 반영한다.
3. 업데이트 빈도: 거의 업데이트되지 않는 인트라넷은 회사 문화에 영향을 미칠 가능성이 없으며, 직원 기여를 중시하지 않고, 내부 커뮤니케이션이 부족하며, 세부 사항에 대한 관심이 부족한 문화를 반영할 수 있다. 통신 장비 회사인 루슨트(Lucent Technologies)는 필요한 경우 하루에 몇 번씩 인트라넷을 업데이트한다. 또한 직원들의 잦은 방문을 유도하기 위해 회사의 전략적 비전과 포지셔닝을 강화하는 주간 특집 기사를 게시한다.
4. 인트라넷의 수: 회사 인트라넷은 하나만 존재할 수도 있고, 아니면 각각 다른 직원 그룹에 서비스를 제공하는 여러 개를 보유할 수도 있다. 예를 들어, 일부 조직에서는 영업 인력을 위한 인트라넷과 R&D 그룹을 위한 완전히 다른 성격의 인트라넷을 운영한다.
5. 상징, 이야기, 의식의 사용: 인트라넷은 조직에 영향을 미치는 사건 소식, CEO의 메시지, 조직에 기여한 직원 시상 발표 등을 통해 회사의 문화를 표현하고 정보를 전달할 수 있다.

15-3b 원격 직원과 문화 구축 및 유지

가상 조직(virtual organization)의 확산은 조직의 정체성과 문화에 새로운 문제의식을 던진다. 특히 회사가 프리랜서(free agents)에 의존하거나, 독자적 문화를 가진 다른 회사와의 제휴에 의존하는 경우 더욱 그렇다. 가상 조직에서는 동료와 대면하는 시간이 거의 없기 때문에, 직원들이 조직 문화에 익숙해지기가 더 어렵다. 또한 원격 직원들 사이에서 조직의 문화적 가치도 약화된다. 그

iStock.com/Filadendron

원격 근무 직원을 포용하고, 근무 열의를 불러일으키는 조직 문화를 조성하고 유지하기 위해서 조직은 새로운 도전을 감수해야 한다. 사진 속의 관리자는 고위직임에도 불구하고 주로 집에서 일한다. 그에 따라 조직 문화에 충분히 통합되기 힘들어진다.

래서 종업원들을 조직과 동일시하고 직원 행동을 관리하는 것이 더욱 중요한 의미를 갖는다.[51]

원격 근무자들은 직접 보고 경험할 수 없기 때문에 조직 문화에 적응하는 것이 어려울 수 있다. 이런 문제를 해소하기 위해, 각종 축하 행사와 시상식을 스트리밍하고 녹화하여 원격 근무자들에게도 보여 주는 것이 도움이 된다. 또한 화상 통화를 촉진하고 원격 직원이 다른 원격 또는 사무실 동료와 가상 사무실 친구가 될 수 있도록 라이브 스트리밍을 허용함으로써 가상 작업을 활성화하고 포용하는 문화도 중요하다. 원격 근무자가 멘토링과 코칭을 받고, 자신에게 가장 적합한 방식으로 회사 및 동료와 연결되어 있다는 느낌을 갖도록 하는 것도 중요하다.

15-3c 혁신과 문화

혁신
제품, 프로세스, 서비스 등의 형태로 시장에 소개되는 새로운 것을 창조하고 시도하는 과정.

혁신(innovation)은 제품, 프로세스, 서비스 등 시장에 소개되는 새로운 것을 만들고 수행하는 프로세스이다. 혁신은 연구부터 개발, 제조, 마케팅까지 조직의 모든 측면을 포함한다. 조직의 큰 과제 중 하나는 비용적으로 가장 효율적인 방식으로 혁신적인 기술을 시장의 요구에 맞게 제공하는 것이다.[52] 혁신은 단지 새로운 제품을 만드는 기술에만 국한되지 않는다. 진정한 조직 혁신은 조직 전체에 널리 퍼져 있다. 혁신적인 기업일수록 구직자들에게 더 매력적인 것으로 알려져 있다.[53]

혁신에는 많은 위험이 따른다. 가장 근본적인 위험은 새로운 기술이나 혁신에 대한 결정이 역효과를 낳을 수 있다는 점이다. 연구가 진행되고 엔지니어와 연구원들이 새로운 아이디어나 솔루션을 계속 개발한다고 해도, 혁신이 예상대로 수행되지 않을 가능성은 항상 존재한다. 이러한 이유로 조직은 혁신을 테스트하는 데 상당한 자원을 투입한다.[54] 두 번째 위험은 경쟁자가 혁신을 시장에 먼저 출시하는 결정을 내릴 가능성이다. 시장은 지속적인 혁신이 충돌하는 전쟁터이다.

Gorodenkoff/Shutterstock.com

혁신을 위해서는 위험 감수를 각오해야 하며, 모든 혁신 시도가 성공적인 것은 아니다. 직원들이 성공적이기를 원하는 조직이라면 정해진 절차에 따라서 개발된 제품의 실패 책임을 묻는 것에 매우 신중해야 한다.

어떤 이들은 혁신이라는 용어가 너무 남용되어서 이제 진부한 표현이 되었다고 주장한다. 기업이 최고 혁신 책임자(CIO) 같은 자리를 만들고, 컨설턴트가 서비스를 수십만 달러에 팔면서도 기존 제품과 거의 다를 바 없는 제품을 만들거나, 매우 적은 비율로 생산량을 늘리는 것은 혁신이라고 부를 수 없다는 주장도 있다. 그들은 이 용어를 제품, 서비스 또는 프로세스의 파괴적이거나 급진적인 변화에만 사용하도록 요구한다.[55]

이러한 비판에는 어느 정도 일리가 있지만, 조직은 여전히 단순한 현상 유지를 경계해야 하며, 경쟁 업체의 보다 혁신적인 관행이나 새로운 기술 혁신이 뒤처질 위험을 감수해야만 한다. 이는 2003년부터 2009년까지 휴대폰 및 이메일 장치 시장을 장악했던 RIM(Research in Motion)의 블랙베리(BlackBerry)의 붕괴를 통해 뒷받침된다. 수천 개의 애플리케이션과 함께 애플(Apple)의 아이폰과 구글(Google)의 안드로이드폰이 RIM를 붕괴 직전까지 몰아넣었다.[56]

혁신의 유형

혁신 유형에는 급진적 혁신, 시스템 혁신, 점진적 혁신이 있다. **급진적 혁신**(radical innovation or disruptive innovation)은 전체 산업을 변화시키거나 창조하는 획기적인 혁신을 의미한다. 인터넷, 증기기관, 전신, (오늘날 자동차 산업의 길을 닦은) 내연기관 등이 그 예이다. 보다 현대적인 예로는 에어비앤비(Airbnb), 드론을 이용한 패키지 배달, 리프트(Lyft)나 우버(Uber)와 같은 차량 공유 앱 등이 있다. **시스템 혁신**(systems innovation)은 부품을 새로운 방식으로 조립하여 새로운 기능을 창출한다. 예를 들어, 가솔린 엔진은 급진적인 혁신으로 시작하여, 자전거 및 마차 기술과 결합해 자동차를 만드는 데 사용되면서 시스템 혁신이 되었다. **점진적 혁신**(incremental innovation)은 기술 개선을 지속하면서 급진적 혁신과 시스템 혁신의 적용을 확장한다. 실제로 급진적 혁신이나 시스템 혁신보다 점진적인 혁신의 사례가 더 많다. 급진적이고 시스템 혁신이 제대로 작동하려면 몇 가지 점진적인 혁신이 필요한 경우가 많다. 점진적인 혁신을 통해 조직은 지속적으로 제품을 개선하고 경쟁 우위를 유지하거나 앞서 나갈 수 있다.

급진적 혁신
산업 전체를 바뀌거나 창조하는 수준의 혁신.

시스템 혁신
부품을 새로운 방식을 조립해서 새로운 기능을 만들어 냄.

점진적 혁신
기술적 개선과 급진적 혁신과 시스템 혁신의 적용 정도를 지속적으로 늘려나가는 것.

새로운 벤처

혁신을 기반으로 한 새로운 벤처가 성공하려면 기업가정신과 훌륭한 경영이 필요하다. 기업가로서 갖추어야 할 요소에는 일반적으로 성취에 대한 욕구, 책임을 맡으려는 욕구, 위험을 감수하려는 의지, 구체적인 결과에 대한 초점 등이 있다. 기업가정신(entrepreneurship)은 대규모 조직의 내부 또는 외부에서 발생할 수 있지만, 대규모 조직에서의 보다 공식적인 직무 역할은 일반적으로 기업가적 유형의 활동을 장려하지 않는다. 대규모 조직이 혁신적이고 새로운 벤처를 개발하려면 기업가적 활동을 적극적으로 장려해야 할 필요가 있다. 종종 **사내기업가정신**(intrapreneruship)이라고 불리는 이러한 형태의 활동은 일반적으로 조직 내 일상의 일부가 되고, 연구 개발 부서에만 국한되기보다는 조직 전체에서 발생할 때 효과적이다.

사내기업가정신
대형 조직 내부의 맥락 속에서 일어나는 기업가적 활동.

기업의 연구 개발

전통적인 조직에서 혁신을 개발하는 일반적인 방법은 기업의 연구 개발(corporate research)을 통해서이다. 기업 연구 개발은 일반적으로 기존 비즈니스를 지원하고, 조직 비즈니스에 점진적인 혁신을 제공하고, 잠재적인 새로운 기술 기반을 탐색하기 위해 설정된다. 이는 주로 기업의 주요 시설 현장이나 정상 운영에서 어느 정도 떨어진 실험실에서 발생한다.

기업 내 연구원은 회사의 제품과 프로세스를 기술적으로 발전시키는 일을 담당한다. 제품 수명 주기(product life cycles)는 제품이 노후화되는 속도와, 제품 대체품의 개발 여부에 따라 크게 달라진다.

분명, 제품이 더 이상 사용되지 않거나 다른 제품으로 대체될 수 있다면 해당 제품의 판매 수익은 감소할 것이다. 기업 연구 개발의 임무는 회사의 제품을 최신 상태로 유지하여, 이러한 일이 발생하지 않도록 하는 것이다.

기업 문화는 창의성과 혁신이 일어나는 환경을 조성하는 데 중요한 역할을 한다. 예를 들어, 3M은 혁신으로 유명한 회사이다. 이 회사의 과학자들은 마스킹 테이프, 스카치 테이프, 직물 보호재, 포스트잇 노트, 틴슐레이트(Thinsulate) 소재를 포함, 수천 개의 혁신적인 제품을 개발했다. 회사는 한때 직원들이 스스로 선택한 프로젝트에 근무 시간의 최대 15%까지 사용할 수 있도록 허용하였다.

15-4 조직 문화 관리

앞서 우리는 리더가 조직 문화를 어떻게 창조하는지에 대해 논의했다. 이 섹션에서는 기존 문화가 어떻게 관리되는지 자세히 살펴보고자 한다. 조직 문화 관리의 세 가지 요소는 (1) 기존 문화 활용, (2) 조직 문화 교육, (3) 조직 문화 변화이다.

15-4a 기존 문화 활용하기

대부분의 관리자는 이미 강력한 문화적 가치를 지닌 조직에서 일하기 때문에 새로운 조직 문화를 조성하지 못한다. 이러한 관리자들에게 문화 관리의 핵심 문제는 기존 문화 시스템을 잘 활용하는 것이다. 이미 존재하는 역사, 전통, 가치를 바꾸는 것보다 현재의 문화 내에서 직원 행동을 바꾸는 것이 더 쉽고 빠를 수 있다.[57]

기존 문화 시스템을 활용하려면 관리자는 먼저 문화의 가치와 해당 가치가 지원하는 행동이나 활동이 무엇인지 완전히 파악해야 한다. 그러나 조직의 가치를 완전히 인식하는 것은 일반적으로 쉽지 않다. 여기에는 회사의 믿음과 가치에 대해 소개한 소책자를 읽는 것 이상의 노력이 포함되어야 한다. 관리자는 조직의 가치가 회사에서 어떻게 작동하는지 깊이 이해해야 한다. 이는 일반적으로 경험을 통해서만 가능한다.

이러한 이해가 일단 달성되면 조직 내 다른 사람들의 성과를 평가하는 데 사용될 수 있다. 조직의 가치를 명확히 표현하는 것은 다른 사람의 행동을 관리하는 데 유용할 수 있다. 예를 들어, '본업을 고수한다'는 강력한 문화적 가치를 지닌 회사의 한 관리자가 새로운 산업으로의 진출 비즈니스 전략을 제안한다고 가정해 보자. 기업 문화를 이해하는 다른 관리자가 이 제안을 거절할 때, 이 비즈니스 전략이 경제적 결함이 있거나 개념적으로 취약하다는 식으로 거절하기보다는 "우리 회사는 본업에 충실하려고 한다."라는 식으로 조직 가치를 강조하면서 신사업 전략 채택에 제동을 걸 수 있다.

기존의 조직 문화를 잘 이해하는 고위 관리자는 이를 하위 직원에게 전달할 수 있다. 시간이 지남에 따라 조직의 하위 관리자가 회사의 문화를 이해하고 받아들이기 시작하면 지침이 덜 필요해진다. 그러면 기업 가치에 대한 이해는 의사 결정과 행동의 지침이 될 것이다.

15-4b 조직 문화 가르치기: 사회화

사회화(socialization)는 개인이 사회적 존재가 되는 과정이다.[58] 심리학자들의 연구에 따르면, 사회화는 아이들이 사회에서 성인이 되는 법을 배우는 과정이다. 즉, 허용되고 예의바른 행동과 그렇지 않은 행동을 구분하는 방법, 의사소통하는 방법, 다른 사람들과 상호작용 하는 방법 등을 배운다. 복잡한 사회에서 사회화 과정은 수년에 걸쳐 이루어진다.

사회화
개인이 사회적 존재가 되어가는 과정.

조직사회화(organizational socialization)는 구성원이 조직의 문화를 배우고, 자신의 지식과 이해를 다른 사람에게 전달하는 과정이다. 사람들이 사회생활을 통해 사회화되는 것처럼, 종업원도 조직에서 사회화된다. 즉, 시간이 지남에 따라 조직에서 허용되는 것과 허용되지 않는 것이 무엇인지, 조직에서 자신의 감정을 전달하는 방법 및 다른 사람과 상호작용 하는 방법을 알게 된다. 그들은 스스로 수행하는 관찰과 함께, 이러한 정보를 그들에게 전달해 주려는 관리자의 노력을 통해 학습한다. 사회화 과정에 대한 연구에 따르면, 많은 직원들에게 사회화 프로그램이 비록 자신의 가치를 크게 변화시키지는 않지만, 개인 가치와 조직 가치의 차이를 더 잘 인식하고, 이러한 차이에 대처하는 방법을 개발하는 데 도움이 되는 것으로 나타났다.[59]

조직 사회화
직원이 기업의 문화에 대해서 배우고, 그들의 지식과 이해한 바를 다른 직원들에게 전달해 가는 과정.

Rawpixel.com/Shutterstock.com

조직은 신입 사원을 사회화하고 직원들에게 조직 문화를 가르치기 위해 다양한 방법을 사용한다. 신입 사원들은 오리엔테이션을 함께 거치면서, 그들이 소속된 조직에 대해서 알아 가게 될 것이다.

다양한 조직 메커니즘이 근로자의 사회화에 영향을 미칠 수 있다. 아마도 가장 중요한 것은 신입 사원이 경험 많은 직원의 행동에서 배우는 과정일 것이다. 신입 사원은 경험 있는 직원의 행동을 관찰함으로써 자신의 행동을 안내하는 지침(repertoire)을 확보한다. 무엇인가 결정을 내려야 할 때, 신입 직원은 "이 상황에서 내 상사나 관리자는 어떻게 할까?"라고 질문할 수 있다. 하지만 이는 공식적인 훈련 및 기업의 공식적 조직 문화에 대한 선언이 사회화 과정에서 중요하지 않다는 것을 의미하는 것은 아니다. 공식적인 요소들 역시 다른 사람의 행동에 대한 면밀한 관찰을 기반으로 하는 사회화 과정을 지원한다.

일부 조직에서는 공식 웹사이트나 직원 교육에서 제시되는 문화가 실제 행동으로 표현되는 조직의 가치와 다를 수 있다. 예를 들어, 회사에서 공식적으로는 직원이 가장 중요한 자산이라고 말하면서도, 실제로는 직원을 함부로 대할 수 있다. 이러한 환경에서 신입 사원은 수사법과 공식적인 교육 세션이 실제 조직 문화와 거의 관련이 없다는 것을 알아채게 된다. 이 시스템에 사회화된 직원들은 일반적으로 공식적으로 옹호되는 문화적 가치보다는 실제적인 문화적 가치를 받아들이게 된다. Understand Yourself에서는 조직의 문화를 이해하는 능력에 대한 통찰을 제공한다.

Understand Yourself

문화 감각 개선

이 연습 과제는 조직 문화에 대해 현재 알고 있는 내용을 평가하는 데 도움을 주기 위해 고안되었다. 다음은 조직 문화의 맥락에서 수행되는 업무에 대한 열 가지 진술이다. 해당 열의 숫자에 동그라미를 표시하여 각 의견에 동의하거나 동의하지 않는 정도를 표시하라.

	강하게 동의				강하게 부정
1. 한 조직에서 잘할 수 있는 사람은 어느 조직에서도 잘할 수 있다.	1	2	3	4	5
2. 조직의 문화는 현재 CEO가 말하는 그대로이다.	1	2	3	4	5
3. 채용 결정 시 후보자의 능력과 경험이 전부이며, 조직 적합성은 그리 중요한 요인이 아니다.	1	2	3	4	5
4. 조직의 구성원들은 조직 문화를 고수하는 방법을 명시적으로 알려준다.	1	2	3	4	5
5. 기민한 관리자는 적절한 학습을 통해 기업 문화를 매우 빠르게 바꿀 수 있다.	1	2	3	4	5
6. 공통의 문화는 조직 구성원들을 통합하는 데 중요하지만, 반드시 재무 건전성에 영향을 미치는 것은 아니다.	1	2	3	4	5
7. 성실한 직원은 조직 문화에 실제로 영향을 받지 않는다.	1	2	3	4	5
8. 강한 조직 문화가 반드시 높은 조직 성과와 연계되어 있는 것은 아니다.	1	2	3	4	5
9. 하위 문화의 구성원들은 개별 문화의 공통 가치를 공유할 뿐, 지배적 조직 문화의 가치를 공유하지는 않는다.	1	2	3	4	5
10. 구직자가 회사의 문화를 이해하기 위해서는 면접관에게 물어보면 된다	1	2	3	4	5

점수 계산: 응답한 값을 모두 더하여 총점수를 구하라.

해석: 아래 내용을 보고 총점수를 해석하라.

40~50점	당신은 조직 문화와 사람들이 조직 문화에 어떻게 반응하는지에 대해서 매우 탁월한 통찰력을 가지고 있다.
30~39점	당신은 조직 문화의 원칙에 대해서 평균 이상으로 알고 있다.
20~29점	당신은 문화가 구성원에게 어떻게 영향을 미치는지에 대해서 어느 정도 알고 있지만, 이러한 지식을 좀 더 발전시킬 필요가 있다.
0~19점	조직 문화를 진단하거나 관리하기에 앞서, 당신은 반드시 지식을 보강할 필요가 있다.

Source: Hunsaker, P. L. (2005). *Management: A Skills Approach* (2nd ed.). Upper Saddle River, NJ: Pearson Education. ©2005.

15-4c 조직 문화 변화

지금까지 논의한 내용의 대부분은 조직의 문화가 성과를 향상시킨다는 가정 위에 이루어졌다. 이런 경우, 조직의 문화적 가치가 무엇인지 학습하고, 그러한 문화적 가치를 활용하여 새로운 직원과 관리자를 사회화하는 것이 매우 중요하다. 왜냐하면 그러한 행동이 조직의 성공에 도움이 되기 때문이다. 하지만 모든 기업이 높은 성과와 일치하는 문화적 가치를 갖고 있는 것은 아니다. 연구에 따르면 일부 기업은 성과를 높이는 가치를 갖고 있는 반면, 다른 기업은 성과를 감소시키는 가치를 갖고 있는 것으로 나타났다. 성과를 저하시키는 가치를 지닌 기업에 근무하는 관리자는 어떻게 해야 할까?

물론 이 질문에 대한 가장 정확한 정답은 그러한 회사의 최고 관리자가 조직 문화를 바꾸도록 노력해야 한다는 것이다. 그러나 이는 어려운 일이다.[60] 행동에 강력한 영향을 미치려 시도했을 때, 강한 조직 문화는 변화에 저항한다. 왜냐하면 강한 조직 문화는 기본 가치를 내포하고 있고, 많은 경우 당연하게 여겨지며, 조직 내 신화와 다른 상징을 통해 전수되기 때문이다. 관리자가 조직 문화를 바꾸려고 할 때, 그들은 조직에서 무엇이 적절한 행동이고 아닌지에 대한 사람들의 기본 가정을 바꾸려고 시도한다. 전통적인 조직에서 팀 기반 조직으로의 변화는 조직 문화 변화의 한 예이다. 또 다른 예로는 저비용 및 효율성 문화에서 혁신적인 문화로서의 뿌리로 돌아가려 했던 3M의 사례를 들 수 있다.[61]

이러한 어려움에도 불구하고 일부 조직은 성과 향상 문화로 변신에 성공했다.[62] 이러한 변화 프로세스는 16장에 자세히 설명한다. 조직 문화 조성에 관해 서술하는 앞부분에서는 새로운 조직 문화 창출을 위해 전략적 가치와 문화적 가치 간의 연결이 중요하다는 점을 강조할 것이다. 이 부분은 새로운 조직 문화 창조에 가치를 두고 있다. 다음 절에서는 또한 문화적 변화 과정의 기타 중요한 요소에 대해 간략하게 논의하겠다.

상징 관리

연구에 따르면 조직 문화는 이야기와 기타 상징적 매체를 사용하여 이해되고 전달된다. 이러한 주장이 사실이라면, 문화적 변화에 관심이 있는 관리자는 오래된 문화적 가치를 뒷받침하는 이야기와 신화를 새로운 문화적 가치를 뒷받침하는 것으로 대체하면 된다. 그들은 새로운 이야기가 만들어질 수 있는 상황을 조성함으로써 변화에 성공할 수 있다.

한 조직이 전통적으로 '직원의 의견은 중요하지 않다'는 가치를 유지해 왔다고 가정해 보자. 이 회사 경영진 회의에서는 하위 직원들의 아이디어가 어리석고 별로 중요하지 않다고 생각하며 거부하였다. 직원의 의견을 경시하는 문화적 가치를 뒷받침하는 스토리는 이처럼 건설적인 방안을 제시하려고 노력했으나 상사로부터 무시당한 관리자의 사례를 들려줄 수 있다.

반면, 하위 관리자들의 의견이 중요하다고 생각하고 있음을 보여 주려는 고위 관리자는 하급 직원에게 회의에서 토론을 주도할 준비를 하라고 요청하고, 새로운 주제가 생겼을 때 그 회의를 진행해 보라고 요청할 수 있다. 이 회의에서 성공한 직원에 대한 스토리는 새로운 이야기가 될 것이며, 하위 관리자의 의견이 묵살되어 온 기존의 이야기 중 일부를 대체할 수 있을 것이다.

변화의 어려움

기업의 문화를 바꾸는 것은 길고 어려운 과정이다. 가장 큰 문제는 상위 관리자가 새로운 문화적 가치를 구현하는 데 아무리 헌신하더라도 때때로 본의 아니게 이전 행동 패턴으로 되돌아갈 수 있다는 것이다. 예를 들어, 하급 직원의 아이디어가 중요하다는 가치를 주장하던 관리자가 부하 직원의 아이디어를 맹렬하게 공격하는 경우 이런 일이 발생할 수 있다.

이러한 실수는 이전의 가치와 신념으로 회귀한 스토리를 만들어 낸다. 그러한 사건이 발생하면 종업원들은 조직의 관리자들이 직원의 의견과 아이디어를 원한다고 말하지만 사실은 그렇게 생각하지 않는다고 믿을 수 있다. 앞으로 관리자가 무슨 말을 하든, 그들의 행동이 얼마나 일관되든 간에 이미 얼마간의 신뢰를 상실하였고, 문화적 변화는 더욱 어려워진다.

변화의 안정성

기업의 문화를 변화시키는 과정은 변화의 필요성에서 시작하여 새로운 가치와 신념을 채택하려는 노력이 이루어지는 전환기를 거친다. 장기적으로 문화를 성공적으로 변화시킨 기업은 새로운 가치와 신념이 기존의 가치와 신념만큼 안정적이고 영향력이 있다는 것을 알게 될 것이다. 가치 체계(value systems)는 스스로 강화되는 경향이 있다. 일단 자리를 잡으면, 이를 다시 바꾸는 데에는 엄청난 비용이 든다. 기업이 성과 감소 문화에서 성과 향상 문화로 변화되었다면, 새로운 가치는 오랫동안 유지될 가능성이 높다. 이러한 문제는 16장의 조직 변화와 변화 관리에 대한 논의에서 다루어질 것이다.

요약과 적용

조직 문화는 구성원의 태도와 행동을 안내하고 환경을 인식하고 반응하는 방식에 영향을 미치는 공유된 가치, 규범 및 가정의 시스템이다. 문화는 공식 및 비공식 관행, 인공물, 옹호된 가치와 규범, 기본 가정으로 구성된다. 인공물은 문화의 물리적 표현이다. 옹호되는 가치와 규범은 조직이 명시적으로 표현한 것이다. 실행된 가치와 규범은 조직에서 실제로 일어나는 일에 대한 관찰을 바탕으로 직원들이 실제로 보여 주는 가치와 규범이다. 기본 가정은 시간이 지남에 따라 당연하게 받아들여져 회사 문화의 핵심이 된 조직의 가치이다.

원하는 문화를 만들고 유지하는 것은 기술을 통해 촉진될 수 있지만, 동시에 기술을 사용하여 원격으로 작업하는 추세로 인해 더욱 어려워질 수 있다. 혁신과 문화 역시 서로에게 큰 영향을 미친다. 인트라넷은 직원들 사이에 공동체 의식을 구축하고 육성함으로써 조직의 문화를 강화하는 데 도움이 될 수 있다. 조직의 핵심 문제는 최신 정보 기술을 사용하는 것이 아니라 신뢰, 개방성, 관계 구축 및 정보 공유 문화를 만들고 유지하기 위한 올바른 기술을 활용하는 것이다.

혁신은 제품, 프로세스 또는 서비스 등 시장에 소개되는 새로운 것을 만들고 수행하는 과정이다. 혁신은 연구부터 개발, 제조, 마케팅까지 조직의 모든 측면을 포함한다. 혁신은 급진적일 수도 있고, 시스템적일 수도 있고, 점진적일 수도 있다. 급진적 혁신(파괴적 혁신이라고도 함)은 전체 산업을 변화시키거나 창출하는 혁신이다. 시스템 혁신은 부품을 새로운 방식으로 조립하여 새로운 기능을 창출한다. 점진적인 혁신은 기술을 지속적으로 개선하고 급진적인 시스템 혁신의 적용을 확장한다.

조직 문화 관리의 세 가지 요소는 (1) 기존 문화 활용, (2) 조직 문화 교육, (3) 조직 문화 변화이다. 기존 문화 시스템을 활용하려면 관리자는 먼저 문화의 가치와 그러한 가치가 지원하는 행동이나 활동이 무엇인지 완전히 인식해야 한다. 조직 사회화는 구성원이 조직의 문화를 배우고, 자신의 지식과 이해를 다른 사람에게 전달하는 과정이다. 연구에 따르면 일부 기업은 성과를 높이는 가치를 갖고 있는 반면, 다른 기업은 성과를 감소시키는 가치를 갖고 있는 것으로 나타났다. 이 경우 관리자는 조직의 문화를 바꾸려고 노력해야 한다. 그러나 이것은 매우 어려운 일이다.

Real-World Response

아사나의 우수한 직장 문화 만들기

아사나의 창립자인 더스틴 모스코비츠(Dustin Moskovitz)와 저스틴 로젠스타인(Justin Rosenstein)은 회사의 문화를 위해 만들고자 하는 기본 원칙을 처음부터 명확하게 설정하였고, 신중하게 회사의 분위기를 만들었다. 창립자들은 아사나의 문화가 일상적인 토론으로부터, 결정 및 합의 협상, 예산 및 보상 설정에 이르기까지 발생하는 모든 상호작용과 접점으로 구성된다는 것을 알고 있었다. 그들은 이 모든 것을 회사의 핵심 가치와 일치시키기를 원했다. 샌프란시스코 지역 대부분의 테크 기업은 장시간 근무, 치열한 경쟁, 케이터링 식사, 창의적 분위기로 알려져 있었다. 그러나 아사나의 리더들은 무료 음식과 반려동물 친화적인 사무실과 같은 창의적인 혜택보다는 직원들이 일하고 싶어 하고, 직원들이 서로를 존중하는 문화를 갖춘 회사를 만드는 것이 더 행복하고 생산적일뿐만 아니라 경쟁력 있는 회사를 만드는 데 도움이 된다고 믿었다.

문화란 어느 누군가가 부여한 특징들이 결합된 복합물로 인식되었다. 아사나는 각 영역에서 설계, 구현, 측정 및 개선의 제품 사이클을 거친다. 개선이 불필요할 정도로 완벽한 제품은 불가능하므로, 아사나는 지속적으로 문화를 개선하는 데 중점을 두었다. 회사는 문화의 '버그'를 발견하기 위해 다양한 방법을 사용하고, 자체 제품을 사용하여 내부 문화를 관리한다. 예를 들어, 직원이 어떤 이유에서 회사를 떠날 때마다 아사나는 '다섯 가지 이유 찾기' 운동을 수행하여 마음 챙김(mindfulness)과 집중의 가치를 적용한다. 관리자는 어떤 요인으로 인해 오류가 발생했는지, 왜 그러한 요인이 발생되었는지 등을 자문한다. 발견된 모든 버그는 다음 단계의 문화 디자인 및 개선에서 해결된다. 결과적으로 아사나는 고집을 제거하고 마음 챙김을 실천하는 데 초점을 맞춘 문화를 설계하여, 사내 정치와 스트레스 및 혼란을 최소화하였다.

회사의 모든 영역의 대표자들은 정기적으로 만나 아사나의 가치를 재평가하고 이를 모든 업무 프로세스에 통합할 수 있는 방법을 설계한다. 새로운 프로세스가 배포된 후, 익명의 설문 조사와 일대일 면담을 통해 무엇이 효과가 있고 무엇이 개선될 수 있는지를 알아내는 집중적인 사용자 피드백 기간이 시작된다. 분기마다 회사 전체가 일주일 동안 업무를 쉬어 회사의 비즈니스 목표를 설명하고 회사 문화를 반영한다.

아사나는 긍정적인 문화를 지원하기 위해 각 팀에 다양한 관점을 가진 인재를 찾을 수 있도록 채용에 투자했다. 아사나의 강력한 온보딩(onboarding) 프로그램은 지속적인 학습이 회사 문화의 핵심 부분이라는 가정하에 직업적, 개인적 성장과 멘토링을 강조한다. 또한, 요리와 요가 프로그램, 팀 야유회, 건강한 사무실 환경 등 웰니스와 행복에 초점을 맞춘 풍성한 혜택을 통해 직원들을 지원한다. 피드백 게시판 및 직원 설문 조사를 포함한 개방형 의사소통 채널은 모든 사람이 열심히 일하고 잘 사는 아사나의 문화에 계속 참여하도록 장려한다. 문화는 리더십 및 계획 회의에서 정기적으로 논의되는 주제이며, 아사나의 가치와 프로세스는 지속적인 개선 노력으로 인해 여러 번 수정되었다. 아사나는 모든 문화적 노력을 주도하고 문화를 신중하게 발전시키고 확장하는 방법에 계속 집중하기 위해 문화 중심 역할도 만들었다.

문화에 대한 아사나의 접근 방식은 성과를 거두고 있다. 다른 중소기업과 비교했을 때, 자신의 회사를 가장 일하기 좋은 직장으로 꼽은 직원이 더 많다. 아사나는 Glassdoor.com에서 지속적으로 높은 직원 평가를 받고 있으며 2022년에는 6년 연속 베이 지역(Bay area)에서 일하기 좋은 직장 중 하나로 선정되었다.

토론을 위한 질문

1. 조직 문화의 세 가지 유형을 설명하라. 직원 혁신에 의존하는 연구 개발 회사에 있어 각 유형이 가장 효과적인 시기와 가장 낮은 시기는 언제인가?
2. 조직의 성과에 문화가 중요하다고 생각하는가? 그 이유는 무엇인가?
3. 당신이 입사하려는 회사의 문화를 어떻게 알 수 있는가? 입사 지원이나 수락을 결정할 때 회사 문화는 얼마나 중요한가?
4. 네 가지 갈등 관리 문화 중 당신에게 가장 적합한 문화는 무엇인가? 왜 그런가?
5. 포용 문화를 조성하고 강화하기 위해 무엇을 해야 하는가?
6. 업무가 주로 가상 또는 원격으로 수행되는 경우 조직은 어떻게 문화를 만들고 유지할 수 있는가?
7. 창립자가 더 이상 조직의 일부가 아닌 경우, 조직 창립자의 영향력을 어떤 방식으로 평가할 수 있는가?
8. 기술과 혁신은 어떻게 상호 연관되어 있는가?
9. 급진적 혁신, 시스템적 혁신, 점진적 혁신을 반영하는 최신의 사례는 무엇인가?
10. 기존 조직 문화를 활용하는 방법을 설명하라.

Understand Yourself Exercise

문화 변화를 통한 성과 향상

당신이 다양한 해적 테마 제품을 전문적으로 취급하는 인터넷 소매업체인 파이럿 코브(Pirate Cove)에서 리더십 직책을 맡게 되었다고 가정해 보라. 조직의 재무 성과는 악화되고 시장점유율도 하락하고 있다. 이것이 바로 회사가 당신을 채용한 이유인데, 회사는 당신을 통해서 변화를 꾀하고 있다. 당신에게는 회사의 성과를 개선하기 위해 필요한 모든 조치를 취할 수 있는 권한이 부여되었다.

많은 정보를 수집하고 다양한 직원과 이야기를 나눈 결과, 당신은 회사 성과가 저조한 가장 큰 원인은 회사 문화가 매우 복잡하고 합의 중심이어서 의사 결정이 너무 느리다는 데 있다고 판단하였다. 가장 먼저 결정한 일은 문화를 바꾸는 것이다. 어떤 유형의 문화를 채택하고 싶은가? 문화를 어떻게 바꿀 것인가? 당신이 제안한 변경 사항(예: 직원 배치, 보상, 성과 피드백)을 강화하기 위해 무엇을 하겠는가? 20분 동안 혼자 또는 소그룹으로 생각해 본 후, 강의를 듣는 학생 전체와 공유하라.

Group Exercise

강의실의 문화

수업은 4~6명의 그룹으로 나누어 진행된다. 각 그룹은 대학 수업의 조직 문화를 분석한다. 이 책을 사용하여 수업에 참여하는 학생들은 자신이 다니는 대학에서 많은 과목을 수강했을 것이고, 그중 공통된 수업을 꽤 있을 것이다. 공통 수업을 기반으로 그룹을 형성하라.

1. 각 그룹은 먼저 어떤 수업을 분석할지 결정해야 한다. 그룹의 각 사람은 수업에 참석해야 한다.
2. 각 그룹은 토론할 문화적 요인을 나열해야 한다. 다루어야 할 항목에는 다음이 포함되어야 한다.
   a. 교수자에 관한 이야기
   b. 시험에 관한 이야기

c. 등급에 관한 이야기
d. 다른 학생들의 이야기
e. 학생의 가치를 나타내는 상징의 사용
f. 교수자의 가치를 나타내는 상징의 사용

3. 학생들은 이야기와 상징을 주의 깊게 분석하여, 그 근본적인 의미를 발견해야 한다. 또한 수업 문화의 모든 측면이 다루어지도록 그룹의 다른 구성원들로부터 이야기를 찾아야 한다. 학생들은 이러한 항목이 논의되는 동안 메모를 해야 한다.
4. 그룹별로 20~30분 동안 작업한 후, 교수는 전체 학급을 다시 소집하고 각 그룹에게 분석한 결과를 나머지 구성원과 공유하도록 요청한다.

질문

1. 이 실습에서 가장 어려웠던 점은 무엇이었나? 다른 그룹도 같은 어려움을 겪었나?
2. 당신의 그룹은 이러한 어려움을 어떻게 극복했는가? 다른 그룹은 어떻게 극복했는가?
3. 당신의 그룹의 분석이 선택한 수업의 문화를 정확하게 설명한다고 생각하는가? 같은 학급의 문화를 분석한 다른 학생들도 전혀 다른 결과를 얻을 수 있을까? 어떻게 그런 일이 일어날 수 있을까?
4. 교수의 입장에서, 당신이 분석한 수업의 문화를 바꾸고 싶어 한다면 어떤 조치를 취하도록 권장하겠는가?

미주(endnotes)는 한경사 홈페이지 www.hankyungsa.co.kr의 공지 사항에서 PDF 파일로 다운로드 할 수 있습니다.

16 조직 변화와 변화 관리

Organization Change and Change Management

학습목표

이 장을 학습하면 독자들은 …

1. 조직 변화에 대한 지배적인 힘을 요약할 수 있다.
2. 계획된 조직 변화 과정을 설명할 수 있다.
3. 조직 개발에 대한 몇 가지 접근 방식을 논의할 수 있다.
4. 변화에 대한 저항을 설명할 수 있다.
5. 성공적인 조직 변화와 조직 개발을 관리하는 방법을 찾아낼 수 있다.
6. 조직 학습에 대해 설명할 수 있다.

Real-World Challenge

코닥의 잘못된 변화 관리[1]

1994년만 해도 이스트만 코닥(Eastman Kodak)은 포춘(Fortune) 500대 기업 중 상위 20위 안의 회사였다. 유명한 사진 필름 및 장비 제조업체인 이스트만 코닥은 1996년 14만 5,000명의 직원을 고용하였고, 130억 달러 이상의 수익을 달성하였다. 2005년 직원 수는 5만 1,000명으로 줄었지만, 매출은 140억 달러를 넘어섰다. 2015년까지 코닥의 직원은 1만 3,000명으로 더욱 줄어들었고, 회사의 수익도 25억 달러으로 줄었다. 2022년 현재 약 4,500명의 직원이 거의 전적으로 기업 고객을 위한 이미징 시스템에만 집중하고 있다.

한때 거대 기업이었던 코닥에 무슨 일이 일어났는가? 좀 더 본질적으로, 도대체 무엇 때문에 초우량이 기업이었던 코닥이 불과 20년 만에 가라앉게 되었는가? 대부분의 분석가는 디지털 기술의 출현을 그 이유로 생각한다. 여기서 디지털 기술이란 (아날로그 기술로 알려진) 자기 테이프나 할로겐화은 필름과 같은 물리적 물질에 저장된 전자 신호 스트림이 아닌 컴퓨터화된 비트와 바이트로 데이터를

Gcpics/Shutterstock.com

저장하고 처리하는 기술을 말한다. 아날로그에서 디지털로의 전환을 의미하는 소위 디지털 혁명은 1980년대와 1990년대에 휴대폰이 보편화되고 인터넷이 비즈니스의 필수 요소가 되면서부터 시작되었다. 현재 다른 회사에서 근무하고 있는 전 코닥의 임원이 당신에게 코닥이 디지털에 적응하지 못한 이유에 대한 의견을 요청했다. 이 장을 읽고 나면 공유할 수 있는 좋은 아이디어가 몇 가지가 떠오를 것이다.

환경 변화에 따라 변하는 기업은 장기적인 성공 가능성이 더 높다. 반면 코닥처럼 올바른 변화를 이루지 못하는 기업은 경쟁력을 잃거나 사업을 중단함으로써, 사라지거나 더 성공적인 조직에 흡수될 수 있다. 이 장에서는 조직이 복잡하고 끊임없이 변화하는 글로벌 환경에서 생존 가능성을 보장하기 위해, 어떻게 변화를 전망하고 새로운 프로세스를 개발해야 하는지 설명하려고 한다. 먼저, 변화의 압력을 가하는 몇 가지 요인에 대해 논의한 후, 복잡한 변화 과정에 대해 자세히 설명한다. 그 다음 조직 개발과 변화에 대한 저항의 원인을 설명하고, 조직의 변화를 관리하는 방법에 대한 요약하는 것으로 이 장을 마무리한다.

16-1 변화 압력 요인

조직은 많은 요인로부터 변화에 대한 압력을 받고 있다. 더욱이, 환경의 복잡성과 변화의 속도가 증가하고 있으므로 향후 10년 동안 어떤 유형의 변화 압력이 가장 중요할지 예측하기도 어렵다. 그러나 조직에 큰 영향을 미칠 수 있는 압력의 대략적인 범주에 대해 논의하는 것은 가능할 것이다. 변화에 대한 압력이 가장 강력하게 나타나는 네 가지 영역은 사람, 기술, 정보 처리 및 커뮤니케이션, 그리고 경쟁이다. 표 16-1에는 이러한 각 범주의 예가 나와 있다.

표 16-1
조직 변화 압력 요인

범주	예시	변화 압력 요인의 종류
사람	X세대, Y세대, 밀레니엄 세대 글로벌 노동 공급 고령 인구 인력 다양성	기존과 다른 방식의 훈련, 복리 후생, 근로 조건에 대한 합의, 보상 시스템에 대한 수요
기술	우주에서 생산 인터넷 글로벌 디자인 팀	모든 조직 내 수준에서 더 많은 교육과 훈련이 필요, 더 많은 신제품 출현, 시장으로 제품이 소개되는 속도의 가속화
정보 처리와 커뮤니케이션	컴퓨터, 인공위성 커뮤니케이션 글로벌 공급망 화상회의 소셜 네트워킹	반응 속도의 가속화, 질문에 대한 즉각적 응답, 신제품, 새로운 사무실 배치, 텔레마케팅, 광고, SNS를 통한 구인
경쟁	글로벌 시장 세계 무역 협정 부상하는 제3세계 국가	더 많은 기능과 옵션, 낮은 가격, 고품질로 심화된 제품 경쟁력과 글로벌 경쟁

iStock.com/Vadym Pastukh

조직에 영향을 미치는 변화 요인은 다양하다. 주요 요인 중 하나는 바로 사람인데, 이 사진에서 볼 수 있듯이 대부분의 조직에서 노동의 다양성이 크게 증가했다. 조직은 창의성과 성과를 향상시키기 위해 다양성을 활용할 수도 있지만, 시장의 다양한 요구, 선호 및 기대를 수용하기 위한 변화도 필요하다.

16-1a 사람

1946년부터 1964년 사이 미국에서는 약 7,600만 명이 태어났다. 2장에서 논의한 것처럼 이들 베이비붐 세대(baby boomer)는 교육, 기대, 가치 체계 측면에서 이전 세대와 크게 달랐다. 이 그룹이 고령화됨에 따라 미국 인구의 평균 연령도 점차 높아졌다. 베이비붐 세대의 특성은 제품 및 서비스 혁신, 기술 변화, 마케팅 및 판촉 활동에 영향을 미치는 뚜렷한 구매 패턴으로 나타난다. 고용 관행, 보상 시스템, 승진 및 경영 승계 시스템, 인적자원 관리의 개념도 영향을 받는다.

베이비붐 세대 문제 이외에 인구 변화와 관련된 다른 압력 요인으로는, 노인 인구의 증가와 1960년 이후 출생자 문제가 있다. 베이비붐 이후 세대는 이전 세대보다 더 오래, 더 건강한 삶을 살고 있으며, 더 오래 일하거나 더 큰 즐거움을 누릴 수 있는 능력이 이전 세대보다 뛰어나다. 이들 노인 세대는 그동안 자녀를 키우면서 놓쳤을지도 모르는 '좋은 삶'을 기대한다. 미국의 증가하는 노인 인구의 영향은 시간제 고용 관행, 햄버거에서 아시아 패키지 여행에 이르기까지 모든 마케팅, 의료, 레크리에이션 및 금융 서비스와 같은 서비스 분야에서 이미 분명히 드러난다. 1980년대에 취업 시장에 진출한 1960년대 이후 세대(종종 X세대라고 함)는 베이비붐 세대와 다르다. 그들의 삶의 초점은 경력 성장과 소득 증가에 있었다. 사회학자와 심리학자들은 밀레니엄 세대(Millennials)라고 불리는, 대략 1980년에서 2000년 사이에 태어난(전문가에 따라 빠르면 1977년부터 늦어도 2002년까지 시작일과 종료일이 다름) 또 다른 세대에 주목하였다. 이들 세대는 청소년기와 성인기 사이에 뚜렷하고 분리된 삶의 단계를 경험하고 있는 것처럼 보이는데, 이 단계에 있는 젊은이들은 직업과 사회적 관계를 쉽게 바꾸고, 많은 경우, 책임감 없이 집에서 지내고 있다. 밀레니엄 세대는 결혼, 출산, 주택 구입 및 대부분의 성인 책임을 미룬다.[2] 그러나 그들은 훨씬 더 그룹 지향적이고 다양성을 존중하며 낙관적이며 기술을 매우 빠르게 흡수하는 듯 보인다.[3] 직장에서 밀레니엄 세대는 업무 할당의 명확성과 같은 긍정적인 강화를 선호하고, 업무 수행 방법에 있어서도 더 많은 유연성을 원하며, 다른 사람들과 동일하게 대우받기보다는 고유한 개인으로 대우받기를 원한다.[4] 인구통계의 이러한 변화는 인력의 구성, 가족의 라이프 스타일, 글로벌한 구매 패턴 등으로 확장된다.

iStock.com/MTMphoto

오늘날 젊은 근로자들은 매우 그룹 지향적이고, 다양성을 존중하는 경향이 있고, 낙관적이며, 기술에 매우 빠르게 동화되는 것 같다. 그들은 또한 업무 할당에 대해서는 명확성을 원하지만, 업무를 수행하는 방법과 장소에서는 유연성을 원한다.

인력의 다양성 증가와 다양성·형평성·포용성 개선 의지는 향후 조직에서의 중요한 변화를 의미한다. 다양성의 증가 문제는 2장에서 자세히 논의한 바 있다. 게다가, 직원들은 이전과는 다른 업무 환경에 직면해 있다. 이러한 새로운 업무 환경을 가장 잘 표현하는 단어가 '변화(change)'이다. 종업원들은 끊임없는 변화에 대비해야 한다. 조직의 문화, 구조, 업무 관계, 고객 관계는 물론 사람들이 수행하는 실제 업무에서도 변화가 일어나고 있다. 사람들은 기존 시스템의 생산성을 유지하면서도 새로운 상황에 완벽하게 적응해야 한다.[5]

Ground Picture/Shutterstock.com

원격 근무는 새로운 개념은 아니지만, 팬데믹으로 인해 다양한 환경에서 원격 근무의 사용과 기능이 크게 가속화되었다. 예를 들어, 사진에 보이는 이 여성은 팬데믹 이전에는 사무실에서 일했지만, 지금은 집에서 일하고 있다.

코로나19 팬데믹은 더욱 큰 변화의 물결을 가져왔다. 기업은 원격 근무(remote work)와 기술 기반 협업(technology-based collaboration)에 빠르게 적응해야 했다. 그리고 사람들은 자신의 가치와 진정으로 하고 싶은 일을 재평가했다. 이번 장의 Understand Yourself에서는 변화를 대비한 준비 상태와 관련된 통찰을 제공한다.

16-1b 기술

기술(technology)은 변할 뿐만 아니라, 그 변화의 속도도 빨라지고 있다. 예를 들어, 1970년에는 모든 공대생이 '슬라이드 자(slide rules)(수동으로 계산하는 막대 자. — 역자 주)'로 알려진 계산 장치를 소유하였고, 거의 모든 수업에서 사용했으나, 1976년에는 휴대용 전자계산기에 자리를 내줬다. 오늘날 이러한 기능의 대부분은 스마트폰의 앱으로 처리된다. 1993년에는 수학능력시험(SAT) 중 계산기 사용이 허용됐다. 휴대폰은 원래 단순히 전화를 걸고 받을 목적으로 설계되었지만, 계속 진화하여 오늘날에는 카메라 역할도 하고, 온라인 리소스에 연결하는 등 다양한 용도로 사용할 수 있게 되었다. 이제 학생들은 노트북이나 태블릿과 같은 일종의 디지털 장치를 소유하거나, 최소한 이러한 기기에 접속할 수 없다면 대학을 졸업할 수조차 없다. 오늘날 대부분의 대학은 학생들이 온라인 리소스에 쉽게 접근할 수 있도록 준비하고 있다.

유치원부터 대학원까지의 많은 학교가 현재 BYOT(Bring Your Own Technology)(학교에서 개인 디지털 기구 사용) 방침을 실시하고 있고, 교과 과정 전반에 걸쳐 온라인 교육 도구를 사용하고 있다.[6] 4G 및 5G 무선 기술을 통해 사람들은 거의 어디서나 온라인에 접속할 수 있다. 거의 모든 분야에서 기술 발전이 너무 빨라서 앞으로 10년 후에는 어떤 제품이 지배하게 될지 예측하기가 매우 어렵다. 듀폰(DuPont)은 기술 발전으로 인해 큰 변화를 이룬 기업의 사례이다. 듀폰은 19세기 말부터 석유화학을 기반으로 사업을 운영해 왔지만, 생명과학 분야의 신기술이 개발되면서 기본 사업 전략을 바꾸었다. 81개 사업부를 단 3개 사업부로 재편하고 농화학과 생명과학에 막대한 투자를 했다. 듀폰은 생명공학 기반 사업이 석유화학 기반 사업보다 훨씬 더 빠르게 변화한다는 사실을 깨닫고, 전략의 성공을 위한 구조적 변화뿐만이 아니라 조직 문화적 변화도 이뤄내야 했다.[7]

흥미롭게도 조직의 변화는 어떤 면에서는 스스로 영속된다(self-perpetuating). 정보 기술의 발전으로 조직에는 더 많은 정보가 생성되고, 더 빠르게 유통된다. 결과적으로, 종업원들은 당면한 문제에 더 신속하게 대응할 수 있고, 조직은 다른 조직, 고객 및 경쟁 업체의 요구에 더 신속하게

Understand Yourself

모호함에 대한 내성

모호함에 대한 자신의 수용 범위를 알아보자. 다음 척도를 사용하여 가능한 정직하게 답하라.

매우 아니다	아니다	보통이다	그렇다	매우 그렇다
1	2	3	4	5

_____ 1. 나는 프로젝트가 성공할 것이라는 확신이 없으면, 그룹 프로젝트를 시작하고 싶지 않다.

_____ 2. 문제를 처리하기 위한 정보가 충분하지 않은 의사 결정 상황에서 나는 매우 불편함을 느낀다.

_____ 3. 명확하고 모호하지 않은 대답을 내놓을 가능성이 없다면, 나는 그 문제에 매달리고 싶지 않다.

_____ 4. 업무 수행 중 의사소통이 심각하게 부족한 경우 나는 제대로 업무를 수행하지 못한다.

_____ 5. 다른 사람들이 나를 평가하는 상황에서, 나는 다른 사람의 명확하고 명시적인 평가의 필요성을 크게 느낀다.

_____ 6. 나는 직무에 대한 책임이 확실하지 않으면 매우 불안해진다.

_____ 7. 나는 해결책이 없다고 여겨지는 문제에는 끌리지 않는다.

_____ 8. 매일 직장에서 무슨 일이 일어날지 잘 아는 것은 만족을 준다.

_____ 9. 가장 흥미로운 삶은 급변하는 환경 속에서 살아가는 삶이다.

_____ 10. 휴가를 계획할 때, 휴가를 진정으로 즐길 수 있도록 구체적인 일정을 만들어야 한다.

_____ 11. 모험적이고 탐구적인 사람들이 체계적이고 질서 있게 사는 사람들보다 성공할 가능성이 높다.

_____ 12. 오랫동안 같은 장소에서 같은 일을 하는 것이 행복한 삶을 만든다.

_____ 13. 나는 모호한 상황을 잘 참지 못한다.

_____ 14. 나는 예상치 못한 일이 생기면 대처하기 어렵다.

_____ 15. 나는 예측할 수 없는 상황을 잘 관리한다.

_____ 16. 나는 새로운 상황보다 익숙한 상황을 더 좋아한다.

_____ 17. 나는 모호할 정도로 복잡한 문제를 다루는 것을 즐긴다.

_____ 18. 나는 모호한 상황을 선호한다.

점수 계산: 문항 1~8, 10, 12, 3, 14, 16 의 점수를 계산할 때는, 6에서 답변한 점수를 뺀 뒤, 이전의 점수를 이 새 숫자로 대체하라(즉, 높은 점수는 낮아지고 낮은 점수는 높아져야 한다). 그런 다음 18개 진술 모두에 대한 점수를 합산하여 모호성에 대한 내성 점수을 계산한다.

해석: 가능한 점수 범위는 18부터 90까지이다. 점수가 높을수록 모호성에 대한 내성이 크다는 것을 의미한다. 이는 점수가 높을수록 변화에 더 익숙하고 변화 노력을 방해할 가능성이 적다는 것을 의미한다. 72점 이상의 점수는 모호성에 대한 내성이 특히 높다. 점수가 낮을수록 불확실성과 변화에 대해 불편함을 크게 느낀다. 모호성에 대한 내성을 높이려면 모호함이 더 편하지 않은 이유를 인식하고, 모호한 상황을 성공적으로 처리할 수 있다는 자신감을 키우도록 노력하라.

Sources: Gupta, A. K., & Govindarajan, V. (1984). Business Unit Strategy, Managerial Characteristics, and Business Unit Effectiveness at Strategy Implementation. *Academy of Management Journal*, 27, 25–41; Lorsch, J. W., & Morse, J. J. (1974). *Organizations and Their Members: A Contingency Approach*. New York: Harper & Row; and Norton, R. W. (1975). Measurement of Ambiguity Tolerance. *Journal of Personality Assessment*, 39, 607–619.

대응할 수 있다. 오랜 시간 동안 신기술을 개발하고 사용하는 측면에서 선두 주자로 알려진 도요타(Toyota)는 생산 공장의 효율성을 높이고, 생산 비용을 중국 수준으로 낮추기 위한 노력의 일환으로 첨단 로봇(kokino robotto)을 도입했다.[8]

06photo/Shutterstock.com

기술은 조직 변화를 일으키는 주요 요인이다. 예를 들어, 사람들은 가상현실을 통해서 소프웨어로만 만들어진 공간과 동작을 마치 현실의 것으로 인식한다. 가상현실 기술에는 수많은 애플리케니션이 있고 다양한 삶의 상황에 활용될 수 있다.

새로운 기술은 우리가 아직 예측할 수 없는 방식으로 조직에 영향을 미칠 것이다. 동작 인식 기술(gesture technology)은 오디오/비디오 시스템 리모콘부터 온도 조절 장치까지 집안의 모든 제어 장치를, 손과 손가락을 사용하는 자신만의 제스처로 대체할 수 있게 만들었다. HP의 TouchSmart 기술을 사용하면 실제로 만지지 않고도 물건을 만져 볼 수 있으며, 10년 이내에 의학 및 교육 분야의 혁신을 주도할 수 있다. 센사웨프트(Sensawaft) 기술을 통해 호흡만으로도 스마트폰 및 ATM과 같은 장치를 제어할 수 있는데, 이는 이동성이 제한된 사람들의 이동성과 제어력을 극적으로 향상시킬 수 있을 것이다.[9]

몇몇 회사에서는 우주에서 화학 물질과 전자 부품을 제조하는 시스템과 방법을 개발하고 있다. 온라인 연결과 클라우드 컴퓨팅 및 저장 장치는 기업과 개인이 커뮤니케이션, 마케팅, 구매, 저장 및 배포하는 방식을 조직이 대응할 수 있는 것보다 더 빠르게 변화시키고 있다. 따라서 조직이 변화에 좀 더 신속하게 대응함에 따라 변화는 더 빠르게 발생하며, 이는 다시 조직의 빠른 대응을 필요로 한다.

16-1c 정보 처리와 커뮤니케이션

정보 처리(information processing)와 의사소통 기술은 서로의 발전을 도와 왔다. 처리 능력에서 새로운 방점을 찍을 차세대 컴퓨터가 현재 설계되고 있다. 오늘날 많은 사람들은 휴대용 컴퓨터, 전자책 리더기, 소형 TV, 카메라, 비디오 녹화기, 음악 플레이어, 개인 통신 장치로 사용되는 휴대폰이라는 단 하나의 장치를 주머니에 가지고 다닌다.

소셜 네트워킹은 지금까지의 정보 처리 및 커뮤니케이션 발전 중 가장 급진적이고 가장 빠르게 성장하는 측면이라 할 수 있다. 페이스북, 인스타그램, 트위터, 링크드인, 틱톡(Tik Tok), 닝(Ning), 야머(Yammer), 비보(Bebo), 비아디오(Viadeo), 스카이프(Skype), 페이스타임(FaceTime) 등과 같은 플랫폼을 통해 사람들은 공통 관심사를 탐색하고자 다른 사람들과 연결하고 있다. 이러한 플랫폼들은 광고, 마케팅, 시장 조사 및 테스트, 채용 등 모든 영역에서 비즈니스에 활용되고 있다. 일자리를 찾는 거의 모든 사람은 링크드인, 인디드(Indeed.com), 집리쿠르터(ZipRecruiter.com) 및 이와 유사한 사이트에서 검색한다.[10]

종업원들은 컴퓨터로 작업하고 새로운 데이터 전송 장치를 통해 통신하기 때문에, 이들에게 사무실이 필요하지 않다. 점점 더 많은 사람이 매일 사무실에 출근하는 대신 집이나 다른 장소에서 일하고 있다. 회사와 업무 유형에 따라 실제로는 한 달에 며칠만 사무실에 출근하는 직원도 있다. 앞서 언급한 바와 같이, 이러한 추세는 수년간 지속되어 왔지만, 코로나19 팬데믹으로 인해 극적으로 가속화되었다.

이러한 추세를 이용하여 일부 기업에서는 개인 전용 사무실을 최소화하고, 공용 공간(communal space)이나 비배정 좌석(unassigned cubicles)을 만들어 전통적인 사무실 공간을 재구성하고 있다. 이러한 유형의 공유 공간은 사무실 공간 비용을 절약할 뿐만 아니라, 직원들이 협업하고 업무를 완수할 수 있는 새로운 방법을 창출한다. 아메리칸 익스프레스(American Express)는 전체 직원 5,000명 중 단 20%만이 일주일에 이틀 이상 뉴욕 본사 사무실에 출근한다. 글락소스미스클라인(GlaxoSmithKline)은 기존 사무실이 아닌 다른 곳에서 일하는 직원이 늘게 되면서, 비배정 좌석을 사용하여 연간 부동산 비용을 약 1,000만 달러 절약하고 있는 것으로 추산하고 있다.[11]

사무실 내부와 외부 모두에서 유연한 워크스테이션(workstations)은 종이와 연필 대신 디지털 기구를 주로 사용한다. 과거에도 관리자가 사용할 수 있는 데이터를 생성, 조작, 저장 및 전송할 수 있는 기능을 가지고 있었지만, 그 이점이 완전히 실현되지는 않았다. 이제 정보 처리 잠재력을 완전하게 활용할 수 있는 시대가 왔고, 기업은 이를 최대한 활용하고 있다. 자포스(Zappos.com)는 주문을 받은 후 8분 안에 신발 한 켤레를 배송할 수 있다.[12] 일부 산업의 공급 업체와 최종 사용자는 부품 시스템이 긴밀하게 통합되어 있어 새 부품 배송을 위한 주문조차 필요없으며, 대신 필요하다고 생각할 즈음에 해당 부품이 부두에 자동으로 나타나기도 한다.

16-1d 경쟁

변화를 위한 새로운 힘은 아니지만, 오늘날의 경쟁에는 몇 가지 중요한 새로운 전환이 있다. 첫째, 운송 및 통신 비용 감소와 기업의 수출 지향 증가로 인해 대부분의 시장은 글로벌화되었다.[13] 미국-멕시코-캐나다 협정(USMCA)과 같은 무역 협정 채결과 세계무역기구(WTO)의 등장으로 인해 사업 운영 방식이 크게 바뀌었다. 미래에는 일본, 독일 등 선진국과의 경쟁보다 인도, 베트남 등 개발도상국과의 산업 경쟁에서 밀려날 수도 있다. 개발도상국의 기업은 낮은 인건비, 풍부한 원자재 공급, 특정 생산 분야의 전문 지식, 자국 정부의 재정적 보호 등의 혜택을 누리면서 더 새롭고 더 저렴하거나 더 높은 품질의 제품을 제공할 수 있는 역량을 점점 갖추어 가고 있다. 이러한 역량은 오래 전에 산업화된 국가에서는 갖추기 어려운 것들이다.

Orion Production/Shutterstock.com

경쟁은 조직을 다양한 방식으로 변화시킬 수 있다. 예를 들어, 휴대폰 시장을 생각해 보라. 모든 휴대폰 제조업체는 기술 변화로 인해 조사 방법, 고객 요구 판단 방법, 제품 제조 및 유통 방법, 직원 선발 및 보상 방법을 바꿔야 했다.

예를 들어, 휴대폰이나 스마트폰 시장을 생각해 보자. 과거에는 소비자가 단순히 통화 요금제와 통화 비용을 비교하고, 자신이 주로 사용하는 용도에서 가장 좋은 거래와 보장 범위를 제공하는 공급자를 선택했다. 그러나 이제는 제조업체, 통신 업체, 플랫폼 서비스 제공 업체 측면에서 선택이 훨씬 더 복잡해졌다. 소비자가 선택해야 할 사항은 끝이 없어 보이며, 극도로 혼란스러울 수 있다. 제조업체는 다양한 통신 업체의 다양한 플랫폼에서 작동하려면

Global Issues

글로벌 변화에서 더욱 심화된 복잡성

프레즈노(캘리포니아의 도시. — 역자 주), 댈러스, 마이애미에 위치한 생산 시설에서 조직 변화를 계획하고 구현해야 하는 관리자가 직면하는 어려움을 상상해 보라. 이제 이 도전적인 과제에다 100을 곱해 보라. 이는 다국적 기업에서 변화의 추가적인 복잡성을 평가하는 것과 비슷할 수 있다. 예를 들어, 조직 설계, 리더십 및 동기부여, 조직 통제와 관련된 몇 가지 변화 사항을 고려해 보자.

다국적 기업의 관리자는 다양한 조직 문제에 주의를 기울여야 한다. 예를 들어, GE(General Electric)의 사업장은 전 세계에 분산되어 있다. 회사는 현지 관리자에게 사업 운영 방식에 대한 많은 책임을 맡기기로 결정했다. 대조적으로, 많은 일본 기업은 해외 사업 관리자에게 상대적으로 적은 책임을 부여한다. 결과적으로, 해당 관리자들은 문제를 제시하거나 결정 승인을 받기 위해 자주 일본을 방문해야 한다. 국제 비즈니스의 관리자는 조직 구조와 설계, 인적자원 관리에 관한 기본 문제를 다루어야 한다. 전략적으로도 조직 구조에 관한 결정은 조직 유연성부터 해외 관리자 개발까지 모든 것을 촉진하는 데 도움이 될 수 있다. 따라서 이러한 영역에서의 변화는 분명 도전적인 과제가 될 것이다.

개별 관리자는 다양한 문화적 배경을 가진 사람들이 참여하는 변화를 관리하면서 다양한 문화적 요인을 다룰 준비가 되어 있어야 한다. 관리자는 문화적 요인이 개인에게 어떻게 영향을 미치는지, 동기부여 프로세스가 문화에 따라 어떻게 다른지, 다양한 문화에서 리더십의 역할이 어떻게 변하는지, 문화에 따라 의사소통이 어떻게 달라지는지, 대인 관계 및 그룹 프로세스가 문화적 배경에 따라 어떻게 달라지는지 이해해야 한다.

글로벌 조직의 관리자는 통제에도 관심을 가져야 한다. 거리, 시간대 차이, 문화적 요인도 통제에 중요한 역할을 한다. 예를 들어, 일부 문화권에서는 세세한 감독이 적절하다고 인식되는 반면, 다른 문화권에서는 그렇지 않다. 마찬가지로, 미국과 중국의 경영진은 시간대 차이로 인해 중요한 정보를 서로 전달하는 데 어려움을 겪을 수 있다. 국제 관리자의 기본 통제 문제는 운영 관리, 생산성, 품질, 기술 및 정보 시스템과 관련된다. 이처럼 다국적 조직에서 변화를 관리하는 것은 결코 간단한 일이 아니다!

새로운 장비와 소프트웨어 조합을 개발해야 한다. 통신사는 가입자에게 어떤 상품과 플랫폼 조합을 제공할지 결정해야 한다. 그리고 플랫폼 개발자는 플랫폼이 최대한의 유연성을 바탕으로 더 많은 작업을 더욱 간단하게, 오류없이 수행할 수 있음을 보여야 한다. 이들 간의 새로운 조합은 수시로 등장하여 소비자와 업계 전문가를 더욱 혼란스럽게 한다. 비즈니스의 글로벌 환경은 관리자에게 이러한 과제를 더욱 가중시킨다. 이 장의 Global Issues는 글로벌 기업의 변화에 대한 자세한 내용을 제공한다.

16-2 계획된 조직 변화를 위한 프로세스

외부적 요소는 조직에 변화를 가져올 수 있다. 이상적으로는 조직이 변화에 대응할 뿐만 아니라, 이를 예측하고 계획을 통해 준비하며, 이를 조직의 전략에 통합해야 한다. 조직 변화는 다음 절에서 소개할 커트 르윈의 정적인 관점(static point of view)에서 파악할 수도 있고, 보다 역동적인 관점(dynamic perspective)으로 이해할 수도 있다.

16-2a 르윈의 프로세스 모형

계획된 조직 변화에는 한 조건에서 다른 조건으로 이동하는 체계적인 프로세스가 필요하다. 심리학자이자 조직 및 응용 심리학의 선구자인 커트 르윈(Kurt Lewin)은 조직에서 계획된 변화 노력은 다단계 프로세스로 접근해야 한다고 제안했다.[14] 그의 계획된 변화 모델은 **그림 16-1**과 같이 해빙, 변경, 재동결의 세 단계로 구성된다.

해빙
사람들이 변화의 필요성을 인식하게 만드는 과정.

해빙(unfreezing)은 사람들이 변화의 필요성을 인식하게 되는 과정이다. 사람들이 현재의 관행과 절차에 만족한다면, 변화에는 거의 혹은 전혀 관심이 없을 수도 있다. 해빙의 핵심 요인은 직원들에게 변화의 중요성과 변화가 각자의 업무에 어떤 영향을 미칠 것인지 이해시키는 것이다. 변화로 인해 가장 큰 영향을 받는 직원은 변화가 필요한 이유를 알아야 하며, 이는 실제로 변화에 대한 동기를 부여할 만큼 현재 운영에 충분히 불만족하게 만든다. 직원들에게 변화의 필요성에 대한 인식을 심어 주는 것은 리더십의 책임이다.[15]

코로나19 팬데믹의 영향으로 업무 프로세스와 관행에서의 극적인 변화, 신기술의 출현, 새로운 개인적 목표와 기대의 변화가 생기면서, 직원들은 업무 환경의 지속적인 압박과 직위나 조직에 대한 불확실성에 시달리게 되었다. 최고 경영진과 변화 수행자는 직원들과 공감하고 과거의 어려움과 현재의 불확실성을 인정하며, 직원들이 조금이나마 분출할 수 있는 장(forum)을 마련하고, 정보 공유와 교육을 위한 워크숍을 진행할 것을 당부한다. 최고 경영진이 직원들과 정서적 연결(emotional connection)을 맺은 다음에는, 같은 방법으로 지적 연결(intellectual connection)을 형성하고 비즈니스 사례를 만들 수 있다. 먼저, 조직의 재무 데이터, 마케팅 데이터, 장단기 조직 비전 등을 공유하고, 다음으로는 모든 수준의 직원이 조직 목표를 자신이 속한 사업부, 부서, 및 작업 단위의 목표로 해석하는 과정에 참여하도록 하여, 이를 달성하게 할 수 있다.

변화 자체는 일을 처리하는 방식을 과거 방식에서 새로운 방식으로 나아가는 것이다. 변화에는 새로운 장비 설치, 조직 구조 조정, 새로운 성과 평가 시스템 구현 등 기존 관계나 활동을 변경하는 모든 것이 포함될 수 있다.

재동결
새로운 행동을 상대적으로 영구적이고 더 이상의 변화에 저항하도록 만드는 과정.

재동결(refreezing)은 변화에 부합하는 새로운 행동을 제도화하고 강화하는 과정이다. 재동결 기술의 예로, 교육에서 새로 학습한 기술을 반복한 다음, 새로운 기술이 실제 작업 상황에서 어떻게 사용될 수 있는지 가르치는 역할극을 들 수 있다. 재동결은 필요하다. 왜냐하면 재동결되지 않

그림 16-1
르윈의 조직 변화 프로세스 모형

르윈의 3단계 모델에서 변화는 기존 방식에서 새로운 방식으로 전환하는 체계적인 과정이다. 해빙 단계에서는 변화를 위한 준비가 중요하다. 재동결 단계에서는 변경된 내용이 영구적으로 유지하기 위한 후속 조치가 중요하다.

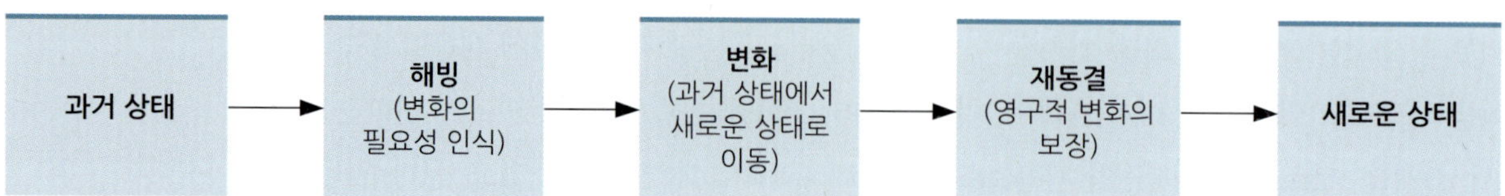

으면, 이전의 방식이 곧 다시 자리잡고 새로운 방식은 잊힐 수 있기 때문이다. 예를 들어, 특별 교육 세션에 참석한 직원은 조직의 변화를 결심하고 부지런히 노력한다. 그러나 직장으로 돌아오면 새로운 방식으로 풍파를 일으키기보다는 옛날 방식을 따르는 것이 더 용이하다는 것을 알게 된다. 일반적으로, 조직의 현 상태를 바꾸려는 노력에 대한 보상은 거의 없다. 반대로, 변화 시도에 따라 개인에게 가해지는 제재는 견디기 어려울 수도 있다. 3장에서 배웠던 학습 이론과 강화 이론은 재동결 단계에서 중요한 역할을 할 수 있다.

재동결하면 변경 사항이 더 영구적이 되고, 추가 변경에 대한 저항력이 높아지는 데 도움이 된다. 이 작업 그룹은 이제 막 중요한 변화를 겪었다. 리더는 나머지 팀원들에게 각자가 특정한 새로운 절차를 따라야 한다고 설명하고 있다.

16-2b 조직 변화에 대한 지속적 변화 프로세스 모형

르윈의 모델이 매우 단순하고 간단하기 때문에 사실상 조직 변화의 모든 모델은 그의 접근 방식에서 시작된다고 보아도 무방할 것이다. 그러나 이 모델에서는 몇 가지 중요한 문제를 다루지 않는다. 이에 더 복잡하지만 더 유용한 접근 방식을 **그림 16-2**에 제시하였다. 이 방식은 최고 경영진의 관점에서 계획된 변화를 다루며, 변화가 지속적이라는 것을 나타낸다. 앞서 각 단계가 다른 단계와 구별되는 것처럼 논의하였지만, 변화가 계속되면서 조직 전체에서 서로 다른 단계가 동시에 발생할 수 있다는 점에 유의해야 한다. 이 모델은 르윈의 아이디어에 실행 단계를 결합한 것이다.

이 접근 방식에서 최고 경영진은 특정한 압력이나 추세가 변화를 요구하고, 이로 인해 조직의 일반적인 문제 해결 및 의사 결정 프로세스에 영향을 미친다는 점을 인식한다. 일반적으로 최고 경영진은 변화가 실행된 이후 조직이나 특정 프로세스 또는 결과물이 어떻게 될 것이라는 예측의 관점에서 목표를 정의한다. 변화에 대한 대안을 생성하고 평가하여, 수용 가능한 하나의 대안을 선택하는 것이다.

프로세스 초기에 조직은 변화 노력 관리를 담당할 사람(들)인 변화 수행자의 도움을 구할 수

그림 16-2
조직 변화에 대한 지속적 변화 프로세스 모형

지속적인 변화 프로세스 모델에는 변화를 위한 힘, 문제 해결 프로세스, 변화 주체 및 전환 관리가 통합되어 있다. 이는 최고 경영진의 관점을 취하며, 오늘날 조직에서 변화는 지속적인 과정이라는 사실을 강조한다.

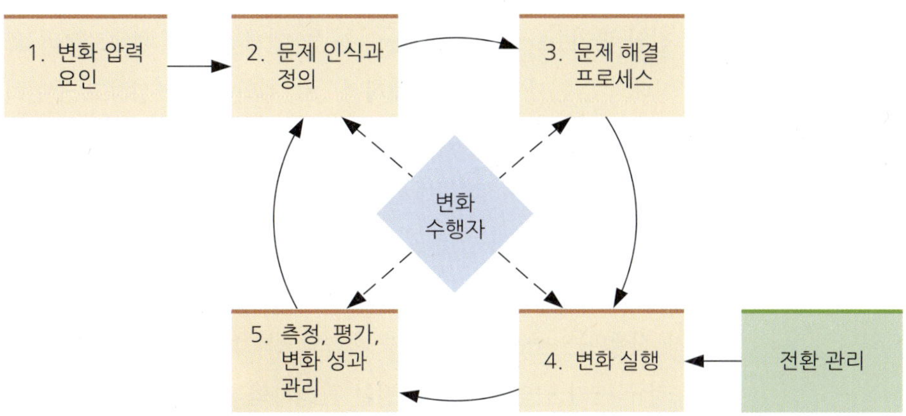

변화 수행자
변화 관리를 책임지는 사람.

있다. **변화 수행자**(change agent)는 경영진이 문제나 변화 필요성을 인식하고 정의하는 데 도움을 줄 수 있으며, 잠재적인 조치 계획을 생성하고 평가하는 데 참여할 수도 있다. 변화 수행자는 조직의 구성원, 컨설턴트와 같은 외부인일 수도 있고 자사 내부 직원일 수도 있다. 내부의 변화 수행자는 조직의 사람, 업무, 정치적 상황을 알고 있어 데이터를 해석하고 시스템을 이해하는 데 도움이 될 수 있지만, 내부자는 상황에 너무 가까워서 객관적으로 볼 수 없을 수도 있다. (또한 정규 직원은 전환에 집중하기 위해 기존의 정규 업무에서 제외되어야 한다.) 이 경우 외부인은 공정하다고 가정되기 때문에 모든 당사자로부터 더 나은 대우를 받는 경우가 많다. 변화 수행자의 지시와 관리하에 조직은 르윈의 해빙, 변화, 재동결 프로세스를 통해 조직의 변화를 구현한다. 한때 업계 선두 기업이었지만 최근 몇 년간 어려움을 겪고 있는 웨더포드 석유회사(Weatherford Oil and Gas Company)는 맥킨지(McKinsey and Company)를 문화와 비즈니스 프로세스를 변화시키는 변화 수행자로 활용하여 경쟁력을 되찾기 위한 노력을 하였다.

마지막 단계는 측정, 평가, 통제이다. 변화 수행자와 최고 경영진은 변화를 통해서 원하는 효과를 어느 정도 달성하고 있는지 평가한다. 즉, 변화 목표를 향한 진행 상황을 측정하고, 필요한 경우 적절한 변화를 수행한다. 변화 수행자가 변화 프로세스에 더 밀접하게 참여할수록 이 단계는 불명확해진다. 변화 수행자는 조직 구성원과 함께 문제를 정의하고 해결하는 데 몰두하면서, 조직의 '협력자(collaborator)' 또는 '도우미(helper)'가 된다. 이런 일이 발생하면 변화 수행자는 변화 프로세스의 여러 단계에서 조직 내의 많은 개인, 그룹 및 부서와 협력할 수 있다. 변화 프로세스가 하나의 단계에서 그 다음 단계로 이동하는 경우, 프로젝트의 모든 단계에 변화 수행자가 완전히 참여해야 하므로, 이들을 쉽게 활용하지 못할 수도 있다. 그러나 프로세스 전반에 걸쳐 변화 수행자는 구성원이 오래된 문제를 새로운 방식으로 볼 수 있도록 돕는 새로운 아이디어와 관점을 가져온다. 변화 수행자가 조직의 가정(assumptions) 및 기존에 수용되던 운영 방식에 문제를 제기하면 갈등이 발생할 수 있는데, 이렇게 유발된 갈등을 통해 자주 변화가 일어나기도 한다.

측정, 평가 및 통제 단계를 통해, 최고 경영진은 조직 생산성 및 효과성 또는 직원 사기에 대한 다양한 지표를 평가하여 변화 프로세스의 효과성을 결정한다. 변화 후의 조직은 이전보다 더 좋아질 것으로 예상된다. 그러나 환경의 모든 부문에서 발생하는 불확실성과 급격한 변화로 인해 대부분의 조직에서는 지속적인 조직 변화가 불가피하다.

전환 관리
변화를 체계적으로 계획하고, 조직화하고, 실행하는 프로세스.

전환 관리(transition management)는 현재 상태의 해체로부터 조직 내에서 완전히 기능하는 미래 상태의 실현까지 변화를 체계적으로 계획하고 구성하고 구현하는 프로세스이다.[16] 변화에 앞서 얼마나 많은 계획이 이루어지고, 얼마나 잘 구현되는지는 중요하지 않다. 변화에는 여러 사람이 참여하기 때문에 항상 예상치 못한 일이 발생한다.[17] 전환 관리의 핵심 역할 중 하나는 이렇듯 의도하지 않게 발생하는 일을 처리하는 것이다. 변화가 시작되면 조직은 이전 상태도 아니고, 그렇다고 변화가 완성된 새로운 상태도 아니지만, 어쨌든 비즈니스는 계속되어야 한다. 전환 관리는 변화가 진행되는 동안 비즈니스가 계속되도록 보장한다. 따라서 변화가 발생하기 전에 시작해야 한다. 정규 관리 팀의 구성원은 전환 관리자의 역할을 맡아야 하며, 변화 수행자와 함께 조직 활동을 조정해야 한다. 전환 기간 동안 사업의 연속성과 통제를 보장하기 위해 임시적인 관리 구조나

Case Study

소덱소의 다양성 향상 방법

2021년 소덱소(Sodexo)는 10년 연속 다양성·형평성·포용성(DEI) 관련 모범 사례로 인정받았다. 또한 이 회사는 디버시티사(Diversity Inc)에서 선정하는 다양성 부문 상위 50대 기업 목록에서 9년 연속 상위 10위권에 포함되었고, 최근에는 2위까지 올랐다. 소덱소는 회사의 보도자료를 통해, "직장 내 다양성에 위해 오랜 노력을 기울여 왔다."라고 밝혔고, 이에 덧붙여, "다양한 인력을 참여시키고 포용적인 문화를 조성하기 위해 지속적으로 노력할 것"이라고 약속했다.

이러한 약속은 15년 전 프랑스에 본사를 둔 다국적 식품 및 시설 관리 서비스 제공 업체인 소덱소에서 백인 직원들에 비해 승진 비율이 지나치게 낮은 데 불만을 품은 흑인 직원들이 제기한 소송을 해결하기 위해 8천만 달러를 지불하기로 합의하면서 본격화했다. 이 당시 소덱소는 미국연방대법원(US Supreme Court)에까지 이어진 소송에 대응해야 했는데, 그 결과 소덱소는 보다 체계적인 채용 프로그램을 구현하고, 원고(흑인 종업원들)가 임명한 일부 위원들이 참여하는 감시 패널(monitoring panel)을 임명하는 데 동의했다.

수석 부사장이자 글로벌 최고 다양성 책임자인 로히니 아난드(Rohini Anand) 박사는 "회사에게는 매우 고통스러운 일이었다."라고 회상하였다. 인도 태생으로서, 미시간 대학에서 문화 간 상호작용에 초점을 맞춘 아시아에 대한 연구로 박사 학위를 취득한 아난드는 직원 소송이 처음 접수된 지 1년이 조금 넘은 2003년에 채용되었다. 다문화 문제 전문가인 그녀는 흑인 직원뿐만 아니라 히스패닉계, 라틴계, 아시아계 및 성소수자 직원들의 경험을 진단하기 시작했다. 아난드는 또한 승진 및 유지와 같은 노력의 결과를 조직 전략에 맞추기 위해, 다양성 성과표를 포함하여 모든 다양성 관련 이니셔티브의 성과를 측정하기 위한 프로그램을 도입했다.

집단 소송 합의가 이루어진 해인 2005년에 소덱소는 스스로를 '다양성의 선두 주자'라고 선언했지만, 그렇게 자축하는 것은 약간 시기상조였다. 실제로 소덱소의 고용 관행에 대한 연방정부의 감독이 종료될 때까지 승진 관행에 대한 불만 사항 이외에도 기본적 존중과 존엄성을 침해하는 데 대한 불만도 계속해서 표면화되었다. 2010년 4월에 발행된 '잃어버린 표적: 다양성에 대한 소덱소의 기록 재검토'라는 제목의 보고서에 따르면, 2004년부터 2009년 사이에 흑인 관리자 수는 단 1% 증가했고, 소수인종 관리자 수는 전체 2%만 증가했을 뿐이었다.

하지만 최근 몇 년간, 디버시티사의 인용문에서 알 수 있듯이, 아난드의 노력은 성과를 거두기 시작한 것으로 보인다. 아난드는 최근의 실적에 대해 매우 만족해 한다. 예를 들어, 현재 약 1만 6,000명의 관리자에 대한 총보너스의 10~15%가 다양성 관련 목표 달성과 관련되어 있으며, 상위 관리자 보너스의 25%도 마찬가지이다. 미국 소덱소의 CEO인 조지 샤발(George Chavel)은 "우리는 변화를 주도하려고 노력하고 있다."라고 약속했고, "우리는 이러한 성과를 측정하는 데 그치지 않고, 실제로 이를 활용하고 있다."라고 강조하였다.

질문

1. 당신은 다양성·형평성·포용성 이니셔티브를 구현하는 것이 상대적으로 쉽다고 보는가? 아니면 어렵다고 보는가? 그렇게 보는 이유는 무엇인가?
2. 당신은 다양성 및 포용성 증진 노력이 성공하기 위해서 조직 학습이 어떤 역할을 한다고 생각하는가?
3. 당신은 다양성을 개선하기 위한 소덱소의 노력이 얼마나 효과가 있다고 생각하는가?

Sources: Sodexo Named to Highest Level of Diversity Best Practices Inclusion Index. (2020, August 19). Sodexo. Available online: https: //www.prnewswire.com/news-releases/sodexo-named-to-highest-level-of-diversity-best-practices-inclusion-index-301114978.html (accessed June 4, 2022); Sodexo-Listed-as-a-Best-of-the-Best Corporation for Diversity, Equity, and Inclusion. (2021, December 8). GlobeNewswire [press release]. Available online:https://www.globenewswire.com/en/news-release/2021/12/08/2348342/0/en/Sodexo-Listed-asa-Best-of-the-Best-Corporation-for-Diversity-Equity-and-Inclusion.html (accessed June 4, 2022); Reed, W. Diversity Turnaround at Sodexo. *Louisiana Weekly*. Available online: www.louisianaweekly.com (accessed December 1, 2019); Diversity Management: The Chief Diversity Officer's No. 1 Advantage. *DiversityInc*. Available online: www.diversityinc.com (accessed December 6, 2019).

직책이 만들어질 수 있다. 직원부터 고객, 공급 업체까지 관련된 모든 사람에게 변경 사항을 알리는 것이 전환 관리에서 매우 중요하다.[18]

16-3 조직 개발

어떤 측면에서 조직 개발은 단순히 조직이 변화하고 발전하는 방식을 의미한다. 조직 변화에는 인력, 기술, 경쟁 및 기타 영역이 포함될 수 있다. 직원 학습 및 공식 교육, 이동, 승진, 해고 및 퇴직은 모두 인사와 관련 변경의 사례이다. 하지만 넓은 의미에서 조직 개발은 조직 변화(organization change)를 의미한다.[19] 여기서 사용된 조직 개발이라는 용어는 보다 구체적인 의미를 갖고 있다. 지난 40년 동안, 조직 개발은 뚜렷한 연구 및 실천 분야로 부상했다.[20] 조직 개발에 대한 우리의 정의는 매우 복잡한 프로세스를 간단한 방식으로 설명하려는 시도이다. 이는 해당 분야의 연구자들이 제시하는 여러 정의 중 가장 좋은 점을 포착하려는 시도이기도 하다.

16-3a 조직 개발 정의하기

조직 개발
조직 효율성을 향상시키기 위한 조직 전략, 구조, 프로세스의 계획된 개발 및 강화에 행동과학 지식을 시스템 전반에 적용하는 것.

"**조직 개발**(organization development: OD)은 조직의 효율성을 향상시키기 위해 행동과학(behavioral science)의 지식을 조직 전략, 구조, 프로세스의 계획된 개발 및 보강에 적용하는 시스템 차원의 노력이다."[21] 이 정의에서 세 가지 요점을 파악하면 기억하기 쉬워진다. 첫째, 조직 개발은 조직 변화를 계획하려는 시도가 포함되는데, 여기서 자발적이고 우연한 계획은 배제한다. 둘째, 조직 개발의 구체적인 목적은 조직의 효율성을 향상시키는 것이다. 따라서 단순히 다른 조직의 변화를 모방하거나, 외부 압력에 의해 조직에 강요되거나, 단순한 교체를 위해 수행되는 변화는 제외한다. 셋째, 계획된 개선은 금전적, 기술적 고려보다는 조직 행동, 심리학, 사회학, 문화인류학 등 행동과학적 지식을 바탕으로 이루어져야 한다.

이 정의에 따르면, 종이에 써서 보관하던 기존의 인사 카드를 디지털 시스템으로 대체하는 것은 조직 개발에 포함되지 않는다. 이러한 변화는 행동에 영향을 미치기는 하지만 행동적 개혁이라기보다는 기술 중심의 개혁이다. 마찬가지로, 정부에 의무적으로 보고할 사항을 보관하기 위해 시스템을 변경하는 것도 조직 개발에 해당되지 않는다. 왜냐하면 이러한 변경은 의무 사항이고 외부 힘의 결과이기 때문이다. 조직 개발을 구현하는 기본적인 세 가지 유형의 방식은 시스템 차원의 변화, 작업 및 기술적인 변화, 그리고 그룹 및 개인의 변화이다.

조직 개발은 처음에는 하나의 연구 분야로 취급되었으며, 특별히 훈련된 조직 개발 전문가에 의해 실행되었다. 그러나 진보적인 조직에서 조직 변화가 일상화되면서, 조직이 생존하려면 모든 조직 리더가 조직 전체에서 변화의 리더가 되어야 한다는 것이 분명해졌다. 미국 육군(US Army), GE, 로열더치쉘(Royal Dutch Shell) 등은 조직 개발을 받아들였던 훌륭한 조직의 사례이다.[22]

16-3b 시스템 전반에 걸친 조직 개발

포괄적인 유형의 조직 변화에는 대대적인 방향 전환(reorientation) 또는 재조직화(reorganization)

가 포함된다. 이는 일반적으로 구조적 변화 또는 업무 부서와 권한, 보고 관계의 시스템 전반에 걸친 재배치(rearrangement)라고 한다. **구조적 변화(structural change)**는 성과 평가 및 보상, 의사 결정, 의사소통 및 정보 처리 시스템에 영향을 미친다. 조직을 재설계하고 조직에 대해 전면적으로 다시 생각해 보는 것은 시스템 전반의 구조적 변화를 위한 두 가지 현대적인 접근 방식이다. 재설계(reengineering)는 어려운 과정이지만, 조직 개선을 위한 커다란 잠재력을 가지고 있다. 이를 위해서는 관리자가 자신이 수행하고 있는 업무의 오랜 가정에 대해 문제를 제기하고, 도전적인 목표를 설정하고, 그 목표가 달성될 것이라고 기대해야 한다. 조직은 자신의 과업(task)을 직무(job)로 나누고, 부서와 부서 간 직무를 결합하고, 직위(position) 간 권한과 보고 관계를 정리하는 방식을 변경할 수 있다. 예를 들어 기능적 부문화(functional departmentalization)를 실행하던 조직이 제품이나 지역 기반의 부문화로 변화할 수도 있고, 전통적인 선형식 조직 설계에서 매트릭스나 팀 기반 설계로 변화할 수도 있다. 또 다른 측면의 변경 사항에는 큰 그룹을 작은 그룹으로 나누거나, 작은 그룹을 더 큰 그룹으로 병합하는 것도 포함될 수 있다. 한편, 규칙과 절차를 작성하고 집행하는 방식은 물론 의사 결정 권한의 초점도 변경이 가능하다. 감독자는 팀 기반 조직에서 '코치' 또는 '촉진자(facilitator)'가 될 수 있다. 이러한 모든 변경이 이루어진다면 조직은 구조의 구성적(configurational) 측면과 운영적(operational) 측면을 모두 변화시킨 것이다.

구조적 변화
조직의 대대적인 구조 조정 또는 직장 생활의 질과 같은 프로그램 도입을 포함하는 시스템 전반의 조직 개발.

Monkey Business Images/Shutterstock.com

조직 개발을 통해서 실행되는 대부분의 조직 변화에는 코치와 촉진자가 필요하다. 사진 속의 내용처럼 이런 종류의 관리자는 자신의 팀을 단순한 사람들의 집합체가 아니라 통합된 팀으로 만들기 위해 변화를 위한 코치나 촉진자의 역할을 수행한다.

시스템 전반에 걸친 구조적 변화는 그리 간단하지 않다.[23] 회사의 CEO라고 해서 회사 직원들에게 특정한 시점부터 새로운 보고 체계에 따르고, 새로운 업무를 담당는 등 모든 것이 하루아침에 바뀔 것이라고 선언하는 것은 불가능하다. 조직의 종업원들은 그동안 수행해 오던 방식으로 업무를 처리하는 데 수개월, 수년, 때로는 수십 년의 경험을 누적해 왔다. 이러한 패턴을 무너뜨리고 새로운 업무와 새로운 관계에 적응하려면 시간이 필요하다. 게다가 그들은 여러 가지 이유로 변화에 저항할 수도 있다. 이 장의 뒷부분에서는 변화에 대한 저항에 대해 논의하려고 한다. 조직은 변화의 프로세스를 관리해야 한다.

포드(Ford Motor Company)의 사례는 전 세계에 걸쳐 조직 전반의 변화를 수행해야 했던 조직의 전형적인 예이다. 지난 40년 동안, 포드는 처음에는 유럽, 미국, 호주 등 여러 지역 거점을 중심으로 조직되었고, 이들은 지역별로 모두 독립적으로 운영되었다. 새로 취임한 포드의 CEO는 지역 거점 기반 조직을 해체하고, 진정한 글로벌 통합 자동차 제조업체를 만들기로 결정했다. 그러나 그의 계획이 진행되는 과정에서 포드는 계속해서 시장점유율을 잃었고, 결국 새로운 CEO로 교체되었다. 이후 새로운 CEO로 취임한 앨런 뮬라리(Alan Mulally)는 비용 절감과 운영 합리화를 통해 대대적인 전환을 추진했다. 또 다른 CEO는 테슬라(Tesla), 우버(Uber), 구글(Google)과 같은 미래 경쟁 업체에 더 집중하는 임무를 맡았다. 그러나 그의 접근 방식이 성공하지 못하자, 그 역시 교체되었다. 그 와중에 2020년 짐 팔리(Jim Farley)가 CEO로 취임했다. 그 이후로 포드는 전통적인 세단 시장에서 탈피하여, 트럭, SUV, 크로스오버 등에 집중하겠다는 의도를 발표했다. 팔리는 또한 회사를 내연기관에 초점을 맞춘 사업부와 전기 및 자율 차량에 중점을 둔 사업부로 나누었다.

직장 생활의 질
근로자가 직장 생활을 하면서도 중요한 개인적 욕구을 얼마나 잘 충족시키고 있는가의 정도.

시스템 전반에 걸친 또 다른 변화는 직장 생활의 질 프로그램을 도입한 것이다. 직장 생활의 질이란 업무 조직의 구성원이 조직에서의 경험을 통해 중요한 개인적 요구를 충족할 수 있는 정도로 정의된다.[24] **직장 생활의 질**(quality-of-work-life: QWL) 프로그램은 개인의 필요를 충족시키는 데 도움이 되는 작업 환경을 제공하는 데 중점을 둔다. 직장 생활 개선에 대한 강조는 인플레이션이 증가하고 불황이 심화되던 1970년대에 시작되었다. 일반적으로 최고 경영진이 조직에서 인간 중심 프로그램을 시작하기 위해서는 경제 성장과 자원의 실질적인 증가가 필요하다고 믿었으므로, 당시의 이러한 움직임은 다소 놀라웠다. 그러나 최고 경영진은 직장 생활 개선을 생산성 향상의 수단으로 여겼다. 코로나19 팬데믹으로 인해 이러한 종류의 계획에 더욱 많은 관심이 집중되었다. 이렇듯 QWL 문제는 오늘날에도 중요한 주제이므로 더 많은 관심을 활용할 수 있지 않을까?

광범위하고 모호한 목표를 가진 캠페인은 그 모호한 목표를 달성하기 위해 다양한 세부 프로그램을 양산한다. QWL 프로그램도 예외는 아니다. 이러한 프로그램은 상당히 다양하지만, 대부분은 '작업장의 인간화(humanizing workplace)'라는 목표를 공유한다. 하버드 교수이자 조직 개발 분야의 연구원인 리차드 월튼(Richard Walton)은 이를 **그림 16-3**에 표시된 여덟 가지 범주로 나누었다.[25] 이 프레임워크에 따르면 급여 시스템 변경부터 직원 권리장전 수립에 이르기까지 범주별로 다양한 유형의 프로그램이 QWL에 포함될 수 있다. 근로자들은 개인 정보 보호, 표현의 자유, 정당한 절차, 공정하고 공평한 대우를 받을 권리가 있다. 국방정보시스템국(Defense Information Systems Agency: DISA)에는 직원들이 2주 기간 동안 9일, 80시간 동안 근무하는 압축 근무 일정(compressed work schedule) 옵션과, 소정의 자격을 갖춘 직원들에게 원격 근무를 허용하는 옵션

그림 16-3
월튼의 직장 생활의 질 프로그램에 대한 범주화

QWL 프로그램은 8개의 유형으로 구분된다. 이 프로그램은 직원 사기 향상, 생산 향상, 조직 효과성 향상을 목표로 한다.

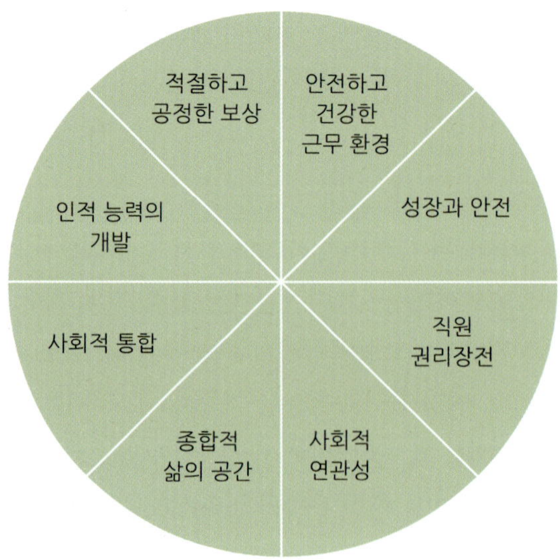

Source: Adapted from Walton, R. E. (1973, Fall). Quality of Work Life: What Is It? *Sloan Management Review*, 11–21, by permission of the publisher.

이 포함된 QWL 프로그램이 있다. 원격 근무가 허용된 직원들은 자신의 집 또는 원격 근무 센터(telework center), 위성 사무실(satellite office)과 같은 대체 작업장에서 일주일에 최대 3일 동안 정기적이고 반복적인 일정으로 근무한다. 이 프로그램은 개인적으로나 직업적으로 직원들에게 보다 유익한 라이프스타일을 장려하기 위해 고안된 것이다.[26]

앞서 여러 번 논의했던 총체적 품질 관리(total quality management: TQM)는 시스템 전반에 걸친 조직 개발 프로그램으로 볼 수 있다. 실제로 일부에서는 TQM을 구조적 변화와 QWL 프로그램을 모두 포함하는 광범위한 프로그램으로 간주하기도 한다. TQM은 직장에서 직원의 요구를 충족시키는 데 초점을 두기보다는, 품질 중심의 변화를 통해 고객의 요구를 충족시키는 것을 강조한다는 점에서 QWL과 다르다. 그러나 TQM의 종업원 프로그램의 내용은 QWL과 매우 유사하다.

QWL 프로그램을 통해 얻을 수 있는 혜택은 상당히 다양하지만, 일반적으로 세 가지 유형으로 정리할 수 있다. 첫째, 업무와 조직에 대한 보다 긍정적인 태도 또는 직업 만족도의 증가. 이는 아마도 가장 직접적인 이점일 것이다.[27] 다른 조직적 요인의 영향으로 인해서 생산성이 향상이 일어나는 경우가 많기 때문에, QWL 프로그램의 효과를 따로 분리하여 측정하는 것은 쉽지는 않지만, 생산성 향상은 QWL 프로그램의 두 번째 이점이다. 세 번째 이점은 수익성, 목표 달성, 주주의 부 또는 자원 교환으로 측정되는 조직의 효율성 향상이다. 세 번째 이점은 처음 두 가지 장점에서 바로 이어진다. 즉, 직원들이 조직에 대해 더 긍정적인 태도를 갖게 되고, 생산성이 향상되며, 동일한 조건에서 더욱 효과적인 조직이 된다.

16-3c 과업과 기술 변화

시스템 전반에서 조직 개발을 가져오는 또 다른 방법은 작업이나 기술 또는 이 두 가지 모두 수행하는 데 관련된 직무를 변경하는 것이다. 직무를 직접적으로 변화시키는 것을 일반적으로 '과업 재설계(task redesign)'라고 한다. 조직에서 투입(input) 요소를 산출(output)로 변환시키는 방식을 변경하는 것을 '기술 변화(technological change)'라고 하는데, 이는 흔히 과업 변화(task changes)로 이어진다. 엄밀히 말하면, 기술 변화는 일반적으로 조직 개발의 일부로 취급되지는 않지만, 과업 재설계는 일반적으로 조직 개발의 범위에 포함된다. 그러나 일반적인 기술 기반 변화에도 불구하고 기술 변화를 촉진하기 위해 조직 개발의 기법이 사용되는 경우도 많다. 예를 들어, '새로운 크라이슬러(New Chrysler)'에서 스텔란티스(Stellantis)(크라이슬러의 모회사. — 역자 주)는 다양한 신기술을 도입하여 제품 라인을 강화할 계획이며, 그중 다수는 새로운 대체 에너지 차량 개발에 필수적이다. 이 장기 계획에는 제품 라인뿐만 아니라 소비자 선호도에 대한 조직의 인식에도 변화가 수반된다.[28] 실제로 이 계획은 2028년까지 크라이슬러의 모든 새로운 제품의 전기화를 목표로 한다.[29]

Nataliya Hora/Alamy Stock Photo

과업 및 기술 변화는 시스템 전반의 조직 개발을 달성하기 위한 한 가지 방법이다. 예로, 제조업에 로봇 기술을 적용하는 것을 들 수 있다. 지루한 생산 및 조립 라인에 로봇을 사용하면, 작업자가 지루하고 단조로운 작업에서 벗어나서 업무에 집중할 수 있으므로 품질과 생산성 향상에 도움이 된다.

이전에 설명했던 구조적 변화(structural change)는 명시적으로 시스템 전반에 적용되는 것이었다. 반면, 여기서 검토하는 변화는 더 좁은 범위에 초점을 맞추고 있으며, 광범위한 차원에서 동일한 결과를 가져오는 것처럼 보이지 않을 수도 있다. 그러나 이들의 영향력은 조직 전반에 걸쳐 느껴진다는 점을 기억하기 바란다. 6장 직무 설계(job design)에 대한 논의에서는 직무 정의(job definition)와 동기부여(motivation)에만 중점을 두었고, 직무 변화를 수행하는 데 거의 관심을 두지 않았다. 여기서는 조직 변화의 방식으로서 과업 재설계에 대해 논의하고자 한다.

조직에 직무(job) 변화를 도입하는 몇 가지 접근 방식이 있다. 그중 한 가지 접근 방식은 개별 직무와 전체 조직 간 인터페이스의 복잡성을 반영하는 9단계의 통합 프레임워크이다.[30] 표 16-2에서 보여 주는 프로세스는 변화의 필요성 인식, 적절한 개입을 선택하고 변화를 평가한다. 이 접근법은 표준적인 절차에 더해 다음 네 가지 단계를 추가로 삽입한다. 첫째는 직무, 인력, 기술, 조직 설계, 리더십 및 그룹 역학 조사 등을 포함하여, 전체 작업 시스템 및 상황을 진단, 둘째는 변경의 비용과 효익을 평가, 셋째는 재설계 전략 수립, 그리고 마지막 넷째는 보완적 변화를 구현하는 것이다.

표 16-2

조직 내 과업 재설계 실행을 위한 통합적 프레임워크

1단계: 변화의 필요성 인식
2단계: 잠재적 개입으로 과업 재설계 선택
3단계: 업무 시스템 및 맥락 진단
- 기존 일자리 진단
- 기존 인력 진단
- 기술 진단
- 조직 설계 진단
- 리더 행동 진단
- 집단 및 사회 프로세스 진단

4단계: 제안된 변경 사항의 비용-편익 분석
5단계: 진행/불가 결정
6단계: 재설계 전략 수립
7단계: 과업 변경 사항 구현
8단계: 추가 변경 사항 구현
9단계: 과업 재설계 노력 평가

Source: Griffin, R. W. (1982). *Task Design: An Integrative Framework* (p. 208). Glenview, IL: Scott, Foresman. Used by permission.

진단(diagnosis)에는 해당 직무가 존재하는 전체 작업(work) 환경에 대한 분석이 포함된다. 직무 변경을 고려할 때는, 조직 구조, 특히 부서 내 작업 규칙 및 의사 결정 권한을 평가하는 것이 중요하다.[31] 예를 들어, 직원들에게 작업 방식이나 일정을 더 자유롭게 선택할 수 있도록 직무를 재설계한다고 가정해 보자. 우선 작업 활동, 현재 시스템의 진단을 통해 규칙이 이를 허용하는지 여부를 결정해야 한다. 진단에는 작업 그룹과 팀뿐만 아니라 그룹 내 역학에 대한 평가도 포함되어야 한다. 또한 재설계된 과업을 수행하기 위해 필요한 새로운 기술을 보유했는지 혹은 쉽게 얻을 수 있는지 여부도 판단해야 한다.

직무 재설계(job redesign)를 추진할 때, 이와 관련된 잠재적 효익 혹은 비용을 인식하는 것은 매우 중요하다. 일부 비용은 직접적이고 정량화(quantifiable)가 가능할 것이나, 다른 것들은 간접적이며 정량화하기 어려울 것이다. 직무 재설계에는 예상치 못한 비용 혹은 이점이 포함될 수 있다. 이러한 것들은 비록 확실하게 예측할 수는 없지만, 발생 가능성이 어느 정도일지 예측할 수는 있다. 단기적인 역할 모호함, 역할 갈등, 역할 과부하 등의 요인은 직무 재설계 노력에 큰 걸림돌이 될 수 있다.

재설계 계획을 실행하려면 신중한 계획이 필요하며, 개입(intervention)을 위한 전략 개발이 계획의 최종 단계이다. 전략 수립은 네 부분으로 구성된 프로세스이다. 첫째, 누가 변화를 설계할 것인지 결정해야 한다. 변화 설계 팀은 상황에 따라 고위 경영진만으로 구성되거나, 라인 작업자 및 감독자를 포함시킬 수도 있다. 다음으로, 변화 설계 팀은 직무 설계 이론과 조직의 요구, 목표, 상황을 기반으로 변화의 실제 설계를 수행한다. 셋째, 변화의 구현 시기를 결정한다. 이를 위해서는 장비 구입 및 설치, 직업 교육 실시, 새로운 물리적 배치 및 새 시스템의 오류 해결 등을 위해 공식적인 전환 기간(formal transition period)이 필요할 수 있다. 넷째, 전략 기획자는 직무 변화에 보고 체계(reporting relationship) 및 보상 시스템과 같은 다른 조직 구성 요소의 조정 및 보완 변경이 필요한지도 고려해야 한다.

16-3d 집단과 개인의 변화

그룹과 개인은 다양한 방법으로 조직 변화에 참여할 수 있다. 교육이 직원의 직무 수행 방식에 영향을 미치는 경우, 직원 개인을 재교육시키는 것도 조직 변화로 간주될 수 있다. 관리자가 의사 결정에 부하 직원을 참여시키거나, 지휘 방식을 개선하기 위해 리더십 격자(leadership grid) 또는 브룸(Vroom)의 의사결정나무(11장 및 12장 참조)에 익숙해져야 하는 것도 변화를 위한 시도의 하나이다. 첫 번째(리더십 격자)의 경우, 목표는 생산성 관리와 인간관계 관리 간의 균형을 맞추는 것이다. 두 번째(의사결정나무)의 경우, 목표는 조직의 의사 결정에 일반 직원(rank-and-file employees)의 참여를 증가시키는 것이다. 다음에서는 훈련, 관리자 개발, 팀 구축, 설문 조사 피드백 등 관심이 많은 네 가지 유형의, 사람 중심 변화 기법(people-oriented change techniques)의 개요를 제시한다.

훈련

훈련(training)은 일반적으로 종업원의 직무 기술(job skills)을 향상시키기 위해 수행된다. 직원은 특정의 기계를 작동시킬 수 있도록 훈련받을 수도 있고, 새로운 수학적 기술, 혹은 개인적 성장 및 개발 방법을 배울 수도 있다. 스트레스 관리 프로그램은 조직 구성원, 특히 경영진이 조직의 스트레스를 이해하고, 이에 대처하는 방법의 개발을 지원할 목적으로 인기를 얻고 있다.[32] 훈련은 다른 포괄적인 조직 변화와 함께 사용될 수도 있다. 예를 들어, 조직이 목표에 의한 관리(management-by-objectives: MBO) 프로그램을 구현하는 경우, 목표 설정 및 목표 지향 성과 검토에 대한 교육 훈련이 필요할 수 있다. 점점 더 보편화되고 있는 중요한 훈련 유형 중 하나는 다른 나라에서 일할 수 있도록 훈련시키는 것이다. 모토롤라(Motorola)와 같은 회사에서는 해외 업무를 위해 파견하기 전 모든 직급의 직원들에게 포괄적인 교육 프로그램을 제공한다. 이 훈련에는 어학 집중 과정, 이문화 과정, 가족을 위한 과정 등이 포함되어 있다.

Monkey Business Images/Shutterstock.com

훈련은 그룹과 개인의 변화를 위한 매우 일반적이고 광범위하게 활용되는 방법이다. 사진에 나온 교수자는 회사의 관리자에게 회사의 새로운 성과 관리 시스템을 소개하고, 이 시스템을 사용하여 직원의 성과를 평가하는 방법을 이해하도록 돕고 있다.

훈련 방법 중에서 강의, 토론, 강의-토론 조합, 경험 학습, 사례 연구, 비디오를 통한 훈련, 온라인 교육 등이 많이 사용된다. 훈련은 회사 내, 호텔, 리조트, 컨퍼런스 센터 등 표준 강의실에서 진행되거나, 장소에 상관없이 온라인으로도 진행될 수 있다. 훈련 참가자들은 현장 훈련(on-the-job training: OJT)을 통해 경험 있고 숙련된 종업원으로부터 다양한 유형의 경험을 배운다. 대부분의 훈련 프로그램은 훈련 주제, 훈련생, 교수자, 조직의 조합이다.

훈련 프로그램의 주요 문제는 종업원이 학습을 자신의 업무에 전이(transfer)시키는 것이다. 학습을 통해 종업원이 새로운 기술을 배우고, 관리자가 새로운 관리 기술을 배우더라도, 이들이 다시 자신의 작업 상황으로 돌아가면, 예전의 방식을 유지하는 것이 더 쉽다는 것을 깨닫게 된다. 앞서 논의한 것처럼 재동결(refreezing) 과정은 변화 과정에서 중요한 부분이다. 훈련 프로그램의 성과를 영구적으로 유지하기 위한 방안을 찾아보아야 한다.

관리자 개발

직원 교육 프로그램과 같은 관리자 개발(management development) 프로그램은 특정 기술, 능력 및 관점을 육성하려고 시도한다. 높은 자격을 갖춘 기술 인력이 작업 그룹의 관리자로 승진할 때, 인력을 관리하거나 다루는 방법에 대한 교육이 필요한 경우가 많다. 이 경우, 관리자 개발 프로그램은 새로운 관리자와 직원 모두에게 중요한 역할을 할 수 있다.

일반적으로 관리자 개발 프로그램에는 상당 부분 강의-토론 방식을 사용하지만, 사례 연구, 역할극과 같은 참여 방식도 많이 사용된다. 팀즈(Microsoft Teams)나 줌(Zoom)과 같은 기술을 사용하여 원격으로 수행되는 관리자 개발 프로그램이 늘고 있다. 훈련에 참가한 관리자들은 참여적, 경험적인 방법을 통해 관리자로서 다루어야 할 문제들은 물론, 업무의 일부인 좌절감, 의심, 성공의 감정도 경험할 수 있다. 그러나 이러한 유형의 훈련 프로그램에는 문제가 있다. 의사소통, 문제 진단, 문제 해결 및 성과 평가를 포함한 관리 기술은 일반적인 기술(예를 들어, 기계를 작동하는 것)과는 달리 관찰이 어렵고, 훈련장에서 실제 업무로 이전하는 것이 쉽지 않기 때문이다. 또한 외부 환경의 급격한 변화로 인해 특정한 관리 기술들은 매우 짧은 시간 안에 쓸모없게 될 수도 있다. 결과적으로, 일부 회사에서는 관리자 개발을 지속적인 경력 과정으로 접근하고 있으며, 관리자에게 주기적으로 재교육 과정에 참석하도록 요구하고 있다.

잭 웰치(Jack Welch)는 GE 내에서 문화적 변화를 이루는 데 전념하여, 변화를 추진할 리더 그룹을 육성하기 위해 유명한 뉴욕 크로톤빌에 교육 시설을 설립했다. GE는 변화 가속 프로그램(Change Acceleration Program: CAP)이라는 3단계 워크숍 시리즈에 매년 1만 명 이상의 관리자를 파견한다. 여기서 리더십이란 리더들이 자신의 부하들에게 업무 수행 방식을 바꾸는 방법을 가르치는 교육 활동으로 재정의되었다. 웰치는 자신이 필요하다고 생각한 시스템 전반의 변경을 수행하기 위해, 본인이 직접 개인 수준의 조직 개발에 참가하기도 하였다.[33]

미국 기업이 관리자 개발에 수억 달러를 투자함에 따라, 훈련의 원칙들도 진화하고 있다. (1) 관리자 개발은 다면적이고, 복잡하며, 장기적인 프로세스여서 빨리 수행할 수 없고, 간단하게 완수할 수 없다. (2) 조직은 고유한 관리자 개발 요구 사항을 신중하고, 체계적으로 파악하고, 그 요구에 따라 프로그램을 평가해야 한다. (3) 관리자 개발의 목표는 조직의 목표와 양립할 수 있어야 한다. (4) 관리자 개발의 유용성과 가치는 입증된 사실이라기보다는 믿음의 조항으로 남아 있다.[34]

팀 구축

그룹 구성원 간의 상호작용이 해당 그룹의 성공과 효율성에 중요한 경우, 팀 개발(team development) 또는 팀 구축(team building)이 유용할 수 있다. 팀 구축은 구성원들이 협력의 정신으로 함께 일하는 것을 강조하며, 일반적으로 다음 중 하나 이상의 목표를 추구한다.

1. 팀 목표와 우선순위를 설정한다.
2. 작업 수행 방식을 분석하고 할당한다.
3. 그룹이 어떻게 작업하고 있는지 조사한다. 즉, 규범, 의사 결정, 의사소통과 같은 프로세스를 조사한다.
4. 작업을 수행하는 사람들 간의 관계를 조사한다.[35]

TQM은 일반적으로 팀에 중점을 두고, 팀 구성의 원칙을 적용하여, 팀을 제대로 작동시켜야 한다. 팀 참여(team participation)는 팀 개발을 위한 데이터 수집 및 평가 단계에서 특히 중요하다. 데이터 수집 단계에서 구성원들은 그룹의 기능에 대한 정보를 공유한다. 그룹의 의견은 개발 프로세스의 기초를 형성한다. 평가 단계에서 구성원들은 팀 개발 노력의 효율성에 대한 정보의 원천이다.[36]

TQM 및 기타 여러 관리 기술과 마찬가지로 팀 구축은 현장에서 벗어나 수행하는 일회성 경험으로 생각해서는 안 되며, 오히려 연속적인 과정이라고 인식해야 한다. 그룹 구성원들이 함께 모여 팀으로 기능하는 방법을 배우는 데는 몇 주, 몇 달, 혹은 몇 년이 걸릴 수 있다. 팀 개발은 미래에 자체 문제를 해결하기 위해 그룹을 훈련하는 방법이 될 수 있다.

설문 조사 피드백

설문 조사 피드백(survey feedback) 방법은 변화 프로세스의 기초를 형성할 수 있다. 이 과정에서 데이터는 수집, 분석, 요약되어 데이터를 제공한 사람들에게 다시 제공되고, 이를 통해 문제를 식별하고 논의하고 해결한다. 설문 조사 피드백 프로세스는 조직의 최고 경영진이나 경영 컨설턴트에 의해 수행되는 경우가 많다. 설문 조사(survey)는 직원의 신념과 태도에 대한 정보를 제공함으로써, 경영진이 조직의 문제를 진단하고 해결하는 데 도움이 될 수 있다. 컨설턴트 또는 변화 수행자는 일반적으로 프로세스를 조정하고, 데이터 수집, 분석 및 요약을 담당한다. 설문 조사의 3단계 프로세스는 **그림 16-4**에 나와 있다.[37]

조직 개발 프로세스에서 설문 조사 피드백 방법을 활용하는 것은 전통적인 태도 설문 조사(attitude survey)와는 다르다. 전통적인 태도 조사에서는 최고 경영진이 데이터를 검토하고, 조사에서 확인된 문제를 해결하기 위한 변화 조치를 시작할 수도 있고, 그렇지 않을 수도 있다. 그

그림 16-4
설문 조사 피드백

설문 조사 피드백 프로세스에는 세 단계가 있으며, 이를 완전하게 완료해야 프로세스가 효과적일 수 있다. 조직 개발 프로세스로서 이 프로세스의 목적은 데이터 분석, 문제 식별 및 솔루션 개발의 과정에 모든 직원을 완전히 참여시키는 것이다.

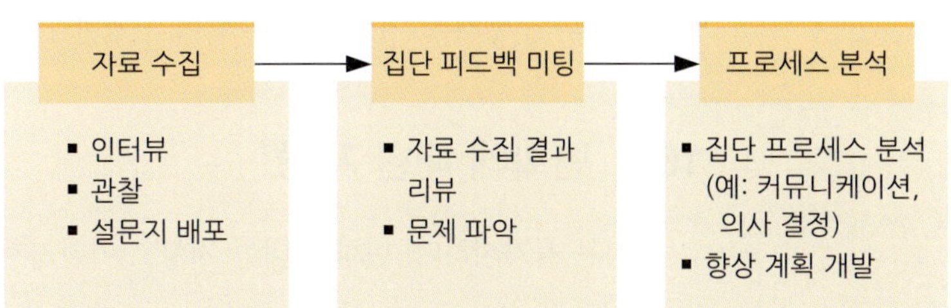

러나 조직 개발 프로세스에서 확보한 데이터는 (1) 조직 내 모든 수준의 직원 그룹에 피드백되고, (2) 일반 작업 그룹(work group)에서 함께 일하는 모든 직원이 문제를 공유하고 해결하는 데 사용된다.

데이터 수집 단계에서 변화 수행자는 적절한 수준에서 선택된 인력을 인터뷰할 때 활용할 주요 질문들을 결정한다. 인터뷰에서 얻은 정보는 설문지를 개발하는 데 사용되며, 설문지는 대규모 직원 표본에 배포된다. 설문지는 표준화된 도구, 조직을 위해 특별히 개발된 도구, 또는 이 둘의 조합일 수 있다. 설문지 데이터는 응답자의 익명성을 보장하기 위해 개인별이 아닌 그룹 또는 부서별로 분석되고 집계된다.[38] 그 다음, 변화 수행자는 그룹 피드백 세션을 위한 결과 요약을 준비한다. 이 시점부터 컨설턴트는 전문가로서 프로세스에 참여하게 된다.

피드백 회의에는 일반적으로 두세 수준의 관리자들만 참여한다. 회의는 보통 최고 경영진의 회의를 거쳐 조직 전체의 직원 회의로 이어지는 연속적인 과정으로 진행된다. 일반적으로 변화 수행자가 아닌 작업 그룹 관리자가 세션을 주도하면서, 데이터의 '소유권'을 변화 수행자에서 작업 그룹으로 이전한다. 피드백은 주로 조직, 업무, 리더십 및 설문지의 기타 주제에 대한 작업 그룹의 태도 점수로 구성된다. 피드백 회의 동안, 참가자들은 이러한 점수가 나온 이유와 데이터가 드러내는 문제점에 대해 토의한다.

프로세스 분석 단계에서 작업 그룹은 일반적으로 컨설턴트의 도움을 받아 의사 결정 프로세스, 커뮤니케이션 프로세스, 작업 완수 프로세스를 조사한다. 불행하게도, 자칫 작업 그룹은 설문조사 데이터와 피드백 회의 중에 밝혀진 문제에 몰두한 나머지, 여러 종류의 프로세스를 진단하는 이 단계를 간과할 수 있다. 때때로 작업 그룹 관리자가 피드백 및 프로세스 분석 단계를 수행하지 못하기도 한다. 변화 수행자는 작업 그룹 관리자가 피드백 및 프로세스 분석 단계를 수행하는지 확인하고, 그에 따른 충분한 보상을 받도록 조치해야 한다. 프로세스 분석 단계는 개선을 위한 실행 계획을 개발을 목적으로 하기 때문에 중요하다. 프로세스 문제를 완전히 논의하고 개선 전략을 수립하려면, 여러 세션이 필요할 수 있다. 작업 그룹에서는 논의되는 계획을 문서화하고, 실행에 대한 후속 조치를 실행할 구성원을 지정하는 것이 좋다. 일반적으로, 후속 조치 단계에서는 의사소통 및 소통의 과정이 실제로 개선되었는지 여부를 평가한다. 후속 조치가 시작되고 몇 달 혹은 1년 후에 후속 조사를 실시하여, 이러한 프로세스가 얼마나 많이 변화되었는지 평가할 수 있다.

설문 조사 피드백 방법은 널리 사용되는 조직 변화 및 조직 개발 개입 방법 중 하나이다. 그러나 이러한 단계 중 하나라도 손상되거나 생략된다면, 이 방법의 유용성은 떨어진다. 따라서 컨설턴트나 변화 수행자는 이 방법이 충실히 수행되는지를 꼼꼼하게 확인해야 한다.

16-4 변화에 대한 저항

변화는 불가피하다. 변화에 대한 저항도 마찬가지다. 역설적이게도, 조직은 변화를 촉진하기도 하고, 변화에 저항하기도 한다. 조직은 변화의 주체로서, 잠재 고객이나 소비자들이 자사 제품이나 서비스로 전환하여 기존에 그들이 가지고 있던 구매 습관을 바꾸도록 요청하기도 하고, 기존의 고객에 대해서는 구매량을 증가시키는 변화를 요청하며, 공급 업체에게는 원자재 비용을 줄이도록 요청하기도 한다. 한편, 조직은 구조와 통제 시스템이 불확실한 환경으로부터 제품이나 서비스 생산의 일상 업무를 보호한다는 이유로 변화에 저항한다. 조직은 환경의 불안정성을 완화하기 위해 몇 가지 영속성 요소를 갖추려 하지만, 시장에서 현재의 흐름과 타당성을 유지하기 위한 내부 변화와 함께 외부 변화에도 대응해야 한다.

변화에 대한 모든 저항은 극복되어야 한다는 것이 일반적 견해이지만, 항상 그런 것은 아니다. 변화에 대한 저항은 조직의 이익을 위한 것일 수도 있으며, 완전히 제거될 필요는 없다. 저항은 때로는 제안된 변경 사항이 조직에 해를 끼칠 수 있으므로, 다른 대안이 더 나을 수 있다는 타당한 우려를 드러냄으로써 조직으로 하여금 변화를 재검토하라고 경고할 수도 있다.[39] 예를 들어, 조직에서 기존의 사업 영역과 완전히 다른 산업 분야 회사의 인수를 검토할 수 있다. 이러한 제안에 대해 조직이 저항한다면, 그 저항으로 인해 조직은 인수에 따라 기대되는 장점과 단점을 더 주의 깊게 검토할 수 있게 된다. 이러한 저항이 없다면, 장단점을 충분히 검토하기 전에 섣부른 결정을 내릴 우려도 있다. 일부에서는 변화 수행자가 변화 프로세스를 잘못 관리하거나 프로세스 전반에 걸쳐 의사소통을 제대로 하지 않아서, 변화에 대한 저항을 불러일으킬 수 있다고 주장할 수도 있다.[40]

저항은 조직, 개인, 또는 양자 모두로부터 올 수 있다. 그러나 조직은 개인으로 구성되어 있기 때문에, 궁극적으로 어디에서 왔는지 단정하기는 어렵다. 표 16-3에는 다양한 유형의 조직적, 개인적 저항 요인이 요약되어 있다. Improve Your Skills의 내용은 특히 변화가 혁신과 관련되어 있을 때 변화에 대한 자신의 성향을 평가하는 데 도움이 된다.

표 16-3
저항의 근원

조직 측면의 근원	예시
과잉 결정	채용 시스템, 직무 기술서, 평가 및 보상 시스템, 조직 문화
좁은 변화의 초점	다른 이슈(예: 직무, 직원)에 대한 충분한 고려 없이, 조직 구조에 초점을 맞춤
집단 관성	집단 규범
위협받는 전문성	전문성 영역을 벗어나는 사람들
위협받는 권력	분권화된 의사 결정
자원 할당	파트타임 인력의 활용 증가
개인 측면의 근원	**예시**
습관	바뀐 과업
보안	바뀐 과업 및 보고 관계
경제적 요인	변경된 보상 및 복리 후생
미지에 대한 두려움	새로운 직무, 새로운 상사
인식의 부족	공지 사항에 귀기울이지 않는 고립된 집단
사회적 요인	집단 규범

Improve Your Skills

혁신 태도 척도

변화와 혁신은 조직에 중요하다. 이 평가는 당신이 혁신을 수용하고 참여할 준비가 되어 있는지 평가한다. 각 질문이 직장에서의 당신의 실제 행동이나 의도에 어느 정도 해당되는지 표시하라. 이 문항들은 직장에서 업무를 수행하는 방식을 설명한다. 다음 척도에 준해 답하라.

항상 사실이 아님	종종 사실이 아님	해당 사항 없음	종종 사실임	항상 사실임
1	2	3	4	5

_____ 1. 나는 나의 경력을 발전시킬 방법을 상사와 공개적으로 논의한다.
_____ 2. 나는 문제에 대한 새로운 아이디어와 접근 방식을 시도한다.
_____ 3. 나는 사물이나 상황이 어떻게 작용하는지 알아보기 위해 분석한다.
_____ 4. 나는 내 업무와 관련된 불확실성과 비정상적인 상황을 환영한다.
_____ 5. 나는 상사와 공개적으로 연봉 협상을 한다.
_____ 6. 나는 기존 방법이나 장비의 새로운 용도를 찾을 수 있다고 믿을 수 있다.
_____ 7. 나는 동료들 중에서 새로운 아이디어나 방법을 가장 먼저 시도하거나 거의 처음으로 시도할 것이다.
_____ 8. 나에게는 작업 그룹을 위해 다른 부서와 소통할 기회가 있다.
_____ 9. 나는 독창성을 보여 준다.
_____ 10. 나는 다른 사람들에게 큰 어려움을 안겨 준 문제를 해결하기 위해 노력할 것이다.
_____ 11. 나는 새로운 솔루션에 대한 중요한 의견을 제공한다.
_____ 12. 나는 제안된 아이디어에 대한 서면 평가를 제공한다.
_____ 13. 나는 회사 외부의 전문가들과 접촉한다.
_____ 14. 나는 작업을 선택할 때 사적으로 친한 사람들의 의견을 듣는다.
_____ 15. 나는 내가 좋아하는 아이디어나 프로젝트를 추진하는 데 시간을 투자한다.
_____ 16. 나는 위험한 프로젝트를 추진하기 위한 자원을 따로 확보해 두었다.
_____ 17. 나는 조직의 일상에서 이탈하는 사람들을 용인한다.
_____ 18. 나는 직원 회의에서 의견을 제시한다.
_____ 19. 나는 복잡한 문제를 해결하기 위해 개인보다 팀으로 일한다.
_____ 20. 내가 어떤지 동료들이 물어보면, 그들은 내가 재미있다고 말할 것이다.

점수 계산: 다섯 개 척도 중 응답한 각 횟수를 세고 다음 표를 사용하여 점수를 계산한다.

응답 척도	답한 횟수	×	점수	=	소계
5 — 항상 사실임	_____	×	5	=	_____
4 — 종종 사실임	_____	×	4	=	_____
3 — 해당 사항 없음	_____	×	3	=	_____
2 — 종종 사실이 아님	_____	×	2	=	_____
1 — 항상 사실이 아님	_____	×	1	=	_____
총계					_____

해석: 총점이 높을수록 혁신하려는 의지가 더 강하다는 뜻이다. 혁신에 대한 당신의 태도는 낮은 점수를 받은 사람들보다 더 긍정적이라는 것이다. 72점 이상이면 상대적으로 높은 것이고, 45점 이하는 상대적으로 낮은 것이다. 혁신가가 아닌 사람들은 현 상태를 유지하려는 경향이 있다.

Source: Adapted from Ettlie, J. E., & O'Keefe, R. D. (1982). Innovative Attitudes, Values, and Intentions in Organizations. *Journal of Management Studies*, 19, 176.

16-4a 조직 측면의 저항의 근원

대니얼 카츠(Daniel Katz)와 로버트 칸(Robert Kahn)은 과잉 결정, 좁은 변화 초점, 집단 관성, 위협받는 전문성, 위협받는 권력, 자원 할당 등 저항의 여섯 가지 주요 원인을 식별했다.[41]

과잉 결정

조직에는 안정성을 유지하도록 설계된 여러 시스템이 있다. 예를 들어, 조직이 직원의 성과를 어떻게 통제하는지 생각해 보자. 입사 지원자는 조직에서 요구하는 업무를 수행할 수 있도록, 특정 기술을 보유해야 한다. 신입 사원에게는 직무 설명이 주어지며, 감독자는 해당 직원의 직무에 대해 교육, 지도, 상담한다. 신입 사원은 일반적으로 1회성으로 성과를 평가받는 일종의 수습 기간을 겪게 된다. 그 후 직원의 성과는 정기적으로 평가된다. 마지막으로 종업원들의 성과 수준에 따라 보상, 처벌, 징계가 시행된다. 이러한 시스템은 더 적은 수의 절차와 보호 조치를 활용한다 해도 직원 성과에 미치는 효과는 동일할 수 있다는 점에서 **과잉 결정**(overdetermination) 또는 구조적 관성(structural inertia)[42]을 특징으로 한다고 말할 수 있다. 조직 구조는 안정성을 유지하도록 설계되었기 때문에, 변화에 대한 저항을 낳는다. 과잉 결정의 또 다른 원인은 조직 문화이다. 15장에서 논의한 것처럼 조직 문화는 직원의 행동에 강력하고 지속적인 영향을 미칠 수 있다.

과잉 결정
직원들과 조직 시스템이 기대한 바대로 안정적으로 유지될 수 있도록 수많은 시스템이 구비됨에 따라 발생.

좁은 범위의 변화에 초점

조직에 변화를 일으키려는 많은 노력은 너무 좁은 범위에 초점을 맞추는 경우가 있다. 개인이나 그룹의 과업을 강제로 변경하려는 모든 노력은 사람, 구조, 업무, 정보 시스템 등 조직 요소 간의 상호 의존성을 고려해야 한다. 예를 들어, 조직 구조가 재설계된 직무에 부적절하다면 직무 재설계 시도는 실패하게 된다.[43]

집단 관성

직원이 자신의 업무 행동을 바꾸려고 시도하면, 집단은 개인의 변화된 행동을 지원하는 데 필요한 행동의 변화를 거부하면서 저항할 수 있다. 즉, 집단 규범은 행동 변화를 하려는 개인의 시도에 제동을 가할 수 있다.

위협받는 전문성

조직의 변화는 개인과 그룹이 수년에 걸쳐 개발한 전문 지식을 위협할 수 있다. 직무 재설계나 구조적 변화는 전문 과업에 대한 책임을 현재 전문가에게서 다른 사람에게 전가함으로써 전문가의 전문성을 위협하고 변화에 대한 저항으로 이어질 수 있다.

위협받는 권력

프로세스 리엔지니어링이나 팀 기반 관리 등 의사 결정 권한을 재분배하면, 다른 사람과의 권력 관계를 위협할 수 있다. 조직이 의사 결정을 분권화하는 경우, 다른 사람의 특별한 호의를 대가로 자신의 의사 결정 권한을 자기 마음대로 휘두르는 관리자는 자신의 권력 기반을 잃고 싶지 않기 때문에 변화에 저항할 수 있다.

Christian Mueller/Shutterstck.com

사람들은 다양한 이유로 변화에 저항하는 경향이 있다. 이러한 저항을 효과적으로 극복한 조직과 관리자는 경쟁사에 뒤처지지 않고 생존 가능한 조직으로 남을 가능성이 높다. 그러나 저항에 대처하지 않는 조직과 관리자는 결국 회사에 나쁜 영향을 줄 것이다.

자원 할당

현재의 자원 할당 방식에 만족하는 집단은 미래에 자신이 받을 몫을 감소시킬 것으로 생각되는 모든 변화에 저항할 가능성이 높다. 여기서 자원이란 금전적 보상 및 장비에서부터 추가적인 계절별 지원, 더 많은 컴퓨터 사용 시간에 이르는 모든 것을 의미한다.

위에서 언급한 여섯 가지 저항의 근원은 변화에 대한 대부분의 조직 기반 저항을 설명한다. 모든 저항은 사람과 사회적 관계를 기반으로 한다. 저항의 원인 중 상당수는 자원, 권력, 일상의 편안함 등을 잃는 것을 두려워하는 집단이나 개인에서 찾을 수 있다.

16-4b 개인 측면의 저항의 근원

변화에 대한 개별적인 저항의 원인은 필요(needs), 인식(perception) 등 기본적인 인간 특성에 뿌리를 두고 있다. 수십 년간의 연구와 분석을 통해 개인이 변화에 저항하는 일반적인 이유는 습관, 보안, 경제적 요인, 미지의 것에 대한 두려움, 인식 부족, 사회적 요인 등 여섯 가지로 확인되었다(표 16-3 참조).[44]

습관

작업이 계속해서 반복되면, 매일 같은 방식으로 작업하는 것이 더 쉽다. 완전히 새로운 단계를 배우면, 작업이 더욱 어려워진다. 동일한 수익(임금)을 위해 대부분의 사람들은 힘든 일보다는 쉬운 일을 선호한다.

안정성

일부 직원은 예전과 똑같은 방식으로 일을 처리하는 편안함과 안전함을 좋아한다. 그들은 주변에서 일어나는 모든 변화에도 불구하고, 어떤 것들은 동일하게 유지된다는 사실에서 불변성과 안전성을 느낀다. 변화로 인해 자신의 안전이 위협받는다고 믿는 사람들은 변화에 저항할 가능성이 높다. 코로나19 팬데믹의 출현으로 원격 근무를 하게 된 많은 직원들은 처음에는 자신의 미래가 어떻게 될지 확신하지 못해 저항하고 걱정했다고 한다.

경제적 요인

변화는 직원의 꾸준한 급여와 의료 혜택을 위협할 수 있다. 근로자들은 변화로 인해 자신의 일자리가 쓸모없게 되거나, 향후 급여 인상 기회가 줄어들 것을 두려워할 수 있다.

미지에 대한 두려움

사람들은 낯선 것을 두려한다. 보고 체계와 직무의 변화는 직원들에게 불안감을 조성한다. 직원들은 자신의 상사와 업무에 익숙해지고, 다양한 상황에서 사람들과 소통하면서 조직 내 다른 사람들과의 관계를 발전시킨다. 이러한 관계와 접촉은 업무 수행을 용이하게 한다. 익숙한 패턴이 중단되면 지연이 발생하고, 아무 것도 이룰 수 없게 된다는 믿음이 커질 수 있기 때문에 두려움이 생길 수 있다.

인식의 부족

주의력 부족 등 지각적 한계로 인해 사람은 규칙이나 절차의 변경을 인식하지 못하고, 그로 인해 자신의 행동을 바꾸지 못할 수도 있다. 사람들은 자신의 관점을 뒷받침하는 것에만 주의를 기울인다. 예를 들어, 외딴 지역에 위치한 영업 사무소 직원은 비용 계정 보고 절차 변경에 관한 본사의 지침을 인지하지 못하거나 무시할 수 있다. 따라서 그들은 가능한 한 오랫동안 현재의 관행을 지속할 수 있다.

사회적 요인

조직 구성원들은 다른 사람들이 어떻게 생각할지 두려워 변화에 저항할 수도 있다. 앞서 언급했듯이 자신이 소속되어 있는 그룹은 행동에 대한 강력한 동기가 될 수 있다. 직원들은 변화가 그룹 내에서 자신의 이미지를 손상시키거나 배척하거나 혹은 자신을 다른 사람들과 '다르게' 만들 것이라고 생각할 수 있다. 예를 들어, 경영진이 정한 업무 규칙을 따르기로 동의한 직원은 공개적으로 규칙을 따르지 않는 다른 직원으로부터 조롱을 받을 수 있다. 마찬가지로, 코로나19가 약해지고 직원들이 사무실로 복귀하자 많은 사람들이 원격 근무 방식이나 유연한 근무 방식을 통해 제공되는 유연성에 익숙해졌기 때문에 사무실 복귀 방침에 저항했다.

16-5 조직 변화와 조직 개발을 효과적으로 관리하기

조직 변화와 조직 개발을 성공적으로 실현하려면, 조직 변화 관리의 일곱 가지 핵심 요소를 이해하는 것이 필요하다. 이는 앞서 확인한 문제와 조직을 포괄적인 사회 시스템으로 보는 관점과 직접적으로 연관된다. 각각의 요소는 사회 시스템에 영향을 미칠 수 있으며, 조직이 변화를 관리하는 데 있어 중요한 일부 문제를 회피하는 데 도움이 될 수 있다. 표 16-4에는 조직 개발의 핵심 과제와 그에 대한 잠재적 영향이 나열되어 있다.

16-5a 글로벌 이슈 고려하기

고려해야 할 첫 번째 중요한 요소는 글로벌 이슈가 조직 변화에 미치는 영향이다. 이미 언급했듯이, 환경은 조직 변화를 가져오는 데 중요한 요소이다. 다국적 기업이 직면하고 있는 환경 복잡성을 고려한다면, 순수 국내 기업에 비해 조직 변화에 더 중요하게 영향을 미칠 수 있다. 예를 들어, 델 컴퓨터(Dell Computer)의 성공은 소비자에게 직접 판매하려는 독창적인 전략에 힘입은 바 크다. 델은 2006년부터는 유통 활동을 소매 판매까지 확대했다. 이러한 소매점은 처음에는 베스트 바이(Best Buy)와 같이 미국에만 국한되어 있었지만, 미국에서의 경험을 기반으로 델 컴퓨터는 해외

표 16-4
조직 변화와 조직 개발을 효과적으로 관리하기 위한 핵심 과제

핵심 요인	영향
글로벌 이슈 고려하기	최신 글로벌 발전 상황을 업데이트하고, 다른 문화권에서 변화가 어떻게 다뤄지고 있는가를 살펴봄
조직에 대한 전체적 시각 갖기	변화가 사회 시스템과 문화에 미치는 영향을 예측하는 데 도움이 됨
작은 것부터 시작하기	세부 사항을 검토하고, 지힘될 수 있는 사람들에게 변화의 이점을 보여 줌
최고 경영진의 지원	변화 측면에서 지배적인 연합을 확보함. 구조적 변화를 보호하고 권력과 통제 문제를 해결함
변화에 영향을 받는 사람들의 참여를 유도할 것	통제, 저항 및 과업 재정의 등의 전환 문제를 최소화함
개방적 의사소통을 강화할 것	저항을 관리하고 정보 및 통제 시스템의 전환 문제를 최소화함
변화에 기여한 사람에게 보상을 제공할 것	저항을 관리하고 변화를 기꺼이 받아들이게 함

시장에도 쉽게 진출할 수 있었다.[45]

두 번째로 기억해야 할 점은 변화에 대한 수용 정도가 전 세계적으로 매우 다양하다는 것이다. 일부 문화권에서는 변화가 조직 생활의 정상적이고 일상적인 부분이라고 받아들여지고 있다. 하지만 다른 문화에서는 변화가 더 많은 문제를 야기한다고 보고 있다. 본사가 있는 국가에서 일상적으로 작동했던 변화 관리 기법이 문화적 배경이 다른 나라에서는 전혀 작동하지 않을 수도 있으며, 어떤 국가에서 성공적이었던 변화 관리 기법이 다른 문화권에서 무분별하게 사용될 경우에는 부정적인 반응을 유발할 수도 있다는 점을 명심해야 한다.[46]

16-5b 전체적인 시각 취하기

관리자는 조직과 변화 프로젝트에 대해 전체적인 시각(holistic view)을 가져야 한다. 제한된 좁은 관점은 조직의 하위 시스템이 상호 의존적이기 때문에 변화 노력을 위태롭게 할 수 있다. 전체적인 관점은 문화와 지배적 연합(dominant coalition)은 물론 사람, 업무, 구조, 정보 하위 시스템을 포괄한다.

16-5c 작은 것부터 시작하기

조직학습협회(Society for Organizational Learning)의 창립자이자 「학습하는 조직(The Fifth Discipline)」의 저자인 피터 센게(Peter Senge)는 대규모 조직에서 이룬 성공적인 시스템 전반의 변화는 모두 작은 것부터 시작했다(start small)고 주장하였다.[47] 그는 하나의 팀(보통 경영진)에서 변화를 시작할 것을 권장한다. 변화를 시작한 팀에서는 변경 사항을 평가하고, 그 과정에서 적절하게 조정하며, 가장 중요한 것은 새 시스템이 작동하고 원하는 결과를 얻는다는 것을 보여 줄 필요가 있다. 변경된 사항들이 타당하면 시스템 전체의 다른 팀, 그룹 및 부서로 확산되기 시작한다. 센게는 셸(Shell)과 포드(Ford)에서 실행된 중요한 변화들이 처음에는 하나 또는 두 개의 팀에서 작게 시작하였고, 다른 사람들이 이러한 변화의 이점을 인식하면서 확산되는 방식을 설명하였다. 다른 사람들이 변화

의 이점을 이해하면 다른 사람들은 자동으로 원래의 저항을 버리고 동참하게 된다. 그들은 자발적으로 참여하여, 변화 노력의 성공을 위해 헌신할 수 있다.

16-5d 최고 경영진의 지원

모든 변화 노력이 성공하려면 최고 경영진의 지원이 필수적이다. 조직의 지배적인 연합으로서, 이는 사회 시스템의 강력한 요소이며, 통제 및 권력 문제를 처리하려면 조직의 지원이 필요하다. 예를 들어, 부서에서 업무를 할당하고 책임을 위임하는 방식에 변화를 계획하고 있는 관리자는 이 계획을 최고 경영진에게 알리고 지원을 받아야 한다. 변화에 불만을 품은 직원이 변경 사항 통보받는 것을 거부하거나, 이를 지지하지 않는 고위 관리자에게 불만을 제기하면 문제가 발생할 수 있다. 직원의 불만은 관리자의 계획뿐 아니라, 어쩌면 그의 직업마저도 위태롭게 할 수도 있다.

16-5e 참여 유도하기

저항, 통제, 권력과 관련된 문제는 종업원들을 변화 계획에 폭넓게 참여시킴으로써 극복될 수 있다. 변화를 설계하는 데 종업원의 목소리를 허용하면 그 직원은 자신의 운명에 대한 통제력을 갖게 되며, 이는 변화를 구현하는 과정에서 지지를 얻는 데 도움이 될 수 있다.

16-5f 열린 의사소통을 장려하기

열린 의사소통은 변화에 대한 저항을 관리하고, 전환 중 정보 및 통제 문제를 극복하는 데 중요한 요소이다. 직원들은 일반적으로 전환 중에 발생하는 불확실성과 모호함을 인식하고, 변경 사항과 새 시스템에서의 위치에 대한 정보를 찾는다. 정보가 없으면 그 공백은 부적절하거나 허위 정보로 채워져 변화 프로세스가 위태로워질 수 있다. 소문은 포도나무(grapevine)(비공식적 연결망. — 역자 주)를 통해 퍼지는 경향이 있다.

정확한 정보는 공식 채널을 통해 보다 빠르게 전파될 수 있다. 관리자는 특히 변화 기간 동안 불확실성이 직원에게 미치는 영향에 항상 민감해야 한다. 어떤 소식이라도, 심지어 나쁜 소식이라도, 아무 소식도 없는 것보다는 낫다.

16-5g 기여자에게 보상하기

이 마지막 사항은 간단하지만 쉽게 무시될 수 있다. 어떤 식으로든 변화에 기여한 직원에게는 보상이 필요하다. 변화 후에 변화를 막으려고 한 사람이 인정받는 경우가 너무 많다. 새로운 업무 할당을 신속하게 파악하고, 전환 기간 동안 완료되지 않을 수 있는 일을 처리하기 위해 더 열심히 일하고, 다른 사람들이 변화에 적응하도록 돕는 사람은 특별한 공로를 인정받을 자격이 있다. 아마도 보도 자료나 회사 내부 소식망에서 언급되거나, 평가, 성과급 인상 또는 승진 등 성과에 대한 특별한 고려가 있어야 할 것이다. 행동적 관점에서 볼 때, 개인이 오래되고 편안한 업무 방식을 포기하고 변화를 기꺼이 받아들이려면 어떤 방식으로든 이익을 얻을 필요가 있다.

오늘날의 역동적인 환경에서 관리자는 변화의 필요성을 예측하고 보다 신속하고 경쟁력 있는 조직 시스템으로 변화를 충족시켜야 한다. 조직 변화를 관리하는 이 일곱 가지 핵심 요소는 조직이 변화에 직면해야 할 때 조직 행동 관리를 위한 일반적인 지침으로도 사용될 수 있다.

16-6 조직 학습

미국 자본주의의 아이콘이자 자선 사업가인 앤드루 카네기(Andrew Carnegie)는 이렇게 말했다. "조직이 소유한 대체할 수 없는 유일한 자본은 직원의 지식과 능력이다. 그 자본의 생산성은 자신의 역량을, 그것을 사용할 수 있는 사람들과 얼마나 효과적으로 공유하는지에 달려 있다." 아날로그 디바이스(Analog Devices)의 사장 겸 CEO인 레이 스타타(Ray Stata)는 "조직의 학습 속도만이 유일하게 지속 가능한 경쟁 우위의 원천이 될 수 있다."라고 말했다.[48]

학습 조직
전체 구성원의 학습을 촉진하고, 조직 혁신을 지속적으로 시도하는 조직.

학습 조직(learning organization)은 모든 구성원의 학습을 촉진하고 지속적으로 변화하는 조직이다.[49] 학습 조직에서는 지속적인 학습과 변화가 문화의 일부가 된다. 위키, 블로그, 검색 가능한 데이터베이스는 때때로 직원의 지식을 수집 및 저장하고, 다른 사람이 사용할 수 있도록 하는 데 쓰인다.

조직 학습을 촉진하려면, 프로젝트 진행 중에 발생한 학습이 프로젝트가 끝난 후에도 계속되는 것이 중요하다. 한 전문가는 이렇게 말한다. "종업원이 학습하게 하려면, 당신이 원하는 것이 무엇인지 확실히 알 수 있도록 코칭하고 요약해 줄 필요가 있다. 당신은 그들이 경험을 통해 생각하도록 장려해야 한다. 일이 효과가 있었다면, 왜 효과가 있었을까? 만약 실패했다면, 왜 실패했을까? 이렇게 말이다." 과업을 완수했다고 하더라도, 되새겨서 분석해 보지 않으면, 학습은 이루어지지 않는다.[50]

지속적인 학습을 장려하는 좋은 방법 중 하나는 사후 검토(after-action review), 즉 무슨 일이 일어났는지, 왜 일어났는지, 강점을 유지하고 약점을 개선하는 방법을 발견할 수 있는 사건에 대해 토론하는 것이다.[51] 사후 검토는 성공한 경우와 실패한 경우 모두 수행되어야 하고, 비록 프로젝트 중이라도 식별 가능한 이정표와 같은 사건이 발생했을 때, 중간 점검용 검토를 실시한다. 사후 검토의 목적은 절대로 누구의 공과를 따지려는 것이 아니고, 조직 학습을 가능하게 하는 성공적인 결과와 덜 성공적인 결과를 가져온 상황을 면밀하게 파악하는 것이다.

사후 검토를 통한 학습은 개인별로도 이루어지지만, 일반적으로 집단별로 이루어진다. 검토는 일반적으로 간단한 프로세스를 통해 상당히 신속하게 수행된다. 일반적으로 20분 이내로 진행되는 개방적이고 진솔한 회의에서는 참가자들이 다음 네 가지 질문을 중심으로 토론한다.

1. 무슨 일이 일어날 것으로 예상했는가?
2. 실제로 무슨 일이 일어났는가?
3. 이러한 차이점이 생긴 이유는 무엇인가?
4. 이를 통해서 우리는 무엇을 배웠는가?

신뢰 구축과 팀의 통합은 사후 검토의 추가적인 결과이다. 조직의 학습 능력에 영향을 미치는 또 다른 요소는 실패에 대한 접근 방식이다. 많은 조직에서는 낮은 성과 평가, 낮은 성과급, 심지어는 더 나아가, 해고를 함으로써 실패에 대해 처벌한다. 하지만 보다 학습 지향적인 기업은 '지능형 실패(intelligent failure)', 즉 성공 가능성이 높았던 이벤트나 프로젝트가 비록 성공하지 못하더라도 좋은 학습 기회를 제공했음을 인정한다. 컴퓨터 칩 제조업체인 인텔(Intel)에서는 관리자가 매월 '이달의 실패(failure of the month)'라는 성대한 만찬을 개최한다. 여기에서의 초대 대상은 가장 성공한 그룹이 아니라, 최선을 다해 용감히 노력했지만 효과가 없었던 집단이다. 이러한 행사를 통해서 관리자는 실패는 성공을 위해서 불가피한 것이고, 숨겨지거나 덮어두거나 다른 사람에게 비난받을 대상이 아니라 공개적으로 공유해야 할 것이라는 메시지를 직원들에게 전달한다.[52] 직원들은 조직 내에서 심리적으로 안전하다고 느낄 수 있는 든든한 관계가 형성되었을 때, 비로소 자발적이고 자유롭게 참여하며, 실패를 통해서 학습할 수 있게 된다.[53]

요약 및 적용

조직에 변화가 강요될 수도 있고, 환경이나 내부 요구에 따라 조직이 변화할 수도 있다. 변화의 요인은 상호 의존적이며 다양한 방식으로 조직에 영향을 미친다. 현재 변화에 대한 압력이 강력해 보이는 영역은 사람, 기술, 정보 처리 및 통신, 경쟁, 사회적 추세 등이다.

계획된 조직 변화에는 변화를 예측하고, 이에 대비하는 것이 포함된다. 르윈은 조직의 변화를 해빙, 변화, 재동결이라는 관점에서 설명했다. 지속적인 변화 프로세스 모델에서 최고 경영진은 변화를 촉진하는 요인을 인식하고, 문제 해결 프로세스에 참여하여 변화를 설계하고, 변화를 구현 및 평가한다.

조직 개발은 행동과학 지식을 적용하여 조직을 계획적으로 변화시키고 개선하는 과정이다. 이는 체계적인 변화 프로세스를 바탕으로 조직의 문화를 관리하는 데 중점을 두고 있다. 가장 포괄적인 변화는 부서, 보고 관계 또는 권한 시스템의 재구성을 통해 조직의 구조를 변경하는 것이다.

직장 생활의 질(QWL) 프로그램은 직원들이 개인의 요구를 충족할 수 있는 업무 환경을 제공하는 데 중점을 둔다. 과업 및 기술 변화는 조직이 기본 작업을 수행하는 방식을 바꾼다. 일반적으로 변경과 관련된 단계와 함께 과업 재설계에는 진단, 비용 편익 분석, 재설계 전략 수립 및 보충 변경 구현이 수반된다.

조직 변화에 대해 자주 사용되는 방법은 훈련 및 관리자 개발 프로그램, 팀 구축, 설문 조사 피드백 등이다. 훈련 프로그램은 일반적으로 직원의 직무 기술을 향상시키고, 직원이 다른 조직 변화(예: 목표별 관리 프로그램)에 적응하도록 돕거나 작업장 안전이나 스트레스와 같은 문제에 대한 직원의 인식과 이해를 높이기 위해 고안되었다. 관리자 개발 프로그램은 현재 또는 미래의 관리자에게 경영에 중요한 기술, 능력 및 관점을 육성하려고 시도한다. 팀 구축 프로그램은 작업 팀이나 그룹이 목표나 우선순위를 정의하고, 과업과 수행 방식을 분석하고, 업무를 수행하는 사람들 간의 관계를 검토함으로써 성숙하고 기능적인 팀으로 발전하도록 돕기 위해 제안되었다. 조직 개발 프로세스에 사용되는 설문 조사 피드백 기법은 데이터를 수집하고 분석하여 요약하고, 그것을 직원과 그룹에게 알려 직원(그룹)들이 토론을 통해 문제를 식별하고 해결할 수 있게 만드는 방법이다.

변화에 대한 저항은 개인이나 조직 차원의 여러 근원에서 발생할 수 있다. 저항은 변화가 조직에 좋지 않다는 정당한 우려를 나타낼 수 있으며, 계획을 재검토하게 할 수도 있다. 조직의 변화를 관리하려면 글로벌한 차원의 문제를 고려해야 하며, 관리자는 조직에 대한 전체적인 시각을 갖고 작은 규모로 시작해야 한다. 변화에는 최고 경영진의 지원이 필요하며, 변화에 영향을 받는 사람들이 참여해야 한다. 열린 소통이 중요하며, 변화 노력에 기여한 사람에게는 보상이 주어져야 한다.

학습 조직은 모든 구성원의 학습을 촉진하고 지속적으로 변화하는 조직이다. 학습 조직에서는 지속적인 학습과 변화가 문화의 일부가 된다. 조직 학습을 촉진하려면, 프로젝트 중에 학습이 발생하도록 하고, 프로젝트가 끝난 후에도 학습이 지속되도록 하는 것이 중요하다.

Real-World Response

코닥의 잘못된 변화 관리

조직 변화의 권위자로 널리 인정받는 하버드 대학의 존 코터(John Kotter)에 따르면, "코닥의 문제는 … 디지털 세계로 충분히 빠르게 이동하지 못했다는 것이다." 이는 거의 합의된 의견이지만, 코터 교수는 '표면적으로(on the surface)'라는 수식어를 추가하면서 신중을 기했다. 그는 코닥을 파산으로 이끈 조직의 표면 아래(below the surface)의 의사 결정에 대해서는 추가적인 고찰이 필요하다고 제안하였다. 실제로 코닥은 컬러 디지털 카메라, 디지털 인쇄 키오스크, 디지털 이미지 압축 분야의 혁신을 포함하여 1970년대와 1980년대 전반에 걸쳐 디지털 기술을 다른 업체보다 더 일찍 개척했다.

그러나 사모펀드 만자니타 캐피탈(Manzanita Capital)의 CEO인 빌 피셔(Bill Fischer)는 코닥이 그들의 독특한 기술을 활용하는 데 실패했다고 말했다. 그는, 디지털 제품이 쏟아지는 위기를 맞아, 코닥이 필름 및 카메라 사업의 붕괴를 초래한 궁극적 플랫폼이 휴대폰일 것이라고는 전혀 상상도 못했던 것이 아닌가라고 의심해 볼 수 있다고 주장하였다.

일부는 코닥의 경영자들이 파산 직전의 상황에서도 회사 제품 중 상당수가 디지털 대체품에 밀려났다는 사실을 인정하지 않거나 외면했다고 비판한다. 예를 들어, 파산 절차 중 코닥의 경영진은 회사의 귀중한 자산 중 하나인 1,100개의 디지털 이미징 특허 패키지를 최대 26억 달러에 매각하려고 시도했다. 하지만, 최종적으로는 이의 매각을 통해서 고작 5억 2,700만 달러만 챙길 수 있었다.

코터 교수는 코닥의 몰락이 "전략적 결정을 회피했거나 제대로 수행하지 못한 결과"라는 다수의 의견에는 동의한다. 그러나 그는 다음과 같은 보다 근본적 질문에 대한 대답이 필요하다고 주장한다. 그 질문은 "코닥 경영자들이 잘못된 전략적 결정을 내렸던 이유는 무엇일까?"이다. 이에 대한 코터의 대답은 간단하다. 표면적으로 볼 때, 코닥이 너무 안일했다는 것이다. 만약, 코닥이 긴박하게 대응했더라면 디지털로의 전환을 엄청난 사업 기회로 활용할 수 있었음에도 불구하고, 코닥은 안일하게 대처하여 그 기회를 놓쳤다는 것이다. 실제로, 코닥은 1975년에 이미 최초의 디지털 카메라를 개발하였고, 2005년 당시 미국에서 디지털 카메라를 가장 많이 팔았던 기업이다. 하지만 불과 2년 만에 4위로, 2010년에는 7위로 밀려났다.

토론을 위한 질문

1. 대부분의 조직 변화는 외부 요인에 의해 강요되는가, 아니면 내부에서 촉진되는가? 이를 설명하라.
2. 이 장에서 논의한 네 가지 외에 조직 변화에 대한 압력의 범주에는 어떤 것이 더 있는가? 간략하게 서술하라.
3. 내부 변화 수행자에게 있어서 변화에 대한 저항의 원인은 무엇인가? 외부 변화 수행자의 경우에는 저항의 원인이 무엇인가?
4. 르윈의 변화 모델에서 어느 단계가 가장 많이 간과된다고 생각하는가? 그 이유는 무엇인가?
5. 외부 변화 수행자가 아닌 내부 변화 수행자의 장점과 단점은 무엇인가?
6. 조직 개발은 조직 변화와 어떻게 다른가?
7. 사회 시스템의 요소들이 상호 의존적이지 않다면, 조직 개발은 어떻게 달라지며, 이렇게 달라지는 이유는 무엇인가?

8. 직장 생활의 질(QWL) 프로그램은 조직 행동의 개인 측면에 더 의존하는가, 아니면 조직 측면에 더 의존하는가? 그 이유는 무엇인가?
9. 당신을 가르치는 교수의 직무가 어떻게 재설계될 수 있는지 설명하라. 이와 더불어 다른 하위 시스템의 변화에 대해서도 토론해 보라.
10. 조직 변화 노력을 성공적으로 관리하기 위한 일곱 가지 핵심 요소 중 관리하기 가장 어려운 것은 무엇인가? 그 이유는 무엇인가?

Understand Yourself Exercise

당신은 열대 섬의 아름다운 해변을 따라 위치한 호텔의 총지배인이다. 인근 지역에 있는 6개의 대형 리조트 중 가장 오래된 호텔인 당신의 호텔은 외국인 투자자 그룹이 소유하고 있다. 수년 동안, 이 호텔은 섬의 다른 모든 호텔과 마찬가지로 대규모 국제 호텔 체인의 프랜차이즈 단위로 운영되었다.

지난 몇 년 동안, 호텔의 프랜차이즈 소유자는 대부분의 이익을 가져가고, 상대적으로 적은 금액만 호텔에 돌려주었다. 그들은 또한 다른 사업이 재정적으로 좋지 않아, 호텔에서 얻은 수익을 다른 곳에서 발생한 손실을 상쇄하는 데 사용하고 있다는 사실도 알려 주었다. 대조적으로, 섬에 있는 대부분의 다른 호텔은 최근에 새로 단장되었으며, 가까운 미래에 두 개의 새로운 호텔에 대한 투자 계획이 발표되었다.

프랜차이즈 본사 임원들이 방금 당신의 호텔에 방문했다. 특히, 이 리조트가 이 섬에 있는 다른 리조트들과 업그레이드 수준을 맞추지 못했기 때문에 그들은 이 호텔에 상당히 실망했다. 그리고는 호텔의 시설이 기준에 미달할 경우, 1년 내에 있을 가맹 재계약이 파기될 수도 있다고 경고했다. 만약 가맹 계약이 취소되면 가맹 본부의 브랜드나 예약 시스템을 사용할 수 없게 되므로, 엄청난 재앙이 예상되는 상황이다.

당신은 사무실에 혼자 앉아 고민하다가, 실행 가능해 보이는 몇 가지 행동 방안을 정리해 보았다.

1. 가맹점주에게 호텔 리모델링을 설득한다. 당신은 프랜차이저의 최소 기준을 충족하는 데 약 500만 달러가 필요하고, 호텔을 섬 최고의 리조트 기준에 맞추려면 추가적으로 500만 달러가 더 필요할 것으로 추정하고 있다.
2. 시설 업그레이드를 위해 더 많은 시간과 더 많은 옵션을 제공하도록 가맹 본부를 설득한다.
3. 프랜차이즈 계약을 해지하고, 독립된 호텔로 성공하기 위해 노력한다.
4. 호텔이 실패하고 다른 일자리를 찾기 시작한다고 가정해 본다. 당신은 꽤 좋은 평판을 갖고 있지만, 다른 회사의 낮은 직위(예: 대리)를 수락해야 할 가능성 때문에 그다지 희망적이지는 않다.

위의 옵션에 대해서 깊이 생각해 보고 나서 다음을 수행하라.

1. 성공 가능성 측면에서 네 가지 대안의 순위를 매겨라. 필요한 가정을 세워라.
2. 위에서 확인한 것 이외의 대안이 있는지 확인하라.
3. 스스로에게 물어보라. 두 가지 이상의 대안을 동시에 추구할 수 있을까? 있다면 무엇인가?

자신의 이익을 보호하면서 호텔을 구하기 위한 전반적인 전략을 개발하라.

Group Exercise

대학의 변화를 계획하기

이 활동은 조직 변화의 복잡성을 이해하는 데 도움이 된다. 당신의 임무는 조직의 주요 변화를 구현하도록 계획하는 것이다.

1부

전체 그룹을 대략 동일한 크기의 5개 소그룹으로 나눈다. 교수자는 각 그룹에 다음 변경 사항 중 하나를 할당한다.

1. 학기제에서 분기제(또는 학교의 현 제도에 따라 그 반대)로 변경
2. 숙제, 시험, 학기 보고서, 문제 세트 등 모든 작업을 컴퓨터를 이용한 디지털 방식으로 수행하고, 온라인으로 제출해야 하는 방식으로 변경
3. 모든 학생이 캠퍼스에 거주해야 한다는 요건으로 변경
4. 졸업을 위해서는 모든 학생이 영어, 일본어 등 3개 국어 이상을 유창하게 읽고, 쓰고, 말할 수 있어야 한다는 요건으로 변경
5. 모든 학생은 같은 전공자들과 함께 생활해야 한다는 요건으로 변경

먼저, 변화 프로세스에 어떤 개인과 집단이 참여해야 하는지 결정하라. 그런 다음, 르윈의 조직 변화 프로세스(그림 16-1)를 프레임워크로 사용하여 변화를 어떻게 구현할 것인지 결정한다. 표 16-3과 표 16-4를 지침으로 사용하여 변화에 대한 저항에 대처하는 방법을 고려하라. 변화 수행자(내부 또는 외부)를 사용해야 할지 결정하라. 변경 사항을 완전히 구현하기 위한 실현 가능한 시간표를 작성하라. 전환 관리가 적절한가?

2부

1부에서와 동일한 집단을 사용하면서, 다음 단계로 1부에서 설명한 변화를 구현하는 데 사용할 기술을 설명한다. 구조적 변경, 작업 및 기술 방법, 그룹 및 개별 프로그램 또는 이들 간의 조합을 사용할 수 있다. 또한 이 장의 마지막 부분에서 논의한 성공적인 변화 관리를 위한 일곱 가지 핵심 요소를 어떻게 사용할 것인지 논의한다.

강사는 이 실습을 수업 내 프로젝트로 만들 수도 있지만, 각 그룹이 수업 밖에서 작업할 수 있는 학기말 프로젝트이기도 하다. 어느 쪽이든, 그룹이 전체 학급에 구현 프로그램을 보고해야 이 실습이 유익해진다. 각 그룹은 어떤 변화 기법을 사용해야 하는지, 왜 이를 선택했는지, 어떻게 구현할 것인지, 문제를 어떻게 피할 것인지에 대해 보고해야 한다.

1부 질문

1. 각 변화의 구현 단계는 얼마나 유사했는가?
2. 변화에 대한 저항을 관리하기 위해 수립한 계획이 현실적이었는가?
3. 당신의 학교에서 이러한 변화가 성공적으로 시행될 수 있다고 생각하는가? 그 이유는 무엇인가?

2부 질문

1. 여러 그룹 중 동일한 기술을 서로 다른 방식으로 사용했거나, 동일한 기술을 사용했으나 서로 다른 목표를 달성하고자 한 그룹이 있는가?
2. 이 프로젝트의 조직 개발 기술에 대해 외부 연구를 수행한 경우, 이 장의 기술보다 더 적용 가능한 기술을 찾았는가? 그렇다면 그중 하나를 설명해 보라.

|찾아보기|

E

F

G

H

I

J

K

L

M

N

O

P

|저자 소개|

리키 그리핀(Ricky W. Griffin)은 Texas A&M 대학교의 메이스 경영대학원(Mays Business School)에서 비즈니스 분야의 블로커(Blocker) 석좌교수 및 경영 관리 분야의 석좌교수로 재직하고 있으며, 같은 대학에서 경영학과 학과장, 경영대학 부학장 및 임시 학장을 역임하였다. 또한 그는 전미경영학회(Academy of Management)의 회원이자 펠로우이며, 이 학회의 조직 행동 분과(Organization Behavior division)의 프로그램 위원장 및 분과장을 역임하였다. 그는 Journal of Management의 편집장도 역임한 바 있다. 그의 연구 성과는 Administrative Science Quarterly, Academy of Management Review, Academy of Management Journal, Journal of Management를 포함하여 여러 저널에 게재되었다. 그리핀 교수는 또한 여러 학술 서적을 저술했는데, 최근에 출간한 저서로는 「조직 행동의 어두운 이면(The Dark Side of Organizational Behavior)」이 있다.

그는 여러 주요 교과서를 저술하거나 공저했으며, 그중 대부분은 여러 판에 걸쳐 개정되었다. 그의 저서는 12개국 이상의 나라에서 번역되거나 개정되었다. 그리핀 교수는 현재 대학에서 국제 경영, 조직 행동, 인적 자원 관리 및 일반 경영을 강의하고 있다. 그는 학부생과 대학원생을 대상으로 강의할 뿐 아니라 수많은 기업의 임원 교육 프로그램에 참여한 바 있으며, 런던, 파리, 바르샤바, 제네바, 베를린, 요하네스버그, 도쿄, 홍콩, 시드니 등 전 세계에서 활발한 강의 활동을 수행하고 있다.

잔 필립스(Jean M. Phillips)는 펜실베이니아 주립대학교(Penn State University) 노동 및 고용 관계 학과(School of Labor and Employment Relations)의 인적 자원 관리 교수(professor of human resource management)로 재직 중이다. 그녀는 미시간 주립대학교(Michigan State University)에서 조직 관리와 조직 행동학(management and organizational behavior) 박사 학위를 받았다. 그녀의 연구 관심은 리더십과 팀 효율성, 채용 및 인력 배치, 직원과 조직의 성공 프로세스에 중점을 두고 있다.

필립스 교수가 Journal of Applied and Personnel Psychology에 게재한 논문은 1990년대 저자 중 상위 5%에 속했으며, 2004년에는 Academy of Management의 조직 행동 부문 커밍스 학술상(Cummings Scholar Award)을 수상하기도 했다. 또한 산업 및 조직 심리학회(Society for Industrial and Organizational Psychology)의 펠로우이기도 하다. 또한 30편 이상의 연구 논문과 북챕터를 발표하였고, 「전략적 채용(Strategic Staffing)(4e, 2020)」, 「조직 행동(Organizational Behavior)(13e, 2020)」, 「인적 자원 관리(Human Resource Management)(2e, 2018)」, 「최신 경영학(2008)」 및 5권으로 구성된 전략적 채용(2012) 시리즈 등 총 9종의 저서를 출간하였다. 한편 인사 조직 시리즈(Organizational Behavior / Human Resource Management series)의 창간 공동 편집자로도 활동하고 있다.

필립스는 주로 직원 설문 조사를 활용하여 전략 실행 및 비즈니스 성과를 개선하고, 리더십과 팀워크 기술을 개발하며, 전략적 채용 및 인력 배치 프로그램을 만들고 평가하는 연구를 진행하고 있다. 미국, 아이슬란드, 싱가포르에서 학부 및 대학원 수준의 인적 자원 관리 및 조직 행동에 관한 온라인 및 전통적 과정을 가르쳤으며, 여러 임원 교육 프로그램을 진행해 왔다.

|역자 소개|

조성준 sungguri@gachon.ac.kr
가천대학교 경영학과 교수

고려대학교 정치외교학과를 졸업하였고, University of Minnesota(Twin Cities)에서 인사 및 노사 전공(HRIR)으로 석사 학위를, 인적자원개발학(HRD) 전공으로 박사 학위를 받았다.

미국 Utica University 경영학과 교수로 재직하였고, 한국공학대학교, 고려대학교 및 서울과학종합대학원대학교(aSSIST)에서 초빙교수로서 강의하였다.

한국인력개발학회의 상임 부회장으로 활동하였으며, 이 학회에서 발행하는 『HRD연구』의 편집위원장을 역임하였다.

채용과 성과 평가, 조직 학습, 사회 자본 및 경영사 분야에 관심을 가지고 연구하고 있으며, 국내외 학술지 및 전문 잡지에 다수의 연구 논문과 칼럼을 기고하였다.

저서로는 『미국의 인재경영』, 『기업과 경영: 욕망의 역사』, 『경영학을 만나다』 등이 있고, 책임 편집자로서 『전환기의 HRD, 연구의 미래를 묻다』와 『전환기의 HRD, 연구의 흐름을 읽다』를 출간한 바 있다.

김철영 kimzinc@kookmin.ac.kr
국민대학교 경영대학 조교수

서울대학교 공과대학 재료공학부에서 학사 학위를 취득했으며, 서울대학교 경영대학에서 인사조직 전공으로 경영학 박사 학위를 받았다.

한국경영학회 매경신진학자논문상(2018), 명지대학교 학술상(2022) 등 다수의 우수논문상 및 학술상을 수상하였다.

한국인사조직학회 총괄 상임이사를 역임하였고, 현재 국내외 다수의 학회 및 학술지에서 이사 및 편집위원을 맡고 있다.

주요 관심 분야는 조직 구성원 행복, 사회적 기업 및 ESG, 그리고 People Analytics이다.

박희태 mtree@dau.ac.kr
동아대학교 경영학과 교수

해군사관학교에서 해양물리 학사, 국방대학교에서 리더십 석사를 받았으며 서울대학교에서 경영학(인사조직) 박사 학위를 취득하였다.

해군사관학교 리더십 교수 및 발전자문위원, 동아대학교 인성교육센터소장 및 성과관리센터소장 등을 역임하였다.

한국경영학회 이사, 한국인사조직학회 상임이사, 한국인적자원관리학회 학술위원장 및 미래융합교육학회 학회장, 이사장 등을 역임하였고, 현재는 대한리더십학회 상임이사 및 편집위원장을 맡고 있다.

최근 관심 분야는 리더십, 조직행동, 인적자원관리 등이다

성상현 shsung@dongguk.edu
동국대학교 경영학과 교수, 기획부총장

서울대학교 경영학과를 졸업하고 연세대학교에서 경영학 석·박사 학위를 취득했다. King's College London 대학원에서 공부했으며 서울지방노동위원회 공익위원, 정책 자문 및 평가 위원(국무조정실, 경사노위, 기재부, 고용노동부, 인사혁신처 등), 공공 기관 경영 평가, 기업 경영 자문과 임원 역량 진단, 사외이사, 벤처기업 성장 지원 등의 활동을 해 왔다.

대한리더십학회와 한국윤리경영학회 회장을 역임했다. 다양성 관리, 기업 성장과 조직 변화, 인간의 삶과 일 등에 연구 관심이 있고 50여 편의 학술 논문과 22권의 저·역서, 다수의 신문 칼럼을 냈다.

안성익 siahn@yu.ac.kr
영남대학교 경영학과 교수

서울대 국제경제학과에서 학사 학위, 서울대 대학원 경영학과에서 인사조직 전공으로 석·박사 학위를 받았다.

고용노동부의 적극적 고용개선조치(AA사업) 심사위원, 지방공기업 경영평가위원, 경상북도 정책자문위원 등 다양한 활동을 해 오고 있다. 특히, 2014년부터 현재까지 고용노동부 국가인적자원개발 컨소시엄사업의 동남권 허브사업단 단장 역할을 수행하고 있으며, 그 공로를 인정받아 고용노동부 장관 표창을 수상하였다.

주요 관심 분야는 동기부여, 조직 신뢰, 리더십, 조직문화, 조직설계, 보상관리, 인적자원개발 등이다.

한준구 coolbrain@kangnam.ac.kr
강남대학교 상경학부 부교수

고려대학교에서 경영학 학사를 받았으며, 동 대학원에서 경영관리(인사조직) 분야로 석사 및 박사를 취득하였다. 삼성글로벌리서치와 컨설팅 회사를 거쳐, 2016년부터 강남대학교에서 근무하고 있다.

미국 Santa Clara University 방문학자(2022~2023)를 역임하였다. 한국인사조직학회, 한국인사관리학회, 한국인적자원개발학회 등의 다양한 학회에서 이사를 맡고 있다.

주요 관심 분야는 리더십, 조직 및 조직 구성원의 창의성, 리더의 유머, 조직과 개인의 가치이며, 최근에는 신경과학 분야를 활용한 연구에 관심을 가지고 있다.

차윤석 yschaa@dau.ac.kr
동아대학교 경영학과 교수

중앙대학교에서 경영학 학사를 받았으며, 서울대학교 대학원에서 경영학 석사 및 박사 학위를 받았다. 포스코경영연구소, LG화학, Merck KGaA, LG Display에서 근무하였으며, 한국인사조직학회 부회장, 한국인사관리학회 부회장, 한국인적자원관리학회 편집위원장을 역임하였다. 일본 Kyushu International University 방문학자(2024-2025)를 역임하였다.

관심 분야는 기업 문화, 이문화 관리, 성과 관리 등이다.

조직행동론 (14판)

역　자　조성준, 김철영, 박희태, 성상현, 안성익, 차윤석, 한준구
발 행 일　2024년 11월 28일
발 행 처　**한경사**
발 행 인　이계남
등록사항　제10-1951호 2000년 4월 14일
주　소　서울시 마포구 신수로 59-1 3층
전화번호　02_717_7264~5
팩스번호　02_717_7226
홈페이지　hankyungsa.co.kr
전자우편　hankyungsa@hanmail.net
I S B N　978-89-6844-509-5 93320
가　격　39,000원